D0214888

SCRIPTORVM CLASSICORVM BIBLIOTHECA OXONIENSIS

OXONII
E TYPOGRAPHEO CLARENDONIANO

PLATONIS OPERA

RECOGNOVIT
BREVIQVE ADNOTATIONE CRITICA INSTRVXIT

IOANNES BURNET
IN VNIVERSITATE ANDREANA LITTERARVM GRAECARVM PROFESSOR
COLLEGII MERTONENSIS OLIM SOCIVS

TOMVS IV

TETRALOGIAM VIII CONTINENS

OXONII
E TYPOGRAPHEO CLARENDONIANO

Oxford University Press, Walton Street, Oxford OX2 6DP
London Glasgow New York Toronto
Delhi Bombay Calcutta Madras Karachi
Kuala Lumpur Singapore Hong Kong Tokyo
Nairobi Dar es Salaam Cape Town
Melbourne Auckland
and associates in
Beirut Berlin Ibadan Mexico City Nicosia

ISBN 0 19 814544 6

First published 1902
Reprinted
Clitopho, &c. 1910, 1917, 1925, 1930, 1943
1948, 1949, 1962, 1965, 1976, 1978
Republic 1903, 1905, 1910, 1917, 1921, 1924
1927, 1932, 1937, 1946, 1947, 1949
1952, 1954, 1957, 1962, 1968, 1972, 1976, 1978, 1982

Printed in Great Britain
at the University Press, Oxford
by Eric Buckley
Printer to the University

PRAEFATIO

IN tetralogia VIII locupletissimum sermonis Platonici testem habemus codicem Parisinum graecum 1807 (A), saeculo IX aut X exaratum, cui tantum tribuit olim Cobetus ut in eo uno omnem lectionum fidem et omnia emendationis subsidia contineri asseveraret; sibi enim persuaserat vir summus nihil prorsus ex reliquis libris proferri posse quod ad Platonis scripturam aut recte constituendam aut emendandam quicquam faceret, praeter levissimas quasdam correctiunculas, quas quilibet nostrum inter legendum nullo negotio repperisset[1]. nimirum maluit in unius libri erroribus castigandis operam suam collocare quam quid antiquitus traditum esset certis indiciis indagare: sic enim campum habiturus erat in quo se exerceret sagacitas illa qua plurimum praestabat.

Qui Cobeti rationes amplexi sunt identidem coniecturas suas Platoni obtrusere, cum quid verum esset ex reliquis libris quaerere debuissent; qui adversati sunt, temere plerique lectiones arripuere ex libris post litterarum studia apud Italos renata exaratis, quales sunt Bessarionis liber, Marcianus 184 (Bekkeri Ξ), et Monacensis 237 (Bekkeri *q*). quorum utri longius a vero aberraverint non facile dixeris; illud enim est suo Marte Platonem rescribere velle, hoc rivulos consectari, fontes rerum non videre.

Nobis igitur omnium primum videndum erit numqui alii libri praeter Parisinum propriam quandam et antiquam memoriam referre statuendi sint; nam sic demum codicis praestantissimi errores corrigere,

[1] *Mnem.* 1875, p. 195.

lacunas supplere tuto licebit. quam viam ingressus vir optime de Platone meritus, Martinus Schanz, ceteros libros plerosque non ex Parisino pendere sed proprio filo ex archetypo deductos esse intellexit. huius memoriae fons est primarius in *Politia* Marcianus 185 (D = Bekkeri Π), in *Timaeo* Vindobonensis 21 (Y = Bekkeri Υ). his in *Politia* addidit vir reverendus L. Campbell, universitatis Andreanae professor emeritus, Caesenatem Malatestianum plut. xxviii, 4 (M), qui, licet cum Parisino artiore quodam vinculo conexus sit, non tamen ex eo descriptus est. ego denique Vindobonensem suppl. phil. gr. 39 (F) in censum vocavi, de quo libro, hanc praefandi occasionem nactus, pauca quaedam addere velim iis quae in praefatione *Politiae* seorsum editae disputavi.

Dixi igitur hunc librum eius modi mendis scatere, quae nullo pacto explicare possis, nisi sumas eum ex pervetusto exemplari, uncialibus litteris exarato, descriptum esse. dixi praeterea mirum in modum consentire solere cum veterum scriptorum testimoniis, et hoc quidem postea cognovi iam Schneiderum animadvertisse. cum igitur tanti viri sententiam silentio praeterire noluerim, ipsius verba apposui: *Veterem vulgatam repraesentat, et fere cum Stobaeo, Eusebio etc. consentit*, unde, opinor, factum est ut qui mihi oblocuti sunt, in hac Schneideri de *vetere vulgata* opinione redarguenda se fere continerent, quod meum erat, et in quo erant omnia, intactum relinquerent. quid igitur hoc est? nempe id ipsum quod iam in tomi primi praefatione monui, exstare etiam nunc apud scriptores antiquos et in quibusdam libris vestigia recensionis a nostra diversae, quinto post Christum saeculo antiquioris. talis igitur recensionis testem in lucem protraxisse mihi videbar et nunc quoque videor.

Priusquam igitur ad tetralogias VI et VII recensendas accederem, videndum erat num in *Gorgia* quoque et *Menone* memoriam Clarkiana et Marciana antiquiorem deprehendere contingeret, quod ut facere possem, viro doctissimo Iosepho Král, qui codicis F conferendi laborem humanissime suscepit, acceptum refero. nec me spes fefellit. scilicet in tetralogia VII novum fontem, quem littera N significavit, e Vindobonensis F et Marciani 189 (S=Bekkeri Σ) cum veterum scriptorum testimoniis consensu agnoverat iam Schanzius[1]; ego ex eodem fonte in *Gorgia* et *Menone* Vindobonensis F memoriam manasse demonstravi, quam rem gaudeo me viro doctissimo Hermanno Diels probare potuisse; nec, si res non verba spectas, valde repugnant alii. scilicet *recensionem* appellavi, quae mihi quidem recensio esse videtur; *memoriae non recensitae* rettulit professor Lipsiensis O. Immisch, qui scripta Platonica iam antiquitus multifariam tradita esse luculenter demonstravit[2]. non nego—res enim manifesta est—nec puto Schneiderum de *vetere vulgata* sua ita sensisse ut crederet textum quemdam ab omnibus receptum unquam fuisse. scilicet non potuit vir tantus ignorare vel apud unum Stobaeum recensionis diversitatem apparere, cuius rei exemplum habes in apparatu nostro ad *Timaeum* 66 d sqq. sed nolo de hac re longus esse; illud tantum affirmo, Vindobonensi F memoriam optimis libris multo antiquiorem contineri, quae res haud sane levis momenti cuiquam videri potest.

Superest ut quibus subsidiis in hac tetralogia recensenda usus sim paucis exponam. et in *Politia* quidem de Parisino, cum nuper denuo contulerint L. Campbell et I. Adam, satis iam constare videtur; in *Timaeo* longe aliter res se habet. scilicet ad calcem editionis suae, quae anno 1838 in lucem prodiit, varietatem lectionis divulgavit G. Stallbaum a Bastio enotatam, ducentis fere locis in hoc uno dialogo cum apparatu Bekkeriano aperte pugnantem. in tanta igitur testium discrepantia, quam tam diu aequo animo tulisse

[1] Cf. Tomi III praefationem.

[2] *Philologische Studien zu Plato*, II (Lipsiae, 1903).

editores iure mireris, religionis esse duxi codicem Parisinum in *Timaeo* et *Critia* denuo cum pulvisculo excutere; quod ut feci, mali originem statim inveni. vidi veteris diorthotae (A^2) lectiones Bekkerum subinde *recenti A* falso tribuere, saepius silentio praeterire, Bastium contra primae manus (A) scripturam persaepe neglegere, diorthotae lectiones solas fere mentione dignas habere, cum sibi persuasisset ab eadem manu quae textum descripserat diorthosin profectam esse. et hoc quidem recte sensisse videtur; nam aequalem certe manum A^2 fuisse vel inde constat, quod eadem alio atramento accentus, spiritus plerosque addidit, ad correctiones, non ad pristinam scripturam, accommodatos. eodem modo correctos esse videbis alios quoque eiusdem scriptorii codices, velut Maximi Tyrii Parisinum graecum 1962[1]. cadit igitur Bekkeri opinio *recenti A* tribuentis quae supra versum leguntur; nam probe secernendus a vetere diorthota est homo futtilis Constantinus, Hierapolis metropolitanus, cuius est libri subscriptio: *ὠρθώθη ἡ βίβλος αὕτη ὑπὸ Κωνσταντίνου μητροπολίτου Ἱεραπόλεως τοῦ καὶ ὠνησαμένου.* huius manus (a), hic illic obvia, correctiunculis ineptis librum deformans, nullo negotio agnoscitur.

Sunt igitur scribae ipsius, aut certe diorthotae aequalis, correctiones quas siglo A^2 notare solemus, sed non inde sequitur ut pristinae scripturae (A) nulla habenda sit ratio. immo vero fere potiores eius lectiones esse apparet. non enim ex eodem libro descriptus est codex et postea correctus, sed iam absolutus, ut videtur, non ad archetypum sed ad alium codicem correctus, qui in *Politia* Caesenatis M gemellus fuisse videtur. eiusdem stirpis in *Timaeo* sunt excerpta codicis Palatini Vaticani 173 (P = Bekkeri 𝔡), quem librum (saeculo XII multo antiquiorem, ut mihi confirmat T. W. Allen) magna ex parte denuo contulit P. S. M^c^Intyre. non enim ex Parisino,

[1] De his codicibus legenda sunt quae disputavit T. W. Allen (*Journal of Philology*, XXI 48 sqq.).

quod Schanzio placuit et Iordano, descripta sunt haec excerpta sed ex eorum fonte correctus est A, de qua re alius locus erit dicendi. illud tantum monendum, si vera sunt quae nunc dixi, ad eam memoriam referendas esse manus A^2 correctiones quam in tetralogiis I–VII e Vindobonensi W cognovimus.

Haec cum perspexissem, vidi Bekkeri et Bastii dissensionem maiore ex parte explicari posse, quod reliquum erat Stallbaumio imputandum esse, qui non semel quae in Bastii schedis invenerat perperam intellexisset. citius enim hoc crediderim quam Bastium, virum harum rerum peritissimum, notissima ligatura deceptum, ut hoc utar, in *Timaeo* 45 a *αὐτόσφὸ* superscripto *υ* legisse pro *αὐτόσε τὸ* superscripto *γ*, aut ib. 65 d notam post *μέρη* appinxisse quae in codice nulla est. nimirum putandus est Bastius codicis compendia, ligaturas, similia imitando expressisse, quae res plurimis locis Stallbaumio fraudi fuit. quotiescunque igitur Bastianas lectiones a Stallbaumio commemoratas silentio praeteribo, scito eas mero errori deberi.

Codicum D (Π) et M notitiam Campbello, codicis Y (Υ) Bekkero acceptam refero. Vindobonensem F in *Politia* contulerat Schneider, in *Clitophonte*, *Timaeo*, *Critia* meum in usum contulit vir humanissimus I. Král. hic liber in *Timaeo* non multum affert novi, cum iam dudum cognitae sint libri gemelli Vat. 228 (Bekkeri 𝔬) lectiones, saepissime cum Proclo consentientes, ut vidit nuperrimus Diadochi editor, Ernestus Diehl. cum tamen Vaticani 𝔬 varietas apud Bekkerum legi possit, malui in *Timaeo* quoque Vindobonensis F testimonio uti. in *Critia*, codicis F auxilio freti, abicere possumus novicios codices ad quos antea confugiendum erat.

Monendus est lector praeterea me in hac annotationis brevitate non totam codicum varietatem exscripsisse, sed eas tantum lectiones quae aliquid utilitatis habituras esse putabam. Parisini tamen varietatem, in *Timaeo* praesertim et *Critia*, modo non integram apposui, neglectis tamen orthographicis, velut *ξυν-* pro *συν-*, *μῖξις* pro *μεῖξις*, et reliquis eiusdem generis minutiis. in *ν* paragogico addendo aut omittendo, ut in crasi et elisione adhibenda, Parisini auctoritatem constanter secutus sum.

In testimoniis citandis diligens fui, qua in re multum adiutus sum dissertatione Pauli Rawack quae inscribitur *de Platonis Timaeo quaestiones criticae* (Berolini, 1888). Proclum ex editionibus Guilelmi Kroll et Ernesti Diehl semper citavi, ceteros, quantum id fieri potuit, e recentissimis editionibus. probe scio totam hanc rem in lubrico versari, sed in *Timaeo* praesertim non tuto eam neglexeris. quare facile patiar si cui in hac re nimis videbor elaborasse.

IOANNES BURNET.

Scribebam Andreapoli
e Collegio S. Salvatoris et D. Leonardi
mense Maio M.CM.V

DIALOGORVM ORDO

TOMVS I

TOMVS II

DIALOGORVM ORDO

TOMVS III

TOMVS IV

DIALOGORVM ORDO

TOMVS V

SIGLA

A = cod. Parisinus graecus 1807
A² = idem post diorthosin (ab eadem manu ut videtur)
M = cod. Malatestianus, plut. xxviii. 4
D = cod. Venetus 185 = Bekkeri Π
Y = cod. Vindobonensis 21 = Bekkeri Υ
F = cod. Vindobonensis 55, suppl. phil. gr. 39

Recentiores manus librorum A M D Y F litteris a m d y f significantur

Hic illic citantur C = cod. Tubingensis, Θ = cod. Vat. 226
S = cod. Ven. 189 = Bekkeri Σ
D = codicis Veneti D apographa, praesertim Par. 1810 = Bekkeri D
M = codicis Malatestiani apographa, praesertim Vat. 61 = Bekkeri 𝔪

scr. recc. = lectiones librorum post litteras renatas exaratorum
scr. Ven. 184 = lectiones codicis a Ioanne Rhoso in Bessarionis usum exarati = Bekkeri Ξ
scr. Mon. = lectiones codicis interpolati Monacensis 237 = Bekkeri *q*

Pr. = Proclus
Ch. = Chalcidius

ΚΛΕΙΤΟΦΩΝ

St. III p. 406

ΣΩΚΡΑΤΗΣ ΚΛΕΙΤΟΦΩΝ

ΣΩ. Κλειτοφῶντα τὸν Ἀριστωνύμου τις ἡμῖν διηγεῖτο a
ἔναγχος, ὅτι Λυσίᾳ διαλεγόμενος τὰς μὲν μετὰ Σωκράτους
διατριβὰς ψέγοι, τὴν Θρασυμάχου δὲ συνουσίαν ὑπερε-
παινοῖ.

ΚΛΕΙ. Ὅστις, ὦ Σώκρατες, οὐκ ὀρθῶς ἀπεμνημόνευέ σοι 5
τοὺς ἐμοὶ περὶ σοῦ γενομένους λόγους πρὸς Λυσίαν· τὰ μὲν
γὰρ ἔγωγε οὐκ ἐπῄνουν σε, τὰ δὲ καὶ ἐπῄνουν. ἐπεὶ δὲ
δῆλος εἶ μεμφόμενος μέν μοι, προσποιούμενος δὲ μηδὲν
φροντίζειν, ἥδιστ' ἄν σοι διεξέλθοιμι αὐτοὺς αὐτός, ἐπειδὴ
καὶ μόνω τυγχάνομεν ὄντε, ἵνα ἧττόν με ἡγῇ πρὸς σὲ φαύλως 10
ἔχειν. νῦν γὰρ ἴσως οὐκ ὀρθῶς ἀκήκοας, ὥστε φαίνῃ πρὸς
ἐμὲ ἔχειν τραχυτέρως τοῦ δέοντος· εἰ δέ μοι δίδως παρ-
ρησίαν, ἥδιστα ἂν δεξαίμην καὶ ἐθέλω λέγειν.

ΣΩ. Ἀλλ' αἰσχρὸν μὴν σοῦ γε ὠφελεῖν με προθυμου- 407
μένου μὴ ὑπομένειν· δῆλον γὰρ ὡς γνοὺς ὅπῃ χείρων εἰμὶ
καὶ βελτίων, τὰ μὲν ἀσκήσω καὶ διώξομαι, τὰ δὲ φεύξομαι
κατὰ κράτος.

ΚΛΕΙ. Ἀκούοις ἄν. ἐγὼ γάρ, ὦ Σώκρατες, σοὶ συγγιγνό- 5
μενος πολλάκις ἐξεπληττόμην ἀκούων, καί μοι ἐδόκεις παρὰ
τοὺς ἄλλους ἀνθρώπους κάλλιστα λέγειν, ὁπότε ἐπιτιμῶν

406 a 3 ὑπερεπαινοῖ A D : ὑπερεπαινεῖ F a 5 ὅστις] ὅστις ἦν Hermann : ὅστις *** Schanz a 8 μηδὲν φροντίζειν A F D : μηδὲν εἰδέναι in marg. rec. a a 10 ὄντε D et fecit A²: ὄντες A F d a 11 πρὸς ἐμὲ A : πρός με F D a 13 ἂν om. F 407 a 6 ἐδόκεις A F : ἐδόκει D

τοῖς ἀνθρώποις, ὥσπερ ἐπὶ μηχανῆς τραγικῆς θεός, ὕμνεις
b λέγων· "Ποῖ φέρεσθε, ὤνθρωποι; καὶ ἀγνοεῖτε οὐδὲν τῶν
δεόντων πράττοντες, οἵτινες χρημάτων μὲν πέρι τὴν πᾶσαν
σπουδὴν ἔχετε ὅπως ὑμῖν ἔσται, τῶν δ' ὑέων οἷς ταῦτα
παραδώσετε ὅπως ἐπιστήσονται χρῆσθαι δικαίως τούτοις,
5 οὔτε διδασκάλους αὐτοῖς εὑρίσκετε τῆς δικαιοσύνης, εἴπερ
μαθητόν—εἰ δὲ μελετητόν τε καὶ ἀσκητόν, οἵτινες ἐξασκή-
σουσιν καὶ ἐκμελετήσουσιν ἱκανῶς—οὐδέ γ' ἔτι πρότερον
ὑμᾶς αὐτοὺς οὕτως ἐθεραπεύσατε. ἀλλ' ὁρῶντες γράμματα
c καὶ μουσικὴν καὶ γυμναστικὴν ὑμᾶς τε αὐτοὺς καὶ τοὺς
παῖδας ὑμῶν ἱκανῶς μεμαθηκότας—ἃ δὴ παιδείαν ἀρετῆς
εἶναι τελέαν ἡγεῖσθε—κἄπειτα οὐδὲν ἧττον κακοὺς γιγνο-
μένους περὶ τὰ χρήματα, πῶς οὐ καταφρονεῖτε τῆς νῦν
5 παιδεύσεως οὐδὲ ζητεῖτε οἵτινες ὑμᾶς παύσουσι ταύτης τῆς
ἀμουσίας; καίτοι διά γε ταύτην τὴν πλημμέλειαν καὶ ῥαθυ-
μίαν, ἀλλ' οὐ διὰ τὴν ἐν τῷ ποδὶ πρὸς τὴν λύραν ἀμετρίαν,
καὶ ἀδελφὸς ἀδελφῷ καὶ πόλεις πόλεσιν ἀμέτρως καὶ
d ἀναρμόστως προσφερόμεναι στασιάζουσι καὶ πολεμοῦντες τὰ
ἔσχατα δρῶσιν καὶ πάσχουσιν. ὑμεῖς δέ φατε οὐ δι' ἀπαι-
δευσίαν οὐδὲ δι' ἄγνοιαν ἀλλ' ἑκόντας τοὺς ἀδίκους ἀδίκους
εἶναι, πάλιν δ' αὖ τολμᾶτε λέγειν ὡς αἰσχρὸν καὶ θεομισὲς
5 ἡ ἀδικία· πῶς οὖν δή τις τό γε τοιοῦτον κακὸν ἑκὼν αἱροῖτ'
ἄν; Ἥττων ὃς ἂν ᾖ, φατέ, τῶν ἡδονῶν. οὐκοῦν καὶ τοῦτο
ἀκούσιον, εἴπερ τὸ νικᾶν ἑκούσιον; ὥστε ἐκ παντὸς τρόπου
τό γε ἀδικεῖν ἀκούσιον ὁ λόγος αἱρεῖ, καὶ δεῖν ἐπιμέλειαν τῆς
e νῦν πλείω ποιεῖσθαι πάντ' ἄνδρα ἰδίᾳ θ' ἅμα καὶ δημοσίᾳ
συμπάσας τὰς πόλεις."

Ταῦτ' οὖν, ὦ Σώκρατες, ἐγὼ ὅταν ἀκούω σοῦ θαμὰ
λέγοντος, καὶ μάλα ἄγαμαι καὶ θαυμαστῶς ὡς ἐπαινῶ.

a 8 θεός A D f : θεοῖς F   ὕμνεις S : ὑμεῖς A : ὕμνοις F D (ὑμνεῖς f d)
b 2 πᾶσαν τὴν F   b 5 ἀμελεῖτε καὶ ante οὔτε add. recc.   b 6 εἰ
δὲ A D : εἴτε F   b 7 γ' ἔτι] γέ τι Baumann : γε Schanz   c 1 τε
A F : om. D   c 3 ἡγεῖσθε F : ἥγησθε A D   d 1 προσφερόμεναι A D f :
προσφέρομεν αἱ F : προσφερόμενοι Ast   d 3 alterum ἀδίκους om. F
d 6 ἧττον ὡς ἂν ᾖ F   e 3 ἐγὼ ὦ Σώκρατες F   ἀκούσω F   θαμὰ]
θαῦμα F

καὶ ὁπόταν αὖ φῇς τὸ ἐφεξῆς τούτῳ, τοὺς ἀσκοῦντας μὲν 5
τὰ σώματα, τῆς δὲ ψυχῆς ἠμεληκότας ἕτερόν τι πράττειν
τοιοῦτον, τοῦ μὲν ἄρξοντος ἀμελεῖν, περὶ δὲ τὸ ἀρξόμενον
ἐσπουδακέναι. καὶ ὅταν λέγῃς ὡς ὅτῳ τις μὴ ἐπίσταται
χρῆσθαι, κρεῖττον ἐᾶν τὴν τούτου χρῆσιν· εἰ δή τις μὴ
ἐπίσταται ὀφθαλμοῖς χρῆσθαι μηδὲ ὠσὶν μηδὲ σύμπαντι τῷ 10
σώματι, τούτῳ μήτε ἀκούειν μήθ' ὁρᾶν μήτ' ἄλλην χρείαν
μηδεμίαν χρῆσθαι τῷ σώματι κρεῖττον ἢ ὁπῃοῦν χρῆσθαι.
καὶ δὴ καὶ περὶ τέχνην ὡσαύτως· ὅστις γὰρ δὴ μὴ ἐπίσταται 408
τῇ ἑαυτοῦ λύρᾳ χρῆσθαι, δῆλον ὡς οὐδὲ τῇ τοῦ γείτονος, οὐδὲ
ὅστις μὴ τῇ τῶν ἄλλων, οὐδὲ τῇ ἑαυτοῦ, οὐδ' ἄλλῳ τῶν
ὀργάνων οὐδὲ κτημάτων οὐδενί. καὶ τελευτᾷ δὴ καλῶς ὁ
λόγος οὗτός σοι, ὡς ὅστις ψυχῇ μὴ ἐπίσταται χρῆσθαι, 5
τούτῳ τὸ ἄγειν ἡσυχίαν τῇ ψυχῇ καὶ μὴ ζῆν κρεῖττον ἢ ζῆν
πράττοντι καθ' αὑτόν· εἰ δέ τις ἀνάγκη ζῆν εἴη, δούλῳ ἄμεινον
ἢ ἐλευθέρῳ διάγειν τῷ τοιούτῳ τὸν βίον ἐστὶν ἄρα, καθάπερ b
πλοίου παραδόντι τὰ πηδάλια τῆς διανοίας ἄλλῳ, τῷ μαθόντι
τὴν τῶν ἀνθρώπων κυβερνητικήν, ἣν δὴ σὺ πολιτικήν, ὦ
Σώκρατες, ἐπονομάζεις πολλάκις, τὴν αὐτὴν δὴ ταύτην δικα-
στικήν τε καὶ δικαιοσύνην ὡς ἔστιν λέγων. τούτοις δὴ τοῖς 5
λόγοις καὶ ἑτέροις τοιούτοις παμπόλλοις καὶ παγκάλως λεγο-
μένοις, ὡς διδακτὸν ἀρετὴ καὶ πάντων ἑαυτοῦ δεῖ μάλιστα
ἐπιμελεῖσθαι, σχεδὸν οὔτ' ἀντεῖπον πώποτε οὔτ' οἶμαι μή- c
ποτε ὕστερον ἀντείπω, προτρεπτικωτάτους τε ἡγοῦμαι καὶ
ὠφελιμωτάτους, καὶ ἀτεχνῶς ὥσπερ καθεύδοντας ἐπεγείρειν
ἡμᾶς. προσεῖχον δὴ τὸν νοῦν τὸ μετὰ ταῦτα ὡς ἀκουσόμενος,
ἐπανερωτῶν οὔτι σὲ τὸ πρῶτον, ὦ Σώκρατες, ἀλλὰ τῶν 5
ἡλικιωτῶν τε καὶ συνεπιθυμητῶν ἢ ἑταίρων σῶν, ἢ ὅπως δεῖ
πρὸς σὲ περὶ αὐτῶν τὸ τοιοῦτον ὀνομάζειν. τούτων γὰρ

e 7 ἄρξαντος F (suprascr. ον f) e 9 εἰ δή A D : εἰ δέ F : om. Stobaeus a 1 γὰρ δὴ F Stobaeus : γὰρ ἂν δὴ A : γὰρ ἂν D et in marg. f ἐπίσταται A F D : ἐπίστηται a a 7 εἴη om. Stobaeus b 4 δὴ A D : δὲ F c 1 μήποτ' ἐσὔστερον F c 2 ⟨ὃς⟩ προτρεπτικωτάτους Schanz γὰρ post τε add. Par. 1809 c 5 οὔ τι] ὅ τις in marg. f c 6 ἑτέρων F (corr. f)

τοὺς τὶ μάλιστα εἶναι δοξαζομένους ὑπὸ σοῦ πρώτους
ἐπανηρώτων, πυνθανόμενος τίς ὁ μετὰ ταῦτ' εἴη λόγος, καὶ
d κατὰ σὲ τρόπον τινὰ ὑποτείνων αὐτοῖς, "Ὦ βέλτιστοι,"
ἔφην, "ὑμεῖς, πῶς ποτε νῦν ἀποδεχόμεθα τὴν Σωκράτους
προτροπὴν ἡμῶν ἐπ' ἀρετήν; ὡς ὄντος μόνου τούτου,
ἐπεξελθεῖν δὲ οὐκ ἔνι τῷ πράγματι καὶ λαβεῖν αὐτὸ τελέως,
5 ἀλλ' ἡμῖν παρὰ πάντα δὴ τὸν βίον ἔργον τοῦτ' ἔσται, τοὺς
μήπω προτετραμμένους προτρέπειν, καὶ ἐκείνους αὖ ἑτέρους;
ἢ δεῖ τὸν Σωκράτη καὶ ἀλλήλους ἡμᾶς τὸ μετὰ τοῦτ' ἐπανερω-
e τᾶν, ὁμολογήσαντας τοῦτ' αὐτὸ ἀνθρώπῳ πρακτέον εἶναι, τί
τοὐντεῦθεν; πῶς ἄρχεσθαι δεῖν φαμεν δικαιοσύνης πέρι
μαθήσεως; ὥσπερ ἂν εἴ τις ἡμᾶς προύτρεπεν τοῦ σώματος
ἐπιμέλειαν ποιεῖσθαι, μηδὲν προνοοῦντας ὁρῶν καθάπερ
5 παῖδας ὡς ἔστιν τις γυμναστικὴ καὶ ἰατρική, κἄπειτα ὠνεί-
διζεν, λέγων ὡς αἰσχρὸν πυρῶν μὲν καὶ κριθῶν καὶ ἀμπέλων
ἐπιμέλειαν πᾶσαν ποιεῖσθαι, καὶ ὅσα τοῦ σώματος ἕνεκα
διαπονούμεθά τε καὶ κτώμεθα, τούτου δ' αὐτοῦ μηδεμίαν
τέχνην μηδὲ μηχανήν, ὅπως ὡς βέλτιστον ἔσται τὸ σῶμα,
10 ἐξευρίσκειν, καὶ ταῦτα οὖσαν. εἰ δ' ἐπανηρόμεθα τὸν ταῦθ'
409 ἡμᾶς προτρέποντα· Λέγεις δὲ εἶναι τίνας ταύτας τὰς τέχνας;
εἶπεν ἂν ἴσως ὅτι γυμναστικὴ καὶ ἰατρική. καὶ νῦν δὴ τίνα
φαμὲν εἶναι τὴν ἐπὶ τῇ τῆς ψυχῆς ἀρετῇ τέχνην; λεγέσθω."
Ὁ δὴ δοκῶν αὐτῶν ἐρρωμενέστατος εἶναι πρὸς ταῦτα ἀπο-
5 κρινόμενος εἶπέν μοι ταύτην τὴν τέχνην εἶναι ἥνπερ ἀκούεις
σὺ λέγοντος, ἔφη, Σωκράτους, οὐκ ἄλλην ἢ δικαιοσύνην.
Εἰπόντος δ' ἐμοῦ "Μή μοι τὸ ὄνομα μόνον εἴπῃς, ἀλλὰ ὧδε.
b ἰατρική πού τις λέγεται τέχνη· ταύτης δ' ἐστὶν διττὰ τὰ
ἀποτελούμενα, τὸ μὲν ἰατροὺς ἀεὶ πρὸς τοῖς οὖσιν ἑτέρους
ἐξεργάζεσθαι, τὸ δὲ ὑγίειαν· ἔστιν δὲ τούτων θάτερον οὐκέτι

d 1 ὑπό τινων F   d 4 γρ. ἔνι Ven. 184: ἐν A F D   d 6 ἐκείνους A F D: ἐκείνοις al. Schanz   d 7 τοῦτ'] τότ' F   ἐπανερωτᾶν F D: ἐπερωτᾶν A   e 10 ἐπανηρώμεθα F (corr. f)   a 4 αὐτῶν] αὐτοῦ F (corr. f)   a 5 μοι om. Stobaeus   a 7 δ' ἐμοῦ D: δέ μου A F Stobaeus   μόνον εἴπῃς A F D: εἴπῃς μόνον Stobaeus   ὧδε A F D: ὡδὶ Stobaeus

τέχνη, τῆς τέχνης δὲ τῆς διδασκούσης τε καὶ διδασκομένης
ἔργον, ὃ δὴ λέγομεν ὑγίειαν. καὶ τεκτονικῆς δὲ κατὰ ταὐτὰ 5
οἰκία τε καὶ τεκτονικὴ τὸ μὲν ἔργον, τὸ δὲ δίδαγμα. τῆς δὴ
δικαιοσύνης ὡσαύτως τὸ μὲν δικαίους ἔστω ποιεῖν, καθάπερ
ἐκεῖ τοὺς τεχνίτας ἑκάστους· τὸ δ' ἕτερον, ὃ δύναται ποιεῖν
ἡμῖν ἔργον ὁ δίκαιος, τί τοῦτό φαμεν; εἰπέ." Οὗτος μέν, ὡς c
οἶμαι, τὸ συμφέρον ἀπεκρίνατο, ἄλλος δὲ τὸ δέον, ἕτερος δὲ
τὸ ὠφέλιμον, ὁ δὲ τὸ λυσιτελοῦν. ἐπανῄειν δὴ ἐγὼ λέγων
ὅτι "Κἀκεῖ τά γε ὀνόματα ταῦτ' ἐστὶν ἐν ἑκάστῃ τῶν τεχνῶν,
ὀρθῶς πράττειν, λυσιτελοῦντα, ὠφέλιμα καὶ τἆλλα τὰ τοιαῦτα· 5
ἀλλὰ πρὸς ὅτι ταῦτα πάντα τείνει, ἐρεῖ τὸ ἴδιον ἑκάστη ἡ
τέχνη, οἷον ἡ τεκτονικὴ τὸ εὖ, τὸ καλῶς, τὸ δεόντως, ὥστε
τὰ ξύλινα, φήσει, σκεύη γίγνεσθαι, ἃ δὴ οὐκ ἔστιν τέχνη. d
λεγέσθω δὴ καὶ τὸ τῆς δικαιοσύνης ὡσαύτως." τελευτῶν
ἀπεκρίνατό τις ὦ Σώκρατές μοι τῶν σῶν ἑταίρων, ὃς δὴ
κομψότατα ἔδοξεν εἰπεῖν, ὅτι τοῦτ' εἴη τὸ τῆς δικαιοσύνης
ἴδιον ἔργον, ὃ τῶν ἄλλων οὐδεμιᾶς, φιλίαν ἐν ταῖς πόλεσιν 5
ποιεῖν. οὗτος δ' αὖ ἐρωτώμενος τὴν φιλίαν ἀγαθόν τ' ἔφη
εἶναι καὶ οὐδέποτε κακόν, τὰς δὲ τῶν παίδων φιλίας καὶ
τὰς τῶν θηρίων, ἃς ἡμεῖς τοῦτο τοὔνομα ἐπονομάζομεν, οὐκ
ἀπεδέχετο εἶναι φιλίας ἐπανερωτώμενος· συνέβαινε γὰρ αὐτῷ
τὰ πλείω τὰς τοιαύτας βλαβερὰς ἢ ἀγαθὰς εἶναι. φεύγων e
δὴ τὸ τοιοῦτον οὐδὲ φιλίας ἔφη τὰς τοιαύτας εἶναι, ψευδῶς
δὲ ὀνομάζειν αὐτὰς τοὺς οὕτως ὀνομάζοντας· τὴν δὲ ὄντως
καὶ ἀληθῶς φιλίαν εἶναι σαφέστατα ὁμόνοιαν. τὴν δὲ
ὁμόνοιαν ἐρωτώμενος εἰ ὁμοδοξίαν εἶναι λέγοι ἢ ἐπιστήμην, 5
την μὲν ὁμοδοξίαν ἠτίμαζεν· ἠναγκάζοντο γὰρ πολλαὶ καὶ
βλαβεραὶ γίγνεσθαι ὁμοδοξίαι ἀνθρώπων, τὴν δὲ φιλίαν
ἀγαθὸν ὡμολογήκει πάντως εἶναι καὶ δικαιοσύνης ἔργον,
ὥστε ταὐτὸν ἔφησεν εἶναι ὁμόνοιαν [καὶ] ἐπιστήμην οὖσαν,

b 8 ἐκεῖ τοὺς D f Stobaeus : ἐκείνους A : ἐκείνους τοὺς F c 3 ἐπανῄειν A D : ἐπανήκειν F δὴ A Stobaeus : δ' F D c 4 κἀκεῖ A F D : ἐκεῖ Stobaeus c 6 ἑκάστη ἡ Stobaeus : ἑκάστη A F D d 1 φήσει A F D : φύσει fecit A[2] (υ s. v.) d 9 αὐτὸν pr. F e 5 ἀνερωτώμενος F e 9 καὶ secl. Bekker

10 ἀλλ' οὐ δόξαν. ὅτε δὴ ἐνταῦθα ἧμεν τοῦ λόγου ἀποροῦντες,
410 οἱ παρόντες ἱκανοὶ ἦσαν ἐπιπλήττειν τε αὐτῷ καὶ λέγειν ὅτι
περιδεδράμηκεν εἰς ταὐτὸν ὁ λόγος τοῖς πρώτοις, καὶ ἔλεγον
ὅτι "Καὶ ἡ ἰατρικὴ ὁμόνοιά τίς ἐστι καὶ ἅπασαι αἱ τέχναι,
καὶ περὶ ὅτου εἰσὶν ἔχουσι λέγειν· τὴν δὲ ὑπὸ σοῦ λεγομένην
5 δικαιοσύνην ἢ ὁμόνοιαν, ὅποι τείνουσά ἐστιν, διαπέφευγεν,
καὶ ἄδηλον αὐτῆς ὅτι ποτ' ἔστιν τὸ ἔργον."

Ταῦτα, ὦ Σώκρατες, ἐγὼ τελευτῶν καὶ σὲ αὐτὸν ἠρώτων,
καὶ εἶπές μοι δικαιοσύνης εἶναι τοὺς μὲν ἐχθροὺς βλάπτειν,
b τοὺς δὲ φίλους εὖ ποιεῖν. ὕστερον δὲ ἐφάνη βλάπτειν
γε οὐδέποτε ὁ δίκαιος οὐδένα· πάντα γὰρ ἐπ' ὠφελίᾳ πάν-
τας δρᾶν. ταῦτα δὲ οὐχ ἅπαξ οὐδὲ δὶς ἀλλὰ πολὺν δὴ
ὑπομείνας χρόνον [καὶ] λιπαρῶν ἀπείρηκα, νομίσας σε τὸ
5 μὲν προτρέπειν εἰς ἀρετῆς ἐπιμέλειαν κάλλιστ' ἀνθρώπων
δρᾶν, δυοῖν δὲ θάτερον, ἢ τοσοῦτον μόνον δύνασθαι, μακ-
ρότερον δὲ οὐδέν, ὃ γένοιτ' ἂν καὶ περὶ ἄλλην ἡντιναοῦν
τέχνην, οἷον μὴ ὄντα κυβερνήτην καταμελετῆσαι τὸν ἔπαινον
c περὶ αὐτῆς, ὡς πολλοῦ τοῖς ἀνθρώποις ἀξία, καὶ περὶ τῶν
ἄλλων τεχνῶν ὡσαύτως· ταὐτὸν δὴ καὶ σοί τις ἐπενέγκοι
τάχ' ἂν περὶ δικαιοσύνης, ὡς οὐ μᾶλλον ὄντι δικαιοσύνης
ἐπιστήμονι, διότι καλῶς αὐτὴν ἐγκωμιάζεις. οὐ μὴν τό γε
5 ἐμὸν οὕτως ἔχει· δυοῖν δὲ θάτερον, ἢ οὐκ εἰδέναι σε ἢ
οὐκ ἐθέλειν αὐτῆς ἐμοὶ κοινωνεῖν. διὰ ταῦτα δὴ καὶ πρὸς
Θρασύμαχον οἶμαι πορεύσομαι καὶ ἄλλοσε ὅποι δύναμαι,
ἀπορῶν· ἐπεὶ εἴ γ' ἐθέλεις σὺ τούτων μὲν ἤδη παύσασθαι
d πρὸς ἐμὲ τῶν λόγων τῶν προτρεπτικῶν, οἷον δέ, εἰ περὶ
γυμναστικῆς προτετραμμένος ἦ τοῦ σώματος δεῖν μὴ ἀμελεῖν,
τὸ ἐφεξῆς ἂν τῷ προτρεπτικῷ λόγῳ ἔλεγες οἷον τὸ σῶμά
μου φύσει ὂν οἵας θεραπείας δεῖται, καὶ νῦν δὴ ταὐτὸν
5 γιγνέσθω. θὲς τὸν Κλειτοφῶντα ὁμολογοῦντα ὡς ἔστιν κατα-

a 1 γρ. ἐπεχείρησαν ἐπιπλήττειν A a 3 ἡ A F Stobaeus: om. D a 5 ὅποι F: ὅπου A D b 3 δὲ A D: γὰρ F b 4 καὶ secl. Baumann b 8 οἷον A D: om. F (ἢ suprascr. f) c 7 πορεύσομαι D f et fecit A[2]: πορεύομαι A F ὅποι Bekker: ὅπῃ A F D d 3 τῷ ἐφεξῆς F γέλαστον τῶν μὲν ἄλλων ἐπιμέλειαν ποιεῖσθαι, ψυχῆς δέ, ἧς ἕνεκα τἆλλα διαπονούμεθα, ταύτης ἠμεληκέναι· καὶ τἆλλα **e** πάντα οἷον με νῦν οὕτως εἰρηκέναι τὰ τούτοις ἑξῆς, ἃ καὶ νυνδὴ διῆλθον. καί σου δεόμενος λέγω μηδαμῶς ἄλλως ποιεῖν, ἵνα μή, καθάπερ νῦν, τὰ μὲν ἐπαινῶ σε πρὸς Λυσίαν καὶ πρὸς τοὺς ἄλλους, τὰ δέ τι καὶ ψέγω. μὴ μὲν γὰρ προτετραμμένῳ 5 σε ἀνθρώπῳ, ὦ Σώκρατες, ἄξιον εἶναι τοῦ παντὸς φήσω, προτετραμμένῳ δὲ σχεδὸν καὶ ἐμπόδιον τοῦ πρὸς τέλος ἀρετῆς ἐλθόντα εὐδαίμονα γενέσθαι.

e 1 καὶ τἆλλα . . . εἰρηκέναι om. F : add. in marg. f e 5 δέ τι A D : δ' ἔτι F

ΠΟΛΙΤΕΙΑ

Α   I.

St. II
p. 327

ΣΩΚΡΑΤΗΣ

Κατέβην χθὲς εἰς Πειραιᾶ μετὰ Γλαύκωνος τοῦ Ἀρίστωνος   a
προσευξόμενός τε τῇ θεῷ καὶ ἅμα τὴν ἑορτὴν βουλόμενος
θεάσασθαι τίνα τρόπον ποιήσουσιν ἅτε νῦν πρῶτον ἄγοντες.
καλὴ μὲν οὖν μοι καὶ ἡ τῶν ἐπιχωρίων πομπὴ ἔδοξεν εἶναι,
οὐ μέντοι ἧττον ἐφαίνετο πρέπειν ἣν οἱ Θρᾷκες ἔπεμπον.   5
προσευξάμενοι δὲ καὶ θεωρήσαντες ἀπῇμεν πρὸς τὸ ἄστυ.   b
κατιδὼν οὖν πόρρωθεν ἡμᾶς οἴκαδε ὡρμημένους Πολέμαρχος
ὁ Κεφάλου ἐκέλευσε δραμόντα τὸν παῖδα περιμεῖναί ἑ
κελεῦσαι. καί μου ὄπισθεν ὁ παῖς λαβόμενος τοῦ ἱματίου,
Κελεύει ὑμᾶς, ἔφη, Πολέμαρχος περιμεῖναι. Καὶ ἐγὼ   5
μετεστράφην τε καὶ ἠρόμην ὅπου αὐτὸς εἴη. Οὗτος, ἔφη,
ὄπισθεν προσέρχεται· ἀλλὰ περιμένετε. Ἀλλὰ περιμενοῦ-
μεν, ἦ δ᾽ ὃς ὁ Γλαύκων.

Καὶ ὀλίγῳ ὕστερον ὅ τε Πολέμαρχος ἧκε καὶ Ἀδείμαντος   c
ὁ τοῦ Γλαύκωνος ἀδελφὸς καὶ Νικήρατος ὁ Νικίου καὶ
ἄλλοι τινὲς ὡς ἀπὸ τῆς πομπῆς.

Ὁ οὖν Πολέμαρχος ἔφη· Ὦ Σώκρατες, δοκεῖτέ μοι πρὸς
ἄστυ ὡρμῆσθαι ὡς ἀπιόντες.   5

Οὐ γὰρ κακῶς δοξάζεις, ἦν δ᾽ ἐγώ.

Ὁρᾷς οὖν ἡμᾶς, ἔφη, ὅσοι ἐσμέν;

ΠΟΛΙΤΕΙΑ Aristoteles : Πολιτεία ἢ περὶ δικαίου Thrasyllus : ΠΟΛΙΤΕΙΑΣ πρῶτον F : ΠΟΛΙΤΕΙΑΙ ἢ περὶ δικαίου A D : ΠΟΛΙΤΕΙΑΙ M
c 3 ἄλλοι A D M : ἄλλοι πολλοί F   ὡς A F M : om. D

Πῶς γὰρ οὔ;

Ἦ τοίνυν τούτων, ἔφη, κρείττους γένεσθε ἢ μένετ' αὐτοῦ.

10 Οὐκοῦν, ἦν δ' ἐγώ, ἔτι ἓν λείπεται, τὸ ἢν πείσωμεν ὑμᾶς ὡς χρὴ ἡμᾶς ἀφεῖναι;

Ἦ καὶ δύναισθ' ἄν, ἦ δ' ὅς, πεῖσαι μὴ ἀκούοντας;

Οὐδαμῶς, ἔφη ὁ Γλαύκων.

Ὡς τοίνυν μὴ ἀκουσομένων, οὕτω διανοεῖσθε.

328 Καὶ ὁ Ἀδείμαντος, Ἆρά γε, ἦ δ' ὅς, οὐδ' ἴστε ὅτι λαμπὰς ἔσται πρὸς ἑσπέραν ἀφ' ἵππων τῇ θεῷ;

Ἀφ' ἵππων; ἦν δ' ἐγώ· καινόν γε τοῦτο. λαμπάδια ἔχοντες διαδώσουσιν ἀλλήλοις ἁμιλλώμενοι τοῖς ἵπποις; ἢ 5 πῶς λέγεις;

Οὕτως, ἔφη ὁ Πολέμαρχος. καὶ πρός γε παννυχίδα ποιήσουσιν, ἣν ἄξιον θεάσασθαι· ἐξαναστησόμεθα γὰρ μετὰ τὸ δεῖπνον καὶ τὴν παννυχίδα θεασόμεθα. καὶ συνεσόμεθά τε πολλοῖς τῶν νέων αὐτόθι καὶ διαλεξόμεθα. ἀλλὰ μένετε b καὶ μὴ ἄλλως ποιεῖτε.

Καὶ ὁ Γλαύκων, Ἔοικεν, ἔφη, μενετέον εἶναι.

Ἀλλ' εἰ δοκεῖ, ἦν δ' ἐγώ, οὕτω χρὴ ποιεῖν.

Ἦιμεν οὖν οἴκαδε εἰς τοῦ Πολεμάρχου, καὶ Λυσίαν τε 5 αὐτόθι κατελάβομεν καὶ Εὐθύδημον, τοὺς τοῦ Πολεμάρχου ἀδελφούς, καὶ δὴ καὶ Θρασύμαχον τὸν Καλχηδόνιον καὶ Χαρμαντίδην τὸν Παιανιᾶ καὶ Κλειτοφῶντα τὸν Ἀριστωνύμου· ἦν δ' ἔνδον καὶ ὁ πατὴρ ὁ τοῦ Πολεμάρχου Κέφαλος. καὶ μάλα πρεσβύτης μοι ἔδοξεν εἶναι· διὰ χρόνου γὰρ καὶ c ἑωράκη αὐτόν. καθῆστο δὲ ἐστεφανωμένος ἐπί τινος προσκεφαλαίου τε καὶ δίφρου· τεθυκὼς γὰρ ἐτύγχανεν ἐν τῇ αὐλῇ. ἐκαθεζόμεθα οὖν παρ' αὐτόν· ἔκειντο γὰρ δίφροι τινὲς αὐτόθι κύκλῳ.

5 Εὐθὺς οὖν με ἰδὼν ὁ Κέφαλος ἠσπάζετό τε καὶ εἶπεν· Ὦ Σώκρατες, οὐ δὲ θαμίζεις ἡμῖν καταβαίνων εἰς τὸν

c 10 γρ. ἓν λείπεται in marg. A et corr. m: ἐλλείπεται A F D M b 6 καλχηδόνιον A : χαλκηδόνιον D : καρχηδόνιον F M c 6 οὐ δὲ ci. Nitzsch : οὐδὲ A F D M : οὔτι Ast : fort. σὺ δὲ οὐ Bywater

Πειραιᾶ. χρῆν μέντοι. εἰ μὲν γὰρ ἐγὼ ἔτι ἐν δυνάμει ἦ
τοῦ ῥᾳδίως πορεύεσθαι πρὸς τὸ ἄστυ, οὐδὲν ἂν σὲ ἔδει δεῦρο
ἰέναι, ἀλλ' ἡμεῖς ἂν παρὰ σὲ ᾖμεν· νῦν δέ σε χρὴ πυκνό- d
τερον δεῦρο ἰέναι. ὡς εὖ ἴσθι ὅτι ἔμοιγε ὅσον αἱ ἄλλαι αἱ
κατὰ τὸ σῶμα ἡδοναὶ ἀπομαραίνονται, τοσοῦτον αὔξονται αἱ
περὶ τοὺς λόγους ἐπιθυμίαι τε καὶ ἡδοναί. μὴ οὖν ἄλλως
ποίει, ἀλλὰ τοῖσδέ τε τοῖς νεανίσκοις σύνισθι καὶ δεῦρο παρ' 5
ἡμᾶς φοίτα ὡς παρὰ φίλους τε καὶ πάνυ οἰκείους.

Καὶ μήν, ἦν δ' ἐγώ, ὦ Κέφαλε, χαίρω γε διαλεγόμενος
τοῖς σφόδρα πρεσβύταις· δοκεῖ γάρ μοι χρῆναι παρ' αὐτῶν e
πυνθάνεσθαι, ὥσπερ τινὰ ὁδὸν προεληλυθότων ἣν καὶ ἡμᾶς
ἴσως δεήσει πορεύεσθαι, ποία τίς ἐστιν, τραχεῖα καὶ χαλεπή,
ἢ ῥᾳδία καὶ εὔπορος. καὶ δὴ καὶ σοῦ ἡδέως ἂν πυθοίμην
ὅτι σοι φαίνεται τοῦτο, ἐπειδὴ ἐνταῦθα ἤδη εἶ τῆς ἡλικίας 5
ὃ δὴ "ἐπὶ γήραος οὐδῷ" φασιν εἶναι οἱ ποιηταί, πότερον
χαλεπὸν τοῦ βίου, ἢ πῶς σὺ αὐτὸ ἐξαγγέλλεις.

Ἐγώ σοι, ἔφη, νὴ τὸν Δία ἐρῶ, ὦ Σώκρατες, οἷόν γέ μοι 329
φαίνεται. πολλάκις γὰρ συνερχόμεθά τινες εἰς ταὐτὸν παρα-
πλησίαν ἡλικίαν ἔχοντες, διασῴζοντες τὴν παλαιὰν παροι-
μίαν· οἱ οὖν πλεῖστοι ἡμῶν ὀλοφύρονται συνιόντες, τὰς
ἐν τῇ νεότητι ἡδονὰς ποθοῦντες καὶ ἀναμιμνῃσκόμενοι περί 5
τε τἀφροδίσια καὶ περὶ πότους τε καὶ εὐωχίας καὶ ἄλλ' ἄττα
ἃ τῶν τοιούτων ἔχεται, καὶ ἀγανακτοῦσιν ὡς μεγάλων τινῶν
ἀπεστερημένοι καὶ τότε μὲν εὖ ζῶντες, νῦν δὲ οὐδὲ ζῶντες.
ἔνιοι δὲ καὶ τὰς τῶν οἰκείων προπηλακίσεις τοῦ γήρως b
ὀδύρονται, καὶ ἐπὶ τούτῳ δὴ τὸ γῆρας ὑμνοῦσιν ὅσων κακῶν
σφίσιν αἴτιον. ἐμοὶ δὲ δοκοῦσιν, ὦ Σώκρατες, οὗτοι οὐ τὸ
αἴτιον αἰτιᾶσθαι. εἰ γὰρ ἦν τοῦτ' αἴτιον, κἂν ἐγὼ τὰ αὐτὰ

d 1 ἀλλ' . . . d 2 ἰέναι A F M : om. D   d 5 νεανίσκοις F D Stobaeus : νεανίαις A M   d 6 ὡς παρὰ φίλους τε F D M Stobaeus et in marg. A : om. A   d 7 γε D Stobaeus : τε F : om. A M   e 3 ποία] ὁποία Stobaeus   e 7 αὐτὸ] αὐτὸς A[2]   a 4 ξυνιόντες A F D M Stobaeus : ξυνόντες ci. Buttmann   a 6 πότους τε καὶ F D Stobaeus : πότους καὶ A M

5 ταῦτα ἐπεπόνθη, ἕνεκά γε γήρως, καὶ οἱ ἄλλοι πάντες ὅσοι ἐνταῦθα ἦλθον ἡλικίας. νῦν δ' ἔγωγε ἤδη ἐντετύχηκα οὐχ οὕτως ἔχουσιν καὶ ἄλλοις, καὶ δὴ καὶ Σοφοκλεῖ ποτε τῷ ποιητῇ παρεγενόμην ἐρωτωμένῳ ὑπό τινος· "Πῶς," ἔφη,
c "ὦ Σοφόκλεις, ἔχεις πρὸς τἀφροδίσια; ἔτι οἷός τε εἶ γυναικὶ συγγίγνεσθαι"; καὶ ὅς, "Εὐφήμει," ἔφη, "ὦ ἄνθρωπε· ἁσμενέστατα μέντοι αὐτὸ ἀπέφυγον, ὥσπερ λυττῶντά τινα καὶ ἄγριον δεσπότην ἀποδράς." εὖ οὖν μοι καὶ
5 τότε ἔδοξεν ἐκεῖνος εἰπεῖν, καὶ νῦν οὐχ ἧττον. παντάπασι γὰρ τῶν γε τοιούτων ἐν τῷ γήρᾳ πολλὴ εἰρήνη γίγνεται καὶ ἐλευθερία· ἐπειδὰν αἱ ἐπιθυμίαι παύσωνται κατατείνουσαι καὶ χαλάσωσιν, παντάπασιν τὸ τοῦ Σοφοκλέους γίγνεται,
d δεσποτῶν πάνυ πολλῶν ἔστι καὶ μαινομένων ἀπηλλάχθαι. ἀλλὰ καὶ τούτων πέρι καὶ τῶν γε πρὸς τοὺς οἰκείους μία τις αἰτία ἐστίν, οὐ τὸ γῆρας, ὦ Σώκρατες, ἀλλ' ὁ τρόπος τῶν ἀνθρώπων. ἂν μὲν γὰρ κόσμιοι καὶ εὔκολοι ὦσιν, καὶ τὸ
5 γῆρας μετρίως ἐστὶν ἐπίπονον· εἰ δὲ μή, καὶ γῆρας, ὦ Σώκρατες, καὶ νεότης χαλεπὴ τῷ τοιούτῳ συμβαίνει.

Καὶ ἐγὼ ἀγασθεὶς αὐτοῦ εἰπόντος ταῦτα, βουλόμενος ἔτι
e λέγειν αὐτὸν ἐκίνουν καὶ εἶπον· Ὦ Κέφαλε, οἶμαί σου τοὺς πολλούς, ὅταν ταῦτα λέγῃς, οὐκ ἀποδέχεσθαι ἀλλ' ἡγεῖσθαί σε ῥᾳδίως τὸ γῆρας φέρειν οὐ διὰ τὸν τρόπον ἀλλὰ διὰ τὸ πολλὴν οὐσίαν κεκτῆσθαι· τοῖς γὰρ πλουσίοις πολλὰ
5 παραμύθιά φασιν εἶναι.

Ἀληθῆ, ἔφη, λέγεις· οὐ γὰρ ἀποδέχονται. καὶ λέγουσι μέν τι, οὐ μέντοι γε ὅσον οἴονται· ἀλλὰ τὸ τοῦ Θεμιστοκλέους εὖ ἔχει, ὃς τῷ Σεριφίῳ λοιδορουμένῳ καὶ λέγοντι

b 6 ἔγωγε] ἐγὼ Stobaeus b 8 ἐρωτωμένῳ A F M Stobaeus: ἐρωτώμενος D c 2 γυναικὶ] γυναιξὶ Theo Stobaeus ὦ om. Clemens c 3 ἁσμενέστατα A F M Olympiodorus Theo Clemens Stobaeus: ἀσμεναίτατα D Eustathius Et. Mag. αὐτὸ] αὐτὰ Theo c 4 ἀποδράς Theo: ἀποφυγών A F D M Clemens Stobaeus c 5 ἔδοξεν ἐκεῖνος] ἐκεῖνος ἔδοξεν Stobaeus c 7 ἐπειδὰν A F D: ἐπειδὰν γὰρ M f d Stobaeus d 1 ἔστι secl. ci. Stallbaum e 1 σου] σε rec. a e 7 γε ὅσον] ὅσον γε ci. Cobet

ὅτι οὐ δι' αὐτὸν ἀλλὰ διὰ τὴν πόλιν εὐδοκιμοῖ, ἀπεκρίνατο 330
ὅτι οὔτ' ἂν αὐτὸς Σερίφιος ὢν ὀνομαστὸς ἐγένετο οὔτ'
ἐκεῖνος Ἀθηναῖος. καὶ τοῖς δὴ μὴ πλουσίοις, χαλεπῶς δὲ
τὸ γῆρας φέρουσιν, εὖ ἔχει ὁ αὐτὸς λόγος, ὅτι οὔτ' ἂν ὁ
ἐπιεικὴς πάνυ τι ῥᾳδίως γῆρας μετὰ πενίας ἐνέγκοι οὔθ' 5
ὁ μὴ ἐπιεικὴς πλουτήσας εὔκολός ποτ' ἂν ἑαυτῷ γένοιτο.

Πότερον δέ, ἦν δ' ἐγώ, ὦ Κέφαλε, ὧν κέκτησαι τὰ πλείω
παρέλαβες ἢ ἐπεκτήσω;

Ποῖ' ἐπεκτησάμην, ἔφη, ὦ Σώκρατες; μέσος τις γέγονα b
χρηματιστὴς τοῦ τε πάππου καὶ τοῦ πατρός. ὁ μὲν γὰρ
πάππος τε καὶ ὁμώνυμος ἐμοὶ σχεδόν τι ὅσην ἐγὼ νῦν
οὐσίαν κέκτημαι παραλαβὼν πολλάκις τοσαύτην ἐποίησεν,
Λυσανίας δὲ ὁ πατὴρ ἔτι ἐλάττω αὐτὴν ἐποίησε τῆς νῦν 5
οὔσης· ἐγὼ δὲ ἀγαπῶ ἐὰν μὴ ἐλάττω καταλίπω τουτοισιν,
ἀλλὰ βραχεῖ γέ τινι πλείω ἢ παρέλαβον.

Οὗ τοι ἕνεκα ἠρόμην, ἦν δ' ἐγώ, ὅτι μοι ἔδοξας οὐ σφόδρα
ἀγαπᾶν τὰ χρήματα, τοῦτο δὲ ποιοῦσιν ὡς τὸ πολὺ οἳ ἂν c
μὴ αὐτοὶ κτήσωνται· οἱ δὲ κτησάμενοι διπλῇ ἢ οἱ ἄλλοι
ἀσπάζονται αὐτά. ὥσπερ γὰρ οἱ ποιηταὶ τὰ αὑτῶν ποιήματα καὶ οἱ πατέρες τοὺς παῖδας ἀγαπῶσιν, ταύτῃ τε δὴ καὶ
οἱ χρηματισάμενοι περὶ τὰ χρήματα σπουδάζουσιν ὡς ἔργον 5
ἑαυτῶν, καὶ κατὰ τὴν χρείαν ᾗπερ οἱ ἄλλοι. χαλεποὶ οὖν
καὶ συγγενέσθαι εἰσίν, οὐδὲν ἐθέλοντες ἐπαινεῖν ἀλλ' ἢ τὸν
πλοῦτον.

Ἀληθῆ, ἔφη, λέγεις.

Πάνυ μὲν οὖν, ἦν δ' ἐγώ. ἀλλά μοι ἔτι τοσόνδε εἰπέ· d
τί μέγιστον οἴει ἀγαθὸν ἀπολελαυκέναι τοῦ πολλὴν οὐσίαν
κεκτῆσθαι;

a 5 πάνυ τι . . . a 6 ἐπιεικὴς A F M : om. D b 1 ποῖ' F M d : ποῖ A D b 5 Λυσανίας] Λυσίας ci. Hemsterhuis αὐτὴν] αὖ ταύτην ci. Hartman b 6 τουτοισί Bekker b 8 οὗ τοι scr. Laur. lxxxv. 6 : οὖτοι (sic) D : οὔτοι A M : τούτου F Stobaeus c 2 ἢ οἱ A F Stobaeus : ἢ D c 5 περὶ A D M : om. F Stobaeus c 6 κατὰ A D M Stobaeus : οὐ κατὰ F ᾗπερ F D M Stobaeus : ἧπερ A c 7 ἀλλ'] ἄλλο Stobaeus

Ὅ, ἦ δ' ὅς, ἴσως οὐκ ἂν πολλοὺς πείσαιμι λέγων. εὖ
5 γὰρ ἴσθι, ἔφη, ὦ Σώκρατες, ὅτι, ἐπειδάν τις ἐγγὺς ᾖ τοῦ
οἴεσθαι τελευτήσειν, εἰσέρχεται αὐτῷ δέος καὶ φροντὶς περὶ
ὧν ἔμπροσθεν οὐκ εἰσῄει. οἵ τε γὰρ λεγόμενοι μῦθοι περὶ
τῶν ἐν Ἅιδου, ὡς τὸν ἐνθάδε ἀδικήσαντα δεῖ ἐκεῖ διδόναι
e δίκην, καταγελώμενοι τέως, τότε δὴ στρέφουσιν αὐτοῦ τὴν
ψυχὴν μὴ ἀληθεῖς ὦσιν· καὶ αὐτός—ἤτοι ὑπὸ τῆς τοῦ γήρως
ἀσθενείας ἢ καὶ ὥσπερ ἤδη ἐγγυτέρω ὢν τῶν ἐκεῖ μᾶλλόν
τι καθορᾷ αὐτά—ὑποψίας δ' οὖν καὶ δείματος μεστὸς γίγνε-
5 ται καὶ ἀναλογίζεται ἤδη καὶ σκοπεῖ εἴ τινά τι ἠδίκησεν.
ὁ μὲν οὖν εὑρίσκων ἑαυτοῦ ἐν τῷ βίῳ πολλὰ ἀδικήματα καὶ
ἐκ τῶν ὕπνων, ὥσπερ οἱ παῖδες, θαμὰ ἐγειρόμενος δειμαίνει
331 καὶ ζῇ μετὰ κακῆς ἐλπίδος· τῷ δὲ μηδὲν ἑαυτῷ ἄδικον
συνειδότι ἡδεῖα ἐλπὶς ἀεὶ πάρεστι καὶ ἀγαθὴ γηροτρόφος,
ὡς καὶ Πίνδαρος λέγει. χαριέντως γάρ τοι, ὦ Σώκρατες,
τοῦτ' ἐκεῖνος εἶπεν, ὅτι ὃς ἂν δικαίως καὶ ὁσίως τὸν βίον
5 διαγάγῃ,

γλυκεῖά οἱ καρδίαν
ἀτάλλοισα γηροτρόφος συναορεῖ
ἐλπὶς ἃ μάλιστα θνατῶν πολύστροφον
γνώμαν κυβερνᾷ.

10 εὖ οὖν λέγει θαυμαστῶς ὡς σφόδρα. πρὸς δὴ τοῦτ' ἔγωγε
τίθημι τὴν τῶν χρημάτων κτῆσιν πλείστου ἀξίαν εἶναι, οὔ
b τι παντὶ ἀνδρὶ ἀλλὰ τῷ ἐπιεικεῖ καὶ κοσμίῳ. τὸ γὰρ μηδὲ
ἄκοντά τινα ἐξαπατῆσαι ἢ ψεύσασθαι, μηδ' αὖ ὀφείλοντα ἢ
θεῷ θυσίας τινὰς ἢ ἀνθρώπῳ χρήματα ἔπειτα ἐκεῖσε ἀπιέναι
δεδιότα, μέγα μέρος εἰς τοῦτο ἡ τῶν χρημάτων κτῆσις συμ-

d 4 πολλοὺς] ἄλλους καὶ πολλοὺς Stobaeus d 7 ἔμπροσθεν A D M : ἐν τῷ πρόσθεν F Iustinus Stobaeus e 4 δ' οὖν A D M : γοῦν Iustinus : οὖν F Stobaeus e 5 ἠδίκησεν A[2] D Iustinus : ἠδίκηκεν A F M Stobaeus e 7 δειμαίνει A D M Iustinus Stobaeus : ἀεὶ δειμαίνει F a 1 ἑαυτῷ A F M Iustinus Stobaeus : ἐν αὐτῷ D a 3 ὡς A D M : ὥσπερ F Iustinus Stobaeus a 9 κυβερνᾷ] κυβερνᾶν D a 11 οὔ τι] οὔτι που Stobaeus b 1 καὶ κοσμίῳ Stobaei cod. *A*: om. A F D M Stobaei codd. *SM* b 3 θεῷ A F M Stobaeus : θεῶν D

βάλλεται. ἔχει δὲ καὶ ἄλλας χρείας πολλάς· ἀλλὰ ἕν γε 5
ἀνθ' ἑνὸς οὐκ ἐλάχιστον ἔγωγε θείην ἂν εἰς τοῦτο ἀνδρὶ
νοῦν ἔχοντι, ὦ Σώκρατες, πλοῦτον χρησιμώτατον εἶναι.

Παγκάλως, ἦν δ' ἐγώ, λέγεις, ὦ Κέφαλε. τοῦτο δ' αὐτό, c
τὴν δικαιοσύνην, πότερα τὴν ἀλήθειαν αὐτὸ φήσομεν εἶναι
ἁπλῶς οὕτως καὶ τὸ ἀποδιδόναι ἄν τίς τι παρά του λάβῃ, ἢ
καὶ αὐτὰ ταῦτα ἔστιν ἐνίοτε μὲν δικαίως, ἐνίοτε δὲ ἀδίκως
ποιεῖν; οἷον τοιόνδε λέγω· πᾶς ἄν που εἴποι, εἴ τις λάβοι 5
παρὰ φίλου ἀνδρὸς σωφρονοῦντος ὅπλα, εἰ μανεὶς ἀπαιτοῖ,
ὅτι οὔτε χρὴ τὰ τοιαῦτα ἀποδιδόναι, οὔτε δίκαιος ἂν εἴη ὁ
ἀποδιδούς, οὐδ' αὖ πρὸς τὸν οὕτως ἔχοντα πάντα ἐθέλων
τἀληθῆ λέγειν.

Ὀρθῶς, ἔφη, λέγεις. d

Οὐκ ἄρα οὗτος ὅρος ἐστὶν δικαιοσύνης, ἀληθῆ τε λέγειν
καὶ ἃ ἂν λάβῃ τις ἀποδιδόναι.

Πάνυ μὲν οὖν, ἔφη, ὦ Σώκρατες, ὑπολαβὼν ὁ Πολέμαρχος,
εἴπερ γέ τι χρὴ Σιμωνίδῃ πείθεσθαι. 5

Καὶ μέντοι, ἔφη ὁ Κέφαλος, καὶ παραδίδωμι ὑμῖν τὸν
λόγον· δεῖ γάρ με ἤδη τῶν ἱερῶν ἐπιμεληθῆναι.

Οὐκοῦν, ἔφη, ἐγώ, ὁ Πολέμαρχος, τῶν γε σῶν κληρονόμος;

Πάνυ γε, ἦ δ' ὃς γελάσας, καὶ ἅμα ᾔει πρὸς τὰ ἱερά.

Λέγε δή, εἶπον ἐγώ, σὺ ὁ τοῦ λόγου κληρονόμος, τί φῄς e
τὸν Σιμωνίδην λέγοντα ὀρθῶς λέγειν περὶ δικαιοσύνης;

Ὅτι, ἦ δ' ὅς, τὸ τὰ ὀφειλόμενα ἑκάστῳ ἀποδιδόναι
δίκαιόν ἐστι· τοῦτο λέγων δοκεῖ ἔμοιγε καλῶς λέγειν.

Ἀλλὰ μέντοι, ἦν δ' ἐγώ, Σιμωνίδῃ γε οὐ ῥᾴδιον ἀπι- 5
στεῖν—σοφὸς γὰρ καὶ θεῖος ἀνήρ—τοῦτο μέντοι ὅτι ποτὲ
λέγει, σὺ μέν, ὦ Πολέμαρχε, ἴσως γιγνώσκεις, ἐγὼ δὲ
ἀγνοῶ· δῆλον γὰρ ὅτι οὐ τοῦτο λέγει, ὅπερ ἄρτι ἐλέγομεν,

b 5 ἕν γε Stobaeus: γε ἓν A F D M: γε secl. Stallbaum c 5 οἷον τοιόνδε A F M: οἷον δὲ D που A F M: ποι D d 8 ἔφη ἐγώ A D M: ἐγὼ ἔφη F: ἔφην ἐγώ scr. Ven. 184 e 4 ἔμοιγε A M: μοί γε F: ἐμοὶ D e 6 γὰρ A F M: om. D ἀνήρ A F D M: ὁ ἀνήρ f: ἁνήρ Bekker e 8 ὅτι A F M: om. D

τό τινος παρακαταθεμένου τι ὁτῳοῦν μὴ σωφρόνως ἀπαι-
332 a τοῦντι ἀποδιδόναι. καίτοι γε ὀφειλόμενόν πού ἐστιν τοῦτο ὃ
παρακατέθετο· ἦ γάρ;

Ναί.

Ἀποδοτέον δέ γε οὐδ᾽ ὁπωστιοῦν τότε ὁπότε τις μὴ
5 σωφρόνως ἀπαιτοῖ;

Ἀληθῆ, ἦ δ᾽ ὅς.

Ἄλλο δή τι ἢ τὸ τοιοῦτον, ὡς ἔοικεν, λέγει Σιμωνίδης τὸ
τὰ ὀφειλόμενα δίκαιον εἶναι ἀποδιδόναι.

Ἄλλο μέντοι νὴ Δί᾽, ἔφη· τοῖς γὰρ φίλοις οἴεται
10 ὀφείλειν τοὺς φίλους ἀγαθὸν μέν τι δρᾶν, κακὸν δὲ μηδέν.

Μανθάνω, ἦν δ᾽ ἐγώ—ὅτι οὐ τὰ ὀφειλόμενα ἀποδίδωσιν
ὃς ἄν τῳ χρυσίον ἀποδῷ παρακαταθεμένῳ, ἐάνπερ ἡ ἀπό-
b δοσις καὶ ἡ λῆψις βλαβερὰ γίγνηται, φίλοι δὲ ὦσιν ὅ τε
ἀπολαμβάνων καὶ ὁ ἀποδιδούς—οὐχ οὕτω λέγειν φῂς τὸν
Σιμωνίδην;

Πάνυ μὲν οὖν.

5 Τί δέ; τοῖς ἐχθροῖς ἀποδοτέον ὅτι ἂν τύχῃ ὀφειλόμενον;

Παντάπασι μὲν οὖν, ἔφη, ὅ γε ὀφείλεται αὐτοῖς, ὀφεί-
λεται δέ γε οἶμαι παρά γε τοῦ ἐχθροῦ τῷ ἐχθρῷ ὅπερ καὶ
προσήκει, κακόν τι.

Ἠινίξατο ἄρα, ἦν δ᾽ ἐγώ, ὡς ἔοικεν, ὁ Σιμωνίδης ποιη-
c τικῶς τὸ δίκαιον ὃ εἴη. διενοεῖτο μὲν γάρ, ὡς φαίνεται,
ὅτι τοῦτ᾽ εἴη δίκαιον, τὸ προσῆκον ἑκάστῳ ἀποδιδόναι, τοῦτο
δὲ ὠνόμασεν ὀφειλόμενον.

Ἀλλὰ τί οἴει; ἔφη.

5 Ὦ πρὸς Διός, ἦν δ᾽ ἐγώ, εἰ οὖν τις αὐτὸν ἤρετο· "Ὦ
Σιμωνίδη, ἡ τίσιν οὖν τί ἀποδιδοῦσα ὀφειλόμενον καὶ
προσῆκον τέχνη ἰατρικὴ καλεῖται;" τί ἂν οἴει ἡμῖν αὐτὸν
ἀποκρίνασθαι;

a 1 γε ὀφειλόμενόν] ὀφειλόμενόν γε ci. Hartman a 5 ἀπαιτοῖ] ἀπαιτεῖ ci. Madvig a 12 χρυσίον A F M : χρυσίῳ D c 4 οἴει; ἔφη : ὦ πρὸς A F : οἴει ἔφη πρὸς D M : οἴει; Ἔφη. Ὦ πρὸς Madvig

Δῆλον ὅτι, ἔφη, ἡ σώμασιν φάρμακά τε καὶ σιτία καὶ ποτά. 10

Ἡ δὲ τίσιν τί ἀποδιδοῦσα ὀφειλόμενον καὶ προσῆκον τέχνη μαγειρικὴ καλεῖται;

Ἡ τοῖς ὄψοις τὰ ἡδύσματα. d

Εἶεν· ἡ οὖν δὴ τίσιν τί ἀποδιδοῦσα τέχνη δικαιοσύνη ἂν καλοῖτο;

Εἰ μέν τι, ἔφη, δεῖ ἀκολουθεῖν, ὦ Σώκρατες, τοῖς ἔμπροσθεν εἰρημένοις, ἡ τοῖς φίλοις τε καὶ ἐχθροῖς ὠφελίας 5 τε καὶ βλάβας ἀποδιδοῦσα.

Τὸ τοὺς φίλους ἄρα εὖ ποιεῖν καὶ τοὺς ἐχθροὺς κακῶς δικαιοσύνην λέγει;

Δοκεῖ μοι.

Τίς οὖν δυνατώτατος κάμνοντας φίλους εὖ ποιεῖν καὶ 10 ἐχθροὺς κακῶς πρὸς νόσον καὶ ὑγίειαν;

Ἰατρός.

Τίς δὲ πλέοντας πρὸς τὸν τῆς θαλάττης κίνδυνον; e

Κυβερνήτης.

Τί δὲ ὁ δίκαιος; ἐν τίνι πράξει καὶ πρὸς τί ἔργον δυνατώτατος φίλους ὠφελεῖν καὶ ἐχθροὺς βλάπτειν;

Ἐν τῷ προσπολεμεῖν καὶ ἐν τῷ συμμαχεῖν, ἔμοιγε δοκεῖ. 5

Εἶεν· μὴ κάμνουσί γε μήν, ὦ φίλε Πολέμαρχε, ἰατρὸς ἄχρηστος.

Ἀληθῆ.

Καὶ μὴ πλέουσι δὴ κυβερνήτης.

Ναί. 10

Ἆρα καὶ τοῖς μὴ πολεμοῦσιν ὁ δίκαιος ἄχρηστος;

Οὐ πάνυ μοι δοκεῖ τοῦτο.

Χρήσιμον ἄρα καὶ ἐν εἰρήνῃ δικαιοσύνη;

Χρήσιμον. 333

Καὶ γὰρ γεωργία· ἢ οὔ;

d 2 ἡ A F M : εἰ D καὶ ἐν τῷ A F D : καὶ M e 5 προσπολεμεῖν A D M : προπολεμεῖν F δοκεῖ A D M : δοκεῖν F

Ναί.

Πρός γε καρποῦ κτῆσιν;

5 Ναί.

Καὶ μὴν καὶ σκυτοτομική;

Ναί.

Πρός γε ὑποδημάτων ἂν οἶμαι φαίης κτῆσιν;

Πάνυ γε.

10 Τί δὲ δή; τὴν δικαιοσύνην πρὸς τίνος χρείαν ἢ κτῆσιν ἐν εἰρήνῃ φαίης ἂν χρήσιμον εἶναι;

Πρὸς τὰ συμβόλαια, ὦ Σώκρατες.

Συμβόλαια δὲ λέγεις κοινωνήματα ἤ τι ἄλλο;

Κοινωνήματα δῆτα.

b Ἆρ' οὖν ὁ δίκαιος ἀγαθὸς καὶ χρήσιμος κοινωνὸς εἰς πεττῶν θέσιν, ἢ ὁ πεττευτικός;

Ὁ πεττευτικός.

Ἀλλ' εἰς πλίνθων καὶ λίθων θέσιν ὁ δίκαιος χρησιμώτερός 5 τε καὶ ἀμείνων κοινωνὸς τοῦ οἰκοδομικοῦ;

Οὐδαμῶς.

Ἀλλ' εἰς τίνα δὴ κοινωνίαν ὁ δίκαιος ἀμείνων κοινωνὸς τοῦ οἰκοδομικοῦ τε καὶ κιθαριστικοῦ, ὥσπερ ὁ κιθαριστικὸς τοῦ δικαίου εἰς κρουμάτων;

10 Εἰς ἀργυρίου, ἔμοιγε δοκεῖ.

Πλήν γ' ἴσως, ὦ Πολέμαρχε, πρὸς τὸ χρῆσθαι ἀργυρίῳ, ὅταν δέῃ ἀργυρίου κοινῇ πρίασθαι ἢ ἀποδόσθαι ἵππον· τότε c δέ, ὡς ἐγὼ οἶμαι, ὁ ἱππικός. ἦ γάρ;

Φαίνεται.

Καὶ μὴν ὅταν γε πλοῖον, ὁ ναυπηγὸς ἢ ὁ κυβερνήτης;

Ἔοικεν.

5 Ὅταν οὖν τί δέῃ ἀργυρίῳ ἢ χρυσίῳ κοινῇ χρῆσθαι, ὁ δίκαιος χρησιμώτερος τῶν ἄλλων;

Ὅταν παρακαταθέσθαι καὶ σῶν εἶναι, ὦ Σώκρατες.

b 7 *τίνα*] *τίνος* ci. H. Richards b 8 *οἰκοδομικοῦ τε καὶ* D : om. A F M

Οὐκοῦν λέγεις ὅταν μηδὲν δέῃ αὐτῷ χρῆσθαι ἀλλὰ κεῖσθαι;

Πάνυ γε. 10

Ὅταν ἄρα ἄχρηστον ᾖ ἀργύριον, τότε χρήσιμος ἐπ' αὐτῷ ἡ δικαιοσύνη; d

Κινδυνεύει.

Καὶ ὅταν δὴ δρέπανον δέῃ φυλάττειν, ἡ δικαιοσύνη χρήσιμος καὶ κοινῇ καὶ ἰδίᾳ· ὅταν δὲ χρῆσθαι, ἡ ἀμπελουργική;

Φαίνεται. 5

Φήσεις δὲ καὶ ἀσπίδα καὶ λύραν ὅταν δέῃ φυλάττειν καὶ μηδὲν χρῆσθαι, χρήσιμον εἶναι τὴν δικαιοσύνην, ὅταν δὲ χρῆσθαι, τὴν ὁπλιτικὴν καὶ τὴν μουσικήν;

Ἀνάγκη.

Καὶ περὶ τἆλλα δὴ πάντα ἡ δικαιοσύνη ἑκάστου ἐν μὲν 10 χρήσει ἄχρηστος, ἐν δὲ ἀχρηστίᾳ χρήσιμος;

Κινδυνεύει.

Οὐκ ἂν οὖν, ὦ φίλε, πάνυ γέ τι σπουδαῖον εἴη ἡ e δικαιοσύνη, εἰ πρὸς τὰ ἄχρηστα χρήσιμον ὂν τυγχάνει. τόδε δὲ σκεψώμεθα. ἆρ' οὐχ ὁ πατάξαι δεινότατος ἐν μάχῃ εἴτε πυκτικῇ εἴτε τινὶ καὶ ἄλλῃ, οὗτος καὶ φυλάξασθαι;

Πάνυ γε. 5

Ἆρ' οὖν καὶ νόσον ὅστις δεινὸς φυλάξασθαι, καὶ λαθεῖν οὗτος δεινότατος ἐμποιήσας;

Ἔμοιγε δοκεῖ.

Ἀλλὰ μὴν στρατοπέδου γε ὁ αὐτὸς φύλαξ ἀγαθός, ὅσπερ 334 καὶ τὰ τῶν πολεμίων κλέψαι καὶ βουλεύματα καὶ τὰς ἄλλας πράξεις;

Πάνυ γε.

Ὅτου τις ἄρα δεινὸς φύλαξ, τούτου καὶ φὼρ δεινός. 5

Ἔοικεν.

d 3 δέῃ F M : δέοι A D d 7 μηδὲν A f d : μὴ F D M e 1 οὐκ ἂν οὖν in marg. A : οὐκοῦν A F D M e 6 φυλάξασθαι, καὶ λαθεῖν . . . e 7 ἐμποιήσας ci. Schneider : φυλάξασθαι καὶ λαθεῖν . . . ἐμποιῆσαι A F D M : φυλάξασθαι καὶ μὴ παθεῖν . . . ἐμποιῆσαι scr. Mon.

Εἰ ἄρα ὁ δίκαιος ἀργύριον δεινὸς φυλάττειν, καὶ κλέπτειν δεινός.

Ὡς γοῦν ὁ λόγος, ἔφη, σημαίνει.

10 Κλέπτης ἄρα τις ὁ δίκαιος, ὡς ἔοικεν, ἀναπέφανται, καὶ κινδυνεύεις παρ' Ὁμήρου μεμαθηκέναι αὐτό· καὶ γὰρ ἐκεῖνος b τὸν τοῦ Ὀδυσσέως πρὸς μητρὸς πάππον Αὐτόλυκον ἀγαπᾷ τε καί φησιν αὐτὸν πάντας ἀνθρώπους κεκάσθαι κλεπτοσύνῃ θ' ὅρκῳ τε. ἔοικεν οὖν ἡ δικαιοσύνη καὶ κατὰ σὲ καὶ καθ' Ὅμηρον καὶ κατὰ Σιμωνίδην κλεπτική τις εἶναι, 5 ἐπ' ὠφελίᾳ μέντοι τῶν φίλων καὶ ἐπὶ βλάβῃ τῶν ἐχθρῶν. οὐχ οὕτως ἔλεγες;

Οὐ μὰ τὸν Δί', ἔφη, ἀλλ' οὐκέτι οἶδα ἔγωγε ὅτι ἔλεγον· τοῦτο μέντοι ἔμοιγε δοκεῖ ἔτι, ὠφελεῖν μὲν τοὺς φίλους ἡ δικαιοσύνη, βλάπτειν δὲ τοὺς ἐχθρούς.

c Φίλους δὲ λέγεις εἶναι πότερον τοὺς δοκοῦντας ἑκάστῳ χρηστοὺς εἶναι, ἢ τοὺς ὄντας, κἂν μὴ δοκῶσι, καὶ ἐχθροὺς ὡσαύτως;

Εἰκὸς μέν, ἔφη, οὓς ἄν τις ἡγῆται χρηστοὺς φιλεῖν, οὓς 5 δ' ἂν πονηροὺς μισεῖν.

Ἆρ' οὖν οὐχ ἁμαρτάνουσιν οἱ ἄνθρωποι περὶ τοῦτο, ὥστε δοκεῖν αὐτοῖς πολλοὺς μὲν χρηστοὺς εἶναι μὴ ὄντας, πολλοὺς δὲ τοὐναντίον;

Ἁμαρτάνουσιν.

10 Τούτοις ἄρα οἱ μὲν ἀγαθοὶ ἐχθροί, οἱ δὲ κακοὶ φίλοι;

Πάνυ γε.

Ἀλλ' ὅμως δίκαιον τότε τούτοις τοὺς μὲν πονηροὺς d ὠφελεῖν, τοὺς δὲ ἀγαθοὺς βλάπτειν;

Φαίνεται.

Ἀλλὰ μὴν οἵ γε ἀγαθοὶ δίκαιοί τε καὶ οἷοι μὴ ἀδικεῖν;

Ἀληθῆ.

5 Κατὰ δὴ τὸν σὸν λόγον τοὺς μηδὲν ἀδικοῦντας δίκαιον κακῶς ποιεῖν.

b 8 ὠφελεῖν . . . b 9 βλάπτειν A F M : ὠφελεῖ . . . βλάπτει D c 2 καὶ A F M : om. D

Μηδαμῶς, ἔφη, ὦ Σώκρατες· πονηρὸς γὰρ ἔοικεν εἶναι ὁ λόγος.

Τοὺς ἀδίκους ἄρα, ἦν δ' ἐγώ, δίκαιον βλάπτειν, τοὺς δὲ δικαίους ὠφελεῖν; 10

Οὗτος ἐκείνου καλλίων φαίνεται.

Πολλοῖς ἄρα, ὦ Πολέμαρχε, συμβήσεται, ὅσοι διημαρτήκασιν τῶν ἀνθρώπων, δίκαιον εἶναι τοὺς μὲν φίλους βλάπτειν—πονηροὶ γὰρ αὐτοῖς εἰσιν—τοὺς δ' ἐχθροὺς ὠφελεῖν—ἀγαθοὶ γάρ· καὶ οὕτως ἐροῦμεν αὐτὸ τοὐναντίον ἢ τὸν Σιμωνίδην ἔφαμεν λέγειν. e

Καὶ μάλα, ἔφη, οὕτω συμβαίνει. ἀλλὰ μεταθώμεθα· κινδυνεύομεν γὰρ οὐκ ὀρθῶς τὸν φίλον καὶ ἐχθρὸν θέσθαι. 5

Πῶς θέμενοι, ὦ Πολέμαρχε;

Τὸν δοκοῦντα χρηστόν, τοῦτον φίλον εἶναι.

Νῦν δὲ πῶς, ἦν δ' ἐγώ, μεταθώμεθα;

Τὸν δοκοῦντά τε, ἦ δ' ὅς, καὶ τὸν ὄντα χρηστὸν φίλον· τὸν δὲ δοκοῦντα μέν, ὄντα δὲ μή, δοκεῖν ἀλλὰ μὴ εἶναι φίλον. καὶ περὶ τοῦ ἐχθροῦ δὲ ἡ αὐτὴ θέσις. 10 335

Φίλος μὲν δή, ὡς ἔοικε, τούτῳ τῷ λόγῳ ὁ ἀγαθὸς ἔσται, ἐχθρὸς δὲ ὁ πονηρός.

Ναί. 5

Κελεύεις δὴ ἡμᾶς προσθεῖναι τῷ δικαίῳ ἢ ὡς τὸ πρῶτον ἐλέγομεν, λέγοντες δίκαιον εἶναι τὸν μὲν φίλον εὖ ποιεῖν, τὸν δ' ἐχθρὸν κακῶς· νῦν πρὸς τούτῳ ὧδε λέγειν, ὅτι ἔστιν δίκαιον τὸν μὲν φίλον ἀγαθὸν ὄντα εὖ ποιεῖν, τὸν δ' ἐχθρὸν κακὸν ὄντα βλάπτειν; 10

Πάνυ μὲν οὖν, ἔφη, οὕτως ἄν μοι δοκεῖ καλῶς λέγεσθαι. b

Ἔστιν ἄρα, ἦν δ' ἐγώ, δικαίου ἀνδρὸς βλάπτειν καὶ ὁντινοῦν ἀνθρώπων;

Καὶ πάνυ γε, ἔφη· τούς γε πονηρούς τε καὶ ἐχθροὺς δεῖ βλάπτειν. 5

d 9 ἀδίκους A M : ἀδικοῦντας F D e 2 αὐτοῖς A F M : αὐτοί D
e 6 ἐχθρὸν A D M : τὸν ἐχθρὸν F e 10 τὸν ὄντα] ὄντα Bremi
a 6 ἢ ὡς] ὡς ci. Faesi a 7 φίλον A F M : φίλον εἶναι D

Βλαπτόμενοι δ' ἵπποι βελτίους ἢ χείρους γίγνονται;
Χείρους.
Ἆρα εἰς τὴν τῶν κυνῶν ἀρετήν, ἢ εἰς τὴν τῶν ἵππων;
Εἰς τὴν τῶν ἵππων.
10 Ἆρ' οὖν καὶ κύνες βλαπτόμενοι χείρους γίγνονται εἰς τὴν τῶν κυνῶν ἀλλ' οὐκ εἰς τὴν τῶν ἵππων ἀρετήν;
Ἀνάγκη.
c Ἀνθρώπους δέ, ὦ ἑταῖρε, μὴ οὕτω φῶμεν, βλαπτομένους εἰς τὴν ἀνθρωπείαν ἀρετὴν χείρους γίγνεσθαι;
Πάνυ μὲν οὖν.
Ἀλλ' ἡ δικαιοσύνη οὐκ ἀνθρωπεία ἀρετή;
5 Καὶ τοῦτ' ἀνάγκη.
Καὶ τοὺς βλαπτομένους ἄρα, ὦ φίλε, τῶν ἀνθρώπων ἀνάγκη ἀδικωτέρους γίγνεσθαι.
Ἔοικεν.
Ἆρ' οὖν τῇ μουσικῇ οἱ μουσικοὶ ἀμούσους δύνανται
10 ποιεῖν;
Ἀδύνατον.
Ἀλλὰ τῇ ἱππικῇ οἱ ἱππικοι ἀφίππους;
Οὐκ ἔστιν.
Ἀλλὰ τῇ δικαιοσύνῃ δὴ οἱ δίκαιοι ἀδίκους; ἢ καὶ
d συλλήβδην ἀρετῇ οἱ ἀγαθοὶ κακούς;
Ἀλλὰ ἀδύνατον.
Οὐ γὰρ θερμότητος οἶμαι ἔργον ψύχειν ἀλλὰ τοῦ ἐναντίου.
Ναί.
5 Οὐδὲ ξηρότητος ὑγραίνειν ἀλλὰ τοῦ ἐναντίου.
Πάνυ γε.
Οὐδὲ δὴ τοῦ ἀγαθοῦ βλάπτειν ἀλλὰ τοῦ ἐναντίου.
Φαίνεται.
Ὁ δέ γε δίκαιος ἀγαθός;

b 9 εἰς τὴν . . . b 11 ἵππων A F M d : ἀλλ' οὐ ἢ εἰς τὴν τῶν ἵππων D c 9 ἀμούσους . . . c 12 ἱππικῇ A F M d : om. D d 3 ἔργον om. Porphyrius d 6 πάνυ . . . d 7 ἐναντίου A F M et in marg. d : om. D

Πάνυ γε. 10

Οὐκ ἄρα τοῦ δικαίου βλάπτειν ἔργον, ὦ Πολέμαρχε, οὔτε φίλον οὔτ' ἄλλον οὐδένα, ἀλλὰ τοῦ ἐναντίου, τοῦ ἀδίκου.

Παντάπασί μοι δοκεῖς ἀληθῆ λέγειν, ἔφη, ὦ Σώκρατες.

Εἰ ἄρα τὰ ὀφειλόμενα ἑκάστῳ ἀποδιδόναι φησίν τις δίκαιον e εἶναι, τοῦτο δὲ δὴ νοεῖ αὐτῷ τοῖς μὲν ἐχθροῖς βλάβην ὀφείλεσθαι παρὰ τοῦ δικαίου ἀνδρός, τοῖς δὲ φίλοις ὠφελίαν, οὐκ ἦν σοφὸς ὁ ταῦτα εἰπών. οὐ γὰρ ἀληθῆ ἔλεγεν· οὐδαμοῦ γὰρ δίκαιον οὐδένα ἡμῖν ἐφάνη ὂν βλάπτειν. 5

Συγχωρῶ, ἦ δ' ὅς.

Μαχούμεθα ἄρα, ἦν δ' ἐγώ, κοινῇ ἐγώ τε καὶ σύ, ἐάν τις αὐτὸ φῇ ἢ Σιμωνίδην ἢ Βίαντα ἢ Πιττακὸν εἰρηκέναι ἤ τιν' ἄλλον τῶν σοφῶν τε καὶ μακαρίων ἀνδρῶν.

Ἐγὼ γοῦν, ἔφη, ἕτοιμός εἰμι κοινωνεῖν τῆς μάχης. 10

Ἀλλ' οἶσθα, ἦν δ' ἐγώ, οὗ μοι δοκεῖ εἶναι τὸ ῥῆμα, τὸ 336 φάναι δίκαιον εἶναι τοὺς μὲν φίλους ὠφελεῖν, τοὺς δ' ἐχθροὺς βλάπτειν;

Τίνος; ἔφη.

Οἶμαι αὐτὸ Περιάνδρου εἶναι ἢ Περδίκκου ἢ Ξέρξου ἢ 5 Ἰσμηνίου τοῦ Θηβαίου ἤ τινος ἄλλου μέγα οἰομένου δύνασθαι πλουσίου ἀνδρός.

Ἀληθέστατα, ἔφη, λέγεις.

Εἶεν, ἦν δ' ἐγώ· ἐπειδὴ δὲ οὐδὲ τοῦτο ἐφάνη ἡ δικαιοσύνη ὂν οὐδὲ τὸ δίκαιον, τί ἂν ἄλλο τις αὐτὸ φαίη εἶναι; 10

Καὶ ὁ Θρασύμαχος πολλάκις μὲν καὶ διαλεγομένων ἡμῶν b μεταξὺ ὥρμα ἀντιλαμβάνεσθαι τοῦ λόγου, ἔπειτα ὑπὸ τῶν παρακαθημένων διεκωλύετο βουλομένων διακοῦσαι τὸν λόγον· ὡς δὲ διεπαυσάμεθα καὶ ἐγὼ ταῦτ' εἶπον, οὐκέτι ἡσυχίαν ἦγεν, ἀλλὰ συστρέψας ἑαυτὸν ὥσπερ θηρίον ἧκεν 5 ἐφ' ἡμᾶς ὡς διαρπασόμενος.

d 11 ἔργον A F D : om. M a 9 οὐδὲ A M : οὐ F : om. D a 10 ἂν A F M : om. D b 4 διεπαυσάμεθα] δὴ ἐπαυσάμεθα ci. Cobet b 5 ἧκεν] ᾖττεν ci. Hartman b 6 διαρπασόμενος] διασπασόμενος ci. Cobet

Καὶ ἐγώ τε καὶ ὁ Πολέμαρχος δείσαντες διεπτοήθημεν· ὁ δ' εἰς τὸ μέσον φθεγξάμενος, Τίς, ἔφη, ὑμᾶς πάλαι φλυαρία
c ἔχει, ὦ Σώκρατες; καὶ τί εὐηθίζεσθε πρὸς ἀλλήλους ὑποκατακλινόμενοι ὑμῖν αὐτοῖς; ἀλλ' εἴπερ ὡς ἀληθῶς βούλει εἰδέναι τὸ δίκαιον ὅτι ἔστι, μὴ μόνον ἐρώτα μηδὲ φιλοτιμοῦ ἐλέγχων ἐπειδάν τίς τι ἀποκρίνηται, ἐγνωκὼς τοῦτο, ὅτι
5 ῥᾷον ἐρωτᾶν ἢ ἀποκρίνεσθαι, ἀλλὰ καὶ αὐτὸς ἀπόκριναι καὶ εἰπὲ τί φῂς εἶναι τὸ δίκαιον. καὶ ὅπως μοι μὴ ἐρεῖς ὅτι τὸ
d δέον ἐστὶν μηδ' ὅτι τὸ ὠφέλιμον μηδ' ὅτι τὸ λυσιτελοῦν μηδ' ὅτι τὸ κερδαλέον μηδ' ὅτι τὸ συμφέρον, ἀλλὰ σαφῶς μοι καὶ ἀκριβῶς λέγε ὅτι ἂν λέγῃς· ὡς ἐγὼ οὐκ ἀποδέξομαι ἐὰν ὕθλους τοιούτους λέγῃς.

5 Καὶ ἐγὼ ἀκούσας ἐξεπλάγην καὶ προσβλέπων αὐτὸν ἐφοβούμην, καί μοι δοκῶ, εἰ μὴ πρότερος ἑωράκη αὐτὸν ἢ ἐκεῖνος ἐμέ, ἄφωνος ἂν γενέσθαι. νῦν δὲ ἡνίκα ὑπὸ τοῦ λόγου ἤρχετο ἐξαγριαίνεσθαι, προσέβλεψα αὐτὸν πρότερος,
e ὥστε αὐτῷ οἷός τ' ἐγενόμην ἀποκρίνασθαι, καὶ εἶπον ὑποτρέμων· Ὦ Θρασύμαχε, μὴ χαλεπὸς ἡμῖν ἴσθι· εἰ γάρ τι ἐξαμαρτάνομεν ἐν τῇ τῶν λόγων σκέψει ἐγώ τε καὶ ὅδε, εὖ ἴσθι ὅτι ἄκοντες ἁμαρτάνομεν. μὴ γὰρ δὴ οἴου, εἰ μὲν
5 χρυσίον ἐζητοῦμεν, οὐκ ἄν ποτε ἡμᾶς ἑκόντας εἶναι ὑποκατακλίνεσθαι ἀλλήλοις ἐν τῇ ζητήσει καὶ διαφθείρειν τὴν εὕρεσιν αὐτοῦ, δικαιοσύνην δὲ ζητοῦντας, πρᾶγμα πολλῶν χρυσίων τιμιώτερον, ἔπειθ' οὕτως ἀνοήτως ὑπείκειν ἀλλήλοις καὶ οὐ σπουδάζειν ὅτι μάλιστα φανῆναι αὐτό. οἴου γε σύ,
10 ὦ φίλε. ἀλλ' οἶμαι οὐ δυνάμεθα· ἐλεεῖσθαι οὖν ἡμᾶς πολὺ
337 μᾶλλον εἰκός ἐστίν που ὑπὸ ὑμῶν τῶν δεινῶν ἢ χαλεπαίνεσθαι.

Καὶ ὃς ἀκούσας ἀνεκάγχασέ τε μάλα σαρδάνιον καὶ εἶπεν· Ὦ Ἡράκλεις, ἔφη, αὕτη 'κείνη ἡ εἰωθυῖα εἰρωνεία Σωκρά-

d 1 δέον A F M Origenes: δίκαιον D d 7 ὑπὸ τοῦ λόγου om. Priscianus e 2 τι F D: om. A M e 9 οἴου γε Bekker: οἷου τε A F D M a 3 σαρδάνιον A D M: σαρδόνιον F: σαρδώνιον ‹ Timaeus

τους, καὶ ταῦτ' ἐγὼ ἤδη τε καὶ τούτοις προὔλεγον, ὅτι σὺ 5
ἀποκρίνασθαι μὲν οὐκ ἐθελήσοις, εἰρωνεύσοιο δὲ καὶ πάντα
μᾶλλον ποιήσοις ἢ ἀποκρινοῖο, εἴ τίς τί σε ἐρωτᾷ.

Σοφὸς γὰρ εἶ, ἦν δ' ἐγώ, ὦ Θρασύμαχε· εὖ οὖν ᾔδησθα
ὅτι εἴ τινα ἔροιο ὁπόσα ἐστὶν τὰ δώδεκα, καὶ ἐρόμενος προεί-
ποις αὐτῷ—"Ὅπως μοι, ὦ ἄνθρωπε, μὴ ἐρεῖς ὅτι ἔστιν τὰ b
δώδεκα δὶς ἓξ μηδ' ὅτι τρὶς τέτταρα μηδ' ὅτι ἑξάκις δύο
μηδ' ὅτι τετράκις τρία· ὡς οὐκ ἀποδέξομαί σου ἐὰν τοιαῦτα
φλυαρῇς"—δῆλον οἶμαί σοι ἦν ὅτι οὐδεὶς ἀποκρινοῖτο τῷ
οὕτως πυνθανομένῳ. ἀλλ' εἴ σοι εἶπεν· "Ὦ Θρασύμαχε, 5
πῶς λέγεις; μὴ ἀποκρίνωμαι ὧν προεῖπες μηδέν; πότερον, ὦ
θαυμάσιε, μηδ' εἰ τούτων τι τυγχάνει ὄν, ἀλλ' ἕτερον εἴπω τι
τοῦ ἀληθοῦς; ἢ πῶς λέγεις;" τί ἂν αὐτῷ εἶπες πρὸς ταῦτα; c

Εἶεν, ἔφη· ὡς δὴ ὅμοιον τοῦτο ἐκείνῳ.

Οὐδέν γε κωλύει, ἦν δ' ἐγώ· εἰ δ' οὖν καὶ μὴ ἔστιν
ὅμοιον, φαίνεται δὲ τῷ ἐρωτηθέντι τοιοῦτον, ἧττόν τι αὐτὸν
οἴει ἀποκρινεῖσθαι τὸ φαινόμενον ἑαυτῷ, ἐάντε ἡμεῖς 5
ἀπαγορεύωμεν ἐάντε μή;

Ἄλλο τι οὖν, ἔφη, καὶ σὺ οὕτω ποιήσεις· ὧν ἐγὼ
ἀπεῖπον, τούτων τι ἀποκρινῇ;

Οὐκ ἂν θαυμάσαιμι, ἦν δ' ἐγώ· εἴ μοι σκεψαμένῳ οὕτω
δόξειεν. 10

Τί οὖν, ἔφη, ἂν ἐγὼ δείξω ἑτέραν ἀπόκρισιν παρὰ πάσας d
ταύτας περὶ δικαιοσύνης, βελτίω τούτων; τί ἀξιοῖς παθεῖν;

Τί ἄλλο, ἦν δ' ἐγώ, ἢ ὅπερ προσήκει πάσχειν τῷ μὴ
εἰδότι; προσήκει δέ που μαθεῖν παρὰ τοῦ εἰδότος· καὶ ἐγὼ
οὖν τοῦτο ἀξιῶ παθεῖν. 5

Ἡδὺς γὰρ εἶ, ἔφη· ἀλλὰ πρὸς τῷ μαθεῖν καὶ ἀπότεισον
ἀργύριον.

a 7 ποιήσοις secl. ci. Cobet ἀποκρινοῖο scr. Mon.: ἀποκρίνοιο A F M: ἀποκρίναιο D ἐρωτᾷ] ἔροιτο scr. recc.: ἐρωτῷ ci. Goodwin
b 4 ἀποκρινοῖτο scr. Mon.: ἀποκρίνοιτο A F D M τῷ A D M: om. F
c 4 τι A F M: ὅτι D c 5 ἀποκρινεῖσθαι D: ἀποκρίνεσθαι A F M
d 3 τί A D M: τί δ' F

Οὐκοῦν ἐπειδάν μοι γένηται, εἶπον.

Ἀλλ' ἔστιν, ἔφη ὁ Γλαύκων. ἀλλ' ἕνεκα ἀργυρίου, ὦ
10 Θρασύμαχε, λέγε· πάντες γὰρ ἡμεῖς Σωκράτει εἰσοίσομεν.

e Πάνυ γε οἶμαι, ἦ δ' ὅς· ἵνα Σωκράτης τὸ εἰωθὸς διαπράξηται· αὐτὸς μὲν μὴ ἀποκρίνηται, ἄλλου δ' ἀποκρινομένου λαμβάνῃ λόγον καὶ ἐλέγχῃ.

Πῶς γὰρ ἄν, ἔφην ἐγώ, ὦ βέλτιστε, τὶς ἀποκρίναιτο
5 πρῶτον μὲν μὴ εἰδὼς μηδὲ φάσκων εἰδέναι, ἔπειτα, εἴ τι καὶ οἴεται, περὶ τούτων ἀπειρημένον αὐτῷ εἴη ὅπως μηδὲν ἐρεῖ ὧν ἡγεῖται ὑπ' ἀνδρὸς οὐ φαύλου; ἀλλὰ σὲ δὴ μᾶλλον
338 εἰκὸς λέγειν· σὺ γὰρ δὴ φῂς εἰδέναι καὶ ἔχειν εἰπεῖν. μὴ οὖν ἄλλως ποίει, ἀλλὰ ἐμοί τε χαρίζου ἀποκρινόμενος καὶ μὴ φθονήσῃς καὶ Γλαύκωνα τόνδε διδάξαι καὶ τοὺς ἄλλους.

Εἰπόντος δέ μου ταῦτα, ὅ τε Γλαύκων καὶ οἱ ἄλλοι
5 ἐδέοντο αὐτοῦ μὴ ἄλλως ποιεῖν. καὶ ὁ Θρασύμαχος φανερὸς μὲν ἦν ἐπιθυμῶν εἰπεῖν ἵν' εὐδοκιμήσειεν, ἡγούμενος ἔχειν ἀπόκρισιν παγκάλην· προσεποιεῖτο δὲ φιλονικεῖν πρὸς τὸ ἐμὲ εἶναι τὸν ἀποκρινόμενον. τελευτῶν δὲ συνεχώρησεν,
b κᾄπειτα, Αὕτη δή, ἔφη, ἡ Σωκράτους σοφία· αὐτὸν μὲν μὴ ἐθέλειν διδάσκειν, παρὰ δὲ τῶν ἄλλων περιιόντα μανθάνειν καὶ τούτων μηδὲ χάριν ἀποδιδόναι.

Ὅτι μέν, ἦν δ' ἐγώ, μανθάνω παρὰ τῶν ἄλλων, ἀληθῆ
5 εἶπες, ὦ Θρασύμαχε, ὅτι δὲ οὔ με φῂς χάριν ἐκτίνειν, ψεύδῃ· ἐκτίνω γὰρ ὅσην δύναμαι. δύναμαι δὲ ἐπαινεῖν μόνον· χρήματα γὰρ οὐκ ἔχω. ὡς δὲ προθύμως τοῦτο δρῶ, ἐάν τίς μοι δοκῇ εὖ λέγειν, εὖ εἴσῃ αὐτίκα δὴ μάλα, ἐπειδὰν ἀποκρίνῃ· οἶμαι γάρ σε εὖ ἐρεῖν.

c Ἄκουε δή, ἦ δ' ὅς. φημὶ γὰρ ἐγὼ εἶναι τὸ δίκαιον οὐκ ἄλλο τι ἢ τὸ τοῦ κρείττονος συμφέρον. ἀλλὰ τί οὐκ ἐπαινεῖς; ἀλλ' οὐκ ἐθελήσεις.

e 4 ἀποκρίναιτο A sed ναι in ras. e 6 εἴη A F D M Thomas Magister: secl. ci. Bremi μηδὲν] μηδὲν τούτων Thomas Magister a 3 καὶ γλαύκωνα A M : γλαύκωνα F D a 4 δέ μου A F M : δ' ἐμοῦ D b 9 εὖ ἐρεῖν A F M : εὑρεῖν D

Ἐὰν μάθω γε πρῶτον, ἔφην, τί λέγεις· νῦν γὰρ οὔπω οἶδα. τὸ τοῦ κρείττονος φῂς συμφέρον δίκαιον εἶναι. καὶ 5 τοῦτο, ὦ Θρασύμαχε, τί ποτε λέγεις; οὐ γάρ που τό γε τοιόνδε φῄς· εἰ Πουλυδάμας ἡμῶν κρείττων ὁ παγκρατιαστὴς καὶ αὐτῷ συμφέρει τὰ βόεια κρέα πρὸς τὸ σῶμα, τοῦτο τὸ σιτίον εἶναι καὶ ἡμῖν τοῖς ἥττοσιν ἐκείνου συμφέρον ἅμα d καὶ δίκαιον.

Βδελυρὸς γὰρ εἶ, ἔφη, ὦ Σώκρατες, καὶ ταύτῃ ὑπολαμβάνεις ᾗ ἂν κακουργήσαις μάλιστα τὸν λόγον.

Οὐδαμῶς, ὦ ἄριστε, ἦν δ' ἐγώ· ἀλλὰ σαφέστερον εἰπὲ 5 τί λέγεις.

Εἶτ' οὐκ οἶσθ', ἔφη, ὅτι τῶν πόλεων αἱ μὲν τυραννοῦνται, αἱ δὲ δημοκρατοῦνται, αἱ δὲ ἀριστοκρατοῦνται;

Πῶς γὰρ οὔ;

Οὐκοῦν τοῦτο κρατεῖ ἐν ἑκάστῃ πόλει, τὸ ἄρχον; 10

Πάνυ γε.

Τίθεται δέ γε τοὺς νόμους ἑκάστη ἡ ἀρχὴ πρὸς τὸ αὑτῇ e συμφέρον, δημοκρατία μὲν δημοκρατικούς, τυραννὶς δὲ τυραννικούς, καὶ αἱ ἄλλαι οὕτως· θέμεναι δὲ ἀπέφηναν τοῦτο δίκαιον τοῖς ἀρχομένοις εἶναι, τὸ σφίσι συμφέρον, καὶ τὸν τούτου ἐκβαίνοντα κολάζουσιν ὡς παρανομοῦντά τε καὶ 5 ἀδικοῦντα. τοῦτ' οὖν ἐστιν, ὦ βέλτιστε, ὃ λέγω ἐν ἁπάσαις ταῖς πόλεσιν ταὐτὸν εἶναι δίκαιον, τὸ τῆς καθεστηκυίας ἀρχῆς 339 συμφέρον· αὕτη δέ που κρατεῖ, ὥστε συμβαίνει τῷ ὀρθῶς λογιζομένῳ πανταχοῦ εἶναι τὸ αὐτὸ δίκαιον, τὸ τοῦ κρείττονος συμφέρον.

Νῦν, ἦν δ' ἐγώ, ἔμαθον ὃ λέγεις· εἰ δὲ ἀληθὲς ἢ μή, 5 πειράσομαι μαθεῖν. τὸ συμφέρον μὲν οὖν, ὦ Θρασύμαχε, καὶ σὺ ἀπεκρίνω δίκαιον εἶναι—καίτοι ἔμοιγε ἀπηγόρευες ὅπως μὴ τοῦτο ἀποκρινοίμην—πρόσεστιν δὲ δὴ αὐτόθι τὸ "τοῦ κρείττονος."

e 1 ἑκάστη F D M : ἑκάστῃ A e 3 αἱ A F M : om. D a 1 καθεστηκυίας A F M : οἰκείας pr. D a 8 δὲ δὴ A F M : δὲ D b Σμικρά γε ἴσως, ἔφη, προσθήκη.

Οὔπω δῆλον οὐδ' εἰ μεγάλη· ἀλλ' ὅτι μὲν τοῦτο σκεπτέον εἰ ἀληθῆ λέγεις, δῆλον. ἐπειδὴ γὰρ συμφέρον γέ τι εἶναι καὶ ἐγὼ ὁμολογῶ τὸ δίκαιον, σὺ δὲ προστιθεῖς καὶ αὐτὸ φῂς
5 εἶναι τὸ τοῦ κρείττονος, ἐγὼ δὲ ἀγνοῶ, σκεπτέον δή.

Σκόπει, ἔφη.

Ταῦτ' ἔσται, ἦν δ' ἐγώ. καί μοι εἰπέ· οὐ καὶ πείθεσθαι μέντοι τοῖς ἄρχουσιν δίκαιον φῂς εἶναι;

Ἔγωγε.

c Πότερον δὲ ἀναμάρτητοί εἰσιν οἱ ἄρχοντες ἐν ταῖς πόλεσιν ἑκάσταις ἢ οἷοί τι καὶ ἁμαρτεῖν;

Πάντως που, ἔφη, οἷοί τι καὶ ἁμαρτεῖν.

Οὐκοῦν ἐπιχειροῦντες νόμους τιθέναι τοὺς μὲν ὀρθῶς
5 τιθέασιν, τοὺς δέ τινας οὐκ ὀρθῶς;

Οἶμαι ἔγωγε.

Τὸ δὲ ὀρθῶς ἆρα τὸ τὰ συμφέροντά ἐστι τίθεσθαι ἑαυτοῖς, τὸ δὲ μὴ ὀρθῶς ἀσύμφορα; ἢ πῶς λέγεις;

Οὕτως.

10 Ἃ δ' ἂν θῶνται ποιητέον τοῖς ἀρχομένοις, καὶ τοῦτό ἐστι τὸ δίκαιον;

Πῶς γὰρ οὔ;

d Οὐ μόνον ἄρα δίκαιόν ἐστιν κατὰ τὸν σὸν λόγον τὸ τοῦ κρείττονος συμφέρον ποιεῖν ἀλλὰ καὶ τοὐναντίον, τὸ μὴ συμφέρον.

Τί λέγεις σύ; ἔφη.

5 Ἃ σὺ λέγεις, ἔμοιγε δοκῶ· σκοπῶμεν δὲ βέλτιον. οὐχ ὡμολόγηται τοὺς ἄρχοντας τοῖς ἀρχομένοις προστάττοντας ποιεῖν ἄττα ἐνίοτε διαμαρτάνειν τοῦ ἑαυτοῖς βελτίστου, ἃ δ' ἂν προστάττωσιν οἱ ἄρχοντες δίκαιον εἶναι τοῖς ἀρχομένοις ποιεῖν; ταῦτ' οὐχ ὡμολόγηται;

10 Οἶμαι ἔγωγε, ἔφη.

b 3 γέ τι] ἕν γέ τι ci. Cobet b 4 αὐτὸ A² F D M : αὐτὸς A
b 8 δίκαιον F D M : καὶ δίκαιον A d 5 δὲ F M : δὴ A D

Οἷου τοίνυν, ἦν δ' ἐγώ, καὶ τὸ ἀσύμφορα ποιεῖν τοῖς e
ἄρχουσί τε καὶ κρείττοσι δίκαιον εἶναι ὡμολογῆσθαί σοι,
ὅταν οἱ μὲν ἄρχοντες ἄκοντες κακὰ αὑτοῖς προστάττωσιν,
τοῖς δὲ δίκαιον εἶναι φῇς ταῦτα ποιεῖν ἃ ἐκεῖνοι προσέταξαν
—ἆρα τότε, ὦ σοφώτατε Θρασύμαχε, οὐκ ἀναγκαῖον συμβαί- 5
νειν αὐτὸ οὑτωσί, δίκαιον εἶναι ποιεῖν τοὐναντίον ἢ ὃ σὺ
λέγεις; τὸ γὰρ τοῦ κρείττονος ἀσύμφορον δήπου προστάττεται
τοῖς ἥττοσιν ποιεῖν.

Ναὶ μὰ Δί', ἔφη, ὦ Σώκρατες, ὁ Πολέμαρχος, σαφέ- 340
στατά γε.

Ἐὰν σύ γ', ἔφη, αὐτῷ μαρτυρήσῃς, ὁ Κλειτοφῶν ὑπολαβών.

Καὶ τί, ἔφη, δεῖται μάρτυρος; αὐτὸς γὰρ Θρασύμαχος
ὁμολογεῖ τοὺς μὲν ἄρχοντας ἐνίοτε ἑαυτοῖς κακὰ προστάττειν, 5
τοῖς δὲ δίκαιον εἶναι ταῦτα ποιεῖν.

Τὸ γὰρ τὰ κελευόμενα ποιεῖν, ὦ Πολέμαρχε, ὑπὸ τῶν
ἀρχόντων δίκαιον εἶναι ἔθετο Θρασύμαχος.

Καὶ γὰρ τὸ τοῦ κρείττονος, ὦ Κλειτοφῶν, συμφέρον
δίκαιον εἶναι ἔθετο. ταῦτα δὲ ἀμφότερα θέμενος ὡμολό- b
γησεν αὖ ἐνίοτε τοὺς κρείττους τὰ αὑτοῖς ἀσύμφορα κελεύειν
τοὺς ἥττους τε καὶ ἀρχομένους ποιεῖν. ἐκ δὲ τούτων τῶν
ὁμολογιῶν οὐδὲν μᾶλλον τὸ τοῦ κρείττονος συμφέρον δίκαιον
ἂν εἴη ἢ τὸ μὴ συμφέρον. 5

Ἀλλ', ἔφη ὁ Κλειτοφῶν, τὸ τοῦ κρείττονος συμφέρον
ἔλεγεν ὃ ἡγοῖτο ὁ κρείττων αὑτῷ συμφέρειν· τοῦτο ποιητέον
εἶναι τῷ ἥττονι, καὶ τὸ δίκαιον τοῦτο ἐτίθετο.

Ἀλλ' οὐχ οὕτως, ἦ δ' ὃς ὁ Πολέμαρχος, ἐλέγετο.

Οὐδέν, ἦν δ' ἐγώ, ὦ Πολέμαρχε, διαφέρει, ἀλλ' εἰ νῦν c
οὕτω λέγει Θρασύμαχος, οὕτως αὐτοῦ ἀποδεχώμεθα. Καί
μοι εἰπέ, ὦ Θρασύμαχε· τοῦτο ἦν ὃ ἐβούλου λέγειν τὸ δίκαιον,
τὸ τοῦ κρείττονος συμφέρον δοκοῦν εἶναι τῷ κρείττονι, ἐάν-
τε συμφέρῃ ἐάντε μή; οὕτω σε φῶμεν λέγειν; 5

e 2 ὡμολογῆσθαι A D M : ὁμολογεῖσθαι F a 4 γὰρ A F D : om. M a 6 τοῖς δὲ F D : τοῖς δὲ ἀρχομένοις A M c 4 συμφέρον] ξυμφέρον τὸ ξυμφέρον ci. Bonitz

Ἥκιστά γε, ἔφη· ἀλλὰ κρείττω με οἴει καλεῖν τὸν ἐξαμαρτάνοντα ὅταν ἐξαμαρτάνῃ;

Ἔγωγε, εἶπον, ᾤμην σε τοῦτο λέγειν ὅτε τοὺς ἄρχοντας ὡμολόγεις οὐκ ἀναμαρτήτους εἶναι ἀλλά τι καὶ ἐξαμαρτάνειν.

d Συκοφάντης γὰρ εἶ, ἔφη, ὦ Σώκρατες, ἐν τοῖς λόγοις· ἐπεὶ αὐτίκα ἰατρὸν καλεῖς σὺ τὸν ἐξαμαρτάνοντα περὶ τοὺς κάμνοντας κατ' αὐτὸ τοῦτο ὃ ἐξαμαρτάνει; ἢ λογιστικόν, ὃς ἂν ἐν λογισμῷ ἁμαρτάνῃ, τότε ὅταν ἁμαρτάνῃ, κατὰ ταύτην 5 τὴν ἁμαρτίαν; ἀλλ' οἶμαι λέγομεν τῷ ῥήματι οὕτως, ὅτι ὁ ἰατρὸς ἐξήμαρτεν καὶ ὁ λογιστὴς ἐξήμαρτεν καὶ ὁ γραμματιστής· τὸ δ' οἶμαι ἕκαστος τούτων, καθ' ὅσον τοῦτ' ἔστιν e ὃ προσαγορεύομεν αὐτόν, οὐδέποτε ἁμαρτάνει· ὥστε κατὰ τὸν ἀκριβῆ λόγον, ἐπειδὴ καὶ σὺ ἀκριβολογῇ, οὐδεὶς τῶν δημιουργῶν ἁμαρτάνει. ἐπιλειπούσης γὰρ ἐπιστήμης ὁ ἁμαρτάνων ἁμαρτάνει, ἐν ᾧ οὐκ ἔστι δημιουργός· ὥστε δημιουργὸς 5 ἢ σοφὸς ἢ ἄρχων οὐδεὶς ἁμαρτάνει τότε ὅταν ἄρχων ᾖ, ἀλλὰ πᾶς γ' ἂν εἴποι ὅτι ὁ ἰατρὸς ἥμαρτεν καὶ ὁ ἄρχων ἥμαρτεν. τοιοῦτον οὖν δή σοι καὶ ἐμὲ ὑπόλαβε νυνδὴ ἀποκρίνεσθαι· τὸ δὲ ἀκριβέστατον ἐκεῖνο τυγχάνει ὄν, τὸν ἄρχοντα, καθ' 341 ὅσον ἄρχων ἐστίν, μὴ ἁμαρτάνειν, μὴ ἁμαρτάνοντα δὲ τὸ αὑτῷ βέλτιστον τίθεσθαι, τοῦτο δὲ τῷ ἀρχομένῳ ποιητέον. ὥστε ὅπερ ἐξ ἀρχῆς ἔλεγον δίκαιον λέγω, τὸ τοῦ κρείττονος ποιεῖν συμφέρον.

5 Εἶεν, ἦν δ' ἐγώ, ὦ Θρασύμαχε· δοκῶ σοι συκοφαντεῖν;

Πάνυ μὲν οὖν, ἔφη.

Οἴει γάρ με ἐξ ἐπιβουλῆς ἐν τοῖς λόγοις κακουργοῦντά σε ἐρέσθαι ὡς ἠρόμην;

Εὖ μὲν οὖν οἶδα, ἔφη. καὶ οὐδέν γέ σοι πλέον ἔσται· b οὔτε γὰρ ἄν με λάθοις κακουργῶν, οὔτε μὴ λαθὼν βιάσασθαι τῷ λόγῳ δύναιο.

d 5 ὁ ἰατρὸς A F M : ἰατρὺς D   e 3 ἐπιλειπούσης A² F M: ἐπιλιπούσης A D Stobaeus   e 4 οὐκ om. Stobaeus   e 6 καὶ . . . ἥμαρτεν A F M : om. D   e 7 νῦν δὴ A D M : νῦν F   ἀποκρίνεσθαι] ἀποκρίνασθαι scr. recc. (*respondisse* Ficinus)

Οὐδέ γ᾽ ἂν ἐπιχειρήσαιμι, ἦν δ᾽ ἐγώ, ὦ μακάριε. ἀλλ᾽ ἵνα μὴ αὖθις ἡμῖν τοιοῦτον ἐγγένηται, διόρισαι ποτέρως λέγεις τὸν ἄρχοντά τε καὶ τὸν κρείττονα, τὸν ὡς ἔπος εἰπεῖν 5 ἢ τὸν ἀκριβεῖ λόγῳ, ὃ νυνδὴ ἔλεγες, οὗ τὸ συμφέρον κρείττονος ὄντος δίκαιον ἔσται τῷ ἥττονι ποιεῖν.

Τὸν τῷ ἀκριβεστάτῳ, ἔφη, λόγῳ ἄρχοντα ὄντα. πρὸς ταῦτα κακούργει καὶ συκοφάντει, εἴ τι δύνασαι—οὐδέν σου παρίεμαι—ἀλλ᾽ οὐ μὴ οἷός τ᾽ ᾖς. 10

Οἴει γὰρ ἄν με, εἶπον, οὕτω μανῆναι ὥστε ξυρεῖν ἐπιχειρεῖν λέοντα καὶ συκοφαντεῖν Θρασύμαχον; c

Νῦν γοῦν, ἔφη, ἐπεχείρησας, οὐδὲν ὢν καὶ ταῦτα.

Ἅδην, ἦν δ᾽ ἐγώ, τῶν τοιούτων. ἀλλ᾽ εἰπέ μοι· ὁ τῷ ἀκριβεῖ λόγῳ ἰατρός, ὃν ἄρτι ἔλεγες, πότερον χρηματιστής 5 ἐστιν ἢ τῶν καμνόντων θεραπευτής; καὶ λέγε τὸν τῷ ὄντι ἰατρὸν ὄντα.

Τῶν καμνόντων, ἔφη, θεραπευτής.

Τί δὲ κυβερνήτης; ὁ ὀρθῶς κυβερνήτης ναυτῶν ἄρχων ἐστὶν ἢ ναύτης; 10

Ναυτῶν ἄρχων.

Οὐδὲν οἶμαι τοῦτο ὑπολογιστέον, ὅτι πλεῖ ἐν τῇ νηί, οὐδ᾽ ἐστὶν κλητέος ναύτης· οὐ γὰρ κατὰ τὸ πλεῖν κυβερνήτης καλεῖται, ἀλλὰ κατὰ τὴν τέχνην καὶ τὴν τῶν ναυτῶν ἀρχήν. d

Ἀληθῆ, ἔφη.

Οὐκοῦν ἑκάστῳ τούτων ἔστιν τι συμφέρον; 5

Πάνυ γε.

Οὐ καὶ ἡ τέχνη, ἦν δ᾽ ἐγώ, ἐπὶ τούτῳ πέφυκεν, ἐπὶ τῷ τὸ συμφέρον ἑκάστῳ ζητεῖν τε καὶ ἐκπορίζειν;

Ἐπὶ τούτῳ, ἔφη.

Ἆρ᾽ οὖν καὶ ἑκάστῃ τῶν τεχνῶν ἔστιν τι συμφέρον ἄλλο 10 ἢ ὅτι μάλιστα τελέαν εἶναι;

Πῶς τοῦτο ἐρωτᾷς; e

b 6 τὸν] τὸν τῷ corr. Mon. ὃ A (in ras.) F D M : ὃν ci. Benedictus c 2 καὶ . . . Θρασύμαχον secl. Hirschig (sed legit Aristides) c 2 ἔφη A F M : om. D

῞Ωσπερ, ἔφην ἐγώ, εἴ με ἔροιο εἰ ἐξαρκεῖ σώματι εἶναι σώματι ἢ προσδεῖταί τινος, εἴποιμ' ἂν ὅτι "Παντάπασι μὲν οὖν προσδεῖται. διὰ ταῦτα καὶ ἡ τέχνη ἐστὶν ἡ ἰατρικὴ
5 νῦν ηὑρημένη, ὅτι σῶμά ἐστιν πονηρὸν καὶ οὐκ ἐξαρκεῖ αὐτῷ τοιούτῳ εἶναι. τούτῳ οὖν ὅπως ἐκπορίζῃ τὰ συμφέροντα, ἐπὶ τούτῳ παρεσκευάσθη ἡ τέχνη." ἦ ὀρθῶς σοι δοκῶ, ἔφην, ἂν εἰπεῖν οὕτω λέγων, ἢ οὔ;

᾿Ορθῶς, ἔφη.

342 Τί δὲ δή; αὐτὴ ἡ ἰατρική ἐστιν πονηρά, ἢ ἄλλη τις τέχνη ἔσθ' ὅτι προσδεῖταί τινος ἀρετῆς—ὥσπερ ὀφθαλμοὶ ὄψεως καὶ ὦτα ἀκοῆς καὶ διὰ ταῦτα ἐπ' αὐτοῖς δεῖ τινος τέχνης τῆς τὸ συμφέρον εἰς αὐτὰ ταῦτα σκεψομένης τε καὶ ἐκποριούσης—
5 ἆρα καὶ ἐν αὐτῇ τῇ τέχνῃ ἔνι τις πονηρία, καὶ δεῖ ἑκάστῃ τέχνῃ ἄλλης τέχνης ἥτις αὐτῇ τὸ συμφέρον σκέψεται, καὶ τῇ σκοπουμένῃ ἑτέρας αὖ τοιαύτης, καὶ τοῦτ' ἔστιν ἀπέραντον;
b ἢ αὐτὴ αὑτῇ τὸ συμφέρον σκέψεται; ἢ οὔτε αὑτῆς οὔτε ἄλλης προσδεῖται ἐπὶ τὴν αὑτῆς πονηρίαν τὸ συμφέρον σκοπεῖν· οὔτε γὰρ πονηρία οὔτε ἁμαρτία οὐδεμία οὐδεμιᾷ τέχνῃ πάρεστιν, οὐδὲ προσήκει τέχνῃ ἄλλῳ τὸ συμφέρον ζητεῖν ἢ
5 ἐκείνῳ οὗ τέχνη ἐστίν, αὐτὴ δὲ ἀβλαβὴς καὶ ἀκέραιός ἐστιν ὀρθὴ οὖσα, ἕωσπερ ἂν ᾖ ἑκάστη ἀκριβὴς ὅλη ἥπερ ἐστίν; καὶ σκόπει ἐκείνῳ τῷ ἀκριβεῖ λόγῳ· οὕτως ἢ ἄλλως ἔχει;

Οὕτως, ἔφη, φαίνεται.

c Οὐκ ἄρα, ἦν δ' ἐγώ, ἰατρικὴ ἰατρικῇ τὸ συμφέρον σκοπεῖ ἀλλὰ σώματι.

Ναί, ἔφη.

Οὐδὲ ἱππικὴ ἱππικῇ ἀλλ' ἵπποις· οὐδὲ ἄλλη τέχνη
5 οὐδεμία ἑαυτῇ—οὐδὲ γὰρ προσδεῖται—ἀλλ' ἐκείνῳ οὗ τέχνη ἐστίν

e 4 ἡ ἰατρικὴ A D: ἰατρικὴ F e 8 λέγων A F M: λόγω D
a 1 τί δὲ A F M d: τόδε D αὐτὴ a: αὖ** A a 4 αὐτὰ ταῦτα F D: ταῦτα A M ἐκποριούσης scr. Mon.: ἐκποριζούσης A F D M
a 5 δεῖ F D M: δεῖ αἰεὶ A b 1 ἢ οὔτε αὑτῆς A F M: om. D
b 2 αὑτῆς A F M: αὑτὴν D b 5 αὐτὴ recc.: αὕτη A F D M

Φαίνεται, ἔφη, οὕτως.

Ἀλλὰ μήν, ὦ Θρασύμαχε, ἄρχουσί γε αἱ τέχναι καὶ κρατοῦσιν ἐκείνου οὗπέρ εἰσιν τέχναι.

Συνεχώρησεν ἐνταῦθα καὶ μάλα μόγις. 10

Οὐκ ἄρα ἐπιστήμη γε οὐδεμία τὸ τοῦ κρείττονος συμφέρον σκοπεῖ οὐδ' ἐπιτάττει, ἀλλὰ τὸ τοῦ ἥττονός τε καὶ ἀρχομένου ὑπὸ ἑαυτῆς. d

Συνωμολόγησε μὲν καὶ ταῦτα τελευτῶν, ἐπεχείρει δὲ περὶ αὐτὰ μάχεσθαι· ἐπειδὴ δὲ ὡμολόγησεν, Ἄλλο τι οὖν, ἦν δ' ἐγώ, οὐδὲ ἰατρὸς οὐδείς, καθ' ὅσον ἰατρός, τὸ τῷ ἰατρῷ συμφέρον σκοπεῖ οὐδ' ἐπιτάττει, ἀλλὰ τὸ τῷ κάμνοντι; 5 ὡμολόγηται γὰρ ὁ ἀκριβὴς ἰατρὸς σωμάτων εἶναι ἄρχων ἀλλ' οὐ χρηματιστής. ἢ οὐχ ὡμολόγηται;

Συνέφη.

Οὐκοῦν καὶ ὁ κυβερνήτης ὁ ἀκριβὴς ναυτῶν εἶναι ἄρχων ἀλλ' οὐ ναύτης; 10

Ὡμολόγηται. e

Οὐκ ἄρα ὅ γε τοιοῦτος κυβερνήτης τε καὶ ἄρχων τὸ τῷ κυβερνήτῃ συμφέρον σκέψεταί τε καὶ προστάξει, ἀλλὰ τὸ τῷ ναύτῃ τε καὶ ἀρχομένῳ.

Συνέφησε μόγις. 5

Οὐκοῦν, ἦν δ' ἐγώ, ὦ Θρασύμαχε, οὐδὲ ἄλλος οὐδεὶς ἐν οὐδεμιᾷ ἀρχῇ, καθ' ὅσον ἄρχων ἐστίν, τὸ αὑτῷ συμφέρον σκοπεῖ οὐδ' ἐπιτάττει, ἀλλὰ τὸ τῷ ἀρχομένῳ καὶ ᾧ ἂν αὐτὸς δημιουργῇ, καὶ πρὸς ἐκεῖνο βλέπων καὶ τὸ ἐκείνῳ συμφέρον καὶ πρέπον, καὶ λέγει ἃ λέγει καὶ ποιεῖ ἃ ποιεῖ 10 ἅπαντα.

Ἐπειδὴ οὖν ἐνταῦθα ἦμεν τοῦ λόγου καὶ πᾶσι καταφανὲς 343 ἦν ὅτι ὁ τοῦ δικαίου λόγος εἰς τοὐναντίον περιειστήκει, ὁ Θρασύμαχος ἀντὶ τοῦ ἀποκρίνεσθαι, Εἰπέ μοι, ἔφη, ὦ Σώκρατες, τίτθη σοι ἔστιν;

d 3 οὖν A D M: οὖν δὴ F d 4 οὐδὲ A F M: ὁ δὲ D e 3 τε A F M: om. D e 9 ἐκεῖνο] ἐκεῖνον scr. recc.

5 Τί δέ; ἦν δ' ἐγώ· οὐκ ἀποκρίνεσθαι χρῆν μᾶλλον ἢ τοιαῦτα ἐρωτᾶν;

Ὅτι τοί σε, ἔφη, κορυζῶντα περιορᾷ καὶ οὐκ ἀπομύττει δεόμενον, ὅς γε αὐτῇ οὐδὲ πρόβατα οὐδὲ ποιμένα γιγνώσκεις.

10 Ὅτι δὴ τί μάλιστα; ἦν δ' ἐγώ.

b Ὅτι οἴει τοὺς ποιμένας ἢ τοὺς βουκόλους τὸ τῶν προβάτων ἢ τὸ τῶν βοῶν ἀγαθὸν σκοπεῖν καὶ παχύνειν αὐτοὺς καὶ θεραπεύειν πρὸς ἄλλο τι βλέποντας ἢ τὸ τῶν δεσποτῶν ἀγαθὸν καὶ τὸ αὑτῶν, καὶ δὴ καὶ τοὺς ἐν ταῖς πόλεσιν 5 ἄρχοντας, οἳ ὡς ἀληθῶς ἄρχουσιν, ἄλλως πως ἡγῇ διανοεῖσθαι πρὸς τοὺς ἀρχομένους ἢ ὥσπερ ἄν τις πρὸς πρόβατα διατεθείη, καὶ ἄλλο τι σκοπεῖν αὐτοὺς διὰ νυκτὸς καὶ ἡμέρας ἢ τοῦτο, c ὅθεν αὐτοὶ ὠφελήσονται. καὶ οὕτω πόρρω εἶ περί τε τοῦ δικαίου καὶ δικαιοσύνης καὶ ἀδίκου τε καὶ ἀδικίας, ὥστε ἀγνοεῖς ὅτι ἡ μὲν δικαιοσύνη καὶ τὸ δίκαιον ἀλλότριον ἀγαθὸν τῷ ὄντι, τοῦ κρείττονός τε καὶ ἄρχοντος συμφέρον, οἰκεία δὲ 5 τοῦ πειθομένου τε καὶ ὑπηρετοῦντος βλάβη, ἡ δὲ ἀδικία τοὐναντίον, καὶ ἄρχει τῶν ὡς ἀληθῶς εὐηθικῶν τε καὶ δικαίων, οἱ δ' ἀρχόμενοι ποιοῦσιν τὸ ἐκείνου συμφέρον κρείττονος ὄντος, καὶ εὐδαίμονα ἐκεῖνον ποιοῦσιν ὑπηρε- d τοῦντες αὐτῷ, ἑαυτοὺς δὲ οὐδ' ὁπωστιοῦν. σκοπεῖσθαι δέ, ὦ εὐηθέστατε Σώκρατες, οὑτωσὶ χρή, ὅτι δίκαιος ἀνὴρ ἀδίκου πανταχοῦ ἔλαττον ἔχει. πρῶτον μὲν ἐν τοῖς πρὸς ἀλλήλους συμβολαίοις, ὅπου ἂν ὁ τοιοῦτος τῷ τοιούτῳ κοινωνήσῃ, 5 οὐδαμοῦ ἂν εὕροις ἐν τῇ διαλύσει τῆς κοινωνίας πλέον ἔχοντα τὸν δίκαιον τοῦ ἀδίκου ἀλλ' ἔλαττον· ἔπειτα ἐν τοῖς πρὸς τὴν πόλιν, ὅταν τέ τινες εἰσφοραὶ ὦσιν, ὁ μὲν δίκαιος ἀπὸ τῶν ἴσων πλέον εἰσφέρει, ὁ δ' ἔλαττον, ὅταν τε λήψεις, e ὁ μὲν οὐδέν, ὁ δὲ πολλὰ κερδαίνει. καὶ γὰρ ὅταν ἀρχήν

a 5 χρῆν A F M : χρὴ D a 6 τοιαῦτα A D M : τὰ τοιαῦτα F b 5 οἳ A F M : ἢ D ἡγεῖσθαι διανοῇ γρ. d διανοεῖσθαι] διακεῖσθαι ci. Faesi b 7 ἡμέρας A D M : δι' ἡμέρας F c 1 ὠφελήσονται A F D : ὠφεληθήσονται M c 8 ποιοῦσιν A F M : ποιοῦντες D d 2 σώκρατες A F M d : om. D

τινα ἄρχῃ ἑκάτερος, τῷ μὲν δικαίῳ ὑπάρχει, καὶ εἰ μηδεμία
ἄλλη ζημία, τά γε οἰκεῖα δι' ἀμέλειαν μοχθηροτέρως ἔχειν,
ἐκ δὲ τοῦ δημοσίου μηδὲν ὠφελεῖσθαι διὰ τὸ δίκαιον εἶναι,
πρὸς δὲ τούτοις ἀπεχθέσθαι τοῖς τε οἰκείοις καὶ τοῖς γνωρί- 5
μοις, ὅταν μηδὲν ἐθέλῃ αὐτοῖς ὑπηρετεῖν παρὰ τὸ δίκαιον·
τῷ δὲ ἀδίκῳ πάντα τούτων τἀναντία ὑπάρχει. λέγω γὰρ
ὅνπερ νυνδὴ ἔλεγον, τὸν μεγάλα δυνάμενον πλεονεκτεῖν· 344
τοῦτον οὖν σκόπει, εἴπερ βούλει κρίνειν ὅσῳ μᾶλλον
συμφέρει ἰδίᾳ αὐτῷ ἄδικον εἶναι ἢ τὸ δίκαιον. πάντων
δὲ ῥᾷστα μαθήσῃ, ἐὰν ἐπὶ τὴν τελεωτάτην ἀδικίαν ἔλθῃς, ἣ
τὸν μὲν ἀδικήσαντα εὐδαιμονέστατον ποιεῖ, τοὺς δὲ ἀδικη- 5
θέντας καὶ ἀδικῆσαι οὐκ ἂν ἐθέλοντας ἀθλιωτάτους. ἔστιν δὲ
τοῦτο τυραννίς, ἣ οὐ κατὰ σμικρὸν τἀλλότρια καὶ λάθρᾳ καὶ
βίᾳ ἀφαιρεῖται, καὶ ἱερὰ καὶ ὅσια καὶ ἴδια καὶ δημόσια, ἀλλὰ
συλλήβδην· ὧν ἐφ' ἑκάστῳ μέρει ὅταν τις ἀδικήσας μὴ b
λάθῃ, ζημιοῦταί τε καὶ ὀνείδη ἔχει τὰ μέγιστα—καὶ γὰρ
ἱερόσυλοι καὶ ἀνδραποδισταὶ καὶ τοιχωρύχοι καὶ ἀποστερηταὶ
καὶ κλέπται οἱ κατὰ μέρη ἀδικοῦντες τῶν τοιούτων κακουρ-
γημάτων καλοῦνται—ἐπειδὰν δέ τις πρὸς τοῖς τῶν πολιτῶν 5
χρήμασιν καὶ αὐτοὺς ἀνδραποδισάμενος δουλώσηται, ἀντὶ
τούτων τῶν αἰσχρῶν ὀνομάτων εὐδαίμονες καὶ μακάριοι
κέκληνται, οὐ μόνον ὑπὸ τῶν πολιτῶν ἀλλὰ καὶ ὑπὸ τῶν c
ἄλλων ὅσοι ἂν πύθωνται αὐτὸν τὴν ὅλην ἀδικίαν ἠδικηκότα·
οὐ γὰρ τὸ ποιεῖν τὰ ἄδικα ἀλλὰ τὸ πάσχειν φοβούμενοι
ὀνειδίζουσιν οἱ ὀνειδίζοντες τὴν ἀδικίαν. οὕτως, ὦ Σώκρατες,
καὶ ἰσχυρότερον καὶ ἐλευθεριώτερον καὶ δεσποτικώτερον ἀδι- 5
κία δικαιοσύνης ἐστὶν ἱκανῶς γιγνομένη, καὶ ὅπερ ἐξ ἀρχῆς
ἔλεγον, τὸ μὲν τοῦ κρείττονος συμφέρον τὸ δίκαιον τυγχάνει
ὄν, τὸ δ' ἄδικον ἑαυτῷ λυσιτελοῦν τε καὶ συμφέρον.

Ταῦτα εἰπὼν ὁ Θρασύμαχος ἐν νῷ εἶχεν ἀπιέναι, ὥσπερ d

e 5 ἀπέχθεσθαι (sic) A M : ἀπέχεσθαι F D a 1 ὅνπερ] ὅπερ scr. recc. (*quod* Ficinus) a 2 ὅσῳ A D M : ὅσον F a 3 ἄδικον . . . ἢ τὸ δίκαιον A D M : τῶν ἀδίκων . . . ἢ τῶν δικαίων F b 8 καὶ ὑπὸ A D M : καὶ F

βαλανεὺς ἡμῶν καταντλήσας κατὰ τῶν ὤτων ἀθρόον καὶ πολὺν τὸν λόγον· οὐ μὴν εἴασάν γε αὐτὸν οἱ παρόντες, ἀλλ' ἠνάγκασαν ὑπομεῖναί τε καὶ παρασχεῖν τῶν εἰρημένων
5 λόγον. καὶ δὴ ἔγωγε καὶ αὐτὸς πάνυ ἐδεόμην τε καὶ εἶπον· Ὦ δαιμόνιε Θρασύμαχε, οἷον ἐμβαλὼν λόγον ἐν νῷ ἔχεις ἀπιέναι πρὶν διδάξαι ἱκανῶς ἢ μαθεῖν εἴτε οὕτως εἴτε ἄλλως
e ἔχει; ἢ σμικρὸν οἴει ἐπιχειρεῖν πρᾶγμα διορίζεσθαι ὅλου βίου διαγωγήν, ᾗ ἂν διαγόμενος ἕκαστος ἡμῶν λυσιτελεστάτην ζωὴν ζῴη;

Ἐγὼ γὰρ οἶμαι, ἔφη ὁ Θρασύμαχος, τουτὶ ἄλλως ἔχειν;

5 Ἔοικας, ἦν δ' ἐγώ—ἤτοι ἡμῶν γε οὐδὲν κήδεσθαι, οὐδέ τι φροντίζειν εἴτε χεῖρον εἴτε βέλτιον βιωσόμεθα ἀγνοοῦντες ὃ σὺ φῂς εἰδέναι. ἀλλ', ὠγαθέ, προθυμοῦ καὶ ἡμῖν ἐνδεί-
345 ξασθαι—οὔτοι κακῶς σοι κείσεται ὅτι ἂν ἡμᾶς τοσούσδε ὄντας εὐεργετήσῃς—ἐγὼ γὰρ δή σοι λέγω τό γ' ἐμόν, ὅτι οὐ πείθομαι οὐδ' οἶμαι ἀδικίαν δικαιοσύνης κερδαλεώτερον εἶναι, οὐδ' ἐὰν ἐᾷ τις αὐτὴν καὶ μὴ διακωλύῃ πράττειν ἃ
5 βούλεται. ἀλλ', ὠγαθέ, ἔστω μὲν ἄδικος, δυνάσθω δὲ ἀδικεῖν ἢ τῷ λανθάνειν ἢ τῷ διαμάχεσθαι, ὅμως ἐμέ γε οὐ πείθει ὡς ἔστι τῆς δικαιοσύνης κερδαλεώτερον. ταῦτ' οὖν
b καὶ ἕτερος ἴσως τις ἡμῶν πέπονθεν, οὐ μόνος ἐγώ· πεῖσον οὖν, ὦ μακάριε, ἱκανῶς ἡμᾶς ὅτι οὐκ ὀρθῶς βουλευόμεθα δικαιοσύνην ἀδικίας περὶ πλείονος ποιούμενοι.

Καὶ πῶς, ἔφη, σὲ πείσω; εἰ γὰρ οἷς νυνδὴ ἔλεγον μὴ
5 πέπεισαι, τί σοι ἔτι ποιήσω; ἢ εἰς τὴν ψυχὴν φέρων ἐνθῶ τὸν λόγον;

Μὰ Δί', ἦν δ' ἐγώ, μὴ σύ γε· ἀλλὰ πρῶτον μέν, ἃ ἂν εἴπῃς, ἔμμενε τούτοις, ἢ ἐὰν μετατιθῇ, φανερῶς μετατίθεσο καὶ ἡμᾶς μὴ ἐξαπάτα. νῦν δὲ ὁρᾷς, ὦ Θρασύμαχε—ἔτι
c γὰρ τὰ ἔμπροσθεν ἐπισκεψώμεθα—ὅτι τὸν ὡς ἀληθῶς ἰατρὸν τὸ πρῶτον ὁριζόμενος τὸν ὡς ἀληθῶς ποιμένα οὐκέτι ᾤου

e 1 ὅλου F: ἀλλ' οὐ ADM e 3 ζῴη] ζων pr. A sed corr. A
e 6 τι AF: om. pr. DM a 7 πείθει] πείθεις al. Ficinus (*suades*)

δεῖν ὕστερον ἀκριβῶς φυλάξαι, ἀλλὰ πιαίνειν οἴει αὐτὸν τὰ πρόβατα, καθ' ὅσον ποιμήν ἐστιν, οὐ πρὸς τὸ τῶν προβάτων βέλτιστον βλέποντα ἀλλ', ὥσπερ δαιτυμόνα τινὰ καὶ 5 μέλλοντα ἑστιάσεσθαι, πρὸς τὴν εὐωχίαν, ἢ αὖ πρὸς τὸ ἀποδόσθαι, ὥσπερ χρηματιστὴν ἀλλ' οὐ ποιμένα. τῇ δὲ d ποιμενικῇ οὐ δήπου ἄλλου του μέλει ἢ ἐφ' ᾧ τέτακται, ὅπως τούτῳ τὸ βέλτιστον ἐκποριεῖ—ἐπεὶ τά γε αὐτῆς ὥστ' εἶναι βελτίστη ἱκανῶς δήπου ἐκπεπόρισται, ἕως γ' ἂν μηδὲν ἐνδέῃ τοῦ ποιμενικὴ εἶναι—οὕτω δὲ ᾤμην ἔγωγε νυνδὴ 5 ἀναγκαῖον εἶναι ἡμῖν ὁμολογεῖν πᾶσαν ἀρχήν, καθ' ὅσον ἀρχή, μηδενὶ ἄλλῳ τὸ βέλτιστον σκοπεῖσθαι ἢ ἐκείνῳ, τῷ ἀρχομένῳ τε καὶ θεραπευομένῳ, ἔν τε πολιτικῇ καὶ ἰδιωτικῇ e ἀρχῇ. σὺ δὲ τοὺς ἄρχοντας ἐν ταῖς πόλεσιν, τοὺς ὡς ἀληθῶς ἄρχοντας, ἑκόντας οἴει ἄρχειν;

Μὰ Δί' οὔκ, ἔφη, ἀλλ' εὖ οἶδα.

Τί δέ, ἦν δ' ἐγώ, ὦ Θρασύμαχε; τὰς ἄλλας ἀρχὰς οὐκ 5 ἐννοεῖς ὅτι οὐδεὶς ἐθέλει ἄρχειν ἑκών, ἀλλὰ μισθὸν αἰτοῦσιν, ὡς οὐχὶ αὐτοῖσιν ὠφελίαν ἐσομένην ἐκ τοῦ ἄρχειν ἀλλὰ τοῖς ἀρχομένοις; ἐπεὶ τοσόνδε εἰπέ· οὐχὶ ἑκάστην μέντοι 346 φαμὲν ἑκάστοτε τῶν τεχνῶν τούτῳ ἑτέραν εἶναι, τῷ ἑτέραν τὴν δύναμιν ἔχειν; καί, ὦ μακάριε, μὴ παρὰ δόξαν ἀποκρίνου, ἵνα τι καὶ περαίνωμεν.

Ἀλλὰ τούτῳ, ἔφη, ἑτέρα. 5

Οὐκοῦν καὶ ὠφελίαν ἑκάστη τούτων ἰδίαν τινὰ ἡμῖν παρέχεται ἀλλ' οὐ κοινήν, οἷον ἰατρικὴ μὲν ὑγίειαν, κυβερνητικὴ δὲ σωτηρίαν ἐν τῷ πλεῖν, καὶ αἱ ἄλλαι οὕτω;

Πάνυ γε.

Οὐκοῦν καὶ μισθωτικὴ μισθόν; αὕτη γὰρ αὐτῆς ἡ δύναμις· b ἢ τὴν ἰατρικὴν σὺ καὶ τὴν κυβερνητικὴν τὴν αὐτὴν καλεῖς;

c 3 πιαίνειν A Eusebius : παχύνειν F : ποιμαίνειν D M f et in marg. γρ. A d 2 μέλει] μέλλει pr. A d 5 δὲ A D M : δὴ F Eusebius ἔγωγε A D M Eusebius : ἐγὼ F e 2 ὡς F Eusebius : om. A D M e 4 οὐκ A D M : οὐκ ἔγωγ' F a 5 ἑτέρα] ἑτέραν scr. recc. a 6 τούτων D : om. A F M a 7 οἷον A[2] F D M : οἷοι A

ἢ ἐάνπερ βούλῃ ἀκριβῶς διορίζειν, ὥσπερ ὑπέθου, οὐδέν τι μᾶλλον, ἐάν τις κυβερνῶν ὑγιὴς γίγνηται διὰ τὸ συμφέρον
5 αὐτῷ πλεῖν ἐν τῇ θαλάττῃ, ἕνεκα τούτου καλεῖς μᾶλλον αὐτὴν ἰατρικήν;

Οὐ δῆτα, ἔφη.

Οὐδέ γ', οἶμαι, τὴν μισθωτικήν, ἐὰν ὑγιαίνῃ τις μισθαρνῶν.

Οὐ δῆτα.

10 Τί δέ; τὴν ἰατρικὴν μισθαρνητικήν, ἐὰν ἰώμενός τις μισθαρνῇ;

c Οὐκ ἔφη.

Οὐκοῦν τήν γε ὠφελίαν ἑκάστης τῆς τέχνης ἰδίαν ὡμολογήσαμεν εἶναι;

Ἔστω, ἔφη.

5 Ἥντινα ἄρα ὠφελίαν κοινῇ ὠφελοῦνται πάντες οἱ δημιουργοί, δῆλον ὅτι κοινῇ τινι τῷ αὐτῷ προσχρώμενοι ἀπ' ἐκείνου ὠφελοῦνται.

Ἔοικεν, ἔφη.

Φαμὲν δέ γε τὸ μισθὸν ἀρνυμένους ὠφελεῖσθαι τοὺς
10 δημιουργοὺς ἀπὸ τοῦ προσχρῆσθαι τῇ μισθωτικῇ τέχνῃ γίγνεσθαι αὐτοῖς.

Συνέφη μόγις.

d Οὐκ ἄρα ἀπὸ τῆς αὑτοῦ τεχνης ἑκάστῳ αὕτη ἡ ὠφελία ἐστίν, ἡ τοῦ μισθοῦ λῆψις, ἀλλ', εἰ δεῖ ἀκριβῶς σκοπεῖσθαι, ἡ μὲν ἰατρικὴ ὑγίειαν ποιεῖ, ἡ δὲ μισθαρνητικὴ μισθόν, καὶ ἡ μὲν οἰκοδομικὴ οἰκίαν, ἡ δὲ μισθαρνητικὴ αὐτῇ ἑπομένη
5 μισθόν, καὶ αἱ ἄλλαι πᾶσαι οὕτως τὸ αὑτῆς ἑκάστη ἔργον ἐργάζεται καὶ ὠφελεῖ ἐκεῖνο ἐφ' ᾧ τέτακται. ἐὰν δὲ μὴ μισθὸς αὐτῇ προσγίγνηται, ἔσθ' ὅτι ὠφελεῖται ὁ δημιουργὸς ἀπὸ τῆς τέχνης;

b 4 ξυμφέρον A D M f : ξυμφέρειν F b 10 μισθαρνητικήν A F D : μισθαρνικήν M c 9 δέ γε A F M : δὲ D τὸ A M : τὸν F D d 1 αὕτη F : αὐτὴ A D M d 2 ἡ τοῦ μισθοῦ λῆψις A F D (sed λῆψις punctis notatum in A) : om. M (sed add. in marg.) d 3 μισθαρνητικὴ (bis) A F D : μισθαρνικὴ (bis) M d 5 ἑκάστη A (sed η in ras.)

Οὐ φαίνεται, ἔφη.

Ἆρ' οὖν οὐδ' ὠφελεῖ τότε, ὅταν προῖκα ἐργάζηται; e

Οἶμαι ἔγωγε.

Οὐκοῦν, ὦ Θρασύμαχε, τοῦτο ἤδη δῆλον, ὅτι οὐδεμία τέχνη οὐδὲ ἀρχὴ τὸ αὑτῇ ὠφέλιμον παρασκευάζει, ἀλλ', ὅπερ πάλαι ἐλέγομεν, τὸ τῷ ἀρχομένῳ καὶ παρασκευάζει 5 καὶ ἐπιτάττει, τὸ ἐκείνου συμφέρον ἥττονος ὄντος σκοποῦσα, ἀλλ' οὐ τὸ τοῦ κρείττονος. διὰ δὴ ταῦτα ἔγωγε, ὦ φίλε Θρασύμαχε, καὶ ἄρτι ἔλεγον μηδένα ἐθέλειν ἑκόντα ἄρχειν καὶ τὰ ἀλλότρια κακὰ μεταχειρίζεσθαι ἀνορθοῦντα, ἀλλὰ μισθὸν αἰτεῖν, ὅτι ὁ μέλλων καλῶς τῇ τέχνῃ πρά- 347 ξειν οὐδέποτε αὑτῷ τὸ βέλτιστον πράττει οὐδ' ἐπιτάττει κατὰ τὴν τέχνην ἐπιτάττων, ἀλλὰ τῷ ἀρχομένῳ· ὧν δὴ ἕνεκα, ὡς ἔοικε, μισθὸν δεῖν ὑπάρχειν τοῖς μέλλουσιν ἐθελήσειν ἄρχειν, ἢ ἀργύριον ἢ τιμήν, ἢ ζημίαν ἐὰν μὴ 5 ἄρχῃ.

Πῶς τοῦτο λέγεις, ὦ Σώκρατες; ἔφη ὁ Γλαύκων· τοὺς μὲν γὰρ δύο μισθοὺς γιγνώσκω, τὴν δὲ ζημίαν ἥντινα λέγεις καὶ ὡς ἐν μισθοῦ μέρει εἴρηκας, οὐ συνῆκα.

Τὸν τῶν βελτίστων ἄρα μισθόν, ἔφην, οὐ συνιεῖς, δι' ὃν 10 ἄρχουσιν οἱ ἐπιεικέστατοι, ὅταν ἐθέλωσιν ἄρχειν. ἢ οὐκ b οἶσθα ὅτι τὸ φιλότιμόν τε καὶ φιλάργυρον εἶναι ὄνειδος λέγεταί τε καὶ ἔστιν;

Ἔγωγε, ἔφη.

Διὰ ταῦτα τοίνυν, ἦν δ' ἐγώ, οὔτε χρημάτων ἕνεκα ἐθέ- 5 λουσιν ἄρχειν οἱ ἀγαθοὶ οὔτε τιμῆς· οὔτε γὰρ φανερῶς πραττόμενοι τῆς ἀρχῆς ἕνεκα μισθὸν μισθωτοὶ βούλονται κεκλῆσθαι, οὔτε λάθρᾳ αὐτοὶ ἐκ τῆς ἀρχῆς λαμβάνοντες κλέπται. οὐδ' αὖ τιμῆς ἕνεκα· οὐ γάρ εἰσι φιλότιμοι. δεῖ δὴ

e 4 ἀλλ' . . . e 5 παρασκευάζει A F M Eusebius : om. D e 9 ἀνορθοῦντα] ἐπανορθοῦντα Eusebius a 2 οὐδ' ἐπιτάττει om. pr. F a 3 ὧν F M Eusebius : ὧι A : οὗ D a 4 δεῖν A D M : δεῖ F Eusebius b 2 ὅτι φιλάργυρόν τε καὶ φιλότιμον εἶναι Stobaeus b 9 δὴ F D M : δὲ A

c αὐτοῖς ἀνάγκην προσεῖναι καὶ ζημίαν, εἰ μέλλουσιν ἐθέ-
λειν ἄρχειν—ὅθεν κινδυνεύει τὸ ἑκόντα ἐπὶ τὸ ἄρχειν ἰέναι
ἀλλὰ μὴ ἀνάγκην περιμένειν αἰσχρὸν νενομίσθαι—τῆς δὲ
ζημίας μεγίστη τὸ ὑπὸ πονηροτέρου ἄρχεσθαι, ἐὰν μὴ αὐτὸς
5 ἐθέλῃ ἄρχειν· ἣν δείσαντές μοι φαίνονται ἄρχειν, ὅταν
ἄρχωσιν, οἱ ἐπιεικεῖς, καὶ τότε ἔρχονται ἐπὶ τὸ ἄρχειν οὐχ
ὡς ἐπ' ἀγαθόν τι ἰόντες οὐδ' ὡς εὐπαθήσοντες ἐν αὐτῷ, ἀλλ'
d ὡς ἐπ' ἀναγκαῖον καὶ οὐκ ἔχοντες ἑαυτῶν βελτίοσιν ἐπι-
τρέψαι οὐδὲ ὁμοίοις. ἐπεὶ κινδυνεύει πόλις ἀνδρῶν ἀγα-
θῶν εἰ γένοιτο, περιμάχητον ἂν εἶναι τὸ μὴ ἄρχειν ὥσπερ
νυνὶ τὸ ἄρχειν, καὶ ἐνταῦθ' ἂν καταφανὲς γενέσθαι ὅτι τῷ
5 ὄντι ἀληθινὸς ἄρχων οὐ πέφυκε τὸ αὐτῷ συμφέρον σκοπεῖ-
σθαι ἀλλὰ τὸ τῷ ἀρχομένῳ· ὥστε πᾶς ἂν ὁ γιγνώσκων τὸ
ὠφελεῖσθαι μᾶλλον ἕλοιτο ὑπ' ἄλλου ἢ ἄλλον ὠφελῶν
πράγματα ἔχειν. τοῦτο μὲν οὖν ἔγωγε οὐδαμῇ συγχωρῶ
e Θρασυμάχῳ, ὡς τὸ δίκαιόν ἐστιν τὸ τοῦ κρείττονος συμφέρον.
ἀλλὰ τοῦτο μὲν δὴ καὶ εἰς αὖθις σκεψόμεθα· πολὺ δέ μοι
δοκεῖ μεῖζον εἶναι ὃ νῦν λέγει Θρασύμαχος, τὸν τοῦ ἀδίκου
βίον φάσκων εἶναι κρείττω ἢ τὸν τοῦ δικαίου. σὺ οὖν
5 ποτέρως, ἦν δ' ἐγώ, ὦ Γλαύκων, αἱρῇ; καὶ πότερον ἀλη-
θεστέρως δοκεῖ σοι λέγεσθαι;

Τὸν τοῦ δικαίου ἔγωγε λυσιτελέστερον βίον εἶναι.

348 Ἤκουσας, ἦν δ' ἐγώ, ὅσα ἄρτι Θρασύμαχος ἀγαθὰ διῆλθεν
τῷ τοῦ ἀδίκου;

Ἤκουσα, ἔφη, ἀλλ' οὐ πείθομαι.

Βούλει οὖν αὐτὸν πείθωμεν, ἂν δυνώμεθά πῃ ἐξευρεῖν, ὡς
5 οὐκ ἀληθῆ λέγει;

Πῶς γὰρ οὐ βούλομαι; ἦ δ' ὅς.

Ἂν μὲν τοίνυν, ἦν δ' ἐγώ, ἀντικατατείναντες λέγωμεν

d 4 νυνὶ A: νῦν FD e 2 σκεψόμεθα ADM: σκεψώμεθα F d
e 5 ποτέρως] πότερον ci. Ast πότερον FM: πότερον ὡς AD:
ποτέρως ci. Ast e 7 ἔγωγε F: ἔγωγ' ἔφη A: ἔγωγ' ἔφη DM
a 4 πείθωμεν A² FDM: πείθοιμεν A

αὐτῷ λόγον παρὰ λόγον, ὅσα αὖ ἀγαθὰ ἔχει τὸ δίκαιον εἶναι, καὶ αὖθις οὗτος, καὶ ἄλλον ἡμεῖς, ἀριθμεῖν δεήσει τἀγαθὰ καὶ μετρεῖν ὅσα ἑκάτεροι ἐν ἑκατέρῳ λέγομεν, καὶ **b** ἤδη δικαστῶν τινων τῶν διακρινούντων δεησόμεθα· ἂν δὲ ὥσπερ ἄρτι ἀνομολογούμενοι πρὸς ἀλλήλους σκοπῶμεν, ἅμα αὐτοί τε δικασταὶ καὶ ῥήτορες ἐσόμεθα.

Πάνυ μὲν οὖν, ἔφη. 5

Ὁποτέρως οὖν σοι, ἦν δ' ἐγώ, ἀρέσκει.

Οὕτως, ἔφη.

Ἴθι δή, ἦν δ' ἐγώ, ὦ Θρασύμαχε, ἀπόκριναι ἡμῖν ἐξ ἀρχῆς. τὴν τελέαν ἀδικίαν τελέας οὔσης δικαιοσύνης λυσιτελεστέραν φῂς εἶναι; 10

Πάνυ μὲν οὖν καὶ φημί, ἔφη, καὶ δι' ἅ, εἴρηκα. **c**

Φέρε δή, τὸ τοιόνδε περὶ αὐτῶν πῶς λέγεις; τὸ μέν που ἀρετὴν αὐτοῖν καλεῖς, τὸ δὲ κακίαν;

Πῶς γὰρ οὔ;

Οὐκοῦν τὴν μὲν δικαιοσύνην ἀρετήν, τὴν δὲ ἀδικίαν 5 κακίαν;

Εἰκός γ', ἔφη, ὦ ἥδιστε, ἐπειδή γε καὶ λέγω ἀδικίαν μὲν λυσιτελεῖν, δικαιοσύνην δ' οὔ.

Ἀλλὰ τί μήν;

Τοὐναντίον, ἦ δ' ὅς. 10

Ἦ τὴν δικαιοσύνην κακίαν;

Οὔκ, ἀλλὰ πάνυ γενναίαν εὐήθειαν.

Τὴν ἀδικίαν ἄρα κακοήθειαν καλεῖς; **d**

Οὔκ, ἀλλ' εὐβουλίαν, ἔφη.

Ἦ καὶ φρόνιμοί σοι, ὦ Θρασύμαχε, δοκοῦσιν εἶναι καὶ ἀγαθοὶ οἱ ἄδικοι;

Οἵ γε τελέως, ἔφη, οἷοί τε ἀδικεῖν, πόλεις τε καὶ ἔθνη 5 δυνάμενοι ἀνθρώπων ὑφ' ἑαυτοὺς ποιεῖσθαι· σὺ δὲ οἴει με

a 8 αὖ ex ἂν fecit A b 4 τε δικασταὶ A D M: δικασταί τε F b 6 ὁποτέρως A D M f: ποτέρως F b 9 τὴν A F M: om. D c 7 ἐπειδή γε F: ἐπειδὴ A D M d 6 σὺ δὲ . . . d 7 λέγειν Socrati tribuit A ἴσως τοὺς τὰ βαλλάντια ἀποτέμνοντας λέγειν. λυσιτελεῖ μὲν οὖν, ἦ δ᾽ ὅς, καὶ τὰ τοιαῦτα, ἐάνπερ λανθάνῃ· ἔστι δὲ οὐκ ἄξια λόγου, ἀλλ᾽ ἃ νυνδὴ ἔλεγον.

e Τοῦτο μέν, ἔφην, οὐκ ἀγνοῶ ὃ βούλει λέγειν, ἀλλὰ τόδε ἐθαύμασα, εἰ ἐν ἀρετῆς καὶ σοφίας τιθεῖς μέρει τὴν ἀδικίαν, τὴν δὲ δικαιοσύνην ἐν τοῖς ἐναντίοις.

Ἀλλὰ πάνυ οὕτω τίθημι.

5 Τοῦτο, ἦν δ᾽ ἐγώ, ἤδη στερεώτερον, ὦ ἑταῖρε, καὶ οὐκέτι ῥᾴδιον ἔχειν ὅτι τις εἴπῃ. εἰ γὰρ λυσιτελεῖν μὲν τὴν ἀδικίαν ἐτίθεσο, κακίαν μέντοι ἢ αἰσχρὸν αὐτὸ ὡμολόγεις εἶναι ὥσπερ ἄλλοι τινές, εἴχομεν ἄν τι λέγειν κατὰ τὰ νομιζόμενα λέγοντες· νῦν δὲ δῆλος εἶ ὅτι φήσεις αὐτὸ καὶ 10 καλὸν καὶ ἰσχυρὸν εἶναι καὶ τἆλλα αὐτῷ πάντα προσθήσεις 349 ἃ ἡμεῖς τῷ δικαίῳ προσετίθεμεν, ἐπειδή γε καὶ ἐν ἀρετῇ αὐτὸ καὶ σοφίᾳ ἐτόλμησας θεῖναι.

Ἀληθέστατα, ἔφη, μαντεύῃ.

Ἀλλ᾽ οὐ μέντοι, ἦν δ᾽ ἐγώ, ἀποκνητέον γε τῷ λόγῳ 5 ἐπεξελθεῖν σκοπούμενον, ἕως ἄν σε ὑπολαμβάνω λέγειν ἅπερ διανοῇ. ἐμοὶ γὰρ δοκεῖς σύ, ὦ Θρασύμαχε, ἀτεχνῶς νῦν οὐ σκώπτειν, ἀλλὰ τὰ δοκοῦντα περὶ τῆς ἀληθείας λέγειν.

Τί δέ σοι, ἔφη, τοῦτο διαφέρει, εἴτε μοι δοκεῖ εἴτε μή, 10 ἀλλ᾽ οὐ τὸν λόγον ἐλέγχεις;

b Οὐδέν, ἦν δ᾽ ἐγώ. ἀλλὰ τόδε μοι πειρῶ ἔτι πρὸς τούτοις ἀποκρίνασθαι· ὁ δίκαιος τοῦ δικαίου δοκεῖ τί σοι ἂν ἐθέλειν πλέον ἔχειν;

Οὐδαμῶς, ἔφη· οὐ γὰρ ἂν ἦν ἀστεῖος, ὥσπερ νῦν, καὶ 5 εὐήθης.

Τί δέ; τῆς δικαίας πράξεως;

Οὐδὲ τῆς δικαίας, ἔφη.

e 1 μέν F D: μέντοι A M 8 F D: ὅτι A M e 4 πάνυ A D M: πάνυ ἔφη F e 6 ῥᾴδιον F Stobaeus: ῥᾶιον A D M a 1 γε A D M Stobaeus: τε F a 7 ἀληθείας] ἀδικίας ci. H. Wolf b 7 τῆς ⟨πράξεως τῆς⟩ δικαίας Adam vetante etiam Stobaeo

Τοῦ δὲ ἀδίκου πότερον ἀξιοῖ ἂν πλεονεκτεῖν καὶ ἡγοῖτο δίκαιον εἶναι, ἢ οὐκ ἂν ἡγοῖτο;

Ἡγοῖτ' ἄν, ἦ δ' ὅς, καὶ ἀξιοῖ, ἀλλ' οὐκ ἂν δύναιτο. 10

Ἀλλ' οὐ τοῦτο, ἦν δ' ἐγώ, ἐρωτῶ, ἀλλ' εἰ τοῦ μὲν δικαίου μὴ ἀξιοῖ πλέον ἔχειν μηδὲ βούλεται ὁ δίκαιος, τοῦ c δὲ ἀδίκου;

Ἀλλ' οὕτως, ἔφη, ἔχει.

Τί δὲ δὴ ὁ ἄδικος; ἆρα ἀξιοῖ τοῦ δικαίου πλεονεκτεῖν καὶ τῆς δικαίας πράξεως; 5

Πῶς γὰρ οὔκ; ἔφη, ὅς γε πάντων πλέον ἔχειν ἀξιοῖ;

Οὐκοῦν καὶ ἀδίκου γε ἀνθρώπου τε καὶ πράξεως ὁ ἄδικος πλεονεκτήσει καὶ ἁμιλλήσεται ὡς ἁπάντων πλεῖστον αὐτὸς λάβῃ;

Ἔστι ταῦτα. 10

Ὧδε δὴ λέγωμεν, ἔφην· ὁ δίκαιος τοῦ μὲν ὁμοίου οὐ πλεονεκτεῖ, τοῦ δὲ ἀνομοίου, ὁ δὲ ἄδικος τοῦ τε ὁμοίου καὶ τοῦ ἀνομοίου; d

Ἄριστα, ἔφη, εἴρηκας.

Ἔστιν δέ γε, ἔφην, φρόνιμός τε καὶ ἀγαθὸς ὁ ἄδικος, ὁ δὲ δίκαιος οὐδέτερα;

Καὶ τοῦτ', ἔφη, εὖ. 5

Οὐκοῦν, ἦν δ' ἐγώ, καὶ ἔοικε τῷ φρονίμῳ καὶ τῷ ἀγαθῷ ὁ ἄδικος, ὁ δὲ δίκαιος οὐκ ἔοικεν;

Πῶς γὰρ οὐ μέλλει, ἔφη, ὁ τοιοῦτος ὢν καὶ ἐοικέναι τοῖς τοιούτοις, ὁ δὲ μὴ ἐοικέναι;

Καλῶς. τοιοῦτος ἄρα ἐστὶν ἑκάτερος αὐτῶν οἷσπερ 10 ἔοικεν;

b 9 ἡγοῖτο F Stobaeus : ἡγοῖτο δίκαιον A D c 4 ὁ A F M Stobaeus : om. D c 6 πλέον ἔχειν A F M Stobaeus : ἔχειν πλέον D c 7 γε Stobaeus : om. A F D M c 8 πλεῖστον αὐτὸς A D M : αὐτὸς πλεῖστον F c 11 λέγωμεν A D : λέγω μὲν Stobaeus : λέγομεν F d 6 τῷ ἀγαθῷ A F D M : ἀγαθῷ Stobaeus d 8 ὁ τοιοῦτος A F D M : τοιοῦτος Stobaeus d 9 ὁ δὲ, μὴ A : ὁ δὲ μὴ F D M Stobaeus : ὁ δὲ μὴ μὴ scr. recc. d 10 οἷσπερ A F D M Stobaeus : οἷοισπερ ci Madvig

Ἀλλὰ τί μέλλει; ἔφη.

Εἶεν, ὦ Θρασύμαχε· μουσικὸν δέ τινα λέγεις, ἕτερον δὲ
e ἄμουσον;

Ἔγωγε.

Πότερον φρόνιμον καὶ πότερον ἄφρονα;

Τὸν μὲν μουσικὸν δήπου φρόνιμον, τὸν δὲ ἄμουσον
5 ἄφρονα.

Οὐκοῦν καὶ ἅπερ φρόνιμον, ἀγαθόν, ἃ δὲ ἄφρονα, κακόν;

Ναί.

Τί δὲ ἰατρικόν; οὐχ οὕτως;

Οὕτως.

10 Δοκεῖ ἂν οὖν τίς σοι, ὦ ἄριστε, μουσικὸς ἀνὴρ ἁρμοττόμενος λύραν ἐθέλειν μουσικοῦ ἀνδρὸς ἐν τῇ ἐπιτάσει καὶ ἀνέσει τῶν χορδῶν πλεονεκτεῖν ἢ ἀξιοῦν πλέον ἔχειν;

Οὐκ ἔμοιγε.

15 Τί δέ; ἀμούσου;

Ἀνάγκη, ἔφη.

350 Τί δὲ ἰατρικός; ἐν τῇ ἐδωδῇ ἢ πόσει ἐθέλειν ἄν τι ἰατρικοῦ πλεονεκτεῖν ἢ ἀνδρὸς ἢ πράγματος;

Οὐ δῆτα.

Μὴ ἰατρικοῦ δέ;

5 Ναί.

Περὶ πάσης δὴ ὅρα ἐπιστήμης τε καὶ ἀνεπιστημοσύνης εἴ τίς σοι δοκεῖ ἐπιστήμων ὁστισοῦν πλείω ἂν ἐθέλειν αἱρεῖσθαι ἢ ὅσα ἄλλος ἐπιστήμων ἢ πράττειν ἢ λέγειν, καὶ οὐ ταὐτὰ τῷ ὁμοίῳ ἑαυτῷ εἰς τὴν αὐτὴν πρᾶξιν.

10 Ἀλλ' ἴσως, ἔφη, ἀνάγκη τοῦτό γε οὕτως ἔχειν.

Τί δὲ ὁ ἀνεπιστήμων; οὐχὶ ὁμοίως μὲν ἐπιστήμονος
b πλεονεκτήσειεν ἄν, ὁμοίως δὲ ἀνεπιστήμονος;

e 6 καὶ A : om. F D Stobaeus e 10 ἆρ' οὖν τίς σοι, ὦ ἄριστε, δοκεῖ μουσικὸς ἀνὴρ Stobaeus a 1 ἰατρικός A M D : ἰατρός F a 6 δὴ F Stobaeus : δὲ A D M a 9 αὐτὴν] αὐτὴν ὁμοίαν Stobaeus a 10 γε A D M Stobaeus : om. F a 11 οὐχὶ] οὐχ Stobaeus

Ἴσως.

Ὁ δὲ ἐπιστήμων σοφός;

Φημί.

Ὁ δὲ σοφὸς ἀγαθός; 5

Φημί.

Ὁ ἄρα ἀγαθός τε καὶ σοφὸς τοῦ μὲν ὁμοίου οὐκ ἐθελήσει πλεονεκτεῖν, τοῦ δὲ ἀνομοίου τε καὶ ἐναντίου.

Ἔοικεν, ἔφη.

Ὁ δὲ κακός τε καὶ ἀμαθὴς τοῦ τε ὁμοίου καὶ τοῦ 10 ἐναντίου.

Φαίνεται.

Οὐκοῦν, ὦ Θρασύμαχε, ἦν δ' ἐγώ, ὁ ἄδικος ἡμῖν τοῦ ἀνομοίου τε καὶ ὁμοίου πλεονεκτεῖ; ἢ οὐχ οὕτως ἔλεγες;

Ἔγωγε, ἔφη. 15

Ὁ δέ γε δίκαιος τοῦ μὲν ὁμοίου οὐ πλεονεκτήσει, τοῦ δὲ c ἀνομοίου;

Ναί.

Ἔοικεν ἄρα, ἦν δ' ἐγώ, ὁ μὲν δίκαιος τῷ σοφῷ καὶ ἀγαθῷ, ὁ δὲ ἄδικος τῷ κακῷ καὶ ἀμαθεῖ. 5

Κινδυνεύει.

Ἀλλὰ μὴν ὡμολογοῦμεν, ᾧ γε ὅμοιος ἑκάτερος εἴη, τοιοῦτον καὶ ἑκάτερον εἶναι.

Ὡμολογοῦμεν γάρ.

Ὁ μὲν ἄρα δίκαιος ἡμῖν ἀναπέφανται ὢν ἀγαθός τε καὶ 10 σοφός, ὁ δὲ ἄδικος ἀμαθής τε καὶ κακός.

Ὁ δὴ Θρασύμαχος ὡμολόγησε μὲν πάντα ταῦτα, οὐχ ὡς ἐγὼ νῦν ῥᾳδίως λέγω, ἀλλ' ἑλκόμενος καὶ μόγις, μετὰ d ἱδρῶτος θαυμαστοῦ ὅσου, ἅτε καὶ θέρους ὄντος—τότε καὶ εἶδον ἐγώ, πρότερον δὲ οὔπω, Θρασύμαχον ἐρυθριῶντα—

b 4 φημί] ναί Stobaeus b 10 κακός A F M Stobaeus : ἄκακος D τε ὁμοίου A M Stobaeus : γε ὁμοίου F : ἀνομοίου D c 4 καὶ . . . c 5 καὶ] τε καὶ . . . τε καὶ Stobaeus c 7 ὡμολογοῦμεν A D M : ὁμολογοῦμεν F Stobaeus c 12 δὴ F D : δὲ A M πάντα ταῦτα A D M : ταῦτα πάντα F d 2 ante τότε dist. F D : post τότε dist. A M

ἐπειδὴ δὲ οὖν διωμολογησάμεθα τὴν δικαιοσύνην ἀρετὴν
5 εἶναι καὶ σοφίαν, τὴν δὲ ἀδικίαν κακίαν τε καὶ ἀμαθίαν,
Εἶεν, ἦν δ' ἐγώ, τοῦτο μὲν ἡμῖν οὕτω κείσθω, ἔφαμεν δὲ
δὴ καὶ ἰσχυρὸν εἶναι τὴν ἀδικίαν. ἢ οὐ μέμνησαι, ὦ
Θρασύμαχε;

Μέμνημαι, ἔφη· ἀλλ' ἔμοιγε οὐδὲ ἃ νῦν λέγεις ἀρέσκει,
10 καὶ ἔχω περὶ αὐτῶν λέγειν. εἰ οὖν λέγοιμι, εὖ οἶδ' ὅτι
e δημηγορεῖν ἄν με φαίης. ἢ οὖν ἔα με εἰπεῖν ὅσα βούλομαι,
ἤ, εἰ βούλει ἐρωτᾶν, ἐρώτα· ἐγὼ δέ σοι, ὥσπερ ταῖς γραυσὶν
ταῖς τοὺς μύθους λεγούσαις, "εἶεν" ἐρῶ καὶ κατανεύσομαι
καὶ ἀνανεύσομαι.

5 Μηδαμῶς, ἦν δ' ἐγώ, παρά γε τὴν σαυτοῦ δόξαν.

Ὥστε σοί, ἔφη, ἀρέσκειν, ἐπειδήπερ οὐκ ἐᾷς λέγειν.
καίτοι τί ἄλλο βούλει;

Οὐδὲν μὰ Δία, ἦν δ' ἐγώ, ἀλλ' εἴπερ τοῦτο ποιήσεις,
ποίει· ἐγὼ δὲ ἐρωτήσω.

10 Ἐρώτα δή.

Τοῦτο τοίνυν ἐρωτῶ, ὅπερ ἄρτι, ἵνα καὶ ἑξῆς διασκεψώ-
351 μεθα τὸν λόγον, ὁποῖόν τι τυγχάνει ὂν δικαιοσύνη πρὸς
ἀδικίαν. ἐλέχθη γάρ που ὅτι καὶ δυνατώτερον καὶ ἰσχυρό-
τερον εἴη ἀδικία δικαιοσύνης· νῦν δέ γ', ἔφην, εἴπερ σοφία
τε καὶ ἀρετή ἐστιν δικαιοσύνη, ῥᾳδίως οἶμαι φανήσεται καὶ
5 ἰσχυρότερον ἀδικίας, ἐπειδήπερ ἐστὶν ἀμαθία ἡ ἀδικία—
οὐδεὶς ἂν ἔτι τοῦτο ἀγνοήσειεν—ἀλλ' οὔ τι οὕτως ἁπλῶς,
ὦ Θρασύμαχε, ἔγωγε ἐπιθυμῶ, ἀλλὰ τῇδέ πῃ σκέψασθαι·
b πόλιν φαίης ἂν ἄδικον εἶναι καὶ ἄλλας πόλεις ἐπιχειρεῖν
δουλοῦσθαι ἀδίκως καὶ καταδεδουλῶσθαι, πολλὰς δὲ καὶ
ὑφ' ἑαυτῇ ἔχειν δουλωσαμένην;

d 6 ἡμῖν οὕτω κείσθω A F M Stobaeus: οὕτω κείσθω ἡμῖν D
d 7 ἰσχυρὸν] ἰσχυρότερον Stobaeus e 6 ἐᾷς F D M: ἐᾷσ** A
a 2 ἐλέχθη A D M f: ἐδείχθη F ὅτι καὶ A D: καὶ ὅτι F
a 3 ἔφην F: ἔφη A D M a 4 τε A F M: om. D a 5 ἡ A D M:
καὶ ἡ F a 7 τῇδέ πῃ σκέψασθαι A M Stobaei S M: τί δ' ἐπι-
σκέψασθαι F: τῇδ' ἐπισκέψασθαι D Stobaei A b 2 καὶ κατα-
δεδουλῶσθαι secl. Cobet b 3 ἑαυτῇ A D M: ἑαυτὴν F

Πῶς γὰρ οὔκ; ἔφη. καὶ τοῦτό γε ἡ ἀρίστη μάλιστα ποιήσει καὶ τελεώτατα οὖσα ἄδικος. 5

Μανθάνω, ἔφην, ὅτι σὸς οὗτος ἦν ὁ λόγος. ἀλλὰ τόδε περὶ αὐτοῦ σκοπῶ· πότερον ἡ κρείττων γιγνομένη πόλις πόλεως ἄνευ δικαιοσύνης τὴν δύναμιν ταύτην ἕξει, ἢ ἀνάγκη αὐτῇ μετὰ δικαιοσύνης;

Εἰ μέν, ἔφη, ὡς σὺ ἄρτι ἔλεγες ἔχει—ἡ δικαιοσύνη c σοφία—μετὰ δικαιοσύνης· εἰ δ' ὡς ἐγὼ ἔλεγον, μετὰ ἀδικίας.

Πάνυ ἄγαμαι, ἦν δ' ἐγώ, ὦ Θρασύμαχε, ὅτι οὐκ ἐπινεύεις μόνον καὶ ἀνανεύεις, ἀλλὰ καὶ ἀποκρίνῃ πάνυ καλῶς. 5

Σοὶ γάρ, ἔφη, χαρίζομαι.

Εὖ γε σὺ ποιῶν· ἀλλὰ δὴ καὶ τόδε μοι χάρισαι καὶ λέγε· δοκεῖς ἂν ἢ πόλιν ἢ στρατόπεδον ἢ λῃστὰς ἢ κλέπτας ἢ ἄλλο τι ἔθνος, ὅσα κοινῇ ἐπί τι ἔρχεται ἀδίκως, πρᾶξαι ἄν τι δύνασθαι, εἰ ἀδικοῖεν ἀλλήλους; 10

Οὐ δῆτα, ἦ δ' ὅς. d

Τί δ' εἰ μὴ ἀδικοῖεν; οὐ μᾶλλον;

Πάνυ γε.

Στάσεις γάρ που, ὦ Θρασύμαχε, ἥ γε ἀδικία καὶ μίση καὶ μάχας ἐν ἀλλήλοις παρέχει, ἡ δὲ δικαιοσύνη ὁμόνοιαν 5 καὶ φιλίαν· ἦ γάρ;

Ἔστω, ἦ δ' ὅς, ἵνα σοι μὴ διαφέρωμαι.

Ἀλλ' εὖ γε σὺ ποιῶν, ὦ ἄριστε. τόδε δέ μοι λέγε· ἆρα εἰ τοῦτο ἔργον ἀδικίας, μῖσος ἐμποιεῖν ὅπου ἂν ἐνῇ, οὐ καὶ ἐν ἐλευθέροις τε καὶ δούλοις ἐγγιγνομένη μισεῖν ποιήσει 10 ἀλλήλους καὶ στασιάζειν καὶ ἀδυνάτους εἶναι κοινῇ μετ' ἀλλήλων πράττειν; e

Πάνυ γε.

b 9 αὐτῇ A D M : αὐτὴν F Stobaeus c 1 ἔχει A F D M Stobaeus : ἔχει ⟨εἰ⟩ ci. Baiter : ἔστιν scr. Ven. 184 c 1 ἡ . . . c 2 σοφία secl. ci. Hartman c 2 σοφία A F D M : σοφίαν Stobaeus : secl. Tucker c 4 πάνυ] πάνυ γε Stobaeus c 7 σὺ F D et in marg. γρ. A : σοι A M d 4 στάσεις A F M : στάσις D Stobaeus d 7 διαφέρωμαι F D : διαφέρωμεν A M d 10 ἐν A F M : om. D

Τί δὲ ἂν ἐν δυοῖν ἐγγένηται; οὐ διοίσονται καὶ μισήσουσιν
καὶ ἐχθροὶ ἔσονται ἀλλήλοις τε καὶ τοῖς δικαίοις;
5 Ἔσονται, ἔφη.
Ἐὰν δὲ δή, ὦ θαυμάσιε, ἐν ἑνὶ ἐγγένηται ἀδικία, μῶν
μὴ ἀπολεῖ τὴν αὑτῆς δύναμιν, ἢ οὐδὲν ἧττον ἕξει;
Μηδὲν ἧττον ἐχέτω, ἔφη.
Οὐκοῦν τοιάνδε τινὰ φαίνεται ἔχουσα τὴν δύναμιν, οἵαν, ᾧ
10 ἂν ἐγγένηται, εἴτε πόλει τινὶ εἴτε γένει εἴτε στρατοπέδῳ εἴτε
352 a ἄλλῳ ὁτῳοῦν, πρῶτον μὲν ἀδύνατον αὐτὸ ποιεῖν πράττειν μεθ'
αὑτοῦ διὰ τὸ στασιάζειν καὶ διαφέρεσθαι, ἔτι δ' ἐχθρὸν εἶναι
ἑαυτῷ τε καὶ τῷ ἐναντίῳ παντὶ καὶ τῷ δικαίῳ; οὐχ οὕτως;
Πάνυ γε.
5 Καὶ ἐν ἑνὶ δὴ οἶμαι ἐνοῦσα ταὐτὰ ταῦτα ποιήσει ἅπερ
πέφυκεν ἐργάζεσθαι· πρῶτον μὲν ἀδύνατον αὐτὸν πράττειν
ποιήσει στασιάζοντα καὶ οὐχ ὁμονοοῦντα αὐτὸν ἑαυτῷ,
ἔπειτα ἐχθρὸν καὶ ἑαυτῷ καὶ τοῖς δικαίοις· ἦ γάρ;
Ναί.
10 Δίκαιοι δέ γ' εἰσίν, ὦ φίλε, καὶ οἱ θεοί;
Ἔστω, ἔφη.
b Καὶ θεοῖς ἄρα ἐχθρὸς ἔσται ὁ ἄδικος, ὦ Θρασύμαχε, ὁ
δὲ δίκαιος φίλος.
Εὐωχοῦ τοῦ λόγου, ἔφη, θαρρῶν· οὐ γὰρ ἔγωγέ σοι
ἐναντιώσομαι, ἵνα μὴ τοῖσδε ἀπέχθωμαι.
5 Ἴθι δή, ἦν δ' ἐγώ, καὶ τὰ λοιπά μοι τῆς ἑστιάσεως ἀπο-
πλήρωσον ἀποκρινόμενος ὥσπερ καὶ νῦν. ὅτι μὲν γὰρ καὶ
σοφώτεροι καὶ ἀμείνους καὶ δυνατώτεροι πράττειν οἱ δίκαιοι
φαίνονται, οἱ δὲ ἄδικοι οὐδὲ πράττειν μετ' ἀλλήλων οἷοί

e 6 δὲ δή A F M : δέ D e 7 ἧττον F D M et in marg. A : om. A ἕξει A F M : om. D e 9 οἵαν secl. Tucker e 10 ἐγγένηται A D M : ἐγγίγνηται F a 1 ποιεῖν D : ποιεῖ A F M a 5 ταὐτὰ ταῦτα F : ταῦτα πάντα A D M : ταῦτα Stobaeus a 10 δέ γ' A Stobaeus : γ' F D a 11 ἔστω scripsi (cf. 354 a, 5) : ἔστων Hartman : ἔστωσαν A F D M Stobaeus b 1 ὦ Θρασύμαχε, ὁ ἄδικος Stobaeus b 3 ἔγωγε A F M Stobaeus : ἐγώ D b 8 οὐδὲ M : οὐδὲν A F D Stobaeus

τε—ἀλλὰ δὴ καὶ οὓς φαμεν ἐρρωμένως πώποτέ τι μετ' c
ἀλλήλων κοινῇ πρᾶξαι ἀδίκους ὄντας, τοῦτο οὐ παντάπασιν
ἀληθὲς λέγομεν· οὐ γὰρ ἂν ἀπείχοντο ἀλλήλων κομιδῇ
ὄντες ἄδικοι, ἀλλὰ δῆλον ὅτι ἐνῆν τις αὐτοῖς δικαιοσύνη,
ἣ αὐτοὺς ἐποίει μήτοι καὶ ἀλλήλους γε καὶ ἐφ' οὓς ᾖσαν 5
ἅμα ἀδικεῖν, δι' ἣν ἔπραξαν ἃ ἔπραξαν, ὥρμησαν δὲ ἐπὶ
τὰ ἄδικα ἀδικίᾳ ἡμιμόχθηροι ὄντες, ἐπεὶ οἵ γε παμπόνηροι
καὶ τελέως ἄδικοι τελέως εἰσὶ καὶ πράττειν ἀδύνατοι—ταῦτα
μὲν οὖν ὅτι οὕτως ἔχει μανθάνω, ἀλλ' οὐχ ὡς σὺ τὸ πρῶτον d
ἐτίθεσο· εἰ δὲ καὶ ἄμεινον ζῶσιν οἱ δίκαιοι τῶν ἀδίκων καὶ
εὐδαιμονέστεροί εἰσιν, ὅπερ τὸ ὕστερον προυθέμεθα σκέψα-
σθαι, σκεπτέον. φαίνονται μὲν οὖν καὶ νῦν, ὥς γέ μοι δοκεῖ, ἐξ
ὧν εἰρήκαμεν· ὅμως δ' ἔτι βέλτιον σκεπτέον. οὐ γὰρ περὶ τοῦ 5
ἐπιτυχόντος ὁ λόγος, ἀλλὰ περὶ τοῦ ὅντινα τρόπον χρὴ ζῆν.

Σκόπει δή, ἔφη.

Σκοπῶ, ἦν δ' ἐγώ. καί μοι λέγε· δοκεῖ τί σοι εἶναι
ἵππου ἔργον;

Ἔμοιγε. e

Ἆρ' οὖν τοῦτο ἂν θείης καὶ ἵππου καὶ ἄλλου ὁτουοῦν
ἔργον, ὃ ἂν ἢ μόνῳ ἐκείνῳ ποιῇ τις ἢ ἄριστα;

Οὐ μανθάνω, ἔφη.

Ἀλλ' ὧδε· ἔσθ' ὅτῳ ἂν ἄλλῳ ἴδοις ἢ ὀφθαλμοῖς; 5

Οὐ δῆτα.

Τί δέ; ἀκούσαις ἄλλῳ ἢ ὠσίν;

Οὐδαμῶς.

Οὐκοῦν δικαίως [ἂν] ταῦτα τούτων φαμὲν ἔργα εἶναι;

Πάνυ γε. 10

Τί δέ; μαχαίρᾳ ἂν ἀμπέλου κλῆμα ἀποτέμοις καὶ σμίλῃ 353
καὶ ἄλλοις πολλοῖς;

c 1 δὴ καὶ οὓς A² F M : δικαίους A : καὶ οὓς D Stobaeus c 3 λέγομεν A F M Stobaeus : ἐλέγομεν D ἂν A F M Stobaeus : om. D c 6 ἅμα ἀδικεῖν] ἀδικεῖν ἅμα Stobaeus d 1 ὅτι A F M Stobaeus : om. D d 4 ὥς γέ μοι A² D M : ὥστέμοι A : ὥστε μοι F d 5 δὲ ἔτι F δέ τι A D M e 4 ἔφη] om. Stobaeus e 9 ἂν secl. Adam ⟨olim⟩ φαμὲν A F D M Stobaeus : φαῖμεν Stephanus a 1 ἂν F Stobaeus : om. A D M

Πῶς γὰρ οὔ;

Ἀλλ᾽ οὐδενί γ᾽ ἂν οἶμαι οὕτω καλῶς ὡς δρεπάνῳ τῷ ἐπὶ
5 τούτῳ ἐργασθέντι.

Ἀληθῆ.

Ἆρ᾽ οὖν οὐ τοῦτο τούτου ἔργον θήσομεν;

Θήσομεν μὲν οὖν.

Νῦν δὴ οἶμαι ἄμεινον ἂν μάθοις ὃ ἄρτι ἠρώτων, πυνθανό-
10 μενος εἰ οὐ τοῦτο ἑκάστου εἴη ἔργον ὃ ἂν ἢ μόνον τι ἢ
κάλλιστα τῶν ἄλλων ἀπεργάζηται.

Ἀλλά, ἔφη, μανθάνω τε καί μοι δοκεῖ τοῦτο ἑκάστου
b πράγματος ἔργον εἶναι.

Εἶεν, ἦν δ᾽ ἐγώ. οὐκοῦν καὶ ἀρετὴ δοκεῖ σοι εἶναι
ἑκάστῳ ᾧπερ καὶ ἔργον τι προστέτακται; ἴωμεν δὲ ἐπὶ τὰ
αὐτὰ πάλιν· ὀφθαλμῶν, φαμέν, ἔστι τι ἔργον;

5 Ἔστιν.

Ἆρ᾽ οὖν καὶ ἀρετὴ ὀφθαλμῶν ἔστιν;

Καὶ ἀρετή.

Τί δέ; ὤτων ἦν τι ἔργον;

Ναί.

10 Οὐκοῦν καὶ ἀρετή;

Καὶ ἀρετή.

Τί δὲ πάντων πέρι τῶν ἄλλων; οὐχ οὕτω;

Οὕτω.

Ἔχε δή· ἆρ᾽ ἄν ποτε ὄμματα τὸ αὑτῶν ἔργον καλῶς
c ἀπεργάσαιντο μὴ ἔχοντα τὴν αὑτῶν οἰκείαν ἀρετήν, ἀλλ᾽
ἀντὶ τῆς ἀρετῆς κακίαν;

Καὶ πῶς ἄν; ἔφη· τυφλότητα γὰρ ἴσως λέγεις ἀντὶ τῆς
ὄψεως.

5 Ἥτις, ἦν δ᾽ ἐγώ, αὐτῶν ἡ ἀρετή· οὐ γάρ πω τοῦτο

a 5 τούτῳ F Stobaeus : τοῦτο A D M a 8 μὲν A F M : om. D
a 9 ὃ A F M : ὅτι D b 4 φαμέν] μέν Stobaeus ἔστι τι
F Stobaeus : ἔστιν A D M b 5 ἔστιν . . . b 8 ἔργον A F M
Stobaeus : om. D c 1 ἀπεργάσαιντο A F D M Stobaeus : ἀπεργά-
σαιτο ci. Heindorf

ἐρωτῶ, ἀλλ' εἰ τῇ οἰκείᾳ μὲν ἀρετῇ τὸ αὑτῶν ἔργον εὖ ἐργάσεται τὰ ἐργαζόμενα, κακίᾳ δὲ κακῶς.

Ἀληθές, ἔφη, τοῦτό γε λέγεις.

Οὐκοῦν καὶ ὦτα στερόμενα τῆς αὑτῶν ἀρετῆς κακῶς τὸ αὑτῶν ἔργον ἀπεργάσεται; 10

Πάνυ γε.

Τίθεμεν οὖν καὶ τἆλλα πάντα εἰς τὸν αὐτὸν λόγον; d

Ἔμοιγε δοκεῖ.

Ἴθι δή, μετὰ ταῦτα τόδε σκέψαι. ψυχῆς ἔστιν τι ἔργον ὃ ἄλλῳ τῶν ὄντων οὐδ' ἂν ἑνὶ πράξαις, οἷον τὸ τοιόνδε· τὸ ἐπιμελεῖσθαι καὶ ἄρχειν καὶ βουλεύεσθαι καὶ τὰ τοιαῦτα 5 πάντα, ἔσθ' ὅτῳ ἄλλῳ ἢ ψυχῇ δικαίως ἂν αὐτὰ ἀποδοῖμεν καὶ φαῖμεν ἴδια ἐκείνης εἶναι;

Οὐδενὶ ἄλλῳ.

Τί δ' αὖ τὸ ζῆν; οὐ ψυχῆς φήσομεν ἔργον εἶναι;

Μάλιστά γ', ἔφη. 10

Οὐκοῦν καὶ ἀρετήν φαμέν τινα ψυχῆς εἶναι;

Φαμέν.

Ἆρ' οὖν ποτε, ὦ Θρασύμαχε, ψυχὴ τὰ αὑτῆς ἔργα εὖ e ἀπεργάσεται στερομένη τῆς οἰκείας ἀρετῆς, ἢ ἀδύνατον;

Ἀδύνατον.

Ἀνάγκη ἄρα κακῇ ψυχῇ κακῶς ἄρχειν καὶ ἐπιμελεῖσθαι, τῇ δὲ ἀγαθῇ πάντα ταῦτα εὖ πράττειν. 5

Ἀνάγκη.

Οὐκοῦν ἀρετήν γε συνεχωρήσαμεν ψυχῆς εἶναι δικαιοσύνην, κακίαν δὲ ἀδικίαν;

Συνεχωρήσαμεν γάρ.

Ἡ μὲν ἄρα δικαία ψυχὴ καὶ ὁ δίκαιος ἀνὴρ εὖ βιώσεται, 10 κακῶς δὲ ὁ ἄδικος.

c 6 μὲν om. Stobaeus c 8 γε A D M: om. F Stobaeus d 1 αὐτὸν A D M: αὐτὸν τοῦτον F Stobaeus d 4 πράξαις] πράξαιο A² d 5 βουλεύεσθαι] τὸ βουλεύεσθαι Stobaeus d 7 φαῖμεν A D M: φαμὲν F Stobaeus ἐκείνης A F D M Stobaeus: ἐκείνου al.: secl. Madvig d 9 οὐ F Stobaeus: om. A D M φήσομεν ἔργον A D M: ἔργον φήσομεν F Stobaeus e 7 γε A D M: τε F: μὲν Stobaeus

Φαίνεται, ἔφη, κατὰ τὸν σὸν λόγον.

354 Ἀλλὰ μὴν ὅ γε εὖ ζῶν μακάριός τε καὶ εὐδαίμων, ὁ δὲ μὴ τἀναντία.

Πῶς γὰρ οὔ;

Ὁ μὲν δίκαιος ἄρα εὐδαίμων, ὁ δ' ἄδικος ἄθλιος.

5 Ἔστω, ἔφη.

Ἀλλὰ μὴν ἄθλιόν γε εἶναι οὐ λυσιτελεῖ, εὐδαίμονα δέ.

Πῶς γὰρ οὔ;

Οὐδέποτ' ἄρα, ὦ μακάριε Θρασύμαχε, λυσιτελέστερον ἀδικία δικαιοσύνης.

10 Ταῦτα δή σοι, ἔφη, ὦ Σώκρατες, εἱστιάσθω ἐν τοῖς Βενδιδίοις.

Ὑπὸ σοῦ γε, ἦν δ' ἐγώ, ὦ Θρασύμαχε, ἐπειδή μοι πρᾶος ἐγένου καὶ χαλεπαίνων ἐπαύσω. οὐ μέντοι καλῶς γε

b εἱστίαμαι, δι' ἐμαυτὸν ἀλλ' οὐ διὰ σέ· ἀλλ' ὥσπερ οἱ λίχνοι τοῦ ἀεὶ παραφερομένου ἀπογεύονται ἁρπάζοντες, πρὶν τοῦ προτέρου μετρίως ἀπολαῦσαι, καὶ ἐγώ μοι δοκῶ οὕτω, πρὶν ὃ τὸ πρῶτον ἐσκοποῦμεν εὑρεῖν, τὸ δίκαιον ὅτι ποτ'

5 ἐστίν, ἀφέμενος ἐκείνου ὁρμῆσαι ἐπὶ τὸ σκέψασθαι περὶ αὐτοῦ εἴτε κακία ἐστὶν καὶ ἀμαθία, εἴτε σοφία καὶ ἀρετή, καὶ ἐμπεσόντος αὖ ὕστερον λόγου, ὅτι λυσιτελέστερον ἡ ἀδικία τῆς δικαιοσύνης, οὐκ ἀπεσχόμην τὸ μὴ οὐκ ἐπὶ τοῦτο ἐλθεῖν ἀπ' ἐκείνου, ὥστε μοι νυνὶ γέγονεν ἐκ τοῦ διαλόγου μηδὲν

c εἰδέναι· ὁπότε γὰρ τὸ δίκαιον μὴ οἶδα ὅ ἐστιν, σχολῇ εἴσομαι εἴτε ἀρετή τις οὖσα τυγχάνει εἴτε καὶ οὔ, καὶ πότερον ὁ ἔχων αὐτὸ οὐκ εὐδαίμων ἐστὶν ἢ εὐδαίμων.

a 4 ἄδικος om. Stobaeus a 5 ἔστω Stobaeus: ἔστων Hartman: ἔστωσαν A F D M a 6 οὐ λυσιτελεῖ εἶναι Stobaeus a 8 ἄρα A F M Stobaeus: om. D a 11 βενδιδίοις A D Proclus: βενδικίοις F (suprascr. δεί): βενδιδείοις vulg. a 13 καλῶς] ἱκανῶς ci. Stallbaum b 3 ἐγώ μοι Θ: ἐγωι*** pr. F: ἐγῷμαι A D M

B II.

St. p.

Ἐγὼ μὲν οὖν ταῦτα εἰπὼν ᾤμην λόγου ἀπηλλάχθαι· τὸ 357 a
δ' ἦν ἄρα, ὡς ἔοικε, προοίμιον. ὁ γὰρ Γλαύκων ἀεί τε δὴ
ἀνδρειότατος ὢν τυγχάνει πρὸς ἅπαντα, καὶ δὴ καὶ τότε τοῦ
Θρασυμάχου τὴν ἀπόρρησιν οὐκ ἀπεδέξατο, ἀλλ' ἔφη· Ὦ
Σώκρατες, πότερον ἡμᾶς βούλει δοκεῖν πεπεικέναι ἢ ὡς 5
ἀληθῶς πεῖσαι ὅτι παντὶ τρόπῳ ἄμεινόν ἐστιν δίκαιον εἶναι b
ἢ ἄδικον;

Ὡς ἀληθῶς, εἶπον, ἔγωγ' ἂν ἑλοίμην, εἰ ἐπ' ἐμοὶ εἴη.

Οὐ τοίνυν, ἔφη, ποιεῖς ὃ βούλει. λέγε γάρ μοι· ἆρά σοι
δοκεῖ τοιόνδε τι εἶναι ἀγαθόν, ὃ δεξαίμεθ' ἂν ἔχειν οὐ τῶν 5
ἀποβαινόντων ἐφιέμενοι, ἀλλ' αὐτὸ αὑτοῦ ἕνεκα ἀσπαζόμενοι,
οἷον τὸ χαίρειν καὶ αἱ ἡδοναὶ ὅσαι ἀβλαβεῖς καὶ μηδὲν εἰς τὸν
ἔπειτα χρόνον διὰ ταύτας γίγνεται ἄλλο ἢ χαίρειν ἔχοντα;

Ἔμοιγε, ἦν δ' ἐγώ, δοκεῖ τι εἶναι τοιοῦτον.

Τί δέ; ὃ αὐτό τε αὑτοῦ χάριν ἀγαπῶμεν καὶ τῶν ἀπ' c
αὐτοῦ γιγνομένων, οἷον αὖ τὸ φρονεῖν καὶ τὸ ὁρᾶν καὶ τὸ
ὑγιαίνειν; τὰ γὰρ τοιαῦτά που δι' ἀμφότερα ἀσπαζόμεθα.

Ναί, εἶπον.

Τρίτον δὲ ὁρᾷς τι, ἔφη, εἶδος ἀγαθοῦ, ἐν ᾧ τὸ γυμνάζεσθαι 5
καὶ τὸ κάμνοντα ἰατρεύεσθαι καὶ ἰάτρευσίς τε καὶ ὁ ἄλλος
χρηματισμός; ταῦτα γὰρ ἐπίπονα φαῖμεν ἄν, ὠφελεῖν δὲ
ἡμᾶς, καὶ αὐτὰ μὲν ἑαυτῶν ἕνεκα οὐκ ἂν δεξαίμεθα ἔχειν,
τῶν δὲ μισθῶν τε χάριν καὶ τῶν ἄλλων ὅσα γίγνεται ἀπ' d
αὐτῶν.

a 2 τε δὴ F : τε A D M   b 7 καὶ μηδὲν A D M : εἰ καὶ μηδὲν F
b 8 διὰ ταύτας A D : δι' αὐτὰς F   γίγνεται ἄλλο A D M : ἄλλο γίγνεται F
b 9 τι A D M : om. F   c 4 εἶπον A D M (sed ο in ras. A) : εἶπε F
c 7 φαῖμεν A D (sed ι ex μ A) : φαμὲν F   d 1 τε A D M : om. F

Ἔστιν γὰρ οὖν, ἔφην, καὶ τοῦτο τρίτον. ἀλλὰ τί δή;
Ἐν ποίῳ, ἔφη, τούτων τὴν δικαιοσύνην τιθεῖς;

358 Ἐγὼ μὲν οἶμαι, ἦν δ' ἐγώ, ἐν τῷ καλλίστῳ, ὃ καὶ δι' αὑτὸ καὶ διὰ τὰ γιγνόμενα ἀπ' αὐτοῦ ἀγαπητέον τῷ μέλλοντι μακαρίῳ ἔσεσθαι.

Οὐ τοίνυν δοκεῖ, ἔφη, τοῖς πολλοῖς, ἀλλὰ τοῦ ἐπιπόνου 5 εἴδους, ὃ μισθῶν θ' ἕνεκα καὶ εὐδοκιμήσεων διὰ δόξαν ἐπιτηδευτέον, αὐτὸ δὲ δι' αὑτὸ φευκτέον ὡς ὂν χαλεπόν.

Οἶδα, ἦν δ' ἐγώ, ὅτι δοκεῖ οὕτω καὶ πάλαι ὑπὸ Θρασυμάχου ὡς τοιοῦτον ὂν ψέγεται, ἀδικία δ' ἐπαινεῖται· ἀλλ' ἐγώ τις, ὡς ἔοικε, δυσμαθής.

b Ἴθι δή, ἔφη, ἄκουσον καὶ ἐμοῦ, ἐάν σοι ἔτι ταὐτὰ δοκῇ. Θρασύμαχος γάρ μοι φαίνεται πρῳαίτερον τοῦ δέοντος ὑπὸ σοῦ ὥσπερ ὄφις κηληθῆναι, ἐμοὶ δὲ οὔπω κατὰ νοῦν ἡ ἀπόδειξις γέγονεν περὶ ἑκατέρου· ἐπιθυμῶ γὰρ ἀκοῦσαι τί τ' ἔστιν 5 ἑκάτερον καὶ τίνα ἔχει δύναμιν αὐτὸ καθ' αὑτὸ ἐνὸν ἐν τῇ ψυχῇ, τοὺς δὲ μισθοὺς καὶ τὰ γιγνόμενα ἀπ' αὐτῶν ἐᾶσαι χαίρειν. οὑτωσὶ οὖν ποιήσω, ἐὰν καὶ σοὶ δοκῇ· ἐπαναε-
c σομαι τὸν Θρασυμάχου λόγον, καὶ πρῶτον μὲν ἐρῶ δικαιοσύνην οἷον εἶναί φασιν καὶ ὅθεν γεγονέναι, δεύτερον δὲ ὅτι πάντες αὐτὸ οἱ ἐπιτηδεύοντες ἄκοντες ἐπιτηδεύουσιν ὡς ἀναγκαῖον ἀλλ' οὐχ ὡς ἀγαθόν, τρίτον δὲ ὅτι εἰκότως αὐτὸ δρῶσι· 5 πολὺ γὰρ ἀμείνων ἄρα ὁ τοῦ ἀδίκου ἢ ὁ τοῦ δικαίου βίος, ὡς λέγουσιν. ἐπεὶ ἔμοιγε, ὦ Σώκρατες, οὔ τι δοκεῖ οὕτως· ἀπορῶ μέντοι διατεθρυλημένος τὰ ὦτα ἀκούων Θρασυμάχου καὶ μυρίων ἄλλων, τὸν δὲ ὑπὲρ τῆς δικαιοσύνης λόγον, ὡς
d ἄμεινον ἀδικίας, οὐδενός πω ἀκήκοα ὡς βούλομαι—βούλομαι δὲ αὐτὸ καθ' αὑτὸ ἐγκωμιαζόμενον ἀκοῦσαι—μάλιστα δ' οἶμαι ἂν σοῦ πυθέσθαι. διὸ κατατείνας ἐρῶ τὸν ἄδικον βίον ἐπαινῶν, εἰπὼν δὲ ἐνδείξομαί σοι ὃν τρόπον αὖ βούλομαι

a 4 δοκεῖ ἔφη ADM: ἔφη δοκεῖ F a 5 θ' ADM: τε F
a 8 ἀδικία δ' ἐπαινεῖται FDM: om. A a 9 ὡς ADM: om. F
b 1 ἔτι F: om. ADM ταὐτὰ δοκῇ A: ταῦτα δοκῇ D: δοκῇ ταὐτά F

καὶ σοῦ ἀκούειν ἀδικίαν μὲν ψέγοντος, δικαιοσύνην δὲ ἐπαι- 5
νοῦντος. ἀλλ' ὅρα εἴ σοι βουλομένῳ ἃ λέγω.

Πάντων μάλιστα, ἦν δ' ἐγώ· περὶ γὰρ τίνος ἂν μᾶλλον
πολλάκις τις νοῦν ἔχων χαίροι λέγων καὶ ἀκούων;

Κάλλιστα, ἔφη, λέγεις· καὶ ὃ πρῶτον ἔφην ἐρεῖν, περὶ e
τούτου ἄκουε, τί ὄν τε καὶ ὅθεν γέγονε δικαιοσύνη.

Πεφυκέναι γὰρ δή φασιν τὸ μὲν ἀδικεῖν ἀγαθόν, τὸ δὲ
ἀδικεῖσθαι κακόν, πλέονι δὲ κακῷ ὑπερβάλλειν τὸ ἀδικεῖσθαι
ἢ ἀγαθῷ τὸ ἀδικεῖν, ὥστ' ἐπειδὰν ἀλλήλους ἀδικῶσί τε καὶ 5
ἀδικῶνται καὶ ἀμφοτέρων γεύωνται, τοῖς μὴ δυναμένοις τὸ
μὲν ἐκφεύγειν τὸ δὲ αἱρεῖν δοκεῖ λυσιτελεῖν συνθέσθαι 359
ἀλλήλοις μήτ' ἀδικεῖν μήτ' ἀδικεῖσθαι· καὶ ἐντεῦθεν δὴ
ἄρξασθαι νόμους τίθεσθαι καὶ συνθήκας αὑτῶν, καὶ ὀνομάσαι
τὸ ὑπὸ τοῦ νόμου ἐπίταγμα νόμιμόν τε καὶ δίκαιον· καὶ εἶναι
δὴ ταύτην γένεσίν τε καὶ οὐσίαν δικαιοσύνης, μεταξὺ οὖσαν 5
τοῦ μὲν ἀρίστου ὄντος, ἐὰν ἀδικῶν μὴ διδῷ δίκην, τοῦ δὲ
κακίστου, ἐὰν ἀδικούμενος τιμωρεῖσθαι ἀδύνατος ᾖ· τὸ δὲ
δίκαιον ἐν μέσῳ ὂν τούτων ἀμφοτέρων ἀγαπᾶσθαι οὐχ ὡς
ἀγαθόν, ἀλλ' ὡς ἀρρωστίᾳ τοῦ ἀδικεῖν τιμώμενον· ἐπεὶ τὸν b
δυνάμενον αὐτὸ ποιεῖν καὶ ὡς ἀληθῶς ἄνδρα οὐδ' ἂν ἑνί ποτε
συνθέσθαι τὸ μήτε ἀδικεῖν μήτε ἀδικεῖσθαι· μαίνεσθαι γὰρ
ἄν. ἡ μὲν οὖν δὴ φύσις δικαιοσύνης, ὦ Σώκρατες, αὕτη τε
καὶ τοιαύτη, καὶ ἐξ ὧν πέφυκε τοιαῦτα, ὡς ὁ λόγος. 5

Ὡς δὲ καὶ οἱ ἐπιτηδεύοντες ἀδυναμίᾳ τοῦ ἀδικεῖν ἄκοντες
αὐτὸ ἐπιτηδεύουσι, μάλιστ' ἂν αἰσθοίμεθα, εἰ τοιόνδε ποιή-
σαιμεν τῇ διανοίᾳ· δόντες ἐξουσίαν ἑκατέρῳ ποιεῖν ὅτι ἂν c
βούληται, τῷ τε δικαίῳ καὶ τῷ ἀδίκῳ, εἶτ' ἐπακολουθήσαιμεν
θεώμενοι ποῖ ἡ ἐπιθυμία ἑκάτερον ἄξει. ἐπ' αὐτοφώρῳ οὖν
λάβοιμεν ἂν τὸν δίκαιον τῷ ἀδίκῳ εἰς ταὐτὸν ἰόντα διὰ τὴν
πλεονεξίαν, ὃ πᾶσα φύσις διώκειν πέφυκεν ὡς ἀγαθόν, νόμῳ 5

d 5 ἀκούειν ADM : ἀκοῦσαι F e 2 τί ὄν τε AM : οἷόν τε F : τί οἷόν τε D : τί οἴονται scr. Mon. : οἷόν τέ τι ci. Adam e 4 πλέονι AF : πλέον DM a 1 ξυνθέσθαι AD : τὸ συντίθεσθαι F a 3 νόμους ADM : νόμους τε F c 3 ποῖ ADM : ὅποι F c 4 διὰ ADM : ἐπὶ F c 5 ἀγαθόν ADM : ἀγαθὸν ὂν F νόμῳ ADM : νόμου F

δὲ βίᾳ παράγεται ἐπὶ τὴν τοῦ ἴσου τιμήν. εἴη δ' ἂν ἡ
ἐξουσία ἣν λέγω τοιάδε μάλιστα, εἰ αὐτοῖς γένοιτο οἵαν
d ποτέ φασιν δύναμιν τῷ [Γύγου] τοῦ Λυδοῦ προγόνῳ γενέσθαι.
εἶναι μὲν γὰρ αὐτὸν ποιμένα θητεύοντα παρὰ τῷ τότε Λυδίας
ἄρχοντι, ὄμβρου δὲ πολλοῦ γενομένου καὶ σεισμοῦ ῥαγῆναί
τι τῆς γῆς καὶ γενέσθαι χάσμα κατὰ τὸν τόπον ᾗ ἔνεμεν.
5 ἰδόντα δὲ καὶ θαυμάσαντα καταβῆναι. καὶ ἰδεῖν ἄλλα τε δὴ
ἃ μυθολογοῦσιν θαυμαστὰ καὶ ἵππον χαλκοῦν, κοῖλον, θυρίδας
ἔχοντα, καθ' ἃς ἐγκύψαντα ἰδεῖν ἐνόντα νεκρόν, ὡς φαίνεσθαι
μείζω ἢ κατ' ἄνθρωπον, τοῦτον δὲ ἄλλο μὲν οὐδέν, περὶ δὲ
e τῇ χειρὶ χρυσοῦν δακτύλιον ὄν⟨τα⟩ περιελόμενον ἐκβῆναι.
συλλόγου δὲ γενομένου τοῖς ποιμέσιν εἰωθότος, ἵν' ἐξαγ-
γέλλοιεν κατὰ μῆνα τῷ βασιλεῖ τὰ περὶ τὰ ποίμνια, ἀφικέσθαι
καὶ ἐκεῖνον ἔχοντα τὸν δακτύλιον· καθήμενον οὖν μετὰ τῶν
5 ἄλλων τυχεῖν τὴν σφενδόνην τοῦ δακτυλίου περιαγαγόντα
πρὸς ἑαυτὸν εἰς τὸ εἴσω τῆς χειρός, τούτου δὲ γενομένου
360 ἀφανῆ αὐτὸν γενέσθαι τοῖς παρακαθημένοις, καὶ διαλέγεσθαι
ὡς περὶ οἰχομένου. καὶ τὸν θαυμάζειν τε καὶ πάλιν ἐπιψη-
λαφῶντα τὸν δακτύλιον στρέψαι ἔξω τὴν σφενδόνην, καὶ
στρέψαντα φανερὸν γενέσθαι. καὶ τοῦτο ἐννοήσαντα ἀπο-
5 πειρᾶσθαι τοῦ δακτυλίου εἰ ταύτην ἔχοι τὴν δύναμιν, καὶ αὐτῷ
οὕτω συμβαίνειν, στρέφοντι μὲν εἴσω τὴν σφενδόνην ἀδήλῳ
γίγνεσθαι, ἔξω δὲ δήλῳ· αἰσθόμενον δὲ εὐθὺς διαπράξασθαι
τῶν ἀγγέλων γενέσθαι τῶν παρὰ τὸν βασιλέα, ἐλθόντα
b δὲ καὶ τὴν γυναῖκα αὐτοῦ μοιχεύσαντα, μετ' ἐκείνης ἐπιθέ-
μενον τῷ βασιλεῖ ἀποκτεῖναι καὶ τὴν ἀρχὴν οὕτω κατασχεῖν.
εἰ οὖν δύο τοιούτω δακτυλίω γενοίσθην, καὶ τὸν μὲν ὁ δίκαιος

c 6 βίᾳ A F: καὶ βίᾳ D M d 1 Γύγου secl. Wiegand (Γύγου πρόγονον habet iam Proclus in Remp. ii. p. 111 Kroll): Γύγῃ recc. d 4 ἔνεμεν A D M: ἐκεῖνος ἔνεμεν F d 6 ἃ F D M: om. A d 8 τοῦτον] τούτου ci. Jackson οὐδέν A: ἔχειν οὐδέν F D M e 1 δακτύλιον] δακτύλιον φέρειν Ven. 184 vulg. ὄντα ci. Bywater: ὂν A F D M: secl. Jackson e 2 εἰωθότος A M: εἰωθότως F D a 1 καὶ A F M: om. D a 2 πάλιν A D M: πως πάλιν F a 5 καὶ αὐτῷ οὕτω A F M: καὶ αὐτῷ οὕτω καὶ οὕτω D a 8 τῶν (τὸν D) . . . βασιλέα F D M et in marg. A: om. A b 2 οὕτω F: om. A D M περιθεῖτο, τὸν δὲ ὁ ἄδικος, οὐδεὶς ἂν γένοιτο, ὡς δόξειεν, οὕτως ἀδαμάντινος, ὃς ἂν μείνειεν ἐν τῇ δικαιοσύνῃ καὶ 5 τολμήσειεν ἀπέχεσθαι τῶν ἀλλοτρίων καὶ μὴ ἅπτεσθαι, ἐξὸν αὐτῷ καὶ ἐκ τῆς ἀγορᾶς ἀδεῶς ὅτι βούλοιτο λαμβάνειν, καὶ εἰσιόντι εἰς τὰς οἰκίας συγγίγνεσθαι ὅτῳ βούλοιτο, καὶ c ἀποκτεινύναι καὶ ἐκ δεσμῶν λύειν οὕστινας βούλοιτο, καὶ τἆλλα πράττειν ἐν τοῖς ἀνθρώποις ἰσόθεον ὄντα. οὕτω δὲ δρῶν οὐδὲν ἂν διάφορον τοῦ ἑτέρου ποιοῖ, ἀλλ' ἐπὶ ταὔτ' ἂν ἴοιεν ἀμφότεροι. καίτοι μέγα τοῦτο τεκμήριον ἂν φαίη τις 5 ὅτι οὐδεὶς ἑκὼν δίκαιος ἀλλ' ἀναγκαζόμενος, ὡς οὐκ ἀγαθοῦ ἰδίᾳ ὄντος, ἐπεὶ ὅπου γ' ἂν οἴηται ἕκαστος οἷός τε ἔσεσθαι ἀδικεῖν, ἀδικεῖν. λυσιτελεῖν γὰρ δὴ οἴεται πᾶς ἀνὴρ πολὺ μᾶλλον ἰδίᾳ τὴν ἀδικίαν τῆς δικαιοσύνης, ἀληθῆ οἰόμενος, d ὡς φήσει ὁ περὶ τοῦ τοιούτου λόγου λέγων· ἐπεὶ εἴ τις τοιαύτης ἐξουσίας ἐπιλαβόμενος μηδέν ποτε ἐθέλοι ἀδικῆσαι μηδὲ ἅψαιτο τῶν ἀλλοτρίων, ἀθλιώτατος μὲν ἂν δόξειεν εἶναι τοῖς αἰσθανομένοις καὶ ἀνοητότατος, ἐπαινοῖεν δ' ἂν 5 αὐτὸν ἀλλήλων ἐναντίον ἐξαπατῶντες ἀλλήλους διὰ τὸν τοῦ ἀδικεῖσθαι φόβον. ταῦτα μὲν οὖν δὴ οὕτω.

Τὴν δὲ κρίσιν αὐτὴν τοῦ βίου πέρι ὧν λέγομεν, ἐὰν e διαστησώμεθα τόν τε δικαιότατον καὶ τὸν ἀδικώτατον, οἷοί τ' ἐσόμεθα κρῖναι ὀρθῶς· εἰ δὲ μή, οὔ. τίς οὖν δὴ ἡ διάστασις; ἥδε· μηδὲν ἀφαιρῶμεν μήτε τοῦ ἀδίκου ἀπὸ τῆς ἀδικίας, μήτε τοῦ δικαίου ἀπὸ τῆς δικαιοσύνης, ἀλλὰ τέλεον ἑκάτερον εἰς 5 τὸ ἑαυτοῦ ἐπιτήδευμα τιθῶμεν. πρῶτον μὲν οὖν ὁ ἄδικος ὥσπερ οἱ δεινοὶ δημιουργοὶ ποιείτω—οἷον κυβερνήτης ἄκρος ἢ ἰατρὸς τά τε ἀδύνατα ἐν τῇ τέχνῃ καὶ τὰ δυνατὰ διαισθάνεται, καὶ τοῖς μὲν ἐπιχειρεῖ, τὰ δὲ ἐᾷ· ἔτι δὲ ἐὰν ἄρα πῃ 361

c 4 διάφορον A M : διαφέρον F D ταὔτ' ἂν F : ταῦτ' ἂν D : ταὐτὸν A M c 5 καίτοι] και το pr. A c 8 ἀδικεῖν ἀδικεῖν A D M : ἀδικεῖν ἀδικεῖ F d d 2 φήσει A F D : φησὶν M e 1 αὐτὴν] αὖ τὴν Adam ⟨olim⟩ e 3 τίς F D M : τί A e 6 ἑαυτοῦ D M : αὐτοῦ F : ἑαυτῷ A e 8 ἀδύνατα . . . δυνατὰ A D M : δυνατὰ . . . ἀδύνατα F

σφαλῇ, ἱκανὸς ἐπανορθοῦσθαι—οὕτω καὶ ὁ ἄδικος ἐπιχειρῶν
ὀρθῶς τοῖς ἀδικήμασιν λανθανέτω, εἰ μέλλει σφόδρα ἄδικος
εἶναι. τὸν ἁλισκόμενον δὲ φαῦλον ἡγητέον· ἐσχάτη γὰρ
5 ἀδικία δοκεῖν δίκαιον εἶναι μὴ ὄντα. δοτέον οὖν τῷ τελέως
ἀδίκῳ τὴν τελεωτάτην ἀδικίαν, καὶ οὐκ ἀφαιρετέον ἀλλ'
ἐατέον τὰ μέγιστα ἀδικοῦντα τὴν μεγίστην δόξαν αὑτῷ
b παρεσκευακέναι εἰς δικαιοσύνην, καὶ ἐὰν ἄρα σφάλληταί
τι, ἐπανορθοῦσθαι δυνατῷ εἶναι, λέγειν τε ἱκανῷ ὄντι πρὸς
τὸ πείθειν, ἐάν τι μηνύηται τῶν ἀδικημάτων, καὶ βιάσασθαι
ὅσα ἂν βίας δέηται, διά τε ἀνδρείαν καὶ ῥώμην καὶ διὰ
5 παρασκευὴν φίλων καὶ οὐσίας. τοῦτον δὲ τοιοῦτον θέντες
τὸν δίκαιον αὖ παρ' αὐτὸν ἱστῶμεν τῷ λόγῳ, ἄνδρα ἁπλοῦν
καὶ γενναῖον, κατ' Αἰσχύλον οὐ δοκεῖν ἀλλ' εἶναι ἀγαθὸν
ἐθέλοντα. ἀφαιρετέον δὴ τὸ δοκεῖν. εἰ γὰρ δόξει δίκαιος
c εἶναι, ἔσονται αὐτῷ τιμαὶ καὶ δωρεαὶ δοκοῦντι τοιούτῳ εἶναι·
ἄδηλον οὖν εἴτε τοῦ δικαίου εἴτε τῶν δωρεῶν τε καὶ τιμῶν
ἕνεκα τοιοῦτος εἴη. γυμνωτέος δὴ πάντων πλὴν δικαιοσύνης
καὶ ποιητέος ἐναντίως διακείμενος τῷ προτέρῳ· μηδὲν γὰρ
5 ἀδικῶν δόξαν ἐχέτω τὴν μεγίστην ἀδικίας, ἵνα ᾖ βεβασανι-
σμένος εἰς δικαιοσύνην τῷ μὴ τέγγεσθαι ὑπὸ κακοδοξίας καὶ
τῶν ὑπ' αὐτῆς γιγνομένων, ἀλλὰ ἴτω ἀμετάστατος μέχρι
d θανάτου, δοκῶν μὲν εἶναι ἄδικος διὰ βίου, ὢν δὲ δίκαιος,
ἵνα ἀμφότεροι εἰς τὸ ἔσχατον ἐληλυθότες, ὁ μὲν δικαιοσύνης,
ὁ δὲ ἀδικίας, κρίνωνται ὁπότερος αὐτοῖν εὐδαιμονέστερος.

Βαβαῖ, ἦν δ' ἐγώ, ὦ φίλε Γλαύκων, ὡς ἐρρωμένως
5 ἑκάτερον ὥσπερ ἀνδριάντα εἰς τὴν κρίσιν ἐκκαθαίρεις τοῖν
ἀνδροῖν.

Ὡς μάλιστ', ἔφη, δύναμαι. ὄντοιν δὲ τοιούτοιν, οὐδὲν

a 2 ἱκανὸς A F d: ἱκανῶς D a 4 ἐσχάτη . . . a 5 ἀδικία A F D M Stobaeus: ἐσχάτης . . . ἀδικίας Plutarchus (ter) b 1 παρεσκευακέναι A F: παρεσκευασμέναι D b 5 τοῦτον δὲ] τὸν δ' οὖν Eusebius: τὸν γὰρ Theodoretus b 6 αὖ Eusebius Theodoretus: om. A F D M c 5 τὴν μεγίστην] τῆς μεγίστης Eusebius c 7 ὑπ'] ἀπ' Eusebius Theodoretus ἴτω pr. A: ἤτω M et corr. A: ἠτῶ D: ἔστω Eusebius Theodoretus: ἔσται F ἔτι, ὡς ἐγᾦμαι, χαλεπὸν ἐπεξελθεῖν τῷ λόγῳ οἷος ἑκάτερον βίος ἐπιμένει. λεκτέον οὖν· καὶ δὴ κἂν ἀγροικοτέρως e λέγηται, μὴ ἐμὲ οἴου λέγειν, ὦ Σώκρατες, ἀλλὰ τοὺς ἐπαινοῦντας πρὸ δικαιοσύνης ἀδικίαν. ἐροῦσι δὲ τάδε, ὅτι οὕτω διακείμενος ὁ δίκαιος μαστιγώσεται, στρεβλώσεται, δεδήσεται, ἐκκαυθήσεται τὠφθαλμώ, τελευτῶν πάντα κακὰ παθὼν 362 ἀνασχινδυλευθήσεται καὶ γνώσεται ὅτι οὐκ εἶναι δίκαιον ἀλλὰ δοκεῖν δεῖ ἐθέλειν. τὸ δὲ τοῦ Αἰσχύλου πολὺ ἦν ἄρα ὀρθότερον λέγειν κατὰ τοῦ ἀδίκου. τῷ ὄντι γὰρ φήσουσι τὸν ἄδικον, ἅτε ἐπιτηδεύοντα πρᾶγμα ἀληθείας ἐχό- 5 μενον καὶ οὐ πρὸς δόξαν ζῶντα, οὐ δοκεῖν ἄδικον ἀλλ' εἶναι ἐθέλειν,

> βαθεῖαν ἄλοκα διὰ φρενὸς καρπούμενον,
> ἐξ ἧς τὰ κεδνὰ βλαστάνει βουλεύματα, b

πρῶτον μὲν ἄρχειν ἐν τῇ πόλει δοκοῦντι δικαίῳ εἶναι, ἔπειτα γαμεῖν ὁπόθεν ἂν βούληται, ἐκδιδόναι εἰς οὓς ἂν βούληται, συμβάλλειν, κοινωνεῖν οἷς ἂν ἐθέλῃ, καὶ παρὰ ταῦτα πάντα ὠφελεῖσθαι κερδαίνοντα τῷ μὴ δυσχεραίνειν τὸ ἀδικεῖν· εἰς 5 ἀγῶνας τοίνυν ἰόντα καὶ ἰδίᾳ καὶ δημοσίᾳ περιγίγνεσθαι καὶ πλεονεκτεῖν τῶν ἐχθρῶν, πλεονεκτοῦντα δὲ πλουτεῖν καὶ τούς τε φίλους εὖ ποιεῖν καὶ τοὺς ἐχθροὺς βλάπτειν, καὶ c θεοῖς θυσίας καὶ ἀναθήματα ἱκανῶς καὶ μεγαλοπρεπῶς θύειν τε καὶ ἀνατιθέναι, καὶ θεραπεύειν τοῦ δικαίου πολὺ ἄμεινον τοὺς θεοὺς καὶ τῶν ἀνθρώπων οὓς ἂν βούληται, ὥστε καὶ θεοφιλέστερον αὐτὸν εἶναι μᾶλλον προσήκειν ἐκ τῶν εἰκότων 5 ἢ τὸν δίκαιον. οὕτω φασίν, ὦ Σώκρατες, παρὰ θεῶν καὶ παρ' ἀνθρώπων τῷ ἀδίκῳ παρεσκευάσθαι τὸν βίον ἄμεινον ἢ τῷ δικαίῳ.

Ταῦτ' εἰπόντος τοῦ Γλαύκωνος ἐγὼ μὲν αὖ ἐν νῷ εἶχόν τι d

a 1 ἐκκαυθήσεται A F D : ἐκκοφθήσεται M : ἐκκοπήσεται Clemens Eusebius Theodoretus : ἐκκαυθήσεται καὶ ἐκκοπήσεται Ast : καυθήσεται ἐκκοπήσεται Herwerden (*effodiantur oculi, vinciatur, uratur* Cicero) b 4 συμβάλλειν F : ξυμβάλλειν A M : ξυμβάλλει D d 1 αὖ F : om. A D M

λέγειν πρὸς ταῦτα, ὁ δὲ ἀδελφὸς αὐτοῦ Ἀδείμαντος, Οὔ τί
που οἴει, ἔφη, ὦ Σώκρατες, ἱκανῶς εἰρῆσθαι περὶ τοῦ λόγου;
Ἀλλὰ τί μήν; εἶπον.
5 Αὐτό, ἦ δ' ὅς, οὐκ εἴρηται ὃ μάλιστα ἔδει ῥηθῆναι.
Οὐκοῦν, ἦν δ' ἐγώ, τὸ λεγόμενον, ἀδελφὸς ἀνδρὶ παρείη·
ὥστε καὶ σύ, εἴ τι ὅδε ἐλλείπει, ἐπάμυνε. καίτοι ἐμέ γε
ἱκανὰ καὶ τὰ ὑπὸ τούτου ῥηθέντα καταπαλαῖσαι καὶ ἀδύνατον
ποιῆσαι βοηθεῖν δικαιοσύνῃ.
e Καὶ ὅς, Οὐδέν, ἔφη, λέγεις· ἀλλ' ἔτι καὶ τάδε ἄκουε.
δεῖ γὰρ διελθεῖν ἡμᾶς καὶ τοὺς ἐναντίους λόγους ὧν ὅδε
εἶπεν, οἳ δικαιοσύνην μὲν ἐπαινοῦσιν, ἀδικίαν δὲ ψέγουσιν,
ἵν' ᾖ σαφέστερον ὅ μοι δοκεῖ βούλεσθαι Γλαύκων. λέγουσι
5 δέ που καὶ παρακελεύονται πατέρες τε ὑέσιν, καὶ πάντες οἱ
363 τινῶν κηδόμενοι, ὡς χρὴ δίκαιον εἶναι, οὐκ αὐτὸ δικαιοσύνην
ἐπαινοῦντες ἀλλὰ τὰς ἀπ' αὐτῆς εὐδοκιμήσεις, ἵνα δοκοῦντι
δικαίῳ εἶναι γίγνηται ἀπὸ τῆς δόξης ἀρχαί τε καὶ γάμοι
καὶ ὅσαπερ Γλαύκων διῆλθεν ἄρτι, ἀπὸ τοῦ εὐδοκιμεῖν ὄντα
5 τῷ δικαίῳ. ἐπὶ πλέον δὲ οὗτοι τὰ τῶν δοξῶν λέγουσιν.
τὰς γὰρ παρὰ θεῶν εὐδοκιμήσεις ἐμβάλλοντες ἄφθονα ἔχουσι
λέγειν ἀγαθά, τοῖς ὁσίοις ἅ φασι θεοὺς διδόναι· ὥσπερ ὁ
γενναῖος Ἡσίοδός τε καὶ Ὅμηρός φασιν, ὁ μὲν τὰς δρῦς
b τοῖς δικαίοις τοὺς θεοὺς ποιεῖν ἄκρας μέν τε φέρειν
βαλάνους, μέσσας δὲ μελίσσας· εἰροπόκοι δ' ὄιες,
φησίν, μαλλοῖς καταβεβρίθασι, καὶ ἄλλα δὴ πολλὰ
ἀγαθὰ τούτων ἐχόμενα. παραπλήσια δὲ καὶ ὁ ἕτερος· ὥς
5 τέ τευ γάρ φησιν

ἢ βασιλῆος ἀμύμονος ὅς τε θεουδὴς
εὐδικίας ἀνέχῃσι, φέρῃσι δὲ γαῖα μέλαινα
c πυροὺς καὶ κριθάς, βρίθῃσι δὲ δένδρεα καρπῷ,
τίκτῃ δ' ἔμπεδα μῆλα, θάλασσα δὲ παρέχῃ ἰχθῦς.

d 3 ἔφη F D: om. A M ἱκανῶς A D M: ἤδη ἱκανῶς F a 2 ἐπαινοῦντες A F M: καὶ ἐπαινοῦντες D ἀπ'] ὑπ' pr. A a 5 τῷ δικαίῳ secl. ci. Ast: τῷ ἀδίκῳ scr. recc. τὰ A F M: τὰς D

Μουσαῖος δὲ τούτων νεανικώτερα τἀγαθὰ καὶ ὁ ὑὸς αὐτοῦ
παρὰ θεῶν διδόασιν τοῖς δικαίοις· εἰς Ἅιδου γὰρ ἀγαγόντες
τῷ λόγῳ καὶ κατακλίναντες καὶ συμπόσιον τῶν ὁσίων κατα- 5
σκευάσαντες ἐστεφανωμένους ποιοῦσιν τὸν ἅπαντα χρόνον
ἤδη διάγειν μεθύοντας, ἡγησάμενοι κάλλιστον ἀρετῆς μισθὸν d
μέθην αἰώνιον. οἱ δ' ἔτι τούτων μακροτέρους ἀποτείνουσιν
μισθοὺς παρὰ θεῶν· παῖδας γὰρ παίδων φασὶ καὶ γένος
κατόπισθεν λείπεσθαι τοῦ ὁσίου καὶ εὐόρκου. ταῦτα δὴ
καὶ ἄλλα τοιαῦτα ἐγκωμιάζουσιν δικαιοσύνην· τοὺς δὲ 5
ἀνοσίους αὖ καὶ ἀδίκους εἰς πηλόν τινα κατορύττουσιν ἐν
Ἅιδου καὶ κοσκίνῳ ὕδωρ ἀναγκάζουσι φέρειν, ἔτι τε ζῶντας
εἰς κακὰς δόξας ἄγοντες, ἅπερ Γλαύκων περὶ τῶν δικαίων e
δοξαζομένων δὲ ἀδίκων διῆλθε τιμωρήματα, ταῦτα περὶ τῶν
ἀδίκων λέγουσιν, ἄλλα δὲ οὐκ ἔχουσιν. ὁ μὲν οὖν ἔπαινος
καὶ ὁ ψόγος οὗτος ἑκατέρων.

Πρὸς δὲ τούτοις σκέψαι, ὦ Σώκρατες, ἄλλο αὖ εἶδος 5
λόγων περὶ δικαιοσύνης τε καὶ ἀδικίας ἰδίᾳ τε λεγόμενον
καὶ ὑπὸ ποιητῶν. πάντες γὰρ ἐξ ἑνὸς στόματος ὑμνοῦσιν 364
ὡς καλὸν μὲν ἡ σωφροσύνη τε καὶ δικαιοσύνη, χαλεπὸν
μέντοι καὶ ἐπίπονον, ἀκολασία δὲ καὶ ἀδικία ἡδὺ μὲν καὶ
εὐπετὲς κτήσασθαι, δόξῃ δὲ μόνον καὶ νόμῳ αἰσχρόν·
λυσιτελέστερα δὲ τῶν δικαίων τὰ ἄδικα ὡς ἐπὶ τὸ πλῆθος 5
λέγουσι, καὶ πονηροὺς πλουσίους καὶ ἄλλας δυνάμεις ἔχοντας
εὐδαιμονίζειν καὶ τιμᾶν εὐχερῶς ἐθέλουσιν δημοσίᾳ τε καὶ
ἰδίᾳ, τοὺς δὲ ἀτιμάζειν καὶ ὑπερορᾶν, οἵ ἄν πῃ ἀσθενεῖς τε
καὶ πένητες ὦσιν, ὁμολογοῦντες αὐτοὺς ἀμείνους εἶναι τῶν b
ἑτέρων. τούτων δὲ πάντων οἱ περὶ θεῶν τε λόγοι καὶ
ἀρετῆς θαυμασιώτατοι λέγονται, ὡς ἄρα καὶ θεοὶ πολλοῖς
μὲν ἀγαθοῖς δυστυχίας τε καὶ βίον κακὸν ἔνειμαν, τοῖς δ'
ἐναντίοις ἐναντίαν μοῖραν. ἀγύρται δὲ καὶ μάντεις ἐπὶ 5
πλουσίων θύρας ἰόντες πείθουσιν ὡς ἔστι παρὰ σφίσι
δύναμις ἐκ θεῶν ποριζομένη θυσίαις τε καὶ ἐπῳδαῖς, εἴτε τι

d 1 μεθύοντας secl. Cobet   a 2 τε καὶ δικαιοσύνη F D M : om. A c ἀδίκημά του γέγονεν αὐτοῦ ἢ προγόνων, ἀκεῖσθαι μεθ' ἡδονῶν τε καὶ ἑορτῶν, ἐάν τέ τινα ἐχθρὸν πημῆναι ἐθέλῃ, μετὰ σμικρῶν δαπανῶν ὁμοίως δίκαιον ἀδίκῳ βλάψει ἐπαγωγαῖς τισιν καὶ καταδέσμοις, τοὺς θεούς, ὥς φασιν, πείθοντές 5 σφισιν ὑπηρετεῖν. τούτοις δὲ πᾶσιν τοῖς λόγοις μάρτυρας ποιητὰς ἐπάγονται οἱ μὲν κακίας πέρι, εὐπετείας διδόντες, ὡς

τὴν μὲν κακότητα καὶ ἰλαδὸν ἔστιν ἑλέσθαι
d ῥηϊδίως· λείη μὲν ὁδός, μάλα δ' ἐγγύθι ναίει·
τῆς δ' ἀρετῆς ἱδρῶτα θεοὶ προπάροιθεν ἔθηκαν

καί τινα ὁδὸν μακράν τε καὶ τραχεῖαν καὶ ἀνάντη· οἱ δὲ τῆς τῶν θεῶν ὑπ' ἀνθρώπων παραγωγῆς τὸν Ὅμηρον 5 μαρτύρονται, ὅτι καὶ ἐκεῖνος εἶπεν—

λιστοὶ δέ τε καὶ θεοὶ αὐτοί,
καὶ τοὺς μὲν θυσίαισι καὶ εὐχωλαῖς ἀγαναῖσιν
e λοιβῇ τε κνίσῃ τε παρατρωπῶσ' ἄνθρωποι
λισσόμενοι, ὅτε κέν τις ὑπερβήῃ καὶ ἁμάρτῃ.

βίβλων δὲ ὅμαδον παρέχονται Μουσαίου καὶ Ὀρφέως, Σελήνης τε καὶ Μουσῶν ἐκγόνων, ὥς φασι, καθ' ἃς θυη-5 πολοῦσιν, πείθοντες οὐ μόνον ἰδιώτας ἀλλὰ καὶ πόλεις, ὡς ἄρα λύσεις τε καὶ καθαρμοὶ ἀδικημάτων διὰ θυσιῶν καὶ 365 παιδιᾶς ἡδονῶν εἰσι μὲν ἔτι ζῶσιν, εἰσὶ δὲ καὶ τελευτήσασιν, ἃς δὴ τελετὰς καλοῦσιν, αἳ τῶν ἐκεῖ κακῶν ἀπολύουσιν ἡμᾶς, μὴ θύσαντας δὲ δεινὰ περιμένει.

Ταῦτα πάντα, ἔφη, ὦ φίλε Σώκρατες, τοιαῦτα καὶ τοσαῦτα 5 λεγόμενα ἀρετῆς πέρι καὶ κακίας, ὡς ἄνθρωποι καὶ θεοὶ περὶ αὐτὰ ἔχουσι τιμῆς, τί οἰόμεθα ἀκουούσας νέων ψυχὰς

c 3 βλάψει ADM: βλάψῃ F: βλάψειν scr. Mon.: βλάψαι ci. Muretus c 6 διδόντες] ᾄδοντες ci. Muretus d 1 λείη AD: om. F: ὀλίγη Hesiodi codices d 2 ἔθηκαν AFM: om. D d 3 καὶ τραχεῖαν F: om. ADM (sed καὶ τραχεῖαν in marg. A) d 6 λιστοὶ δέ τε] λιστοὶ δὲ στρεπτοί τε A: λιστοὶ δὲ στρεπτοὶ δέ τε A²: στρεπτοὶ δέ τε FDM Homeri codices d 7 θυσίαισι] θυέεσσι Homerus e 4 ἐγγόνων AFDM e 6 διὰ AM: μετὰ F: καὶ D a 3 περιμένει A: περιμένεῖ F: περιμενεῖ D: περιμένειν ci. Cobet ποιεῖν, ὅσοι εὐφυεῖς καὶ ἱκανοὶ ἐπὶ πάντα τὰ λεγόμενα ὥσπερ ἐπιπτόμενοι συλλογίσασθαι ἐξ αὐτῶν ποῖός τις ἂν ὢν καὶ πῇ πορευθεὶς τὸν βίον ὡς ἄριστα διέλθοι; λέγοι γὰρ b ἂν ἐκ τῶν εἰκότων πρὸς αὑτὸν κατὰ Πίνδαρον ἐκεῖνο τὸ Πότερον δίκᾳ τεῖχος ὕψιον ἢ σκολιαῖς ἀπάταις ἀναβὰς καὶ ἐμαυτὸν οὕτω περιφράξας διαβιῶ; τὰ μὲν γὰρ λεγόμενα δικαίῳ μὲν ὄντι μοι, ἐὰν μὴ καὶ δοκῶ ὄφελος 5 οὐδέν φασιν εἶναι, πόνους δὲ καὶ ζημίας φανεράς· ἀδίκῳ δὲ δόξαν δικαιοσύνης παρεσκευασμένῳ θεσπέσιος βίος λέγεται. οὐκοῦν, ἐπειδὴ τὸ δοκεῖν, ὡς δηλοῦσί μοι οἱ σοφοί, καὶ c τὰν ἀλάθειαν βιᾶται καὶ κύριον εὐδαιμονίας, ἐπὶ τοῦτο δὴ τρεπτέον ὅλως· πρόθυρα μὲν καὶ σχῆμα κύκλῳ περὶ ἐμαυτὸν σκιαγραφίαν ἀρετῆς περιγραπτέον, τὴν δὲ τοῦ σοφωτάτου Ἀρχιλόχου ἀλώπεκα ἑλκτέον ἐξόπισθεν κερδα- 5 λέαν καὶ ποικίλην. "Ἀλλὰ γάρ, φησί τις, οὐ ῥᾴδιον ἀεὶ λανθάνειν κακὸν ὄντα." Οὐδὲ γὰρ ἄλλο οὐδὲν εὐπετές, φήσομεν, τῶν μεγάλων· ἀλλ' ὅμως, εἰ μέλλομεν εὐδαι- d μονήσειν, ταύτῃ ἰτέον, ὡς τὰ ἴχνη τῶν λόγων φέρει. ἐπὶ γὰρ τὸ λανθάνειν συνωμοσίας τε καὶ ἑταιρίας συνάξομεν, εἰσίν τε πειθοῦς διδάσκαλοι σοφίαν δημηγορικήν τε καὶ δικανικὴν διδόντες, ἐξ ὧν τὰ μὲν πείσομεν, τὰ δὲ βιασόμεθα, 5 ὡς πλεονεκτοῦντες δίκην μὴ διδόναι. "Ἀλλὰ δὴ θεοὺς οὔτε λανθάνειν οὔτε βιάσασθαι δυνατόν." Οὐκοῦν, εἰ μὲν μὴ εἰσὶν ἢ μηδὲν αὐτοῖς τῶν ἀνθρωπίνων μέλει, τί καὶ ἡμῖν μελητέον τοῦ λανθάνειν; εἰ δὲ εἰσί τε καὶ ἐπιμελοῦνται, e οὐκ ἄλλοθέν τοι αὐτοὺς ἴσμεν ἢ ἀκηκόαμεν ἢ ἔκ τε τῶν νόμων καὶ τῶν γενεαλογησάντων ποιητῶν, οἱ δὲ αὐτοὶ οὗτοι λέγουσιν ὡς εἰσὶν οἷοι θυσίαις τε καὶ εὐχωλαῖς ἀγανῇσιν

b 5 ἐὰν μὴ καὶ F : ἐὰν καὶ μὴ A D M b 7 παρεσκευασμένῳ M : παρασκευασαμένῳ A F D c 2 τὰν ἀλάθειαν A F M : τὰν ἀλήθειαν D c 6 φησί A M : φήσει F D d 3 τὸ A D : τῷ al. d 4 διδάσκαλοι A D M : διδάσκαλοι χρημάτων F d 8 τί καὶ ἡμῖν μελητέον F : καὶ ἡμῖν μελητέον A D M Cyrillus : οὐδ' ἡμῖν μελητέον scr. Mon. : καὶ ἡμῖν ἀμελητέον ci. Baiter e 3 νόμων F : λόγων A D M

5 καὶ ἀναθήμασιν παράγεσθαι ἀναπειθόμενοι, οἷς ἢ ἀμφότερα ἢ
οὐδέτερα πειστέον. εἰ δ' οὖν πειστέον, ἀδικητέον καὶ θυτέον
366 ἀπὸ τῶν ἀδικημάτων. δίκαιοι μὲν γὰρ ὄντες ἀζήμιοι μόνον
ὑπὸ θεῶν ἐσόμεθα, τὰ δ' ἐξ ἀδικίας κέρδη ἀπωσόμεθα· ἄδικοι
δὲ κερδανοῦμέν τε καὶ λισσόμενοι ὑπερβαίνοντες καὶ ἁμαρ-
τάνοντες, πείθοντες αὐτοὺς ἀζήμιοι ἀπαλλάξομεν. "'Αλλὰ
5 γὰρ ἐν Ἅιδου δίκην δώσομεν ὧν ἂν ἐνθάδε ἀδικήσωμεν,
ἢ αὐτοὶ ἢ παῖδες παίδων." 'Αλλ', ὦ φίλε, φήσει λογιζό-
μενος, αἱ τελεταὶ αὖ μέγα δύνανται καὶ οἱ λύσιοι θεοί, ὡς αἱ
b μέγισται πόλεις λέγουσι καὶ οἱ θεῶν παῖδες ποιηταὶ καὶ προ-
φῆται τῶν θεῶν γενόμενοι, οἳ ταῦτα οὕτως ἔχειν μηνύουσιν.

Κατὰ τίνα οὖν ἔτι λόγον δικαιοσύνην ἂν πρὸ μεγίστης
ἀδικίας αἱροίμεθ' ἄν, ἣν ἐὰν μετ' εὐσχημοσύνης κιβδήλου
5 κτησώμεθα, καὶ παρὰ θεοῖς καὶ παρ' ἀνθρώποις πράξομεν
κατὰ νοῦν ζῶντές τε καὶ τελευτήσαντες, ὡς ὁ τῶν πολλῶν
τε καὶ ἄκρων λεγόμενος λόγος; ἐκ δὴ πάντων τῶν εἰρη-
c μένων τίς μηχανή, ὦ Σώκρατες, δικαιοσύνην τιμᾶν ἐθέλειν
ᾧ τις δύναμις ὑπάρχει ψυχῆς ἢ χρημάτων ἢ σώματος ἢ
γένους, ἀλλὰ μὴ γελᾶν ἐπαινουμένης ἀκούοντα; ὡς δή τοι
εἴ τις ἔχει ψευδῆ μὲν ἀποφῆναι ἃ εἰρήκαμεν, ἱκανῶς δὲ
5 ἔγνωκεν ὅτι ἄριστον δικαιοσύνη, πολλήν που συγγνώμην
ἔχει καὶ οὐκ ὀργίζεται τοῖς ἀδίκοις, ἀλλ' οἶδεν ὅτι πλὴν εἴ
τις θείᾳ φύσει δυσχεραίνων τὸ ἀδικεῖν ἢ ἐπιστήμην λαβὼν
d ἀπέχεται αὐτοῦ, τῶν γε ἄλλων οὐδεὶς ἑκὼν δίκαιος, ἀλλ'
ὑπὸ ἀνανδρίας ἢ γήρως ἤ τινος ἄλλης ἀσθενείας ψέγει τὸ
ἀδικεῖν, ἀδυνατῶν αὐτὸ δρᾶν. ὡς δέ, δῆλον· ὁ γὰρ πρῶτος
τῶν τοιούτων εἰς δύναμιν ἐλθὼν πρῶτος ἀδικεῖ, καθ' ὅσον
5 ἂν οἷός τ' ᾖ. καὶ τούτων ἁπάντων οὐδὲν ἄλλο αἴτιον ἢ

a 1 μόνον F D M : om. A : μὲν ci. Muretus a 6 fort. παῖδες ⟨ἢ παῖδες⟩ Baiter ὦ φίλε, φήσει λογιζόμενος, αἱ] ὠφελήσουσιν ἁγνιζομένους αἱ Hermann : ὠφελήσουσιν αἱ νομιζόμεναι ci. Vermehren a 7 αὖ μέγα δύνανται F D : om. A M Hermann Vermehren b 2 οἳ secl. Madvig c 2 ψυχῆς A F D : τύχης M d et in marg. τυ A c 4 εἰρήκαμεν A F M : εἴρηκεν D c 6 ἔχει A F M : μὴ ἔχει D d 3 ὡς δὲ A² D M : ὧδε A F d 5 ᾖ A F : ἦν D

ἐκεῖνο, ὅθενπερ ἅπας ὁ λόγος οὗτος ὥρμησεν καὶ τῷδε καὶ ἐμοὶ
πρὸς σέ, ὦ Σώκρατες, εἰπεῖν, ὅτι "Ὦ θαυμάσιε, πάντων
ὑμῶν, ὅσοι ἐπαινέται φατὲ δικαιοσύνης εἶναι, ἀπὸ τῶν ἐξ e
ἀρχῆς ἡρώων ἀρξάμενοι, ὅσων λόγοι λελειμμένοι, μέχρι τῶν
νῦν ἀνθρώπων οὐδεὶς πώποτε ἔψεξεν ἀδικίαν οὐδ' ἐπῄνεσεν
δικαιοσύνην ἄλλως ἢ δόξας τε καὶ τιμὰς καὶ δωρεὰς τὰς
ἀπ' αὐτῶν γιγνομένας· αὐτὸ δ' ἑκάτερον τῇ αὑτοῦ δυνάμει 5
τί δρᾷ, τῇ τοῦ ἔχοντος ψυχῇ ἐνόν, καὶ λανθάνον θεούς τε
καὶ ἀνθρώπους, οὐδεὶς πώποτε οὔτ' ἐν ποιήσει οὔτ' ἐν ἰδίοις
λόγοις ἐπεξῆλθεν ἱκανῶς τῷ λόγῳ ὡς τὸ μὲν μέγιστον κακῶν
ὅσα ἴσχει ψυχὴ ἐν αὑτῇ, δικαιοσύνη δὲ μέγιστον ἀγαθόν.
εἰ γὰρ οὕτως ἐλέγετο ἐξ ἀρχῆς ὑπὸ πάντων ὑμῶν καὶ ἐκ 367
νέων ἡμᾶς ἐπείθετε, οὐκ ἂν ἀλλήλους ἐφυλάττομεν μὴ
ἀδικεῖν, ἀλλ' αὐτὸς αὑτοῦ ἦν ἕκαστος ἄριστος φύλαξ, δεδιὼς
μὴ ἀδικῶν τῷ μεγίστῳ κακῷ σύνοικος ᾖ."

Ταῦτα, ὦ Σώκρατες, ἴσως δὲ καὶ ἔτι τούτων πλείω 5
Θρασύμαχός τε καὶ ἄλλος πού τις ὑπὲρ δικαιοσύνης τε
καὶ ἀδικίας λέγοιεν ἄν, μεταστρέφοντες αὐτοῖν τὴν δύναμιν
φορτικῶς, ὥς γέ μοι δοκεῖ. ἀλλ' ἐγώ, οὐδὲν γάρ σε
δέομαι ἀποκρύπτεσθαι, σοῦ ἐπιθυμῶν ἀκοῦσαι τἀναντία, ὡς b
δύναμαι μάλιστα κατατείνας λέγω. μὴ οὖν ἡμῖν μόνον
ἐνδείξῃ τῷ λόγῳ ὅτι δικαιοσύνη ἀδικίας κρεῖττον, ἀλλὰ
τί ποιοῦσα ἑκατέρα τὸν ἔχοντα αὐτὴ δι' αὑτὴν ἡ μὲν
κακόν, ἡ δὲ ἀγαθόν ἐστιν· τὰς δὲ δόξας ἀφαίρει, ὥσπερ 5
Γλαύκων διεκελεύσατο. εἰ γὰρ μὴ ἀφαιρήσεις ἑκατέρωθεν
τὰς ἀληθεῖς, τὰς δὲ ψευδεῖς προσθήσεις, οὐ τὸ δίκαιον
φήσομεν ἐπαινεῖν σε ἀλλὰ τὸ δοκεῖν, οὐδὲ τὸ ἄδικον εἶναι
ψέγειν ἀλλὰ τὸ δοκεῖν, καὶ παρακελεύεσθαι ἄδικον ὄντα c
λανθάνειν, καὶ ὁμολογεῖν Θρασυμάχῳ ὅτι τὸ μὲν δίκαιον
ἀλλότριον ἀγαθόν, συμφέρον τοῦ κρείττονος, τὸ δὲ ἄδικον

d 7 εἶπεν pr. A e 1 ὑμῶν . . . φατὲ A F M : ἡμῶν . . . φαμεν τὲ D
εἶναι F D : om. A M e 6 τί δρᾷ F : ἐν A D M a 3 ἕκαστος
ἄριστος D : ἄριστος ἕκαστος F : ἕκαστος A M a 4 ξύνοικος ᾖ A M :
ξυνοικήσῃ F : ξυνοικοίη D b 2, 3 ἐνδείξῃ μόνον F b 8 ἀλλὰ τὸ
δοκεῖν F D M et in marg. A : om. A οὐδὲ . . . c 1 δοκεῖν A D M : om. F

αὐτῷ μὲν συμφέρον καὶ λυσιτελοῦν, τῷ δὲ ἥττονι ἀσύμ-
5 φορον. ἐπειδὴ οὖν ὡμολόγησας τῶν μεγίστων ἀγαθῶν
εἶναι δικαιοσύνην, ἃ τῶν τε ἀποβαινόντων ἀπ' αὐτῶν ἕνεκα
ἄξια κεκτῆσθαι, πολὺ δὲ μᾶλλον αὐτὰ αὑτῶν, οἷον ὁρᾶν,
d ἀκούειν, φρονεῖν, καὶ ὑγιαίνειν δή, καὶ ὅσ' ἄλλα ἀγαθὰ
γόνιμα τῇ αὑτῶν φύσει ἀλλ' οὐ δόξῃ ἐστίν, τοῦτ' οὖν αὐτὸ
ἐπαίνεσον δικαιοσύνης, ὃ αὐτὴ δι' αὑτὴν τὸν ἔχοντα ὀνίνησιν
καὶ ἀδικία βλάπτει, μισθοὺς δὲ καὶ δόξας πάρες ἄλλοις
5 ἐπαινεῖν· ὡς ἐγὼ τῶν μὲν ἄλλων ἀποδεχοίμην ἂν οὕτως
ἐπαινούντων δικαιοσύνην καὶ ψεγόντων ἀδικίαν, δόξας τε
περὶ αὐτῶν καὶ μισθοὺς ἐγκωμιαζόντων καὶ λοιδορούντων,
σοῦ δὲ οὐκ ἄν, εἰ μὴ σὺ κελεύοις, διότι πάντα τὸν βίον
e οὐδὲν ἄλλο σκοπῶν διελήλυθας ἢ τοῦτο. μὴ οὖν ἡμῖν
ἐνδείξῃ μόνον τῷ λόγῳ ὅτι δικαιοσύνη ἀδικίας κρεῖττον,
ἀλλὰ καὶ τί ποιοῦσα ἑκατέρα τὸν ἔχοντα αὐτὴ δι' αὑτήν,
ἐάντε λανθάνῃ ἐάντε μὴ θεούς τε καὶ ἀνθρώπους, ἡ μὲν
5 ἀγαθόν, ἡ δὲ κακόν ἐστι.

Καὶ ἐγὼ ἀκούσας, ἀεὶ μὲν δὴ τὴν φύσιν τοῦ τε Γλαύκωνος
καὶ τοῦ Ἀδειμάντου ἠγάμην, ἀτὰρ οὖν καὶ τότε πάνυ γε
368 ἥσθην καὶ εἶπον· Οὐ κακῶς εἰς ὑμᾶς, ὦ παῖδες ἐκείνου τοῦ
ἀνδρός, τὴν ἀρχὴν τῶν ἐλεγείων ἐποίησεν ὁ Γλαύκωνος
ἐραστής, εὐδοκιμήσαντας περὶ τὴν Μεγαροῖ μάχην, εἰπών—

παῖδες Ἀρίστωνος, κλεινοῦ θεῖον γένος ἀνδρός·

5 τοῦτό μοι, ὦ φίλοι, εὖ δοκεῖ ἔχειν· πάνυ γὰρ θεῖον πεπόν-
θατε, εἰ μὴ πέπεισθε ἀδικίαν δικαιοσύνης ἄμεινον εἶναι,
οὕτω δυνάμενοι εἰπεῖν ὑπὲρ αὐτοῦ. δοκεῖτε δή μοι ὡς
b ἀληθῶς οὐ πεπεῖσθαι—τεκμαίρομαι δὲ ἐκ τοῦ ἄλλου τοῦ
ὑμετέρου τρόπου, ἐπεὶ κατά γε αὐτοὺς τοὺς λόγους ἠπίστουν

c 4 μὲν F D M et suprascr. A²: om. A c 6 τε A F M: τότε D d 1 φρονεῖν ... d 2 γόνιμα τῇ A F M: om. D d 5 ἀποδεχοίμην F D et γρ. A M: ἀποσχοίμην A M: ἀνασχοίμην scr. recc. d 8 κελεύοις A (sed ι in ras.) F D M: κελεύεις al. e 3 καὶ F D: om. A αὐτὴ F M: αὐτὴν A D a 1 ἥσθην] ἠγάσθην ci. Heusde a 5 θεῖόν ⟨τι⟩ ci. Herwerden

ἂν ὑμῖν—ὅσῳ δὲ μᾶλλον πιστεύω, τοσούτῳ μᾶλλον ἀπορῶ
ὅτι χρήσωμαι. οὔτε γὰρ ὅπως βοηθῶ ἔχω· δοκῶ γάρ μοι
ἀδύνατος εἶναι—σημεῖον δέ μοι, ὅτι ἃ πρὸς Θρασύμαχον 5
λέγων ᾤμην ἀποφαίνειν ὡς ἄμεινον δικαιοσύνη ἀδικίας, οὐκ
ἀπεδέξασθέ μου—οὔτ' αὖ ὅπως μὴ βοηθήσω ἔχω· δέδοικα
γὰρ μὴ οὐδ' ὅσιον ᾖ παραγενόμενον δικαιοσύνῃ κακηγορου-
μένῃ ἀπαγορεύειν καὶ μὴ βοηθεῖν ἔτι ἐμπνέοντα καὶ δυνά- c
μενον φθέγγεσθαι. κράτιστον οὖν οὕτως ὅπως δύναμαι
ἐπικουρεῖν αὐτῇ.

Ὅ τε οὖν Γλαύκων καὶ οἱ ἄλλοι ἐδέοντο παντὶ τρόπῳ
βοηθῆσαι καὶ μὴ ἀνεῖναι τὸν λόγον, ἀλλὰ διερευνήσασθαι 5
τί τέ ἐστιν ἑκάτερον καὶ περὶ τῆς ὠφελίας αὐτοῖν τἀληθὲς
ποτέρως ἔχει. εἶπον οὖν ὅπερ ἐμοὶ ἔδοξεν, ὅτι Τὸ ζήτημα
ᾧ ἐπιχειροῦμεν οὐ φαῦλον ἀλλ' ὀξὺ βλέποντος, ὡς ἐμοὶ
φαίνεται. ἐπειδὴ οὖν ἡμεῖς οὐ δεινοί, δοκῶ μοι, ἦν δ' d
ἐγώ, τοιαύτην ποιήσασθαι ζήτησιν αὐτοῦ, οἵανπερ ἂν εἰ
προσέταξέ τις γράμματα σμικρὰ πόρρωθεν ἀναγνῶναι μὴ
πάνυ ὀξὺ βλέπουσιν, ἔπειτά τις ἐνενόησεν, ὅτι τὰ αὐτὰ
γράμματα ἔστι που καὶ ἄλλοθι μείζω τε καὶ ἐν μείζονι, 5
ἕρμαιον ἂν ἐφάνη οἶμαι ἐκεῖνα πρῶτον ἀναγνόντας οὕτως
ἐπισκοπεῖν τὰ ἐλάττω, εἰ τὰ αὐτὰ ὄντα τυγχάνει.

Πάνυ μὲν οὖν, ἔφη ὁ Ἀδείμαντος· ἀλλὰ τί τοιοῦτον, ὦ
Σώκρατες, ἐν τῇ περὶ τὸ δίκαιον ζητήσει καθορᾷς; e

Ἐγώ σοι, ἔφην, ἐρῶ. δικαιοσύνη, φαμέν, ἔστι μὲν ἀνδρὸς
ἑνός, ἔστι δέ που καὶ ὅλης πόλεως;

Πάνυ γε, ἦ δ' ὅς.

Οὐκοῦν μεῖζον πόλις ἑνὸς ἀνδρός; 5

Μεῖζον, ἔφη.

Ἴσως τοίνυν πλείων ἂν δικαιοσύνη ἐν τῷ μείζονι ἐνείη
καὶ ῥᾴων καταμαθεῖν. εἰ οὖν βούλεσθε, πρῶτον ἐν ταῖς

b 4 χρήσωμαι] χρήσομαι A² b 6 λέγων A F M : λέγω D
d 1 οὐ A F M : οἱ D δοκῶ Galenus : δοκεῖ A F D M d 2 ποι-
ήσασθαι] ποιήσεσθαι ci. Hartman e 2 ἀνδρὸς ἑνός] ἑνὸς ἀνδρός
Galenus e 3 καὶ] πάλιν τῆς Galenus e 5 μεῖζον A F D M (et mox):
μείζων A² Proclus Galenus (et mox) e 7 ἐνείη] ἂν εἴη Galenus

369 πόλεσι ζητήσωμεν ποῖόν τί ἐστιν· ἔπειτα οὕτως ἐπισκεψώμεθα καὶ ἐν ἑνὶ ἑκάστῳ, τὴν τοῦ μείζονος ὁμοιότητα ἐν τῇ τοῦ ἐλάττονος ἰδέᾳ ἐπισκοποῦντες.

Ἀλλά μοι δοκεῖς, ἔφη, καλῶς λέγειν.

5 Ἆρ᾽ οὖν, ἦν δ᾽ ἐγώ, εἰ γιγνομένην πόλιν θεασαίμεθα λόγῳ, καὶ τὴν δικαιοσύνην αὐτῆς ἴδοιμεν ἂν γιγνομένην καὶ τὴν ἀδικίαν;

Τάχ᾽ ἄν, ἦ δ᾽ ὅς.

Οὐκοῦν γενομένου αὐτοῦ ἐλπὶς εὐπετέστερον ἰδεῖν ὃ 10 ζητοῦμεν;

b Πολύ γε.

Δοκεῖ οὖν χρῆναι ἐπιχειρῆσαι περαίνειν; οἶμαι μὲν γὰρ οὐκ ὀλίγον ἔργον αὐτὸ εἶναι· σκοπεῖτε οὖν.

Ἔσκεπται, ἔφη ὁ Ἀδείμαντος· ἀλλὰ μὴ ἄλλως ποίει.

5 Γίγνεται τοίνυν, ἦν δ᾽ ἐγώ, πόλις, ὡς ἐγῷμαι, ἐπειδὴ τυγχάνει ἡμῶν ἕκαστος οὐκ αὐτάρκης, ἀλλὰ πολλῶν ⟨ὢν⟩ ἐνδεής· ἢ τίν᾽ οἴει ἀρχὴν ἄλλην πόλιν οἰκίζειν;

Οὐδεμίαν, ἦ δ᾽ ὅς.

c Οὕτω δὴ ἄρα παραλαμβάνων ἄλλος ἄλλον, ἐπ᾽ ἄλλου, τὸν δ᾽ ἐπ᾽ ἄλλου χρείᾳ, πολλῶν δεόμενοι, πολλοὺς εἰς μίαν οἴκησιν ἀγείραντες κοινωνούς τε καὶ βοηθούς, ταύτῃ τῇ συνοικίᾳ ἐθέμεθα πόλιν ὄνομα· ἦ γάρ;

5 Πάνυ μὲν οὖν.

Μεταδίδωσι δὴ ἄλλος ἄλλῳ, εἴ τι μεταδίδωσιν, ἢ μεταλαμβάνει, οἰόμενος αὑτῷ ἄμεινον εἶναι;

Πάνυ γε.

Ἴθι δή, ἦν δ᾽ ἐγώ, τῷ λόγῳ ἐξ ἀρχῆς ποιῶμεν πόλιν· 10 ποιήσει δὲ αὐτήν, ὡς ἔοικεν, ἡ ἡμετέρα χρεία.

Πῶς δ᾽ οὔ;

d Ἀλλὰ μὴν πρώτη γε καὶ μεγίστη τῶν χρειῶν ἡ τῆς τροφῆς παρασκευὴ τοῦ εἶναί τε καὶ ζῆν ἕνεκα.

a 2 ἐν ἑνὶ A F M : ἑνὶ D b 6 ὢν post ἡμῶν add. ci. Porson : post πολλῶν Hartman

Παντάπασί γε.

Δευτέρα δὴ οἰκήσεως, τρίτη δὲ ἐσθῆτος καὶ τῶν τοιούτων.

Ἔστι ταῦτα. 5

Φέρε δή, ἦν δ' ἐγώ, πῶς ἡ πόλις ἀρκέσει ἐπὶ τοσαύτην
παρασκευήν; ἄλλο τι γεωργὸς μὲν εἷς, ὁ δὲ οἰκοδόμος, ἄλλος
δέ τις ὑφάντης; ἦ καὶ σκυτοτόμον αὐτόσε προσθήσομεν ἤ
τιν' ἄλλον τῶν περὶ τὸ σῶμα θεραπευτήν;

Πάνυ γε. 10

Εἴη δ' ἂν ἥ γε ἀναγκαιοτάτη πόλις ἐκ τεττάρων ἢ πέντε
ἀνδρῶν.

Φαίνεται. e

Τί δὴ οὖν; ἕνα ἕκαστον τούτων δεῖ τὸ αὑτοῦ ἔργον
ἅπασι κοινὸν κατατιθέναι, οἷον τὸν γεωργὸν ἕνα ὄντα παρα-
σκευάζειν σιτία τέτταρσιν καὶ τετραπλάσιον χρόνον τε καὶ
πόνον ἀναλίσκειν ἐπὶ σίτου παρασκευῇ καὶ ἄλλοις κοινωνεῖν, 5
ἢ ἀμελήσαντα ἑαυτῷ μόνον τέταρτον μέρος ποιεῖν τούτου τοῦ
σίτου ἐν τετάρτῳ μέρει τοῦ χρόνου, τὰ δὲ τρία, τὸ μὲν ἐπὶ 370
τῇ τῆς οἰκίας παρασκευῇ διατρίβειν, τὸ δὲ ἱματίου, τὸ δὲ
ὑποδημάτων, καὶ μὴ ἄλλοις κοινωνοῦντα πράγματα ἔχειν,
ἀλλ' αὐτὸν δι' αὑτὸν τὰ αὑτοῦ πράττειν;

Καὶ ὁ Ἀδείμαντος ἔφη· Ἀλλ' ἴσως, ὦ Σώκρατες, οὕτω 5
ῥᾷον ἢ 'κείνως.

Οὐδέν, ἦν δ' ἐγώ, μὰ Δία ἄτοπον. ἐννοῶ γὰρ καὶ αὐτὸς
εἰπόντος σοῦ, ὅτι πρῶτον μὲν ἡμῶν φύεται ἕκαστος οὐ πάνυ
ὅμοιος ἑκάστῳ, ἀλλὰ διαφέρων τὴν φύσιν, ἄλλος ἐπ' ἄλλου b
ἔργου πράξει. ἢ οὐ δοκεῖ σοι;

Ἔμοιγε.

Τί δέ; πότερον κάλλιον πράττοι ἄν τις εἷς ὢν πολλὰς
τέχνας ἐργαζόμενος, ἢ ὅταν μίαν εἷς; 5

Ὅταν, ἦ δ' ὅς, εἷς μίαν.

d 6 ἀρκέσει A M : ἀρέσκει D : ἀρκεῖ F d 8 σκυτοτόμον A D M : ἔτι σκυτοτόμον τινὰ F αὐτόσε A F M : αὐτός σε D e 2 ἕνα A D M : οὐχ ἕνα F a 1 σίτου A F : σιτίου A² D M a 4 αὑτὸν A D M : αὑτοῦ F a 6 ῥᾷον scr. Mon. : ῥᾴδιον A F D M a 8 ἡμῶν F D : om. A M b 2 πράξει M : πρᾶξιν A F D

Ἀλλὰ μὴν οἶμαι καὶ τόδε δῆλον, ὡς, ἐάν τίς τινος παρῇ ἔργου καιρόν, διόλλυται.

Δῆλον γάρ.

10 Οὐ γὰρ οἶμαι ἐθέλει τὸ πραττόμενον τὴν τοῦ πράττοντος σχολὴν περιμένειν, ἀλλ' ἀνάγκη τὸν πράττοντα τῷ πραττομένῳ ἐπακολουθεῖν μὴ ἐν παρέργου μέρει. c

Ἀνάγκη.

Ἐκ δὴ τούτων πλείω τε ἕκαστα γίγνεται καὶ κάλλιον καὶ ῥᾷον, ὅταν εἷς ἓν κατὰ φύσιν καὶ ἐν καιρῷ, σχολὴν τῶν 5 ἄλλων ἄγων, πράττῃ.

Παντάπασι μὲν οὖν.

Πλειόνων δή, ὦ Ἀδείμαντε, δεῖ πολιτῶν ἢ τεττάρων ἐπὶ τὰς παρασκευὰς ὧν ἐλέγομεν. ὁ γὰρ γεωργός, ὡς ἔοικεν, οὐκ αὐτὸς ποιήσεται ἑαυτῷ τὸ ἄροτρον, εἰ μέλλει καλὸν εἶναι, d οὐδὲ σμινύην, οὐδὲ τἆλλα ὄργανα ὅσα περὶ γεωργίαν. οὐδ' αὖ ὁ οἰκοδόμος· πολλῶν δὲ καὶ τούτῳ δεῖ. ὡσαύτως δ' ὁ ὑφάντης τε καὶ ὁ σκυτοτόμος· ἢ οὔ;

Ἀληθῆ.

5 Τέκτονες δὴ καὶ χαλκῆς καὶ τοιοῦτοί τινες πολλοὶ δημιουργοί, κοινωνοὶ ἡμῖν τοῦ πολιχνίου γιγνόμενοι, συχνὸν αὐτὸ ποιοῦσιν.

Πάνυ μὲν οὖν.

Ἀλλ' οὐκ ἄν πω πάνυ γε μέγα τι εἴη, εἰ αὐτοῖς βουκόλους 10 τε καὶ ποιμένας τούς τε ἄλλους νομέας προσθεῖμεν, ἵνα οἵ τε e γεωργοὶ ἐπὶ τὸ ἀροῦν ἔχοιεν βοῦς, οἵ τε οἰκοδόμοι πρὸς τὰς ἀγωγὰς μετὰ τῶν γεωργῶν χρῆσθαι ὑποζυγίοις, ὑφάνται δὲ καὶ σκυτοτόμοι δέρμασίν τε καὶ ἐρίοις.

Οὐδέ γε, ἦ δ' ὅς, σμικρὰ πόλις ἂν εἴη ἔχουσα πάντα ταῦτα.

5 Ἀλλὰ μήν, ἦν δ' ἐγώ, κατοικίσαι γε αὐτὴν τὴν πόλιν εἰς

c 3 κάλλιον καὶ ῥᾷον] ῥᾷον καὶ κάλλιον Stobaeus c 4 ὅταν A F M : ὄντα D εἷς A² D M : εἰς A F d 3 ἢ οὔ D et int. vers. F : om. A M d 9 εἰ A D M : εἰ μὴ F : ⟨οὐδ'⟩ εἰ ci. Hermann e 4 σμικρὰ A D M : ἔτι σμικρὰ F ἔχουσα A D M : σχοῦσα F e 5 κατοικίσαι A D M : κατοικῆσαι F d τοιοῦτον τόπον οὗ ἐπεισαγωγίμων μὴ δεήσεται, σχεδόν τι ἀδύνατον.

Ἀδύνατον γάρ.

Προσδεήσει ἄρα ἔτι καὶ ἄλλων, οἳ ἐξ ἄλλης πόλεως αὐτῇ κομιοῦσιν ὧν δεῖται. 10

Δεήσει.

Καὶ μὴν κενὸς ἂν ἴῃ ὁ διάκονος, μηδὲν ἄγων ὧν ἐκεῖνοι δέονται παρ᾽ ὧν ἂν κομίζωνται ὧν ἂν αὐτοῖς χρεία, κενὸς 371 ἄπεισιν. ἦ γάρ;

Δοκεῖ μοι.

Δεῖ δὴ τὰ οἴκοι μὴ μόνον ἑαυτοῖς ποιεῖν ἱκανά, ἀλλὰ καὶ οἷα καὶ ὅσα ἐκείνοις ὧν ἂν δέωνται. 5

Δεῖ γάρ.

Πλειόνων δὴ γεωργῶν τε καὶ τῶν ἄλλων δημιουργῶν δεῖ ἡμῖν τῇ πόλει.

Πλειόνων γάρ.

Καὶ δὴ καὶ τῶν ἄλλων διακόνων που τῶν τε εἰσαξόν- 10 των καὶ ἐξαξόντων ἕκαστα. οὗτοι δέ εἰσιν ἔμποροι· ἦ γάρ;

Ναί.

Καὶ ἐμπόρων δὴ δεησόμεθα.

Πάνυ γε. 15

Καὶ ἐὰν μέν γε κατὰ θάλατταν ἡ ἐμπορία γίγνηται, συχνῶν καὶ ἄλλων προσδεήσεται τῶν ἐπιστημόνων τῆς περὶ τὴν b θάλατταν ἐργασίας.

Συχνῶν μέντοι.

Τί δὲ δή; ἐν αὐτῇ τῇ πόλει πῶς ἀλλήλοις μεταδώσουσιν ὧν ἂν ἕκαστοι ἐργάζωνται; ὧν δὴ ἕνεκα καὶ κοινωνίαν 5 ποιησάμενοι πόλιν ᾠκίσαμεν.

Δῆλον δή, ἦ δ᾽ ὅς, ὅτι πωλοῦντες καὶ ὠνούμενοι.

e 10 κομιοῦσιν F : κομισοῦσιν D : κομίσουσιν A M e 12 κ*ε*νὸς A ἴῃ scr. Mon. : εἴη A F D M a 4 οἴκοι] οἰκεῖα ci. Ast a 11 δέ εἰσιν A M : δ' εἰσὶν F : δέησιν D b 5 ἐργάζωνται A : ἐργάσωνται F : ἐργάζονται D

Ἀγορὰ δὴ ἡμῖν καὶ νόμισμα σύμβολον τῆς ἀλλαγῆς ἕνεκα γενήσεται ἐκ τούτου.

10 Πάνυ μὲν οὖν.

c Ἂν οὖν κομίσας ὁ γεωργὸς εἰς τὴν ἀγοράν τι ὧν ποιεῖ, ἤ τις ἄλλος τῶν δημιουργῶν, μὴ εἰς τὸν αὐτὸν χρόνον ἥκῃ τοῖς δεομένοις τὰ παρ' αὐτοῦ ἀλλάξασθαι, ἀργήσει τῆς αὐτοῦ δημιουργίας καθήμενος ἐν ἀγορᾷ;

5 Οὐδαμῶς, ἦ δ' ὅς, ἀλλὰ εἰσὶν οἳ τοῦτο ὁρῶντες ἑαυτοὺς ἐπὶ τὴν διακονίαν τάττουσιν ταύτην, ἐν μὲν ταῖς ὀρθῶς οἰκουμέναις πόλεσι σχεδόν τι οἱ ἀσθενέστατοι τὰ σώματα καὶ ἀχρεῖοί τι ἄλλο ἔργον πράττειν. αὐτοῦ γὰρ δεῖ μένοντας d αὐτοὺς περὶ τὴν ἀγορὰν τὰ μὲν ἀντ' ἀργυρίου ἀλλάξασθαι τοῖς τι δεομένοις ἀποδόσθαι, τοῖς δὲ ἀντὶ αὖ ἀργυρίου διαλλάττειν ὅσοι τι δέονται πρίασθαι.

Αὕτη ἄρα, ἦν δ' ἐγώ, ἡ χρεία καπήλων ἡμῖν γένεσιν 5 ἐμποιεῖ τῇ πόλει. ἢ οὐ καπήλους καλοῦμεν τοὺς πρὸς ὠνήν τε καὶ πρᾶσιν διακονοῦντας ἱδρυμένους ἐν ἀγορᾷ, τοὺς δὲ πλανήτας ἐπὶ τὰς πόλεις ἐμπόρους;

Πάνυ μὲν οὖν.

e Ἔτι δή τινες, ὡς ἐγᾦμαι, εἰσὶ καὶ ἄλλοι διάκονοι, οἳ ἂν τὰ μὲν τῆς διανοίας μὴ πάνυ ἀξιοκοινώνητοι ὦσιν, τὴν δὲ τοῦ σώματος ἰσχὺν ἱκανὴν ἐπὶ τοὺς πόνους ἔχωσιν· οἳ δὴ πωλοῦντες τὴν τῆς ἰσχύος χρείαν, τὴν τιμὴν ταύτην μισθὸν 5 καλοῦντες, κέκληνται, ὡς ἐγᾦμαι, μισθωτοί· ἦ γάρ;

Πάνυ μὲν οὖν.

Πλήρωμα δὴ πόλεώς εἰσιν, ὡς ἔοικε, καὶ μισθωτοί.

Δοκεῖ μοι.

Ἆρ' οὖν, ὦ Ἀδείμαντε, ἤδη ἡμῖν ηὔξηται ἡ πόλις, ὥστ' 10 εἶναι τελέα;

Ἴσως.

b 8 ἕνεκα secl. ci. Hartman d 2 αὖ A M : om. F D d 6 διακονοῦντας A F M : διακονουμένους D d 7 πλανήτας F D M : πλάνητας A e 3 ἔχωσιν A F M : ἔχουσιν D e 9 ἡ πόλις F D M : πόλις A (sed add. ἡ supra versum)

Ποῦ οὖν ἄν ποτε ἐν αὐτῇ εἴη ἥ τε δικαιοσύνη καὶ ἡ ἀδικία; καὶ τίνι ἅμα ἐγγενομένη ὧν ἐσκέμμεθα;

Ἐγὼ μέν, ἔφη, οὐκ ἐννοῶ, ὦ Σώκρατες, εἰ μή που ἐν **372 a** αὐτῶν τούτων χρείᾳ τινὶ τῇ πρὸς ἀλλήλους.

Ἀλλ' ἴσως, ἦν δ' ἐγώ, καλῶς λέγεις· καὶ σκεπτέον γε καὶ οὐκ ἀποκνητέον.

Πρῶτον οὖν σκεψώμεθα τίνα τρόπον διαιτήσονται οἱ οὕτω 5 παρεσκευασμένοι. ἄλλο τι ἢ σῖτόν τε ποιοῦντες καὶ οἶνον καὶ ἱμάτια καὶ ὑποδήματα; καὶ οἰκοδομησάμενοι οἰκίας, θέρους μὲν τὰ πολλὰ γυμνοί τε καὶ ἀνυπόδητοι ἐργάσονται, τοῦ δὲ χειμῶνος ἠμφιεσμένοι τε καὶ ὑποδεδεμένοι ἱκανῶς· θρέ- **b** ψονται δὲ ἐκ μὲν τῶν κριθῶν ἄλφιτα σκευαζόμενοι, ἐκ δὲ τῶν πυρῶν ἄλευρα, τὰ μὲν πέψαντες, τὰ δὲ μάξαντες, μάζας γενναίας καὶ ἄρτους ἐπὶ κάλαμόν τινα παραβαλλόμενοι ἢ φύλλα καθαρά, κατακλινέντες ἐπὶ στιβάδων ἐστρωμένων 5 μίλακί τε καὶ μυρρίναις, εὐωχήσονται αὐτοί τε καὶ τὰ παιδία, ἐπιπίνοντες τοῦ οἴνου, ἐστεφανωμένοι καὶ ὑμνοῦντες τοὺς θεούς, ἡδέως συνόντες ἀλλήλοις, οὐχ ὑπὲρ τὴν οὐσίαν ποιούμενοι τοὺς παῖδας, εὐλαβούμενοι πενίαν ἢ πόλεμον. **c**

Καὶ ὁ Γλαύκων ὑπολαβών, Ἄνευ ὄψου, ἔφη, ὡς ἔοικας, ποιεῖς τοὺς ἄνδρας ἑστιωμένους.

Ἀληθῆ, ἦν δ' ἐγώ, λέγεις. ἐπελαθόμην ὅτι καὶ ὄψον ἕξουσιν, ἅλας τε δῆλον ὅτι καὶ ἐλάας καὶ τυρόν, καὶ βολβοὺς 5 καὶ λάχανά γε, οἷα δὴ ἐν ἀγροῖς ἑψήματα, ἑψήσονται. καὶ τραγήματά που παραθήσομεν αὐτοῖς τῶν τε σύκων καὶ ἐρεβίνθων καὶ κυάμων, καὶ μύρτα καὶ φηγοὺς σποδιοῦσιν πρὸς τὸ πῦρ, μετρίως ὑποπίνοντες· καὶ οὕτω διάγοντες τὸν **d** βίον ἐν εἰρήνῃ μετὰ ὑγιείας, ὡς εἰκός, γηραιοὶ τελευτῶντες ἄλλον τοιοῦτον βίον τοῖς ἐκγόνοις παραδώσουσιν.

a 5 διαιτήσονται A² F D M : διαιτήσωνται A b 3 ⟨καὶ⟩ μάζας ci. Stephanus : μάζας ⟨τε⟩ ci. Hartman c 6 γε F Athenaeus : om. A D M ἑψήματα A D M : ἑψήματά τε F Athenaeus c 7 σύκων A M : συκῶν F D Athenaeus c 8 σποδιοῦσι(ν) A F M : σπουδίουσι D d 2 εἰκός A D M : τὸ εἰκός F d 3 ἐγγόνοις F

Καὶ ὅς, Εἰ δὲ ὑῶν πόλιν, ὦ Σώκρατες, ἔφη, κατεσκεύαζες,
5 τί ἂν αὐτὰς ἄλλο ἢ ταῦτα ἐχόρταζες;
Ἀλλὰ πῶς χρή, ἦν δ' ἐγώ, ὦ Γλαύκων;
Ἅπερ νομίζεται, ἔφη· ἐπί τε κλινῶν κατακεῖσθαι οἶμαι τοὺς μέλλοντας μὴ ταλαιπωρεῖσθαι, καὶ ἀπὸ τραπεζῶν
e δειπνεῖν, καὶ ὄψα ἅπερ καὶ οἱ νῦν ἔχουσι καὶ τραγήματα.
Εἶεν, ἦν δ' ἐγώ· μανθάνω. οὐ πόλιν, ὡς ἔοικε, σκοποῦμεν μόνον ὅπως γίγνεται, ἀλλὰ καὶ τρυφῶσαν πόλιν. ἴσως οὖν οὐδὲ κακῶς ἔχει· σκοποῦντες γὰρ καὶ τοιαύτην τάχ' ἂν
5 κατίδοιμεν τήν τε δικαιοσύνην καὶ ἀδικίαν ὅπῃ ποτὲ ταῖς πόλεσιν ἐμφύονται. ἡ μὲν οὖν ἀληθινὴ πόλις δοκεῖ μοι εἶναι ἣν διεληλύθαμεν, ὥσπερ ὑγιής τις· εἰ δ' αὖ βούλεσθε, καὶ φλεγμαίνουσαν πόλιν θεωρήσωμεν· οὐδὲν ἀποκωλύει.
373 ταῦτα γὰρ δή τισιν, ὡς δοκεῖ, οὐκ ἐξαρκέσει, οὐδὲ αὕτη ἡ δίαιτα, ἀλλὰ κλῖναί τε προσέσονται καὶ τράπεζαι καὶ τἆλλα σκεύη, καὶ ὄψα δὴ καὶ μύρα καὶ θυμιάματα καὶ ἑταῖραι καὶ πέμματα, καὶ ἕκαστα τούτων παντοδαπά. καὶ δὴ καὶ ἃ τὸ
5 πρῶτον ἐλέγομεν οὐκέτι τἀναγκαῖα θετέον, οἰκίας τε καὶ ἱμάτια καὶ ὑποδήματα, ἀλλὰ τήν τε ζωγραφίαν κινητέον καὶ τὴν ποικιλίαν, καὶ χρυσὸν καὶ ἐλέφαντα καὶ πάντα τὰ τοιαῦτα κτητέον. ἢ γάρ;
b Ναί, ἔφη.
Οὐκοῦν μείζονά τε αὖ τὴν πόλιν δεῖ ποιεῖν· ἐκείνη γὰρ ἡ ὑγιεινὴ οὐκέτι ἱκανή, ἀλλ' ἤδη ὄγκου ἐμπληστέα καὶ πλήθους, ἃ οὐκέτι τοῦ ἀναγκαίου ἕνεκά ἐστιν ἐν ταῖς πόλεσιν,
5 οἷον οἵ τε θηρευταὶ πάντες οἵ τε μιμηταί, πολλοὶ μὲν οἱ περὶ τὰ σχήματά τε καὶ χρώματα, πολλοὶ δὲ οἱ περὶ μουσικήν, ποιηταί τε καὶ τούτων ὑπηρέται, ῥαψῳδοί, ὑποκριταί, χορευταί, ἐργολάβοι, σκευῶν τε παντοδαπῶν δημιουργοί, τῶν τε ἄλλων

e 3 γίγνεται ADM: γίγνηται F e 6 ἐμφύονται ADM: ἐμποιοῦνται F e 7 post βούλεσθε dist. A (sed punctum del. A[2]) a 1 αὕτη scr. Laur. lxxxv. 6: αὐτὴ AFDM a 4 καὶ ἕκαστα FD: ἕκαστα AM a 7 καὶ τὴν ποικιλίαν FD: om. AM b 2 αὖ τὴν DM: αὐτὴν AF b 6 οἱ ADM: om. F

καὶ τῶν περὶ τὸν γυναικεῖον κόσμον. καὶ δὴ καὶ διακόνων c
πλειόνων δεησόμεθα· ἢ οὐ δοκεῖ δεήσειν παιδαγωγῶν, τιτθῶν,
τροφῶν, κομμωτριῶν, κουρέων, καὶ αὖ ὀψοποιῶν τε καὶ
μαγείρων; ἔτι δὲ καὶ συβωτῶν προσδεησόμεθα· τοῦτο γὰρ
ἡμῖν ἐν τῇ προτέρᾳ πόλει οὐκ ἐνῆν—ἔδει γὰρ οὐδέν—ἐν δὲ 5
ταύτῃ καὶ τούτου προσδεήσει. δεήσει δὲ καὶ τῶν ἄλλων
βοσκημάτων παμπόλλων, εἴ τις αὐτὰ ἔδεται· ἢ γάρ;

Πῶς γὰρ οὔ;

Οὐκοῦν καὶ ἰατρῶν ἐν χρείαις ἐσόμεθα πολὺ μᾶλλον οὕτω d
διαιτώμενοι ἢ ὡς τὸ πρότερον;

Πολύ γε.

Καὶ ἡ χώρα γέ που, ἡ τότε ἱκανὴ τρέφειν τοὺς τότε,
σμικρὰ δὴ ἐξ ἱκανῆς ἔσται. ἢ πῶς λέγομεν; 5

Οὕτως, ἔφη.

Οὐκοῦν τῆς τῶν πλησίον χώρας ἡμῖν ἀποτμητέον, εἰ
μέλλομεν ἱκανὴν ἕξειν νέμειν τε καὶ ἀροῦν, καὶ ἐκείνοις αὖ
τῆς ἡμετέρας, ἐὰν καὶ ἐκεῖνοι ἀφῶσιν αὑτοὺς ἐπὶ χρημάτων
κτῆσιν ἄπειρον, ὑπερβάντες τὸν τῶν ἀναγκαίων ὅρον; 10

Πολλὴ ἀνάγκη, ἔφη, ὦ Σώκρατες. e

Πολεμήσομεν δὴ τὸ μετὰ τοῦτο, ὦ Γλαύκων; ἢ πῶς ἔσται;

Οὕτως, ἔφη.

Καὶ μηδέν γέ πω λέγωμεν, ἦν δ' ἐγώ, μήτ' εἴ τι κακὸν
μήτ' εἰ ἀγαθὸν ὁ πόλεμος ἐργάζεται, ἀλλὰ τοσοῦτον μόνον, 5
ὅτι πολέμου αὖ γένεσιν ηὑρήκαμεν, ἐξ ὧν μάλιστα ταῖς
πόλεσιν καὶ ἰδίᾳ καὶ δημοσίᾳ κακὰ γίγνεται, ὅταν γίγνηται.

Πάνυ μὲν οὖν.

Ἔτι δή, ὦ φίλε, μείζονος τῆς πόλεως δεῖ οὔ τι σμικρῷ,
ἀλλ' ὅλῳ στρατοπέδῳ, ὃ ἐξελθὸν ὑπὲρ τῆς οὐσίας ἁπάσης 374
καὶ ὑπὲρ ὧν νυνδὴ ἐλέγομεν διαμαχεῖται τοῖς ἐπιοῦσιν.

c 6 τούτου A F M : τοῦτο D d 1 χρείαις A D M : χρείᾳ F d 4 γε F : om. A D M d 5 λέγομεν A² F D M : λέγωμεν A d 8 ἐκείνοις A² D M : ἐκείνης A F e 2 δὴ F : om. A D M e 4 μήτ' εἴ τι κακὸν ἀπεργάζεται ὁ πόλεμος μήτε εἴ τι ἀγαθόν F e 7 καὶ ἰδίᾳ καὶ δημοσίᾳ F D M et in marg. A : om. A

Τί δέ; ἦ δ' ὅς· αὐτοὶ οὐχ ἱκανοί;

Οὔκ, εἰ σύ γε, ἦν δ' ἐγώ, καὶ ἡμεῖς ἅπαντες ὡμολογήσαμεν
5 καλῶς, ἡνίκα ἐπλάττομεν τὴν πόλιν· ὡμολογοῦμεν δέ που,
εἰ μέμνησαι, ἀδύνατον ἕνα πολλὰς καλῶς ἐργάζεσθαι τέχνας.

Ἀληθῆ λέγεις, ἔφη.

b Τί οὖν; ἦν δ' ἐγώ· ἡ περὶ τὸν πόλεμον ἀγωνία οὐ
τεχνικὴ δοκεῖ εἶναι;

Καὶ μάλα, ἔφη.

Ἦ οὖν τι σκυτικῆς δεῖ μᾶλλον κήδεσθαι ἢ πολεμικῆς;

5 Οὐδαμῶς.

Ἀλλ' ἄρα τὸν μὲν σκυτοτόμον διεκωλύομεν μήτε γεωργὸν
ἐπιχειρεῖν εἶναι ἅμα μήτε ὑφάντην μήτε οἰκοδόμον ἀλλὰ
σκυτοτόμον, ἵνα δὴ ἡμῖν τὸ τῆς σκυτικῆς ἔργον καλῶς
γίγνοιτο, καὶ τῶν ἄλλων ἑνὶ ἑκάστῳ ὡσαύτως ἓν ἀπεδίδομεν,
10 πρὸς ὃ ἐπεφύκει ἕκαστος καὶ ἐφ' ᾧ ἔμελλε τῶν ἄλλων
c σχολὴν ἄγων διὰ βίου αὐτὸ ἐργαζόμενος οὐ παριεὶς τοὺς
καιροὺς καλῶς ἀπεργάσεσθαι· τὰ δὲ δὴ περὶ τὸν πόλεμον
πότερον οὐ περὶ πλείστου ἐστὶν εὖ ἀπεργασθέντα; ἢ οὕτω
ῥᾴδιον, ὥστε καὶ γεωργῶν τις ἅμα πολεμικὸς ἔσται καὶ
5 σκυτοτομῶν καὶ ἄλλην τέχνην ἡντινοῦν ἐργαζόμενος, πετ-
τευτικὸς δὲ ἢ κυβευτικὸς ἱκανῶς οὐδ' ἂν εἷς γένοιτο μὴ
αὐτὸ τοῦτο ἐκ παιδὸς ἐπιτηδεύων, ἀλλὰ παρέργῳ χρώμενος;
d καὶ ἀσπίδα μὲν λαβὼν ἤ τι ἄλλο τῶν πολεμικῶν ὅπλων τε
καὶ ὀργάνων αὐθημερὸν ὁπλιτικῆς ἤ τινος ἄλλης μάχης
τῶν κατὰ πόλεμον ἱκανὸς ἔσται ἀγωνιστής, τῶν δὲ ἄλλων
ὀργάνων οὐδὲν οὐδένα δημιουργὸν οὐδὲ ἀθλητὴν ληφθὲν
5 ποιήσει, οὐδ' ἔσται χρήσιμον τῷ μήτε τὴν ἐπιστήμην
ἑκάστου λαβόντι μήτε τὴν μελέτην ἱκανὴν παρασχομένῳ;

Πολλοῦ γὰρ ἄν, ἦ δ' ὅς, τὰ ὄργανα ἦν ἄξια.

a 3 ἱκανοί A F M : ἱκανοὶ διαμάχεσθαι D a 5 δέ A F M : δή D
a 6 ἀδύνατον A D M : ἀδύνατον εἶναι F καλῶς A F D : om. M
b 7 ἀλλὰ σκυτοτόμον D : post b 9 γίγνοιτο transp. M : om. A F
b 10 ἐπεφύκει F : πεφύκει A D c 2 ἀπεργάσεσθαι F D : ἀπεργά-
ζεσθαι A M c 4 ῥᾴδιον A D M : ῥάδια F c 5 σκυτοτομῶν F D M :
σκυτοτόμων A d 3 ἱκανὸς] ἱκανῶς D d 7 ἦν] εἴη F

Οὐκοῦν, ἦν δ' ἐγώ, ὅσῳ μέγιστον τὸ τῶν φυλάκων ἔργον, τοσούτῳ σχολῆς τε τῶν ἄλλων πλείστης ἂν εἴη καὶ αὖ e τέχνης τε καὶ ἐπιμελείας μεγίστης δεόμενον.

Οἶμαι ἔγωγε, ἦ δ' ὅς.

Ἆρ' οὖν οὐ καὶ φύσεως ἐπιτηδείας εἰς αὐτὸ τὸ ἐπιτήδευμα;

Πῶς δ' οὔ; 5

Ἡμέτερον δὴ ἔργον ἂν εἴη, ὡς ἔοικεν, εἴπερ οἷοί τ' ἐσμέν, ἐκλέξασθαι τίνες τε καὶ ποῖαι φύσεις ἐπιτήδειαι εἰς πόλεως φυλακήν.

Ἡμέτερον μέντοι.

Μὰ Δία, ἦν δ' ἐγώ, οὐκ ἄρα φαῦλον πρᾶγμα ἠράμεθα· 10 ὅμως δὲ οὐκ ἀποδειλιατέον, ὅσον γ' ἂν δύναμις παρείκῃ.

Οὐ γὰρ οὖν, ἔφη. 375

Οἴει οὖν τι, ἦν δ' ἐγώ, διαφέρειν φύσιν γενναίου σκύλακος εἰς φυλακὴν νεανίσκου εὐγενοῦς;

Τὸ ποῖον λέγεις;

Οἷον ὀξύν τέ που δεῖ αὐτοῖν ἑκάτερον εἶναι πρὸς αἴσθησιν 5 καὶ ἐλαφρὸν πρὸς τὸ αἰσθανόμενον διωκάθειν, καὶ ἰσχυρὸν αὖ, ἐὰν δέῃ ἑλόντα διαμάχεσθαι.

Δεῖ γὰρ οὖν, ἔφη, πάντων τούτων.

Καὶ μὴν ἀνδρεῖόν γε, εἴπερ εὖ μαχεῖται.

Πῶς δ' οὔ; 10

Ἀνδρεῖος δὲ εἶναι ἆρα ἐθελήσει ὁ μὴ θυμοειδὴς εἴτε ἵππος εἴτε κύων ἢ ἄλλο ὁτιοῦν ζῷον; ἢ οὐκ ἐννενόηκας ὡς ἄμαχόν τε καὶ ἀνίκητον θυμός, οὗ παρόντος ψυχὴ πᾶσα b πρὸς πάντα ἄφοβός τέ ἐστι καὶ ἀήττητος;

Ἐννενόηκα.

Τὰ μὲν τοίνυν τοῦ σώματος οἷον δεῖ τὸν φύλακα εἶναι, δῆλα. 5

e 6 δ' ἂν εἴη ἔργον Stobaeus e 11 ὅσον ADM: εἰς ὅσον F Stobaeus γ' ἂν . . . παρείκῃ ADM: δὴ . . . παρήκει F Stobaeus a 2 φύσιν] τὴν φύσιν Stobaeus a 11 ἆρα ἐθελήσει ADM: ἆρ' ἂν ἐθέλοι F Stobaeus a 12 ἢ ἄλλο ADM: εἴτε ἄλλο F Stobaeus b 2 ἐστι AFM: om. D Stobaeus b 4 εἶναι] εἶναι τῆς πόλεως Stobaeus

Ναί.

Καὶ μὴν καὶ τὰ τῆς ψυχῆς, ὅτι γε θυμοειδῆ.

Καὶ τοῦτο.

Πῶς οὖν, ἦν δ' ἐγώ, ὦ Γλαύκων, οὐκ ἄγριοι ἀλλήλοις τε
10 ἔσονται καὶ τοῖς ἄλλοις πολίταις, ὄντες τοιοῦτοι τὰς φύσεις;

Μὰ Δία, ἦ δ' ὅς, οὐ ῥᾳδίως.

c 'Αλλὰ μέντοι δεῖ γε πρὸς μὲν τοὺς οἰκείους πρᾴους αὐτοὺς εἶναι, πρὸς δὲ τοὺς πολεμίους χαλεπούς· εἰ δὲ μή, οὐ περιμενοῦσιν ἄλλους σφᾶς διολέσαι, ἀλλ' αὐτοὶ φθήσονται αὐτὸ δράσαντες.

5 'Αληθῆ, ἔφη.

Τί οὖν, ἦν δ' ἐγώ, ποιήσομεν; πόθεν ἅμα πρᾷον καὶ μεγαλόθυμον ἦθος εὑρήσομεν; ἐναντία γάρ που θυμοειδεῖ πρᾳεῖα φύσις.

Φαίνεται.

10 'Αλλὰ μέντοι τούτων γε ὁποτέρου ἂν στέρηται, φύλαξ ἀγαθὸς οὐ μὴ γένηται· ταῦτα δὲ ἀδυνάτοις ἔοικεν, καὶ οὕτω
d δὴ συμβαίνει ἀγαθὸν φύλακα ἀδύνατον γενέσθαι.

Κινδυνεύει, ἔφη.

Καὶ ἐγὼ ἀπορήσας τε καὶ ἐπισκεψάμενος τὰ ἔμπροσθεν, Δικαίως γε, ἦν δ' ἐγώ, ὦ φίλε, ἀποροῦμεν· ἧς γὰρ προυθέ-
5 μεθα εἰκόνος ἀπελείφθημεν.

Πῶς λέγεις;

Οὐκ ἐννενοήκαμεν ὅτι εἰσὶν ἄρα φύσεις οἵας ἡμεῖς οὐκ ᾠήθημεν, ἔχουσαι τἀναντία ταῦτα.

Ποῦ δή;

10 Ἴδοι μὲν ἂν τις καὶ ἐν ἄλλοις ζῴοις, οὐ μεντἂν ἥκιστα
e ἐν ᾧ ἡμεῖς παρεβάλλομεν τῷ φύλακι. οἶσθα γάρ που τῶν

b 9 τε F Stobaeus: om. A D M b 10 ἄλλοις F: ἀλλοτρίοις A D M Stobaeus c 3 περιμενοῦσιν] μενοῦσιν Stobaeus c 6 ἅμα πρᾷον A: ἄρα πρᾷον D: ἅμα πρᾷόν τε F: πρᾷόν τε ἅμα Stobaeus c 10 γε F Stobaeus: om. A D d 3 τὰ A F M Stobaeus: om. D ἔμπροσθεν] ἔμπροσθεν εἶπον Stobaeus d 7 ἐννενοήκαμεν F: ἐνενοήσαμεν Stobaeus: ἐνοήσαμεν A D M εἰσὶν ἄρα A D M: ἆρα τοιαῦταί εἰσι F Stobaeus d 10 ἄλλοις] ἄλλοις πολλοῖς Stobaeus γενναίων κυνῶν, ὅτι τοῦτο φύσει αὐτῶν τὸ ἦθος, πρὸς μὲν τοὺς συνήθεις τε καὶ γνωρίμους ὡς οἷόν τε πρᾳοτάτους εἶναι, πρὸς δὲ τοὺς ἀγνῶτας τοὐναντίον.

Οἶδα μέντοι. 5

Τοῦτο μὲν ἄρα, ἦν δ' ἐγώ, δυνατόν, καὶ οὐ παρὰ φύσιν ζητοῦμεν τοιοῦτον εἶναι τὸν φύλακα.

Οὐκ ἔοικεν.

Ἆρ' οὖν σοι δοκεῖ ἔτι τοῦδε προσδεῖσθαι ὁ φυλακικὸς ἐσόμενος, πρὸς τῷ θυμοειδεῖ ἔτι προσγενέσθαι φιλόσοφος 10 τὴν φύσιν;

Πῶς δή; ἔφη· οὐ γὰρ ἐννοῶ. 376

Καὶ τοῦτο, ἦν δ' ἐγώ, ἐν τοῖς κυσὶν κατόψει, ὃ καὶ ἄξιον θαυμάσαι τοῦ θηρίου.

Τὸ ποῖον;

Ὅτι ὃν μὲν ἂν ἴδῃ ἀγνῶτα, χαλεπαίνει, οὐδὲ ἓν κακὸν 5 προπεπονθώς· ὃν δ' ἂν γνώριμον, ἀσπάζεται, κἂν μηδὲν πώποτε ὑπ' αὐτοῦ ἀγαθὸν πεπόνθῃ. ἢ οὔπω τοῦτο ἐθαύμασας;

Οὐ πάνυ, ἔφη, μέχρι τούτου προσέσχον τὸν νοῦν· ὅτι δέ που δρᾷ ταῦτα, δῆλον. 10

Ἀλλὰ μὴν κομψόν γε φαίνεται τὸ πάθος αὐτοῦ τῆς φύσεως καὶ ὡς ἀληθῶς φιλόσοφον. b

Πῇ δή;

Ἧι, ἦν δ' ἐγώ, ὄψιν οὐδενὶ ἄλλῳ φίλην καὶ ἐχθρὰν διακρίνει ἢ τῷ τὴν μὲν καταμαθεῖν, τὴν δὲ ἀγνοῆσαι. καίτοι πῶς οὐκ ἂν φιλομαθὲς εἴη συνέσει τε καὶ ἀγνοίᾳ ὁριζόμενον 5 τό τε οἰκεῖον καὶ τὸ ἀλλότριον;

Οὐδαμῶς, ἦ δ' ὅς, ὅπως οὔ.

e 2 φύσει αὐτῶν A D : αὐτῶν φύσει F Stobaeus　e 4 τοὐναντίον A D M : τἀναντία F　e 10 φιλόσοφος] φιλόσοφον Adam ⟨olim⟩　a 5 ὅτι ὃν F D Stobaeus : ὃν A M　χαλεπαίνει A D M : μισεῖ καὶ χαλεπαίνει F Stobaeus　οὐδὲ ἓν Cobet : οὐδὲν Stobaeus : οὐδὲν δὲ A D M : οὐδὲ F　a 6 προπεπονθώς F D M : προ*πεπονθὼς A : προ*πεπονθὸς A² : πεπονθώς Stobaeus　μηδὲν A² F D : μηδὲ A M : μηδὲ ἓν ci. Hartman　a 7 ἀγαθὸν πεπόνθῃ A D : ἀγαθὸν πεπόνθοι F m : ἀγαθὸν πεπόνθει M : πεπόνθῃ ἀγαθόν Stobaeus　a 11 μὴν A D M : μήν που F

Ἀλλὰ μέντοι, εἶπον ἐγώ, τό γε φιλομαθὲς καὶ φιλόσοφον ταὐτόν;

10 Ταὐτὸν γάρ, ἔφη.

Οὐκοῦν θαρροῦντες τιθῶμεν καὶ ἐν ἀνθρώπῳ, εἰ μέλλει
c πρὸς τοὺς οἰκείους καὶ γνωρίμους πρᾷός τις ἔσεσθαι, φύσει φιλόσοφον καὶ φιλομαθῆ αὐτὸν δεῖν εἶναι;

Τιθῶμεν, ἔφη.

Φιλόσοφος δὴ καὶ θυμοειδὴς καὶ ταχὺς καὶ ἰσχυρὸς ἡμῖν τὴν
5 φύσιν ἔσται ὁ μέλλων καλὸς κἀγαθὸς ἔσεσθαι φύλαξ πόλεως.

Παντάπασι μὲν οὖν, ἔφη.

Οὗτος μὲν δὴ ἂν οὕτως ὑπάρχοι. θρέψονται δὲ δὴ ἡμῖν οὗτοι καὶ παιδευθήσονται τίνα τρόπον; καὶ ἆρά τι προὔργου ἡμῖν ἐστιν αὐτὸ σκοποῦσι πρὸς τὸ κατιδεῖν οὗπερ ἕνεκα
d πάντα σκοποῦμεν, δικαιοσύνην τε καὶ ἀδικίαν τίνα τρόπον ἐν πόλει γίγνεται; ἵνα μὴ ἐῶμεν ἱκανὸν λόγον ἢ συχνὸν διεξίωμεν.

Καὶ ὁ τοῦ Γλαύκωνος ἀδελφός, Πάνυ μὲν οὖν, ἔφη, ἔγωγε
5 προσδοκῶ προὔργου εἶναι εἰς τοῦτο ταύτην τὴν σκέψιν.

Μὰ Δία, ἦν δ' ἐγώ, ὦ φίλε Ἀδείμαντε, οὐκ ἄρα ἀφετέον, οὐδ' εἰ μακροτέρα τυγχάνει οὖσα.

Οὐ γὰρ οὖν.

Ἴθι οὖν, ὥσπερ ἐν μύθῳ μυθολογοῦντές τε καὶ σχολὴν
10 ἄγοντες λόγῳ παιδεύωμεν τοὺς ἄνδρας.

e Ἀλλὰ χρή.

Τίς οὖν ἡ παιδεία; ἢ χαλεπὸν εὑρεῖν βελτίω τῆς ὑπὸ τοῦ πολλοῦ χρόνου ηὑρημένης; ἔστιν δέ που ἡ μὲν ἐπὶ σώμασι γυμναστική, ἡ δ' ἐπὶ ψυχῇ μουσική.

b8 ἐγώ om. Stobaeus γε A F Stobaeus: τε D καὶ A D Stobaeus: καὶ τὸ F b9 ταὐτόν] ταὐτόν ἐστι Stobaeus b11 ἀνθρώπῳ] τῷ ἀνθρώπῳ Stobaeus c1 οἰκείους] οἰκείους γε Stobaeus c2 φιλόσοφον A² D M f: om. A F: καὶ φιλόσοφον Stobaeus δεῖν A D: δεῖ F c4 ἰσχυρὸς καὶ ταχὺς Stobaeus (bis) c5 φύλαξ ἔσεσθαι Stobaeus (bis) d2 ἵνα . . . d3 διεξίωμεν in marg. A: om. A ἱκανὸν λόγον ἢ συχνὸν A D M: συχνὸν λόγον ἢ ἱκανὸν F d5 τοῦτο A M: ταὐτὸ D: om. F d9 οὖν A D M: δή F τε A D M: τε ἅμα F

Ἔστιν γάρ. 5

Ἆρ' οὖν οὐ μουσικῇ πρότερον ἀρξόμεθα παιδεύοντες ἢ γυμναστικῇ;

Πῶς δ' οὔ;

Μουσικῆς δ', εἶπον, τιθεῖς λόγους, ἢ οὔ;

Ἔγωγε. 10

Λόγων δὲ διττὸν εἶδος, τὸ μὲν ἀληθές, ψεῦδος δ' ἕτερον;

Ναί.

Παιδευτέον δ' ἐν ἀμφοτέροις, πρότερον δ' ἐν τοῖς ψευδέσιν; 377

Οὐ μανθάνω, ἔφη, πῶς λέγεις.

Οὐ μανθάνεις, ἦν δ' ἐγώ, ὅτι πρῶτον τοῖς παιδίοις μύθους λέγομεν; τοῦτο δέ που ὡς τὸ ὅλον εἰπεῖν ψεῦδος, ἔνι δὲ 5 καὶ ἀληθῆ. πρότερον δὲ μύθοις πρὸς τὰ παιδία ἢ γυμνασίοις χρώμεθα.

Ἔστι ταῦτα.

Τοῦτο δὴ ἔλεγον, ὅτι μουσικῆς πρότερον ἁπτέον ἢ γυμναστικῆς. 10

Ὀρθῶς, ἔφη.

Οὐκοῦν οἶσθ' ὅτι ἀρχὴ παντὸς ἔργου μέγιστον, ἄλλως τε δὴ καὶ νέῳ καὶ ἁπαλῷ ὁτῳοῦν; μάλιστα γὰρ δὴ τότε b πλάττεται, καὶ ἐνδύεται τύπος ὃν ἄν τις βούληται ἐνσημήνασθαι ἑκάστῳ.

Κομιδῇ μὲν οὖν.

Ἆρ' οὖν ῥᾳδίως οὕτω παρήσομεν τοὺς ἐπιτυχόντας ὑπὸ 5 τῶν ἐπιτυχόντων μύθους πλασθέντας ἀκούειν τοὺς παῖδας καὶ λαμβάνειν ἐν ταῖς ψυχαῖς ὡς ἐπὶ τὸ πολὺ ἐναντίας δόξας ἐκείναις ἅς, ἐπειδὰν τελεωθῶσιν, ἔχειν οἰησόμεθα δεῖν αὐτούς;

e 6 ἀρξόμεθα] ἀρχόμεθα Stobaeus   e 9 εἶπον F Eusebius Stobaeus: εἰπὼν A D M   τιθεῖς (sic) Stobaeus: τίθης A D   e 11 δ' ἕτερον A D M: θάτερον F: δὲ θάτερον Stobaeus   a 1 ψευδέσιν] ψεύδεσιν D   a 6 ἀληθῆ] ἀληθές Stobaeus   b 1 τε δὴ F Eusebius Stobaeus (bis): τε A D M   b 2 τύπος] τύπον ci. H. Richards

10 Οὐδ' ὁπωστιοῦν παρήσομεν.

Πρῶτον δὴ ἡμῖν, ὡς ἔοικεν, ἐπιστατητέον τοῖς μυθοποιοῖς,
c καὶ ὃν μὲν ἂν καλὸν [μῦθον] ποιήσωσιν, ἐγκριτέον, ὃν δ' ἂν
μή, ἀποκριτέον. τοὺς δ' ἐγκριθέντας πείσομεν τὰς τροφούς
τε καὶ μητέρας λέγειν τοῖς παισίν, καὶ πλάττειν τὰς ψυχὰς
αὐτῶν τοῖς μύθοις πολὺ μᾶλλον ἢ τὰ σώματα ταῖς χερσίν·
5 ὧν δὲ νῦν λέγουσι τοὺς πολλοὺς ἐκβλητέον.

Ποίους δή; ἔφη.

Ἐν τοῖς μείζοσιν, ἦν δ' ἐγώ, μύθοις ὀψόμεθα καὶ τοὺς
ἐλάττους. δεῖ γὰρ δὴ τὸν αὐτὸν τύπον εἶναι καὶ ταὐτὸν
d δύνασθαι τούς τε μείζους καὶ τοὺς ἐλάττους. ἢ οὐκ οἴει;

Ἔγωγ', ἔφη· ἀλλ' οὐκ ἐννοῶ οὐδὲ τοὺς μείζους τίνας
λέγεις.

Οὓς Ἡσίοδός τε, εἶπον, καὶ Ὅμηρος ἡμῖν ἐλεγέτην καὶ
5 οἱ ἄλλοι ποιηταί. οὗτοι γάρ που μύθους τοῖς ἀνθρώποις
ψευδεῖς συντιθέντες ἔλεγόν τε καὶ λέγουσι.

Ποίους δή, ἦ δ' ὅς, καὶ τί αὐτῶν μεμφόμενος λέγεις;

Ὅπερ, ἦν δ' ἐγώ, χρὴ καὶ πρῶτον καὶ μάλιστα μέμφεσθαι,
ἄλλως τε καὶ ἐάν τις μὴ καλῶς ψεύδηται.

10 Τί τοῦτο;

e Ὅταν εἰκάζῃ τις κακῶς [οὐσίαν] τῷ λόγῳ, περὶ θεῶν τε
καὶ ἡρώων οἷοί εἰσιν, ὥσπερ γραφεὺς μηδὲν ἐοικότα γράφων
οἷς ἂν ὅμοια βουληθῇ γράψαι.

Καὶ γάρ, ἔφη, ὀρθῶς ἔχει τά γε τοιαῦτα μέμφεσθαι.
5 ἀλλὰ πῶς δὴ λέγομεν καὶ ποῖα;

Πρῶτον μέν, ἦν δ' ἐγώ, τὸ μέγιστον καὶ περὶ τῶν
μεγίστων ψεῦδος ὁ εἰπὼν οὐ καλῶς ἐψεύσατο ὡς Οὐρανός
τε ἠργάσατο ἅ φησι δρᾶσαι αὐτὸν Ἡσίοδος, ὅ τε αὖ Κρόνος
378 ὡς ἐτιμωρήσατο αὐτόν. τὰ δὲ δὴ τοῦ Κρόνου ἔργα καὶ

b 11 δὴ A D: μὲν δὴ F Eusebius ἐπιστατέον Eusebius
c 1 μῦθον F D Stobaeus: om. A M c 4 πολὺ A F M: om. D
d 2 ἔγωγ'] ἐγὼ pr. D d 8 καὶ πρῶτον] πρῶτόν τε F Eusebius
e 1 κακῶς οὐσίαν D Eusebius (P. E. p. 376): οὐσίαν κακῶς F: κακῶς
A M Eusebius (P. E. p. 405) e 7 ὁ A D M: om. F: ὃ recc.
a 1 τοῦ A D M: om. F Eusebius

πάθη ὑπὸ τοῦ ὑέος, οὐδ' ἂν εἰ ἦν ἀληθῆ ᾤμην δεῖν ῥᾳδίως
οὕτως λέγεσθαι πρὸς ἄφρονάς τε καὶ νέους, ἀλλὰ μάλιστα
μὲν σιγᾶσθαι, εἰ δὲ ἀνάγκη τις ἦν λέγειν, δι' ἀπορρήτων
ἀκούειν ὡς ὀλιγίστους, θυσαμένους οὐ χοῖρον ἀλλά τι μέγα 5
καὶ ἄπορον θῦμα, ὅπως ὅτι ἐλαχίστοις συνέβη ἀκοῦσαι.

Καὶ γάρ, ἦ δ' ὅς, οὗτοί γε οἱ λόγοι χαλεποί.

Καὶ οὐ λεκτέοι γ', ἔφην, ὦ Ἀδείμαντε, ἐν τῇ ἡμετέρᾳ b
πόλει. οὐδὲ λεκτέον νέῳ ἀκούοντι ὡς ἀδικῶν τὰ ἔσχατα
οὐδὲν ἂν θαυμαστὸν ποιοῖ, οὐδ' αὖ ἀδικοῦντα πατέρα κολάζων
παντὶ τρόπῳ, ἀλλὰ δρῴη ἂν ὅπερ θεῶν οἱ πρῶτοί τε καὶ
μέγιστοι. 5

Οὐ μὰ τὸν Δία, ἦ δ' ὅς, οὐδὲ αὐτῷ μοι δοκεῖ ἐπιτήδεια
εἶναι λέγειν.

Οὐδέ γε, ἦν δ' ἐγώ, τὸ παράπαν ὡς θεοὶ θεοῖς πολεμοῦσί
τε καὶ ἐπιβουλεύουσι καὶ μάχονται—οὐδὲ γὰρ ἀληθῆ—εἴ c
γε δεῖ ἡμῖν τοὺς μέλλοντας τὴν πόλιν φυλάξειν αἴσχιστον
νομίζειν τὸ ῥᾳδίως ἀλλήλοις ἀπεχθάνεσθαι—πολλοῦ δεῖ
γιγαντομαχίας τε μυθολογητέον αὐτοῖς καὶ ποικιλτέον, καὶ
ἄλλας ἔχθρας πολλὰς καὶ παντοδαπὰς θεῶν τε καὶ ἡρώων 5
πρὸς συγγενεῖς τε καὶ οἰκείους αὐτῶν—ἀλλ' εἴ πως μέλ-
λομεν πείσειν ὡς οὐδεὶς πώποτε πολίτης ἕτερος ἑτέρῳ
ἀπήχθετο οὐδ' ἔστιν τοῦτο ὅσιον, τοιαῦτα λεκτέα μᾶλλον πρὸς
τὰ παιδία εὐθὺς καὶ γέρουσι καὶ γραυσί, καὶ πρεσβυτέροις d
γιγνομένοις καὶ τοὺς ποιητὰς ἐγγὺς τούτων ἀναγκαστέον
λογοποιεῖν. Ἥρας δὲ δεσμοὺς ὑπὸ ὑέος καὶ Ἡφαίστου
ῥίψεις ὑπὸ πατρός, μέλλοντος τῇ μητρὶ τυπτομένῃ ἀμυνεῖν,
καὶ θεομαχίας ὅσας Ὅμηρος πεποίηκεν οὐ παραδεκτέον εἰς 5

b 1 λεκτέοι A F M : λεκτέον D : δεκτέοι Theodoretus b 6 δοκεῖ F Eusebius Theodoretus : δοκῶ A D M c 1 οὔτε γὰρ ἀληθῆ οὔτε σύμφορα Theodoretus c 2 φυλάττειν F Eusebius Theodoretus c 3 πολλοῦ] πολλοῦ γε Theodoretus c 4 καὶ ποικιλτέον] καὶ ὑφαντέον Theodoretus c 5 ἔχθρας πολλὰς] ἐπιβουλὰς Theodoretus c 8 λεκτέα μᾶλλον D M Stobaeus : μᾶλλον λεκτέα F Eusebius : μᾶλλον A d 1 εὐθὺς A D : εὐθὺς ἃ Stobaeus d 2 καὶ secl. Madvig ποιητὰς A D M : ποιητάς τε F Stobaeus ἐγγύς ⟨τι⟩ ci. Stallbaum d 3 υἱέος A F D M Photius Suidas : διὸς Eusebius

τὴν πόλιν, οὔτ᾽ ἐν ὑπονοίαις πεποιημένας οὔτε ἄνευ ὑπο-
νοιῶν. ὁ γὰρ νέος οὐχ οἷός τε κρίνειν ὅτι τε ὑπόνοια καὶ
ὃ μή, ἀλλ᾽ ἃ ἂν τηλικοῦτος ὢν λάβῃ ἐν ταῖς δόξαις δυσέκ-
e νιπτά τε καὶ ἀμετάστατα φιλεῖ γίγνεσθαι· ὧν δὴ ἴσως
ἕνεκα περὶ παντὸς ποιητέον ἃ πρῶτα ἀκούουσιν ὅτι κάλλιστα
μεμυθολογημένα πρὸς ἀρετὴν ἀκούειν.

Ἔχει γάρ, ἔφη, λόγον. ἀλλ᾽ εἴ τις αὖ καὶ ταῦτα ἐρω-
5 τῴη ἡμᾶς, ταῦτα ἅττα τ᾽ ἐστὶν καὶ τίνες οἱ μῦθοι, τίνας ἂν
φαῖμεν;

Καὶ ἐγὼ εἶπον· Ὦ Ἀδείμαντε, οὐκ ἐσμὲν ποιηταὶ ἐγώ τε
379 καὶ σὺ ἐν τῷ παρόντι, ἀλλ᾽ οἰκισταὶ πόλεως· οἰκισταῖς δὲ
τοὺς μὲν τύπους προσήκει εἰδέναι ἐν οἷς δεῖ μυθολογεῖν τοὺς
ποιητάς, παρ᾽ οὓς ἐὰν ποιῶσιν οὐκ ἐπιτρεπτέον, οὐ μὴν
αὐτοῖς γε ποιητέον μύθους.

5 Ὀρθῶς, ἔφη· ἀλλ᾽ αὐτὸ δὴ τοῦτο, οἱ τύποι περὶ θεο-
λογίας τίνες ἂν εἶεν;

Τοιοίδε πού τινες, ἦν δ᾽ ἐγώ· οἷος τυγχάνει ὁ θεὸς ὤν,
ἀεὶ δήπου ἀποδοτέον, ἐάντέ τις αὐτὸν ἐν ἔπεσιν ποιῇ ἐάντε
ἐν μέλεσιν ἐάντε ἐν τραγῳδίᾳ.

10 Δεῖ γάρ.

b Οὐκοῦν ἀγαθὸς ὅ γε θεὸς τῷ ὄντι τε καὶ λεκτέον οὕτω;

Τί μήν;

Ἀλλὰ μὴν οὐδέν γε τῶν ἀγαθῶν βλαβερόν· ἦ γάρ;

Οὔ μοι δοκεῖ.

5 Ἆρ᾽ οὖν ὃ μὴ βλαβερὸν βλάπτει;

Οὐδαμῶς.

Ὃ δὲ μὴ βλάπτει κακόν τι ποιεῖ;

Οὐδὲ τοῦτο.

d 8 ὃ μή] ὅτι μή Eusebius ἃ] ὅσ᾽ Proclus e 2 πρῶτα A F D M Proclus: πρῶτον Stobaeus e 5 ταῦτα A M: αὐτὰ D: om. F Eusebius τ᾽ F: om. A D M a 5 θεολογίας] θεολογίαν ci. Hartman a 7 ὁ θεὸς ὢν A D M: ὢν ὁ θεός F Eusebius a 8, 9 ἐάντε ἐν μέλεσιν F D Eusebius: om. A M b 1 γε A F M: om. D Eusebius Theodoretus b 5 ὃ] τὸ Eusebius Theodoretus b 7 μὴ βλάπτει . . . b 9 δέ γε in marg. A: om. A

Ὃ δέ γε μηδὲν κακὸν ποιεῖ οὐδ' ἄν τινος εἴη κακοῦ αἴτιον;

Πῶς γάρ; 10

Τί δέ; ὠφέλιμον τὸ ἀγαθόν;

Ναί.

Αἴτιον ἄρα εὐπραγίας;

Ναί.

Οὐκ ἄρα πάντων γε αἴτιον τὸ ἀγαθόν, ἀλλὰ τῶν μὲν εὖ 15
ἐχόντων αἴτιον, τῶν δὲ κακῶν ἀναίτιον.

Παντελῶς γ', ἔφη. c

Οὐδ' ἄρα, ἦν δ' ἐγώ, ὁ θεός, ἐπειδὴ ἀγαθός, πάντων ἂν
εἴη αἴτιος, ὡς οἱ πολλοὶ λέγουσιν, ἀλλὰ ὀλίγων μὲν τοῖς
ἀνθρώποις αἴτιος, πολλῶν δὲ ἀναίτιος· πολὺ γὰρ ἐλάττω
τἀγαθὰ τῶν κακῶν ἡμῖν, καὶ τῶν μὲν ἀγαθῶν οὐδένα 5
ἄλλον αἰτιατέον, τῶν δὲ κακῶν ἄλλ' ἄττα δεῖ ζητεῖν τὰ
αἴτια, ἀλλ' οὐ τὸν θεόν.

Ἀληθέστατα, ἔφη, δοκεῖς μοι λέγειν.

Οὐκ ἄρα, ἦν δ' ἐγώ, ἀποδεκτέον οὔτε Ὁμήρου οὔτ' ἄλλου
ποιητοῦ ταύτην τὴν ἁμαρτίαν περὶ τοὺς θεοὺς ἀνοήτως d
ἁμαρτάνοντος καὶ λέγοντος—

ὡς δοιοί τε πίθοι κατακείαται ἐν Διὸς οὔδει
κηρῶν ἔμπλειοι, ὁ μὲν ἐσθλῶν, αὐτὰρ ὃ δειλῶν·

καὶ ᾧ μὲν ἂν μείξας ὁ Ζεὺς δῷ ἀμφοτέρων, 5

ἄλλοτε μέν τε κακῷ ὅ γε κύρεται, ἄλλοτε δ' ἐσθλῷ·

ᾧ δ' ἂν μή, ἀλλ' ἄκρατα τὰ ἕτερα,

τὸν δὲ κακὴ βούβρωστις ἐπὶ χθόνα δῖαν ἐλαύνει·

οὐδ' ὡς ταμίας ἡμῖν Ζεὺς— e

ἀγαθῶν τε κακῶν τε τέτυκται.

τὴν δὲ τῶν ὅρκων καὶ σπονδῶν σύγχυσιν, ἣν ὁ Πάν-

c 1 γ' A F D Eusebius Theodoretus: γὰρ M d   d 3 τε F: om. A D M   d 5 ἂν μίξας A F D M Eusebius: ἀμμίξας al.: καμμίξας vulg. δῷ ἀμφοτέρων A D M: ἀμφοτέρων δῷ F Eusebius   d 6 κύρεται A D M: τείρεται F   e 1 ἡμῖν ζεὺς A D M: ζεὺς F: ζεὺς ἡμῖν Eusebius

δαρος συνέχεεν, ἐάν τις φῇ δι' Ἀθηνᾶς τε καὶ Διὸς
5 γεγονέναι, οὐκ ἐπαινεσόμεθα, οὐδὲ θεῶν ἔριν τε καὶ κρίσιν
380 διὰ Θέμιτός τε καὶ Διός, οὐδ' αὖ, ὡς Αἰσχύλος λέγει,
ἐατέον ἀκούειν τοὺς νέους, ὅτι—

θεὸς μὲν αἰτίαν φύει βροτοῖς,
ὅταν κακῶσαι δῶμα παμπήδην θέλῃ.

5 ἀλλ' ἐάν τις ποιῇ ἐν οἷς ταῦτα τὰ ἰαμβεῖα ἔνεστιν, τὰ τῆς
Νιόβης πάθη, ἢ τὰ Πελοπιδῶν ἢ τὰ Τρωικὰ ἤ τι ἄλλο τῶν
τοιούτων, ἢ οὐ θεοῦ ἔργα ἐατέον αὐτὰ λέγειν, ἢ εἰ θεοῦ,
ἐξευρετέον αὐτοῖς σχεδὸν ὃν νῦν ἡμεῖς λόγον ζητοῦμεν, καὶ
b λεκτέον ὡς ὁ μὲν θεὸς δίκαιά τε καὶ ἀγαθὰ ἠργάζετο, οἱ δὲ
ὠνίναντο κολαζόμενοι· ὡς δὲ ἄθλιοι μὲν οἱ δίκην διδόντες,
ἦν δὲ δὴ ὁ δρῶν ταῦτα θεός, οὐκ ἐατέον λέγειν τὸν ποι-
ητήν. ἀλλ' εἰ μὲν ὅτι ἐδεήθησαν κολάσεως λέγοιεν ὡς
5 ἄθλιοι οἱ κακοί, διδόντες δὲ δίκην ὠφελοῦντο ὑπὸ τοῦ θεοῦ,
ἐατέον· κακῶν δὲ αἴτιον φάναι θεόν τινι γίγνεσθαι ἀγαθὸν
ὄντα, διαμαχετέον παντὶ τρόπῳ μήτε τινὰ λέγειν ταῦτα ἐν
τῇ αὑτοῦ πόλει, εἰ μέλλει εὐνομήσεσθαι, μήτε τινὰ ἀκούειν,
c μήτε νεώτερον μήτε πρεσβύτερον, μήτ' ἐν μέτρῳ μήτε ἄνευ
μέτρου μυθολογοῦντα, ὡς οὔτε ὅσια ἂν λεγόμενα εἰ λέγοιτο,
οὔτε σύμφορα ἡμῖν οὔτε σύμφωνα αὐτὰ αὑτοῖς.

Σύμψηφός σοί εἰμι, ἔφη, τούτου τοῦ νόμου, καί μοι
5 ἀρέσκει.

Οὗτος μὲν τοίνυν, ἦν δ' ἐγώ, εἷς ἂν εἴη τῶν περὶ θεοὺς
νόμων τε καὶ τύπων, ἐν ᾧ δεήσει τούς τε λέγοντας λέγειν
καὶ τοὺς ποιοῦντας ποιεῖν, μὴ πάντων αἴτιον τὸν θεὸν ἀλλὰ
τῶν ἀγαθῶν.

10 Καὶ μάλ', ἔφη, ἀπόχρη.

d Τί δὲ δὴ ὁ δεύτερος ὅδε; ἆρα γόητα τὸν θεὸν οἴει εἶναι
καὶ οἷον ἐξ ἐπιβουλῆς φαντάζεσθαι ἄλλοτε ἐν ἄλλαις ἰδέαις

a 5 ἰαμβεῖα A M : ἰάμβεια F : ἰαμβία D b 8 εὐνομήσεσθαι A F M : εὐνομήσασθαι D c 1 μήτ' ἐν F : μήτε ἐν D : μὴ ἐν A M c 7 τούς τε F Eusebius Theodoretus : τοὺς A D M d 2 φαντάζεσθαι A D M : om. F post ἰδέαις dist. vulg.

τοτὲ μὲν αὐτὸν γιγνόμενον, [καὶ] ἀλλάττοντα τὸ αὑτοῦ εἶδος
εἰς πολλὰς μορφάς, τοτὲ δὲ ἡμᾶς ἀπατῶντα καὶ ποιοῦντα
περὶ αὐτοῦ τοιαῦτα δοκεῖν, ἢ ἁπλοῦν τε εἶναι καὶ πάντων 5
ἥκιστα τῆς ἑαυτοῦ ἰδέας ἐκβαίνειν;

Οὐκ ἔχω, ἔφη, νῦν γε οὕτως εἰπεῖν.

Τί δὲ τόδε; οὐκ ἀνάγκη, εἴπερ τι ἐξίσταιτο τῆς αὑτοῦ
ἰδέας, ἢ αὐτὸ ὑφ' ἑαυτοῦ μεθίστασθαι ἢ ὑπ' ἄλλου; e

Ἀνάγκη.

Οὐκοῦν ὑπὸ μὲν ἄλλου τὰ ἄριστα ἔχοντα ἥκιστα ἀλλοι-
οῦταί τε καὶ κινεῖται; οἷον σῶμα ὑπὸ σιτίων τε καὶ ποτῶν
καὶ πόνων, καὶ πᾶν φυτὸν ὑπὸ εἱλήσεών τε καὶ ἀνέμων καὶ 5
τῶν τοιούτων παθημάτων, οὐ τὸ ὑγιέστατον καὶ ἰσχυρότατον
ἥκιστα ἀλλοιοῦται; 381

Πῶς δ' οὔ;

Ψυχὴν δὲ οὐ τὴν ἀνδρειοτάτην καὶ φρονιμωτάτην ἥκιστ'
ἄν τι ἔξωθεν πάθος ταράξειέν τε καὶ ἀλλοιώσειεν;

Ναί. 5

Καὶ μήν που καὶ τά γε σύνθετα πάντα σκεύη τε καὶ
οἰκοδομήματα καὶ ἀμφιέσματα κατὰ τὸν αὐτὸν λόγον τὰ εὖ
εἰργασμένα καὶ εὖ ἔχοντα ὑπὸ χρόνου τε καὶ τῶν ἄλλων
παθημάτων ἥκιστα ἀλλοιοῦται.

Ἔστι δὴ ταῦτα. 10

Πᾶν δὴ τὸ καλῶς ἔχον ἢ φύσει ἢ τέχνῃ ἢ ἀμφοτέροις b
ἐλαχίστην μεταβολὴν ὑπ' ἄλλου ἐνδέχεται.

Ἔοικεν.

Ἀλλὰ μὴν ὁ θεός γε καὶ τὰ τοῦ θεοῦ πάντῃ ἄριστα ἔχει.

Πῶς δ' οὔ; 5

Ταύτῃ μὲν δὴ ἥκιστα ἂν πολλὰς μορφὰς ἴσχοι ὁ θεός.

Ἥκιστα δῆτα.

d 3 καὶ seclusi: καὶ ἀλλάττοντα A D M: τοτὲ δὲ ἐναλλάττοντα F d 8 ἐξίσταιτο A D M: ἐξίστατο F e 4 καὶ κινεῖται . . . σιτίων τε in marg. A: om. A e 6 οὐ F D: οὗ A M a 3 οὐ τὴν A F M: αὐτὴν D καὶ A D M: τε καὶ F Eusebius a 7 καὶ ἀμφιέσματα F D: om. A M a 10 δὴ A D M: om. F Eusebius b 4 γε D Eusebius: τε A F M

Ἀλλ᾽ ἄρα αὐτὸς αὑτὸν μεταβάλλοι ἂν καὶ ἀλλοιοῖ;

Δῆλον, ἔφη, ὅτι, εἴπερ ἀλλοιοῦται.

10 Πότερον οὖν ἐπὶ τὸ βέλτιόν τε καὶ κάλλιον μεταβάλλει ἑαυτὸν ἢ ἐπὶ τὸ χεῖρον καὶ τὸ αἴσχιον ἑαυτοῦ;

c Ἀνάγκη, ἔφη, ἐπὶ τὸ χεῖρον, εἴπερ ἀλλοιοῦται· οὐ γάρ που ἐνδεᾶ γε φήσομεν τὸν θεὸν κάλλους ἢ ἀρετῆς εἶναι.

Ὀρθότατα, ἦν δ᾽ ἐγώ, λέγεις. καὶ οὕτως ἔχοντος δοκεῖ ἄν τίς σοι, ὦ Ἀδείμαντε, ἑκὼν αὑτὸν χείρω ποιεῖν ὁπῃοῦν 5 ἢ θεῶν ἢ ἀνθρώπων;

Ἀδύνατον, ἔφη.

Ἀδύνατον ἄρα, ἔφην, καὶ θεῷ ἐθέλειν αὑτὸν ἀλλοιοῦν, ἀλλ᾽ ὡς ἔοικε, κάλλιστος καὶ ἄριστος ὢν εἰς τὸ δυνατὸν ἕκαστος αὐτῶν μένει ἀεὶ ἁπλῶς ἐν τῇ αὑτοῦ μορφῇ.

10 Ἅπασα, ἔφη, ἀνάγκη ἔμοιγε δοκεῖ.

d Μηδεὶς ἄρα, ἦν δ᾽ ἐγώ, ὦ ἄριστε, λεγέτω ἡμῖν τῶν ποιητῶν, ὡς—

θεοὶ ξείνοισιν ἐοικότες ἀλλοδαποῖσι,
παντοῖοι τελέθοντες, ἐπιστρωφῶσι πόληας·

5 μηδὲ Πρωτέως καὶ Θέτιδος καταψευδέσθω μηδείς, μηδ᾽ ἐν τραγῳδίαις μηδ᾽ ἐν τοῖς ἄλλοις ποιήμασιν εἰσαγέτω Ἥραν ἠλλοιωμένην, ὡς ἱέρειαν ἀγείρουσαν—

Ἰνάχου Ἀργείου ποταμοῦ παισὶν βιοδώροις·

e καὶ ἄλλα τοιαῦτα πολλὰ μὴ ἡμῖν ψευδέσθων. μηδ᾽ αὖ ὑπὸ τούτων ἀναπειθόμεναι αἱ μητέρες τὰ παιδία ἐκδειματούντων, λέγουσαι τοὺς μύθους κακῶς, ὡς ἄρα θεοί τινες περιέρχονται νύκτωρ πολλοῖς ξένοις καὶ παντοδαποῖς ἰνδαλλόμενοι, ἵνα 5 μὴ ἅμα μὲν εἰς θεοὺς βλασφημῶσιν, ἅμα δὲ τοὺς παῖδας ἀπεργάζωνται δειλοτέρους.

Μὴ γάρ, ἔφη.

b 9 δῆλον ἔφη ὅτι A D M : δῆλον ὅτι ἔφη F Eusebius c 7 θεῷ A D M : θεὸν F Eusebius c 10 ἅπασα A D M : πᾶσα F Eusebius d 5 καὶ A D M : τε καὶ F Eusebius e 1 ψευδέσθων Cobet : ψευδέσθωσαν A F D M e 4 ἰνδαλλόμενοι] εἰδαλλόμενοι F pr. D

Ἀλλ' ἆρα, ἦν δ' ἐγώ, αὐτοὶ μὲν οἱ θεοί εἰσιν οἷοι μὴ μεταβάλλειν, ἡμῖν δὲ ποιοῦσιν δοκεῖν σφᾶς παντοδαποὺς φαίνεσθαι, ἐξαπατῶντες καὶ γοητεύοντες; 10

Ἴσως, ἔφη.

Τί δέ; ἦν δ' ἐγώ· ψεύδεσθαι θεὸς ἐθέλοι ἂν ἢ λόγῳ ἢ 382 ἔργῳ φάντασμα προτείνων;

Οὐκ οἶδα, ἦ δ' ὅς.

Οὐκ οἶσθα, ἦν δ' ἐγώ, ὅτι τό γε ὡς ἀληθῶς ψεῦδος, εἰ οἷόν τε τοῦτο εἰπεῖν, πάντες θεοί τε καὶ ἄνθρωποι μισοῦσιν; 5

Πῶς, ἔφη, λέγεις;

Οὕτως, ἦν δ' ἐγώ, ὅτι τῷ κυριωτάτῳ που ἑαυτῶν ψεύδεσθαι καὶ περὶ τὰ κυριώτατα οὐδεὶς ἑκὼν ἐθέλει, ἀλλὰ πάντων μάλιστα φοβεῖται ἐκεῖ αὐτὸ κεκτῆσθαι.

Οὐδὲ νῦν πω, ἦ δ' ὅς, μανθάνω. 10

Οἴει γάρ τί με, ἔφην, σεμνὸν λέγειν· ἐγὼ δὲ λέγω ὅτι b τῇ ψυχῇ περὶ τὰ ὄντα ψεύδεσθαί τε καὶ ἐψεῦσθαι καὶ ἀμαθῆ εἶναι καὶ ἐνταῦθα ἔχειν τε καὶ κεκτῆσθαι τὸ ψεῦδος πάντες ἥκιστα ἂν δέξαιντο, καὶ μισοῦσι μάλιστα αὐτὸ ἐν τῷ τοιούτῳ. 5

Πολύ γε, ἔφη.

Ἀλλὰ μὴν ὀρθότατά γ' ἄν, ὃ νυνδὴ ἔλεγον, τοῦτο ὡς ἀληθῶς ψεῦδος καλοῖτο, ἡ ἐν τῇ ψυχῇ ἄγνοια ἡ τοῦ ἐψευσμένου· ἐπεὶ τό γε ἐν τοῖς λόγοις μίμημά τι τοῦ ἐν τῇ ψυχῇ ἐστὶν παθήματος καὶ ὕστερον γεγονὸς εἴδωλον, οὐ πάνυ 10 ἄκρατον ψεῦδος. ἢ οὐχ οὕτω; c

Πάνυ μὲν οὖν.

Τὸ μὲν δὴ τῷ ὄντι ψεῦδος οὐ μόνον ὑπὸ θεῶν ἀλλὰ καὶ ὑπ' ἀνθρώπων μισεῖται.

Δοκεῖ μοι. 5

Τί δὲ δὴ τὸ ἐν τοῖς λόγοις [ψεῦδος]; πότε καὶ τῷ χρή-

e 9 ἡμῖν A D M : ἡμᾶς F Eusebius a 2 φάντασμα A D M : φαντάσματα F Eusebius b 8 ἄγνοια ἡ τοῦ ἐψευσμένου A D M : τοῦ ἐψευσμένου ἄγνοια F Eusebius b 10 ἐστὶ(ν) A F M : om. D c 6 ψεῦδος A D M : om. F τῷ A D M : τῷ τινὶ F : τί recc. vulg.

σιμον, ὥστε μὴ ἄξιον εἶναι μίσους; ἆρ' οὐ πρός τε τοὺς
πολεμίους καὶ τῶν καλουμένων φίλων, ὅταν διὰ μανίαν ἤ
τινα ἄνοιαν κακόν τι ἐπιχειρῶσιν πράττειν, τότε ἀποτροπῆς
10 ἕνεκα ὡς φάρμακον χρήσιμον γίγνεται; καὶ ἐν αἷς νυνδὴ
d ἐλέγομεν ταῖς μυθολογίαις, διὰ τὸ μὴ εἰδέναι ὅπῃ τἀληθὲς
ἔχει περὶ τῶν παλαιῶν, ἀφομοιοῦντες τῷ ἀληθεῖ τὸ ψεῦδος
ὅτι μάλιστα, οὕτω χρήσιμον ποιοῦμεν;

Καὶ μάλα, ἦ δ' ὅς, οὕτως ἔχει.

5 Κατὰ τί δὴ οὖν τούτων τῷ θεῷ τὸ ψεῦδος χρήσιμον;
πότερον διὰ τὸ μὴ εἰδέναι τὰ παλαιὰ ἀφομοιῶν ἂν
ψεύδοιτο;

Γελοῖον μεντἂν εἴη, ἔφη.

Ποιητὴς μὲν ἄρα ψευδὴς ἐν θεῷ οὐκ ἔνι.

10 Οὔ μοι δοκεῖ.

Ἀλλὰ δεδιὼς τοὺς ἐχθροὺς ψεύδοιτο;

e Πολλοῦ γε δεῖ.

Ἀλλὰ δι' οἰκείων ἄνοιαν ἢ μανίαν;

Ἀλλ' οὐδείς, ἔφη, τῶν ἀνοήτων καὶ μαινομένων θεοφιλής.

Οὐκ ἄρα ἔστιν οὗ ἕνεκα ἂν θεὸς ψεύδοιτο.

5 Οὐκ ἔστιν.

Πάντῃ ἄρα ἀψευδὲς τὸ δαιμόνιόν τε καὶ τὸ θεῖον.

Παντάπασι μὲν οὖν, ἔφη.

Κομιδῇ ἄρα ὁ θεὸς ἁπλοῦν καὶ ἀληθὲς ἔν τε ἔργῳ καὶ
λόγῳ, καὶ οὔτε αὐτὸς μεθίσταται οὔτε ἄλλους ἐξαπατᾷ, οὔτε
10 κατὰ φαντασίας οὔτε κατὰ λόγους οὔτε κατὰ σημείων πομπάς,
οὔθ' ὕπαρ οὐδ' ὄναρ.

383 Οὕτως, ἔφη, ἔμοιγε καὶ αὐτῷ φαίνεται σοῦ λέγοντος.

Συγχωρεῖς ἄρα, ἔφην, τοῦτον δεύτερον τύπον εἶναι ἐν ᾧ
δεῖ περὶ θεῶν καὶ λέγειν καὶ ποιεῖν, ὡς μήτε αὐτοὺς γόητας

c 7 τε A D M : γε F c 8 ὅταν] οἷ ἂν ci. Hermann d 9 ψευδὴς ἐν θεῷ A D M : ἐν θεῷ ψευδὴς F Eusebius d 11 ψεύδοιτο A D M : ἂν ψεύδοιτο F Eusebius e 8 καὶ λόγῳ F D Eusebius : καὶ ἐν λόγῳ A M e 9 οὔτε κατὰ φαντασίας F D Eusebius : om. A M e 11 οὔθ' A² F D M : om. A οὐδ'] οὔτ' scr. Mon. a 2 τύπον A F M Eusebius : τόπον D a 3 ποιεῖν A M Eusebius : ἀκούειν F D ὄντας τῷ μεταβάλλειν ἑαυτοὺς μήτε ἡμᾶς ψεύδεσι παράγειν ἐν λόγῳ ἢ ἐν ἔργῳ; 5

Συγχωρῶ.

Πολλὰ ἄρα Ὁμήρου ἐπαινοῦντες, ἀλλὰ τοῦτο οὐκ ἐπαινεσόμεθα, τὴν τοῦ ἐνυπνίου πομπὴν ὑπὸ Διὸς τῷ Ἀγαμέμνονι· οὐδὲ Αἰσχύλου, ὅταν φῇ ἡ Θέτις τὸν Ἀπόλλω ἐν τοῖς αὑτῆς γάμοις ᾄδοντα ἐνδατεῖσθαι τὰς ἑὰς εὐπαιδίας— b

νόσων τ' ἀπείρους καὶ μακραίωνας βίους,
ξύμπαντά τ' εἰπὼν θεοφιλεῖς ἐμὰς τύχας
παιᾶν' ἐπηυφήμησεν, εὐθυμῶν ἐμέ.
κἀγὼ τὸ Φοίβου θεῖον ἀψευδὲς στόμα 5
ἤλπιζον εἶναι, μαντικῇ βρύον τέχνῃ·
ὁ δ', αὐτὸς ὑμνῶν, αὐτὸς ἐν θοίνῃ παρών,
αὐτὸς τάδ' εἰπών, αὐτός ἐστιν ὁ κτανὼν
τὸν παῖδα τὸν ἐμόν—

ὅταν τις τοιαῦτα λέγῃ περὶ θεῶν, χαλεπανοῦμέν τε καὶ χορὸν οὐ δώσομεν, οὐδὲ τοὺς διδασκάλους ἐάσομεν ἐπὶ παιδείᾳ χρῆσθαι τῶν νέων, εἰ μέλλουσιν ἡμῖν οἱ φύλακες θεοσεβεῖς τε καὶ θεῖοι γίγνεσθαι, καθ' ὅσον ἀνθρώπῳ ἐπὶ πλεῖστον οἷόν τε. c 5

Παντάπασιν, ἔφη, ἔγωγε τοὺς τύπους τούτους συγχωρῶ, καὶ ὡς νόμοις ἂν χρῴμην.

a 4 ὄντας A F D M Eusebius: om. vulg. παράγειν] παράγοντας ci. H. Richards a 7 ἀλλα F: ἄλλα A D M a 9 αὑτῆς A² F D M Eusebius: αὐτοῖς A b 1 ἐνδατεῖσθαι A² F D: ἐνδυτεῖσθαι A M d b 2 μακραίωνος βίου Eusebius: μακραίωνας βίου ci. Stephanus b 4 παιᾶνα F: παιῶν' A M schol.: παιὼν D Eusebius c 3 παιδείᾳ A F M: παιδιᾷ D c 6 τύπους A D M: τύπους τε F c 7 χρῴμην A D M: αὐτοῖς χρῴμην F Eusebius

St. II
p. 386

Γ

a Τὰ μὲν δὴ περὶ θεούς, ἦν δ' ἐγώ, τοιαῦτ' ἄττα, ὡς ἔοικεν, ἀκουστέον τε καὶ οὐκ ἀκουστέον εὐθὺς ἐκ παίδων τοῖς θεούς τε τιμήσουσιν καὶ γονέας τήν τε ἀλλήλων φιλίαν μὴ περὶ σμικροῦ ποιησομένοις.

5 Καὶ οἶμαί γ', ἔφη, ὀρθῶς ἡμῖν φαίνεσθαι.

Τί δὲ δὴ εἰ μέλλουσιν εἶναι ἀνδρεῖοι; ἆρα οὐ ταῦτά τε λεκτέον καὶ οἷα αὐτοὺς ποιῆσαι ἥκιστα τὸν θάνατον δεδιέναι; b ἢ ἡγῇ τινά ποτ' ἂν γενέσθαι ἀνδρεῖον ἔχοντα ἐν αὑτῷ τοῦτο τὸ δεῖμα;

Μὰ Δία, ἦ δ' ὅς, οὐκ ἔγωγε.

Τί δέ; τἀν Ἅιδου ἡγούμενον εἶναί τε καὶ δεινὰ εἶναι οἴει 5 τινὰ θανάτου ἀδεῆ ἔσεσθαι καὶ ἐν ταῖς μάχαις αἱρήσεσθαι πρὸ ἥττης τε καὶ δουλείας θάνατον;

Οὐδαμῶς.

Δεῖ δή, ὡς ἔοικεν, ἡμᾶς ἐπιστατεῖν καὶ περὶ τούτων τῶν μύθων τοῖς ἐπιχειροῦσιν λέγειν, καὶ δεῖσθαι μὴ λοιδορεῖν ἁπλῶς 10 οὕτως τὰ ἐν Ἅιδου ἀλλὰ μᾶλλον ἐπαινεῖν, ὡς οὔτε ἀληθῆ c ἂν λέγοντας οὔτε ὠφέλιμα τοῖς μέλλουσιν μαχίμοις ἔσεσθαι.

Δεῖ μέντοι, ἔφη.

Ἐξαλείψομεν ἄρα, ἦν δ' ἐγώ, ἀπὸ τοῦδε τοῦ ἔπους ἀρξάμενοι πάντα τὰ τοιαῦτα—

5 βουλοίμην κ' ἐπάρουρος ἐὼν θητευέμεν ἄλλῳ
ἀνδρὶ παρ' ἀκλήρῳ, ᾧ μὴ βίοτος πολὺς εἴη
ἢ πᾶσιν νεκύεσσι καταφθιμένοισιν ἀνάσσειν

a 3 ἀλλήλων A F M : ἄλλην D et in marg. γρ. F b 5 ἀδεᾶ scr. Mon. c 1 ἂν F : om. A D M ἔσεσθαι A D M : γενέσθαι pr. F c 3 ἐξαλείψομεν A D M Eusebius : ἐξαλείψωμεν F c 6 ᾧ μὴ βίοτος πολὺς εἴη F D : om. A M καὶ τὸ—

οἰκία δὲ θνητοῖσι καὶ ἀθανάτοισι φανείη d
σμερδαλέ', εὐρώεντα, τά τε στυγέουσι θεοί περ

καί—

ὢ πόποι, ἦ ῥά τις ἔστι καὶ εἰν Ἀΐδαο δόμοισιν
ψυχὴ καὶ εἴδωλον, ἀτὰρ φρένες οὐκ ἔνι πάμπαν 5

καὶ τὸ—

οἴῳ πεπνῦσθαι, ταὶ δὲ σκιαὶ ἀΐσσουσι

καὶ—

ψυχὴ δ' ἐκ ῥεθέων πταμένη Ἄϊδόσδε βεβήκει,
ὃν πότμον γοόωσα, λιποῦσ' ἀνδροτῆτα καὶ ἥβην 10

καὶ τὸ— 387

ψυχὴ δὲ κατὰ χθονός, ἠΰτε καπνός,
ᾤχετο τετριγυῖα

καὶ—

ὡς δ' ὅτε νυκτερίδες μυχῷ ἄντρου θεσπεσίοιο 5
τρίζουσαι ποτέονται, ἐπεί κέ τις ἀποπέσῃσιν
ὁρμαθοῦ ἐκ πέτρης, ἀνά τ' ἀλλήλῃσιν ἔχονται,
ὣς αἱ τετριγυῖαι ἅμ' ᾔεσαν.

ταῦτα καὶ τὰ τοιαῦτα πάντα παραιτησόμεθα Ὅμηρόν τε καὶ b
τοὺς ἄλλους ποιητὰς μὴ χαλεπαίνειν ἂν διαγράφωμεν, οὐχ
ὡς οὐ ποιητικὰ καὶ ἡδέα τοῖς πολλοῖς ἀκούειν, ἀλλ' ὅσῳ
ποιητικώτερα, τοσούτῳ ἧττον ἀκουστέον παισὶ καὶ ἀνδράσιν
οὓς δεῖ ἐλευθέρους εἶναι, δουλείαν θανάτου μᾶλλον πεφο- 5
βημένους.

Παντάπασι μὲν οὖν.

Οὐκοῦν ἔτι καὶ τὰ περὶ ταῦτα ὀνόματα πάντα τὰ δεινά
τε καὶ φοβερὰ ἀποβλητέα, Κωκυτούς τε καὶ Στύγας καὶ
ἐνέρους καὶ ἀλίβαντας, καὶ ἄλλα ὅσα τούτου τοῦ τύπου c

d 7 ταὶ δὲ] τοὶ δὲ F (sed in marg. γρ. ταὶ δὲ) c 1 ἀλίβαντας] ἀλείβαντας D

ὀνομαζόμενα φρίττειν δὴ ποιεῖ ὡς οἴεται† πάντας τοὺς ἀκούοντας. καὶ ἴσως εὖ ἔχει πρὸς ἄλλο τι· ἡμεῖς δὲ ὑπὲρ τῶν φυλάκων φοβούμεθα μὴ ἐκ τῆς τοιαύτης φρίκης θερμό-
5 τεροι καὶ μαλακώτεροι τοῦ δέοντος γένωνται ἡμῖν.

Καὶ ὀρθῶς γ', ἔφη, φοβούμεθα.

Ἀφαιρετέα ἄρα;

Ναί.

Τὸν δὲ ἐναντίον τύπον τούτοις λεκτέον τε καὶ ποιητέον;

10 Δῆλα δή.

d Καὶ τοὺς ὀδυρμοὺς ἄρα ἐξαιρήσομεν καὶ τοὺς οἴκτους τοὺς τῶν ἐλλογίμων ἀνδρῶν;

Ἀνάγκη, ἔφη, εἴπερ καὶ τὰ πρότερα.

Σκόπει δή, ἦν δ' ἐγώ, εἰ ὀρθῶς ἐξαιρήσομεν ἢ οὔ.
5 φαμὲν δὲ δὴ ὅτι ὁ ἐπιεικὴς ἀνὴρ τῷ ἐπιεικεῖ, οὗπερ καὶ ἑταῖρός ἐστιν, τὸ τεθνάναι οὐ δεινὸν ἡγήσεται.

Φαμὲν γάρ.

Οὐκ ἄρα ὑπέρ γ' ἐκείνου ὡς δεινόν τι πεπονθότος ὀδύροιτ' ἄν.

10 Οὐ δῆτα.

Ἀλλὰ μὴν καὶ τόδε λέγομεν, ὡς ὁ τοιοῦτος μάλιστα αὐτὸς αὑτῷ αὐτάρκης πρὸς τὸ εὖ ζῆν καὶ διαφερόντως τῶν
e ἄλλων ἥκιστα ἑτέρου προσδεῖται.

Ἀληθῆ, ἔφη.

Ἥκιστα ἄρ' αὐτῷ δεινὸν στερηθῆναι ὑέος ἢ ἀδελφοῦ ἢ χρημάτων ἢ ἄλλου του τῶν τοιούτων.

5 Ἥκιστα μέντοι.

Ἥκιστ' ἄρα καὶ ὀδύρεσθαι, φέρειν δὲ ὡς πρᾳότατα, ὅταν τις αὐτὸν τοιαύτη συμφορὰ καταλάβῃ.

Πολύ γε.

c 2 ὡς οἴεται A F D M : ὡς οἷόν τε scr. Mon.: secl. Hertz c 3 ὑπὲρ F D M: ὑπὸ A c 4 φοβούμεθα] δεόμεθα Proclus (αἰδούμεθα ci. Radermacher) d 6 τὸ A F M Stobaeus: om. D e 6 ὀδύρεσθαι, φέρειν A F D M Stobaeus: ὀδύρεται, φέρει ci. Stallbaum ὀδύρεσθαι ⟨ἔοικε⟩ ci. H. Richards: ⟨δεῖ⟩ ὀδύρεσθαι ci. Hartman

Ὀρθῶς ἄρ' ἂν ἐξαιροῖμεν τοὺς θρήνους τῶν ὀνομαστῶν ἀνδρῶν, γυναιξὶ δὲ ἀποδιδοῖμεν, καὶ οὐδὲ ταύταις σπου- 10
δαίαις, καὶ ὅσοι κακοὶ τῶν ἀνδρῶν, ἵνα ἡμῖν δυσχεραίνωσιν 388
ὅμοια τούτοις ποιεῖν οὓς δή φαμεν ἐπὶ φυλακῇ τῆς χώρας τρέφειν.

Ὀρθῶς, ἔφη.

Πάλιν δὴ Ὁμήρου τε δεησόμεθα καὶ τῶν ἄλλων ποιητῶν 5
μὴ ποιεῖν Ἀχιλλέα θεᾶς παῖδα—

ἄλλοτ' ἐπὶ πλευρᾶς κατακείμενον, ἄλλοτε δ' αὖτε
ὕπτιον, ἄλλοτε δὲ πρηνῆ,

τοτὲ δ' ὀρθὸν ἀναστάντα †πλωΐζοντ'† ἀλύοντ' ἐπὶ θῖν' ἁλὸς ἀτρυγέτοιο, μηδὲ ἀμφοτέραισιν χερσὶν b
ἑλόντα κόνιν αἰθαλόεσσαν χευάμενον κὰκ κεφαλῆς, μηδὲ ἄλλα κλαίοντά τε καὶ ὀδυρόμενον ὅσα καὶ οἷα ἐκεῖνος ἐποίησε, μηδὲ Πρίαμον ἐγγὺς θεῶν γεγονότα λιτανεύοντά τε καὶ— 5

κυλινδόμενον κατὰ κόπρον,
ἐξονομακλήδην ὀνομάζοντ' ἄνδρα ἕκαστον.

πολὺ δ' ἔτι τούτων μᾶλλον δεησόμεθα μήτοι θεούς γε ποιεῖν ὀδυρομένους καὶ λέγοντας—

ὤμοι ἐγὼ δειλή, ὤμοι δυσαριστοτόκεια· c

εἰ δ' οὖν θεούς, μήτοι τόν γε μέγιστον τῶν θεῶν τολμῆσαι οὕτως ἀνομοίως μιμήσασθαι, ὥστε

ὢ πόποι, φάναι, ἦ φίλον ἄνδρα διωκόμενον περὶ ἄστυ
ὀφθαλμοῖσιν ὁρῶμαι, ἐμὸν δ' ὀλοφύρεται ἦτορ· 5

καὶ—

αἲ αἲ ἐγών, ὅ τέ μοι Σαρπηδόνα φίλτατον ἀνδρῶν
μοῖρ' ὑπὸ Πατρόκλοιο Μενοιτιάδαο δαμῆναι. d

e 9 ἄρ' ἂν D M : ἄρα A : ἄρ' F Stobaeus   a 5 τε om. Eusebius
a 7 πλευρᾶς] πλευρὰς Eusebius   a 9 πλωΐζοντ' A : πλώζοντ' D : πλώζοντα M : πλάζοντ' F : πρωΐζοντ' ci. Heyne : ἀφλοίζοντ' ci. Adam
ἐπὶ] παρὰ Homerus   b 1 ἀμφοτέραισι pr. A F : ἀμφοτέρῃσι A²

εἰ γάρ, ὦ φίλε Ἀδείμαντε, τὰ τοιαῦτα ἡμῖν οἱ νέοι σπουδῇ
ἀκούοιεν καὶ μὴ καταγελῷεν ὡς ἀναξίως λεγομένων, σχολῇ
ἂν ἑαυτόν γέ τις ἄνθρωπον ὄντα ἀνάξιον ἡγήσαιτο τούτων
5 καὶ ἐπιπλήξειεν, εἰ καὶ ἐπίοι αὐτῷ τι τοιοῦτον ἢ λέγειν ἢ
ποιεῖν, ἀλλ' οὐδὲν αἰσχυνόμενος οὐδὲ καρτερῶν πολλοὺς ἐπὶ
σμικροῖσιν παθήμασιν θρήνους ἂν ᾄδοι καὶ ὀδυρμούς.

e Ἀληθέστατα, ἔφη, λέγεις.

Δεῖ δέ γε οὔχ, ὡς ἄρτι ἡμῖν ὁ λόγος ἐσήμαινεν· ᾧ
πειστέον, ἕως ἄν τις ἡμᾶς ἄλλῳ καλλίονι πείσῃ.

Οὐ γὰρ οὖν δεῖ.

5 Ἀλλὰ μὴν οὐδὲ φιλογέλωτάς γε δεῖ εἶναι. σχεδὸν γὰρ
ὅταν τις ἐφιῇ ἰσχυρῷ γέλωτι, ἰσχυρὰν καὶ μεταβολὴν ζητεῖ
τὸ τοιοῦτον.

Δοκεῖ μοι, ἔφη.

Οὔτε ἄρα ἀνθρώπους ἀξίους λόγου κρατουμένους ὑπὸ
389 γέλωτος ἄν τις ποιῇ, ἀποδεκτέον, πολὺ δὲ ἧττον, ἐὰν θεούς.

Πολὺ μέντοι, ἦ δ' ὅς.

Οὐκοῦν Ὁμήρου οὐδὲ τὰ τοιαῦτα ἀποδεξόμεθα περὶ
θεῶν—

5 ἄσβεστος δ' ἄρ' ἐνῶρτο γέλως μακάρεσσι θεοῖσιν,
ὡς ἴδον Ἥφαιστον διὰ δώματα ποιπνύοντα·

οὐκ ἀποδεκτέον κατὰ τὸν σὸν λόγον.

Εἰ σύ, ἔφη, βούλει ἐμὸν τιθέναι· οὐ γὰρ οὖν δὴ
b ἀποδεκτέον.

Ἀλλὰ μὴν καὶ ἀλήθειάν γε περὶ πολλοῦ ποιητέον. εἰ
γὰρ ὀρθῶς ἐλέγομεν ἄρτι, καὶ τῷ ὄντι θεοῖσι μὲν ἄχρηστον
ψεῦδος, ἀνθρώποις δὲ χρήσιμον ὡς ἐν φαρμάκου εἴδει, δῆλον
5 ὅτι τό γε τοιοῦτον ἰατροῖς δοτέον, ἰδιώταις δὲ οὐχ ἁπτέον.

d 5 αὐτῷ τι F: αὐτῷ A M: τι D e 5 φιλογέλωτάς γε] φιλογέλωτα (sic) Stobaeus e 6 ἐφιῇ Bekker: ἐφίῃ F Stobaeus: ἔφην A (post ἰσχυρῷ add. in marg. κατέχοιτο rec. a) M (post γέλωτι add. ἁλῷ m): ἔφη D e 9 οὔτε ἄρα] οὐτᾶρα ci. Cobet a 3 ἀποδεξόμεθα περὶ θεῶν secl. Hermann b 3 θεοῖσι A D M Stobaeus. θεοῖς F

Δῆλον, ἔφη.

Τοῖς ἄρχουσιν δὴ τῆς πόλεως, εἴπερ τισὶν ἄλλοις, προσή-
κει ψεύδεσθαι ἢ πολεμίων ἢ πολιτῶν ἕνεκα ἐπ' ὠφελίᾳ τῆς
πόλεως, τοῖς δὲ ἄλλοις πᾶσιν οὐχ ἁπτέον τοῦ τοιούτου·
ἀλλὰ πρός γε δὴ τοὺς τοιούτους ἄρχοντας ἰδιώτῃ ψεύσασθαι c
ταὐτὸν καὶ μεῖζον ἁμάρτημα φήσομεν ἢ κάμνοντι πρὸς ἰατρὸν
ἢ ἀσκοῦντι πρὸς παιδοτρίβην περὶ τῶν τοῦ αὑτοῦ σώματος
παθημάτων μὴ τἀληθῆ λέγειν, ἢ πρὸς κυβερνήτην περὶ τῆς
νεώς τε καὶ τῶν ναυτῶν μὴ τὰ ὄντα λέγοντι ὅπως ἢ αὐτὸς 5
ἤ τις τῶν συνναυτῶν πράξεως ἔχει.

Ἀληθέστατα, ἔφη.

Ἂν ἄρ' ἄλλον τινὰ λαμβάνῃ ψευδόμενον ἐν τῇ πόλει— d

τῶν οἳ δημιοεργοὶ ἔασι,
μάντιν ἢ ἰητῆρα κακῶν ἢ τέκτονα δούρων,

κολάσει ὡς ἐπιτήδευμα εἰσάγοντα πόλεως ὥσπερ νεὼς
ἀνατρεπτικόν τε καὶ ὀλέθριον. 5

Ἐάνπερ, ἦ δ' ὅς, ἐπί γε λόγῳ ἔργα τελῆται.

Τί δέ; σωφροσύνης ἆρα οὐ δεήσει ἡμῖν τοῖς νεανίαις;

Πῶς δ' οὔ;

Σωφροσύνης δὲ ὡς πλήθει οὐ τὰ τοιάδε μέγιστα, ἀρχόν-
των μὲν ὑπηκόους εἶναι, αὐτοὺς δὲ ἄρχοντας τῶν περὶ πότους e
καὶ ἀφροδίσια καὶ περὶ ἐδωδὰς ἡδονῶν;

Ἔμοιγε δοκεῖ.

Τὰ δὴ τοιάδε φήσομεν οἶμαι καλῶς λέγεσθαι, οἷα καὶ
Ὁμήρῳ Διομήδης λέγει— 5

τέττα, σιωπῇ ἧσο, ἐμῷ δ' ἐπιπείθεο μύθῳ,

καὶ τὰ τούτων ἐχόμενα, τὰ—

c 1 τοιούτους D M et in marg. A int. vers. F: om. A F Stobaeus ἰδιώτῃ] τῷ ἰδιώτῃ Stobaeus c 5 λέγοντι secl. Madvig (et supra ἢ ⟨πλέοντι⟩ πρὸς) τῶν om. Stobaeus c 6 τις A² F D M Stobaeus: τῆς A d 2 δημιοεργοὶ] δημιουργοὶ A F D M Stobaeus d 4 κολάσει ὡς F D Stobaeus: κολάσεως A: κολάσαι ὡς M d 6 ἐάνπερ Stobaeus: ἄνπερ F: ἐάν γε A D M ἐπί γε] ἐπὶ Stobaeus d 7 τοῖς νεανίαις] αὐτοῖς Stobaeus d 9 τοιάδε A F M Stobaeus: τοιαῦτα δὲ D e 5 ὁμήρῳ A D M: παρ' ὁμήρῳ F

ἴσαν μένεα πνείοντες Ἀχαιοί,
σιγῇ δειδιότες σημάντορας,

10 καὶ ὅσα ἄλλα τοιαῦτα.

Καλῶς.

Τί δέ; τὰ τοιάδε—

οἰνοβαρές, κυνὸς ὄμματ' ἔχων, κραδίην δ' ἐλάφοιο

390 καὶ τὰ τούτων ἑξῆς ἆρα καλῶς, καὶ ὅσα ἄλλα τις ἐν λόγῳ ἢ ἐν ποιήσει εἴρηκε νεανιεύματα ἰδιωτῶν εἰς ἄρχοντας;

Οὐ καλῶς.

Οὐ γὰρ οἶμαι εἴς γε σωφροσύνην νέοις ἐπιτήδεια ἀκούειν·
5 εἰ δέ τινα ἄλλην ἡδονὴν παρέχεται, θαυμαστὸν οὐδέν. ἢ πῶς σοι φαίνεται;

Οὕτως, ἔφη.

Τί δέ; ποιεῖν ἄνδρα τὸν σοφώτατον λέγοντα ὡς δοκεῖ αὐτῷ κάλλιστον εἶναι πάντων, ὅταν—

10 παρὰ πλεῖαι ὦσι τράπεζαι
b σίτου καὶ κρειῶν, μέθυ δ' ἐκ κρητῆρος ἀφύσσων
οἰνοχόος φορέῃσι καὶ ἐγχείῃ δεπάεσσι,

δοκεῖ σοι ἐπιτήδειον εἶναι πρὸς ἐγκράτειαν ἑαυτοῦ ἀκούειν νέῳ; ἢ τὸ—

5 λιμῷ δ' οἴκτιστον θανέειν καὶ πότμον ἐπισπεῖν;

ἢ Δία, καθευδόντων τῶν ἄλλων θεῶν τε καὶ ἀνθρώπων ὡς, μόνος ἐγρηγορὼς ἃ ἐβουλεύσατο, τούτων πάντων ῥᾳδίως
c ἐπιλανθανόμενον διὰ τὴν τῶν ἀφροδισίων ἐπιθυμίαν, καὶ οὕτως ἐκπλαγέντα ἰδόντα τὴν Ἥραν, ὥστε μηδ' εἰς τὸ δωμάτιον ἐθέλειν ἐλθεῖν, ἀλλ' αὐτοῦ βουλόμενον χαμαὶ συγγίγνεσθαι, λέγοντα ὡς οὕτως ὑπὸ ἐπιθυμίας ἔχεται,

a 1 ἄλλα A D M : ἄλλα τοιαῦτα F   a 2 νεανιεύματα F : νεανικεύματα A : νεανισκεύματα D M   a 10 παραπλεῖαι A F D M : παρὰ πλέαι Adam   b 6 δία A F D Eusebius : βία M   c 1 ἐπιλανθανόμενον A D M : ἐπιλαθόμενον Eusebius : ἐπιλαθόμενος F   c 3 βουλόμενον secl. Hartman   c 4 post συγγίγνεσθαι add. κορύδου δίκην Eusebius   λέγοντα F : καὶ λέγοντα A D M

ὡς οὐδ' ὅτε τὸ πρῶτον ἐφοίτων πρὸς ἀλλήλους φίλους 5
λήθοντε τοκῆας· οὐδὲ Ἄρεώς τε καὶ Ἀφροδίτης ὑπὸ
Ἡφαίστου δεσμὸν δι' ἕτερα τοιαῦτα.

Οὐ μὰ τὸν Δία, ἦ δ' ὅς, οὔ μοι φαίνεται ἐπιτήδειον.

Ἀλλ' εἴ πού τινες, ἦν δ' ἐγώ, καρτερίαι πρὸς ἅπαντα d
καὶ λέγονται καὶ πράττονται ὑπὸ ἐλλογίμων ἀνδρῶν, θεατέον
τε καὶ ἀκουστέον, οἷον καὶ τὸ—

> στῆθος δὲ πλήξας κραδίην ἠνίπαπε μύθῳ·
> τέτλαθι δή, κραδίη· καὶ κύντερον ἄλλο ποτ' ἔτλης. 5

Παντάπασι μὲν οὖν, ἔφη.

Οὐ μὲν δὴ δωροδόκους γε ἐατέον εἶναι τοὺς ἄνδρας οὐδὲ
φιλοχρημάτους.

Οὐδαμῶς. e

Οὐδ' ᾀστέον αὐτοῖς ὅτι—

> δῶρα θεοὺς πείθει, δῶρ' αἰδοίους βασιλῆας·

οὐδὲ τὸν τοῦ Ἀχιλλέως παιδαγωγὸν Φοίνικα ἐπαινετέον
ὡς μετρίως ἔλεγε συμβουλεύων αὐτῷ δῶρα μὲν λαβόντι 5
ἐπαμύνειν τοῖς Ἀχαιοῖς, ἄνευ δὲ δώρων μὴ ἀπαλλάττεσθαι
τῆς μήνιος. οὐδ' αὐτὸν τὸν Ἀχιλλέα ἀξιώσομεν οὐδ'
ὁμολογήσομεν οὕτω φιλοχρήματον εἶναι, ὥστε παρὰ τοῦ
Ἀγαμέμνονος δῶρα λαβεῖν, καὶ τιμὴν αὖ λαβόντα νεκροῦ
ἀπολύειν, ἄλλως δὲ μὴ 'θέλειν. 391

Οὔκουν δίκαιόν γε, ἔφη, ἐπαινεῖν τὰ τοιαῦτα.

Ὀκνῶ δέ γε, ἦν δ' ἐγώ, δι' Ὅμηρον λέγειν ὅτι οὐδ' ὅσιον
ταῦτά γε κατὰ Ἀχιλλέως φάναι καὶ ἄλλων λεγόντων
πείθεσθαι, καὶ αὖ ὡς πρὸς τὸν Ἀπόλλω εἶπεν— 5

> ἔβλαψάς μ' ἑκάεργε, θεῶν ὀλοώτατε πάντων·
> ἦ σ' ἂν τισαίμην, εἴ μοι δύναμίς γε παρείη·

καὶ ὡς πρὸς τὸν ποταμόν, θεὸν ὄντα, ἀπειθῶς εἶχεν καὶ b
μάχεσθαι ἕτοιμος ἦν, καὶ αὖ τὰς τοῦ ἑτέρου ποταμοῦ Σπερ-

c 5 πρὸς] παρ' ci. Herwerden c 7 δι' ADM : ἢ F d 7 δὴ AFM : om. D γε ADM : τε F e 7 οὐδ' ὁμολογήσομεν secl. Hartman a 1 θέλειν ADM : ἐθέλειν F a 3 δι' FD : δὴ AM

χειοῦ ἱερὰς τρίχας Πατρόκλῳ ἥρωϊ, ἔφη, κόμην ὀπάσαιμι φέρεσθαι, νεκρῷ ὄντι, καὶ ὡς ἔδρασεν τοῦτο, οὐ
5 πειστέον· τάς τε αὖ Ἕκτορος ἕλξεις περὶ τὸ σῆμα τὸ Πατρόκλου καὶ τὰς τῶν ζωγρηθέντων σφαγὰς εἰς τὴν πυράν, σύμπαντα ταῦτα οὐ φήσομεν ἀληθῆ εἰρῆσθαι, οὐδ' ἐάσομεν
c πείθεσθαι τοὺς ἡμετέρους ὡς Ἀχιλλεύς, θεᾶς ὢν παῖς καὶ Πηλέως, σωφρονεστάτου τε καὶ τρίτου ἀπὸ Διός, καὶ ὑπὸ τῷ σοφωτάτῳ Χείρωνι τεθραμμένος, τοσαύτης ἦν ταραχῆς πλέως, ὥστ' ἔχειν ἐν αὑτῷ νοσήματε δύο ἐναντίω ἀλλήλοιν,
5 ἀνελευθερίαν μετὰ φιλοχρηματίας καὶ αὖ ὑπερηφανίαν θεῶν τε καὶ ἀνθρώπων.

Ὀρθῶς, ἔφη, λέγεις.

Μὴ τοίνυν, ἦν δ' ἐγώ, μηδὲ τάδε πειθώμεθα μηδ' ἐῶμεν λέγειν, ὡς Θησεὺς Ποσειδῶνος ὑὸς Πειρίθους τε Διὸς
d ὥρμησαν οὕτως ἐπὶ δεινὰς ἁρπαγάς, μηδέ τιν' ἄλλον θεοῦ παῖδά τε καὶ ἥρω τολμῆσαι ἂν δεινὰ καὶ ἀσεβῆ ἐργάσασθαι, οἷα νῦν καταψεύδονται αὐτῶν· ἀλλὰ προσαναγκάζωμεν τοὺς ποιητὰς ἢ μὴ τούτων αὐτὰ ἔργα φάναι ἢ τούτους μὴ εἶναι
5 θεῶν παῖδας, ἀμφότερα δὲ μὴ λέγειν, μηδὲ ἡμῖν ἐπιχειρεῖν πείθειν τοὺς νέους ὡς οἱ θεοὶ κακὰ γεννῶσιν, καὶ ἥρωες ἀνθρώπων οὐδὲν βελτίους· ὅπερ γὰρ ἐν τοῖς πρόσθεν ἐλέ-
e γομεν, οὔθ' ὅσια ταῦτα οὔτε ἀληθῆ· ἐπεδείξαμεν γάρ που ὅτι ἐκ θεῶν κακὰ γίγνεσθαι ἀδύνατον.

Πῶς γὰρ οὔ;

Καὶ μὴν τοῖς γε ἀκούουσιν βλαβερά· πᾶς γὰρ ἑαυτῷ
5 συγγνώμην ἕξει κακῷ ὄντι, πεισθεὶς ὡς ἄρα τοιαῦτα πράττουσίν τε καὶ ἔπραττον καὶ—

οἱ θεῶν ἀγχίσποροι,
⟨οἱ⟩ Ζηνὸς ἐγγύς, ὧν κατ' Ἰδαῖον πάγον
Διὸς πατρῴου βωμός ἐστ' ἐν αἰθέρι,

b 4 ὄντι A F M: ἰόντι D c 4 νοσήματε A D M: νοσήματά τε F c 8 μηδὲ . . . μηδ'] μήτε . . . μήτ' Bekker d 1 ὥρμησαν A F M: ὥρμησεν D ἄλλον F D: ἄλλου A M e 1 ἐπεδείξαμεν A D M: ἀπεδείξαμεν F e 8 οἱ add. Bekker ὧν F D M: ὢν A: οἷς Strabo καὶ— 10

οὔ πώ σφιν ἐξίτηλον αἷμα δαιμόνων.

ὧν ἕνεκα παυστέον τοὺς τοιούτους μύθους, μὴ ἡμῖν πολλὴν εὐχέρειαν ἐντίκτωσι τοῖς νέοις πονηρίας. 392

Κομιδῇ μὲν οὖν, ἔφη.

Τί οὖν, ἦν δ' ἐγώ, ἡμῖν ἔτι λοιπὸν εἶδος λόγων πέρι ὁριζομένοις οἵους τε λεκτέον καὶ μή; περὶ γὰρ θεῶν ὡς δεῖ λέγεσθαι εἴρηται, καὶ περὶ δαιμόνων τε καὶ ἡρώων καὶ τῶν 5 ἐν Ἅιδου.

Πάνυ μὲν οὖν.

Οὐκοῦν καὶ περὶ ἀνθρώπων τὸ λοιπὸν εἴη ἄν;

Δῆλα δή.

Ἀδύνατον δή, ὦ φίλε, ἡμῖν τοῦτό γε ἐν τῷ παρόντι 10 τάξαι.

Πῶς;

Ὅτι οἶμαι ἡμᾶς ἐρεῖν ὡς ἄρα καὶ ποιηταὶ καὶ λογοποιοὶ κακῶς λέγουσιν περὶ ἀνθρώπων τὰ μέγιστα, ὅτι εἰσὶν ἄδικοι b μὲν εὐδαίμονες πολλοί, δίκαιοι δὲ ἄθλιοι, καὶ ὡς λυσιτελεῖ τὸ ἀδικεῖν, ἐὰν λανθάνῃ, ἡ δὲ δικαιοσύνη ἀλλότριον μὲν ἀγαθόν, οἰκεία δὲ ζημία· καὶ τὰ μὲν τοιαῦτα ἀπερεῖν λέγειν, τὰ δ' ἐναντία τούτων προστάξειν ᾄδειν τε καὶ 5 μυθολογεῖν. ἢ οὐκ οἴει;

Εὖ μὲν οὖν, ἔφη, οἶδα.

Οὐκοῦν ἐὰν ὁμολογῇς ὀρθῶς με λέγειν, φήσω σε ὡμολογηκέναι ἃ πάλαι ζητοῦμεν;

Ὀρθῶς, ἔφη, ὑπέλαβες. 10

Οὐκοῦν περί γε ἀνθρώπων ὅτι τοιούτους δεῖ λόγους c λέγεσθαι, τότε διομολογησόμεθα, ὅταν εὕρωμεν οἷόν ἐστιν

e 10 καὶ οὔ] κοὔ Bekker a 3 ἡμῖν F D: om. A: post οὖν M πέρι ὁριζομένοις D: περιορίζομεν οἷς A: πέρι ὁριζομένοις οἷς M: περιοριζομένοις F μή A D M: οὓς μή F a 4 γὰρ A D: μὲν γὰρ F a 5 καὶ περὶ A D M: καὶ δὴ καὶ περὶ F a 10 δή] δέ Ast b 2 πολλοί F: δὲ πολλοί A D M b 9 ζητοῦμεν ci. Stallbaum: ἐζητοῦμεν A F D M c 1 γε F: om. A D M c 2 λέγεσθαι A F M: ἑλέσθαι D δικαιοσύνη καὶ ὡς φύσει λυσιτελοῦν τῷ ἔχοντι, ἐάντε δοκῇ ἐάντε μὴ τοιοῦτος εἶναι;

5 Ἀληθέστατα, ἔφη.

Τὰ μὲν δὴ λόγων πέρι ἐχέτω τέλος· τὸ δὲ λέξεως, ὡς ἐγὼ οἶμαι, μετὰ τοῦτο σκεπτέον, καὶ ἡμῖν ἅ τε λεκτέον καὶ ὡς λεκτέον παντελῶς ἐσκέψεται.

Καὶ ὁ Ἀδείμαντος, Τοῦτο, ἦ δ' ὅς, οὐ μανθάνω ὅτι 10 λέγεις.

d Ἀλλὰ μέντοι, ἦν δ' ἐγώ, δεῖ γε· ἴσως οὖν τῇδε μᾶλλον εἴσῃ. ἆρ' οὐ πάντα ὅσα ὑπὸ μυθολόγων ἢ ποιητῶν λέγεται διήγησις οὖσα τυγχάνει ἢ γεγονότων ἢ ὄντων ἢ μελλόντων;

Τί γάρ, ἔφη, ἄλλο;

5 Ἆρ' οὖν οὐχὶ ἤτοι ἁπλῇ διηγήσει ἢ διὰ μιμήσεως γιγνομένῃ ἢ δι' ἀμφοτέρων περαίνουσιν;

Καὶ τοῦτο, ἦ δ' ὅς, ἔτι δέομαι σαφέστερον μαθεῖν.

Γελοῖος, ἦν δ' ἐγώ, ἔοικα διδάσκαλος εἶναι καὶ ἀσαφής· ὥσπερ οὖν οἱ ἀδύνατοι λέγειν, οὐ κατὰ ὅλον ἀλλ' ἀπολαβὼν e μέρος τι πειράσομαί σοι ἐν τούτῳ δηλῶσαι ὃ βούλομαι. καί μοι εἰπέ· ἐπίστασαι τῆς Ἰλιάδος τὰ πρῶτα, ἐν οἷς ὁ ποιητής φησι τὸν μὲν Χρύσην δεῖσθαι τοῦ Ἀγαμέμνονος ἀπολῦσαι τὴν θυγατέρα, τὸν δὲ χαλεπαίνειν, τὸν δέ, ἐπειδὴ 393 οὐκ ἐτύγχανεν, κατεύχεσθαι τῶν Ἀχαιῶν πρὸς τὸν θεόν;

Ἔγωγε.

Οἶσθ' οὖν ὅτι μέχρι μὲν τούτων τῶν ἐπῶν—

καὶ ἐλίσσετο πάντας Ἀχαιούς,
5 Ἀτρείδα δὲ μάλιστα δύω, κοσμήτορε λαῶν

λέγει τε αὐτὸς ὁ ποιητὴς καὶ οὐδὲ ἐπιχειρεῖ ἡμῶν τὴν διάνοιαν ἄλλοσε τρέπειν ὡς ἄλλος τις ὁ λέγων ἢ αὐτός· τὰ δὲ μετὰ ταῦτα ὥσπερ αὐτὸς ὢν ὁ Χρύσης λέγει καὶ πειρᾶται b ἡμᾶς ὅτι μάλιστα ποιῆσαι μὴ Ὅμηρον δοκεῖν εἶναι τὸν λέγοντα ἀλλὰ τὸν ἱερέα, πρεσβύτην ὄντα. καὶ τὴν ἄλλην

c 6 τὸ] τὰ Ammonius   c 8 ἐσκέψεται] ἐσκεμμένον ἔσται Ammonius δὴ πᾶσαν σχεδόν τι οὕτω πεποίηται διήγησιν περί τε τῶν ἐν Ἰλίῳ καὶ περὶ τῶν ἐν Ἰθάκῃ καὶ ὅλῃ Ὀδυσσείᾳ παθημάτων. 5

Πάνυ μὲν οὖν, ἔφη.

Οὐκοῦν διήγησις μέν ἐστιν καὶ ὅταν τὰς ῥήσεις ἑκάστοτε λέγῃ καὶ ὅταν τὰ μεταξὺ τῶν ῥήσεων;

Πῶς γὰρ οὔ;

Ἀλλ' ὅταν γέ τινα λέγῃ ῥῆσιν ὥς τις ἄλλος ὤν, ἆρ' οὐ c τότε ὁμοιοῦν αὐτὸν φήσομεν ὅτι μάλιστα τὴν αὑτοῦ λέξιν ἑκάστῳ ὃν ἂν προείπῃ ὡς ἐροῦντα;

Φήσομεν· τί γάρ;

Οὐκοῦν τό γε ὁμοιοῦν ἑαυτὸν ἄλλῳ ἢ κατὰ φωνὴν ἢ κατὰ 5 σχῆμα μιμεῖσθαί ἐστιν ἐκεῖνον ᾧ ἄν τις ὁμοιοῖ;

Τί μήν;

Ἐν δὴ τῷ τοιούτῳ, ὡς ἔοικεν, οὗτός τε καὶ οἱ ἄλλοι ποιηταὶ διὰ μιμήσεως τὴν διήγησιν ποιοῦνται.

Πάνυ μὲν οὖν. 10

Εἰ δέ γε μηδαμοῦ ἑαυτὸν ἀποκρύπτοιτο ὁ ποιητής, πᾶσα ἂν αὐτῷ ἄνευ μιμήσεως ἡ ποίησίς τε καὶ διήγησις γεγονυῖα d εἴη. ἵνα δὲ μὴ εἴπῃς ὅτι οὐκ αὖ μανθάνεις, ὅπως ἂν τοῦτο γένοιτο ἐγὼ φράσω. εἰ γὰρ Ὅμηρος εἰπὼν ὅτι ἦλθεν ὁ Χρύσης τῆς τε θυγατρὸς λύτρα φέρων καὶ ἱκέτης τῶν Ἀχαιῶν, μάλιστα δὲ τῶν βασιλέων, μετὰ τοῦτο μὴ ὡς 5 Χρύσης γενόμενος ἔλεγεν ἀλλ' ἔτι ὡς Ὅμηρος, οἶσθ' ὅτι οὐκ ἂν μίμησις ἦν ἀλλὰ ἁπλῆ διήγησις. εἶχε δ' ἂν ὧδε πως—φράσω δὲ ἄνευ μέτρου· οὐ γάρ εἰμι ποιητικός—Ἐλθὼν ὁ ἱερεὺς ηὔχετο ἐκείνοις μὲν τοὺς θεοὺς δοῦναι ἑλόντας τὴν e Τροίαν αὐτοὺς σωθῆναι, τὴν δὲ θυγατέρα οἱ λῦσαι δεξαμένους ἄποινα καὶ τὸν θεὸν αἰδεσθέντας. ταῦτα δὲ εἰπόντος αὐτοῦ οἱ μὲν ἄλλοι ἐσέβοντο καὶ συνῄνουν, ὁ δὲ Ἀγαμέμνων ἠγρίαινεν ἐντελλόμενος νῦν τε ἀπιέναι καὶ αὖθις μὴ ἐλθεῖν, 5

b 4 καὶ] κἂν ci. H. Richards d 1 διήγησις A F D : ἡ διήγησις M
e 2 αὐτοὺς A F M : αὐτοὺς δὲ D f

μὴ αὐτῷ τό τε σκῆπτρον καὶ τὰ τοῦ θεοῦ στέμματα οὐκ
ἐπαρκέσοι· πρὶν δὲ λυθῆναι αὐτοῦ τὴν θυγατέρα, ἐν Ἄργει
ἔφη γηράσειν μετὰ οὗ· ἀπιέναι δ' ἐκέλευεν καὶ μὴ ἐρεθίζειν,
394 ἵνα σῶς οἴκαδε ἔλθοι. ὁ δὲ πρεσβύτης ἀκούσας ἔδεισέν τε
καὶ ἀπῄει σιγῇ, ἀποχωρήσας δὲ ἐκ τοῦ στρατοπέδου πολλὰ
τῷ Ἀπόλλωνι ηὔχετο, τάς τε ἐπωνυμίας τοῦ θεοῦ ἀνακαλῶν
καὶ ὑπομιμνῄσκων καὶ ἀπαιτῶν, εἴ τι πώποτε ἢ ἐν ναῶν
5 οἰκοδομήσεσιν ἢ ἐν ἱερῶν θυσίαις κεχαρισμένον δωρήσαιτο·
ὧν δὴ χάριν κατηύχετο τεῖσαι τοὺς Ἀχαιοὺς τὰ ἃ δάκρυα
τοῖς ἐκείνου βέλεσιν. οὕτως, ἦν δ' ἐγώ, ὦ ἑταῖρε, ἄνευ
b μιμήσεως ἁπλῆ διήγησις γίγνεται.

Μανθάνω, ἔφη.

Μάνθανε τοίνυν, ἦν δ' ἐγώ, ὅτι ταύτης αὖ ἐναντία γί-
γνεται, ὅταν τις τὰ τοῦ ποιητοῦ τὰ μεταξὺ τῶν ῥήσεων
5 ἐξαιρῶν τὰ ἀμοιβαῖα καταλείπῃ.

Καὶ τοῦτο, ἔφη, μανθάνω, ὅτι ἔστιν τὸ περὶ τὰς τραγῳδίας
τοιοῦτον.

Ὀρθότατα, ἔφην, ὑπέλαβες, καὶ οἶμαί σοι ἤδη δηλοῦν
ὃ ἔμπροσθεν οὐχ οἷός τ' ἦ, ὅτι τῆς ποιήσεώς τε καὶ μυθο-
c λογίας ἡ μὲν διὰ μιμήσεως ὅλη ἐστίν, ὥσπερ σὺ λέγεις,
τραγῳδία τε καὶ κωμῳδία, ἡ δὲ δι' ἀπαγγελίας αὐτοῦ τοῦ
ποιητοῦ—εὕροις δ' ἂν αὐτὴν μάλιστά που ἐν διθυράμβοις—
ἡ δ' αὖ δι' ἀμφοτέρων ἔν τε τῇ τῶν ἐπῶν ποιήσει, πολλαχοῦ
5 δὲ καὶ ἄλλοθι, εἴ μοι μανθάνεις.

Ἀλλὰ συνίημι, ἔφη, ὃ τότε ἐβούλου λέγειν.

Καὶ τὸ πρὸ τούτου δὴ ἀναμνήσθητι, ὅτι ἔφαμεν ἃ μὲν
λεκτέον ἤδη εἰρῆσθαι, ὡς δὲ λεκτέον ἔτι σκεπτέον εἶναι.

Ἀλλὰ μέμνημαι.

d Τοῦτο τοίνυν αὐτὸ ἦν ὃ ἔλεγον, ὅτι χρείη διομολογή-
σασθαι πότερον ἐάσομεν τοὺς ποιητὰς μιμουμένους ἡμῖν

e 7 ἐπαρκέσοι A D M : ἐπαρέσκει σοι F e 8 ⟨ἐ⟩ ἐρεθίζειν ci. Valckenaer a 5 οἰκοδομήσεσιν] κοσμήσεσιν ci. Ast b 6 τραγῳδίας ⟨τε καὶ κωμῳδίας⟩ ci. Herwerden c 1 ὅλη A F M : ὃ δὴ D c 5 μοι] μου ci. Heindorf c 8 ἔτι σκεπτέον] ἐπισκεπτέον Priscianus τὰς διηγήσεις ποιεῖσθαι ἢ τὰ μὲν μιμουμένους, τὰ δὲ μή, καὶ ὁποῖα ἑκάτερα, ἢ οὐδὲ μιμεῖσθαι.

Μαντεύομαι, ἔφη, σκοπεῖσθαί σε εἴτε παραδεξόμεθα 5 τραγῳδίαν τε καὶ κωμῳδίαν εἰς τὴν πόλιν, εἴτε καὶ οὔ.

Ἴσως, ἦν δ' ἐγώ, ἴσως δὲ καὶ πλείω ἔτι τούτων· οὐ γὰρ δὴ ἔγωγέ πω οἶδα, ἀλλ' ὅπῃ ἂν ὁ λόγος ὥσπερ πνεῦμα φέρῃ, ταύτῃ ἰτέον.

Καὶ καλῶς γ', ἔφη, λέγεις. 10

Τόδε τοίνυν, ὦ Ἀδείμαντε, ἄθρει, πότερον μιμητικοὺς e ἡμῖν δεῖ εἶναι τοὺς φύλακας ἢ οὔ· ἢ καὶ τοῦτο τοῖς ἔμπροσθεν ἕπεται, ὅτι εἷς ἕκαστος ἓν μὲν ἂν ἐπιτήδευμα καλῶς ἐπιτηδεύοι, πολλὰ δ' οὔ, ἀλλ' εἰ τοῦτο ἐπιχειροῖ, πολλῶν ἐφαπτόμενος πάντων ἀποτυγχάνοι ἄν, ὥστ' εἶναί 5 που ἐλλόγιμος;

Τί δ' οὐ μέλλει;

Οὐκοῦν καὶ περὶ μιμήσεως ὁ αὐτὸς λόγος, ὅτι πολλὰ ὁ αὐτὸς μιμεῖσθαι εὖ ὥσπερ ἓν οὐ δυνατός;

Οὐ γὰρ οὖν. 10

Σχολῇ ἄρα ἐπιτηδεύσει γέ τι ἅμα τῶν ἀξίων λόγου 395 ἐπιτηδευμάτων καὶ πολλὰ μιμήσεται καὶ ἔσται μιμητικός, ἐπεί που οὐδὲ τὰ δοκοῦντα ἐγγὺς ἀλλήλων εἶναι δύο μιμήματα δύνανται οἱ αὐτοὶ ἅμα εὖ μιμεῖσθαι, οἷον κωμῳδίαν καὶ τραγῳδίαν ποιοῦντες. ἢ οὐ μιμήματε ἄρτι τούτω 5 ἐκάλεις;

Ἔγωγε· καὶ ἀληθῆ γε λέγεις, ὅτι οὐ δύνανται οἱ αὐτοί.

Οὐδὲ μὴν ῥαψῳδοί γε καὶ ὑποκριταὶ ἅμα.

Ἀληθῆ.

Ἀλλ' οὐδέ τοι ὑποκριταὶ κωμῳδοῖς τε καὶ τραγῳδοῖς οἱ 10 αὐτοί· πάντα δὲ ταῦτα μιμήματα. ἢ οὔ; b

d 7 ἴσως ἦν δ' ἐγώ A F D : om. pr. M ἐγώ . . . d 8 δὴ A F et (om. ἐγώ) M : om. D e 2 ἢ οὔ A D M : ποῦ F e 5 πάντων] πάντως Ast e 9 εὖ om. Stobaeus a 5 μιμήματε F : μιμήματα M : μιμήματά τε A (sed τά in ras.) D ἄρτι τούτω A D M : τοῦτο ἄρτι F a 7 γε A : om. F D

Μιμήματα.

Καὶ ἔτι γε τούτων, ὦ Ἀδείμαντε, φαίνεταί μοι εἰς σμικρότερα κατακεκερματίσθαι ἡ τοῦ ἀνθρώπου φύσις, ὥστε
5 ἀδύνατος εἶναι πολλὰ καλῶς μιμεῖσθαι ἢ αὐτὰ ἐκεῖνα πράττειν ὧν δὴ καὶ τὰ μιμήματά ἐστιν ἀφομοιώματα.

Ἀληθέστατα, ἦ δ' ὅς.

Εἰ ἄρα τὸν πρῶτον λόγον διασώσομεν, τοὺς φύλακας ἡμῖν τῶν ἄλλων πασῶν δημιουργιῶν ἀφειμένους δεῖν εἶναι
c δημιουργοὺς ἐλευθερίας τῆς πόλεως πάνυ ἀκριβεῖς καὶ μηδὲν ἄλλο ἐπιτηδεύειν ὅτι μὴ εἰς τοῦτο φέρει, οὐδὲν δὴ δέοι ἂν αὐτοὺς ἄλλο πράττειν οὐδὲ μιμεῖσθαι· ἐὰν δὲ μιμῶνται, μιμεῖσθαι τὰ τούτοις προσήκοντα εὐθὺς ἐκ παίδων, ἀνδρείους,
5 σώφρονας, ὁσίους, ἐλευθέρους, καὶ τὰ τοιαῦτα πάντα, τὰ δὲ ἀνελεύθερα μήτε ποιεῖν μήτε δεινοὺς εἶναι μιμήσασθαι, μηδὲ ἄλλο μηδὲν τῶν αἰσχρῶν, ἵνα μὴ ἐκ τῆς μιμήσεως τοῦ εἶναι
d ἀπολαύσωσιν. ἢ οὐκ ᾔσθησαι ὅτι αἱ μιμήσεις, ἐὰν ἐκ νέων πόρρω διατελέσωσιν, εἰς ἔθη τε καὶ φύσιν καθίστανται καὶ κατὰ σῶμα καὶ φωνὰς καὶ κατὰ τὴν διάνοιαν;

Καὶ μάλα, ἦ δ' ὅς.

5 Οὐ δὴ ἐπιτρέψομεν, ἦν δ' ἐγώ, ὧν φαμὲν κήδεσθαι καὶ δεῖν αὐτοὺς ἄνδρας ἀγαθοὺς γενέσθαι, γυναῖκα μιμεῖσθαι ἄνδρας ὄντας, ἢ νέαν ἢ πρεσβυτέραν, ἢ ἀνδρὶ λοιδορουμένην ἢ πρὸς θεοὺς ἐρίζουσάν τε καὶ μεγαλαυχουμένην, οἰομένην
e εὐδαίμονα εἶναι, ἢ ἐν συμφοραῖς τε καὶ πένθεσιν καὶ θρήνοις ἐχομένην· κάμνουσαν δὲ ἢ ἐρῶσαν ἢ ὠδίνουσαν, πολλοῦ καὶ δεήσομεν.

Παντάπασι μὲν οὖν, ἦ δ' ὅς.

5 Οὐδέ γε δούλας τε καὶ δούλους πράττοντας ὅσα δούλων.

Οὐδὲ τοῦτο.

Οὐδέ γε ἄνδρας κακούς, ὡς ἔοικεν, δειλούς τε καὶ τὰ

b 6 ὧν A F M : ἃ D   καὶ τὰ A F M : κατὰ D   c 7 μὴ F D M Stobaeus : om. A   τοῦ A F D M Stobaeus : τὸ Ast   d 2 ἔθη] ἤθη Stobaeus (bis)   d 3 κατὰ σῶμα A F M Stobaeus : σῶμα D : κατὰ σχῆμα ci. Stallbaum   φωνὰς A D M Stobaeus : κατὰ φωνὰς F   e 2 καὶ] γε καὶ recc.   e 4 οὖν A F M : om. D ἐναντία πράττοντας ὧν νυνδὴ εἴπομεν, κακηγοροῦντάς τε καὶ κωμῳδοῦντας ἀλλήλους καὶ αἰσχρολογοῦντας, μεθύοντας ἢ καὶ νήφοντας, ἢ καὶ ἄλλα ὅσα οἱ τοιοῦτοι καὶ ἐν λόγοις καὶ 396 ἐν ἔργοις ἁμαρτάνουσιν εἰς αὑτούς τε καὶ εἰς ἄλλους, οἶμαι δὲ οὐδὲ μαινομένοις ἐθιστέον ἀφομοιοῦν αὑτοὺς ἐν λόγοις οὐδὲ ἐν ἔργοις· γνωστέον μὲν γὰρ καὶ μαινομένους καὶ πονηροὺς ἄνδρας τε καὶ γυναῖκας, ποιητέον δὲ οὐδὲν τούτων 5 οὐδὲ μιμητέον.

Ἀληθέστατα, ἔφη.

Τί δέ; ἦν δ' ἐγώ· χαλκεύοντας ἤ τι ἄλλο δημιουργοῦντας, ἢ ἐλαύνοντας τριήρεις ἢ κελεύοντας τούτοις, ἤ τι ἄλλο τῶν b περὶ ταῦτα μιμητέον;

Καὶ πῶς; ἔφη, οἷς γε οὐδὲ προσέχειν τὸν νοῦν τούτων οὐδενὶ ἐξέσται;

Τί δέ; ἵππους χρεμετίζοντας καὶ ταύρους μυκωμένους καὶ 5 ποταμοὺς ψοφοῦντας καὶ θάλατταν κτυποῦσαν καὶ βροντὰς καὶ πάντα αὖ τὰ τοιαῦτα ἦ μιμήσονται;

Ἀλλ' ἀπείρηται αὐτοῖς, ἔφη, μήτε μαίνεσθαι μήτε μαινομένοις ἀφομοιοῦσθαι.

Εἰ ἄρα, ἦν δ' ἐγώ, μανθάνω ἃ σὺ λέγεις, ἔστιν τι εἶδος 10 λέξεώς τε καὶ διηγήσεως ἐν ᾧ ἂν διηγοῖτο ὁ τῷ ὄντι καλὸς κἀγαθός, ὁπότε τι δέοι αὐτὸν λέγειν, καὶ ἕτερον αὖ ἀνόμοιον c τούτῳ εἶδος, οὗ ἂν ἔχοιτο ἀεὶ καὶ ἐν ᾧ διηγοῖτο ὁ ἐναντίως ἐκείνῳ φύς τε καὶ τραφείς.

Ποῖα δή, ἔφη, ταῦτα;

Ὁ μέν μοι δοκεῖ, ἦν δ' ἐγώ, μέτριος ἀνήρ, ἐπειδὰν 5 ἀφίκηται ἐν τῇ διηγήσει ἐπὶ λέξιν τινὰ ἢ πρᾶξιν ἀνδρὸς ἀγαθοῦ, ἐθελήσειν ὡς αὐτὸς ὢν ἐκεῖνος ἀπαγγέλλειν καὶ οὐκ αἰσχυνεῖσθαι ἐπὶ τῇ τοιαύτῃ μιμήσει, μάλιστα μὲν μιμούμενος τὸν ἀγαθὸν ἀσφαλῶς τε καὶ ἐμφρόνως πράττοντα, ἐλάττω δὲ d

a 1 ἢ καὶ] καὶ ci. Hartman a 2 ἄλλους A D M : ἀλλήλους F c 2 τούτῳ A F M : τούτων D εἶδος secl. Hartman ὁ A D M : om. F d 1 τε A D M : om. F ἐλάττω] ἔλαττον Salvini

καὶ ἧττον ἢ ὑπὸ νόσων ἢ ὑπὸ ἐρώτων ἐσφαλμένον ἢ καὶ ὑπὸ
μέθης ἤ τινος ἄλλης συμφορᾶς· ὅταν δὲ γίγνηται κατά τινα
ἑαυτοῦ ἀνάξιον, οὐκ ἐθελήσειν σπουδῇ ἀπεικάζειν ἑαυτὸν τῷ
5 χείρονι, εἰ μὴ ἄρα κατὰ βραχύ, ὅταν τι χρηστὸν ποιῇ, ἀλλ'
αἰσχυνεῖσθαι, ἅμα μὲν ἀγύμναστος ὢν τοῦ μιμεῖσθαι τοὺς
τοιούτους, ἅμα δὲ καὶ δυσχεραίνων αὑτὸν ἐκμάττειν τε καὶ
e ἐνιστάναι εἰς τοὺς τῶν κακιόνων τύπους, ἀτιμάζων τῇ διανοίᾳ,
ὅτι μὴ παιδιᾶς χάριν.

Εἰκός, ἔφη.

Οὐκοῦν διηγήσει χρήσεται οἵᾳ ἡμεῖς ὀλίγον πρότερον
5 διήλθομεν περὶ τὰ τοῦ Ὁμήρου ἔπη, καὶ ἔσται αὐτοῦ ἡ λέξις
μετέχουσα μὲν ἀμφοτέρων, μιμήσεώς τε καὶ τῆς ἄλλης διηγή-
σεως, σμικρὸν δέ τι μέρος ἐν πολλῷ λόγῳ τῆς μιμήσεως; ἢ
οὐδὲν λέγω;

Καὶ μάλα, ἔφη, οἷόν γε ἀνάγκη τὸν τύπον εἶναι τοῦ
10 τοιούτου ῥήτορος.

397 Οὐκοῦν, ἦν δ' ἐγώ, ὁ μὴ τοιοῦτος αὖ, ὅσῳ ἂν φαυλότερος
ᾖ, πάντα τε μᾶλλον διηγήσεται καὶ οὐδὲν ἑαυτοῦ ἀνάξιον
οἰήσεται εἶναι, ὥστε πάντα ἐπιχειρήσει μιμεῖσθαι σπουδῇ τε
καὶ ἐναντίον πολλῶν, καὶ ἃ νυνδὴ ἐλέγομεν, βροντάς τε καὶ
5 ψόφους ἀνέμων τε καὶ χαλαζῶν καὶ ἀξόνων τε καὶ τροχιλιῶν,
καὶ σαλπίγγων καὶ αὐλῶν καὶ συρίγγων καὶ πάντων ὀργάνων
φωνάς, καὶ ἔτι κυνῶν καὶ προβάτων καὶ ὀρνέων φθόγγους·
b καὶ ἔσται δὴ ἡ τούτου λέξις ἅπασα διὰ μιμήσεως φωναῖς τε
καὶ σχήμασιν, ἢ σμικρόν τι διηγήσεως ἔχουσα;

Ἀνάγκη, ἔφη, καὶ τοῦτο.

Ταῦτα τοίνυν, ἦν δ' ἐγώ, ἔλεγον τὰ δύο εἴδη τῆς λέξεως.

5 Καὶ γὰρ ἔστιν, ἔφη.

Οὐκοῦν αὐτοῖν τὸ μὲν σμικρὰς τὰς μεταβολὰς ἔχει, καὶ

d 4 ἑαυτὸν FDM: ἑαυτοῦ A   d 5 ἄρα AFM: ἄρα μὴ D   e 6 ἄλλης] ἁπλῆς Adam   a 2 διηγήσεται AFDM: μιμήσεται scr. Mon.: μιμήσεται ἢ διηγήσεται ci. Madvig   a 4 νῦν δὴ ἐλέγομεν FDM: νῦν διελέγομεν A   βροντάς τε FDM: βροντάς γε A   a 5 ἀξόνων τε F: ἀξόνων ADM   τροχιλιῶν AFM: τροχίλων D ἐάν τις ἀποδιδῷ πρέπουσαν ἁρμονίαν καὶ ῥυθμὸν τῇ λέξει, ὀλίγου πρὸς τὴν αὐτὴν γίγνεται λέγειν τῷ ὀρθῶς λέγοντι καὶ ἐν μιᾷ ἁρμονίᾳ—σμικραὶ γὰρ αἱ μεταβολαί—καὶ δὴ καὶ ἐν ῥυθμῷ ὡσαύτως παραπλησίῳ τινί; c

Κομιδῇ μὲν οὖν, ἔφη, οὕτως ἔχει.

Τί δὲ τὸ τοῦ ἑτέρου εἶδος; οὐ τῶν ἐναντίων δεῖται, πασῶν μὲν ἁρμονιῶν, πάντων δὲ ῥυθμῶν, εἰ μέλλει αὖ οἰκείως λέγεσθαι, διὰ τὸ παντοδαπὰς μορφὰς τῶν μεταβολῶν 5 ἔχειν;

Καὶ σφόδρα γε οὕτως ἔχει.

Ἆρ' οὖν πάντες οἱ ποιηταὶ καὶ οἵ τι λέγοντες ἢ τῷ ἑτέρῳ τούτων ἐπιτυγχάνουσιν τύπῳ τῆς λέξεως ἢ τῷ ἑτέρῳ ἢ ἐξ ἀμφοτέρων τινὶ συγκεραννύντες; 10

Ἀνάγκη, ἔφη.

Τί οὖν ποιήσομεν; ἦν δ' ἐγώ· πότερον εἰς τὴν πόλιν d πάντας τούτους παραδεξόμεθα ἢ τῶν ἀκράτων τὸν ἕτερον ἢ τὸν κεκραμένον;

Ἐὰν ἡ ἐμή, ἔφη, νικᾷ, τὸν τοῦ ἐπιεικοῦς μιμητὴν ἄκρατον. 5

Ἀλλὰ μήν, ὦ Ἀδείμαντε, ἡδύς γε καὶ ὁ κεκραμένος, πολὺ δὲ ἥδιστος παισί τε καὶ παιδαγωγοῖς ὁ ἐναντίος οὗ σὺ αἱρῇ καὶ τῷ πλείστῳ ὄχλῳ.

Ἥδιστος γάρ.

Ἀλλ' ἴσως, ἦν δ' ἐγώ, οὐκ ἂν αὐτὸν ἁρμόττειν φαίης τῇ 10 ἡμετέρᾳ πολιτείᾳ, ὅτι οὐκ ἔστιν διπλοῦς ἀνὴρ παρ' ἡμῖν οὐδὲ e πολλαπλοῦς, ἐπειδὴ ἕκαστος ἓν πράττει.

Οὐ γὰρ οὖν ἁρμόττει.

Οὐκοῦν διὰ ταῦτα ἐν μόνῃ τῇ τοιαύτῃ πόλει τόν τε σκυτοτόμον σκυτοτόμον εὑρήσομεν καὶ οὐ κυβερνήτην πρὸς 5

b 9 σμικραὶ A²FDM: σμικρὰ A καὶ δὴ καὶ F: καὶ δὴ ADM c 5 τῶν] ἐκ τῶν ci. H. Richards d 2 παραδεξόμεθα AFM: δεξόμεθα D ἀκράτων AM: ἀκρατῶν F: ἀκροατῶν D d 5 ἄκρατον AFM: τὸν ἄκρατον D d 7 δὲ AFM: γε D παισί AFM: καὶ παισί D τῇ σκυτοτομίᾳ, καὶ τὸν γεωργὸν γεωργὸν καὶ οὐ δικαστὴν πρὸς τῇ γεωργίᾳ, καὶ τὸν πολεμικὸν πολεμικὸν καὶ οὐ χρηματιστὴν πρὸς τῇ πολεμικῇ, καὶ πάντας οὕτω;

Ἀληθῆ, ἔφη.

398 Ἄνδρα δή, ὡς ἔοικε, δυνάμενον ὑπὸ σοφίας παντοδαπὸν γίγνεσθαι καὶ μιμεῖσθαι πάντα χρήματα, εἰ ἡμῖν ἀφίκοιτο εἰς τὴν πόλιν αὐτός τε καὶ τὰ ποιήματα βουλόμενος ἐπιδείξασθαι, προσκυνοῖμεν ἂν αὐτὸν ὡς ἱερὸν καὶ θαυμαστὸν καὶ 5 ἡδύν, εἴποιμεν δ' ἂν ὅτι οὐκ ἔστιν τοιοῦτος ἀνὴρ ἐν τῇ πόλει παρ' ἡμῖν οὔτε θέμις ἐγγενέσθαι, ἀποπέμποιμέν τε εἰς ἄλλην πόλιν μύρον κατὰ τῆς κεφαλῆς καταχέαντες καὶ ἐρίῳ στέψαντες, αὐτοὶ δ' ἂν τῷ αὐστηροτέρῳ καὶ ἀηδεστέρῳ ποιητῇ b χρῴμεθα καὶ μυθολόγῳ ὠφελίας ἕνεκα, ὃς ἡμῖν τὴν τοῦ ἐπιεικοῦς λέξιν μιμοῖτο καὶ τὰ λεγόμενα λέγοι ἐν ἐκείνοις τοῖς τύποις οἷς κατ' ἀρχὰς ἐνομοθετησάμεθα, ὅτε τοὺς στρατιώτας ἐπεχειροῦμεν παιδεύειν.

5 Καὶ μάλ', ἔφη, οὕτως ἂν ποιοῖμεν, εἰ ἐφ' ἡμῖν εἴη.

Νῦν δή, εἶπον ἐγώ, ὦ φίλε, κινδυνεύει ἡμῖν τῆς μουσικῆς τὸ περὶ λόγους τε καὶ μύθους παντελῶς διαπεπεράνθαι· ἅ τε γὰρ λεκτέον καὶ ὡς λεκτέον εἴρηται.

Καὶ αὐτῷ μοι δοκεῖ, ἔφη.

c Οὐκοῦν μετὰ τοῦτο, ἦν δ' ἐγώ, τὸ περὶ ᾠδῆς τρόπου καὶ μελῶν λοιπόν;

Δῆλα δή.

Ἆρ' οὖν οὐ πᾶς ἤδη ἂν εὕροι ἃ ἡμῖν λεκτέον περὶ αὐτῶν 5 οἷα δεῖ εἶναι, εἴπερ μέλλομεν τοῖς προειρημένοις συμφωνήσειν;

Καὶ ὁ Γλαύκων ἐπιγελάσας, Ἐγὼ τοίνυν, ἔφη, ὦ Σώκρατες, κινδυνεύω ἐκτὸς τῶν πάντων εἶναι· οὔκουν ἱκανῶς

a 2 εἰ A M : om. F D a 4 προσκυνοῖμεν] e προσκυνοῖ μὲν fecit f a 5 οὐκ] οὔτ' Adam a 6 οὔτε] οὐδὲ Bekker τε εἰς A : τ' ἂν εἰς F D M b 1 ὠφελίας A F M : ἀφελείας D c 1 τρόπου] τρόπον ci. Hartman c 4 εὕροι A F M : εὕροιτο D γε ἔχω ἐν τῷ παρόντι συμβαλέσθαι ποῖα ἄττα δεῖ ἡμᾶς λέγειν· ὑποπτεύω μέντοι. 10

Πάντως δήπου, ἦν δ' ἐγώ, πρῶτον μὲν τόδε ἱκανῶς ἔχεις λέγειν, ὅτι τὸ μέλος ἐκ τριῶν ἐστιν συγκείμενον, λόγου τε καὶ d ἁρμονίας καὶ ῥυθμοῦ.

Ναί, ἔφη, τοῦτό γε.

Οὐκοῦν ὅσον γε αὐτοῦ λόγος ἐστίν, οὐδὲν δήπου διαφέρει τοῦ μὴ ᾀδομένου λόγου πρὸς τὸ ἐν τοῖς αὐτοῖς δεῖν τύποις 5 λέγεσθαι οἷς ἄρτι προείπομεν καὶ ὡσαύτως;

Ἀληθῆ, ἔφη.

Καὶ μὴν τήν γε ἁρμονίαν καὶ ῥυθμὸν ἀκολουθεῖν δεῖ τῷ λόγῳ.

Πῶς δ' οὔ; 10

Ἀλλὰ μέντοι θρήνων γε καὶ ὀδυρμῶν ἔφαμεν ἐν λόγοις οὐδὲν προσδεῖσθαι.

Οὐ γὰρ οὖν.

Τίνες οὖν θρηνώδεις ἁρμονίαι; λέγε μοι· σὺ γὰρ μουσικός. e

Μειξολυδιστί, ἔφη, καὶ συντονολυδιστὶ καὶ τοιαῦταί τινες.

Οὐκοῦν αὗται, ἦν δ' ἐγώ, ἀφαιρετέαι; ἄχρηστοι γὰρ καὶ γυναιξὶν ἃς δεῖ ἐπιεικεῖς εἶναι, μὴ ὅτι ἀνδράσι.

Πάνυ γε. 5

Ἀλλὰ μὴν μέθη γε φύλαξιν ἀπρεπέστατον καὶ μαλακία καὶ ἀργία.

Πῶς γὰρ οὔ;

Τίνες οὖν μαλακαί τε καὶ συμποτικαὶ τῶν ἁρμονιῶν;

Ἰαστί, ἦ δ' ὅς, καὶ λυδιστὶ αὖ τινες χαλαραὶ καλοῦνται. 10

Ταύταις οὖν, ὦ φίλε, ἐπὶ πολεμικῶν ἀνδρῶν ἔσθ' ὅτι 399 χρήσῃ;

Οὐδαμῶς, ἔφη· ἀλλὰ κινδυνεύει σοι δωριστὶ λείπεσθαι καὶ φρυγιστί.

c 9 ξυμβαλέσθαι A M : ξυμβάλλεσθαι F D δεῖ A F D : δοκεῖ M d 5 ᾀδομένου A M : διδομένου F D d 11 γε F : τε A D M e 2 συντονολυδιστὶ A M : σύντονοι λυδιστὶ A² F D e 10 λυδιστὶ A M : λυδιαστὶ D f : λυδιαστὴ F αὖ τινὲς D : αἵτινες ex αυτινες fecit A (sed add. αὖ in marg. A²) : αἵτινες F M : καὶ τοιαῦταί τινες f d

5 Οὐκ οἶδα, ἔφην ἐγώ, τὰς ἁρμονίας, ἀλλὰ κατάλειπε ἐκείνην τὴν ἁρμονίαν, ἣ ἔν τε πολεμικῇ πράξει ὄντος ἀνδρείου καὶ ἐν πάσῃ βιαίῳ ἐργασίᾳ πρεπόντως ἂν μιμήσαιτο φθόγγους τε καὶ προσῳδίας, καὶ ἀποτυχόντος ἢ εἰς τραύματα ἢ εἰς b θανάτους ἰόντος ἢ εἴς τινα ἄλλην συμφορὰν πεσόντος, ἐν πᾶσι τούτοις παρατεταγμένως καὶ καρτερούντως ἀμυνομένου τὴν τύχην· καὶ ἄλλην αὖ ἐν εἰρηνικῇ τε καὶ μὴ βιαίῳ ἀλλ' ἐν ἑκουσίᾳ πράξει ὄντος, ἢ τινά τι πείθοντός τε καὶ δεομένου, 5 ἢ εὐχῇ θεὸν ἢ διδαχῇ καὶ νουθετήσει ἄνθρωπον, ἢ τοὐναντίον ἄλλῳ δεομένῳ ἢ διδάσκοντι ἢ μεταπείθοντι ἑαυτὸν ἐπέχοντα, καὶ ἐκ τούτων πράξαντα κατὰ νοῦν, καὶ μὴ ὑπερηφάνως ἔχοντα, ἀλλὰ σωφρόνως τε καὶ μετρίως ἐν πᾶσι τούτοις c πράττοντά τε καὶ τὰ ἀποβαίνοντα ἀγαπῶντα. ταύτας δύο ἁρμονίας, βίαιον, ἑκούσιον, δυστυχούντων, εὐτυχούντων, σωφρόνων, ἀνδρείων [ἁρμονίας] αἵτινες φθόγγους μιμήσονται κάλλιστα, ταύτας λεῖπε.

5 Ἀλλ', ἦ δ' ὅς, οὐκ ἄλλας αἰτεῖς λείπειν ἢ ἃς νυνδὴ ἐγὼ ἔλεγον.

Οὐκ ἄρα, ἦν δ' ἐγώ, πολυχορδίας γε οὐδὲ παναρμονίου ἡμῖν δεήσει ἐν ταῖς ᾠδαῖς τε καὶ μέλεσιν.

Οὔ μοι, ἔφη, φαίνεται.

10 Τριγώνων ἄρα καὶ πηκτίδων καὶ πάντων ὀργάνων ὅσα d πολύχορδα καὶ πολυαρμόνια, δημιουργοὺς οὐ θρέψομεν.

Οὐ φαινόμεθα.

Τί δέ; αὐλοποιοὺς ἢ αὐλητὰς παραδέξῃ εἰς τὴν πόλιν; ἢ οὐ τοῦτο πολυχορδότατον, καὶ αὐτὰ τὰ παναρμόνια αὐλοῦ 5 τυγχάνει ὄντα μίμημα;

Δῆλα δή, ἦ δ' ὅς.

Λύρα δή σοι, ἦν δ' ἐγώ, καὶ κιθάρα λείπεται [καὶ] κατὰ

b 2 παρατεταγμένως] παρατεταμένως Ast b 6 ἐπέχοντα A F D M : ὑπέχοντα scr. Ven. 184 : παρέχοντα scr. Mon. c 1 τὰ F D M : om. A c 2 ἁρμονίας om. Mon. βιαίου, ἑκουσίου Ast : βιαίων ἑκουσίων ci. Hartman c 3 ἁρμονίας om. Ven. 184 c 4 λεῖπε A M : λίπε F D c 5 νῦν δὴ A M : νῦν ἂν F D d 5 μίμημα A D M : μιμήματα F Proclus d 7 καὶ non legit Demetrius πόλιν χρήσιμα· καὶ αὖ κατ' ἀγροὺς τοῖς νομεῦσι σύριγξ ἄν τις εἴη.

Ὡς γοῦν, ἔφη, ὁ λόγος ἡμῖν σημαίνει. 10

Οὐδέν γε, ἦν δ' ἐγώ, καινὸν ποιοῦμεν, ὦ φίλε, κρίνοντες e τὸν Ἀπόλλω καὶ τὰ τοῦ Ἀπόλλωνος ὄργανα πρὸ Μαρσύου τε καὶ τῶν ἐκείνου ὀργάνων.

Μὰ Δία, ἦ δ' ὅς, οὔ μοι φαινόμεθα.

Καὶ νὴ τὸν κύνα, εἶπον, λελήθαμέν γε διακαθαίροντες 5 πάλιν ἣν ἄρτι τρυφᾶν ἔφαμεν πόλιν.

Σωφρονοῦντές γε ἡμεῖς, ἦ δ' ὅς.

Ἴθι δή, ἔφην, καὶ τὰ λοιπὰ καθαίρωμεν. ἑπόμενον γὰρ δὴ ταῖς ἁρμονίαις ἂν ἡμῖν εἴη τὸ περὶ ῥυθμούς, μὴ ποικίλους αὐτοὺς διώκειν μηδὲ παντοδαπὰς βάσεις, ἀλλὰ βίου ῥυθμοὺς 10 ἰδεῖν κοσμίου τε καὶ ἀνδρείου τίνες εἰσίν· οὓς ἰδόντα τὸν πόδα τῷ τοῦ τοιούτου λόγῳ ἀναγκάζειν ἕπεσθαι καὶ τὸ μέλος, 400 ἀλλὰ μὴ λόγον ποδί τε καὶ μέλει. οἵτινες δ' ἂν εἶεν οὗτοι οἱ ῥυθμοί, σὸν ἔργον, ὥσπερ τὰς ἁρμονίας, φράσαι.

Ἀλλὰ μὰ Δί', ἔφη, οὐκ ἔχω λέγειν. ὅτι μὲν γὰρ τρί' ἄττα ἐστὶν εἴδη ἐξ ὧν αἱ βάσεις πλέκονται, ὥσπερ ἐν τοῖς 5 φθόγγοις τέτταρα, ὅθεν αἱ πᾶσαι ἁρμονίαι, τεθεαμένος ἂν εἴποιμι· ποῖα δὲ ὁποίου βίου μιμήματα, λέγειν οὐκ ἔχω.

Ἀλλὰ ταῦτα μέν, ἦν δ' ἐγώ, καὶ μετὰ Δάμωνος βου- b λευσόμεθα, τίνες τε ἀνελευθερίας καὶ ὕβρεως ἢ μανίας καὶ ἄλλης κακίας πρέπουσαι βάσεις, καὶ τίνας τοῖς ἐναντίοις λειπτέον ῥυθμούς· οἶμαι δέ με ἀκηκοέναι οὐ σαφῶς ἐνόπλιόν τέ τινα ὀνομάζοντος αὐτοῦ σύνθετον καὶ δάκτυλον καὶ ἡρῷόν 5 γε, οὐκ οἶδα ὅπως διακοσμοῦντος καὶ ἴσον ἄνω καὶ κάτω τιθέντος, εἰς βραχύ τε καὶ μακρὸν γιγνόμενον, καί, ὡς ἐγὼ οἶμαι, ἴαμβον καί τιν' ἄλλον τροχαῖον ὠνόμαζε, μήκη δὲ καὶ

a 1 τοῦ τοιούτου F : τοιούτου A M : τούτοι D a 7 εἴποιμι ποία δέον ποίου βίου μιμήματα F : ἐπίοιμι· ποῖα δ' ὁποίου βίου μιμήματα D : εἴποιμι· ποῖα δὲ ποίου βίου μιμήματα M : εἴποι μιμήματα A b 4 δέ με A F D M : δέ γε f b 5 σύνθετον καὶ δάκτυλον secl. Hartman (sed legit Proclus) b 8 τιν' A M : τινα F : τι D ἄλλον . . . c 1 βραχύτητας A F M : om. D

c βραχύτητας προσῆπτε. καὶ τούτων τισὶν οἶμαι τὰς ἀγωγὰς τοῦ ποδὸς αὐτὸν οὐχ ἧττον ψέγειν τε καὶ ἐπαινεῖν ἢ τοὺς ῥυθμοὺς αὐτούς—ἤτοι συναμφότερόν τι· οὐ γὰρ ἔχω λέγειν —ἀλλὰ ταῦτα μέν, ὥσπερ εἶπον, εἰς Δάμωνα ἀναβεβλήσθω·
5 διελέσθαι γὰρ οὐ σμικροῦ λόγου. ἢ σὺ οἴει;

Μὰ Δί', οὐκ ἔγωγε.

Ἀλλὰ τόδε γε, ὅτι τὸ τῆς εὐσχημοσύνης τε καὶ ἀσχημοσύνης τῷ εὐρύθμῳ τε καὶ ἀρρύθμῳ ἀκολουθεῖ, δύνασαι διελέσθαι;

10 Πῶς δ' οὔ;

d Ἀλλὰ μὴν τὸ εὔρυθμόν γε καὶ τὸ ἄρρυθμον τὸ μὲν τῇ καλῇ λέξει ἕπεται ὁμοιούμενον, τὸ δὲ τῇ ἐναντίᾳ, καὶ τὸ εὐάρμοστον καὶ ἀνάρμοστον ὡσαύτως, εἴπερ ῥυθμός γε καὶ ἁρμονία λόγῳ, ὥσπερ ἄρτι ἐλέγετο, ἀλλὰ μὴ λόγος τούτοις.

5 Ἀλλὰ μήν, ἦ δ' ὅς, ταῦτά γε λόγῳ ἀκολουθητέον.

Τί δ' ὁ τρόπος τῆς λέξεως, ἦν δ' ἐγώ, καὶ ὁ λόγος; οὐ τῷ τῆς ψυχῆς ἤθει ἕπεται;

Πῶς γὰρ οὔ;

Τῇ δὲ λέξει τὰ ἄλλα;

10 Ναί.

Εὐλογία ἄρα καὶ εὐαρμοστία καὶ εὐσχημοσύνη καὶ εὐρυθ-
e μία εὐηθείᾳ ἀκολουθεῖ, οὐχ ἣν ἄνοιαν οὖσαν ὑποκοριζόμενοι καλοῦμεν [ὡς εὐήθειαν], ἀλλὰ τὴν ὡς ἀληθῶς εὖ τε καὶ καλῶς τὸ ἦθος κατεσκευασμένην διάνοιαν.

Παντάπασι μὲν οὖν, ἔφη.

5 Ἆρ' οὖν οὐ πανταχοῦ ταῦτα διωκτέα τοῖς νέοις, εἰ μέλλουσι τὸ αὑτῶν πράττειν;

Διωκτέα μὲν οὖν.

401 Ἔστιν δέ γέ που πλήρης μὲν γραφικὴ αὐτῶν καὶ πᾶσα

c 3 αὐτοὺς A F M : αὐτοῦ D ἔχω A F D M : ἔγωγε ἔχω m c 7 καὶ ἀσχημοσύνης A F M : om. D c 8 δύνασαι A F M : δύνασθαι D d 1 γε A D M : τε F d 3 καὶ ἀνάρμοστον F D : καὶ τὸ ἀνάρμοστον M : om. A γε A D M : τε F e 2 ὡς] νῦν ci. Cobet : secl. Baiter ὡς εὐήθειαν secl. Herwerden τε A D M : γε F e 5 πανταχοῦ A D M : πανταχῇ F

ἡ τοιαύτη δημιουργία, πλήρης δὲ ὑφαντικὴ καὶ ποικιλία καὶ
οἰκοδομία καὶ πᾶσα αὖ ἡ τῶν ἄλλων σκευῶν ἐργασία, ἔτι
δὲ ἡ τῶν σωμάτων φύσις καὶ ἡ τῶν ἄλλων φυτῶν· ἐν πᾶσι
γὰρ τούτοις ἔνεστιν εὐσχημοσύνη ἢ ἀσχημοσύνη. καὶ ἡ 5
μὲν ἀσχημοσύνη καὶ ἀρρυθμία καὶ ἀναρμοστία κακολογίας
καὶ κακοηθείας ἀδελφά, τὰ δ' ἐναντία τοῦ ἐναντίου, σώφρονός
τε καὶ ἀγαθοῦ ἤθους, ἀδελφά τε καὶ μιμήματα.

Παντελῶς μὲν οὖν, ἔφη.

Ἆρ' οὖν τοῖς ποιηταῖς ἡμῖν μόνον ἐπιστατητέον καὶ b
προσαναγκαστέον τὴν τοῦ ἀγαθοῦ εἰκόνα ἤθους ἐμποιεῖν
τοῖς ποιήμασιν ἢ μὴ παρ' ἡμῖν ποιεῖν, ἢ καὶ τοῖς ἄλλοις
δημιουργοῖς ἐπιστατητέον καὶ διακωλυτέον τὸ κακόηθες τοῦτο
καὶ ἀκόλαστον καὶ ἀνελεύθερον καὶ ἄσχημον μήτε ἐν εἰκόσι 5
ζῴων μήτε ἐν οἰκοδομήμασι μήτε ἐν ἄλλῳ μηδενὶ δημιουρ-
γουμένῳ ἐμποιεῖν, ἢ ὁ μὴ οἷός τε ὢν οὐκ ἐατέος παρ' ἡμῖν
δημιουργεῖν, ἵνα μὴ ἐν κακίας εἰκόσι τρεφόμενοι ἡμῖν οἱ
φύλακες ὥσπερ ἐν κακῇ βοτάνῃ, πολλὰ ἑκάστης ἡμέρας c
κατὰ σμικρὸν ἀπὸ πολλῶν δρεπόμενοί τε καὶ νεμόμενοι, ἕν
τι συνιστάντες λανθάνωσιν κακὸν μέγα ἐν τῇ αὐτῶν ψυχῇ,
ἀλλ' ἐκείνους ζητητέον τοὺς δημιουργοὺς τοὺς εὐφυῶς δυνα-
μένους ἰχνεύειν τὴν τοῦ καλοῦ τε καὶ εὐσχήμονος φύσιν, 5
ἵνα ὥσπερ ἐν ὑγιεινῷ τόπῳ οἰκοῦντες οἱ νέοι ἀπὸ παντὸς
ὠφελῶνται, ὁπόθεν ἂν αὐτοῖς ἀπὸ τῶν καλῶν ἔργων ἢ πρὸς
ὄψιν ἢ πρὸς ἀκοήν τι προσβάλῃ, ὥσπερ αὔρα φέρουσα ἀπὸ
χρηστῶν τόπων ὑγίειαν, καὶ εὐθὺς ἐκ παίδων λανθάνῃ εἰς d
ὁμοιότητά τε καὶ φιλίαν καὶ συμφωνίαν τῷ καλῷ λόγῳ
ἄγουσα;

Πολὺ γὰρ ἄν, ἔφη, κάλλιστα οὕτω τραφεῖεν.

Ἆρ' οὖν, ἦν δ' ἐγώ, ὦ Γλαύκων, τούτων ἕνεκα κυριωτάτη 5
ἐν μουσικῇ τροφή, ὅτι μάλιστα καταδύεται εἰς τὸ ἐντὸς τῆς

a 3 αὖ A F M : ἡ τοιαύτη δημιουργία καὶ D a 5 ἢ A D M : καὶ F
a 6 ἀρρυθμία A² F : ἀρυθμία A M : ἀραθυμία D a 7 κακοηθείας A M :
κακονοίας F D b 8 ἡμῖν A D M : om. F c 2 νεμόμενοι F D M :
ἀνεμόμενοι A : ἀνιμώμενοι in marg. rec. a c 8 τι] τις Adam αὔρα
A M : λύρα F D d 5 κυριωτάτη ⟨ἡ⟩ ci. Rückert

ψυχῆς ὅ τε ῥυθμὸς καὶ ἁρμονία, καὶ ἐρρωμενέστατα ἅπτεται
αὐτῆς φέροντα τὴν εὐσχημοσύνην, καὶ ποιεῖ εὐσχήμονα,
e ἐάν τις ὀρθῶς τραφῇ, εἰ δὲ μή, τοὐναντίον; καὶ ὅτι αὖ τῶν
παραλειπομένων καὶ μὴ καλῶς δημιουργηθέντων ἢ μὴ καλῶς
φύντων ὀξύτατ' ἂν αἰσθάνοιτο ὁ ἐκεῖ τραφεὶς ὡς ἔδει, καὶ
ὀρθῶς δὴ δυσχεραίνων τὰ μὲν καλὰ ἐπαινοῖ καὶ χαίρων καὶ
5 καταδεχόμενος εἰς τὴν ψυχὴν τρέφοιτ' ἂν ἀπ' αὐτῶν καὶ
402 γίγνοιτο καλός τε κἀγαθός, τὰ δ' αἰσχρὰ ψέγοι τ' ἂν ὀρθῶς
καὶ μισοῖ ἔτι νέος ὤν, πρὶν λόγον δυνατὸς εἶναι λαβεῖν,
ἐλθόντος δὲ τοῦ λόγου ἀσπάζοιτ' ἂν αὐτὸν γνωρίζων δι'
οἰκειότητα μάλιστα ὁ οὕτω τραφείς;

5 Ἐμοὶ γοῦν δοκεῖ, ἔφη, τῶν τοιούτων ἕνεκα ἐν μουσικῇ
εἶναι ἡ τροφή.

Ὥσπερ ἄρα, ἦν δ' ἐγώ, γραμμάτων πέρι τότε ἱκανῶς
εἴχομεν, ὅτε τὰ στοιχεῖα μὴ λανθάνοι ἡμᾶς ὀλίγα ὄντα ἐν
ἅπασιν οἷς ἔστιν περιφερόμενα, καὶ οὔτ' ἐν σμικρῷ οὔτ' ἐν
b μεγάλῳ ἠτιμάζομεν αὐτά, ὡς οὐ δέοι αἰσθάνεσθαι, ἀλλὰ
πανταχοῦ προυθυμούμεθα διαγιγνώσκειν, ὡς οὐ πρότερον
ἐσόμενοι γραμματικοὶ πρὶν οὕτως ἔχοιμεν—

Ἀληθῆ.

5 Οὐκοῦν καὶ εἰκόνας γραμμάτων, εἴ που ἢ ἐν ὕδασιν ἢ ἐν
κατόπτροις ἐμφαίνοιντο, οὐ πρότερον γνωσόμεθα, πρὶν ἂν
αὐτὰ γνῶμεν, ἀλλ' ἔστιν τῆς αὐτῆς τέχνης τε καὶ μελέτης;

Παντάπασι μὲν οὖν.

Ἆρ' οὖν, ὃ λέγω, πρὸς θεῶν, οὕτως οὐδὲ μουσικοὶ πρό-
c τερον ἐσόμεθα, οὔτε αὐτοὶ οὔτε οὓς φαμεν ἡμῖν παιδευτέον
εἶναι τοὺς φύλακας, πρὶν ἂν τὰ τῆς σωφροσύνης εἴδη καὶ
ἀνδρείας καὶ ἐλευθεριότητος καὶ μεγαλοπρεπείας καὶ ὅσα
τούτων ἀδελφὰ καὶ τὰ τούτων αὖ ἐναντία πανταχοῦ περι-
5 φερόμενα γνωρίζωμεν καὶ ἐνόντα ἐν οἷς ἔνεστιν αἰσθανώμεθα

d 7 ὅ τε A F M : ὅτι D e 4 χαίρων καὶ om. Mon. : χαίρων [καὶ] al. Stallbaum : ante δυσχεραίνων transp. ci. Vermehren a 2 πρὶν A D M : πρὶν καὶ F λόγον A F M : λόγου D a 6 ἡ A M : ἣ F : om. D b 2 προὐθυμούμεθα A : προθυμούμεθα F D b 5 καὶ F M : καὶ εἰ A D καὶ αὐτὰ καὶ εἰκόνας αὐτῶν, καὶ μήτε ἐν σμικροῖς μήτε ἐν μεγάλοις ἀτιμάζωμεν, ἀλλὰ τῆς αὐτῆς οἰώμεθα τέχνης εἶναι καὶ μελέτης;

Πολλὴ ἀνάγκη, ἔφη.

Οὐκοῦν, ἦν δ' ἐγώ, ὅτου ἂν συμπίπτῃ ἔν τε τῇ ψυχῇ d καλὰ ἤθη ἐνόντα καὶ ἐν τῷ εἴδει ὁμολογοῦντα ἐκείνοις καὶ συμφωνοῦντα, τοῦ αὐτοῦ μετέχοντα τύπου, τοῦτ' ἂν εἴη κάλλιστον θέαμα τῷ δυναμένῳ θεᾶσθαι;

Πολύ γε. 5

Καὶ μὴν τό γε κάλλιστον ἐρασμιώτατον;

Πῶς δ' οὔ;

Τῶν δὴ ὅτι μάλιστα τοιούτων ἀνθρώπων ὅ γε μουσικὸς ἐρῴη ἄν· εἰ δὲ ἀσύμφωνος εἴη, οὐκ ἂν ἐρῴη.

Οὐκ ἄν, εἴ γέ τι, ἔφη, κατὰ τὴν ψυχὴν ἐλλείποι· εἰ 10 μέντοι τι κατὰ τὸ σῶμα, ὑπομείνειεν ἂν ὥστε ἐθέλειν ἀσπάζεσθαι. e

Μανθάνω, ἦν δ' ἐγώ· ὅτι ἔστιν σοι ἢ γέγονεν παιδικὰ τοιαῦτα, καὶ συγχωρῶ. ἀλλὰ τόδε μοι εἰπέ· σωφροσύνῃ καὶ ἡδονῇ ὑπερβαλλούσῃ ἔστι τις κοινωνία;

Καὶ πῶς; ἔφη, ἥ γε ἔκφρονα ποιεῖ οὐχ ἧττον ἢ λύπη; 5

Ἀλλὰ τῇ ἄλλῃ ἀρετῇ;

Οὐδαμῶς. 403

Τί δέ; ὕβρει τε καὶ ἀκολασίᾳ;

Πάντων μάλιστα.

Μείζω δέ τινα καὶ ὀξυτέραν ἔχεις εἰπεῖν ἡδονὴν τῆς περὶ τὰ ἀφροδίσια; 5

Οὐκ ἔχω, ἦ δ' ὅς, οὐδέ γε μανικωτέραν.

Ὁ δὲ ὀρθὸς ἔρως πέφυκε κοσμίου τε καὶ καλοῦ σωφρόνως τε καὶ μουσικῶς ἐρᾶν;

Καὶ μάλα, ἦ δ' ὅς.

c 7 οἰώμεθα F D : οἰόμεθα A M   d 4 θεᾶσθαι A D M : θεάσασθαι F   d 5 πολύ] πάνυ Stobaeus   d 8 δὴ ὅτι F D M Stobaeus : διότι A   d 10 ἐλλείποι] ἐλλίποι Stobaeus   d 11 τι A D M : om. F Stobaeus   e 5 ἥ γε A D M : εἴ γε F Stobaeus   a 2 ὕβρει A F D : ὕβρις M Stobaei A

10 Οὐδὲν ἄρα προσοιστέον μανικὸν οὐδὲ συγγενὲς ἀκολασίας τῷ ὀρθῷ ἔρωτι;

Οὐ προσοιστέον.

b Οὐ προσοιστέον ἄρα αὕτη ἡ ἡδονή, οὐδὲ κοινωνητέον αὐτῆς ἐραστῇ τε καὶ παιδικοῖς ὀρθῶς ἐρῶσί τε καὶ ἐρωμένοις;

Οὐ μέντοι μὰ Δί', ἔφη, ὦ Σώκρατες, προσοιστέον.

Οὕτω δή, ὡς ἔοικε, νομοθετήσεις ἐν τῇ οἰκιζομένῃ πόλει 5 φιλεῖν μὲν καὶ συνεῖναι καὶ ἅπτεσθαι ὥσπερ ὑέος παιδικῶν ἐραστήν, τῶν καλῶν χάριν, ἐὰν πείθῃ, τὰ δ' ἄλλα οὕτως ὁμιλεῖν πρὸς ὅν τις σπουδάζοι, ὅπως μηδέποτε δόξει μα- c κρότερα τούτων συγγίγνεσθαι· εἰ δὲ μή, ψόγον ἀμουσίας καὶ ἀπειροκαλίας ὑφέξοντα.

Οὕτως, ἔφη.

Ἆρ' οὖν, ἦν δ' ἐγώ, καὶ σοὶ φαίνεται τέλος ἡμῖν ἔχειν 5 ὁ περὶ μουσικῆς λόγος; οἷ γοῦν δεῖ τελευτᾶν, τετελεύτηκεν· δεῖ δέ που τελευτᾶν τὰ μουσικὰ εἰς τὰ τοῦ καλοῦ ἐρωτικά.

Σύμφημι, ἦ δ' ὅς.

Μετὰ δὴ μουσικὴν γυμναστικῇ θρεπτέοι οἱ νεανίαι.

10 Τί μήν;

Δεῖ μὲν δὴ καὶ ταύτῃ ἀκριβῶς τρέφεσθαι ἐκ παίδων διὰ d βίου. ἔχει δέ πως, ὡς ἐγῷμαι, ὧδε· σκόπει δὲ καὶ σύ. ἐμοὶ μὲν γὰρ οὐ φαίνεται, ὃ ἂν χρηστὸν ᾖ σῶμα, τοῦτο τῇ αὑτοῦ ἀρετῇ ψυχὴν ἀγαθὴν ποιεῖν, ἀλλὰ τοὐναντίον ψυχὴ ἀγαθὴ τῇ αὑτῆς ἀρετῇ σῶμα παρέχειν ὡς οἷόν τε βέλτιστον· 5 σοὶ δὲ πῶς φαίνεται;

Καὶ ἐμοί, ἔφη, οὕτως.

Οὐκοῦν εἰ τὴν διάνοιαν ἱκανῶς θεραπεύσαντες παραδοῖμεν αὐτῇ τὰ περὶ τὸ σῶμα ἀκριβολογεῖσθαι, ἡμεῖς δὲ ὅσον τοὺς

a 11 ὀρθῷ ἔρωτι] ὀρθῶς ἐρῶντι Stobaeus (ut videtur) b 1 αὕτη ἡ A: αὐτὴ ἡ F: αὐτῇ D: αὐτὴν M b 4 ἔοικε A: ἔοικεν ὁ A[2] νομοθετήσεις FDM: νομοθετὴς εἶς A b 7 δόξει AM: δόξῃ FD d 2 τοῦτο ADM: om. F Stobaeus d 3 ποιεῖν] ἐμποιεῖν Stobaeus d 6 ἔφη οὕτως] οὕτως ἔφη Stobaeus

τύπους ὑφηγησαίμεθα, ἵνα μὴ μακρολογῶμεν, ὀρθῶς ἂν e
ποιοῖμεν;

Πάνυ μὲν οὖν.

Μέθης μὲν δὴ εἴπομεν ὅτι ἀφεκτέον αὐτοῖς· παντὶ γάρ
που μᾶλλον ἐγχωρεῖ ἢ φύλακι μεθυσθέντι μὴ εἰδέναι ὅπου 5
γῆς ἐστιν.

Γελοῖον γάρ, ἦ δ' ὅς, τόν γε φύλακα φύλακος δεῖσθαι.

Τί δὲ δὴ σίτων πέρι; ἀθληταὶ μὲν γὰρ οἱ ἄνδρες τοῦ
μεγίστου ἀγῶνος. ἢ οὐχί;

Ναί. 10

Ἆρ' οὖν ἡ τῶνδε τῶν ἀσκητῶν ἕξις προσήκουσ' ἂν εἴη 404
τούτοις;

Ἴσως.

Ἀλλ', ἦν δ' ἐγώ, ὑπνώδης αὕτη γέ τις καὶ σφαλερὰ πρὸς
ὑγίειαν. ἢ οὐχ ὁρᾷς ὅτι καθεύδουσί τε τὸν βίον καί, ἐὰν 5
σμικρὰ ἐκβῶσιν τῆς τεταγμένης διαίτης, μεγάλα καὶ σφόδρα
νοσοῦσιν οὗτοι οἱ ἀσκηταί;

Ὁρῶ.

Κομψοτέρας δή τινος, ἦν δ' ἐγώ, ἀσκήσεως δεῖ τοῖς
πολεμικοῖς ἀθληταῖς, οὓς γε ὥσπερ κύνας ἀγρύπνους τε 10
ἀνάγκη εἶναι καὶ ὅτι μάλιστα ὀξὺ ὁρᾶν καὶ ἀκούειν καὶ
πολλὰς μεταβολὰς ἐν ταῖς στρατείαις μεταβάλλοντας ὑδάτων
τε καὶ τῶν ἄλλων σίτων καὶ εἱλήσεων καὶ χειμώνων μὴ b
ἀκροσφαλεῖς εἶναι πρὸς ὑγίειαν.

Φαίνεταί μοι.

Ἆρ' οὖν ἡ βελτίστη γυμναστικὴ ἀδελφή τις ἂν εἴη τῆς
ἁπλῆς μουσικῆς ἣν ὀλίγον πρότερον διῃμεν; 5

Πῶς λέγεις;

Ἁπλῆ που καὶ ἐπιεικὴς γυμναστική, καὶ μάλιστα ἡ τῶν
περὶ τὸν πόλεμον.

a 5 σφόδρα F D: σφοδρὰ A M a 9 τε F D M: τε καὶ A a 10 καὶ ἀκούειν A F M: ἀκούειν D a 11 στρατείαις A F: στρατίαις D b 1 χειμώνων A D M: τῶν χειμώνων F b 5 ἁπλῆς F D: om. A M b 7 που καὶ] που ἡ ci. Hartman: που καὶ ἡ Adam

Πῇ δή;

10 Καὶ παρ' Ὁμήρου, ἦν δ' ἐγώ, τά γε τοιαῦτα μάθοι ἄν τις. οἶσθα γὰρ ὅτι ἐπὶ στρατιᾶς ἐν ταῖς τῶν ἡρώων ἑστιάσεσιν οὔτε ἰχθύσιν αὐτοὺς ἑστιᾷ, καὶ ταῦτα ἐπὶ

c θαλάττῃ ἐν Ἑλλησπόντῳ ὄντας, οὔτε ἑφθοῖς κρέασιν ἀλλὰ μόνον ὀπτοῖς, ἃ δὴ μάλιστ' ἂν εἴη στρατιώταις εὔπορα· πανταχοῦ γὰρ ὡς ἔπος εἰπεῖν αὐτῷ τῷ πυρὶ χρῆσθαι εὐπορώτερον ἢ ἀγγεῖα συμπεριφέρειν.

5 Καὶ μάλα.

Οὐδὲ μὴν ἡδυσμάτων, ὡς ἐγῷμαι, Ὅμηρος πώποτε ἐμνήσθη. ἢ τοῦτο μὲν καὶ οἱ ἄλλοι ἀσκηταὶ ἴσασιν, ὅτι τῷ μέλλοντι σώματι εὖ ἕξειν ἀφεκτέον τῶν τοιούτων ἁπάντων;

Καὶ ὀρθῶς γε, ἔφη, ἴσασί τε καὶ ἀπέχονται.

d Συρακοσίαν δέ, ὦ φίλε, τράπεζαν καὶ Σικελικὴν ποικιλίαν ὄψου, ὡς ἔοικας, οὐκ αἰνεῖς, εἴπερ σοι ταῦτα δοκεῖ ὀρθῶς ἔχειν.

Οὔ μοι δοκῶ.

5 Ψέγεις ἄρα καὶ Κορινθίαν κόρην φίλην εἶναι ἀνδράσιν μέλλουσιν εὖ σώματος ἕξειν.

Παντάπασι μὲν οὖν.

Οὐκοῦν καὶ Ἀττικῶν πεμμάτων τὰς δοκούσας εἶναι εὐπαθείας;

10 Ἀνάγκη.

Ὅλην γὰρ οἶμαι τὴν τοιαύτην σίτησιν καὶ δίαιταν τῇ μελοποιίᾳ τε καὶ ᾠδῇ τῇ ἐν τῷ παναρμονίῳ καὶ ἐν πᾶσι

e ῥυθμοῖς πεποιημένῃ ἀπεικάζοντες ὀρθῶς ἂν ἀπεικάζοιμεν.

Πῶς γὰρ οὔ;

Οὐκοῦν ἐκεῖ μὲν ἀκολασίαν ἡ ποικιλία ἐνέτικτεν, ἐνταῦθα δὲ νόσον, ἡ δὲ ἁπλότης κατὰ μὲν μουσικὴν ἐν ψυχαῖς

5 σωφροσύνην, κατὰ δὲ γυμναστικὴν ἐν σώμασιν ὑγίειαν;

b 11 στρατιᾶς A f: στρατίαις F: στρατείας D c 1 ἐν Ἑλλησπόντῳ secl. Cobet c 8 σώματι] σώματος ci. Cobet εὖ ἕξειν AFM: εὐεξεῖν D d 1 δέ] δή ci. Schneider (*itaque* Ficinus) d 2 ὄψου] ὄψων vulg. d 12 τῷ AM: τῇ FD

Ἀληθέστατα, ἔφη.

Ἀκολασίας δὲ καὶ νόσων πληθυουσῶν ἐν πόλει ἆρ' οὐ 405
δικαστήριά τε καὶ ἰατρεῖα πολλὰ ἀνοίγεται, καὶ δικανική
τε καὶ ἰατρικὴ σεμνύνονται, ὅταν δὴ καὶ ἐλεύθεροι πολλοὶ
καὶ σφόδρα περὶ αὐτὰ σπουδάζωσιν;

Τί γὰρ οὐ μέλλει; 5

Τῆς δὲ κακῆς τε καὶ αἰσχρᾶς παιδείας ἐν πόλει ἆρα μή
τι μεῖζον ἕξεις λαβεῖν τεκμήριον ἢ τὸ δεῖσθαι ἰατρῶν καὶ
δικαστῶν ἄκρων μὴ μόνον τοὺς φαύλους τε καὶ χειροτέχνας,
ἀλλὰ καὶ τοὺς ἐν ἐλευθέρῳ σχήματι προσποιουμένους τε-
θράφθαι; ἢ οὐκ αἰσχρὸν δοκεῖ καὶ ἀπαιδευσίας μέγα b
τεκμήριον τὸ ἐπακτῷ παρ' ἄλλων, ὡς δεσποτῶν τε καὶ
κριτῶν, τῷ δικαίῳ ἀναγκάζεσθαι χρῆσθαι, καὶ ἀπορίᾳ
οἰκείων;

Πάντων μὲν οὖν, ἔφη, αἴσχιστον. 5

Ἢ δοκεῖ σοι, ἦν δ' ἐγώ, τούτου αἴσχιον εἶναι τοῦτο,
ὅταν δή τις μὴ μόνον τὸ πολὺ τοῦ βίου ἐν δικαστηρίοις
φεύγων τε καὶ διώκων κατατρίβηται, ἀλλὰ καὶ ὑπὸ ἀπειρο-
καλίας ἐπ' αὐτῷ δὴ τούτῳ πεισθῇ καλλωπίζεσθαι, ὡς δεινὸς
ὢν περὶ τὸ ἀδικεῖν καὶ ἱκανὸς πάσας μὲν στροφὰς στρέ- c
φεσθαι, πάσας δὲ διεξόδους διεξελθὼν ἀποστραφῆναι λυγι-
ζόμενος, ὥστε μὴ παρασχεῖν δίκην, καὶ ταῦτα σμικρῶν τε
καὶ οὐδενὸς ἀξίων ἕνεκα, ἀγνοῶν ὅσῳ κάλλιον καὶ ἄμεινον
τὸ παρασκευάζειν τὸν βίον αὐτῷ μηδὲν δεῖσθαι νυστάζοντος 5
δικαστοῦ;

Οὔκ, ἀλλὰ τοῦτ', ἔφη, ἐκείνου ἔτι αἴσχιον.

Τὸ δὲ ἰατρικῆς, ἦν δ' ἐγώ, δεῖσθαι ὅτι μὴ τραυμάτων
ἕνεκα ἤ τινων ἐπετείων νοσημάτων ἐπιπεσόντων, ἀλλὰ δι'

a 9 *τεθράφθαι* A F : *τετράφθαι* D b 3 *καὶ* A D M : *ὡς* F : secl. Ast : *δικαίων* ci. Madvig b 4 *οἰκείου* scr. Mon. b 7 *δή τις* F Stobaeus : *τις* A D M b 9 *πεισθῇ* A F M Stobaeus : *πεισθῆναι* D c 2 *λυγιζόμενος* A M schol. (Boethus) : *αὖ λογιζόμενος* F : *λογιζόμενος* D Stobaeus c 3 *παρασχεῖν* A D M Stobaeus : *παρέχειν* F Suidas *δίκην* A F D M Stobaeus : *δίκας* d *ταῦτα* A F M : *ταύτας* D d ἀργίαν τε καὶ δίαιταν οἵαν διήλθομεν, ῥευμάτων τε καὶ πνευμάτων ὥσπερ λίμνας ἐμπιμπλαμένους φύσας τε καὶ κατάρρους νοσήμασιν ὀνόματα τίθεσθαι ἀναγκάζειν τοὺς κομψοὺς Ἀσκληπιάδας, οὐκ αἰσχρὸν δοκεῖ;

5 Καὶ μάλ', ἔφη· ὡς ἀληθῶς καινὰ ταῦτα καὶ ἄτοπα νοσημάτων ὀνόματα.

Οἷα, ἦν δ' ἐγώ, ὡς οἶμαι, οὐκ ἦν ἐπ' Ἀσκληπιοῦ. e τεκμαίρομαι δέ, ὅτι αὐτοῦ οἱ ὑεῖς ἐν Τροίᾳ Εὐρυπύλῳ τετρωμένῳ ἐπ' οἶνον Πράμνειον ἄλφιτα πολλὰ ἐπιπασθέντα 406 καὶ τυρὸν ἐπιξυσθέντα, ἃ δὴ δοκεῖ φλεγματώδη εἶναι, οὐκ ἐμέμψαντο τῇ δούσῃ πιεῖν, οὐδὲ Πατρόκλῳ τῷ ἰωμένῳ ἐπετίμησαν.

Καὶ μὲν δή, ἔφη, ἄτοπόν γε τὸ πῶμα οὕτως ἔχοντι.

5 Οὔκ, εἴ γ' ἐννοεῖς, εἶπον, ὅτι τῇ παιδαγωγικῇ τῶν νοσημάτων ταύτῃ τῇ νῦν ἰατρικῇ πρὸ τοῦ Ἀσκληπιάδαι οὐκ ἐχρῶντο, ὥς φασι, πρὶν Ἡρόδικον γενέσθαι· Ἡρόδικος δὲ παιδοτρίβης ὢν καὶ νοσώδης γενόμενος, μείξας γυμναστικὴν b ἰατρικῇ, ἀπέκναισε πρῶτον μὲν καὶ μάλιστα ἑαυτόν, ἔπειτ' ἄλλους ὕστερον πολλούς.

Πῇ δή; ἔφη.

Μακρόν, ἦν δ' ἐγώ, τὸν θάνατον αὑτῷ ποιήσας. παρα-5 κολουθῶν γὰρ τῷ νοσήματι θανασίμῳ ὄντι οὔτε ἰάσασθαι οἶμαι οἷός τ' ἦν ἑαυτόν, ἐν ἀσχολίᾳ τε πάντων ἰατρευόμενος διὰ βίου ἔζη, ἀποκναιόμενος εἴ τι τῆς εἰωθυίας διαίτης ἐκβαίη, δυσθανατῶν δὲ ὑπὸ σοφίας εἰς γῆρας ἀφίκετο.

Καλὸν ἄρα τὸ γέρας, ἔφη, τῆς τέχνης ἠνέγκατο.

c Οἷον εἰκός, ἦν δ' ἐγώ, τὸν μὴ εἰδότα ὅτι Ἀσκληπιὸς οὐκ ἀγνοίᾳ οὐδὲ ἀπειρίᾳ τούτου τοῦ εἴδους τῆς ἰατρικῆς τοῖς ἐκγόνοις οὐ κατέδειξεν αὐτό, ἀλλ' εἰδὼς ὅτι πᾶσι τοῖς εὐνομουμένοις ἔργον τι ἑκάστῳ ἐν τῇ πόλει προστέτακται, ὃ ἀναγκαῖον 5 ἐργάζεσθαι, καὶ οὐδενὶ σχολὴ διὰ βίου κάμνειν ἰατρευομένῳ. ὃ ἡμεῖς γελοίως ἐπὶ μὲν τῶν δημιουργῶν αἰσθανόμεθα, ἐπὶ

d 7 ὡς οἶμαι A F M : om. D c 3 ἐγγόνοις F

δὲ τῶν πλουσίων τε καὶ εὐδαιμόνων δοκούντων εἶναι οὐκ αἰσθανόμεθα.

Πῶς; ἔφη.

Τέκτων μέν, ἦν δ' ἐγώ, κάμνων ἀξιοῖ παρὰ τοῦ ἰατροῦ **d** φάρμακον πιὼν ἐξεμέσαι τὸ νόσημα, ἢ κάτω καθαρθεὶς ἢ καύσει ἢ τομῇ χρησάμενος ἀπηλλάχθαι· ἐὰν δέ τις αὐτῷ μακρὰν δίαιταν προστάττῃ, πιλίδιά τε περὶ τὴν κεφαλὴν περιτιθεὶς καὶ τὰ τούτοις ἑπόμενα, ταχὺ εἶπεν ὅτι οὐ σχολὴ κάμνειν 5 οὐδὲ λυσιτελεῖ οὕτω ζῆν, νοσήματι τὸν νοῦν προσέχοντα, τῆς δὲ προκειμένης ἐργασίας ἀμελοῦντα. καὶ μετὰ ταῦτα χαίρειν εἰπὼν τῷ τοιούτῳ ἰατρῷ, εἰς τὴν εἰωθυῖαν δίαιταν ἐμβάς, **e** ὑγιὴς γενόμενος ζῇ τὰ ἑαυτοῦ πράττων· ἐὰν δὲ μὴ ἱκανὸν ᾖ τὸ σῶμα ὑπενεγκεῖν, τελευτήσας πραγμάτων ἀπηλλάγη.

Καὶ τῷ τοιούτῳ μέν γ', ἔφη, δοκεῖ πρέπειν οὕτω ἰατρικῇ χρῆσθαι. 5

Ἆρα, ἦν δ' ἐγώ, ὅτι ἦν τι αὐτῷ ἔργον, ὃ εἰ μὴ πράττοι, **407** οὐκ ἐλυσιτέλει ζῆν;

Δῆλον, ἔφη.

Ὁ δὲ δὴ πλούσιος, ὥς φαμεν, οὐδὲν ἔχει τοιοῦτον ἔργον προκείμενον, οὗ ἀναγκαζομένῳ ἀπέχεσθαι ἀβίωτον. 5

Οὔκουν δὴ λέγεταί γε.

Φωκυλίδου γάρ, ἦν δ' ἐγώ, οὐκ ἀκούεις πῶς φησι δεῖν, ὅταν τῳ ἤδη βίος ᾖ, ἀρετὴν ἀσκεῖν.

Οἶμαι δέ γε, ἔφη, καὶ πρότερον.

Μηδέν, εἶπον, περὶ τούτου αὐτῷ μαχώμεθα, ἀλλ' ἡμᾶς 10 αὐτοὺς διδάξωμεν πότερον μελετητέον τοῦτο τῷ πλουσίῳ καὶ ἀβίωτον τῷ μὴ μελετῶντι, ἢ νοσοτροφία τεκτονικῇ **b** μὲν καὶ ταῖς ἄλλαις τέχναις ἐμπόδιον τῇ προσέξει τοῦ νοῦ, τὸ δὲ Φωκυλίδου παρακέλευμα οὐδὲν ἐμποδίζει.

Ναὶ μὰ τὸν Δία, ἦ δ' ὅς. σχεδόν γέ τι πάντων μάλιστα

d 1 μὲν A M : om. F D d 3 μακρὰν M : μικρὰν A F D a 4 φαμεν A F M : ἔφαμεν D a 11 πότερον A F M : πρότερον D b 1 ἢ F D : ἡ A b 2 μὲν A F M : μὲν γὰρ D b 4 γέ τι A D M : τί γε F Galenus

5 ἥ γε περαιτέρω γυμναστικῆς ἡ περιττὴ αὕτη ἐπιμέλεια τοῦ σώματος· καὶ γὰρ πρὸς οἰκονομίας καὶ πρὸς στρατείας καὶ πρὸς ἑδραίους ἐν πόλει ἀρχὰς δύσκολος.

Τὸ δὲ δὴ μέγιστον, ὅτι καὶ πρὸς μαθήσεις ἁστινασοῦν καὶ c ἐννοήσεις τε καὶ μελέτας πρὸς ἑαυτὸν χαλεπή, κεφαλῆς τινας ἀεὶ διατάσεις καὶ ἰλίγγους ὑποπτεύουσα καὶ αἰτιωμένη ἐκ φιλοσοφίας ἐγγίγνεσθαι, ὥστε, ὅπῃ ταύτῃ ἀρετὴ ἀσκεῖται καὶ δοκιμάζεται, πάντῃ ἐμπόδιος· κάμνειν γὰρ οἴεσθαι ποιεῖ 5 ἀεὶ καὶ ὠδίνοντα μήποτε λήγειν περὶ τοῦ σώματος.

Εἰκός γε, ἔφη.

Οὐκοῦν ταῦτα γιγνώσκοντα φῶμεν καὶ Ἀσκληπιὸν τοὺς μὲν φύσει τε καὶ διαίτῃ ὑγιεινῶς ἔχοντας τὰ σώματα, d νόσημα δέ τι ἀποκεκριμένον ἴσχοντας ἐν αὐτοῖς, τούτοις μὲν καὶ ταύτῃ τῇ ἕξει καταδεῖξαι ἰατρικήν, φαρμάκοις τε καὶ τομαῖς τὰ νοσήματα ἐκβάλλοντα αὐτῶν τὴν εἰωθυῖαν προστάττειν δίαιταν, ἵνα μὴ τὰ πολιτικὰ βλάπτοι, τὰ δ' 5 εἴσω διὰ παντὸς νενοσηκότα σώματα οὐκ ἐπιχειρεῖν διαίταις κατὰ σμικρὸν ἀπαντλοῦντα καὶ ἐπιχέοντα μακρὸν καὶ κακὸν βίον ἀνθρώπῳ ποιεῖν, καὶ ἔκγονα αὐτῶν, ὡς τὸ εἰκός, ἕτερα τοιαῦτα φυτεύειν, ἀλλὰ τὸν μὴ δυνάμενον ἐν τῇ καθεστηκυίᾳ e περιόδῳ ζῆν μὴ οἴεσθαι δεῖν θεραπεύειν, ὡς οὔτε αὑτῷ οὔτε πόλει λυσιτελῆ;

Πολιτικόν, ἔφη, λέγεις Ἀσκληπιόν.

Δῆλον, ἦν δ' ἐγώ· καὶ οἱ παῖδες αὐτοῦ, ὅτι τοιοῦτος ἦν, 408 οὐχ ὁρᾷς ὡς καὶ ἐν Τροίᾳ ἀγαθοὶ πρὸς τὸν πόλεμον ἐφάνησαν, καὶ τῇ ἰατρικῇ, ὡς ἐγὼ λέγω, ἐχρῶντο; ἢ οὐ μέμνησαι ὅτι καὶ τῷ Μενέλεῳ ἐκ τοῦ τραύματος οὗ ὁ Πάνδαρος ἔβαλεν—

5 αἷμ' ἐκμυζήσαντες ἐπ' ἤπια φάρμακ' ἔπασσον,

b 5 γυμναστικῆς] γυμναστικὴ ἧς Adam   c 1 τε A D M : om. F   τινας scr. recc. : τινος A F D M   c 2 διατάσεις ex em. F Galenus : διαστάσεις A D M   c 3 ἀρετὴ M : ἀρετῇ A F D   c 6 εἰκός γε ἔφη A M : om. F D : εἰκός γε, ἔφην Adam   d 4 προστάττειν A F M : πράττειν D   a 5 ἐκμυζήσαντες F : ἐκμυζήσαντ' A D M : ἐκμύζησάν τ' Adam   ἐπ' ci. Bywater : ἐπί τ' A F D M ὅτι δ' ἐχρῆν μετὰ τοῦτο ἢ πιεῖν ἢ φαγεῖν οὐδὲν μᾶλλον ἢ τῷ Εὐρυπύλῳ προσέταττον, ὡς ἱκανῶν ὄντων τῶν φαρμάκων ἰάσασθαι ἄνδρας πρὸ τῶν τραυμάτων ὑγιεινούς τε καὶ κοσμίους ἐν διαίτῃ, κἂν εἰ τύχοιεν ἐν τῷ παραχρῆμα κυκεῶνα b πιόντες, νοσώδη δὲ φύσει τε καὶ ἀκόλαστον οὔτε αὑτοῖς οὔτε τοῖς ἄλλοις ᾤοντο λυσιτελεῖν ζῆν, οὐδ' ἐπὶ τούτοις τὴν τέχνην δεῖν εἶναι, οὐδὲ θεραπευτέον αὐτούς, οὐδ' εἰ Μίδου πλουσιώτεροι εἶεν. 5

Πάνυ κομψούς, ἔφη, λέγεις Ἀσκληπιοῦ παῖδας.

Πρέπει, ἦν δ' ἐγώ, καίτοι ἀπειθοῦντές γε ἡμῖν οἱ τραγῳδοποιοί τε καὶ Πίνδαρος Ἀπόλλωνος μέν φασιν Ἀσκληπιὸν εἶναι, ὑπὸ δὲ χρυσοῦ πεισθῆναι πλούσιον ἄνδρα θανάσιμον ἤδη ὄντα ἰάσασθαι, ὅθεν δὴ καὶ κεραυνωθῆναι αὐτόν. ἡμεῖς c δὲ κατὰ τὰ προειρημένα οὐ πεισόμεθα αὐτοῖς ἀμφότερα, ἀλλ' εἰ μὲν θεοῦ ἦν, οὐκ ἦν, φήσομεν, αἰσχροκερδής· εἰ δ' αἰσχροκερδής, οὐκ ἦν θεοῦ.

Ὀρθότατα, ἦ δ' ὅς, ταῦτά γε. ἀλλὰ περὶ τοῦδε τί 5 λέγεις, ὦ Σώκρατες; ἆρ' οὐκ ἀγαθοὺς δεῖ ἐν τῇ πόλει κεκτῆσθαι ἰατρούς; εἶεν δ' ἄν που μάλιστα τοιοῦτοι ὅσοι πλείστους μὲν ὑγιεινούς, πλείστους δὲ νοσώδεις μετεχειρί- d σαντο, καὶ δικασταὶ αὖ ὡσαύτως οἱ παντοδαπαῖς φύσεσιν ὡμιληκότες.

Καὶ μάλα, εἶπον, ἀγαθοὺς λέγω. ἀλλ' οἶσθα οὓς ἡγοῦμαι τοιούτους; 5

Ἂν εἴπῃς, ἔφη.

Ἀλλὰ πειράσομαι, ἦν δ' ἐγώ· σὺ μέντοι οὐχ ὅμοιον πρᾶγμα τῷ αὐτῷ λόγῳ ἤρου.

Πῶς; ἔφη.

Ἰατροὶ μέν, εἶπον, δεινότατοι ἂν γένοιντο, εἰ ἐκ παίδων 10 ἀρξάμενοι πρὸς τῷ μανθάνειν τὴν τέχνην ὡς πλείστοις τε

a 6 δ' ἐχρῆν A F M : δὲ χρῆν D a 7 τῶν A F M : om. D a 8 ἰάσασθαι A D M : ἶᾶσθαι F c 2 πεισόμεθα F : πειθόμεθα A D M c 5 ὀρθότατα A F M : ὀρθότατά γε D d 4 μάλα A F M Stobaeus : μάλιστα D d 7 ὅμοιον A M Stobaeus : ὁμοιοῦν pr. F D d 11 τῷ A D M : τὸ F Stobaeus

καὶ πονηροτάτοις σώμασιν ὁμιλήσειαν καὶ αὐτοὶ πάσας
e νόσους κάμοιεν καὶ εἶεν μὴ πάνυ ὑγιεινοὶ φύσει. οὐ
γὰρ οἶμαι σώματι σῶμα θεραπεύουσιν—οὐ γὰρ ἂν αὐτὰ
ἐνεχώρει κακὰ εἶναί ποτε καὶ γενέσθαι—ἀλλὰ ψυχῇ
σῶμα, ᾗ οὐκ ἐγχωρεῖ κακὴν γενομένην τε καὶ οὖσαν εὖ τι
5 θεραπεύειν.

Ὀρθῶς, ἔφη.

409 Δικαστὴς δέ γε, ὦ φίλε, ψυχῇ ψυχῆς ἄρχει, ᾗ οὐκ
ἐγχωρεῖ ἐκ νέας ἐν πονηραῖς ψυχαῖς τεθράφθαι τε καὶ
ὡμιληκέναι καὶ πάντα ἀδικήματα αὐτὴν ἠδικηκυῖαν διεξελη-
λυθέναι, ὥστε ὀξέως ἀφ' αὑτῆς τεκμαίρεσθαι τὰ τῶν ἄλλων
5 ἀδικήματα οἷον κατὰ σῶμα νόσους· ἀλλ' ἄπειρον αὐτὴν καὶ
ἀκέραιον δεῖ κακῶν ἠθῶν νέαν οὖσαν γεγονέναι, εἰ μέλλει
καλὴ κἀγαθὴ οὖσα κρινεῖν ὑγιῶς τὰ δίκαια. διὸ δὴ καὶ
εὐήθεις νέοι ὄντες οἱ ἐπιεικεῖς φαίνονται καὶ εὐεξαπάτητοι
b ὑπὸ τῶν ἀδίκων, ἅτε οὐκ ἔχοντες ἐν ἑαυτοῖς παραδείγματα
ὁμοιοπαθῆ τοῖς πονηροῖς.

Καὶ μὲν δή, ἔφη, σφόδρα γε αὐτὸ πάσχουσι.

Τῷ τοι, ἦν δ' ἐγώ, οὐ νέον ἀλλὰ γέροντα δεῖ τὸν
5 ἀγαθὸν δικαστὴν εἶναι, ὀψιμαθῆ γεγονότα τῆς ἀδικίας οἷόν
ἐστιν, οὐκ οἰκείαν ἐν τῇ αὑτοῦ ψυχῇ ἐνοῦσαν ᾐσθημένον,
ἀλλ' ἀλλοτρίαν ἐν ἀλλοτρίαις μεμελετηκότα ἐν πολλῷ
χρόνῳ διαισθάνεσθαι οἷον πέφυκε κακόν, ἐπιστήμῃ, οὐκ
c ἐμπειρίᾳ οἰκείᾳ κεχρημένον.

Γενναιότατος γοῦν, ἔφη, ἔοικεν εἶναι ὁ τοιοῦτος δικαστής.

Καὶ ἀγαθός γε, ἦν δ' ἐγώ, ὃ σὺ ἠρώτας· ὁ γὰρ ἔχων
ψυχὴν ἀγαθὴν ἀγαθός. ὁ δὲ δεινὸς ἐκεῖνος καὶ καχύποπ-
5 τος, ὁ πολλὰ αὐτὸς ἠδικηκὼς καὶ πανοῦργός τε καὶ σοφὸς
οἰόμενος εἶναι, ὅταν μὲν ὁμοίοις ὁμιλῇ, δεινὸς φαίνεται
ἐξευλαβούμενος, πρὸς τὰ ἐν αὑτῷ παραδείγματα ἀποσκοπῶν·

e 4 ᾗ D Stobaeus : ἡ A : ἧ pr. F rec. a a 1 ψυχῇ A M Stobaeus : om. F D ᾗ D Stobaeus : ηι A (sed corr. ἧ A) : ἧ pr. F a 7 κρινεῖν F D : κρίνειν A M Stobaeus b 4 τῷ τοι F D Stobaeus : τοιγάρτοι A M c 3 ἠρώτας] ἐρωτᾷς Stobaeus ὅταν δὲ ἀγαθοῖς καὶ πρεσβυτέροις ἤδη πλησιάσῃ, ἀβέλτερος αὖ φαίνεται, ἀπιστῶν παρὰ καιρὸν καὶ ἀγνοῶν ὑγιὲς ἦθος, **d** ἅτε οὐκ ἔχων παράδειγμα τοῦ τοιούτου. πλεονάκις δὲ πονηροῖς ἢ χρηστοῖς ἐντυγχάνων σοφώτερος ἢ ἀμαθέστερος δοκεῖ εἶναι αὑτῷ τε καὶ ἄλλοις.

Παντάπασι μὲν οὖν, ἔφη, ἀληθῆ. 5

Οὐ τοίνυν, ἦν δ' ἐγώ, τοιοῦτον χρὴ τὸν δικαστὴν ζητεῖν τὸν ἀγαθόν τε καὶ σοφόν, ἀλλὰ τὸν πρότερον· πονηρία μὲν γὰρ ἀρετήν τε καὶ αὑτὴν οὔποτ' ἂν γνοίη, ἀρετὴ δὲ φύσεως παιδευομένης χρόνῳ ἅμα αὑτῆς τε καὶ πονηρίας ἐπιστήμην λήψεται. σοφὸς οὖν οὗτος, ὥς μοι δοκεῖ, ἀλλ' οὐχ ὁ κακὸς **e** γίγνεται.

Καὶ ἐμοί, ἔφη, συνδοκεῖ.

Οὐκοῦν καὶ ἰατρικήν, οἵαν εἴπομεν, μετὰ τῆς τοιαύτης δικαστικῆς κατὰ πόλιν νομοθετήσεις, αἳ τῶν πολιτῶν σοι 5 τοὺς μὲν εὐφυεῖς τὰ σώματα καὶ τὰς ψυχὰς θεραπεύσουσι, **410** τοὺς δὲ μή, ὅσοι μὲν κατὰ σῶμα τοιοῦτοι, ἀποθνῄσκειν ἐάσουσιν, τοὺς δὲ κατὰ τὴν ψυχὴν κακοφυεῖς καὶ ἀνιάτους αὐτοὶ ἀποκτενοῦσιν;

Τὸ γοῦν ἄριστον, ἔφη, αὐτοῖς τε τοῖς πάσχουσιν καὶ τῇ 5 πόλει οὕτω πέφανται.

Οἱ δὲ δὴ νέοι, ἦν δ' ἐγώ, δῆλον ὅτι εὐλαβήσονταί σοι δικαστικῆς εἰς χρείαν ἰέναι, τῇ ἁπλῇ ἐκείνῃ μουσικῇ χρώμενοι ἣν δὴ ἔφαμεν σωφροσύνην ἐντίκτειν.

Τί μήν; ἔφη. 10

Ἆρ' οὖν οὐ κατὰ ταὐτὰ ἴχνη ταῦτα ὁ μουσικὸς γυμναστι- **b** κὴν διώκων, ἐὰν ἐθέλῃ, αἱρήσει, ὥστε μηδὲν ἰατρικῆς δεῖσθαι ὅτι μὴ ἀνάγκη;

Ἔμοιγε δοκεῖ.

d 4 ἄλλοις A F D Stobaeus : τοῖς ἄλλοις M d 6 ἦν A F M: om. D d 9 παιδευομένης] παιδευομένη H. Richards e 1 μοι A D M : ἐμοὶ F Stobaeus a 1 θεραπεύσουσι] θεραπεύουσι Stobaeus a 2 σῶμα] τὸ σῶμα Stobaeus a 3 καὶ] τε καὶ Stobaeus

5 Αὐτά γε μὴν τὰ γυμνάσια καὶ τοὺς πόνους πρὸς τὸ θυμοειδὲς τῆς φύσεως βλέπων κἀκεῖνο ἐγείρων πονήσει μᾶλλον ἢ πρὸς ἰσχύν, οὐχ ὥσπερ οἱ ἄλλοι ἀθληταὶ ῥώμης ἕνεκα σιτία καὶ πόνους μεταχειριεῖται.

Ὀρθότατα, ἦ δ' ὅς.

10 Ἆρ' οὖν, ἦν δ' ἐγώ, ὦ Γλαύκων, καὶ οἱ καθιστάντες c μουσικῇ καὶ γυμναστικῇ παιδεύειν οὐχ οὗ ἕνεκά τινες οἴονται καθιστᾶσιν, ἵνα τῇ μὲν τὸ σῶμα θεραπεύοιντο, τῇ δὲ τὴν ψυχήν;

Ἀλλὰ τί μήν; ἔφη.

5 Κινδυνεύουσιν, ἦν δ' ἐγώ, ἀμφότερα τῆς ψυχῆς ἕνεκα τὸ μέγιστον καθιστάναι.

Πῶς δή;

Οὐκ ἐννοεῖς, εἶπον, ὡς διατίθενται αὐτὴν τὴν διάνοιαν οἳ ἂν γυμναστικῇ μὲν διὰ βίου ὁμιλήσωσιν, μουσικῆς δὲ μὴ 10 ἅψωνται; ἢ αὖ ὅσοι ἂν τοὐναντίον διατεθῶσιν;

Τίνος δέ, ἦ δ' ὅς, πέρι λέγεις;

d Ἀγριότητός τε καὶ σκληρότητος, καὶ αὖ μαλακίας τε καὶ ἡμερότητος, ἦν δ' ἐγώ—

Ἔγωγε, ἔφη· ὅτι οἱ μὲν γυμναστικῇ ἀκράτῳ χρησάμενοι ἀγριώτεροι τοῦ δέοντος ἀποβαίνουσιν, οἱ δὲ μουσικῇ μαλα- 5 κώτεροι αὖ γίγνονται ἢ ὡς κάλλιον αὐτοῖς.

Καὶ μήν, ἦν δ' ἐγώ, τό γε ἄγριον τὸ θυμοειδὲς ἂν τῆς φύσεως παρέχοιτο, καὶ ὀρθῶς μὲν τραφὲν ἀνδρεῖον ἂν εἴη, μᾶλλον δ' ἐπιταθὲν τοῦ δέοντος σκληρόν τε καὶ χαλεπὸν γίγνοιτ' ἄν, ὡς τὸ εἰκός.

10 Δοκεῖ μοι, ἔφη.

e Τί δέ; τὸ ἥμερον οὐχ ἡ φιλόσοφος ἂν ἔχοι φύσις, καὶ μᾶλλον μὲν ἀνεθέντος αὐτοῦ μαλακώτερον εἴη τοῦ δέοντος, καλῶς δὲ τραφέντος ἥμερόν τε καὶ κόσμιον;

b 5 γε μὴν Galenus : μὴν A F D M b 6 κἀκεῖνο ἐγείρων] κἀκεῖν' ἐπεγείρων Galenus b 8 μεταχειριεῖται] μεταχειρίζονται Galenus c 2 καθιστᾶσιν] καθίστασαν Madvig c 10 αὖ F D : om. A M ὅσοι . . . d 1 αὖ A F M : om. D d 6 γε A D : τε F d 8 σκληρόν A F D : σκληρότερον M e 2 εἴη A M : ἂν εἴη F D

Ἔστι ταῦτα.

Δεῖν δέ γέ φαμεν τοὺς φύλακας ἀμφοτέρα ἔχειν τούτω 5
τὼ φύσει.

Δεῖ γάρ.

Οὐκοῦν ἡρμόσθαι δεῖ αὐτὰς πρὸς ἀλλήλας;

Πῶς δ' οὔ;

Καὶ τοῦ μὲν ἡρμοσμένου σώφρων τε καὶ ἀνδρεία ἡ 10
ψυχή; 411

Πάνυ γε.

Τοῦ δὲ ἀναρμόστου δειλὴ καὶ ἄγροικος;

Καὶ μάλα.

Οὐκοῦν ὅταν μέν τις μουσικῇ παρέχῃ καταυλεῖν καὶ 5
καταχεῖν τῆς ψυχῆς διὰ τῶν ὤτων ὥσπερ διὰ χώνης ἃς
νυνδὴ ἡμεῖς ἐλέγομεν τὰς γλυκείας τε καὶ μαλακὰς καὶ
θρηνώδεις ἁρμονίας, καὶ μινυρίζων τε καὶ γεγανωμένος ὑπὸ
τῆς ᾠδῆς διατελῇ τὸν βίον ὅλον, οὗτος τὸ μὲν πρῶτον, εἴ
τι θυμοειδὲς εἶχεν, ὥσπερ σίδηρον ἐμάλαξεν καὶ χρήσιμον 10
ἐξ ἀχρήστου καὶ σκληροῦ ἐποίησεν· ὅταν δ' ἐπέχων μὴ b
ἀνιῇ ἀλλὰ κηλῇ, τὸ δὴ μετὰ τοῦτο ἤδη τήκει καὶ λείβει, ἕως
ἂν ἐκτήξῃ τὸν θυμὸν καὶ ἐκτέμῃ ὥσπερ νεῦρα ἐκ τῆς ψυχῆς
καὶ ποιήσῃ "μαλθακὸν αἰχμητήν."

Πάνυ μὲν οὖν, ἔφη. 5

Καὶ ἐὰν μέν γε, ἦν δ' ἐγώ, ἐξ ἀρχῆς φύσει ἄθυμον λάβῃ,
ταχὺ τοῦτο διεπράξατο· ἐὰν δὲ θυμοειδῆ, ἀσθενῆ ποιήσας
τὸν θυμὸν ὀξύρροπον ἀπηργάσατο, ἀπὸ σμικρῶν ταχὺ ἐρεθι-
ζόμενόν τε καὶ κατασβεννύμενον. ἀκράχολοι οὖν καὶ ὀργίλοι c
ἀντὶ θυμοειδοῦς γεγένηνται, δυσκολίας ἔμπλεῳ.

Κομιδῇ μὲν οὖν.

e 5 ἀμφοτέρα Schneider : ἀμφότερα A F D M τούτω τὼ A F D : ταῦτα τῇ M e 6 φύσει F D M : φύσῃ A a 5 καταυλεῖν] καταντλεῖν ci. Heusde a 7 ἡμεῖς non legit Demetrius b 1 ἐπέχων] ἐπιχέων Morgenstern : καταχέων Demetrius b 2 δὴ F Demetrius : om. A D M τήκει ἤδη F καὶ λείβει secl. Bywater b 8 ἐρεθιζόμενον] ῥιπιζόμενον ci. Herwerden c 1 ἀκράχολοι D : ἀκρόχολοι A F M c 2 γεγένηνται A² F M d : γεγένηται A D c 3 ***κομιδῇ A

Τί δὲ ἂν αὖ γυμναστικῇ πολλὰ πονῇ καὶ εὐωχῆται εὖ
5 μάλα, μουσικῆς δὲ καὶ φιλοσοφίας μὴ ἅπτηται; οὐ πρῶτον
μὲν εὖ ἴσχων τὸ σῶμα φρονήματός τε καὶ θυμοῦ ἐμπίμ-
πλαται καὶ ἀνδρειότερος γίγνεται αὐτὸς αὑτοῦ;

Καὶ μάλα γε.

Τί δὲ ἐπειδὰν ἄλλο μηδὲν πράττῃ μηδὲ κοινωνῇ Μούσης
d μηδαμῇ; οὐκ εἴ τι καὶ ἐνῆν αὐτοῦ φιλομαθὲς ἐν τῇ ψυχῇ,
ἅτε οὔτε μαθήματος γευόμενον οὐδενὸς οὔτε ζητήματος, οὔτε
λόγου μετίσχον οὔτε τῆς ἄλλης μουσικῆς, ἀσθενές τε καὶ
κωφὸν καὶ τυφλὸν γίγνεται, ἅτε οὐκ ἐγειρόμενον οὐδὲ
5 τρεφόμενον οὐδὲ διακαθαιρομένων τῶν αἰσθήσεων αὐτοῦ;

Οὕτως, ἔφη.

Μισόλογος δὴ οἶμαι ὁ τοιοῦτος γίγνεται καὶ ἄμουσος,
καὶ πειθοῖ μὲν διὰ λόγων οὐδὲν ἔτι χρῆται, βίᾳ δὲ καὶ
e ἀγριότητι ὥσπερ θηρίον πρὸς πάντα διαπράττεται, καὶ ἐν
ἀμαθίᾳ καὶ σκαιότητι μετὰ ἀρρυθμίας τε καὶ ἀχαριστίας ζῇ.

Παντάπασιν, ἦ δ' ὅς, οὕτως ἔχει.

Ἐπὶ δὴ δύ' ὄντε τούτω, ὡς ἔοικε, δύο τέχνα θεὸν ἔγωγ'
5 ἄν τινα φαίην δεδωκέναι τοῖς ἀνθρώποις, μουσικήν τε καὶ
γυμναστικὴν ἐπὶ τὸ θυμοειδὲς καὶ τὸ φιλόσοφον, οὐκ ἐπὶ
ψυχὴν καὶ σῶμα, εἰ μὴ εἰ πάρεργον, ἀλλ' ἐπ' ἐκείνω, ὅπως
412 ἂν ἀλλήλοιν συναρμοσθῆτον ἐπιτεινομένω καὶ ἀνιεμένω
μέχρι τοῦ προσήκοντος.

Καὶ γὰρ ἔοικεν, ἔφη.

Τὸν κάλλιστ' ἄρα μουσικῇ γυμναστικὴν κεραννύντα καὶ
5 μετριώτατα τῇ ψυχῇ προσφέροντα, τοῦτον ὀρθότατ' ἂν φαῖμεν
εἶναι τελέως μουσικώτατον καὶ εὐαρμοστότατον, πολὺ μᾶλλον
ἢ τὸν τὰς χορδὰς ἀλλήλαις συνιστάντα.

c 4 γυμναστικῇ] γυμναστικὸς A² c 9 μούσης A F M : μούσῃ D
d 2 γευόμενον scr. recc. : γευομένου F D : γενομένου A M d 5 δια-
καθαιρομένων A F M : διακαθαιρόμενον D e 1 θηρίον πρὸς ⟨θηρίον⟩
Adam πρὸς secl. Bywater διαπράττεται secl. Hermann
e 2 ἀχαριστίας] ἀχαρισίας A² e 4 ἐπὶ δὴ scr. recc.: ἐπειδὴ A F D M
e 7 εἰ πάρεργον D : εἶπερ εργον A : ἢ πάρεργον A² M : πάρεργον supr.
εἴη F

Εἰκότως γ', ἔφη, ὦ Σώκρατες.

Οὐκοῦν καὶ ἐν τῇ πόλει ἡμῖν, ὦ Γλαύκων, δεήσει τοῦ τοιούτου τινὸς ἀεὶ ἐπιστάτου, εἰ μέλλει ἡ πολιτεία σῴζεσθαι; 10

Δεήσει μέντοι ὡς οἷόν τέ γε μάλιστα. b

Οἱ μὲν δὴ τύποι τῆς παιδείας τε καὶ τροφῆς οὗτοι ἂν εἶεν. χορείας γὰρ τί ἄν τις διεξίοι τῶν τοιούτων καὶ θήρας τε καὶ κυνηγέσια καὶ γυμνικοὺς ἀγῶνας καὶ ἱππικούς; σχεδὸν γάρ τι δῆλα δὴ ὅτι τούτοις ἑπόμενα δεῖ αὐτὰ εἶναι, καὶ 5 οὐκέτι χαλεπὰ εὑρεῖν.

Ἴσως, ἦ δ' ὅς, οὐ χαλεπά.

Εἶεν, ἦν δ' ἐγώ· τὸ δὴ μετὰ τοῦτο τί ἂν ἡμῖν διαιρετέον εἴη; ἆρ' οὐκ αὐτῶν τούτων οἵτινες ἄρξουσί τε καὶ ἄρξονται;

Τί μήν; c

Οὐκοῦν ὅτι μὲν πρεσβυτέρους τοὺς ἄρχοντας δεῖ εἶναι, νεωτέρους δὲ τοὺς ἀρχομένους, δῆλον;

Δῆλον.

Καὶ ὅτι γε τοὺς ἀρίστους αὐτῶν; 5

Καὶ τοῦτο.

Οἱ δὲ γεωργῶν ἄριστοι ἆρ' οὐ γεωργικώτατοι γίγνονται;

Ναί.

Νῦν δ', ἐπειδὴ φυλάκων αὐτοὺς ἀρίστους δεῖ εἶναι, ἆρ' οὐ φυλακικωτάτους πόλεως; 10

Ναί.

Οὐκοῦν φρονίμους τε εἰς τοῦτο δεῖ ὑπάρχειν καὶ δυνατοὺς καὶ ἔτι κηδεμόνας τῆς πόλεως;

Ἔστι ταῦτα. d

Κήδοιτο δέ γ' ἄν τις μάλιστα τούτου ὃ τυγχάνοι φιλῶν.

Ἀνάγκη.

Καὶ μὴν τοῦτό γ' ἂν μάλιστα φιλοῖ, ᾧ συμφέρειν ἡγοῖτο

b 5 τούτοις A F M : τοιούτοις D c 2 οὐκοῦν ὅτι F Stobaeus : ὅτι A D c 4 δῆλον A D M : om. F Stobaeus c 5 αὐτῶν] αὐτῶν τούτων Stobaeus c 9 νῦν δ' om. Stobaeus c 10 φυλακικωτέρους Stobaeus d 2 δέ γ' ἄν] δ' ἄν Stobaeus τις A F M Stobaeus : τι D τυγχάνοι A D M : τυγχάνει F Stobaeus

5 τὰ αὐτὰ καὶ ἑαυτῷ καὶ [ὅταν μάλιστα] ἐκείνου μὲν εὖ πράττοντος οἴοιτο συμβαίνειν καὶ ἑαυτῷ εὖ πράττειν, μὴ δέ, τοὐναντίον.

Οὕτως, ἔφη.

Ἐκλεκτέον ἄρ' ἐκ τῶν ἄλλων φυλάκων τοιούτους ἄνδρας,
10 οἳ ἂν σκοποῦσιν ἡμῖν μάλιστα φαίνωνται παρὰ πάντα τὸν
e βίον, ὃ μὲν ἂν τῇ πόλει ἡγήσωνται συμφέρειν, πάσῃ προθυμίᾳ ποιεῖν, ὃ δ' ἂν μή, μηδενὶ τρόπῳ πρᾶξαι ἂν ἐθέλειν.

Ἐπιτήδειοι γάρ, ἔφη.

5 Δοκεῖ δή μοι τηρητέον αὐτοὺς εἶναι ἐν ἁπάσαις ταῖς ἡλικίαις, εἰ φυλακικοί εἰσι τούτου τοῦ δόγματος καὶ μήτε γοητευόμενοι μήτε βιαζόμενοι ἐκβάλλουσιν ἐπιλανθανόμενοι δόξαν τὴν τοῦ ποιεῖν δεῖν ἃ τῇ πόλει βέλτιστα.

Τίνα, ἔφη, λέγεις τὴν ἐκβολήν;

10 Ἐγώ σοι, ἔφην, ἐρῶ. φαίνεταί μοι δόξα ἐξιέναι ἐκ διανοίας ἢ ἑκουσίως ἢ ἀκουσίως, ἑκουσίως μὲν ἡ ψευδὴς
413 τοῦ μεταμανθάνοντος, ἀκουσίως δὲ πᾶσα ἡ ἀληθής.

Τὸ μὲν τῆς ἑκουσίου, ἔφη, μανθάνω, τὸ δὲ τῆς ἀκουσίου δέομαι μαθεῖν.

Τί δέ; οὐ καὶ σὺ ἡγῇ, ἔφην ἐγώ, τῶν μὲν ἀγαθῶν
5 ἀκουσίως στέρεσθαι τοὺς ἀνθρώπους, τῶν δὲ κακῶν ἑκουσίως; ἢ οὐ τὸ μὲν ἐψεῦσθαι τῆς ἀληθείας κακόν, τὸ δὲ ἀληθεύειν ἀγαθόν; ἢ οὐ τὸ τὰ ὄντα δοξάζειν ἀληθεύειν δοκεῖ σοι εἶναι;

Ἀλλ', ἦ δ' ὅς, ὀρθῶς λέγεις, καί μοι δοκοῦσιν ἄκοντες
10 ἀληθοῦς δόξης στερίσκεσθαι.

b Οὐκοῦν κλαπέντες ἢ γοητευθέντες ἢ βιασθέντες τοῦτο πάσχουσιν;

d 5 ὅταν μάλιστα secl. Hermann : ὅτι μάλιστα Stobaeus d 6 οἴοιτο A M Stobaeus : οἴοιτο ἃ F : οἷον τὸ D μὴ δὲ A D Stobaeus : εἰ μὴ δὲ M : μηδὲν F : εἰ δὲ μὴ m d 9 ἐκλεκτέον] λεκτέον Stobaeus e 7 ἐκβάλλουσιν] οἳ ἐκβάλλοιεν Stobaeus (an οἷοι ἐκβάλλειν) ἐπιλανθανόμενοι secl. Cobet a 7 ἢ οὐ . . . ἀληθεύειν secl. Ast

Οὐδὲ νῦν, ἔφη, μανθάνω.

Τραγικῶς, ἦν δ' ἐγώ, κινδυνεύω λέγειν. κλαπέντας μὲν γὰρ τοὺς μεταπεισθέντας λέγω καὶ τοὺς ἐπιλανθανομένους, 5 ὅτι τῶν μὲν χρόνος, τῶν δὲ λόγος ἐξαιρούμενος λανθάνει· νῦν γάρ που μανθάνεις;

Ναί.

Τοὺς τοίνυν βιασθέντας λέγω οὓς ἂν ὀδύνη τις ἢ ἀλγηδὼν μεταδοξάσαι ποιήσῃ. 10

Καὶ τοῦτ', ἔφη, ἔμαθον, καὶ ὀρθῶς λέγεις.

Τοὺς μὴν γοητευθέντας, ὡς ἐγᾦμαι, κἂν σὺ φαίης εἶναι c οἳ ἂν μεταδοξάσωσιν ἢ ὑφ' ἡδονῆς κηληθέντες ἢ ὑπὸ φόβου τι δείσαντες.

Ἔοικε γάρ, ἦ δ' ὅς, γοητεύειν πάντα ὅσα ἀπατᾷ.

Ὃ τοίνυν ἄρτι ἔλεγον, ζητητέον τίνες ἄριστοι φύλακες 5 τοῦ παρ' αὑτοῖς δόγματος, τοῦτο ὡς ποιητέον ὃ ἂν τῇ πόλει ἀεὶ δοκῶσι βέλτιστον εἶναι [αὐτοῖς ποιεῖν]. τηρητέον δὴ εὐθὺς ἐκ παίδων προθεμένοις ἔργα ἐν οἷς ἄν τις τὸ τοιοῦτον μάλιστα ἐπιλανθάνοιτο καὶ ἐξαπατῷτο, καὶ τὸν μὲν μνήμονα καὶ δυσεξαπάτητον ἐγκριτέον, τὸν δὲ μὴ ἀποκριτέον. d ἦ γάρ;

Ναί.

Καὶ πόνους γε αὖ καὶ ἀλγηδόνας καὶ ἀγῶνας αὐτοῖς θετέον, ἐν οἷς ταὐτὰ ταῦτα τηρητέον. 5

Ὀρθῶς, ἔφη.

Οὐκοῦν, ἦν δ' ἐγώ, καὶ τρίτου εἴδους τούτοις γοητείας ἅμιλλαν ποιητέον, καὶ θεατέον—ὥσπερ τοὺς πώλους ἐπὶ τοὺς ψόφους τε καὶ θορύβους ἄγοντες σκοποῦσιν εἰ φοβεροί, οὕτω νέους ὄντας εἰς δείματ' ἄττα κομιστέον καὶ εἰς ἡδονὰς 10

b 4 τραγικῶς A D M : τραγικῶς γὰρ F : τραγικῶς ἄρα Stobaeus μὲν] om. Stobaeus c 1 μὴν A D M : μὲν F c 6 τοῦτο . . . c 7 εἶναι secl. Gaisford c 7 ἀεὶ A M : ἃ F D αὐτοῖς ποιεῖν om. Ven. 184 : αὐτοὺς ποιεῖν ci. Hermann d 4 πόνους . . . ἀλγηδόνας] πόνων . . . ἀλγηδόνων Stobaeus d 7 τούτοις A F M : τούτους D : τοῦ τῆς Stobaeus d 8 θεατέον secl. Herwerden d 9 σκοποῦσιν] σκοποῦμεν Stobaeus d 10 δείματ' ἄττα] δείματα Stobaeus

e αὖ μεταβλητέον, βασανίζοντας πολὺ μᾶλλον ἢ χρυσὸν ἐν
πυρί—εἰ δυσγοήτευτος καὶ εὐσχήμων ἐν πᾶσι φαίνεται,
φύλαξ αὑτοῦ ὢν ἀγαθὸς καὶ μουσικῆς ἧς ἐμάνθανεν,
εὔρυθμόν τε καὶ εὐάρμοστον ἑαυτὸν ἐν πᾶσι τούτοις παρέχων,
5 οἷος δὴ ἂν ὢν καὶ ἑαυτῷ καὶ πόλει χρησιμώτατος εἴη. καὶ
τὸν ἀεὶ ἔν τε παισὶ καὶ νεανίσκοις καὶ ἐν ἀνδράσι βασανι-
414 ζόμενον καὶ ἀκήρατον ἐκβαίνοντα καταστατέον ἄρχοντα
τῆς πόλεως καὶ φύλακα, καὶ τιμὰς δοτέον καὶ ζῶντι καὶ
τελευτήσαντι, τάφων τε καὶ τῶν ἄλλων μνημείων μέγιστα
γέρα λαγχάνοντα· τὸν δὲ μὴ τοιοῦτον ἀποκριτέον. τοιαύτη
5 τις, ἦν δ᾽ ἐγώ, δοκεῖ μοι, ὦ Γλαύκων, ἡ ἐκλογὴ εἶναι καὶ
κατάστασις τῶν ἀρχόντων τε καὶ φυλάκων, ὡς ἐν τύπῳ,
μὴ δι᾽ ἀκριβείας, εἰρῆσθαι.

Καὶ ἐμοί, ἦ δ᾽ ὅς, οὕτως πῃ φαίνεται.

b Ἆρ᾽ οὖν ὡς ἀληθῶς ὀρθότατον καλεῖν τούτους μὲν
φύλακας παντελεῖς τῶν τε ἔξωθεν πολεμίων τῶν τε ἐντὸς
φιλίων, ὅπως οἱ μὲν μὴ βουλήσονται, οἱ δὲ μὴ δυνή-
σονται κακουργεῖν, τοὺς δὲ νέους, οὓς δὴ νῦν φύλακας
5 ἐκαλοῦμεν, ἐπικούρους τε καὶ βοηθοὺς τοῖς τῶν ἀρχόντων
δόγμασιν;

Ἔμοιγε δοκεῖ, ἔφη.

Τίς ἂν οὖν ἡμῖν, ἦν δ᾽ ἐγώ, μηχανὴ γένοιτο τῶν ψευδῶν
τῶν ἐν δέοντι γιγνομένων, ὧν δὴ νῦν ἐλέγομεν, γενναῖόν
c τι ἓν ψευδομένους πεῖσαι μάλιστα μὲν καὶ αὐτοὺς τοὺς
ἄρχοντας, εἰ δὲ μή, τὴν ἄλλην πόλιν;

Ποῖόν τι; ἔφη.

Μηδὲν καινόν, ἦν δ᾽ ἐγώ, ἀλλὰ Φοινικικόν τι, πρότερον
5 μὲν ἤδη πολλαχοῦ γεγονός, ὥς φασιν οἱ ποιηταὶ καὶ πε-

e 2 καὶ A F M Stobaeus : om. D πᾶσι A D M : ἅπασι F Stobaeus e 3 μουσικῆς] τῆς μουσικῆς Stobaeus e 4 παρέχων] παρασχὼν Stobaeus e 5 δὴ ἂν] δὴ Hirschig (et mox ἂν εἴη cum F) a 4 λαγχάνοντι ci. Benedictus : secl. Hartman a 5 ὦ Γλαύκων, δοκεῖ μοι Stobaeus a 6 τύπῳ] τύποις Stobaeus b 3 φιλίων] φίλων Stobaeus οἱ μὲν om. Stobaeus b 4 δὴ νῦν A M : νῦν δὴ F D πείκασιν, ἐφ' ἡμῶν δὲ οὐ γεγονὸς οὐδ' οἶδα εἰ γενόμενον ἄν, πεῖσαι δὲ συχνῆς πειθοῦς.

Ὡς ἔοικας, ἔφη, ὀκνοῦντι λέγειν.

Δόξω δέ σοι, ἦν δ' ἐγώ, καὶ μάλ' εἰκότως ὀκνεῖν, ἐπειδὰν εἴπω. 10

Λέγ', ἔφη, καὶ μὴ φοβοῦ.

Λέγω δή—καίτοι οὐκ οἶδα ὁποίᾳ τόλμῃ ἢ ποίοις λόγοις d χρώμενος ἐρῶ—καὶ ἐπιχειρήσω πρῶτον μὲν αὐτοὺς τοὺς ἄρχοντας πείθειν καὶ τοὺς στρατιώτας, ἔπειτα δὲ καὶ τὴν ἄλλην πόλιν, ὡς ἄρ' ἃ ἡμεῖς αὐτοὺς ἐτρέφομέν τε καὶ ἐπαιδεύομεν, ὥσπερ ὀνείρατα ἐδόκουν ταῦτα πάντα πάσχειν 5 τε καὶ γίγνεσθαι περὶ αὐτούς, ἦσαν δὲ τότε τῇ ἀληθείᾳ ὑπὸ γῆς ἐντὸς πλαττόμενοι καὶ τρεφόμενοι καὶ αὐτοὶ καὶ τὰ ὅπλα αὐτῶν καὶ ἡ ἄλλη σκευὴ δημιουργουμένη, ἐπειδὴ δὲ e παντελῶς ἐξειργασμένοι ἦσαν, καὶ ἡ γῆ αὐτοὺς μήτηρ οὖσα ἀνῆκεν, καὶ νῦν δεῖ ὡς περὶ μητρὸς καὶ τροφοῦ τῆς χώρας ἐν ᾗ εἰσι βουλεύεσθαί τε καὶ ἀμύνειν αὐτούς, ἐάν τις ἐπ' αὐτὴν ἴῃ, καὶ ὑπὲρ τῶν ἄλλων πολιτῶν ὡς ἀδελφῶν ὄντων 5 καὶ γηγενῶν διανοεῖσθαι.

Οὐκ ἐτός, ἔφη, πάλαι ᾐσχύνου τὸ ψεῦδος λέγειν.

Πάνυ, ἦν δ' ἐγώ, εἰκότως· ἀλλ' ὅμως ἄκουε καὶ τὸ 415 λοιπὸν τοῦ μύθου. ἐστὲ μὲν γὰρ δὴ πάντες οἱ ἐν τῇ πόλει ἀδελφοί, ὡς φήσομεν πρὸς αὐτοὺς μυθολογοῦντες, ἀλλ' ὁ θεὸς πλάττων, ὅσοι μὲν ὑμῶν ἱκανοὶ ἄρχειν, χρυσὸν ἐν τῇ γενέσει συνέμειξεν αὐτοῖς, διὸ τιμιώτατοί εἰσιν· ὅσοι 5 δ' ἐπίκουροι, ἄργυρον· σίδηρον δὲ καὶ χαλκὸν τοῖς τε γεωργοῖς καὶ τοῖς ἄλλοις δημιουργοῖς. ἅτε οὖν συγγενεῖς ὄντες πάντες τὸ μὲν πολὺ ὁμοίους ἂν ὑμῖν αὐτοῖς γεννῷτε, ἔστι δ' ὅτε ἐκ χρυσοῦ γεννηθείη ἂν ἀργυροῦν καὶ ἐξ b

c 6 οἶδα] οἶδ' ἂν ci. Herwerden (secl. mox ἂν) c 8 ὀκνοῦντι A M : ὤκνουν τι F D e 1 δημιουργουμένη A F M : δημιουργουμένου D e 2 καὶ secl. Ast : ὡς ci. Hermann e 3 δεῖ ex em. F : δὴ A D M e 7 ἐτός] ἐτῶς fecit a a 3 ὡς secl. Hartman a 6 τε om. Clemens Eusebius

ἀργύρου χρυσοῦν ἔκγονον καὶ τἆλλα πάντα οὕτως ἐξ ἀλλή-
λων. τοῖς οὖν ἄρχουσι καὶ πρῶτον καὶ μάλιστα παραγ-
γέλλει ὁ θεός, ὅπως μηδενὸς οὕτω φύλακες ἀγαθοὶ ἔσονται
5 μηδ' οὕτω σφόδρα φυλάξουσι μηδὲν ὡς τοὺς ἐκγόνους, ὅτι
αὐτοῖς τούτων ἐν ταῖς ψυχαῖς παραμέμεικται, καὶ ἐάν τε
σφέτερος ἔκγονος ὑπόχαλκος ἢ ὑποσίδηρος γένηται, μηδενὶ
c τρόπῳ κατελεήσουσιν, ἀλλὰ τὴν τῇ φύσει προσήκουσαν
τιμὴν ἀποδόντες ὤσουσιν εἰς δημιουργοὺς ἢ εἰς γεωργούς,
καὶ ἂν αὖ ἐκ τούτων τις ὑπόχρυσος ἢ ὑπάργυρος φυῇ, τιμή-
σαντες ἀνάξουσι τοὺς μὲν εἰς φυλακήν, τοὺς δὲ εἰς ἐπι-
5 κουρίαν, ὡς χρησμοῦ ὄντος τότε τὴν πόλιν διαφθαρῆναι,
ὅταν αὐτὴν ὁ σιδηροῦς φύλαξ ἢ ὁ χαλκοῦς φυλάξῃ. τοῦτον
οὖν τὸν μῦθον ὅπως ἂν πεισθεῖεν, ἔχεις τινὰ μηχανήν;

d Οὐδαμῶς, ἔφη, ὅπως γ' ἂν αὐτοὶ οὗτοι· ὅπως μεντἂν οἱ
τούτων ὑεῖς καὶ οἱ ἔπειτα οἵ τ' ἄλλοι ἄνθρωποι οἱ ὕστερον.

Ἀλλὰ καὶ τοῦτο, ἦν δ' ἐγώ, εὖ ἂν ἔχοι πρὸς τὸ μᾶλλον
αὐτοὺς τῆς πόλεώς τε καὶ ἀλλήλων κήδεσθαι· σχεδὸν γάρ
5 τι μανθάνω ὃ λέγεις.

Καὶ τοῦτο μὲν δὴ ἕξει ὅπῃ ἂν αὐτὸ ἡ φήμη ἀγάγῃ·
ἡμεῖς δὲ τούτους τοὺς γηγενεῖς ὁπλίσαντες προάγωμεν
ἡγουμένων τῶν ἀρχόντων. ἐλθόντες δὲ θεασάσθων τῆς
πόλεως ὅπου κάλλιστον στρατοπεδεύσασθαι, ὅθεν τούς τε
e ἔνδον μάλιστ' ἂν κατέχοιεν, εἴ τις μὴ ἐθέλοι τοῖς νόμοις
πείθεσθαι, τούς τε ἔξωθεν ἀπαμύνοιεν, εἰ πολέμιος ὥσπερ
λύκος ἐπὶ ποίμνην τις ἴοι· στρατοπεδευσάμενοι δέ, θύσαντες
οἷς χρή, εὐνὰς ποιησάσθων. ἢ πῶς;

5 Οὕτως, ἔφη.

Οὐκοῦν τοιαύτας, οἵας χειμῶνός τε στέγειν καὶ θέρους
ἱκανὰς εἶναι;

Πῶς γὰρ οὐχί; οἰκήσεις γάρ, ἔφη, δοκεῖς μοι λέγειν.

c 6 σιδηροῦς A² F M Eusebius : σίδηρος A D φύλαξ A F D M Eusebius: om. vulg. ἢ F D M Eusebius et in ras. A² : (·) A χαλκοῦς A F D M Eusebius : χαλκὸς vulg. φυλάξῃ] διαφυλάξῃ Eusebius d 6 ἕξει] ἥξει ci. Ast e 8 δοκεῖς A F M : δοκεῖ D

Ναί, ἦν δ' ἐγώ, στρατιωτικάς γε, ἀλλ' οὐ χρηματιστικάς.

Πῶς, ἔφη, αὖ τοῦτο λέγεις διαφέρειν ἐκείνου; 416

Ἐγώ σοι, ἦν δ' ἐγώ, πειράσομαι εἰπεῖν. δεινότατον γάρ που πάντων καὶ αἴσχιστον ποιμέσι τοιούτους γε καὶ οὕτω τρέφειν κύνας ἐπικούρους ποιμνίων, ὥστε ὑπὸ ἀκολασίας ἢ λιμοῦ ἤ τινος ἄλλου κακοῦ ἔθους αὐτοὺς τοὺς 5 κύνας ἐπιχειρῆσαι τοῖς προβάτοις κακουργεῖν καὶ ἀντὶ κυνῶν λύκοις ὁμοιωθῆναι.

Δεινόν, ἦ δ' ὅς· πῶς δ' οὔ;

Οὐκοῦν φυλακτέον παντὶ τρόπῳ μὴ τοιοῦτον ἡμῖν οἱ ἐπίκουροι ποιήσωσι πρὸς τοὺς πολίτας, ἐπειδὴ αὐτῶν κρείττους εἰσίν, ἀντὶ συμμάχων εὐμενῶν δεσπόταις ἀγρίοις ἀφομοιωθῶσιν; b

Φυλακτέον, ἔφη.

Οὐκοῦν τὴν μεγίστην τῆς εὐλαβείας παρεσκευασμένοι ἂν 5 εἶεν, εἰ τῷ ὄντι καλῶς πεπαιδευμένοι εἰσίν;

Ἀλλὰ μὴν εἰσίν γ', ἔφη.

Καὶ ἐγὼ εἶπον· Τοῦτο μὲν οὐκ ἄξιον διισχυρίζεσθαι, ὦ φίλε Γλαύκων· ὃ μέντοι ἄρτι ἐλέγομεν, ἄξιον, ὅτι δεῖ αὐτοὺς τῆς ὀρθῆς τυχεῖν παιδείας, ἥτις ποτέ ἐστιν, εἰ μέλλουσι τὸ μέγιστον ἔχειν πρὸς τὸ ἥμεροι εἶναι αὑτοῖς τε καὶ τοῖς φυλαττομένοις ὑπ' αὐτῶν. c

Καὶ ὀρθῶς γε, ἦ δ' ὅς.

Πρὸς τοίνυν τῇ παιδείᾳ ταύτῃ φαίη ἄν τις νοῦν ἔχων δεῖν 5 καὶ τὰς οἰκήσεις καὶ τὴν ἄλλην οὐσίαν τοιαύτην αὐτοῖς παρεσκευάσθαι, ἥτις μήτε τοῦ φύλακας ὡς ἀρίστους εἶναι παύσει αὐτούς, κακουργεῖν τε μὴ ἐπαρεῖ περὶ τοὺς ἄλλους πολίτας. d

Καὶ ἀληθῶς γε φήσει.

e 9 ναί, ἦν A F M : νῦν D   a 3 αἴσχιστον F M : αἴσχιστόν που A : αἴσχιόν που D   a 6 κακουργεῖν secl. Madvig   b 6 εἶεν] εἶμεν Ast   b 8 ἐγὼ F : ἔγωγ' A D M   c 1 εἰ A F D Stobaeus : μὴ M   c 2 ἔχειν] ἕξειν Stobaeus   c 6 παρεσκευάσθαι F D Stobaeus : παρασκευάσασθαι A M   c 7 τοῦ ci. Cobet : τοὺς A F D M Stobaeus   εἶναι παύσει F : εἶναι παύσοι A D M : ἀναγκάσει Stobaeus   d 1 τε μὴ] μήτε Stobaeus   ἐπαρεῖ ci. Cobet : ἐπάρῃ A M : ἔπαροι D : ἐπάροι F : ἐπαροῖ Θ : ἐπαίρει Stobaeus

Ὅρα δή, εἶπον ἐγώ, εἰ τοιόνδε τινὰ τρόπον δεῖ αὐτοὺς ζῆν τε καὶ οἰκεῖν, εἰ μέλλουσι τοιοῦτοι ἔσεσθαι· πρῶτον
5 μὲν οὐσίαν κεκτημένον μηδεμίαν μηδένα ἰδίαν, ἂν μὴ πᾶσα ἀνάγκη· ἔπειτα οἴκησιν καὶ ταμιεῖον μηδενὶ εἶναι μηδὲν τοιοῦτον, εἰς ὃ οὐ πᾶς ὁ βουλόμενος εἴσεισι· τὰ δ' ἐπιτήδεια, ὅσων δέονται ἄνδρες ἀθληταὶ πολέμου σώφρονές τε καὶ
e ἀνδρεῖοι, ταξαμένους παρὰ τῶν ἄλλων πολιτῶν δέχεσθαι μισθὸν τῆς φυλακῆς τοσοῦτον ὅσον μήτε περιεῖναι αὐτοῖς εἰς τὸν ἐνιαυτὸν μήτε ἐνδεῖν· φοιτῶντας δὲ εἰς συσσίτια ὥσπερ ἐστρατοπεδευμένους κοινῇ ζῆν· χρυσίον δὲ καὶ
5 ἀργύριον εἰπεῖν αὐτοῖς ὅτι θεῖον παρὰ θεῶν ἀεὶ ἐν τῇ ψυχῇ ἔχουσι καὶ οὐδὲν προσδέονται τοῦ ἀνθρωπείου, οὐδὲ ὅσια τὴν ἐκείνου κτῆσιν τῇ τοῦ θνητοῦ χρυσοῦ κτήσει συμμειγνύντας μιαίνειν, διότι πολλὰ καὶ ἀνόσια περὶ τὸ τῶν
417 πολλῶν νόμισμα γέγονεν, τὸ παρ' ἐκείνοις δὲ ἀκήρατον· ἀλλὰ μόνοις αὐτοῖς τῶν ἐν τῇ πόλει μεταχειρίζεσθαι καὶ ἅπτεσθαι χρυσοῦ καὶ ἀργύρου οὐ θέμις, οὐδ' ὑπὸ τὸν αὐτὸν ὄροφον ἰέναι οὐδὲ περιάψασθαι οὐδὲ πίνειν ἐξ ἀργύρου ἢ
5 χρυσοῦ. καὶ οὕτω μὲν σῴζοιντό τ' ἂν καὶ σῴζοιεν τὴν πόλιν· ὁπότε δ' αὐτοὶ γῆν τε ἰδίαν καὶ οἰκίας καὶ νομίσματα κτήσονται, οἰκονόμοι μὲν καὶ γεωργοὶ ἀντὶ φυλάκων ἔσονται,
b δεσπόται δ' ἐχθροὶ ἀντὶ συμμάχων τῶν ἄλλων πολιτῶν γενήσονται, μισοῦντες δὲ δὴ καὶ μισούμενοι καὶ ἐπιβουλεύοντες καὶ ἐπιβουλευόμενοι διάξουσι πάντα τὸν βίον, πολὺ πλείω καὶ μᾶλλον δεδιότες τοὺς ἔνδον ἢ τοὺς ἔξωθεν πολε-
5 μίους, θέοντες ἤδη τότε ἐγγύτατα ὀλέθρου αὐτοί τε καὶ ἡ ἄλλη πόλις. τούτων οὖν πάντων ἕνεκα, ἦν δ' ἐγώ, φῶμεν οὕτω δεῖν κατεσκευάσθαι τοὺς φύλακας οἰκήσεώς τε πέρι καὶ τῶν ἄλλων, καὶ ταῦτα νομοθετήσωμεν, ἢ μή;

Πάνυ γε, ἦ δ' ὃς ὁ Γλαύκων.

e 6 ὅσια A D M Stobaeus: ὅσιον ante em. F: ὁσία ci. Krüger
e 8 τὸ A F M Stobaeus: om. D a 3 ἀργύρου A F M Stobaeus: ἀργυρίου D a 4 ἰέναι] προσιέναι ci. O. Apelt (*recipere* Ficinus)
b 1 ἐχθροὶ] καὶ ἐχθροὶ Stobaeus b 2 δὴ om. Stobaeus b 4 πλείω A D M: πλεῖον F Stobaeus

Καὶ ὁ Ἀδείμαντος ὑπολαβών, Τί οὖν, ἔφη, ὦ Σώκρατες, a
ἀπολογήσῃ, ἐάν τίς σε φῇ μὴ πάνυ τι εὐδαίμονας ποιεῖν
τούτους τοὺς ἄνδρας, καὶ ταῦτα δι' ἑαυτούς, ὧν ἔστι μὲν
ἡ πόλις τῇ ἀληθείᾳ, οἱ δὲ μηδὲν ἀπολαύουσιν ἀγαθὸν τῆς
πόλεως, οἷον ἄλλοι ἀγρούς τε κεκτημένοι καὶ οἰκίας οἰκοδομού- 5
μενοι καλὰς καὶ μεγάλας, καὶ ταύταις πρέπουσαν κατασκευὴν
κτώμενοι, καὶ θυσίας θεοῖς ἰδίας θύοντες, καὶ ξενοδοκοῦντες,
καὶ δὴ καὶ ἃ νυνδὴ σὺ ἔλεγες, χρυσόν τε καὶ ἄργυρον κεκτη-
μένοι καὶ πάντα ὅσα νομίζεται τοῖς μέλλουσιν μακαρίοις
εἶναι; ἀλλ' ἀτεχνῶς, φαίη ἄν, ὥσπερ ἐπίκουροι μισθωτοὶ ἐν 10
τῇ πόλει φαίνονται καθῆσθαι οὐδὲν ἄλλο ἢ φρουροῦντες. **420**

Ναί, ἦν δ' ἐγώ, καὶ ταῦτά γε ἐπισίτιοι καὶ οὐδὲ μισθὸν
πρὸς τοῖς σιτίοις λαμβάνοντες ὥσπερ οἱ ἄλλοι, ὥστε οὐδ'
ἂν ἀποδημῆσαι βούλωνται ἰδίᾳ, ἐξέσται αὐτοῖς, οὐδ' ἑταίραις
διδόναι, οὐδ' ἀναλίσκειν ἄν ποι βούλωνται ἄλλοσε, οἷα δὴ 5
οἱ εὐδαίμονες δοκοῦντες εἶναι ἀναλίσκουσι. ταῦτα καὶ ἄλλα
τοιαῦτα συχνὰ τῆς κατηγορίας ἀπολείπεις.

Ἀλλ', ἦ δ' ὅς, ἔστω καὶ ταῦτα κατηγορημένα.

Τί οὖν δὴ ἀπολογησόμεθα, φῄς; b

Ναί.

Τὸν αὐτὸν οἶμον, ἦν δ' ἐγώ, πορευόμενοι εὑρήσομεν, ὡς
ἐγᾦμαι, ἃ λεκτέα. ἐροῦμεν γὰρ ὅτι θαυμαστὸν μὲν ἂν
οὐδὲν εἴη εἰ καὶ οὗτοι οὕτως εὐδαιμονέστατοί εἰσιν, οὐ 5
μὴν πρὸς τοῦτο βλέποντες τὴν πόλιν οἰκίζομεν, ὅπως ἕν

420 a 2 ἐπισίτιοι A F D M Athenaeus: ἐπίσιτοι ci. Cobet **a 3** λαμ-
βάνοντες ὥσπερ οἱ ἄλλοι A D M : ὥσπερ οἱ ἄλλοι λαμβάνοντες F : ὥσπερ
οἱ ἄλλοι λαβόντες Athenaeus

τι ἡμῖν ἔθνος ἔσται διαφερόντως εὔδαιμον, ἀλλ' ὅπως ὅτι
μάλιστα ὅλη ἡ πόλις. ᾠήθημεν γὰρ ἐν τῇ τοιαύτῃ μάλιστα
ἂν εὑρεῖν δικαιοσύνην καὶ αὖ ἐν τῇ κάκιστα οἰκουμένῃ
c ἀδικίαν, κατιδόντες δὲ κρῖναι ἂν ὃ πάλαι ζητοῦμεν. νῦν
μὲν οὖν, ὡς οἰόμεθα, τὴν εὐδαίμονα πλάττομεν οὐκ ἀπο-
λαβόντες ὀλίγους ἐν αὐτῇ τοιούτους τινὰς τιθέντες, ἀλλ'
ὅλην· αὐτίκα δὲ τὴν ἐναντίαν σκεψόμεθα. ὥσπερ οὖν
5 ἂν εἰ ἡμᾶς ἀνδριάντα γράφοντας προσελθών τις ἔψεγε
λέγων ὅτι οὐ τοῖς καλλίστοις τοῦ ζῴου τὰ κάλλιστα φάρ-
μακα προστίθεμεν—οἱ γὰρ ὀφθαλμοὶ κάλλιστον ὂν οὐκ
ὀστρείῳ ἐναληλιμμένοι εἶεν ἀλλὰ μέλανι—μετρίως ἂν ἐδο-
d κοῦμεν πρὸς αὐτὸν ἀπολογεῖσθαι λέγοντες· "Ὦ θαυμάσιε,
μὴ οἴου δεῖν ἡμᾶς οὕτω καλοὺς ὀφθαλμοὺς γράφειν, ὥστε
μηδὲ ὀφθαλμοὺς φαίνεσθαι, μηδ' αὖ τἆλλα μέρη, ἀλλ'
ἄθρει εἰ τὰ προσήκοντα ἑκάστοις ἀποδιδόντες τὸ ὅλον
5 καλὸν ποιοῦμεν· καὶ δὴ καὶ νῦν μὴ ἀνάγκαζε ἡμᾶς τοιαύτην
εὐδαιμονίαν τοῖς φύλαξι προσάπτειν, ἣ ἐκείνους πᾶν μᾶλλον
e ἀπεργάσεται ἢ φύλακας. ἐπιστάμεθα γὰρ καὶ τοὺς γεωρ-
γοὺς ξυστίδας ἀμφιέσαντες καὶ χρυσὸν περιθέντες πρὸς
ἡδονὴν ἐργάζεσθαι κελεύειν τὴν γῆν, καὶ τοὺς κεραμέας
κατακλίναντες ἐπὶ δεξιὰ πρὸς τὸ πῦρ διαπίνοντάς τε καὶ
5 εὐωχουμένους, τὸν τροχὸν παραθεμένους, ὅσον ἂν ἐπιθυμῶσι
κεραμεύειν, καὶ τοὺς ἄλλους πάντας τοιούτῳ τρόπῳ μακαρίους
ποιεῖν, ἵνα δὴ ὅλη ἡ πόλις εὐδαιμονῇ. ἀλλ' ἡμᾶς μὴ οὕτω
νουθέτει· ὡς, ἄν σοι πειθώμεθα, οὔτε ὁ γεωργὸς γεωργὸς
421 ἔσται οὔτε ὁ κεραμεὺς κεραμεὺς οὔτε ἄλλος οὐδεὶς οὐδὲν
ἔχων σχῆμα ἐξ ὧν πόλις γίγνεται. ἀλλὰ τῶν μὲν ἄλλων
ἐλάττων λόγος· νευρορράφοι γὰρ φαῦλοι γενόμενοι καὶ
διαφθαρέντες καὶ προσποιησάμενοι εἶναι μὴ ὄντες πόλει

c 3 τιθέντες A F M : θέντες D c 4 σκεψόμεθα A D M : σκεψώμεθα F c 5 ἀνδριάντα F et Lex. Rhet. Bekk. 210. 15, 211. 14 : ἀνδριάντας A D M τις A D : ἄν τις F e 4 κατακλίναντες A F D : ἐπικλίναντες M ἐπὶ δεξιὰ F M : ἐπιδέξια A : ἐπὶ δεξιᾷ D e 7 εὐδαιμονῇ A D M et suprascr. F : εὐδαίμων ᾖ F

οὐδὲν δεινόν, φύλακες δὲ νόμων τε καὶ πόλεως μὴ ὄντες 5
ἀλλὰ δοκοῦντες ὁρᾷς δὴ ὅτι πᾶσαν ἄρδην πόλιν ἀπολλύασιν,
καὶ αὖ τοῦ εὖ οἰκεῖν καὶ εὐδαιμονεῖν μόνοι τὸν καιρὸν
ἔχουσιν." εἰ μὲν οὖν ἡμεῖς μὲν φύλακας ὡς ἀληθῶς
ποιοῦμεν ἥκιστα κακούργους τῆς πόλεως, ὁ δ' ἐκεῖνο λέγων b
γεωργούς τινας καὶ ὥσπερ ἐν πανηγύρει ἀλλ' οὐκ ἐν πόλει
ἑστιάτορας εὐδαίμονας, ἄλλο ἄν τι ἢ πόλιν λέγοι. σκεπτέον
οὖν πότερον πρὸς τοῦτο βλέποντες τοὺς φύλακας καθι-
στῶμεν, ὅπως ὅτι πλείστη αὐτοῖς εὐδαιμονία ἐγγενήσεται, 5
ἢ τοῦτο μὲν εἰς τὴν πόλιν ὅλην βλέποντας θεατέον εἰ
ἐκείνῃ ἐγγίγνεται, τοὺς δ' ἐπικούρους τούτους καὶ τοὺς
φύλακας ἐκεῖνο ἀναγκαστέον ποιεῖν καὶ πειστέον, ὅπως ὅτι c
ἄριστοι δημιουργοὶ τοῦ ἑαυτῶν ἔργου ἔσονται, καὶ τοὺς
ἄλλους ἅπαντας ὡσαύτως, καὶ οὕτω συμπάσης τῆς πόλεως
αὐξανομένης καὶ καλῶς οἰκιζομένης ἐατέον ὅπως ἑκάστοις
τοῖς ἔθνεσιν ἡ φύσις ἀποδίδωσι τοῦ μεταλαμβάνειν εὐδαι- 5
μονίας.

Ἀλλ', ἦ δ' ὅς, καλῶς μοι δοκεῖς λέγειν.

Ἆρ' οὖν, ἦν δ' ἐγώ, καὶ τὸ τούτου ἀδελφὸν δόξω σοι
μετρίως λέγειν;

Τί μάλιστα; 10

Τοὺς ἄλλους αὖ δημιουργοὺς σκόπει εἰ τάδε διαφθείρει, d
ὥστε καὶ κακοὺς γίγνεσθαι.

Τὰ ποῖα δὴ ταῦτα;

Πλοῦτος, ἦν δ' ἐγώ, καὶ πενία.

Πῶς δή; 5

Ὧδε. πλουτήσας χυτρεὺς δοκεῖ σοι ἔτ' ἐθελήσειν ἐπι-
μελεῖσθαι τῆς τέχνης;

Οὐδαμῶς, ἔφη.

a 7 αὖ . . . a 8 ἔχουσιν A F M : ἂν . . . ἔχωσιν D b 2 γεωργούς] ἀργούς ci. H. Richards b 3 εὐδαίμονας A D : καὶ εὐδαίμονας F λέγοι A D M : λέγοις F d 1 διαφθείρει F D M Stobaeus : διαφέρει A d 2 ὥστε A D M Stobaeus : ὡς F d 6 δοκεῖ σοι ἔτ' ἐθελήσειν Hartman : δοκεῖ σοι ἔτι θελήσειν A D M Stobaeus : ἔτι δοκεῖ σοι θελήσειν F

Ἀργὸς δὲ καὶ ἀμελὴς γενήσεται μᾶλλον αὐτὸς αὑτοῦ;
10 Πολύ γε.
Οὐκοῦν κακίων χυτρεὺς γίγνεται;
Καὶ τοῦτο, ἔφη, πολύ.
Καὶ μὴν καὶ ὄργανά γε μὴ ἔχων παρέχεσθαι ὑπὸ πενίας ἤ τι ἄλλο τῶν εἰς τὴν τέχνην τά τε ἔργα πονηρότερα
e ἐργάσεται καὶ τοὺς ὑεῖς ἢ ἄλλους οὓς ἂν διδάσκῃ χείρους δημιουργοὺς διδάξεται.
Πῶς δ' οὔ;
Ὑπ' ἀμφοτέρων δή, πενίας τε καὶ πλούτου, χείρω μὲν
5 τὰ τῶν τεχνῶν ἔργα, χείρους δὲ αὐτοί.
Φαίνεται.
Ἕτερα δή, ὡς ἔοικε, τοῖς φύλαξιν ηὑρήκαμεν, ἃ παντὶ τρόπῳ φυλακτέον ὅπως μήποτε αὐτοὺς λήσει εἰς τὴν πόλιν παραδύντα.
Τὰ ποῖα ταῦτα;
422 Πλοῦτός τε, ἦν δ' ἐγώ, καὶ πενία· ὡς τοῦ μὲν τρυφὴν καὶ ἀργίαν καὶ νεωτερισμὸν ἐμποιοῦντος, τῆς δὲ ἀνελευθερίαν καὶ κακοεργίαν πρὸς τῷ νεωτερισμῷ.
Πάνυ μὲν οὖν, ἔφη. τόδε μέντοι, ὦ Σώκρατες, σκόπει,
5 πῶς ἡμῖν ἡ πόλις οἵα τ' ἔσται πολεμεῖν, ἐπειδὰν χρήματα μὴ κεκτημένη ᾖ, ἄλλως τε κἂν πρὸς μεγάλην τε καὶ πλουσίαν ἀναγκασθῇ πολεμεῖν.
Δῆλον, ἦν δ' ἐγώ, ὅτι πρὸς μὲν μίαν χαλεπώτερον,
b πρὸς δὲ δύο τοιαύτας ῥᾷον.
Πῶς εἶπες; ἦ δ' ὅς.
Πρῶτον μέν που, εἶπον, ἐὰν δέῃ μάχεσθαι, ἆρα οὐ πλουσίοις ἀνδράσι μαχοῦνται αὐτοὶ ὄντες πολέμου ἀθληταί;

d 13 παρέχεσθαι secl. Cobet: πορίζεσθαι ci. Herwerden d 14 τά τε A F M: τότε D e 2 διδάξεται] διδάξει ci. Cobet e 6 φαίνεται] φαίνονται Stobaeus e 8 λήσει A D: λήσῃ F Eusebius Stobaeus e 9 τὰ ποῖα F Eusebius Stobaeus: ποῖα A D a 1 τε om. Stobaeus τρυφὴν A D Eusebius: τρυφήν τε F Stobaeus a 2 ἐμποιοῦντος F Eusebius Stobaeus: ποιοῦντος A D M τῆς δὲ F Eusebius: τοῦ δὲ A D Stobaeus a 3 κακοεργίαν A D Eusebius: κακουργίαν F Stobaeus πρὸς τῷ νεωτερισμῷ A F M: καὶ νεωτερισμὸν ποιοῦντος D

Ναὶ τοῦτό γε, ἔφη. 5

Τί οὖν, ἦν δ' ἐγώ, ὦ 'Αδείμαντε; εἷς πύκτης ὡς οἷόν τε κάλλιστα ἐπὶ τοῦτο παρεσκευασμένος δυοῖν μὴ πύκταιν, πλουσίοιν δὲ καὶ πιόνοιν, οὐκ ἂν δοκεῖ σοι ῥᾳδίως μάχεσθαι;

Οὐκ ἂν ἴσως, ἔφη, ἅμα γε.

Οὐδ' εἰ ἐξείη, ἦν δ' ἐγώ, ὑποφεύγοντι τὸν πρότερον ἀεὶ 10 προσφερόμενον ἀναστρέφοντα κρούειν, καὶ τοῦτο ποιοῖ πολ- c λάκις ἐν ἡλίῳ τε καὶ πνίγει; ἆρά γε οὐ καὶ πλείους χειρώσαιτ' ἂν τοιούτους ὁ τοιοῦτος;

'Αμέλει, ἔφη, οὐδὲν ἂν γένοιτο θαυμαστόν.

'Αλλ' οὐκ οἴει πυκτικῆς πλέον μετέχειν τοὺς πλουσίους 5 ἐπιστήμῃ τε καὶ ἐμπειρίᾳ ἢ πολεμικῆς;

Ἔγωγ', ἔφη.

'Ραδίως ἄρα ἡμῖν οἱ ἀθληταὶ ἐκ τῶν εἰκότων διπλασίοις τε καὶ τριπλασίοις αὑτῶν μαχοῦνται.

Συγχωρήσομαί σοι, ἔφη· δοκεῖς γάρ μοι ὀρθῶς λέγειν. 10

Τί δ' ἂν πρεσβείαν πέμψαντες εἰς τὴν ἑτέραν πόλιν d τἀληθῆ εἴπωσιν, ὅτι "Ἡμεῖς μὲν οὐδὲν χρυσίῳ οὐδ' ἀργυρίῳ χρώμεθα, οὐδ' ἡμῖν θέμις, ὑμῖν δέ· συμπολεμή-σαντες οὖν μεθ' ἡμῶν ἔχετε τὰ τῶν ἑτέρων;" οἴει τινὰς ἀκούσαντας ταῦτα αἱρήσεσθαι κυσὶ πολεμεῖν στερεοῖς τε 5 καὶ ἰσχνοῖς μᾶλλον ἢ μετὰ κυνῶν προβάτοις πίοσί τε καὶ ἁπαλοῖς;

Οὔ μοι δοκεῖ. ἀλλ' ἐὰν εἰς μίαν, ἔφη, πόλιν συν-αθροισθῇ τὰ τῶν ἄλλων χρήματα, ὅρα μὴ κίνδυνον φέρῃ e τῇ μὴ πλουτούσῃ.

Εὐδαίμων εἶ, ἦν δ' ἐγώ, ὅτι οἴει ἄξιον εἶναι ἄλλην τινὰ προσειπεῖν πόλιν ἢ τὴν τοιαύτην οἵαν ἡμεῖς κατεσκευά-ζομεν. 5

'Αλλὰ τί μήν; ἔφη.

Μειζόνως, ἦν δ' ἐγώ, χρὴ προσαγορεύειν τὰς ἄλλας·

b 7 τοῦτο A F D : τούτῳ f d c 1 ποιοῖ A D : ποιεῖ F (ποιεῖν f) d 3 ἀργυρίῳ A F : ἀργύρῳ D d 5 τε A D M : om. F e 4 κατε-σκευάζομεν A D : κατασκευάζομεν F

ἑκάστη γὰρ αὐτῶν πόλεις εἰσὶ πάμπολλαι ἀλλ' οὐ πόλις, τὸ τῶν παιζόντων. δύο μέν, κἂν ὁτιοῦν ᾖ, πολεμία ἀλλή-
423 λαις, ἡ μὲν πενήτων, ἡ δὲ πλουσίων· τούτων δ' ἐν ἑκατέρᾳ πάνυ πολλαί, αἷς ἐὰν μὲν ὡς μιᾷ προσφέρῃ, παντὸς ἂν ἁμάρτοις, ἐὰν δὲ ὡς πολλαῖς, διδοὺς τὰ τῶν ἑτέρων τοῖς ἑτέροις χρήματά τε καὶ δυνάμεις ἢ καὶ αὐτούς, συμμάχοις
5 μὲν ἀεὶ πολλοῖς χρήσῃ, πολεμίοις δ' ὀλίγοις. καὶ ἕως ἂν ἡ πόλις σοι οἰκῇ σωφρόνως ὡς ἄρτι ἐτάχθη, μεγίστη ἔσται, οὐ τῷ εὐδοκιμεῖν λέγω, ἀλλ' ὡς ἀληθῶς μεγίστη, καὶ ἐὰν μόνον ᾖ χιλίων τῶν προπολεμούντων· οὕτω γὰρ μεγάλην πόλιν μίαν οὐ ῥᾳδίως οὔτε ἐν Ἕλλησιν οὔτε ἐν βαρβάροις
b εὑρήσεις, δοκούσας δὲ πολλὰς καὶ πολλαπλασίας τῆς τηλικαύτης. ἢ ἄλλως οἴει;

Οὐ μὰ τὸν Δί', ἔφη.

Οὐκοῦν, ἦν δ' ἐγώ, οὗτος ἂν εἴη καὶ κάλλιστος ὅρος
5 τοῖς ἡμετέροις ἄρχουσιν, ὅσην δεῖ τὸ μέγεθος τὴν πόλιν ποιεῖσθαι καὶ ἡλίκῃ οὔσῃ ὅσην χώραν ἀφορισαμένους τὴν ἄλλην χαίρειν ἐᾶν.

Τίς, ἔφη, ὅρος;

Οἶμαι μέν, ἦν δ' ἐγώ, τόνδε· μέχρι οὗ ἂν ἐθέλῃ αὐξομένη
10 εἶναι μία, μέχρι τούτου αὔξειν, πέρα δὲ μή.

c Καὶ καλῶς γ', ἔφη.

Οὐκοῦν καὶ τοῦτο αὖ ἄλλο πρόσταγμα τοῖς φύλαξι προστάξομεν, φυλάττειν παντὶ τρόπῳ ὅπως μήτε σμικρὰ ἡ πόλις ἔσται μήτε μεγάλη δοκοῦσα, ἀλλά τις ἱκανὴ καὶ μία.

5 Καὶ φαῦλόν γ', ἔφη, ἴσως αὐτοῖς προστάξομεν.

Καὶ τούτου γε, ἦν δ' ἐγώ, ἔτι φαυλότερον τόδε, οὗ καὶ ἐν τῷ πρόσθεν ἐπεμνήσθημεν λέγοντες ὡς δέοι, ἐάντε τῶν φυλάκων τις φαῦλος ἔκγονος γένηται, εἰς τοὺς ἄλλους
d αὐτὸν ἀποπέμπεσθαι, ἐάντ' ἐκ τῶν ἄλλων σπουδαῖος, εἰς

e 8 ἀλλ' οὐ πόλις secl. Herwerden e 9 μὲν A M : μὲν γὰρ F D ᾖ A F M : ἢ D πολεμία D : πολέμια A : πολεμίαι M : πολέμιαι F a 5 ἕως F : ὡς A D M a 8 μόνον A D : μόνων F b 9 αὐξομένη A M : αὐξανομένη F D τοὺς φύλακας. τοῦτο δ' ἐβούλετο δηλοῦν ὅτι καὶ τοὺς ἄλλους πολίτας, πρὸς ὅ τις πέφυκεν, πρὸς τοῦτο ἕνα πρὸς ἓν ἕκαστον ἔργον δεῖ κομίζειν, ὅπως ἂν ἓν τὸ αὑτοῦ ἐπιτηδεύων ἕκαστος μὴ πολλοὶ ἀλλ' εἷς γίγνηται, καὶ οὕτω δὴ 5 σύμπασα ἡ πόλις μία φύηται ἀλλὰ μὴ πολλαί.

Ἔστι γάρ, ἔφη, τοῦτο ἐκείνου σμικρότερον.

Οὔτοι, ἦν δ' ἐγώ, ὦ ἀγαθὲ Ἀδείμαντε, ὡς δόξειεν ἄν τις, ταῦτα πολλὰ καὶ μεγάλα αὐτοῖς προστάττομεν ἀλλὰ πάντα φαῦλα, ἐὰν τὸ λεγόμενον ἓν μέγα φυλάττωσι, e μᾶλλον δ' ἀντὶ μεγάλου ἱκανόν.

Τί τοῦτο; ἔφη.

Τὴν παιδείαν, ἦν δ' ἐγώ, καὶ τροφήν· ἐὰν γὰρ εὖ παιδευόμενοι μέτριοι ἄνδρες γίγνωνται, πάντα ταῦτα ῥᾳδίως 5 διόψονται, καὶ ἄλλα γε ὅσα νῦν ἡμεῖς παραλείπομεν, τήν τε τῶν γυναικῶν κτῆσιν καὶ γάμων καὶ παιδοποιίας, ὅτι δεῖ ταῦτα κατὰ τὴν παροιμίαν πάντα ὅτι μάλιστα κοινὰ τὰ 424 φίλων ποιεῖσθαι.

Ὀρθότατα γάρ, ἔφη, γίγνοιτ' ἄν.

Καὶ μήν, εἶπον, πολιτεία ἐάνπερ ἅπαξ ὁρμήσῃ εὖ, ἔρχεται ὥσπερ κύκλος αὐξανομένη· τροφὴ γὰρ καὶ παί- 5 δευσις χρηστὴ σῳζομένη φύσεις ἀγαθὰς ἐμποιεῖ, καὶ αὖ φύσεις χρησταὶ τοιαύτης παιδείας ἀντιλαμβανόμεναι ἔτι βελτίους τῶν προτέρων φύονται, εἴς τε τἆλλα καὶ εἰς τὸ γεννᾶν, ὥσπερ καὶ ἐν τοῖς ἄλλοις ζῴοις. b

Εἰκός γ', ἔφη.

Ὡς τοίνυν διὰ βραχέων εἰπεῖν, τούτου ἀνθεκτέον τοῖς ἐπιμεληταῖς τῆς πόλεως, ὅπως ἂν αὐτοὺς μὴ λάθῃ διαφθαρὲν ἀλλὰ παρὰ πάντα αὐτὸ φυλάττωσι, τὸ μὴ νεωτερίζειν περὶ 5 γυμναστικήν τε καὶ μουσικὴν παρὰ τὴν τάξιν, ἀλλ' ὡς

d 2 δ' ἐβούλετο A M : δὲ βούλεται F D d 3 ἕνα aut ἕκαστον secl. Hartman d 4 prius ἓν A D M : om. F e 4 τροφὴν A D Stobaeus : τὴν τροφὴν F e 7 καὶ γάμων secl. Hartman γάμων] γάμον Vat. 1029 : γάμους ci. H. Richards a 1 τὰ] τῶν al. : τὰ τῶν vulg. τὰ φίλων secl. Hartman a 8 καὶ εἰς A D M Stobaeus : καὶ F b 5 παρὰ πάντα A Stobaeus : παρ' ἅπαντα F D οἷόν τε μάλιστα φυλάττειν, φοβουμένους ὅταν τις λέγῃ ὡς τὴν

ἀοιδὴν μᾶλλον ἐπιφρονέουσ' ἄνθρωποι,
10 ἥτις ἀειδόντεσσι νεωτάτη ἀμφιπέληται,

c μὴ πολλάκις τὸν ποιητήν τις οἴηται λέγειν οὐκ ᾄσματα νέα ἀλλὰ τρόπον ᾠδῆς νέον, καὶ τοῦτο ἐπαινῇ. δεῖ δ' οὔτ' ἐπαινεῖν τὸ τοιοῦτον οὔτε ὑπολαμβάνειν. εἶδος γὰρ καινὸν μουσικῆς μεταβάλλειν εὐλαβητέον ὡς ἐν ὅλῳ κινδυνεύοντα· 5 οὐδαμοῦ γὰρ κινοῦνται μουσικῆς τρόποι ἄνευ πολιτικῶν νόμων τῶν μεγίστων, ὥς φησί τε Δάμων καὶ ἐγὼ πείθομαι.

Καὶ ἐμὲ τοίνυν, ἔφη ὁ Ἀδείμαντος, θὲς τῶν πεπεισμένων.

d Τὸ δὴ φυλακτήριον, ἦν δ' ἐγώ, ὡς ἔοικεν, ἐνταῦθά που οἰκοδομητέον τοῖς φύλαξιν, ἐν μουσικῇ.

Ἡ γοῦν παρανομία, ἔφη, ῥᾳδίως αὕτη λανθάνει παραδυομένη.

5 Ναί, ἔφην, ὡς ἐν παιδιᾶς γε μέρει καὶ ὡς κακὸν οὐδὲν ἐργαζομένη.

Οὐδὲ γὰρ ἐργάζεται, ἔφη, ἄλλο γε ἢ κατὰ σμικρὸν εἰσοικισαμένη ἠρέμα ὑπορρεῖ πρὸς τὰ ἤθη τε καὶ τὰ ἐπιτηδεύματα· ἐκ δὲ τούτων εἰς τὰ πρὸς ἀλλήλους συμβόλαια 10 μείζων ἐκβαίνει, ἐκ δὲ δὴ τῶν συμβολαίων ἔρχεται ἐπὶ e τοὺς νόμους καὶ πολιτείας σὺν πολλῇ, ὦ Σώκρατες, ἀσελγείᾳ, ἕως ἂν τελευτῶσα πάντα ἰδίᾳ καὶ δημοσίᾳ ἀνατρέψῃ.

Εἶεν, ἦν δ' ἐγώ· οὕτω τοῦτ' ἔχει;

Δοκεῖ μοι, ἔφη.

5 Οὐκοῦν, ὃ ἐξ ἀρχῆς ἐλέγομεν, τοῖς ἡμετέροις παισὶν ἐννομωτέρου εὐθὺς παιδιᾶς μεθεκτέον, ὡς παρανόμου γιγνομένης αὐτῆς καὶ παίδων τοιούτων ἐννόμους τε καὶ σπουδαίους 425 ἐξ αὐτῶν ἄνδρας αὐξάνεσθαι ἀδύνατον ὄν;

b 9 ἐπιφρονέουσ' A[2] F M Stobaeus : ἐπιφρονέουσιν A D : ἐπικλείουσ' Homerus b 10 ἀειδόντεσσι] ἀκουόντεσσι Homerus d 3 αὕτη F D Stobaeus : αὐτὴ A M : ταύτῃ ci. Madvig d 5 παιδιᾶς A f : παιδίας D : παιδειᾶς (sic) F : παιδείας Stobaeus d 8 εἰσοικισαμένη] εἰσοικησαμένη Stobaeus e 1 πολιτείας] πολιτείαν ci. Hartman e 6 παιδιᾶς A D f : παιδειᾶς (sic) F : παιδείας vulg.

Πῶς δ' οὐχί; ἔφη.

Ὅταν δὴ ἄρα καλῶς ἀρξάμενοι παῖδες παίζειν εὐνομίαν διὰ τῆς μουσικῆς εἰσδέξωνται, πάλιν τοὐναντίον ἢ 'κείνοις εἰς πάντα συνέπεταί τε καὶ αὔξει, ἐπανορθοῦσα εἴ τι καὶ 5 πρότερον τῆς πόλεως ἔκειτο.

Ἀληθῆ μέντοι, ἔφη.

Καὶ τὰ σμικρὰ ἄρα, εἶπον, δοκοῦντα εἶναι νόμιμα ἐξευρίσκουσιν οὗτοι, ἃ οἱ πρότερον ἀπώλλυσαν πάντα.

⟨Τὰ⟩ ποῖα; 10

Τὰ τοιάδε· σιγάς τε τῶν νεωτέρων παρὰ πρεσβυτέροις **b** ἃς πρέπει, καὶ κατακλίσεις καὶ ὑπαναστάσεις καὶ γονέων θεραπείας, καὶ κουράς γε καὶ ἀμπεχόνας καὶ ὑποδέσεις καὶ ὅλον τὸν τοῦ σώματος σχηματισμὸν καὶ τἆλλα ὅσα τοιαῦτα. ἢ οὐκ οἴει; 5

Ἔγωγε.

Νομοθετεῖν δ' αὐτὰ οἶμαι εὔηθες· οὔτε γάρ που γίγνεται οὔτ' ἂν μείνειεν λόγῳ τε καὶ γράμμασιν νομοθετηθέντα.

Πῶς γάρ;

Κινδυνεύει γοῦν, ἦν δ' ἐγώ, ὦ Ἀδείμαντε, ἐκ τῆς παι- 10 δείας ὅποι ἄν τις ὁρμήσῃ, τοιαῦτα καὶ τὰ ἑπόμενα εἶναι. **c** ἢ οὐκ ἀεὶ τὸ ὅμοιον ὃν ὅμοιον παρακαλεῖ;

Τί μήν;

Καὶ τελευτῶν δὴ οἶμαι φαῖμεν ἂν εἰς ἕν τι τέλεον καὶ νεανικὸν ἀποβαίνειν αὐτὸ ἢ ἀγαθὸν ἢ καὶ τοὐναντίον. 5

Τί γὰρ οὔκ; ἦ δ' ὅς.

Ἐγὼ μὲν τοίνυν, εἶπον, διὰ ταῦτα οὐκ ἂν ἔτι τὰ τοιαῦτα ἐπιχειρήσαιμι νομοθετεῖν.

Εἰκότως γ', ἔφη.

Τί δέ, ὦ πρὸς θεῶν, ἔφην, τάδε τὰ ἀγοραῖα, συμβολαίων 10

a 10 τὰ add. Hartman b 2 ἃς A M Stobaeus : ὡς F D : οἷς ci. H. Richards b 3 γε] τε Stobaeus b 10 παιδείας A : παιδειᾶς (sic) F : παιδιᾶς D c 1 ὅποι A F D Stobaeus : ὅπῃ al. : ὁποίας ci. Dobree c 2 ὃν A D et ex emend. F : om. M Stobaeus c 10 τάδε F D : om. A M ἀγοραῖα secl. Herwerden (post τάδε distinguens)

τε πέρι κατ᾽ ἀγορὰν ἕκαστοι ἃ πρὸς ἀλλήλους συμβάλ-
d λουσιν, εἰ δὲ βούλει, καὶ χειροτεχνικῶν περὶ συμβολαίων
καὶ λοιδοριῶν καὶ αἰκίας καὶ δικῶν λήξεως καὶ δικαστῶν
καταστάσεως, καὶ εἴ που τελῶν τινες ἢ πράξεις ἢ θέσεις
ἀναγκαῖοί εἰσιν ἢ κατ᾽ ἀγορὰς ἢ λιμένας, ἢ καὶ τὸ παράπαν
5 ἀγορανομικὰ ἄττα ἢ ἀστυνομικὰ ἢ ἐλλιμενικὰ ἢ ὅσα ἄλλα
τοιαῦτα, τούτων τολμήσομέν τι νομοθετεῖν;

Ἀλλ᾽ οὐκ ἄξιον, ἔφη, ἀνδράσι καλοῖς κἀγαθοῖς ἐπιτάττειν·
e τὰ πολλὰ γὰρ αὐτῶν, ὅσα δεῖ νομοθετήσασθαι, ῥᾳδίως που
εὑρήσουσιν.

Ναί, ὦ φίλε, εἶπον, ἐάν γε θεὸς αὐτοῖς διδῷ σωτηρίαν
τῶν νόμων ὧν ἔμπροσθεν διήλθομεν.

5 Εἰ δὲ μή γε, ἦ δ᾽ ὅς, πολλὰ τοιαῦτα τιθέμενοι ἀεὶ καὶ
ἐπανορθούμενοι τὸν βίον διατελοῦσιν, οἰόμενοι ἐπιλήψεσθαι
τοῦ βελτίστου.

Λέγεις, ἔφην ἐγώ, βιώσεσθαι τοὺς τοιούτους ὥσπερ τοὺς
κάμνοντάς τε καὶ οὐκ ἐθέλοντας ὑπὸ ἀκολασίας ἐκβῆναι
10 πονηρᾶς διαίτης.

Πάνυ μὲν οὖν.

426 Καὶ μὴν οὗτοί γε χαριέντως διατελοῦσιν· ἰατρευόμενοι
γὰρ οὐδὲν περαίνουσιν, πλήν γε ποικιλώτερα καὶ μείζω
ποιοῦσι τὰ νοσήματα, καὶ ἀεὶ ἐλπίζοντες, ἐάν τις φάρμακον
συμβουλεύσῃ, ὑπὸ τούτου ἔσεσθαι ὑγιεῖς.

5 Πάνυ γάρ, ἔφη, τῶν οὕτω καμνόντων τὰ τοιαῦτα πάθη.

Τί δέ; ἦν δ᾽ ἐγώ· τόδε αὐτῶν οὐ χαρίεν, τὸ πάντων
ἔχθιστον ἡγεῖσθαι τὸν τἀληθῆ λέγοντα, ὅτι πρὶν ἂν μεθύων
καὶ ἐμπιμπλάμενος καὶ ἀφροδισιάζων καὶ ἀργῶν παύσηται,
b οὔτε φάρμακα οὔτε καύσεις οὔτε τομαὶ οὐδ᾽ αὖ ἐπῳδαὶ αὐτὸν
οὐδὲ περίαπτα οὐδὲ ἄλλο τῶν τοιούτων οὐδὲν ὀνήσει;

d 1 περὶ ξυμβολαίων A F D : περὶξ συμβολαίων M   d 2 λήξεως M : λήξεις A F D   d 4 παράπαν M : πάμπαν A F D   e 4 διήλθομεν A F M : ἤλθομεν D   e 6 διατελοῦσιν Cobet : διατελέσουσιν A F D M   a 3 ποιοῦσι] ποιοῦντες Adam   a 4 ὑγιεῖς recc. : ὑγιῆς F : ὑγιής A D   b 1 αὐτὸν] αὐτῶν A[2]

Οὐ πάνυ χαρίεν, ἔφη· τὸ γὰρ τῷ εὖ λέγοντι χαλεπαίνειν οὐκ ἔχει χάριν.

Οὐκ ἐπαινέτης εἶ, ἔφην ἐγώ, ὡς ἔοικας, τῶν τοιούτων 5 ἀνδρῶν.

Οὐ μέντοι μὰ Δία.

Οὐδ' ἂν ἡ πόλις ἄρα, ὅπερ ἄρτι ἐλέγομεν, ὅλη τοιοῦτον ποιῇ, οὐκ ἐπαινέσῃ. ἢ οὐ φαίνονταί σοι ταὐτὸν ἐργάζεσθαι τούτοις τῶν πόλεων ὅσαι κακῶς πολιτευόμεναι προαγορεύ- 10 ουσι τοῖς πολίταις τὴν μὲν κατάστασιν τῆς πόλεως ὅλην c μὴ κινεῖν, ὡς ἀποθανουμένους, ὃς ἂν τοῦτο δρᾷ· ὃς δ' ἂν σφᾶς οὕτω πολιτευομένους ἥδιστα θεραπεύῃ καὶ χαρίζηται ὑποτρέχων καὶ προγιγνώσκων τὰς σφετέρας βουλήσεις καὶ ταύτας δεινὸς ᾖ ἀποπληροῦν, οὗτος ἄρα ἀγαθός τε ἔσται 5 ἀνὴρ καὶ σοφὸς τὰ μεγάλα καὶ τιμήσεται ὑπὸ σφῶν;

Ταὐτὸν μὲν οὖν, ἔφη, ἔμοιγε δοκοῦσι δρᾶν, καὶ οὐδ' ὁπωστιοῦν ἐπαινῶ.

Τί δ' αὖ τοὺς ἐθέλοντας θεραπεύειν τὰς τοιαύτας πόλεις d καὶ προθυμουμένους; οὐκ ἄγασαι τῆς ἀνδρείας τε καὶ εὐχερείας;

Ἔγωγ', ἔφη, πλήν γ' ὅσοι ἐξηπάτηνται ὑπ' αὐτῶν καὶ οἴονται τῇ ἀληθείᾳ πολιτικοὶ εἶναι, ὅτι ἐπαινοῦνται ὑπὸ τῶν 5 πολλῶν.

Πῶς λέγεις; οὐ συγγιγνώσκεις, ἦν δ' ἐγώ, τοῖς ἀνδράσιν; ἢ οἴει οἷόν τ' εἶναι ἀνδρὶ μὴ ἐπισταμένῳ μετρεῖν, ἑτέρων τοιούτων πολλῶν λεγόντων ὅτι τετράπηχύς ἐστιν, αὐτὸν e ταῦτα μὴ ἡγεῖσθαι περὶ αὐτοῦ;

Οὐκ αὖ, ἔφη, τοῦτό γε.

Μὴ τοίνυν χαλέπαινε· καὶ γάρ πού εἰσι πάντων χαριέστατοι οἱ τοιοῦτοι, νομοθετοῦντές τε οἷα ἄρτι διήλθομεν καὶ 5 ἐπανορθοῦντες, ἀεὶ οἰόμενοί τι πέρας εὑρήσειν περὶ τὰ ἐν

b 8 τοιοῦτον] τοιοῦτόν τι scr. Mon. c 2 ἀποθανουμένους] ἀποθανουμένου scr. Mon. d 1 ἐθέλοντας F: θέλοντας A D M e 3 οὐκ αὖ A F D M: οὐκ ἂν d: οὔκουν ci. Hartman e 6 τι A D: τε F: an τέ τι τοῖς συμβολαίοις κακουργήματα καὶ περὶ ἃ νυνδὴ ἐγὼ ἔλεγον, ἀγνοοῦντες ὅτι τῷ ὄντι ὥσπερ Ὕδραν τέμνουσιν.

427 Καὶ μήν, ἔφη, οὐκ ἄλλο γέ τι ποιοῦσιν.

Ἐγὼ μὲν τοίνυν, ἦν δ' ἐγώ, τὸ τοιοῦτον εἶδος νόμων πέρι καὶ πολιτείας οὔτ' ἐν κακῶς οὔτ' ἐν εὖ πολιτευομένῃ πόλει ᾤμην ἂν δεῖν τὸν ἀληθινὸν νομοθέτην πραγματεύεσθαι, 5 ἐν τῇ μὲν ὅτι ἀνωφελῆ καὶ πλέον οὐδέν, ἐν δὲ τῇ ὅτι τὰ μὲν αὐτῶν κἂν ὁστισοῦν εὕροι, τὰ δὲ ὅτι αὐτόματα ἔπεισιν ἐκ τῶν ἔμπροσθεν ἐπιτηδευμάτων.

b Τί οὖν, ἔφη, ἔτι ἂν ἡμῖν λοιπὸν τῆς νομοθεσίας εἴη;

Καὶ ἐγὼ εἶπον ὅτι Ἡμῖν μὲν οὐδέν, τῷ μέντοι Ἀπόλλωνι τῷ ἐν Δελφοῖς τά γε μέγιστα καὶ κάλλιστα καὶ πρῶτα τῶν νομοθετημάτων.

5 Τὰ ποῖα; ἦ δ' ὅς.

Ἱερῶν τε ἱδρύσεις καὶ θυσίαι καὶ ἄλλαι θεῶν τε καὶ δαιμόνων καὶ ἡρώων θεραπεῖαι· τελευτησάντων ⟨τε⟩ αὖ θῆκαι καὶ ὅσα τοῖς ἐκεῖ δεῖ ὑπηρετοῦντας ἵλεως αὐτοὺς ἔχειν. τὰ γὰρ δὴ τοιαῦτα οὔτ' ἐπιστάμεθα ἡμεῖς οἰκίζοντές τε πόλιν c οὐδενὶ ἄλλῳ πεισόμεθα, ἐὰν νοῦν ἔχωμεν, οὐδὲ χρησόμεθα ἐξηγητῇ ἀλλ' ἢ τῷ πατρίῳ· οὗτος γὰρ δήπου ὁ θεὸς περὶ τὰ τοιαῦτα πᾶσιν ἀνθρώποις πάτριος ἐξηγητὴς [ἐν μέσῳ] τῆς γῆς ἐπὶ τοῦ ὀμφαλοῦ καθήμενος ἐξηγεῖται.

5 Καὶ καλῶς γ', ἔφη, λέγεις· καὶ ποιητέον οὕτω.

Ὠικισμένη μὲν τοίνυν, ἦν δ' ἐγώ, ἤδη ἂν σοι εἴη, ὦ παῖ d Ἀρίστωνος, ἡ πόλις· τὸ δὲ δὴ μετὰ τοῦτο σκόπει ἐν αὐτῇ, φῶς ποθὲν πορισάμενος ἱκανόν, αὐτός τε καὶ τὸν ἀδελφὸν παρακάλει καὶ Πολέμαρχον καὶ τοὺς ἄλλους, ἐάν πως ἴδωμεν ποῦ ποτ' ἂν εἴη ἡ δικαιοσύνη καὶ ποῦ ἡ ἀδικία, καὶ τί ἀλλή- 5 λοιν διαφέρετον, καὶ πότερον δεῖ κεκτῆσθαι τὸν μέλλοντα

a 1 γέ τι F: τί γε A D a 6 ὅτι secl. ci. Stallbaum b 3 γε ci. Hartman: τε A F D M b 6 καὶ ⟨αἱ⟩ ci. Hartman b 7 τε add. Ven. 184: om. A F D M b 9 ⟨τὴν⟩ πόλιν ci. Hartman c 2 πατρίῳ A F D M Eusebius: πατρῴῳ γρ. D c 3 ἐν μέσῳ secl. Herwerden: ἐν μέσῳ τῆς A D M: τῆς ἐν μέσῳ τῆς F εὐδαίμονα εἶναι, ἐάντε λανθάνῃ ἐάντε μὴ πάντας θεούς τε καὶ ἀνθρώπους.

Οὐδὲν λέγεις, ἔφη ὁ Γλαύκων· σὺ γὰρ ὑπέσχου ζητήσειν, ὡς οὐχ ὅσιόν σοι ὂν μὴ οὐ βοηθεῖν δικαιοσύνῃ εἰς δύναμιν παντὶ τρόπῳ. e

Ἀληθῆ, ἔφην ἐγώ, ὑπομιμνῄσκεις, καὶ ποιητέον μέν γε οὕτως, χρὴ δὲ καὶ ὑμᾶς συλλαμβάνειν.

Ἀλλ', ἔφη, ποιήσομεν οὕτω. 5

Ἐλπίζω τοίνυν, ἦν δ' ἐγώ, εὑρήσειν αὐτὸ ὧδε. οἶμαι ἡμῖν τὴν πόλιν, εἴπερ ὀρθῶς γε ᾤκισται, τελέως ἀγαθὴν εἶναι.

Ἀνάγκη γ', ἔφη.

Δῆλον δὴ ὅτι σοφή τ' ἐστὶ καὶ ἀνδρεία καὶ σώφρων καὶ δικαία. 10

Δῆλον.

Οὐκοῦν ὅτι ἂν αὐτῶν εὕρωμεν ἐν αὐτῇ, τὸ ὑπόλοιπον ἔσται τὸ οὐχ ηὑρημένον;

Τί μήν; 428

Ὥσπερ τοίνυν ἄλλων τινῶν τεττάρων, εἰ ἕν τι ἐζητοῦμεν αὐτῶν ἐν ὁτῳοῦν, ὁπότε πρῶτον ἐκεῖνο ἔγνωμεν, ἱκανῶς ἂν εἶχεν ἡμῖν, εἰ δὲ τὰ τρία πρότερον ἐγνωρίσαμεν, αὐτῷ ἂν τούτῳ ἐγνώριστο τὸ ζητούμενον· δῆλον γὰρ ὅτι οὐκ ἄλλο ἔτι ἦν ἢ τὸ ὑπολειφθέν. 5

Ὀρθῶς, ἔφη, λέγεις.

Οὐκοῦν καὶ περὶ τούτων, ἐπειδὴ τέτταρα ὄντα τυγχάνει, ὡσαύτως ζητητέον;

Δῆλα δή. 10

Καὶ μὲν δὴ πρῶτόν γέ μοι δοκεῖ ἐν αὐτῷ κατάδηλον εἶναι ἡ σοφία· καί τι ἄτοπον περὶ αὐτὴν φαίνεται. b

Τί; ἦ δ' ὅς.

e 1 μὴ οὐ A F M : μὴ D e 5 ποιήσομεν A D M : ποιήσωμεν F e 9 γ' F : om. A D M a 4 τὰ A : om. F D a 6 ὑπολειφθέν A² D M : ὑποληφθέν A F a 11 αὐτῷ] αὐτοῖς ci. Hartman κατάδηλος ci. Hartman

Σοφὴ μὲν τῷ ὄντι δοκεῖ μοι ἡ πόλις εἶναι ἣν διήλθομεν· εὔβουλος γάρ, οὐχί;

5 Ναί.

Καὶ μὴν τοῦτό γε αὐτό, ἡ εὐβουλία, δῆλον ὅτι ἐπιστήμη τίς ἐστιν· οὐ γάρ που ἀμαθίᾳ γε ἀλλ' ἐπιστήμῃ εὖ βουλεύονται.

Δῆλον.

10 Πολλαὶ δέ γε καὶ παντοδαπαὶ ἐπιστῆμαι ἐν τῇ πόλει εἰσίν.

Πῶς γὰρ οὔ;

Ἆρ' οὖν διὰ τὴν τῶν τεκτόνων ἐπιστήμην σοφὴ καὶ εὔβουλος ἡ πόλις προσρητέα;

c Οὐδαμῶς, ἔφη, διά γε ταύτην, ἀλλὰ τεκτονική.

Οὐκ ἄρα διὰ τὴν ὑπὲρ τῶν ξυλίνων σκευῶν ἐπιστήμην, βουλευομένη ὡς ἂν ἔχοι βέλτιστα, σοφὴ κλητέα πόλις.

Οὐ μέντοι.

5 Τί δέ; τὴν ὑπὲρ τῶν ἐκ τοῦ χαλκοῦ ἤ τινα ἄλλην τῶν τοιούτων;

Οὐδ' ἡντινοῦν, ἔφη.

Οὐδὲ τὴν ὑπὲρ τοῦ καρποῦ τῆς γενέσεως ἐκ τῆς γῆς, ἀλλὰ γεωργική.

10 Δοκεῖ μοι.

Τί δ'; ἦν δ' ἐγώ· ἔστι τις ἐπιστήμη ἐν τῇ ἄρτι ὑφ' ἡμῶν οἰκισθείσῃ παρά τισι τῶν πολιτῶν, ᾗ οὐχ ὑπὲρ τῶν

d ἐν τῇ πόλει τινὸς βουλεύεται, ἀλλ' ὑπὲρ αὐτῆς ὅλης, ὅντινα τρόπον αὐτή τε πρὸς αὑτὴν καὶ πρὸς τὰς ἄλλας πόλεις ἄριστα ὁμιλοῖ;

Ἔστι μέντοι.

5 Τίς, ἔφην ἐγώ, καὶ ἐν τίσιν;

Αὕτη, ἦ δ' ὅς, ἡ φυλακική, καὶ ἐν τούτοις τοῖς ἄρχουσιν οὓς νυνδὴ τελέους φύλακας ὠνομάζομεν.

b 9 δῆλον A F : δηλονότι D c 3 βουλευομένην ci. Heindorf c 12 ἣ M : ᾗ A F D : ἡ vulg. d 1 αὐτῆς (sic) A F D : ἑαυτῆς M ὅντιν' ἂν ci. Ast d 3 ἄριστ' ἂν scr. Laur. lxxxv. 14 d 7 ὠνομάζομεν A D : ὀνομάζομεν F

Διὰ ταύτην οὖν τὴν ἐπιστήμην τί τὴν πόλιν προσαγορεύεις;

Εὔβουλον, ἔφη, καὶ τῷ ὄντι σοφήν. 10

Πότερον οὖν, ἦν δ' ἐγώ, ἐν τῇ πόλει οἴει ἡμῖν χαλκέας πλείους ἐνέσεσθαι ἢ τοὺς ἀληθινοὺς φύλακας τούτους; e

Πολύ, ἔφη, χαλκέας.

Οὐκοῦν, ἔφην, καὶ τῶν ἄλλων ὅσοι ἐπιστήμας ἔχοντες ὀνομάζονταί τινες εἶναι, πάντων τούτων οὗτοι ἂν εἶεν ὀλίγιστοι; 5

Πολύ γε.

Τῷ σμικροτάτῳ ἄρα ἔθνει καὶ μέρει ἑαυτῆς καὶ τῇ ἐν τούτῳ ἐπιστήμῃ, τῷ προεστῶτι καὶ ἄρχοντι, ὅλη σοφὴ ἂν εἴη κατὰ φύσιν οἰκισθεῖσα πόλις· καὶ τοῦτο, ὡς ἔοικε, φύσει ὀλίγιστον γίγνεται γένος, ᾧ προσήκει ταύτης τῆς ἐπιστήμης 429 μεταλαγχάνειν ἣν μόνην δεῖ τῶν ἄλλων ἐπιστημῶν σοφίαν καλεῖσθαι.

Ἀληθέστατα, ἔφη, λέγεις.

Τοῦτο μὲν δὴ ἓν τῶν τεττάρων οὐκ οἶδα ὅντινα τρόπον 5 ηὑρήκαμεν, αὐτό τε καὶ ὅπου τῆς πόλεως ἵδρυται.

Ἐμοὶ γοῦν δοκεῖ, ἔφη, ἀποχρώντως ηὑρῆσθαι.

Ἀλλὰ μὴν ἀνδρεία γε αὐτή τε καὶ ἐν ᾧ κεῖται τῆς πόλεως, δι' ὃ τοιαύτη κλητέα ἡ πόλις, οὐ πάνυ χαλεπὸν ἰδεῖν. 10

Πῶς δή;

Τίς ἄν, ἦν δ' ἐγώ, εἰς ἄλλο τι ἀποβλέψας ἢ δειλὴν ἢ b ἀνδρείαν πόλιν εἴποι ἀλλ' ἢ εἰς τοῦτο τὸ μέρος ὃ προπολεμεῖ τε καὶ στρατεύεται ὑπὲρ αὐτῆς;

Οὐδ' ἂν εἷς, ἔφη, εἰς ἄλλο τι.

Οὐ γὰρ οἶμαι, εἶπον, οἵ γε ἄλλοι ἐν αὐτῇ ἢ δειλοὶ ἢ 5 ἀνδρεῖοι ὄντες κύριοι ἂν εἶεν ἢ τοίαν αὐτὴν εἶναι ἢ τοίαν.

Οὐ γάρ.

d 11 οὖν F M : om. A D a 7 ἐμοὶ γοῦν] ἔμοιγ' οὖν A ηὑρῆσθαι A M : εἰρῆσθαι F D

Καὶ ἀνδρεία ἄρα πόλις μέρει τινὶ ἑαυτῆς ἐστι, διὰ τὸ ἐν ἐκείνῳ ἔχειν δύναμιν τοιαύτην ἣ διὰ παντὸς σώσει τὴν περὶ
c τῶν δεινῶν δόξαν, ταῦτά τε αὐτὰ εἶναι καὶ τοιαῦτα, ἅ τε καὶ οἷα ὁ νομοθέτης παρήγγελλεν ἐν τῇ παιδείᾳ. ἢ οὐ τοῦτο ἀνδρείαν καλεῖς;

Οὐ πάνυ, ἔφη, ἔμαθον ὃ εἶπες, ἀλλ' αὖθις εἰπέ.

5 Σωτηρίαν ἔγωγ', εἶπον, λέγω τινὰ εἶναι τὴν ἀνδρείαν.

Ποίαν δὴ σωτηρίαν;

Τὴν τῆς δόξης τῆς ὑπὸ νόμου διὰ τῆς παιδείας γεγονυίας περὶ τῶν δεινῶν ἅ τέ ἐστι καὶ οἷα· διὰ παντὸς δὲ ἔλεγον αὐτῆς σωτηρίαν τὸ ἔν τε λύπαις ὄντα διασῴζεσθαι αὐτὴν καὶ ἐν
d ἡδοναῖς καὶ ἐν ἐπιθυμίαις καὶ ἐν φόβοις καὶ μὴ ἐκβάλλειν. ᾧ δέ μοι δοκεῖ ὅμοιον εἶναι ἐθέλω ἀπεικάσαι, εἰ βούλει.

Ἀλλὰ βούλομαι.

Οὐκοῦν οἶσθα, ἦν δ' ἐγώ, ὅτι οἱ βαφῆς, ἐπειδὰν βουλη-
5 θῶσι βάψαι ἔρια ὥστ' εἶναι ἁλουργά, πρῶτον μὲν ἐκλέγονται ἐκ τοσούτων χρωμάτων μίαν φύσιν τὴν τῶν λευκῶν, ἔπειτα προπαρασκευάζουσιν, οὐκ ὀλίγῃ παρασκευῇ θεραπεύσαντες ὅπως δέξεται ὅτι μάλιστα τὸ ἄνθος, καὶ οὕτω δὴ βάπτουσι.
e καὶ ὃ μὲν ἂν τούτῳ τῷ τρόπῳ βαφῇ, δευσοποιὸν γίγνεται τὸ βαφέν, καὶ ἡ πλύσις οὔτ' ἄνευ ῥυμμάτων οὔτε μετὰ ῥυμμάτων δύναται αὐτῶν τὸ ἄνθος ἀφαιρεῖσθαι· ἃ δ' ἂν μή, οἶσθα οἷα δὴ γίγνεται, ἐάντε τις ἄλλα χρώματα βάπτῃ ἐάντε
5 καὶ ταῦτα μὴ προθεραπεύσας.

Οἶδα, ἔφη, ὅτι καὶ ἔκπλυτα καὶ γελοῖα.

Τοιοῦτον τοίνυν, ἦν δ' ἐγώ, ὑπόλαβε κατὰ δύναμιν ἐργάζεσθαι καὶ ἡμᾶς, ὅτε ἐξελεγόμεθα τοὺς στρατιώτας καὶ
430 ἐπαιδεύομεν μουσικῇ καὶ γυμναστικῇ· μηδὲν οἴου ἄλλο μηχα-

c 1 τοιαῦτα A D : τὰ τοιαῦτα F   c 2 παρήγγελλεν A² F D : παρήγγειλλεν (sic) A : παρήγγειλεν M   οὐ A F M : om. D   c 7 γεγονυίας scr. recc. : γεγονυῖαν A F D M Stobaeus   c 8 αὐτῆς Adam : αὐτὴν A F D M Stobaeus : αὖ τὴν ci. Jackson   c 9 τὸ A F D M Stobaeus : τῷ scr. recc.   d 6 τὴν τῶν λευκῶν] τῶν λευκῶν Stobaeus   e 6 ὅτι καὶ F Stobaeus : ὅτι A D M   a 1 μουσικῇ] ἐν μουυικῇ Stobaeus   μηδὲν A D : καὶ μηδὲν F M Stobaeus νᾶσθαι ᾗ ὅπως ἡμῖν ὅτι κάλλιστα τοὺς νόμους πεισθέντες δέξοιντο ὥσπερ βαφήν, ἵνα δευσοποιὸς αὐτῶν ἡ δόξα γίγνοιτο καὶ περὶ δεινῶν καὶ περὶ τῶν ἄλλων διὰ τὸ τήν τε φύσιν καὶ τὴν τροφὴν ἐπιτηδείαν ἐσχηκέναι, καὶ μὴ αὐτῶν ἐκπλύ- 5 ναι τὴν βαφὴν τὰ ῥύμματα ταῦτα, δεινὰ ὄντα ἐκκλύζειν, ἥ τε ἡδονή, παντὸς χαλεστραίου δεινοτέρα οὖσα τοῦτο δρᾶν καὶ κονίας, λύπη τε καὶ φόβος καὶ ἐπιθυμία, παντὸς ἄλλου b ῥύμματος. τὴν δὴ τοιαύτην δύναμιν καὶ σωτηρίαν διὰ παντὸς δόξης ὀρθῆς τε καὶ νομίμου δεινῶν τε πέρι καὶ μὴ ἀνδρείαν ἔγωγε καλῶ καὶ τίθεμαι, εἰ μή τι σὺ ἄλλο λέγεις. 5

Ἀλλ' οὐδέν, ἦ δ' ὅς, λέγω· δοκεῖς γάρ μοι τὴν ὀρθὴν δόξαν περὶ τῶν αὐτῶν τούτων ἄνευ παιδείας γεγονυῖαν, τήν τε θηριώδη καὶ ἀνδραποδώδη, οὔτε πάνυ νόμιμον ἡγεῖσθαι, ἄλλο τέ τι ἢ ἀνδρείαν καλεῖν.

Ἀληθέστατα, ἦν δ' ἐγώ, λέγεις. c

Ἀποδέχομαι τοίνυν τοῦτο ἀνδρείαν εἶναι.

Καὶ γὰρ ἀποδέχου, ἦν δ' ἐγώ, πολιτικήν γε, καὶ ὀρθῶς ἀποδέξῃ· αὖθις δὲ περὶ αὐτοῦ, ἐὰν βούλῃ, ἔτι κάλλιον δίιμεν. νῦν γὰρ οὐ τοῦτο ἐζητοῦμεν, ἀλλὰ δικαιοσύνην· 5 πρὸς οὖν τὴν ἐκείνου ζήτησιν, ὡς ἐγᾦμαι, ἱκανῶς ἔχει.

Ἀλλὰ καλῶς, ἔφη, λέγεις.

Δύο μήν, ἦν δ' ἐγώ, ἔτι λοιπὰ ἃ δεῖ κατιδεῖν ἐν τῇ πόλει, ἥ τε σωφροσύνη καὶ οὗ δὴ ἕνεκα πάντα ζητοῦμεν, d δικαιοσύνη.

Πάνυ μὲν οὖν.

Πῶς οὖν ἂν τὴν δικαιοσύνην εὕροιμεν, ἵνα μηκέτι πραγματευώμεθα περὶ σωφροσύνης; 5

Ἐγὼ μὲν τοίνυν, ἔφη, οὔτε οἶδα οὔτ' ἂν βουλοίμην αὐτὸ πρότερον φανῆναι, εἴπερ μηκέτι ἐπισκεψόμεθα σωφροσύνην·

a 7 χαλεστραίου A F D: χαλαστραίου M Stobaeus Timaeus b 3 νομίμου] μονίμου Stobaeus τε πέρι Stobaeus: πέρι A F D M b 8 νόμιμον] μόνιμον Stobaeus c 5 ἐζητοῦμεν A D M: ζητοῦμεν F ἀλλ' εἴ ἔμοιγε βούλει χαρίζεσθαι, σκόπει πρότερον τοῦτο ἐκείνου.

e 'Αλλὰ μέντοι, ἦν δ' ἐγώ, βούλομαί γε, εἰ μὴ ἀδικῶ.

Σκόπει δή, ἔφη.

Σκεπτέον, εἶπον· καὶ ὥς γε ἐντεῦθεν ἰδεῖν, συμφωνίᾳ τινὶ καὶ ἁρμονίᾳ προσέοικεν μᾶλλον ἢ τὰ πρότερον.

5 Πῶς;

Κόσμος πού τις, ἦν δ' ἐγώ, ἡ σωφροσύνη ἐστὶν καὶ ἡδονῶν τινων καὶ ἐπιθυμιῶν ἐγκράτεια, ὥς φασι κρείττω δὴ αὑτοῦ ἀποφαίνοντες οὐκ οἶδ' ὅντινα τρόπον, καὶ ἄλλα ἄττα τοιαῦτα ὥσπερ ἴχνη αὐτῆς λέγεται. ἦ γάρ;

10 Πάντων μάλιστα, ἔφη.

Οὐκοῦν τὸ μὲν κρείττω αὑτοῦ γελοῖον; ὁ γὰρ ἑαυτοῦ κρείττων καὶ ἥττων δήπου ἂν αὑτοῦ εἴη καὶ ὁ ἥττων κρείττων·

431 ὁ αὐτὸς γὰρ ἐν ἅπασιν τούτοις προσαγορεύεται.

Τί δ' οὔ;

'Αλλ', ἦν δ' ἐγώ, φαίνεταί μοι βούλεσθαι λέγειν οὗτος ὁ λόγος ὥς τι ἐν αὐτῷ τῷ ἀνθρώπῳ περὶ τὴν ψυχὴν τὸ μὲν

5 βέλτιον ἔνι, τὸ δὲ χεῖρον, καὶ ὅταν μὲν τὸ βέλτιον φύσει τοῦ χείρονος ἐγκρατὲς ᾖ, τοῦτο λέγειν τὸ κρείττω αὑτοῦ —ἐπαινεῖ γοῦν—ὅταν δὲ ὑπὸ τροφῆς κακῆς ἤ τινος ὁμιλίας κρατηθῇ ὑπὸ πλήθους τοῦ χείρονος σμικρότερον τὸ βέλτιον

b ὄν, τοῦτο δὲ ὡς ἐν ὀνείδει ψέγειν τε καὶ καλεῖν ἥττω ἑαυτοῦ καὶ ἀκόλαστον τὸν οὕτω διακείμενον.

Καὶ γὰρ ἔοικεν, ἔφη.

'Απόβλεπε τοίνυν, ἦν δ' ἐγώ, πρὸς τὴν νέαν ἡμῖν πόλιν,

5 καὶ εὑρήσεις ἐν αὐτῇ τὸ ἕτερον τούτων ἐνόν· κρείττω γὰρ αὐτὴν αὑτῆς δικαίως φήσεις προσαγορεύεσθαι, εἴπερ οὗ τὸ ἄμεινον τοῦ χείρονος ἄρχει σῶφρον κλητέον καὶ κρεῖττον αὑτοῦ.

e 6 κόσμος A Stobaeus : ὁ κόσμος F D e 8 ἀποφαίνοντες H. Richards (ἀποφαίνονται Cornarius) : φαίνονται A D : λέγοντες F M et in marg. γρ. A Stobaeus a 6 ἐγκρατὲς] ἐγκρατέστερον Stobaeus τὸ F D M Stobaeus : τὸν A b 6 προσαγορεύεσθαι] προσαγορεύειν Stobaeus οὗ scr. recc. : οὖν A F D M Stobaeus

Ἀλλ' ἀποβλέπω, ἔφη, καὶ ἀληθῆ λέγεις.

Καὶ μὴν καὶ τάς γε πολλὰς καὶ παντοδαπὰς ἐπιθυμίας καὶ ἡδονάς τε καὶ λύπας ἐν παισὶ μάλιστα ἄν τις εὕροι καὶ c γυναιξὶ καὶ οἰκέταις καὶ τῶν ἐλευθέρων λεγομένων ἐν τοῖς πολλοῖς τε καὶ φαύλοις.

Πάνυ μὲν οὖν.

Τὰς δέ γε ἁπλᾶς τε καὶ μετρίας, αἳ δὴ μετὰ νοῦ τε καὶ 5 δόξης ὀρθῆς λογισμῷ ἄγονται, ἐν ὀλίγοις τε ἐπιτεύξῃ καὶ τοῖς βέλτιστα μὲν φῦσιν, βέλτιστα δὲ παιδευθεῖσιν.

Ἀληθῆ, ἔφη.

Οὐκοῦν καὶ ταῦτα ὁρᾷς ἐνόντα σοι ἐν τῇ πόλει καὶ κρατουμένας αὐτόθι τὰς ἐπιθυμίας τὰς ἐν τοῖς πολλοῖς τε 10 καὶ φαύλοις ὑπό τε τῶν ἐπιθυμιῶν καὶ τῆς φρονήσεως τῆς d ἐν τοῖς ἐλάττοσί τε καὶ ἐπιεικεστέροις;

Ἔγωγ', ἔφη.

Εἰ ἄρα δεῖ τινα πόλιν προσαγορεύειν κρείττω ἡδονῶν τε καὶ ἐπιθυμιῶν καὶ αὐτὴν αὑτῆς, καὶ ταύτην προσρητέον. 5

Παντάπασιν μὲν οὖν, ἔφη.

Ἆρ' οὖν οὐ καὶ σώφρονα κατὰ πάντα ταῦτα;

Καὶ μάλα, ἔφη.

Καὶ μὴν εἴπερ αὖ ἐν ἄλλῃ πόλει ἡ αὐτὴ δόξα ἔνεστι τοῖς τε ἄρχουσι καὶ ἀρχομένοις περὶ τοῦ οὕστινας δεῖ ἄρχειν, καὶ e ἐν ταύτῃ ἂν εἴη τοῦτο ἐνόν. ἢ οὐ δοκεῖ;

Καὶ μάλα, ἔφη, σφόδρα.

Ἐν ποτέροις οὖν φήσεις τῶν πολιτῶν τὸ σωφρονεῖν ἐνεῖναι ὅταν οὕτως ἔχωσιν; ἐν τοῖς ἄρχουσιν ἢ ἐν τοῖς ἀρχομένοις; 5

Ἐν ἀμφοτέροις που, ἔφη.

Ὁρᾷς οὖν, ἦν δ' ἐγώ, ὅτι ἐπιεικῶς ἐμαντευόμεθα ἄρτι ὡς ἁρμονίᾳ τινὶ ἡ σωφροσύνη ὡμοίωται;

b 9 γε] τε Stobaeus c 1 παισὶ ci. H. Wolf: πᾶσι A F D M Stobaeus c 7 φῦσι(ν) A D M: φύσιν F: τραφεῖσι Stobaeus d 5 καὶ ταύτην] ταύτην Stobaeus d 9 εἴπερ αὖ] αὖ εἴπερ Stobaeus e 1 ἀρχομένοις] τοῖς ἀρχομένοις Stobaeus e 7 ἄρτι ὡς A D M: ἀρτίως F Stobaeus

Τί δή;

10 Ὅτι οὐχ ὥσπερ ἡ ἀνδρεία καὶ ἡ σοφία ἐν μέρει τινὶ
432 ἑκατέρα ἐνοῦσα ἡ μὲν σοφήν, ἡ δὲ ἀνδρείαν τὴν πόλιν
παρείχετο, οὐχ οὕτω ποιεῖ αὕτη, ἀλλὰ δι' ὅλης ἀτεχνῶς
τέταται διὰ πασῶν παρεχομένη συνᾴδοντας τούς τε ἀσθενε-
στάτους ταὐτὸν καὶ τοὺς ἰσχυροτάτους καὶ τοὺς μέσους, εἰ
5 μὲν βούλει, φρονήσει, εἰ δὲ βούλει, ἰσχύι, εἰ δέ, καὶ πλήθει
ἢ χρήμασιν ἢ ἄλλῳ ὁτῳοῦν τῶν τοιούτων· ὥστε ὀρθότατ' ἂν
φαῖμεν ταύτην τὴν ὁμόνοιαν σωφροσύνην εἶναι, χείρονός τε
καὶ ἀμείνονος κατὰ φύσιν συμφωνίαν ὁπότερον δεῖ ἄρχειν
καὶ ἐν πόλει καὶ ἐν ἑνὶ ἑκάστῳ.

b Πάνυ μοι, ἔφη, συνδοκεῖ.

Εἶεν, ἦν δ' ἐγώ· τὰ μὲν τρία ἡμῖν ἐν τῇ πόλει κατῶπται,
ὥς γε οὑτωσὶ δόξαι· τὸ δὲ δὴ λοιπὸν εἶδος, δι' ὃ ἂν ἔτι
ἀρετῆς μετέχοι πόλις, τί ποτ' ἂν εἴη; δῆλον γὰρ ὅτι τοῦτ'
5 ἐστὶν ἡ δικαιοσύνη.

Δῆλον.

Οὐκοῦν, ὦ Γλαύκων, νῦν δὴ ἡμᾶς δεῖ ὥσπερ κυνηγέτας
τινὰς θάμνον κύκλῳ περιίστασθαι προσέχοντας τὸν νοῦν, μή
πῃ διαφύγῃ ἡ δικαιοσύνη καὶ ἀφανισθεῖσα ἄδηλος γένηται.
c φανερὸν γὰρ δὴ ὅτι ταύτῃ πῃ ἔστιν· ὅρα οὖν καὶ προθυμοῦ
κατιδεῖν, ἐάν πως πρότερος ἐμοῦ ἴδῃς καὶ ἐμοὶ φράσῃς.

Εἰ γὰρ ὤφελον, ἔφη. ἀλλὰ μᾶλλον, ἐάν μοι ἑπομένῳ χρῇ
καὶ τὰ δεικνύμενα δυναμένῳ καθορᾶν, πάνυ μοι μετρίως χρήσῃ.

5 Ἕπου, ἦν δ' ἐγώ, εὐξάμενος μετ' ἐμοῦ.

Ποιήσω ταῦτα, ἀλλὰ μόνον, ἦ δ' ὅς, ἡγοῦ.

Καὶ μήν, εἶπον ἐγώ, δύσβατός γέ τις ὁ τόπος φαίνεται
καὶ ἐπίσκιος· ἔστι γοῦν σκοτεινὸς καὶ δυσδιερεύνητος. ἀλλὰ
γὰρ ὅμως ἰτέον.

a 1 ἐνοῦσα] οὖσα Stobaeus a 2 παρείχετο A² F D M Stobaeus : παρέσχετο A οὕτω A M : ὅτι D : οὕτω τὴν πόλιν F Stobaeus
a 5 βούλει post δὲ secl. Cobet a 9 πόλει] τῇ πόλει Stobaeus
b 8 θάμνον F D : θάμνων A M c 2 φράσῃς F D M : φράσεις A
c 3 ὄφελον A c 4 μοι A F M : om. D μετρίως] μετρίῳ ci. H. Richards c 5 ἕπου ⟨οὖν⟩ ci. H. Richards

Ἰτέον γάρ, ἔφη. d

Καὶ ἐγὼ κατιδών, Ἰοὺ ἰού, εἶπον, ὦ Γλαύκων· κινδυνεύομέν τι ἔχειν ἴχνος, καί μοι δοκεῖ οὐ πάνυ τι ἐκφευξεῖσθαι ἡμᾶς.

Εὖ ἀγγέλλεις, ἦ δ' ὅς.

Ἦ μήν, ἦν δ' ἐγώ, βλακικόν γε ἡμῶν τὸ πάθος. 5

Τὸ ποῖον;

Πάλαι, ὦ μακάριε, φαίνεται πρὸ ποδῶν ἡμῖν ἐξ ἀρχῆς κυλινδεῖσθαι, καὶ οὐχ ἑωρῶμεν ἄρ' αὐτό, ἀλλ' ἦμεν καταγελαστότατοι· ὥσπερ οἱ ἐν ταῖς χερσὶν ἔχοντες ζητοῦσιν ἐνίοτε ὃ ἔχουσιν, καὶ ἡμεῖς εἰς αὐτὸ μὲν οὐκ ἀπεβλέπομεν, e πόρρω δέ ποι ἀπεσκοποῦμεν, ᾗ δὴ καὶ ἐλάνθανεν ἴσως ἡμᾶς.

Πῶς, ἔφη, λέγεις;

Οὕτως, εἶπον, ὡς δοκοῦμέν μοι καὶ λέγοντες αὐτὸ καὶ 5 ἀκούοντες πάλαι οὐ μανθάνειν ἡμῶν αὐτῶν, ὅτι ἐλέγομεν τρόπον τινὰ αὐτό.

Μακρόν, ἔφη, τὸ προοίμιον τῷ ἐπιθυμοῦντι ἀκοῦσαι.

Ἀλλ', ἦν δ' ἐγώ, ἄκουε εἴ τι ἄρα λέγω. ὃ γὰρ ἐξ ἀρχῆς 433 ἐθέμεθα δεῖν ποιεῖν διὰ παντός, ὅτε τὴν πόλιν κατῳκίζομεν, τοῦτό ἐστιν, ὡς ἐμοὶ δοκεῖ, ἤτοι τούτου τι εἶδος ἡ δικαιοσύνη. ἐθέμεθα δὲ δήπου καὶ πολλάκις ἐλέγομεν, εἰ μέμνησαι, ὅτι ἕνα ἕκαστον ἓν δέοι ἐπιτηδεύειν τῶν περὶ τὴν πόλιν, εἰς ὃ 5 αὐτοῦ ἡ φύσις ἐπιτηδειοτάτη πεφυκυῖα εἴη.

Ἐλέγομεν γάρ.

Καὶ μὴν ὅτι γε τὸ τὰ αὑτοῦ πράττειν καὶ μὴ πολυπραγμονεῖν δικαιοσύνη ἐστί, καὶ τοῦτο ἄλλων τε πολλῶν ἀκηκόαμεν καὶ αὐτοὶ πολλάκις εἰρήκαμεν. b

Εἰρήκαμεν γάρ.

Τοῦτο τοίνυν, ἦν δ' ἐγώ, ὦ φίλε, κινδυνεύει τρόπον τινὰ γιγνόμενον ἡ δικαιοσύνη εἶναι, τὸ τὰ αὑτοῦ πράττειν. οἶσθα ὅθεν τεκμαίρομαι; 5

Οὔκ, ἀλλὰ λέγ', ἔφη.

d 3 πάνυ τι ADM : πάνυ F

Δοκεῖ μοι, ἦν δ' ἐγώ, τὸ ὑπόλοιπον ἐν τῇ πόλει ὧν ἐσκέμμεθα, σωφροσύνης καὶ ἀνδρείας καὶ φρονήσεως, τοῦτο εἶναι, ὃ πᾶσιν ἐκείνοις τὴν δύναμιν παρέσχεν ὥστε ἐγγε-
10 νέσθαι, καὶ ἐγγενομένοις γε σωτηρίαν παρέχειν, ἕωσπερ ἂν
c ἐνῇ. καίτοι ἔφαμεν δικαιοσύνην ἔσεσθαι τὸ ὑπολειφθὲν ἐκείνων, εἰ τὰ τρία εὕροιμεν.

Καὶ γὰρ ἀνάγκη, ἔφη.

Ἀλλὰ μέντοι, ἦν δ' ἐγώ, εἰ δέοι γε κρῖναι τί τὴν πόλιν
5 ἡμῖν τούτων μάλιστα ἀγαθὴν ἀπεργάσεται ἐγγενόμενον, δύσκριτον ἂν εἴη πότερον ἡ ὁμοδοξία τῶν ἀρχόντων τε καὶ ἀρχομένων, ἢ ἡ περὶ δεινῶν τε καὶ μή, ἅττα ἐστί, δόξης ἐννόμου σωτηρία ἐν τοῖς στρατιώταις ἐγγενομένη, ἢ ἡ ἐν
d τοῖς ἄρχουσι φρόνησίς τε καὶ φυλακὴ ἐνοῦσα, ἢ τοῦτο μάλιστα ἀγαθὴν αὐτὴν ποιεῖ ἐνὸν καὶ ἐν παιδὶ καὶ ἐν γυναικὶ καὶ δούλῳ καὶ ἐλευθέρῳ καὶ δημιουργῷ καὶ ἄρχοντι καὶ ἀρχομένῳ, ὅτι τὸ αὑτοῦ ἕκαστος εἷς ὢν ἔπραττε καὶ οὐκ
5 ἐπολυπραγμόνει.

Δύσκριτον, ἔφη· πῶς δ' οὔ;

Ἐνάμιλλον ἄρα, ὡς ἔοικε, πρὸς ἀρετὴν πόλεως τῇ τε σοφίᾳ αὐτῆς καὶ τῇ σωφροσύνῃ καὶ τῇ ἀνδρείᾳ ἡ τοῦ ἕκαστον ἐν αὐτῇ τὰ αὑτοῦ πράττειν δύναμις.

10 Καὶ μάλα, ἔφη.

Οὐκοῦν δικαιοσύνην τό γε τούτοις ἐνάμιλλον ἂν εἰς ἀρετὴν
e πόλεως θείης;

Παντάπασι μὲν οὖν.

Σκόπει δὴ καὶ τῇδε εἰ οὕτω δόξει· ἆρα τοῖς ἄρχουσιν ἐν τῇ πόλει τὰς δίκας προστάξεις δικάζειν;

5 Τί μήν;

b 7 ὧν A D M: τῶν F Stobaeus b 9 ὃ . . . παρέσχεν] τὸ . . . παρέχον Stobaeus c 1 ἐνῇ] ᾖ Stobaeus ὑπολειφθὲν F D M Stobaeus: ὑποληφθὲν (ut videtur) pr. A c 4 γε om. Stobaeus c 5 ἀπεργάσεται] ἀπείργασται Stobaei A c 8 ἡ M: om. A F D d 3 ⟨γεωργῷ καὶ⟩ δημιουργῷ ci. H. Richards d 4 ὢν] ὢν ἐν Stobaeus e 3 εἰ οὕτω A F D M Stobaeus: γρ. εἰ σαυτῷ in marg. A

Ἢ ἄλλου οὑτινοσοῦν μᾶλλον ἐφιέμενοι δικάσουσιν ἢ τούτου, ὅπως ἂν ἕκαστοι μήτ' ἔχωσι τἀλλότρια μήτε τῶν αὑτῶν στέρωνται;

Οὔκ, ἀλλὰ τούτου.

Ὡς δικαίου ὄντος; 10

Ναί.

Καὶ ταύτῃ ἄρα πῃ ἡ τοῦ οἰκείου τε καὶ ἑαυτοῦ ἕξις τε καὶ πρᾶξις δικαιοσύνη ἂν ὁμολογοῖτο. 434

Ἔστι ταῦτα.

Ἰδὲ δὴ ἐὰν σοὶ ὅπερ ἐμοὶ συνδοκῇ. τέκτων σκυτοτόμου ἐπιχειρῶν ἔργα ἐργάζεσθαι ἢ σκυτοτόμος τέκτονος, ἢ τὰ ὄργανα μεταλαμβάνοντες τἀλλήλων ἢ τιμάς, ἢ καὶ ὁ αὐτὸς 5 ἐπιχειρῶν ἀμφότερα πράττειν, πάντα τἆλλα μεταλλαττόμενα, ἆρά σοι ἄν τι δοκεῖ μέγα βλάψαι πόλιν;

Οὐ πάνυ, ἔφη.

Ἀλλ' ὅταν γε οἶμαι δημιουργὸς ὢν ἤ τις ἄλλος χρηματιστὴς φύσει, ἔπειτα ἐπαιρόμενος ἢ πλούτῳ ἢ πλήθει ἢ ἰσχύι ἢ b ἄλλῳ τῳ τοιούτῳ εἰς τὸ τοῦ πολεμικοῦ εἶδος ἐπιχειρῇ ἰέναι, ἢ τῶν πολεμικῶν τις εἰς τὸ τοῦ βουλευτικοῦ καὶ φύλακος ἀνάξιος ὤν, καὶ τὰ ἀλλήλων οὗτοι ὄργανα μεταλαμβάνωσι καὶ τὰς τιμάς, ἢ ὅταν ὁ αὐτὸς πάντα ταῦτα ἅμα ἐπιχειρῇ 5 πράττειν, τότε οἶμαι καὶ σοὶ δοκεῖν ταύτην τὴν τούτων μεταβολὴν καὶ πολυπραγμοσύνην ὄλεθρον εἶναι τῇ πόλει.

Παντάπασι μὲν οὖν.

Ἡ τριῶν ἄρα ὄντων γενῶν πολυπραγμοσύνη καὶ μεταβολὴ εἰς ἄλληλα μεγίστη τε βλάβη τῇ πόλει καὶ ὀρθότατ' ἂν c προσαγορεύοιτο μάλιστα κακουργία.

Κομιδῇ μὲν οὖν.

Κακουργίαν δὲ τὴν μεγίστην τῆς ἑαυτοῦ πόλεως οὐκ ἀδικίαν φήσεις εἶναι; 5

Πῶς δ' οὔ;

e 6 οὑτινοσοῦν F Stobaeus: τινὸς οὖν A D M e 7 τούτου F D M Stobaeus: τοῦτο A a 1 δικαιοσύνη A F M: καὶ δικαιοσύνη D a 6 τἆλλα] ταῦτα ci. Madvig a 7 δοκεῖ A: δοκῇ F D M

Τοῦτο μὲν ἄρα ἀδικία. πάλιν δὲ ὧδε λέγωμεν· χρηματιστικοῦ, ἐπικουρικοῦ, φυλακικοῦ γένους οἰκειοπραγία, ἑκάστου τούτων τὸ αὑτοῦ πράττοντος ἐν πόλει, τοὐναντίον ἐκείνου 10 δικαιοσύνη τ' ἂν εἴη καὶ τὴν πόλιν δικαίαν παρέχοι;

d Οὐκ ἄλλῃ ἔμοιγε δοκεῖ, ἦ δ' ὅς, ἔχειν ἢ ταύτῃ.

Μηδέν, ἦν δ' ἐγώ, πω πάνυ παγίως αὐτὸ λέγωμεν, ἀλλ' ἐὰν μὲν ἡμῖν καὶ εἰς ἕνα ἕκαστον τῶν ἀνθρώπων ἰὸν τὸ εἶδος τοῦτο ὁμολογῆται καὶ ἐκεῖ δικαιοσύνη εἶναι, συγχωρησόμεθα 5 ἤδη—τί γὰρ καὶ ἐροῦμεν;—εἰ δὲ μή, τότε ἄλλο τι σκεψόμεθα. νῦν δ' ἐκτελέσωμεν τὴν σκέψιν ἣν ᾠήθημεν, εἰ ἐν μείζονί τινι τῶν ἐχόντων δικαιοσύνην πρότερον ⟨ἢ⟩ ἐκεῖ ἐπιχειρήσαιμεν θεάσασθαι, ῥᾷον ἂν ἐν ἑνὶ ἀνθρώπῳ κατιδεῖν οἷόν ἐστιν. καὶ e ἔδοξε δὴ ἡμῖν τοῦτο εἶναι πόλις, καὶ οὕτω ᾠκίζομεν ὡς ἐδυνάμεθα ἀρίστην, εὖ εἰδότες ὅτι ἔν γε τῇ ἀγαθῇ ἂν εἴη. ὃ οὖν ἡμῖν ἐκεῖ ἐφάνη, ἐπαναφέρωμεν εἰς τὸν ἕνα, κἂν μὲν ὁμολογῆται, καλῶς ἕξει· ἐὰν δέ τι ἄλλο ἐν τῷ ἑνὶ ἐμφαί- 5 νηται, πάλιν ἐπανιόντες ἐπὶ τὴν πόλιν βασανιοῦμεν, καὶ 435 τάχ' ἂν παρ' ἄλληλα σκοποῦντες καὶ τρίβοντες, ὥσπερ ἐκ πυρείων ἐκλάμψαι ποιήσαιμεν τὴν δικαιοσύνην· καὶ φανερὰν γενομένην βεβαιωσόμεθα αὐτὴν παρ' ἡμῖν αὐτοῖς.

Ἀλλ', ἔφη, καθ' ὁδόν τε λέγεις καὶ ποιεῖν χρὴ οὕτως.

5 Ἆρ' οὖν, ἦν δ' ἐγώ, ὅ γε ταὐτὸν ἄν τις προσείποι μεῖζόν τε καὶ ἔλαττον, ἀνόμοιον τυγχάνει ὂν ταύτῃ ᾗ ταὐτὸν προσαγορεύεται, ἢ ὅμοιον;

Ὅμοιον, ἔφη.

b Καὶ δίκαιος ἄρα ἀνὴρ δικαίας πόλεως κατ' αὐτὸ τὸ τῆς δικαιοσύνης εἶδος οὐδὲν διοίσει, ἀλλ' ὅμοιος ἔσται.

Ὅμοιος, ἔφη.

Ἀλλὰ μέντοι πόλις γε ἔδοξεν εἶναι δικαία ὅτε ἐν αὐτῇ

c 7 λέγωμεν A: λέγομεν F D M   d 6 ἐκτελέσωμεν A F M: ἐκτελέσομεν D   d 7 ἢ addidi   ἐκεῖ A F D M: ἐκεῖνο scr. recc.   a 3 βεβαιωσόμεθα A² D: βεβαιωσώμεθ' ἂν A F: βεβαιωσαίμεθ' ἂν M   b 4 ὅτε A M: ὅτι F D   αὐτῇ F D M: ἑαυτῇ A

τριττὰ γένη φύσεων ἐνόντα τὸ αὑτῶν ἕκαστον ἔπραττεν, 5
σώφρων δὲ αὖ καὶ ἀνδρεία καὶ σοφὴ διὰ τῶν αὐτῶν τούτων
γενῶν ἄλλ' ἄττα πάθη τε καὶ ἕξεις.

Ἀληθῆ, ἔφη.

Καὶ τὸν ἕνα ἄρα, ὦ φίλε, οὕτως ἀξιώσομεν, τὰ αὐτὰ ταῦτα
εἴδη ἐν τῇ αὑτοῦ ψυχῇ ἔχοντα, διὰ τὰ αὐτὰ πάθη ἐκείνοις c
τῶν αὐτῶν ὀνομάτων ὀρθῶς ἀξιοῦσθαι τῇ πόλει.

Πᾶσα ἀνάγκη, ἔφη.

Εἰς φαῦλόν γε αὖ, ἦν δ' ἐγώ, ὦ θαυμάσιε, σκέμμα
ἐμπεπτώκαμεν περὶ ψυχῆς, εἴτε ἔχει τὰ τρία εἴδη ταῦτα ἐν 5
αὑτῇ εἴτε μή.

Οὐ πάνυ μοι δοκοῦμεν, ἔφη, εἰς φαῦλον· ἴσως γάρ, ὦ
Σώκρατες, τὸ λεγόμενον ἀληθές, ὅτι χαλεπὰ τὰ καλά.

Φαίνεται, ἦν δ' ἐγώ. καὶ εὖ γ' ἴσθι, ὦ Γλαύκων, ὡς ἡ
ἐμὴ δόξα, ἀκριβῶς μὲν τοῦτο ἐκ τοιούτων μεθόδων, οἵαις d
νῦν ἐν τοῖς λόγοις χρώμεθα, οὐ μή ποτε λάβωμεν—
ἄλλη γὰρ μακροτέρα καὶ πλείων ὁδὸς ἡ ἐπὶ τοῦτο ἄγουσα
—ἴσως μέντοι τῶν γε προειρημένων τε καὶ προεσκεμμένων
ἀξίως. 5

Οὐκοῦν ἀγαπητόν; ἔφη· ἐμοὶ μὲν γὰρ ἔν γε τῷ παρόντι
ἱκανῶς ἂν ἔχοι.

Ἀλλὰ μέντοι, εἶπον, ἔμοιγε καὶ πάνυ ἐξαρκέσει.

Μὴ τοίνυν ἀποκάμῃς, ἔφη, ἀλλὰ σκόπει.

Ἆρ' οὖν ἡμῖν, ἦν δ' ἐγώ, πολλὴ ἀνάγκη ὁμολογεῖν ὅτι γε e
τὰ αὐτὰ ἐν ἑκάστῳ ἔνεστιν ἡμῶν εἴδη τε καὶ ἤθη ἅπερ
ἐν τῇ πόλει; οὐ γάρ που ἄλλοθεν ἐκεῖσε ἀφῖκται. γελοῖον
γὰρ ἂν εἴη εἴ τις οἰηθείη τὸ θυμοειδὲς μὴ ἐκ τῶν ἰδιωτῶν
ἐν ταῖς πόλεσιν ἐγγεγονέναι, οἳ δὴ καὶ ἔχουσι ταύτην τὴν 5
αἰτίαν, οἷον οἱ κατὰ τὴν Θρᾴκην τε καὶ Σκυθικὴν καὶ σχεδόν
τι κατὰ τὸν ἄνω τόπον, ἢ τὸ φιλομαθές, ὃ δὴ τὸν παρ' ἡμῖν

c 9 γ' om. Galenus d 1 οἵαις] αἷς δὴ Galenus d 3 ἄλλη Galenus (cf. 504 b, 2): ἀλλὰ A F D M e 5 ἐγγεγονέναι A M: ἐκγεγονέναι Stobaeus: γεγονέναι F D e 7 τὸν Stobaeus: περὶ τὸν A F D M

436 μάλιστ' ἄν τις αἰτιάσαιτο τόπον, ἢ τὸ φιλοχρήματον τὸ περὶ τούς τε Φοίνικας εἶναι καὶ τοὺς κατὰ Αἴγυπτον φαίη τις ἂν οὐχ ἥκιστα.

Καὶ μάλα, ἔφη.

5 Τοῦτο μὲν δὴ οὕτως ἔχει, ἦν δ' ἐγώ, καὶ οὐδὲν χαλεπὸν γνῶναι.

Οὐ δῆτα.

Τόδε δὲ ἤδη χαλεπόν, εἰ τῷ αὐτῷ τούτῳ ἕκαστα πράττομεν ἢ τρισὶν οὖσιν ἄλλο ἄλλῳ· μανθάνομεν μὲν ἑτέρῳ, 10 θυμούμεθα δὲ ἄλλῳ τῶν ἐν ἡμῖν, ἐπιθυμοῦμεν δ' αὖ τρίτῳ τινὶ τῶν περὶ τὴν τροφήν τε καὶ γέννησιν ἡδονῶν καὶ ὅσα τούτων b ἀδελφά, ἢ ὅλῃ τῇ ψυχῇ καθ' ἕκαστον αὐτῶν πράττομεν, ὅταν ὁρμήσωμεν. ταῦτ' ἔσται τὰ χαλεπὰ διορίσασθαι ἀξίως λόγου.

Καὶ ἐμοὶ δοκεῖ, ἔφη.

5 Ὧδε τοίνυν ἐπιχειρῶμεν αὐτὰ ὁρίζεσθαι, εἴτε τὰ αὐτὰ ἀλλήλοις εἴτε ἕτερά ἐστι.

Πῶς;

Δῆλον ὅτι ταὐτὸν τἀναντία ποιεῖν ἢ πάσχειν κατὰ ταὐτόν γε καὶ πρὸς ταὐτὸν οὐκ ἐθελήσει ἅμα, ὥστε ἄν που εὑρί-10 σκωμεν ἐν αὐτοῖς ταῦτα γιγνόμενα, εἰσόμεθα ὅτι οὐ ταὐτὸν c ἦν ἀλλὰ πλείω.

Εἶεν.

Σκόπει δὴ ὃ λέγω.

Λέγε, ἔφη.

5 Ἑστάναι, εἶπον, καὶ κινεῖσθαι τὸ αὐτὸ ἅμα κατὰ τὸ αὐτὸ ἆρα δυνατόν;

Οὐδαμῶς.

Ἔτι τοίνυν ἀκριβέστερον ὁμολογησώμεθα, μή πῃ προϊόντες ἀμφισβητήσωμεν. εἰ γάρ τις λέγοι ἄνθρωπον ἑστηκότα,

a 1 τὸ περὶ A F D M Stobaeus : ὁ περὶ scr. recc. a 9 μὲν A F M Stobaeus : om. D a 11 γέννησιν A F D : γένεσιν recc. b 2 τὰ A F M Stobaeus : om. D b 9 γε] τε Galenus c 8 ὁμολογησώμεθα] διομολογησώμεθα Galenus

κινοῦντα δὲ τὰς χεῖράς τε καὶ τὴν κεφαλήν, ὅτι ὁ αὐτὸς 10
ἕστηκέ τε καὶ κινεῖται ἅμα, οὐκ ἂν οἶμαι ἀξιοῖμεν οὕτω
λέγειν δεῖν, ἀλλ' ὅτι τὸ μέν τι αὐτοῦ ἕστηκε, τὸ δὲ κινεῖται. d
οὐχ οὕτω;

Οὕτω.

Οὐκοῦν καὶ εἰ ἔτι μᾶλλον χαριεντίζοιτο ὁ ταῦτα λέγων,
κομψευόμενος ὡς οἵ γε στρόβιλοι ὅλοι ἑστᾶσί τε ἅμα καὶ 5
κινοῦνται, ὅταν ἐν τῷ αὐτῷ πήξαντες τὸ κέντρον περι-
φέρωνται, ἢ καὶ ἄλλο τι κύκλῳ περιιὸν ἐν τῇ αὐτῇ ἕδρᾳ
τοῦτο δρᾷ, οὐκ ἂν ἀποδεχοίμεθα, ὡς οὐ κατὰ ταὐτὰ ἑαυτῶν
τὰ τοιαῦτα τότε μενόντων τε καὶ φερομένων, ἀλλὰ φαῖμεν e
ἂν ἔχειν αὐτὰ εὐθύ τε καὶ περιφερὲς ἐν αὑτοῖς, καὶ κατὰ μὲν
τὸ εὐθὺ ἑστάναι—οὐδαμῇ γὰρ ἀποκλίνειν—κατὰ δὲ τὸ περι-
φερὲς κύκλῳ κινεῖσθαι, καὶ ὅταν δὲ τὴν εὐθυωρίαν ἢ εἰς
δεξιὰν ἢ εἰς ἀριστερὰν ἢ εἰς τὸ πρόσθεν ἢ εἰς τὸ ὄπισθεν 5
ἐγκλίνῃ ἅμα περιφερόμενον, τότε οὐδαμῇ [ἔστιν] ἑστάναι.

Καὶ ὀρθῶς γε, ἔφη.

Οὐδὲν ἄρα ἡμᾶς τῶν τοιούτων λεγόμενον ἐκπλήξει, οὐδὲ
μᾶλλόν τι πείσει ὥς ποτέ τι ἂν τὸ αὐτὸ ὂν ἅμα κατὰ
τὸ αὐτὸ πρὸς τὸ αὐτὸ τἀναντία πάθοι ἢ καὶ εἴη ἢ καὶ 437
ποιήσειεν.

Οὔκουν ἐμέ γε, ἔφη.

'Αλλ' ὅμως, ἦν δ' ἐγώ, ἵνα μὴ ἀναγκαζώμεθα πάσας τὰς
τοιαύτας ἀμφισβητήσεις ἐπεξιόντες καὶ βεβαιούμενοι ὡς 5
οὐκ ἀληθεῖς οὔσας μηκύνειν, ὑποθέμενοι ὡς τούτου οὕτως
ἔχοντος εἰς τὸ πρόσθεν προΐωμεν, ὁμολογήσαντες, ἐάν ποτε
ἄλλῃ φανῇ ταῦτα ἢ ταύτῃ, πάντα ἡμῖν τὰ ἀπὸ τούτου
συμβαίνοντα λελυμένα ἔσεσθαι.

'Αλλὰ χρή, ἔφη, ταῦτα ποιεῖν. 10

c 10 ὁ A F M Galenus: om. D d 5 στρόβιλοι] στρόμβοι Galenus
d 8 ἀποδεχοίμεθα Galenus: ἀποδεχώμεθα A F D M e 1 τὰ τοιαῦτα
secl. Ast: τῶν τοιούτων ci. H. Richards e 3 οὐδαμῇ] οὐδαμοῖ ci.
Bekker e 4 καὶ Galenus: om. A F D M ἢ F D: ἢ καὶ A M
e 6 ἔστιν om. Galenus a 1 εἴη ἢ καὶ A F D M Galenus: om.
recc. a 7 εἰς A F M: ὡς D

b ᾿Αρ᾿ ⟨ἂν⟩ οὖν, ἦν δ᾿ ἐγώ, τὸ ἐπινεύειν τῷ ἀνανεύειν καὶ τὸ
ἐφίεσθαί τινος λαβεῖν τῷ ἀπαρνεῖσθαι καὶ τὸ προσάγεσθαι
τῷ ἀπωθεῖσθαι, πάντα τὰ τοιαῦτα τῶν ἐναντίων ἀλλήλοις
θείης εἴτε ποιημάτων εἴτε παθημάτων; οὐδὲν γὰρ ταύτῃ
5 διοίσει.

᾿Αλλ᾿, ἦ δ᾿ ὅς, τῶν ἐναντίων.

Τί οὖν; ἦν δ᾿ ἐγώ· διψῆν καὶ πεινῆν καὶ ὅλως τὰς ἐπι-
θυμίας, καὶ αὖ τὸ ἐθέλειν καὶ τὸ βούλεσθαι, οὐ πάντα ταῦτα
c εἰς ἐκεῖνά ποι ἂν θείης τὰ εἴδη τὰ νυνδὴ λεχθέντα; οἷον
ἀεὶ τὴν τοῦ ἐπιθυμοῦντος ψυχὴν οὐχὶ ἤτοι ἐφίεσθαι φήσεις
ἐκείνου οὗ ἂν ἐπιθυμῇ, ἢ προσάγεσθαι τοῦτο ὃ ἂν βούληταί οἱ
γενέσθαι, ἢ αὖ, καθ᾿ ὅσον ἐθέλει τί οἱ πορισθῆναι, ἐπινεύειν
5 τοῦτο πρὸς αὑτὴν ὥσπερ τινὸς ἐρωτῶντος, ἐπορεγομένην
αὐτοῦ τῆς γενέσεως;

῎Εγωγε.

Τί δέ; τὸ ἀβουλεῖν καὶ μὴ ἐθέλειν μηδ᾿ ἐπιθυμεῖν οὐκ
εἰς τὸ ἀπωθεῖν καὶ ἀπελαύνειν ἀπ᾿ αὑτῆς καὶ εἰς ἅπαντα
10 τἀναντία ἐκείνοις θήσομεν;

d Πῶς γὰρ οὔ;

Τούτων δὴ οὕτως ἐχόντων ἐπιθυμιῶν τι φήσομεν εἶναι
εἶδος, καὶ ἐναργεστάτας αὐτῶν τούτων ἥν τε δίψαν καλοῦμεν
καὶ ἣν πεῖναν;

5 Φήσομεν, ἦ δ᾿ ὅς.

Οὐκοῦν τὴν μὲν ποτοῦ, τὴν δ᾿ ἐδωδῆς;

Ναί.

᾿Αρ᾿ οὖν, καθ᾿ ὅσον δίψα ἐστί, πλέονος ἄν τινος ἢ οὗ
λέγομεν ἐπιθυμία ἐν τῇ ψυχῇ εἴη, οἷον δίψα ἐστὶ δίψα
10 ἆρά γε θερμοῦ ποτοῦ ἢ ψυχροῦ, ἢ πολλοῦ ἢ ὀλίγου, ἢ καὶ
ἑνὶ λόγῳ ποιοῦ τινος πώματος; ἢ ἐὰν μέν τις θερμότης τῷ

b 1 ἂν addidi : post b 3 ἐναντίων add. Baiter b 2 τινος λαβεῖν secl. ci. Baiter c 5 ἐρωτῶντος A F D : ἐρῶντος M et ex ἐρωτῶντος fecit A² d 8 ἢ οὗ (sic) M : ἡ οὐ A (sed ἡ ο in ras. : που fuit) : που F D (ποτοῦ fecit f) in marg. γρ. A (sed π in ras. : η ου fuit) d 9 δίψα ἐστὶ secl. Stallbaum (sed legit Athenaeus) d 11 ἑνὶ λόγῳ ci. Cornarius : ἐν ὀλίγῳ A F D M Athenaeus

δίψει προσῇ, τὴν τοῦ ψυχροῦ ἐπιθυμίαν προσπαρέχοιτ' ἄν, e
ἐὰν δὲ ψυχρότης, τὴν τοῦ θερμοῦ; ἐὰν δὲ διὰ πλήθους
παρουσίαν πολλὴ ἡ δίψα ᾖ, τὴν τοῦ πολλοῦ παρέξεται, ἐὰν
δὲ ὀλίγη, τὴν τοῦ ὀλίγου; αὐτὸ δὲ τὸ διψῆν οὐ μή ποτε
ἄλλου γένηται ἐπιθυμία ἢ οὗπερ πέφυκεν, αὐτοῦ πώματος, 5
καὶ αὖ τὸ πεινῆν βρώματος;

Οὕτως, ἔφη, αὐτή γε ἡ ἐπιθυμία ἑκάστη αὐτοῦ μόνου
ἑκάστου οὗ πέφυκεν, τοῦ δὲ τοίου ἢ τοίου τὰ προσγιγνόμενα.

Μήτοι τις, ἦν δ' ἐγώ, ἀσκέπτους ἡμᾶς ὄντας θορυβήσῃ, 438
ὡς οὐδεὶς ποτοῦ ἐπιθυμεῖ ἀλλὰ χρηστοῦ ποτοῦ, καὶ οὐ σίτου
ἀλλὰ χρηστοῦ σίτου. πάντες γὰρ ἄρα τῶν ἀγαθῶν ἐπιθυ-
μοῦσιν· εἰ οὖν ἡ δίψα ἐπιθυμία ἐστί, χρηστοῦ ἂν εἴη εἴτε
πώματος εἴτε ἄλλου ὅτου ἐστὶν ἐπιθυμία, καὶ αἱ ἄλλαι οὕτω. 5

Ἴσως γὰρ ἄν, ἔφη, δοκοῖ τι λέγειν ὁ ταῦτα λέγων.

Ἀλλὰ μέντοι, ἦν δ' ἐγώ, ὅσα γ' ἐστὶ τοιαῦτα οἷα εἶναί
του, τὰ μὲν ποιὰ ἄττα ποιοῦ τινός ἐστιν, ὡς ἐμοὶ δοκεῖ, b
τὰ δ' αὐτὰ ἕκαστα αὐτοῦ ἑκάστου μόνον.

Οὐκ ἔμαθον, ἔφη.

Οὐκ ἔμαθες, ἔφην, ὅτι τὸ μεῖζον τοιοῦτόν ἐστιν οἷον
τινὸς εἶναι μεῖζον; 5

Πάνυ γε.

Οὐκοῦν τοῦ ἐλάττονος;

Ναί.

Τὸ δέ γε πολὺ μεῖζον πολὺ ἐλάττονος. ἦ γάρ;

Ναί. 10

Ἆρ' οὖν καὶ τὸ ποτὲ μεῖζον ποτὲ ἐλάττονος, καὶ τὸ
ἐσόμενον μεῖζον ἐσομένου ἐλάττονος;

Ἀλλὰ τί μήν; ἦ δ' ὅς.

Καὶ τὰ πλείω δὴ πρὸς τὰ ἐλάττω καὶ τὰ διπλάσια πρὸς τὰ c
ἡμίσεα καὶ πάντα τὰ τοιαῦτα, καὶ αὖ βαρύτερα πρὸς κουφό-
τερα καὶ θάττω πρὸς τὰ βραδύτερα, καὶ ἔτι γε τὰ θερμὰ
πρὸς τὰ ψυχρὰ καὶ πάντα τὰ τούτοις ὅμοια ἆρ' οὐχ οὕτως ἔχει;

c 1 τὰ διπλάσια A D M: διπλάσια F

5 Πάνυ μὲν οὖν.

Τί δὲ τὰ περὶ τὰς ἐπιστήμας; οὐχ ὁ αὐτὸς τρόπος; ἐπιστήμη μὲν αὐτὴ μαθήματος αὐτοῦ ἐπιστήμη ἐστὶν ἢ ὅτου δὴ δεῖ θεῖναι τὴν ἐπιστήμην, ἐπιστήμη δέ τις καὶ ποιά τις
d ποιοῦ τινος καὶ τινός. λέγω δὲ τὸ τοιόνδε· οὐκ ἐπειδὴ οἰκίας ἐργασίας ἐπιστήμη ἐγένετο, διήνεγκε τῶν ἄλλων ἐπιστημῶν, ὥστε οἰκοδομικὴ κληθῆναι;

Τί μήν;

5 Ἆρ᾽ οὐ τῷ ποιά τις εἶναι, οἵα ἑτέρα οὐδεμία τῶν ἄλλων;

Ναί.

Οὐκοῦν ἐπειδὴ ποιοῦ τινος, καὶ αὐτὴ ποιά τις ἐγένετο; καὶ αἱ ἄλλαι οὕτω τέχναι τε καὶ ἐπιστῆμαι;

10 Ἔστιν οὕτω.

Τοῦτο τοίνυν, ἦν δ᾽ ἐγώ, φάθι με τότε βούλεσθαι λέγειν, εἰ ἄρα νῦν ἔμαθες, ὅτι ὅσα ἐστὶν οἷα εἶναί του, αὐτὰ μὲν μόνα αὐτῶν μόνων ἐστίν, τῶν δὲ ποιῶν τινων ποιὰ ἄττα.
e καὶ οὔ τι λέγω, ὡς, οἵων ἂν ᾖ, τοιαῦτα καὶ ἔστιν, ὡς ἄρα καὶ τῶν ὑγιεινῶν καὶ νοσωδῶν ἡ ἐπιστήμη ὑγιεινὴ καὶ νοσώδης καὶ τῶν κακῶν καὶ τῶν ἀγαθῶν κακὴ καὶ ἀγαθή· ἀλλ᾽ ἐπειδὴ οὐκ αὐτοῦ οὗπερ ἐπιστήμη ἐστὶν ἐγένετο ἐπι-
5 στήμη, ἀλλὰ ποιοῦ τινος, τοῦτο δ᾽ ἦν ὑγιεινὸν καὶ νοσῶδες, ποιὰ δή τις συνέβη καὶ αὐτὴ γενέσθαι, καὶ τοῦτο αὐτὴν ἐποίησεν μηκέτι ἐπιστήμην ἁπλῶς καλεῖσθαι, ἀλλὰ τοῦ ποιοῦ τινος προσγενομένου ἰατρικήν.

Ἔμαθον, ἔφη, καί μοι δοκεῖ οὕτως ἔχειν.

439 Τὸ δὲ δὴ δίψος, ἦν δ᾽ ἐγώ, οὐ τούτων θήσεις τῶν τινὸς εἶναι τοῦτο ὅπερ ἐστίν; ἔστι δὲ δήπου δίψος—

Ἔγωγε, ἦ δ᾽ ὅς· πώματός γε.

Οὐκοῦν ποιοῦ μέν τινος πώματος ποιόν τι καὶ δίψος,
5 δίψος δ᾽ οὖν αὐτὸ οὔτε πολλοῦ οὔτε ὀλίγου, οὔτε ἀγαθοῦ

c 8 δὴ δεῖ A M : δεῖ D : δὴ F d 2 οἰκίας M : οἰκείας A F : οὐκείας D a 1 τινὸς] οἵων τινὸς ci. Madvig : τινός, καὶ τινὸς Adam a 2 δήπου] δή του ci. Benedictus οὔτε κακοῦ, οὐδ' ἑνὶ λόγῳ ποιοῦ τινος, ἀλλ' αὐτοῦ πώματος μόνον αὐτὸ δίψος πέφυκεν;

Παντάπασι μὲν οὖν.

Τοῦ διψῶντος ἄρα ἡ ψυχή, καθ' ὅσον διψῇ, οὐκ ἄλλο τι βούλεται ἢ πιεῖν, καὶ τούτου ὀρέγεται καὶ ἐπὶ τοῦτο ὁρμᾷ. b

Δῆλον δή.

Οὐκοῦν εἴ ποτέ τι αὐτὴν ἀνθέλκει διψῶσαν, ἕτερον ἄν τι ἐν αὐτῇ εἴη αὐτοῦ τοῦ διψῶντος καὶ ἄγοντος ὥσπερ θηρίον ἐπὶ τὸ πιεῖν; οὐ γὰρ δή, φαμέν, τό γε αὐτὸ τῷ αὐτῷ ἑαυτοῦ 5 περὶ τὸ αὐτὸ ἅμ' ἂ⟨ν⟩ τἀναντία πράττοι.

Οὐ γὰρ οὖν.

Ὥσπερ γε οἶμαι τοῦ τοξότου οὐ καλῶς ἔχει λέγειν ὅτι αὐτοῦ ἅμα αἱ χεῖρες τὸ τόξον ἀπωθοῦνταί τε καὶ προσέλκονται, ἀλλ' ὅτι ἄλλη μὲν ἡ ἀπωθοῦσα χείρ, ἑτέρα δὲ ἡ 10 προσαγομένη.

Παντάπασι μὲν οὖν, ἔφη. c

Πότερον δὴ φῶμέν τινας ἔστιν ὅτε διψῶντας οὐκ ἐθέλειν πιεῖν;

Καὶ μάλα γ', ἔφη, πολλοὺς καὶ πολλάκις.

Τί οὖν, ἔφην ἐγώ, φαίη τις ἂν τούτων πέρι; οὐκ ἐνεῖναι 5 μὲν ἐν τῇ ψυχῇ αὐτῶν τὸ κελεῦον, ἐνεῖναι δὲ τὸ κωλῦον πιεῖν, ἄλλο ὂν καὶ κρατοῦν τοῦ κελεύοντος;

Ἔμοιγε, ἔφη, δοκεῖ.

Ἆρ' οὖν οὐ τὸ μὲν κωλῦον τὰ τοιαῦτα ἐγγίγνεται, ὅταν ἐγγένηται, ἐκ λογισμοῦ, τὰ δὲ ἄγοντα καὶ ἕλκοντα διὰ d παθημάτων τε καὶ νοσημάτων παραγίγνεται;

Φαίνεται.

a 6 οὐδὲ ἑνὶ F : οὐδενὶ A D a 9 οὐ βούλεται ἄλλο τι Stobaeus b 3 ἀνθέλκει A F M Galenus Stobaeus : καθέλκει D ἄν τι] τι ἂν Stobaeus b 4 θηρίον Galenus Stobaeus : θηρίου A F D M b 5 δή] ἂν ci. Schanz τό γε αὐτὸ τῷ αὐτῷ] τῷ γε αὐτῷ τὸ αὐτὸ τῷ Galenus b 6 ἅμ' ἂν ci. Campbell : ἅμα A F D M Galenus Stobaeus πράττοι] πράττειν Galenus : πράττει Ast c 4 μάλα γ' A M : μάλ' F D c 8 ἔφη δοκεῖ A F D M Galenus : δοκεῖ ἔφη Stobaeus d 1 ἐγγένηται A F D M Stobaeus : ἐγγίγνηται ci. Schneider

Οὐ δὴ ἀλόγως, ἦν δ' ἐγώ, ἀξιώσομεν αὐτὰ διττά τε καὶ
5 ἕτερα ἀλλήλων εἶναι, τὸ μὲν ᾧ λογίζεται λογιστικὸν προσ-
αγορεύοντες τῆς ψυχῆς, τὸ δὲ ᾧ ἐρᾷ τε καὶ πεινῇ καὶ
διψῇ καὶ περὶ τὰς ἄλλας ἐπιθυμίας ἐπτόηται ἀλόγιστόν
τε καὶ ἐπιθυμητικόν, πληρώσεών τινων καὶ ἡδονῶν ἑταῖρον.

e Οὔκ, ἀλλ' εἰκότως, ἔφη, ἡγοίμεθ' ἂν οὕτως.

Ταῦτα μὲν τοίνυν, ἦν δ' ἐγώ, δύο ἡμῖν ὡρίσθω εἴδη ἐν
ψυχῇ ἐνόντα· τὸ δὲ δὴ τοῦ θυμοῦ καὶ ᾧ θυμούμεθα πότερον
τρίτον, ἢ τούτων ποτέρῳ ἂν εἴη ὁμοφυές;

5 Ἴσως, ἔφη, τῷ ἑτέρῳ, τῷ ἐπιθυμητικῷ.

Ἀλλ', ἦν δ' ἐγώ, ποτὲ ἀκούσας τι† πιστεύω τούτῳ·
ὡς ἄρα Λεόντιος ὁ Ἀγλαΐωνος ἀνιὼν ἐκ Πειραιῶς ὑπὸ τὸ
βόρειον τεῖχος ἐκτός, αἰσθόμενος νεκροὺς παρὰ τῷ δημίῳ
κειμένους, ἅμα μὲν ἰδεῖν ἐπιθυμοῖ, ἅμα δὲ αὖ δυσχεραίνοι
10 καὶ ἀποτρέποι ἑαυτόν, καὶ τέως μὲν μάχοιτό τε καὶ παρα-
440 καλύπτοιτο, κρατούμενος δ' οὖν ὑπὸ τῆς ἐπιθυμίας, διελκύσας
τοὺς ὀφθαλμούς, προσδραμὼν πρὸς τοὺς νεκρούς, "Ἰδοὺ ὑμῖν,"
ἔφη, "ὦ κακοδαίμονες, ἐμπλήσθητε τοῦ καλοῦ θεάματος."

Ἤκουσα, ἔφη, καὶ αὐτός.

5 Οὗτος μέντοι, ἔφην, ὁ λόγος σημαίνει τὴν ὀργὴν πολε-
μεῖν ἐνίοτε ταῖς ἐπιθυμίαις ὡς ἄλλο ὂν ἄλλῳ.

Σημαίνει γάρ, ἔφη.

Οὐκοῦν καὶ ἄλλοθι, ἔφην, πολλαχοῦ αἰσθανόμεθα, ὅταν
b βιάζωνταί τινα παρὰ τὸν λογισμὸν ἐπιθυμίαι, λοιδοροῦντά
τε αὑτὸν καὶ θυμούμενον τῷ βιαζομένῳ ἐν αὑτῷ, καὶ ὥσπερ
δυοῖν στασιαζόντοιν σύμμαχον τῷ λόγῳ γιγνόμενον τὸν
θυμὸν τοῦ τοιούτου; ταῖς δ' ἐπιθυμίαις αὐτὸν κοινωνήσαντα,
5 αἱροῦντος λόγου μὴ δεῖν ἀντιπράττειν, οἶμαί σε οὐκ ἂν

d 8 ἑταῖρον F D M Galenus: ἕτερον A Stobaeus e 4 τρίτον om. Stobaeus ἂν εἴη A D M Stobaeus: εἴη ἂν F Galenus e 6 τι ⟨οὐ⟩ ci. anon. τούτῳ A F D: τοῦτο M Galenus Stobaeus e 9 αὖ A F M: om. D Galenus Stobaeus e 10 μὲν F Galenus Stobaeus: om. A D τε om. Stobaeus a 3 ὦ A F M: om. D a 5 πολεμεῖν] χαλεπαίνειν καὶ πολεμεῖν Galenus a 8 πολλαχοῦ] πολλάκις Galenus φάναι γενομένου ποτὲ ἐν σαυτῷ τοῦ τοιούτου αἰσθέσθαι, οἶμαι δ' οὐδ' ἐν ἄλλῳ.

Οὐ μὰ τὸν Δία, ἔφη.

Τί δέ, ἦν δ' ἐγώ, ὅταν τις οἴηται ἀδικεῖν; οὐχ ὅσῳ ἂν c γενναιότερος ᾖ, τοσούτῳ ἧττον δύναται ὀργίζεσθαι καὶ πεινῶν καὶ ῥιγῶν καὶ ἄλλο ὁτιοῦν τῶν τοιούτων πάσχων ὑπ' ἐκείνου ὃν ἂν οἴηται δικαίως ταῦτα δρᾶν, καί, ὃ λέγω, οὐκ ἐθέλει πρὸς τοῦτον αὐτοῦ ἐγείρεσθαι ὁ θυμός; 5

Ἀληθῆ, ἔφη.

Τί δὲ ὅταν ἀδικεῖσθαί τις ἡγῆται; οὐκ ἐν τούτῳ ζεῖ τε καὶ χαλεπαίνει καὶ συμμαχεῖ τῷ δοκοῦντι δικαίῳ καί, διὰ τὸ πεινῆν καὶ διὰ τὸ ῥιγοῦν καὶ πάντα τὰ τοιαῦτα πάσχειν, ὑπομένων καὶ νικᾷ καὶ οὐ λήγει τῶν γενναίων, πρὶν ἂν ἢ d διαπράξηται ἢ τελευτήσῃ ἢ ὥσπερ κύων ὑπὸ νομέως ὑπὸ τοῦ λόγου τοῦ παρ' αὐτῷ ἀνακληθεὶς πραϋνθῇ;

Πάνυ μὲν οὖν, ἔφη, ἔοικε τούτῳ ᾧ λέγεις· καίτοι γ' ἐν τῇ ἡμετέρᾳ πόλει τοὺς ἐπικούρους ὥσπερ κύνας ἐθέμεθα 5 ὑπηκόους τῶν ἀρχόντων ὥσπερ ποιμένων πόλεως.

Καλῶς γάρ, ἦν δ' ἐγώ, νοεῖς ὃ βούλομαι λέγειν. ἀλλ' ἦ πρὸς τούτῳ καὶ τόδε ἐνθυμῇ;

Τὸ ποῖον; e

Ὅτι τοὐναντίον ἢ ἀρτίως ἡμῖν φαίνεται περὶ τοῦ θυμοειδοῦς. τότε μὲν γὰρ ἐπιθυμητικόν τι αὐτὸ ᾠόμεθα εἶναι, νῦν δὲ πολλοῦ δεῖν φαμεν, ἀλλὰ πολὺ μᾶλλον αὐτὸ ἐν τῇ τῆς ψυχῆς στάσει τίθεσθαι τὰ ὅπλα πρὸς τὸ 5 λογιστικόν.

Παντάπασιν, ἔφη.

Ἆρ' οὖν ἕτερον ὂν καὶ τούτου, ἢ λογιστικοῦ τι εἶδος,

b 6 σαυτῷ A M: ἑαυτῷ A² F D c 7 ζεῖ τε scr. recc. et legit Galenus: ζητεῖ τε A F D M: ζητεῖται Galeni codd. c 8 διὰ τὸ (bis) A F D M Galenus: διὰ τοῦ (bis) scr. Mon.: δι' αὐτὸ (bis) ci. Madvig d 1 νικᾶν ... λήγειν Galenus d 8 ἢ Ast: εἰ A F D M e 3 αὐτὸ F M: αὐτῷ A D e 5 τὸ λογιστικόν] τοῦ λογιστικοῦ scr. Ven. 184 e 8 τούτου F: τοῦτο A D M Stobaeus λογιστικοῦ A F D M: λογιστικόν Stobaeus τι F D M Stobaeus: om. A

ὥστε μὴ τρία ἀλλὰ δύο εἴδη εἶναι ἐν ψυχῇ, λογιστικὸν καὶ
10 ἐπιθυμητικόν; ἢ καθάπερ ἐν τῇ πόλει συνεῖχεν αὐτὴν τρία
441 ὄντα γένη, χρηματιστικόν, ἐπικουρητικόν, βουλευτικόν, οὕτως
καὶ ἐν ψυχῇ τρίτον τοῦτό ἐστι τὸ θυμοειδές, ἐπίκουρον ὂν
τῷ λογιστικῷ φύσει, ἐὰν μὴ ὑπὸ κακῆς τροφῆς διαφθαρῇ;

Ἀνάγκη, ἔφη, τρίτον.

5 Ναί, ἦν δ' ἐγώ, ἄν γε τοῦ λογιστικοῦ ἄλλο τι φανῇ,
ὥσπερ τοῦ ἐπιθυμητικοῦ ἐφάνη ἕτερον ὄν.

Ἀλλ' οὐ χαλεπόν, ἔφη, φανῆναι· καὶ γὰρ ἐν τοῖς παιδίοις
τοῦτό γ' ἄν τις ἴδοι, ὅτι θυμοῦ μὲν εὐθὺς γενόμενα μεστά
ἐστι, λογισμοῦ δ' ἔνιοι μὲν ἔμοιγε δοκοῦσιν οὐδέποτε μετα-
b λαμβάνειν, οἱ δὲ πολλοὶ ὀψέ ποτε.

Ναὶ μὰ Δί', ἦν δ' ἐγώ, καλῶς γε εἶπες. ἔτι δὲ ἐν τοῖς
θηρίοις ἄν τις ἴδοι ὃ λέγεις, ὅτι οὕτως ἔχει. πρὸς δὲ
τούτοις καὶ ὃ ἄνω που [ἐκεῖ] εἴπομεν, τὸ τοῦ Ὁμήρου
5 μαρτυρήσει, τὸ—

στῆθος δὲ πλήξας κραδίην ἠνίπαπε μύθῳ·

ἐνταῦθα γὰρ δὴ σαφῶς ὡς ἕτερον ἑτέρῳ ἐπιπλῆττον πε-
c ποίηκεν Ὅμηρος τὸ ἀναλογισάμενον περὶ τοῦ βελτίονός τε
καὶ χείρονος τῷ ἀλογίστως θυμουμένῳ.

Κομιδῇ, ἔφη, ὀρθῶς λέγεις.

Ταῦτα μὲν ἄρα, ἦν δ' ἐγώ, μόγις διανενεύκαμεν, καὶ
5 ἡμῖν ἐπιεικῶς ὡμολόγηται τὰ αὐτὰ μὲν ἐν πόλει, τὰ αὐτὰ
δ' ἐν ἑνὸς ἑκάστου τῇ ψυχῇ γένη ἐνεῖναι καὶ ἴσα τὸν
ἀριθμόν.

Ἔστι ταῦτα.

Οὐκοῦν ἐκεῖνό γε ἤδη ἀναγκαῖον, ὡς πόλις ἦν σοφὴ καὶ
10 ᾧ, οὕτω καὶ τὸν ἰδιώτην καὶ τούτῳ σοφὸν εἶναι;

a 1 *ἐπικουρητικόν* A M Galenus Stobaeus: *ἐπικουρικόν* F D a 5 *φανῇ* om. Stobaeus a 8 *τοῦτό γ'*] *τοῦτο οὐ* Stobaeus a 9 *οὐδέποτε*] *οὐδέποτέ γε* Stobaeus b 4 *ὃ*] *ἃ* Stobaeus *ἐκεῖ* om. Galenus *τοῦ* A D M : om. F c 5 *ὡμολόγηται* Stobaeus: *ὁμολογεῖται* A F D M c 6 *ἑνὸς* M : *ἑνὶ* A F D Stobaeus *τῇ* A F M Stobaeus: om. D *γένη* ex em. F d Stobaeus : *γένει* A F D M

Τί μήν;

Καὶ ᾧ δὴ ἀνδρεῖος ἰδιώτης καὶ ὥς, τούτῳ καὶ πόλιν d ἀνδρείαν καὶ οὕτως, καὶ τἆλλα πάντα πρὸς ἀρετὴν ὡσαύτως ἀμφότερα ἔχειν;

Ἀνάγκη.

Καὶ δίκαιον δή, ὦ Γλαύκων, οἶμαι φήσομεν ἄνδρα εἶναι 5 τῷ αὐτῷ τρόπῳ ᾧπερ καὶ πόλις ἦν δικαία.

Καὶ τοῦτο πᾶσα ἀνάγκη.

Ἀλλ' οὔ πῃ μὴν τοῦτό γε ἐπιλελήσμεθα, ὅτι ἐκείνη γε τῷ τὸ ἑαυτοῦ ἕκαστον ἐν αὐτῇ πράττειν τριῶν ὄντων γενῶν δικαία ἦν. 10

Οὔ μοι δοκοῦμεν, ἔφη, ἐπιλελῆσθαι.

Μνημονευτέον ἄρα ἡμῖν ὅτι καὶ ἡμῶν ἕκαστος, ὅτου ἂν τὰ αὑτοῦ ἕκαστον τῶν ἐν αὐτῷ πράττῃ, οὗτος δίκαιός τε e ἔσται καὶ τὰ αὑτοῦ πράττων.

Καὶ μάλα, ἦ δ' ὅς, μνημονευτέον.

Οὐκοῦν τῷ μὲν λογιστικῷ ἄρχειν προσήκει, σοφῷ ὄντι καὶ ἔχοντι τὴν ὑπὲρ ἁπάσης τῆς ψυχῆς προμήθειαν, τῷ δὲ 5 θυμοειδεῖ ὑπηκόῳ εἶναι καὶ συμμάχῳ τούτου;

Πάνυ γε.

Ἆρ' οὖν οὐχ, ὥσπερ ἐλέγομεν, μουσικῆς καὶ γυμναστικῆς κρᾶσις σύμφωνα αὐτὰ ποιήσει, τὸ μὲν ἐπιτείνουσα καὶ τρέφουσα λόγοις τε καλοῖς καὶ μαθήμασιν, τὸ δὲ ἀνιεῖσα 442 παραμυθουμένη, ἡμεροῦσα ἁρμονίᾳ τε καὶ ῥυθμῷ;

Κομιδῇ γε, ἦ δ' ὅς.

Καὶ τούτω δὴ οὕτω τραφέντε καὶ ὡς ἀληθῶς τὰ αὑτῶν μαθόντε καὶ παιδευθέντε προστήσεσθον τοῦ ἐπιθυμητικοῦ—ὃ 5

d 2 ἀνδρείαν F Stobaeus : καὶ ἀνδρείαν A D M d 5 δή] δὴ ἔφη Stobaeus d 6 ᾧπερ A D M : ὥσπερ F Stobaeus d 8 οὔ πῃ A F (ut videtur) D M : οὔπω f Stobaeus τοῦτό γε F Stobaeus : τοῦτο A D M e 1 οὗτος] οὕτω Stobaeus δίκαιός] δικαιότερός Stobaeus e 4 προσήκει] προσῆκον Stobaeus e 5 τῆς om. Stobaeus e 6 εἶναι καὶ] εἶναι Stobaeus a 2 παραμυθουμένη A D M : καὶ παραμυθουμένη F Stobaeus a 5 προστήσεσθον ci. Schneider : προσθήσετον M : προστήσετον A F D Stobaeus : προστατήσετον Bekker

δὴ πλεῖστον τῆς ψυχῆς ἐν ἑκάστῳ ἐστὶ καὶ χρημάτων φύσει ἀπληστότατον—ὃ τηρήσετον μὴ τῷ πίμπλασθαι τῶν περὶ τὸ σῶμα καλουμένων ἡδονῶν πολὺ καὶ ἰσχυρὸν γενόμενον
b οὐκ αὖ τὰ αὑτοῦ πράττῃ, ἀλλὰ καταδουλώσασθαι καὶ ἄρχειν ἐπιχειρήσῃ ὧν οὐ προσῆκον αὐτῷ γένει, καὶ σύμπαντα τὸν βίον πάντων ἀνατρέψῃ.

Πάνυ μὲν οὖν, ἔφη.

5 Ἆρ' οὖν, ἦν δ' ἐγώ, καὶ τοὺς ἔξωθεν πολεμίους τούτω ἂν κάλλιστα φυλαττοίτην ὑπὲρ ἁπάσης τῆς ψυχῆς τε καὶ τοῦ σώματος, τὸ μὲν βουλευόμενον, τὸ δὲ προπολεμοῦν, ἑπόμενον [δὲ] τῷ ἄρχοντι καὶ τῇ ἀνδρείᾳ ἐπιτελοῦν τὰ βουλευθέντα;

10 Ἔστι ταῦτα.

Καὶ ἀνδρεῖον δὴ οἶμαι τούτῳ τῷ μέρει καλοῦμεν ἕνα
c ἕκαστον, ὅταν αὐτοῦ τὸ θυμοειδὲς διασῴζῃ διά τε λυπῶν καὶ ἡδονῶν τὸ ὑπὸ τῶν λόγων παραγγελθὲν δεινόν τε καὶ μή.

Ὀρθῶς γ', ἔφη.

5 Σοφὸν δέ γε ἐκείνῳ τῷ σμικρῷ μέρει, τῷ ὃ ἦρχέν τ' ἐν αὐτῷ καὶ ταῦτα παρήγγελλεν, ἔχον αὖ κἀκεῖνο ἐπιστήμην ἐν αὐτῷ τὴν τοῦ συμφέροντος ἑκάστῳ τε καὶ ὅλῳ τῷ κοινῷ σφῶν αὐτῶν τριῶν ὄντων.

Πάνυ μὲν οὖν.

10 Τί δέ; σώφρονα οὐ τῇ φιλίᾳ καὶ συμφωνίᾳ τῇ αὐτῶν τούτων, ὅταν τό τε ἄρχον καὶ τὼ ἀρχομένω τὸ λογιστικὸν
d ὁμοδοξῶσι δεῖν ἄρχειν καὶ μὴ στασιάζωσιν αὐτῷ;

Σωφροσύνη γοῦν, ἦ δ' ὅς, οὐκ ἄλλο τί ἐστιν ἢ τοῦτο, πόλεώς τε καὶ ἰδιώτου.

a 7 ὃ F Stobaeus : ᾧ A : ὧ D : ὦ M b 1 ἀλλὰ om. Stobaeus b 2 ἐπιχειρήσῃ] ἐθέλῃ Stobaeus προσῆκον] προσῆκεν Stobaeus αὐτῷ] αὐτοῦ ci. Apelt γένει A F D M Stobaeus : γενῶν scr. Mon. b 5 τούτω* A b 6 φυλαττοίτην scr. recc. : φυλάττοι τὴν A F D M Stobaeus b 8 δὲ om. Stobaeus c 2 τῶν λόγων A F D M : τὸν λόγον Stobaeus : τοῦ λόγου scr. recc. c 5 δέ γε A² F D M Stobaeus : δ' A c 10 καὶ] καὶ τῇ Stobaeus d 2 τί om. Stobaeus

Ἀλλὰ μὲν δὴ δίκαιός γε, ᾧ πολλάκις λέγομεν, τούτῳ καὶ
οὕτως ἔσται. 5

Πολλὴ ἀνάγκη.

Τί οὖν; εἶπον ἐγώ· μή πῃ ἡμῖν ἀπαμβλύνεται ἄλλο τι
δικαιοσύνη δοκεῖν εἶναι ἢ ὅπερ ἐν τῇ πόλει ἐφάνη;

Οὐκ ἔμοιγε, ἔφη, δοκεῖ.

Ὧδε γάρ, ἦν δ' ἐγώ, παντάπασιν ἂν βεβαιωσαίμεθα 10
εἴ τι ἡμῶν ἔτι ἐν τῇ ψυχῇ ἀμφισβητεῖ, τὰ φορτικὰ αὐτῷ e
προσφέροντες.

Ποῖα δή;

Οἷον εἰ δέοι ἡμᾶς ἀνομολογεῖσθαι περί τε ἐκείνης τῆς
πόλεως καὶ τοῦ ἐκείνῃ ὁμοίως πεφυκότος τε καὶ τεθραμμένου 5
ἀνδρός, εἰ δοκεῖ ἂν παρακαταθήκην χρυσίου ἢ ἀργυρίου
δεξάμενος ὁ τοιοῦτος ἀποστερῆσαι, τίν' ἂν οἴει οἰηθῆναι
τοῦτον αὐτὸ δρᾶσαι μᾶλλον ἢ ὅσοι μὴ τοιοῦτοι; 443

Οὐδέν' ἄν, ἔφη.

Οὐκοῦν καὶ ἱεροσυλιῶν καὶ κλοπῶν καὶ προδοσιῶν, ἢ
ἰδίᾳ ἑταίρων ἢ δημοσίᾳ πόλεων, ἐκτὸς ἂν οὗτος εἴη;

Ἐκτός. 5

Καὶ μὴν οὐδ' ὁπωστιοῦν γ' ἂν ἄπιστος ἢ κατὰ ὅρκους ἢ
κατὰ τὰς ἄλλας ὁμολογίας.

Πῶς γὰρ ἄν;

Μοιχεῖαί γε μὴν καὶ γονέων ἀμέλειαι καὶ θεῶν ἀθερα-
πευσίαι παντὶ ἄλλῳ μᾶλλον ἢ τῷ τοιούτῳ προσήκουσι. 10

Παντὶ μέντοι, ἔφη.

Οὐκοῦν τούτων πάντων αἴτιον ὅτι αὐτοῦ τῶν ἐν αὐτῷ b
ἕκαστον τὰ αὑτοῦ πράττει ἀρχῆς τε πέρι καὶ τοῦ ἄρχεσθαι;

Τοῦτο μὲν οὖν, καὶ οὐδὲν ἄλλο.

a 1 τοῦτον αὐτὸ ci. Schneider : τοῦτον αὐτὸν A F D M : τοῦτο αὐτὸν recc. Stobaeus a 2 οὐδέν' D M : οὐδὲν A F : οὐδένα Stobaeus a 4 ἂν A[2] F D M Stobaeus : ὧν A a 6 ὁπωστιοῦν γ' ἂν scripsi : ὁπωστιοῦν A D M : ὅπως τί γε οὖν F : ὁπωστισγεοῦν Stobaeus : ὁπωστιοῦν ἂν ci. Hartman prius ἢ M Stobaeus : ᾗ A D : ἢ F a 9 γε μὴν Stobaeus : μὴν F D M : μὲν A b 3, 4 ἄλλο ἔτι : τί A F D M : ἄλλο. ἔτι Stobaeus

Ἔτι τι οὖν ἕτερον ζητεῖς δικαιοσύνην εἶναι ἢ ταύτην τὴν
5 δύναμιν ἣ τοὺς τοιούτους ἄνδρας τε παρέχεται καὶ πόλεις;

Μὰ Δία, ἦ δ' ὅς, οὐκ ἔγωγε.

Τέλεον ἄρα ἡμῖν τὸ ἐνύπνιον ἀποτετέλεσται, ὃ ἔφαμεν ὑποπτεῦσαι ὡς εὐθὺς ἀρχόμενοι τῆς πόλεως οἰκίζειν κατὰ
c θεόν τινα εἰς ἀρχήν τε καὶ τύπον τινὰ τῆς δικαιοσύνης κινδυνεύομεν ἐμβεβηκέναι.

Παντάπασιν μὲν οὖν.

Τὸ δέ γε ἦν ἄρα, ὦ Γλαύκων—δι' ὃ καὶ ὠφελεῖ—εἴδωλόν
5 τι τῆς δικαιοσύνης, τὸ τὸν μὲν σκυτοτομικὸν φύσει ὀρθῶς ἔχειν σκυτοτομεῖν καὶ ἄλλο μηδὲν πράττειν, τὸν δὲ τεκτονικὸν τεκταίνεσθαι, καὶ τἆλλα δὴ οὕτως.

Φαίνεται.

Τὸ δέ γε ἀληθές, τοιοῦτόν τι ἦν, ὡς ἔοικεν, ἡ δικαιοσύνη
10 ἀλλ' οὐ περὶ τὴν ἔξω πρᾶξιν τῶν αὑτοῦ, ἀλλὰ περὶ τὴν
d ἐντός, ὡς ἀληθῶς περὶ ἑαυτὸν καὶ τὰ ἑαυτοῦ, μὴ ἐάσαντα τἀλλότρια πράττειν ἕκαστον ἐν αὑτῷ μηδὲ πολυπραγμονεῖν πρὸς ἄλληλα τὰ ἐν τῇ ψυχῇ γένη, ἀλλὰ τῷ ὄντι τὰ οἰκεῖα εὖ θέμενον καὶ ἄρξαντα αὐτὸν αὑτοῦ καὶ κοσμήσαντα καὶ
5 φίλον γενόμενον ἑαυτῷ καὶ συναρμόσαντα τρία ὄντα, ὥσπερ ὅρους τρεῖς ἁρμονίας ἀτεχνῶς, νεάτης τε καὶ ὑπάτης καὶ μέσης, καὶ εἰ ἄλλα ἄττα μεταξὺ τυγχάνει ὄντα, πάντα ταῦτα
e συνδήσαντα καὶ παντάπασιν ἕνα γενόμενον ἐκ πολλῶν, σώφρονα καὶ ἡρμοσμένον, οὕτω δὴ πράττειν ἤδη, ἐάν τι πράττῃ ἢ περὶ χρημάτων κτῆσιν ἢ περὶ σώματος θεραπείαν ἢ καὶ πολιτικόν τι ἢ περὶ τὰ ἴδια συμβόλαια, ἐν πᾶσι τού-
5 τοις ἡγούμενον καὶ ὀνομάζοντα δικαίαν μὲν καὶ καλὴν πρᾶξιν ἣ ἂν ταύτην τὴν ἕξιν σῴζῃ τε καὶ συναπεργάζηται, σοφίαν

b 7 τέλεον F D m Stobaeus et in marg. γρ. A: τελευταῖον A M
c 1 τε A M Stobaeus: om. F D c 4 ὠφέλει ci. Ast c 9 τοιοῦτόν τι Stobaeus: τοιοῦτο μέν τι A F D M d 1 ἑαυτὸν F D M: ἑαυτῶν A
d 4 αὐτὸν . . . d 5 ἑαυτῷ F D M Stobaeus: om. A d 5 τρία ὄντα om. Stobaeus d 6 νεάτην . . . ὑπάτην . . . d 7 μέσην ci. Hartman
d 7 καὶ εἰ F D Stobaeus: εἰ καὶ A M (sed add. signa transpositionis M)
e 6 σῴζῃ τε A D M: σώζηται F Stobaeus

δὲ τὴν ἐπιστατοῦσαν ταύτῃ τῇ πράξει ἐπιστήμην, ἄδικον δὲ πρᾶξιν ἣ ἂν ἀεὶ ταύτην λύῃ, ἀμαθίαν δὲ τὴν ταύτῃ αὖ 444 ἐπιστατοῦσαν δόξαν.

Παντάπασιν, ἦ δ' ὅς, ὦ Σώκρατες, ἀληθῆ λέγεις.

Εἶεν, ἦν δ' ἐγώ· τὸν μὲν δίκαιον καὶ ἄνδρα καὶ πόλιν καὶ δικαιοσύνην, ὃ τυγχάνει ἐν αὐτοῖς ὄν, εἰ φαῖμεν 5 ηὑρηκέναι, οὐκ ἂν πάνυ τι οἶμαι δόξαιμεν ψεύδεσθαι.

Μὰ Δία οὐ μέντοι, ἔφη.

Φῶμεν ἄρα;

Φῶμεν.

Ἔστω δή, ἦν δ' ἐγώ· μετὰ γὰρ τοῦτο σκεπτέον οἶμαι 10 ἀδικίαν.

Δῆλον.

Οὐκοῦν στάσιν τινὰ αὖ τριῶν ὄντων τούτων δεῖ αὐτὴν b εἶναι καὶ πολυπραγμοσύνην καὶ ἀλλοτριοπραγμοσύνην καὶ ἐπανάστασιν μέρους τινὸς τῷ ὅλῳ τῆς ψυχῆς, ἵν' ἄρχῃ ἐν αὐτῇ οὐ προσῆκον, ἀλλὰ τοιούτου ὄντος φύσει οἵου πρέπειν αὐτῷ δουλεύειν, τῷ δ' οὐ δουλεύειν ἀρχικοῦ γένους ὄντι; 5 τοιαῦτ' ἄττα οἶμαι φήσομεν καὶ τὴν τούτων ταραχὴν καὶ πλάνην εἶναι τήν τε ἀδικίαν καὶ ἀκολασίαν καὶ δειλίαν καὶ ἀμαθίαν καὶ συλλήβδην πᾶσαν κακίαν.

Αὐτὰ μὲν οὖν ταῦτα, ἔφη.

Οὐκοῦν, ἦν δ' ἐγώ, καὶ τὸ ἄδικα πράττειν καὶ τὸ ἀδικεῖν c καὶ αὖ τὸ δίκαια ποιεῖν, ταῦτα πάντα τυγχάνει ὄντα κατάδηλα ἤδη σαφῶς, εἴπερ καὶ ἡ ἀδικία τε καὶ δικαιοσύνη;

Πῶς δή;

Ὅτι, ἦν δ' ἐγώ, τυγχάνει οὐδὲν διαφέροντα τῶν ὑγιεινῶν 5 τε καὶ νοσωδῶν, ὡς ἐκεῖνα ἐν σώματι, ταῦτα ἐν ψυχῇ.

e 7 ταύτῃ A F M Stobaeus : ταύτην D a 12 δῆλον A F M Stobaeus : δῆλον ὅτι D b 5 τῷ δ' οὐ δουλεύειν scripsi : τοῦ δ' αὖ δουλεύειν A F D M Stobaeus : τῷ τοῦ Θ b 9 αὐτὰ Stobaeus : ταὐτὰ A D M : ταῦτα F c 2 τὸ δίκαια F Stobaeus : τὰ δίκαια A D M ταῦτα πάντα] πάντα ταῦτα Stobaeus c 3 εἴπερ] ἧπερ Stobaeus τε om. Stobaeus δικαιοσύνη A D Stobaeus : ἡ δικαιοσύνη F c 5 ὅτι A D M Stobaeus : ὅτι δὴ F

Πῇ; ἔφη.

Τὰ μέν που ὑγιεινὰ ὑγίειαν ἐμποιεῖ, τὰ δὲ νοσώδη νόσον.

Ναί.

10 Οὐκοῦν καὶ τὸ μὲν δίκαια πράττειν δικαιοσύνην ἐμποιεῖ,
d τὸ δ' ἄδικα ἀδικίαν;

Ἀνάγκη.

Ἔστι δὲ τὸ μὲν ὑγίειαν ποιεῖν τὰ ἐν τῷ σώματι κατὰ φύσιν καθιστάναι κρατεῖν τε καὶ κρατεῖσθαι ὑπ' ἀλλήλων,
5 τὸ δὲ νόσον παρὰ φύσιν ἄρχειν τε καὶ ἄρχεσθαι ἄλλο ὑπ' ἄλλου.

Ἔστι γάρ.

Οὐκοῦν αὖ, ἔφην, τὸ δικαιοσύνην ἐμποιεῖν τὰ ἐν τῇ ψυχῇ κατὰ φύσιν καθιστάναι κρατεῖν τε καὶ κρατεῖσθαι ὑπ' ἀλλή-
10 λων, τὸ δὲ ἀδικίαν παρὰ φύσιν ἄρχειν τε καὶ ἄρχεσθαι ἄλλο ὑπ' ἄλλου;

Κομιδῇ, ἔφη.

Ἀρετὴ μὲν ἄρα, ὡς ἔοικεν, ὑγίειά τέ τις ἂν εἴη καὶ
e κάλλος καὶ εὐεξία ψυχῆς, κακία δὲ νόσος τε καὶ αἶσχος καὶ ἀσθένεια.

Ἔστιν οὕτω.

Ἆρ' οὖν οὐ καὶ τὰ μὲν καλὰ ἐπιτηδεύματα εἰς ἀρετῆς
5 κτῆσιν φέρει, τὰ δ' αἰσχρὰ εἰς κακίας;

Ἀνάγκη.

Τὸ δὴ λοιπὸν ἤδη, ὡς ἔοικεν, ἡμῖν ἐστι σκέψασθαι
445 πότερον αὖ λυσιτελεῖ δίκαιά τε πράττειν καὶ καλὰ ἐπιτηδεύειν καὶ εἶναι δίκαιον, ἐάντε λανθάνῃ ἐάντε μὴ τοιοῦτος ὤν, ἢ ἀδικεῖν τε καὶ ἄδικον εἶναι, ἐάνπερ μὴ διδῷ δίκην μηδὲ βελτίων γίγνηται κολαζόμενος.

5 Ἀλλ', ἔφη, ὦ Σώκρατες, γελοῖον ἔμοιγε φαίνεται τὸ σκέμμα γίγνεσθαι ἤδη, εἰ τοῦ μὲν σώματος τῆς φύσεως διαφθειρομένης δοκεῖ οὐ βιωτὸν εἶναι οὐδὲ μετὰ πάντων

d 1 ἄδικα A D M Stobaeus: ἄδικα πράττειν F d 3 ποιεῖν A F D: ἐμποιεῖν al. Stobaeus d 9 τε καὶ] καὶ Stobaeus e 7 τὸ δὴ] τόδε vel τόδε δὴ ci. Herwerden σιτίων τε καὶ ποτῶν καὶ παντὸς πλούτου καὶ πάσης ἀρχῆς, τῆς δὲ αὐτοῦ τούτου ᾧ ζῶμεν φύσεως ταραττομένης καὶ διαφθειρομένης βιωτὸν ἄρα ἔσται, ἐάνπερ τις ποιῇ ὃ ἂν **b** βουληθῇ ἄλλο πλὴν τοῦτο ὁπόθεν κακίας μὲν καὶ ἀδικίας ἀπαλλαγήσεται, δικαιοσύνην δὲ καὶ ἀρετὴν κτήσεται, ἐπειδήπερ ἐφάνη γε ὄντα ἑκάτερα οἷα ἡμεῖς διεληλύθαμεν.

Γελοῖον γάρ, ἦν δ' ἐγώ· ἀλλ' ὅμως ἐπείπερ ἐνταῦθα ἐληλύθαμεν, ὅσον οἷόν τε σαφέστατα κατιδεῖν ὅτι ταῦτα οὕτως ἔχει οὐ χρὴ ἀποκάμνειν. 5

Ἥκιστα, νὴ τὸν Δία, ἔφη, πάντων ἀποκμητέον.

Δεῦρό νυν, ἦν δ' ἐγώ, ἵνα καὶ ἴδῃς ὅσα καὶ εἴδη ἔχει ἡ **c** κακία, ὥς ἐμοὶ δοκεῖ, ἅ γε δὴ καὶ ἄξια θέας.

Ἕπομαι, ἔφη· μόνον λέγε.

Καὶ μήν, ἦν δ' ἐγώ, ὥσπερ ἀπὸ σκοπιᾶς μοι φαίνεται, ἐπειδὴ ἐνταῦθα ἀναβεβήκαμεν τοῦ λόγου, ἓν μὲν εἶναι εἶδος 5 τῆς ἀρετῆς, ἄπειρα δὲ τῆς κακίας, τέτταρα δ' ἐν αὐτοῖς ἄττα ὧν καὶ ἄξιον ἐπιμνησθῆναι.

Πῶς λέγεις; ἔφη.

Ὅσοι, ἦν δ' ἐγώ, πολιτειῶν τρόποι εἰσὶν εἴδη ἔχοντες, τοσοῦτοι κινδυνεύουσι καὶ ψυχῆς τρόποι εἶναι. 10

Πόσοι δή;

Πέντε μέν, ἦν δ' ἐγώ, πολιτειῶν, πέντε δὲ ψυχῆς. **d**

Λέγε, ἔφη, τίνες.

Λέγω, εἶπον, ὅτι εἷς μὲν οὗτος ὃν ἡμεῖς διεληλύθαμεν πολιτείας εἴη ἂν τρόπος, ἐπονομασθείη δ' ἂν καὶ διχῇ· ἐγγενομένου μὲν γὰρ ἀνδρὸς ἑνὸς ἐν τοῖς ἄρχουσι διαφέ- 5 ροντος βασιλεία ἂν κληθείη, πλειόνων δὲ ἀριστοκρατία.

Ἀληθῆ, ἔφη.

Τοῦτο μὲν τοίνυν, ἦν δ' ἐγώ, ἓν εἶδος λέγω· οὔτε γὰρ ἂν

a 9 αὐτοῦ τούτου] αὖ τούτου vel αὐτοῦ τοῦ Stobaeus καὶ] τε καὶ Stobaeus b 3 δὲ A D M: τε F ἐπειδήπερ] ἐπειδή γε Stobaeus b 8 ἀποκμητέον Bekker: ἀποκνητέον A F D M Stobaeus c 1 ἴδῃς] εἰδῇς Stobaeus ὅσα καὶ A F D: ὅσα M Stobaeus c 6 αὐτοῖς ἄττα] αὐτῇ ὄντα Stobaeus e πλείους οὔτε εἷς ἐγγενόμενοι κινήσειεν ἂν τῶν ἀξίων λόγου νόμων τῆς πόλεως, τροφῇ τε καὶ παιδείᾳ χρησάμενος ᾗ διήλθομεν.

Οὐ γὰρ εἰκός, ἔφη.

e 1 ἐγγενόμενοι A F D M Stobaeus: ἐγγενόμενος scr. recc. e 3 διήλθομεν] διεληλύθαμεν Stobaeus

St. II

E V. p. 449

Ἀγαθὴν μὲν τοίνυν τὴν τοιαύτην πόλιν τε καὶ πολιτείαν a
καὶ ὀρθὴν καλῶ, καὶ ἄνδρα τὸν τοιοῦτον· κακὰς δὲ τὰς ἄλλας
καὶ ἡμαρτημένας, εἴπερ αὕτη ὀρθή, περί τε πόλεων διοικήσεις
καὶ περὶ ἰδιωτῶν ψυχῆς τρόπου κατασκευήν, ἐν τέτταρσι
πονηρίας εἴδεσιν οὔσας. 5

Ποίας δὴ ταύτας; ἔφη.

Καὶ ἐγὼ μὲν ᾖα τὰς ἐφεξῆς ἐρῶν, ὥς μοι ἐφαίνοντο
ἕκασται ἐξ ἀλλήλων μεταβαίνειν· ὁ δὲ Πολέμαρχος— b
σμικρὸν γὰρ ἀπωτέρω τοῦ Ἀδειμάντου καθῆστο—ἐκτείνας
τὴν χεῖρα καὶ λαβόμενος τοῦ ἱματίου ἄνωθεν αὐτοῦ παρὰ
τὸν ὦμον, ἐκεῖνόν τε προσηγάγετο καὶ προτείνας ἑαυτὸν
ἔλεγεν ἄττα προσκεκυφώς, ὧν ἄλλο μὲν οὐδὲν κατηκούσαμεν, 5
τόδε δέ· Ἀφήσομεν οὖν, ἔφη, ἢ τί δράσομεν;

Ἥκιστά γε, ἔφη ὁ Ἀδείμαντος μέγα ἤδη λέγων.

Καὶ ἐγώ, Τί μάλιστα, ἔφην, ὑμεῖς οὐκ ἀφίετε;

Σέ, ἦ δ' ὅς.

Ὅτι, ἐγὼ εἶπον, τί μάλιστα; c

Ἀπορρᾳθυμεῖν ἡμῖν δοκεῖς, ἔφη, καὶ εἶδος ὅλον οὐ τὸ
ἐλάχιστον ἐκκλέπτειν τοῦ λόγου ἵνα μὴ διέλθῃς, καὶ λήσειν
οἰηθῆναι εἰπὼν αὐτὸ φαύλως, ὡς ἄρα περὶ γυναικῶν τε καὶ
παίδων παντὶ δῆλον ὅτι κοινὰ τὰ φίλων ἔσται. 5

Οὐκοῦν ὀρθῶς, ἔφην, ὦ Ἀδείμαντε;

Ναί, ἦ δ' ὅς. ἀλλὰ τὸ ὀρθῶς τοῦτο, ὥσπερ τἆλλα, λόγου
δεῖται τίς ὁ τρόπος τῆς κοινωνίας· πολλοὶ γὰρ ἂν γένοιντο.
μὴ οὖν παρῇς ὅντινα σὺ λέγεις· ὡς ἡμεῖς πάλαι περιμένομεν d

a 2 τὸν A: om. FD a 6 ἔφη FDM: om. A c 1 ὅτι scr. recc.: ἔτι AFD: ἔτι (sic) M

οἰόμενοί σέ που μνησθήσεσθαι παιδοποιίας τε πέρι, πῶς
παιδοποιήσονται, καὶ γενομένους πῶς θρέψουσιν, καὶ ὅλην
ταύτην ἣν λέγεις κοινωνίαν γυναικῶν τε καὶ παίδων· μέγα
5 γάρ τι οἰόμεθα φέρειν καὶ ὅλον εἰς πολιτείαν ὀρθῶς ἢ μὴ
ὀρθῶς γιγνόμενον. νῦν οὖν, ἐπειδὴ ἄλλης ἐπιλαμβάνῃ
πολιτείας πρὶν ταῦτα ἱκανῶς διελέσθαι, δέδοκται ἡμῖν τοῦτο
450 ὃ σὺ ἤκουσας, τὸ σὲ μὴ μεθιέναι πρὶν ἂν ταῦτα πάντα ὥσπερ
τἆλλα διέλθῃς.

Καὶ ἐμὲ τοίνυν, ὁ Γλαύκων ἔφη, κοινωνὸν τῆς ψήφου
ταύτης τίθετε.

5 Ἀμέλει, ἔφη ὁ Θρασύμαχος, πᾶσι ταῦτα δεδογμένα ἡμῖν
νόμιζε, ὦ Σώκρατες.

Οἷον, ἦν δ' ἐγώ, εἰργάσασθε ἐπιλαβόμενοί μου. ὅσον
λόγον πάλιν, ὥσπερ ἐξ ἀρχῆς, κινεῖτε περὶ τῆς πολιτείας·
ἣν ὡς ἤδη διεληλυθὼς ἔγωγε ἔχαιρον, ἀγαπῶν εἴ τις ἐάσοι
10 ταῦτα ἀποδεξάμενος ὡς τότε ἐρρήθη. ἃ νῦν ὑμεῖς παρα-
b καλοῦντες οὐκ ἴστε ὅσον ἐσμὸν λόγων ἐπεγείρετε· ὃν ὁρῶν
ἐγὼ παρῆκα τότε, μὴ παράσχοι πολὺν ὄχλον.

Τί δέ; ἦ δ' ὃς ὁ Θρασύμαχος· χρυσοχοήσοντας οἴει
τούσδε νῦν ἐνθάδε ἀφῖχθαι, ἀλλ' οὐ λόγων ἀκουσομένους;

5 Ναί, εἶπον, μετρίων γε.

Μέτρον δέ γ', ἔφη, ὦ Σώκρατες, ὁ Γλαύκων, τοιούτων
λόγων ἀκούειν ὅλος ὁ βίος νοῦν ἔχουσιν. ἀλλὰ τὸ μὲν
ἡμέτερον ἔα· σὺ δὲ περὶ ὧν ἐρωτῶμεν μηδαμῶς ἀποκάμῃς ᾗ
c σοι δοκεῖ διεξιών, τίς ἡ κοινωνία τοῖς φύλαξιν ἡμῖν παίδων
τε πέρι καὶ γυναικῶν ἔσται καὶ τροφῆς νέων ἔτι ὄντων, τῆς
ἐν τῷ μεταξὺ χρόνῳ γιγνομένης γενέσεώς τε καὶ παιδείας,
ἣ δὴ ἐπιπονωτάτη δοκεῖ εἶναι. πειρῶ οὖν εἰπεῖν τίνα
5 τρόπον δεῖ γίγνεσθαι αὐτήν.

d 2 μνησθήσεσθαι A F M : μνησθῆν(αι)σεσθαι D : μνησθῆναι al. τε A D M : om. F a 1 πάντα ὥσπερ A F M : ὥσπερ πάντα D a 5 ταῦτα F D M : ταυτὰ A b 3 χρυσοχοήσοντας A F M : χρυσοχοήσαντας D b 8 ᾗ A D : ἧ F : εἰ M c 4 οὖν F D M : ἂν A : δὴ Baiter

Οὐ ῥᾴδιον, ὦ εὔδαιμον, ἦν δ' ἐγώ, διελθεῖν· πολλὰς γὰρ ἀπιστίας ἔχει ἔτι μᾶλλον τῶν ἔμπροσθεν ὧν διήλθομεν. καὶ γὰρ ὡς δυνατὰ λέγεται, ἀπιστοῖτ' ἄν, καὶ εἰ ὅτι μάλιστα γένοιτο, ὡς ἄριστ' ἂν εἴη ταῦτα, καὶ ταύτῃ ἀπιστήσεται. διὸ δὴ καὶ ὄκνος τις αὐτῶν ἅπτεσθαι, μὴ εὐχὴ δοκῇ εἶναι ὁ λόγος, ὦ φίλε ἑταῖρε. d

Μηδέν, ἦ δ' ὅς, ὄκνει· οὔτε γὰρ ἀγνώμονες οὔτε ἄπιστοι οὔτε δύσνοι οἱ ἀκουσόμενοι.

Καὶ ἐγὼ εἶπον· Ὦ ἄριστε, ἦ που βουλόμενός με παραθαρρύνειν λέγεις; 5

Ἔγωγ', ἔφη.

Πᾶν τοίνυν, ἦν δ' ἐγώ, τοὐναντίον ποιεῖς. πιστεύοντος μὲν γὰρ ἐμοῦ ἐμοὶ εἰδέναι ἃ λέγω, καλῶς εἶχεν ἡ παραμυθία· ἐν γὰρ φρονίμοις τε καὶ φίλοις περὶ τῶν μεγίστων τε καὶ φίλων τἀληθῆ εἰδότα λέγειν ἀσφαλὲς καὶ θαρραλέον, ἀπιστοῦντα δὲ καὶ ζητοῦντα ἅμα τοὺς λόγους ποιεῖσθαι, ὃ δὴ ἐγὼ δρῶ, φοβερόν τε καὶ σφαλερόν, οὔ τι γέλωτα ὀφλεῖν—παιδικὸν γὰρ τοῦτό γε—ἀλλὰ μὴ σφαλεὶς τῆς ἀληθείας οὐ μόνον αὐτὸς ἀλλὰ καὶ τοὺς φίλους συνεπισπασάμενος κείσομαι περὶ ἃ ἥκιστα δεῖ σφάλλεσθαι. προσκυνῶ δὲ Ἀδράστειαν, ὦ Γλαύκων, χάριν οὗ μέλλω λέγειν· ἐλπίζω γὰρ οὖν ἔλαττον ἁμάρτημα ἀκουσίως τινὸς φονέα γενέσθαι ἢ ἀπατεῶνα καλῶν τε καὶ ἀγαθῶν καὶ δικαίων νομίμων πέρι. τοῦτο οὖν τὸ κινδύνευμα κινδυνεύειν ἐν ἐχθροῖς κρεῖττον ἢ φίλοις, ὥστε εὖ με παραμυθῇ. 10 e 451 5 b

Καὶ ὁ Γλαύκων γελάσας, Ἀλλ', ὦ Σώκρατες, ἔφη, ἐάν τι πάθωμεν πλημμελὲς ὑπὸ τοῦ λόγου, ἀφίεμέν σε ὥσπερ φόνου καὶ καθαρὸν εἶναι καὶ μὴ ἀπατεῶνα ἡμῶν. ἀλλὰ θαρρήσας λέγε. 5

c 6 εὔδαιμον A M : εὐδαῖμον F : εὐδαίμων D d 1 δοκῇ A[2] M : δοκεῖ A F D d 10 τε καὶ φίλων om. Stobaeus a 4 δὲ] δὴ Herwerden a 7 δικαίων addub. Schneider : δικαίων ⟨καὶ⟩ scr. Ven. 184 b 1 εὖ] οὐκ εὖ scr. Mon. : οὐ ci. Hermann b 4 καὶ καθαρὸν A M : καθαρὸν F D

Ἀλλὰ μέντοι, εἶπον, καθαρός γε καὶ ἐκεῖ ὁ ἀφεθείς, ὡς ὁ νόμος λέγει· εἰκὸς δέ γε, εἴπερ ἐκεῖ, κἀνθάδε.

Λέγε τοίνυν, ἔφη, τούτου γ' ἕνεκα.

Λέγειν δή, ἔφην ἐγώ, χρὴ ἀνάπαλιν αὖ νῦν, ἃ τότε ἴσως c ἔδει ἐφεξῆς λέγειν· τάχα δὲ οὕτως ἂν ὀρθῶς ἔχοι, μετὰ ἀνδρεῖον δρᾶμα παντελῶς διαπερανθὲν τὸ γυναικεῖον αὖ περαίνειν, ἄλλως τε καὶ ἐπειδὴ σὺ οὕτω προκαλῇ.

Ἀνθρώποις γὰρ φῦσι καὶ παιδευθεῖσιν ὡς ἡμεῖς διήλ-5 θομεν, κατ' ἐμὴν δόξαν οὐκ ἔστ' ἄλλη ὀρθὴ παίδων τε καὶ γυναικῶν κτῆσίς τε καὶ χρεία ἢ κατ' ἐκείνην τὴν ὁρμὴν ἰοῦσιν, ἥνπερ τὸ πρῶτον ὡρμήσαμεν· ἐπεχειρήσαμεν δέ που ὡς ἀγέλης φύλακας τοὺς ἄνδρας καθιστάναι τῷ λόγῳ.

Ναί.

d Ἀκολουθῶμεν τοίνυν καὶ τὴν γένεσιν καὶ τροφὴν παραπλησίαν ἀποδιδόντες, καὶ σκοπῶμεν εἰ ἡμῖν πρέπει ἢ οὔ.

Πῶς; ἔφη.

Ὧδε. τὰς θηλείας τῶν φυλάκων κυνῶν πότερα συμφυ-5 λάττειν οἰόμεθα δεῖν ἅπερ ἂν οἱ ἄρρενες φυλάττωσι καὶ συνθηρεύειν καὶ τἆλλα κοινῇ πράττειν, ἢ τὰς μὲν οἰκουρεῖν ἔνδον ὡς ἀδυνάτους διὰ τὸν τῶν σκυλάκων τόκον τε καὶ τροφήν, τοὺς δὲ πονεῖν τε καὶ πᾶσαν ἐπιμέλειαν ἔχειν περὶ τὰ ποίμνια;

e Κοινῇ, ἔφη, πάντα· πλὴν ὡς ἀσθενεστέραις χρώμεθα, τοῖς δὲ ὡς ἰσχυροτέροις.

Οἷόν τ' οὖν, ἔφην ἐγώ, ἐπὶ τὰ αὐτὰ χρῆσθαί τινι ζῴῳ, ἂν μὴ τὴν αὐτὴν τροφήν τε καὶ παιδείαν ἀποδιδῷς;

5 Οὐχ οἷόν τε.

Εἰ ἄρα ταῖς γυναιξὶν ἐπὶ ταὐτὰ χρησόμεθα καὶ τοῖς ἀνδράσι, ταὐτὰ καὶ διδακτέον αὐτάς.

452 Ναί.

b 6 ἐκεῖ ὁ A D M : ὁ ἐκεῖ F b 9 δή F D M : δέ A ἃ τότε scr. recc. : ἅ ποτε A F D M c 1 μετὰ ἀνδρεῖον] μετὰ τἀνδρεῖον ci. Cobet c 5 ἔστ' A F M : ἔσται D e 1 ὡς] ταῖς μὲν ὡς Galenus e 7 ταὐτὰ καὶ A² F D M : ταὐτὰ A

Μουσικὴ μὴν ἐκείνοις γε καὶ γυμναστικὴ ἐδόθη.

Ναί.

Καὶ ταῖς γυναιξὶν ἄρα τούτω τὼ τέχνα καὶ τὰ περὶ τὸν πόλεμον ἀποδοτέον καὶ χρηστέον κατὰ ταὐτά. 5

Εἰκὸς ἐξ ὧν λέγεις, ἔφη.

Ἴσως δή, εἶπον, παρὰ τὸ ἔθος γελοῖα ἂν φαίνοιτο πολλὰ περὶ τὰ νῦν λεγόμενα, εἰ πράξεται ᾗ λέγεται.

Καὶ μάλα, ἔφη.

Τί, ἦν δ' ἐγώ, γελοιότατον αὐτῶν ὁρᾷς; ἢ δῆλα δὴ ὅτι 10 γυμνὰς τὰς γυναῖκας ἐν ταῖς παλαίστραις γυμναζομένας μετὰ τῶν ἀνδρῶν, οὐ μόνον τὰς νέας, ἀλλὰ καὶ ἤδη τὰς πρεσβυ- b τέρας, ὥσπερ τοὺς γέροντας ἐν τοῖς γυμνασίοις, ὅταν ῥυσοὶ καὶ μὴ ἡδεῖς τὴν ὄψιν ὅμως φιλογυμναστῶσιν;

Νὴ τὸν Δία, ἔφη· γελοῖον γὰρ ἄν, ὥς γε ἐν τῷ παρεστῶτι, φανείη. 5

Οὐκοῦν, ἦν δ' ἐγώ, ἐπείπερ ὡρμήσαμεν λέγειν, οὐ φοβητέον τὰ τῶν χαριέντων σκώμματα, ὅσα καὶ οἷα ἂν εἴποιεν εἰς τὴν τοιαύτην μεταβολὴν γενομένην καὶ περὶ τὰ γυμνάσια καὶ περὶ μουσικὴν καὶ οὐκ ἐλάχιστα περὶ τὴν τῶν ὅπλων c σχέσιν καὶ ἵππων ὀχήσεις.

Ὀρθῶς, ἔφη, λέγεις.

Ἀλλ' ἐπείπερ λέγειν ἠρξάμεθα, πορευτέον πρὸς τὸ τραχὺ τοῦ νόμου, δεηθεῖσίν τε τούτων μὴ τὰ αὑτῶν πράττειν ἀλλὰ 5 σπουδάζειν, καὶ ὑπομνήσασιν ὅτι οὐ πολὺς χρόνος ἐξ οὗ τοῖς Ἕλλησιν ἐδόκει αἰσχρὰ εἶναι καὶ γελοῖα ἅπερ νῦν τοῖς πολλοῖς τῶν βαρβάρων, γυμνοὺς ἄνδρας ὁρᾶσθαι, καὶ ὅτε ἤρχοντο τῶν γυμνασίων πρῶτοι μὲν Κρῆτες, ἔπειτα Λακεδαιμόνιοι, ἐξῆν τοῖς τότε ἀστείοις πάντα ταῦτα κωμῳδεῖν. ἢ οὐκ οἴει; d

a 2 μὴν ci. H. Richards: μὲν A F D M γε ci. H. Richards: τε A F D: om. al. Galenus a 5 καὶ] τε καὶ Galenus a 7 ἔθος] εἰωθὸς Eusebius a 8 νῦν] νῦν δὴ Eusebius πράξεται] πεπράξεται scr. Mon. a 10 τί] τί δ' Eusebius b 1 καὶ ἤδη τὰς] ἤδη καὶ Eusebius: καὶ τὰς ἤδη ci. Herwerden d 1 πάντα ταῦτα A F M: ταῦτα πάντα D

Ἔγωγε.

Ἀλλ' ἐπειδὴ οἶμαι χρωμένοις ἄμεινον τὸ ἀποδύεσθαι τοῦ συγκαλύπτειν πάντα τὰ τοιαῦτα ἐφάνη, καὶ τὸ ἐν τοῖς ὀφθαλ-
5 μοῖς δὴ γελοῖον ἐξερρύη ὑπὸ τοῦ ἐν τοῖς λόγοις μηνυθέντος ἀρίστου· καὶ τοῦτο ἐνεδείξατο, ὅτι μάταιος ὃς γελοῖον ἄλλο τι ἡγεῖται ἢ τὸ κακόν, καὶ ὁ γελωτοποιεῖν ἐπιχειρῶν πρὸς ἄλλην τινὰ ὄψιν ἀποβλέπων ὡς γελοίου ἢ τὴν τοῦ ἄφρονός
e τε καὶ κακοῦ, καὶ καλοῦ αὖ σπουδάζει πρὸς ἄλλον τινὰ σκοπὸν στησάμενος ἢ τὸν τοῦ ἀγαθοῦ.

Παντάπασι μὲν οὖν, ἔφη.

Ἆρ' οὖν οὐ πρῶτον μὲν τοῦτο περὶ αὐτῶν ἀνομολογητέον,
5 εἰ δυνατὰ ἢ οὔ, καὶ δοτέον ἀμφισβήτησιν εἴτε τις φιλο- παίσμων εἴτε σπουδαστικὸς ἐθέλει ἀμφισβητῆσαι, πότερον
453 δυνατὴ φύσις ἡ ἀνθρωπίνη ἡ θήλεια τῇ τοῦ ἄρρενος γένους κοινωνῆσαι εἰς ἅπαντα τὰ ἔργα ἢ οὐδ' εἰς ἕν, ἢ εἰς τὰ μὲν οἷά τε, εἰς δὲ τὰ οὔ, καὶ τοῦτο δὴ τὸ περὶ τὸν πόλεμον ποτέρων ἐστίν; ἆρ' οὐχ οὕτως ἂν κάλλιστά τις ἀρχόμενος
5 ὡς τὸ εἰκὸς καὶ κάλλιστα τελευτήσειεν;

Πολύ γε, ἔφη.

Βούλει οὖν, ἦν δ' ἐγώ, ἡμεῖς πρὸς ἡμᾶς αὐτοὺς ὑπὲρ τῶν ἄλλων ἀμφισβητήσωμεν, ἵνα μὴ ἔρημα τὰ τοῦ ἑτέρου λόγου πολιορκῆται;

b Οὐδέν, ἔφη, κωλύει.

Λέγωμεν δὴ ὑπὲρ αὐτῶν ὅτι "Ὦ Σώκρατές τε καὶ Γλαύκων, οὐδὲν δεῖ ὑμῖν ἄλλους ἀμφισβητεῖν· αὐτοὶ γὰρ ἐν ἀρχῇ τῆς κατοικίσεως, ἣν ᾠκίζετε πόλιν, ὡμολογεῖτε
5 δεῖν κατὰ φύσιν ἕκαστον ἕνα ἓν τὸ αὑτοῦ πράττειν."

Ὡμολογήσαμεν οἶμαι· πῶς γὰρ οὔ;

d 6 ὃς γελοῖον . . . d 7 καὶ secl. Cobet   d 7 πρὸς] εἰς Stobaeus   d 8 ὡς γελοίου secl. Cobet   e 1 καὶ καλοῦ αὖ A F D M Stobaeus: om. Θ   πρὸς A F D M: εἰς Stobaeus: secl. Thompson Cobet (qui mox προστησάμενος)   e 2 ἢ om. Stobaeus   e 4 αὐτῶν int. vers. F αὐτὸν A F D   a 1 δυνατὴ ⟨ἡ⟩ Cobet (secl. mox ἡ ἀνθρωπίνη)   b 2 λέγωμεν A D M: λέγομεν F Galenus   b 4 κατοικίσεως A D: κατοικήσεως F Galenus

"Ἔστιν οὖν ὅπως οὐ πάμπολυ διαφέρει γυνὴ ἀνδρὸς τὴν φύσιν;"

Πῶς δ' οὐ διαφέρει;

"Οὐκοῦν ἄλλο καὶ ἔργον ἑκατέρῳ προσήκει προστάττειν 10 τὸ κατὰ τὴν αὑτοῦ φύσιν;" c

Τί μήν;

"Πῶς οὖν οὐχ ἁμαρτάνετε νυνὶ καὶ τἀναντία ὑμῖν αὐτοῖς λέγετε φάσκοντες αὖ τοὺς ἄνδρας καὶ τὰς γυναῖκας δεῖν τὰ αὐτὰ πράττειν, πλεῖστον κεχωρισμένην φύσιν ἔχοντας;" 5 ἕξεις τι, ὦ θαυμάσιε, πρὸς ταῦτ' ἀπολογεῖσθαι;

Ὡς μὲν ἐξαίφνης, ἔφη, οὐ πάνυ ῥᾴδιον· ἀλλὰ σοῦ δεήσομαί τε καὶ δέομαι καὶ τὸν ὑπὲρ ἡμῶν λόγον, ὅστις ποτ' ἐστίν, ἑρμηνεῦσαι.

Ταῦτ' ἐστίν, ἦν δ' ἐγώ, ὦ Γλαύκων, καὶ ἄλλα πολλὰ 10 τοιαῦτα, ἃ ἐγὼ πάλαι προορῶν ἐφοβούμην τε καὶ ὤκνουν d ἅπτεσθαι τοῦ νόμου τοῦ περὶ τὴν τῶν γυναικῶν καὶ παίδων κτῆσιν καὶ τροφήν.

Οὐ μὰ τὸν Δία, ἔφη· οὐ γὰρ εὐκόλῳ ἔοικεν.

Οὐ γάρ, εἶπον. ἀλλὰ δὴ ὧδ' ἔχει· ἄντε τις εἰς κολυμ- 5 βήθραν μικρὰν ἐμπέσῃ ἄντε εἰς τὸ μέγιστον πέλαγος μέσον, ὅμως γε νεῖ οὐδὲν ἧττον.

Πάνυ μὲν οὖν.

Οὐκοῦν καὶ ἡμῖν νευστέον καὶ πειρατέον σῴζεσθαι ἐκ τοῦ λόγου, ἤτοι δελφῖνά τινα ἐλπίζοντας ἡμᾶς ὑπολαβεῖν ἂν ἤ 10 τινα ἄλλην ἄπορον σωτηρίαν.

Ἔοικεν, ἔφη. e

Φέρε δή, ἦν δ' ἐγώ, ἐάν πῃ εὕρωμεν τὴν ἔξοδον. ὁμολογοῦμεν γὰρ δὴ ἄλλην φύσιν ἄλλο δεῖν ἐπιτηδεύειν, γυναικὸς δὲ καὶ ἀνδρὸς ἄλλην εἶναι· τὰς δὲ ἄλλας φύσεις τὰ αὐτά φαμεν νῦν δεῖν ἐπιτηδεῦσαι. ταῦτα ἡμῶν κατηγορεῖται; 5

b 9 δ' om. Galenus c 3 νυνὶ Galenus: νῦν A F D M d 11 ἄπορον] ἄτοπον ci. Herwerden e 2 ὁμολογοῦμεν A F D: ὡμολογοῦμεν M d e 5 κατηγορεῖται F: κατηγορεῖτε A D M

Κομιδῇ γε.

454 Ἡ γενναία, ἦν δ᾽ ἐγώ, ὦ Γλαύκων, ἡ δύναμις τῆς ἀντιλογικῆς τέχνης.

Τί δή;

Ὅτι, εἶπον, δοκοῦσί μοι εἰς αὐτὴν καὶ ἄκοντες πολλοὶ
5 ἐμπίπτειν καὶ οἴεσθαι οὐκ ἐρίζειν ἀλλὰ διαλέγεσθαι, διὰ τὸ μὴ δύνασθαι κατ᾽ εἴδη διαιρούμενοι τὸ λεγόμενον ἐπισκοπεῖν, ἀλλὰ κατ᾽ αὐτὸ τὸ ὄνομα διώκειν τοῦ λεχθέντος τὴν ἐναντίωσιν, ἔριδι, οὐ διαλέκτῳ πρὸς ἀλλήλους χρώμενοι.

10 Ἔστι γὰρ δή, ἔφη, περὶ πολλοὺς τοῦτο τὸ πάθος· ἀλλὰ μῶν καὶ πρὸς ἡμᾶς τοῦτο τείνει ἐν τῷ παρόντι;

b Παντάπασι μὲν οὖν, ἦν δ᾽ ἐγώ· κινδυνεύομεν γοῦν ἄκοντες ἀντιλογίας ἅπτεσθαι.

Πῶς;

Τὸ ⟨μὴ⟩ τὴν αὐτὴν φύσιν ὅτι οὐ τῶν αὐτῶν δεῖ ἐπιτηδευ-
5 μάτων τυγχάνειν πάνυ ἀνδρείως τε καὶ ἐριστικῶς κατὰ τὸ ὄνομα διώκομεν, ἐπεσκεψάμεθα δὲ οὐδ᾽ ὁπῃοῦν τί εἶδος τὸ τῆς ἑτέρας τε καὶ τῆς αὐτῆς φύσεως καὶ πρὸς τί τεῖνον ὡριζόμεθα τότε, ὅτε τὰ ἐπιτηδεύματα ἄλλῃ φύσει ἄλλα, τῇ δὲ αὐτῇ τὰ αὐτὰ ἀπεδίδομεν.

10 Οὐ γὰρ οὖν, ἔφη, ἐπεσκεψάμεθα.

c Τοιγάρτοι, εἶπον, ἔξεστιν ἡμῖν, ὡς ἔοικεν, ἀνερωτᾶν ἡμᾶς αὐτοὺς εἰ ἡ αὐτὴ φύσις φαλακρῶν καὶ κομητῶν καὶ οὐχ ἡ ἐναντία, καὶ ἐπειδὰν ὁμολογῶμεν ἐναντίαν εἶναι, ἐὰν φαλακροὶ σκυτοτομῶσιν, μὴ ἐᾶν κομήτας, ἐὰν δ᾽ αὖ κομῆται,
5 μὴ τοὺς ἑτέρους.

Γελοῖον μεντἂν εἴη, ἔφη.

Ἆρα κατ᾽ ἄλλο τι, εἶπον ἐγώ, γελοῖον, ἢ ὅτι τότε οὐ πάντως τὴν αὐτὴν καὶ τὴν ἑτέραν φύσιν ἐτιθέμεθα, ἀλλ᾽ ἐκεῖνο τὸ εἶδος τῆς ἀλλοιώσεώς τε καὶ ὁμοιώσεως μόνον

b 4 μὴ add. Ven. 184 : om. A F M D Galenus c 8 καὶ τὴν F D M et in marg. A : om. A c 9 μόνον A D M : ἐὰν μόνον F (et mox ἐφυλάττωμεν) ὃν post μόνον add. A²

ἐφυλάττομεν τὸ πρὸς αὐτὰ τεῖνον τὰ ἐπιτηδεύματα; οἷον d
ἰατρικὸν μὲν καὶ ἰατρικὴν τὴν ψυχὴν [ὄντα] τὴν αὐτὴν φύσιν
ἔχειν ἐλέγομεν· ἢ οὐκ οἴει;

Ἔγωγε.

Ἰατρικὸν δέ γε καὶ τεκτονικὸν ἄλλην; 5

Πάντως που.

Οὐκοῦν, ἦν δ' ἐγώ, καὶ τὸ τῶν ἀνδρῶν καὶ τὸ τῶν γυναικῶν
γένος, ἐὰν μὲν πρὸς τέχνην τινὰ ἢ ἄλλο ἐπιτήδευμα διαφέρον
φαίνηται, τοῦτο δὴ φήσομεν ἑκατέρῳ δεῖν ἀποδιδόναι· ἐὰν
δ' αὐτῷ τούτῳ φαίνηται διαφέρειν, τῷ τὸ μὲν θῆλυ τίκτειν, 10
τὸ δὲ ἄρρεν ὀχεύειν, οὐδέν τί πω φήσομεν μᾶλλον ἀποδε- e
δεῖχθαι ὡς πρὸς ὃ ἡμεῖς λέγομεν διαφέρει γυνὴ ἀνδρός, ἀλλ'
ἔτι οἰησόμεθα δεῖν τὰ αὐτὰ ἐπιτηδεύειν τούς τε φύλακας ἡμῖν
καὶ τὰς γυναῖκας αὐτῶν.

Καὶ ὀρθῶς γ', ἔφη. 5

Οὐκοῦν μετὰ τοῦτο κελεύομεν τὸν τὰ ἐναντία λέγοντα
τοῦτο αὐτὸ διδάσκειν ἡμᾶς, πρὸς τίνα τέχνην ἢ τί ἐπιτήδευμα 455
τῶν περὶ πόλεως κατασκευὴν οὐχ ἡ αὐτὴ ἀλλὰ ἑτέρα φύσις
γυναικός τε καὶ ἀνδρός;

Δίκαιον γοῦν.

Τάχα τοίνυν ἄν, ὅπερ σὺ ὀλίγον πρότερον ἔλεγες, εἴποι 5
ἂν καὶ ἄλλος, ὅτι ἐν μὲν τῷ παραχρῆμα ἱκανῶς εἰπεῖν οὐ
ῥᾴδιον, ἐπισκεψαμένῳ δὲ οὐδὲν χαλεπόν.

Εἴποι γὰρ ἄν.

Βούλει οὖν δεώμεθα τοῦ τὰ τοιαῦτα ἀντιλέγοντος ἀκολου-
θῆσαι ἡμῖν, ἐάν πως ἡμεῖς ἐκείνῳ ἐνδειξώμεθα ὅτι οὐδέν ἐστιν b
ἐπιτήδευμα ἴδιον γυναικὶ πρὸς διοίκησιν πόλεως;

Πάνυ γε.

Ἴθι δή, φήσομεν πρὸς αὐτόν, ἀποκρίνου· ἆρα οὕτως

d 1 τὸ . . . τεῖνον τὰ Galenus : τὰ τείνοντα A F D M αὐτὰ A D M : αὐτὸ F d 2 ἰατρικὸν . . . ἰατρικὴν A² F D M : ἰατρικῶν . . . ἰατρικὴν pr. A : ἰατρικὸν . . . ἰατρικὸν scr. Mon. ὄντα seclusi : ἔχοντα Θ Galenus d 5 δέ γε F Galenus : δὲ A D M d 8 μὲν A D M : om. F e 5 γ' F Galenus : om. A D a 5 ὀλίγον] ὀλίγῳ Galenus

5 ἔλεγες τὸν μὲν εὐφυῆ πρός τι εἶναι, τὸν δὲ ἀφυῆ, ἐν ᾧ ὁ μὲν ῥᾳδίως τι μανθάνοι, ὁ δὲ χαλεπῶς; καὶ ὁ μὲν ἀπὸ βραχείας μαθήσεως ἐπὶ πολὺ εὑρετικὸς εἴη οὗ ἔμαθεν, ὁ δὲ πολλῆς μαθήσεως τυχὼν καὶ μελέτης μηδ' ἃ ἔμαθε σῴζοιτο; καὶ τῷ μὲν τὰ τοῦ σώματος ἱκανῶς ὑπηρετοῖ τῇ διανοίᾳ, τῷ
c δὲ ἐναντιοῖτο; ἆρ' ἄλλα ἄττα ἐστὶν ἢ ταῦτα, οἷς τὸν εὐφυῆ πρὸς ἕκαστα καὶ τὸν μὴ ὡρίζου;

Οὐδείς, ἦ δ' ὅς, ἄλλα φήσει.

Οἶσθά τι οὖν ὑπὸ ἀνθρώπων μελετώμενον, ἐν ᾧ οὐ πάντα
5 ταῦτα τὸ τῶν ἀνδρῶν γένος διαφερόντως ἔχει ἢ τὸ τῶν γυναικῶν; ἢ μακρολογῶμεν τήν τε ὑφαντικὴν λέγοντες καὶ τὴν τῶν ποπάνων τε καὶ ἑψημάτων θεραπείαν, ἐν οἷς δή τι δοκεῖ τὸ γυναικεῖον γένος εἶναι, οὗ καὶ καταγελαστότατόν
d ἐστι πάντων ἡττώμενον;

Ἀληθῆ, ἔφη, λέγεις, ὅτι πολὺ κρατεῖται ἐν ἅπασιν ὡς ἔπος εἰπεῖν τὸ γένος τοῦ γένους. γυναῖκες μέντοι πολλαὶ πολλῶν ἀνδρῶν βελτίους εἰς πολλά· τὸ δὲ ὅλον ἔχει ὡς σὺ
5 λέγεις.

Οὐδὲν ἄρα ἐστίν, ὦ φίλε, ἐπιτήδευμα τῶν πόλιν διοικούντων γυναικὸς διότι γυνή, οὐδ' ἀνδρὸς διότι ἀνήρ, ἀλλ' ὁμοίως διεσπαρμέναι αἱ φύσεις ἐν ἀμφοῖν τοῖν ζῴοιν, καὶ πάντων μὲν μετέχει γυνὴ ἐπιτηδευμάτων κατὰ
e φύσιν, πάντων δὲ ἀνήρ, ἐπὶ πᾶσι δὲ ἀσθενέστερον γυνὴ ἀνδρός.

Πάνυ γε.

Ἦ οὖν ἀνδράσι πάντα προστάξομεν, γυναικὶ δ' οὐδέν;
5 Καὶ πῶς;

Ἀλλ' ἔστι γὰρ οἶμαι, ὡς φήσομεν, καὶ γυνὴ ἰατρική, ἡ δ' οὔ, καὶ μουσική, ἡ δ' ἄμουσος φύσει.

Τί μήν;

b 5 τὸν μὲν A² F D M Stobaeus: τὸ μὲν A c 5 ἢ τὸ] τοῦ Galenus d 1 πάντων A F D M: πάμπολυ Galenus Eusebius e 1 ἐπὶ πᾶσι] ἐν πᾶσι ci. Herwerden e 4 ἦ] τί Galenus

[Καὶ] γυμναστικὴ δ' ἄρα οὔ, οὐδὲ πολεμική, ἡ δὲ ἀπόλεμος 456
καὶ οὐ φιλογυμναστική;

Οἶμαι ἔγωγε.

Τί δέ; φιλόσοφός τε καὶ μισόσοφος; καὶ θυμοειδής, ἡ δ' ἄθυμός ἐστι; 5

Καὶ ταῦτα.

Ἔστιν ἄρα καὶ φυλακικὴ γυνή, ἡ δ' οὔ. ἢ οὐ τοιαύτην καὶ τῶν ἀνδρῶν τῶν φυλακικῶν φύσιν ἐξελεξάμεθα;

Τοιαύτην μὲν οὖν.

Καὶ γυναικὸς ἄρα καὶ ἀνδρὸς ἡ αὐτὴ φύσις εἰς φυλακὴν 10
πόλεως, πλὴν ὅσα ἀσθενεστέρα, ἡ δὲ ἰσχυροτέρα ἐστίν.

Φαίνεται.

Καὶ γυναῖκες ἄρα αἱ τοιαῦται τοῖς τοιούτοις ἀνδράσιν b
ἐκλεκτέαι συνοικεῖν τε καὶ συμφυλάττειν, ἐπείπερ εἰσὶν ἱκαναὶ καὶ συγγενεῖς αὐτοῖς τὴν φύσιν.

Πάνυ γε.

Τὰ δ' ἐπιτηδεύματα οὐ τὰ αὐτὰ ἀποδοτέα ταῖς αὐταῖς 5
φύσεσιν;

Τὰ αὐτά.

Ἥκομεν ἄρα εἰς τὰ πρότερα περιφερόμενοι, καὶ ὁμολογοῦμεν μὴ παρὰ φύσιν εἶναι ταῖς τῶν φυλάκων γυναιξὶ μουσικήν τε καὶ γυμναστικὴν ἀποδιδόναι. 10

Παντάπασιν μὲν οὖν.

Οὐκ ἄρα ἀδύνατά γε οὐδὲ εὐχαῖς ὅμοια ἐνομοθετοῦμεν, ἐπείπερ κατὰ φύσιν ἐτίθεμεν τὸν νόμον· ἀλλὰ τὰ νῦν παρὰ c
ταῦτα γιγνόμενα παρὰ φύσιν μᾶλλον, ὡς ἔοικε, γίγνεται.

Ἔοικεν.

a 1 καὶ D: om. A F M Galenus Eusebius δ' ἄρα] δὲ ἄρ' ἡ Galenus οὐ om. Eusebius οὐδὲ A F D M Eusebius: καὶ Galenus a 2 καὶ οὐ A D M Galenus Eusebius: καὶ F a 5 ἐστι F Eusebius: ἔστι A D M alteri tribuentes a 11 ὅσα] ὅσα ἡ μὲν Galenus: ὅσῳ Eusebius ἀσθενεστέρα, ἡ δὲ ἰσχυροτέρα Eusebius: ἀσθενεστέρα ἢ ἰσχυροτέρα F D M: ἀσθενεστέρα ἰσχυροτέρα (ἰσχυροτέρας A[2]) A: ἀσθενεστέρα ὁ δ' ἰσχυρότερος Galenus b 1 αἱ om. Galenus b 2 συμφυλάττειν] φυλάττειν Galenus b 5 ἀποδοτέα A M: ἀποδιδοτέα F: ἀποδοτέον D

Οὐκοῦν ἡ ἐπίσκεψις ἡμῖν ἦν εἰ δυνατά γε καὶ βέλτιστα
5 λέγοιμεν;

Ἦν γάρ.

Καὶ ὅτι μὲν δὴ δυνατά, διωμολόγηται;

Ναί.

Ὅτι δὲ δὴ βέλτιστα, τὸ μετὰ τοῦτο δεῖ διομολογηθῆναι;

10 Δῆλον.

Οὐκοῦν πρός γε τὸ φυλακικὴν γυναῖκα γενέσθαι, οὐκ ἄλλη μὲν ἡμῖν ἄνδρας ποιήσει παιδεία, ἄλλη δὲ γυναῖκας, ἄλλως
d τε καὶ τὴν αὐτὴν φύσιν παραλαβοῦσα;

Οὐκ ἄλλη.

Πῶς οὖν ἔχεις δόξης τοῦ τοιοῦδε πέρι;

Τίνος δή;

5 Τοῦ ὑπολαμβάνειν παρὰ σεαυτῷ τὸν μὲν ἀμείνω ἄνδρα, τὸν δὲ χείρω· ἢ πάντας ὁμοίους ἡγῇ;

Οὐδαμῶς.

Ἐν οὖν τῇ πόλει ἣν ᾠκίζομεν, πότερον οἴει ἡμῖν ἀμείνους ἄνδρας ἐξειργάσθαι τοὺς φύλακας, τυχόντας ἧς διήλθομεν
10 παιδείας, ἢ τοὺς σκυτοτόμους, τῇ σκυτικῇ παιδευθέντας;

Γελοῖον, ἔφη, ἐρωτᾷς.

Μανθάνω, ἔφην. τί δέ; τῶν ἄλλων πολιτῶν οὐχ οὗτοι
e ἄριστοι;

Πολύ γε.

Τί δέ; αἱ γυναῖκες τῶν γυναικῶν οὐχ αὗται ἔσονται βέλτισται;

5 Καὶ τοῦτο, ἔφη, πολύ.

Ἔστι δέ τι πόλει ἄμεινον ἢ γυναῖκάς τε καὶ ἄνδρας ὡς ἀρίστους ἐγγίγνεσθαι;

Οὐκ ἔστιν.

Τοῦτο δὲ μουσική τε καὶ γυμναστικὴ παραγιγνόμεναι, ὡς
457 ἡμεῖς διήλθομεν, ἀπεργάσονται;

Πῶς δ' οὔ;

c 4 γε] τε scr. Laur. lxxx. 7 d 6 πάντας] πάντως F

Οὐ μόνον ἄρα δυνατὸν ἀλλὰ καὶ ἄριστον πόλει νόμιμον ἐτίθεμεν.

Οὕτως. 5

Ἀποδυτέον δὴ ταῖς τῶν φυλάκων γυναιξίν, ἐπείπερ ἀρετὴν ἀντὶ ἱματίων ἀμφιέσονται, καὶ κοινωνητέον πολέμου τε καὶ τῆς ἄλλης φυλακῆς τῆς περὶ τὴν πόλιν, καὶ οὐκ ἄλλα πρακτέον· τούτων δ' αὐτῶν τὰ ἐλαφρότερα ταῖς γυναιξὶν ἢ τοῖς ἀνδράσι δοτέον διὰ τὴν τοῦ γένους ἀσθένειαν. ὁ 10 δὲ γελῶν ἀνὴρ ἐπὶ γυμναῖς γυναιξί, τοῦ βελτίστου ἕνεκα b γυμναζομέναις, ἀτελῆ τοῦ γελοίου σοφίας δρέπων καρπόν, οὐδὲν οἶδεν, ὡς ἔοικεν, ἐφ' ᾧ γελᾷ οὐδ' ὅτι πράττει· κάλλιστα γὰρ δὴ τοῦτο καὶ λέγεται καὶ λελέξεται, ὅτι τὸ μὲν ὠφέλιμον καλόν, τὸ δὲ βλαβερὸν αἰσχρόν. 5

Παντάπασι μὲν οὖν.

Τοῦτο μὲν τοίνυν ἓν ὥσπερ κῦμα φῶμεν διαφεύγειν τοῦ γυναικείου πέρι νόμου λέγοντες, ὥστε μὴ παντάπασι κατακλυσθῆναι τιθέντας ὡς δεῖ κοινῇ πάντα ἐπιτηδεύειν τούς τε φύλακας ἡμῖν καὶ τὰς φυλακίδας, ἀλλά πῃ τὸν λόγον αὐτὸν c αὐτῷ ὁμολογεῖσθαι ὡς δυνατά τε καὶ ὠφέλιμα λέγει;

Καὶ μάλα, ἔφη, οὐ σμικρὸν κῦμα διαφεύγεις.

Φήσεις γε, ἦν δ' ἐγώ, οὐ μέγα αὐτὸ εἶναι, ὅταν τὸ μετὰ τοῦτο ἴδῃς. 5

Λέγε δή, ἴδω, ἔφη.

Τούτῳ, ἦν δ' ἐγώ, ἕπεται νόμος καὶ τοῖς ἔμπροσθεν τοῖς ἄλλοις, ὡς ἐγᾦμαι, ὅδε.

Τίς;

Τὰς γυναῖκας ταύτας τῶν ἀνδρῶν τούτων πάντων πάσας 10

a 8 ἄλλα] ἄλλο Stobaeus a 10 δοτέον] ἀποδοτέον Stobaeus b 1 γυναιξί A F D Stobaeus: ταῖς γυναιξί M Eusebius Theodoretus b 2 γυμναζομέναις F D M Stobaeus: γυναζομέναις A ἀτελῆ] γρ. ἅτε δὴ in marg. A et sic Eusebius Theodoretus b 3 γελᾷ A F M Stobaeus: γελῷ D οὐδ' ὅτι] οὐδὲ τί Stobaeus b 4 λελέξεται A D M: λέξεται F c 2 ὁμολογεῖσθαι A F M: ὡμολογῆσθαι A² D c 4 γε A D M: δὲ F: δέ γε Stallbaum c 6 λέγε] φέρε ci. Cobet: ἄγε ci. H. Richards d εἶναι κοινάς, ἰδίᾳ δὲ μηδενὶ μηδεμίαν συνοικεῖν· καὶ τοὺς παῖδας αὖ κοινούς, καὶ μήτε γονέα ἔκγονον εἰδέναι τὸν αὑτοῦ μήτε παῖδα γονέα.

Πολύ, ἔφη, τοῦτο ἐκείνου μεῖζον πρὸς ἀπιστίαν καὶ τοῦ 5 δυνατοῦ πέρι καὶ τοῦ ὠφελίμου.

Οὐκ οἶμαι, ἦν δ' ἐγώ, περί γε τοῦ ὠφελίμου ἀμφισβητεῖσθαι ἄν, ὡς οὐ μέγιστον ἀγαθὸν κοινὰς μὲν τὰς γυναῖκας εἶναι, κοινοὺς δὲ τοὺς παῖδας, εἴπερ οἷόν τε· ἀλλ' οἶμαι περὶ τοῦ εἰ δυνατὸν ἢ μὴ πλείστην ἂν ἀμφισβήτησιν γενέσθαι.

e Περὶ ἀμφοτέρων, ἦ δ' ὅς, εὖ μάλ' ἂν ἀμφισβητηθείη.

Λέγεις, ἦν δ' ἐγώ, λόγων σύστασιν· ἐγὼ δ' ᾤμην ἔκ γε τοῦ ἑτέρου ἀποδράσεσθαι, εἴ σοι δόξειεν ὠφέλιμον εἶναι, λοιπὸν δὲ δή μοι ἔσεσθαι περὶ τοῦ δυνατοῦ καὶ μή.

5 Ἀλλ' οὐκ ἔλαθες, ἦ δ' ὅς, ἀποδιδράσκων, ἀλλ' ἀμφοτέρων πέρι δίδου λόγον.

Ὑφεκτέον, ἦν δ' ἐγώ, δίκην. τοσόνδε μέντοι χάρισαί 458 μοι· ἔασόν με ἑορτάσαι, ὥσπερ οἱ ἀργοὶ τὴν διάνοιαν εἰώθασιν ἑστιᾶσθαι ὑφ' ἑαυτῶν, ὅταν μόνοι πορεύωνται. καὶ γὰρ οἱ τοιοῦτοί που, πρὶν ἐξευρεῖν τίνα τρόπον ἔσται τι ὧν ἐπιθυμοῦσι, τοῦτο παρέντες, ἵνα μὴ κάμνωσι βουλευόμενοι 5 περὶ τοῦ δυνατοῦ καὶ μή, θέντες ὡς ὑπάρχον εἶναι ὃ βούλονται, ἤδη τὰ λοιπὰ διατάττουσιν καὶ χαίρουσιν διεξιόντες οἷα δράσουσι γενομένου, ἀργὸν καὶ ἄλλως ψυχὴν ἔτι b ἀργοτέραν ποιοῦντες. ἤδη οὖν καὶ αὐτὸς μαλθακίζομαι, καὶ ἐκεῖνα μὲν ἐπιθυμῶ ἀναβαλέσθαι καὶ ὕστερον ἐπισκέψασθαι, ᾗ δυνατά, νῦν δὲ ὡς δυνατῶν ὄντων θεὶς σκέψομαι, ἄν μοι παριῇς, πῶς διατάξουσιν αὐτὰ οἱ ἄρχοντες γιγνόμενα, καὶ 5 ὅτι πάντων συμφορώτατ' ἂν εἴη πραχθέντα τῇ τε πόλει καὶ τοῖς φύλαξιν. ταῦτα πειράσομαί σοι πρότερα συνδιασκοπεῖσθαι, ὕστερα δ' ἐκεῖνα, εἴπερ παριεῖς.

d 2 εἰδέναι ἔκγονον Stobaeus d 3 γονέα A D M Stobaeus Theodoretus: γονέας F d 5 τοῦ ὠφελίμου] ὠφελίμου Stobaeus d 9 ἂν F: om. A D M e 7 δίκην secl. Herwerden b 5 τε F D: om. A

Ἀλλὰ παρίημι, ἔφη, καὶ σκόπει.

Οἶμαι τοίνυν, ἦν δ' ἐγώ, εἴπερ ἔσονται οἱ ἄρχοντες ἄξιοι τούτου τοῦ ὀνόματος, οἵ τε τούτοις ἐπίκουροι κατὰ ταὐτά, c τοὺς μὲν ἐθελήσειν ποιεῖν τὰ ἐπιταττόμενα, τοὺς δὲ ἐπιτάξειν, τὰ μὲν αὐτοὺς πειθομένους τοῖς νόμοις, τὰ δὲ καὶ μιμουμένους, ὅσα ἂν ἐκείνοις ἐπιτρέψωμεν.

Εἰκός, ἔφη. 5

Σὺ μὲν τοίνυν, ἦν δ' ἐγώ, ὁ νομοθέτης αὐτοῖς, ὥσπερ τοὺς ἄνδρας ἐξέλεξας, οὕτω καὶ τὰς γυναῖκας ἐκλέξας παραδώσεις καθ' ὅσον οἷόν τε ὁμοφυεῖς· οἱ δέ, ἅτε οἰκίας τε καὶ συσσίτια κοινὰ ἔχοντες, ἰδίᾳ δὲ οὐδενὸς οὐδὲν τοιοῦτον κεκτημένου, ὁμοῦ δὴ ἔσονται, ὁμοῦ δὲ ἀναμεμειγμένων καὶ ἐν d γυμνασίοις καὶ ἐν τῇ ἄλλῃ τροφῇ ὑπ' ἀνάγκης οἶμαι τῆς ἐμφύτου ἄξονται πρὸς τὴν ἀλλήλων μεῖξιν. ἢ οὐκ ἀναγκαῖά σοι δοκῶ λέγειν;

Οὐ γεωμετρικαῖς γε, ἦ δ' ὅς, ἀλλ' ἐρωτικαῖς ἀνάγκαις, αἳ 5 κινδυνεύουσιν ἐκείνων δριμύτεραι εἶναι πρὸς τὸ πείθειν τε καὶ ἕλκειν τὸν πολὺν λεών.

Καὶ μάλα, εἶπον. ἀλλὰ μετὰ δὴ ταῦτα, ὦ Γλαύκων, ἀτάκτως μὲν μείγνυσθαι ἀλλήλοις ἢ ἄλλο ὁτιοῦν ποιεῖν οὔτε ὅσιον ἐν εὐδαιμόνων πόλει οὔτ' ἐάσουσιν οἱ ἄρχοντες. e

Οὐ γὰρ δίκαιον, ἔφη.

Δῆλον δὴ ὅτι γάμους τὸ μετὰ τοῦτο ποιήσομεν ἱεροὺς εἰς δύναμιν ὅτι μάλιστα· εἶεν δ' ἂν ἱεροὶ οἱ ὠφελιμώτατοι.

Παντάπασι μὲν οὖν. 5

Πῶς οὖν δὴ ὠφελιμώτατοι ἔσονται; τόδε μοι λέγε, ὦ 459 Γλαύκων· ὁρῶ γάρ σου ἐν τῇ οἰκίᾳ καὶ κύνας θηρευτικοὺς καὶ τῶν γενναίων ὀρνίθων μάλα συχνούς· ἆρ' οὖν, ὦ πρὸς Διός, προσέσχηκάς τι τοῖς τούτων γάμοις τε καὶ παιδοποιίᾳ; 5

Τὸ ποῖον; ἔφη.

c 8 ἅτε] ἅτε δὴ Theodoretus d 9 μίγνυσθαι F D et in marg. M: γυμνοῦσθαι A M a 4 τι A D M: om. F παιδοποιίᾳ A D: παιδοποιία F M: παιδοποιίαις vulg.

Πρῶτον μὲν αὐτῶν τούτων, καίπερ ὄντων γενναίων, ἆρ' οὐκ εἰσί τινες καὶ γίγνονται ἄριστοι;

Εἰσίν.

10 Πότερον οὖν ἐξ ἁπάντων ὁμοίως γεννᾷς, ἢ προθυμῇ ὅτι μάλιστα ἐκ τῶν ἀρίστων;

Ἐκ τῶν ἀρίστων.

b Τί δ'; ἐκ τῶν νεωτάτων ἢ ἐκ τῶν γεραιτάτων ἢ ἐξ ἀκμαζόντων ὅτι μάλιστα;

Ἐξ ἀκμαζόντων.

Καὶ ἂν μὴ οὕτω γεννᾶται, πολύ σοι ἡγῇ χεῖρον ἔσεσθαι 5 τό τε τῶν ὀρνίθων καὶ τὸ τῶν κυνῶν γένος;

Ἔγωγ', ἔφη.

Τί δὲ ἵππων οἴει, ἦν δ' ἐγώ, καὶ τῶν ἄλλων ζῴων; ἦ ἄλλῃ πῃ ἔχειν;

Ἄτοπον μεντἄν, ἦ δ' ὅς, εἴη.

10 Βαβαῖ, ἦν δ' ἐγώ, ὦ φίλε ἑταῖρε, ὡς ἄρα σφόδρα ἡμῖν δεῖ ἄκρων εἶναι τῶν ἀρχόντων, εἴπερ καὶ περὶ τὸ τῶν ἀνθρώπων γένος ὡσαύτως ἔχει.

c Ἀλλὰ μὲν δὴ ἔχει, ἔφη· ἀλλὰ τί δή;

Ὅτι ἀνάγκη αὐτοῖς, ἦν δ' ἐγώ, φαρμάκοις πολλοῖς χρῆσθαι. ἰατρὸν δέ που μὴ δεομένοις μὲν σώμασι φαρμάκων, ἀλλὰ διαίτῃ ἐθελόντων ὑπακούειν, καὶ φαυλότερον ἐξαρκεῖν 5 ἡγούμεθα εἶναι· ὅταν δὲ δὴ καὶ φαρμακεύειν δέῃ, ἴσμεν ὅτι ἀνδρειοτέρου δεῖ τοῦ ἰατροῦ.

Ἀληθῆ· ἀλλὰ πρὸς τί λέγεις;

Πρὸς τόδε, ἦν δ' ἐγώ· συχνῷ τῷ ψεύδει καὶ τῇ ἀπάτῃ κινδυνεύει ἡμῖν δεήσειν χρῆσθαι τοὺς ἄρχοντας ἐπ' ὠφελίᾳ d τῶν ἀρχομένων. ἔφαμεν δέ που ἐν φαρμάκου εἴδει πάντα τὰ τοιαῦτα χρήσιμα εἶναι.

Καὶ ὀρθῶς γε, ἔφη.

Ἐν τοῖς γάμοις τοίνυν καὶ παιδοποιίαις ἔοικε τὸ ὀρθὸν 5 τοῦτο γίγνεσθαι οὐκ ἐλάχιστον.

b 7 ἢ D M: ἦ A: ἢ F c 3 δέ που] δή που ci. Hartman c 5 εἶναι secl. ci. Stephanus, post c 6 δεῖ transp. Adam

Πῶς δή;

Δεῖ μέν, εἶπον, ἐκ τῶν ὡμολογημένων τοὺς ἀρίστους ταῖς ἀρίσταις συγγίγνεσθαι ὡς πλειστάκις, τοὺς δὲ φαυλοτάτους ταῖς φαυλοτάταις τοὐναντίον, καὶ τῶν μὲν τὰ ἔκγονα τρέφειν, τῶν δὲ μή, εἰ μέλλει τὸ ποίμνιον ὅτι ἀκρότατον εἶναι, καὶ **e** ταῦτα πάντα γιγνόμενα λανθάνειν πλὴν αὐτοὺς τοὺς ἄρχοντας, εἰ αὖ ἡ ἀγέλη τῶν φυλάκων ὅτι μάλιστα ἀστασίαστος ἔσται.

Ὀρθότατα, ἔφη.

Οὐκοῦν δὴ ἑορταί τινες νομοθετητέαι ἐν αἷς συνάξομεν 5 τάς τε νύμφας καὶ τοὺς νυμφίους καὶ θυσίαι, καὶ ὕμνοι ποιητέοι τοῖς ἡμετέροις ποιηταῖς πρέποντες τοῖς γιγνομένοις **460** γάμοις· τὸ δὲ πλῆθος τῶν γάμων ἐπὶ τοῖς ἄρχουσι ποιήσομεν, ἵν' ὡς μάλιστα διασῴζωσι τὸν αὐτὸν ἀριθμὸν τῶν ἀνδρῶν, πρὸς πολέμους τε καὶ νόσους καὶ πάντα τὰ τοιαῦτα ἀποσκοποῦντες, καὶ μήτε μεγάλη ἡμῖν ἡ πόλις κατὰ τὸ 5 δυνατὸν μήτε σμικρὰ γίγνηται.

Ὀρθῶς, ἔφη.

Κλῆροι δή τινες οἶμαι ποιητέοι κομψοί, ὥστε τὸν φαῦλον ἐκεῖνον αἰτιᾶσθαι ἐφ' ἑκάστης συνέρξεως τύχην ἀλλὰ μὴ τοὺς ἄρχοντας. 10

Καὶ μάλα, ἔφη.

Καὶ τοῖς ἀγαθοῖς γέ που τῶν νέων ἐν πολέμῳ ἢ ἄλλοθί **b** που γέρα δοτέον καὶ ἆθλα ἄλλα τε καὶ ἀφθονεστέρα ἡ ἐξουσία τῆς τῶν γυναικῶν συγκοιμήσεως, ἵνα καὶ ἅμα μετὰ προφάσεως ὡς πλεῖστοι τῶν παίδων ἐκ τῶν τοιούτων σπείρωνται. 5

Ὀρθῶς.

Οὐκοῦν καὶ τὰ ἀεὶ γιγνόμενα ἔκγονα παραλαμβάνουσαι αἱ ἐπὶ τούτων ἐφεστηκυῖαι ἀρχαὶ εἴτε ἀνδρῶν εἴτε γυναικῶν εἴτε ἀμφότερα—κοιναὶ μὲν γάρ που καὶ ἀρχαὶ γυναιξί τε καὶ ἀνδράσιν— 10

d 9 ἔκγονα A (sed κγ in ras.) M : ἔγγονα F D e 5 νομοθετητέαι A F D M : νομοθετητέαι ἔσονται vulg. a 4 τε καὶ A F M : καὶ D b 9 μὲν γάρ A M : γάρ F D

Ναί.

c Τὰ μὲν δὴ τῶν ἀγαθῶν, δοκῶ, λαβοῦσαι εἰς τὸν σηκὸν οἴσουσιν παρά τινας τροφοὺς χωρὶς οἰκούσας ἔν τινι μέρει τῆς πόλεως· τὰ δὲ τῶν χειρόνων, καὶ ἐάν τι τῶν ἑτέρων ἀνάπηρον γίγνηται, ἐν ἀπορρήτῳ τε καὶ ἀδήλῳ κατακρύψουσιν 5 ὡς πρέπει.

Εἴπερ μέλλει, ἔφη, καθαρὸν τὸ γένος τῶν φυλάκων ἔσεσθαι.

Οὐκοῦν καὶ τροφῆς οὗτοι ἐπιμελήσονται τάς τε μητέρας ἐπὶ τὸν σηκὸν ἄγοντες ὅταν σπαργῶσι, πᾶσαν μηχανὴν d μηχανώμενοι ὅπως μηδεμία τὸ αὑτῆς αἰσθήσεται, καὶ ἄλλας γάλα ἐχούσας ἐκπορίζοντες, ἐὰν μὴ αὐταὶ ἱκαναὶ ὦσι, καὶ αὐτῶν τούτων ἐπιμελήσονται ὅπως μέτριον χρόνον θηλάσονται, ἀγρυπνίας δὲ καὶ τὸν ἄλλον πόνον τίτθαις τε καὶ τροφοῖς 5 παραδώσουσιν;

Πολλὴν ῥᾳστώνην, ἔφη, λέγεις τῆς παιδοποιίας ταῖς τῶν φυλάκων γυναιξίν.

Πρέπει γάρ, ἦν δ' ἐγώ. τὸ δ' ἐφεξῆς διέλθωμεν ὃ προυθέμεθα. ἔφαμεν γὰρ δὴ ἐξ ἀκμαζόντων δεῖν τὰ ἔκγονα 10 γίγνεσθαι.

Ἀληθῆ.

e Ἆρ' οὖν σοι συνδοκεῖ μέτριος χρόνος ἀκμῆς τὰ εἴκοσι ἔτη γυναικί, ἀνδρὶ δὲ τὰ τριάκοντα;

Τὰ ποῖα αὐτῶν; ἔφη.

Γυναικὶ μέν, ἦν δ' ἐγώ, ἀρξαμένῃ ἀπὸ εἰκοσιέτιδος μέχρι 5 τετταρακονταέτιδος τίκτειν τῇ πόλει· ἀνδρὶ δέ, ἐπειδὰν τὴν ὀξυτάτην δρόμου ἀκμὴν παρῇ, τὸ ἀπὸ τούτου γεννᾶν τῇ πόλει μέχρι πεντεκαιπεντηκονταέτους.

461 Ἀμφοτέρων γοῦν, ἔφη, αὕτη ἀκμὴ σώματός τε καὶ φρονήσεως.

Οὐκοῦν ἐάντε πρεσβύτερος τούτων ἐάντε νεώτερος τῶν

c 6 μέλλει scr. recc. : μέλλοι A F D M   d 2 γάλα A F M : om. D
d 3 θηλάσονται Θ : θηλάσωνται A F D M   d 4 τε A D M : γε F
d 9 προὐθέμεθα F Stobaeus : προθυμούμεθα A M : προμηθούμεθα D

εἰς τὸ κοινὸν γεννήσεων ἅψηται, οὔτε ὅσιον οὔτε δίκαιον φήσομεν τὸ ἁμάρτημα, ὡς παῖδα φιτύοντος τῇ πόλει, ὅς, ἂν 5 λάθῃ, γεννήσεται οὐχ ὑπὸ θυσιῶν οὐδ' ὑπὸ εὐχῶν φύς, ἃς ἐφ' ἑκάστοις τοῖς γάμοις εὔξονται καὶ ἱέρειαι καὶ ἱερεῖς καὶ σύμπασα ἡ πόλις ἐξ ἀγαθῶν ἀμείνους καὶ ἐξ ὠφελίμων ὠφελιμωτέρους ἀεὶ τοὺς ἐκγόνους γίγνεσθαι, ἀλλ' ὑπὸ b σκότου μετὰ δεινῆς ἀκρατείας γεγονώς.

Ὀρθῶς, ἔφη.

Ὁ αὐτὸς δέ γ', εἶπον, νόμος, ἐάν τις τῶν ἔτι γεννώντων μὴ συνέρξαντος ἄρχοντος ἅπτηται τῶν ἐν ἡλικίᾳ γυναικῶν· 5 νόθον γὰρ καὶ ἀνέγγυον καὶ ἀνίερον φήσομεν αὐτὸν παῖδα τῇ πόλει καθιστάναι.

Ὀρθότατα, ἔφη.

Ὅταν δὲ δὴ οἶμαι αἵ τε γυναῖκες καὶ οἱ ἄνδρες τοῦ γεννᾶν ἐκβῶσι τὴν ἡλικίαν, ἀφήσομέν που ἐλευθέρους αὐτοὺς συγ- 10 γίγνεσθαι ᾧ ἂν ἐθέλωσι, πλὴν θυγατρὶ καὶ μητρὶ καὶ ταῖς c τῶν θυγατέρων παισὶ καὶ ταῖς ἄνω μητρός, καὶ γυναῖκας αὖ πλὴν ὑεῖ καὶ πατρὶ καὶ τοῖς τούτων εἰς τὸ κάτω καὶ ἐπὶ τὸ ἄνω, καὶ ταῦτά γ' ἤδη πάντα διακελευσάμενοι προθυμεῖσθαι μάλιστα μὲν μηδ' εἰς φῶς ἐκφέρειν κύημα μηδέ γ' ἕν, ἐὰν 5 γένηται, ἐὰν δέ τι βιάσηται, οὕτω τιθέναι, ὡς οὐκ οὔσης τροφῆς τῷ τοιούτῳ.

Καὶ ταῦτα μέν γ', ἔφη, μετρίως λέγεται· πατέρας δὲ καὶ θυγατέρας καὶ ἃ νυνδὴ ἔλεγες πῶς διαγνώσονται ἀλλήλων; d

Οὐδαμῶς, ἦν δ' ἐγώ· ἀλλ' ἀφ' ἧς ἂν ἡμέρας τις αὐτῶν νυμφίος γένηται, μετ' ἐκείνην δεκάτῳ μηνὶ καὶ ἑβδόμῳ δὴ ἃ ἂν γένηται ἔκγονα, ταῦτα πάντα προσερεῖ τὰ μὲν ἄρρενα

a 6 φὺς ἃς scr. recc.: φύσας ἃς A: φύσας F D: θύσας ἃς M a 7 ἐφ' F D et γρ. ἐφ' ἑ in marg. A: om. A M b 6 φήσομεν A M: θήσομεν F D m b 10 ἀφήσομεν Eusebius Theodoretus: φήσομεν A F D M c 2 γυναῖκας A D M: τὰς γυναῖκας F αὖ A D M: om. F c 3 τούτων A F M: τῶν τοιούτων D c 5 μηδ' εἰς A D M: μηδεὶς F: μὴ εἰς Eusebius Theodoretus μηδέ γ' ἓν A (sed έ γ punctis notata) M: μηδὲν F D Eusebius Theodoretus: μηδὲ ἓν ci. Cobet c 6 τιθέναι] ἐκτιθέναι Eusebius

5 ὑεῖς, τὰ δὲ θήλεα θυγατέρας, καὶ ἐκεῖνα ἐκεῖνον πατέρα, καὶ οὕτω δὴ τὰ τούτων ἔκγονα παίδων παῖδας, καὶ ἐκεῖν' αὖ ἐκείνους πάππους τε καὶ τηθάς, τὰ δ' ἐν ἐκείνῳ τῷ χρόνῳ γεγονότα, ἐν ᾧ αἱ μητέρες καὶ οἱ πατέρες αὐτῶν ἐγέννων,
e ἀδελφάς τε καὶ ἀδελφούς, ὥστε, ὃ νυνδὴ ἐλέγομεν, ἀλλήλων μὴ ἅπτεσθαι. ἀδελφοὺς δὲ καὶ ἀδελφὰς δώσει ὁ νόμος συνοικεῖν, ἐὰν ὁ κλῆρος ταύτῃ συμπίπτῃ καὶ ἡ Πυθία προσαναιρῇ.

Ὀρθότατα, ἦ δ' ὅς.

5 Ἡ μὲν δὴ κοινωνία, ὦ Γλαύκων, αὕτη τε καὶ τοιαύτη γυναικῶν τε καὶ παίδων τοῖς φύλαξί σοι τῆς πόλεως· ὡς δὲ ἑπομένη τε τῇ ἄλλῃ πολιτείᾳ καὶ μακρῷ βελτίστη, δεῖ δὴ τὸ μετὰ τοῦτο βεβαιώσασθαι παρὰ τοῦ λόγου. ἢ πῶς ποιῶμεν;

462a Οὕτω νὴ Δία, ἦ δ' ὅς.

Ἆρ' οὖν οὐχ ἥδε ἀρχὴ τῆς ὁμολογίας, ἐρέσθαι ἡμᾶς αὐτοὺς τί ποτε τὸ μέγιστον ἀγαθὸν ἔχομεν εἰπεῖν εἰς πόλεως κατασκευήν, οὗ δεῖ στοχαζόμενον τὸν νομοθέτην τιθέναι τοὺς
5 νόμους, καὶ τί μέγιστον κακόν, εἶτα ἐπισκέψασθαι ἆρα ἃ νυνδὴ διήλθομεν εἰς μὲν τὸ τοῦ ἀγαθοῦ ἴχνος ἡμῖν ἁρμόττει, τῷ δὲ τοῦ κακοῦ ἀναρμοστεῖ;

Πάντων μάλιστα, ἔφη.

Ἔχομεν οὖν τι μεῖζον κακὸν πόλει ἢ ἐκεῖνο ὃ ἂν αὐτὴν
b διασπᾷ καὶ ποιῇ πολλὰς ἀντὶ μιᾶς; ἢ μεῖζον ἀγαθὸν τοῦ ὃ ἂν συνδῇ τε καὶ ποιῇ μίαν;

Οὐκ ἔχομεν.

Οὐκοῦν ἡ μὲν ἡδονῆς τε καὶ λύπης κοινωνία συνδεῖ, ὅταν
5 ὅτι μάλιστα πάντες οἱ πολῖται τῶν αὐτῶν γιγνομένων τε καὶ ἀπολλυμένων παραπλησίως χαίρωσι καὶ λυπῶνται;

Παντάπασι μὲν οὖν, ἔφη.

d 6 δὴ A D M : om. F ἐκεῖνα αὖ scr. recc. : ἐκείνου αὖ A F D M e 6 ὡς δὲ M et ex ὧδε fecit A : ὧδε F D Stobaeus e 7 ἑπομένη] ἑπομένῃ A βελτίστη] βελτίστῃ A e 9 ποιῶμεν A D M : ποιοῦμεν F b 1 ποιῇ A M : ποιεῖ F D ὃ ἂν ξυνδῇ M : ὁ ἂν ξυδῇ F : ὃ ἂν ξυνδεῖ A D : ὃ δὴ ξυνδεῖ Stobaeus b 2 ποιῇ A M : ποιεῖ F D Stobaeus

Ἡ δέ γε τῶν τοιούτων ἰδίωσις διαλύει, ὅταν οἱ μὲν περιαλγεῖς, οἱ δὲ περιχαρεῖς γίγνωνται ἐπὶ τοῖς αὐτοῖς παθήμασι τῆς πόλεώς τε καὶ τῶν ἐν τῇ πόλει; c

Τί δ' οὔ;

Ἆρ' οὖν ἐκ τοῦδε τὸ τοιόνδε γίγνεται, ὅταν μὴ ἅμα φθέγγωνται ἐν τῇ πόλει τὰ τοιάδε ῥήματα, τό τε ἐμὸν καὶ τὸ οὐκ ἐμόν; καὶ περὶ τοῦ ἀλλοτρίου κατὰ ταὐτά; 5

Κομιδῇ μὲν οὖν.

Ἐν ᾗτινι δὴ πόλει πλεῖστοι ἐπὶ τὸ αὐτὸ κατὰ ταὐτὰ τοῦτο λέγουσι τὸ ἐμὸν καὶ τὸ οὐκ ἐμόν, αὕτη ἄριστα διοικεῖται;

Πολύ γε.

Καὶ ἥτις δὴ ἐγγύτατα ἑνὸς ἀνθρώπου ἔχει; οἷον ὅταν που 10 ἡμῶν δάκτυλός του πληγῇ, πᾶσα ἡ κοινωνία ἡ κατὰ τὸ σῶμα πρὸς τὴν ψυχὴν τεταμένη εἰς μίαν σύνταξιν τὴν τοῦ ἄρχοντος ἐν αὐτῇ ᾔσθετό τε καὶ πᾶσα ἅμα συνήλγησεν μέρους d πονήσαντος ὅλη, καὶ οὕτω δὴ λέγομεν ὅτι ὁ ἄνθρωπος τὸν δάκτυλον ἀλγεῖ· καὶ περὶ ἄλλου ὁτουοῦν τῶν τοῦ ἀνθρώπου ὁ αὐτὸς λόγος, περί τε λύπης πονοῦντος μέρους καὶ περὶ ἡδονῆς ῥαΐζοντος; 5

Ὁ αὐτὸς γάρ, ἔφη· καὶ τοῦτο ὃ ἐρωτᾷς, τοῦ τοιούτου ἐγγύτατα ἡ ἄριστα πολιτευομένη πόλις οἰκεῖ.

Ἑνὸς δὴ οἶμαι πάσχοντος τῶν πολιτῶν ὁτιοῦν ἢ ἀγαθὸν ἢ κακὸν ἡ τοιαύτη πόλις μάλιστά τε φήσει ἑαυτῆς εἶναι τὸ e πάσχον, καὶ ἢ συνησθήσεται ἅπασα ἢ συλλυπήσεται.

Ἀνάγκη, ἔφη, τήν γε εὔνομον.

Ὥρα ἂν εἴη, ἦν δ' ἐγώ, ἐπανιέναι ἡμῖν ἐπὶ τὴν ἡμετέραν πόλιν, καὶ τὰ τοῦ λόγου ὁμολογήματα σκοπεῖν ἐν αὐτῇ, εἰ 5 αὐτὴ μάλιστ' ἔχει εἴτε καὶ ἄλλη τις μᾶλλον.

Οὐκοῦν χρή, ἔφη.

c 1 τῇ A F D Stobaeus: om. M c 6 κομιδῇ . . . c 7 ταὐτὰ A F M Stobaeus: om. D c 7 πόλει A F: om. pr. M ἐπὶ] σοι Stobaeus τὸ αὐτὸ] τῷ αὐτῷ ci. H. Richards: τοῦ αὐτοῦ Adam c 8 οὐκ A F M Stobaeus: om. D c 10 ἐγγύτατα] ἐγγυτάτω Iamblichus d 1 ἅμα A F M: ἅμα καὶ D

463 Τί οὖν; ἔστι μέν που καὶ ἐν ταῖς ἄλλαις πόλεσιν ἄρχοντές τε καὶ δῆμος, ἔστι δὲ καὶ ἐν ταύτῃ;

Ἔστι.

Πολίτας μὲν δὴ πάντες οὗτοι ἀλλήλους προσεροῦσι;

5 Πῶς δ' οὔ;

Ἀλλὰ πρὸς τῷ πολίτας τί ὁ ἐν ταῖς ἄλλαις δῆμος τοὺς ἄρχοντας προσαγορεύει;

Ἐν μὲν ταῖς πολλαῖς δεσπότας, ἐν δὲ ταῖς δημοκρατουμέναις αὐτὸ τοὔνομα τοῦτο, ἄρχοντας.

10 Τί δ' ὁ ἐν τῇ ἡμετέρᾳ δῆμος; πρὸς τῷ πολίτας τί τοὺς ἄρχοντάς φησιν εἶναι;

b Σωτῆράς τε καὶ ἐπικούρους, ἔφη.

Τί δ' οὗτοι τὸν δῆμον;

Μισθοδότας τε καὶ τροφέας.

Οἱ δ' ἐν ταῖς ἄλλαις ἄρχοντες τοὺς δήμους;

5 Δούλους, ἔφη.

Τί δ' οἱ ἄρχοντες ἀλλήλους;

Συνάρχοντας, ἔφη.

Τί δ' οἱ ἡμέτεροι;

Συμφύλακας.

10 Ἔχεις οὖν εἰπεῖν τῶν ἀρχόντων τῶν ἐν ταῖς ἄλλαις πόλεσιν, εἴ τίς τινα ἔχει προσειπεῖν τῶν συναρχόντων τὸν μὲν ὡς οἰκεῖον, τὸν δ' ὡς ἀλλότριον;

Καὶ πολλούς γε.

Οὐκοῦν τὸν μὲν οἰκεῖον ὡς ἑαυτοῦ νομίζει τε καὶ λέγει, c τὸν δ' ἀλλότριον ὡς οὐχ ἑαυτοῦ;

Οὕτω.

Τί δὲ οἱ παρὰ σοὶ φύλακες; ἔσθ' ὅστις αὐτῶν ἔχοι ἂν τῶν συμφυλάκων νομίσαι τινὰ ἢ προσειπεῖν ὡς ἀλλότριον;

a 1 πόλεσιν A F M : πόλεσί τε D a 2 ταύτῃ F Stobaeus : αὐτῇ A D M a 6 τί] τί καὶ Stobaeus a 9 αὐτὸ τοῦτο τοὔνομα Stobaeus τοὔνομα fort. secludendum b 4 οἱ δ' A M : οἱ δὲ F Stobaeus : om. D b 10 τῶν ἐν F M : ***** ἐν A : ἐν D Stobaeus

Οὐδαμῶς, ἔφη· παντὶ γὰρ ᾧ ἂν ἐντυγχάνῃ, ἢ ὡς ἀδελφῷ 5
ἢ ὡς ἀδελφῇ ἢ ὡς πατρὶ ἢ ὡς μητρὶ ἢ ὑεῖ ἢ θυγατρὶ ἢ
τούτων ἐκγόνοις ἢ προγόνοις νομιεῖ ἐντυγχάνειν.

Κάλλιστα, ἦν δ' ἐγώ, λέγεις, ἀλλ' ἔτι καὶ τόδε εἰπέ·
πότερον αὐτοῖς τὰ ὀνόματα μόνον οἰκεῖα νομοθετήσεις, ἢ
καὶ τὰς πράξεις πάσας κατὰ τὰ ὀνόματα πράττειν, περί τε d
τοὺς πατέρας, ὅσα νόμος περὶ πατέρας αἰδοῦς τε πέρι καὶ
κηδεμονίας καὶ τοῦ ὑπήκοον δεῖν εἶναι τῶν γονέων, ἢ μήτε
πρὸς θεῶν μήτε πρὸς ἀνθρώπων αὐτῷ ἄμεινον ἔσεσθαι, ὡς
οὔτε ὅσια οὔτε δίκαια πράττοντος ἄν, εἰ ἄλλα πράττοι ἢ 5
ταῦτα; αὗταί σοι ἢ ἄλλαι φῆμαι ἐξ ἁπάντων τῶν πολιτῶν
ὑμνήσουσιν εὐθὺς περὶ τὰ τῶν παίδων ὦτα καὶ περὶ πατέρων,
οὓς ἂν αὐτοῖς τις ἀποφήνῃ, καὶ περὶ τῶν ἄλλων συγγενῶν;

Αὗται, ἔφη· γελοῖον γὰρ ἂν εἴη εἰ ἄνευ ἔργων οἰκεῖα e
ὀνόματα διὰ τῶν στομάτων μόνον φθέγγοιντο.

Πασῶν ἄρα πόλεων μάλιστα ἐν αὐτῇ συμφωνήσουσιν
ἑνός τινος ἢ εὖ ἢ κακῶς πράττοντος ὃ νυνδὴ ἐλέγομεν τὸ
ῥῆμα, τὸ ὅτι τὸ ἐμὸν εὖ πράττει ἢ ὅτι τὸ ἐμὸν κακῶς. 5

Ἀληθέστατα αὖ, ἦ δ' ὅς.

Οὐκοῦν μετὰ τούτου τοῦ δόγματός τε καὶ ῥήματος ἔφαμεν 464
συνακολουθεῖν τάς τε ἡδονὰς καὶ τὰς λύπας κοινῇ;

Καὶ ὀρθῶς γε ἔφαμεν.

Οὐκοῦν μάλιστα τοῦ αὐτοῦ κοινωνήσουσιν ἡμῖν οἱ πολῖται,
ὃ δὴ ἐμὸν ὀνομάσουσιν; τούτου δὲ κοινωνοῦντες οὕτω δὴ 5
λύπης τε καὶ ἡδονῆς μάλιστα κοινωνίαν ἕξουσιν;

Πολύ γε.

Ἆρ' οὖν τούτων αἰτία πρὸς τῇ ἄλλῃ καταστάσει ἡ τῶν
γυναικῶν τε καὶ παίδων κοινωνία τοῖς φύλαξιν;

c 5 ἐντυγχάνῃ F Stobaeus: ἐντυγχάνῃ τις A D M c 6 ὡς μητρὶ A M: μητρὶ F D c 8 κάλλιστα A F M: μάλιστα D d 2 νόμος A D M: ὁ νόμος F d 8 αὐτοῖς τις] αὐτοῖς Stobaeus e 1 οἰκεῖα ὀνόματα A D M: ὀνόματα οἰκεῖα Stobaeus: ὀνόματα οἰκεῖν F e 6 αὖ Stobaeus: ἂν F: om. A D M a 4 ἡμῖν οἱ πολῖται A D M: οἱ πολῖται ἡμῖν F Stobaeus a 5 ὀνομάσουσιν] ὀνομάζουσι Stobaeus

10 Πολὺ μὲν οὖν μάλιστα, ἔφη.

b Ἀλλὰ μὴν μέγιστόν γε πόλει αὐτὸ ὡμολογήσαμεν ἀγαθόν, ἀπεικάζοντες εὖ οἰκουμένην πόλιν σώματι πρὸς μέρος αὐτοῦ λύπης τε πέρι καὶ ἡδονῆς ὡς ἔχει.

Καὶ ὀρθῶς γ', ἔφη, ὡμολογήσαμεν.

5 Τοῦ μεγίστου ἄρα ἀγαθοῦ τῇ πόλει αἰτία ἡμῖν πέφανται ἡ κοινωνία τοῖς ἐπικούροις τῶν τε παίδων καὶ τῶν γυναικῶν.

Καὶ μάλ', ἔφη.

Καὶ μὲν δὴ καὶ τοῖς πρόσθεν γε ὁμολογοῦμεν· ἔφαμεν γάρ που οὔτε οἰκίας τούτοις ἰδίας δεῖν εἶναι οὔτε γῆν οὔτε

c τι κτῆμα, ἀλλὰ παρὰ τῶν ἄλλων τροφὴν λαμβάνοντας, μισθὸν τῆς φυλακῆς, κοινῇ πάντας ἀναλίσκειν, εἰ μέλλοιεν ὄντως φύλακες εἶναι.

Ὀρθῶς, ἔφη.

5 Ἆρ' οὖν οὐχ, ὅπερ λέγω, τά τε πρόσθεν εἰρημένα καὶ τὰ νῦν λεγόμενα ἔτι μᾶλλον ἀπεργάζεται αὐτοὺς ἀληθινοὺς φύλακας, καὶ ποιεῖ μὴ διασπᾶν τὴν πόλιν τὸ ἐμὸν ὀνομάζοντας μὴ τὸ αὐτὸ ἀλλ' ἄλλον ἄλλο, τὸν μὲν εἰς τὴν ἑαυτοῦ οἰκίαν ἕλκοντα ὅτι ἂν δύνηται χωρὶς τῶν ἄλλων κτήσασθαι,

d τὸν δὲ εἰς τὴν ἑαυτοῦ ἑτέραν οὖσαν, καὶ γυναῖκά τε καὶ παῖδας ἑτέρους, ἡδονάς τε καὶ ἀλγηδόνας ἐμποιοῦντας ἰδίων ὄντων ἰδίας, ἀλλ' ἑνὶ δόγματι τοῦ οἰκείου πέρι ἐπὶ τὸ αὐτὸ τείνοντας πάντας εἰς τὸ δυνατὸν ὁμοπαθεῖς λύπης τε καὶ

5 ἡδονῆς εἶναι;

Κομιδῇ μὲν οὖν, ἔφη.

Τί δέ; δίκαι τε καὶ ἐγκλήματα πρὸς ἀλλήλους οὐκ οἰχήσεται ἐξ αὐτῶν ὡς ἔπος εἰπεῖν διὰ τὸ μηδὲν ἴδιον ἐκτῆσθαι πλὴν τὸ σῶμα, τὰ δ' ἄλλα κοινά; ὅθεν δὴ ὑπάρχει

e τούτοις ἀστασιάστοις εἶναι, ὅσα γε διὰ χρημάτων ἢ παίδων καὶ συγγενῶν κτῆσιν ἄνθρωποι στασιάζουσιν;

a 10 πολὺ] πάνυ Stobaeus b 1 γε A F M Stobaeus: τε D b 8 μὲν] μὴν Stobaeus ὁμολογοῦμεν F Stobaeus: ὡμολογοῦμεν A D M b 9 οὔτε τι A D M: οὔτε F Stobaeus c 8 τὸν μὲν A F M: τὸ μὲν D e 1 ὅσα γε A D M: ὅσα γε δὴ F e 2 καὶ A F M: ἢ D Stobaeus

Πολλὴ ἀνάγκη, ἔφη, ἀπηλλάχθαι.

Καὶ μὴν οὐδὲ βιαίων γε οὐδ' αἰκίας δίκαι δικαίως ἂν εἶεν ἐν αὐτοῖς· ἥλιξι μὲν γὰρ ἥλικας ἀμύνεσθαι καλὸν καὶ 5 δίκαιόν που φήσομεν, ἀνάγκην σωμάτων ἐπιμελείᾳ τιθέντες.

Ὀρθῶς, ἔφη.

Καὶ γὰρ τόδε ὀρθὸν ἔχει, ἦν δ' ἐγώ, οὗτος ὁ νόμος· εἴ 465 πού τίς τῳ θυμοῖτο, ἐν τῷ τοιούτῳ πληρῶν τὸν θυμὸν ἧττον ἐπὶ μείζους ἂν ἴοι στάσεις.

Πάνυ μὲν οὖν.

Πρεσβυτέρῳ μὴν νεωτέρων πάντων ἄρχειν τε καὶ κολάζειν 5 προστετάξεται.

Δῆλον.

Καὶ μὴν ὅτι γε νεώτερος πρεσβύτερον, ἂν μὴ ἄρχοντες προστάττωσιν, οὔτε ἄλλο βιάζεσθαι ἐπιχειρήσει ποτὲ οὔτε τύπτειν, ὡς τὸ εἰκός. οἶμαι δ' οὐδὲ ἄλλως ἀτιμάσει· ἱκανὼ 10 γὰρ τὼ φύλακε κωλύοντε, δέος τε καὶ αἰδώς, αἰδὼς μὲν ὡς γονέων μὴ ἅπτεσθαι εἴργουσα, δέος δὲ τὸ τῷ πάσχοντι τοὺς b ἄλλους βοηθεῖν, τοὺς μὲν ὡς ὑεῖς, τοὺς δὲ ὡς ἀδελφούς, τοὺς δὲ ὡς πατέρας.

Συμβαίνει γὰρ οὕτως, ἔφη.

Πανταχῇ δὴ ἐκ τῶν νόμων εἰρήνην πρὸς ἀλλήλους οἱ 5 ἄνδρες ἄξουσι;

Πολλήν γε.

Τούτων μὴν ἐν ἑαυτοῖς μὴ στασιαζόντων οὐδὲν δεινὸν μή ποτε ἡ ἄλλη πόλις πρὸς τούτους ἢ πρὸς ἀλλήλους διχοστατήσῃ. 10

Οὐ γὰρ οὖν.

Τά γε μὴν σμικρότατα τῶν κακῶν δι' ἀπρέπειαν ὀκνῶ

e 3 ἀνάγκη ἔφη A D M : ἔφη ἀνάγκη F Stobaeus e 6 φήσομεν] θήσομεν Stobaeus ἀνάγκην A F M Stobaeus : ἀνάγκη D : ἐν ἀνάγκῃ Adam ἐπιμελείᾳ A F D M : ἐπιμελείας Stobaeus recc. a 1 γὰρ] γὰρ καὶ Stobaeus a 5 πάντων A F D M : πάντη A² Stobaeus a 9 ἄλλο] ἄλλως Stobaeus recc. a 10 ἄλλως F Stobaeus : ἄλλος A D M b 1 τὸ A F D M Stobaeus : τοῦ ci. Madvig b 6 ἄξουσι A D M : ἕξουσι F : αὔξουσι vel ἄρξουσι Stobaeus c καὶ λέγειν, ὧν ἀπηλλαγμένοι ἂν εἶεν, κολακείας τε πλουσίων πένητες ἀπορίας τε καὶ ἀλγηδόνας ὅσας ἐν παιδοτροφίᾳ καὶ χρηματισμοῖς διὰ τροφὴν οἰκετῶν ἀναγκαίαν ἴσχουσι, τὰ μὲν δανειζόμενοι, τὰ δ' ἐξαρνούμενοι, τὰ δὲ πάντως 5 πορισάμενοι θέμενοι παρὰ γυναῖκάς τε καὶ οἰκέτας, ταμιεύειν παραδόντες, ὅσα τε, ὦ φίλε, περὶ αὐτὰ καὶ οἷα πάσχουσι, δῆλά τε δὴ καὶ ἀγεννῆ καὶ οὐκ ἄξια λέγειν.

d Δῆλα γάρ, ἔφη, καὶ τυφλῷ.

Πάντων τε δὴ τούτων ἀπαλλάξονται, ζήσουσί τε τοῦ μακαριστοῦ βίου ὃν οἱ ὀλυμπιονῖκαι ζῶσι μακαριώτερον.

Πῇ;

5 Διὰ σμικρόν που μέρος εὐδαιμονίζονται ἐκεῖνοι ὧν τούτοις ὑπάρχει. ἥ τε γὰρ τῶνδε νίκη καλλίων, ἥ τ' ἐκ τοῦ δημοσίου τροφὴ τελεωτέρα. νίκην τε γὰρ νικῶσι συμπάσης τῆς πόλεως σωτηρίαν, τροφῇ τε καὶ τοῖς ἄλλοις πᾶσιν ὅσων βίος δεῖται αὐτοί τε καὶ παῖδες ἀναδοῦνται, καὶ γέρα δέχονται e παρὰ τῆς αὑτῶν πόλεως ζῶντές τε καὶ τελευτήσαντες ταφῆς ἀξίας μετέχουσιν.

Καὶ μάλα, ἔφη, καλά.

Μέμνησαι οὖν, ἦν δ' ἐγώ, ὅτι ἐν τοῖς πρόσθεν οὐκ οἶδα 5 ὅτου λόγος ἡμῖν ἐπέπληξεν ὅτι τοὺς φύλακας οὐκ εὐδαί- 466 μονας ποιοῖμεν, οἷς ἐξὸν πάντα ἔχειν τὰ τῶν πολιτῶν οὐδὲν ἔχοιεν; ἡμεῖς δέ που εἴπομεν ὅτι τοῦτο μέν, εἴ που παραπίπτοι, εἰς αὖθις σκεψοίμεθα, νῦν δὲ τοὺς μὲν φύλακας φύλακας ποιοῖμεν, τὴν δὲ πόλιν ὡς οἷοί τ' εἶμεν εὐδαι- 5 μονεστάτην, ἀλλ' οὐκ εἰς ἓν ἔθνος ἀποβλέποντες ἐν αὐτῇ τοῦτο εὔδαιμον πλάττοιμεν;

c 2 πένητες secl. ci. Ast παιδοτροφίᾳ A F M : παιδοτρόφω D c 7 δὴ A M : om. F D Stobaeus d 1 ἔφη A D M : δὴ F d 2 ἀπαλλάξονται] ἀπηλλάξονται ci. Cobet d 5 διὰ σμικρόν A D M : δι' ἃς μικρότερον F e 1 τε om. Θ Stobaeus e 2 ἀξίας A M : ἀξία* F : ἀξία D a 1 ποιοῖμεν F D : ποιοῦμεν A : ποιοῦ(οῖ suprascr.)μεν M a 3 σκεψοίμεθα F : σκεψόμεθα A D a 4 ποιοῖμεν F D M : ποιοῦμεν A εἶμεν A D M : εἰ μὲν A² F : ἐσμὲν Θ a 6 εὔδαιμον A F D : om. M

Μέμνημαι, ἔφη.

Τί οὖν; νῦν ἡμῖν ὁ τῶν ἐπικούρων βίος, εἴπερ τοῦ γε τῶν ὀλυμπιονικῶν πολύ τε καλλίων καὶ ἀμείνων φαίνεται, μή πῃ κατὰ τὸν τῶν σκυτοτόμων φαίνεται βίον ἤ τινων **b** ἄλλων δημιουργῶν ἢ τὸν τῶν γεωργῶν;

Οὔ μοι δοκεῖ, ἔφη.

Ἀλλὰ μέντοι, ὅ γε καὶ ἐκεῖ ἔλεγον, δίκαιον καὶ ἐνταῦθα εἰπεῖν, ὅτι εἰ οὕτως ὁ φύλαξ ἐπιχειρήσει εὐδαίμων γίγνεσθαι, 5 ὥστε μηδὲ φύλαξ εἶναι, μηδ' ἀρκέσει αὐτῷ βίος οὕτω μέτριος καὶ βέβαιος καὶ ὡς ἡμεῖς φαμεν ἄριστος, ἀλλ' ἀνόητός τε καὶ μειρακιώδης δόξα ἐμπεσοῦσα εὐδαιμονίας πέρι ὁρμήσει αὐτὸν διὰ δύναμιν ἐπὶ τὸ ἅπαντα τὰ ἐν τῇ πόλει οἰκειοῦσθαι, **c** γνώσεται τὸν Ἡσίοδον ὅτι τῷ ὄντι ἦν σοφὸς λέγων πλέον εἶναί πως ἥμισυ παντός.

Ἐμοὶ μέν, ἔφη, συμβούλῳ χρώμενος μενεῖ ἐπὶ τούτῳ τῷ βίῳ. 5

Συγχωρεῖς ἄρα, ἦν δ' ἐγώ, τὴν τῶν γυναικῶν κοινωνίαν τοῖς ἀνδράσιν, ἣν διεληλύθαμεν, παιδείας τε πέρι καὶ παίδων καὶ φυλακῆς τῶν ἄλλων πολιτῶν, κατά τε πόλιν μενούσας εἰς πόλεμόν τε ἰούσας καὶ συμφυλάττειν δεῖν καὶ συνθηρεύειν ὥσπερ κύνας, καὶ πάντα πάντῃ κατὰ τὸ δυνατὸν **d** κοινωνεῖν, καὶ ταῦτα πραττούσας τά τε βέλτιστα πράξειν καὶ οὐ παρὰ φύσιν τὴν τοῦ θήλεος πρὸς τὸ ἄρρεν, ᾗ πεφύκατον πρὸς ἀλλήλω κοινωνεῖν;

Συγχωρῶ, ἔφη. 5

Οὐκοῦν, ἦν δ' ἐγώ, ἐκεῖνο λοιπὸν διελέσθαι, εἰ ἄρα καὶ ἐν ἀνθρώποις δυνατόν, ὥσπερ ἐν ἄλλοις ζῴοις, ταύτην τὴν κοινωνίαν ἐγγενέσθαι, καὶ ὅπῃ δυνατόν;

Ἔφθης, ἔφη, εἰπὼν ᾗ ἔμελλον ὑπολήψεσθαι.

Περὶ μὲν γὰρ τῶν ἐν τῷ πολέμῳ οἶμαι, ἔφην, δῆλον ὃν **e** τρόπον πολεμήσουσιν.

a 8 εἴπερ A F M : ὅπερ D a 9 τε A D M : γε F καὶ ἀμείνων A F D : om. M b 4 ἔλεγον A D M : ἐλέγομεν F b 7 φαμὲν A F M : ἔφαμεν D d 7 ὥσπερ A F D M : ὥσπερ καὶ Θ m

Πῶς; ἦ δ' ὅς.

Ὅτι κοινῇ στρατεύσονται, καὶ πρός γε ἄξουσι τῶν
5 παίδων εἰς τὸν πόλεμον ὅσοι ἁδροί, ἵν' ὥσπερ οἱ τῶν ἄλλων
δημιουργῶν θεῶνται ταῦτα ἃ τελεωθέντας δεήσει δημιουργεῖν·
467 πρὸς δὲ τῇ θέᾳ διακονεῖν καὶ ὑπηρετεῖν πάντα τὰ περὶ τὸν
πόλεμον, καὶ θεραπεύειν πατέρας τε καὶ μητέρας. ἢ οὐκ
ᾔσθησαι τὰ περὶ τὰς τέχνας, οἷον τοὺς τῶν κεραμέων παῖδας,
ὡς πολὺν χρόνον διακονοῦντες θεωροῦσι πρὶν ἅπτεσθαι τοῦ
5 κεραμεύειν;

Καὶ μάλα.

Ἦ οὖν ἐκείνοις ἐπιμελέστερον παιδευτέον ἢ τοῖς φύλαξι
τοὺς αὑτῶν ἐμπειρίᾳ τε καὶ θέᾳ τῶν προσηκόντων;

Καταγέλαστον μεντἄν, ἔφη, εἴη.

10 Ἀλλὰ μὴν καὶ μαχεῖταί γε πᾶν ζῷον διαφερόντως
b παρόντων ὧν ἂν τέκῃ.

Ἔστιν οὕτω. κίνδυνος δέ, ὦ Σώκρατες, οὐ σμικρὸς
σφαλεῖσιν, οἷα δὴ ἐν πολέμῳ φιλεῖ, πρὸς ἑαυτοῖς παῖδας ἀπο-
λέσαντας ποιῆσαι καὶ τὴν ἄλλην πόλιν ἀδύνατον ἀναλαβεῖν.

5 Ἀληθῆ, ἦν δ' ἐγώ, λέγεις. ἀλλὰ σὺ πρῶτον μὲν ἡγῇ
παρασκευαστέον τὸ μή ποτε κινδυνεῦσαι;

Οὐδαμῶς.

Τί δ'; εἴ που κινδυνευτέον, οὐκ ἐν ᾧ βελτίους ἔσονται
κατορθοῦντες;

10 Δῆλον δή.

c Ἀλλὰ σμικρὸν οἴει διαφέρειν καὶ οὐκ ἄξιον κινδύνου
θεωρεῖν ἢ μὴ τὰ περὶ τὸν πόλεμον παῖδας τοὺς ἄνδρας
πολεμικοὺς ἐσομένους;

Οὔκ, ἀλλὰ διαφέρει πρὸς ὃ λέγεις.

5 Τοῦτο μὲν ἄρα ὑπαρκτέον, θεωροὺς πολέμου τοὺς παῖδας
ποιεῖν, προσμηχανᾶσθαι δ' αὐτοῖς ἀσφάλειαν, καὶ καλῶς
ἕξει· ἦ γάρ;

e 5 οἱ ADM : om. F   a 9 καταγέλαστον AFM : κατα-
γέλαστος D   a 10 μαχεῖται ADM : μάχεται F   c 1 καὶ
AFM : om. D

Ναί.

Οὐκοῦν, ἦν δ' ἐγώ, πρῶτον μὲν αὐτῶν οἱ πατέρες, ὅσα ἄνθρωποι, οὐκ ἀμαθεῖς ἔσονται ἀλλὰ γνωμονικοὶ τῶν 10 στρατειῶν ὅσαι τε καὶ μὴ ἐπικίνδυνοι; d

Εἰκός, ἔφη.

Εἰς μὲν ἄρα τὰς ἄξουσιν, εἰς δὲ τὰς εὐλαβήσονται.

Ὀρθῶς.

Καὶ ἄρχοντάς γέ που, ἦν δ' ἐγώ, οὐ τοὺς φαυλοτάτους 5 αὐτοῖς ἐπιστήσουσιν ἀλλὰ τοὺς ἐμπειρίᾳ τε καὶ ἡλικίᾳ ἱκανοὺς ἡγεμόνας τε καὶ παιδαγωγοὺς εἶναι.

Πρέπει γάρ.

Ἀλλὰ γάρ, φήσομεν, καὶ παρὰ δόξαν πολλὰ πολλοῖς δὴ ἐγένετο. 10

Καὶ μάλα.

Πρὸς τοίνυν τὰ τοιαῦτα, ὦ φίλε, πτεροῦν χρὴ παιδία ὄντα εὐθύς, ἵν', ἄν τι δέῃ, πετόμενοι ἀποφεύγωσιν.

Πῶς λέγεις; ἔφη. e

Ἐπὶ τοὺς ἵππους, ἦν δ' ἐγώ, ἀναβιβαστέον ὡς νεωτάτους, καὶ διδαξαμένους ἱππεύειν ἐφ' ἵππων ἀκτέον ἐπὶ τὴν θέαν, μὴ θυμοειδῶν μηδὲ μαχητικῶν, ἀλλ' ὅτι ποδωκεστάτων καὶ εὐηνιωτάτων. οὕτω γὰρ κάλλιστά τε θεάσονται τὸ αὑτῶν 5 ἔργον, καὶ ἀσφαλέστατα, ἄν τι δέῃ, σωθήσονται μετὰ πρεσβυτέρων ἡγεμόνων ἑπόμενοι.

Ὀρθῶς, ἔφη, μοι δοκεῖς λέγειν.

Τί δὲ δή, εἶπον, τὰ περὶ τὸν πόλεμον; πῶς ἑκτέον σοι 468 τοὺς στρατιώτας πρὸς αὑτούς τε καὶ τοὺς πολεμίους; ἆρ' ὀρθῶς μοι καταφαίνεται ἢ οὔ;

Λέγ', ἔφη, ποῖ' αὖ.

Αὐτῶν μέν, εἶπον, τὸν λιπόντα τάξιν ἢ ὅπλα ἀποβαλόντα 5

d 9 παρὰ δόξαν A F M : παραδόξων D e 3 διδαξαμένους corr. Mon. : διδαξομένους A F D M : διδαχθέντας d et in marg. M : δεδιδαξομένους ci. Schneider a 4 ποῖ' αὖ scripsi : ποῖ ἂν A M : ποῖαν F : ποίαν D : ποῖα δὴ ci. H. Richards a 5 αὐτῶν A D M : αὐτὸν F ἤ τι τῶν τοιούτων ποιήσαντα διὰ κάκην ἆρα οὐ δημιουργόν τινα δεῖ καθιστάναι ἢ γεωργόν;

Πάνυ μὲν οὖν.

Τὸν δὲ ζῶντα εἰς τοὺς πολεμίους ἁλόντα ἆρ' οὐ δωρεὰν
10 διδόναι τοῖς ἑλοῦσι χρῆσθαι τῇ ἄγρᾳ ὅτι ἂν βούλωνται;

b Κομιδῇ γε.

Τὸν δὲ ἀριστεύσαντά τε καὶ εὐδοκιμήσαντα οὐ πρῶτον μὲν ἐπὶ στρατιᾶς ὑπὸ τῶν συστρατευομένων μειρακίων τε καὶ παίδων ἐν μέρει ὑπὸ ἑκάστου δοκεῖ σοι χρῆναι στεφα-
5 νωθῆναι; ἢ οὔ;

Ἔμοιγε.

Τί δέ; δεξιωθῆναι;

Καὶ τοῦτο.

Ἀλλὰ τόδ' οἶμαι, ἦν δ' ἐγώ, οὐκέτι σοι δοκεῖ.

10 Τὸ ποῖον;

Τὸ φιλῆσαί τε καὶ φιληθῆναι ὑπὸ ἑκάστου.

Πάντων, ἔφη, μάλιστα· καὶ προστίθημί γε τῷ νόμῳ,
c ἕως ἂν ἐπὶ ταύτης ὦσι τῆς στρατιᾶς, καὶ μηδενὶ ἐξεῖναι ἀπαρνηθῆναι ὃν ἂν βούληται φιλεῖν, ἵνα καί, ἐάν τίς του τύχῃ ἐρῶν ἢ ἄρρενος ἢ θηλείας, προθυμότερος ᾖ πρὸς τὸ τἀριστεῖα φέρειν.

5 Καλῶς, ἦν δ' ἐγώ. ὅτι μὲν γὰρ ἀγαθῷ ὄντι γάμοι τε ἕτοιμοι πλείους ἢ τοῖς ἄλλοις καὶ αἱρέσεις τῶν τοιούτων πολλάκις παρὰ τοὺς ἄλλους ἔσονται, ἵν' ὅτι πλεῖστοι ἐκ τοῦ τοιούτου γίγνωνται, εἴρηται ἤδη.

Εἴπομεν γάρ, ἔφη.

10 Ἀλλὰ μὴν καὶ καθ' Ὅμηρον τοῖς τοιοῖσδε δίκαιον τιμᾶν
d τῶν νέων ὅσοι ἀγαθοί. καὶ γὰρ Ὅμηρος τὸν εὐδοκιμήσαντα ἐν τῷ πολέμῳ νώτοισιν Αἴαντα ἔφη διηνεκέεσσι γεραίρεσθαι, ὡς ταύτην οἰκείαν οὖσαν τιμὴν τῷ ἡβῶντί

a 10 ἑλοῦσι ci. van Leeuwen: θέλουσι A F D M b 3 στρατιᾶς] στρατείας A F D M b 4 χρῆναι A F D: om. M b 7 τί δαὶ δεξιω(α suprascr.)θῆναι A (αἱ δ in ras.): γρ. τί δὲ ἐξιαθῆναι in marg. A: τί δὲ δεξιαθῆναι F D c 1 στρατιᾶς A D M: στρατείας F καὶ F D: om. A M τε καὶ ἀνδρείῳ, ἐξ ἧς ἅμα τῷ τιμᾶσθαι καὶ τὴν ἰσχὺν αὐξήσει. 5

Ὀρθότατα, ἔφη.

Πεισόμεθα ἄρα, ἦν δ' ἐγώ, ταῦτά γε Ὁμήρῳ. καὶ γὰρ ἡμεῖς ἔν τε θυσίαις καὶ τοῖς τοιούτοις πᾶσι τοὺς ἀγαθούς, καθ' ὅσον ἂν ἀγαθοὶ φαίνωνται, καὶ ὕμνοις καὶ οἷς νυνδὴ ἐλέγομεν τιμήσομεν, πρὸς δὲ τούτοις ἕδραις τε καὶ κρέα- 10 σιν ἰδὲ πλείοις δεπάεσσιν, ἵνα ἅμα τῷ τιμᾶν ἀσκῶμεν e τοὺς ἀγαθοὺς ἄνδρας τε καὶ γυναῖκας.

Κάλλιστα, ἔφη, λέγεις.

Εἶεν· τῶν δὲ δὴ ἀποθανόντων ἐπὶ στρατιᾶς ὃς ἂν εὐδοκιμήσας τελευτήσῃ ἆρ' οὐ πρῶτον μὲν φήσομεν τοῦ χρυσοῦ 5 γένους εἶναι;

Πάντων γε μάλιστα.

Ἀλλ' οὐ πεισόμεθα Ἡσιόδῳ, ἐπειδάν τινες τοῦ τοιούτου γένους τελευτήσωσιν, ὡς ἄρα—

οἱ μὲν δαίμονες ἁγνοὶ ἐπιχθόνιοι τελέθουσιν, 469
ἐσθλοί, ἀλεξίκακοι, φύλακες μερόπων ἀνθρώπων;

Πεισόμεθα μὲν οὖν.

Διαπυθόμενοι ἄρα τοῦ θεοῦ πῶς χρὴ τοὺς δαιμονίους τε καὶ θείους τιθέναι καὶ τίνι διαφόρῳ, οὕτω καὶ ταύτῃ 5 θήσομεν ᾗ ἂν ἐξηγῆται;

Τί δ' οὐ μέλλομεν;

Καὶ τὸν λοιπὸν δὴ χρόνον ὡς δαιμόνων, οὕτω θεραπεύσομέν τε καὶ προσκυνήσομεν αὐτῶν τὰς θήκας; ταὐτὰ δὲ b ταῦτα νομιοῦμεν ὅταν τις γήρᾳ ἤ τινι ἄλλῳ τρόπῳ τελευτήσῃ τῶν ὅσοι ἂν διαφερόντως ἐν τῷ βίῳ ἀγαθοὶ κριθῶσιν;

Δίκαιον γοῦν, ἔφη.

Τί δέ; πρὸς τοὺς πολεμίους πῶς ποιήσουσιν ἡμῖν οἱ 5 στρατιῶται;

e 4 στρατιᾶς A F : στρατείας D e 8 τοῦ om. Hermogenes a 1 τελέθουσιν] καλέονται Hermogenes (cf. Crat. 398 a 1) a 2 μερόπων] θνητῶν Hermogenes (cf. Crat. loc. cit.) ἀνθρώπων . . . a 4 πῶς A F M : ἂν πῶς D a 8 θεραπεύσομεν F D M : θεραπεύσωμεν A

Τὸ ποῖον δή;

Πρῶτον μὲν ἀνδραποδισμοῦ πέρι, δοκεῖ δίκαιον Ἕλληνας Ἑλληνίδας πόλεις ἀνδραποδίζεσθαι, ἢ μηδ' ἄλλῃ ἐπιτρέ-
10 πειν κατὰ τὸ δυνατὸν καὶ τοῦτο ἐθίζειν, τοῦ Ἑλληνικοῦ
c γένους φείδεσθαι, εὐλαβουμένους τὴν ὑπὸ τῶν βαρβάρων δουλείαν;

Ὅλῳ καὶ παντί, ἔφη, διαφέρει τὸ φείδεσθαι.

Μηδὲ Ἕλληνα ἄρα δοῦλον ἐκτῆσθαι μήτε αὐτούς, τοῖς τε
5 ἄλλοις Ἕλλησιν οὕτω συμβουλεύειν;

Πάνυ μὲν οὖν, ἔφη· μᾶλλόν γ' ἂν οὖν οὕτω πρὸς τοὺς βαρβάρους τρέποιντο, ἑαυτῶν δ' ἀπέχοιντο.

Τί δέ; σκυλεύειν, ἦν δ' ἐγώ, τοὺς τελευτήσαντας πλὴν ὅπλων, ἐπειδὰν νικήσωσιν, ἦ καλῶς ἔχει; ἢ οὐ πρόφασιν
d μὲν τοῖς δειλοῖς ἔχει μὴ πρὸς τὸν μαχόμενον ἰέναι, ὥς τι τῶν δεόντων δρῶντας ὅταν περὶ τὸν τεθνεῶτα κυπτάζωσι, πολλὰ δὲ ἤδη στρατόπεδα διὰ τὴν τοιαύτην ἁρπαγὴν ἀπώλετο;

5 Καὶ μάλα.

Ἀνελεύθερον δὲ οὐ δοκεῖ καὶ φιλοχρήματον νεκρὸν συλᾶν, καὶ γυναικείας τε καὶ σμικρᾶς διανοίας τὸ πολέμιον νομίζειν τὸ σῶμα τοῦ τεθνεῶτος ἀποπταμένου τοῦ ἐχθροῦ, λελοιπότος δὲ ᾧ ἐπολέμει; ἢ οἴει τι διάφορον δρᾶν τοὺς τοῦτο
e ποιοῦντας τῶν κυνῶν, αἳ τοῖς λίθοις οἷς ἂν βληθῶσι χαλεπαίνουσι, τοῦ βάλλοντος οὐχ ἁπτόμεναι;

Οὐδὲ σμικρόν, ἔφη.

Ἐατέον ἄρα τὰς νεκροσυλίας καὶ τὰς τῶν ἀναιρέσεων
5 διακωλύσεις;

Ἐατέον μέντοι, ἔφη, νὴ Δία.

Οὐδὲ μήν που πρὸς τὰ ἱερὰ τὰ ὅπλα οἴσομεν ὡς ἀναθήσοντες, ἄλλως τε καὶ τὰ τῶν Ἑλλήνων, ἐάν τι ἡμῖν μέλῃ
470 τῆς πρὸς τοὺς ἄλλους Ἕλληνας εὐνοίας· μᾶλλον δὲ καὶ

b 9 μηδ' ἄλλῃ] μηδαμῇ ci. Hartman e 2 βάλλοντος F D M Stobaeus: βαλόντος A e 5 διακωλύσεις A F D M Stobaeus: διασκυλεύσεις m φοβησόμεθα μή τι μίασμα ᾖ πρὸς ἱερὸν τὰ τοιαῦτα ἀπὸ τῶν οἰκείων φέρειν, ἐὰν μή τι δὴ ὁ θεὸς ἄλλο λέγῃ.

Ὀρθότατα, ἔφη.

Τί δὲ γῆς τε τμήσεως τῆς Ἑλληνικῆς καὶ οἰκιῶν ἐμπρήσεως; ποῖόν τί σοι δράσουσιν οἱ στρατιῶται πρὸς τοὺς πολεμίους; 5

Σοῦ, ἔφη, δόξαν ἀποφαινομένου ἡδέως ἂν ἀκούσαιμι.

Ἐμοὶ μὲν τοίνυν, ἦν δ' ἐγώ, δοκεῖ τούτων μηδέτερα ποιεῖν, ἀλλὰ τὸν ἐπέτειον καρπὸν ἀφαιρεῖσθαι. καὶ ὧν ἕνεκα, βούλει σοι λέγω; b

Πάνυ γε.

Φαίνεταί μοι, ὥσπερ καὶ ὀνομάζεται δύο ταῦτα ὀνόματα, πόλεμός τε καὶ στάσις, οὕτω καὶ εἶναι δύο, ὄντα ἐπὶ δυοῖν τινοιν διαφοραῖν. λέγω δὲ τὰ δύο τὸ μὲν οἰκεῖον καὶ συγγενές, τὸ δὲ ἀλλότριον καὶ ὀθνεῖον. ἐπὶ μὲν οὖν τῇ τοῦ οἰκείου ἔχθρᾳ στάσις κέκληται, ἐπὶ δὲ τῇ τοῦ ἀλλοτρίου πόλεμος. 5

Καὶ οὐδέν γε, ἔφη, ἀπὸ τρόπου λέγεις. 10

Ὅρα δὴ καὶ εἰ τόδε πρὸς τρόπου λέγω. φημὶ γὰρ τὸ μὲν Ἑλληνικὸν γένος αὐτὸ αὑτῷ οἰκεῖον εἶναι καὶ συγγενές, τῷ δὲ βαρβαρικῷ ὀθνεῖόν τε καὶ ἀλλότριον. c

Καλῶς γε, ἔφη.

Ἕλληνας μὲν ἄρα βαρβάροις καὶ βαρβάρους Ἕλλησι πολεμεῖν μαχομένους τε φήσομεν καὶ πολεμίους φύσει εἶναι, καὶ πόλεμον τὴν ἔχθραν ταύτην κλητέον· Ἕλληνας δὲ Ἕλλησιν, ὅταν τι τοιοῦτον δρῶσιν, φύσει μὲν φίλους εἶναι, νοσεῖν δ' ἐν τῷ τοιούτῳ τὴν Ἑλλάδα καὶ στασιάζειν, καὶ στάσιν τὴν τοιαύτην ἔχθραν κλητέον. 5 d

Ἐγὼ μέν, ἔφη, συγχωρῶ οὕτω νομίζειν.

Σκόπει δή, εἶπον, ὅτι ἐν τῇ νῦν ὁμολογουμένῃ στάσει, ὅπου ἄν τι τοιοῦτον γένηται καὶ διαστῇ πόλις, ἐὰν ἑκάτεροι

a 2 φοβησόμεθα A M : φοβηθησόμεθα F D   b 4 ταῦτα A F D : ταῦτα τὰ A² M   c 6 πολεμεῖν μαχομένους A D M : μαχομένους πολεμεῖν F

5 ἑκατέρων τέμνωσιν ἀγροὺς καὶ οἰκίας ἐμπιμπρῶσιν, ὡς ἀλιτηριώδης τε δοκεῖ ἡ στάσις εἶναι καὶ οὐδέτεροι αὐτῶν φιλοπόλιδες—οὐ γὰρ ἄν ποτε ἐτόλμων τὴν τροφόν τε καὶ μητέρα κείρειν—ἀλλὰ μέτριον εἶναι τοὺς καρποὺς ἀφαι-
e ρεῖσθαι τοῖς κρατοῦσι τῶν κρατουμένων, καὶ διανοεῖσθαι ὡς διαλλαγησομένων καὶ οὐκ ἀεὶ πολεμησόντων.

Πολὺ γάρ, ἔφη, ἡμερωτέρων αὕτη ἡ διάνοια ἐκείνης.

Τί δὲ δή; ἔφην· ἣν σὺ πόλιν οἰκίζεις, οὐχ Ἑλληνὶς
5 ἔσται;

Δεῖ γ' αὐτήν, ἔφη.

Οὐκοῦν καὶ ἀγαθοί τε καὶ ἥμεροι ἔσονται;

Σφόδρα γε.

Ἀλλ' οὐ φιλέλληνες; οὐδὲ οἰκείαν τὴν Ἑλλάδα ἡγή-
10 σονται, οὐδὲ κοινωνήσουσιν ὧνπερ οἱ ἄλλοι ἱερῶν;

Καὶ σφόδρα γε.

471 Οὐκοῦν τὴν πρὸς τοὺς Ἕλληνας διαφοράν, ὡς οἰκείους, στάσιν ἡγήσονται καὶ οὐδὲ ὀνομάσουσιν πόλεμον;

Οὐ γάρ.

Καὶ ὡς διαλλαγησόμενοι ἄρα διοίσονται;

5 Πάνυ μὲν οὖν.

Εὐμενῶς δὴ σωφρονιοῦσιν, οὐκ ἐπὶ δουλείᾳ κολάζοντες οὐδ' ἐπ' ὀλέθρῳ, σωφρονισταὶ ὄντες, οὐ πολέμιοι.

Οὕτως, ἔφη.

Οὐδ' ἄρα τὴν Ἑλλάδα Ἕλληνες ὄντες κεροῦσιν, οὐδὲ
10 οἰκήσεις ἐμπρήσουσιν, οὐδὲ ὁμολογήσουσιν ἐν ἑκάστῃ πόλει πάντας ἐχθροὺς αὐτοῖς εἶναι, καὶ ἄνδρας καὶ γυναῖκας καὶ παῖδας, ἀλλ' ὀλίγους ἀεὶ ἐχθροὺς τοὺς αἰτίους τῆς διαφορᾶς.
b καὶ διὰ ταῦτα πάντα οὔτε τὴν γῆν ἐθελήσουσιν κείρειν αὐτῶν, ὡς φίλων τῶν πολλῶν, οὔτε οἰκίας ἀνατρέπειν, ἀλλὰ μέχρι τούτου ποιήσονται τὴν διαφοράν, μέχρι οὗ ἂν

e 10 οἱ A (sed int. vers.) M : om. F D (fort. ἄλλοι fuit) e 11 καὶ A F D : om. M a 6 δουλείᾳ A D M : δουλείαν F a 7 οὐ A F D : ὡς οὐ M et add. ὡς in marg. A a 11 αὐτοῖς (sic) A F M : αὐτοὺς D a 12 ἀεὶ A F M : om. D

οἱ αἴτιοι ἀναγκασθῶσιν ὑπὸ τῶν ἀναιτίων ἀλγούντων δοῦναι
δίκην. 5

Ἐγὼ μέν, ἔφη, ὁμολογῶ οὕτω δεῖν πρὸς τοὺς ἐναντίους
τοὺς ἡμετέρους πολίτας προσφέρεσθαι· πρὸς δὲ τοὺς βαρ-
βάρους, ὡς νῦν οἱ Ἕλληνες πρὸς ἀλλήλους.

Τιθῶμεν δὴ καὶ τοῦτον τὸν νόμον τοῖς φύλαξι, μήτε γῆν
τέμνειν μήτε οἰκίας ἐμπιμπράναι; c

Θῶμεν, ἔφη, καὶ ἔχειν γε καλῶς ταῦτά τε καὶ τὰ
πρόσθεν.

Ἀλλὰ γάρ μοι δοκεῖς, ὦ Σώκρατες, ἐάν τίς σοι τὰ
τοιαῦτα ἐπιτρέπῃ λέγειν, οὐδέποτε μνησθήσεσθαι ὃ ἐν τῷ 5
πρόσθεν παρωσάμενος πάντα ταῦτα εἴρηκας, τὸ ὡς δυνατὴ
αὕτη ἡ πολιτεία γενέσθαι καὶ τίνα τρόπον ποτὲ δυνατή·
ἐπεὶ ὅτι γε, εἰ γένοιτο, πάντ' ἂν εἴη ἀγαθὰ πόλει ᾗ γένοιτο,
καὶ ἃ σὺ παραλείπεις ἐγὼ λέγω, ὅτι καὶ τοῖς πολεμίοις
ἄριστ' ἂν μάχοιντο τῷ ἥκιστα ἀπολείπειν ἀλλήλους, γιγνώ- d
σκοντές τε καὶ ἀνακαλοῦντες ταῦτα τὰ ὀνόματα ἑαυτούς,
ἀδελφούς, πατέρας, ὑεῖς· εἰ δὲ καὶ τὸ θῆλυ συστρατεύοιτο,
εἴτε καὶ ἐν τῇ αὐτῇ τάξει εἴτε καὶ ὄπισθεν ἐπιτεταγμένον,
φόβων τε ἕνεκα τοῖς ἐχθροῖς καὶ εἴ ποτέ τις ἀνάγκη βοη- 5
θείας γένοιτο, οἶδ' ὅτι ταύτῃ πάντῃ ἄμαχοι ἂν εἶεν· καὶ
οἴκοι γε ἃ παραλείπεται ἀγαθά, ὅσα ἂν εἴη αὐτοῖς, ὁρῶ.
ἀλλ' ὡς ἐμοῦ ὁμολογοῦντος πάντα ταῦτα ὅτι εἴη ἂν καὶ e
ἄλλα γε μυρία, εἰ γένοιτο ἡ πολιτεία αὕτη, μηκέτι πλείω
περὶ αὐτῆς λέγε, ἀλλὰ τοῦτο αὐτὸ ἤδη πειρώμεθα ἡμᾶς
αὐτοὺς πείθειν, ὡς δυνατὸν καὶ ᾗ δυνατόν, τὰ δ' ἄλλα
χαίρειν ἐῶμεν.

Ἐξαίφνης γε σύ, ἦν δ' ἐγώ, ὥσπερ καταδρομὴν ἐποιήσω 472
ἐπὶ τὸν λόγον μου, καὶ οὐ συγγιγνώσκεις στραγγευομένῳ.

b 6 μὲν A D M : μὲν οὖν F c 5 ἐπιτρέπῃ A (sed ῃ in ras.) F M : ἐπιτρέπειν D μνησθήσεσθαι] μνήσεσθαι Stobaei A c 6 ταῦτα A F M : τὰ τοιαῦτα D c 7 αὕτη F D M Stobaeus et in marg. A : om. A d 2 ἑαυτούς A M : ἑαυτοῖς F D d 7 γε A² M : τε A F D a 2 στραγγευομένῳ ex em. F : στρατευομένῳ A D M ἴσως γὰρ οὐκ οἶσθα ὅτι μόγις μοι τὼ δύο κύματε ἐκφυγόντι νῦν τὸ μέγιστον καὶ χαλεπώτατον τῆς τρικυμίας ἐπάγεις, 5 ὃ ἐπειδὰν ἴδῃς τε καὶ ἀκούσῃς, πάνυ συγγνώμην ἕξεις, ὅτι εἰκότως ἄρα ὤκνουν τε καὶ ἐδεδοίκη οὕτω παράδοξον λόγον λέγειν τε καὶ ἐπιχειρεῖν διασκοπεῖν.

Ὅσῳ ἄν, ἔφη, τοιαῦτα πλείω λέγῃς, ἧττον ἀφεθήσῃ b ὑφ' ἡμῶν πρὸς τὸ μὴ εἰπεῖν πῇ δυνατὴ γίγνεσθαι αὕτη ἡ πολιτεία. ἀλλὰ λέγε καὶ μὴ διάτριβε.

Οὐκοῦν, ἦν δ' ἐγώ, πρῶτον μὲν τόδε χρὴ ἀναμνησθῆναι, ὅτι ἡμεῖς ζητοῦντες δικαιοσύνην οἷόν ἐστι καὶ ἀδικίαν δεῦρο 5 ἥκομεν.

Χρή· ἀλλὰ τί τοῦτο; ἔφη.

Οὐδέν· ἀλλ' ἐὰν εὕρωμεν οἷόν ἐστι δικαιοσύνη, ἆρα καὶ ἄνδρα τὸν δίκαιον ἀξιώσομεν μηδὲν δεῖν αὐτῆς ἐκείνης διαφέρειν, ἀλλὰ πανταχῇ τοιοῦτον εἶναι οἷον δικαιοσύνη c ἐστίν; ἢ ἀγαπήσομεν ἐὰν ὅτι ἐγγύτατα αὐτῆς ᾖ καὶ πλεῖστα τῶν ἄλλων ἐκείνης μετέχῃ;

Οὕτως, ἔφη· ἀγαπήσομεν.

Παραδείγματος ἄρα ἕνεκα, ἦν δ' ἐγώ, ἐζητοῦμεν αὐτό τε 5 δικαιοσύνην οἷόν ἐστι, καὶ ἄνδρα τὸν τελέως δίκαιον εἰ γένοιτο, καὶ οἷος ἂν εἴη γενόμενος, καὶ ἀδικίαν αὖ καὶ τὸν ἀδικώτατον, ἵνα εἰς ἐκείνους ἀποβλέποντες, οἷοι ἂν ἡμῖν φαίνωνται εὐδαιμονίας τε πέρι καὶ τοῦ ἐναντίου, ἀναγκαζώμεθα καὶ περὶ ἡμῶν αὐτῶν ὁμολογεῖν, ὃς ἂν ἐκείνοις ὅτι d ὁμοιότατος ᾖ, τὴν ἐκείνης μοῖραν ὁμοιοτάτην ἕξειν, ἀλλ' οὐ τούτου ἕνεκα, ἵν' ἀποδείξωμεν ὡς δυνατὰ ταῦτα γίγνεσθαι.

Τοῦτο μέν, ἔφη, ἀληθὲς λέγεις.

Οἴει ἂν οὖν ἧττόν τι ἀγαθὸν ζωγράφον εἶναι ὃς ἂν 5 γράψας παράδειγμα οἷον ἂν εἴη ὁ κάλλιστος ἄνθρωπος καὶ

a 6 λόγον λέγειν F M : λέγειν λόγον A D a 8 λέγῃς A² D : λέγεις A F M b 3 τόδε χρὴ A M : χρὴ τόδε F D b 4 ἀδικίαν A F M : ἀδικία D b 6 τοῦτο A F D M : τοῦτό γ' A² c 4 ἐζητοῦμεν A M : ζητοῦμεν F D c 5 τελέως A F M : om. D εἰ] ᾖ Bekker (καὶ secl. ci. Madvig) d 1 ἐκείνης A F D M : ἐκείνοις m ἂν post μοῖραν pr. A d 4 prius ἂν] δὴ ci. H. Richards πάντα εἰς τὸ γράμμα ἱκανῶς ἀποδοὺς μὴ ἔχῃ ἀποδεῖξαι ὡς καὶ δυνατὸν γενέσθαι τοιοῦτον ἄνδρα;

Μὰ Δί' οὐκ ἔγωγ', ἔφη.

Τί οὖν; οὐ καὶ ἡμεῖς, φαμέν, παράδειγμα ἐποιοῦμεν λόγῳ ἀγαθῆς πόλεως; e

Πάνυ γε.

Ἧττόν τι οὖν οἴει ἡμᾶς εὖ λέγειν τούτου ἕνεκα, ἐὰν μὴ ἔχωμεν ἀποδεῖξαι ὡς δυνατὸν οὕτω πόλιν οἰκῆσαι ὡς ἐλέγετο;

Οὐ δῆτα, ἔφη. 5

Τὸ μὲν τοίνυν ἀληθές, ἦν δ' ἐγώ, οὕτω· εἰ δὲ δὴ καὶ τοῦτο προθυμηθῆναι δεῖ σὴν χάριν, ἀποδεῖξαι πῇ μάλιστα καὶ κατὰ τί δυνατώτατ' ἂν εἴη, πάλιν μοι πρὸς τὴν τοιαύτην ἀπόδειξιν τὰ αὐτὰ διομολόγησαι.

Τὰ ποῖα; 10

Ἆρ' οἷόν τέ τι πραχθῆναι ὡς λέγεται, ἢ φύσιν ἔχει 473 πρᾶξιν λέξεως ἧττον ἀληθείας ἐφάπτεσθαι, κἂν εἰ μή τῳ δοκεῖ; ἀλλὰ σὺ πότερον ὁμολογεῖς οὕτως ἢ οὔ;

Ὁμολογῶ, ἔφη.

Τοῦτο μὲν δὴ μὴ ἀνάγκαζέ με, οἷα τῷ λόγῳ διήλθομεν, 5 τοιαῦτα παντάπασι καὶ τῷ ἔργῳ δεῖν γιγνόμενα ⟨ἂν⟩ ἀποφαίνειν· ἀλλ', ἐὰν οἷοί τε γενώμεθα εὑρεῖν ὡς ἂν ἐγγύτατα τῶν εἰρημένων πόλις οἰκήσειεν, φάναι ἡμᾶς ἐξηυρηκέναι ὡς δυνατὰ ταῦτα γίγνεσθαι ἃ σὺ ἐπιτάττεις. ἢ b οὐκ ἀγαπήσεις τούτων τυγχάνων; ἐγὼ μὲν γὰρ ἂν ἀγαπῴην.

Καὶ γὰρ ἐγώ, ἔφη.

Τὸ δὲ δὴ μετὰ τοῦτο, ὡς ἔοικε, πειρώμεθα ζητεῖν τε καὶ ἀποδεικνύναι τί ποτε νῦν κακῶς ἐν ταῖς πόλεσι πράττεται 5 δι' ὃ οὐχ οὕτως οἰκοῦνται, καὶ τίνος ἂν σμικροτάτου μεταβαλόντος ἔλθοι εἰς τοῦτον τὸν τρόπον τῆς πολιτείας πόλις,

d 6 εἰς τὸ γράμμα ἱκανῶς A F D: ἱκανῶς εἰς τὸ γράμμα M ἀποδεῖξαι A M: ἐπιδεῖξαι F D e 7 δεῖ] χρὴ Stobaeus a 3 πότερον A F M: πρότερον D a 5 τοῦτο] τούτῳ Stobaeus a 6 δεῖν A F M: δεῖ D: δὴ Stobaeus ἂν add. Bywater b 2 ἂν om. M Stobaeus b 3 ἐγώ] ἔγωγε Stobaeus b 7 ἔλθοι A F M: ἔλθῃ D

μάλιστα μὲν ἑνός, εἰ δὲ μή, δυοῖν, εἰ δὲ μή, ὅτι ὀλιγίστων
τὸν ἀριθμὸν καὶ σμικροτάτων τὴν δύναμιν.

c Παντάπασι μὲν οὖν, ἔφη.

Ἑνὸς μὲν τοίνυν, ἦν δ' ἐγώ, μεταβαλόντος δοκοῦμέν μοι
ἔχειν δεῖξαι ὅτι μεταπέσοι ἄν, οὐ μέντοι σμικροῦ γε οὐδὲ
ῥᾳδίου, δυνατοῦ δέ.

5 Τίνος; ἔφη.

Ἐπ' αὐτῷ δή, ἦν δ' ἐγώ, εἰμὶ ὃ τῷ μεγίστῳ προσῃκάζομεν
κύματι. εἰρήσεται δ' οὖν, εἰ καὶ μέλλει γέλωτί τε ἀτεχνῶς
ὥσπερ κῦμα ἐκγελῶν καὶ ἀδοξίᾳ κατακλύσειν. σκόπει δὲ
ὃ μέλλω λέγειν.

10 Λέγε, ἔφη.

Ἐὰν μή, ἦν δ' ἐγώ, ἢ οἱ φιλόσοφοι βασιλεύσωσιν ἐν
d ταῖς πόλεσιν ἢ οἱ βασιλῆς τε νῦν λεγόμενοι καὶ δυνάσται
φιλοσοφήσωσι γνησίως τε καὶ ἱκανῶς, καὶ τοῦτο εἰς ταὐτὸν
συμπέσῃ, δύναμίς τε πολιτικὴ καὶ φιλοσοφία, τῶν δὲ
νῦν πορευομένων χωρὶς ἐφ' ἑκάτερον αἱ πολλαὶ φύσεις ἐξ
5 ἀνάγκης ἀποκλεισθῶσιν, οὐκ ἔστι κακῶν παῦλα, ὦ φίλε
Γλαύκων, ταῖς πόλεσι, δοκῶ δ' οὐδὲ τῷ ἀνθρωπίνῳ γένει,
e οὐδὲ αὕτη ἡ πολιτεία μή ποτε πρότερον φυῇ τε εἰς τὸ
δυνατὸν καὶ φῶς ἡλίου ἴδῃ, ἣν νῦν λόγῳ διεληλύθαμεν.
ἀλλὰ τοῦτό ἐστιν ὃ ἐμοὶ πάλαι ὄκνον ἐντίθησι λέγειν,
ὁρῶντι ὡς πολὺ παρὰ δόξαν ῥηθήσεται· χαλεπὸν γὰρ ἰδεῖν
5 ὅτι οὐκ ἂν ἄλλη τις εὐδαιμονήσειεν οὔτε ἰδίᾳ οὔτε δημοσίᾳ.

Καὶ ὅς, Ὦ Σώκρατες, ἔφη, τοιοῦτον ἐκβέβληκας ῥῆμά
τε καὶ λόγον, ὃν εἰπὼν ἡγοῦ ἐπὶ σὲ πάνυ πολλούς τε καὶ
474 οὐ φαύλους νῦν οὕτως, οἷον ῥίψαντας τὰ ἱμάτια, γυμνοὺς

b 8 ὀλιγοστῶν pr. D c 2 μεταβαλόντος A F M : μεταβάλλοντος D c 6 αὐτῷ F : αὐτὸ A D M εἰμὶ F : εἶμι A D M προσῃκάζομεν F Stobaeus : προ*εικάζομεν A : προεικάζομεν D M c 8 ἀδοξίᾳ κατακλύσειν] ἀταξίαν καταλύσειν Stobaeus c 11 ἐὰν A M : ἐὰν δὲ F D d 4 πολλαὶ] πολιτικαὶ ci. Apelt ἐξ ἀνάγκης om. Stobaeus d 5 ἀποκλεισθῶσιν] ἀποκαθιστῶσι Stobaeus e 3 πάλαι A F M : πάλιν D λέγειν A F D Stobaeus : om. M e 5 ἄλλῃ scr. Mon. εὐδαιμονήσειν A F D γρ. M Stobaeus : εὐδοκιμήσειν M λαβόντας ὅτι ἑκάστῳ παρέτυχεν ὅπλον, θεῖν διατεταμένους ὡς θαυμάσια ἐργασομένους· οὓς εἰ μὴ ἀμυνῇ τῷ λόγῳ καὶ ἐκφεύξῃ, τῷ ὄντι τωθαζόμενος δώσεις δίκην.

Οὐκοῦν σύ μοι, ἦν δ' ἐγώ, τούτων αἴτιος; 5

Καλῶς γ', ἔφη, ἐγὼ ποιῶν. ἀλλά τοί σε οὐ προδώσω, ἀλλ' ἀμυνῶ οἷς δύναμαι· δύναμαι δὲ εὐνοίᾳ τε καὶ τῷ παρακελεύεσθαι, καὶ ἴσως ἂν ἄλλου του ἐμμελέστερόν σοι ἀποκρινοίμην. ἀλλ' ὡς ἔχων τοιοῦτον βοηθὸν πειρῶ τοῖς b ἀπιστοῦσιν ἐνδείξασθαι ὅτι ἔχει ᾗ σὺ λέγεις.

Πειρατέον, ἦν δ' ἐγώ, ἐπειδὴ καὶ σὺ οὕτω μεγάλην συμμαχίαν παρέχῃ. ἀναγκαῖον οὖν μοι δοκεῖ, εἰ μέλλομέν πῃ ἐκφεύξεσθαι οὓς λέγεις, διορίσασθαι πρὸς αὐτοὺς τοὺς 5 φιλοσόφους τίνας λέγοντες τολμῶμεν φάναι δεῖν ἄρχειν, ἵνα διαδήλων γενομένων δύνηταί τις ἀμύνεσθαι, ἐνδεικνύμενος ὅτι τοῖς μὲν προσήκει φύσει ἅπτεσθαί τε φιλοσοφίας c ἡγεμονεύειν τ' ἐν πόλει, τοῖς δ' ἄλλοις μήτε ἅπτεσθαι ἀκολουθεῖν τε τῷ ἡγουμένῳ.

Ὥρα ἂν εἴη, ἔφη, ὁρίζεσθαι.

Ἴθι δή, ἀκολούθησόν μοι τῇδε, ἐὰν αὐτὸ ἁμῇ γέ πῃ 5 ἱκανῶς ἐξηγησώμεθα.

Ἄγε, ἔφη.

Ἀναμιμνῄσκειν οὖν σε, ἦν δ' ἐγώ, δεήσει, ἢ μέμνησαι ὅτι ὃν ἂν φῶμεν φιλεῖν τι, δεῖ φανῆναι αὐτόν, ἐὰν ὀρθῶς λέγηται, οὐ τὸ μὲν φιλοῦντα ἐκείνου, τὸ δὲ μή, ἀλλὰ πᾶν 10 στέργοντα;

Ἀναμιμνῄσκειν, ἔφη, ὡς ἔοικεν, δεῖ· οὐ γὰρ πάνυ γε d ἐννοῶ.

Ἄλλῳ, εἶπον, ἔπρεπεν, ὦ Γλαύκων, λέγειν ἃ λέγεις· ἀνδρὶ δ' ἐρωτικῷ οὐ πρέπει ἀμνημονεῖν ὅτι πάντες οἱ ἐν ὥρᾳ τὸν φιλόπαιδα καὶ ἐρωτικὸν ἁμῇ γέ πῃ δάκνουσί τε 5 καὶ κινοῦσι, δοκοῦντες ἄξιοι εἶναι ἐπιμελείας τε καὶ τοῦ

a 3 ἐργασομένους A F M (sed ο in ras. A) : ἐργασαμένους D c 7 ἄγε A D : ἄγ' F : ἄγε δὴ M c 10 πᾶν A D M : πάντα F

ἀσπάζεσθαι. ἢ οὐχ οὕτω ποιεῖτε πρὸς τοὺς καλούς; ὁ μέν, ὅτι σιμός, ἐπίχαρις κληθεὶς ἐπαινεθήσεται ὑφ' ὑμῶν, τοῦ δὲ τὸ γρυπὸν βασιλικόν φατε εἶναι, τὸν δὲ δὴ διὰ
e μέσου τούτων ἐμμετρώτατα ἔχειν, μέλανας δὲ ἀνδρικοὺς ἰδεῖν, λευκοὺς δὲ θεῶν παῖδας εἶναι· μελιχλώρους δὲ καὶ τοὔνομα οἴει τινὸς ἄλλου ποίημα εἶναι ἢ ἐραστοῦ ὑποκοριζομένου τε καὶ εὐχερῶς φέροντος τὴν ὠχρότητα, ἐὰν ἐπὶ
5 ὥρᾳ ᾖ; καὶ ἑνὶ λόγῳ πάσας προφάσεις προφασίζεσθέ τε
475 καὶ πάσας φωνὰς ἀφίετε, ὥστε μηδένα ἀποβάλλειν τῶν ἀνθούντων ἐν ὥρᾳ.

Εἰ βούλει, ἔφη, ἐπ' ἐμοῦ λέγειν περὶ τῶν ἐρωτικῶν ὅτι οὕτω ποιοῦσι, συγχωρῶ τοῦ λόγου χάριν.

5 Τί δέ; ἦν δ' ἐγώ· τοὺς φιλοίνους οὐ τὰ αὐτὰ ταῦτα ποιοῦντας ὁρᾷς; πάντα οἶνον ἐπὶ πάσης προφάσεως ἀσπαζομένους;

Καὶ μάλα.

Καὶ μὴν φιλοτίμους γε, ὡς ἐγᾦμαι, καθορᾷς ὅτι, ἂν μὴ
10 στρατηγῆσαι δύνωνται, τριττυαρχοῦσιν, κἂν μὴ ὑπὸ μειζόνων
b καὶ σεμνοτέρων τιμᾶσθαι, ὑπὸ σμικροτέρων καὶ φαυλοτέρων τιμώμενοι ἀγαπῶσιν, ὡς ὅλως τιμῆς ἐπιθυμηταὶ ὄντες.

Κομιδῇ μὲν οὖν.

Τοῦτο δὴ φάθι ἢ μή· ἆρα ὃν ἄν τινος ἐπιθυμητικὸν
5 λέγωμεν, παντὸς τοῦ εἴδους τούτου φήσομεν ἐπιθυμεῖν, ἢ τοῦ μέν, τοῦ δὲ οὔ;

Παντός, ἔφη.

Οὐκοῦν καὶ τὸν φιλόσοφον σοφίας φήσομεν ἐπιθυμητὴν εἶναι, οὐ τῆς μέν, τῆς δ' οὔ, ἀλλὰ πάσης;

10 Ἀληθῆ.

Τὸν ἄρα περὶ τὰ μαθήματα δυσχεραίνοντα, ἄλλως τε
c καὶ νέον ὄντα καὶ μήπω λόγον ἔχοντα τί τε χρηστὸν καὶ μή, οὐ φήσομεν φιλομαθῆ οὐδὲ φιλόσοφον εἶναι, ὥσπερ

d 8 ἐπαινεθήσεται A F D: ἐπαινεῖται A² M e 2 γρ. μελιχλώρους in marg. A: μελαγχλώρους A F D M b 1 τιμᾶσθαι A F D: τιμῶνται M b 5 τούτου A F D: om. M τὸν περὶ τὰ σιτία δυσχερῆ οὔτε πεινῆν φαμεν οὔτ' ἐπιθυμεῖν σιτίων, οὐδὲ φιλόσιτον ἀλλὰ κακόσιτον εἶναι.

Καὶ ὀρθῶς γε φήσομεν. 5

Τὸν δὲ δὴ εὐχερῶς ἐθέλοντα παντὸς μαθήματος γεύεσθαι καὶ ἀσμένως ἐπὶ τὸ μανθάνειν ἰόντα καὶ ἀπλήστως ἔχοντα, τοῦτον δ' ἐν δίκῃ φήσομεν φιλόσοφον· ἦ γάρ;

Καὶ ὁ Γλαύκων ἔφη· Πολλοὶ ἄρα καὶ ἄτοποι ἔσονταί σοι d τοιοῦτοι. οἵ τε γὰρ φιλοθεάμονες πάντες ἔμοιγε δοκοῦσι τῷ καταμανθάνειν χαίροντες τοιοῦτοι εἶναι, οἵ τε φιλήκοοι ἀτοπώτατοί τινές εἰσιν ὥς γ' ἐν φιλοσόφοις τιθέναι, οἳ πρὸς μὲν λόγους καὶ τοιαύτην διατριβὴν ἑκόντες οὐκ ἂν ἐθέλοιεν ἐλθεῖν, ὥσπερ 5 δὲ ἀπομεμισθωκότες τὰ ὦτα ἐπακοῦσαι πάντων χορῶν περιθέουσι τοῖς Διονυσίοις οὔτε τῶν κατὰ πόλεις οὔτε τῶν κατὰ κώμας ἀπολειπόμενοι. τούτους οὖν πάντας καὶ ἄλλους τοιούτων τινῶν μαθητικοὺς καὶ τοὺς τῶν τεχνυδρίων φιλοσόφους φήσομεν; e

Οὐδαμῶς, εἶπον, ἀλλ' ὁμοίους μὲν φιλοσόφοις.

Τοὺς δὲ ἀληθινούς, ἔφη, τίνας λέγεις;

Τοὺς τῆς ἀληθείας, ἦν δ' ἐγώ, φιλοθεάμονας.

Καὶ τοῦτο μέν γ', ἔφη, ὀρθῶς· ἀλλὰ πῶς αὐτὸ λέγεις; 5

Οὐδαμῶς, ἦν δ' ἐγώ, ῥᾳδίως πρός γε ἄλλον· σὲ δὲ οἶμαι ὁμολογήσειν μοι τὸ τοιόνδε.

Τὸ ποῖον;

Ἐπειδή ἐστιν ἐναντίον καλὸν αἰσχρῷ, δύο αὐτὼ εἶναι.

Πῶς δ' οὔ; 476

Οὐκοῦν ἐπειδὴ δύο, καὶ ἓν ἑκάτερον;

Καὶ τοῦτο.

Καὶ περὶ δὴ δικαίου καὶ ἀδίκου καὶ ἀγαθοῦ καὶ κακοῦ καὶ πάντων τῶν εἰδῶν πέρι ὁ αὐτὸς λόγος, αὐτὸ μὲν ἓν 5 ἕκαστον εἶναι, τῇ δὲ τῶν πράξεων καὶ σωμάτων καὶ ἀλλήλων κοινωνίᾳ πανταχοῦ φανταζόμενα πολλὰ φαίνεσθαι ἕκαστον.

c 8 φήσομεν A D M : θήσομεν F e 1 μαθητικοὺς A : μαθηματικοὺς A[2] F D M Clemens Cyrillus Theodoretus φήσομεν A D M : θήσομεν F Clemens Theodoretus a 4 δὴ F D : om. A M a 6 ἀλλήλων] ἄλλῃ ἄλλων ci. Badham : ἄλλ' ἄλλων ci. Bywater

Ὀρθῶς, ἔφη, λέγεις.

Ταύτῃ τοίνυν, ἦν δ' ἐγώ, διαιρῶ, χωρὶς μὲν οὓς νυνδὴ
10 ἔλεγες φιλοθεάμονάς τε καὶ φιλοτέχνους καὶ πρακτικούς,
b καὶ χωρὶς αὖ περὶ ὧν ὁ λόγος, οὓς μόνους ἄν τις ὀρθῶς
προσείποι φιλοσόφους.

Πῶς, ἔφη, λέγεις;

Οἱ μέν που, ἦν δ' ἐγώ, φιλήκοοι καὶ φιλοθεάμονες τάς
5 τε καλὰς φωνὰς ἀσπάζονται καὶ χρόας καὶ σχήματα καὶ
πάντα τὰ ἐκ τῶν τοιούτων δημιουργούμενα, αὐτοῦ δὲ τοῦ
καλοῦ ἀδύνατος αὐτῶν ἡ διάνοια τὴν φύσιν ἰδεῖν τε καὶ
ἀσπάσασθαι.

Ἔχει γὰρ οὖν δή, ἔφη, οὕτως.

10 Οἱ δὲ δὴ ἐπ' αὐτὸ τὸ καλὸν δυνατοὶ ἰέναι τε καὶ ὁρᾶν
καθ' αὑτὸ ἆρα οὐ σπάνιοι ἂν εἶεν;

c Καὶ μάλα.

Ὁ οὖν καλὰ μὲν πράγματα νομίζων, αὐτὸ δὲ κάλλος
μήτε νομίζων μήτε, ἄν τις ἡγῆται ἐπὶ τὴν γνῶσιν αὐτοῦ,
δυνάμενος ἕπεσθαι, ὄναρ ἢ ὕπαρ δοκεῖ σοι ζῆν; σκόπει δέ.
5 τὸ ὀνειρώττειν ἆρα οὐ τόδε ἐστίν, ἐάντε ἐν ὕπνῳ τις ἐάντ'
ἐγρηγορὼς τὸ ὅμοιόν τῳ μὴ ὅμοιον ἀλλ' αὐτὸ ἡγῆται εἶναι
ᾧ ἔοικεν;

Ἐγὼ γοῦν ἄν, ἦ δ' ὅς, φαίην ὀνειρώττειν τὸν τοιοῦτον.

Τί δέ; ὁ τἀναντία τούτων ἡγούμενός τέ τι αὐτὸ καλὸν
d καὶ δυνάμενος καθορᾶν καὶ αὐτὸ καὶ τὰ ἐκείνου μετέ-
χοντα, καὶ οὔτε τὰ μετέχοντα αὐτὸ οὔτε αὐτὸ τὰ μετέχοντα
ἡγούμενος, ὕπαρ ἢ ὄναρ αὖ καὶ οὗτος δοκεῖ σοι ζῆν;

Καὶ μάλα, ἔφη, ὕπαρ.

5 Οὐκοῦν τούτου μὲν τὴν διάνοιαν ὡς γιγνώσκοντος γνώμην
ἂν ὀρθῶς φαῖμεν εἶναι, τοῦ δὲ δόξαν ὡς δοξάζοντος;

Πάνυ μὲν οὖν.

Τί οὖν ἐὰν ἡμῖν χαλεπαίνῃ οὗτος, ὅν φαμεν δοξάζειν
ἀλλ' οὐ γιγνώσκειν, καὶ ἀμφισβητῇ ὡς οὐκ ἀληθῆ λέγομεν;

b 4 που F D M : ποι A   b 7 τὴν φύσιν A F D M : τὸν νοῦν d Θ

ἕξομέν τι παραμυθεῖσθαι αὐτὸν καὶ πείθειν ἠρέμα, ἐπικρυ- e
πτόμενοι ὅτι οὐχ ὑγιαίνει;

Δεῖ γέ τοι δή, ἔφη.

Ἴθι δή, σκόπει τί ἐροῦμεν πρὸς αὐτόν. ἢ βούλει ὧδε
πυνθανώμεθα παρ' αὐτοῦ, λέγοντες ὡς εἴ τι οἶδεν οὐδεὶς 5
αὐτῷ φθόνος, ἀλλ' ἄσμενοι ἂν ἴδοιμεν εἰδότα τι. ἀλλ'
ἡμῖν εἰπὲ τόδε· ὁ γιγνώσκων γιγνώσκει τὶ ἢ οὐδέν; σὺ οὖν
μοι ὑπὲρ ἐκείνου ἀποκρίνου.

Ἀποκρινοῦμαι, ἔφη, ὅτι γιγνώσκει τί.

Πότερον ὂν ἢ οὐκ ὄν; 10

Ὄν· πῶς γὰρ ἂν μὴ ὄν γέ τι γνωσθείη; 477

Ἱκανῶς οὖν τοῦτο ἔχομεν, κἂν εἰ πλεοναχῇ σκοποῖμεν,
ὅτι τὸ μὲν παντελῶς ὂν παντελῶς γνωστόν, μὴ ὂν δὲ
μηδαμῇ πάντῃ ἄγνωστον;

Ἱκανώτατα. 5

Εἶεν· εἰ δὲ δή τι οὕτως ἔχει ὡς εἶναί τε καὶ μὴ εἶναι, οὐ
μεταξὺ ἂν κέοιτο τοῦ εἰλικρινῶς ὄντος καὶ τοῦ αὖ μηδαμῇ ὄντος;

Μεταξύ.

Οὐκοῦν ἐπὶ μὲν τῷ ὄντι γνῶσις ἦν, ἀγνωσία δ' ἐξ ἀνάγκης
ἐπὶ μὴ ὄντι, ἐπὶ δὲ τῷ μεταξὺ τούτῳ μεταξύ τι καὶ ζητητέον 10
ἀγνοίας τε καὶ ἐπιστήμης, εἴ τι τυγχάνει ὂν τοιοῦτον; b

Πάνυ μὲν οὖν.

Ἆρ' οὖν λέγομέν τι δόξαν εἶναι;

Πῶς γὰρ οὔ;

Πότερον ἄλλην δύναμιν ἐπιστήμης ἢ τὴν αὐτήν; 5

Ἄλλην.

Ἐπ' ἄλλῳ ἄρα τέτακται δόξα καὶ ἐπ' ἄλλῳ ἐπιστήμη,
κατὰ τὴν δύναμιν ἑκατέρα τὴν αὑτῆς.

Οὕτω.

e 4 σκόπει A F M : σκοποῦμεν D e 7 ὁ γιγνώσκων A F M : οὐ γιγνώσκων (ει suprascr.) D a 9 ἐπὶ] εἰ ἐπὶ scr. Mon. : ἐπεὶ ἐπὶ Hermann a 10 ἐπὶ δὲ τῷ] ἐπὶ τῷ A F D M (sed add. δὲ a pr. m. F) τούτῳ A D M : τούτων F b 8 κατὰ τὴν δύναμιν F : κατὰ τὴν αὐτὴν δύναμιν A : κατὰ τὴν αὐτὴν δύναμιν ἢ κατὰ τὴν αὐτὴν δύναμιν D M

10 Οὐκοῦν ἐπιστήμη μὲν ἐπὶ τῷ ὄντι πέφυκε, γνῶναι ὡς ἔστι τὸ ὄν;—μᾶλλον δὲ ὧδέ μοι δοκεῖ πρότερον ἀναγκαῖον εἶναι διελέσθαι.

Πῶς;

c Φήσομεν δυνάμεις εἶναι γένος τι τῶν ὄντων, αἷς δὴ καὶ ἡμεῖς δυνάμεθα ἃ δυνάμεθα καὶ ἄλλο πᾶν ὅτι περ ἂν δύνηται, οἷον λέγω ὄψιν καὶ ἀκοὴν τῶν δυνάμεων εἶναι, εἰ ἄρα μανθάνεις ὃ βούλομαι λέγειν τὸ εἶδος.

5 Ἀλλὰ μανθάνω, ἔφη.

Ἄκουσον δὴ ὅ μοι φαίνεται περὶ αὐτῶν. δυνάμεως γὰρ ἐγὼ οὔτε τινὰ χρόαν ὁρῶ οὔτε σχῆμα οὔτε τι τῶν τοιούτων οἷον καὶ ἄλλων πολλῶν, πρὸς ἃ ἀποβλέπων ἔνια διορίζομαι παρ' ἐμαυτῷ τὰ μὲν ἄλλα εἶναι, τὰ δὲ ἄλλα· δυνάμεως d δ' εἰς ἐκεῖνο μόνον βλέπω ἐφ' ᾧ τε ἔστι καὶ ὃ ἀπεργάζεται, καὶ ταύτῃ ἑκάστην αὐτῶν δύναμιν ἐκάλεσα, καὶ τὴν μὲν ἐπὶ τῷ αὐτῷ τεταγμένην καὶ τὸ αὐτὸ ἀπεργαζομένην τὴν αὐτὴν καλῶ, τὴν δὲ ἐπὶ ἑτέρῳ καὶ ἕτερον ἀπεργαζομένην 5 ἄλλην. τί δὲ σύ; πῶς ποιεῖς;

Οὕτως, ἔφη.

Δεῦρο δὴ πάλιν, ἦν δ' ἐγώ, ὦ ἄριστε. ἐπιστήμην πότερον δύναμίν τινα φῂς εἶναι αὐτήν, ἢ εἰς τί γένος τιθεῖς;

Εἰς τοῦτο, ἔφη, πασῶν γε δυνάμεων ἐρρωμενεστάτην.

e Τί δέ, δόξαν εἰς δύναμιν ἢ εἰς ἄλλο εἶδος οἴσομεν;

Οὐδαμῶς, ἔφη· ᾧ γὰρ δοξάζειν δυνάμεθα, οὐκ ἄλλο τι ἢ δόξα ἐστίν.

Ἀλλὰ μὲν δὴ ὀλίγον γε πρότερον ὡμολόγεις μὴ τὸ αὐτὸ 5 εἶναι ἐπιστήμην τε καὶ δόξαν.

Πῶς γὰρ ἄν, ἔφη, τό γε ἀναμάρτητον τῷ μὴ ἀναμαρτήτῳ ταὐτόν τις νοῦν ἔχων τιθείη;

Καλῶς, ἦν δ' ἐγώ, καὶ δῆλον ὅτι ἕτερον ἐπιστήμης δόξα 478 ὁμολογεῖται ἡμῖν.

c 2 ἃ δυνάμεθα A M: om. F D c 3 οἷον A F M: οἵων D d 3 τῷ αὐτῷ A D M: τὸ αὐτὸ F d 4 ἀπεργαζομένην A D M: ἀπεργασομένην F

Ἕτερον.

Ἐφ' ἑτέρῳ ἄρα ἕτερόν τι δυναμένη ἑκατέρα αὐτῶν πέφυκεν;

Ἀνάγκη. 5

Ἐπιστήμη μέν γέ που ἐπὶ τῷ ὄντι, τὸ ὂν γνῶναι ὡς ἔχει;

Ναί.

Δόξα δέ, φαμέν, δοξάζειν;

Ναί.

Ἦ ταὐτὸν ὅπερ ἐπιστήμη γιγνώσκει; καὶ ἔσται γνωστόν 10 τε καὶ δοξαστὸν τὸ αὐτό; ἢ ἀδύνατον;

Ἀδύνατον, ἔφη, ἐκ τῶν ὡμολογημένων· εἴπερ ἐπ' ἄλλῳ ἄλλη δύναμις πέφυκεν, δυνάμεις δὲ ἀμφότεραί ἐστον, δόξα τε καὶ ἐπιστήμη, ἄλλη δὲ ἑκατέρα, ὥς φαμεν, ἐκ τούτων δὴ οὐκ **b** ἐγχωρεῖ γνωστὸν καὶ δοξαστὸν ταὐτὸν εἶναι.

Οὐκοῦν εἰ τὸ ὂν γνωστόν, ἄλλο τι ἂν δοξαστὸν ἢ τὸ ὂν εἴη;

Ἄλλο. 5

Ἆρ' οὖν τὸ μὴ ὂν δοξάζει; ἢ ἀδύνατον καὶ δοξάσαι τό γε μὴ ὄν; ἐννόει δέ. οὐχ ὁ δοξάζων ἐπὶ τὶ φέρει τὴν δόξαν; ἢ οἷόν τε αὖ δοξάζειν μέν, δοξάζειν δὲ μηδέν;

Ἀδύνατον.

Ἀλλ' ἕν γέ τι δοξάζει ὁ δοξάζων; 10

Ναί.

Ἀλλὰ μὴν μὴ ὄν γε οὐχ ἕν τι ἀλλὰ μηδὲν ὀρθότατ' ἂν προσαγορεύοιτο; **c**

Πάνυ γε.

Μὴ ὄντι μὴν ἄγνοιαν ἐξ ἀνάγκης ἀπέδομεν, ὄντι δὲ γνῶσιν;

Ὀρθῶς, ἔφη. 5

Οὐκ ἄρα ὂν οὐδὲ μὴ ὂν δοξάζει;

Οὐ γάρ.

Οὔτε ἄρα ἄγνοια οὔτε γνῶσις δόξα ἂν εἴη;

b 1 φαμέν A M : ἔφαμεν F D **b** 6 τό γε A[2] M : τὸ A F D

Οὐκ ἔοικεν.

10 Ἆρ' οὖν ἐκτὸς τούτων ἐστίν, ὑπερβαίνουσα ἢ γνῶσιν σαφηνείᾳ ἢ ἄγνοιαν ἀσαφείᾳ;

Οὐδέτερα.

Ἀλλ' ἆρα, ἦν δ' ἐγώ, γνώσεως μέν σοι φαίνεται δόξα σκοτωδέστερον, ἀγνοίας δὲ φανότερον;

15 Καὶ πολύ γε, ἔφη.

d Ἐντὸς δ' ἀμφοῖν κεῖται;

Ναί.

Μεταξὺ ἄρα ἂν εἴη τούτοιν δόξα.

Κομιδῇ μὲν οὖν.

5 Οὐκοῦν ἔφαμεν ἐν τοῖς πρόσθεν, εἴ τι φανείη οἷον ἅμα ὄν τε καὶ μὴ ὄν, τὸ τοιοῦτον μεταξὺ κεῖσθαι τοῦ εἰλικρινῶς ὄντος τε καὶ τοῦ πάντως μὴ ὄντος, καὶ οὔτε ἐπιστήμην οὔτε ἄγνοιαν ἐπ' αὐτῷ ἔσεσθαι, ἀλλὰ τὸ μεταξὺ αὖ φανὲν ἀγνοίας καὶ ἐπιστήμης;

10 Ὀρθῶς.

Νῦν δέ γε πέφανται μεταξὺ τούτοιν ὃ δὴ καλοῦμεν δόξαν;

Πέφανται.

e Ἐκεῖνο δὴ λείποιτ' ἂν ἡμῖν εὑρεῖν, ὡς ἔοικε, τὸ ἀμφοτέρων μετέχον, τοῦ εἶναί τε καὶ μὴ εἶναι, καὶ οὐδέτερον εἰλικρινὲς ὀρθῶς ἂν προσαγορευόμενον, ἵνα, ἐὰν φανῇ, δοξαστὸν αὐτὸ εἶναι ἐν δίκῃ προσαγορεύωμεν, τοῖς μὲν ἄκροις τὰ ἄκρα, 5 τοῖς δὲ μεταξὺ τὰ μεταξὺ ἀποδιδόντες. ἢ οὐχ οὕτως;

Οὕτω.

Τούτων δὴ ὑποκειμένων λεγέτω μοι, φήσω, καὶ ἀπο-
479 κρινέσθω ὁ χρηστὸς ὃς αὐτὸ μὲν καλὸν καὶ ἰδέαν τινὰ αὐτοῦ κάλλους μηδεμίαν ἡγεῖται ἀεὶ μὲν κατὰ ταὐτὰ ὡσαύτως ἔχουσαν, πολλὰ δὲ τὰ καλὰ νομίζει, ἐκεῖνος ὁ φιλοθεάμων καὶ οὐδαμῇ ἀνεχόμενος ἄν τις ἓν τὸ καλὸν φῇ εἶναι καὶ 5 δίκαιον καὶ τἆλλα οὕτω. "Τούτων γὰρ δή, ὦ ἄριστε, φή-

c 14 φανότερον A M : φανερώτερον F D d 1 ἐντὸς A M : ἑνὸς F D a 2 ἡγεῖται A² M : ἡγῆται A F D μὲν A M : om. F D a 4 οὐδαμῇ A F D : οὐδαμοῦ M σομεν, τῶν πολλῶν καλῶν μῶν τι ἔστιν ὃ οὐκ αἰσχρὸν φανήσεται; καὶ τῶν δικαίων, ὃ οὐκ ἄδικον; καὶ τῶν ὁσίων, ὃ οὐκ ἀνόσιον;"

Οὔκ, ἀλλ' ἀνάγκη, ἔφη, καὶ καλά πως αὐτὰ καὶ αἰσχρὰ φανῆναι, καὶ ὅσα ἄλλα ἐρωτᾷς. b

Τί δὲ τὰ πολλὰ διπλάσια; ἧττόν τι ἡμίσεα ἢ διπλάσια φαίνεται;

Οὐδέν. 5

Καὶ μεγάλα δὴ καὶ σμικρὰ καὶ κοῦφα καὶ βαρέα μή τι μᾶλλον ἃ ἂν φήσωμεν, ταῦτα προσρηθήσεται ἢ τἀναντία;

Οὔκ, ἀλλ' ἀεί, ἔφη, ἕκαστον ἀμφοτέρων ἕξεται.

Πότερον οὖν ἔστι μᾶλλον ἢ οὐκ ἔστιν ἕκαστον τῶν πολλῶν τοῦτο ὃ ἄν τις φῇ αὐτὸ εἶναι; 10

Τοῖς ἐν ταῖς ἑστιάσεσιν, ἔφη, ἐπαμφοτερίζουσιν ἔοικεν, καὶ τῷ τῶν παίδων αἰνίγματι τῷ περὶ τοῦ εὐνούχου, τῆς c βολῆς πέρι τῆς νυκτερίδος, ᾧ καὶ ἐφ' οὗ αὐτὸν αὐτὴν αἰνίττονται βαλεῖν· καὶ γὰρ ταῦτα ἐπαμφοτερίζειν, καὶ οὔτ' εἶναι οὔτε μὴ εἶναι οὐδὲν αὐτῶν δυνατὸν παγίως νοῆσαι, οὔτε ἀμφότερα οὔτε οὐδέτερον. 5

Ἔχεις οὖν αὐτοῖς, ἦν δ' ἐγώ, ὅτι χρήσῃ, ἢ ὅποι θήσεις καλλίω θέσιν τῆς μεταξὺ οὐσίας τε καὶ τοῦ μὴ εἶναι; οὔτε γάρ που σκοτωδέστερα μὴ ὄντος πρὸς τὸ μᾶλλον μὴ εἶναι φανήσεται, οὔτε φανότερα ὄντος πρὸς τὸ μᾶλλον εἶναι. d

Ἀληθέστατα, ἔφη.

Ηὑρήκαμεν ἄρα, ὡς ἔοικεν, ὅτι τὰ τῶν πολλῶν πολλὰ νόμιμα καλοῦ τε πέρι καὶ τῶν ἄλλων μεταξύ που κυλινδεῖται τοῦ τε μὴ ὄντος καὶ τοῦ ὄντος εἰλικρινῶς. 5

Ηὑρήκαμεν.

Προωμολογήσαμεν δέ γε, εἴ τι τοιοῦτον φανείη, δοξαστὸν

a 7 καὶ . . . ἄδικον A F D: om. pr. M b 8 ἕξεται A D M: ἔχεται F c 2 ᾧ A F Athenaeus: ὦ M: ω pr. D: ὡς d vulg. ἐφ' οὗ A F D M: ἀφ' οὗ Athenaeus c 8 μὴ εἶναι . . . d 1 μᾶλλον A F M: om. D d 1 φανότερα A M: φανερώτερα F d 7 τοιοῦτον A F M Simplicius: τοῦτον D αὐτὸ ἀλλ' οὐ γνωστὸν δεῖν λέγεσθαι, τῇ μεταξὺ δυνάμει τὸ μεταξὺ πλανητὸν ἁλισκόμενον.

10 Ὡμολογήκαμεν.

e Τοὺς ἄρα πολλὰ καλὰ θεωμένους, αὐτὸ δὲ τὸ καλὸν μὴ ὁρῶντας μηδ' ἄλλῳ ἐπ' αὐτὸ ἄγοντι δυναμένους ἕπεσθαι, καὶ πολλὰ δίκαια, αὐτὸ δὲ τὸ δίκαιον μή, καὶ πάντα οὕτω, δοξάζειν φήσομεν ἅπαντα, γιγνώσκειν δὲ ὧν δοξάζουσιν 5 οὐδέν.

Ἀνάγκη, ἔφη.

Τί δὲ αὖ τοὺς αὐτὰ ἕκαστα θεωμένους καὶ ἀεὶ κατὰ ταὐτὰ ὡσαύτως ὄντα; ἆρ' οὐ γιγνώσκειν ἀλλ' οὐ δοξάζειν;

Ἀνάγκη καὶ ταῦτα.

10 Οὐκοῦν καὶ ἀσπάζεσθαί τε καὶ φιλεῖν τούτους μὲν ταῦτα 480 φήσομεν ἐφ' οἷς γνῶσίς ἐστιν, ἐκείνους δὲ ἐφ' οἷς δόξα; ἢ οὐ μνημονεύομεν ὅτι φωνάς τε καὶ χρόας καλὰς καὶ τὰ τοιαῦτ' ἔφαμεν τούτους φιλεῖν τε καὶ θεᾶσθαι, αὐτὸ δὲ τὸ καλὸν οὐδ' ἀνέχεσθαι ὥς τι ὄν;

5 Μεμνήμεθα.

Μὴ οὖν τι πλημμελήσομεν φιλοδόξους καλοῦντες αὐτοὺς μᾶλλον ἢ φιλοσόφους; καὶ ἆρα ἡμῖν σφόδρα χαλεπανοῦσιν ἂν οὕτω λέγωμεν;

Οὔκ, ἄν γέ μοι πείθωνται, ἔφη· τῷ γὰρ ἀληθεῖ χαλε-10 παίνειν οὐ θέμις.

Τοὺς αὐτὸ ἄρα ἕκαστον τὸ ὂν ἀσπαζομένους φιλοσόφους ἀλλ' οὐ φιλοδόξους κλητέον;

Παντάπασι μὲν οὖν.

d 10 ὡμολογήσαμεν scr. Ven. 184 e 8 ἀλλ' οὐ A F D : ἀλλὰ M a 2 καλὰς A F D : τινὰς M a 6 πλημμελήσομεν A² F D : πλημμελήσωμεν A M a 11 ὂν A F D : ἓν M

ς VI.

a Οἱ μὲν δὴ φιλόσοφοι, ἦν δ' ἐγώ, ὦ Γλαύκων, καὶ οἱ μὴ διὰ μακροῦ τινος διεξελθόντες λόγου μόγις πως ἀνεφάνησαν οἵ εἰσιν ἑκάτεροι.

Ἴσως γάρ, ἔφη, διὰ βραχέος οὐ ῥᾴδιον.

Οὐ φαίνεται, εἶπον· ἐμοὶ γοῦν ἔτι δοκεῖ ἂν βελτιόνως 5 φανῆναι εἰ περὶ τούτου μόνου ἔδει ῥηθῆναι, καὶ μὴ πολλὰ τὰ λοιπὰ διελθεῖν μέλλοντι κατόψεσθαι τί διαφέρει βίος δίκαιος ἀδίκου. b

Τί οὖν, ἔφη, τὸ μετὰ τοῦτο ἡμῖν;

Τί δ' ἄλλο, ἦν δ' ἐγώ, ἢ τὸ ἑξῆς; ἐπειδὴ φιλόσοφοι μὲν οἱ τοῦ ἀεὶ κατὰ ταὐτὰ ὡσαύτως ἔχοντος δυνάμενοι ἐφάπτεσθαι, οἱ δὲ μὴ ἀλλ' ἐν πολλοῖς καὶ παντοίως ἴσχουσιν 5 πλανώμενοι οὐ φιλόσοφοι, ποτέρους δὴ δεῖ πόλεως ἡγεμόνας εἶναι;

Πῶς οὖν λέγοντες ἂν αὐτό, ἔφη, μετρίως λέγοιμεν;

Ὁπότεροι ἄν, ἦν δ' ἐγώ, δυνατοὶ φαίνωνται φυλάξαι νόμους τε καὶ ἐπιτηδεύματα πόλεων, τούτους καθιστάναι 10 φύλακας. c

Ὀρθῶς, ἔφη.

Τόδε δέ, ἦν δ' ἐγώ, ἆρα δῆλον, εἴτε τυφλὸν εἴτε ὀξὺ ὁρῶντα χρὴ φύλακα τηρεῖν ὁτιοῦν;

Καὶ πῶς, ἔφη, οὐ δῆλον; 5

Ἦ οὖν δοκοῦσί τι τυφλῶν διαφέρειν οἱ τῷ ὄντι τοῦ ὄντος

a 2 διεξελθόντες F : διεξελθόντος A D M a 3 οἵ A D M : οἷοι F d a 5 βελτιόνως A M : βέλτιον ὡς F D a 6 τούτου μόνου A D M : μόνου τούτου F b 3 ἑξῆς] ἐξ ἀρχῆς in marg. A b 5 παντοίως F (ut videtur) : γρ. παντοίως in marg. D : πάντως A (sed in marg. τοίως A) D M c 2 ὀρθῶς A D M : δῆλον F c 6 τι A F : om. D : σοι vulg.

ἑκάστου ἐστερημένοι τῆς γνώσεως, καὶ μηδὲν ἐναργὲς ἐν τῇ ψυχῇ ἔχοντες παράδειγμα, μηδὲ δυνάμενοι ὥσπερ γραφῆς εἰς τὸ ἀληθέστατον ἀποβλέποντες κἀκεῖσε ἀεὶ ἀναφέροντές τε
d καὶ θεώμενοι ὡς οἷόν τε ἀκριβέστατα, οὕτω δὴ καὶ τὰ ἐνθάδε νόμιμα καλῶν τε πέρι καὶ δικαίων καὶ ἀγαθῶν τίθεσθαί τε, ἐὰν δέῃ τίθεσθαι, καὶ τὰ κείμενα φυλάττοντες σῴζειν;

Οὐ μὰ τὸν Δία, ἦ δ' ὅς, οὐ πολύ τι διαφέρει.

5 Τούτους οὖν μᾶλλον φύλακας στησόμεθα ἢ τοὺς ἐγνωκότας μὲν ἕκαστον τὸ ὄν, ἐμπειρίᾳ δὲ μηδὲν ἐκείνων ἐλλείποντας μηδ' ἐν ἄλλῳ μηδενὶ μέρει ἀρετῆς ὑστεροῦντας;

Ἄτοπον μεντἄν, ἔφη, εἴη ἄλλους αἱρεῖσθαι, εἴ γε τἆλλα μὴ ἐλλείποιντο· τούτῳ γὰρ αὐτῷ σχεδόν τι τῷ μεγίστῳ ἂν
10 προέχοιεν.

485 Οὐκοῦν τοῦτο δὴ λέγωμεν, τίνα τρόπον οἷοί τ' ἔσονται οἱ αὐτοὶ κἀκεῖνα καὶ ταῦτα ἔχειν;

Πάνυ μὲν οὖν.

Ὃ τοίνυν ἀρχόμενοι τούτου τοῦ λόγου ἐλέγομεν, τὴν
5 φύσιν αὐτῶν πρῶτον δεῖ καταμαθεῖν· καὶ οἶμαι, ἐὰν ἐκείνην ἱκανῶς ὁμολογήσωμεν, ὁμολογήσειν καὶ ὅτι οἷοί τε ταῦτα ἔχειν οἱ αὐτοί, ὅτι τε οὐκ ἄλλους πόλεων ἡγεμόνας δεῖ εἶναι ἢ τούτους.

Πῶς;

10 Τοῦτο μὲν δὴ τῶν φιλοσόφων φύσεων πέρι ὡμολογήσθω
b ἡμῖν ὅτι μαθήματός γε ἀεὶ ἐρῶσιν ὃ ἂν αὐτοῖς δηλοῖ ἐκείνης τῆς οὐσίας τῆς ἀεὶ οὔσης καὶ μὴ πλανωμένης ὑπὸ γενέσεως καὶ φθορᾶς.

Ὡμολογήσθω.

5 Καὶ μήν, ἦν δ' ἐγώ, καὶ ὅτι πάσης αὐτῆς, καὶ οὔτε σμικροῦ οὔτε μείζονος οὔτε τιμιωτέρου οὔτε ἀτιμοτέρου μέρους ἑκόντες ἀφίενται, ὥσπερ ἐν τοῖς πρόσθεν περί τε τῶν φιλοτίμων καὶ ἐρωτικῶν διήλθομεν.

d 10 προέχοιεν A F M : προσέχοιεν D a 5 δεῖ F : δεῖν A D M
b 1 ὃ ἂν A F D Themistius : ὅσ ἂν M : ὅσα ἂν d vulg. ἐκείνην δηλοῖ τὴν οὐσίαν Themistius

Ὀρθῶς, ἔφη, λέγεις.

Τόδε τοίνυν μετὰ τοῦτο σκόπει εἰ ἀνάγκη ἔχειν πρὸς 10 τούτῳ ἐν τῇ φύσει οἳ ἂν μέλλωσιν ἔσεσθαι οἵους ἐλέγομεν. c

Τὸ ποῖον;

Τὴν ἀψεύδειαν καὶ τὸ ἑκόντας εἶναι μηδαμῇ προσδέχεσθαι τὸ ψεῦδος ἀλλὰ μισεῖν, τὴν δ' ἀλήθειαν στέργειν.

Εἰκός γ', ἔφη. 5

Οὐ μόνον γε, ὦ φίλε, εἰκός, ἀλλὰ καὶ πᾶσα ἀνάγκη τὸν ἐρωτικῶς του φύσει ἔχοντα πᾶν τὸ συγγενές τε καὶ οἰκεῖον τῶν παιδικῶν ἀγαπᾶν.

Ὀρθῶς, ἔφη.

Ἦ οὖν οἰκειότερον σοφίᾳ τι ἀληθείας ἂν εὕροις; 10

Καὶ πῶς; ἦ δ' ὅς.

Ἦ οὖν δυνατὸν εἶναι τὴν αὐτὴν φύσιν φιλόσοφόν τε καὶ φιλοψευδῆ; d

Οὐδαμῶς γε.

Τὸν ἄρα τῷ ὄντι φιλομαθῆ πάσης ἀληθείας δεῖ εὐθὺς ἐκ νέου ὅτι μάλιστα ὀρέγεσθαι.

Παντελῶς γε. 5

Ἀλλὰ μὴν ὅτῳ γε εἰς ἕν τι αἱ ἐπιθυμίαι σφόδρα ῥέπουσιν, ἴσμεν που ὅτι εἰς τἆλλα τούτῳ ἀσθενέστεραι, ὥσπερ ῥεῦμα ἐκεῖσε ἀπωχετευμένον.

Τί μήν;

Ὧι δὴ πρὸς τὰ μαθήματα καὶ πᾶν τὸ τοιοῦτον ἐρρυήκασιν, 10 περὶ τὴν τῆς ψυχῆς οἶμαι ἡδονὴν αὐτῆς καθ' αὑτὴν εἶεν ἄν, τὰς δὲ διὰ τοῦ σώματος ἐκλείποιεν, εἰ μὴ πεπλασμένως ἀλλ' ἀληθῶς φιλόσοφός τις εἴη. e

Μεγάλη ἀνάγκη.

Σώφρων μὴν ὅ γε τοιοῦτος καὶ οὐδαμῇ φιλοχρήματος· ὧν γὰρ ἕνεκα χρήματα μετὰ πολλῆς δαπάνης σπουδάζεται, ἄλλῳ τινὶ μᾶλλον ἢ τούτῳ προσήκει σπουδάζειν. 5

c 1 ἐλέγομεν A D : λέγομεν F c 10 ἀληθείας ἂν A D : ἂν ἀληθείας F d 8 ἀπωχετευμένον A D : ἀποχετευόμεναι F

Οὕτω.

486 Καὶ μήν που καὶ τόδε δεῖ σκοπεῖν, ὅταν κρίνειν μέλλῃς φύσιν φιλόσοφόν τε καὶ μή.

Τὸ ποῖον;

Μή σε λάθῃ μετέχουσα ἀνελευθερίας· ἐναντιώτατον γάρ
5 που σμικρολογία ψυχῇ μελλούσῃ τοῦ ὅλου καὶ παντὸς ἀεὶ ἐπορέξεσθαι θείου τε καὶ ἀνθρωπίνου.

Ἀληθέστατα, ἔφη.

Ἧι οὖν ὑπάρχει διανοίᾳ μεγαλοπρέπεια καὶ θεωρία παντὸς μὲν χρόνου, πάσης δὲ οὐσίας, οἷόν τε οἴει τούτῳ μέγα τι
10 δοκεῖν εἶναι τὸν ἀνθρώπινον βίον;

Ἀδύνατον, ἦ δ' ὅς.

b Οὐκοῦν καὶ θάνατον οὐ δεινόν τι ἡγήσεται ὁ τοιοῦτος;

Ἥκιστά γε.

Δειλῇ δὴ καὶ ἀνελευθέρῳ φύσει φιλοσοφίας ἀληθινῆς, ὡς ἔοικεν, οὐκ ἂν μετείη.

5 Οὔ μοι δοκεῖ.

Τί οὖν; ὁ κόσμιος καὶ μὴ φιλοχρήματος μηδ' ἀνελεύθερος μηδ' ἀλαζὼν μηδὲ δειλὸς ἔσθ' ὅπῃ ἂν δυσσύμβολος ἢ ἄδικος γένοιτο;

Οὐκ ἔστιν.

10 Καὶ τοῦτο δὴ ψυχὴν σκοπῶν φιλόσοφον καὶ μὴ εὐθὺς νέου ὄντος ἐπισκέψῃ, εἰ ἄρα δικαία τε καὶ ἥμερος ἢ δυσκοινώνητος καὶ ἀγρία.

Πάνυ μὲν οὖν.

c Οὐ μὴν οὐδὲ τόδε παραλείψεις, ὡς ἐγῷμαι.

Τὸ ποῖον;

Εὐμαθὴς ἢ δυσμαθής. ἢ προσδοκᾷς ποτέ τινά τι ἱκανῶς ἂν στέρξαι, ὃ πράττων ἂν ἀλγῶν τε πράττοι καὶ μόγις
5 σμικρὸν ἀνύτων;

a 4 μή A D : μή γε F   a 8 ᾗ . . . διανοίᾳ μεγαλοπρέπεια] ᾧ . . . διάνοια μεγαλοπρεπὴς Antoninus : ᾧ . . . διανοίας μεγαλοπρέπεια scr. recc. (*cui cogitationis adest magnificentia* Ficinus)   b 3 δὴ A M : δὲ F D   c 3 τι A F M : om. D

Οὐκ ἂν γένοιτο.

Τί δ' εἰ μηδὲν ὧν μάθοι σῴζειν δύναιτο, λήθης ὢν πλέως; ἆρ' ἂν οἷός τ' εἴη ἐπιστήμης μὴ κενὸς εἶναι;

Καὶ πῶς;

Ἀνόνητα δὴ πονῶν οὐκ οἴει ἀναγκασθήσεται τελευτῶν 10 αὑτόν τε μισεῖν καὶ τὴν τοιαύτην πρᾶξιν;

Πῶς δ' οὔ;

Ἐπιλήσμονα ἄρα ψυχὴν ἐν ταῖς ἱκανῶς φιλοσόφοις μή d ποτε ἐγκρίνωμεν, ἀλλὰ μνημονικὴν αὐτὴν ζητῶμεν δεῖν εἶναι.

Παντάπασι μὲν οὖν.

Ἀλλ' οὐ μὴν τό γε τῆς ἀμούσου τε καὶ ἀσχήμονος φύσεως ἄλλοσέ ποι ἂν φαῖμεν ἕλκειν ἢ εἰς ἀμετρίαν. 5

Τί μήν;

Ἀλήθειαν δ' ἀμετρίᾳ ἡγῇ συγγενῆ εἶναι ἢ ἐμμετρίᾳ;

Ἐμμετρίᾳ.

Ἔμμετρον ἄρα καὶ εὔχαριν ζητῶμεν πρὸς τοῖς ἄλλοις διάνοιαν φύσει, ἣν ἐπὶ τὴν τοῦ ὄντος ἰδέαν ἑκάστου τὸ 10 αὐτοφυὲς εὐάγωγον παρέξει.

Πῶς δ' οὔ;

Τί οὖν; μή πῃ δοκοῦμέν σοι οὐκ ἀναγκαῖα ἕκαστα διεληλυ- e θέναι καὶ ἑπόμενα ἀλλήλοις τῇ μελλούσῃ τοῦ ὄντος ἱκανῶς τε καὶ τελέως ψυχῇ μεταλήψεσθαι;

Ἀναγκαιότατα μὲν οὖν, ἔφη. 487

Ἔστιν οὖν ὅπῃ μέμψῃ τοιοῦτον ἐπιτήδευμα, ὃ μή ποτ' ἄν τις οἷός τε γένοιτο ἱκανῶς ἐπιτηδεῦσαι, εἰ μὴ φύσει εἴη μνήμων, εὐμαθής, μεγαλοπρεπής, εὔχαρις, φίλος τε καὶ συγγενὴς ἀληθείας, δικαιοσύνης, ἀνδρείας, σωφροσύνης; 5

Οὐδ' ἂν ὁ Μῶμος, ἔφη, τό γε τοιοῦτον μέμψαιτο.

Ἀλλ', ἦν δ' ἐγώ, τελειωθεῖσι τοῖς τοιούτοις παιδείᾳ τε καὶ ἡλικίᾳ ἆρα οὐ μόνοις ἂν τὴν πόλιν ἐπιτρέποις;

c 7 πλέως A D M : ἀνάπλεως F c 10 ἀνόνητα F M d et in marg. γρ. A : ἀνόητα A D δὴ A F M : δὲ D a 4 τε A D M : δὲ F b Καὶ ὁ Ἀδείμαντος, Ὦ Σώκρατες, ἔφη, πρὸς μὲν ταῦτά σοι οὐδεὶς ἂν οἷός τ' εἴη ἀντειπεῖν. ἀλλὰ γὰρ τοιόνδε τι πάσχουσιν οἱ ἀκούοντες ἑκάστοτε ἃ νῦν λέγεις· ἡγοῦνται δι' ἀπειρίαν τοῦ ἐρωτᾶν καὶ ἀποκρίνεσθαι ὑπὸ τοῦ λόγου παρ' 5 ἕκαστον τὸ ἐρώτημα σμικρὸν παραγόμενοι, ἀθροισθέντων τῶν σμικρῶν ἐπὶ τελευτῆς τῶν λόγων μέγα τὸ σφάλμα καὶ ἐναντίον τοῖς πρώτοις ἀναφαίνεσθαι, καὶ ὥσπερ ὑπὸ τῶν πεττεύειν δεινῶν οἱ μὴ τελευτῶντες ἀποκλείονται καὶ οὐκ ἔχουσιν ὅτι c φέρωσιν, οὕτω καὶ σφεῖς τελευτῶντες ἀποκλείεσθαι καὶ οὐκ ἔχειν ὅτι λέγωσιν ὑπὸ πεττείας αὖ ταύτης τινὸς ἑτέρας, οὐκ ἐν ψήφοις ἀλλ' ἐν λόγοις· ἐπεὶ τό γε ἀληθὲς οὐδέν τι μᾶλλον ταύτῃ ἔχειν. λέγω δ' εἰς τὸ παρὸν ἀποβλέψας. νῦν γὰρ 5 φαίη ἄν τίς σοι λόγῳ μὲν οὐκ ἔχειν καθ' ἕκαστον τὸ ἐρωτώμενον ἐναντιοῦσθαι, ἔργῳ δὲ ὁρᾶν, ὅσοι ἂν ἐπὶ φιλοσοφίαν ὁρμήσαντες μὴ τοῦ πεπαιδεῦσθαι ἕνεκα ἁψάμενοι νέοι ὄντες d ἀπαλλάττωνται, ἀλλὰ μακρότερον ἐνδιατρίψωσιν, τοὺς μὲν πλείστους καὶ πάνυ ἀλλοκότους γιγνομένους, ἵνα μὴ παμπονήρους εἴπωμεν, τοὺς δ' ἐπιεικεστάτους δοκοῦντας ὅμως τοῦτό γε ὑπὸ τοῦ ἐπιτηδεύματος οὗ σὺ ἐπαινεῖς πάσχοντας, 5 ἀχρήστους ταῖς πόλεσι γιγνομένους.

Καὶ ἐγὼ ἀκούσας, Οἴει οὖν, εἶπον, τοὺς ταῦτα λέγοντας ψεύδεσθαι;

Οὐκ οἶδα, ἦ δ' ὅς, ἀλλὰ τὸ σοὶ δοκοῦν ἡδέως ἂν ἀκούοιμι.

10 Ἀκούοις ἂν ὅτι ἔμοιγε φαίνονται τἀληθῆ λέγειν.

e Πῶς οὖν, ἔφη, εὖ ἔχει λέγειν ὅτι οὐ πρότερον κακῶν παύσονται αἱ πόλεις, πρὶν ἂν ἐν αὐταῖς οἱ φιλόσοφοι ἄρξωσιν, οὓς ἀχρήστους ὁμολογοῦμεν αὐταῖς εἶναι;

Ἐρωτᾷς, ἦν δ' ἐγώ, ἐρώτημα δεόμενον ἀποκρίσεως δι' 5 εἰκόνος λεγομένης.

b 5 παραγόμενοι D M : παραγενόμενοι A (sed in marg. παραγό A) F b 6 μέγα F D : μετὰ A b 7 ὥσπερ A F M : ὡς pr. D c 1 φέρωσιν scr. Vind. E : φέρουσιν A F D M c 4 ταύτῃ F D : ταύτην A M d 3 δὲ post ὅμως F d 4 ὑπὸ A F M : ἐπὶ D

Σὺ δέ γε, ἔφη, οἶμαι οὐκ εἴωθας δι' εἰκόνων λέγειν.

Εἶεν, εἶπον· σκώπτεις ἐμβεβληκώς με εἰς λόγον οὕτω δυσαπόδεικτον; ἄκουε δ' οὖν τῆς εἰκόνος, ἵν' ἔτι μᾶλλον 488 ἴδῃς ὡς γλίσχρως εἰκάζω. οὕτω γὰρ χαλεπὸν τὸ πάθος τῶν ἐπιεικεστάτων, ὃ πρὸς τὰς πόλεις πεπόνθασιν, ὥστε οὐδ' ἔστιν ἓν οὐδὲν ἄλλο τοιοῦτον πεπονθός, ἀλλὰ δεῖ ἐκ πολλῶν αὐτὸ συναγαγεῖν εἰκάζοντα καὶ ἀπολογούμενον 5 ὑπὲρ αὐτῶν, οἷον οἱ γραφῆς τραγελάφους καὶ τὰ τοιαῦτα μειγνύντες γράφουσιν. νόησον γὰρ τοιουτονὶ γενόμενον εἴτε πολλῶν νεῶν πέρι εἴτε μιᾶς· ναύκληρον μεγέθει μὲν καὶ ῥώμῃ ὑπὲρ τοὺς ἐν τῇ νηὶ πάντας, ὑπόκωφον δὲ καὶ ὁρῶντα b ὡσαύτως βραχύ τι καὶ γιγνώσκοντα περὶ ναυτικῶν ἕτερα τοιαῦτα, τοὺς δὲ ναύτας στασιάζοντας πρὸς ἀλλήλους περὶ τῆς κυβερνήσεως, ἕκαστον οἰόμενον δεῖν κυβερνᾶν, μήτε μαθόντα πώποτε τὴν τέχνην μήτε ἔχοντα ἀποδεῖξαι διδά- 5 σκαλον ἑαυτοῦ μηδὲ χρόνον ἐν ᾧ ἐμάνθανεν, πρὸς δὲ τούτοις φάσκοντας μηδὲ διδακτὸν εἶναι, ἀλλὰ καὶ τὸν λέγοντα ὡς διδακτὸν ἑτοίμους κατατέμνειν, αὐτοὺς δὲ αὐτῷ ἀεὶ τῷ ναυκλήρῳ περικεχύσθαι δεομένους καὶ πάντα ποιοῦντας ὅπως c ἂν σφίσι τὸ πηδάλιον ἐπιτρέψῃ, ἐνίοτε δ' ἂν μὴ πείθωσιν ἀλλὰ ἄλλοι μᾶλλον, τοὺς μὲν ἄλλους ἢ ἀποκτεινύντας ἢ ἐκβάλλοντας ἐκ τῆς νεώς, τὸν δὲ γενναῖον ναύκληρον μανδραγόρᾳ ἢ μέθῃ ἤ τινι ἄλλῳ συμποδίσαντας τῆς νεὼς ἄρχειν 5 χρωμένους τοῖς ἐνοῦσι, καὶ πίνοντάς τε καὶ εὐωχουμένους πλεῖν ὡς τὸ εἰκὸς τοὺς τοιούτους, πρὸς δὲ τούτοις ἐπαινοῦντας ναυτικὸν μὲν καλοῦντας καὶ κυβερνητικὸν καὶ ἐπι- d στάμενον τὰ κατὰ ναῦν, ὃς ἂν συλλαμβάνειν δεινὸς ᾖ ὅπως ἄρξουσιν ἢ πείθοντες ἢ βιαζόμενοι τὸν ναύκληρον, τὸν δὲ μὴ τοιοῦτον ψέγοντας ὡς ἄχρηστον, τοῦ δὲ ἀληθινοῦ κυ-

e 6 δέ γε] λέγε F e 7 σκώπτεις A F M : σκώπτει D a 2 τὸ F D : om. A M πάθος] γρ. πλῆθος in marg. A (cui τὸ add. rec. a) a 4 ἓν οὐδὲν ἄλλο] ἐν οὐδενὶ ἄλλῳ f d a 5 ἀπολογούμενον] ὑπεραπολογούμενον F a 7 τοιουτονὶ A D M : τοιοῦτον F c 7 πλεῖν ὡς A : πλεῖν εἰς F : πλεῖον ὡς D πλεῖν . . . τοιούτους om. pr. M

5 βερνήτου πέρι μηδ' ἐπαΐοντες, ὅτι ἀνάγκη αὐτῷ τὴν ἐπιμέλειαν ποιεῖσθαι ἐνιαυτοῦ καὶ ὡρῶν καὶ οὐρανοῦ καὶ ἄστρων καὶ πνευμάτων καὶ πάντων τῶν τῇ τέχνῃ προσηκόντων, εἰ μέλλει τῷ ὄντι νεὼς ἀρχικὸς ἔσεσθαι, ὅπως δὲ κυβερνήσει
e ἐάντε τινες βούλωνται ἐάντε μή, μήτε τέχνην τούτου μήτε μελέτην οἰόμενοι δυνατὸν εἶναι λαβεῖν ἅμα καὶ τὴν κυβερνητικήν. τοιούτων δὴ περὶ τὰς ναῦς γιγνομένων τὸν ὡς ἀληθῶς κυβερνητικὸν οὐχ ἡγῇ ἂν τῷ ὄντι μετεωροσκόπον
489 τε καὶ ἀδολέσχην καὶ ἄχρηστόν σφισι καλεῖσθαι ὑπὸ τῶν ἐν ταῖς οὕτω κατεσκευασμέναις ναυσὶ πλωτήρων;

Καὶ μάλα, ἔφη ὁ Ἀδείμαντος.

Οὐ δή, ἦν δ' ἐγώ, οἶμαι δεῖσθαί σε ἐξεταζομένην τὴν
5 εἰκόνα ἰδεῖν, ὅτι ταῖς πόλεσι πρὸς τοὺς ἀληθινοὺς φιλοσόφους τὴν διάθεσιν ἔοικεν, ἀλλὰ μανθάνειν ὃ λέγω.

Καὶ μάλ', ἔφη.

Πρῶτον μὲν τοίνυν ἐκεῖνον τὸν θαυμάζοντα ὅτι οἱ φιλόσοφοι οὐ τιμῶνται ἐν ταῖς πόλεσι δίδασκέ τε τὴν
10 εἰκόνα καὶ πειρῶ πείθειν ὅτι πολὺ ἂν θαυμαστότερον ἦν
b εἰ ἐτιμῶντο.

Ἀλλὰ διδάξω, ἔφη.

Καὶ ὅτι τοίνυν τἀληθῆ λέγεις, ὡς ἄχρηστοι τοῖς πολλοῖς οἱ ἐπιεικέστατοι τῶν ἐν φιλοσοφίᾳ· τῆς μέντοι ἀχρηστίας
5 τοὺς μὴ χρωμένους κέλευε αἰτιᾶσθαι, ἀλλὰ μὴ τοὺς ἐπιεικεῖς. οὐ γὰρ ἔχει φύσιν κυβερνήτην ναυτῶν δεῖσθαι ἄρχεσθαι ὑφ' αὐτοῦ οὐδὲ τοὺς σοφοὺς ἐπὶ τὰς τῶν πλουσίων θύρας ἰέναι, ἀλλ' ὁ τοῦτο κομψευσάμενος ἐψεύσατο, τὸ δὲ ἀληθὲς πέφυκεν, ἐάντε πλούσιος ἐάντε πένης κάμνῃ, ἀναγκαῖον
c εἶναι ἐπὶ ἰατρῶν θύρας ἰέναι καὶ πάντα τὸν ἄρχεσθαι δεόμενον ἐπὶ τὰς τοῦ ἄρχειν δυναμένου, οὐ τὸν ἄρχοντα δεῖσθαι τῶν ἀρχομένων ἄρχεσθαι, οὗ ἂν τῇ ἀληθείᾳ τι ὄφελος ᾖ. ἀλλὰ τοὺς νῦν πολιτικοὺς ἄρχοντας ἀπεικάζων οἷς ἄρτι

d 5 ἐπαΐοντες A F D M : ἐπαΐοντας f scr. recc. d 7 τῇ om. F
e 2 οἰόμενοι A F D M : οἰομένους scr. recc. : οἰομένῳ ci. H. Sidgwick
a 4 σε] σοι F b 3 λέγεις A F D M : λέγει scr. Par. 1810

ἐλέγομεν ναύταις οὐχ ἁμαρτήσῃ, καὶ τοὺς ὑπὸ τούτων 5
ἀχρήστους λεγομένους καὶ μετεωρολέσχας τοῖς ὡς ἀληθῶς
κυβερνήταις.

Ὀρθότατα, ἔφη.

Ἔκ τε τοίνυν τούτων καὶ ἐν τούτοις οὐ ῥᾴδιον εὐδοκιμεῖν
τὸ βέλτιστον ἐπιτήδευμα ὑπὸ τῶν τἀναντία ἐπιτηδευόντων· 10
πολὺ δὲ μεγίστη καὶ ἰσχυροτάτη διαβολὴ γίγνεται φιλοσοφίᾳ d
διὰ τοὺς τὰ τοιαῦτα φάσκοντας ἐπιτηδεύειν, οὓς δὴ σὺ φῂς
τὸν ἐγκαλοῦντα τῇ φιλοσοφίᾳ λέγειν ὡς παμπόνηροι οἱ
πλεῖστοι τῶν ἰόντων ἐπ' αὐτήν, οἱ δὲ ἐπιεικέστατοι ἄχρηστοι,
καὶ ἐγὼ συνεχώρησα ἀληθῆ σε λέγειν. ἢ γάρ; 5

Ναί.

Οὐκοῦν τῆς μὲν τῶν ἐπιεικῶν ἀχρηστίας τὴν αἰτίαν
διεληλύθαμεν;

Καὶ μάλα.

Τῆς δὲ τῶν πολλῶν πονηρίας τὴν ἀνάγκην βούλει τὸ 10
μετὰ τοῦτο διέλθωμεν, καὶ ὅτι οὐδὲ τούτου φιλοσοφία αἰτία,
ἂν δυνώμεθα, πειραθῶμεν δεῖξαι; e

Πάνυ μὲν οὖν.

Ἀκούωμεν δὴ καὶ λέγωμεν ἐκεῖθεν ἀναμνησθέντες, ὅθεν
διῇμεν τὴν φύσιν οἷον ἀνάγκη φῦναι τὸν καλόν τε κἀγαθὸν
ἐσόμενον. ἡγεῖτο δ' αὐτῷ, εἰ νῷ ἔχεις, πρῶτον μὲν ἀλήθεια, 490
ἣν διώκειν αὐτὸν πάντως καὶ πάντῃ ἔδει ἢ ἀλαζόνι ὄντι
μηδαμῇ μετεῖναι φιλοσοφίας ἀληθινῆς.

Ἦν γὰρ οὕτω λεγόμενον.

Οὐκοῦν ἓν μὲν τοῦτο σφόδρα οὕτω παρὰ δόξαν τοῖς νῦν 5
δοκουμένοις περὶ αὐτοῦ;

Καὶ μάλα, ἔφη.

Ἆρ' οὖν δὴ οὐ μετρίως ἀπολογησόμεθα ὅτι πρὸς τὸ ὂν
πεφυκὼς εἴη ἁμιλλᾶσθαι ὅ γε ὄντως φιλομαθής, καὶ οὐκ

c 6 ὡς om. F d 5 ἀληθῆ AM: ἀληθές FD σε AM: τε FD
a 1 αὐτῷ ADM: αὐτῶν F νῷ ADM: ἐν νῷ F a 8 ἀπολογησόμεθα AFDM: ἀπελογησάμεθα ci. Ast: ἀπελογισάμεθα ci. Madvig

b ἐπιμένοι ἐπὶ τοῖς δοξαζομένοις εἶναι πολλοῖς ἑκάστοις, ἀλλ᾽
ἴοι καὶ οὐκ ἀμβλύνοιτο οὐδ᾽ ἀπολήγοι τοῦ ἔρωτος, πρὶν
αὐτοῦ ὃ ἔστιν ἑκάστου τῆς φύσεως ἅψασθαι ᾧ προσήκει
ψυχῆς ἐφάπτεσθαι τοῦ τοιούτου—προσήκει δὲ συγγενεῖ—
5 ᾧ πλησιάσας καὶ μιγεὶς τῷ ὄντι ὄντως, γεννήσας νοῦν καὶ
ἀλήθειαν, γνοίη τε καὶ ἀληθῶς ζῴη καὶ τρέφοιτο καὶ οὕτω
λήγοι ὠδῖνος, πρὶν δ᾽ οὔ;

Ὡς οἷόν τ᾽, ἔφη, μετριώτατα.

Τί οὖν; τούτῳ τι μετέσται ψεῦδος ἀγαπᾶν ἢ πᾶν τοὐ-
10 ναντίον μισεῖν;

c Μισεῖν, ἔφη.

Ἡγουμένης δὴ ἀληθείας οὐκ ἄν ποτε οἶμαι φαμὲν αὐτῇ
χορὸν κακῶν ἀκολουθῆσαι.

Πῶς γάρ;

5 Ἀλλ᾽ ὑγιές τε καὶ δίκαιον ἦθος, ᾧ καὶ σωφροσύνην
ἕπεσθαι.

Ὀρθῶς, ἔφη.

Καὶ δὴ τὸν ἄλλον τῆς φιλοσόφου φύσεως χορὸν τί δεῖ
πάλιν ἐξ ἀρχῆς ἀναγκάζοντα τάττειν; μέμνησαι γάρ που
10 ὅτι συνέβη προσῆκον τούτοις ἀνδρεία, μεγαλοπρέπεια, εὐ-
μάθεια, μνήμη· καὶ σοῦ ἐπιλαβομένου ὅτι πᾶς μὲν ἀναγκ-
d ασθήσεται ὁμολογεῖν οἷς λέγομεν, ἐάσας δὲ τοὺς λόγους,
εἰς αὐτοὺς ἀποβλέψας περὶ ὧν ὁ λόγος, φαίη ὁρᾶν αὐτῶν
τοὺς μὲν ἀχρήστους, τοὺς δὲ πολλοὺς κακοὺς πᾶσαν κακίαν,
τῆς διαβολῆς τὴν αἰτίαν ἐπισκοποῦντες ἐπὶ τούτῳ νῦν
5 γεγόναμεν, τί ποθ᾽ οἱ πολλοὶ κακοί, καὶ τούτου δὴ ἕνεκα
πάλιν ἀνειλήφαμεν τὴν τῶν ἀληθῶς φιλοσόφων φύσιν καὶ
ἐξ ἀνάγκης ὡρισάμεθα.

e Ἔστιν, ἔφη, ταῦτα.

b 6 ζῴη] ζῴη τε F οὕτω A D M : οὕτω δὴ F b 9 τούτῳ τι A D M : τι τούτῳ F c 2 φαμὲν F Stobaeus : φαῖμεν A D M c 9 ἀναγκάζοντα] ἀναλαμβάνοντα scr. Ven. 184 : ἀναβιβάζοντα ci. Madvig d 3 μὲν F D : om. A M d 4 διαβολῆς A F M : ἤδη διαβολῆς D : δὴ διαβολῆς ci. Stephanus

Ταύτης δή, ἦν δ' ἐγώ, τῆς φύσεως δεῖ θεάσασθαι τὰς φθοράς, ὡς διόλλυται ἐν πολλοῖς, σμικρὸν δέ τι ἐκφεύγει, οὓς δὴ καὶ οὐ πονηρούς, ἀχρήστους δὲ καλοῦσι· καὶ μετὰ τοῦτο αὖ τὰς μιμουμένας ταύτην καὶ εἰς τὸ ἐπιτήδευμα 491 καθισταμένας αὐτῆς, οἷαι οὖσαι φύσεις ψυχῶν εἰς ἀνάξιον καὶ μεῖζον ἑαυτῶν ἀφικνούμεναι ἐπιτήδευμα, πολλαχῇ πλημμελοῦσαι, πανταχῇ καὶ ἐπὶ πάντας δόξαν οἵαν λέγεις φιλοσοφίᾳ προσῆψαν. 5

Τίνας δέ, ἔφη, τὰς διαφθορὰς λέγεις;

Ἐγώ σοι, εἶπον, ἂν οἷός τε γένωμαι, πειράσομαι διελθεῖν. τόδε μὲν οὖν οἶμαι πᾶς ἡμῖν ὁμολογήσει, τοιαύτην φύσιν καὶ πάντα ἔχουσαν ὅσα προσετάξαμεν νυνδή, εἰ τελέως μέλλοι φιλόσοφος γενέσθαι, ὀλιγάκις ἐν ἀνθρώποις φύεσθαι b καὶ ὀλίγας. ἢ οὐκ οἴει;

Σφόδρα γε.

Τούτων δὴ τῶν ὀλίγων σκόπει ὡς πολλοὶ ὄλεθροι καὶ μεγάλοι. 5

Τίνες δή;

Ὃ μὲν πάντων θαυμαστότατον ἀκοῦσαι, ὅτι ἓν ἕκαστον ὧν ἐπῃνέσαμεν τῆς φύσεως ἀπόλλυσι τὴν ἔχουσαν ψυχὴν καὶ ἀποσπᾷ φιλοσοφίας. λέγω δὲ ἀνδρείαν, σωφροσύνην καὶ πάντα ἃ διήλθομεν. 10

Ἄτοπον, ἔφη, ἀκοῦσαι.

Ἔτι τοίνυν, ἦν δ' ἐγώ, πρὸς τούτοις τὰ λεγόμενα ἀγαθὰ c πάντα φθείρει καὶ ἀποσπᾷ, κάλλος καὶ πλοῦτος καὶ ἰσχὺς σώματος καὶ συγγένεια ἐρρωμένη ἐν πόλει καὶ πάντα τὰ τούτων οἰκεῖα· ἔχεις γὰρ τὸν τύπον ὧν λέγω.

Ἔχω, ἔφη· καὶ ἡδέως γ' ἂν ἀκριβέστερον ἃ λέγεις 5 πυθοίμην.

Λαβοῦ τοίνυν, ἦν δ' ἐγώ, ὅλου αὐτοῦ ὀρθῶς, καί σοι εὔδηλόν τε φανεῖται καὶ οὐκ ἄτοπα δόξει τὰ προειρημένα περὶ αὐτῶν.

a 9 εἰ . . . b 1 γενέσθαι secl. Cobet c 9 αὐτῶν A M · αὐτοῦ F D

10 Πῶς οὖν, ἔφη, κελεύεις;

d Παντός, ἦν δ' ἐγώ, σπέρματος πέρι ἢ φυτοῦ, εἴτε ἐγγείων εἴτε τῶν ζῴων, ἴσμεν ὅτι τὸ μὴ τυχὸν τροφῆς ἧς προσήκει ἑκάστῳ μηδ' ὥρας μηδὲ τόπου, ὅσῳ ἂν ἐρρωμενέστερον ᾖ, τοσούτῳ πλειόνων ἐνδεῖ τῶν πρεπόντων· ἀγαθῷ γάρ που 5 κακὸν ἐναντιώτερον ἢ τῷ μὴ ἀγαθῷ.

Πῶς δ' οὔ;

Ἔχει δὴ οἶμαι λόγον τὴν ἀρίστην φύσιν ἐν ἀλλοτριωτέρᾳ οὖσαν τροφῇ κάκιον ἀπαλλάττειν τῆς φαύλης.

Ἔχει.

e Οὐκοῦν, ἦν δ' ἐγώ, ὦ Ἀδείμαντε, καὶ τὰς ψυχὰς οὕτω φῶμεν τὰς εὐφυεστάτας κακῆς παιδαγωγίας τυχούσας διαφερόντως κακὰς γίγνεσθαι; ἢ οἴει τὰ μεγάλα ἀδικήματα καὶ τὴν ἄκρατον πονηρίαν ἐκ φαύλης ἀλλ' οὐκ ἐκ νεανικῆς 5 φύσεως τροφῇ διολομένης γίγνεσθαι, ἀσθενῆ δὲ φύσιν μεγάλων οὔτε ἀγαθῶν οὔτε κακῶν αἰτίαν ποτὲ ἔσεσθαι;

Οὔκ, ἀλλά, ἦ δ' ὅς, οὕτως.

492 Ἣν τοίνυν ἔθεμεν τοῦ φιλοσόφου φύσιν, ἂν μὲν οἶμαι μαθήσεως προσηκούσης τύχῃ, εἰς πᾶσαν ἀρετὴν ἀνάγκη αὐξανομένην ἀφικνεῖσθαι, ἐὰν δὲ μὴ ἐν προσηκούσῃ σπαρεῖσά τε καὶ φυτευθεῖσα τρέφηται, εἰς πάντα τἀναντία αὖ, 5 ἐὰν μή τις αὐτῇ βοηθήσας θεῶν τύχῃ. ἢ καὶ σὺ ἡγῇ, ὥσπερ οἱ πολλοί, διαφθειρομένους τινὰς εἶναι ὑπὸ σοφιστῶν νέους, διαφθείροντας δέ τινας σοφιστὰς ἰδιωτικούς, ὅτι καὶ ἄξιον λόγου, ἀλλ' οὐκ αὐτοὺς τοὺς ταῦτα λέγοντας μεγίστους b μὲν εἶναι σοφιστάς, παιδεύειν δὲ τελεώτατα καὶ ἀπεργάζεσθαι οἵους βούλονται εἶναι καὶ νέους καὶ πρεσβυτέρους καὶ ἄνδρας καὶ γυναῖκας;

Πότε δή; ἦ δ' ὅς.

d 1 παντός F D M Stobaeus: πάντως A d 3 ἑκάστῳ om. Stobaeus d 7 ἀλλοτριωτέρᾳ οὖσαν A F (οὖσα) D Stobaeus: ἀλλοτρίῳ τραφεῖσαν ci. Heusde d 8 κάκιον A F D M: κακιῶν Stobaeus: κακίον' ci. Boeckh e 1 οὕτω φῶμεν] φῶμεν οὕτω Stobaeus e 5 διολομένης A F D M Stobaeus: διολλυμένης vulg. e 6 αἰτίαν ποτὲ] ποτὲ αἰτίαν Stobaeus b 1 δὲ A D M: τε F

῞Οταν, εἶπον, συγκαθεζόμενοι ἁθρόοι πολλοὶ εἰς ἐκκλη- 5
σίας ἢ εἰς δικαστήρια ἢ θέατρα ἢ στρατόπεδα ἤ τινα ἄλλον
κοινὸν πλήθους σύλλογον σὺν πολλῷ θορύβῳ τὰ μὲν ψέγωσι
τῶν λεγομένων ἢ πραττομένων, τὰ δὲ ἐπαινῶσιν, ὑπερ-
βαλλόντως ἑκάτερα, καὶ ἐκβοῶντες καὶ κροτοῦντες, πρὸς δ'
αὐτοῖς αἵ τε πέτραι καὶ ὁ τόπος ἐν ᾧ ἂν ὦσιν ἐπηχοῦντες c
διπλάσιον θόρυβον παρέχωσι τοῦ ψόγου καὶ ἐπαίνου. ἐν
δὴ τῷ τοιούτῳ τὸν νέον, τὸ λεγόμενον, τίνα οἴει καρδίαν
ἴσχειν; ἢ ποίαν [ἂν] αὐτῷ παιδείαν ἰδιωτικὴν ἀνθέξειν,
ἣν οὐ κατακλυσθεῖσαν ὑπὸ τοῦ τοιούτου ψόγου ἢ ἐπαίνου 5
οἰχήσεσθαι φερομένην κατὰ ῥοῦν ᾗ ἂν οὗτος φέρῃ, καὶ
φήσειν τε τὰ αὐτὰ τούτοις καλὰ καὶ αἰσχρὰ εἶναι, καὶ
ἐπιτηδεύσειν ἅπερ ἂν οὗτοι, καὶ ἔσεσθαι τοιοῦτον;

Πολλή, ἦ δ' ὅς, ὦ Σώκρατες, ἀνάγκη. d

Καὶ μήν, ἦν δ' ἐγώ, οὔπω τὴν μεγίστην ἀνάγκην εἰρή-
καμεν.

Ποίαν; ἔφη.

Ἣν ἔργῳ προστιθέασι λόγῳ μὴ πείθοντες οὗτοι οἱ παι- 5
δευταί τε καὶ σοφισταί. ἢ οὐκ οἶσθα ὅτι τὸν μὴ πειθό-
μενον ἀτιμίαις τε καὶ χρήμασι καὶ θανάτοις κολάζουσι;

Καὶ μάλα, ἔφη, σφόδρα.

Τίνα οὖν ἄλλον σοφιστὴν οἴει ἢ ποίους ἰδιωτικοὺς λόγους
ἐναντία τούτοις τείνοντας κρατήσειν; 10

Οἶμαι μὲν οὐδένα, ἦ δ' ὅς. e

Οὐ γάρ, ἦν δ' ἐγώ, ἀλλὰ καὶ τὸ ἐπιχειρεῖν πολλὴ ἄνοια.
οὔτε γὰρ γίγνεται οὔτε γέγονεν οὐδὲ οὖν μὴ γένηται ἀλλοῖον
ἦθος πρὸς ἀρετὴν παρὰ τὴν τούτων παιδείαν πεπαιδευμένον,
ἀνθρώπειον, ὦ ἑταῖρε—θεῖον μέντοι κατὰ τὴν παροιμίαν 5
ἐξαιρῶμεν λόγου· εὖ γὰρ χρὴ εἰδέναι, ὅτιπερ ἂν σωθῇ τε

b 5 πολλοὶ] οἱ πολλοὶ ci. Hermann: secl. Cobet c 2 καὶ A D M: τε καὶ F c 3 δὴ A D M: δὲ F c 4 ἂν secl. Cobet ἰδιωτικὴν A D M: ἰδιώτην F c 7 φήσειν A² F D M: φησιν A d 6 τὸν F D: τὸ A M e 2 ἦν δ' ἐγώ A F M: om. D e 6 ἐξαιρῶμεν M: ἐξαίρωμεν A D: ἐξαίρομεν F

493 καὶ γένηται οἷον δεῖ ἐν τοιαύτῃ καταστάσει πολιτειῶν, θεοῦ μοῖραν αὐτὸ σῶσαι λέγων οὐ κακῶς ἐρεῖς.

Οὐδ᾽ ἐμοὶ ἄλλως, ἔφη, δοκεῖ.

Ἔτι τοίνυν σοι, ἦν δ᾽ ἐγώ, πρὸς τούτοις καὶ τόδε δοξάτω.

5 Τὸ ποῖον;

Ἕκαστος τῶν μισθαρνούντων ἰδιωτῶν, οὓς δὴ οὗτοι σοφιστὰς καλοῦσι καὶ ἀντιτέχνους ἡγοῦνται, μὴ ἄλλα παιδεύειν ἢ ταῦτα τὰ τῶν πολλῶν δόγματα, ἃ δοξάζουσιν ὅταν ἀθροισθῶσιν, καὶ σοφίαν ταύτην καλεῖν· οἷόνπερ ἂν εἰ θρέμ-10 ματος μεγάλου καὶ ἰσχυροῦ τρεφομένου τὰς ὀργάς τις καὶ b ἐπιθυμίας κατεμάνθανεν, ὅπῃ τε προσελθεῖν χρὴ καὶ ὅπῃ ἅψασθαι αὐτοῦ, καὶ ὁπότε χαλεπώτατον ἢ πρᾳότατον καὶ ἐκ τίνων γίγνεται, καὶ φωνὰς δὴ ἐφ᾽ οἷς ἑκάστας εἴωθεν φθέγγεσθαι, καὶ οἵας αὖ ἄλλου φθεγγομένου ἡμεροῦταί τε 5 καὶ ἀγριαίνει, καταμαθὼν δὲ ταῦτα πάντα συνουσίᾳ τε καὶ χρόνου τριβῇ σοφίαν τε καλέσειεν καὶ ὡς τέχνην συστησάμενος ἐπὶ διδασκαλίαν τρέποιτο, μηδὲν εἰδὼς τῇ ἀληθείᾳ τούτων τῶν δογμάτων τε καὶ ἐπιθυμιῶν ὅτι καλὸν ἢ αἰσχρὸν c ἢ ἀγαθὸν ἢ κακὸν ἢ δίκαιον ἢ ἄδικον, ὀνομάζοι δὲ πάντα ταῦτα ἐπὶ ταῖς τοῦ μεγάλου ζῴου δόξαις, οἷς μὲν χαίροι ἐκεῖνο ἀγαθὰ καλῶν, οἷς δὲ ἄχθοιτο κακά, ἄλλον δὲ μηδένα ἔχοι λόγον περὶ αὐτῶν, ἀλλὰ τἀναγκαῖα δίκαια καλοῖ καὶ 5 καλά, τὴν δὲ τοῦ ἀναγκαίου καὶ ἀγαθοῦ φύσιν, ὅσον διαφέρει τῷ ὄντι, μήτε ἑωρακὼς εἴη μήτε ἄλλῳ δυνατὸς δεῖξαι. τοιοῦτος δὴ ὢν πρὸς Διὸς οὐκ ἄτοπος ἄν σοι δοκεῖ εἶναι παιδευτής;

Ἔμοιγ᾽, ἔφη.

10 Ἦ οὖν τι τούτου δοκεῖ διαφέρειν ὁ τὴν τῶν πολλῶν καὶ d παντοδαπῶν συνιόντων ὀργὴν καὶ ἡδονὰς κατανενοηκέναι

a 8 ταῦτα A F D: om. M δόγματα A D M: om. F b 3 ἐφ᾽ οἷς ἑκάστας ci. G. van Prinsterer: ἐφ᾽ οἷς ἕκαστος A F D M: ἐφ᾽ οἷς ἑκάστοτε et ἃς ἐφ᾽ ἑκάστοις scr. recc. c 1 πάντα ταῦτα A D: ταῦτα πάντα F c 2 χαίροι A: χαίρει F D c 3 ἀγαθὰ] ἀγαθὸν F c 7 δοκεῖ A F M: δοκῇ D c 10 τούτου A D M: τοῦτο F σοφίαν ἡγούμενος, εἴτ' ἐν γραφικῇ εἴτ' ἐν μουσικῇ εἴτε δὴ ἐν πολιτικῇ; ὅτι μὲν γὰρ ἄν τις τούτοις ὁμιλῇ ἐπιδεικνύμενος, ἢ ποίησιν ἤ τινα ἄλλην δημιουργίαν ἢ πόλει διακονίαν, κυρίους αὑτοῦ ποιῶν τοὺς πολλούς, πέρα τῶν ἀναγκαίων, 5 ἡ Διομηδεία λεγομένη ἀνάγκη ποιεῖν αὐτῷ ταῦτα ἃ ἂν οὗτοι ἐπαινῶσιν· ὡς δὲ καὶ ἀγαθὰ καὶ καλὰ ταῦτα τῇ ἀληθείᾳ, ἤδη πώποτέ του ἤκουσας αὐτῶν λόγον διδόντος οὐ καταγέλαστον;

Οἶμαι δέ γε, ἦ δ' ὅς, οὐδ' ἀκούσομαι. e

Ταῦτα τοίνυν πάντα ἐννοήσας ἐκεῖνο ἀναμνήσθητι· αὐτὸ τὸ καλὸν ἀλλὰ μὴ τὰ πολλὰ καλά, ἢ αὐτό τι ἕκαστον καὶ μὴ τὰ πολλὰ ἕκαστα, ἔσθ' ὅπως πλῆθος ἀνέξεται ἢ ἡγήσεται 494 εἶναι;

Ἥκιστά γ', ἔφη.

Φιλόσοφον μὲν ἄρα, ἦν δ' ἐγώ, πλῆθος ἀδύνατον εἶναι.

Ἀδύνατον. 5

Καὶ τοὺς φιλοσοφοῦντας ἄρα ἀνάγκη ψέγεσθαι ὑπ' αὐτῶν.

Ἀνάγκη.

Καὶ ὑπὸ τούτων δὴ τῶν ἰδιωτῶν, ὅσοι προσομιλοῦντες ὄχλῳ ἀρέσκειν αὐτῷ ἐπιθυμοῦσι.

Δῆλον. 10

Ἐκ δὴ τούτων τίνα ὁρᾷς σωτηρίαν φιλοσόφῳ φύσει, ὥστ' ἐν τῷ ἐπιτηδεύματι μείνασαν πρὸς τέλος ἐλθεῖν; ἐννόει δ' ἐκ τῶν ἔμπροσθεν. ὡμολόγηται γὰρ δὴ ἡμῖν εὐμάθεια καὶ b μνήμη καὶ ἀνδρεία καὶ μεγαλοπρέπεια ταύτης εἶναι τῆς φύσεως.

Ναί.

Οὐκοῦν εὐθὺς ἐν παισὶν ὁ τοιοῦτος πρῶτος ἔσται ἐν 5 ἅπασιν, ἄλλως τε καὶ ἐὰν τὸ σῶμα φυῇ προσφερὴς τῇ ψυχῇ;

d 2 εἴτε δὴ . . . d 3 ὁμιλῇ F D M et in marg. A : om. A d 3 ἄν Adam : ἐάν A F D M d 6 διομήδειος schol. ἀνάγκη A M : ἡ ἀνάγκη D : * ἀνάγκη F d 7 δὲ καὶ] δὲ F ἀγαθὰ καὶ καλὰ] καλὰ καὶ ἀγαθὰ F e 2 πάντα τοίνυν ταῦτα F a 6 ἀνάγκη ἄρα F b 5 παισὶν ci. de Geer : πᾶσιν A F D M

Τί δ' οὐ μέλλει; ἔφη.

Βουλήσονται δὴ οἶμαι αὐτῷ χρῆσθαι, ἐπειδὰν πρεσβύτερος γίγνηται, ἐπὶ τὰ αὐτῶν πράγματα οἵ τε οἰκεῖοι καὶ
10 οἱ πολῖται.

Πῶς δ' οὔ;

c Ὑποκείσονται ἄρα δεόμενοι καὶ τιμῶντες, προκαταλαμβάνοντες καὶ προκολακεύοντες τὴν μέλλουσαν αὐτοῦ δύναμιν.

Φιλεῖ γοῦν, ἔφη, οὕτω γίγνεσθαι.

Τί οὖν οἴει, ἦν δ' ἐγώ, τὸν τοιοῦτον ἐν τοῖς τοιούτοις
5 ποιήσειν, ἄλλως τε καὶ ἐὰν τύχῃ μεγάλης πόλεως ὢν καὶ ἐν ταύτῃ πλούσιός τε καὶ γενναῖος, καὶ ἔτι εὐειδὴς καὶ μέγας; ἆρ' οὐ πληρωθήσεσθαι ἀμηχάνου ἐλπίδος, ἡγούμενον καὶ τὰ τῶν Ἑλλήνων καὶ τὰ τῶν βαρβάρων ἱκανὸν ἔσεσθαι
d πράττειν, καὶ ἐπὶ τούτοις ὑψηλὸν ἐξαρεῖν αὐτόν, σχηματισμοῦ καὶ φρονήματος κενοῦ ἄνευ νοῦ ἐμπιμπλάμενον;

Καὶ μάλ', ἔφη.

Τῷ δὴ οὕτω διατιθεμένῳ ἐάν τις ἠρέμα προσελθὼν τἀληθῆ
5 λέγῃ, ὅτι νοῦς οὐκ ἔνεστιν αὐτῷ, δεῖται δέ, τὸ δὲ οὐ κτητὸν μὴ δουλεύσαντι τῇ κτήσει αὐτοῦ, ἆρ' εὐπετὲς οἴει εἶναι εἰσακοῦσαι διὰ τοσούτων κακῶν;

Πολλοῦ γε δεῖ, ἦ δ' ὅς.

Ἐὰν δ' οὖν, ἦν δ' ἐγώ, διὰ τὸ εὖ πεφυκέναι καὶ τὸ συγγενὲς
e τῶν λόγων εἰσαισθάνηταί τέ πῃ καὶ κάμπτηται καὶ ἕλκηται πρὸς φιλοσοφίαν, τί οἰόμεθα δράσειν ἐκείνους τοὺς ἡγουμένους ἀπολλύναι αὐτοῦ τὴν χρείαν τε καὶ ἑταιρίαν; οὐ πᾶν μὲν ἔργον, πᾶν δ' ἔπος λέγοντάς τε καὶ πράττοντας καὶ
5 περὶ αὐτόν, ὅπως ἂν μὴ πεισθῇ, καὶ περὶ τὸν πείθοντα, ὅπως ἂν μὴ οἷός τ' ᾖ, καὶ ἰδίᾳ ἐπιβουλεύοντας καὶ δημοσίᾳ εἰς ἀγῶνας καθιστάντας;

c 4 ἦν A F M : om. D d 1 ἐξαρεῖν A² M : ἐξάρειν F : ἐξαιρεῖν A : ἐξαίρειν D d 2 ἄνευ νοῦ secl. G. van Prinsterer (sed legerunt Damascius Themistius) d 6 δουλεύσαντι A D M : δουλεύσαντα F κτήσει A² D M : κτίσει A F e 1 εἰσαισθάνηται F : εἶς αἰσθάνηται A D M τε A D : om. F M e 4 δ' ἔπος A F M : δὲ πρὸς D

Πολλή, ἦ δ' ὅς, ἀνάγκη. 495

Ἔστιν οὖν ὅπως ὁ τοιοῦτος φιλοσοφήσει;

Οὐ πάνυ.

Ὁρᾷς οὖν, ἦν δ' ἐγώ, ὅτι οὐ κακῶς ἐλέγομεν ὡς ἄρα καὶ αὐτὰ τὰ τῆς φιλοσόφου φύσεως μέρη, ὅταν ἐν κακῇ 5 τροφῇ γένηται, αἴτια τρόπον τινὰ τοῦ ἐκπεσεῖν ἐκ τοῦ ἐπιτηδεύματος, καὶ τὰ λεγόμενα ἀγαθά, πλοῦτοί τε καὶ πᾶσα ἡ τοιαύτη παρασκευή;

Οὐ γάρ, ἀλλ' ὀρθῶς, ἔφη, ἐλέχθη.

Οὗτος δή, εἶπον, ὦ θαυμάσιε, ὄλεθρός τε καὶ διαφθορὰ 10 τοσαύτη τε καὶ τοιαύτη τῆς βελτίστης φύσεως εἰς τὸ ἄριστον b ἐπιτήδευμα, ὀλίγης καὶ ἄλλως γιγνομένης, ὡς ἡμεῖς φαμεν. καὶ ἐκ τούτων δὴ τῶν ἀνδρῶν καὶ οἱ τὰ μέγιστα κακὰ ἐργαζόμενοι τὰς πόλεις γίγνονται καὶ τοὺς ἰδιώτας, καὶ οἱ τἀγαθά, οἳ ἂν ταύτῃ τύχωσι ῥυέντες· σμικρὰ δὲ φύσις οὐδὲν 5 μέγα οὐδέποτε οὐδένα οὔτε ἰδιώτην οὔτε πόλιν δρᾷ.

Ἀληθέστατα, ἦ δ' ὅς.

Οὗτοι μὲν δὴ οὕτως ἐκπίπτοντες, οἷς μάλιστα προσήκει, ἔρημον καὶ ἀτελῆ φιλοσοφίαν λείποντες αὐτοί τε βίον οὐ c προσήκοντα οὐδ' ἀληθῆ ζῶσιν, τὴν δέ, ὥσπερ ὀρφανὴν συγγενῶν, ἄλλοι ἐπεισελθόντες ἀνάξιοι ᾔσχυνάν τε καὶ ὀνείδη περιῆψαν, οἷα καὶ σὺ φῄς ὀνειδίζειν τοὺς ὀνειδίζοντας, ὡς οἱ συνόντες αὐτῇ οἱ μὲν οὐδενός, οἱ δὲ πολλοὶ πολλῶν κακῶν 5 ἄξιοί εἰσιν.

Καὶ γὰρ οὖν, ἔφη, τά γε λεγόμενα ταῦτα.

Εἰκότως γε, ἦν δ' ἐγώ, λεγόμενα. καθορῶντες γὰρ ἄλλοι ἀνθρωπίσκοι κενὴν τὴν χώραν ταύτην γιγνομένην, καλῶν δὲ ὀνομάτων καὶ προσχημάτων μεστήν, ὥσπερ οἱ ἐκ τῶν d εἱργμῶν εἰς τὰ ἱερὰ ἀποδιδράσκοντες, ἄσμενοι καὶ οὗτοι ἐκ τῶν τεχνῶν ἐκπηδῶσιν εἰς τὴν φιλοσοφίαν, οἳ ἂν

a 4 ὁρᾷς F D M Stobaeus : ἄρα A ὡς . . . a 5 ὅταν om. F a 5 ὅταν A D Stobaeus : ὃς ἂν M b 4 ἰδιώτας A F M : ἱδρῶτας D b 8 μὲν A F M : om. D c 1 λείποντες A F M : λειπόντες D : λιπόντες vulg. c 8 ἄλλοι A D M : οἱ ἄλλοι F

κομψότατοι ὄντες τυγχάνωσι περὶ τὸ αὑτῶν τεχνίον. ὅμως
5 γὰρ δὴ πρός γε τὰς ἄλλας τέχνας καίπερ οὕτω πραττούσης
φιλοσοφίας τὸ ἀξίωμα μεγαλοπρεπέστερον λείπεται, οὗ δὴ
ἐφιέμενοι πολλοὶ ἀτελεῖς μὲν τὰς φύσεις, ὑπὸ δὲ τῶν τεχνῶν
τε καὶ δημιουργιῶν ὥσπερ τὰ σώματα λελώβηνται, οὕτω
e καὶ τὰς ψυχὰς συγκεκλασμένοι τε καὶ ἀποτεθρυμμένοι διὰ
τὰς βαναυσίας τυγχάνουσιν—ἢ οὐκ ἀνάγκη;

Καὶ μάλα, ἔφη.

Δοκεῖς οὖν τι, ἦν δ' ἐγώ, διαφέρειν αὐτοὺς ἰδεῖν ἀργύριον
5 κτησαμένου χαλκέως φαλακροῦ καὶ σμικροῦ, νεωστὶ μὲν ἐκ
δεσμῶν λελυμένου, ἐν βαλανείῳ δὲ λελουμένου, νεουργὸν
ἱμάτιον ἔχοντος, ὡς νυμφίου παρεσκευασμένου, διὰ πενίαν
καὶ ἐρημίαν τοῦ δεσπότου τὴν θυγατέρα μέλλοντος γαμεῖν;

496 Οὐ πάνυ, ἔφη, διαφέρει.

Ποῖ' ἄττα οὖν εἰκὸς γεννᾶν τοὺς τοιούτους; οὐ νόθα καὶ
φαῦλα;

Πολλὴ ἀνάγκη.

5 Τί δέ; τοὺς ἀναξίους παιδεύσεως, ὅταν αὐτῇ πλησιάζοντες
ὁμιλῶσι μὴ κατ' ἀξίαν, ποῖ' ἄττα φῶμεν γεννᾶν διανοήματά
τε καὶ δόξας; ἆρ' οὐχ ὡς ἀληθῶς προσήκοντα ἀκοῦσαι
σοφίσματα, καὶ οὐδὲν γνήσιον οὐδὲ φρονήσεως [ἄξιον]
ἀληθινῆς ἐχόμενον;

10 Παντελῶς μὲν οὖν, ἔφη.

Πάνσμικρον δή τι, ἔφην ἐγώ, ὦ Ἀδείμαντε, λείπεται τῶν
b κατ' ἀξίαν ὁμιλούντων φιλοσοφίᾳ, ἤ που ὑπὸ φυγῆς κατα-
ληφθὲν γενναῖον καὶ εὖ τεθραμμένον ἦθος, ἀπορίᾳ τῶν
διαφθερούντων κατὰ φύσιν μεῖναν ἐπ' αὐτῇ, ἢ ἐν σμικρᾷ
πόλει ὅταν μεγάλη ψυχὴ φυῇ καὶ ἀτιμάσασα τὰ τῆς πόλεως
5 ὑπερίδῃ· βραχὺ δέ πού τι καὶ ἀπ' ἄλλης τέχνης δικαίως

d 4 τυγχάνωσι A M : τυγχάνουσι F : περιτυγχάνωσι D αὑτῶν A M : αὐτῶν F : αὐτὸ D e 1 ἀποτεθρυμμένοι] ἀποτεθρυωμένοι Timaeus a 8 ἄξιον secl. ci. Ast : ἄξιον ἀληθινῆς A M : ἄξιον ὡς ἀληθινῆς D : ἀληθινῆς ὡς ἄξιον F : ἀξίως ci. Campbell a 11 πάνσμικρον A : πᾶν σμικρὸν F D : πάνυ σμικρὸν M ἔφην ἐγώ F D : ἔφη ἦν δ' ἐγώ A b 1 καταληφθὲν A D : καταλειφθὲν F ἀτιμάσαν εὐφυὲς ἐπ' αὐτὴν ἂν ἔλθοι. εἴη δ' ἂν καὶ ὁ τοῦ ἡμετέρου ἑταίρου Θεάγους χαλινὸς οἷος κατασχεῖν· καὶ γὰρ Θεάγει τὰ μὲν ἄλλα πάντα παρεσκεύασται πρὸς τὸ ἐκπεσεῖν c φιλοσοφίας, ἡ δὲ τοῦ σώματος νοσοτροφία ἀπείργουσα αὐτὸν τῶν πολιτικῶν κατέχει. τὸ δ' ἡμέτερον οὐκ ἄξιον λέγειν, τὸ δαιμόνιον σημεῖον· ἢ γάρ πού τινι ἄλλῳ ἢ οὐδενὶ τῶν ἔμπροσθεν γέγονεν. καὶ τούτων δὴ τῶν ὀλίγων οἱ γενόμενοι 5 καὶ γευσάμενοι ὡς ἡδὺ καὶ μακάριον τὸ κτῆμα, καὶ τῶν πολλῶν αὖ ἱκανῶς ἰδόντες τὴν μανίαν, καὶ ὅτι οὐδεὶς οὐδὲν ὑγιὲς ὡς ἔπος εἰπεῖν περὶ τὰ τῶν πόλεων πράττει οὐδ' ἔστι σύμμαχος μεθ' ὅτου τις ἰὼν ἐπὶ τὴν τῷ δικαίῳ βοήθειαν d σῴζοιτ' ἄν, ἀλλ' ὥσπερ εἰς θηρία ἄνθρωπος ἐμπεσών, οὔτε συναδικεῖν ἐθέλων οὔτε ἱκανὸς ὢν εἷς πᾶσιν ἀγρίοις ἀντέχειν, πρίν τι τὴν πόλιν ἢ φίλους ὀνῆσαι προαπολόμενος ἀνωφελὴς αὑτῷ τε καὶ τοῖς ἄλλοις ἂν γένοιτο—ταῦτα πάντα 5 λογισμῷ λαβών, ἡσυχίαν ἔχων καὶ τὰ αὑτοῦ πράττων, οἷον ἐν χειμῶνι κονιορτοῦ καὶ ζάλης ὑπὸ πνεύματος φερομένου ὑπὸ τειχίον ἀποστάς, ὁρῶν τοὺς ἄλλους καταπιμπλαμένους ἀνομίας, ἀγαπᾷ εἴ πῃ αὐτὸς καθαρὸς ἀδικίας τε καὶ ἀνοσίων ἔργων τόν τε ἐνθάδε βίον βιώσεται καὶ τὴν ἀπαλλαγὴν αὐτοῦ e μετὰ καλῆς ἐλπίδος ἵλεώς τε καὶ εὐμενὴς ἀπαλλάξεται.

Ἀλλά τοι, ἦ δ' ὅς, οὐ τὰ ἐλάχιστα ἂν διαπραξάμενος 497 ἀπαλλάττοιτο.

Οὐδέ γε, εἶπον, τὰ μέγιστα, μὴ τυχὼν πολιτείας προσηκούσης· ἐν γὰρ προσηκούσῃ αὐτός τε μᾶλλον αὐξήσεται καὶ μετὰ τῶν ἰδίων τὰ κοινὰ σώσει. 5

Τὸ μὲν οὖν τῆς φιλοσοφίας ὧν ἕνεκα διαβολὴν εἴληφεν καὶ ὅτι οὐ δικαίως, ἐμοὶ μὲν δοκεῖ μετρίως εἰρῆσθαι, εἰ μὴ ἔτ' ἄλλο λέγεις τι σύ.

b 6 ἂν ἔλθοι D: ἀνέλθοι A F M c 3 οὐκ A D M: οὐδ' F c 4 ἄλλῳ secl. Cobet c 6 γενόμενοι A F D: γενόμενοι M c 8 τὰ A F D: om. M d 1 τῷ δικαίῳ A F: τῶν δικαίων D M d 4 προσαπολόμενος F d 8 ἀποστάς A F Basilius: ὑποστὰς D M

Ἀλλ' οὐδέν, ἦ δ' ὅς, ἔτι λέγω περὶ τούτου· ἀλλὰ τὴν
10 προσήκουσαν αὐτῇ τίνα τῶν νῦν λέγεις πολιτειῶν;

b Οὐδ' ἡντινοῦν, εἶπον, ἀλλὰ τοῦτο καὶ ἐπαιτιῶμαι, μηδεμίαν ἀξίαν εἶναι τῶν νῦν κατάστασιν πόλεως φιλοσόφου φύσεως· διὸ καὶ στρέφεσθαί τε καὶ ἀλλοιοῦσθαι αὐτήν, ὥσπερ ξενικὸν σπέρμα ἐν γῇ ἄλλῃ σπειρόμενον ἐξίτηλον εἰς τὸ ἐπιχώριον
5 φιλεῖ κρατούμενον ἰέναι, οὕτω καὶ τοῦτο τὸ γένος νῦν μὲν οὐκ ἴσχειν τὴν αὐτοῦ δύναμιν, ἀλλ' εἰς ἀλλότριον ἦθος ἐκπίπτειν· εἰ δὲ λήψεται τὴν ἀρίστην πολιτείαν, ὥσπερ
c καὶ αὐτὸ ἄριστόν ἐστιν, τότε δηλώσει ὅτι τοῦτο μὲν τῷ ὄντι θεῖον ἦν, τὰ δὲ ἄλλα ἀνθρώπινα, τά τε τῶν φύσεων καὶ τῶν ἐπιτηδευμάτων. δῆλος δὴ οὖν εἶ ὅτι μετὰ τοῦτο ἐρήσῃ τίς αὕτη ἡ πολιτεία.

5 Οὐκ ἔγνως, ἔφη· οὐ γὰρ τοῦτο ἔμελλον, ἀλλ' εἰ αὐτὴ ἣν ἡμεῖς διεληλύθαμεν οἰκίζοντες τὴν πόλιν ἢ ἄλλη.

Τὰ μὲν ἄλλα, ἦν δ' ἐγώ, αὕτη· τοῦτο δὲ αὐτὸ ἐρρήθη μὲν καὶ τότε, ὅτι δεήσοι τι ἀεὶ ἐνεῖναι ἐν τῇ πόλει λόγον
d ἔχον τῆς πολιτείας τὸν αὐτὸν ὅνπερ καὶ σὺ ὁ νομοθέτης ἔχων τοὺς νόμους ἐτίθεις.

Ἐρρήθη γάρ, ἔφη.

Ἀλλ' οὐχ ἱκανῶς, εἶπον, ἐδηλώθη, φόβῳ ὧν ὑμεῖς ἀντι-
5 λαμβανόμενοι δεδηλώκατε μακρὰν καὶ χαλεπὴν αὐτοῦ τὴν ἀπόδειξιν· ἐπεὶ καὶ τὸ λοιπὸν οὐ πάντων ῥᾷστον διελθεῖν.

Τὸ ποῖον;

Τίνα τρόπον μεταχειριζομένη πόλις φιλοσοφίαν οὐ διολεῖται. τὰ γὰρ δὴ μεγάλα πάντα ἐπισφαλῆ, καὶ τὸ
10 λεγόμενον τὰ καλὰ τῷ ὄντι χαλεπά.

e Ἀλλ' ὅμως, ἔφη, λαβέτω τέλος ἡ ἀπόδειξις τούτου φανεροῦ γενομένου.

Οὐ τὸ μὴ βούλεσθαι, ἦν δ' ἐγώ, ἀλλ' εἴπερ, τὸ μὴ

a 10 αὐτῇ A F D: αὐτοῖς M b 6 ἦθος A F D M Stobaei A: εἶδος scr. recc. b 7 ἐκπίπτειν A F Stobaeus: ἐκπίπτει D M c 2 καὶ A D M Stobaeus: καὶ τὰ F c 5 αὐτὴ D: αὕτη A M: αὐτὴ F c 8 ἐνεῖναι M: ἐν εἶναι D: ἓν εἶναι A F d 1 ὅνπερ A D M: ὥσπερ F d 6 πάντων ci. Bekker: πάντως A F D M δύνασθαι διακωλύσει· παρὼν δὲ τήν γ' ἐμὴν προθυμίαν εἴσῃ. σκόπει δὲ καὶ νῦν ὡς προθύμως καὶ παρακινδυνευτικῶς μέλλω 5 λέγειν, ὅτι τοὐναντίον ἢ νῦν δεῖ τοῦ ἐπιτηδεύματος τούτου πόλιν ἅπτεσθαι.

Πῶς;

Νῦν μέν, ἦν δ' ἐγώ, οἱ καὶ ἁπτόμενοι μειράκια ὄντα ἄρτι ἐκ παίδων τὸ μεταξὺ οἰκονομίας καὶ χρηματισμοῦ πλησιά- 498 σαντες αὐτοῦ τῷ χαλεπωτάτῳ ἀπαλλάττονται, οἱ φιλοσοφώ- τατοι ποιούμενοι—λέγω δὲ χαλεπώτατον τὸ περὶ τοὺς λόγους —ἐν δὲ τῷ ἔπειτα, ἐὰν καὶ ἄλλων τοῦτο πραττόντων παρα- καλούμενοι ἐθέλωσιν ἀκροαταὶ γίγνεσθαι, μεγάλα ἡγοῦνται, 5 πάρεργον οἰόμενοι αὐτὸ δεῖν πράττειν· πρὸς δὲ τὸ γῆρας ἐκτὸς δή τινων ὀλίγων ἀποσβέννυνται πολὺ μᾶλλον τοῦ Ἡρακλειτείου ἡλίου, ὅσον αὖθις οὐκ ἐξάπτονται. b

Δεῖ δὲ πῶς; ἔφη.

Πᾶν τοὐναντίον· μειράκια μὲν ὄντα καὶ παῖδας μειρακιώδη παιδείαν καὶ φιλοσοφίαν μεταχειρίζεσθαι, τῶν τε σωμάτων, ἐν ᾧ βλαστάνει τε καὶ ἀνδροῦται, εὖ μάλα ἐπιμελεῖσθαι, 5 ὑπηρεσίαν φιλοσοφίᾳ κτωμένους· προϊούσης δὲ τῆς ἡλικίας, ἐν ᾗ ἡ ψυχὴ τελεοῦσθαι ἄρχεται, ἐπιτείνειν τὰ ἐκείνης γυμνάσια· ὅταν δὲ λήγῃ μὲν ἡ ῥώμη, πολιτικῶν δὲ καὶ στρατειῶν ἐκτὸς γίγνηται, τότε ἤδη ἀφέτους νέμεσθαι καὶ c μηδὲν ἄλλο πράττειν, ὅτι μὴ πάρεργον, τοὺς μέλλοντας εὐδαιμόνως βιώσεσθαι καὶ τελευτήσαντας τῷ βίῳ τῷ βεβιω- μένῳ τὴν ἐκεῖ μοῖραν ἐπιστήσειν πρέπουσαν.

Ὡς ἀληθῶς μοι δοκεῖς, ἔφη, λέγειν γε προθύμως, ὦ 5 Σώκρατες· οἶμαι μέντοι τοὺς πολλοὺς τῶν ἀκουόντων προθυ- μότερον ἔτι ἀντιτείνειν οὐδ' ὁπωστιοῦν πεισομένους, ἀπὸ Θρασυμάχου ἀρξαμένους.

e 6 δεῖ A²FDM: δὴ A b 4 φιλοσοφίαν ADM: σοφίαν F τε ADM: δὲ F b 5 ἀνδροῦται] ἁδροῦται vulg. b 6 φιλοσοφίᾳ AF Basilius: φιλοσοφίαν DM c 1 στρατειῶν] στρατιῶν AFM c 5 γε AD: τε F c 7 ἀντιτείνειν] ἂν ἀντιτείνειν corr. Mon.: ἀντιτενεῖν ci. Stephanus (*repugnaturos* Ficinus)

Μὴ διάβαλλε, ἦν δ' ἐγώ, ἐμὲ καὶ Θρασύμαχον ἄρτι
d φίλους γεγονότας, οὐδὲ πρὸ τοῦ ἐχθροὺς ὄντας. πείρας
γὰρ οὐδὲν ἀνήσομεν, ἕως ἂν ἢ πείσωμεν καὶ τοῦτον καὶ
τοὺς ἄλλους, ἢ προὔργου τι ποιήσωμεν εἰς ἐκεῖνον τὸν βίον,
ὅταν αὖθις γενόμενοι τοῖς τοιούτοις ἐντύχωσι λόγοις.
5 Εἰς μικρόν γ', ἔφη, χρόνον εἴρηκας.
Εἰς οὐδὲν μὲν οὖν, ἔφην, ὥς γε πρὸς τὸν ἅπαντα. τὸ
μέντοι μὴ πείθεσθαι τοῖς λεγομένοις τοὺς πολλοὺς θαῦμα
οὐδέν· οὐ γὰρ πώποτε εἶδον γενόμενον τὸ νῦν λεγόμενον,
e ἀλλὰ πολὺ μᾶλλον τοιαῦτ' ἄττα ῥήματα ἐξεπίτηδες ἀλλήλοις
ὡμοιωμένα, ἀλλ' οὐκ ἀπὸ τοῦ αὐτομάτου ὥσπερ νῦν συμ-
πεσόντα. ἄνδρα δὲ ἀρετῇ παρισωμένον καὶ ὡμοιωμένον
μέχρι τοῦ δυνατοῦ τελέως ἔργῳ τε καὶ λόγῳ, δυναστεύοντα
499 ἐν πόλει ἑτέρᾳ τοιαύτῃ, οὐ πώποτε ἑωράκασιν, οὔτε ἕνα οὔτε
πλείους. ἢ οἴει;
Οὐδαμῶς γε.
Οὐδέ γε αὖ λόγων, ὦ μακάριε, καλῶν τε καὶ ἐλευθέρων
5 ἱκανῶς ἐπήκοοι γεγόνασιν, οἵων ζητεῖν μὲν τὸ ἀληθὲς συν-
τεταμένως ἐκ παντὸς τρόπου τοῦ γνῶναι χάριν, τὰ δὲ κομψά
τε καὶ ἐριστικὰ καὶ μηδαμόσε ἄλλοσε τείνοντα ἢ πρὸς δόξαν
καὶ ἔριν καὶ ἐν δίκαις καὶ ἐν ἰδίαις συνουσίαις πόρρωθεν
ἀσπαζομένων.
10 Οὐδὲ τούτων, ἔφη.
Τούτων τοι χάριν, ἦν δ' ἐγώ, καὶ ταῦτα προορώμενοι
b ἡμεῖς τότε καὶ δεδιότες ὅμως ἐλέγομεν, ὑπὸ τἀληθοῦς ἠναγ-
κασμένοι, ὅτι οὔτε πόλις οὔτε πολιτεία οὐδέ γ' ἀνὴρ ὁμοίως
μή ποτε γένηται τέλεος, πρὶν ἂν τοῖς φιλοσόφοις τούτοις
τοῖς ὀλίγοις καὶ οὐ πονηροῖς, ἀχρήστοις δὲ νῦν κεκλημένοις,
5 ἀνάγκη τις ἐκ τύχης περιβάλῃ, εἴτε βούλονται εἴτε μή,

c 9 θρασύμαχον A F M : θρασύμαχον ἀρξαμένους D e 1 πολὺ A F D : πολλοὶ A² M τοιαῦτ' ἄττα ῥήματα] γρ. τοιαυτὶ ῥήματα in marg. A a 5 οἵων A M : οἷον A² F D συντεταμένως F : ξυντεταμένως A² D M : ξυντεταγμένως A a 6 τρόπου F D M et in marg. γρ. A : προσώπου A b 5 ἀνάγκη] fort. ἀνάγκην Adam περιβάλῃ A F D M : παραβάλῃ m πόλεως ἐπιμεληθῆναι, καὶ τῇ πόλει κατηκόῳ γενέσθαι, ἢ τῶν νῦν ἐν δυναστείαις ἢ βασιλείαις ὄντων ὑέσιν ἢ αὐτοῖς ἔκ τινος θείας ἐπιπνοίας ἀληθινῆς φιλοσοφίας ἀληθινὸς ἔρως ἐμπέσῃ. τούτων δὲ πότερα γενέσθαι ἢ ἀμφότερα ὡς ἄρα ἐστὶν ἀδύνατον, ἐγὼ μὲν οὐδένα φημὶ ἔχειν λόγον. οὕτω γὰρ ἂν ἡμεῖς δικαίως καταγελῴμεθα, ὡς ἄλλως εὐχαῖς ὅμοια λέγοντες. ἢ οὐχ οὕτως; c 5

Οὕτως.

Εἰ τοίνυν ἄκροις εἰς φιλοσοφίαν πόλεώς τις ἀνάγκη ἐπιμεληθῆναι ἢ γέγονεν ἐν τῷ ἀπείρῳ τῷ παρεληλυθότι χρόνῳ ἢ καὶ νῦν ἔστιν ἔν τινι βαρβαρικῷ τόπῳ, πόρρω που ἐκτὸς ὄντι τῆς ἡμετέρας ἐπόψεως, ἢ καὶ ἔπειτα γενήσεται, περὶ τούτου ἕτοιμοι τῷ λόγῳ διαμάχεσθαι, ὡς γέγονεν ἡ εἰρημένη πολιτεία καὶ ἔστιν καὶ γενήσεταί γε, ὅταν αὕτη ἡ Μοῦσα πόλεως ἐγκρατὴς γένηται. οὐ γὰρ ἀδύνατος γενέσθαι, οὐδ' ἡμεῖς ἀδύνατα λέγομεν· χαλεπὰ δὲ καὶ παρ' ἡμῶν ὁμολογεῖται. d 5

Καὶ ἐμοί, ἔφη, οὕτω δοκεῖ.

Τοῖς δὲ πολλοῖς, ἦν δ' ἐγώ, ὅτι οὐκ αὖ δοκεῖ, ἐρεῖς;

Ἴσως, ἔφη.

Ὦ μακάριε, ἦν δ' ἐγώ, μὴ πάνυ οὕτω τῶν πολλῶν κατηγόρει. ἀλλοίαν τοι δόξαν ἕξουσιν, ἐὰν αὐτοῖς μὴ φιλονικῶν ἀλλὰ παραμυθούμενος καὶ ἀπολυόμενος τὴν τῆς φιλομαθείας διαβολὴν ἐνδεικνύῃ οὓς λέγεις τοὺς φιλοσόφους, καὶ διορίζῃ ὥσπερ ἄρτι τήν τε φύσιν αὐτῶν καὶ τὴν ἐπιτήδευσιν, ἵνα μὴ ἡγῶνταί σε λέγειν οὓς αὐτοὶ οἴονται. [ἢ καὶ ἐὰν οὕτω θεῶνται, ἀλλοίαν τοι φήσεις αὐτοὺς δόξαν λήψεσθαι καὶ ἄλλα ἀποκρινεῖσθαι.] ἢ οἴει τινὰ χαλεπαίνειν τῷ μὴ χαλεπῷ 10 e 500

b 6 κατηκόῳ ci. Schleiermacher : κατήκοοι A F M (ἀντὶ τοῦ κατακουόμενοι schol.) : κατήκοι D d 3 αὕτη F D : αὐτὴ A M e 1 ἀλλοίαν A D : ἀλλ' οἷαν F : ἀλλ' οἵαν M ἐὰν A M schol. : ἐ*ν D : ἐν F a 2 ἢ καὶ . . . a 4 ἀποκρινεῖσθαι seclusi a 2 ἢ καὶ A D M : καὶ F οὕτω A D M : αὐτῶ F a 4 ἀποκρινεῖσθαι F D M (ut videtur) : ἀποκρίνεσθαι A m

5 ἢ φθονεῖν τῷ μὴ φθονερῷ ἄφθονόν τε καὶ πρᾷον ὄντα; ἐγὼ μὲν γάρ σε προφθάσας λέγω ὅτι ἐν ὀλίγοις τισὶν ἡγοῦμαι, ἀλλ' οὐκ ἐν τῷ πλήθει, χαλεπὴν οὕτω φύσιν γίγνεσθαι.

Καὶ ἐγὼ ἀμέλει, ἔφη, συνοίομαι.

b Οὐκοῦν καὶ αὐτὸ τοῦτο συνοίει, τοῦ χαλεπῶς πρὸς φιλοσοφίαν τοὺς πολλοὺς διακεῖσθαι ἐκείνους αἰτίους εἶναι τοὺς ἔξωθεν οὐ προσῆκον ἐπεισκεκωμακότας, λοιδορουμένους τε αὑτοῖς καὶ φιλαπεχθημόνως ἔχοντας καὶ ἀεὶ περὶ ἀνθρώ- 5 πων τοὺς λόγους ποιουμένους, ἥκιστα φιλοσοφίᾳ πρέπον ποιοῦντας;

Πολύ γ', ἔφη.

Οὐδὲ γάρ που, ὦ Ἀδείμαντε, σχολὴ τῷ γε ὡς ἀληθῶς πρὸς τοῖς οὖσι τὴν διάνοιαν ἔχοντι κάτω βλέπειν εἰς ἀνθρώ- c πων πραγματείας, καὶ μαχόμενον αὐτοῖς φθόνου τε καὶ δυσμενείας ἐμπίμπλασθαι, ἀλλ' εἰς τεταγμένα ἄττα καὶ κατὰ ταὐτὰ ἀεὶ ἔχοντα ὁρῶντας καὶ θεωμένους οὔτ' ἀδικοῦντα οὔτ' ἀδικούμενα ὑπ' ἀλλήλων, κόσμῳ δὲ πάντα καὶ κατὰ λόγον 5 ἔχοντα, ταῦτα μιμεῖσθαί τε καὶ ὅτι μάλιστα ἀφομοιοῦσθαι. ἢ οἴει τινὰ μηχανὴν εἶναι, ὅτῳ τις ὁμιλεῖ ἀγάμενος, μὴ μιμεῖσθαι ἐκεῖνο;

Ἀδύνατον, ἔφη.

Θείῳ δὴ καὶ κοσμίῳ ὅ γε φιλόσοφος ὁμιλῶν κόσμιός τε d καὶ θεῖος εἰς τὸ δυνατὸν ἀνθρώπῳ γίγνεται· διαβολὴ δ' ἐν πᾶσι πολλή.

Παντάπασι μὲν οὖν.

Ἂν οὖν τις, εἶπον, αὐτῷ ἀνάγκη γένηται ἃ ἐκεῖ ὁρᾷ 5 μελετῆσαι εἰς ἀνθρώπων ἤθη καὶ ἰδίᾳ καὶ δημοσίᾳ τιθέναι καὶ μὴ μόνον ἑαυτὸν πλάττειν, ἆρα κακὸν δημιουργὸν αὐτὸν οἴει γενήσεσθαι σωφροσύνης τε καὶ δικαιοσύνης καὶ συμπάσης τῆς δημοτικῆς ἀρετῆς;

Ἥκιστά γε, ἦ δ' ὅς.

c 4 ἀδικούμενα F: ἀδικούμενον A M et ex ἀδικούμενος fecit D
c 6 ἀγάμενος A F D M: ἀγόμενος A² μὴ A D: om. F M

Ἀλλ' ἐὰν δὴ αἴσθωνται οἱ πολλοὶ ὅτι ἀληθῆ περὶ αὐτοῦ 10
λέγομεν, χαλεπανοῦσι δὴ τοῖς φιλοσόφοις καὶ ἀπιστήσουσιν e
ἡμῖν λέγουσιν ὡς οὐκ ἄν ποτε ἄλλως εὐδαιμονήσειε πόλις,
εἰ μὴ αὐτὴν διαγράψειαν οἱ τῷ θείῳ παραδείγματι χρώμενοι
ζωγράφοι;

Οὐ χαλεπανοῦσιν, ἦ δ' ὅς, ἐάνπερ αἴσθωνται. ἀλλὰ δὴ 5
τίνα λέγεις τρόπον τῆς διαγραφῆς; 501

Λαβόντες, ἦν δ' ἐγώ, ὥσπερ πίνακα πόλιν τε καὶ ἤθη
ἀνθρώπων, πρῶτον μὲν καθαρὰν ποιήσειαν ἄν, ὃ οὐ πάνυ
ῥᾴδιον· ἀλλ' οὖν οἶσθ' ὅτι τούτῳ ἂν εὐθὺς τῶν ἄλλων
διενέγκοιεν, τῷ μήτε ἰδιώτου μήτε πόλεως ἐθελῆσαι ἂν 5
ἅψασθαι μηδὲ γράφειν νόμους, πρὶν ἢ παραλαβεῖν καθαρὰν
ἢ αὐτοὶ ποιῆσαι.

Καὶ ὀρθῶς γ', ἔφη.

Οὐκοῦν μετὰ ταῦτα οἴει ὑπογράψασθαι ἂν τὸ σχῆμα τῆς
πολιτείας; 10

Τί μήν;

Ἔπειτα οἶμαι ἀπεργαζόμενοι πυκνὰ ἂν ἑκατέρωσ' ἀπο- b
βλέποιεν, πρός τε τὸ φύσει δίκαιον καὶ καλὸν καὶ σῶφρον
καὶ πάντα τὰ τοιαῦτα, καὶ πρὸς ἐκεῖν' αὖ τὸ ἐν τοῖς ἀνθρώ-
ποις ἐμποιοῖεν, συμμειγνύντες τε καὶ κεραννύντες ἐκ τῶν
ἐπιτηδευμάτων τὸ ἀνδρείκελον, ἀπ' ἐκείνου τεκμαιρόμενοι, ὃ 5
δὴ καὶ Ὅμηρος ἐκάλεσεν ἐν τοῖς ἀνθρώποις ἐγγιγνόμενον
θεοειδές τε καὶ θεοείκελον.

Ὀρθῶς, ἔφη.

Καὶ τὸ μὲν ἂν οἶμαι ἐξαλείφοιεν, τὸ δὲ πάλιν ἐγγράφοιεν,
ἕως ὅτι μάλιστα ἀνθρώπεια ἤθη εἰς ὅσον ἐνδέχεται θεοφιλῆ c
ποιήσειαν.

e 1 χαλεπανοῦσι] χαλεπαίνουσι pr. A (et mox e 5) e 2 ἄν ποτε A F M : ἀπόντε D a 5 διενέγκοιεν scr. Mon. : διενέγκαιεν Eusebius : διενεγκεῖν A F D M a 6 μηδὲ γράφειν] μηδ' ἐγγράφειν ci. Cobet b 1 ἑκατέρωσε F Eusebius Hierocles : ἑκατέρως A D M b 3 ἐκεῖν' scripsi : ἐκεῖνο A F D M αὖ τὸ A F D Eusebius Hierocles : αὐτὸ M : αὖ ὃ vulg. c 1 μάλιστα A D M : μάλιστα τὰ F Eusebius Hierocles ἀνθρώπεια A D Eusebius · ἀνθρώπινα Hierocles θεοφιλῆ] θεοειδῆ ci. Badham

Καλλίστη γοῦν ἄν, ἔφη, ἡ γραφὴ γένοιτο.

Ἆρ' οὖν, ἦν δ' ἐγώ, πείθομέν πῃ ἐκείνους, οὓς διατεταμένους ἐφ' ἡμᾶς ἔφησθα ἰέναι, ὡς τοιοῦτός ἐστι πολιτειῶν ζωγράφος ὃν τότ' ἐπῃνοῦμεν πρὸς αὐτούς, δι' ὃν ἐκεῖνοι ἐχαλέπαινον ὅτι τὰς πόλεις αὐτῷ παρεδίδομεν, καί τι μᾶλλον αὐτὸ νῦν ἀκούοντες πραΰνονται;

Καὶ πολύ γε, ἦ δ' ὅς, εἰ σωφρονοῦσιν.

d Πῇ γὰρ δὴ ἕξουσιν ἀμφισβητῆσαι; πότερον μὴ τοῦ ὄντος τε καὶ ἀληθείας ἐραστὰς εἶναι τοὺς φιλοσόφους;

Ἄτοπον μεντἄν, ἔφη, εἴη.

Ἀλλὰ μὴ τὴν φύσιν αὐτῶν οἰκείαν εἶναι τοῦ ἀρίστου, ἣν 5 ἡμεῖς διήλθομεν;

Οὐδὲ τοῦτο.

Τί δέ; τὴν τοιαύτην τυχοῦσαν τῶν προσηκόντων ἐπιτηδευμάτων οὐκ ἀγαθὴν τελέως ἔσεσθαι καὶ φιλόσοφον, εἴπερ τινὰ ἄλλην; ἢ ἐκείνους φήσει μᾶλλον, οὓς ἡμεῖς 10 ἀφωρίσαμεν;

e Οὐ δήπου.

Ἔτι οὖν ἀγριανοῦσι λεγόντων ἡμῶν ὅτι πρὶν ἂν πόλεως τὸ φιλόσοφον γένος ἐγκρατὲς γένηται, οὔτε πόλει οὔτε πολίταις κακῶν παῦλα ἔσται, οὐδὲ ἡ πολιτεία ἣν μυθολογοῦμεν λόγῳ 5 ἔργῳ τέλος λήψεται;

Ἴσως, ἔφη, ἧττον.

Βούλει οὖν, ἦν δ' ἐγώ, μὴ ἧττον φῶμεν αὐτοὺς ἀλλὰ 502 παντάπασι πρᾴους γεγονέναι καὶ πεπεῖσθαι, ἵνα, εἰ μή τι, ἀλλὰ αἰσχυνθέντες ὁμολογήσωσιν;

Πάνυ μὲν οὖν, ἔφη.

Οὗτοι μὲν τοίνυν, ἦν δ' ἐγώ, τοῦτο πεπεισμένοι ἔστων· 5 τοῦδε δὲ πέρι τις ἀμφισβητήσει, ὡς οὐκ ἂν τύχοιεν γενόμενοι βασιλέων ἔκγονοι ἢ δυναστῶν τὰς φύσεις φιλόσοφοι;

Οὐδ' ἂν εἷς, ἔφη.

c 7 τί A : ἔτι F D : om. M d 9 φήσει Adam : φύσει F : φήσειν A D M e 7 μὴ A F M : om. D a 2 ἀλλὰ ci. Ast : ἄλλο A F D M a 5 τις D : τίς A M : τῆς F (qui mox ἀμφισβητήσεως) a 6 ἔγγονοι F

Τοιούτους δὲ γενομένους ὡς πολλὴ ἀνάγκη διαφθαρῆναι, ἔχει τις λέγειν; ὡς μὲν γὰρ χαλεπὸν σωθῆναι, καὶ ἡμεῖς συγχωροῦμεν· ὡς δὲ ἐν παντὶ τῷ χρόνῳ τῶν πάντων οὐδέποτε **b** οὐδ' ἂν εἷς σωθείη, ἔσθ' ὅστις ἀμφισβητήσειε;

Καὶ πῶς;

Ἀλλὰ μήν, ἦν δ' ἐγώ, εἷς ἱκανὸς γενόμενος, πόλιν ἔχων πειθομένην, πάντ' ἐπιτελέσαι τὰ νῦν ἀπιστούμενα. 5

Ἱκανὸς γάρ, ἔφη.

Ἄρχοντος γάρ που, ἦν δ' ἐγώ, τιθέντος τοὺς νόμους καὶ τὰ ἐπιτηδεύματα ἃ διεληλύθαμεν, οὐ δήπου ἀδύνατον ἐθέλειν ποιεῖν τοὺς πολίτας.

Οὐδ' ὁπωστιοῦν. 10

Ἀλλὰ δή, ἅπερ ἡμῖν δοκεῖ, δόξαι καὶ ἄλλοις θαυμαστόν τι καὶ ἀδύνατον;

Οὐκ οἶμαι ἔγωγε, ἦ δ' ὅς. **c**

Καὶ μὴν ὅτι γε βέλτιστα, εἴπερ δυνατά, ἱκανῶς ἐν τοῖς ἔμπροσθεν, ὡς ἐγῷμαι, διήλθομεν.

Ἱκανῶς γάρ.

Νῦν δή, ὡς ἔοικεν, συμβαίνει ἡμῖν περὶ τῆς νομοθεσίας 5 ἄριστα μὲν εἶναι ἃ λέγομεν, εἰ γένοιτο, χαλεπὰ δὲ γενέσθαι, οὐ μέντοι ἀδύνατά γε.

Συμβαίνει γάρ, ἔφη.

Οὐκοῦν ἐπειδὴ τοῦτο μόγις τέλος ἔσχεν, τὰ ἐπίλοιπα δὴ μετὰ τοῦτο λεκτέον, τίνα τρόπον ἡμῖν καὶ ἐκ τίνων μαθη- 10 μάτων τε καὶ ἐπιτηδευμάτων οἱ σωτῆρες ἐνέσονται τῆς πολι- **d** τείας, καὶ κατὰ ποίας ἡλικίας ἕκαστοι ἑκάστων ἁπτόμενοι;

Λεκτέον μέντοι, ἔφη.

Οὐδέν, ἦν δ' ἐγώ, τὸ σοφόν μοι ἐγένετο τήν τε τῶν γυναικῶν τῆς κτήσεως δυσχέρειαν ἐν τῷ πρόσθεν παραλι- 5 πόντι καὶ παιδογονίαν καὶ τὴν τῶν ἀρχόντων κατάστασιν, εἰδότι ὡς ἐπίφθονός τε καὶ χαλεπὴ γίγνεσθαι ἡ παντελῶς

a 9 γὰρ A D M : om. F **b** 2 ὅστις A F : ὅτις D M ἀμφισβητήσειε A F M : ἀμφισβητήσεως D **c** 10 τίνα A D M : ὅντινα F **d** 4 σοφόν A F M : σῶφρον D **d** 7 τε A D M : om. F ἡ M : ᾗ A F D

ἀληθής· νῦν γὰρ οὐδὲν ἧττον ἦλθεν τὸ δεῖν αὐτὰ διελθεῖν.
e καὶ τὰ μὲν δὴ τῶν γυναικῶν τε καὶ παίδων πεπέρανται, τὸ δὲ τῶν ἀρχόντων ὥσπερ ἐξ ἀρχῆς μετελθεῖν δεῖ. ἐλέγομεν
503 δ', εἰ μνημονεύεις, δεῖν αὐτοὺς φιλοπόλιδάς τε φαίνεσθαι, βασανιζομένους ἐν ἡδοναῖς τε καὶ λύπαις, καὶ τὸ δόγμα τοῦτο μήτ' ἐν πόνοις μήτ' ἐν φόβοις μήτ' ἐν ἄλλῃ μηδεμιᾷ μεταβολῇ φαίνεσθαι ἐκβάλλοντας, ἢ τὸν ἀδυνατοῦντα ἀπο-
5 κριτέον, τὸν δὲ πανταχοῦ ἀκήρατον ἐκβαίνοντα ὥσπερ χρυσὸν ἐν πυρὶ βασανιζόμενον, στατέον ἄρχοντα καὶ γέρα δοτέον καὶ ζῶντι καὶ τελευτήσαντι καὶ ἆθλα. τοιαῦτ' ἄττα ἦν τὰ λεγόμενα παρεξιόντος καὶ παρακαλυπτομένου τοῦ
b λόγου, πεφοβημένου κινεῖν τὸ νῦν παρόν.

'Αληθέστατα, ἔφη, λέγεις· μέμνημαι γάρ.

῎Οκνος γάρ, ἔφην, ὦ φίλε, ἐγώ, εἰπεῖν τὰ νῦν ἀποτετολμημένα· νῦν δὲ τοῦτο μὲν τετολμήσθω εἰπεῖν, ὅτι τοὺς
5 ἀκριβεστάτους φύλακας φιλοσόφους δεῖ καθιστάναι.

Εἰρήσθω γάρ, ἔφη.

Νόησον δὴ ὡς εἰκότως ὀλίγοι ἔσονταί σοι· ἣν γὰρ διήλθομεν φύσιν δεῖν ὑπάρχειν αὐτοῖς, εἰς ταὐτὸν συμφύεσθαι αὐτῆς τὰ μέρη ὀλιγάκις ἐθέλει, τὰ πολλὰ δὲ διεσπασμένη
10 φύεται.

c Πῶς, ἔφη, λέγεις;

Εὐμαθεῖς καὶ μνήμονες καὶ ἀγχίνοι καὶ ὀξεῖς καὶ ὅσα ἄλλα τούτοις ἕπεται οἶσθ' ὅτι οὐκ ἐθέλουσιν ἅμα φύεσθαι καὶ νεανικοί τε καὶ μεγαλοπρεπεῖς τὰς διανοίας οἷοι κοσμίως
5 μετὰ ἡσυχίας καὶ βεβαιότητος ἐθέλειν ζῆν, ἀλλ' οἱ τοιοῦτοι ὑπὸ ὀξύτητος φέρονται ὅπῃ ἂν τύχωσιν, καὶ τὸ βέβαιον ἅπαν αὐτῶν ἐξοίχεται.

'Αληθῆ, ἔφη, λέγεις.

Οὐκοῦν τὰ βέβαια αὖ ταῦτα ἤθη καὶ οὐκ εὐμετάβολα, οἷς

d 8 αὐτὰ A D M: αὐτὴν F e 1 τε A F M: om. D b 3 ἔφην ὦ φίλε A D M: ὦ φίλε ἔφην F b 4 μὲν A D M: μὲν δὴ F b 9 διεσπασμένη] διεσπασμένα scr. recc. c 5 βεβαιότητος A F D M: γρ. ἡμερότητος in marg. M

ἄν τις μᾶλλον ὡς πιστοῖς χρήσαιτο, καὶ ἐν τῷ πολέμῳ πρὸς d
τοὺς φόβους δυσκίνητα ὄντα, πρὸς τὰς μαθήσεις αὖ ποιεῖ
ταὐτόν· δυσκινήτως ἔχει καὶ δυσμαθῶς ὥσπερ ἀπονεναρκω-
μένα, καὶ ὕπνου τε καὶ χάσμης ἐμπίμπλανται, ὅταν τι δέῃ
τοιοῦτον διαπονεῖν. 5

Ἔστι ταῦτα, ἔφη.

Ἡμεῖς δέ γέ φαμεν ἀμφοτέρων δεῖν εὖ τε καὶ καλῶς
μετέχειν, ἢ μήτε παιδείας τῆς ἀκριβεστάτης δεῖν αὐτῷ
μεταδιδόναι μήτε τιμῆς μήτε ἀρχῆς.

Ὀρθῶς, ἦ δ' ὅς. 10

Οὐκοῦν σπάνιον αὐτὸ οἴει ἔσεσθαι;

Πῶς δ' οὔ;

Βασανιστέον δὴ ἔν τε οἷς τότε ἐλέγομεν πόνοις τε καὶ e
φόβοις καὶ ἡδοναῖς, καὶ ἔτι δὴ ὃ τότε παρεῖμεν νῦν λέγομεν,
ὅτι καὶ ἐν μαθήμασι πολλοῖς γυμνάζειν δεῖ, σκοποῦντας εἰ
καὶ τὰ μέγιστα μαθήματα δυνατὴ ἔσται ἐνεγκεῖν εἴτε καὶ
ἀποδειλιάσει, ὥσπερ οἱ ἐν τοῖς ἄλλοις ἀποδειλιῶντες. 504

Πρέπει γέ τοι δή, ἔφη, οὕτω σκοπεῖν. ἀλλὰ ποῖα δὴ
λέγεις μαθήματα μέγιστα;

Μνημονεύεις μέν που, ἦν δ' ἐγώ, ὅτι τριττὰ εἴδη ψυχῆς
διαστησάμενοι συνεβιβάζομεν δικαιοσύνης τε πέρι καὶ σω- 5
φροσύνης καὶ ἀνδρείας καὶ σοφίας ὃ ἕκαστον εἴη.

Μὴ γὰρ μνημονεύων, ἔφη, τὰ λοιπὰ ἂν εἴην δίκαιος μὴ
ἀκούειν.

Ἦ καὶ τὸ προρρηθὲν αὐτῶν;

Τὸ ποῖον δή; 10

Ἐλέγομέν που ὅτι ὡς μὲν δυνατὸν ἦν κάλλιστα αὐτὰ b
κατιδεῖν ἄλλη μακροτέρα εἴη περίοδος, ἣν περιελθόντι κατα-
φανῆ γίγνοιτο, τῶν μέντοι ἔμπροσθεν προειρημένων ἑπομένας
ἀποδείξεις οἷόν τ' εἴη προσάψαι. καὶ ὑμεῖς ἐξαρκεῖν ἔφατε,

d 3 ἀπονεναρκωμένα A F M : νεναρκωμένα D d 7 γε φαμὲν F : γ' ἔφαμεν A D M e 4 δυνατὴ A F D M (sed ος suprascr. D) a 1 ἄλλοις] ἄθλοις ci. Orelli a 7 εἴην A M : εἴη F D b 2 ἄλλη A F M : ἀλλ' ἢ D b 3 ἑπομένας] ἐχομένας ci. Bywater

5 καὶ οὕτω δὴ ἐρρήθη τὰ τότε τῆς μὲν ἀκριβείας, ὡς ἐμοὶ ἐφαίνετο, ἐλλιπῆ, εἰ δὲ ὑμῖν ἀρεσκόντως, ὑμεῖς ἂν τοῦτο εἴποιτε.

Ἀλλ' ἔμοιγε, ἔφη, μετρίως· ἐφαίνετο μὴν καὶ τοῖς ἄλλοις.

c Ἀλλ', ὦ φίλε, ἦν δ' ἐγώ, μέτρον τῶν τοιούτων ἀπολεῖπον καὶ ὁτιοῦν τοῦ ὄντος οὐ πάνυ μετρίως γίγνεται· ἀτελὲς γὰρ οὐδὲν οὐδενὸς μέτρον. δοκεῖ δ' ἐνίοτέ τισιν ἱκανῶς ἤδη ἔχειν καὶ οὐδὲν δεῖν περαιτέρω ζητεῖν.

5 Καὶ μάλ', ἔφη, συχνοὶ πάσχουσιν αὐτὸ διὰ ῥᾳθυμίαν.

Τούτου δέ γε, ἦν δ' ἐγώ, τοῦ παθήματος ἥκιστα προσδεῖ φύλακι πόλεώς τε καὶ νόμων.

Εἰκός, ἦ δ' ὅς.

Τὴν μακροτέραν τοίνυν, ὦ ἑταῖρε, ἔφην, περιιτέον τῷ d τοιούτῳ, καὶ οὐχ ἧττον μανθάνοντι πονητέον ἢ γυμναζομένῳ· ἤ, ὃ νυνδὴ ἐλέγομεν, τοῦ μεγίστου τε καὶ μάλιστα προσήκοντος μαθήματος ἐπὶ τέλος οὔποτε ἥξει.

Οὐ γὰρ ταῦτα, ἔφη, μέγιστα, ἀλλ' ἔτι τι μεῖζον δικαιο-5 σύνης τε καὶ ὧν διήλθομεν;

Καὶ μεῖζον, ἦν δ' ἐγώ, καὶ αὐτῶν τούτων οὐχ ὑπογραφὴν δεῖ ὥσπερ νῦν θεάσασθαι, ἀλλὰ τὴν τελεωτάτην ἀπεργασίαν μὴ παριέναι. ἢ οὐ γελοῖον ἐπὶ μὲν ἄλλοις σμικροῦ ἀξίοις e πᾶν ποιεῖν συντεινομένους ὅπως ὅτι ἀκριβέστατα καὶ καθαρώτατα ἕξει, τῶν δὲ μεγίστων μὴ μεγίστας ἀξιοῦν εἶναι καὶ τὰς ἀκριβείας;

Καὶ μάλα, ἔφη, [ἄξιον τὸ διανόημα]· ὃ μέντοι μέγιστον 5 μάθημα καὶ περὶ ὅτι αὐτὸ λέγεις, οἴει τιν' ἄν σε, ἔφη, ἀφεῖναι μὴ ἐρωτήσαντα τί ἐστιν;

Οὐ πάνυ, ἦν δ' ἐγώ, ἀλλὰ καὶ σὺ ἐρώτα. πάντως αὐτὸ οὐκ ὀλιγάκις ἀκήκοας, νῦν δὲ ἢ οὐκ ἐννοεῖς ἢ αὖ διανοῇ

b 6 ἐφαίνετο A D M: φαίνεται F c 1 ἀπολεῖπον κ.τ.λ.] γρ. ἀπολεῖπον καὶ ὅτι οὖν τοιοῦτος (sic) οὐ πάνυ μέτριον in marg. A ἀπολεῖπον F et γρ. A: ἀπολείπων A M: ἀπολειπὼν D c 4 δεῖν M: δεῖ A F D c 6 προσδεῖ D: προσδεῖται A F M d 1 ἢ γυμναζομένῳ ... d 2 μεγίστου τε F D M: om. A e 1 καθαρώτατα καὶ ἀκριβέστατα F e 4 ἄξιον τὸ διανόημα secl. ci. Schleiermacher

ἐμοὶ πράγματα παρέχειν ἀντιλαμβανόμενος. οἶμαι δὲ τοῦτο 505
μᾶλλον· ἐπεὶ ὅτι γε ἡ τοῦ ἀγαθοῦ ἰδέα μέγιστον μάθημα,
πολλάκις ἀκήκοας, ᾗ δὴ καὶ δίκαια καὶ τἆλλα προσχρησάμενα
χρήσιμα καὶ ὠφέλιμα γίγνεται. καὶ νῦν σχεδὸν οἶσθ' ὅτι
μέλλω τοῦτο λέγειν, καὶ πρὸς τούτῳ ὅτι αὐτὴν οὐχ ἱκανῶς 5
ἴσμεν· εἰ δὲ μὴ ἴσμεν, ἄνευ δὲ ταύτης εἰ ὅτι μάλιστα τἆλλα
ἐπισταίμεθα, οἶσθ' ὅτι οὐδὲν ἡμῖν ὄφελος, ὥσπερ οὐδ' εἰ
κεκτῄμεθά τι ἄνευ τοῦ ἀγαθοῦ. ἢ οἴει τι πλέον εἶναι πᾶσαν b
κτῆσιν ἐκτῆσθαι, μὴ μέντοι ἀγαθήν; ἢ πάντα τἆλλα φρονεῖν
ἄνευ τοῦ ἀγαθοῦ, καλὸν δὲ καὶ ἀγαθὸν μηδὲν φρονεῖν;

Μὰ Δί' οὐκ ἔγωγ', ἔφη.

Ἀλλὰ μὴν καὶ τόδε γε οἶσθα, ὅτι τοῖς μὲν πολλοῖς ἡδονὴ 5
δοκεῖ εἶναι τὸ ἀγαθόν, τοῖς δὲ κομψοτέροις φρόνησις.

Πῶς δ' οὔ;

Καὶ ὅτι γε, ὦ φίλε, οἱ τοῦτο ἡγούμενοι οὐκ ἔχουσι δεῖξαι
ἥτις φρόνησις, ἀλλ' ἀναγκάζονται τελευτῶντες τὴν τοῦ
ἀγαθοῦ φάναι. 10

Καὶ μάλα, ἔφη, γελοίως.

Πῶς γὰρ οὐχί, ἦν δ' ἐγώ, εἰ ὀνειδίζοντές γε ὅτι οὐκ ἴσμεν c
τὸ ἀγαθὸν λέγουσι πάλιν ὡς εἰδόσιν; φρόνησιν γὰρ αὐτό
φασιν εἶναι ἀγαθοῦ, ὡς αὖ συνιέντων ἡμῶν ὅτι λέγουσιν,
ἐπειδὰν τὸ τοῦ ἀγαθοῦ φθέγξωνται ὄνομα.

Ἀληθέστατα, ἔφη. 5

Τί δὲ οἱ τὴν ἡδονὴν ἀγαθὸν ὁριζόμενοι; μῶν μή τι
ἐλάττονος πλάνης ἔμπλεῳ τῶν ἑτέρων; ἢ οὐ καὶ οὗτοι
ἀναγκάζονται ὁμολογεῖν ἡδονὰς εἶναι κακάς;

Σφόδρα γε.

Συμβαίνει δὴ αὐτοῖς οἶμαι ὁμολογεῖν ἀγαθὰ εἶναι καὶ 10
κακὰ ταὐτά. ἢ γάρ;

Τί μήν; d

a 3 καὶ δίκαια F D : δίκαια A M : καὶ τὰ δίκαια Proclus b 1 κεκτῄμεθα Bekker : κεκτήμεθα A F D M εἶναι A² F M : εἰδέναι A D b 5 γε A F M : om. D c 7 ἔμπλεῳ vel ἔμπλεοι A D M : ἔκπλεοι F

Οὐκοῦν ὅτι μὲν μεγάλαι καὶ πολλαὶ ἀμφισβητήσεις περὶ αὐτοῦ, φανερόν;

Πῶς γὰρ οὔ;

5 Τί δέ; τόδε οὐ φανερόν, ὡς δίκαια μὲν καὶ καλὰ πολλοὶ ἂν ἕλοιντο τὰ δοκοῦντα, κἂν ⟨εἰ⟩ μὴ εἴη, ὅμως ταῦτα πράττειν καὶ κεκτῆσθαι καὶ δοκεῖν, ἀγαθὰ δὲ οὐδενὶ ἔτι ἀρκεῖ τὰ δοκοῦντα κτᾶσθαι, ἀλλὰ τὰ ὄντα ζητοῦσιν, τὴν δὲ δόξαν ἐνταῦθα ἤδη πᾶς ἀτιμάζει;

10 Καὶ μάλα, ἔφη.

Ὃ δὴ διώκει μὲν ἅπασα ψυχὴ καὶ τούτου ἕνεκα πάντα e πράττει, ἀπομαντευομένη τι εἶναι, ἀποροῦσα δὲ καὶ οὐκ ἔχουσα λαβεῖν ἱκανῶς τί ποτ' ἐστὶν οὐδὲ πίστει χρήσασθαι μονίμῳ οἵᾳ καὶ περὶ τἆλλα, διὰ τοῦτο δὲ ἀποτυγχάνει καὶ τῶν ἄλλων εἴ τι ὄφελος ἦν, περὶ δὴ τὸ τοιοῦτον καὶ τοσοῦ- 506 τον οὕτω φῶμεν δεῖν ἐσκοτῶσθαι καὶ ἐκείνους τοὺς βελτίστους ἐν τῇ πόλει, οἷς πάντα ἐγχειριοῦμεν;

Ἥκιστά γ', ἔφη.

Οἶμαι γοῦν, εἶπον, δίκαιά τε καὶ καλὰ ἀγνοούμενα ὅπῃ 5 ποτὲ ἀγαθά ἐστιν, οὐ πολλοῦ τινος ἄξιον φύλακα κεκτῆσθαι ἂν ἑαυτῶν τὸν τοῦτο ἀγνοοῦντα· μαντεύομαι δὲ μηδένα αὐτὰ πρότερον γνώσεσθαι ἱκανῶς.

Καλῶς γάρ, ἔφη, μαντεύῃ.

Οὐκοῦν ἡμῖν ἡ πολιτεία τελέως κεκοσμήσεται, ἐὰν ὁ b τοιοῦτος αὐτὴν ἐπισκοπῇ φύλαξ, ὁ τούτων ἐπιστήμων;

Ἀνάγκη, ἔφη. ἀλλὰ σὺ δή, ὦ Σώκρατες, πότερον ἐπιστήμην τὸ ἀγαθὸν φῂς εἶναι ἢ ἡδονήν, ἢ ἄλλο τι παρὰ ταῦτα;

5 Οὗτος, ἦν δ' ἐγώ, ἀνήρ, καλῶς ἦσθα καὶ πάλαι καταφανὴς ὅτι σοι οὐκ ἀποχρήσοι τὸ τοῖς ἄλλοις δοκοῦν περὶ αὐτῶν.

Οὐδὲ γὰρ δίκαιόν μοι, ἔφη, ὦ Σώκρατες, φαίνεται τὰ τῶν

d 6 εἰ add. Ast   εἴη A F D M : ᾖ al.   a 6 δὲ A D M : δὴ F μηδένα A D M : μὴ F   a 9 τελέως A M : παντελῶς F D   b 5 καλῶς A F D M : καλὸς A[2] ἄλλων μὲν ἔχειν εἰπεῖν δόγματα, τὸ δ' αὑτοῦ μή, τοσοῦτον χρόνον περὶ ταῦτα πραγματευόμενον. c

Τί δέ; ἦν δ' ἐγώ· δοκεῖ σοι δίκαιον εἶναι περὶ ὧν τις μὴ οἶδεν λέγειν ὡς εἰδότα;

Οὐδαμῶς γ', ἔφη, ὡς εἰδότα, ὡς μέντοι οἰόμενον ταῦθ' ἃ οἴεται ἐθέλειν λέγειν. 5

Τί δέ; εἶπον· οὐκ ᾔσθησαι τὰς ἄνευ ἐπιστήμης δόξας, ὡς πᾶσαι αἰσχραί; ὧν αἱ βέλτισται τυφλαί—ἢ δοκοῦσί τί σοι τυφλῶν διαφέρειν ὁδὸν ὀρθῶς πορευομένων οἱ ἄνευ νοῦ ἀληθές τι δοξάζοντες;

Οὐδέν, ἔφη. 10

Βούλει οὖν αἰσχρὰ θεάσασθαι, τυφλά τε καὶ σκολιά, ἐξὸν παρ' ἄλλων ἀκούειν φανά τε καὶ καλά; d

Μὴ πρὸς Διός, ἦ δ' ὅς, ὦ Σώκρατες, ὁ Γλαύκων, ὥσπερ ἐπὶ τέλει ὢν ἀποστῇς. ἀρκέσει γὰρ ἡμῖν, κἂν ὥσπερ δικαιοσύνης πέρι καὶ σωφροσύνης καὶ τῶν ἄλλων διῆλθες, οὕτω καὶ περὶ τοῦ ἀγαθοῦ διέλθῃς. 5

Καὶ γὰρ ἐμοί, ἦν δ' ἐγώ, ὦ ἑταῖρε, καὶ μάλα ἀρκέσει· ἀλλ' ὅπως μὴ οὐχ οἷός τ' ἔσομαι, προθυμούμενος δὲ ἀσχημονῶν γέλωτα ὀφλήσω. ἀλλ', ὦ μακάριοι, αὐτὸ μὲν τί ποτ' ἐστὶ τἀγαθὸν ἐάσωμεν τὸ νῦν εἶναι—πλέον γάρ μοι φαίνεται e ἢ κατὰ τὴν παροῦσαν ὁρμὴν ἐφικέσθαι τοῦ γε δοκοῦντος ἐμοὶ τὰ νῦν—ὃς δὲ ἔκγονός τε τοῦ ἀγαθοῦ φαίνεται καὶ ὁμοιότατος ἐκείνῳ, λέγειν ἐθέλω, εἰ καὶ ὑμῖν φίλον, εἰ δὲ μή, ἐᾶν. 5

'Αλλ', ἔφη, λέγε· εἰς αὖθις γὰρ τοῦ πατρὸς ἀποτείσεις τὴν διήγησιν.

Βουλοίμην ἄν, εἶπον, ἐμέ τε δύνασθαι αὐτὴν ἀποδοῦναι 507 καὶ ὑμᾶς κομίσασθαι, ἀλλὰ μὴ ὥσπερ νῦν τοὺς τόκους μόνον. τοῦτον δὲ δὴ οὖν τὸν τόκον τε καὶ ἔκγονον αὐτοῦ τοῦ ἀγαθοῦ

b 9 τοσοῦτον χρόνον A D M : χρόνον τοσοῦτον F c 7 ἅπασαι Stobaeus σοι om. Stobaeus d 1 φανά A D γρ. M : φαννά F : φανερά M a 3 τοῦτον A F M : τοῦτο D οὖν om. F

κομίσασθε. εὐλαβεῖσθε μέντοι μή πῃ ἐξαπατήσω ὑμᾶς
5 ἄκων, κίβδηλον ἀποδιδοὺς τὸν λόγον τοῦ τόκου.

Εὐλαβησόμεθα, ἔφη, κατὰ δύναμιν· ἀλλὰ μόνον λέγε.

Διομολογησάμενός γ', ἔφην ἐγώ, καὶ ἀναμνήσας ὑμᾶς τά τ' ἐν τοῖς ἔμπροσθεν ῥηθέντα καὶ ἄλλοτε ἤδη πολλάκις εἰρημένα.

b Τὰ ποῖα; ἦ δ' ὅς.

Πολλὰ καλά, ἦν δ' ἐγώ, καὶ πολλὰ ἀγαθὰ καὶ ἕκαστα οὕτως εἶναί φαμέν τε καὶ διορίζομεν τῷ λόγῳ.

Φαμὲν γάρ.

5 Καὶ αὐτὸ δὴ καλὸν καὶ αὐτὸ ἀγαθόν, καὶ οὕτω περὶ πάντων ἃ τότε ὡς πολλὰ ἐτίθεμεν, πάλιν αὖ κατ' ἰδέαν μίαν ἑκάστου ὡς μιᾶς οὔσης τιθέντες, "ὃ ἔστιν" ἕκαστον προσαγορεύομεν.

Ἔστι ταῦτα.

Καὶ τὰ μὲν δὴ ὁρᾶσθαί φαμεν, νοεῖσθαι δ' οὔ, τὰς δ' αὖ
10 ἰδέας νοεῖσθαι μέν, ὁρᾶσθαι δ' οὔ.

Παντάπασι μὲν οὖν.

c Τῷ οὖν ὁρῶμεν ἡμῶν αὐτῶν τὰ ὁρώμενα;

Τῇ ὄψει, ἔφη.

Οὐκοῦν, ἦν δ' ἐγώ, καὶ ἀκοῇ τὰ ἀκουόμενα, καὶ ταῖς ἄλλαις αἰσθήσεσι πάντα τὰ αἰσθητά;

5 Τί μήν;

Ἆρ' οὖν, ἦν δ' ἐγώ, ἐννενόηκας τὸν τῶν αἰσθήσεων δημιουργὸν ὅσῳ πολυτελεστάτην τὴν τοῦ ὁρᾶν τε καὶ ὁρᾶσθαι δύναμιν ἐδημιούργησεν;

Οὐ πάνυ, ἔφη.

10 Ἀλλ' ὧδε σκόπει. ἔστιν ὅτι προσδεῖ ἀκοῇ καὶ φωνῇ γένους ἄλλου εἰς τὸ τὴν μὲν ἀκούειν, τὴν δὲ ἀκούεσθαι, ὃ
d ἐὰν μὴ παραγένηται τρίτον, ἡ μὲν οὐκ ἀκούσεται, ἡ δὲ οὐκ ἀκουσθήσεται;

Οὐδενός, ἔφη.

a 4 κομίσασθε A²D : κομίσασθαι A F M b 5 αὐτοδηκαλὸν A b 6 ἑκάστου] ἕκαστον Adam b 8 ἔστι ταῦτα A F M : om. D b 9 δὴ om. Proclus c 6 τὸν A M : τὸ F D

Οἶμαι δέ γε, ἦν δ' ἐγώ, οὐδ' ἄλλαις πολλαῖς, ἵνα μὴ εἴπω ὅτι οὐδεμιᾷ, τοιούτου προσδεῖ οὐδενός. ἢ σύ τινα ἔχεις εἰπεῖν; 5

Οὐκ ἔγωγε, ἦ δ' ὅς.

Τὴν δὲ τῆς ὄψεως καὶ τοῦ ὁρατοῦ οὐκ ἐννοεῖς ὅτι προσδεῖται;

Πῶς; 10

Ἐνούσης που ἐν ὄμμασιν ὄψεως καὶ ἐπιχειροῦντος τοῦ ἔχοντος χρῆσθαι αὐτῇ, παρούσης δὲ χρόας ἐν αὐτοῖς, ἐὰν μὴ παραγένηται γένος τρίτον ἰδίᾳ ἐπ' αὐτὸ τοῦτο πεφυκός, οἶσθα ὅτι ἥ τε ὄψις οὐδὲν ὄψεται, τά τε χρώματα ἔσται ἀόρατα. e

Τίνος δὴ λέγεις, ἔφη, τούτου;

Ὃ δὴ σὺ καλεῖς, ἦν δ' ἐγώ, φῶς.

Ἀληθῆ, ἔφη, λέγεις. 5

Οὐ σμικρᾷ ἄρα ἰδέᾳ ἡ τοῦ ὁρᾶν αἴσθησις καὶ ἡ τοῦ ὁρᾶσθαι δύναμις τῶν ἄλλων συζεύξεων τιμιωτέρῳ ζυγῷ ἐζύγησαν, εἴπερ μὴ ἄτιμον τὸ φῶς. 508

Ἀλλὰ μήν, ἔφη, πολλοῦ γε δεῖ ἄτιμον εἶναι.

Τίνα οὖν ἔχεις αἰτιάσασθαι τῶν ἐν οὐρανῷ θεῶν τούτου κύριον, οὗ ἡμῖν τὸ φῶς ὄψιν τε ποιεῖ ὁρᾶν ὅτι κάλλιστα καὶ τὰ ὁρώμενα ὁρᾶσθαι; 5

Ὅνπερ καὶ σύ, ἔφη, καὶ οἱ ἄλλοι· τὸν ἥλιον γὰρ δῆλον ὅτι ἐρωτᾷς.

Ἆρ' οὖν ὧδε πέφυκεν ὄψις πρὸς τοῦτον τὸν θεόν;

Πῶς; 10

Οὐκ ἔστιν ἥλιος ἡ ὄψις οὔτε αὐτὴ οὔτ' ἐν ᾧ ἐγγίγνεται, ὃ δὴ καλοῦμεν ὄμμα. b

Οὐ γὰρ οὖν.

Ἀλλ' ἡλιοειδέστατόν γε οἶμαι τῶν περὶ τὰς αἰσθήσεις ὀργάνων.

d 12 ἔχοντος A F M : ἔχον D e 4 σὺ καλεῖς . . . 515 d 7 ὁρώμενα excisis duobus foliis desunt in D in cuius locum succedunt apographa *D* e 6 σμικρᾷ ἰδέᾳ A : σμικρὰ ἰδέα F *D* a 5 ὅτι om. F a 11 ἥλιος om. F

5 Πολύ γε.

Οὐκοῦν καὶ τὴν δύναμιν ἣν ἔχει ἐκ τούτου ταμιευομένην ὥσπερ ἐπίρρυτον κέκτηται;

Πάνυ μὲν οὖν.

Ἆρ' οὖν οὐ καὶ ὁ ἥλιος ὄψις μὲν οὐκ ἔστιν, αἴτιος δ' ὢν
10 αὐτῆς ὁρᾶται ὑπ' αὐτῆς ταύτης;

Οὕτως, ἦ δ' ὅς.

Τοῦτον τοίνυν, ἦν δ' ἐγώ, φάναι με λέγειν τὸν τοῦ ἀγαθοῦ ἔκγονον, ὃν τἀγαθὸν ἐγέννησεν ἀνάλογον ἑαυτῷ, ὅτιπερ αὐτὸ
c ἐν τῷ νοητῷ τόπῳ πρός τε νοῦν καὶ τὰ νοούμενα, τοῦτο τοῦτον ἐν τῷ ὁρατῷ πρός τε ὄψιν καὶ τὰ ὁρώμενα.

Πῶς; ἔφη· ἔτι δίελθέ μοι.

Ὀφθαλμοί, ἦν δ' ἐγώ, οἶσθ' ὅτι, ὅταν μηκέτι ἐπ' ἐκεῖνά τις
5 αὐτοὺς τρέπῃ ὧν ἂν τὰς χρόας τὸ ἡμερινὸν φῶς ἐπέχῃ, ἀλλὰ ὧν νυκτερινὰ φέγγη, ἀμβλυώττουσί τε καὶ ἐγγὺς φαίνονται τυφλῶν, ὥσπερ οὐκ ἐνούσης καθαρᾶς ὄψεως;

Καὶ μάλα, ἔφη.

d Ὅταν δέ γ' οἶμαι ὧν ὁ ἥλιος καταλάμπει, σαφῶς ὁρῶσι, καὶ τοῖς αὐτοῖς τούτοις ὄμμασιν ἐνοῦσα φαίνεται.

Τί μήν;

Οὕτω τοίνυν καὶ τὸ τῆς ψυχῆς ὧδε νόει· ὅταν μὲν οὗ
5 καταλάμπει ἀλήθειά τε καὶ τὸ ὄν, εἰς τοῦτο ἀπερείσηται, ἐνόησέν τε καὶ ἔγνω αὐτὸ καὶ νοῦν ἔχειν φαίνεται· ὅταν δὲ εἰς τὸ τῷ σκότῳ κεκραμένον, τὸ γιγνόμενόν τε καὶ ἀπολλύμενον, δοξάζει τε καὶ ἀμβλυώττει ἄνω καὶ κάτω τὰς δόξας μεταβάλλον, καὶ ἔοικεν αὖ νοῦν οὐκ ἔχοντι.

10 Ἔοικε γάρ.

e Τοῦτο τοίνυν τὸ τὴν ἀλήθειαν παρέχον τοῖς γιγνωσκο-

b 9 οὖν οὐ] οὐρανοῦ F c 1 τοῦτο A *D* M : om. F Eusebius c 3 ἔτι δίελθέ A *D* M : ἐπιδίελθέ F c 4 ἐπ' ἐκεῖνα *D* M : ἐπέκεινα A F c 6 ὧν A F M : ὡς *D* ἀμβλυώττουσί A *D* M : ἀμβλυωποῦσι F d 1 καταλάμπει F *D* Proclus : καταλάμπῃ A M d 4 καὶ τὸ ὄμμα τῆς ψυχῆς ᾧ δὴ νοεῖ Proclus d 8 μεταβάλλον A M : μεταβαλλον F : μεταβαλὸν *D* e 1 γιγνωσκομένοις A F *D* Eusebius : γιγνομένοις M μένοις καὶ τῷ γιγνώσκοντι τὴν δύναμιν ἀποδιδὸν τὴν τοῦ ἀγαθοῦ ἰδέαν φάθι εἶναι· αἰτίαν δ' ἐπιστήμης οὖσαν καὶ ἀληθείας, ὡς γιγνωσκομένης μὲν διανοοῦ, οὕτω δὲ καλῶν ἀμφοτέρων ὄντων, γνώσεώς τε καὶ ἀληθείας, ἄλλο καὶ 5 κάλλιον ἔτι τούτων ἡγούμενος αὐτὸ ὀρθῶς ἡγήσῃ· ἐπιστήμην δὲ καὶ ἀλήθειαν, ὥσπερ ἐκεῖ φῶς τε καὶ ὄψιν ἡλιοειδῆ μὲν 509 νομίζειν ὀρθόν, ἥλιον δ' ἡγεῖσθαι οὐκ ὀρθῶς ἔχει, οὕτω καὶ ἐνταῦθα ἀγαθοειδῆ μὲν νομίζειν ταῦτ' ἀμφότερα ὀρθόν, ἀγαθὸν δὲ ἡγεῖσθαι ὁπότερον αὐτῶν οὐκ ὀρθόν, ἀλλ' ἔτι μειζόνως τιμητέον τὴν τοῦ ἀγαθοῦ ἕξιν. 5

Ἀμήχανον κάλλος, ἔφη, λέγεις, εἰ ἐπιστήμην μὲν καὶ ἀλήθειαν παρέχει, αὐτὸ δ' ὑπὲρ ταῦτα κάλλει ἐστίν· οὐ γὰρ δήπου σύ γε ἡδονὴν αὐτὸ λέγεις.

Εὐφήμει, ἦν δ' ἐγώ· ἀλλ' ὧδε μᾶλλον τὴν εἰκόνα αὐτοῦ ἔτι ἐπισκόπει. 10

Πῶς; b

Τὸν ἥλιον τοῖς ὁρωμένοις οὐ μόνον οἶμαι τὴν τοῦ ὁρᾶσθαι δύναμιν παρέχειν φήσεις, ἀλλὰ καὶ τὴν γένεσιν καὶ αὔξην καὶ τροφήν, οὐ γένεσιν αὐτὸν ὄντα.

Πῶς γάρ; 5

Καὶ τοῖς γιγνωσκομένοις τοίνυν μὴ μόνον τὸ γιγνώσκεσθαι φάναι ὑπὸ τοῦ ἀγαθοῦ παρεῖναι, ἀλλὰ καὶ τὸ εἶναί τε καὶ τὴν οὐσίαν ὑπ' ἐκείνου αὐτοῖς προσεῖναι, οὐκ οὐσίας ὄντος τοῦ ἀγαθοῦ, ἀλλ' ἔτι ἐπέκεινα τῆς οὐσίας πρεσβείᾳ καὶ δυνάμει ὑπερέχοντος. 10

Καὶ ὁ Γλαύκων μάλα γελοίως, Ἄπολλον, ἔφη, δαιμονίας c ὑπερβολῆς.

Σὺ γάρ, ἦν δ' ἐγώ, αἴτιος, ἀναγκάζων τὰ ἐμοὶ δοκοῦντα περὶ αὐτοῦ λέγειν.

e 3 αἰτίαν . . . e 4 διανοοῦ secl. ci. Ast e 4 διανοοῦ A F M : διὰ νόου *D* : διὰ νοῦ vulg. e 6 ἐπιστήμην A *D* M : καὶ ἐπιστήμην F b 3 αὔξην A *D* M : αὔξησιν F b 9 ἔτι om. Eusebius τῆς om. Eusebius

5 Καὶ μηδαμῶς γ', ἔφη, παύσῃ, εἰ μή τι, ἀλλὰ τὴν περὶ τὸν ἥλιον ὁμοιότητα αὖ διεξιών, εἴ πῃ ἀπολείπεις.

Ἀλλὰ μήν, εἶπον, συχνά γε ἀπολείπω.

Μηδὲ σμικρὸν τοίνυν, ἔφη, παραλίπῃς.

Οἶμαι μέν, ἦν δ' ἐγώ, καὶ πολύ· ὅμως δέ, ὅσα γ' ἐν τῷ 10 παρόντι δυνατόν, ἑκὼν οὐκ ἀπολείψω.

Μὴ γάρ, ἔφη.

d Νόησον τοίνυν, ἦν δ' ἐγώ, ὥσπερ λέγομεν, δύο αὐτὼ εἶναι, καὶ βασιλεύειν τὸ μὲν νοητοῦ γένους τε καὶ τόπου, τὸ δ' αὖ ὁρατοῦ, ἵνα μὴ οὐρανοῦ εἰπὼν δόξω σοι σοφίζεσθαι περὶ τὸ ὄνομα. ἀλλ' οὖν ἔχεις ταῦτα διττὰ εἴδη, ὁρατόν, νοητόν;

5 Ἔχω.

Ὥσπερ τοίνυν γραμμὴν δίχα τετμημένην λαβὼν ἄνισα τμήματα, πάλιν τέμνε ἑκάτερον τὸ τμῆμα ἀνὰ τὸν αὐτὸν λόγον, τό τε τοῦ ὁρωμένου γένους καὶ τὸ τοῦ νοουμένου, καί σοι ἔσται σαφηνείᾳ καὶ ἀσαφείᾳ πρὸς ἄλληλα ἐν μὲν τῷ ὁρωμένῳ e τὸ μὲν ἕτερον τμῆμα εἰκόνες—λέγω δὲ τὰς εἰκόνας πρῶτον 510 μὲν τὰς σκιάς, ἔπειτα τὰ ἐν τοῖς ὕδασι φαντάσματα καὶ ἐν τοῖς ὅσα πυκνά τε καὶ λεῖα καὶ φανὰ συνέστηκεν, καὶ πᾶν τὸ τοιοῦτον, εἰ κατανοεῖς.

Ἀλλὰ κατανοῶ.

5 Τὸ τοίνυν ἕτερον τίθει ᾧ τοῦτο ἔοικεν, τά τε περὶ ἡμᾶς ζῷα καὶ πᾶν τὸ φυτευτὸν καὶ τὸ σκευαστὸν ὅλον γένος.

Τίθημι, ἔφη.

Ἦ καὶ ἐθέλοις ἂν αὐτὸ φάναι, ἦν δ' ἐγώ, διῃρῆσθαι ἀληθείᾳ τε καὶ μή, ὡς τὸ δοξαστὸν πρὸς τὸ γνωστόν, οὕτω 10 τὸ ὁμοιωθὲν πρὸς τὸ ᾧ ὡμοιώθη;

b Ἔγωγ', ἔφη, καὶ μάλα.

Σκόπει δὴ αὖ καὶ τὴν τοῦ νοητοῦ τομὴν ᾗ τμητέον.

c 5 ἀλλὰ *D* M : ἄλλα A F d 3 οὐρανοῦ F *D*: οὐρανὸν A M d 6 ἄνισα A *D* M Proclus : ἄν, ἴσα F : ἴσα Ast : ἀν' ἴσα Stallbaum d 7 τὸ τμῆμα F m : τμῆμα A : om. M d 9 σαφηνείᾳ καὶ ἀσαφείᾳ A : σαφήνεια καὶ ἀσάφεια F *D* M a 6 πᾶν om. Proclus καὶ τὸ A F M : καὶ *D*

Πῇ;

Ἧι τὸ μὲν αὐτοῦ τοῖς τότε μιμηθεῖσιν ὡς εἰκόσιν χρωμένη ψυχὴ ζητεῖν ἀναγκάζεται ἐξ ὑποθέσεων, οὐκ ἐπ' ἀρχὴν 5 πορευομένη ἀλλ' ἐπὶ τελευτήν, τὸ δ' αὖ ἕτερον—τὸ ἐπ' ἀρχὴν ἀνυπόθετον—ἐξ ὑποθέσεως ἰοῦσα καὶ ἄνευ τῶν περὶ ἐκεῖνο εἰκόνων, αὐτοῖς εἴδεσι δι' αὐτῶν τὴν μέθοδον ποιουμένη.

Ταῦτ', ἔφη, ἃ λέγεις, οὐχ ἱκανῶς ἔμαθον. 10

Ἀλλ' αὖθις, ἦν δ' ἐγώ· ῥᾷον γὰρ τούτων προειρημένων c μαθήσῃ. οἶμαι γάρ σε εἰδέναι ὅτι οἱ περὶ τὰς γεωμετρίας τε καὶ λογισμοὺς καὶ τὰ τοιαῦτα πραγματευόμενοι, ὑποθέμενοι τό τε περιττὸν καὶ τὸ ἄρτιον καὶ τὰ σχήματα καὶ γωνιῶν τριττὰ εἴδη καὶ ἄλλα τούτων ἀδελφὰ καθ' ἑκάστην μέθοδον, 5 ταῦτα μὲν ὡς εἰδότες, ποιησάμενοι ὑποθέσεις αὐτά, οὐδένα λόγον οὔτε αὑτοῖς οὔτε ἄλλοις ἔτι ἀξιοῦσι περὶ αὐτῶν διδόναι ὡς παντὶ φανερῶν, ἐκ τούτων δ' ἀρχόμενοι τὰ λοιπὰ ἤδη d διεξιόντες τελευτῶσιν ὁμολογουμένως ἐπὶ τοῦτο οὗ ἂν ἐπὶ σκέψιν ὁρμήσωσι.

Πάνυ μὲν οὖν, ἔφη, τοῦτό γε οἶδα.

Οὐκοῦν καὶ ὅτι τοῖς ὁρωμένοις εἴδεσι προσχρῶνται καὶ τοὺς 5 λόγους περὶ αὐτῶν ποιοῦνται, οὐ περὶ τούτων διανοούμενοι, ἀλλ' ἐκείνων πέρι οἷς ταῦτα ἔοικε, τοῦ τετραγώνου αὐτοῦ ἕνεκα τοὺς λόγους ποιούμενοι καὶ διαμέτρου αὐτῆς, ἀλλ' οὐ ταύτης ἣν γράφουσιν, καὶ τἆλλα οὕτως, αὐτὰ μὲν ταῦτα ἃ e πλάττουσίν τε καὶ γράφουσιν, ὧν καὶ σκιαὶ καὶ ἐν ὕδασιν εἰκόνες εἰσίν, τούτοις μὲν ὡς εἰκόσιν αὖ χρώμενοι, ζητοῦντες δὲ αὐτὰ ἐκεῖνα ἰδεῖν ἃ οὐκ ἂν ἄλλως ἴδοι τις ἢ τῇ διανοίᾳ. 511

Ἀληθῆ, ἔφη, λέγεις.

b 4 μιμηθεῖσιν A Proclus : τιμηθεῖσιν F : τμηθεῖσιν *D* M b 6 τὸ ante ἐπ' secl. Ast b 7 τῶν περὶ ex em. F (ὧν περὶ pr.) : ὧνπερ A M c 1 γὰρ A F *D*: om. M d 1 φανερῶν A *D*: φανερὸν F M d 5 ὁρωμένοις A F *D*: εἰρημένοις M e 1 ταῦτα . . . 516 d 3 τιμωμένους τε desunt in M in cuius locum succedunt apographa *M* e 3 αὖ om. F a 1 δὲ F : τε A *D M*

Τοῦτο τοίνυν νοητὸν μὲν τὸ εἶδος ἔλεγον, ὑποθέσεσι δ' ἀναγκαζομένην ψυχὴν χρῆσθαι περὶ τὴν ζήτησιν αὐτοῦ,
5 οὐκ ἐπ' ἀρχὴν ἰοῦσαν, ὡς οὐ δυναμένην τῶν ὑποθέσεων ἀνωτέρω ἐκβαίνειν, εἰκόσι δὲ χρωμένην αὐτοῖς τοῖς ὑπὸ τῶν κάτω ἀπεικασθεῖσιν καὶ ἐκείνοις πρὸς ἐκεῖνα ὡς ἐναργέσι δεδοξασμένοις τε καὶ τετιμημένοις.

b Μανθάνω, ἔφη, ὅτι τὸ ὑπὸ ταῖς γεωμετρίαις τε καὶ ταῖς ταύτης ἀδελφαῖς τέχναις λέγεις.

Τὸ τοίνυν ἕτερον μάνθανε τμῆμα τοῦ νοητοῦ λέγοντά με τοῦτο οὗ αὐτὸς ὁ λόγος ἅπτεται τῇ τοῦ διαλέγεσθαι δυνάμει,
5 τὰς ὑποθέσεις ποιούμενος οὐκ ἀρχὰς ἀλλὰ τῷ ὄντι ὑποθέσεις, οἷον ἐπιβάσεις τε καὶ ὁρμάς, ἵνα μέχρι τοῦ ἀνυποθέτου ἐπὶ τὴν τοῦ παντὸς ἀρχὴν ἰών, ἁψάμενος αὐτῆς, πάλιν αὖ ἐχόμενος τῶν ἐκείνης ἐχομένων, οὕτως ἐπὶ τελευτὴν καταβαίνῃ,
c αἰσθητῷ παντάπασιν οὐδενὶ προσχρώμενος, ἀλλ' εἴδεσιν αὐτοῖς δι' αὐτῶν εἰς αὐτά, καὶ τελευτᾷ εἰς εἴδη.

Μανθάνω, ἔφη, ἱκανῶς μὲν οὔ—δοκεῖς γάρ μοι συχνὸν ἔργον λέγειν—ὅτι μέντοι βούλει διορίζειν σαφέστερον εἶναι
5 τὸ ὑπὸ τῆς τοῦ διαλέγεσθαι ἐπιστήμης τοῦ ὄντος τε καὶ νοητοῦ θεωρούμενον ἢ τὸ ὑπὸ τῶν τεχνῶν καλουμένων, αἷς αἱ ὑποθέσεις ἀρχαὶ καὶ διανοίᾳ μὲν ἀναγκάζονται ἀλλὰ μὴ αἰσθήσεσιν αὐτὰ θεᾶσθαι οἱ θεώμενοι, διὰ δὲ τὸ μὴ ἐπ' ἀρχὴν
d ἀνελθόντες σκοπεῖν ἀλλ' ἐξ ὑποθέσεων, νοῦν οὐκ ἴσχειν περὶ αὐτὰ δοκοῦσί σοι, καίτοι νοητῶν ὄντων μετὰ ἀρχῆς. διάνοιαν δὲ καλεῖν μοι δοκεῖς τὴν τῶν γεωμετρικῶν τε καὶ τὴν τῶν τοιούτων ἕξιν ἀλλ' οὐ νοῦν, ὡς μεταξύ τι δόξης τε καὶ νοῦ
5 τὴν διάνοιαν οὖσαν.

Ἱκανώτατα, ἦν δ' ἐγώ, ἀπεδέξω. καί μοι ἐπὶ τοῖς τέτταρσι τμήμασι τέτταρα ταῦτα παθήματα ἐν τῇ ψυχῇ

a 3 νοητὸν A F *M*: νοητοῦ *D*: νοητοῦ ἐν ci. Ast a 5 οὐκ A F *D*: οὐκ ἂν *M* a 7 καὶ ἐκείνοις secl. ci. Ast a 8 τετιμημένοις A² F *M*: τετμημένοις A *D* b 1 γεωμετρικαῖς F b 3 με A *D M*: μετὰ F b 7 αὖ A *D M*: om. F c 2 εἰς αὐτά om. Adam c 3 οὔ scr. recc.: οὖν A F *D M* γιγνόμενα λαβέ, νόησιν μὲν ἐπὶ τῷ ἀνωτάτω, διάνοιαν δὲ ἐπὶ τῷ δευτέρῳ, τῷ τρίτῳ δὲ πίστιν ἀπόδος καὶ τῷ e τελευταίῳ εἰκασίαν, καὶ τάξον αὐτὰ ἀνὰ λόγον, ὥσπερ ἐφ' οἷς ἐστιν ἀληθείας μετέχει, οὕτω ταῦτα σαφηνείας ἡγησάμενος μετέχειν.

Μανθάνω, ἔφη, καὶ συγχωρῶ καὶ τάττω ὡς λέγεις. 5

e 3 μετέχει corr. Mon. : μετέχειν A F *D* M

St. II
p. 514

Z

a Μετὰ ταῦτα δή, εἶπον, ἀπείκασον τοιούτῳ πάθει τὴν ἡμετέραν φύσιν παιδείας τε πέρι καὶ ἀπαιδευσίας. ἰδὲ γὰρ ἀνθρώπους οἷον ἐν καταγείῳ οἰκήσει σπηλαιώδει, ἀναπεπταμένην πρὸς τὸ φῶς τὴν εἴσοδον ἐχούσῃ μακρὰν παρὰ πᾶν
5 τὸ σπήλαιον, ἐν ταύτῃ ἐκ παίδων ὄντας ἐν δεσμοῖς καὶ τὰ σκέλη καὶ τοὺς αὐχένας, ὥστε μένειν τε αὐτοὺς εἴς τε τὸ
b πρόσθεν μόνον ὁρᾶν, κύκλῳ δὲ τὰς κεφαλὰς ὑπὸ τοῦ δεσμοῦ ἀδυνάτους περιάγειν, φῶς δὲ αὐτοῖς πυρὸς ἄνωθεν καὶ πόρρωθεν καόμενον ὄπισθεν αὐτῶν, μεταξὺ δὲ τοῦ πυρὸς καὶ τῶν δεσμωτῶν ἐπάνω ὁδόν, παρ' ἣν ἰδὲ τειχίον παρῳκο-
5 δομημένον, ὥσπερ τοῖς θαυματοποιοῖς πρὸ τῶν ἀνθρώπων πρόκειται τὰ παραφράγματα, ὑπὲρ ὧν τὰ θαύματα δεικνύασιν.

Ὁρῶ, ἔφη.

Ὅρα τοίνυν παρὰ τοῦτο τὸ τειχίον φέροντας ἀνθρώπους
c σκεύη τε παντοδαπὰ ὑπερέχοντα τοῦ τειχίου καὶ ἀνδριάντας
515 καὶ ἄλλα ζῷα λίθινά τε καὶ ξύλινα καὶ παντοῖα εἰργασμένα, οἷον εἰκὸς τοὺς μὲν φθεγγομένους, τοὺς δὲ σιγῶντας τῶν παραφερόντων.

Ἄτοπον, ἔφη, λέγεις εἰκόνα καὶ δεσμώτας ἀτόπους.

5 Ὁμοίους ἡμῖν, ἦν δ' ἐγώ· τοὺς γὰρ τοιούτους πρῶτον μὲν ἑαυτῶν τε καὶ ἀλλήλων οἴει ἄν τι ἑωρακέναι ἄλλο πλὴν

a 2 ἰδὲ A²: ἴδε A vulg. **a** 3 ἀναπεπταμένην A F D: ἀναπεπταμένη *M* **a** 4 παρὰ πᾶν Iamblichus: παράπαν F: παρ' ἅπαν A *D M* **a** 6 αὐτοὺς A F *D M* Iamblichus: αὐτοῦ ci. Hirschig εἴς τε A F *M* Iamblichus: καὶ εἰς *D* **b** 3 κα(ι)όμενον A F *D M* Iamblichus: καομένου ci. Hirschig **b** 4 ἣν ἰδὲ A²: ἣν ἴδε A: ἥνιδε F: ἣν ἰδεῖν *D*: ἣν εἶναι Iamblichus παρῳκοδομημένον] ᾠκοδομημένον Iamblichus **b** 6 δεικνύασιν A: δείκνυσιν F *D*: δεικνύουσιν Iamblichus **a** 5 μὲν A F *M* Iamblichus: om. *D* τὰς σκιὰς τὰς ὑπὸ τοῦ πυρὸς εἰς τὸ καταντικρὺ αὐτῶν τοῦ σπηλαίου προσπιπτούσας;

Πῶς γάρ, ἔφη, εἰ ἀκινήτους γε τὰς κεφαλὰς ἔχειν ἠναγκασμένοι εἶεν διὰ βίου; b

Τί δὲ τῶν παραφερομένων; οὐ ταὐτὸν τοῦτο;

Τί μήν;

Εἰ οὖν διαλέγεσθαι οἷοί τ' εἶεν πρὸς ἀλλήλους, οὐ ταῦτα ἡγῇ ἂν τὰ ὄντα αὐτοὺς νομίζειν ἅπερ ὁρῷεν; 5

Ἀνάγκη.

Τί δ' εἰ καὶ ἠχὼ τὸ δεσμωτήριον ἐκ τοῦ καταντικρὺ ἔχοι; ὁπότε τις τῶν παριόντων φθέγξαιτο, οἴει ἂν ἄλλο τι αὐτοὺς ἡγεῖσθαι τὸ φθεγγόμενον ἢ τὴν παριοῦσαν σκιάν;

Μὰ Δί' οὐκ ἔγωγ', ἔφη. 10

Παντάπασι δή, ἦν δ' ἐγώ, οἱ τοιοῦτοι οὐκ ἂν ἄλλο τι c νομίζοιεν τὸ ἀληθὲς ἢ τὰς τῶν σκευαστῶν σκιάς.

Πολλὴ ἀνάγκη, ἔφη.

Σκόπει δή, ἦν δ' ἐγώ, αὐτῶν λύσιν τε καὶ ἴασιν τῶν τε δεσμῶν καὶ τῆς ἀφροσύνης, οἵα τις ἂν εἴη, εἰ φύσει τοιάδε 5 συμβαίνοι αὐτοῖς· ὁπότε τις λυθείη καὶ ἀναγκάζοιτο ἐξαίφνης ἀνίστασθαί τε καὶ περιάγειν τὸν αὐχένα καὶ βαδίζειν καὶ πρὸς τὸ φῶς ἀναβλέπειν, πάντα δὲ ταῦτα ποιῶν ἀλγοῖ τε καὶ διὰ τὰς μαρμαρυγὰς ἀδυνατοῖ καθορᾶν ἐκεῖνα ὧν τότε τὰς σκιὰς ἑώρα, τί ἂν οἴει αὐτὸν εἰπεῖν, εἴ τις d αὐτῷ λέγοι ὅτι τότε μὲν ἑώρα φλυαρίας, νῦν δὲ μᾶλλόν τι ἐγγυτέρω τοῦ ὄντος καὶ πρὸς μᾶλλον ὄντα τετραμμένος ὀρθότερον βλέποι, καὶ δὴ καὶ ἕκαστον τῶν παριόντων δεικνὺς αὐτῷ ἀναγκάζοι ἐρωτῶν ἀποκρίνεσθαι ὅτι ἔστιν; οὐκ οἴει 5

b 4 *οὐ ταῦτα* *D* Iamblichus : *οὐ ταὐτὰ* A F *M* : *οὐκ αὐτὰ* ci. Vermehren b 5 *ὄντα* Iamblichus et legit Proclus ut videtur : *παρόντα* A F *D M* : *παριόντα* scr. rec. *νομίζειν* F Proclus ut videtur : *ὀνομάζειν* Iamblichus : *νομίζειν ὀνομάζειν* A *D M* c 1 *δὴ* A *D M* Iamblichus : *δὲ* F c 4 *τῶν τε* F *D* Iamblichus : *τῶν* A *M* c 5 *εἰ* A F *M* : om. *D* : *ἡ* Iamblichus d 2 *αὐτῷ*] *αὐτὸ* Iamblichus d 3 *τι* A² F *M* Iamblichus : om. A *D* *ἐγγυτέρω* ⟨*ὢν*⟩ ci. H. Richards d 4 *παριόντων* A *D M* Iamblichus : *παρόντων* F αὐτὸν ἀπορεῖν τε ἂν καὶ ἡγεῖσθαι τὰ τότε ὁρώμενα ἀληθέστερα ἢ τὰ νῦν δεικνύμενα;

Πολύ γ', ἔφη.

e Οὐκοῦν κἂν εἰ πρὸς αὐτὸ τὸ φῶς ἀναγκάζοι αὐτὸν βλέπειν, ἀλγεῖν τε ἂν τὰ ὄμματα καὶ φεύγειν ἀποστρεφόμενον πρὸς ἐκεῖνα ἃ δύναται καθορᾶν, καὶ νομίζειν ταῦτα τῷ ὄντι σαφέστερα τῶν δεικνυμένων;

5 Οὕτως, ἔφη.

Εἰ δέ, ἦν δ' ἐγώ, ἐντεῦθεν ἕλκοι τις αὐτὸν βίᾳ διὰ τραχείας τῆς ἀναβάσεως καὶ ἀνάντους, καὶ μὴ ἀνείη πρὶν ἐξελκύσειεν εἰς τὸ τοῦ ἡλίου φῶς, ἆρα οὐχὶ ὀδυνᾶσθαί τε

516 ἂν καὶ ἀγανακτεῖν ἑλκόμενον, καὶ ἐπειδὴ πρὸς τὸ φῶς ἔλθοι, αὐγῆς ἂν ἔχοντα τὰ ὄμματα μεστὰ ὁρᾶν οὐδ' ἂν ἓν δύνασθαι τῶν νῦν λεγομένων ἀληθῶν;

Οὐ γὰρ ἄν, ἔφη, ἐξαίφνης γε.

5 Συνηθείας δὴ οἶμαι δέοιτ' ἄν, εἰ μέλλοι τὰ ἄνω ὄψεσθαι. καὶ πρῶτον μὲν τὰς σκιὰς ἂν ῥᾷστα καθορῷ, καὶ μετὰ τοῦτο ἐν τοῖς ὕδασι τά τε τῶν ἀνθρώπων καὶ τὰ τῶν ἄλλων εἴδωλα, ὕστερον δὲ αὐτά· ἐκ δὲ τούτων τὰ ἐν τῷ οὐρανῷ καὶ αὐτὸν τὸν οὐρανὸν νύκτωρ ἂν ῥᾷον θεάσαιτο, προσβλέπων τὸ τῶν

b ἄστρων τε καὶ σελήνης φῶς, ἢ μεθ' ἡμέραν τὸν ἥλιόν τε καὶ τὸ τοῦ ἡλίου.

Πῶς δ' οὔ;

Τελευταῖον δὴ οἶμαι τὸν ἥλιον, οὐκ ἐν ὕδασιν οὐδ' ἐν

5 ἀλλοτρίᾳ ἕδρᾳ φαντάσματα αὐτοῦ, ἀλλ' αὐτὸν καθ' αὐτὸν ἐν τῇ αὐτοῦ χώρᾳ δύναιτ' ἂν κατιδεῖν καὶ θεάσασθαι οἷός ἐστιν.

Ἀναγκαῖον, ἔφη.

Καὶ μετὰ ταῦτ' ἂν ἤδη συλλογίζοιτο περὶ αὐτοῦ ὅτι οὗτος

d 6 τὰ τότε] τά τε Iamblichus ἀληθέστερα] in hac voce redit D d 8 πολύ γ' ἔφη] πάντως δήπου Iamblichus e 3 δύναται A F D : δύνανται *M* e 7 ἀνείη A : ἂν εἴη Iamblichus : ἀνίῃ A² F D a 3 νῦν om. Iamblichus b 1 σελήνης] σεληνῶν Iamblichus b 6 οἷος] οἷός τε Iamblichus b 9 οὗτος F D Iamblichus : αὐτὸς A *M*

ὁ τάς τε ὥρας παρέχων καὶ ἐνιαυτοὺς καὶ πάντα ἐπιτρο- 10
πεύων τὰ ἐν τῷ ὁρωμένῳ τόπῳ, καὶ ἐκείνων ὧν σφεῖς ἑώρων c
τρόπον τινὰ πάντων αἴτιος.

Δῆλον, ἔφη, ὅτι ἐπὶ ταῦτα ἂν μετ' ἐκεῖνα ἔλθοι.

Τί οὖν; ἀναμιμνῃσκόμενον αὐτὸν τῆς πρώτης οἰκήσεως
καὶ τῆς ἐκεῖ σοφίας καὶ τῶν τότε συνδεσμωτῶν οὐκ ἂν οἴει 5
αὐτὸν μὲν εὐδαιμονίζειν τῆς μεταβολῆς, τοὺς δὲ ἐλεεῖν;

Καὶ μάλα.

Τιμαὶ δὲ καὶ ἔπαινοι εἴ τινες αὐτοῖς ἦσαν τότε παρ'
ἀλλήλων καὶ γέρα τῷ ὀξύτατα καθορῶντι τὰ παριόντα, καὶ
μνημονεύοντι μάλιστα ὅσα τε πρότερα αὐτῶν καὶ ὕστερα 10
εἰώθει καὶ ἅμα πορεύεσθαι, καὶ ἐκ τούτων δὴ δυνατώτατα d
ἀπομαντευομένῳ τὸ μέλλον ἥξειν, δοκεῖς ἂν αὐτὸν ἐπιθυμη-
τικῶς αὐτῶν ἔχειν καὶ ζηλοῦν τοὺς παρ' ἐκείνοις τιμωμένους
τε καὶ ἐνδυναστεύοντας, ἢ τὸ τοῦ Ὁμήρου ἂν πεπονθέναι
καὶ σφόδρα βούλεσθαι "ἐπάρουρον ἐόντα θητευέμεν 5
ἄλλῳ ἀνδρὶ παρ' ἀκλήρῳ" καὶ ὁτιοῦν ἂν πεπονθέναι
μᾶλλον ἢ 'κεῖνά τε δοξάζειν καὶ ἐκείνως ζῆν;

Οὕτως, ἔφη, ἔγωγε οἶμαι, πᾶν μᾶλλον πεπονθέναι ἂν e
δέξασθαι ἢ ζῆν ἐκείνως.

Καὶ τόδε δὴ ἐννόησον, ἦν δ' ἐγώ. εἰ πάλιν ὁ τοιοῦτος
καταβὰς εἰς τὸν αὐτὸν θᾶκον καθίζοιτο, ἆρ' οὐ σκότους ⟨ἂν⟩
ἀνάπλεως σχοίη τοὺς ὀφθαλμούς, ἐξαίφνης ἥκων ἐκ τοῦ 5
ἡλίου;

Καὶ μάλα γ', ἔφη.

Τὰς δὲ δὴ σκιὰς ἐκείνας πάλιν εἰ δέοι αὐτὸν γνωματεύοντα
διαμιλλᾶσθαι τοῖς ἀεὶ δεσμώταις ἐκείνοις, ἐν ᾧ ἀμβλυώττει,

c 8 αὐτοῖς ἦσαν] ἦσαν αὐτοῖς Iamblichus παρ'] περὶ Iamblichus
d 1 εἰώθει] εἴωθε Iamblichus d 4 καὶ in hac voce redit M
d 5 βούλεσθαι A F M Iamblichus : βουλεύεσθαι D e 3 ὁ τοιοῦτος
F D M Iamblichus : ὅτι οὗτος A e 4 θᾶκον F D Iamblichus :
θῶκον M : θάκον A ἂν add. Baiter : om. A F D M Iamblichus
e 7 καὶ A D M : om. F Iamblichus e 8 γνωματεύοντα A F D M
Iamblichus : γνωμονεύοντα Timaeus e 9 ἀμβλυώττει] ἀμβλυωπεῖ
Iamblichus

517 πρὶν καταστῆναι τὰ ὄμματα, οὗτος δ' ὁ χρόνος μὴ πάνυ
ὀλίγος εἴη τῆς συνηθείας, ἆρ' οὐ γέλωτ' ἂν παράσχοι, καὶ
λέγοιτο ἂν περὶ αὐτοῦ ὡς ἀναβὰς ἄνω διεφθαρμένος ἥκει
τὰ ὄμματα, καὶ ὅτι οὐκ ἄξιον οὐδὲ πειρᾶσθαι ἄνω ἰέναι; καὶ
5 τὸν ἐπιχειροῦντα λύειν τε καὶ ἀνάγειν, εἴ πως ἐν ταῖς χερσὶ
δύναιντο λαβεῖν καὶ ἀποκτείνειν, ἀποκτεινύναι ἄν;

Σφόδρα γ', ἔφη.

Ταύτην τοίνυν, ἦν δ' ἐγώ, τὴν εἰκόνα, ὦ φίλε Γλαύκων,
b προσαπτέον ἅπασαν τοῖς ἔμπροσθεν λεγομένοις, τὴν μὲν
δι' ὄψεως φαινομένην ἕδραν τῇ τοῦ δεσμωτηρίου οἰκήσει
ἀφομοιοῦντα, τὸ δὲ τοῦ πυρὸς ἐν αὐτῇ φῶς τῇ τοῦ ἡλίου
δυνάμει· τὴν δὲ ἄνω ἀνάβασιν καὶ θέαν τῶν ἄνω τὴν εἰς
5 τὸν νοητὸν τόπον τῆς ψυχῆς ἄνοδον τιθεὶς οὐχ ἁμαρτήσῃ
τῆς γ' ἐμῆς ἐλπίδος, ἐπειδὴ ταύτης ἐπιθυμεῖς ἀκούειν. θεὸς
δέ που οἶδεν εἰ ἀληθὴς οὖσα τυγχάνει. τὰ δ' οὖν ἐμοὶ
φαινόμενα οὕτω φαίνεται, ἐν τῷ γνωστῷ τελευταία ἡ τοῦ
c ἀγαθοῦ ἰδέα καὶ μόγις ὁρᾶσθαι, ὀφθεῖσα δὲ συλλογιστέα
εἶναι ὡς ἄρα πᾶσι πάντων αὕτη ὀρθῶν τε καὶ καλῶν αἰτία,
ἔν τε ὁρατῷ φῶς καὶ τὸν τούτου κύριον τεκοῦσα, ἔν τε νοητῷ
αὐτὴ κυρία ἀλήθειαν καὶ νοῦν παρασχομένη, καὶ ὅτι δεῖ ταύτην
5 ἰδεῖν τὸν μέλλοντα ἐμφρόνως πράξειν ἢ ἰδίᾳ ἢ δημοσίᾳ.

Συνοίομαι, ἔφη, καὶ ἐγώ, ὅν γε δὴ τρόπον δύναμαι.

Ἴθι τοίνυν, ἦν δ' ἐγώ, καὶ τόδε συνοιήθητι καὶ μὴ θαυ-
μάσῃς ὅτι οἱ ἐνταῦθα ἐλθόντες οὐκ ἐθέλουσιν τὰ τῶν ἀνθρώπων
πράττειν, ἀλλ' ἄνω ἀεὶ ἐπείγονται αὐτῶν αἱ ψυχαὶ διατρίβειν·
d εἰκὸς γάρ που οὕτως, εἴπερ αὖ κατὰ τὴν προειρημένην εἰκόνα
τοῦτ' ἔχει.

a 1 τὰ ὄμματα A F D Iamblichus : τὸ ὄμμα M a 2 παράσχοι] παρέχοι Iamblichus a 4 ἄνω ἰέναι] ἀνιέναι Iamblichus a 6 ἀπο-κτείνειν, ἀποκτεινῦναι ἄν F : ἀποκτείνειν, ἀποκτιννύναι ἄν A D Iamblichus : ἀποκτενεῖν, ἀποκτιννύναι αὖ M : ἀποκτείνειαν ἄν ci. Baiter b 1 τοῖς ἔμπροσθεν] ὡς ἀληθῶς τοῖς Iamblichus b 3 ἀφομοιοῦντα A F D M Iamblichus : ἀφομοιοῦντας Porphyrius c 2 αὕτη A D M Iamblichus : αὐτὴ F c 4 αὐτὴ F Iamblichus : αὕτη A M : αὐτῇ D παρασχομένη] παρεχομένη Iamblichus c 7 τοίνυν A D M : δὴ τοίνυν F ἦν δ' ἐγώ post τόδε F c 8 οἱ om. F d 2 τοῦτ' A F M : ταῦτ' D

Εἰκὸς μέντοι, ἔφη.

Τί δέ; τόδε οἴει τι θαυμαστόν, εἰ ἀπὸ θείων, ἦν δ' ἐγώ, θεωριῶν ἐπὶ τὰ ἀνθρώπειά τις ἐλθὼν κακὰ ἀσχημονεῖ τε 5 καὶ φαίνεται σφόδρα γελοῖος ἔτι ἀμβλυώττων καὶ πρὶν ἱκανῶς συνήθης γενέσθαι τῷ παρόντι σκότῳ ἀναγκαζόμενος ἐν δικαστηρίοις ἢ ἄλλοθί που ἀγωνίζεσθαι περὶ τῶν τοῦ δικαίου σκιῶν ἢ ἀγαλμάτων ὧν αἱ σκιαί, καὶ διαμιλλᾶσθαι περὶ τούτου, ὅπῃ ποτὲ ὑπολαμβάνεται ταῦτα ὑπὸ τῶν αὐτὴν e δικαιοσύνην μὴ πώποτε ἰδόντων;

Οὐδ' ὁπωστιοῦν θαυμαστόν, ἔφη.

Ἀλλ' εἰ νοῦν γε ἔχοι τις, ἦν δ' ἐγώ, μεμνῇτ' ἂν ὅτι 518 διτταὶ καὶ ἀπὸ διττῶν γίγνονται ἐπιταράξεις ὄμμασιν, ἔκ τε φωτὸς εἰς σκότος μεθισταμένων καὶ ἐκ σκότους εἰς φῶς. ταὐτὰ δὲ ταῦτα νομίσας γίγνεσθαι καὶ περὶ ψυχήν, ὁπότε ἴδοι θορυβουμένην τινὰ καὶ ἀδυνατοῦσάν τι καθορᾶν, οὐκ 5 ἂν ἀλογίστως γελῷ, ἀλλ' ἐπισκοποῖ ἂν πότερον ἐκ φανοτέρου βίου ἥκουσα ὑπὸ ἀηθείας ἐσκότωται, ἢ ἐξ ἀμαθίας πλείονος εἰς φανότερον ἰοῦσα ὑπὸ λαμπροτέρου μαρμαρυγῆς ἐμπέπλησται, καὶ οὕτω δὴ τὴν μὲν εὐδαιμονίσειεν ἂν τοῦ b πάθους τε καὶ βίου, τὴν δὲ ἐλεήσειεν, καὶ εἰ γελᾶν ἐπ' αὐτῇ βούλοιτο, ἧττον ἂν καταγέλαστος ὁ γέλως αὐτῷ εἴη ἢ ὁ ἐπὶ τῇ ἄνωθεν ἐκ φωτὸς ἡκούσῃ.

Καὶ μάλα, ἔφη, μετρίως λέγεις. 5

Δεῖ δή, εἶπον, ἡμᾶς τοιόνδε νομίσαι περὶ αὐτῶν, εἰ ταῦτ' ἀληθῆ· τὴν παιδείαν οὐχ οἵαν τινὲς ἐπαγγελλόμενοί φασιν εἶναι τοιαύτην καὶ εἶναι. φασὶ δέ που οὐκ ἐνούσης ἐν τῇ ψυχῇ ἐπιστήμης σφεῖς ἐντιθέναι, οἷον τυφλοῖς ὀφθαλμοῖς c ὄψιν ἐντιθέντες.

Φασὶ γὰρ οὖν, ἔφη.

e 3 θαυμαστὸν ἔφη A D M : ἔφη θαυμαστόν F a 2 ἀπὸ A D M : ὑπὸ F a 7 ἀηθείας A F M d : ἀληθείας D a 8 φανότερον A D M : φανερώτερον F b 1 εὐδαιμονίσειεν scr. recc. : εὐδαιμονήσειεν A F D M b 6 νομίσαι] νοῆσαι Iamblichus b 7 οἵαν] οἷον Iamblichus c 1 σφεῖς om. Iamblichus

Ὁ δέ γε νῦν λόγος, ἦν δ' ἐγώ, σημαίνει ταύτην τὴν
5 ἐνοῦσαν ἑκάστου δύναμιν ἐν τῇ ψυχῇ καὶ τὸ ὄργανον ᾧ
καταμανθάνει ἕκαστος, οἷον εἰ ὄμμα μὴ δυνατὸν ἦν ἄλλως
ἢ σὺν ὅλῳ τῷ σώματι στρέφειν πρὸς τὸ φανὸν ἐκ τοῦ
σκοτώδους, οὕτω σὺν ὅλῃ τῇ ψυχῇ ἐκ τοῦ γιγνομένου περι-
ακτέον εἶναι, ἕως ἂν εἰς τὸ ὂν καὶ τοῦ ὄντος τὸ φανότατον
10 δυνατὴ γένηται ἀνασχέσθαι θεωμένη· τοῦτο δ' εἶναί φαμεν
d τἀγαθόν. ἦ γάρ;

Ναί.

Τούτου τοίνυν, ἦν δ' ἐγώ, αὐτοῦ τέχνη ἂν εἴη, τῆς
περιαγωγῆς, τίνα τρόπον ὡς ῥᾷστά τε καὶ ἀνυσιμώτατα
5 μεταστραφήσεται, οὐ τοῦ ἐμποιῆσαι αὐτῷ τὸ ὁρᾶν, ἀλλ' ὡς
ἔχοντι μὲν αὐτό, οὐκ ὀρθῶς δὲ τετραμμένῳ οὐδὲ βλέποντι
οἷ ἔδει, τοῦτο διαμηχανήσασθαι.

Ἔοικεν γάρ, ἔφη.

Αἱ μὲν τοίνυν ἄλλαι ἀρεταὶ καλούμεναι ψυχῆς κινδυ-
10 νεύουσιν ἐγγύς τι εἶναι τῶν τοῦ σώματος—τῷ ὄντι γὰρ
e οὐκ ἐνοῦσαι πρότερον ὕστερον ἐμποιεῖσθαι ἔθεσι καὶ ἀσκή-
σεσιν—ἡ δὲ τοῦ φρονῆσαι παντὸς μᾶλλον θειοτέρου τινὸς
τυγχάνει, ὡς ἔοικεν, οὖσα, ὃ τὴν μὲν δύναμιν οὐδέποτε
ἀπόλλυσιν, ὑπὸ δὲ τῆς περιαγωγῆς χρήσιμόν τε καὶ ὠφέλιμον
519 καὶ ἄχρηστον αὖ καὶ βλαβερὸν γίγνεται. ἢ οὔπω ἐννενόηκας,
τῶν λεγομένων πονηρῶν μέν, σοφῶν δέ, ὡς δριμὺ μὲν βλέπει
τὸ ψυχάριον καὶ ὀξέως διορᾷ ταῦτα ἐφ' ἃ τέτραπται, ὡς
οὐ φαύλην ἔχον τὴν ὄψιν, κακίᾳ δ' ἠναγκασμένον ὑπηρετεῖν,
5 ὥστε ὅσῳ ἂν ὀξύτερον βλέπῃ, τοσούτῳ πλείω κακὰ ἐργα-
ζόμενον;

Πάνυ μὲν οὖν, ἔφη.

Τοῦτο μέντοι, ἦν δ' ἐγώ, τὸ τῆς τοιαύτης φύσεως εἰ
ἐκ παιδὸς εὐθὺς κοπτόμενον περιεκόπη τὰς τῆς γενέσεως

c 5 ἑκάστου] ἑκάστῳ Iamblichus d 5 τὸ om. Iamblichus d 7 διαμηχανήσασθαι F D M : δεῖ μηχανήσασθαι A Iamblichus d 10 εἶναι A F D M Iamblichus : τείνειν ci. Campbell a 2 μὲν ante πονηρῶν Iamblichus a 9 τὰς A F d Iamblichus : τὰ D M

συγγενεῖς ὥσπερ μολυβδίδας, αἳ δὴ ἐδωδαῖς τε καὶ τοιούτων b
ἡδοναῖς τε καὶ λιχνείαις προσφυεῖς γιγνόμεναι [περὶ] κάτω
στρέφουσι τὴν τῆς ψυχῆς ὄψιν· ὧν εἰ ἀπαλλαγὲν περιε-
στρέφετο εἰς τὰ ἀληθῆ, καὶ ἐκεῖνα ἂν τὸ αὐτὸ τοῦτο τῶν αὐτῶν
ἀνθρώπων ὀξύτατα ἑώρα, ὥσπερ καὶ ἐφ' ἃ νῦν τέτραπται. 5

Εἰκός γε, ἔφη.

Τί δέ; τόδε οὐκ εἰκός, ἦν δ' ἐγώ, καὶ ἀνάγκη ἐκ τῶν
προειρημένων, μήτε τοὺς ἀπαιδεύτους καὶ ἀληθείας ἀπείρους
ἱκανῶς ἄν ποτε πόλιν ἐπιτροπεῦσαι, μήτε τοὺς ἐν παιδείᾳ c
ἐωμένους διατρίβειν διὰ τέλους, τοὺς μὲν ὅτι σκοπὸν ἐν
τῷ βίῳ οὐκ ἔχουσιν ἕνα, οὗ στοχαζομένους δεῖ ἅπαντα
πράττειν ἃ ἂν πράττωσιν ἰδίᾳ τε καὶ δημοσίᾳ, τοὺς δὲ ὅτι
ἑκόντες εἶναι οὐ πράξουσιν, ἡγούμενοι ἐν μακάρων νήσοις 5
ζῶντες ἔτι ἀπῳκίσθαι;

'Αληθῆ, ἔφη.

'Ημέτερον δὴ ἔργον, ἦν δ' ἐγώ, τῶν οἰκιστῶν τάς τε
βελτίστας φύσεις ἀναγκάσαι ἀφικέσθαι πρὸς τὸ μάθημα
ὃ ἐν τῷ πρόσθεν ἔφαμεν εἶναι μέγιστον, ἰδεῖν τε τὸ ἀγαθὸν 10
καὶ ἀναβῆναι ἐκείνην τὴν ἀνάβασιν, καὶ ἐπειδὰν ἀναβάντες d
ἱκανῶς ἴδωσι, μὴ ἐπιτρέπειν αὐτοῖς ὃ νῦν ἐπιτρέπεται.

Τὸ ποῖον δή;

Τὸ αὐτοῦ, ἦν δ' ἐγώ, καταμένειν καὶ μὴ ἐθέλειν πάλιν
καταβαίνειν παρ' ἐκείνους τοὺς δεσμώτας μηδὲ μετέχειν τῶν 5
παρ' ἐκείνοις πόνων τε καὶ τιμῶν, εἴτε φαυλότεραι εἴτε
σπουδαιότεραι.

Ἔπειτ', ἔφη, ἀδικήσομεν αὐτούς, καὶ ποιήσομεν χεῖρον
ζῆν, δυνατὸν αὐτοῖς ὂν ἄμεινον;

'Επελάθου, ἦν δ' ἐγώ, πάλιν, ὦ φίλε, ὅτι νόμῳ οὐ τοῦτο e
μέλει, ὅπως ἕν τι γένος ἐν πόλει διαφερόντως εὖ πράξει,
ἀλλ' ἐν ὅλῃ τῇ πόλει τοῦτο μηχανᾶται ἐγγενέσθαι, συναρ-

b 1 τοιούτων A D M Iamblichus : τῶν τοιούτων F b 2 περὶ secl. Hermann : περὶ τὰ al. Iamblichus d 9 αὐτοῖς . . . e 2 μέλει om. pr. D e 1 νόμῳ A F M : νομοθέτῃ vulg. e 3 ξυναρμόττων A F M : ξυναρμόττον D

μόττων τοὺς πολίτας πειθοῖ τε καὶ ἀνάγκῃ, ποιῶν μεταδιδόναι
520 ἀλλήλοις τῆς ὠφελίας ἣν ἂν ἕκαστοι τὸ κοινὸν δυνατοὶ
ὦσιν ὠφελεῖν καὶ αὐτὸς ἐμποιῶν τοιούτους ἄνδρας ἐν τῇ
πόλει, οὐχ ἵνα ἀφιῇ τρέπεσθαι ὅπῃ ἕκαστος βούλεται, ἀλλ'
ἵνα καταχρῆται αὐτὸς αὐτοῖς ἐπὶ τὸν σύνδεσμον τῆς πόλεως.
5 Ἀληθῆ, ἔφη· ἐπελαθόμην γάρ.

Σκέψαι τοίνυν, εἶπον, ὦ Γλαύκων, ὅτι οὐδ' ἀδικήσομεν
τοὺς παρ' ἡμῖν φιλοσόφους γιγνομένους, ἀλλὰ δίκαια πρὸς
αὐτοὺς ἐροῦμεν, προσαναγκάζοντες τῶν ἄλλων ἐπιμελεῖσθαί
τε καὶ φυλάττειν. ἐροῦμεν γὰρ ὅτι οἱ μὲν ἐν ταῖς ἄλλαις
b πόλεσι τοιοῦτοι γιγνόμενοι εἰκότως οὐ μετέχουσι τῶν ἐν
αὐταῖς πόνων· αὐτόματοι γὰρ ἐμφύονται ἀκούσης τῆς ἐν
ἑκάστῃ πολιτείας, δίκην δ' ἔχει τό γε αὐτοφυὲς μηδενὶ
τροφὴν ὀφεῖλον μηδ' ἐκτίνειν τῳ προθυμεῖσθαι τὰ τροφεῖα·
5 ὑμᾶς δ' ἡμεῖς ὑμῖν τε αὐτοῖς τῇ τε ἄλλῃ πόλει ὥσπερ ἐν
σμήνεσιν ἡγεμόνας τε καὶ βασιλέας ἐγεννήσαμεν, ἄμεινόν
τε καὶ τελεώτερον ἐκείνων πεπαιδευμένους καὶ μᾶλλον δυ-
c νατοὺς ἀμφοτέρων μετέχειν. καταβατέον οὖν ἐν μέρει
ἑκάστῳ εἰς τὴν τῶν ἄλλων συνοίκησιν καὶ συνεθιστέον
τὰ σκοτεινὰ θεάσασθαι· συνεθιζόμενοι γὰρ μυρίῳ βέλτιον
ὄψεσθε τῶν ἐκεῖ καὶ γνώσεσθε ἕκαστα τὰ εἴδωλα ἅττα
5 ἐστὶ καὶ ὧν, διὰ τὸ τἀληθῆ ἑωρακέναι καλῶν τε καὶ δικαίων
καὶ ἀγαθῶν πέρι. καὶ οὕτω ὕπαρ ἡμῖν καὶ ὑμῖν ἡ πόλις
οἰκήσεται ἀλλ' οὐκ ὄναρ, ὡς νῦν αἱ πολλαὶ ὑπὸ σκιαμα-
χούντων τε πρὸς ἀλλήλους καὶ στασιαζόντων περὶ τοῦ ἄρχειν
d οἰκοῦνται, ὡς μεγάλου τινὸς ἀγαθοῦ ὄντος. τὸ δέ που
ἀληθὲς ὧδ' ἔχει· ἐν πόλει ᾗ ἥκιστα πρόθυμοι ἄρχειν οἱ μέλ-
λοντες ἄρξειν, ταύτην ἄριστα καὶ ἀστασιαστότατα ἀνάγκη
οἰκεῖσθαι, τὴν δ' ἐναντίους ἄρχοντας σχοῦσαν ἐναντίως.
5 Πάνυ μὲν οὖν, ἔφη.

Ἀπειθήσουσιν οὖν ἡμῖν οἴει οἱ τρόφιμοι ταῦτ' ἀκούοντες,

c 2 ἑκάστῳ A D M : ἕκαστον F c 3 βέλτιον A D M : βέλτιον τε F c 6 ὑμῖν καὶ ἡμῖν F καὶ οὐκ ἐθελήσουσιν συμπονεῖν ἐν τῇ πόλει ἕκαστοι ἐν μέρει, τὸν δὲ πολὺν χρόνον μετ' ἀλλήλων οἰκεῖν ἐν τῷ καθαρῷ;

Ἀδύνατον, ἔφη· δίκαια γὰρ δὴ δικαίοις ἐπιτάξομεν. e παντὸς μὴν μᾶλλον ὡς ἐπ' ἀναγκαῖον αὐτῶν ἕκαστος εἶσι τὸ ἄρχειν, τοὐναντίον τῶν νῦν ἐν ἑκάστῃ πόλει ἀρχόντων.

Οὕτω γὰρ ἔχει, ἦν δ' ἐγώ, ὦ ἑταῖρε· εἰ μὲν βίον ἐξευρήσεις ἀμείνω τοῦ ἄρχειν τοῖς μέλλουσιν ἄρξειν, ἔστι σοι δυνατὴ 521 γενέσθαι πόλις εὖ οἰκουμένη· ἐν μόνῃ γὰρ αὐτῇ ἄρξουσιν οἱ τῷ ὄντι πλούσιοι, οὐ χρυσίου ἀλλ' οὗ δεῖ τὸν εὐδαίμονα πλουτεῖν, ζωῆς ἀγαθῆς τε καὶ ἔμφρονος. εἰ δὲ πτωχοὶ καὶ πεινῶντες ἀγαθῶν ἰδίων ἐπὶ τὰ δημόσια ἴασιν, ἐντεῦθεν 5 οἰόμενοι τἀγαθὸν δεῖν ἁρπάζειν, οὐκ ἔστι· περιμάχητον γὰρ τὸ ἄρχειν γιγνόμενον, οἰκεῖος ὢν καὶ ἔνδον ὁ τοιοῦτος πόλεμος αὐτούς τε ἀπόλλυσι καὶ τὴν ἄλλην πόλιν.

Ἀληθέστατα, ἔφη.

Ἔχεις οὖν, ἦν δ' ἐγώ, βίον ἄλλον τινὰ πολιτικῶν ἀρχῶν b καταφρονοῦντα ἢ τὸν τῆς ἀληθινῆς φιλοσοφίας;

Οὐ μὰ τὸν Δία, ἦ δ' ὅς.

Ἀλλὰ μέντοι δεῖ γε μὴ ἐραστὰς τοῦ ἄρχειν ἰέναι ἐπ' αὐτό· εἰ δὲ μή, οἵ γε ἀντερασταὶ μαχοῦνται. 5

Πῶς δ' οὔ;

Τίνας οὖν ἄλλους ἀναγκάσεις ἰέναι ἐπὶ φυλακὴν τῆς πόλεως ἢ οἳ περὶ τούτων τε φρονιμώτατοι δι' ὧν ἄριστα πόλις οἰκεῖται, ἔχουσί τε τιμὰς ἄλλας καὶ βίον ἀμείνω τοῦ πολιτικοῦ; 10

Οὐδένας ἄλλους, ἔφη.

Βούλει οὖν τοῦτ' ἤδη σκοπῶμεν, τίνα τρόπον οἱ τοιοῦτοι c ἐγγενήσονται, καὶ πῶς τις ἀνάξει αὐτοὺς εἰς φῶς, ὥσπερ ἐξ Ἅιδου λέγονται δή τινες εἰς θεοὺς ἀνελθεῖν;

Πῶς γὰρ οὐ βούλομαι; ἔφη.

Τοῦτο δή, ὡς ἔοικεν, οὐκ ὀστράκου ἂν εἴη περιστροφή, 5

d 7 ἐν A D M : om. F a 3 οὐ A M Stobaeus : om. F D εὖ A D M Stobaeus : οὐ F b 8 οἳ περὶ F D M : οἱ περὶ A τε A D M : om. F c 1 τοῦτ' ἤδη A D M : τουτὶ δὴ F ἀλλὰ ψυχῆς περιαγωγὴ ἐκ νυκτερινῆς τινος ἡμέρας εἰς ἀληθινήν, τοῦ ὄντος οὖσαν ἐπάνοδον, ἣν δὴ φιλοσοφίαν ἀληθῆ φήσομεν εἶναι.

Πάνυ μὲν οὖν.

10 Οὐκοῦν δεῖ σκοπεῖσθαι τί τῶν μαθημάτων ἔχει τοιαύτην d δύναμιν;

Πῶς γὰρ οὔ;

Τί ἂν οὖν εἴη, ὦ Γλαύκων, μάθημα ψυχῆς ὁλκὸν ἀπὸ τοῦ γιγνομένου ἐπὶ τὸ ὄν; τόδε δ' ἐννοῶ λέγων ἅμα· οὐκ 5 ἀθλητὰς μέντοι πολέμου ἔφαμεν τούτους ἀναγκαῖον εἶναι νέους ὄντας;

Ἔφαμεν γάρ.

Δεῖ ἄρα καὶ τοῦτο προσέχειν τὸ μάθημα ὃ ζητοῦμεν πρὸς ἐκείνῳ.

10 Τὸ ποῖον;

Μὴ ἄχρηστον πολεμικοῖς ἀνδράσιν εἶναι.

Δεῖ μέντοι, ἔφη, εἴπερ οἷόν τε.

Γυμναστικῇ μὴν καὶ μουσικῇ ἔν γε τῷ πρόσθεν ἐπαι- e δεύοντο ἡμῖν.

Ἦν ταῦτα, ἔφη.

Καὶ γυμναστικὴ μέν που περὶ γιγνόμενον καὶ ἀπολλύμενον τετεύτακεν· σώματος γὰρ αὔξης καὶ φθίσεως 5 ἐπιστατεῖ.

Φαίνεται.

Τοῦτο μὲν δὴ οὐκ ἂν εἴη ὃ ζητοῦμεν μάθημα.

522 Οὐ γάρ.

Ἀλλ' ἆρα μουσικὴ ὅσην τὸ πρότερον διήλθομεν;

c 6 ψυχῆς om. F c 7 οὖσαν ἐπάνοδον A F D M Iamblichus Clemens et legit Alcinous : οὐσίαν ἐπάνοδος ci. Cobet : ἰούσης ἐπάνοδον scr. recc. φιλοσοφίαν] φιλομάθειαν Iamblichus c 8 ἀληθῆ] ἀληθινὴν Iamblichus d 3 ἂν οὖν A D M : οὖν ἂν F d 8 ὃ A F M : om. D d 13 γυμναστικῇ . . . μουσικῇ D M : γυμναστικὴ . . . μουσικὴ A F e 3 prius καὶ F Eusebius : om. A D M e 4 τετεύτακε(ν) A D M Eusebius : τεύτακε F : τέτευχε d vulg. a 2 ὅσην A D M Eusebius : ἣν F τὸ A D M Eusebius : om. F

Ἀλλ' ἦν ἐκείνη γ', ἔφη, ἀντίστροφος τῆς γυμναστικῆς, εἰ μέμνησαι, ἔθεσι παιδεύουσα τοὺς φύλακας, κατά τε ἁρμονίαν εὐαρμοστίαν τινά, οὐκ ἐπιστήμην, παραδιδοῦσα, καὶ 5 κατὰ ῥυθμὸν εὐρυθμίαν, ἔν τε τοῖς λόγοις ἕτερα τούτων ἀδελφὰ ἔθη ἄττα ἔχουσα, καὶ ὅσοι μυθώδεις τῶν λόγων καὶ ὅσοι ἀληθινώτεροι ἦσαν· μάθημα δὲ πρὸς τοιοῦτόν τι ἄγον, οἷον σὺ νῦν ζητεῖς, οὐδὲν ἦν ἐν αὐτῇ. b

Ἀκριβέστατα, ἦν δ' ἐγώ, ἀναμιμνῄσκεις με· τῷ γὰρ ὄντι τοιοῦτον οὐδὲν εἶχεν. ἀλλ', ὦ δαιμόνιε Γλαύκων, τί ἂν εἴη τοιοῦτον; αἵ τε γὰρ τέχναι βάναυσοί που ἅπασαι ἔδοξαν εἶναι— 5

Πῶς δ' οὔ; καὶ μὴν τί ἔτ' ἄλλο λείπεται μάθημα, μουσικῆς καὶ γυμναστικῆς καὶ τῶν τεχνῶν κεχωρισμένον;

Φέρε, ἦν δ' ἐγώ, εἰ μηδὲν ἔτι ἐκτὸς τούτων ἔχομεν λαβεῖν, τῶν ἐπὶ πάντα τεινόντων τι λάβωμεν.

Τὸ ποῖον; 10

Οἷον τοῦτο τὸ κοινόν, ᾧ πᾶσαι προσχρῶνται τέχναι τε c καὶ διάνοιαι καὶ ἐπιστῆμαι—ὃ καὶ παντὶ ἐν πρώτοις ἀνάγκη μανθάνειν.

Τὸ ποῖον; ἔφη.

Τὸ φαῦλον τοῦτο, ἦν δ' ἐγώ, τὸ ἕν τε καὶ τὰ δύο καὶ 5 τὰ τρία διαγιγνώσκειν· λέγω δὲ αὐτὸ ἐν κεφαλαίῳ ἀριθμόν τε καὶ λογισμόν. ἢ οὐχ οὕτω περὶ τούτων ἔχει, ὡς πᾶσα τέχνη τε καὶ ἐπιστήμη ἀναγκάζεται αὐτῶν μέτοχος γίγνεσθαι;

Καὶ μάλα, ἔφη.

Οὐκοῦν, ἦν δ' ἐγώ, καὶ ἡ πολεμική; 10

Πολλή, ἔφη, ἀνάγκη.

Παγγέλοιον γοῦν, ἔφην, στρατηγὸν Ἀγαμέμνονα ἐν d ταῖς τραγῳδίαις Παλαμήδης ἑκάστοτε ἀποφαίνει. ἢ οὐκ ἐννενόηκας ὅτι φησὶν ἀριθμὸν εὑρὼν τάς τε τάξεις τῷ

a 7 ἔθη F Eusebius : ἔφη A D M a 8 δὲ A F M : om. D b 1 ἄγον Eusebius et γρ. D : αγ (sic) F : ἀγαθὸν A D M b 7 κεχωρισμένον A² F D M : κεχωρισμένων A c 4 τὸ F D : om. A M

στρατοπέδῳ καταστῆσαι ἐν Ἰλίῳ καὶ ἐξαριθμῆσαι ναῦς τε
5 καὶ τἆλλα πάντα, ὡς πρὸ τοῦ ἀναριθμήτων ὄντων καὶ τοῦ Ἀγαμέμνονος, ὡς ἔοικεν, οὐδ᾽ ὅσους πόδας εἶχεν εἰδότος, εἴπερ ἀριθμεῖν μὴ ἠπίστατο; καίτοι ποῖόν τιν᾽ αὐτὸν οἴει στρατηγὸν εἶναι;

Ἄτοπόν τιν᾽, ἔφη, ἔγωγε, εἰ ἦν τοῦτ᾽ ἀληθές.

e Ἄλλο τι οὖν, ἦν δ᾽ ἐγώ, μάθημα ἀναγκαῖον πολεμικῷ ἀνδρὶ θήσομεν λογίζεσθαί τε καὶ ἀριθμεῖν δύνασθαι;

Πάντων γ᾽, ἔφη, μάλιστα, εἰ καὶ ὁτιοῦν μέλλει τάξεων ἐπαΐειν, μᾶλλον δ᾽ εἰ καὶ ἄνθρωπος ἔσεσθαι.

5 Ἐννοεῖς οὖν, εἶπον, περὶ τοῦτο τὸ μάθημα ὅπερ ἐγώ;

Τὸ ποῖον;

523 Κινδυνεύει τῶν πρὸς τὴν νόησιν ἀγόντων φύσει εἶναι ὧν ζητοῦμεν, χρῆσθαι δ᾽ οὐδεὶς αὐτῷ ὀρθῶς, ἑλκτικῷ ὄντι παντάπασι πρὸς οὐσίαν.

Πῶς, ἔφη, λέγεις;

5 Ἐγὼ πειράσομαι, ἦν δ᾽ ἐγώ, τό γ᾽ ἐμοὶ δοκοῦν δηλῶσαι. ἃ γὰρ διαιροῦμαι παρ᾽ ἐμαυτῷ ἀγωγά τε εἶναι οἷ λέγομεν καὶ μή, συνθεατὴς γενόμενος σύμφαθι ἢ ἄπειπε, ἵνα καὶ τοῦτο σαφέστερον ἴδωμεν εἰ ἔστιν οἷον μαντεύομαι.

Δείκνυ᾽, ἔφη.

10 Δείκνυμι δή, εἶπον, εἰ καθορᾷς, τὰ μὲν ἐν ταῖς αἰσθή-
b σεσιν οὐ παρακαλοῦντα τὴν νόησιν εἰς ἐπίσκεψιν, ὡς ἱκανῶς ὑπὸ τῆς αἰσθήσεως κρινόμενα, τὰ δὲ παντάπασι διακελευόμενα ἐκείνην ἐπισκέψασθαι, ὡς τῆς αἰσθήσεως οὐδὲν ὑγιὲς ποιούσης.

5 Τὰ πόρρωθεν, ἔφη, φαινόμενα δῆλον ὅτι λέγεις καὶ τὰ ἐσκιαγραφημένα.

Οὐ πάνυ, ἦν δ᾽ ἐγώ, ἔτυχες οὗ λέγω.

Ποῖα μήν, ἔφη, λέγεις;

e 2 λογίζεσθαι F D: καὶ λογίζεσθαι A M e 5 εἶπον A F M: om. D a 2 ὧν A F M d: ὂν D a 6 οἷ A: οι F: οἷα D a 9 δείκνυ(ε) A D M: δεικνὺς F b 4 ποιούσης A F D M Iamblichus: νοούσης ci. Ast

Τὰ μὲν οὐ παρακαλοῦντα, ἦν δ' ἐγώ, ὅσα μὴ ἐκβαίνει εἰς ἐναντίαν αἴσθησιν ἅμα· τὰ δ' ἐκβαίνοντα ὡς παρα- c
καλοῦντα τίθημι, ἐπειδὰν ἡ αἴσθησις μηδὲν μᾶλλον τοῦτο ἢ τὸ ἐναντίον δηλοῖ, εἴτ' ἐγγύθεν προσπίπτουσα εἴτε πόρρωθεν. ὧδε δὲ ἃ λέγω σαφέστερον εἴσῃ. οὗτοί φαμεν τρεῖς ἂν εἶεν δάκτυλοι, ὅ τε σμικρότατος καὶ ὁ δεύτερος καὶ 5
ὁ μέσος.

Πάνυ γ', ἔφη.

Ὡς ἐγγύθεν τοίνυν ὁρωμένους λέγοντός μου διανοοῦ. ἀλλά μοι περὶ αὐτῶν τόδε σκόπει.

Τὸ ποῖον; 10

Δάκτυλος μέν που αὐτῶν φαίνεται ὁμοίως ἕκαστος, καὶ ταύτῃ γε οὐδὲν διαφέρει, ἐάντε ἐν μέσῳ ὁρᾶται ἐάντ' ἐπ' d
ἐσχάτῳ, ἐάντε λευκὸς ἐάντε μέλας, ἐάντε παχὺς ἐάντε λεπτός, καὶ πᾶν ὅτι τοιοῦτον. ἐν πᾶσι γὰρ τούτοις οὐκ ἀναγκάζεται τῶν πολλῶν ἡ ψυχὴ τὴν νόησιν ἐπερέσθαι τί ποτ' ἐστὶ δάκτυλος· οὐδαμοῦ γὰρ ἡ ὄψις αὐτῇ ἅμα ἐσήμηνεν τὸν 5
δάκτυλον τοὐναντίον ἢ δάκτυλον εἶναι.

Οὐ γὰρ οὖν, ἔφη.

Οὐκοῦν, ἦν δ' ἐγώ, εἰκότως τό γε τοιοῦτον νοήσεως οὐκ ἂν παρακλητικὸν οὐδ' ἐγερτικὸν εἴη. e

Εἰκότως.

Τί δὲ δή; τὸ μέγεθος αὐτῶν καὶ τὴν σμικρότητα ἡ ὄψις ἆρα ἱκανῶς ὁρᾷ, καὶ οὐδὲν αὐτῇ διαφέρει ἐν μέσῳ τινὰ αὐτῶν κεῖσθαι ἢ ἐπ' ἐσχάτῳ; καὶ ὡσαύτως πάχος καὶ 5
λεπτότητα ἢ μαλακότητα καὶ σκληρότητα ἡ ἁφή; καὶ αἱ ἄλλαι αἰσθήσεις ἆρ' οὐκ ἐνδεῶς τὰ τοιαῦτα δηλοῦσιν; ἢ ὧδε ποιεῖ ἑκάστη αὐτῶν· πρῶτον μὲν ἡ ἐπὶ τῷ σκληρῷ 524

c 5 ἂν εἶεν A D M Iamblichus : εἶεν ἂν F c 11 που F D Iamblichus : om. A d 1 ἐπ' Iamblichus : ἐν A F D d 2 μέλας A F : μέγας D d 5 αὐτῇ A : αὐτὴ F *M* Iamblichus : αὕτη D ἅμα A F *M* Iamblichus : om. D d 8 γε A D Iamblichus : om. F e 1 οὐδ' ἐγερτικὸν om. Iamblichus e 4 τινὰ αὐτῶν A F D *M*: αὐτῶν τινα Iamblichus e 6 ἢ μαλακότητα om. Iamblichus e 7 δηλώσουσιν Iamblichus τεταγμένη αἴσθησις ἠνάγκασται καὶ ἐπὶ τῷ μαλακῷ τετάχθαι, καὶ παραγγέλλει τῇ ψυχῇ ὡς ταὐτὸν σκληρόν τε καὶ μαλακὸν αἰσθανομένη;

5 Οὕτως, ἔφη.

Οὐκοῦν, ἦν δ' ἐγώ, ἀναγκαῖον ἔν γε τοῖς τοιούτοις αὖ τὴν ψυχὴν ἀπορεῖν τί ποτε σημαίνει αὕτη ἡ αἴσθησις τὸ σκληρόν, εἴπερ τὸ αὐτὸ καὶ μαλακὸν λέγει, καὶ ἡ τοῦ κούφου καὶ ἡ τοῦ βαρέος, τί τὸ κοῦφον καὶ βαρύ, εἰ τό τε βαρὺ 10 κοῦφον καὶ τὸ κοῦφον βαρὺ σημαίνει;

b Καὶ γάρ, ἔφη, αὗταί γε ἄτοποι τῇ ψυχῇ αἱ ἑρμηνεῖαι καὶ ἐπισκέψεως δεόμεναι.

Εἰκότως ἄρα, ἦν δ' ἐγώ, ἐν τοῖς τοιούτοις πρῶτον μὲν πειρᾶται λογισμόν τε καὶ νόησιν ψυχὴ παρακαλοῦσα ἐπι- 5 σκοπεῖν εἴτε ἓν εἴτε δύο ἐστὶν ἕκαστα τῶν εἰσαγγελλομένων.

Πῶς δ' οὔ;

Οὐκοῦν ἐὰν δύο φαίνηται, ἕτερόν τε καὶ ἓν ἑκάτερον φαίνεται;

Ναί.

10 Εἰ ἄρα ἓν ἑκάτερον, ἀμφότερα δὲ δύο, τά γε δύο κεχω- c ρισμένα νοήσει· οὐ γὰρ ἂν ἀχώριστά γε δύο ἐνόει, ἀλλ' ἕν.

Ὀρθῶς.

Μέγα μὴν καὶ ὄψις καὶ σμικρὸν ἑώρα, φαμέν, ἀλλ' οὐ κεχωρισμένον ἀλλὰ συγκεχυμένον τι. ἦ γάρ;

5 Ναί.

Διὰ δὲ τὴν τούτου σαφήνειαν μέγα αὖ καὶ σμικρὸν ἡ νόησις ἠναγκάσθη ἰδεῖν, οὐ συγκεχυμένα ἀλλὰ διωρισμένα, τοὐναντίον ἢ 'κείνη.

Ἀληθῆ.

10 Οὐκοῦν ἐντεῦθέν ποθεν πρῶτον ἐπέρχεται ἐρέσθαι ἡμῖν τί οὖν ποτ' ἐστὶ τὸ μέγα αὖ καὶ τὸ σμικρόν;

a 6 γε F: om. A D *M* Iamblichus a 7 αὕτη A F *M*: αὐτὴ Iamblichus: αὐτῇ D a 9 τό τε A D *M* Iamblichus: τε τὸ F c 1 ἀχώριστα] χωριστὰ Iamblichus c 3 ὄψις A D *M*: ἡ ὄψις F Iamblichus c 10 πρῶτον A D Iamblichus: πρῶτον μὲν F c 11 ἐστὶ] ἔσται Iamblichus

Παντάπασι μὲν οὖν.

Καὶ οὕτω δὴ τὸ μὲν νοητόν, τὸ δ' ὁρατὸν ἐκαλέσαμεν.

Ὀρθότατ', ἔφη. d

Ταῦτα τοίνυν καὶ ἄρτι ἐπεχείρουν λέγειν, ὡς τὰ μὲν παρακλητικὰ τῆς διανοίας ἐστί, τὰ δ' οὔ, ἃ μὲν εἰς τὴν αἴσθησιν ἅμα τοῖς ἐναντίοις ἑαυτοῖς ἐμπίπτει, παρακλητικὰ ὁριζόμενος, ὅσα δὲ μή, οὐκ ἐγερτικὰ τῆς νοήσεως. 5

Μανθάνω τοίνυν ἤδη, ἔφη, καὶ δοκεῖ μοι οὕτω.

Τί οὖν; ἀριθμός τε καὶ τὸ ἓν ποτέρων δοκεῖ εἶναι;

Οὐ συννοῶ, ἔφη.

Ἀλλ' ἐκ τῶν προειρημένων, ἔφην, ἀναλογίζου. εἰ μὲν γὰρ ἱκανῶς αὐτὸ καθ' αὑτὸ ὁρᾶται ἢ ἄλλῃ τινὶ αἰσθήσει 10 λαμβάνεται τὸ ἕν, οὐκ ἂν ὁλκὸν εἴη ἐπὶ τὴν οὐσίαν, ὥσπερ e ἐπὶ τοῦ δακτύλου ἐλέγομεν· εἰ δ' ἀεί τι αὐτῷ ἅμα ὁρᾶται ἐναντίωμα, ὥστε μηδὲν μᾶλλον ἓν ἢ καὶ τοὐναντίον φαίνεσθαι, τοῦ ἐπικρινοῦντος δὴ δέοι ἂν ἤδη καὶ ἀναγκάζοιτ' ἂν ἐν αὐτῷ ψυχὴ ἀπορεῖν καὶ ζητεῖν, κινοῦσα ἐν ἑαυτῇ τὴν ἔννοιαν, 5 καὶ ἀνερωτᾶν τί ποτέ ἐστιν αὐτὸ τὸ ἕν, καὶ οὕτω τῶν ἀγωγῶν ἂν εἴη καὶ μεταστρεπτικῶν ἐπὶ τὴν τοῦ ὄντος θέαν 525 ἡ περὶ τὸ ἓν μάθησις.

Ἀλλὰ μέντοι, ἔφη, τοῦτό γ' ἔχει οὐχ ἥκιστα ἡ περὶ αὐτὸ ὄψις· ἅμα γὰρ ταὐτὸν ὡς ἕν τε ὁρῶμεν καὶ ὡς ἄπειρα τὸ πλῆθος. 5

Οὐκοῦν εἴπερ τὸ ἕν, ἦν δ' ἐγώ, καὶ σύμπας ἀριθμὸς ταὐτὸν πέπονθε τοῦτο;

Πῶς δ' οὔ;

Ἀλλὰ μὴν λογιστική τε καὶ ἀριθμητικὴ περὶ ἀριθμὸν πᾶσα. 10

Καὶ μάλα.

d 5 ὁριζόμενος] ἐργαζόμενος F d 7 ποτέρων A² F D Iamblichus: πότερον A a 1 μεταστρεπτικῶν A D Iamblichus: μετατρεπτικῶν F a 4 αὐτὸ F Iamblichus: τὸ αὐτὸ A D ταὐτὸν A D Iamblichus: τε αὐτὸν F a 7 τοῦτο F D *M*: τούτῳ A Iamblichus a 9 τε] fort. γε b Ταῦτα δέ γε φαίνεται ἀγωγὰ πρὸς ἀλήθειαν.

Ὑπερφυῶς μὲν οὖν.

Ὧν ζητοῦμεν ἄρα, ὡς ἔοικε, μαθημάτων ἂν εἴη· πολεμικῷ μὲν γὰρ διὰ τὰς τάξεις ἀναγκαῖον μαθεῖν ταῦτα,
5 φιλοσόφῳ δὲ διὰ τὸ τῆς οὐσίας ἁπτέον εἶναι γενέσεως ἐξαναδύντι, ἢ μηδέποτε λογιστικῷ γενέσθαι.

Ἔστι ταῦτ', ἔφη.

Ὁ δέ γε ἡμέτερος φύλαξ πολεμικός τε καὶ φιλόσοφος τυγχάνει ὤν.

10 Τί μήν;

Προσῆκον δὴ τὸ μάθημα ἂν εἴη, ὦ Γλαύκων, νομοθετῆσαι καὶ πείθειν τοὺς μέλλοντας ἐν τῇ πόλει τῶν μεγίστων
c μεθέξειν ἐπὶ λογιστικὴν ἰέναι καὶ ἀνθάπτεσθαι αὐτῆς μὴ ἰδιωτικῶς, ἀλλ' ἕως ἂν ἐπὶ θέαν τῆς τῶν ἀριθμῶν φύσεως ἀφίκωνται τῇ νοήσει αὐτῇ, οὐκ ὠνῆς οὐδὲ πράσεως χάριν ὡς ἐμπόρους ἢ καπήλους μελετῶντας, ἀλλ' ἕνεκα πολέμου τε
5 καὶ αὐτῆς τῆς ψυχῆς ῥᾳστώνης μεταστροφῆς ἀπὸ γενέσεως ἐπ' ἀλήθειάν τε καὶ οὐσίαν.

Κάλλιστ', ἔφη, λέγεις.

Καὶ μήν, ἦν δ' ἐγώ, νῦν καὶ ἐννοῶ, ῥηθέντος τοῦ περὶ
d τοὺς λογισμοὺς μαθήματος, ὡς κομψόν ἐστι καὶ πολλαχῇ χρήσιμον ἡμῖν πρὸς ὃ βουλόμεθα, ἐὰν τοῦ γνωρίζειν ἕνεκά τις αὐτὸ ἐπιτηδεύῃ ἀλλὰ μὴ τοῦ καπηλεύειν.

Πῇ δή; ἔφη.

5 Τοῦτό γε, ὃ νυνδὴ ἐλέγομεν, ὡς σφόδρα ἄνω ποι ἄγει τὴν ψυχὴν καὶ περὶ αὐτῶν τῶν ἀριθμῶν ἀναγκάζει διαλέγεσθαι, οὐδαμῇ ἀποδεχόμενον ἐάν τις αὐτῇ ὁρατὰ ἢ ἁπτὰ σώματα ἔχοντας ἀριθμοὺς προτεινόμενος διαλέγηται. οἶσθα γάρ που τοὺς περὶ ταῦτα δεινοὺς αὖ ὡς, ἐάν τις αὐτὸ τὸ
e ἓν ἐπιχειρῇ τῷ λόγῳ τέμνειν, καταγελῶσί τε καὶ οὐκ ἀποδέχονται, ἀλλ' ἐὰν σὺ κερματίζῃς αὐτό, ἐκεῖνοι πολλα-

c 1 μεθέξειν A F *M*: μέθεξιν D c 5 ῥᾳστώνης F D et sic legit Iamblichus: ῥᾳστώνης τε A: ῥᾳστώνης καὶ al. c 8 καὶ post νῦν om. F d 9 αὖ scripsi: δύο A D: punctis notavit A²: om. F πλασιοῦσιν, εὐλαβούμενοι μή ποτε φανῇ τὸ ἓν μὴ ἓν ἀλλὰ πολλὰ μόρια.

Ἀληθέστατα, ἔφη, λέγεις. 5

Τί οὖν οἴει, ὦ Γλαύκων, εἴ τις ἔροιτο αὐτούς· "Ὦ θαυμάσιοι, περὶ ποίων ἀριθμῶν διαλέγεσθε, ἐν οἷς τὸ ἓν οἷον ὑμεῖς ἀξιοῦτέ ἐστιν, ἴσον τε ἕκαστον πᾶν παντὶ καὶ οὐδὲ σμικρὸν διαφέρον, μόριόν τε ἔχον ἐν ἑαυτῷ οὐδέν;" τί ἂν οἴει αὐτοὺς ἀποκρίνασθαι; 526 5

Τοῦτο ἔγωγε, ὅτι περὶ τούτων λέγουσιν ὧν διανοηθῆναι μόνον ἐγχωρεῖ, ἄλλως δ' οὐδαμῶς μεταχειρίζεσθαι δυνατόν.

Ὁρᾷς οὖν, ἦν δ' ἐγώ, ὦ φίλε, ὅτι τῷ ὄντι ἀναγκαῖον ἡμῖν κινδυνεύει εἶναι τὸ μάθημα, ἐπειδὴ φαίνεταί γε προσαναγκάζον αὐτῇ τῇ νοήσει χρῆσθαι τὴν ψυχὴν ἐπ' αὐτὴν τὴν ἀλήθειαν; b

Καὶ μὲν δή, ἔφη, σφόδρα γε ποιεῖ αὐτό.

Τί δέ; τόδε ἤδη ἐπεσκέψω, ὡς οἵ τε φύσει λογιστικοὶ εἰς πάντα τὰ μαθήματα ὡς ἔπος εἰπεῖν ὀξεῖς φύονται, οἵ τε βραδεῖς, ἂν ἐν τούτῳ παιδευθῶσιν καὶ γυμνάσωνται, κἂν μηδὲν ἄλλο ὠφεληθῶσιν, ὅμως εἴς γε τὸ ὀξύτεροι αὐτοὶ αὑτῶν γίγνεσθαι πάντες ἐπιδιδόασιν; 5

Ἔστιν, ἔφη, οὕτω. 10

Καὶ μήν, ὡς ἐγᾦμαι, ἅ γε μείζω πόνον παρέχει μανθάνοντι καὶ μελετῶντι, οὐκ ἂν ῥᾳδίως οὐδὲ πολλὰ ἂν εὕροις ὡς τοῦτο. c

Οὐ γὰρ οὖν.

Πάντων δὴ ἕνεκα τούτων οὐκ ἀφετέον τὸ μάθημα, ἀλλ' οἱ ἄριστοι τὰς φύσεις παιδευτέοι ἐν αὐτῷ. 5

Σύμφημι, ἦ δ' ὅς.

Τοῦτο μὲν τοίνυν, εἶπον, ἓν ἡμῖν κείσθω· δεύτερον δὲ τὸ ἐχόμενον τούτου σκεψώμεθα ἆρά τι προσήκει ἡμῖν.

Τὸ ποῖον; ἢ γεωμετρίαν, ἔφη, λέγεις; 10

a 3 ἀξιοῦτε A F: ἀξιοῦν τε D a 7 μεταχειρίσασθαι Iamblichus b 2 τῇ F D: om. A c 2 ἂν εὕροις F D: ἀνεύροις A c 8 ἓν scr. recc.: ἐν A F D

Αὐτὸ τοῦτο, ἦν δ' ἐγώ.

d ῞Οσον μέν, ἔφη, πρὸς τὰ πολεμικὰ αὐτοῦ τείνει, δῆλον ὅτι προσήκει· πρὸς γὰρ τὰς στρατοπεδεύσεις καὶ καταλήψεις χωρίων καὶ συναγωγὰς καὶ ἐκτάσεις στρατιᾶς καὶ ὅσα δὴ ἄλλα σχηματίζουσι τὰ στρατόπεδα ἐν αὐταῖς τε ταῖς μάχαις 5 καὶ πορείαις διαφέροι ἂν αὐτὸς αὑτοῦ γεωμετρικός τε καὶ μὴ ὤν.

᾿Αλλ' οὖν δή, εἶπον, πρὸς μὲν τὰ τοιαῦτα καὶ βραχύ τι ἂν ἐξαρκοῖ γεωμετρίας τε καὶ λογισμῶν μόριον· τὸ δὲ πολὺ αὐτῆς καὶ πορρωτέρω προϊὸν σκοπεῖσθαι δεῖ εἴ τι πρὸς ἐκεῖνο e τείνει, πρὸς τὸ ποιεῖν κατιδεῖν ῥᾷον τὴν τοῦ ἀγαθοῦ ἰδέαν. τείνει δέ, φαμέν, πάντα αὐτόσε, ὅσα ἀναγκάζει ψυχὴν εἰς ἐκεῖνον τὸν τόπον μεταστρέφεσθαι ἐν ᾧ ἐστι τὸ εὐδαιμονέστατον τοῦ ὄντος, ὃ δεῖ αὐτὴν παντὶ τρόπῳ ἰδεῖν.

5 ᾿Ορθῶς, ἔφη, λέγεις.

Οὐκοῦν εἰ μὲν οὐσίαν ἀναγκάζει θεάσασθαι, προσήκει, εἰ δὲ γένεσιν, οὐ προσήκει.

Φαμέν γε δή.

527 Οὐ τοίνυν τοῦτό γε, ἦν δ' ἐγώ, ἀμφισβητήσουσιν ἡμῖν ὅσοι καὶ σμικρὰ γεωμετρίας ἔμπειροι, ὅτι αὕτη ἡ ἐπιστήμη πᾶν τοὐναντίον ἔχει τοῖς ἐν αὐτῇ λόγοις λεγομένοις ὑπὸ τῶν μεταχειριζομένων.

5 Πῶς; ἔφη.

Λέγουσι μέν που μάλα γελοίως τε καὶ ἀναγκαίως· ὡς γὰρ πράττοντές τε καὶ πράξεως ἕνεκα πάντας τοὺς λόγους ποιούμενοι λέγουσιν τετραγωνίζειν τε καὶ παρατείνειν καὶ προστιθέναι καὶ πάντα οὕτω φθεγγόμενοι, τὸ δ' ἔστι που b πᾶν τὸ μάθημα γνώσεως ἕνεκα ἐπιτηδευόμενον.

Παντάπασι μὲν οὖν, ἔφη.

d 3 ἐκτάσεις A D : ἐκτὸς F : ἐξετάσεις Theo d 5 τε F d : om. A D d 7 καὶ F : om. A D d 8 λογισμῶν A : λογισμὸν D : λογισμοῦ F d 9 προϊὸν D : προσιὸν A : προϊὼν F e 4 ὃ F D : οὐ A : οὗ A[2] e 5 λέγεις A F d : om. D a 1 γε A D : om. F

Οὐκοῦν τοῦτο ἔτι διομολογητέον;

Τὸ ποῖον;

Ὡς τοῦ ἀεὶ ὄντος γνώσεως, ἀλλὰ οὐ τοῦ ποτέ τι γιγνο- 5
μένου καὶ ἀπολλυμένου.

Εὐομολόγητον, ἔφη· τοῦ γὰρ ἀεὶ ὄντος ἡ γεωμετρικὴ
γνῶσίς ἐστιν.

Ὁλκὸν ἄρα, ὦ γενναῖε, ψυχῆς πρὸς ἀλήθειαν εἴη ἂν καὶ
ἀπεργαστικὸν φιλοσόφου διανοίας πρὸς τὸ ἄνω σχεῖν ἃ νῦν 10
κάτω οὐ δέον ἔχομεν.

Ὡς οἷόν τε μάλιστα, ἔφη.

Ὡς οἷόν τ' ἄρα, ἦν δ' ἐγώ, μάλιστα προστακτέον ὅπως οἱ c
ἐν τῇ καλλιπόλει σοι μηδενὶ τρόπῳ γεωμετρίας ἀφέξονται.
καὶ γὰρ τὰ πάρεργα αὐτοῦ οὐ σμικρά.

Ποῖα; ἦ δ' ὅς.

Ἅ τε δὴ σὺ εἶπες, ἦν δ' ἐγώ, τὰ περὶ τὸν πόλεμον, καὶ δὴ 5
καὶ πρὸς πάσας μαθήσεις, ὥστε κάλλιον ἀποδέχεσθαι, ἴσμεν
που ὅτι τῷ ὅλῳ καὶ παντὶ διοίσει ἡμμένος τε γεωμετρίας
καὶ μή.

Τῷ παντὶ μέντοι νὴ Δί', ἔφη.

Δεύτερον δὴ τοῦτο τιθῶμεν μάθημα τοῖς νέοις; 10

Τιθῶμεν, ἔφη.

Τί δέ; τρίτον θῶμεν ἀστρονομίαν; ἢ οὐ δοκεῖ; d

Ἐμοὶ γοῦν, ἔφη· τὸ γὰρ περὶ ὥρας εὐαισθητοτέρως ἔχειν
καὶ μηνῶν καὶ ἐνιαυτῶν οὐ μόνον γεωργίᾳ οὐδὲ ναυτιλίᾳ
προσήκει, ἀλλὰ καὶ στρατηγίᾳ οὐχ ἧττον.

Ἡδὺς εἶ, ἦν δ' ἐγώ, ὅτι ἔοικας δεδιότι τοὺς πολλούς, μὴ 5
δοκῇς ἄχρηστα μαθήματα προστάττειν. τὸ δ' ἔστιν οὐ
πάνυ φαῦλον ἀλλὰ χαλεπὸν πιστεῦσαι ὅτι ἐν τούτοις τοῖς
μαθήμασιν ἑκάστου ὄργανόν τι ψυχῆς ἐκκαθαίρεταί τε καὶ

b 5 τι A D : om. F b 7 εὐομολόγητον F D et in marg. γρ. A : εὐ διομολογητέον A : fort. εὐδιομολόγητον Schneider b 9 ὁλκὸν . . . ψυχῆς A D : ὁρκὸν . . . ψυχῆς F : ἕλκον . . . ψυχὴν al. c 2 καλλιπόλει A F D Themistius : καλῇ πόλει d σοι A D : σου F ἀφέξονται Θ : ἀφέξωνται A F D c 6 καὶ πρὸς A F : πρὸς D c 7 τε A F : τε καὶ D e ἀναζωπυρεῖται ἀπολλύμενον καὶ τυφλούμενον ὑπὸ τῶν ἄλλων ἐπιτηδευμάτων, κρεῖττον ὂν σωθῆναι μυρίων ὀμμάτων· μόνῳ γὰρ αὐτῷ ἀλήθεια ὁρᾶται. οἷς μὲν οὖν ταῦτα συνδοκεῖ ἀμηχάνως ὡς εὖ δόξεις λέγειν, ὅσοι δὲ τούτου μηδαμῇ 5 ᾐσθημένοι εἰσὶν εἰκότως ἡγήσονταί σε λέγειν οὐδέν· ἄλλην γὰρ ἀπ' αὐτῶν οὐχ ὁρῶσιν ἀξίαν λόγου ὠφελίαν. σκόπει 528 οὖν αὐτόθεν πρὸς ποτέρους διαλέγῃ· ἢ οὐδὲ πρὸς ἑτέρους, ἀλλὰ σαυτοῦ ἕνεκα τὸ μέγιστον ποιῇ τοὺς λόγους, φθονοῖς μὴν οὐδ' ἂν ἄλλῳ, εἴ τίς τι δύναιτο ἀπ' αὐτῶν ὄνασθαι.

Οὕτως, ἔφη, αἱροῦμαι, ἐμαυτοῦ ἕνεκα τὸ πλεῖστον λέγειν 5 τε καὶ ἐρωτᾶν καὶ ἀποκρίνεσθαι.

Ἄναγε τοίνυν, ἦν δ' ἐγώ, εἰς τοὐπίσω· νυνδὴ γὰρ οὐκ ὀρθῶς τὸ ἑξῆς ἐλάβομεν τῇ γεωμετρίᾳ.

Πῶς λαβόντες; ἔφη.

Μετὰ ἐπίπεδον, ἦν δ' ἐγώ, ἐν περιφορᾷ ὂν ἤδη στερεὸν b λαβόντες, πρὶν αὐτὸ καθ' αὑτὸ λαβεῖν· ὀρθῶς δὲ ἔχει ἑξῆς μετὰ δευτέραν αὔξην τρίτην λαμβάνειν. ἔστι δέ που τοῦτο περὶ τὴν τῶν κύβων αὔξην καὶ τὸ βάθους μετέχον.

Ἔστι γάρ, ἔφη· ἀλλὰ ταῦτά γε, ὦ Σώκρατες, δοκεῖ οὔπω 5 ηὑρῆσθαι.

Διττὰ γάρ, ἦν δ' ἐγώ, τὰ αἴτια· ὅτι τε οὐδεμία πόλις ἐντίμως αὐτὰ ἔχει, ἀσθενῶς ζητεῖται χαλεπὰ ὄντα, ἐπιστάτου τε δέονται οἱ ζητοῦντες, ἄνευ οὗ οὐκ ἂν εὕροιεν, ὃν πρῶτον μὲν γενέσθαι χαλεπόν, ἔπειτα καὶ γενομένου, ὡς νῦν ἔχει, c οὐκ ἂν πείθοιντο οἱ περὶ ταῦτα ζητητικοὶ μεγαλοφρονούμενοι. εἰ δὲ πόλις ὅλη συνεπιστατοῖ ἐντίμως ἄγουσα αὐτά, οὗτοί τε ἂν πείθοιντο καὶ συνεχῶς τε ἂν καὶ ἐντόνως ζητούμενα ἐκφανῆ γένοιτο ὅπῃ ἔχει· ἐπεὶ καὶ νῦν ὑπὸ τῶν πολλῶν

e 5 εἰσὶν om. Iamblichus e 7 οὐδὲ πρὸς ἑτέρους ci. Cobet: οὐ πρὸς οὐδετέρους A D: πρὸς οὐδετέρους F a 4 οὕτως A D: οὕτω γ' F b 2 τοῦτο A D: om. F b 4 δοκεῖ οὔπω A D: οὔπω δοκεῖ F b 8 τε A²F D: om. A ἄνευ οὗ A D: οὗ ἄνευ F c 1 οὐκ ἂν . . . μεγαλοφρονούμενοι in marg. A: om. A μεγαλοφρονούμενοι] μεγαλαυχούμενοι ci. Cobet c 3 ἐντόνως A D: εὐτόνως F c 4 ὑπὸ A D: ὑπὸ μὲν F

ἀτιμαζόμενα καὶ κολουόμενα, ὑπὸ δὲ τῶν ζητούντων λόγον 5
οὐκ ἐχόντων καθ' ὅτι χρήσιμα, ὅμως πρὸς ἅπαντα ταῦτα
βίᾳ ὑπὸ χάριτος αὐξάνεται, καὶ οὐδὲν θαυμαστὸν αὐτὰ
φανῆναι.

Καὶ μὲν δή, ἔφη, τό γε ἐπίχαρι καὶ διαφερόντως ἔχει. d
ἀλλά μοι σαφέστερον εἰπὲ ἃ νυνδὴ ἔλεγες. τὴν μὲν γάρ
που τοῦ ἐπιπέδου πραγματείαν γεωμετρίαν ἐτίθεις.

Ναί, ἦν δ' ἐγώ.

Εἶτά γ', ἔφη, τὸ μὲν πρῶτον ἀστρονομίαν μετὰ ταύτην, 5
ὕστερον δ' ἀνεχώρησας.

Σπεύδων γάρ, ἔφην, ταχὺ πάντα διεξελθεῖν μᾶλλον
βραδύνω· ἑξῆς γὰρ οὖσαν τὴν βάθους αὔξης μέθοδον, ὅτι
τῇ ζητήσει γελοίως ἔχει, ὑπερβὰς αὐτὴν μετὰ γεωμετρίαν
ἀστρονομίαν ἔλεγον, φορὰν οὖσαν βάθους. e

Ὀρθῶς, ἔφη, λέγεις.

Τέταρτον τοίνυν, ἦν δ' ἐγώ, τιθῶμεν μάθημα ἀστρονομίαν,
ὡς ὑπαρχούσης τῆς νῦν παραλειπομένης, ἐὰν αὐτὴν πόλις
μετίῃ. 5

Εἰκός, ἦ δ' ὅς. καὶ ὅ γε νυνδή μοι, ὦ Σώκρατες, ἐπέπληξας
περὶ ἀστρονομίας ὡς φορτικῶς ἐπαινοῦντι, νῦν ᾗ σὺ μετέρχῃ
ἐπαινῶ· παντὶ γάρ μοι δοκεῖ δῆλον ὅτι αὕτη γε ἀναγκάζει 529
ψυχὴν εἰς τὸ ἄνω ὁρᾶν καὶ ἀπὸ τῶν ἐνθένδε ἐκεῖσε ἄγει.

Ἴσως, ἦν δ' ἐγώ, παντὶ δῆλον πλὴν ἐμοί· ἐμοὶ γὰρ οὐ
δοκεῖ οὕτως.

Ἀλλὰ πῶς; ἔφη. 5

Ὡς μὲν νῦν αὐτὴν μεταχειρίζονται οἱ εἰς φιλοσοφίαν
ἀνάγοντες, πάνυ ποιεῖν κάτω βλέπειν.

Πῶς, ἔφη, λέγεις;

Οὐκ ἀγεννῶς μοι δοκεῖς, ἦν δ' ἐγώ, τὴν περὶ τὰ ἄνω
μάθησιν λαμβάνειν παρὰ σαυτῷ ᾗ ἐστι· κινδυνεύεις γὰρ 10
καὶ εἴ τις ἐν ὀροφῇ ποικίλματα θεώμενος ἀνακύπτων κατα- b

c 5 κολουόμενα A D : κωλυόμενα F δὲ secl. Madvig d 5 μετὰ ταύτην A : μετ' αὐτήν D : μετὰ ταῦτα τὴν F a 10 ᾗ F : η A : ᾗ A² D

μανθάνοι τι, ἡγεῖσθαι ἂν αὐτὸν νοήσει ἀλλ' οὐκ ὄμμασι θεωρεῖν. ἴσως οὖν καλῶς ἡγῇ, ἐγὼ δ' εὐηθικῶς. ἐγὼ γὰρ αὖ οὐ δύναμαι ἄλλο τι νομίσαι ἄνω ποιοῦν ψυχὴν βλέπειν
5 μάθημα ἢ ἐκεῖνο ὃ ἂν περὶ τὸ ὄν τε ᾖ καὶ τὸ ἀόρατον, ἐάν τέ τις ἄνω κεχηνὼς ἢ κάτω συμμεμυκὼς τῶν αἰσθητῶν τι ἐπιχειρῇ μανθάνειν, οὔτε μαθεῖν ἄν ποτέ φημι αὐτόν—ἐπι-
c στήμην γὰρ οὐδὲν ἔχειν τῶν τοιούτων—οὔτε ἄνω ἀλλὰ κάτω αὐτοῦ βλέπειν τὴν ψυχήν, κἂν ἐξ ὑπτίας νέων ἐν γῇ ἢ ἐν θαλάττῃ μανθάνῃ.

Δίκην, ἔφη, ἔχω· ὀρθῶς γάρ μοι ἐπέπληξας. ἀλλὰ πῶς δὴ
5 ἔλεγες δεῖν ἀστρονομίαν μανθάνειν παρὰ ἃ νῦν μανθάνουσιν, εἰ μέλλοιεν ὠφελίμως πρὸς ἃ λέγομεν μαθήσεσθαι;

Ὧδε, ἦν δ' ἐγώ. ταῦτα μὲν τὰ ἐν τῷ οὐρανῷ ποικίλματα, ἐπείπερ ἐν ὁρατῷ πεποίκιλται, κάλλιστα μὲν ἡγεῖσθαι καὶ
d ἀκριβέστατα τῶν τοιούτων ἔχειν, τῶν δὲ ἀληθινῶν πολὺ ἐνδεῖν, ἃς τὸ ὂν τάχος καὶ ἡ οὖσα βραδυτὴς ἐν τῷ ἀληθινῷ ἀριθμῷ καὶ πᾶσι τοῖς ἀληθέσι σχήμασι φοράς τε πρὸς ἄλληλα φέρεται καὶ τὰ ἐνόντα φέρει, ἃ δὴ λόγῳ μὲν καὶ
5 διανοίᾳ ληπτά, ὄψει δ' οὔ· ἢ σὺ οἴει;

Οὐδαμῶς γε, ἔφη.

Οὐκοῦν, εἶπον, τῇ περὶ τὸν οὐρανὸν ποικιλίᾳ παραδείγμασι χρηστέον τῆς πρὸς ἐκεῖνα μαθήσεως ἕνεκα, ὁμοίως ὥσπερ ἂν
e εἴ τις ἐντύχοι ὑπὸ Δαιδάλου ἤ τινος ἄλλου δημιουργοῦ ἢ γραφέως διαφερόντως γεγραμμένοις καὶ ἐκπεπονημένοις δια-γράμμασιν. ἡγήσαιτο γὰρ ἄν πού τις ἔμπειρος γεωμετρίας, ἰδὼν τὰ τοιαῦτα, κάλλιστα μὲν ἔχειν ἀπεργασίᾳ, γελοῖον μὴν
5 ἐπισκοπεῖν αὐτὰ σπουδῇ ὡς τὴν ἀλήθειαν ἐν αὐτοῖς ληψόμενον
530 ἴσων ἢ διπλασίων ἢ ἄλλης τινὸς συμμετρίας.

b 2 νοήσει F D: νοήσειν A b 4 ποιοῦν] ποιεῖν ci. Heindorf b 5 ἐάν τέ A D: ἐὰν δέ F b 6 ἢ F D: ᾗ A τι A F: om. D b 7 ποτε A D: om. F c 1 ἔχειν A D: ἔχει F ἀλλὰ A D: οὔτε F c 2 νέων F D (νεῖν δ' ἐξ ὑπτίας . . . Ἀριστοφάνης εἶπε καὶ Πλάτων Pollux): μέν A M c 6 λέγομεν A D: λέγοιμεν F d 6 γε F: om. A D d 8 πρὸς] fort. περὶ e 2 διαφερόντως A² F D: διαφέροντος A e 4 ἀπεργασίᾳ A D: ἀπεργασίαν F e 5 αὐτὰ F D: ταῦτα A ὡς A F: πρὸς D

Τί δ' οὐ μέλλει γελοῖον εἶναι; ἔφη.

Τῷ ὄντι δὴ ἀστρονομικόν, ἦν δ' ἐγώ, ὄντα οὐκ οἴει ταὐτὸν
πείσεσθαι εἰς τὰς τῶν ἄστρων φορὰς ἀποβλέποντα; νομιεῖν
μὲν ὡς οἷόν τε κάλλιστα τὰ τοιαῦτα ἔργα συστήσασθαι, οὕτω 5
συνεστάναι τῷ τοῦ οὐρανοῦ δημιουργῷ αὐτόν τε καὶ τὰ ἐν
αὐτῷ· τὴν δὲ νυκτὸς πρὸς ἡμέραν συμμετρίαν καὶ τούτων
πρὸς μῆνα καὶ μηνὸς πρὸς ἐνιαυτὸν καὶ τῶν ἄλλων ἄστρων
πρός τε ταῦτα καὶ πρὸς ἄλληλα, οὐκ ἄτοπον, οἴει, ἡγήσεται b
τὸν νομίζοντα γίγνεσθαί τε ταῦτα ἀεὶ ὡσαύτως καὶ οὐδαμῇ
οὐδὲν παραλλάττειν, σῶμά τε ἔχοντα καὶ ὁρώμενα, καὶ ζητεῖν
παντὶ τρόπῳ τὴν ἀλήθειαν αὐτῶν λαβεῖν;

Ἐμοὶ γοῦν δοκεῖ, ἔφη, σοῦ νῦν ἀκούοντι. 5

Προβλήμασιν ἄρα, ἦν δ' ἐγώ, χρώμενοι ὥσπερ γεωμετρίαν
οὕτω καὶ ἀστρονομίαν μέτιμεν, τὰ δ' ἐν τῷ οὐρανῷ ἐάσομεν,
εἰ μέλλομεν ὄντως ἀστρονομίας μεταλαμβάνοντες χρήσιμον
τὸ φύσει φρόνιμον ἐν τῇ ψυχῇ ἐξ ἀχρήστου ποιήσειν. c

Ἦ πολλαπλάσιον, ἔφη, τὸ ἔργον ἢ ὡς νῦν ἀστρονομεῖται
προστάττεις.

Οἶμαι δέ γε, εἶπον, καὶ τἆλλα κατὰ τὸν αὐτὸν τρόπον
προστάξειν ἡμᾶς, ἐάν τι ἡμῶν ὡς νομοθετῶν ὄφελος ᾖ. ἀλλὰ 5
γάρ τι ἔχεις ὑπομνῆσαι τῶν προσηκόντων μαθημάτων;

Οὐκ ἔχω, ἔφη, νῦν γ' οὑτωσί.

Οὐ μὴν ἕν, ἀλλὰ πλείω, ἦν δ' ἐγώ, εἴδη παρέχεται ἡ φορά,
ὡς ἐγᾦμαι. τὰ μὲν οὖν πάντα ἴσως ὅστις σοφὸς ἕξει εἰπεῖν· d
ἃ δὲ καὶ ἡμῖν προφανῆ, δύο.

Ποῖα δή;

Πρὸς τούτῳ, ἦν δ' ἐγώ, ἀντίστροφον αὐτοῦ.

Τὸ ποῖον; 5

Κινδυνεύει, ἔφην, ὡς πρὸς ἀστρονομίαν ὄμματα πέπηγεν,
ὣς πρὸς ἐναρμόνιον φορὰν ὦτα παγῆναι, καὶ αὗται ἀλλήλων
ἀδελφαί τινες αἱ ἐπιστῆμαι εἶναι, ὡς οἵ τε Πυθαγόρειοί

a 6 τε A D : om. F   b 3 σῶμα A D : τὰ σώματα F   c 1 ἐξ ἀχρήστου A² D : πρὸς ἀχρήστου F : ἐξ ἀρχῆς του A   c 6 γάρ τι F : γὰρ τί A D   d 7 ὡς A D : οὕτως F

φασι καὶ ἡμεῖς, ὦ Γλαύκων, συγχωροῦμεν ἢ πῶς ποι-
10 οῦμεν;

Οὕτως, ἔφη.

e Οὐκοῦν, ἦν δ' ἐγώ, ἐπειδὴ πολὺ τὸ ἔργον, ἐκείνων πευσόμεθα πῶς λέγουσι περὶ αὐτῶν καὶ εἴ τι ἄλλο πρὸς τούτοις· ἡμεῖς δὲ παρὰ πάντα ταῦτα φυλάξομεν τὸ ἡμέτερον.

Ποῖον;

5 Μή ποτ' αὐτῶν τι ἀτελὲς ἐπιχειρῶσιν ἡμῖν μανθάνειν οὓς θρέψομεν, καὶ οὐκ ἐξῆκον ἐκεῖσε ἀεί, οἷ πάντα δεῖ ἀφήκειν, οἷον ἄρτι περὶ τῆς ἀστρονομίας ἐλέγομεν. ἢ οὐκ οἶσθ' ὅτι
531 καὶ περὶ ἁρμονίας ἕτερον τοιοῦτον ποιοῦσι; τὰς γὰρ ἀκουομένας αὖ συμφωνίας καὶ φθόγγους ἀλλήλοις ἀναμετροῦντες ἀνήνυτα, ὥσπερ οἱ ἀστρονόμοι, πονοῦσιν.

Νὴ τοὺς θεούς, ἔφη, καὶ γελοίως γε, πυκνώματ' ἄττα
5 ὀνομάζοντες καὶ παραβάλλοντες τὰ ὦτα, οἷον ἐκ γειτόνων φωνὴν θηρευόμενοι, οἱ μέν φασιν ἔτι κατακούειν ἐν μέσῳ τινὰ ἠχὴν καὶ σμικρότατον εἶναι τοῦτο διάστημα, ᾧ μετρητέον, οἱ δὲ ἀμφισβητοῦντες ὡς ὅμοιον ἤδη φθεγγομένων, ἀμφότεροι
b ὦτα τοῦ νοῦ προστησάμενοι.

Σὺ μέν, ἦν δ' ἐγώ, τοὺς χρηστοὺς λέγεις τοὺς ταῖς χορδαῖς πράγματα παρέχοντας καὶ βασανίζοντας, ἐπὶ τῶν κολλόπων στρεβλοῦντας· ἵνα δὲ μὴ μακροτέρα ἡ εἰκὼν γίγνηται
5 πλήκτρῳ τε πληγῶν γιγνομένων καὶ κατηγορίας πέρι καὶ ἐξαρνήσεως καὶ ἀλαζονείας χορδῶν, παύομαι τῆς εἰκόνος καὶ οὔ φημι τούτους λέγειν, ἀλλ' ἐκείνους οὓς ἔφαμεν νυνδὴ περὶ ἁρμονίας ἐρήσεσθαι. ταὐτὸν γὰρ ποιοῦσι τοῖς ἐν τῇ
c ἀστρονομίᾳ· τοὺς γὰρ ἐν ταύταις ταῖς συμφωνίαις ταῖς

d 9 ποιοῦμεν A D: ποιῶμεν F e 3 πάντα ταῦτα A F: ταῦτα πάντα D e 6 πάντα δεῖ ἀφήκειν A F D: πάντας δεῖ ἀνήκειν Eusebius a 3 ἀνήνυτα A D Theo Eusebius: ἀνόνητα F πονοῦσι A F D Theo: ποιοῦσι Eusebius a 6 ἔτι A D: om. F a 8 ἀμφισβητοῦντες] ἀμφισβητοῦσιν Theo φθεγγομένων A F D: φθεγγόμενον A² *M* ἀμφότερα Eusebius b 3 κολλόπων A F D schol. Eusebius: κολλάβων Theo Timaeus b 4 καὶ στρεβλοῦντας Eusebius b 7 ἔφαμεν A D: φαμὲν F b 8 ἐρήσεσθαι] εἰρῆσθαι Eusebius ἀκουομέναις ἀριθμοὺς ζητοῦσιν, ἀλλ' οὐκ εἰς προβλήματα ἀνίασιν, ἐπισκοπεῖν τίνες σύμφωνοι ἀριθμοὶ καὶ τίνες οὔ, καὶ διὰ τί ἑκάτεροι.

Δαιμόνιον γάρ, ἔφη, πρᾶγμα λέγεις. 5

Χρήσιμον μὲν οὖν, ἦν δ' ἐγώ, πρὸς τὴν τοῦ καλοῦ τε καὶ ἀγαθοῦ ζήτησιν, ἄλλως δὲ μεταδιωκόμενον ἄχρηστον.

Εἰκός γ', ἔφη.

Οἶμαι δέ γε, ἦν δ' ἐγώ, καὶ ἡ τούτων πάντων ὧν διεληλύθαμεν μέθοδος ἐὰν μὲν ἐπὶ τὴν ἀλλήλων κοινωνίαν ἀφίκηται d καὶ συγγένειαν, καὶ συλλογισθῇ ταῦτα ᾗ ἐστὶν ἀλλήλοις οἰκεῖα, φέρειν τι αὐτῶν εἰς ἃ βουλόμεθα τὴν πραγματείαν καὶ οὐκ ἀνόνητα πονεῖσθαι, εἰ δὲ μή, ἀνόνητα.

Καὶ ἐγώ, ἔφη, οὕτω μαντεύομαι. ἀλλὰ πάμπολυ ἔργον 5 λέγεις, ὦ Σώκρατες.

Τοῦ προοιμίου, ἦν δ' ἐγώ, ἢ τίνος λέγεις; ἢ οὐκ ἴσμεν ὅτι πάντα ταῦτα προοίμιά ἐστιν αὐτοῦ τοῦ νόμου ὃν δεῖ μαθεῖν; οὐ γάρ που δοκοῦσί γέ σοι οἱ ταῦτα δεινοὶ διαλεκτικοὶ εἶναι. e

Οὐ μὰ τὸν Δί', ἔφη, εἰ μὴ μάλα γέ τινες ὀλίγοι ὧν ἐγὼ ἐντετύχηκα.

Ἀλλὰ δή, εἶπον, μὴ δυνατοὶ οἵτινες δοῦναί τε καὶ ἀποδέξασθαι λόγον εἴσεσθαί ποτέ τι ὧν φαμεν δεῖν εἰδέναι; 5

Οὐδ' αὖ, ἔφη, τοῦτό γε.

Οὐκοῦν, εἶπον, ὦ Γλαύκων, οὗτος ἤδη αὐτός ἐστιν ὁ νόμος 532 ὃν τὸ διαλέγεσθαι περαίνει; ὃν καὶ ὄντα νοητὸν μιμοῖτ' ἂν ἡ τῆς ὄψεως δύναμις, ἣν ἐλέγομεν πρὸς αὐτὰ ἤδη τὰ ζῷα ἐπιχειρεῖν ἀποβλέπειν καὶ πρὸς αὐτὰ ⟨τὰ⟩ ἄστρα τε καὶ τελευταῖον δὴ πρὸς αὐτὸν τὸν ἥλιον. οὕτω καὶ ὅταν τις τῷ 5 διαλέγεσθαι ἐπιχειρῇ ἄνευ πασῶν τῶν αἰσθήσεων διὰ τοῦ

c 3 ἀνίασιν A²FD: ἀνιᾶσιν A Eusebius d 9 που AFD: πω M e 4 ἀλλὰ δὴ F: ἀλλὰ ἤδη ADM μὴ δυνατοὶ οἵτινες scripsi: οἱ μὴ δυνατοί τινες ὄντες A: μὴ δυνατοί τινες ὄντες A²FDM a 2 περαίνει F: παραινεῖ ADM a 4 τὰ add. Baiter

λόγου ἐπ' αὐτὸ ὃ ἔστιν ἕκαστον ὁρμᾶν, καὶ μὴ ἀποστῇ πρὶν
b ἂν αὐτὸ ὃ ἔστιν ἀγαθὸν αὐτῇ νοήσει λάβῃ, ἐπ' αὐτῷ γίγνεται
τῷ τοῦ νοητοῦ τέλει, ὥσπερ ἐκεῖνος τότε ἐπὶ τῷ τοῦ ὁρατοῦ.

Παντάπασι μὲν οὖν, ἔφη.

Τί οὖν; οὐ διαλεκτικὴν ταύτην τὴν πορείαν καλεῖς;

5 Τί μήν;

Ἡ δέ γε, ἦν δ' ἐγώ, λύσις τε ἀπὸ τῶν δεσμῶν καὶ
μεταστροφὴ ἀπὸ τῶν σκιῶν ἐπὶ τὰ εἴδωλα καὶ τὸ φῶς καὶ ἐκ
τοῦ καταγείου εἰς τὸν ἥλιον ἐπάνοδος, καὶ ἐκεῖ πρὸς μὲν
τὰ ζῷά τε καὶ φυτὰ καὶ τὸ τοῦ ἡλίου φῶς ἔτι ἀδυναμία
c βλέπειν, πρὸς δὲ τὰ ἐν ὕδασι φαντάσματα θεῖα καὶ σκιὰς
τῶν ὄντων, ἀλλ' οὐκ εἰδώλων σκιὰς δι' ἑτέρου τοιούτου φωτὸς
ὡς πρὸς ἥλιον κρίνειν ἀποσκιαζομένας—πᾶσα αὕτη ἡ πρα-
γματεία τῶν τεχνῶν ἃς διήλθομεν ταύτην ἔχει τὴν δύναμιν
5 καὶ ἐπαναγωγὴν τοῦ βελτίστου ἐν ψυχῇ πρὸς τὴν τοῦ
ἀρίστου ἐν τοῖς οὖσι θέαν, ὥσπερ τότε τοῦ σαφεστάτου ἐν
σώματι πρὸς τὴν τοῦ φανοτάτου ἐν τῷ σωματοειδεῖ τε καὶ
d ὁρατῷ τόπῳ.

Ἐγὼ μέν, ἔφη, ἀποδέχομαι οὕτω. καίτοι παντάπασί γέ
μοι δοκεῖ χαλεπὰ μὲν ἀποδέχεσθαι εἶναι, ἄλλον δ' αὖ τρόπον
χαλεπὰ μὴ ἀποδέχεσθαι. ὅμως δέ—οὐ γὰρ ἐν τῷ νῦν
5 παρόντι μόνον ἀκουστέα, ἀλλὰ καὶ αὖθις πολλάκις ἐπανιτέον
—ταῦτα θέντες ἔχειν ὡς νῦν λέγεται, ἐπ' αὐτὸν δὴ τὸν νόμον
ἴωμεν, καὶ διέλθωμεν οὕτως ὥσπερ τὸ προοίμιον διήλθομεν.
λέγε οὖν τίς ὁ τρόπος τῆς τοῦ διαλέγεσθαι δυνάμεως, καὶ
e κατὰ ποῖα δὴ εἴδη διέστηκεν, καὶ τίνες αὖ ὁδοί· αὗται γὰρ ἂν
ἤδη, ὡς ἔοικεν, αἱ πρὸς αὐτὸ ἄγουσαι εἶεν, οἷ ἀφικομένῳ
ὥσπερ ὁδοῦ ἀνάπαυλα ἂν εἴη καὶ τέλος τῆς πορείας.

a 7 ' ἕκαστον F D: om. A M ὁρμᾶν Clemens: ὁρμᾷ A F D M
b 1 λάβῃ A D M: λάβῃ τότε δὴ F b 2 posterius τοῦ A² F D M:
om. A b 9 ἔτι ἀδυναμία Iamblichus: ἐπ' ἀδυναμίᾳ A D M:
ἀδυναμία F c 6 τότε] τὸ Iamblichus c 7 σώματι A D:
σώμασι F d 1 ὁρατῷ] ἀοράτῳ Iamblichus d 7 διέλθωμεν
F M: ἔλθωμεν A D οὕτως A D M: om. F e 1 δὴ εἴδη A D M:
εἴδη δὴ F αὖ A F D M: αἱ al.

Οὐκέτ', ἦν δ' ἐγώ, ὦ φίλε Γλαύκων, οἷός τ' ἔσῃ ἀκολου- 533
θεῖν—ἐπεὶ τό γ' ἐμὸν οὐδὲν ἂν προθυμίας ἀπολίποι—οὐδ'
εἰκόνα ἂν ἔτι οὗ λέγομεν ἴδοις, ἀλλ' αὐτὸ τὸ ἀληθές, ὅ γε
δή μοι φαίνεται—εἰ δ' ὄντως ἢ μή, οὐκέτ' ἄξιον τοῦτο διισχυ-
ρίζεσθαι· ἀλλ' ὅτι μὲν δὴ τοιοῦτόν τι ἰδεῖν, ἰσχυριστέον. 5
ἦ γάρ;

Τί μήν;

Οὐκοῦν καὶ ὅτι ἡ τοῦ διαλέγεσθαι δύναμις μόνη ἂν
φήνειεν ἐμπείρῳ ὄντι ὧν νυνδὴ διήλθομεν, ἄλλῃ δὲ οὐδαμῇ
δυνατόν; 10

Καὶ τοῦτ', ἔφη, ἄξιον διισχυρίζεσθαι.

Τόδε γοῦν, ἦν δ' ἐγώ, οὐδεὶς ἡμῖν ἀμφισβητήσει λέγουσιν, b
ὡς αὐτοῦ γε ἑκάστου πέρι ὃ ἔστιν ἕκαστον ἄλλη τις ἐπι-
χειρεῖ μέθοδος ὁδῷ περὶ παντὸς λαμβάνειν. ἀλλ' αἱ μὲν
ἄλλαι πᾶσαι τέχναι ἢ πρὸς δόξας ἀνθρώπων καὶ ἐπιθυμίας
εἰσὶν ἢ πρὸς γενέσεις τε καὶ συνθέσεις, ἢ πρὸς θεραπείαν τῶν 5
φυομένων τε καὶ συντιθεμένων ἅπασαι τετράφαται· αἱ δὲ
λοιπαί, ἃς τοῦ ὄντος τι ἔφαμεν ἐπιλαμβάνεσθαι, γεωμετρίας
τε καὶ τὰς ταύτῃ ἑπομένας, ὁρῶμεν ὡς ὀνειρώττουσι μὲν
περὶ τὸ ὄν, ὕπαρ δὲ ἀδύνατον αὐταῖς ἰδεῖν, ἕως ἂν ὑποθέσεσι c
χρώμεναι ταύτας ἀκινήτους ἐῶσι, μὴ δυνάμεναι λόγον διδόναι
αὐτῶν. ᾧ γὰρ ἀρχὴ μὲν ὃ μὴ οἶδε, τελευτὴ δὲ καὶ τὰ
μεταξὺ ἐξ οὗ μὴ οἶδεν συμπέπλεκται, τίς μηχανὴ τὴν τοιαύτην
ὁμολογίαν ποτὲ ἐπιστήμην γενέσθαι; 5

Οὐδεμία, ἦ δ' ὅς.

Οὐκοῦν, ἦν δ' ἐγώ, ἡ διαλεκτικὴ μέθοδος μόνη ταύτῃ
πορεύεται, τὰς ὑποθέσεις ἀναιροῦσα, ἐπ' αὐτὴν τὴν ἀρχὴν
ἵνα βεβαιώσηται, καὶ τῷ ὄντι ἐν βορβόρῳ βαρβαρικῷ τινι d

a 1 ἔσῃ] εἰ F a 2 ἀπολίποι A D : ἀπολείποι A² F a 4 μοι A M : ἐμοὶ F D εἰ δ' ὄντως] ἰδόντος pr. D a 5 μὲν δὴ A F D M : δεῖ μὲν scr. recc. ἰδεῖν A F M d : om. D a 9 νῦν δὴ A F M : νῦν D b 5 συνθέσεις ἢ A M : συνθέσεις ἢ καὶ F D b 6 ἅπασαι] ἅπασα A b 7 γεωμετρίας A D M : γεωμετρίαν F c 8 ἀναιροῦσα A F D M Stobaeus : ἀνάγουσα Stobaei P² d 1 καὶ om. Stobaeus

τὸ τῆς ψυχῆς ὄμμα κατορωρυγμένον ἠρέμα ἕλκει καὶ ἀνάγει
ἄνω, συνερίθοις καὶ συμπεριαγωγοῖς χρωμένη αἷς διήλθομεν
τέχναις· ἃς ἐπιστήμας μὲν πολλάκις προσείπομεν διὰ τὸ
5 ἔθος, δέονται δὲ ὀνόματος ἄλλου, ἐναργεστέρου μὲν ἢ δόξης,
ἀμυδροτέρου δὲ ἢ ἐπιστήμης—διάνοιαν δὲ αὐτὴν ἔν γε τῷ
πρόσθεν που ὡρισάμεθα—ἔστι δ', ὡς ἐμοὶ δοκεῖ, οὐ περὶ
e ὀνόματος ἀμφισβήτησις, οἷς τοσούτων πέρι σκέψις ὅσων
ἡμῖν πρόκειται.

Οὐ γὰρ οὖν, ἔφη.

Ἀλλ' ὃ ἂν μόνον δηλοῖ πως τὴν ἕξιν σαφηνείᾳ λέγειν ἐν
5 ψυχῇ ⟨ἀρκέσει;

Ναί.⟩

Ἀρκέσει οὖν, ἦν δ' ἐγώ, ὥσπερ τὸ πρότερον, τὴν μὲν
πρώτην μοῖραν ἐπιστήμην καλεῖν, δευτέραν δὲ διάνοιαν, τρί-
534 την δὲ πίστιν καὶ εἰκασίαν τετάρτην· καὶ συναμφότερα μὲν
ταῦτα δόξαν, συναμφότερα δ' ἐκεῖνα νόησιν· καὶ δόξαν μὲν
περὶ γένεσιν, νόησιν δὲ περὶ οὐσίαν· καὶ ὅτι οὐσία πρὸς
γένεσιν, νόησιν πρὸς δόξαν, καὶ ὅτι νόησις πρὸς δόξαν, ἐπι-
5 στήμην πρὸς πίστιν καὶ διάνοιαν πρὸς εἰκασίαν· τὴν δ' ἐφ'
οἷς ταῦτα ἀναλογίαν καὶ διαίρεσιν διχῇ ἑκατέρου, δοξαστοῦ
τε καὶ νοητοῦ, ἐῶμεν, ὦ Γλαύκων, ἵνα μὴ ἡμᾶς πολλαπλασίων
λόγων ἐμπλήσῃ ἢ ὅσων οἱ παρεληλυθότες.

b Ἀλλὰ μὴν ἔμοιγ', ἔφη, τά γε ἄλλα, καθ' ὅσον δύναμαι
ἕπεσθαι, συνδοκεῖ.

Ἦ καὶ διαλεκτικὸν καλεῖς τὸν λόγον ἑκάστου λαμβάνοντα

d 3 συνερίθοις A F M Stobaeus: συνεριθμοῖς D d 5 ἐνεργεστέρου Stobaeus e 1 ἀμφισβήτησις A D M: ἡ ἀμφισβήτησις F τοσούτων A F M: τοσοῦτον D ὅσων A F M: ὅσον D e 4 ἀλλ' ὃ A M: ἄλλο F D πως τὴν ἕξιν σαφηνείᾳ scripsi: πρὸς τὴν ἕξιν σάφηνείᾳ A F D M: τὴν ἕξιν πῶς ἔχει σαφηνείας ci. Bywater (et mox λέγεις cum A^2) λέγειν F M: λέγει A D: λέγεις A^2: ὃ λέγοι scr. Mon. e 5 ἀρκέσει; Ναί addidi e 7 ἀρκέσει scripsi: ἀρέσκει A F D M οὖν F D: γοῦν A M a 1 μὲν . . . a 2 ξυναμφότερα A F M: om. D a 3 οὐσία A D M: οὐσίαν F a 4 ἐπιστήμην A D: καὶ ἐπιστήμην F: ἐπιστήμη A^2 M a 8 ὅσων F: ὅσον A D M: ὅσοι ci. Madvig b 1 ἄλλα A F M: ἀλλὰ D b 3 καὶ A D M: om. F τῆς οὐσίας; καὶ τὸν μὴ ἔχοντα, καθ' ὅσον ἂν μὴ ἔχῃ λόγον αὑτῷ τε καὶ ἄλλῳ διδόναι, κατὰ τοσοῦτον νοῦν περὶ τούτου 5 οὐ φήσεις ἔχειν;

Πῶς γὰρ ἄν, ἦ δ' ὅς, φαίην;

Οὐκοῦν καὶ περὶ τοῦ ἀγαθοῦ ὡσαύτως· ὃς ἂν μὴ ἔχῃ διορίσασθαι τῷ λόγῳ ἀπὸ τῶν ἄλλων πάντων ἀφελὼν τὴν τοῦ ἀγαθοῦ ἰδέαν, καὶ ὥσπερ ἐν μάχῃ διὰ πάντων ἐλέγχων c διεξιών, μὴ κατὰ δόξαν ἀλλὰ κατ' οὐσίαν προθυμούμενος ἐλέγχειν, ἐν πᾶσι τούτοις ἀπτῶτι τῷ λόγῳ διαπορεύηται, οὔτε αὐτὸ τὸ ἀγαθὸν φήσεις εἰδέναι τὸν οὕτως ἔχοντα οὔτε ἄλλο ἀγαθὸν οὐδέν, ἀλλ' εἴ πῃ εἰδώλου τινὸς ἐφάπτεται, 5 δόξῃ, οὐκ ἐπιστήμῃ ἐφάπτεσθαι, καὶ τὸν νῦν βίον ὀνειροπολοῦντα καὶ ὑπνώττοντα, πρὶν ἐνθάδ' ἐξεγρέσθαι, εἰς Ἅιδου πρότερον ἀφικόμενον τελέως ἐπικαταδαρθεῖν; d

Νὴ τὸν Δία, ἦ δ' ὅς, σφόδρα γε πάντα ταῦτα φήσω.

Ἀλλὰ μὴν τούς γε σαυτοῦ παῖδας, οὓς τῷ λόγῳ τρέφεις τε καὶ παιδεύεις, εἴ ποτε ἔργῳ τρέφοις, οὐκ ἂν ἐάσαις, ὡς ἐγῷμαι, ἀλόγους ὄντας ὥσπερ γραμμάς, ἄρχοντας ἐν τῇ 5 πόλει κυρίους τῶν μεγίστων εἶναι.

Οὐ γὰρ οὖν, ἔφη.

Νομοθετήσεις δὴ αὐτοῖς ταύτης μάλιστα τῆς παιδείας ἀντιλαμβάνεσθαι, ἐξ ἧς ἐρωτᾶν τε καὶ ἀποκρίνεσθαι ἐπιστημονέστατα οἷοί τ' ἔσονται; 10

Νομοθετήσω, ἔφη, μετά γε σοῦ. e

Ἆρ' οὖν δοκεῖ σοι, ἔφην ἐγώ, ὥσπερ θριγκὸς τοῖς μαθήμασιν ἡ διαλεκτικὴ ἡμῖν ἐπάνω κεῖσθαι, καὶ οὐκέτ' ἄλλο τούτου μάθημα ἀνωτέρω ὀρθῶς ἂν ἐπιτίθεσθαι, ἀλλ' ἔχειν ἤδη τέλος τὰ τῶν μαθημάτων; 535

b 4 ἔχῃ A F M : ἔχει D b 9 πάντων A D M : ἁπάντων Stobaeus : om. F c 4 αὐτὸ A D M Stobaeus : om. F φήσεις A F D M : φησὶ vel φήσει Stobaeus c 5 εἰδώλου] αὐτοῦ εἰδώλου Stobaeus d 1 ἐπικαταδαρθεῖν Stobaeus : ἐπικαταδαρθανεῖν pr. A : ἐπικαταδαρθάνειν A² F D M d 2 πάντα ταῦτα A F : ταῦτα πάντα D M d 8 ταύτης A D M om. F e 2 θριγκὸς A M : θρίγκος D : θρίγγος F : τριγχὸς Simplicius e 4 ἀνωτέρω μάθημα Stobaeus

Ἔμοιγ', ἔφη.

Διανομὴ τοίνυν, ἦν δ' ἐγώ, τὸ λοιπόν σοι, τίσιν ταῦτα τὰ μαθήματα δώσομεν καὶ τίνα τρόπον.

5 Δῆλον, ἔφη.

Μέμνησαι οὖν τὴν προτέραν ἐκλογὴν τῶν ἀρχόντων, οἵους ἐξελέξαμεν;

Πῶς γάρ, ἦ δ' ὅς, οὔ;

Τὰ μὲν ἄλλα τοίνυν, ἦν δ' ἐγώ, ἐκείνας τὰς φύσεις οἴου 10 δεῖν ἐκλεκτέας εἶναι· τούς τε γὰρ βεβαιοτάτους καὶ τοὺς ἀνδρειοτάτους προαιρετέον, καὶ κατὰ δύναμιν τοὺς εὐειδεστά- b τους· πρὸς δὲ τούτοις ζητητέον μὴ μόνον γενναίους τε καὶ βλοσυροὺς τὰ ἤθη, ἀλλὰ καὶ ἃ τῇδε τῇ παιδείᾳ τῆς φύσεως πρόσφορα ἑκτέον αὐτοῖς.

Ποῖα δὴ διαστέλλῃ;

5 Δριμύτητα, ὦ μακάριε, ἔφην, δεῖ αὐτοῖς πρὸς τὰ μαθήματα ὑπάρχειν, καὶ μὴ χαλεπῶς μανθάνειν. πολὺ γάρ τοι μᾶλλον ἀποδειλιῶσι ψυχαὶ ἐν ἰσχυροῖς μαθήμασιν ἢ ἐν γυμνασίοις· οἰκειότερος γὰρ αὐταῖς ὁ πόνος, ἴδιος ἀλλ' οὐ κοινὸς ὢν μετὰ τοῦ σώματος.

10 Ἀληθῆ, ἔφη.

c Καὶ μνήμονα δὴ καὶ ἄρρατον καὶ πάντῃ φιλόπονον ζητητέον. ἢ τίνι τρόπῳ οἴει τά τε τοῦ σώματος ἐθελήσειν τινὰ διαπονεῖν καὶ τοσαύτην μάθησίν τε καὶ μελέτην ἐπιτελεῖν;

Οὐδένα, ἦ δ' ὅς, ἐὰν μὴ παντάπασί γ' ᾖ εὐφυής.

5 Τὸ γοῦν νῦν ἁμάρτημα, ἦν δ' ἐγώ, καὶ ἡ ἀτιμία φιλοσοφίᾳ διὰ ταῦτα προσπέπτωκεν, ὃ καὶ πρότερον εἴπομεν, ὅτι οὐ κατ' ἀξίαν αὐτῆς ἅπτονται· οὐ γὰρ νόθους ἔδει ἅπτεσθαι, ἀλλὰ γνησίους.

Πῶς; ἔφη.

d Πρῶτον μέν, εἶπον, φιλοπονίᾳ οὐ χωλὸν δεῖ εἶναι τὸν

a 10 καὶ τοὺς ἀνδρειοτάτους A M : καὶ ἀνδρειοτάτους F : om. D b 3 ἑκτέον A D M : ἑκτέα (sic) F b 4 διαστέλλει A D M : om. F b 7 αἱ ψυχαὶ Stobaeus b 8 ὁ πόνος αὐταῖς Stobaeus b 9 τοῦ A D M Stobaeus : om. F c 1 δὴ A F M : δὲ D c 6 εἴπομεν F D : εἶπον A M d 1 φιλοπονίᾳ A F D Stobaeus : φιλοπονίας M d ἀψόμενον, τὰ μὲν ἡμίσεα φιλόπονον ὄντα, τὰ δ' ἡμίσεα ἄπονον. ἔστι δὲ τοῦτο, ὅταν τις φιλογυμναστὴς μὲν καὶ φιλόθηρος ᾖ καὶ πάντα τὰ διὰ τοῦ σώματος φιλοπονῇ, φιλομαθὴς δὲ μή, μηδὲ φιλήκοος μηδὲ ζητητικός, ἀλλ' ἐν πᾶσι 5 τούτοις μισοπονῇ· χωλὸς δὲ καὶ ὁ τἀναντία τούτου μεταβεβληκὼς τὴν φιλοπονίαν.

Ἀληθέστατα, ἔφη, λέγεις.

Οὐκοῦν καὶ πρὸς ἀλήθειαν, ἦν δ' ἐγώ, ταὐτὸν τοῦτο ἀνάπηρον ψυχὴν θήσομεν, ἣ ἂν τὸ μὲν ἑκούσιον ψεῦδος μισῇ e καὶ χαλεπῶς φέρῃ αὐτή τε καὶ ἑτέρων ψευδομένων ὑπεραγανακτῇ, τὸ δ' ἀκούσιον εὐκόλως προσδέχηται καὶ ἀμαθαίνουσά που ἁλισκομένη μὴ ἀγανακτῇ, ἀλλ' εὐχερῶς ὥσπερ θηρίον ὕειον ἐν ἀμαθίᾳ μολύνηται; 5

Παντάπασι μὲν οὖν, ἔφη. 536

Καὶ πρὸς σωφροσύνην, ἦν δ' ἐγώ, καὶ ἀνδρείαν καὶ μεγαλοπρέπειαν καὶ πάντα τὰ τῆς ἀρετῆς μέρη οὐχ ἥκιστα δεῖ φυλάττειν τὸν νόθον τε καὶ τὸν γνήσιον. ὅταν γάρ τις μὴ ἐπίστηται πάντῃ τὰ τοιαῦτα σκοπεῖν καὶ ἰδιώτης καὶ 5 πόλις, λανθάνουσι χωλοῖς τε καὶ νόθοις χρώμενοι πρὸς ὅτι ἂν τύχωσι τούτων, οἱ μὲν φίλοις, οἱ δὲ ἄρχουσι.

Καὶ μάλα, ἔφη, οὕτως ἔχει.

Ἡμῖν δή, ἦν δ' ἐγώ, πάντα τὰ τοιαῦτα διευλαβητέον· ὡς ἐὰν μὲν ἀρτιμελεῖς τε καὶ ἀρτίφρονας ἐπὶ τοσαύτην b μάθησιν καὶ τοσαύτην ἄσκησιν κομίσαντες παιδεύωμεν, ἥ τε δίκη ἡμῖν οὐ μέμψεται αὐτή, τήν τε πόλιν καὶ πολιτείαν σώσομεν, ἀλλοίους δὲ ἄγοντες ἐπὶ ταῦτα τἀναντία πάντα καὶ πράξομεν καὶ φιλοσοφίας ἔτι πλείω γέλωτα καταντλήσομεν. 5

Αἰσχρὸν μεντἂν εἴη, ἦ δ' ὅς.

d 2 ἀψόμενον A D M: ἀψάμενον F Stobaeus ὄντα F: om. A D M Stobaeus d 4 φιλομόχθηρος Stobaeus ᾖ post d 3 μὲν Stobaeus φιλοπονῇ] διαπονῇ Stobaeus a 5 πάντῃ F D: om. A M a 8 ἔφη A F M: om. D b 4 ἀλλοίους A M Iamblichus: ἀλλοῖους F: ἀλλοίως D b 5 καὶ ante πράξομεν A D M: om. F Iamblichus φιλοσοφίας] φιλομαθείας Iamblichus (cf. 521 c, 7)

Πάνυ μὲν οὖν, εἶπον· γελοῖον δ' ἔγωγε καὶ ἐν τῷ παρόντι ⟨τι⟩ ἔοικα παθεῖν.

10 Τὸ ποῖον; ἔφη.

c Ἐπελαθόμην, ἦν δ' ἐγώ, ὅτι ἐπαίζομεν, καὶ μᾶλλον ἐντεινάμενος εἶπον. λέγων γὰρ ἅμα ἔβλεψα πρὸς φιλοσοφίαν, καὶ ἰδὼν προπεπηλακισμένην ἀναξίως ἀγανακτήσας μοι δοκῶ καὶ ὥσπερ θυμωθεὶς τοῖς αἰτίοις σπουδαιότερον 5 εἰπεῖν ἃ εἶπον.

Οὐ μὰ τὸν Δί', ἔφη, οὔκουν ὥς γ' ἐμοὶ ἀκροατῇ.

Ἀλλ' ὡς ἐμοί, ἦν δ' ἐγώ, ῥήτορι. τόδε δὲ μὴ ἐπιλανθανώμεθα, ὅτι ἐν μὲν τῇ προτέρᾳ ἐκλογῇ πρεσβύτας ἐξελέd γομεν, ἐν δὲ ταύτῃ οὐκ ἐγχωρήσει· Σόλωνι γὰρ οὐ πειστέον ὡς γηράσκων τις πολλὰ δυνατὸς μανθάνειν, ἀλλ' ἧττον ἢ τρέχειν, νέων δὲ πάντες οἱ μεγάλοι καὶ οἱ πολλοὶ πόνοι.

Ἀνάγκη, ἔφη.

5 Τὰ μὲν τοίνυν λογισμῶν τε καὶ γεωμετριῶν καὶ πάσης τῆς προπαιδείας, ἣν τῆς διαλεκτικῆς δεῖ προπαιδευθῆναι, παισὶν οὖσι χρὴ προβάλλειν, οὐχ ὡς ἐπάναγκες μαθεῖν τὸ σχῆμα τῆς διδαχῆς ποιουμένους.

Τί δή;

e Ὅτι, ἦν δ' ἐγώ, οὐδὲν μάθημα μετὰ δουλείας τὸν ἐλεύθερον χρὴ μανθάνειν. οἱ μὲν γὰρ τοῦ σώματος πόνοι βίᾳ πονούμενοι χεῖρον οὐδὲν τὸ σῶμα ἀπεργάζονται, ψυχῇ δὲ βίαιον οὐδὲν ἔμμονον μάθημα.

5 Ἀληθῆ, ἔφη.

Μὴ τοίνυν βίᾳ, εἶπον, ὦ ἄριστε, τοὺς παῖδας ἐν τοῖς 537 μαθήμασιν ἀλλὰ παίζοντας τρέφε, ἵνα καὶ μᾶλλον οἷός τ' ᾖς καθορᾶν ἐφ' ὃ ἕκαστος πέφυκεν.

Ἔχει ὃ λέγεις, ἔφη, λόγον.

Οὐκοῦν μνημονεύεις, ἦν δ' ἐγώ, ὅτι καὶ εἰς τὸν πόλεμον 5 ἔφαμεν τοὺς παῖδας εἶναι ἀκτέον ἐπὶ τῶν ἵππων θεωρούς, καὶ

b 9 τι addidi c 6 γ' ADM: om. F a 2 ἐφ' ὃ AFDM: ἐφ' ᾧ A² Stobaeus ἐάν που ἀσφαλὲς ᾖ, προσακτέον ἐγγὺς καὶ γευστέον αἵματος, ὥσπερ τοὺς σκύλακας;

Μέμνημαι, ἔφη.

Ἐν πᾶσι δὴ τούτοις, ἦν δ' ἐγώ, τοῖς τε πόνοις καὶ μαθήμασι καὶ φόβοις ὃς ἂν ἐντρεχέστατος ἀεὶ φαίνηται, εἰς 10 ἀριθμόν τινα ἐγκριτέον.

Ἐν τίνι, ἔφη, ἡλικίᾳ; b

Ἡνίκα, ἦν δ' ἐγώ, τῶν ἀναγκαιων γυμνασίων μεθίενται· οὗτος γὰρ ὁ χρόνος, ἐάντε δύο ἐάντε τρία ἔτη γίγνηται, ἀδύνατός τι ἄλλο πρᾶξαι· κόποι γὰρ καὶ ὕπνοι μαθήμασι πολέμιοι. καὶ ἅμα μία καὶ αὕτη τῶν βασάνων οὐκ ἐλαχίστη, 5 τίς ἕκαστος ἐν τοῖς γυμνασίοις φανεῖται.

Πῶς γὰρ οὔκ; ἔφη.

Μετὰ δὴ τοῦτον τὸν χρόνον, ἦν δ' ἐγώ, ἐκ τῶν εἰκοσιετῶν οἱ προκριθέντες τιμάς τε μείζους τῶν ἄλλων οἴσονται, τά τε χύδην μαθήματα παισὶν ἐν τῇ παιδείᾳ γενόμενα τούτοις c συνακτέον εἰς σύνοψιν οἰκειότητός τε ἀλλήλων τῶν μαθημάτων καὶ τῆς τοῦ ὄντος φύσεως.

Μόνη γοῦν, εἶπεν, ἡ τοιαύτη μάθησις βέβαιος, ἐν οἷς ἂν ἐγγένηται. 5

Καὶ μεγίστη γε, ἦν δ' ἐγώ, πεῖρα διαλεκτικῆς φύσεως καὶ μή· ὁ μὲν γὰρ συνοπτικὸς διαλεκτικός, ὁ δὲ μὴ οὔ.

Συνοίομαι, ἦ δ' ὅς.

Ταῦτα τοίνυν, ἦν δ' ἐγώ, δεήσει σε ἐπισκοποῦντα οἳ ἂν μάλιστα τοιοῦτοι ἐν αὐτοῖς ὦσι καὶ μόνιμοι μὲν ἐν μαθή- d μασι, μόνιμοι δ' ἐν πολέμῳ καὶ τοῖς ἄλλοις νομίμοις, τούτους αὖ, ἐπειδὰν τὰ τριάκοντα ἔτη ἐκβαίνωσιν, ἐκ τῶν προκρίτων προκρινάμενον εἰς μείζους τε τιμὰς καθιστάναι καὶ σκοπεῖν, τῇ τοῦ διαλέγεσθαι δυνάμει βασανίζοντα τίς ὀμμάτων καὶ 5

b 6 ἕκαστος A D M : om. F b 8 εἰκοσιετῶν (sic) F D εἴκοσιν ἐτῶν A c 1 παισὶν A D M : παισὶ F : πᾶσιν Theo : om. Iamblichus Stobaeus ἐν A D M Stobaeus : om. F παιδειᾷ A : παιδιᾷ A[2] c 2 τε F Iamblichus Theo Stobaeus : om. A D M d 2 καὶ τοῖς A M : καὶ ἐν τοῖς F D τούτους F : τούτοις A D M d 5 καὶ A D M Iamblichus : τε καὶ F τῆς ἄλλης αἰσθήσεως δυνατὸς μεθιέμενος ἐπ' αὐτὸ τὸ ὂν μετ' ἀληθείας ἰέναι. καὶ ἐνταῦθα δὴ πολλῆς φυλακῆς ἔργον, ὦ ἑταῖρε.

Τί μάλιστα; ἦ δ' ὅς.

e Οὐκ ἐννοεῖς, ἦν δ' ἐγώ, τὸ νῦν περὶ τὸ διαλέγεσθαι κακὸν γιγνόμενον ὅσον γίγνεται;

Τὸ ποῖον; ἔφη.

Παρανομίας που, ἔφην ἐγώ, ἐμπίμπλανται.

5 Καὶ μάλα, ἔφη.

Θαυμαστὸν οὖν τι οἴει, εἶπον, πάσχειν αὐτούς, καὶ οὐ συγγιγνώσκεις;

Πῇ μάλιστα; ἔφη.

Οἷον, ἦν δ' ἐγώ, εἴ τις ὑποβολιμαῖος τραφείη ἐν πολλοῖς

538 μὲν χρήμασι, πολλῷ δὲ καὶ μεγάλῳ γένει καὶ κόλαξι πολλοῖς, ἀνὴρ δὲ γενόμενος αἴσθοιτο ὅτι οὐ τούτων ἐστὶ τῶν φασκόντων γονέων, τοὺς δὲ τῷ ὄντι γεννήσαντας μὴ εὕροι, τοῦτον ἔχεις μαντεύσασθαι πῶς ἂν διατεθείη πρός τε τοὺς

5 κόλακας καὶ πρὸς τοὺς ὑποβαλομένους ἐν ἐκείνῳ τε τῷ χρόνῳ ᾧ οὐκ ᾔδει τὰ περὶ τῆς ὑποβολῆς, καὶ ἐν ᾧ αὖ ᾔδει; ἢ βούλει ἐμοῦ μαντευομένου ἀκοῦσαι;

Βούλομαι, ἔφη.

Μαντεύομαι τοίνυν, εἶπον, μᾶλλον αὐτὸν τιμᾶν ἂν τὸν

b πατέρα καὶ τὴν μητέρα καὶ τοὺς ἄλλους οἰκείους δοκοῦντας ἢ τοὺς κολακεύοντας, καὶ ἧττον μὲν ἂν περιιδεῖν ἐνδεεῖς τινος, ἧττον δὲ παράνομόν τι δρᾶσαι ἢ εἰπεῖν εἰς αὐτούς, ἧττον δὲ ἀπειθεῖν τὰ μεγάλα ἐκείνοις ἢ τοῖς κόλαξιν, ἐν ᾧ

5 χρόνῳ τὸ ἀληθὲς μὴ εἰδείη.

Εἰκός, ἔφη.

Αἰσθόμενον τοίνυν τὸ ὂν μαντεύομαι αὖ περὶ μὲν τούτους ἀνεῖναι ἂν τὸ τιμᾶν τε καὶ σπουδάζειν, περὶ δὲ τοὺς κόλακας

e 2 κακὸν F D M : καλὸν A   e 4 ἐμπί(μ)πλανται A² M : ἐμπίπλαται A F D   a 2 δὲ A F M : om. D   a 5 ὑποβαλομένους A M : ὑποβαλλομένους F D   a 6 χρόνῳ ᾧ A² F D M : χρόνῳ A   b 5 μὴ A M : om. F D   b 7 αἰσθόμενον A² : αἰσθόμενος A F D ἐπιτεῖναι, καὶ πείθεσθαί τε αὐτοῖς διαφερόντως ἢ πρότερον καὶ ζῆν ἂν ἤδη κατ' ἐκείνους, συνόντα αὐτοῖς ἀπαρακαλύπτως, c πατρὸς δὲ ἐκείνου καὶ τῶν ἄλλων ποιουμένων οἰκείων, εἰ μὴ πάνυ εἴη φύσει ἐπιεικής, μέλειν τὸ μηδέν.

Πάντ', ἔφη, λέγεις οἷά περ ἂν γένοιτο. ἀλλὰ πῇ πρὸς τοὺς ἁπτομένους τῶν λόγων αὕτη φέρει ἡ εἰκών; 5

Τῇδε. ἔστι που ἡμῖν δόγματα ἐκ παίδων περὶ δικαίων καὶ καλῶν, ἐν οἷς ἐκτεθράμμεθα ὥσπερ ὑπὸ γονεῦσι, πειθαρχοῦντές τε καὶ τιμῶντες αὐτά.

Ἔστι γάρ.

Οὐκοῦν καὶ ἄλλα ἐναντία τούτων ἐπιτηδεύματα ἡδονὰς d ἔχοντα, ἃ κολακεύει μὲν ἡμῶν τὴν ψυχὴν καὶ ἕλκει ἐφ' αὑτά, πείθει δ' οὒ τοὺς καὶ ὁπῃοῦν μετρίους· ἀλλ' ἐκεῖνα τιμῶσι τὰ πάτρια καὶ ἐκείνοις πειθαρχοῦσιν.

Ἔστι ταῦτα. 5

Τί οὖν; ἦν δ' ἐγώ· ὅταν τὸν οὕτως ἔχοντα ἐλθὸν ἐρώτημα ἔρηται· Τί ἐστι τὸ καλόν, καὶ ἀποκριναμένου ὃ τοῦ νομοθέτου ἤκουεν ἐξελέγχῃ ὁ λόγος, καὶ πολλάκις καὶ πολλαχῇ ἐλέγχων εἰς δόξαν καταβάλῃ ὡς τοῦτο οὐδὲν μᾶλλον καλὸν ἢ αἰσχρόν, καὶ περὶ δικαίου ὡσαύτως καὶ ἀγαθοῦ καὶ e ἃ μάλιστα ἦγεν ἐν τιμῇ, μετὰ τοῦτο τί οἴει ποιήσειν αὐτὸν πρὸς αὐτὰ τιμῆς τε πέρι καὶ πειθαρχίας;

Ἀνάγκη, ἔφη, μήτε τιμᾶν ἔτι ὁμοίως μήτε πείθεσθαι.

Ὅταν οὖν, ἦν δ' ἐγώ, μήτε ταῦτα ἡγῆται τίμια καὶ οἰκεῖα 5 ὥσπερ πρὸ τοῦ, τά τε ἀληθῆ μὴ εὑρίσκῃ, ἔστι πρὸς ὁποῖον βίον ἄλλον ἢ τὸν κολακεύοντα εἰκότως προσχωρήσεται; 539

Οὐκ ἔστιν, ἔφη.

Παράνομος δὴ οἶμαι δόξει γεγονέναι ἐκ νομίμου.

Ἀνάγκη.

c 2 ποιουμένων] προσποιουμένων ci. Cobet c 4 πρὸς τοὺς ἁπτομένους A F M : προσαπτομένους D d 2 ἡμῶν A D M : ἡμῖν F d 8 ἤκουεν A F D M : ἤκουσεν A² ἐξελέγχῃ A F D : ἐξελέγξῃ A² d 9 καταβάλῃ F m : καταβάλλῃ D : καταλάβῃ A M a 3 νομίμου A F M : νομικοῦ D

5 Οὐκοῦν, ἔφην, εἰκὸς τὸ πάθος τῶν οὕτω λόγων ἁπτομένων καί, ὃ ἄρτι ἔλεγον, πολλῆς συγγνώμης ἄξιον;

Καὶ ἐλέου γ', ἔφη.

Οὐκοῦν ἵνα μὴ γίγνηται ὁ ἔλεος οὗτος περὶ τοὺς τριακοντούτας σοι, εὐλαβουμένῳ παντὶ τρόπῳ τῶν λόγων ἁπτέον;

10 Καὶ μάλ', ἦ δ' ὅς.

b Ἆρ' οὖν οὐ μία μὲν εὐλάβεια αὕτη συχνή, τὸ μὴ νέους ὄντας αὐτῶν γεύεσθαι; οἶμαι γάρ σε οὐ λεληθέναι ὅτι οἱ μειρακίσκοι, ὅταν τὸ πρῶτον λόγων γεύωνται, ὡς παιδιᾷ αὐτοῖς καταχρῶνται, ἀεὶ εἰς ἀντιλογίαν χρώμενοι, καὶ μιμού-5 μενοι τοὺς ἐξελέγχοντας αὐτοὶ ἄλλους ἐλέγχουσι, χαίροντες ὥσπερ σκυλάκια τῷ ἕλκειν τε καὶ σπαράττειν τῷ λόγῳ τοὺς πλησίον ἀεί.

Ὑπερφυῶς μὲν οὖν, ἔφη.

Οὐκοῦν ὅταν δὴ πολλοὺς μὲν αὐτοὶ ἐλέγξωσιν, ὑπὸ πολ-c λῶν δὲ ἐλεγχθῶσι, σφόδρα καὶ ταχὺ ἐμπίπτουσιν εἰς τὸ μηδὲν ἡγεῖσθαι ὧνπερ πρότερον· καὶ ἐκ τούτων δὴ αὐτοί τε καὶ τὸ ὅλον φιλοσοφίας πέρι εἰς τοὺς ἄλλους διαβέβληνται.

Ἀληθέστατα, ἔφη.

5 Ὁ δὲ δὴ πρεσβύτερος, ἦν δ' ἐγώ, τῆς μὲν τοιαύτης μανίας οὐκ ἂν ἐθέλοι μετέχειν, τὸν δὲ διαλέγεσθαι ἐθέλοντα καὶ σκοπεῖν τἀληθὲς μᾶλλον μιμήσεται ἢ τὸν παιδιᾶς χάριν παίζοντα καὶ ἀντιλέγοντα, καὶ αὐτός τε μετριώτερος ἔσται d καὶ τὸ ἐπιτήδευμα τιμιώτερον ἀντὶ ἀτιμοτέρου ποιήσει.

Ὀρθῶς, ἔφη.

Οὐκοῦν καὶ τὰ προειρημένα τούτου ἐπ' εὐλαβείᾳ πάντα προείρηται, τὸ τὰς φύσεις κοσμίους εἶναι καὶ στασίμους οἷς 5 τις μεταδώσει τῶν λόγων, καὶ μὴ ὡς νῦν ὁ τυχὼν καὶ οὐδὲν προσήκων ἔρχεται ἐπ' αὐτό;

Πάνυ μὲν οὖν, ἔφη.

a 9 εὐλαβουμένῳ] εὐλαβουμένοις ci. Baiter b 3 παιδιᾷ A M: παιδεία F: παιδία D b 9 ἐλέγξωσιν A D M: ἐξελέγξωσιν F c 1 ἐλεγχθῶσι A M: ἐξελεγχθῶσι F D c 4 ἔφη A F M: ἔφης D c 7 μιμήσεται A F D M: γρ. μεμνήσεται in marg. A

Ἀρκεῖ δὴ ἐπὶ λόγων μεταλήψει μεῖναι ἐνδελεχῶς καὶ συντόνως μηδὲν ἄλλο πράττοντι, ἀλλ᾽ ἀντιστρόφως γυμναζομένῳ τοῖς περὶ τὸ σῶμα γυμνασίοις, ἔτη διπλάσια ἢ τότε; 10

e Ἕξ, ἔφη, ἢ τέτταρα λέγεις;

Ἀμέλει, εἶπον, πέντε θές. μετὰ γὰρ τοῦτο καταβιβαστέοι ἔσονταί σοι εἰς τὸ σπήλαιον πάλιν ἐκεῖνο, καὶ ἀναγκαστέοι ἄρχειν τά τε περὶ τὸν πόλεμον καὶ ὅσαι νέων ἀρχαί, ἵνα μηδ᾽ ἐμπειρίᾳ ὑστερῶσι τῶν ἄλλων· καὶ ἔτι καὶ ἐν τούτοις 5 βασανιστέοι εἰ ἐμμενοῦσιν ἑλκόμενοι πανταχόσε ἤ τι καὶ 540 παρακινήσουσι.

Χρόνον δέ, ἦ δ᾽ ὅς, πόσον τοῦτον τιθεῖς;

Πεντεκαίδεκα ἔτη, ἦν δ᾽ ἐγώ. γενομένων δὲ πεντηκοντουτῶν τοὺς διασωθέντας καὶ ἀριστεύσαντας πάντα πάντῃ 5 ἐν ἔργοις τε καὶ ἐπιστήμαις πρὸς τέλος ἤδη ἀκτέον, καὶ ἀναγκαστέον ἀνακλίναντας τὴν τῆς ψυχῆς αὐγὴν εἰς αὐτὸ ἀποβλέψαι τὸ πᾶσι φῶς παρέχον, καὶ ἰδόντας τὸ ἀγαθὸν αὐτό, παραδείγματι χρωμένους ἐκείνῳ, καὶ πόλιν καὶ ἰδιώτας καὶ ἑαυτοὺς κοσμεῖν τὸν ἐπίλοιπον βίον ἐν μέρει ἑκάστους, b τὸ μὲν πολὺ πρὸς φιλοσοφίᾳ διατρίβοντας, ὅταν δὲ τὸ μέρος ἥκῃ, πρὸς πολιτικοῖς ἐπιταλαιπωροῦντας καὶ ἄρχοντας ἑκάστους τῆς πόλεως ἕνεκα, οὐχ ὡς καλόν τι ἀλλ᾽ ὡς ἀναγκαῖον πράττοντας, καὶ οὕτως ἄλλους ἀεὶ παιδεύσαντας 5 τοιούτους, ἀντικαταλιπόντας τῆς πόλεως φύλακας, εἰς μακάρων νήσους ἀπιόντας οἰκεῖν· μνημεῖα δ᾽ αὐτοῖς καὶ θυσίας τὴν πόλιν δημοσίᾳ ποιεῖν, ἐὰν καὶ ἡ Πυθία συναναιρῇ, ὡς c δαίμοσιν, εἰ δὲ μή, ὡς εὐδαίμοσί τε καὶ θείοις.

Παγκάλους, ἔφη, τοὺς ἄρχοντας, ὦ Σώκρατες, ὥσπερ ἀνδριαντοποιὸς ἀπείργασαι.

Καὶ τὰς ἀρχούσας γε, ἦν δ᾽ ἐγώ, ὦ Γλαύκων· μηδὲν 5

d 10 ἔτη A M : τῇ F : ἔτι D a 4 ἔτη A F (post ἦν δ᾽ ἐγώ) M : ἔτι D δὲ A D M : om. F a 7 αὐγὴν A D M Proclus Damascius : om. F : ἀκτῖνα vulg. b 1 κοσμεῖν A F M : κατακοσμεῖν D b 2 φιλοσοφίᾳ A[2] : φιλοσοφίαν A F D M c 1 ξυναναιρῇ Aristides : ξυναιρῇ A M : ξυναίρη F D c 4 ἀνδριαντοποιὸς A F M : τοποιὸς D ἀπείργασαι A[2] F D M : ἀπείγασαι A γάρ τι οἷόν με περὶ ἀνδρῶν εἰρηκέναι μᾶλλον ἃ εἴρηκα ἢ περὶ γυναικῶν, ὅσαι ἂν αὐτῶν ἱκαναὶ τὰς φύσεις ἐγγίγνωνται.

Ὀρθῶς, ἔφη, εἴπερ ἴσα γε πάντα τοῖς ἀνδράσι κοινωνήσουσιν, ὡς διήλθομεν.

d Τί οὖν; ἔφην· συγχωρεῖτε περὶ τῆς πόλεώς τε καὶ πολιτείας μὴ παντάπασιν ἡμᾶς εὐχὰς εἰρηκέναι, ἀλλὰ χαλεπὰ μέν, δυνατὰ δέ πῃ, καὶ οὐκ ἄλλῃ ἢ εἴρηται, ὅταν οἱ ὡς ἀληθῶς φιλόσοφοι δυνάσται, ἢ πλείους ἢ εἷς, ἐν πόλει 5 γενόμενοι τῶν μὲν νῦν τιμῶν καταφρονήσωσιν, ἡγησάμενοι ἀνελευθέρους εἶναι καὶ οὐδενὸς ἀξίας, τὸ δὲ ὀρθὸν περὶ e πλείστου ποιησάμενοι καὶ τὰς ἀπὸ τούτου τιμάς, μέγιστον δὲ καὶ ἀναγκαιότατον τὸ δίκαιον, καὶ τούτῳ δὴ ὑπηρετοῦντές τε καὶ αὔξοντες αὐτὸ διασκευωρήσωνται τὴν ἑαυτῶν πόλιν;

Πῶς; ἔφη.

5 Ὅσοι μὲν ἄν, ἦν δ' ἐγώ, πρεσβύτεροι τυγχάνωσι δεκετῶν 541 ἐν τῇ πόλει, πάντας ἐκπέμψωσιν εἰς τοὺς ἀγρούς, τοὺς δὲ παῖδας αὐτῶν παραλαβόντες ἐκτὸς τῶν νῦν ἠθῶν, ἃ καὶ οἱ γονῆς ἔχουσι, θρέψωνται ἐν τοῖς σφετέροις τρόποισι καὶ νόμοις, οὖσιν οἵοις διεληλύθαμεν τότε· καὶ οὕτω τάχιστά 5 τε καὶ ῥᾷστα πόλιν τε καὶ πολιτείαν, ἣν ἐλέγομεν, καταστᾶσαν αὐτήν τε εὐδαιμονήσειν καὶ τὸ ἔθνος ἐν ᾧ ἂν ἐγγένηται πλεῖστα ὀνήσειν;

Πολύ γ', ἔφη· καὶ ὡς ἂν γένοιτο, εἴπερ ποτὲ γίγνοιτο, b δοκεῖς μοι, ὦ Σώκρατες, εὖ εἰρηκέναι.

Οὐκοῦν ἅδην ἤδη, εἶπον ἐγώ, ἔχουσιν ἡμῖν οἱ λόγοι περί τε τῆς πόλεως ταύτης καὶ τοῦ ὁμοίου ταύτῃ ἀνδρός; δῆλος γάρ που καὶ οὗτος οἷον φήσομεν δεῖν αὐτὸν εἶναι.

5 Δῆλος, ἔφη· καὶ ὅπερ ἐρωτᾷς, δοκεῖ μοι τέλος ἔχειν.

d 1 ξυγχωρεῖτε A[2] F M: ξυγχωρεῖν τε A D d 3 ᾗ A D M: πῃ Stobaeus: om. F ὡς A D M: om. F Stobaeus e 3 διασκευωρήσωνται A F M Stobaeus: διασκευωρίσωνται D e 5 δεκετῶν D: δέκ' ἐτῶν A M: δὲ καὶ τῶν F: δέκα Stobaeus a 2 νῦν ἠθῶν] συνήθων Stobaeus a 3 τρόποισι F: τρόποις A D M Stobaeus a 4 οἵοις] οὓς Stobaeus b 2 οἱ λόγοι A F M: ὀλίγοι D

Η VIII. p. 543

Εἶεν· ταῦτα μὲν δὴ ὡμολόγηται, ὦ Γλαύκων, τῇ μελ- a
λούσῃ ἄκρως οἰκεῖν πόλει κοινὰς μὲν γυναῖκας, κοινοὺς δὲ
παῖδας εἶναι καὶ πᾶσαν παιδείαν, ὡσαύτως δὲ τὰ ἐπιτη-
δεύματα κοινὰ ἐν πολέμῳ τε καὶ εἰρήνῃ, βασιλέας δὲ αὐτῶν
εἶναι τοὺς ἐν φιλοσοφίᾳ τε καὶ πρὸς τὸν πόλεμον γεγονότας 5
ἀρίστους.

Ὡμολόγηται, ἔφη.

Καὶ μὴν καὶ τάδε συνεχωρήσαμεν, ὡς, ὅταν δὴ καταστῶσιν b
οἱ ἄρχοντες, ἄγοντες τοὺς στρατιώτας κατοικιοῦσιν εἰς
οἰκήσεις οἵας προείπομεν, ἴδιον μὲν οὐδὲν οὐδενὶ ἐχούσας,
κοινὰς δὲ πᾶσι· πρὸς δὲ ταῖς τοιαύταις οἰκήσεσι, καὶ τὰς
κτήσεις, εἰ μνημονεύεις, διωμολογησάμεθά που οἷαι ἔσονται 5
αὐτοῖς.

Ἀλλὰ μνημονεύω, ἔφη, ὅτι γε οὐδὲν οὐδένα ᾤόμεθα δεῖν
κεκτῆσθαι ὧν νῦν οἱ ἄλλοι, ὥσπερ δὲ ἀθλητάς τε πολέμου
καὶ φύλακας, μισθὸν τῆς φυλακῆς δεχομένους εἰς ἐνιαυτὸν c
τὴν εἰς ταῦτα τροφὴν παρὰ τῶν ἄλλων, αὐτῶν τε δεῖν καὶ
τῆς ἄλλης πόλεως ἐπιμελεῖσθαι.

Ὀρθῶς, ἔφην, λέγεις. ἀλλ' ἄγ', ἐπειδὴ τοῦτ' ἀπετελέ-
σαμεν, ἀναμνησθῶμεν πόθεν δεῦρο ἐξετραπόμεθα, ἵνα πάλιν 5
τὴν αὐτὴν ἴωμεν.

Οὐ χαλεπόν, ἔφη. σχεδὸν γάρ, καθάπερ νῦν, ὡς διεληλ-
λυθὼς περὶ τῆς πόλεως τοὺς λόγους ἐποιοῦ, λέγων ὡς
ἀγαθὴν μὲν τὴν τοιαύτην, οἵαν τότε διῆλθες, τιθείης πόλιν,

a 4 εἰρήνῃ A D M : ἐν εἰρήνῃ F Stobaeus b 8 ὧν A F M : ὡς D
c 1 εἰς A² F D M : om. A c 4 ἀλλ' ἄγε D Thomas Magister :
ἀλλά γ' A F M c 7 διεληλυθὼς A F M Stobaeus : διελήλυθας D
c 8 ὡς A D M : om. F

d καὶ ἄνδρα τὸν ἐκείνῃ ὅμοιον, καὶ ταῦτα, ὡς ἔοικας, καλλίω
544 ἔτι ἔχων εἰπεῖν πόλιν τε καὶ ἄνδρα. ἀλλ' οὖν δὴ τὰς
ἄλλας ἡμαρτημένας ἔλεγες, εἰ αὕτη ὀρθή. τῶν δὲ λοιπῶν
πολιτειῶν ἔφησθα, ὡς μνημονεύω, τέτταρα εἴδη εἶναι, ὧν
καὶ πέρι λόγον ἄξιον εἴη ἔχειν καὶ ἰδεῖν αὐτῶν τὰ ἁμαρτή-
5 ματα καὶ τοὺς ἐκείναις αὖ ὁμοίους, ἵνα πάντας αὐτοὺς ἰδόντες,
καὶ ὁμολογησάμενοι τὸν ἄριστον καὶ τὸν κάκιστον ἄνδρα,
ἐπισκεψαίμεθα εἰ ὁ ἄριστος εὐδαιμονέστατος καὶ ὁ κάκιστος
ἀθλιώτατος, ἢ ἄλλως ἔχοι· καὶ ἐμοῦ ἐρομένου τίνας λέγοις
b τὰς τέτταρας πολιτείας, ἐν τούτῳ ὑπέλαβε Πολέμαρχός τε
καὶ Ἀδείμαντος, καὶ οὕτω δὴ σὺ ἀναλαβὼν τὸν λόγον δεῦρ'
ἀφῖξαι.

Ὀρθότατα, εἶπον, ἐμνημόνευσας.

5 Πάλιν τοίνυν, ὥσπερ παλαιστής, τὴν αὐτὴν λαβὴν πάρεχε,
καὶ τὸ αὐτὸ ἐμοῦ ἐρομένου πειρῶ εἰπεῖν ἅπερ τότε ἔμελλες
λέγειν.

Ἐάνπερ, ἦν δ' ἐγώ, δύνωμαι.

Καὶ μήν, ἦ δ' ὅς, ἐπιθυμῶ γε καὶ αὐτὸς ἀκοῦσαι τίνας
10 ἔλεγες τὰς τέτταρας πολιτείας.

c Οὐ χαλεπῶς, ἦν δ' ἐγώ, ἀκούσῃ. εἰσὶ γὰρ ἃς λέγω,
αἵπερ καὶ ὀνόματα ἔχουσιν, ἥ τε ὑπὸ τῶν πολλῶν ἐπαινου-
μένη, ἡ Κρητική τε καὶ Λακωνικὴ αὕτη· καὶ δευτέρα καὶ
δευτέρως ἐπαινουμένη, καλουμένη δ' ὀλιγαρχία, συχνῶν
5 γέμουσα κακῶν πολιτεία· ἥ τε ταύτῃ διάφορος καὶ ἐφεξῆς
γιγνομένη δημοκρατία, καὶ ἡ γενναία δὴ τυραννὶς καὶ πασῶν
τούτων διαφέρουσα, τέταρτόν τε καὶ ἔσχατον πόλεως νόσημα.
ἤ τινα ἄλλην ἔχεις ἰδέαν πολιτείας, ἥτις καὶ ἐν εἴδει δια-

d 1 τὸν ἐκείνῃ . . . a 1 ἄνδρα bis scripsit D a 5 αὖ ὁμοίους A M : ἀνομοίους F D a 6 ὁμολογησάμενοι A D M : ἀνομολογησάμενοι F b 2 σὺ ἀναλαβὼν A F M : συναναλαβὼν D b 9 γε F Stobaeus : om. A D M b 10 ἔλεγες] λέγεις Stobaeus c 3 καὶ δευτέρως] ἡ δευτέρως ci. Hermann c 5 ταύτῃ] ταύτης ci. Ast c 6 πασῶν F D Stobaeus : ἡ πασῶν A M c 7 διαφέρουσα recc. Stobaeus : διαφεύγουσα A F D M τέταρτόν τε om. Stobaeus c 8 ἥτις A F M Stobaeus : εἴ τις D

φανεῖ τινι κεῖται; δυναστεῖαι γὰρ καὶ ὠνηταὶ βασιλεῖαι d
καὶ τοιαῦταί τινες πολιτεῖαι μεταξύ τι τούτων πού εἰσιν,
εὕροι δ' ἄν τις αὐτὰς οὐκ ἐλάττους περὶ τοὺς βαρβάρους
ἢ τοὺς Ἕλληνας.

Πολλαὶ γοῦν καὶ ἄτοποι, ἔφη, λέγονται. 5

Οἶσθ' οὖν, ἦν δ' ἐγώ, ὅτι καὶ ἀνθρώπων εἴδη τοσαῦτα
ἀνάγκη τρόπων εἶναι, ὅσαπερ καὶ πολιτειῶν; ἢ οἴει ἐκ
δρυός ποθεν ἢ ἐκ πέτρας τὰς πολιτείας γίγνεσθαι, ἀλλ'
οὐχὶ ἐκ τῶν ἠθῶν τῶν ἐν ταῖς πόλεσιν, ἃ ἂν ὥσπερ ῥέψαντα e
τἆλλα ἐφελκύσηται;

Οὐδαμῶς ἔγωγ', ἔφη, ἄλλοθεν ἢ ἐντεῦθεν.

Οὐκοῦν εἰ τὰ τῶν πόλεων πέντε, καὶ αἱ τῶν ἰδιωτῶν
κατασκευαὶ τῆς ψυχῆς πέντε ἂν εἶεν. 5

Τί μήν;

Τὸν μὲν δὴ τῇ ἀριστοκρατίᾳ ὅμοιον διεληλύθαμεν ἤδη,
ὃν ἀγαθόν τε καὶ δίκαιον ὀρθῶς φαμεν εἶναι.

Διεληλύθαμεν. 545

Ἆρ' οὖν τὸ μετὰ τοῦτο διιτέον τοὺς χείρους, τὸν φιλόνικόν
τε καὶ φιλότιμον, κατὰ τὴν Λακωνικὴν ἑστῶτα πολιτείαν,
καὶ ὀλιγαρχικὸν αὖ καὶ δημοκρατικὸν καὶ τὸν τυραννικόν,
ἵνα τὸν ἀδικώτατον ἰδόντες ἀντιθῶμεν τῷ δικαιοτάτῳ καὶ 5
ἡμῖν τελέα ἡ σκέψις ᾖ, πῶς ποτε ἡ ἄκρατος δικαιοσύνη
πρὸς ἀδικίαν τὴν ἄκρατον ἔχει εὐδαιμονίας τε πέρι τοῦ
ἔχοντος καὶ ἀθλιότητος, ἵνα ἢ Θρασυμάχῳ πειθόμενοι
διώκωμεν ἀδικίαν ἢ τῷ νῦν προφαινομένῳ λόγῳ δικαιοσύνην; b

Παντάπασι μὲν οὖν, ἔφη, οὕτω ποιητέον.

Ἆρ' οὖν, ὥσπερ ἠρξάμεθα ἐν ταῖς πολιτείαις πρότερον
σκοπεῖν τὰ ἤθη ἢ ἐν τοῖς ἰδιώταις, ὡς ἐναργέστερον ὄν,
καὶ νῦν οὕτω πρῶτον μὲν τὴν φιλότιμον σκεπτέον πολιτείαν 5
—ὄνομα γὰρ οὐκ ἔχω λεγόμενον ἄλλο· ἢ τιμοκρατίαν ἢ

d 2 τι A F Stobaeus : om. D d 7 τρόπων A F M Stobaeus? : τρόπον D e 1 τῶν ἐν A[2] F D M Stobaeus : ἐν A e 7 ἤδη A[2] F D M : δὴ A e 8 φαμὲν A D M : ἔφαμεν F a 4 τὸν τυραννικόν A D M : τυραννικόν F a 6 ἄκρατος A F M : ἀκρατῶς D b 6 ἄλλο] ἄλλο· ⟨ἀλλ'⟩ ci. Thompson

τιμαρχίαν αὐτὴν κλητέον—πρὸς δὲ ταύτην τὸν τοιοῦτον
c ἄνδρα σκεψόμεθα, ἔπειτα ὀλιγαρχίαν καὶ ἄνδρα ὀλιγαρχικόν,
αὖθις δὲ εἰς δημοκρατίαν ἀποβλέψαντες θεασόμεθα ἄνδρα
δημοκρατικόν, τὸ δὲ τέταρτον εἰς τυραννουμένην πόλιν
ἐλθόντες καὶ ἰδόντες, πάλιν εἰς τυραννικὴν ψυχὴν βλέποντες,
5 πειρασόμεθα περὶ ὧν προυθέμεθα ἱκανοὶ κριταὶ γενέσθαι;

Κατὰ λόγον γέ τοι ἄν, ἔφη, οὕτω γίγνοιτο ἥ τε θέα καὶ
ἡ κρίσις.

Φέρε τοίνυν, ἦν δ' ἐγώ, πειρώμεθα λέγειν τίνα τρόπον
τιμοκρατία γένοιτ' ἂν ἐξ ἀριστοκρατίας. ἢ τόδε μὲν ἁπλοῦν,
d ὅτι πᾶσα πολιτεία μεταβάλλει ἐξ αὐτοῦ τοῦ ἔχοντος τὰς
ἀρχάς, ὅταν ἐν αὐτῷ τούτῳ στάσις ἐγγένηται· ὁμονοοῦντος
δέ, κἂν πάνυ ὀλίγον ᾖ, ἀδύνατον κινηθῆναι;

Ἔστι γὰρ οὕτω.

5 Πῶς οὖν δή, εἶπον, ὦ Γλαύκων, ἡ πόλις ἡμῖν κινηθή-
σεται, καὶ πῇ στασιάσουσιν οἱ ἐπίκουροι καὶ οἱ ἄρχοντες
πρὸς ἀλλήλους τε καὶ πρὸς ἑαυτούς; ἢ βούλει, ὥσπερ
Ὅμηρος, εὐχώμεθα ταῖς Μούσαις εἰπεῖν ἡμῖν ὅπως δὴ
e πρῶτον στάσις ἔμπεσε, καὶ φῶμεν αὐτὰς τραγικῶς ὡς
πρὸς παῖδας ἡμᾶς παιζούσας καὶ ἐρεσχηλούσας, ὡς δὴ
σπουδῇ λεγούσας, ὑψηλολογουμένας λέγειν;

Πῶς;

546 a Ὧδέ πως. χαλεπὸν μὲν κινηθῆναι πόλιν οὕτω συστᾶσαν·
ἀλλ' ἐπεὶ γενομένῳ παντὶ φθορά ἐστιν, οὐδ' ἡ τοιαύτη
σύστασις τὸν ἅπαντα μενεῖ χρόνον, ἀλλὰ λυθήσεται. λύσις
δὲ ἥδε· οὐ μόνον φυτοῖς ἐγγείοις, ἀλλὰ καὶ ἐν ἐπιγείοις
5 ζῴοις φορὰ καὶ ἀφορία ψυχῆς τε καὶ σωμάτων γίγνονται,
ὅταν περιτροπαὶ ἑκάστοις κύκλων περιφορὰς συνάπτωσι,
βραχυβίοις μὲν βραχυπόρους, ἐναντίοις δὲ ἐναντίας. γένους
δὲ ὑμετέρου εὐγονίας τε καὶ ἀφορίας, καίπερ ὄντες σοφοί,
b οὓς ἡγεμόνας πόλεως ἐπαιδεύσασθε, οὐδὲν μᾶλλον λογισμῷ

b 7 ταύτην A F D : ταύτῃ A² M c 1 σκεψόμεθα A D M : σκεψώμεθα F c 2 θεασόμεθα A M : θεασώμεθα F D d 6 καὶ οἱ A D M : καὶ F μετ' αἰσθήσεως τεύξονται, ἀλλὰ πάρεισιν αὐτοὺς καὶ γεννήσουσι παῖδάς ποτε οὐ δέον. ἔστι δὲ θείῳ μὲν γεννητῷ περίοδος ἣν ἀριθμὸς περιλαμβάνει τέλειος, ἀνθρωπείῳ δὲ ἐν ᾧ πρώτῳ αὐξήσεις δυνάμεναί τε καὶ δυναστευόμεναι, τρεῖς 5 ἀποστάσεις, τέτταρας δὲ ὅρους λαβοῦσαι ὁμοιούντων τε καὶ ἀνομοιούντων καὶ αὐξόντων καὶ φθινόντων, πάντα προσήγορα καὶ ῥητὰ πρὸς ἄλληλα ἀπέφηναν· ὧν ἐπίτριτος πυθμὴν c πεμπάδι συζυγεὶς δύο ἁρμονίας παρέχεται τρὶς αὐξηθείς, τὴν μὲν ἴσην ἰσάκις, ἑκατὸν τοσαυτάκις, τὴν δὲ ἰσομήκη μὲν τῇ, προμήκη δέ, ἑκατὸν μὲν ἀριθμῶν ἀπὸ διαμέτρων ῥητῶν πεμπάδος, δεομένων ἑνὸς ἑκάστων, ἀρρήτων δὲ δυοῖν, 5 ἑκατὸν δὲ κύβων τριάδος. σύμπας δὲ οὗτος ἀριθμὸς γεωμετρικός, τοιούτου κύριος, ἀμεινόνων τε καὶ χειρόνων γενέσεων, ἃς ὅταν ἀγνοήσαντες ὑμῖν οἱ φύλακες συνοικίζωσιν d νύμφας νυμφίοις παρὰ καιρόν, οὐκ εὐφυεῖς οὐδ' εὐτυχεῖς παῖδες ἔσονται· ὧν καταστήσουσι μὲν τοὺς ἀρίστους οἱ πρότεροι, ὅμως δὲ ὄντες ἀνάξιοι, εἰς τὰς τῶν πατέρων αὖ δυνάμεις ἐλθόντες, ἡμῶν πρῶτον ἄρξονται ἀμελεῖν φύλακες 5 ὄντες, παρ' ἔλαττον τοῦ δέοντος ἡγησάμενοι τὰ μουσικῆς, δεύτερον δὲ τὰ γυμναστικῆς, ὅθεν ἀμουσότεροι γενήσονται ὑμῖν οἱ νέοι. ἐκ δὲ τούτων ἄρχοντες οὐ πάνυ φυλακικοὶ καταστήσονται πρὸς τὸ δοκιμάζειν τὰ Ἡσιόδου τε καὶ τὰ παρ' e ὑμῖν γένη, χρυσοῦν τε καὶ ἀργυροῦν καὶ χαλκοῦν καὶ σιδηροῦν· 547 ὁμοῦ δὲ μιγέντος σιδηροῦ ἀργυρῷ καὶ χαλκοῦ χρυσῷ ἀνομοιότης ἐγγενήσεται καὶ ἀνωμαλία ἀνάρμοστος, ἃ γενόμενα, οὗ ἂν ἐγγένηται, ἀεὶ τίκτει πόλεμον καὶ ἔχθραν. ταύτης τοι γενεῆς χρὴ φάναι εἶναι στάσιν, ὅπου ἂν γίγνηται ἀεί. 5

b 3 θείῳ μὲν οὖν γενητῷ (sic constanter) περίοδός ἐστιν Proclus c 3 ἑκατὸν A² M Proclus : ἕκαστον A F D c 4 τῇ, προμήκη A F D : τῇ προμήκει M ἑκατὸν A² F D M : ἕκαστον A c 5 πεμπάδος A F M : πεμπάδων D d 1 ὑμῖν A D M : ἡμῖν F d 3 καταστήσουσι F : καταστήσονται A D M d 7 δεύτερον δὲ τὰ] δεύτερά τε ci. Madvig d 8 ὑμῖν F D M : ἡμῖν A a 2 σιδηροῦ ἀργυρῷ A M : σιδήρου ἀργύρῳ D : σιδήρου ἀργύρου F a 5 γενεῆς Proclus : γενεᾶς A F D M ἀεί om. Proclus

Καὶ ὀρθῶς γ', ἔφη, αὐτὰς ἀποκρίνεσθαι φήσομεν.

Καὶ γάρ, ἦν δ' ἐγώ, ἀνάγκη Μούσας γε οὔσας.

b Τί οὖν, ἦ δ' ὅς, τὸ μετὰ τοῦτο λέγουσιν αἱ Μοῦσαι;

Στάσεως, ἦν δ' ἐγώ, γενομένης εἱλκέτην ἄρα ἑκατέρω τὼ γένει, τὸ μὲν σιδηροῦν καὶ χαλκοῦν ἐπὶ χρηματισμὸν καὶ γῆς κτῆσιν καὶ οἰκίας χρυσίου τε καὶ ἀργύρου, τὼ δ' αὖ, 5 τὸ χρυσοῦν τε καὶ ἀργυροῦν, ἅτε οὐ πενομένω ἀλλὰ φύσει ὄντε πλουσίω, τὰς ψυχὰς ἐπὶ τὴν ἀρετὴν καὶ τὴν ἀρχαίαν κατάστασιν ἠγέτην· βιαζομένων δὲ καὶ ἀντιτεινόντων ἀλλήλοις, εἰς μέσον ὡμολόγησαν γῆν μὲν καὶ οἰκίας κατα- c νειμαμένους ἰδιώσασθαι, τοὺς δὲ πρὶν φυλαττομένους ὑπ' αὐτῶν ὡς ἐλευθέρους φίλους τε καὶ τροφέας, δουλωσάμενοι τότε περιοίκους τε καὶ οἰκέτας ἔχοντες, αὐτοὶ πολέμου τε καὶ φυλακῆς αὐτῶν ἐπιμελεῖσθαι.

5 Δοκεῖ μοι, ἔφη, αὕτη ἡ μετάβασις ἐντεῦθεν γίγνεσθαι.

Οὐκοῦν, ἦν δ' ἐγώ, ἐν μέσῳ τις ἂν εἴη ἀριστοκρατίας τε καὶ ὀλιγαρχίας αὕτη ἡ πολιτεία;

Πάνυ μὲν οὖν.

Μεταβήσεται μὲν δὴ οὕτω· μεταβᾶσα δὲ πῶς οἰκήσει; ἢ d φανερὸν ὅτι τὰ μὲν μιμήσεται τὴν προτέραν πολιτείαν, τὰ δὲ τὴν ὀλιγαρχίαν, ἅτ' ἐν μέσῳ οὖσα, τὸ δέ τι καὶ αὑτῆς ἕξει ἴδιον;

Οὕτως, ἔφη.

Οὐκοῦν τῷ μὲν τιμᾶν τοὺς ἄρχοντας καὶ γεωργιῶν 5 ἀπέχεσθαι τὸ προπολεμοῦν αὐτῆς καὶ χειροτεχνιῶν καὶ τοῦ ἄλλου χρηματισμοῦ, συσσίτια δὲ κατεσκευάσθαι καὶ γυμναστικῆς τε καὶ τῆς τοῦ πολέμου ἀγωνίας ἐπιμελεῖσθαι, πᾶσι τοῖς τοιούτοις τὴν προτέραν μιμήσεται;

a 6 ἀποκρίνεσθαι A F M: ἀποκρίνασθαι D φήσομεν F D M: φήσωμεν A b 2 εἱλκέτην A M: εἷλκε τὴν F: εἵλκεται D b 3 τὼ γένει F D: τῷ γένει A: τὼ γένεε A² M b 4 χρυσίου A F D: χρύσου A² M τὼ δ' αὖ, τὸ Schneider: τὸ δ' αὐτὸ A F M: τὸ δ' αὖ τὸ D: τὸ δ' αὖ m b 5 ἀργύρεον A: ἀργυροῦν ὂν A² M: ἀργύριον D: ἀργυρέων F πενομένω . . . b 6 πλουσίω A² F D M: πενομένων . . . πλουσίων A b 8 καταενειμαμένους ἰδιώσασθαι] κατανειμάμενο ἐξιδιώσασθαι ci. Madvig c 9 μεταβήσεται A M: μεταβηθήσεται D: μεταθήσεται F d 4 τῷ A: τὸ F D

Ναί.

Τῷ δέ γε φοβεῖσθαι τοὺς σοφοὺς ἐπὶ τὰς ἀρχὰς ἄγειν, e
ἅτε οὐκέτι κεκτημένην ἁπλοῦς τε καὶ ἀτενεῖς τοὺς τοιούτους
ἄνδρας ἀλλὰ μεικτούς, ἐπὶ δὲ θυμοειδεῖς τε καὶ ἁπλουστέρους
ἀποκλίνειν, τοὺς πρὸς πόλεμον μᾶλλον πεφυκότας ἢ πρὸς
εἰρήνην, καὶ τοὺς περὶ ταῦτα δόλους τε καὶ μηχανὰς ἐντίμως 548
ἔχειν, καὶ πολεμοῦσα τὸν ἀεὶ χρόνον διάγειν, αὐτὴ ἑαυτῆς
αὖ τὰ πολλὰ τῶν τοιούτων ἴδια ἕξει;

Ναί.

Ἐπιθυμηταὶ δέ γε, ἦν δ' ἐγώ, χρημάτων οἱ τοιοῦτοι 5
ἔσονται, ὥσπερ οἱ ἐν ταῖς ὀλιγαρχίαις, καὶ τιμῶντες ἀγρίως
ὑπὸ σκότου χρυσόν τε καὶ ἄργυρον, ἅτε κεκτημένοι ταμιεῖα
καὶ οἰκείους θησαυρούς, οἷ θέμενοι ἂν αὐτὰ κρύψειαν, καὶ
αὖ περιβόλους οἰκήσεων, ἀτεχνῶς νεοττιὰς ἰδίας, ἐν αἷς
ἀναλίσκοντες γυναιξί τε καὶ οἷς ἐθέλοιεν ἄλλοις πολλὰ ἂν b
δαπανῷντο.

Ἀληθέστατα, ἔφη.

Οὐκοῦν καὶ φειδωλοὶ χρημάτων, ἅτε τιμῶντες καὶ οὐ
φανερῶς κτώμενοι, φιλαναλωταὶ δὲ ἀλλοτρίων δι' ἐπιθυμίαν, 5
καὶ λάθρᾳ τὰς ἡδονὰς καρπούμενοι, ὥσπερ παῖδες πατέρα
τὸν νόμον ἀποδιδράσκοντες, οὐχ ὑπὸ πειθοῦς ἀλλ' ὑπὸ βίας
πεπαιδευμένοι διὰ τὸ τῆς ἀληθινῆς Μούσης τῆς μετὰ λόγων
τε καὶ φιλοσοφίας ἠμεληκέναι καὶ πρεσβυτέρως γυμναστικὴν c
μουσικῆς τετιμηκέναι.

Παντάπασιν, ἔφη, λέγεις μεμειγμένην πολιτείαν ἐκ κακοῦ
τε καὶ ἀγαθοῦ.

Μέμεικται γάρ, ἦν δ' ἐγώ· διαφανέστατον δ' ἐν αὐτῇ 5
ἐστὶν ἕν τι μόνον ὑπὸ τοῦ θυμοειδοῦς κρατοῦντος, φιλονικίαι
καὶ φιλοτιμίαι.

e 2 κεκτημένην A F D M : κεκτημένη Bekker e 3 θυμοειδεῖς A M : τοὺς θυμοειδεῖς F D a 3 αὖ τὰ A F M : αὐτὰ D a 5 ἐγὼ A F M : om. D οἱ τοιοῦτοι A[2] F D M : οἱ οὗτοι A b 4 οὐ A F D : om. A[2] M c 6 φιλονεικίαι καὶ φιλοτιμίαι A D M : φιλονεικία καὶ φιλοτιμία F

Σφόδρα γε, ἦ δ' ὅς.

Οὐκοῦν, ἦν δ' ἐγώ, αὕτη μὲν ἡ πολιτεία οὕτω γεγονυῖα
10 καὶ τοιαύτη ἄν τις εἴη, ὡς λόγῳ σχῆμα πολιτείας ὑπογρά-
d ψαντα μὴ ἀκριβῶς ἀπεργάσασθαι διὰ τὸ ἐξαρκεῖν μὲν ἰδεῖν
καὶ ἐκ τῆς ὑπογραφῆς τόν τε δικαιότατον καὶ τὸν ἀδικώτατον,
ἀμήχανον δὲ μήκει ἔργον εἶναι πάσας μὲν πολιτείας, πάντα
δὲ ἤθη μηδὲν παραλιπόντα διελθεῖν.

5 Καὶ ὀρθῶς, ἔφη.

Τίς οὖν ὁ κατὰ ταύτην τὴν πολιτείαν ἀνήρ; πῶς τε
γενόμενος ποῖός τέ τις ὤν;

Οἶμαι μέν, ἔφη ὁ Ἀδείμαντος, ἐγγύς τι αὐτὸν Γλαύκωνος
τουτουὶ τείνειν ἕνεκά γε φιλονικίας.

e Ἴσως, ἦν δ' ἐγώ, τοῦτό γε· ἀλλά μοι δοκεῖ τάδε οὐ κατὰ
τοῦτον πεφυκέναι.

Τὰ ποῖα;

Αὐθαδέστερόν τε δεῖ αὐτόν, ἦν δ' ἐγώ, εἶναι καὶ ὑποαμου-
5 σότερον, φιλόμουσον δέ, καὶ φιλήκοον μέν, ῥητορικὸν δ'
549 οὐδαμῶς. καὶ δούλοις μέν τις ἂν ἄγριος εἴη ὁ τοιοῦτος,
οὐ καταφρονῶν δούλων, ὥσπερ ὁ ἱκανῶς πεπαιδευμένος,
ἐλευθέροις δὲ ἥμερος, ἀρχόντων δὲ σφόδρα ὑπήκοος, φίλαρχος
δὲ καὶ φιλότιμος, οὐκ ἀπὸ τοῦ λέγειν ἀξιῶν ἄρχειν οὐδ'
5 ἀπὸ τοιούτου οὐδενός, ἀλλ' ἀπὸ ἔργων τῶν τε πολεμικῶν
καὶ τῶν περὶ τὰ πολεμικά, φιλογυμναστής τέ τις ὢν καὶ
φιλόθηρος.

Ἔστι γάρ, ἔφη, τοῦτο τὸ ἦθος ἐκείνης τῆς πολιτείας.

Οὐκοῦν καὶ χρημάτων, ἦν δ' ἐγώ, ὁ τοιοῦτος νέος μὲν ὢν
b καταφρονοῖ ἄν, ὅσῳ δὲ πρεσβύτερος γίγνοιτο, μᾶλλον ἀεὶ
ἀσπάζοιτο ἂν τῷ τε μετέχειν τῆς τοῦ φιλοχρημάτου φύσεως
καὶ μὴ εἶναι εἰλικρινὴς πρὸς ἀρετὴν διὰ τὸ ἀπολειφθῆναι τοῦ
ἀρίστου φύλακος;

5 Τίνος; ἦ δ' ὃς ὁ Ἀδείμαντος.

d 8 οἶμαι μὲν A^2 F D M : οἶμεν A a 1 μέν τις ἂν scr. recc. : μάντις ἂν F : μέν τισ** A : μέν τισιν D : μέν τις A^2 M a 5 ἀλλ' ἀπὸ A M : ἀλλὰ πρὸ F D

Λόγου, ἦν δ' ἐγώ, μουσικῇ κεκραμένου· ὃς μόνος ἐγγενόμενος σωτὴρ ἀρετῆς διὰ βίου ἐνοικεῖ τῷ ἔχοντι.

Καλῶς, ἔφη, λέγεις.

Καὶ ἔστι μέν γ', ἦν δ' ἐγώ, τοιοῦτος ὁ τιμοκρατικὸς νεανίας, τῇ τοιαύτῃ πόλει ἐοικώς. 10

Πάνυ μὲν οὖν. c

Γίγνεται δέ γ', εἶπον, οὗτος ὧδέ πως· ἐνίοτε πατρὸς ἀγαθοῦ ὢν νέος ὑὸς ἐν πόλει οἰκοῦντος οὐκ εὖ πολιτευομένῃ, φεύγοντος τάς τε τιμὰς καὶ ἀρχὰς καὶ δίκας καὶ τὴν τοιαύτην πᾶσαν φιλοπραγμοσύνην καὶ ἐθέλοντος ἐλαττοῦσθαι ὥστε 5 πράγματα μὴ ἔχειν —

Πῇ δή, ἔφη, γίγνεται;

Ὅταν, ἦν δ' ἐγώ, πρῶτον μὲν τῆς μητρὸς ἀκούῃ ἀχθομένης ὅτι οὐ τῶν ἀρχόντων αὐτῇ ὁ ἀνήρ ἐστιν, καὶ ἐλαττουμένης διὰ ταῦτα ἐν ταῖς ἄλλαις γυναιξίν, ἔπειτα ὁρώσης μὴ σφόδρα d περὶ χρήματα σπουδάζοντα μηδὲ μαχόμενον καὶ λοιδορούμενον ἰδίᾳ τε ἐν δικαστηρίοις καὶ δημοσίᾳ, ἀλλὰ ῥᾳθύμως πάντα τὰ τοιαῦτα φέροντα, καὶ ἑαυτῷ μὲν τὸν νοῦν προσέχοντα ἀεὶ αἰσθάνηται, ἑαυτὴν δὲ μήτε πάνυ τιμῶντα μήτε ἀτιμάζοντα, 5 ἐξ ἁπάντων τούτων ἀχθομένης τε καὶ λεγούσης ὡς ἄνανδρός τε αὐτῷ ὁ πατὴρ καὶ λίαν ἀνειμένος, καὶ ἄλλα δὴ ὅσα καὶ οἷα φιλοῦσιν αἱ γυναῖκες περὶ τῶν τοιούτων ὑμνεῖν. e

Καὶ μάλ', ἔφη ὁ Ἀδείμαντος, πολλά τε καὶ ὅμοια ἑαυταῖς.

Οἶσθα οὖν, ἦν δ' ἐγώ, ὅτι καὶ οἱ οἰκέται τῶν τοιούτων ἐνίοτε λάθρᾳ πρὸς τοὺς ὑεῖς τοιαῦτα λέγουσιν, οἱ δοκοῦντες εὖνοι εἶναι, καὶ ἐάν τινα ἴδωσιν ἢ ὀφείλοντα χρήματα, ᾧ μὴ 5 ἐπεξέρχεται ὁ πατήρ, ἤ τι ἄλλο ἀδικοῦντα, διακελεύονται ὅπως, ἐπειδὰν ἀνὴρ γένηται, τιμωρήσεται πάντας τοὺς τοιούτους καὶ ἀνὴρ μᾶλλον ἔσται τοῦ πατρός. καὶ ἐξιὼν ἕτερα 550 τοιαῦτα ἀκούει καὶ ὁρᾷ, τοὺς μὲν τὰ αὑτῶν πράττοντας ἐν τῇ πόλει ἠλιθίους τε καλουμένους καὶ ἐν σμικρῷ λόγῳ ὄντας,

b 9 ἔστι μέν A F M : ἔστιν ἕν D d 3 ἐν δικαστηρίοις secl. Vermehren d 5 αἰσθάνηται secl. ci. H. Richards : post d 6 τε transp. Adam a 2 ἀκούει F M : ἀκούῃ A D

τοὺς δὲ μὴ τὰ αὑτῶν τιμωμένους τε καὶ ἐπαινουμένους. τότε
5 δὴ ὁ νέος πάντα τὰ τοιαῦτα ἀκούων τε καὶ ὁρῶν, καὶ αὖ
τοὺς τοῦ πατρὸς λόγους ἀκούων τε καὶ ὁρῶν τὰ ἐπιτηδεύματα
αὐτοῦ ἐγγύθεν παρὰ τὰ τῶν ἄλλων, ἑλκόμενος ὑπ' ἀμφοτέρων
b τούτων, τοῦ μὲν πατρὸς αὐτοῦ τὸ λογιστικὸν ἐν τῇ ψυχῇ
ἄρδοντός τε καὶ αὔξοντος, τῶν δὲ ἄλλων τό τε ἐπιθυμητικὸν
καὶ τὸ θυμοειδές, διὰ τὸ μὴ κακοῦ ἀνδρὸς εἶναι τὴν φύσιν,
ὁμιλίαις δὲ ταῖς τῶν ἄλλων κακαῖς κεχρῆσθαι, εἰς τὸ μέσον
5 ἑλκόμενος ὑπ' ἀμφοτέρων τούτων ἦλθε, καὶ τὴν ἐν ἑαυτῷ
ἀρχὴν παρέδωκε τῷ μέσῳ τε καὶ φιλονίκῳ καὶ θυμοειδεῖ, καὶ
ἐγένετο ὑψηλόφρων τε καὶ φιλότιμος ἀνήρ.

Κομιδῇ μοι, ἔφη, δοκεῖς τὴν τούτου γένεσιν διεληλυθέναι.

c Ἔχομεν ἄρα, ἦν δ' ἐγώ, τήν τε δευτέραν πολιτείαν καὶ τὸν
δεύτερον ἄνδρα.

Ἔχομεν, ἔφη.

Οὐκοῦν μετὰ τοῦτο, τὸ τοῦ Αἰσχύλου, λέγωμεν, "ἄλλον
5 ἄλλῃ πρὸς πόλει τεταγμένον," μᾶλλον δὲ κατὰ τὴν
ὑπόθεσιν προτέραν τὴν πόλιν;

Πάνυ μὲν οὖν, ἔφη.

Εἴη δέ γ' ἄν, ὡς ἐγᾦμαι, ὀλιγαρχία ἡ μετὰ τὴν τοιαύτην
πολιτείαν.

10 Λέγεις δέ, ἦ δ' ὅς, τὴν ποίαν κατάστασιν ὀλιγαρχίαν;

Τὴν ἀπὸ τιμημάτων, ἦν δ' ἐγώ, πολιτείαν, ἐν ᾗ οἱ μὲν
d πλούσιοι ἄρχουσιν, πένητι δὲ οὐ μέτεστιν ἀρχῆς.

Μανθάνω, ἦ δ' ὅς.

Οὐκοῦν ὡς μεταβαίνει πρῶτον ἐκ τῆς τιμαρχίας εἰς τὴν
ὀλιγαρχίαν, ῥητέον;

5 Ναί.

Καὶ μήν, ἦν δ' ἐγώ, καὶ τυφλῷ γε δῆλον ὡς μετα-
βαίνει.

Πῶς;

a 5 αὖ τοὺς F D M : αὐτοὺς A : αὐτοὺς τοὺς A² b 3 καὶ τὸ A F M : καὶ D b 8 διεληλυθέναι A M : εἰσεληλυθέναι F D c 8 τοιαύτην A² F D M : om. A

Τὸ ταμιεῖον, ἦν δ' ἐγώ, ἐκεῖνο ἑκάστῳ χρυσίου πληρούμενον ἀπόλλυσι τὴν τοιαύτην πολιτείαν. πρῶτον μὲν γὰρ 10 δαπάνας αὑτοῖς ἐξευρίσκουσιν, καὶ τοὺς νόμους ἐπὶ τοῦτο παράγουσιν, ἀπειθοῦντες αὐτοί τε καὶ γυναῖκες αὐτῶν.

Εἰκός, ἔφη.

Ἔπειτά γε οἶμαι ἄλλος ἄλλον ὁρῶν καὶ εἰς ζῆλον ἰὼν τὸ e πλῆθος τοιοῦτον αὑτῶν ἀπηργάσαντο.

Εἰκός.

Τοὐντεῦθεν τοίνυν, εἶπον, προϊόντες εἰς τὸ πρόσθεν τοῦ χρηματίζεσθαι, ὅσῳ ἂν τοῦτο τιμιώτερον ἡγῶνται, τοσούτῳ 5 ἀρετὴν ἀτιμοτέραν. ἢ οὐχ οὕτω πλούτου ἀρετὴ διέστηκεν, ὥσπερ ἐν πλάστιγγι ζυγοῦ κειμένου ἑκατέρου, ἀεὶ τοὐναντίον ῥέποντε;

Καὶ μάλ', ἔφη.

Τιμωμένου δὴ πλούτου ἐν πόλει καὶ τῶν πλουσίων 551 ἀτιμοτέρα ἀρετή τε καὶ οἱ ἀγαθοί.

Δῆλον.

Ἀσκεῖται δὴ τὸ ἀεὶ τιμώμενον, ἀμελεῖται δὲ τὸ ἀτιμαζόμενον. 5

Οὕτω.

Ἀντὶ δὴ φιλονίκων καὶ φιλοτίμων ἀνδρῶν φιλοχρηματισταὶ καὶ φιλοχρήματοι τελευτῶντες ἐγένοντο, καὶ τὸν μὲν πλούσιον ἐπαινοῦσίν τε καὶ θαυμάζουσι καὶ εἰς τὰς ἀρχὰς ἄγουσι, τὸν δὲ πένητα ἀτιμάζουσι. 10

Πάνυ γε.

Οὐκοῦν τότε δὴ νόμον τίθενται ὅρον πολιτείας ὀλιγαρχικῆς ταξάμενοι πλῆθος χρημάτων, οὗ μὲν μᾶλλον ὀλιγαρχία, b πλέον, οὗ δ' ἧττον, ἔλαττον, προειπόντες ἀρχῶν μὴ μετέχειν ᾧ ἂν μὴ ᾖ οὐσία εἰς τὸ ταχθὲν τίμημα, ταῦτα δὲ ἢ βίᾳ

d 12 αὐτῶν F D : αὑτῷ A M e 6 ἀρετὴν] τὴν ἀρετὴν Stobaeus πλούτου] πλούτῳ Stobaeus e 7 κειμένου ἑκατέρου A F D M Stobaeus : κείμενον ἑκάτερον ci. Madvig e 8 ῥέποντε] ῥέποντος Stobaeus a 1 δὴ] δὲ Stobaeus b 3 ᾧ A F M : ὧν D ᾖ F D : ἡ A M

μεθ' ὅπλων διαπράττονται, ἢ καὶ πρὸ τούτου φοβήσαντες
5 κατεστήσαντο τὴν τοιαύτην πολιτείαν. ἢ οὐχ οὕτως;

Οὕτω μὲν οὖν.

Ἡ μὲν δὴ κατάστασις ὡς ἔπος εἰπεῖν αὕτη.

Ναί, ἔφη· ἀλλὰ τίς δὴ ὁ τρόπος τῆς πολιτείας; καὶ ποῖά
c ἐστιν ἃ ἔφαμεν αὐτὴν ἁμαρτήματα ἔχειν;

Πρῶτον μέν, ἔφην, τοῦτο αὐτό, ὅρος αὐτῆς οἷός ἐστιν. ἄθρει γάρ, εἰ νεῶν οὕτω τις ποιοῖτο κυβερνήτας, ἀπὸ τιμημάτων, τῷ δὲ πένητι, εἰ καὶ κυβερνητικώτερος εἴη, μὴ
5 ἐπιτρέποι—

Πονηράν, ἦ δ' ὅς, τὴν ναυτιλίαν αὐτοὺς ναυτίλλεσθαι.

Οὐκοῦν καὶ περὶ ἄλλου οὕτως ὁτουοῦν [ἤ τινος] ἀρχῆς;

Οἶμαι ἔγωγε.

Πλὴν πόλεως; ἦν δ' ἐγώ· ἢ καὶ πόλεως πέρι;

10 Πολύ γ', ἔφη, μάλιστα, ὅσῳ χαλεπωτάτη καὶ μεγίστη ἡ ἀρχή.

d Ἓν μὲν δὴ τοῦτο τοσοῦτον ὀλιγαρχία ἂν ἔχοι ἁμάρτημα.

Φαίνεται.

Τί δέ; τόδε ἆρά τι τούτου ἔλαττον;

Τὸ ποῖον;

5 Τὸ μὴ μίαν ἀλλὰ δύο ἀνάγκῃ εἶναι τὴν τοιαύτην πόλιν, τὴν μὲν πενήτων, τὴν δὲ πλουσίων, οἰκοῦντας ἐν τῷ αὐτῷ, ἀεὶ ἐπιβουλεύοντας ἀλλήλοις.

Οὐδὲν μὰ Δί', ἔφη, ἔλαττον.

Ἀλλὰ μὴν οὐδὲ τόδε καλόν, τὸ ἀδυνάτους εἶναι ἴσως
10 πόλεμόν τινα πολεμεῖν διὰ τὸ ἀναγκάζεσθαι ἢ χρωμένους
e τῷ πλήθει ὡπλισμένῳ δεδιέναι μᾶλλον ἢ τοὺς πολεμίους, ἢ μὴ χρωμένους ὡς ἀληθῶς ὀλιγαρχικοὺς φανῆναι ἐν αὐτῷ τῷ μάχεσθαι, καὶ ἅμα χρήματα μὴ ἐθέλειν εἰσφέρειν, ἅτε φιλοχρημάτους.

c 6 ἦ δ' ὅς] εἰκὸς ci. Ast c 7 ἤ τινος secl. Stallbaum: ἥστινος ci Ast d 5 ἀνάγκῃ F: ἀνάγκη A D M: ἀνάγκην Stephanus d 9 ἀλλὰ A: καὶ rec. a οὐδὲ τόδε F D M rec. a: οὐδὲ A ἴσως A et in ras. M: om. F D: ἰσχυρῶς ci. H. Richards

Οὐ καλόν. 5

Τί δέ; ὃ πάλαι ἐλοιδοροῦμεν, τὸ πολυπραγμονεῖν γεωργοῦντας καὶ χρηματιζομένους καὶ πολεμοῦντας ἅμα τοὺς 552 αὐτοὺς ἐν τῇ τοιαύτῃ πολιτείᾳ, ἦ δοκεῖ ὀρθῶς ἔχειν;

Οὐδ' ὁπωστιοῦν.

Ὅρα δή, τούτων πάντων τῶν κακῶν εἰ τόδε μέγιστον αὕτη πρώτη παραδέχεται. 5

Τὸ ποῖον;

Τὸ ἐξεῖναι πάντα τὰ αὑτοῦ ἀποδόσθαι, καὶ ἄλλῳ κτήσασθαι τὰ τούτου, καὶ ἀποδόμενον οἰκεῖν ἐν τῇ πόλει μηδὲν ὄντα τῶν τῆς πόλεως μερῶν, μήτε χρηματιστὴν μήτε δημιουργὸν μήτε ἱππέα μήτε ὁπλίτην, ἀλλὰ πένητα καὶ ἄπορον κεκλημένον. 10

Πρώτη, ἔφη. b

Οὔκουν διακωλύεταί γε ἐν ταῖς ὀλιγαρχουμέναις τὸ τοιοῦτον· οὐ γὰρ ἂν οἱ μὲν ὑπέρπλουτοι ἦσαν, οἱ δὲ παντάπασι πένητες.

Ὀρθῶς. 5

Τόδε δὲ ἄθρει· ἆρα ὅτε πλούσιος ὢν ἀνήλισκεν ὁ τοιοῦτος, μᾶλλόν τι τότ' ἦν ὄφελος τῇ πόλει εἰς ἃ νυνδὴ ἐλέγομεν; ἢ ἐδόκει μὲν τῶν ἀρχόντων εἶναι, τῇ δὲ ἀληθείᾳ οὔτε ἄρχων οὔτε ὑπηρέτης ἦν αὐτῆς, ἀλλὰ τῶν ἑτοίμων ἀναλωτής;

Οὕτως, ἔφη· ἐδόκει, ἦν δὲ οὐδὲν ἄλλο ἢ ἀναλωτής. c

Βούλει οὖν, ἦν δ' ἐγώ, φῶμεν αὐτόν, ὡς ἐν κηρίῳ κηφὴν ἐγγίγνεται, σμήνους νόσημα, οὕτω καὶ τὸν τοιοῦτον ἐν οἰκίᾳ κηφῆνα ἐγγίγνεσθαι, νόσημα πόλεως;

Πάνυ μὲν οὖν, ἔφη, ὦ Σώκρατες. 5

Οὐκοῦν, ὦ Ἀδείμαντε, τοὺς μὲν πτηνοὺς κηφῆνας πάντας ἀκέντρους ὁ θεὸς πεποίηκεν, τοὺς δὲ πεζοὺς τούτους ἐνίους μὲν αὐτῶν ἀκέντρους, ἐνίους δὲ δεινὰ κέντρα ἔχοντας; καὶ ἐκ μὲν τῶν ἀκέντρων πτωχοὶ πρὸς τὸ γῆρας τελευτῶσιν, ἐκ δὲ τῶν κεκεντρωμένων πάντες ὅσοι κέκληνται κακοῦργοι; d

b 9 ἦν αὐτῆς A F M : ἢ ναύτης D c 1 ἐδόκει A M : om. F D c 2 ἐν A D M : om. F

Ἀληθέστατα, ἔφη.

Δῆλον ἄρα, ἦν δ' ἐγώ, ἐν πόλει οὗ ἂν ἴδῃς πτωχούς, ὅτι εἰσί που ἐν τούτῳ τῷ τόπῳ ἀποκεκρυμμένοι κλέπται τε καὶ 5 βαλλαντιατόμοι καὶ ἱερόσυλοι καὶ πάντων τῶν τοιούτων κακῶν δημιουργοί.

Δῆλον, ἔφη.

Τί οὖν; ἐν ταῖς ὀλιγαρχουμέναις πόλεσι πτωχοὺς οὐχ ὁρᾷς ἐνόντας;

10 Ὀλίγου γ', ἔφη, πάντας τοὺς ἐκτὸς τῶν ἀρχόντων.

e Μὴ οὖν οἰόμεθα, ἔφην ἐγώ, καὶ κακούργους πολλοὺς ἐν αὐταῖς εἶναι κέντρα ἔχοντας, οὓς ἐπιμελείᾳ βίᾳ κατέχουσιν αἱ ἀρχαί;

Οἰόμεθα μὲν οὖν, ἔφη.

5 Ἆρ' οὖν οὐ δι' ἀπαιδευσίαν καὶ κακὴν τροφὴν καὶ κατάστασιν τῆς πολιτείας φήσομεν τοὺς τοιούτους αὐτόθι ἐγγίγνεσθαι;

Φήσομεν.

Ἀλλ' οὖν δὴ τοιαύτη γέ τις ἂν εἴη ἡ ὀλιγαρχουμένη πόλις 10 καὶ τοσαῦτα κακὰ ἔχουσα, ἴσως δὲ καὶ πλείω.

Σχεδόν τι, ἔφη.

553 Ἀπειργάσθω δὴ ἡμῖν καὶ αὕτη, ἦν δ' ἐγώ, ἡ πολιτεία, ἣν ὀλιγαρχίαν καλοῦσιν, ἐκ τιμημάτων ἔχουσα τοὺς ἄρχοντας· τὸν δὲ ταύτῃ ὅμοιον μετὰ ταῦτα σκοπῶμεν, ὥς τε γίγνεται οἷός τε γενόμενός ἐστιν.

5 Πάνυ μὲν οὖν, ἔφη.

Ἆρ' οὖν ὧδε μάλιστα εἰς ὀλιγαρχικὸν ἐκ τοῦ τιμοκρατικοῦ ἐκείνου μεταβάλλει;

Πῶς;

Ὅταν αὐτοῦ παῖς γενόμενος τὸ μὲν πρῶτον ζηλοῖ τε τὸν 10 πατέρα καὶ τὰ ἐκείνου ἴχνη διώκῃ, ἔπειτα αὐτὸν ἴδῃ ἐξαίφνης

d 5 βαλαντιατόμοι A F: βαλλαντιοτόμοι A[2] D: βαλαντιοτόμοι M d 7 δῆλον, ἔφη F D M: om. A e 1 οἰόμεθα] οἰώμεθα A[2] e 4 οἰόμεθα] οἰώμεθα A[2] e 9 τοιαύτη A F M: τοιαύτης D a 1 αὕτη A D M: ταύτη F a 2 ἔχουσα A F M: ἔχουσαν D

παίσαντα ὥσπερ πρὸς ἕρματι πρὸς τῇ πόλει, καὶ ἐκχέαντα b
τά τε αὑτοῦ καὶ ἑαυτόν, ἢ στρατηγήσαντα ἤ τιν' ἄλλην
μεγάλην ἀρχὴν ἄρξαντα, εἶτα εἰς δικαστήριον ἐμπεσόντα
[βλαπτόμενον] ὑπὸ συκοφαντῶν ἢ ἀποθανόντα ἢ ἐκπεσόντα
ἢ ἀτιμωθέντα καὶ τὴν οὐσίαν ἅπασαν ἀποβαλόντα. 5

Εἰκός γ', ἔφη.

Ἰδὼν δέ γε, ὦ φίλε, ταῦτα καὶ παθὼν καὶ ἀπολέσας τὰ
ὄντα, δείσας οἶμαι εὐθὺς ἐπὶ κεφαλὴν ὠθεῖ ἐκ τοῦ θρόνου
τοῦ ἐν τῇ ἑαυτοῦ ψυχῇ φιλοτιμίαν τε καὶ τὸ θυμοειδὲς c
ἐκεῖνο, καὶ ταπεινωθεὶς ὑπὸ πενίας πρὸς χρηματισμὸν τραπό-
μενος γλίσχρως καὶ κατὰ σμικρὸν φειδόμενος καὶ ἐργαζόμενος
χρήματα συλλέγεται. ἆρ' οὐκ οἴει τὸν τοιοῦτον τότε εἰς μὲν
τὸν θρόνον ἐκεῖνον τὸ ἐπιθυμητικόν τε καὶ φιλοχρήματον 5
ἐγκαθίζειν καὶ μέγαν βασιλέα ποιεῖν ἐν ἑαυτῷ, τιάρας τε καὶ
στρεπτοὺς καὶ ἀκινάκας παραζωννύντα;

Ἔγωγ', ἔφη.

Τὸ δέ γε οἶμαι λογιστικόν τε καὶ θυμοειδὲς χαμαὶ ἔνθεν d
καὶ ἔνθεν παρακαθίσας ὑπ' ἐκείνῳ καὶ καταδουλωσάμενος, τὸ
μὲν οὐδὲν ἄλλο ἐᾷ λογίζεσθαι οὐδὲ σκοπεῖν ἀλλ' ἢ ὁπόθεν
ἐξ ἐλαττόνων χρημάτων πλείω ἔσται, τὸ δὲ αὖ θαυμάζειν
καὶ τιμᾶν μηδὲν ἄλλο ἢ πλοῦτόν τε καὶ πλουσίους, καὶ 5
φιλοτιμεῖσθαι μηδ' ἐφ' ἑνὶ ἄλλῳ ἢ ἐπὶ χρημάτων κτήσει
καὶ ἐάν τι ἄλλο εἰς τοῦτο φέρῃ.

Οὐκ ἔστ' ἄλλη, ἔφη, μεταβολὴ οὕτω ταχεῖά τε καὶ ἰσχυρὰ
ἐκ φιλοτίμου νέου εἰς φιλοχρήματον.

Ἆρ' οὖν οὗτος, ἦν δ' ἐγώ, ὀλιγαρχικός ἐστιν; e

Ἡ γοῦν μεταβολὴ αὐτοῦ ἐξ ὁμοίου ἀνδρός ἐστι τῇ πολιτείᾳ,
ἐξ ἧς ἡ ὀλιγαρχία μετέστη.

Σκοπῶμεν δὴ εἰ ὅμοιος ἂν εἴη.

b 1 πρὸς alterum secl. Cobet b 2 ἤ τιν (suprascr. α) M: ἢ τὴν A F D b 4 βλαπτόμενον secl. Badham b 5 ἀτιμωθέντα A D M: ἀτιμασθέντα F c 4 ξυλλέγεται scr. recc.: ξυλλέγηται A F D M c 5 τὸ corr. Par. 1810: τὸν A F D M d 3 ὁπόθεν A D M: πόθεν F

554 Σκοπῶμεν.

Οὐκοῦν πρῶτον μὲν τῷ χρήματα περὶ πλείστου ποιεῖσθαι ὅμοιος ἂν εἴη;

Πῶς δ' οὔ;

5 Καὶ μὴν τῷ γε φειδωλὸς εἶναι καὶ ἐργάτης, τὰς ἀναγκαίους ἐπιθυμίας μόνον τῶν παρ' αὑτῷ ἀποπιμπλάς, τὰ δὲ ἄλλα ἀναλώματα μὴ παρεχόμενος, ἀλλὰ δουλούμενος τὰς ἄλλας ἐπιθυμίας ὡς ματαίους.

Πάνυ μὲν οὖν.

10 Αὐχμηρός γέ τις, ἦν δ' ἐγώ, ὢν καὶ ἀπὸ παντὸς περιουσίαν ποιούμενος, θησαυροποιὸς ἀνήρ—οὓς δὴ καὶ ἐπαινεῖ τὸ πλῆθος
b —ἢ οὐχ οὗτος ἂν εἴη ὁ τῇ τοιαύτῃ πολιτείᾳ ὅμοιος;

Ἐμοὶ γοῦν, ἔφη, δοκεῖ· χρήματα γοῦν μάλιστα ἔντιμα τῇ τε πόλει καὶ παρὰ τῷ τοιούτῳ.

Οὐ γὰρ οἶμαι, ἦν δ' ἐγώ, παιδείᾳ ὁ τοιοῦτος προσέσχηκεν.

5 Οὐ δοκῶ, ἔφη· οὐ γὰρ ἂν τυφλὸν ἡγεμόνα τοῦ χοροῦ ἐστήσατο καὶ ἐτί⟨μα⟩ μάλιστα.

Εὖ, ἦν δ' ἐγώ. τόδε δὲ σκόπει· κηφηνώδεις ἐπιθυμίας ἐν αὐτῷ διὰ τὴν ἀπαιδευσίαν μὴ φῶμεν ἐγγίγνεσθαι, τὰς μὲν
c πτωχικάς, τὰς δὲ κακούργους, κατεχομένας βίᾳ ὑπὸ τῆς ἄλλης ἐπιμελείας;

Καὶ μάλ', ἔφη.

Οἶσθ' οὖν, εἶπον, οἷ ἀποβλέψας κατόψει αὐτῶν τὰς
5 κακουργίας;

Ποῖ; ἔφη.

Εἰς τὰς τῶν ὀρφανῶν ἐπιτροπεύσεις, καὶ εἴ πού τι αὐτοῖς τοιοῦτον συμβαίνει, ὥστε πολλῆς ἐξουσίας λαβέσθαι τοῦ ἀδικεῖν.

10 Ἀληθῆ.

a 5 ἐργάτης A M : ἐργαστὴς F D   a 6 τῶν A F M : τῷ D
a 7 παρεχόμενος A D M : παραδεχόμενος F   a 10 γέ A D M : τέ F
b 4 ὁ τοιοῦτος A F M : ὅτι οὗτος D   b 5 χοροῦ A M : χρόνου F D
b 6 ἐστήσατο καὶ ἐτίμα μάλιστα. Εὖ Schneider : ἐστήσατο : καὶ ἔτι μάλιστα εὖ A F D M

Ἆρ' οὖν οὐ τούτῳ δῆλον ὅτι ἐν τοῖς ἄλλοις συμβολαίοις ὁ τοιοῦτος, ἐν οἷς εὐδοκιμεῖ δοκῶν δίκαιος εἶναι, ἐπιεικεῖ τινὶ ἑαυτοῦ βίᾳ κατέχει ἄλλας κακὰς ἐπιθυμίας ἐνούσας, **d** οὐ πείθων ὅτι οὐκ ἄμεινον, οὐδ' ἡμερῶν λόγῳ, ἀλλ' ἀνάγκῃ καὶ φόβῳ, περὶ τῆς ἄλλης οὐσίας τρέμων;

Καὶ πάνυ γ', ἔφη.

Καὶ νὴ Δία, ἦν δ' ἐγώ, ὦ φίλε, τοῖς πολλοῖς γε αὐτῶν 5 ἐνευρήσεις, ὅταν δέῃ τἀλλότρια ἀναλίσκειν, τὰς τοῦ κηφῆνος συγγενεῖς ἐνούσας ἐπιθυμίας.

Καὶ μάλα, ἦ δ' ὅς, σφόδρα.

Οὐκ ἄρ' ἂν εἴη ἀστασίαστος ὁ τοιοῦτος ἐν ἑαυτῷ, οὐδὲ εἷς ἀλλὰ διπλοῦς τις, ἐπιθυμίας δὲ ἐπιθυμιῶν ὡς τὸ πολὺ 10 κρατούσας ἂν ἔχοι βελτίους χειρόνων. **e**

Ἔστιν οὕτω.

Διὰ ταῦτα δὴ οἶμαι εὐσχημονέστερος ἂν πολλῶν ὁ τοιοῦτος εἴη· ὁμονοητικῆς δὲ καὶ ἡρμοσμένης τῆς ψυχῆς ἀληθὴς ἀρετὴ πόρρω ποι ἐκφεύγοι ἂν αὐτόν. 5

Δοκεῖ μοι.

Καὶ μὴν ἀνταγωνιστής γε ἰδίᾳ ἐν πόλει ὁ φειδωλὸς φαῦλος ἤ τινος νίκης ἢ ἄλλης φιλοτιμίας τῶν καλῶν, χρή- **555** ματά τε οὐκ ἐθέλων εὐδοξίας ἕνεκα καὶ τῶν τοιούτων ἀγώνων ἀναλίσκειν, δεδιὼς τὰς ἐπιθυμίας τὰς ἀναλωτικὰς ἐγείρειν καὶ συμπαρακαλεῖν ἐπὶ συμμαχίαν τε καὶ φιλονικίαν, ὀλίγοις τισὶν ἑαυτοῦ πολεμῶν ὀλιγαρχικῶς τὰ πολλὰ ἡττᾶται καὶ 5 πλουτεῖ.

Καὶ μάλα, ἔφη.

Ἔτι οὖν, ἦν δ' ἐγώ, ἀπιστοῦμεν μὴ κατὰ τὴν ὀλιγαρχουμένην πόλιν ὁμοιότητι τὸν φειδωλόν τε καὶ χρηματιστὴν τετάχθαι; **b**

c 11 τούτῳ A D M : τοῦτο F d 1 βίᾳ A F M : βίῳ D d 2 ἡμερῶν A F M : ἡμέρων D d 6 ἐνευρήσεις A² M : ἐν εὑρήσεις D : εὑρήσεις A F d 7 ἐπιθυμίας . . . d 10 τις A F M : om. D e 7 μὴν A M : νῦν F : μοι D a 8 μὴ A² F D M : om. A a 9 ὁμοιότητι secl. Cobet

Οὐδαμῶς, ἔφη.

Δημοκρατίαν δή, ὡς ἔοικε, μετὰ τοῦτο σκεπτέον, τίνα τε γίγνεται τρόπον, γενομένη τε ποῖόν τινα ἔχει, ἵν' αὖ τὸν 5 τοῦ τοιούτου ἀνδρὸς τρόπον γνόντες παραστησώμεθ' αὐτὸν εἰς κρίσιν.

Ὁμοίως γοῦν ἄν, ἔφη, ἡμῖν αὐτοῖς πορευοίμεθα.

Οὐκοῦν, ἦν δ' ἐγώ, μεταβάλλει μὲν τρόπον τινὰ τοιόνδε ἐξ ὀλιγαρχίας εἰς δημοκρατίαν, δι' ἀπληστίαν τοῦ προκει- 10 μένου ἀγαθοῦ, τοῦ ὡς πλουσιώτατον δεῖν γίγνεσθαι;

Πῶς δή;

c Ἅτε οἶμαι ἄρχοντες ἐν αὐτῇ οἱ ἄρχοντες διὰ τὸ πολλὰ κεκτῆσθαι, οὐκ ἐθέλουσιν εἴργειν νόμῳ τῶν νέων ὅσοι ἂν ἀκόλαστοι γίγνωνται, μὴ ἐξεῖναι αὐτοῖς ἀναλίσκειν τε καὶ ἀπολλύναι τὰ αὐτῶν, ἵνα ὠνούμενοι τὰ τῶν τοιούτων καὶ 5 εἰσδανείζοντες ἔτι πλουσιώτεροι καὶ ἐντιμότεροι γίγνωνται.

Παντός γε μᾶλλον.

Οὐκοῦν δῆλον ἤδη τοῦτο ἐν πόλει, ὅτι πλοῦτον τιμᾶν καὶ σωφροσύνην ἅμα ἱκανῶς κτᾶσθαι ἐν τοῖς πολίταις d ἀδύνατον, ἀλλ' ἀνάγκη ἢ τοῦ ἑτέρου ἀμελεῖν ἢ τοῦ ἑτέρου;

Ἐπιεικῶς, ἔφη, δῆλον.

Παραμελοῦντες δὴ ἐν ταῖς ὀλιγαρχίαις καὶ ἐφιέντες ἀκολασταίνειν οὐκ ἀγεννεῖς ἐνίοτε ἀνθρώπους πένητας ἠνάγκασαν 5 γενέσθαι.

Μάλα γε.

Κάθηνται δὴ οἶμαι οὗτοι ἐν τῇ πόλει κεκεντρωμένοι τε καὶ ἐξωπλισμένοι, οἱ μὲν ὀφείλοντες χρέα, οἱ δὲ ἄτιμοι γεγονότες, οἱ δὲ ἀμφότερα, μισοῦντές τε καὶ ἐπιβουλεύοντες 10 τοῖς κτησαμένοις τὰ αὐτῶν καὶ τοῖς ἄλλοις, νεωτερισμοῦ e ἐρῶντες.

Ἔστι ταῦτα.

Οἱ δὲ δὴ χρηματισταὶ ἐγκύψαντες, οὐδὲ δοκοῦντες τούτους ὁρᾶν, τῶν λοιπῶν τὸν ἀεὶ ὑπείκοντα ἐνιέντες ἀργύριον

c 5 εἰσδανείζοντες F D M : * * δανείζοντες A

τιτρώσκοντες, καὶ τοῦ πατρὸς ἐκγόνους τόκους πολλαπλα- 5
σίους κομιζόμενοι, πολὺν τὸν κηφῆνα καὶ πτωχὸν ἐμποιοῦσι 556
τῇ πόλει.

Πῶς γάρ, ἔφη, οὐ πολύν;

Καὶ οὔτε γ' ἐκείνῃ, ἦν δ' ἐγώ, τὸ τοιοῦτον κακὸν ἐκκαό-
μενον ἐθέλουσιν ἀποσβεννύναι, εἴργοντες τὰ αὑτοῦ ὅπῃ τις 5
βούλεται τρέπειν, οὔτε τῇδε, ᾗ αὖ κατὰ ἕτερον νόμον τὰ
τοιαῦτα λύεται.

Κατὰ δὴ τίνα;

Ὃς μετ' ἐκεῖνόν ἐστι δεύτερος καὶ ἀναγκάζων ἀρετῆς
ἐπιμελεῖσθαι τοὺς πολίτας. ἐὰν γὰρ ἐπὶ τῷ αὑτοῦ κινδύνῳ 10
τὰ πολλά τις τῶν ἑκουσίων συμβολαίων προστάττῃ συμ- b
βάλλειν, χρηματίζοιντο μὲν ἂν ἧττον ἀναιδῶς ἐν τῇ πόλει,
ἐλάττω δ' ἐν αὐτῇ φύοιτο τῶν τοιούτων κακῶν οἵων νυνδὴ
εἴπομεν.

Και πολύ γε, ἦ δ' ὅς. 5

Νῦν δέ γ', ἔφην ἐγώ, διὰ πάντα τὰ τοιαῦτα τοὺς μὲν δὴ
ἀρχομένους οὕτω διατιθέασιν ἐν τῇ πόλει οἱ ἄρχοντες·
σφᾶς δὲ αὐτοὺς καὶ τοὺς αὑτῶν—ἆρ' οὐ τρυφῶντας μὲν
τοὺς νέους καὶ ἀπόνους καὶ πρὸς τὰ τοῦ σώματος καὶ πρὸς
τὰ τῆς ψυχῆς, μαλακοὺς δὲ καρτερεῖν πρὸς ἡδονάς τε καὶ c
λύπας καὶ ἀργούς;

Τί μήν;

Αὑτοὺς δὲ πλὴν χρηματισμοῦ τῶν ἄλλων ἠμεληκότας,
καὶ οὐδὲν πλείω ἐπιμέλειαν πεποιημένους ἀρετῆς ἢ τοὺς 5
πένητας;

Οὐ γὰρ οὖν.

Οὕτω δὴ παρεσκευασμένοι ὅταν παραβάλλωσιν ἀλλήλοις
οἵ τε ἄρχοντες καὶ οἱ ἀρχόμενοι ἢ ἐν ὁδῶν πορείαις ἢ ἐν
ἄλλαις τισὶ κοινωνίαις, ἢ κατὰ θεωρίας ἢ κατὰ στρατείας, 10
ἢ σύμπλοι γιγνόμενοι ἢ συστρατιῶται, ἢ καὶ ἐν αὐτοῖς τοῖς

e 5 ἐγγόνους F a 4 καὶ οὔτε F D: οὔτε A M γ' A D M: om. F b 6 πάντα A F M: πάντων D δὴ A D M: om. F

d κινδύνοις ἀλλήλους θεώμενοι μηδαμῇ ταύτῃ καταφρονῶνται οἱ πένητες ὑπὸ τῶν πλουσίων, ἀλλὰ πολλάκις ἰσχνὸς ἀνὴρ πένης, ἡλιωμένος, παραταχθεὶς ἐν μάχῃ πλουσίῳ ἐσκιατροφηκότι, πολλὰς ἔχοντι σάρκας ἀλλοτρίας, ἴδῃ ἄσθματός
5 τε καὶ ἀπορίας μεστόν, ἆρ' οἴει αὐτὸν οὐχ ἡγεῖσθαι κακίᾳ τῇ σφετέρᾳ πλουτεῖν τοὺς τοιούτους, καὶ ἄλλον ἄλλῳ παραγγέλλειν, ὅταν ἰδίᾳ συγγίγνωνται, ὅτι "Ἄνδρες ἡμέτεροι·
e εἰσὶ γὰρ οὐδέν;"

Εὖ οἶδα μὲν οὖν, ἔφη, ἔγωγε, ὅτι οὕτω ποιοῦσιν.

Οὐκοῦν ὥσπερ σῶμα νοσῶδες μικρᾶς ῥοπῆς ἔξωθεν δεῖται προσλαβέσθαι πρὸς τὸ κάμνειν, ἐνίοτε δὲ καὶ ἄνευ τῶν ἔξω
5 στασιάζει αὐτὸ αὑτῷ, οὕτω δὴ καὶ ἡ κατὰ ταὐτὰ ἐκείνῳ διακειμένη πόλις ἀπὸ σμικρᾶς προφάσεως, ἔξωθεν ἐπαγομένων ἢ τῶν ἑτέρων ἐξ ὀλιγαρχουμένης πόλεως συμμαχίαν ἢ τῶν ἑτέρων ἐκ δημοκρατουμένης, νοσεῖ τε καὶ αὐτὴ αὑτῇ μάχεται, ἐνίοτε δὲ καὶ ἄνευ τῶν ἔξω στασιάζει;

557 Καὶ σφόδρα γε.

Δημοκρατία δὴ οἶμαι γίγνεται ὅταν οἱ πένητες νικήσαντες τοὺς μὲν ἀποκτείνωσι τῶν ἑτέρων, τοὺς δὲ ἐκβάλωσι, τοῖς δὲ λοιποῖς ἐξ ἴσου μεταδῶσι πολιτείας τε καὶ ἀρχῶν,
5 καὶ ὡς τὸ πολὺ ἀπὸ κλήρων αἱ ἀρχαὶ ἐν αὐτῇ γίγνονται.

Ἔστι γάρ, ἔφη, αὕτη ἡ κατάστασις δημοκρατίας, ἐάντε καὶ δι' ὅπλων γένηται ἐάντε καὶ διὰ φόβον ὑπεξελθόντων τῶν ἑτέρων.

Τίνα δὴ οὖν, ἦν δ' ἐγώ, οὗτοι τρόπον οἰκοῦσι; καὶ ποία
b τις ἡ τοιαύτη αὖ πολιτεία; δῆλον γὰρ ὅτι ὁ τοιοῦτος ἀνὴρ δημοκρατικός τις ἀναφανήσεται.

Δῆλον, ἔφη.

d 4 ἔχοντι A F M : ἔχοντα D ἴδῃ A D M : ᾔδη F d 7 ἄνδρες Adam : ἄνδρες A F D M e 1 γὰρ οὐδέν A F D M : οὐδέν vulg. : παρ' οὐδέν ci. Baiter e 3 ἔξωθεν in ras. A e 6 ἐπαγομένων . . . e 7 συμμαχίαν F D M et in marg. A : om. A (sed ἔξωθεν in rasura) a 2 γίγνεται A F M : om. D a 3 ἐκβάλωσι A F M : ἐκβάλλωσι D a 5 γίγνονται F : γίγνωνται A D M a 7 φόβον A² M : φόβων A F D

Οὐκοῦν πρῶτον μὲν δὴ ἐλεύθεροι, καὶ ἐλευθερίας ἡ πόλις μεστὴ καὶ παρρησίας γίγνεται, καὶ ἐξουσία ἐν αὐτῇ ποιεῖν 5 ὅτι τις βούλεται;

Λέγεταί γε δή, ἔφη.

Ὅπου δέ γε ἐξουσία, δῆλον ὅτι ἰδίαν ἕκαστος ἂν κατασκευὴν τοῦ αὑτοῦ βίου κατασκευάζοιτο ἐν αὐτῇ, ἥτις ἕκαστον ἀρέσκοι. 10

Δῆλον.

Παντοδαποὶ δὴ ἂν οἶμαι ἐν ταύτῃ τῇ πολιτείᾳ μάλιστ' c ἐγγίγνοιντο ἄνθρωποι.

Πῶς γὰρ οὔ;

Κινδυνεύει, ἦν δ' ἐγώ, καλλίστη αὕτη τῶν πολιτειῶν εἶναι· ὥσπερ ἱμάτιον ποικίλον πᾶσιν ἄνθεσι πεποικιλμένον, 5 οὕτω καὶ αὕτη πᾶσιν ἤθεσιν πεποικιλμένη καλλίστη ἂν φαίνοιτο. καὶ ἴσως μέν, ἦν δ' ἐγώ, καὶ ταύτην, ὥσπερ οἱ παῖδές τε καὶ αἱ γυναῖκες τὰ ποικίλα θεώμενοι, καλλίστην ἂν πολλοὶ κρίνειαν.

Καὶ μάλ', ἔφη. 10

Καὶ ἔστιν γε, ὦ μακάριε, ἦν δ' ἐγώ, ἐπιτήδειον ζητεῖν ἐν d αὐτῇ πολιτείαν.

Τί δή;

Ὅτι πάντα γένη πολιτειῶν ἔχει διὰ τὴν ἐξουσίαν, καὶ κινδυνεύει τῷ βουλομένῳ πόλιν κατασκευάζειν, ὃ νυνδὴ ἡμεῖς 5 ἐποιοῦμεν, ἀναγκαῖον εἶναι εἰς δημοκρατουμένην ἐλθόντι πόλιν, ὃς ἂν αὐτὸν ἀρέσκῃ τρόπος, τοῦτον ἐκλέξασθαι, ὥσπερ εἰς παντοπώλιον ἀφικομένῳ πολιτειῶν, καὶ ἐκλεξαμένῳ οὕτω κατοικίζειν.

Ἴσως γοῦν, ἔφη, οὐκ ἂν ἀποροῖ παραδειγμάτων. e

Τὸ δὲ μηδεμίαν ἀνάγκην, εἶπον, εἶναι ἄρχειν ἐν ταύτῃ τῇ πόλει, μηδ' ἂν ᾖς ἱκανὸς ἄρχειν, μηδὲ αὖ ἄρχεσθαι, ἐὰν μὴ βούλῃ, μηδὲ πολεμεῖν πολεμούντων, μηδὲ εἰρήνην ἄγειν

c 8 αἱ ADM: om. F d 8 ἐκλεξαμένῳ AMd: ἐκλεξαμένων FD

5 τῶν ἄλλων ἀγόντων, ἐὰν μὴ ἐπιθυμῇς εἰρήνης, μηδὲ αὖ, ἐάν
τις ἄρχειν νόμος σε διακωλύῃ ἢ δικάζειν, μηδὲν ἧττον καὶ
558 ἄρχειν καὶ δικάζειν, ἐὰν αὐτῷ σοι ἐπίῃ, ἆρ' οὐ θεσπεσία
καὶ ἡδεῖα ἡ τοιαύτη διαγωγὴ ἐν τῷ παραυτίκα;

Ἴσως, ἔφη, ἔν γε τούτῳ.

Τί δέ; ἡ πρᾳότης ἐνίων τῶν δικασθέντων οὐ κομψή; ἢ
5 οὔπω εἶδες, ἐν τοιαύτῃ πολιτείᾳ [ἀνθρώπων] καταψηφισθέν-
των θανάτου ἢ φυγῆς, οὐδὲν ἧττον αὐτῶν μενόντων τε καὶ
ἀναστρεφομένων ἐν μέσῳ, [καὶ] ὡς οὔτε φροντίζοντος οὔτε
ὁρῶντος οὐδενὸς περινοστεῖ ὥσπερ ἥρως;

Καὶ πολλούς γ', ἔφη.

b Ἡ δὲ συγγνώμη καὶ οὐδ' ὁπωστιοῦν σμικρολογία αὐτῆς,
ἀλλὰ καταφρόνησις ὧν ἡμεῖς ἐλέγομεν σεμνύνοντες, ὅτε τὴν
πόλιν ᾠκίζομεν, ὡς εἰ μή τις ὑπερβεβλημένην φύσιν ἔχοι,
οὔποτ' ἂν γένοιτο ἀνὴρ ἀγαθός, εἰ μὴ παῖς ὢν εὐθὺς παίζοι
5 ἐν καλοῖς καὶ ἐπιτηδεύοι τὰ τοιαῦτα πάντα, ὡς μεγαλοπρεπῶς
καταπατήσασ' ἅπαντ' αὐτὰ οὐδὲν φροντίζει ἐξ ὁποίων ἄν
τις ἐπιτηδευμάτων ἐπὶ τὰ πολιτικὰ ἰὼν πράττῃ, ἀλλὰ τιμᾷ,
c ἐὰν φῇ μόνον εὔνους εἶναι τῷ πλήθει;

Πάνυ γ', ἔφη, γενναία.

Ταῦτά τε δή, ἔφην, ἔχοι ἂν καὶ τούτων ἄλλα ἀδελφὰ
δημοκρατία, καὶ εἴη, ὡς ἔοικεν, ἡδεῖα πολιτεία καὶ ἄναρχος
5 καὶ ποικίλη, ἰσότητά τινα ὁμοίως ἴσοις τε καὶ ἀνίσοις
διανέμουσα.

Καὶ μάλ', ἔφη, γνώριμα λέγεις.

Ἄθρει δή, ἦν δ' ἐγώ, τίς ὁ τοιοῦτος ἰδίᾳ. ἢ πρῶτον σκεπτέον,
ὥσπερ τὴν πολιτείαν ἐσκεψάμεθα, τίνα τρόπον γίγνεται;

e 5 ἐπιθυμῇς F : ἐπιθυμῇ A D M e 6 ἄρχειν scr. recc. : ἀρχῆς A F : ἄρχῃς A² M : ἀρχῆς ex ἀρχῆς D δικάζειν scr. recc. : δικάζῃς A F M d : δικάζεις D a 2 τοιαύτῃ F D : αὐτῇ A M a 4 ἐνίων] κατ' ἐνίων ci. Stephanus a 5 ἀνθρώπων seclusi καταψη-φισθέντος ci. Madvig a 6 θάνατον ἢ φυγήν Adam a 7 καὶ secl. Weil a 9 πολλούς A F M : πολύς D b 6 κατα-πατήσασ' corr. Mon. : καταπατήσας A F D M ἅπαντ' αὐτὰ A : ἅπαντα ταῦτα D M : ταῦτα πάντα F c 2 γενναία M : γενναῖα A F D c 3 ταῦτά τε F D : ταὐτατά τε A : ταῦτα M

Ναί, ἔφη. 10

Ἆρ' οὖν οὐχ ὧδε; τοῦ φειδωλοῦ ἐκείνου καὶ ὀλιγαρχικοῦ γένοιτ' ἂν οἶμαι ὑὸς ὑπὸ τῷ πατρὶ τεθραμμένος ἐν τοῖς d ἐκείνου ἤθεσι;

Τί γὰρ οὔ;

Βίᾳ δὴ καὶ οὗτος ἄρχων τῶν ἐν αὑτῷ ἡδονῶν, ὅσαι ἀναλωτικαὶ μέν, χρηματιστικαὶ δὲ μή· αἳ δὴ οὐκ ἀναγκαῖαι 5 κέκληνται—

Δῆλον, ἔφη.

Βούλει οὖν, ἦν δ' ἐγώ, ἵνα μὴ σκοτεινῶς διαλεγώμεθα, πρῶτον ὁρισώμεθα τάς τε ἀναγκαίους ἐπιθυμίας καὶ τὰς μή;

Βούλομαι, ἦ δ' ὅς. 10

Οὐκοῦν ἅς τε οὐκ ἂν οἷοί τ' εἶμεν ἀποτρέψαι, δικαίως ἂν ἀναγκαῖαι καλοῖντο, καὶ ὅσαι ἀποτελούμεναι ὠφελοῦσιν e ἡμᾶς; τούτων γὰρ ἀμφοτέρων ἐφίεσθαι ἡμῶν τῇ φύσει ἀνάγκη. ἢ οὔ;

Καὶ μάλα.

Δικαίως δὴ τοῦτο ἐπ' αὐταῖς ἐροῦμεν, τὸ ἀναγκαῖον. 559

Δικαίως.

Τί δέ; ἅς γέ τις ἀπαλλάξειεν ἄν, εἰ μελετῷ ἐκ νέου, καὶ πρὸς οὐδὲν ἀγαθὸν ἐνοῦσαι δρῶσιν, αἳ δὲ καὶ τοὐναντίον, πάσας ταύτας εἰ μὴ ἀναγκαίους φαῖμεν εἶναι, ἆρ' οὐ καλῶς 5 ἂν λέγοιμεν;

Καλῶς μὲν οὖν.

Προελώμεθα δή τι παράδειγμα ἑκατέρων αἵ εἰσιν, ἵνα τύπῳ λάβωμεν αὐτάς;

Οὐκοῦν χρή. 10

Ἆρ' οὖν οὐχ ἡ τοῦ φαγεῖν μέχρι ὑγιείας τε καὶ εὐεξίας καὶ αὐτοῦ σίτου τε καὶ ὄψου ἀναγκαῖος ἂν εἴη; b

Οἶμαι.

d 11 ἀποτρέψαι A M : ἀποστρέψαι F D e 1 ἂν M : om. A F D
a 1 δικαίως A M : καὶ δικαίως F D a 4 πρὸς] ⟨οὐδὲν⟩ πρὸς Adam
οὐδὲν] οὐδέν' ci. Ast δὲ καὶ A F M : δέκα D b 1 αὐτοῦ A D M : αὖ τοῦ F ἀναγκαῖος A F M : ἀναγκαίως D

Ἡ μέν γέ που τοῦ σίτου κατ' ἀμφότερα ἀναγκαία, ᾗ τε ὠφέλιμος ᾗ τε ⟨μὴ⟩ παῦσαι ζῶντα δυνατή.

5 Ναί.

Ἡ δὲ ὄψου, εἴ πῄ τινα ὠφελίαν πρὸς εὐεξίαν παρέχεται.

Πάνυ μὲν οὖν.

Τί δὲ ἡ πέρα τούτων καὶ ἀλλοίων ἐδεσμάτων ἢ τοιούτων ἐπιθυμία, δυνατὴ δὲ κολαζομένη ἐκ νέων καὶ παιδευομένη 10 ἐκ τῶν πολλῶν ἀπαλλάττεσθαι, καὶ βλαβερὰ μὲν σώματι, βλαβερὰ δὲ ψυχῇ πρός τε φρόνησιν καὶ τὸ σωφρονεῖν; ἆρά c γε ὀρθῶς οὐκ ἀναγκαία ἂν καλοῖτο;

Ὀρθότατα μὲν οὖν.

Οὐκοῦν καὶ ἀναλωτικὰς φῶμεν εἶναι ταύτας, ἐκείνας δὲ χρηματιστικὰς διὰ τὸ χρησίμους πρὸς τὰ ἔργα εἶναι;

5 Τί μήν;

Οὕτω δὴ καὶ περὶ ἀφροδισίων καὶ τῶν ἄλλων φήσομεν;

Οὕτω.

Ἆρ' οὖν καὶ ὃν νυνδὴ κηφῆνα ὠνομάζομεν, τοῦτον ἐλέγομεν τὸν τῶν τοιούτων ἡδονῶν καὶ ἐπιθυμιῶν γέμοντα καὶ d ἀρχόμενον ὑπὸ τῶν μὴ ἀναγκαίων, τὸν δὲ ὑπὸ τῶν ἀναγκαίων φειδωλόν τε καὶ ὀλιγαρχικόν;

Ἀλλὰ τί μήν;

Πάλιν τοίνυν, ἦν δ' ἐγώ, λέγωμεν ὡς ἐξ ὀλιγαρχικοῦ δημο-5 κρατικὸς γίγνεται. φαίνεται δέ μοι τά γε πολλὰ ὧδε γίγνεσθαι.

Πῶς;

Ὅταν νέος, τεθραμμένος ὡς νυνδὴ ἐλέγομεν, ἀπαιδεύτως τε καὶ φειδωλῶς, γεύσηται κηφήνων μέλιτος, καὶ συγγένηται αἴθωσι θηρσὶ καὶ δεινοῖς, παντοδαπὰς ἡδονὰς καὶ ποικίλας 10 καὶ παντοίως ἐχούσας δυναμένοις σκευάζειν, ἐνταῦθά που e οἴου εἶναι ἀρχὴν αὐτῷ μεταβολῆς . . . ὀλιγαρχικῆς τῆς ἐν ἑαυτῷ εἰς δημοκρατικήν.

b 4 μὴ παῦσαι ζῶντα Mon.: παῦσαι ζῶντα A F D M: παῦσαι πεινῶντας Athenaeus b 8 ἣ D M: ἡ A F c 9 τῶν A F M: om. D d 10 που οἴου A F M: πουσίου D e 1 post μεταβολῆς aliquid excidisse videtur (ὀλιγαρχικοῦ τοῦ . . . δημοκρατικόν Adam)

Πολλὴ ἀνάγκη, ἔφη.

Ἆρ' οὖν, ὥσπερ ἡ πόλις μετέβαλλε βοηθησάσης τῷ ἑτέρῳ μέρει συμμαχίας ἔξωθεν, ὁμοίας ὁμοίῳ, οὕτω καὶ ὁ 5 νεανίας μεταβάλλει βοηθοῦντος αὖ εἴδους ἐπιθυμιῶν ἔξωθεν τῷ ἑτέρῳ τῶν παρ' ἐκείνῳ, συγγενοῦς τε καὶ ὁμοίου;

Παντάπασιν μὲν οὖν.

Καὶ ἐὰν μέν γε οἶμαι ἀντιβοηθήσῃ τις τῷ ἐν ἑαυτῷ ὀλιγαρχικῷ συμμαχία, ἤ ποθεν παρὰ τοῦ πατρὸς ἢ καὶ τῶν 10 ἄλλων οἰκείων νουθετούντων τε καὶ κακιζόντων, στάσις δὴ 560 καὶ ἀντίστασις καὶ μάχη ἐν αὑτῷ πρὸς αὑτὸν τότε γίγνεται.

Τί μήν;

Καὶ ποτὲ μὲν οἶμαι τὸ δημοκρατικὸν ὑπεχώρησε τῷ ὀλιγαρχικῷ, καί τινες τῶν ἐπιθυμιῶν αἱ μὲν διεφθάρησαν, 5 αἱ δὲ καὶ ἐξέπεσον, αἰδοῦς τινος ἐγγενομένης ἐν τῇ τοῦ νέου ψυχῇ, καὶ κατεκοσμήθη πάλιν.

Γίγνεται γὰρ ἐνίοτε, ἔφη.

Αὖθις δὲ οἶμαι τῶν ἐκπεσουσῶν ἐπιθυμιῶν ἄλλαι ὑποτρεφόμεναι συγγενεῖς δι' ἀνεπιστημοσύνην τροφῆς πατρὸς b πολλαί τε καὶ ἰσχυραὶ ἐγένοντο.

Φιλεῖ γοῦν, ἔφη, οὕτω γίγνεσθαι.

Οὐκοῦν εἵλκυσάν τε πρὸς τὰς αὐτὰς ὁμιλίας, καὶ λάθρᾳ συγγιγνόμεναι πλῆθος ἐνέτεκον. 5

Τί μήν;

Τελευτῶσαι δὴ οἶμαι κατέλαβον τὴν τοῦ νέου τῆς ψυχῆς ἀκρόπολιν, αἰσθόμεναι κενὴν μαθημάτων τε καὶ ἐπιτηδευμάτων καλῶν καὶ λόγων ἀληθῶν, οἳ δὴ ἄριστοι φρουροί τε καὶ φύλακες ἐν ἀνδρῶν θεοφιλῶν εἰσι διανοίαις. 10

Καὶ πολύ γ', ἔφη. c

Ψευδεῖς δὴ καὶ ἀλαζόνες οἶμαι λόγοι τε καὶ δόξαι ἀντ' ἐκείνων ἀναδραμόντες κατέσχον τὸν αὐτὸν τόπον τοῦ τοιούτου.

e 3 ἔφη F D M et in marg. A : om. A e 4 μετέβαλλε A F D M : μεταβάλλει A² e 9 μέν γε F D : μὲν A M a 2 καὶ ἀντίστασις A F M : om. D a 9 ὑποτρεφόμεναι A F M : ὑποστρεφόμεναι D b 4 αὐτὰς] αὐταῖς ci. Ast b 10 θεοφιλῶν A M : om. F D

Σφόδρα γ', ἔφη.

5 Ἆρ' οὖν οὐ πάλιν τε εἰς ἐκείνους τοὺς Λωτοφάγους ἐλθὼν φανερῶς κατοικεῖ, καὶ ἐὰν παρ' οἰκείων τις βοήθεια τῷ φειδωλῷ αὐτοῦ τῆς ψυχῆς ἀφικνῆται, κλῄσαντες οἱ ἀλαζόνες λόγοι ἐκεῖνοι τὰς τοῦ βασιλικοῦ τείχους ἐν αὐτῷ πύλας οὔτε αὐτὴν τὴν συμμαχίαν παριᾶσιν, οὔτε πρέσβεις πρεσβυτέρων d λόγους ἰδιωτῶν εἰσδέχονται, αὐτοί τε κρατοῦσι μαχόμενοι, καὶ τὴν μὲν αἰδῶ ἠλιθιότητα ὀνομάζοντες ὠθοῦσιν ἔξω ἀτίμως φυγάδα, σωφροσύνην δὲ ἀνανδρίαν καλοῦντές τε καὶ προπηλακίζοντες ἐκβάλλουσι, μετριότητα δὲ καὶ κοσμίαν 5 δαπάνην ὡς ἀγροικίαν καὶ ἀνελευθερίαν οὖσαν πείθοντες ὑπερορίζουσι μετὰ πολλῶν καὶ ἀνωφελῶν ἐπιθυμιῶν;

Σφόδρα γε.

Τούτων δέ γέ που κενώσαντες καὶ καθήραντες τὴν τοῦ e κατεχομένου τε ὑπ' αὐτῶν καὶ τελουμένου ψυχὴν μεγάλοισι τέλεσι, τὸ μετὰ τοῦτο ἤδη ὕβριν καὶ ἀναρχίαν καὶ ἀσωτίαν καὶ ἀναίδειαν λαμπρὰς μετὰ πολλοῦ χοροῦ κατάγουσιν ἐστεφανωμένας, ἐγκωμιάζοντες καὶ ὑποκοριζόμενοι, ὕβριν μὲν 5 εὐπαιδευσίαν καλοῦντες, ἀναρχίαν δὲ ἐλευθερίαν, ἀσωτίαν 561 δὲ μεγαλοπρέπειαν, ἀναίδειαν δὲ ἀνδρείαν. ἆρ' οὐχ οὕτω πως, ἦν δ' ἐγώ, νέος ὢν μεταβάλλει ἐκ τοῦ ἐν ἀναγκαίοις ἐπιθυμίαις τρεφομένου τὴν τῶν μὴ ἀναγκαίων καὶ ἀνωφελῶν ἡδονῶν ἐλευθέρωσίν τε καὶ ἄνεσιν;

5 Καὶ μάλα γ', ἦ δ' ὅς, ἐναργῶς.

Ζῇ δὴ οἶμαι μετὰ ταῦτα ὁ τοιοῦτος οὐδὲν μᾶλλον εἰς ἀναγκαίους ἢ μὴ ἀναγκαίους ἡδονὰς ἀναλίσκων καὶ χρήματα καὶ πόνους καὶ διατριβάς· ἀλλ' ἐὰν εὐτυχὴς ᾖ καὶ μὴ πέρα ἐκβακχευθῇ, ἀλλά τι καὶ πρεσβύτερος γενόμενος τοῦ πολλοῦ b θορύβου παρελθόντος μέρη τε καταδέξηται τῶν ἐκπεσόντων καὶ τοῖς ἐπεισελθοῦσι μὴ ὅλον ἑαυτὸν ἐνδῷ, εἰς ἴσον δή τι

d 1 ἰδιωτῶν] δι' ὤτων ci. Badham e 1 μεγάλοισι A D M : μεγάλοις F e 5 εὐπαιδευσίαν A F M : ἀπαιδευσίαν D a 3 τὴν A M : εἰς τὴν F D a 5 μάλα A M : μάλιστα F D a 8 εὐτυχὴς ᾖ A F M : εὐτυχὴς D : εὐτυχήσῃ ci. Madvig b 2 ἑαυτὸν D M : ἑαυτῷ A F δή A F D M : om. d καταστήσας τὰς ἡδονὰς διάγει, τῇ παραπιπτούσῃ ἀεὶ ὥσπερ λαχούσῃ τὴν ἑαυτοῦ ἀρχὴν παραδιδοὺς ἕως ἂν πληρωθῇ, καὶ αὖθις ἄλλῃ, οὐδεμίαν ἀτιμάζων ἀλλ' ἐξ ἴσου τρέφων. 5

Πάνυ μὲν οὖν.

Καὶ λόγον γε, ἦν δ' ἐγώ, ἀληθῆ οὐ προσδεχόμενος οὐδὲ παριεὶς εἰς τὸ φρούριον, ἐάν τις λέγῃ ὡς αἱ μέν εἰσι τῶν καλῶν τε καὶ ἀγαθῶν ἐπιθυμιῶν ἡδοναί, αἱ δὲ τῶν πονηρῶν, c καὶ τὰς μὲν χρὴ ἐπιτηδεύειν καὶ τιμᾶν, τὰς δὲ κολάζειν τε καὶ δουλοῦσθαι· ἀλλ' ἐν πᾶσι τούτοις ἀνανεύει τε καὶ ὁμοίας φησὶν ἁπάσας εἶναι καὶ τιμητέας ἐξ ἴσου.

Σφόδρα γάρ, ἔφη, οὕτω διακείμενος τοῦτο δρᾷ. 5

Οὐκοῦν, ἦν δ' ἐγώ, καὶ διαζῇ τὸ καθ' ἡμέραν οὕτω χαριζόμενος τῇ προσπιπτούσῃ ἐπιθυμίᾳ, τοτὲ μὲν μεθύων καὶ καταυλούμενος, αὖθις δὲ ὑδροποτῶν καὶ κατισχναινόμενος, τοτὲ δ' αὖ γυμναζόμενος, ἔστιν δ' ὅτε ἀργῶν καὶ πάντων d ἀμελῶν, τοτὲ δ' ὡς ἐν φιλοσοφίᾳ διατρίβων. πολλάκις δὲ πολιτεύεται, καὶ ἀναπηδῶν ὅτι ἂν τύχῃ λέγει τε καὶ πράττει· κἄν ποτέ τινας πολεμικοὺς ζηλώσῃ, ταύτῃ φέρεται, ἢ χρηματιστικούς, ἐπὶ τοῦτ' αὖ. καὶ οὔτε τις τάξις οὔτε ἀνάγκη 5 ἔπεστιν αὐτοῦ τῷ βίῳ, ἀλλ' ἡδύν τε δὴ καὶ ἐλευθέριον καὶ μακάριον καλῶν τὸν βίον τοῦτον χρῆται αὐτῷ διὰ παντός.

Παντάπασιν, ἦ δ' ὅς, διελήλυθας βίον ἰσονομικοῦ τινος e ἀνδρός.

Οἶμαι δέ γε, ἦν δ' ἐγώ, καὶ παντοδαπόν τε καὶ πλείστων ἠθῶν μεστόν, καὶ τὸν καλόν τε καὶ ποικίλον, ὥσπερ ἐκείνην τὴν πόλιν, τοῦτον τὸν ἄνδρα εἶναι· ὃν πολλοὶ ἂν καὶ πολλαὶ 5 ζηλώσειαν τοῦ βίου, παραδείγματα πολιτειῶν τε καὶ τρόπων πλεῖστα ἐν αὑτῷ ἔχοντα.

Οὗτος γάρ, ἔφη, ἔστιν.

Τί οὖν; τετάχθω ἡμῖν κατὰ δημοκρατίαν ὁ τοιοῦτος ἀνήρ, 562 ὡς δημοκρατικὸς ὀρθῶς ἂν προσαγορευόμενος;

c 7 τότε F D M : τὸ A d 1 ἀργῶν ******** καὶ A e 8 οὗτος A² F D : οὕτω A : οὕτως M

Τετάχθω, ἔφη.

Ἡ καλλίστη δή, ἦν δ' ἐγώ, πολιτεία τε καὶ ὁ κάλλιστος
5 ἀνὴρ λοιπὰ ἂν ἡμῖν εἴη διελθεῖν, τυραννίς τε καὶ τύραννος.

Κομιδῇ γ', ἔφη.

Φέρε δή, τίς τρόπος τυραννίδος, ὦ φίλε ἑταῖρε, γίγνεται; ὅτι μὲν γὰρ ἐκ δημοκρατίας μεταβάλλει σχεδὸν δῆλον.

Δῆλον.

10 Ἆρ' οὖν τρόπον τινὰ τὸν αὐτὸν ἔκ τε ὀλιγαρχίας δημο-
b κρατία γίγνεται καὶ ἐκ δημοκρατίας τυραννίς;

Πῶς;

Ὃ προύθεντο, ἦν δ' ἐγώ, ἀγαθόν, καὶ δι' ὃ ἡ ὀλιγαρχία καθίστατο—τοῦτο δ' ἦν [ὑπερ]πλοῦτος· ἦ γάρ;—

5 Ναί.

Ἡ πλούτου τοίνυν ἀπληστία καὶ ἡ τῶν ἄλλων ἀμέλεια διὰ χρηματισμὸν αὐτὴν ἀπώλλυ.

Ἀληθῆ, ἔφη.

Ἆρ' οὖν καὶ ὃ δημοκρατία ὁρίζεται ἀγαθόν, ἡ τούτου
10 ἀπληστία καὶ ταύτην καταλύει;

Λέγεις δ' αὐτὴν τί ὁρίζεσθαι;

Τὴν ἐλευθερίαν, εἶπον. τοῦτο γάρ που ἐν δημοκρατουμένῃ
c πόλει ἀκούσαις ἂν ὡς ἔχει τε κάλλιστον καὶ διὰ ταῦτα ἐν μόνῃ ταύτῃ ἄξιον οἰκεῖν ὅστις φύσει ἐλεύθερος.

Λέγεται γὰρ δή, ἔφη, καὶ πολὺ τοῦτο τὸ ῥῆμα.

Ἆρ' οὖν, ἦν δ' ἐγώ, ὅπερ ᾖα νυνδὴ ἐρῶν, ἡ τοῦ τοιούτου
5 ἀπληστία καὶ ἡ τῶν ἄλλων ἀμέλεια καὶ ταύτην τὴν πολιτείαν μεθίστησίν τε καὶ παρασκευάζει τυραννίδος δεηθῆναι;

Πῶς; ἔφη.

Ὅταν οἶμαι δημοκρατουμένη πόλις ἐλευθερίας διψήσασα
d κακῶν οἰνοχόων προστατούντων τύχῃ, καὶ πορρωτέρω τοῦ δέοντος ἀκράτου αὐτῆς μεθυσθῇ, τοὺς ἄρχοντας δή, ἂν μὴ

b 3 προὔθεντο A F M : προύθετο D ὃ ἡ Adam : οὗ A M : οὗ ἡ F D b 4 ὑπέρπλουτος A D M : πλοῦτος F : που πλοῦτος ci. Campbell b 7 ἀπώλλυ A M : ἀπόλλυ F D c 8 δημοκρατουμένην πόλιν D d 2 αὐτῆς A F M : αὐτοῦ D πάνυ πρᾷοι ὦσι καὶ πολλὴν παρέχωσι τὴν ἐλευθερίαν, κολάζει αἰτιωμένη ὡς μιαρούς τε καὶ ὀλιγαρχικούς.

Δρῶσιν γάρ, ἔφη, τοῦτο. 5

Τοὺς δέ γε, εἶπον, τῶν ἀρχόντων κατηκόους προπηλακίζει ὡς ἐθελοδούλους τε καὶ οὐδὲν ὄντας, τοὺς δὲ ἄρχοντας μὲν ἀρχομένοις, ἀρχομένους δὲ ἄρχουσιν ὁμοίους ἰδίᾳ τε καὶ δημοσίᾳ ἐπαινεῖ τε καὶ τιμᾷ. ἆρ' οὐκ ἀνάγκη ἐν τοιαύτῃ πόλει ἐπὶ πᾶν τὸ τῆς ἐλευθερίας ἰέναι; e

Πῶς γὰρ οὔ;

Καὶ καταδύεσθαί γε, ἦν δ' ἐγώ, ὦ φίλε, εἴς τε τὰς ἰδίας οἰκίας καὶ τελευτᾶν μέχρι τῶν θηρίων τὴν ἀναρχίαν ἐμφυομένην. 5

Πῶς, ἦ δ' ὅς, τὸ τοιοῦτον λέγομεν;

Οἷον, ἔφην, πατέρα μὲν ἐθίζεσθαι παιδὶ ὅμοιον γίγνεσθαι καὶ φοβεῖσθαι τοὺς ὑεῖς, ὑὸν δὲ πατρί, καὶ μήτε αἰσχύνεσθαι μήτε δεδιέναι τοὺς γονέας, ἵνα δὴ ἐλεύθερος ᾖ· μέτοικον δὲ ἀστῷ καὶ ἀστὸν μετοίκῳ ἐξισοῦσθαι, καὶ ξένον ὡσαύτως. 563

Γίγνεται γὰρ οὕτως, ἔφη.

Ταῦτά τε, ἦν δ' ἐγώ, καὶ σμικρὰ τοιάδε ἄλλα γίγνεται· διδάσκαλός τε ἐν τῷ τοιούτῳ φοιτητὰς φοβεῖται καὶ θωπεύει, φοιτηταί τε διδασκάλων ὀλιγωροῦσιν, οὕτω δὲ καὶ παιδαγωγῶν· καὶ ὅλως οἱ μὲν νέοι πρεσβυτέροις ἀπεικάζονται καὶ διαμιλλῶνται καὶ ἐν λόγοις καὶ ἐν ἔργοις, οἱ δὲ γέροντες συγκαθιέντες τοῖς νέοις εὐτραπελίας τε καὶ χαριεντισμοῦ ἐμπίμπλανται, μιμούμενοι τοὺς νέους, ἵνα δὴ μὴ δοκῶσιν ἀηδεῖς εἶναι μηδὲ δεσποτικοί. 5 b

Πάνυ μὲν οὖν, ἔφη.

Τὸ δέ γε, ἦν δ' ἐγώ, ἔσχατον, ὦ φίλε, τῆς ἐλευθερίας τοῦ πλήθους, ὅσον γίγνεται ἐν τῇ τοιαύτῃ πόλει, ὅταν δὴ οἱ ἐωνημένοι καὶ αἱ ἐωνημέναι μηδὲν ἧττον ἐλεύθεροι ὦσι τῶν πριαμένων. ἐν γυναιξὶ δὲ πρὸς ἄνδρας καὶ ἀνδράσι πρὸς 5

d 9 ἆρ' οὐκ A M : ἄρ' οὐκ F : οὐκ ἄρ' οὐκ D e 4 ἐμφυομένην A F M : εὐφυομένην D a 4 φοιτητὰς A M : φοιτήσας F D θωπεύε A D M : θεραπεύει F γυναῖκας ὅση ἡ ἰσονομία καὶ ἐλευθερία γίγνεται, ὀλίγου ἐπελαθόμεθ' εἰπεῖν.

c Οὐκοῦν κατ' Αἰσχύλον, ἔφη, "ἐροῦμεν ὅτι νῦν ἦλθ' ἐπὶ στόμα;"

Πάνυ γε, εἶπον· καὶ ἔγωγε οὕτω λέγω· τὸ μὲν γὰρ τῶν θηρίων τῶν ὑπὸ τοῖς ἀνθρώποις ὅσῳ ἐλευθερώτερά ἐστιν 5 ἐνταῦθα ἢ ἐν ἄλλῃ, οὐκ ἄν τις πείθοιτο ἄπειρος. ἀτεχνῶς γὰρ αἵ τε κύνες κατὰ τὴν παροιμίαν οἷαίπερ αἱ δέσποιναι γίγνονταί τε δὴ καὶ ἵπποι καὶ ὄνοι, πάνυ ἐλευθέρως καὶ σεμνῶς εἰθισμένοι πορεύεσθαι, κατὰ τὰς ὁδοὺς ἐμβάλλοντες τῷ ἀεὶ ἀπαντῶντι, ἐὰν μὴ ἐξίστηται, καὶ τἆλλα πάντα οὕτω d μεστὰ ἐλευθερίας γίγνεται.

Τὸ ἐμόν γ', ἔφη, ἐμοὶ λέγεις ὄναρ· αὐτὸς γὰρ εἰς ἀγρὸν πορευόμενος θαμὰ αὐτὸ πάσχω.

Τὸ δὲ δὴ κεφάλαιον, ἦν δ' ἐγώ, πάντων τούτων συνηθροι-5 σμένων, ἐννοεῖς ὡς ἁπαλὴν τὴν ψυχὴν τῶν πολιτῶν ποιεῖ, ὥστε κἂν ὁτιοῦν δουλείας τις προσφέρηται, ἀγανακτεῖν καὶ μὴ ἀνέχεσθαι; τελευτῶντες γάρ που οἶσθ' ὅτι οὐδὲ τῶν νόμων φροντίζουσιν γεγραμμένων ἢ ἀγράφων, ἵνα δὴ μηδαμῇ e μηδεὶς αὐτοῖς ᾖ δεσπότης.

Καὶ μάλ', ἔφη, οἶδα.

Αὕτη μὲν τοίνυν, ἦν δ' ἐγώ, ὦ φίλε, ἡ ἀρχὴ οὑτωσὶ καλὴ καὶ νεανική, ὅθεν τυραννὶς φύεται, ὡς ἐμοὶ δοκεῖ.

5 Νεανικὴ δῆτα, ἔφη· ἀλλὰ τί τὸ μετὰ τοῦτο;

Ταὐτόν, ἦν δ' ἐγώ, ὅπερ ἐν τῇ ὀλιγαρχίᾳ νόσημα ἐγγενόμενον ἀπώλεσεν αὐτήν, τοῦτο καὶ ἐν ταύτῃ πλέον τε καὶ ἰσχυρότερον ἐκ τῆς ἐξουσίας ἐγγενόμενον καταδουλοῦται δημοκρατίαν. καὶ τῷ ὄντι τὸ ἄγαν τι ποιεῖν μεγάλην φιλεῖ 10 εἰς τοὐναντίον μεταβολὴν ἀνταποδιδόναι, ἐν ὥραις τε καὶ ἐν 564 φυτοῖς καὶ ἐν σώμασιν, καὶ δὴ καὶ ἐν πολιτείαις οὐχ ἥκιστα.

c 3 λέγω A F M : λέγων D c 7 γίγνονταί τε δὴ A D M : γίγνονται F : γίγνονται, καὶ δὴ ci. Stephanus d 6 τις] τισὶ Adam προσφέρηται] προσφέρῃ ci. Thompson e 4 ὅθεν . . . e 5 νεανικὴ A F M : om. D a 1 καὶ δὴ F D : om. A M

Εἰκός, ἔφη.

Ἡ γὰρ ἄγαν ἐλευθερία ἔοικεν οὐκ εἰς ἄλλο τι ἢ εἰς ἄγαν δουλείαν μεταβάλλειν καὶ ἰδιώτῃ καὶ πόλει.

Εἰκὸς γάρ. 5

Εἰκότως τοίνυν, εἶπον, οὐκ ἐξ ἄλλης πολιτείας τυραννὶς καθίσταται ἢ ἐκ δημοκρατίας, ἐξ οἶμαι τῆς ἀκροτάτης ἐλευθερίας δουλεία πλείστη τε καὶ ἀγριωτάτη.

Ἔχει γάρ, ἔφη, λόγον.

Ἀλλ' οὐ τοῦτ' οἶμαι, ἦν δ' ἐγώ, ἠρώτας, ἀλλὰ ποῖον 10 νόσημα ἐν ὀλιγαρχίᾳ τε φυόμενον ταὐτὸν καὶ ἐν δημοκρατίᾳ b δουλοῦται αὐτήν.

Ἀληθῆ, ἔφη, λέγεις.

Ἐκεῖνο τοίνυν, ἔφην, ἔλεγον τὸ τῶν ἀργῶν τε καὶ δαπανηρῶν ἀνδρῶν γένος, τὸ μὲν ἀνδρειότατον ἡγούμενον αὐτῶν, 5 τὸ δ' ἀνανδρότερον ἑπόμενον· οὓς δὴ ἀφομοιοῦμεν κηφῆσι, τοὺς μὲν κέντρα ἔχουσι, τοὺς δὲ ἀκέντροις.

Καὶ ὀρθῶς γ', ἔφη.

Τούτω τοίνυν, ἦν δ' ἐγώ, ταράττετον ἐν πάσῃ πολιτείᾳ ἐγγιγνομένω, οἷον περὶ σῶμα φλέγμα τε καὶ χολή· ὢ δὴ καὶ 10 δεῖ τὸν ἀγαθὸν ἰατρόν τε καὶ νομοθέτην πόλεως μὴ ἧττον c ἢ σοφὸν μελιττουργὸν πόρρωθεν εὐλαβεῖσθαι, μάλιστα μὲν ὅπως μὴ ἐγγενήσεσθον, ἂν δὲ ἐγγένησθον, ὅπως ὅτι τάχιστα σὺν αὐτοῖσι τοῖς κηρίοις ἐκτετμήσεσθον.

Ναὶ μὰ Δία, ἦ δ' ὅς, παντάπασί γε. 5

Ὧδε τοίνυν, ἦν δ' ἐγώ, λάβωμεν, ἵν' εὐκρινέστερον ἴδωμεν ὃ βουλόμεθα.

Πῶς;

Τριχῇ διαστησώμεθα τῷ λόγῳ δημοκρατουμένην πόλιν, ὥσπερ οὖν καὶ ἔχει. ἓν μὲν γάρ που τὸ τοιοῦτον γένος ἐν αὐτῇ d ἐμφύεται δι' ἐξουσίαν οὐκ ἔλαττον ἢ ἐν τῇ ὀλιγαρχουμένῃ.

b 5 ἡγούμενον αὐτῶν A F M : αὐτῶν ἡγούμενον D c 2 μελιττουργὸν A² F D M : μελιτουργὸν A c 3 ἂν δὲ ἐγγένησθον A M : ἂν δὲ ἐγγενήσεσθον F : om. D c 4 ξὺν A F D M : secl. ci. Thompson αὐτοῖσι A D M : αὐτοῖς F ἐκτετμήσεσθον A M : ἐκτετμῆσθον F D

Ἔστιν οὕτω.

Πολὺ δέ γε δριμύτερον ἐν ταύτῃ ἢ ἐν ἐκείνῃ.

5 Πῶς;

Ἐκεῖ μὲν διὰ τὸ μὴ ἔντιμον εἶναι, ἀλλ' ἀπελαύνεσθαι τῶν ἀρχῶν, ἀγύμναστον καὶ οὐκ ἐρρωμένον γίγνεται· ἐν δημοκρατίᾳ δὲ τοῦτό που τὸ προεστὸς αὐτῆς, ἐκτὸς ὀλίγων, καὶ τὸ μὲν δριμύτατον αὐτοῦ λέγει τε καὶ πράττει, τὸ δ' ἄλλο 10 περὶ τὰ βήματα προσίζον βομβεῖ τε καὶ οὐκ ἀνέχεται τοῦ e ἄλλα λέγοντος, ὥστε πάντα ὑπὸ τοῦ τοιούτου διοικεῖται ἐν τῇ τοιαύτῃ πολιτείᾳ χωρίς τινων ὀλίγων.

Μάλα γε, ἦ δ' ὅς.

Ἄλλο τοίνυν τοιόνδε ἀεὶ ἀποκρίνεται ἐκ τοῦ πλήθους.

5 Τὸ ποῖον;

Χρηματιζομένων που πάντων, οἱ κοσμιώτατοι φύσει ὡς τὸ πολὺ πλουσιώτατοι γίγνονται.

Εἰκός.

Πλεῖστον δὴ οἶμαι τοῖς κηφῆσι μέλι καὶ εὐπορώτατον 10 ἐντεῦθεν βλίττει.

Πῶς γὰρ ἄν, ἔφη, παρά γε τῶν σμικρὰ ἐχόντων τις βλίσειεν;

Πλούσιοι δὴ οἶμαι οἱ τοιοῦτοι καλοῦνται κηφήνων βοτάνη.

Σχεδόν τι, ἔφη.

565 Δῆμος δ' ἂν εἴη τρίτον γένος, ὅσοι αὐτουργοί τε καὶ ἀπράγμονες, οὐ πάνυ πολλὰ κεκτημένοι· ὃ δὴ πλεῖστόν τε καὶ κυριώτατον ἐν δημοκρατίᾳ ὅτανπερ ἁθροισθῇ.

Ἔστιν γάρ, ἔφη· ἀλλ' οὐ θαμὰ ἐθέλει ποιεῖν τοῦτο, ἐὰν μὴ 5 μέλιτός τι μεταλαμβάνῃ.

Οὐκοῦν μεταλαμβάνει, ἦν δ' ἐγώ, ἀεί, καθ' ὅσον δύνανται οἱ προεστῶτες, τοὺς ἔχοντας τὴν οὐσίαν ἀφαιρούμενοι, διανέμοντες τῷ δήμῳ, τὸ πλεῖστον αὐτοὶ ἔχειν.

d 10 τοῦ] του Ast (*si quis alia dixerit* Ficinus) e 10 βλίττει A F D M : βλίττεται ci. Ruhnken e schol. : βλίττειν Adam e 11 σμικρὰ A M : σμικρὸν F D e 12 βλίσειε M : βλίσσειεν A : βλίσσειε F : βλίσσειν D : βλύσσειεν d

Μεταλαμβάνει γὰρ οὖν, ἦ δ' ὅς, οὕτως. b

Ἀναγκάζονται δὴ οἶμαι ἀμύνεσθαι, λέγοντές τε ἐν τῷ δήμῳ καὶ πράττοντες ὅπῃ δύνανται, οὗτοι ὧν ἀφαιροῦνται.

Πῶς γὰρ οὔ;

Αἰτίαν δὴ ἔσχον ὑπὸ τῶν ἑτέρων, κἂν μὴ ἐπιθυμῶσι νεωτερίζειν, ὡς ἐπιβουλεύουσι τῷ δήμῳ καί εἰσιν ὀλιγαρχικοί. 5

Τί μήν;

Οὐκοῦν καὶ τελευτῶντες, ἐπειδὰν ὁρῶσι τὸν δῆμον, οὐχ ἑκόντα ἀλλ' ἀγνοήσαντά τε καὶ ἐξαπατηθέντα ὑπὸ τῶν διαβαλλόντων, ἐπιχειροῦντα σφᾶς ἀδικεῖν, τότ' ἤδη, εἴτε βούλονται εἴτε μή, ὡς ἀληθῶς ὀλιγαρχικοὶ γίγνονται, οὐχ ἑκόντες, ἀλλὰ καὶ τοῦτο τὸ κακὸν ἐκεῖνος ὁ κηφὴν ἐντίκτει κεντῶν αὐτούς. 10 c

Κομιδῇ μὲν οὖν. 5

Εἰσαγγελίαι δὴ καὶ κρίσεις καὶ ἀγῶνες περὶ ἀλλήλων γίγνονται.

Καὶ μάλα.

Οὐκοῦν ἕνα τινὰ ἀεὶ δῆμος εἴωθεν διαφερόντως προΐστασθαι ἑαυτοῦ, καὶ τοῦτον τρέφειν τε καὶ αὔξειν μέγαν; 10

Εἴωθε γάρ.

Τοῦτο μὲν ἄρα, ἦν δ' ἐγώ, δῆλον, ὅτι, ὅτανπερ φύηται τύραννος, ἐκ προστατικῆς ῥίζης καὶ οὐκ ἄλλοθεν ἐκβλαστάνει. d

Καὶ μάλα δῆλον.

Τίς ἀρχὴ οὖν μεταβολῆς ἐκ προστάτου ἐπὶ τύραννον; ἢ δῆλον ὅτι ἐπειδὰν ταὐτὸν ἄρξηται δρᾶν ὁ προστάτης τῷ ἐν τῷ μύθῳ ὃς περὶ τὸ ἐν Ἀρκαδίᾳ τὸ τοῦ Διὸς τοῦ Λυκαίου ἱερὸν λέγεται; 5

Τίς; ἔφη.

Ὡς ἄρα ὁ γευσάμενος τοῦ ἀνθρωπίνου σπλάγχνου, ἐν ἄλλοις ἄλλων ἱερείων ἑνὸς ἐγκατατετμημένου, ἀνάγκη δὴ τούτῳ λύκῳ γενέσθαι. ἢ οὐκ ἀκήκοας τὸν λόγον; 10 e

c 9 ἕνα τινὰ A² F D M : ἕνα ***α A : ἕνα γέ τινα ci. Cobet

Ἔγωγε.

Ἆρ' οὖν οὕτω καὶ ὃς ἂν δήμου προεστώς, λαβὼν σφόδρα πειθόμενον ὄχλον, μὴ ἀπόσχηται ἐμφυλίου αἵματος, ἀλλ'
5 ἀδίκως ἐπαιτιώμενος, οἷα δὴ φιλοῦσιν, εἰς δικαστήρια ἄγων μιαιφονῇ, βίον ἀνδρὸς ἀφανίζων, γλώττῃ τε καὶ στόματι ἀνοσίῳ γευόμενος φόνου συγγενοῦς, καὶ ἀνδρηλατῇ καὶ
566 ἀποκτεινύῃ καὶ ὑποσημαίνῃ χρεῶν τε ἀποκοπὰς καὶ γῆς ἀναδασμόν, ἆρα τῷ τοιούτῳ ἀνάγκη δὴ τὸ μετὰ τοῦτο καὶ εἵμαρται ἢ ἀπολωλέναι ὑπὸ τῶν ἐχθρῶν ἢ τυραννεῖν καὶ λύκῳ ἐξ ἀνθρώπου γενέσθαι;

5 Πολλὴ ἀνάγκη, ἔφη.

Οὗτος δή, ἔφην, ὁ στασιάζων γίγνεται πρὸς τοὺς ἔχοντας τὰς οὐσίας.

Οὗτος.

Ἆρ' οὖν ἐκπεσὼν μὲν καὶ κατελθὼν βίᾳ τῶν ἐχθρῶν
10 τύραννος ἀπειργασμένος κατέρχεται;

Δῆλον.

b Ἐὰν δὲ ἀδύνατοι ἐκβάλλειν αὐτὸν ὦσιν ἢ ἀποκτεῖναι διαβάλλοντες τῇ πόλει, βιαίῳ δὴ θανάτῳ ἐπιβουλεύουσιν ἀποκτεινύναι λάθρᾳ.

Φιλεῖ γοῦν, ἦ δ' ὅς, οὕτω γίγνεσθαι.

5 Τὸ δὴ τυραννικὸν αἴτημα τὸ πολυθρύλητον ἐπὶ τούτῳ πάντες οἱ εἰς τοῦτο προβεβηκότες ἐξευρίσκουσιν, αἰτεῖν τὸν δῆμον φύλακάς τινας τοῦ σώματος, ἵνα σῶς αὐτοῖς ᾖ ὁ τοῦ δήμου βοηθός.

Καὶ μάλ', ἔφη.

10 Διδόασι δὴ οἶμαι δείσαντες μὲν ὑπὲρ ἐκείνου, θαρρήσαντες δὲ ὑπὲρ ἑαυτῶν.

c Καὶ μάλα.

Οὐκοῦν τοῦτο ὅταν ἴδῃ ἀνὴρ χρήματα ἔχων καὶ μετὰ τῶν χρημάτων αἰτίαν μισόδημος εἶναι, τότε δὴ οὗτος, ὦ ἑταῖρε, κατὰ τὸν Κροίσῳ γενόμενον χρησμὸν—

e 3 προεστὼς F M : προσεστὼς A D a 5 ἀνάγκη A F M : om. D
c 2 ἔχων F D M : ἔχων ** A (an ἔχων τε? Campbell)

πολυψήφιδα παρ' Ἕρμον 5
φεύγει, οὐδὲ μένει, οὐδ' αἰδεῖται κακὸς εἶναι.

Οὐ γὰρ ἄν, ἔφη, δεύτερον αὖθις αἰδεσθείη.

Ὁ δέ γε οἶμαι, ἦν δ' ἐγώ, καταληφθεὶς θανάτῳ δίδοται.

Ἀνάγκη.

Ὁ δὲ δὴ προστάτης ἐκεῖνος αὐτὸς δῆλον δὴ ὅτι μέγας 10
μεγαλωστὶ οὐ κεῖται, ἀλλὰ καταβαλὼν ἄλλους πολλοὺς d
ἕστηκεν ἐν τῷ δίφρῳ τῆς πόλεως, τύραννος ἀντὶ προστάτου
ἀποτετελεσμένος.

Τί δ' οὐ μέλλει; ἔφη.

Διέλθωμεν δὴ τὴν εὐδαιμονίαν, ἦν δ' ἐγώ, τοῦ τε ἀνδρὸς 5
καὶ τῆς πόλεως, ἐν ᾗ ἂν ὁ τοιοῦτος βροτὸς ἐγγένηται;

Πάνυ μὲν οὖν, ἔφη, διέλθωμεν.

Ἆρ' οὖν, εἶπον, οὐ ταῖς μὲν πρώταις ἡμέραις τε καὶ χρόνῳ
προσγελᾷ τε καὶ ἀσπάζεται πάντας, ᾧ ἂν περιτυγχάνῃ, καὶ
οὔτε τύραννός φησιν εἶναι ὑπισχνεῖταί τε πολλὰ καὶ ἰδίᾳ e
καὶ δημοσίᾳ, χρεῶν τε ἠλευθέρωσε καὶ γῆν διένειμε δήμῳ τε
καὶ τοῖς περὶ ἑαυτὸν καὶ πᾶσιν ἵλεώς τε καὶ πρᾷος εἶναι
προσποιεῖται;

Ἀνάγκη, ἔφη. 5

Ὅταν δέ γε οἶμαι πρὸς τοὺς ἔξω ἐχθροὺς τοῖς μὲν καταλ-
λαγῇ, τοὺς δὲ καὶ διαφθείρῃ, καὶ ἡσυχία ἐκείνων γένηται,
πρῶτον μὲν πολέμους τινὰς ἀεὶ κινεῖ, ἵν' ἐν χρείᾳ ἡγεμόνος
ὁ δῆμος ᾖ.

Εἰκός γε. 10

Οὐκοῦν καὶ ἵνα χρήματα εἰσφέροντες πένητες γιγνόμενοι 567
πρὸς τῷ καθ' ἡμέραν ἀναγκάζωνται εἶναι καὶ ἧττον αὐτῷ
ἐπιβουλεύωσι;

Δῆλον.

Καὶ ἄν γέ τινας οἶμαι ὑποπτεύῃ ἐλεύθερα φρονήματα 5
ἔχοντας μὴ ἐπιτρέψειν αὐτῷ ἄρχειν, ὅπως ἂν τούτους μετὰ

d 3 ἀποτετελεσμένος A F M : ἀντιτετελεσμένος D e 1 καὶ ἰδίᾳ A F M : ἰδίᾳ D a 2 τῷ M : τὸ A F D : τῶ A² προφάσεως ἀπολλύῃ ἐνδοὺς τοῖς πολεμίοις; τούτων πάντων ἕνεκα τυράννῳ ἀεὶ ἀνάγκη πόλεμον ταράττειν;

Ἀνάγκη.

10 Ταῦτα δὴ ποιοῦντα ἕτοιμον μᾶλλον ἀπεχθάνεσθαι τοῖς b πολίταις;

Πῶς γὰρ οὔ;

Οὐκοῦν καί τινας τῶν συγκαταστησάντων καὶ ἐν δυνάμει ὄντων παρρησιάζεσθαι καὶ πρὸς αὐτὸν καὶ πρὸς ἀλλήλους, 5 ἐπιπλήττοντας τοῖς γιγνομένοις, οἳ ἂν τυγχάνωσιν ἀνδρικώτατοι ὄντες;

Εἰκός γε.

Ὑπεξαιρεῖν δὴ τούτους πάντας δεῖ τὸν τύραννον, εἰ μέλλει ἄρξειν, ἕως ἂν μήτε φίλων μήτ' ἐχθρῶν λίπῃ μηδένα 10 ὅτου τι ὄφελος.

Δῆλον.

Ὀξέως ἄρα δεῖ ὁρᾶν αὐτὸν τίς ἀνδρεῖος, τίς μεγαλόφρων, c τίς φρόνιμος, τίς πλούσιος· καὶ οὕτως εὐδαίμων ἐστίν, ὥστε τούτοις ἅπασιν ἀνάγκη αὐτῷ, εἴτε βούλεται εἴτε μή, πολεμίῳ εἶναι καὶ ἐπιβουλεύειν, ἕως ἂν καθήρῃ τὴν πόλιν.

Καλόν γε, ἔφη, καθαρμόν.

5 Ναί, ἦν δ' ἐγώ, τὸν ἐναντίον ἢ οἱ ἰατροὶ τὰ σώματα· οἱ μὲν γὰρ τὸ χείριστον ἀφαιροῦντες λείπουσι τὸ βέλτιστον, ὁ δὲ τοὐναντίον.

Ὡς ἔοικε γάρ, αὐτῷ, ἔφη, ἀνάγκη, εἴπερ ἄρξει.

d Ἐν μακαρίᾳ ἄρα, εἶπον ἐγώ, ἀνάγκῃ δέδεται, ἣ προστάττει αὐτῷ ἢ μετὰ φαύλων τῶν πολλῶν οἰκεῖν, καὶ ὑπὸ τούτων μισούμενον, ἢ μὴ ζῆν.

Ἐν τοιαύτῃ, ἦ δ' ὅς.

5 Ἆρ' οὖν οὐχὶ ὅσῳ ἂν μᾶλλον τοῖς πολίταις ἀπεχθάνηται ταῦτα δρῶν, τοσούτῳ πλειόνων καὶ πιστοτέρων δορυφόρων δεήσεται;

b 8 ὑπεξαιρεῖν FDM: ὑπεξαίρειν A d 1 ἀνάγκῃ A²FDM: ἀνάγκη A

Πῶς γὰρ οὔ;

Τίνες οὖν οἱ πιστοί; καὶ πόθεν αὐτοὺς μεταπέμψεται;

Αὐτόματοι, ἔφη, πολλοὶ ἥξουσι πετόμενοι, ἐὰν τὸν μισθὸν 10 διδῷ.

Κηφῆνας, ἦν δ' ἐγώ, νὴ τὸν κύνα, δοκεῖς αὖ τινάς μοι λέγειν ξενικούς τε καὶ παντοδαπούς. e

'Αληθῆ γάρ, ἔφη, δοκῶ σοι.

Τίς δὲ αὐτόθεν; ἆρ' οὐκ ἂν ἐθελήσειεν—

Πῶς;

Τοὺς δούλους ἀφελόμενος τοὺς πολίτας, ἐλευθερώσας, 5 τῶν περὶ ἑαυτὸν δορυφόρων ποιήσασθαι.

Σφόδρα γ', ἔφη· ἐπεί τοι καὶ πιστότατοι αὐτῷ οὗτοί εἰσιν.

Ἦ μακάριον, ἦν δ' ἐγώ, λέγεις τυράννου χρῆμα, εἰ τοιούτοις φίλοις τε καὶ πιστοῖς ἀνδράσι χρῆται, τοὺς προτέρους 568 ἐκείνους ἀπολέσας.

'Αλλὰ μήν, ἔφη, τοιούτοις γε χρῆται.

Καὶ θαυμάζουσι δή, εἶπον, οὗτοι οἱ ἑταῖροι αὐτὸν καὶ σύνεισιν οἱ νέοι πολῖται, οἱ δ' ἐπιεικεῖς μισοῦσί τε καὶ 5 φεύγουσι;

Τί δ' οὐ μέλλουσιν;

Οὐκ ἐτός, ἦν δ' ἐγώ, ἥ τε τραγῳδία ὅλως σοφὸν δοκεῖ εἶναι καὶ ὁ Εὐριπίδης διαφέρων ἐν αὐτῇ.

Τί δή; 10

Ὅτι καὶ τοῦτο πυκνῆς διανοίας ἐχόμενον ἐφθέγξατο, ὡς ἄρα "σοφοὶ τύραννοι" εἰσι "τῶν σοφῶν συνουσίᾳ." καὶ b ἔλεγε δῆλον ὅτι τούτους εἶναι τοὺς σοφοὺς οἷς σύνεστιν.

Καὶ ὡς ἰσόθεόν γ', ἔφη, τὴν τυραννίδα ἐγκωμιάζει, καὶ ἕτερα πολλά, καὶ οὗτος καὶ οἱ ἄλλοι ποιηταί.

Τοιγάρτοι, ἔφην, ἅτε σοφοὶ ὄντες οἱ τῆς τραγῳδίας ποιη- 5 ταὶ συγγιγνώσκουσιν ἡμῖν τε καὶ ἐκείνοις ὅσοι ἡμῶν ἐγγὺς πολιτεύονται, ὅτι αὐτοὺς εἰς τὴν πολιτείαν οὐ παραδεξόμεθα ἅτε τυραννίδος ὑμνητάς.

e 3 τίς δὲ A F D M : τί δὲ scr. Mon. : τοὺς δὲ Stephanus

Οἶμαι ἔγωγ᾽, ἔφη, συγγιγνώσκουσιν ὅσοιπέρ γε αὐτῶν
c κομψοί.

Εἰς δέ γε οἶμαι τὰς ἄλλας περιιόντες πόλεις, συλλέγοντες
τοὺς ὄχλους, καλὰς φωνὰς καὶ μεγάλας καὶ πιθανὰς μισθω-
σάμενοι, εἰς τυραννίδας τε καὶ δημοκρατίας ἕλκουσι τὰς
5 πολιτείας.

Μάλα γε.

Οὐκοῦν καὶ προσέτι τούτων μισθοὺς λαμβάνουσι καὶ
τιμῶνται, μάλιστα μέν, ὥσπερ τὸ εἰκός, ὑπὸ τυράννων, δεύ-
τερον δὲ ὑπὸ δημοκρατίας· ὅσῳ δ᾽ ἂν ἀνωτέρω ἴωσιν πρὸς
d τὸ ἄναντες τῶν πολιτειῶν, μᾶλλον ἀπαγορεύει αὐτῶν ἡ τιμή,
ὥσπερ ὑπὸ ἄσθματος ἀδυνατοῦσα πορεύεσθαι.

Πάνυ μὲν οὖν.

Ἀλλὰ δή, εἶπον, ἐνταῦθα μὲν ἐξέβημεν· λέγωμεν δὲ
5 πάλιν ἐκεῖνο τὸ τοῦ τυράννου στρατόπεδον, τὸ καλόν τε καὶ
πολὺ καὶ ποικίλον καὶ οὐδέποτε ταὐτόν, πόθεν θρέψεται.

Δῆλον, ἔφη, ὅτι, ἐάν τε ἱερὰ χρήματα ᾖ ἐν τῇ πόλει,
ταῦτα ἀναλώσει, ὅποι ποτὲ ἂν ἀεὶ ἐξαρκῇ τὰ τῶν ἀποδο-
μένων, ἐλάττους εἰσφορὰς ἀναγκάζων τὸν δῆμον εἰσφέρειν.

e Τί δ᾽ ὅταν δὴ ταῦτα ἐπιλίπῃ;

Δῆλον, ἔφη, ὅτι ἐκ τῶν πατρῴων θρέψεται αὐτός τε καὶ
οἱ συμπόται τε καὶ ἑταῖροι καὶ ἑταῖραι.

Μανθάνω, ἦν δ᾽ ἐγώ· ὅτι ὁ δῆμος ὁ γεννήσας τὸν
5 τύραννον θρέψει αὐτόν τε καὶ ἑταίρους.

Πολλὴ αὐτῷ, ἔφη, ἀνάγκη.

Πῶς [δὲ] λέγεις; εἶπον· ἐὰν δὲ ἀγανακτῇ τε καὶ λέγῃ ὁ
δῆμος ὅτι οὔτε δίκαιον τρέφεσθαι ὑπὸ πατρὸς ὑὸν ἡβῶντα,
ἀλλὰ τοὐναντίον ὑπὸ ὑέος πατέρα, οὔτε τούτου αὐτὸν ἕνεκα
569 ἐγέννησέν τε καὶ κατέστησεν, ἵνα, ἐπειδὴ μέγας γένοιτο, τότε

d 1 τιμή F D : τιμὴ ἡ A M d 8 τὰ] καὶ τὰ Baiter ἀποδομένων A F D M : ἀπολομένων A[2] : πωλουμένων ci. Campbell e 1 ἐπιλίπῃ F M : ἐπιλείπῃ A D e 3 συμπόται F D : συμπο(suprascr. λῖ)ται A : συμπο**ταί M e 4 ἦν δ᾽ A[2] M : ἔφην A F D e 5 ἑταίρους F D M : ἑτέρους A e 6 αὐτῷ ἔφη A M : ἔφη αὐτῷ F : αὐτῶν ἔφη D e 7 δὲ om. Ven. 184 ἐὰν δὲ M : ἐάν τε A F D e 9 αὐτὸν A F M : αὐτοῦ D αὐτὸς δουλεύων τοῖς αὑτοῦ δούλοις τρέφοι ἐκεῖνόν τε καὶ τοὺς δούλους μετὰ συγκλύδων ἄλλων, ἀλλ' ἵνα ἀπὸ τῶν πλουσίων τε καὶ καλῶν κἀγαθῶν λεγομένων ἐν τῇ πόλει ἐλευθερωθείη ἐκείνου προστάντος, καὶ νῦν κελεύει ἀπιέναι 5 ἐκ τῆς πόλεως αὐτόν τε καὶ τοὺς ἑταίρους, ὥσπερ πατὴρ ὑὸν ἐξ οἰκίας μετὰ ὀχληρῶν συμποτῶν ἐξελαύνων;

Γνώσεταί γε, νὴ Δία, ἦ δ' ὅς, τότ' ἤδη ὁ δῆμος οἷος οἷον θρέμμα γεννῶν ἠσπάζετό τε καὶ ηὖξεν, καὶ ὅτι ἀσθενέστερος b ὢν ἰσχυροτέρους ἐξελαύνει.

Πῶς, ἦν δ' ἐγώ, λέγεις; τολμήσει τὸν πατέρα βιάζεσθαι, κἂν μὴ πείθηται, τύπτειν ὁ τύραννος;

Ναί, ἔφη, ἀφελόμενός γε τὰ ὅπλα. 5

Πατραλοίαν, ἦν δ' ἐγώ, λέγεις τύραννον καὶ χαλεπὸν γηροτρόφον, καὶ ὡς ἔοικε τοῦτο δὴ ὁμολογουμένη ἂν ἤδη τυραννὶς εἴη, καί, τὸ λεγόμενον, ὁ δῆμος φεύγων ἂν καπνὸν δουλείας ἐλευθέρων εἰς πῦρ δούλων δεσποτείας ἂν ἐμπεπτω- c κὼς εἴη, ἀντὶ τῆς πολλῆς ἐκείνης καὶ ἀκαίρου ἐλευθερίας τὴν χαλεπωτάτην τε καὶ πικροτάτην δούλων δουλείαν μεταμπισχόμενος.

Καὶ μάλα, ἔφη, ταῦτα οὕτω γίγνεται. 5

Τί οὖν; εἶπον· οὐκ ἐμμελῶς ἡμῖν εἰρήσεται, ἐὰν φῶμεν ἱκανῶς διεληλυθέναι ὡς μεταβαίνει τυραννὶς ἐκ δημοκρατίας, γενομένη τε οἵα ἐστίν;

Πάνυ μὲν οὖν ἱκανῶς, ἔφη.

a 2 αὐτὸς A F M : αὐτοὺς D a 3 ἀπὸ scr. Mon. : ὑπὸ A F D M a 5 κελεύει] κελεύῃ ci. Baiter c 1 ἐλευθέρων A F M : ἐλευθέραν D δούλων A F M : δοῦλον D c 8 τε A F M : τε καὶ D

St. II
p. 571

Θ

a Αὐτὸς δὴ λοιπός, ἦν δ' ἐγώ, ὁ τυραννικὸς ἀνὴρ σκέψασθαι, πῶς τε μεθίσταται ἐκ δημοκρατικοῦ, γενόμενός τε ποῖός τίς ἐστιν καὶ τίνα τρόπον ζῇ, ἄθλιον ἢ μακάριον.

Λοιπὸς γὰρ οὖν ἔτι οὗτος, ἔφη.

5 Οἶσθ' οὖν, ἦν δ' ἐγώ, ὃ ποθῶ ἔτι;

Τὸ ποῖον;

Τὸ τῶν ἐπιθυμιῶν, οἷαί τε καὶ ὅσαι εἰσίν, οὔ μοι δοκοῦμεν ἱκανῶς διῃρῆσθαι. τούτου δὴ ἐνδεῶς ἔχοντος, ἀσαφεστέρα b ἔσται ἡ ζήτησις οὗ ζητοῦμεν.

Οὐκοῦν, ἦ δ' ὅς, ἔτ' ἐν καλῷ;

Πάνυ μὲν οὖν· καὶ σκόπει γε ὃ ἐν αὐταῖς βούλομαι ἰδεῖν. ἔστιν δὲ τόδε. τῶν μὴ ἀναγκαίων ἡδονῶν τε καὶ ἐπιθυμιῶν 5 δοκοῦσί τινές μοι εἶναι παράνομοι, αἳ κινδυνεύουσι μὲν ἐγγίγνεσθαι παντί, κολαζόμεναι δὲ ὑπό τε τῶν νόμων καὶ τῶν βελτιόνων ἐπιθυμιῶν μετὰ λόγου ἐνίων μὲν ἀνθρώπων ἢ παντάπασιν ἀπαλλάττεσθαι ἢ ὀλίγαι λείπεσθαι καὶ ἀσθενεῖς, c τῶν δὲ ἰσχυρότεραι καὶ πλείους.

Λέγεις δὲ καὶ τίνας, ἔφη, ταύτας;

Τὰς περὶ τὸν ὕπνον, ἦν δ' ἐγώ, ἐγειρομένας, ὅταν τὸ μὲν ἄλλο τῆς ψυχῆς εὕδῃ, ὅσον λογιστικὸν καὶ ἥμερον καὶ ἄρχον 5 ἐκείνου, τὸ δὲ θηριῶδές τε καὶ ἄγριον, ἢ σίτων ἢ μέθης πλησθέν, σκιρτᾷ τε καὶ ἀπωσάμενον τὸν ὕπνον ζητῇ ἰέναι καὶ ἀποπιμπλάναι τὰ αὑτοῦ ἤθη· οἶσθ' ὅτι πάντα ἐν τῷ τοιούτῳ τολμᾷ ποιεῖν, ὡς ἀπὸ πάσης λελυμένον τε καὶ

a 1 λοιπὸς A D M : λοιπὸν F b 2 ἐν καλῷ M : ἐγκαλῷ A F D b 5 μοι] ἐμοὶ Stobaeus b 6 τε τῶν νόμων καὶ τῶν] τῶν τυγχανόντων Stobaeus c 2 δὲ καὶ A M : δὲ F D : δὴ Stobaeus c 5 σίτων] σίτου Stobaeus

ἀπηλλαγμένον αἰσχύνης καὶ φρονήσεως. μητρί τε γὰρ ἐπι-
χειρεῖν μείγνυσθαι, ὡς οἴεται, οὐδὲν ὀκνεῖ, ἄλλῳ τε ὁτῳοῦν d
ἀνθρώπων καὶ θεῶν καὶ θηρίων, μιαιφονεῖν τε ὁτιοῦν, βρώ-
ματός τε ἀπέχεσθαι μηδενός· καὶ ἑνὶ λόγῳ οὔτε ἀνοίας
οὐδὲν ἐλλείπει οὔτ' ἀναισχυντίας.

Ἀληθέστατα, ἔφη, λέγεις. 5

Ὅταν δέ γε οἶμαι ὑγιεινῶς τις ἔχῃ αὐτὸς αὑτοῦ καὶ
σωφρόνως, καὶ εἰς τὸν ὕπνον ἴῃ τὸ λογιστικὸν μὲν ἐγείρας
ἑαυτοῦ καὶ ἑστιάσας λόγων καλῶν καὶ σκέψεων, εἰς σύννοιαν
αὐτὸς αὑτῷ ἀφικόμενος, τὸ ἐπιθυμητικὸν δὲ μήτε ἐνδείᾳ δοὺς e
μήτε πλησμονῇ, ὅπως ἂν κοιμηθῇ καὶ μὴ παρέχῃ θόρυβον
τῷ βελτίστῳ χαῖρον ἢ λυπούμενον, ἀλλ' ἐᾷ αὐτὸ καθ' αὑτὸ 572a
μόνον καθαρὸν σκοπεῖν καὶ ὀρέγεσθαί του αἰσθάνεσθαι ὃ μὴ
οἶδεν, ἤ τι τῶν γεγονότων ἢ ὄντων ἢ καὶ μελλόντων, ὡσαύ-
τως δὲ καὶ τὸ θυμοειδὲς πραΰνας καὶ μή τισιν εἰς ὀργὰς
ἐλθὼν κεκινημένῳ τῷ θυμῷ καθεύδῃ, ἀλλ' ἡσυχάσας μὲν τὼ 5
δύο εἴδη, τὸ τρίτον δὲ κινήσας ἐν ᾧ τὸ φρονεῖν ἐγγίγνεται,
οὕτως ἀναπαύηται, οἶσθ' ὅτι τῆς τ' ἀληθείας ἐν τῷ τοιούτῳ
μάλιστα ἅπτεται καὶ ἥκιστα παράνομοι τότε αἱ ὄψεις
φαντάζονται τῶν ἐνυπνίων. b

Παντελῶς μὲν οὖν, ἔφη, οἶμαι οὕτως.

Ταῦτα μὲν τοίνυν ἐπὶ πλέον ἐξήχθημεν εἰπεῖν· ὃ δὲ
βουλόμεθα γνῶναι τόδ' ἐστίν, ὡς ἄρα δεινόν τι καὶ ἄγριον
καὶ ἄνομον ἐπιθυμιῶν εἶδος ἑκάστῳ ἔνεστι, καὶ πάνυ δοκοῦ- 5
σιν ἡμῶν ἐνίοις μετρίοις εἶναι· τοῦτο δὲ ἄρα ἐν τοῖς ὕπνοις
γίγνεται ἔνδηλον. εἰ οὖν τι δοκῶ λέγειν καὶ συγχωρεῖς,
ἄθρει.

Ἀλλὰ συγχωρῶ.

Τὸν τοίνυν δημοτικὸν ἀναμνήσθητι οἷον ἔφαμεν εἶναι. 10

c 9 ἐπιχειρεῖν] ἐπιθυμεῖν Stobaeus d 3 ἑνὶ λόγῳ A² F D M Stobaeus: ἐν ὀλίγῳ A a 1 ἐᾷ αὐτὸ A F M: ἐὰν αὐτὸ D: ἑαυτῷ Stobaeus a 2 τοῦ F D m Stobaeus: καὶ A M (sed κα in ras. et του καὶ fecit A²): του (secl. αἰσθάνεσθαι) ci. Campbell a 4 ὀργὰς] ὀργὴν Stobaeus a 5 ἐλθὼν F D Stobaeus: ἐλθὸν A M b 3 τοίνυν] τοι Stobaeus δὲ βουλόμεθα] δ' ἐβουλόμεθα ci. Thompson

c ἦν δέ που γεγονὼς ἐκ νέου ὑπὸ φειδωλῷ πατρὶ τεθραμμένος,
τὰς χρηματιστικὰς ἐπιθυμίας τιμῶντι μόνας, τὰς δὲ μὴ
ἀναγκαίους ἀλλὰ παιδιᾶς τε καὶ καλλωπισμοῦ ἕνεκα γιγνο-
μένας ἀτιμάζοντι. ἦ γάρ;

5 Ναί.

Συγγενόμενος δὲ κομψοτέροις ἀνδράσι καὶ μεστοῖς ὧν
ἄρτι διήλθομεν ἐπιθυμιῶν, ὁρμήσας εἰς ὕβριν τε πᾶσαν καὶ
τὸ ἐκείνων εἶδος μίσει τῆς τοῦ πατρὸς φειδωλίας, φύσιν δὲ
τῶν διαφθειρόντων βελτίω ἔχων, ἀγόμενος ἀμφοτέρωσε
d κατέστη εἰς μέσον ἀμφοῖν τοῖν τρόποιν, καὶ μετρίως δή, ὡς
ᾤετο, ἑκάστων ἀπολαύων οὔτε ἀνελεύθερον οὔτε παράνομον
βίον ζῇ, δημοτικὸς ἐξ ὀλιγαρχικοῦ γεγονώς.

Ἦν γάρ, ἔφη, καὶ ἔστιν αὕτη ἡ δόξα περὶ τὸν τοιοῦτον.

5 Θὲς τοίνυν, ἦν δ' ἐγώ, πάλιν τοῦ τοιούτου ἤδη πρεσβυτέ-
ρου γεγονότος νέον ὑὸν ἐν τοῖς τούτου αὖ ἤθεσιν τεθραμμένον.

Τίθημι.

Τίθει τοίνυν καὶ τὰ αὐτὰ ἐκεῖνα περὶ αὐτὸν γιγνόμενα
ἅπερ καὶ περὶ τὸν πατέρα αὐτοῦ, ἀγόμενόν τε εἰς πᾶσαν
e παρανομίαν, ὀνομαζομένην δ' ὑπὸ τῶν ἀγόντων ἐλευθερίαν
ἅπασαν, βοηθοῦντά τε ταῖς ἐν μέσῳ ταύταις ἐπιθυμίαις
πατέρα τε καὶ τοὺς ἄλλους οἰκείους, τοὺς δ' αὖ παραβοη-
θοῦντας· ὅταν δ' ἐλπίσωσιν οἱ δεινοὶ μάγοι τε καὶ τυραννο-
5 ποιοὶ οὗτοι μὴ ἄλλως τὸν νέον καθέξειν, ἔρωτά τινα αὐτῷ
μηχανωμένους ἐμποιῆσαι προστάτην τῶν ἀργῶν καὶ τὰ
573 ἕτοιμα διανεμομένων ἐπιθυμιῶν, ὑπόπτερον καὶ μέγαν κη-
φῆνά τινα—ἢ τί ἄλλο οἴει εἶναι τὸν τῶν τοιούτων ἔρωτα;—

Οὐδὲν ἔγωγε, ἦ δ' ὅς, ἀλλ' ἢ τοῦτο.

Οὐκοῦν ὅταν δὴ περὶ αὐτὸν βομβοῦσαι αἱ ἄλλαι ἐπιθυμίαι,
5 θυμιαμάτων τε γέμουσαι καὶ μύρων καὶ στεφάνων καὶ οἴνων

c 1 τεθραμμένος A F M : τεθραμμένας D c 2 χρηματιστικὰς A F M : χρηματικὰς D c 8 εἶδος] ἦθος fort. Ficinus (*mores*) φύσιν A F M : φύσει D d 2 ἑκάστων A F D : ἕκαστον A[2] M ἀπολαύων F D : ἀπολαβὼν A M d 3 ἐξολιγάρχου F d 8 περὶ A D : τὰ περὶ F a 2 ἢ τί] ἤ τι A a 4 ὅταν δὴ F D : ὅταν A M αἱ A M : καὶ F D a 5 τε A D : om. F M καὶ τῶν ἐν ταῖς τοιαύταις συνουσίαις ἡδονῶν ἀνειμένων, ἐπὶ τὸ ἔσχατον αὔξουσαί τε καὶ τρέφουσαι πόθου κέντρον ἐμποιήσωσι τῷ κηφῆνι, τότε δὴ δορυφορεῖταί τε ὑπὸ μανίας καὶ οἰστρᾷ οὗτος ὁ προστάτης τῆς ψυχῆς, καὶ ἐάν τινας ἐν αὐτῷ **b** δόξας ἢ ἐπιθυμίας λάβῃ ποιουμένας χρηστὰς καὶ ἔτι ἐπαισχυνομένας, ἀποκτείνει τε καὶ ἔξω ὠθεῖ παρ' αὑτοῦ, ἕως ἂν καθήρῃ σωφροσύνης, μανίας δὲ πληρώσῃ ἐπακτοῦ.

Παντελῶς, ἔφη, τυραννικοῦ ἀνδρὸς λέγεις γένεσιν. 5

Ἆρ' οὖν, ἦν δ' ἐγώ, καὶ τὸ πάλαι διὰ τὸ τοιοῦτον τύραννος ὁ Ἔρως λέγεται;

Κινδυνεύει, ἔφη.

Οὐκοῦν, ὦ φίλε, εἶπον, καὶ μεθυσθεὶς ἀνὴρ τυραννικόν τι φρόνημα ἴσχει; **c**

Ἴσχει γάρ.

Καὶ μὴν ὅ γε μαινόμενος καὶ ὑποκεκινηκὼς οὐ μόνον ἀνθρώπων ἀλλὰ καὶ θεῶν ἐπιχειρεῖ τε καὶ ἐλπίζει δυνατὸς εἶναι ἄρχειν. 5

Καὶ μάλ', ἔφη.

Τυραννικὸς δέ, ἦν δ' ἐγώ, ὦ δαιμόνιε, ἀνὴρ ἀκριβῶς γίγνεται, ὅταν ἢ φύσει ἢ ἐπιτηδεύμασιν ἢ ἀμφοτέροις μεθυστικός τε καὶ ἐρωτικὸς καὶ μελαγχολικὸς γένηται.

Παντελῶς μὲν οὖν. 10

Γίγνεται μέν, ὡς ἔοικεν, οὕτω καὶ τοιοῦτος ἀνήρ· ζῇ δὲ δὴ πῶς;

Τὸ τῶν παιζόντων, ἔφη, τοῦτο σὺ καὶ ἐμοὶ ἐρεῖς. **d**

Λέγω δή, ἔφην. οἶμαι γὰρ τὸ μετὰ τοῦτο ἑορταὶ γίγνονται παρ' αὐτοῖς καὶ κῶμοι καὶ θάλειαι καὶ ἑταῖραι καὶ τὰ τοιαῦτα πάντα, ὧν ἂν Ἔρως τύραννος ἔνδον οἰκῶν διακυβερνᾷ τὰ τῆς ψυχῆς ἅπαντα. 5

Ἀνάγκη, ἔφη.

a 6 συνουσίαις A F M : συνουσίας D b 2 ἐπαισχυνομένας F D : ἐπαισχυνόμενος A M b 4 μανίας F D : καὶ μανίας A M c 11 ἀνήρ Campbell : ἀνὴρ A F D M d 4 διακυβερνᾷ A F M : διακυβερνῶ D

Ἆρ' οὖν οὐ πολλαὶ καὶ δειναὶ παραβλαστάνουσιν ἐπιθυμίαι ἡμέρας τε καὶ νυκτὸς ἑκάστης, πολλῶν δεόμεναι;

Πολλαὶ μέντοι.

10 Ταχὺ ἄρα ἀναλίσκονται ἐάν τινες ὦσι πρόσοδοι.

Πῶς δ' οὔ;

e Καὶ μετὰ τοῦτο δὴ δανεισμοὶ καὶ τῆς οὐσίας παραιρέσεις.

Τί μήν;

Ὅταν δὲ δὴ πάντ' ἐπιλείπῃ, ἆρα οὐκ ἀνάγκη μὲν τὰς ἐπιθυμίας βοᾶν πυκνάς τε καὶ σφοδρὰς ἐννενεοττευμένας, 5 τοὺς δ' ὥσπερ ὑπὸ κέντρων ἐλαυνομένους τῶν τε ἄλλων ἐπιθυμιῶν καὶ διαφερόντως ὑπ' αὐτοῦ τοῦ Ἔρωτος, πάσαις ταῖς ἄλλαις ὥσπερ δορυφόροις ἡγουμένου, οἰστρᾶν καὶ σκοπεῖν τίς τι ἔχει, ὃν δυνατὸν ἀφελέσθαι ἀπατήσαντα ἢ 574 βιασάμενον;

Σφόδρα γ', ἔφη.

Ἀναγκαῖον δὴ πανταχόθεν φέρειν, ἢ μεγάλαις ὠδῖσί τε καὶ ὀδύναις συνέχεσθαι.

5 Ἀναγκαῖον.

Ἆρ' οὖν, ὥσπερ αἱ ἐν αὐτῷ ἡδοναὶ ἐπιγιγνόμεναι τῶν ἀρχαίων πλέον εἶχον καὶ τὰ ἐκείνων ἀφῃροῦντο, οὕτω καὶ αὐτὸς ἀξιώσει νεώτερος ὢν πατρός τε καὶ μητρὸς πλέον ἔχειν, καὶ ἀφαιρεῖσθαι, ἐὰν τὸ αὑτοῦ μέρος ἀναλώσῃ, 10 ἀπονειμάμενος τῶν πατρῴων;

Ἀλλὰ τί μήν; ἔφη.

b Ἂν δὲ δὴ αὐτῷ μὴ ἐπιτρέπωσιν, ἆρ' οὐ τὸ μὲν πρῶτον ἐπιχειροῖ ἂν κλέπτειν καὶ ἀπατᾶν τοὺς γονέας;

Πάντως.

Ὁπότε δὲ μὴ δύναιτο, ἁρπάζοι ἂν καὶ βιάζοιτο μετὰ 5 τοῦτο;

Οἶμαι, ἔφη.

Ἀντεχομένων δὴ καὶ μαχομένων, ὦ θαυμάσιε, γέροντός

e 1 παραιρέσεις A M : παραινέσεις F D e 3 ἐπιλείπῃ A² F : ἐπιλίπῃ A D M

τε καὶ γραός, ἆρ' εὐλαβηθείη ἂν καὶ φείσαιτο μή τι δρᾶσαι
τῶν τυραννικῶν;

Οὐ πάνυ, ἦ δ' ὅς, ἔγωγε θαρρῶ περὶ τῶν γονέων τοῦ 10
τοιούτου.

Ἀλλ', ὦ Ἀδείμαντε, πρὸς Διός, ἕνεκα νεωστὶ φίλης καὶ
οὐκ ἀναγκαίας ἑταίρας γεγονυίας τὴν πάλαι φίλην καὶ ἀναγκ-
αίαν μητέρα, ἢ ἕνεκα ὡραίου νεωστὶ φίλου γεγονότος οὐκ c
ἀναγκαίου τὸν ἄωρόν τε καὶ ἀναγκαῖον πρεσβύτην πατέρα
καὶ τῶν φίλων ἀρχαιότατον δοκεῖ ἄν σοι ὁ τοιοῦτος πληγαῖς
τε δοῦναι καὶ καταδουλώσασθαι ἂν αὐτοὺς ὑπ' ἐκείνοις, εἰ
εἰς τὴν αὐτὴν οἰκίαν ἀγάγοιτο; 5

Ναὶ μὰ Δία, ἦ δ' ὅς.

Σφόδρα γε μακάριον, ἦν δ' ἐγώ, ἔοικεν εἶναι τὸ τυραννικὸν
ὑὸν τεκεῖν.

Πάνυ γ', ἔφη.

Τί δ', ὅταν δὴ τὰ πατρὸς καὶ μητρὸς ἐπιλείπῃ τὸν τοιοῦ- d
τον, πολὺ δὲ ἤδη συνειλεγμένον ἐν αὐτῷ ᾖ τὸ τῶν ἡδονῶν
σμῆνος, οὐ πρῶτον μὲν οἰκίας τινὸς ἐφάψεται τοίχου ἤ τινος
ὀψὲ νύκτωρ ἰόντος τοῦ ἱματίου, μετὰ δὲ ταῦτα ἱερόν τι
νεωκορήσει; καὶ ἐν τούτοις δὴ πᾶσιν, ἃς πάλαι εἶχεν δόξας 5
ἐκ παιδὸς περὶ καλῶν τε καὶ αἰσχρῶν, τὰς δικαίας ποιου-
μένας, αἱ νεωστὶ ἐκ δουλείας λελυμέναι, δορυφοροῦσαι τὸν
Ἔρωτα, κρατήσουσι μετ' ἐκείνου, αἳ πρότερον μὲν ὄναρ
ἐλύοντο ἐν ὕπνῳ, ὅτε ἦν αὐτὸς ἔτι ὑπὸ νόμοις τε καὶ πατρὶ e
δημοκρατούμενος ἐν ἑαυτῷ· τυραννευθεὶς δὲ ὑπὸ Ἔρωτος,
οἷος ὀλιγάκις ἐγίγνετο ὄναρ, ὕπαρ τοιοῦτος ἀεὶ γενόμενος,
οὔτε τινὸς φόνου δεινοῦ ἀφέξεται οὔτε βρώματος οὔτ' ἔργου,
ἀλλὰ τυραννικῶς ἐν αὐτῷ ὁ Ἔρως ἐν πάσῃ ἀναρχίᾳ καὶ 575
ἀνομίᾳ ζῶν, ἅτε αὐτὸς ὢν μόναρχος, τὸν ἔχοντά τε αὐτὸν
ὥσπερ πόλιν ἄξει ἐπὶ πᾶσαν τόλμαν, ὅθεν αὑτόν τε καὶ τὸν

b 9 τῶν τυραννικῶν A F M : τὸ τυραννικὸν D c 9 πάνυ A M : οὐ πάνυ F D d 1 ἐπιλείπῃ A F : ἐπιλείπει D : ἐπιλίπῃ M d 2 ἐν αὐτῷ A D M : ἑαυτῷ F d 6 δικαίας A : δίκας F D M a 1 τυραννικῶς A F M : τυραννικὸς D

περὶ αὐτὸν θόρυβον θρέψει, τὸν μὲν ἔξωθεν εἰσεληλυθότα
5 ἀπὸ κακῆς ὁμιλίας, τὸν δ' ἔνδοθεν ὑπὸ τῶν αὐτῶν τρόπων
καὶ ἑαυτοῦ ἀνεθέντα καὶ ἐλευθερωθέντα· ἢ οὐχ οὗτος ὁ βίος
τοῦ τοιούτου;

Οὗτος μὲν οὖν, ἔφη.

Καὶ ἂν μέν γε, ἦν δ' ἐγώ, ὀλίγοι οἱ τοιοῦτοι ἐν πόλει
b ὦσι καὶ τὸ ἄλλο πλῆθος σωφρονῇ, ἐξελθόντες ἄλλον τινὰ
δορυφοροῦσι τύραννον ἢ μισθοῦ ἐπικουροῦσιν, ἐάν που
πόλεμος ᾖ· ἐὰν δ' ἐν εἰρήνῃ τε καὶ ἡσυχίᾳ γένωνται, αὐτοῦ
δὴ ἐν τῇ πόλει κακὰ δρῶσι σμικρὰ πολλά.

5 Τὰ ποῖα δὴ λέγεις;

Οἷα κλέπτουσι, τοιχωρυχοῦσι, βαλλαντιοτομοῦσι, λωποδυτοῦσιν, ἱεροσυλοῦσιν, ἀνδραποδίζονται· ἔστι δ' ὅτε συκοφαντοῦσιν, ἐὰν δυνατοὶ ὦσι λέγειν, καὶ ψευδομαρτυροῦσι
καὶ δωροδοκοῦσιν.

c Σμικρά γ', ἔφη, κακὰ λέγεις, ἐὰν ὀλίγοι ὦσιν οἱ τοιοῦτοι.

Τὰ γὰρ σμικρά, ἦν δ' ἐγώ, πρὸς τὰ μεγάλα σμικρά ἐστιν,
καὶ ταῦτα δὴ πάντα πρὸς τύραννον πονηρίᾳ τε καὶ ἀθλιότητι
πόλεως, τὸ λεγόμενον, οὐδ' ἴκταρ βάλλει. ὅταν γὰρ δὴ
5 πολλοὶ ἐν πόλει γένωνται οἱ τοιοῦτοι καὶ ἄλλοι οἱ συνεπόμενοι αὐτοῖς, καὶ αἴσθωνται ἑαυτῶν τὸ πλῆθος, τότε οὗτοί
εἰσιν οἱ τὸν τύραννον γεννῶντες μετὰ δήμου ἀνοίας ἐκεῖνον,
ὃς ἂν αὐτῶν μάλιστα αὐτὸς ἐν αὑτῷ μέγιστον καὶ πλεῖστον
d ἐν τῇ ψυχῇ τύραννον ἔχῃ.

Εἰκότως γ', ἔφη· τυραννικώτατος γὰρ ἂν εἴη.

Οὐκοῦν ἐὰν μὲν ἑκόντες ὑπείκωσιν· ἐὰν δὲ μὴ ἐπιτρέπῃ
ἡ πόλις, ὥσπερ τότε μητέρα καὶ πατέρα ἐκόλαζεν, οὕτω
5 πάλιν τὴν πατρίδα, ἐὰν οἷός τ' ᾖ, κολάσεται ἐπεισαγόμενος
νέους ἑταίρους, καὶ ὑπὸ τούτοις δὴ δουλεύουσαν τὴν πάλαι
φίλην μητρίδα τε, Κρῆτές φασι, καὶ πατρίδα ἕξει τε καὶ
θρέψει. καὶ τοῦτο δὴ τὸ τέλος ἂν εἴη τῆς ἐπιθυμίας τοῦ
τοιούτου ἀνδρός.

c 4 ἴκταρ A Eustathius : ἴκταρ F D d 5 ἐπεισαγόμενος A F M : ἐπεισαγαγόμενος D

Τοῦτο, ἦ δ' ὅς, παντάπασί γε. e

Οὐκοῦν, ἦν δ' ἐγώ, οὗτοί γε τοιοίδε γίγνονται ἰδίᾳ καὶ πρὶν ἄρχειν· πρῶτον μὲν οἷς ἂν συνῶσιν, ἢ κόλαξιν ἑαυτῶν συνόντες καὶ πᾶν ἑτοίμοις ὑπηρετεῖν, ἢ ἐάν τού τι δέωνται, αὐτοὶ ὑποπεσόντες, πάντα σχήματα τολμῶντες ποιεῖν ὡς 576 οἰκεῖοι, διαπραξάμενοι δὲ ἀλλότριοι;

Καὶ σφόδρα γε.

Ἐν παντὶ ἄρα τῷ βίῳ ζῶσι φίλοι μὲν οὐδέποτε οὐδενί, ἀεὶ δέ του δεσπόζοντες ἢ δουλεύοντες ἄλλῳ, ἐλευθερίας δὲ 5 καὶ φιλίας ἀληθοῦς τυραννικὴ φύσις ἀεὶ ἄγευστος.

Πάνυ μὲν οὖν.

Ἆρ' οὖν οὐκ ὀρθῶς ἂν τοὺς τοιούτους ἀπίστους καλοῖμεν;

Πῶς δ' οὔ;

Καὶ μὴν ἀδίκους γε ὡς οἷόν τε μάλιστα, εἴπερ ὀρθῶς 10 ἐν τοῖς πρόσθεν ὡμολογήσαμεν περὶ δικαιοσύνης οἷόν b ἐστιν.

Ἀλλὰ μήν, ἦ δ' ὅς, ὀρθῶς γε.

Κεφαλαιωσώμεθα τοίνυν, ἦν δ' ἐγώ, τὸν κάκιστον. ἔστιν δέ που, οἷον ὄναρ διήλθομεν, ὃς ἂν ὕπαρ τοιοῦτος ᾖ. 5

Πάνυ μὲν οὖν.

Οὐκοῦν οὗτος γίγνεται ὃς ἂν τυραννικώτατος φύσει ὢν μοναρχήσῃ, καὶ ὅσῳ ἂν πλείω χρόνον ἐν τυραννίδι βιῷ, τοσούτῳ μᾶλλον τοιοῦτος.

Ἀνάγκη, ἔφη διαδεξάμενος τὸν λόγον ὁ Γλαύκων. 10

Ἆρ' οὖν, ἦν δ' ἐγώ, ὃς ἂν φαίνηται πονηρότατος, καὶ ἀθλιώτατος φανήσεται; καὶ ὃς ἂν πλεῖστον χρόνον καὶ c μάλιστα τυραννεύσῃ, μάλιστά τε καὶ πλεῖστον χρόνον τοιοῦτος γεγονὼς τῇ ἀληθείᾳ; τοῖς δὲ πολλοῖς πολλὰ καὶ δοκεῖ.

Ἀνάγκη, ἔφη, ταῦτα γοῦν οὕτως ἔχειν. 5

Ἄλλο τι οὖν, ἦν δ' ἐγώ, ὅ γε τυραννικὸς κατὰ τὴν

e 4 τού τι M : τοῦτι F : τουτὶ A D   a 1 πάντα A F M : πάντα τὰ D   b 10 διαδεξάμενος A M : δεξάμενος F D   c 3 τοῖς . . . c 4 δοκεῖ om. F

τυραννουμένην πόλιν ἂν εἴη ὁμοιότητι, δημοτικὸς δὲ κατὰ
δημοκρατουμένην, καὶ οἱ ἄλλοι οὕτω;

Τί μήν;

10 Οὐκοῦν, ὅτι πόλις πρὸς πόλιν ἀρετῇ καὶ εὐδαιμονίᾳ,
τοῦτο καὶ ἀνὴρ πρὸς ἄνδρα;

d Πῶς γὰρ οὔ;

Τί οὖν ἀρετῇ τυραννουμένη πόλις πρὸς βασιλευομένην
οἵαν τὸ πρῶτον διήλθομεν;

Πᾶν τοὐναντίον, ἔφη· ἡ μὲν γὰρ ἀρίστη, ἡ δὲ κα-
5 κίστη.

Οὐκ ἐρήσομαι, εἶπον, ὁποτέραν λέγεις· δῆλον γάρ. ἀλλ'
εὐδαιμονίας τε αὖ καὶ ἀθλιότητος ὡσαύτως ἢ ἄλλως κρίνεις;
καὶ μὴ ἐκπληττώμεθα πρὸς τὸν τύραννον ἕνα ὄντα βλέπον-
τες, μηδ' εἴ τινες ὀλίγοι περὶ ἐκεῖνον, ἀλλ' ὡς χρὴ ὅλην
e τὴν πόλιν εἰσελθόντας θεάσασθαι, καταδύντες εἰς ἅπασαν
καὶ ἰδόντες, οὕτω δόξαν ἀποφαινώμεθα.

Ἀλλ' ὀρθῶς, ἔφη, προκαλῇ· καὶ δῆλον παντὶ ὅτι τυραν-
νουμένης μὲν οὐκ ἔστιν ἀθλιωτέρα, βασιλευομένης δὲ οὐκ
5 εὐδαιμονεστέρα.

Ἆρ' οὖν, ἦν δ' ἐγώ, καὶ περὶ τῶν ἀνδρῶν τὰ αὐτὰ ταῦτα
577 προκαλούμενος ὀρθῶς ἂν προκαλοίμην, ἀξιῶν κρίνειν περὶ
αὐτῶν ἐκεῖνον, ὃς δύναται τῇ διανοίᾳ εἰς ἀνδρὸς ἦθος ἐνδὺς
διιδεῖν καὶ μὴ καθάπερ παῖς ἔξωθεν ὁρῶν ἐκπλήττεται ὑπὸ
τῆς τῶν τυραννικῶν προστάσεως ἣν πρὸς τοὺς ἔξω σχηματί-
5 ζονται, ἀλλ' ἱκανῶς διορᾷ; εἰ οὖν οἰοίμην δεῖν ἐκείνου
πάντας ἡμᾶς ἀκούειν, τοῦ δυνατοῦ μὲν κρῖναι, συνῳκηκότος
δὲ ἐν τῷ αὐτῷ καὶ παραγεγονότος ἔν τε ταῖς κατ' οἰκίαν
πράξεσιν, ὡς πρὸς ἑκάστους τοὺς οἰκείους ἔχει, ἐν οἷς
b μάλιστα γυμνὸς ἂν ὀφθείη τῆς τραγικῆς σκευῆς, καὶ ἐν αὖ
τοῖς δημοσίοις κινδύνοις, καὶ ταῦτα πάντα ἰδόντα κελεύοιμεν

c 7 ὁμοιότητι secl. ci. Ast   c 11 καὶ A F M : om. D   d 2 γρ. ἀρετῇ in marg. A : ἆρα ἡ A : ἄρα ἡ F D M   a 4 σχηματίζονται A F M : σχηματίζεται D   b 1 ἂν ὀφθείη] ἀνοφθείη A   ἐν αὖ τοῖς A D M : ἐν αὐτοῖς F ἐξαγγέλλειν πῶς ἔχει εὐδαιμονίας καὶ ἀθλιότητος ὁ τύραννος πρὸς τοὺς ἄλλους;

Ὀρθότατ' ἄν, ἔφη, καὶ ταῦτα προκαλοῖο. 5

Βούλει οὖν, ἦν δ' ἐγώ, προσποιησώμεθα ἡμεῖς εἶναι τῶν δυνατῶν ἂν κρῖναι καὶ ἤδη ἐντυχόντων τοιούτοις, ἵνα ἔχωμεν ὅστις ἀποκρινεῖται ἃ ἐρωτῶμεν;

Πάνυ γε.

Ἴθι δή μοι, ἔφην, ὧδε σκόπει. τὴν ὁμοιότητα ἀναμιμνῃ- c
σκόμενος τῆς τε πόλεως καὶ τοῦ ἀνδρός, οὕτω καθ' ἕκαστον ἐν μέρει ἀθρῶν, τὰ παθήματα ἑκατέρου λέγε.

Τὰ ποῖα; ἔφη.

Πρῶτον μέν, ἦν δ' ἐγώ, ὡς πόλιν εἰπεῖν, ἐλευθέραν ἢ 5
δούλην τὴν τυραννουμένην ἐρεῖς;

Ὡς οἷόν τ', ἔφη, μάλιστα δούλην.

Καὶ μὴν ὁρᾷς γε ἐν αὐτῇ δεσπότας καὶ ἐλευθέρους.

Ὁρῶ, ἔφη, σμικρόν γέ τι τοῦτο· τὸ δὲ ὅλον, ὡς ἔπος εἰπεῖν, ἐν αὐτῇ καὶ τὸ ἐπιεικέστατον ἀτίμως τε καὶ ἀθλίως δοῦλον. 10

Εἰ οὖν, εἶπον, ὅμοιος ἀνὴρ τῇ πόλει, οὐ καὶ ἐν ἐκείνῳ d
ἀνάγκη τὴν αὐτὴν τάξιν ἐνεῖναι, καὶ πολλῆς μὲν δουλείας τε καὶ ἀνελευθερίας γέμειν τὴν ψυχὴν αὐτοῦ, καὶ ταῦτα αὐτῆς τὰ μέρη δουλεύειν, ἅπερ ἦν ἐπιεικέστατα, μικρὸν δὲ καὶ τὸ μοχθηρότατον καὶ μανικώτατον δεσπόζειν; 5

Ἀνάγκη, ἔφη.

Τί οὖν; δούλην ἢ ἐλευθέραν τὴν τοιαύτην φήσεις εἶναι ψυχήν;

Δούλην δήπου ἔγωγε.

Οὐκοῦν ἥ γε αὖ δούλη καὶ τυραννουμένη πόλις ἥκιστα 10
ποιεῖ ἃ βούλεται;

Πολύ γε.

Καὶ ἡ τυραννουμένη ἄρα ψυχὴ ἥκιστα ποιήσει ἃ ἂν e
βουληθῇ, ὡς περὶ ὅλης εἰπεῖν ψυχῆς· ὑπὸ δὲ οἴστρου ἀεὶ ἑλκομένη βίᾳ ταραχῆς καὶ μεταμελείας μεστὴ ἔσται.

d 3 ἀνελευθερίας A F M : ἐλευθερίας D

Πῶς γὰρ οὔ;

5 Πλουσίαν δὲ ἢ πενομένην ἀνάγκη τὴν τυραννουμένην πόλιν εἶναι;

Πενομένην.

578 a Καὶ ψυχὴν ἄρα τυραννικὴν πενιχρὰν καὶ ἄπληστον ἀνάγκη ἀεὶ εἶναι.

Οὕτως, ἦ δ' ὅς.

Τί δέ; φόβου γέμειν ἆρ' οὐκ ἀνάγκη τήν τε τοιαύτην

5 πόλιν τόν τε τοιοῦτον ἄνδρα;

Πολλή γε.

Ὀδυρμούς τε καὶ στεναγμοὺς καὶ θρήνους καὶ ἀλγηδόνας οἴει ἔν τινι ἄλλῃ πλείους εὑρήσειν;

Οὐδαμῶς.

10 Ἐν ἀνδρὶ δὲ ἡγῇ τὰ τοιαῦτα ἐν ἄλλῳ τινὶ πλείω εἶναι ἢ ἐν τῷ μαινομένῳ ὑπὸ ἐπιθυμιῶν τε καὶ ἐρώτων τούτῳ τῷ τυραννικῷ;

Πῶς γὰρ ἄν; ἔφη.

b Εἰς πάντα δὴ οἶμαι ταῦτά τε καὶ ἄλλα τοιαῦτα ἀποβλέψας τήν τε πόλιν τῶν πόλεων ἀθλιωτάτην ἔκρινας—

Οὐκοῦν ὀρθῶς; ἔφη.

Καὶ μάλα, ἦν δ' ἐγώ. ἀλλὰ περὶ τοῦ ἀνδρὸς αὖ τοῦ

5 τυραννικοῦ τί λέγεις εἰς ταὐτὰ ταῦτα ἀποβλέπων;

Μακρῷ, ἔφη, ἀθλιώτατον εἶναι τῶν ἄλλων ἁπάντων.

Τοῦτο, ἦν δ' ἐγώ, οὐκέτ' ὀρθῶς λέγεις.

Πῶς; ἦ δ' ὅς.

Οὔπω, ἔφην, οἶμαι, οὗτός ἐστιν ὁ τοιοῦτος μάλιστα.

10 Ἀλλὰ τίς μήν;

Ὅδε ἴσως σοι ἔτι δόξει εἶναι τούτου ἀθλιώτερος.

Ποῖος;

c Ὃς ἄν, ἦν δ' ἐγώ, τυραννικὸς ὢν μὴ ἰδιώτην βίον κατα-

a 4 τε M : γε A F D a 5 τε A D M : γε F a 7 τε A D M : γε F : δὲ scr. Laur. xxxix b 2 τε A D : γε F M b 5 ταὐτὰ ταῦτα A M : ταῦτα ταῦτα D : αὐτὰ ταῦτα F b 8 πῶς; ἦ δ' ὅς A F M : om. D βιῷ, ἀλλὰ δυστυχὴς ᾖ καὶ αὐτῷ ὑπό τινος συμφορᾶς ἐκπορισθῇ ὥστε τυράννῳ γενέσθαι.

Τεκμαίρομαί σε, ἔφη, ἐκ τῶν προειρημένων ἀληθῆ λέγειν.

Ναί, ἦν δ' ἐγώ, ἀλλ' οὐκ οἴεσθαι χρὴ τὰ τοιαῦτα, ἀλλ' εὖ μάλα τῷ τοιούτῳ λόγῳ σκοπεῖν· περὶ γάρ τοι τοῦ μεγίστου ἡ σκέψις, ἀγαθοῦ τε βίου καὶ κακοῦ. 5

Ὀρθότατα, ἦ δ' ὅς.

Σκόπει δὴ εἰ ἄρα τι λέγω. δοκεῖ γάρ μοι δεῖν ἐννοῆσαι ἐκ τῶνδε περὶ αὐτοῦ σκοποῦντας. d

Ἐκ τίνων;

Ἐξ ἑνὸς ἑκάστου τῶν ἰδιωτῶν, ὅσοι πλούσιοι ἐν πόλεσιν ἀνδράποδα πολλὰ κέκτηνται. οὗτοι γὰρ τοῦτό γε προσόμοιον ἔχουσιν τοῖς τυράννοις, τὸ πολλῶν ἄρχειν· διαφέρει δὲ τὸ ἐκείνου πλῆθος. 5

Διαφέρει γάρ.

Οἶσθ' οὖν ὅτι οὗτοι ἀδεῶς ἔχουσιν καὶ οὐ φοβοῦνται τοὺς οἰκέτας;

Τί γὰρ ἂν φοβοῖντο; 10

Οὐδέν, εἶπον· ἀλλὰ τὸ αἴτιον ἐννοεῖς;

Ναί, ὅτι γε πᾶσα ἡ πόλις ἑνὶ ἑκάστῳ βοηθεῖ τῶν ἰδιωτῶν.

Καλῶς, ἦν δ' ἐγώ, λέγεις. τί δέ; εἴ τις θεῶν ἄνδρα ἕνα, ὅτῳ ἔστιν ἀνδράποδα πεντήκοντα ἢ καὶ πλείω, ἄρας ἐκ τῆς πόλεως αὐτόν τε καὶ γυναῖκα καὶ παῖδας θείη εἰς ἐρημίαν μετὰ τῆς ἄλλης οὐσίας τε καὶ τῶν οἰκετῶν, ὅπου αὐτῷ μηδεὶς τῶν ἐλευθέρων μέλλοι βοηθήσειν, ἐν ποίῳ ἄν τινι καὶ ὁπόσῳ φόβῳ οἴει γενέσθαι αὐτὸν περί τε αὑτοῦ καὶ παίδων καὶ γυναικός, μὴ ἀπόλοιντο ὑπὸ τῶν οἰκετῶν; e 5

Ἐν παντί, ἦ δ' ὅς, ἔγωγε.

Οὐκοῦν ἀναγκάζοιτο ἄν τινας ἤδη θωπεύειν αὐτῶν τῶν δούλων καὶ ὑπισχνεῖσθαι πολλὰ καὶ ἐλευθεροῦν οὐδὲν δεόμενος, καὶ κόλαξ αὐτὸς ἂν θεραπόντων ἀναφανείη; 579

c 2 δυστυχὴς ᾖ A² F D M : δυστυχήσῃ A e 2 ἢ καὶ F D : ἢ A M
e 5 ἂν A D M : om. F e 6 οἴει A D M : οἴει ἂν F

Πολλὴ ἀνάγκη, ἔφη, αὐτῷ, ἢ ἀπολωλέναι.

5 Τί δ', εἰ καὶ ἄλλους, ἦν δ' ἐγώ, ὁ θεὸς κύκλῳ κατοικίσειεν γείτονας πολλοὺς αὐτῷ, οἳ μὴ ἀνέχοιντο εἴ τις ἄλλος ἄλλου δεσπόζειν ἀξιοῖ, ἀλλ' εἴ πού τινα τοιοῦτον λαμβάνοιεν, ταῖς ἐσχάταις τιμωροῖντο τιμωρίαις;

b Ἔτι ἄν, ἔφη, οἶμαι, μᾶλλον ἐν παντὶ κακοῦ εἴη, κύκλῳ φρουρούμενος ὑπὸ πάντων πολεμίων.

Ἀρ' οὖν οὐκ ἐν τοιούτῳ μὲν δεσμωτηρίῳ δέδεται ὁ τύραννος, φύσει ὢν οἷον διεληλύθαμεν, πολλῶν καὶ παντοδαπῶν 5 φόβων καὶ ἐρώτων μεστός· λίχνῳ δὲ ὄντι αὐτῷ τὴν ψυχὴν μόνῳ τῶν ἐν τῇ πόλει οὔτε ἀποδημῆσαι ἔξεστιν οὐδαμόσε, οὔτε θεωρῆσαι ὅσων δὴ καὶ οἱ ἄλλοι ἐλεύθεροι ἐπιθυμηταί εἰσιν, καταδεδυκὼς δὲ ἐν τῇ οἰκίᾳ τὰ πολλὰ ὡς γυνὴ ζῇ, c φθονῶν καὶ τοῖς ἄλλοις πολίταις, ἐάν τις ἔξω ἀποδημῇ καί τι ἀγαθὸν ὁρᾷ;

Παντάπασιν μὲν οὖν, ἔφη.

Οὐκοῦν τοῖς τοιούτοις κακοῖς πλείω καρποῦται ἀνὴρ ὃς 5 ἂν κακῶς ἐν ἑαυτῷ πολιτευόμενος, ὃν νυνδὴ σὺ ἀθλιώτατον ἔκρινας, τὸν τυραννικόν, ὡς μὴ ἰδιώτης καταβιῷ, ἀλλὰ ἀναγκασθῇ ὑπό τινος τύχης τυραννεῦσαι καὶ ἑαυτοῦ ὢν ἀκράτωρ ἄλλων ἐπιχειρήσῃ ἄρχειν, ὥσπερ εἴ τις κάμνοντι σώματι καὶ ἀκράτορι ἑαυτοῦ μὴ ἰδιωτεύων ἀλλ' ἀγωνιζόμενος d πρὸς ἄλλα σώματα καὶ μαχόμενος ἀναγκάζοιτο διάγειν τὸν βίον.

Παντάπασιν, ἔφη, ὁμοιότατά τε καὶ ἀληθέστατα λέγεις, ὦ Σώκρατες.

5 Οὐκοῦν, ἦν δ' ἐγώ, ὦ φίλε Γλαύκων, παντελῶς τὸ πάθος ἄθλιον, καὶ τοῦ ὑπὸ σοῦ κριθέντος χαλεπώτατα ζῆν χαλεπώτερον ἔτι ζῇ ὁ τυραννῶν;

a 5 κατοικίσειεν scr. recc.: κατοικήσειεν A D M: κατοικήϵ F b 1 κακοῦ secl. Ast εἴη A^2 F M: εἰ εἴη A D b 8 ὡς] ὥσπερ Stobaeus ζῇ A F M Stobaeus: ζῆν D c 4 ἀνὴρ A F M Stobaeus: ὁ ἀνὴρ D c 5 ἑαυτῷ A^2 D M Stobaeus: αὐτῷ F: ταυτῷ A c 6 ὡς μὴ A F D M: μὴ ὡς Θ Stobaeus

Κομιδῇ γ', ἔφη.

Ἔστιν ἄρα τῇ ἀληθείᾳ, κἂν εἰ μή τῳ δοκεῖ, ὁ τῷ ὄντι τύραννος τῷ ὄντι δοῦλος τὰς μεγίστας θωπείας καὶ δουλείας 10
καὶ κόλαξ τῶν πονηροτάτων, καὶ τὰς ἐπιθυμίας οὐδ' ὁπωσ- e
τιοῦν ἀποπιμπλάς, ἀλλὰ πλείστων ἐπιδεέστατος καὶ πένης τῇ ἀληθείᾳ φαίνεται, ἐάν τις ὅλην ψυχὴν ἐπίστηται θεάσασθαι, καὶ φόβου γέμων διὰ παντὸς τοῦ βίου, σφαδασμῶν τε καὶ ὀδυνῶν πλήρης, εἴπερ τῇ τῆς πόλεως διαθέσει ἧς 5
ἄρχει ἔοικεν. ἔοικεν δέ· ἦ γάρ;

Καὶ μάλα, ἔφη.

Οὐκοῦν καὶ πρὸς τούτοις ἔτι ἀποδώσομεν τῷ ἀνδρὶ καὶ 580
ἃ τὸ πρότερον εἴπομεν, ὅτι ἀνάγκη καὶ εἶναι καὶ ἔτι μᾶλλον γίγνεσθαι αὐτῷ ἢ πρότερον διὰ τὴν ἀρχὴν φθονερῷ, ἀπίστῳ, ἀδίκῳ, ἀφίλῳ, ἀνοσίῳ καὶ πάσης κακίας πανδοκεῖ τε καὶ τροφεῖ, καὶ ἐξ ἁπάντων τούτων μάλιστα μὲν αὐτῷ δυστυχεῖ 5
εἶναι, ἔπειτα δὲ καὶ τοὺς πλησίον αὑτῷ τοιούτους ἀπεργάζεσθαι.

Οὐδείς σοι, ἔφη, τῶν νοῦν ἐχόντων ἀντερεῖ.

Ἴθι δή μοι, ἔφην ἐγώ, νῦν ἤδη ὥσπερ ὁ διὰ πάντων κριτὴς ἀποφαίνεται, καὶ σὺ οὕτω, τίς πρῶτος κατὰ τὴν σὴν b
δόξαν εὐδαιμονίᾳ καὶ τίς δεύτερος, καὶ τοὺς ἄλλους ἑξῆς πέντε ὄντας κρῖνε, βασιλικόν, τιμοκρατικόν, ὀλιγαρχικόν, δημοκρατικόν, τυραννικόν.

Ἀλλὰ ῥᾳδία, ἔφη, ἡ κρίσις. καθάπερ γὰρ εἰσῆλθον 5
ἔγωγε ὥσπερ χοροὺς κρίνω ἀρετῇ καὶ κακίᾳ καὶ εὐδαιμονίᾳ καὶ τῷ ἐναντίῳ.

Μισθωσώμεθα οὖν κήρυκα, ἦν δ' ἐγώ, ἢ αὐτὸς ἀνείπω ὅτι ὁ Ἀρίστωνος ὑὸς τὸν ἄριστόν τε καὶ δικαιότατον εὐδαιμονέστατον ἔκρινε, τοῦτον δ' εἶναι τὸν βασιλικώτατον καὶ c

d 9 δοκεῖ scr. Lobcov. : δοκῇ A F D M Stobaeus e 1 καὶ κόλαξ post d 10 δοῦλος transp. Adam ἐπιθυμίας A F M Stobaeus : ἐπιθυμίας καὶ δουλείας D b 2 καὶ τίς A F M Stobaeus : τίς D b 3 κρῖνε A M Stobaeus : κρίναι F : κρῖναι D b 8 ἀνείπω A M : ἂν εἴπω F D Stobaeus βασιλεύοντα αὑτοῦ, τὸν δὲ κάκιστόν τε καὶ ἀδικώτατον ἀθλιώτατον, τοῦτον δὲ αὖ τυγχάνειν ὄντα ὃς ἂν τυραννικώτατος ὢν ἑαυτοῦ τε ὅτι μάλιστα τυραννῇ καὶ τῆς πόλεως;

5 Ἀνειρήσθω σοι, ἔφη.

Ἦ οὖν προσαναγορεύω, εἶπον, ἐάντε λανθάνωσιν τοιοῦτοι ὄντες ἐάντε μὴ πάντας ἀνθρώπους τε καὶ θεούς;

Προσαναγόρευε, ἔφη.

Εἶεν δή, εἶπον· αὕτη μὲν ἡμῖν ἡ ἀπόδειξις μία ἂν εἴη, d δευτέραν δὲ ἰδὲ τήνδε, ἐάν τι δόξῃ εἶναι.

Τίς αὕτη;

Ἐπειδή, ὥσπερ πόλις, ἦν δ' ἐγώ, διῄρηται κατὰ τρία εἴδη, οὕτω καὶ ψυχὴ ἑνὸς ἑκάστου τριχῇ, [λογιστικὸν] δέξεται, ὡς 5 ἐμοὶ δοκεῖ, καὶ ἑτέραν ἀπόδειξιν.

Τίνα ταύτην;

Τήνδε. τριῶν ὄντων τριτταὶ καὶ ἡδοναί μοι φαίνονται, ἑνὸς ἑκάστου μία ἰδία· ἐπιθυμίαι τε ὡσαύτως καὶ ἀρχαί.

Πῶς λέγεις; ἔφη.

10 Τὸ μέν, φαμέν, ἦν ᾧ μανθάνει ἄνθρωπος, τὸ δὲ ᾧ θυμοῦται, τὸ δὲ τρίτον διὰ πολυειδίαν ἑνὶ οὐκ ἔσχομεν ὀνόματι προσ- e ειπεῖν ἰδίῳ αὐτοῦ, ἀλλὰ ὃ μέγιστον καὶ ἰσχυρότατον εἶχεν ἐν αὑτῷ, τούτῳ ἐπωνομάσαμεν· ἐπιθυμητικὸν γὰρ αὐτὸ κεκλήκαμεν διὰ σφοδρότητα τῶν τε περὶ τὴν ἐδωδὴν ἐπιθυμιῶν καὶ πόσιν καὶ ἀφροδίσια καὶ ὅσα ἄλλα τούτοις ἀκόλουθα, 5 καὶ φιλοχρήματον δή, ὅτι διὰ χρημάτων μάλιστα ἀποτελοῦνται 581 αἱ τοιαῦται ἐπιθυμίαι.

Καὶ ὀρθῶς γ', ἔφη.

Ἆρ' οὖν καὶ τὴν ἡδονὴν αὐτοῦ καὶ φιλίαν εἰ φαῖμεν εἶναι τοῦ κέρδους, μάλιστ' ἂν εἰς ἓν κεφάλαιον ἀπερειδοίμεθα τῷ 5 λόγῳ, ὥστε τι ἡμῖν αὐτοῖς δηλοῦν, ὁπότε τοῦτο τῆς ψυχῆς

c 6 προσαναγορεύω A F M : προσαγορεύω D d 1 δὲ ἰδὲ Adam : δεῖ δὲ A F D M : δὲ δεῖ m. recc. d 4 λογιστικὸν A² F D M : τὸ λογιστικὸν A : λογιστικὸν ἐπιθυμητικὸν θυμικὸν Par. 1642 : om. recc. d 8 ἰδία D M : ἰδίᾳ A : om. F e 2 τούτῳ] τοῦτο F e 3 τε F D : om. A M a 3 φαῖμεν A² M : φαμεν A F D τὸ μέρος λέγοιμεν, καὶ καλοῦντες αὐτὸ φιλοχρήματον καὶ φιλοκερδὲς ὀρθῶς ἂν καλοῖμεν;

Ἐμοὶ γοῦν δοκεῖ, ἔφη.

Τί δέ; τὸ θυμοειδὲς οὐ πρὸς τὸ κρατεῖν μέντοι φαμὲν καὶ νικᾶν καὶ εὐδοκιμεῖν ἀεὶ ὅλον ὡρμῆσθαι; 10

Καὶ μάλα. b

Εἰ οὖν φιλόνικον αὐτὸ καὶ φιλότιμον προσαγορεύοιμεν, ἦ ἐμμελῶς ἂν ἔχοι;

Ἐμμελέστατα μὲν οὖν.

Ἀλλὰ μὴν ᾧ γε μανθάνομεν, παντὶ δῆλον ὅτι πρὸς τὸ εἰδέναι τὴν ἀλήθειαν ὅπῃ ἔχει πᾶν ἀεὶ τέταται, καὶ χρημάτων τε καὶ δόξης ἥκιστα τούτων τούτῳ μέλει. 5

Πολύ γε.

Φιλομαθὲς δὴ καὶ φιλόσοφον καλοῦντες αὐτὸ κατὰ τρόπον ἂν καλοῖμεν; 10

Πῶς γὰρ οὔ;

Οὐκοῦν, ἦν δ' ἐγώ, καὶ ἄρχει ἐν ταῖς ψυχαῖς τῶν μὲν τοῦτο, τῶν δὲ τὸ ἕτερον ἐκείνων, ὁπότερον ἂν τύχῃ; c

Οὕτως, ἔφη.

Διὰ ταῦτα δὴ καὶ ἀνθρώπων λέγομεν τὰ πρῶτα τριττὰ γένη εἶναι, φιλόσοφον, φιλόνικον, φιλοκερδές;

Κομιδῇ γε. 5

Καὶ ἡδονῶν δὴ τρία εἴδη, ὑποκείμενον ἐν ἑκάστῳ τούτων;

Πάνυ γε.

Οἶσθ' οὖν, ἦν δ' ἐγώ, ὅτι εἰ 'θέλοις τρεῖς τοιούτους ἀνθρώπους ἐν μέρει ἕκαστον ἀνερωτᾶν τίς τούτων τῶν βίων ἥδιστος, τὸν ἑαυτοῦ ἕκαστος μάλιστα ἐγκωμιάσεται; ὅ τε χρηματιστικὸς πρὸς τὸ κερδαίνειν τὴν τοῦ τιμᾶσθαι ἡδονὴν ἢ τὴν τοῦ μανθάνειν οὐδενὸς ἀξίαν φήσει εἶναι, εἰ μὴ εἴ τι αὐτῶν ἀργύριον ποιεῖ; 10 d

a 10 ἀεὶ A M: δεῖ F D b 6 τέταται A D: τέτακται F M b 7 τούτων secl. Baiter: πάντων ci. Thompson c 3 λέγομεν F M: λέγωμεν A D c 6 δὴ A D M: γε F ὑποκείμενον A F D: ὑποκείμενα A[2] M

Ἀληθῆ, ἔφη.

5 Τί δὲ ὁ φιλότιμος; ἦν δ' ἐγώ· οὐ τὴν μὲν ἀπὸ τῶν χρημάτων ἡδονὴν φορτικήν τινα ἡγεῖται, καὶ αὖ τὴν ἀπὸ τοῦ μανθάνειν, ὅτι μὴ μάθημα τιμὴν φέρει, καπνὸν καὶ φλυαρίαν;

Οὕτως, ἔφη, ἔχει.

10 Τὸν δὲ φιλόσοφον, ἦν δ' ἐγώ, τί οἰώμεθα τὰς ἄλλας e ἡδονὰς νομίζειν πρὸς τὴν τοῦ εἰδέναι τἀληθὲς ὅπῃ ἔχει καὶ ἐν τοιούτῳ τινὶ ἀεὶ εἶναι μανθάνοντα; [τῆς ἡδονῆς] οὐ πάνυ πόρρω; καὶ καλεῖν τῷ ὄντι ἀναγκαίας, ὡς οὐδὲν τῶν ἄλλων δεόμενον, εἰ μὴ ἀνάγκη ἦν;

5 Εὖ, ἔφη, δεῖ εἰδέναι;

Ὅτε δὴ οὖν, εἶπον, ἀμφισβητοῦνται ἑκάστου τοῦ εἴδους αἱ ἡδοναὶ καὶ αὐτὸς ὁ βίος, μὴ ὅτι πρὸς τὸ κάλλιον καὶ αἴσχιον ζῆν μηδὲ τὸ χεῖρον καὶ ἄμεινον, ἀλλὰ πρὸς αὐτὸ τὸ 582 ἥδιον καὶ ἀλυπότερον, πῶς ἂν εἰδεῖμεν τίς αὐτῶν ἀληθέστατα λέγει;

Οὐ πάνυ, ἔφη, ἔγωγε ἔχω εἰπεῖν.

Ἀλλ' ὧδε σκόπει· τίνι χρὴ κρίνεσθαι τὰ μέλλοντα καλῶς 5 κριθήσεσθαι; ἆρ' οὐκ ἐμπειρίᾳ τε καὶ φρονήσει καὶ λόγῳ; ἢ τούτων ἔχοι ἄν τις βέλτιον κριτήριον;

Καὶ πῶς ἄν; ἔφη.

Σκόπει δή· τριῶν ὄντων τῶν ἀνδρῶν τίς ἐμπειρότατος πασῶν ὧν εἴπομεν ἡδονῶν; πότερον ὁ φιλοκερδής, μανθάνων αὐτὴν 10 τὴν ἀλήθειαν οἷόν ἐστιν, ἐμπειρότερος δοκεῖ σοι εἶναι τῆς b ἀπὸ τοῦ εἰδέναι ἡδονῆς, ἢ ὁ φιλόσοφος τῆς ἀπὸ τοῦ κερδαίνειν;

Πολύ, ἔφη, διαφέρει. τῷ μὲν γὰρ ἀνάγκη γεύεσθαι τῶν ἑτέρων ἐκ παιδὸς ἀρξαμένῳ· τῷ δὲ φιλοκερδεῖ, ὅπῃ πέφυκε τὰ ὄντα μανθάνοντι, τῆς ἡδονῆς ταύτης, ὡς γλυκειά ἐστιν,

d 5 τῶν A D M : om. F   d 10 τί οἰώμεθα ci. Graser : ποιώμεθα A F D M   e 1 ἔχει A F M : ἴσχει D   e 2 τῆς ἡδονῆς punctis notata in A : secl. Baiter : an τῆς ἀληθινῆς ? Campbell   e 6 ὅτε] ὅτι Galenus   τοῦ om. Galenus   e 7 ὅτι A D M : om. F
b 4 ὄντα A F M : ὄντι D

οὐκ ἀνάγκη γεύεσθαι οὐδ' ἐμπείρῳ γίγνεσθαι, μᾶλλον δὲ 5
καὶ προθυμουμένῳ οὐ ῥᾴδιον.

Πολὺ ἄρα, ἦν δ' ἐγώ, διαφέρει τοῦ γε φιλοκερδοῦς ὁ φιλόσοφος ἐμπειρίᾳ ἀμφοτέρων τῶν ἡδονῶν.

Πολὺ μέντοι. c

Τί δὲ τοῦ φιλοτίμου; ἆρα μᾶλλον ἄπειρός ἐστι τῆς ἀπὸ τοῦ τιμᾶσθαι ἡδονῆς ἢ ἐκεῖνος τῆς ἀπὸ τοῦ φρονεῖν;

Ἀλλὰ τιμὴ μέν, ἔφη, ἐάνπερ ἐξεργάζωνται ἐπὶ ὃ ἕκαστος ὥρμηκε, πᾶσιν αὐτοῖς ἕπεται—καὶ γὰρ ὁ πλούσιος ὑπὸ 5
πολλῶν τιμᾶται καὶ ὁ ἀνδρεῖος καὶ σοφός—ὥστε ἀπό γε τοῦ τιμᾶσθαι, οἷόν ἐστιν, πάντες τῆς ἡδονῆς ἔμπειροι· τῆς δὲ τοῦ ὄντος θέας, οἵαν ἡδονὴν ἔχει, ἀδύνατον ἄλλῳ γεγεῦσθαι πλὴν τῷ φιλοσόφῳ.

Ἐμπειρίας μὲν ἄρα, εἶπον, ἕνεκα κάλλιστα τῶν ἀνδρῶν d
κρίνει οὗτος.

Πολύ γε.

Καὶ μὴν μετά γε φρονήσεως μόνος ἔμπειρος γεγονὼς ἔσται. 5

Τί μήν;

Ἀλλὰ μὴν καὶ δι' οὗ γε δεῖ ὀργάνου κρίνεσθαι, οὐ τοῦ φιλοκερδοῦς τοῦτο ὄργανον οὐδὲ τοῦ φιλοτίμου, ἀλλὰ τοῦ φιλοσόφου.

Τὸ ποῖον; 10

Διὰ λόγων που ἔφαμεν δεῖν κρίνεσθαι. ἢ γάρ;

Ναί.

Λόγοι δὲ τούτου μάλιστα ὄργανον.

Πῶς δ' οὔ;

Οὐκοῦν εἰ μὲν πλούτῳ καὶ κέρδει ἄριστα ἐκρίνετο τὰ 15
κρινόμενα, ἃ ἐπῄνει ὁ φιλοκερδὴς καὶ ἔψεγεν, ἀνάγκη ἂν e
ἦν ταῦτα ἀληθέστατα εἶναι.

c 4 τιμὴ μέν scr. recc. : τιμὴν μέν F : τί μήν A D M c 6 σοφὸς A F D : ὁ σοφός A² M d 2 κρίνει] κρινεῖ ci. Bekker οὗτος F D M : οὕτως A d 4 φρονήσεως A F M : σωφρονήσεως D d 8 τοῦτο A M : τοῦτό τὸ F D

Πολλή γε.

Εἰ δὲ τιμῇ τε καὶ νίκῃ καὶ ἀνδρείᾳ, ἆρ' οὐχ ἃ ὁ φιλότιμός
5 τε καὶ φιλόνικος;

Δῆλον.

Ἐπειδὴ δ' ἐμπειρίᾳ καὶ φρονήσει καὶ λόγῳ;

Ἀνάγκη, ἔφη, ἃ ὁ φιλόσοφός τε καὶ ὁ φιλόλογος ἐπαινεῖ, ἀληθέστατα εἶναι.

583 Τριῶν ἄρ' οὐσῶν τῶν ἡδονῶν ἡ τούτου τοῦ μέρους τῆς ψυχῆς ᾧ μανθάνομεν ἡδίστη ἂν εἴη, καὶ ἐν ᾧ ἡμῶν τοῦτο ἄρχει, ὁ τούτου βίος ἥδιστος;

Πῶς δ' οὐ μέλλει; ἔφη· κύριος γοῦν ἐπαινέτης ὢν
5 ἐπαινεῖ τὸν ἑαυτοῦ βίον ὁ φρόνιμος.

Τίνα δὲ δεύτερον, εἶπον, βίον καὶ τίνα δευτέραν ἡδονήν φησιν ὁ κριτὴς εἶναι;

Δῆλον ὅτι τὴν τοῦ πολεμικοῦ τε καὶ φιλοτίμου· ἐγγυτέρω γὰρ αὐτοῦ ἐστιν ἢ ἡ τοῦ χρηματιστοῦ.

10 Ὑστάτην δὴ τὴν τοῦ φιλοκερδοῦς, ὡς ἔοικεν.

Τί μήν; ἦ δ' ὅς.

b Ταῦτα μὲν τοίνυν οὕτω δύ' ἐφεξῆς ἂν εἴη καὶ δὶς νενικηκὼς ὁ δίκαιος τὸν ἄδικον· τὸ δὲ τρίτον ὀλυμπικῶς τῷ σωτῆρί τε καὶ τῷ Ὀλυμπίῳ Διί, ἄθρει ὅτι οὐδὲ παναληθής ἐστιν ἡ τῶν ἄλλων ἡδονὴ πλὴν τῆς τοῦ φρονίμου οὐδὲ καθαρά, ἀλλ'
5 ἐσκιαγραφημένη τις, ὡς ἐγὼ δοκῶ μοι τῶν σοφῶν τινος ἀκηκοέναι. καίτοι τοῦτ' ἂν εἴη μέγιστόν τε καὶ κυριώτατον τῶν πτωμάτων.

Πολύ γε· ἀλλὰ πῶς λέγεις;

c Ὧδ', εἶπον, ἐξευρήσω, σοῦ ἀποκρινομένου ζητῶν ἅμα.

Ἐρώτα δή, ἔφη.

Λέγε δή, ἦν δ' ἐγώ· οὐκ ἐναντίον φαμὲν λύπην ἡδονῇ;

Καὶ μάλα.

5 Οὐκοῦν καὶ τὸ μήτε χαίρειν μήτε λυπεῖσθαι εἶναί τι;

e 5 φιλόνικος (sic) F : ὁ φιλόνεικος (sic) A D a 4 ὢν F D M : ὧν A (et mox βίον punctis notatum) a 9 ἐστιν A D M : om. F
c 3 λύπην A²: πην A

Εἶναι μέντοι.

Μεταξὺ τούτοιν ἀμφοῖν ἐν μέσῳ ὂν ἡσυχίαν τινὰ περὶ ταῦτα τῆς ψυχῆς; ἢ οὐχ οὕτως αὐτὸ λέγεις;

Οὕτως, ἦ δ' ὅς.

Ἆρ' οὖν μνημονεύεις, ἦν δ' ἐγώ, τοὺς τῶν καμνόντων 10 λόγους, οὓς λέγουσιν ὅταν κάμνωσιν;

Ποίους;

Ὡς οὐδὲν ἄρα ἐστὶν ἥδιον τοῦ ὑγιαίνειν, ἀλλὰ σφᾶς ἐλελήθει, πρὶν κάμνειν, ἥδιστον ὄν. d

Μέμνημαι, ἔφη.

Οὐκοῦν καὶ τῶν περιωδυνίᾳ τινὶ ἐχομένων ἀκούεις λεγόντων ὡς οὐδὲν ἥδιον τοῦ παύσασθαι ὀδυνώμενον;

Ἀκούω. 5

Καὶ ἐν ἄλλοις γε οἶμαι πολλοῖς τοιούτοις αἰσθάνῃ γιγνομένους τοὺς ἀνθρώπους, ἐν οἷς, ὅταν λυπῶνται, τὸ μὴ λυπεῖσθαι καὶ τὴν ἡσυχίαν τοῦ τοιούτου ἐγκωμιάζουσιν ὡς ἥδιστον, οὐ τὸ χαίρειν.

Τοῦτο γάρ, ἔφη, τότε ἡδὺ ἴσως καὶ ἀγαπητὸν γίγνεται, 10 ἡσυχία.

Καὶ ὅταν παύσηται ἄρα, εἶπον, χαίρων τις, ἡ τῆς ἡδονῆς e ἡσυχία λυπηρὸν ἔσται.

Ἴσως, ἔφη.

Ὃ μεταξὺ ἄρα νυνδὴ ἀμφοτέρων ἔφαμεν εἶναι, τὴν ἡσυχίαν, τοῦτό ποτε ἀμφότερα ἔσται, λύπη τε καὶ ἡδονή. 5

Ἔοικεν.

Ἦ καὶ δυνατὸν τὸ μηδέτερα ὂν ἀμφότερα γίγνεσθαι;

Οὔ μοι δοκεῖ.

Καὶ μὴν τό γε ἡδὺ ἐν ψυχῇ γιγνόμενον καὶ τὸ λυπηρὸν κίνησίς τις ἀμφοτέρω ἐστόν· ἢ οὔ; 10

Ναί.

Τὸ δὲ μήτε λυπηρὸν μήτε ἡδὺ οὐχὶ ἡσυχία μέντοι καὶ 584 ἐν μέσῳ τούτοιν ἐφάνη ἄρτι;

c 10 οὖν F: οὐ A D M d 7 τὸ μὴ A² F D M: μὴ A d 10 καὶ . . . e 3 ἴσως A F M: om. D

Ἐφάνη γάρ.

Πῶς οὖν ὀρθῶς ἔστι τὸ μὴ ἀλγεῖν ἡδὺ ἡγεῖσθαι ἢ τὸ μὴ
5 χαίρειν ἀνιαρόν;

Οὐδαμῶς.

Οὐκ ἔστιν ἄρα τοῦτο, ἀλλὰ φαίνεται, ἦν δ' ἐγώ, παρὰ τὸ ἀλγεινὸν ἡδὺ καὶ παρὰ τὸ ἡδὺ ἀλγεινὸν τότε ἡ ἡσυχία, καὶ οὐδὲν ὑγιὲς τούτων τῶν φαντασμάτων πρὸς ἡδονῆς
10 ἀλήθειαν, ἀλλὰ γοητεία τις.

Ὡς γοῦν ὁ λόγος, ἔφη, σημαίνει.

b Ἰδὲ τοίνυν, ἔφην ἐγώ, ἡδονάς, αἳ οὐκ ἐκ λυπῶν εἰσίν, ἵνα μὴ πολλάκις οἰηθῇς ἐν τῷ παρόντι οὕτω τοῦτο πεφυκέναι, ἡδονὴν μὲν παῦλαν λύπης εἶναι, λύπην δὲ ἡδονῆς.

Ποῦ δή, ἔφη, καὶ ποίας λέγεις;

5 Πολλαὶ μέν, εἶπον, καὶ ἄλλαι, μάλιστα δ' εἰ 'θέλεις ἐννοῆσαι τὰς περὶ τὰς ὀσμὰς ἡδονάς. αὗται γὰρ οὐ προλυπηθέντι ἐξαίφνης ἀμήχανοι τὸ μέγεθος γίγνονται, παυσάμεναί τε λύπην οὐδεμίαν καταλείπουσιν.

Ἀληθέστατα, ἔφη.

c Μὴ ἄρα πειθώμεθα καθαρὰν ἡδονὴν εἶναι τὴν λύπης ἀπαλλαγήν, μηδὲ λύπην τὴν ἡδονῆς.

Μὴ γάρ.

Ἀλλὰ μέντοι, εἶπον, αἵ γε διὰ τοῦ σώματος ἐπὶ τὴν
5 ψυχὴν τείνουσαι καὶ λεγόμεναι ἡδοναί, σχεδὸν αἱ πλεῖσταί τε καὶ μέγισται, τούτου τοῦ εἴδους εἰσί, λυπῶν τινες ἀπαλλαγαί.

Εἰσὶ γάρ.

Οὐκοῦν καὶ αἱ πρὸ μελλόντων τούτων ἐκ προσδοκίας
10 γιγνόμεναι προησθήσεις τε καὶ προλυπήσεις κατὰ ταὐτὰ ἔχουσιν;

Κατὰ ταὐτά.

d Οἶσθ' οὖν, ἦν δ' ἐγώ, οἷαί εἰσιν καὶ ᾧ μάλιστα ἐοίκασιν;

b 1 ἔφην A² F M : ἔφην δ' A D   b 2 τοῦτο A F M : τούτω D
c 5 πλεῖσταί τε A M : πλεῖσται F D   c 6 μέγισται A M : μέγισταί τε F D

Τῷ; ἔφη.

Νομίζεις τι, εἶπον, ἐν τῇ φύσει εἶναι τὸ μὲν ἄνω, τὸ δὲ κάτω, τὸ δὲ μέσον;

Ἔγωγε. 5

Οἴει οὖν ἄν τινα ἐκ τοῦ κάτω φερόμενον πρὸς μέσον ἄλλο τι οἴεσθαι ἢ ἄνω φέρεσθαι; καὶ ἐν μέσῳ στάντα, ἀφορῶντα ὅθεν ἐνήνεκται, ἄλλοθί που ἂν ἡγεῖσθαι εἶναι ἢ ἐν τῷ ἄνω, μὴ ἑωρακότα τὸ ἀληθῶς ἄνω;

Μὰ Δί', οὐκ ἔγωγε, ἔφη, ἄλλως οἶμαι οἰηθῆναι ἂν τὸν 10 τοιοῦτον.

e Ἀλλ' εἰ πάλιν γ', ἔφην, φέροιτο, κάτω τ' ἂν οἴοιτο φέρεσθαι καὶ ἀληθῆ οἴοιτο;

Πῶς γὰρ οὔ;

Οὐκοῦν ταῦτα πάσχοι ἂν πάντα διὰ τὸ μὴ ἔμπειρος εἶναι τοῦ ἀληθινῶς ἄνω τε ὄντος καὶ ἐν μέσῳ καὶ κάτω; 5

Δῆλον δή.

Θαυμάζοις ἂν οὖν εἰ καὶ οἱ ἄπειροι ἀληθείας περὶ πολλῶν τε ἄλλων μὴ ὑγιεῖς δόξας ἔχουσιν, πρός τε ἡδονὴν καὶ λύπην καὶ τὸ μεταξὺ τούτων οὕτω διάκεινται, ὥστε, ὅταν μὲν ἐπὶ τὸ λυπηρὸν φέρωνται, ἀληθῆ τε οἴονται καὶ τῷ ὄντι λυποῦνται, 585 ὅταν δὲ ἀπὸ λύπης ἐπὶ τὸ μεταξύ, σφόδρα μὲν οἴονται πρὸς πληρώσει τε καὶ ἡδονῇ γίγνεσθαι, ὥσπερ πρὸς μέλαν φαιὸν ἀποσκοποῦντες ἀπειρίᾳ λευκοῦ, καὶ πρὸς τὸ ἄλυπον οὕτω λύπην ἀφορῶντες ἀπειρίᾳ ἡδονῆς ἀπατῶνται; 5

Μὰ Δία, ἦ δ' ὅς, οὐκ ἂν θαυμάσαιμι, ἀλλὰ πολὺ μᾶλλον, εἰ μὴ οὕτως ἔχει.

b Ὧδέ γ' οὖν, εἶπον, ἐννόει· οὐχὶ πεῖνα καὶ δίψα καὶ τὰ τοιαῦτα κενώσεις τινές εἰσιν τῆς περὶ τὸ σῶμα ἕξεως;

Τί μήν;

d 10 ἄλλως D M : ἀλλ' ὡς A F   e 5 κάτω A² F D M : κάτα A   e 7 οἱ F : om. A D M   a 3 ὥσπερ A F D M : ὥσπερ δὲ scr. Mon.   μέλαν φαιὸν transponenda significat Mon.   a 4 τὸ ἄλυπον et λύπην transp. ci. Schleiermacher   a 8 πεῖνα F D M : πείνη A   b 2 τί μήν . . . b 4 ἕξεως om. F

Ἄγνοια δὲ καὶ ἀφροσύνη ἆρ' οὐ κενότης ἐστὶ τῆς περὶ ψυχὴν αὖ ἕξεως;

5 Μάλα γε.

Οὐκοῦν πληροῖτ' ἂν ὅ τε τροφῆς μεταλαμβάνων καὶ ὁ νοῦν ἴσχων;

Πῶς δ' οὔ;

Πλήρωσις δὲ ἀληθεστέρα τοῦ ἧττον ἢ τοῦ μᾶλλον 10 ὄντος;

Δῆλον ὅτι τοῦ μᾶλλον.

Πότερα οὖν ἡγῇ τὰ γένη μᾶλλον καθαρᾶς οὐσίας μετέχειν, τὰ οἷον σίτου τε καὶ ποτοῦ καὶ ὄψου καὶ συμπάσης τροφῆς, ἢ τὸ δόξης τε ἀληθοῦς εἶδος καὶ ἐπιστήμης καὶ νοῦ καὶ c συλλήβδην αὖ πάσης ἀρετῆς; ὧδε δὲ κρῖνε· τὸ τοῦ ἀεὶ ὁμοίου ἐχόμενον καὶ ἀθανάτου καὶ ἀληθείας, καὶ αὐτὸ τοιοῦτον ὂν καὶ ἐν τοιούτῳ γιγνόμενον, μᾶλλον εἶναί σοι δοκεῖ, ἢ τὸ μηδέποτε ὁμοίου καὶ θνητοῦ, καὶ αὐτὸ τοιοῦτον καὶ ἐν τοιούτῳ 5 γιγνόμενον;

Πολύ, ἔφη, διαφέρει τὸ τοῦ ἀεὶ ὁμοίου.

Ἡ οὖν ἀεὶ ὁμοίου οὐσία οὐσίας τι μᾶλλον ἢ ἐπιστήμης μετέχει;

Οὐδαμῶς.

10 Τί δ'; ἀληθείας;

Οὐδὲ τοῦτο.

Εἰ δὲ ἀληθείας ἧττον, οὐ καὶ οὐσίας;

Ἀνάγκη.

d Οὐκοῦν ὅλως τὰ περὶ τὴν τοῦ σώματος θεραπείαν γένη τῶν γενῶν αὖ τῶν περὶ τὴν τῆς ψυχῆς θεραπείαν ἧττον ἀληθείας τε καὶ οὐσίας μετέχει;

b 4 αὖ ADM: om. Stobaeus b 13 τὰ A[2]FDM: om. A οἷον A (sed suprascr. α) c 1 κρῖνε AM: κρίνε F: κρῖναι D c 2 καὶ ἀληθείας secl. ci. Madvig: an καὶ ἀληθοῦς Campbell αὐτὸ DM: αὖ τὸ AF c 3 τὸ] τὸ τοῦ Ast c 4 αὐτὸ DM: αὖ τὸ AF τοιοῦτον FD: τοιοῦτο AM c 7 ἀεὶ] τοῦ ἀεὶ ci. Madvig ὁμοίου AFDM: ἀνομοίου Adam ἢ] ἢ ἡ Adam c 12 οὐ ADM: om. F d 2 αὖ τῶν AM: αὐτῶν FD

Πολύ γε.

Σῶμα δὲ αὐτὸ ψυχῆς οὐκ οἴει οὕτως; 5

Ἔγωγε.

Οὐκοῦν τὸ τῶν μᾶλλον ὄντων πληρούμενον καὶ αὐτὸ μᾶλλον ὂν ὄντως μᾶλλον πληροῦται ἢ τὸ τῶν ἧττον ὄντων καὶ αὐτὸ ἧττον ὄν;

Πῶς γὰρ οὔ; 10

Εἰ ἄρα τὸ πληροῦσθαι τῶν φύσει προσηκόντων ἡδύ ἐστι, τὸ τῷ ὄντι καὶ τῶν ὄντων πληρούμενον μᾶλλον μᾶλλον ὄντως τε καὶ ἀληθεστέρως χαίρειν ἂν ποιοῖ ἡδονῇ ἀληθεῖ, e τὸ δὲ τῶν ἧττον ὄντων μεταλαμβάνον ἧττόν τε ἂν ἀληθῶς καὶ βεβαίως πληροῖτο καὶ ἀπιστοτέρας ἂν ἡδονῆς καὶ ἧττον ἀληθοῦς μεταλαμβάνοι.

Ἀναγκαιότατα, ἔφη. 5

Οἱ ἄρα φρονήσεως καὶ ἀρετῆς ἄπειροι, εὐωχίαις δὲ καὶ 586 τοῖς τοιούτοις ἀεὶ συνόντες, κάτω, ὡς ἔοικεν, καὶ μέχρι πάλιν πρὸς τὸ μεταξὺ φέρονταί τε καὶ ταύτῃ πλανῶνται διὰ βίου, ὑπερβάντες δὲ τοῦτο πρὸς τὸ ἀληθῶς ἄνω οὔτε ἀνέβλεψαν πώποτε οὔτε ἠνέχθησαν, οὐδὲ τοῦ ὄντος τῷ ὄντι ἐπληρώ- 5 θησαν, οὐδὲ βεβαίου τε καὶ καθαρᾶς ἡδονῆς ἐγεύσαντο, ἀλλὰ βοσκημάτων δίκην κάτω ἀεὶ βλέποντες καὶ κεκυφότες εἰς γῆν καὶ εἰς τραπέζας βόσκονται χορταζόμενοι καὶ ὀχεύοντες, καὶ ἕνεκα τῆς τούτων πλεονεξίας λακτίζοντες καὶ κυρίττοντες b ἀλλήλους σιδηροῖς κέρασί τε καὶ ὁπλαῖς ἀποκτεινύασι δι' ἀπληστίαν, ἅτε οὐχὶ τοῖς οὖσιν οὐδὲ τὸ ὂν οὐδὲ τὸ στέγον ἑαυτῶν πιμπλάντες.

Παντελῶς, ἔφη ὁ Γλαύκων, τὸν τῶν πολλῶν, ὦ Σώκρατες, 5 χρησμῳδεῖς βίον.

Ἆρ' οὖν οὐκ ἀνάγκη καὶ ἡδοναῖς συνεῖναι μεμειγμέναις λύπαις, εἰδώλοις τῆς ἀληθοῦς ἡδονῆς καὶ ἐσκιαγραφημέναις, ὑπὸ τῆς παρ' ἀλλήλας θέσεως ἀποχραινομέναις, ὥστε σφο- c

d 5 ψυχῆς F D M: τῆς ψυχῆς A (sed τῆς punctis notatum) e 3 ἀπιστοτέρας A F M: ἀπυστοτέρας D a 5 ἠνέχθησαν] ἀνηνέχθησαν Longinus b 3 ὂν οὐδὲ A F M: ὂν οὔτε D

δροὺς ἑκατέρας φαίνεσθαι, καὶ ἔρωτας ἑαυτῶν λυττῶντας τοῖς ἄφροσιν ἐντίκτειν καὶ περιμαχήτους εἶναι, ὥσπερ τὸ τῆς Ἑλένης εἴδωλον ὑπὸ τῶν ἐν Τροίᾳ Στησίχορός φησι
5 γενέσθαι περιμάχητον ἀγνοίᾳ τοῦ ἀληθοῦς;

Πολλὴ ἀνάγκη, ἔφη, τοιοῦτόν τι αὐτὸ εἶναι.

Τί δέ; περὶ τὸ θυμοειδὲς οὐχ ἕτερα τοιαῦτα ἀνάγκη γίγνεσθαι, ὃς ἂν αὐτὸ τοῦτο διαπράττηται ἢ φθόνῳ διὰ φιλοτιμίαν ἢ βίᾳ διὰ φιλονικίαν ἢ θυμῷ διὰ δυσκολίαν,
d πλησμονὴν τιμῆς τε καὶ νίκης καὶ θυμοῦ διώκων ἄνευ λογισμοῦ τε καὶ νοῦ;

Τοιαῦτα, ἦ δ' ὅς, ἀνάγκη καὶ περὶ τοῦτο εἶναι.

Τί οὖν, ἦν δ' ἐγώ· θαρροῦντες λέγωμεν ὅτι καὶ περὶ τὸ
5 φιλοκερδὲς καὶ τὸ φιλόνικον ὅσαι ἐπιθυμίαι εἰσίν, αἳ μὲν ἂν τῇ ἐπιστήμῃ καὶ λόγῳ ἑπόμεναι καὶ μετὰ τούτων τὰς ἡδονὰς διώκουσαι, ἃς ἂν τὸ φρόνιμον ἐξηγῆται, λαμβάνωσι, τὰς ἀληθεστάτας τε λήψονται, ὡς οἷόν τε αὐταῖς ἀληθεῖς
e λαβεῖν, ἅτε ἀληθείᾳ ἑπομένων, καὶ τὰς ἑαυτῶν οἰκείας, εἴπερ τὸ βέλτιστον ἑκάστῳ, τοῦτο καὶ οἰκειότατον;

Ἀλλὰ μήν, ἔφη, οἰκειότατόν γε.

Τῷ φιλοσόφῳ ἄρα ἑπομένης ἁπάσης τῆς ψυχῆς καὶ μὴ
5 στασιαζούσης ἑκάστῳ τῷ μέρει ὑπάρχει εἴς τε τἆλλα τὰ ἑαυτοῦ πράττειν καὶ δικαίῳ εἶναι, καὶ δὴ καὶ τὰς ἡδονὰς τὰς ἑαυτοῦ ἕκαστον καὶ τὰς βελτίστας καὶ εἰς τὸ δυνατὸν τὰς
587 ἀληθεστάτας καρποῦσθαι.

Κομιδῇ μὲν οὖν.

Ὅταν δὲ ἄρα τῶν ἑτέρων τι κρατήσῃ, ὑπάρχει αὐτῷ μήτε τὴν ἑαυτοῦ ἡδονὴν ἐξευρίσκειν, τά τε ἄλλ' ἀναγκάζειν
5 ἀλλοτρίαν καὶ μὴ ἀληθῆ ἡδονὴν διώκειν.

Οὕτως, ἔφη.

Οὐκοῦν ἃ πλεῖστον φιλοσοφίας τε καὶ λόγου ἀφέστηκεν, μάλιστ' ἂν τοιαῦτα ἐξεργάζοιτο;

c 6 αὐτὸ A D M : om. F   c 8 ἂν A^2 F D M : om. A   d 7 ἐξηγῆται A^2 D M : ἐξηγεῖται A F   a 8 ἐξεργάζοιτο A^2 F D M : ἐξεργάζοι A

Πολύ γε.

Πλεῖστον δὲ λόγου ἀφίσταται οὐχ ὅπερ νόμου τε καὶ 10
τάξεως;

Δῆλον δή.

Ἐφάνησαν δὲ πλεῖστον ἀφεστῶσαι οὐχ αἱ ἐρωτικαί τε
καὶ τυραννικαὶ ἐπιθυμίαι; b

Πολύ γε.

Ἐλάχιστον δὲ αἱ βασιλικαί τε καὶ κόσμιαι;

Ναί.

Πλεῖστον δὴ οἶμαι ἀληθοῦς ἡδονῆς καὶ οἰκείας ὁ τύραννος 5
ἀφεστήξει, ὁ δὲ ὀλίγιστον.

Ἀνάγκη.

Καὶ ἀηδέστατα ἄρα, εἶπον, ὁ τύραννος βιώσεται, ὁ δὲ
βασιλεὺς ἥδιστα.

Πολλὴ ἀνάγκη. 10

Οἶσθ' οὖν, ἦν δ' ἐγώ, ὅσῳ ἀηδέστερον ζῇ τύραννος
βασιλέως;

Ἂν εἴπῃς, ἔφη.

Τριῶν ἡδονῶν, ὡς ἔοικεν, οὐσῶν, μιᾶς μὲν γνησίας, δυοῖν
δὲ νόθαιν, τῶν νόθων εἰς τὸ ἐπέκεινα ὑπερβὰς ὁ τύραννος, c
φυγὼν νόμον τε καὶ λόγον, δούλαις τισὶ δορυφόροις ἡδοναῖς
συνοικεῖ, καὶ ὁπόσῳ ἐλαττοῦται οὐδὲ πάνυ ῥᾴδιον εἰπεῖν,
πλὴν ἴσως ὧδε.

Πῶς; ἔφη. 5

Ἀπὸ τοῦ ὀλιγαρχικοῦ τρίτος που ὁ τύραννος ἀφειστήκει·
ἐν μέσῳ γὰρ αὐτῶν ὁ δημοτικὸς ἦν.

Ναί.

Οὐκοῦν καὶ ἡδονῆς τρίτῳ εἰδώλῳ πρὸς ἀλήθειαν ἀπ'
ἐκείνου συνοικοῖ ἄν, εἰ τὰ πρόσθεν ἀληθῆ; 10

Οὕτω.

a 12 δῆλον δή A D M : δηλαδή F b 6 ὀλίγιστον A M : ὀλιγοστόν F D c 1 νόθαιν F D : νόθων A : νόθοιν A² M c 3 ὁπόσῳ A F M : ὁπόσα D c 7 δημοτικὸς A F D : δημοκρατικὸς A² M d c 10 ξυνοικοῖ A² D M : ξυνοικεῖ A F

Ὁ δέ γε ὀλιγαρχικὸς ἀπὸ τοῦ βασιλικοῦ αὖ τρίτος, ἐὰν
d εἰς ταὐτὸν ἀριστοκρατικὸν καὶ βασιλικὸν τιθῶμεν.

Τρίτος γάρ.

Τριπλασίου ἄρα, ἦν δ' ἐγώ, τριπλάσιον ἀριθμῷ ἀληθοῦς ἡδονῆς ἀφέστηκεν τύραννος.

5 Φαίνεται.

Ἐπίπεδον ἄρ', ἔφην, ὡς ἔοικεν, τὸ εἴδωλον κατὰ τὸν τοῦ μήκους ἀριθμὸν ἡδονῆς τυραννικῆς ἂν εἴη.

Κομιδῇ γε.

Κατὰ δὲ δύναμιν καὶ τρίτην αὔξην δῆλον δὴ ἀπόστασιν
10 ὅσην ἀφεστηκὼς γίγνεται.

Δῆλον, ἔφη, τῷ γε λογιστικῷ.

Οὐκοῦν ἐάν τις μεταστρέψας ἀληθείᾳ ἡδονῆς τὸν βασιλέα
e τοῦ τυράννου ἀφεστηκότα λέγῃ ὅσον ἀφέστηκεν, ἐννεακαιεικοσικαιεπτακοσιοπλασιάκις ἥδιον αὐτὸν ζῶντα εὑρήσει τελειωθείσῃ τῇ πολλαπλασιώσει, τὸν δὲ τύραννον ἀνιαρότερον τῇ αὐτῇ ταύτῃ ἀποστάσει.

5 Ἀμήχανον, ἔφη, λογισμὸν καταπεφόρηκας τῆς διαφορό-
588 τητος τοῖν ἀνδροῖν, τοῦ τε δικαίου καὶ τοῦ ἀδίκου, πρὸς ἡδονήν τε καὶ λύπην.

Καὶ μέντοι καὶ ἀληθῆ καὶ προσήκοντά γε, ἦν δ' ἐγώ, βίοις ἀριθμόν, εἴπερ αὐτοῖς προσήκουσιν ἡμέραι καὶ νύκτες
5 καὶ μῆνες καὶ ἐνιαυτοί.

Ἀλλὰ μήν, ἔφη, προσήκουσιν.

Οὐκοῦν εἰ τοσοῦτον ἡδονῇ νικᾷ ὁ ἀγαθός τε καὶ δίκαιος τὸν κακόν τε καὶ ἄδικον, ἀμηχάνῳ δὴ ὅσῳ πλείονι νικήσει εὐσχημοσύνῃ τε βίου καὶ κάλλει καὶ
10 ἀρετῇ;

Ἀμηχάνῳ μέντοι νὴ Δία, ἔφη.

b Εἶεν δή, εἶπον· ἐπειδὴ ἐνταῦθα λόγου γεγόναμεν, ἀναλάβωμεν τὰ πρῶτα λεχθέντα, δι' ἃ δεῦρ' ἥκομεν. ἦν δέ που

d 9 τρίτην A M : τὴν τρίτην F D e 2 ἥδιον A M : ἥδιστον F D e 5 καταπεφόρηκας] καταπεφώρακας scr. recc. a 7 εἰ A F M : εἰς D a 9 πλείονι A F : πλεῖον A² D M

λεγόμενον λυσιτελεῖν ἀδικεῖν τῷ τελέως μὲν ἀδίκῳ, δοξαζο-
μένῳ δὲ δικαίῳ· ἢ οὐχ οὕτως ἐλέχθη;
Οὕτω μὲν οὖν. 5
Νῦν δή, ἔφην, αὐτῷ διαλεγώμεθα, ἐπειδὴ διωμολογησά-
μεθα τό τε ἀδικεῖν καὶ τὸ δίκαια πράττειν ἣν ἑκάτερον ἔχει
δύναμιν.
Πῶς; ἔφη.
Εἰκόνα πλάσαντες τῆς ψυχῆς λόγῳ, ἵνα εἰδῇ ὁ ἐκεῖνα 10
λέγων οἷα ἔλεγεν.
Ποίαν τινά; ἦ δ' ὅς. c
Τῶν τοιούτων τινά, ἦν δ' ἐγώ, οἷαι μυθολογοῦνται παλαιαὶ
γενέσθαι φύσεις, ἥ τε Χιμαίρας καὶ ἡ Σκύλλης καὶ Κερ-
βέρου, καὶ ἄλλαι τινὲς συχναὶ λέγονται συμπεφυκυῖαι ἰδέαι
πολλαὶ εἰς ἓν γενέσθαι. 5
Λέγονται γάρ, ἔφη.
Πλάττε τοίνυν μίαν μὲν ἰδέαν θηρίου ποικίλου καὶ πολυ-
κεφάλου, ἡμέρων δὲ θηρίων ἔχοντος κεφαλὰς κύκλῳ καὶ
ἀγρίων, καὶ δυνατοῦ μεταβάλλειν καὶ φύειν ἐξ αὑτοῦ πάντα
ταῦτα. 10
Δεινοῦ πλάστου, ἔφη, τὸ ἔργον· ὅμως δέ, ἐπειδὴ εὐπλα- d
στότερον κηροῦ καὶ τῶν τοιούτων λόγος, πεπλάσθω.
Μίαν δὴ τοίνυν ἄλλην ἰδέαν λέοντος, μίαν δὲ ἀνθρώ-
που· πολὺ δὲ μέγιστον ἔστω τὸ πρῶτον καὶ δεύτερον τὸ
δεύτερον. 5
Ταῦτα, ἔφη, ῥᾴω, καὶ πέπλασται.
Σύναπτε τοίνυν αὐτὰ εἰς ἓν τρία ὄντα, ὥστε πῃ συμ-
πεφυκέναι ἀλλήλοις.
Συνῆπται, ἔφη.
Περίπλασον δὴ αὐτοῖς ἔξωθεν ἑνὸς εἰκόνα, τὴν τοῦ 10

b 6 αὐτῷ A F D M Eusebius Stobaeus : αὖ οὕτω ci. C. Schmidt b 10 εἰδῇ A D M Stobaeus : ἴδῃ F c 4 λέγονται . . . c 5 γενέσθαι A F M : om. D c 8 δὲ] τε ci. Madvig c 9 πάντα ταῦτα A F D Stobaeus : ταῦτα πάντα M Eusebius d 1 δέ om. Eusebius d 2 λόγος A F D M Stobaeus : ὁ λόγος Eusebius d 3 δὴ A D M Stobaeus : δὲ F d 10 δὴ A F D M Stobaeus : δὲ Eusebius

ἀνθρώπου, ὥστε τῷ μὴ δυναμένῳ τὰ ἐντὸς ὁρᾶν, ἀλλὰ τὸ
e ἔξω μόνον ἔλυτρον ὁρῶντι, ἓν ζῷον φαίνεσθαι, ἄνθρωπον.

Περιπέπλασται, ἔφη.

Λέγωμεν δὴ τῷ λέγοντι ὡς λυσιτελεῖ τούτῳ ἀδικεῖν τῷ ἀνθρώπῳ, δίκαια δὲ πράττειν οὐ συμφέρει, ὅτι οὐδὲν ἄλλο
5 φησὶν ἢ λυσιτελεῖν αὐτῷ τὸ παντοδαπὸν θηρίον εὐωχοῦντι ποιεῖν ἰσχυρὸν καὶ τὸν λέοντα καὶ τὰ περὶ τὸν λέοντα, τὸν
589 δὲ ἄνθρωπον λιμοκτονεῖν καὶ ποιεῖν ἀσθενῆ, ὥστε ἕλκεσθαι ὅπῃ ἂν ἐκείνων ὁπότερον ἄγῃ, καὶ μηδὲν ἕτερον ἑτέρῳ συνεθίζειν μηδὲ φίλον ποιεῖν, ἀλλ᾽ ἐᾶν αὐτὰ ἐν αὑτοῖς δάκνεσθαί τε καὶ μαχόμενα ἐσθίειν ἄλληλα.

5 Παντάπασι γάρ, ἔφη, ταῦτ᾽ ἂν λέγοι ὁ τὸ ἀδικεῖν ἐπαινῶν.

Οὐκοῦν αὖ ὁ τὰ δίκαια λέγων λυσιτελεῖν φαίη ἂν δεῖν ταῦτα πράττειν καὶ ταῦτα λέγειν, ὅθεν τοῦ ἀνθρώπου ὁ ἐντὸς
b ἄνθρωπος ἔσται ἐγκρατέστατος, καὶ τοῦ πολυκεφάλου θρέμματος ἐπιμελήσεται ὥσπερ γεωργός, τὰ μὲν ἥμερα τρέφων καὶ τιθασεύων, τὰ δὲ ἄγρια ἀποκωλύων φύεσθαι, σύμμαχον ποιησάμενος τὴν τοῦ λέοντος φύσιν, καὶ κοινῇ πάντων
5 κηδόμενος, φίλα ποιησάμενος ἀλλήλοις τε καὶ αὑτῷ, οὕτω θρέψει;

Κομιδῇ γὰρ αὖ λέγει ταῦτα ὁ τὸ δίκαιον ἐπαινῶν.

Κατὰ πάντα τρόπον δὴ ὁ μὲν τὰ δίκαια ἐγκωμιάζων ἀληθῆ
c ἂν λέγοι, ὁ δὲ τὰ ἄδικα ψεύδοιτο. πρός τε γὰρ ἡδονὴν καὶ πρὸς εὐδοξίαν καὶ ὠφελίαν σκοπουμένῳ ὁ μὲν ἐπαινέτης τοῦ δικαίου ἀληθεύει, ὁ δὲ ψέκτης οὐδὲν ὑγιὲς οὐδ᾽ εἰδὼς ψέγει ὅτι ψέγει.

5 Οὔ μοι δοκεῖ, ἦ δ᾽ ὅς, οὐδαμῇ γε.

Πείθωμεν τοίνυν αὐτὸν πρᾴως—οὐ γὰρ ἑκὼν ἁμαρτάνει—ἐρωτῶντες· Ὦ μακάριε, οὐ καὶ τὰ καλὰ καὶ αἰσχρὰ νόμιμα διὰ τὰ τοιαῦτ᾽ ἂν φαῖμεν γεγονέναι· τὰ μὲν καλὰ τὰ ὑπὸ
d τῷ ἀνθρώπῳ, μᾶλλον δὲ ἴσως τὰ ὑπὸ τῷ θείῳ τὰ θηριώδη

e 5 φησὶν] φήσει Eusebius e 6 prius καὶ om. Eusebius a 2 ἐκείνων A²: ἐκείνῳ A b 8 τρόπον δὴ] δὴ τρόπον Stobaeus ἀληθῆ ἂν F D Stobaeus: ἀλήθειαν A M c 1 τε om. Stobaeus ποιοῦντα τῆς φύσεως, αἰσχρὰ δὲ τὰ ὑπὸ τῷ ἀγρίῳ τὸ ἥμερον δουλούμενα; συμφήσει· ἢ πῶς;

Ἐάν μοι, ἔφη, πείθηται.

Ἔστιν οὖν, εἶπον, ὅτῳ λυσιτελεῖ ἐκ τούτου τοῦ λόγου 5 χρυσίον λαμβάνειν ἀδίκως, εἴπερ τοιόνδε τι γίγνεται, λαμβάνων τὸ χρυσίον ἅμα καταδουλοῦται τὸ βέλτιστον ἑαυτοῦ τῷ μοχθηροτάτῳ; ἢ εἰ μὲν λαβὼν χρυσίον ὑὸν ἢ θυγατέρα e ἐδουλοῦτο, καὶ ταῦτ' εἰς ἀγρίων τε καὶ κακῶν ἀνδρῶν, οὐκ ἂν αὐτῷ ἐλυσιτέλει οὐδ' ἂν πάμπολυ ἐπὶ τούτῳ λαμβάνειν, εἰ δὲ τὸ ἑαυτοῦ θειότατον ὑπὸ τῷ ἀθεωτάτῳ τε καὶ μιαρωτάτῳ δουλοῦται καὶ μηδὲν ἐλεεῖ, οὐκ ἄρα ἄθλιός ἐστι καὶ πολὺ 5 ἐπὶ δεινοτέρῳ ὀλέθρῳ χρυσὸν δωροδοκεῖ ἢ Ἐριφύλη ἐπὶ τῇ 590 τοῦ ἀνδρὸς ψυχῇ τὸν ὅρμον δεξαμένη;

Πολὺ μέντοι, ἦ δ' ὃς ὁ Γλαύκων· ἐγὼ γάρ σοι ὑπὲρ ἐκείνου ἀποκρινοῦμαι.

Οὐκοῦν καὶ τὸ ἀκολασταίνειν οἴει διὰ τοιαῦτα πάλαι 5 ψέγεσθαι, ὅτι ἀνίεται ἐν τῷ τοιούτῳ τὸ δεινόν, τὸ μέγα ἐκεῖνο καὶ πολυειδὲς θρέμμα, πέρα τοῦ δέοντος;

Δῆλον, ἔφη.

Ἡ δ' αὐθάδεια καὶ δυσκολία ψέγεται οὐχ ὅταν τὸ λεοντῶδές τε καὶ ὀφεῶδες αὔξηται καὶ συντείνηται ἀναρμόστως; b

Πάνυ μὲν οὖν.

Τρυφὴ δὲ καὶ μαλθακία οὐκ ἐπὶ τῇ αὐτοῦ τούτου χαλάσει τε καὶ ἀνέσει ψέγεται, ὅταν ἐν αὐτῷ δειλίαν ἐμποιῇ;

Τί μήν; 5

Κολακεία δὲ καὶ ἀνελευθερία οὐχ ὅταν τις τὸ αὐτὸ τοῦτο, τὸ θυμοειδές, ὑπὸ τῷ ὀχλώδει θηρίῳ ποιῇ καὶ ἕνεκα χρημάτων καὶ τῆς ἐκείνου ἀπληστίας προπηλακιζόμενον ἐθίζῃ ἐκ νέου ἀντὶ λέοντος πίθηκον γίγνεσθαι;

d 2 τὰ om. Stobaeus d 4 μοι] ἐμοὶ Stobaeus πίθηται Stobaeus e 4 ἑαυτοῦ A F D M : αὑτοῦ Stobaeus : ἑαυτῷ Iamblichus : fort. ἐν αὑτῷ Pistelli a 5 τοιαῦτα] τὰ τοιαῦτα Stobaeus πάλαι A F M Iamblichus : πάλιν D a 7 post θρέμμα add. εἰς ἐλευθερίαν Iamblichus Stobaeus b 7 τὸ A D M Stobaeus : om. F c Καὶ μάλα, ἔφη.

Βαναυσία δὲ καὶ χειροτεχνία διὰ τί οἴει ὄνειδος φέρει; ἢ δι' ἄλλο τι φήσομεν ἢ ὅταν τις ἀσθενὲς φύσει ἔχῃ τὸ τοῦ βελτίστου εἶδος, ὥστε μὴ ἂν δύνασθαι ἄρχειν τῶν ἐν αὑτῷ
5 θρεμμάτων, ἀλλὰ θεραπεύειν ἐκεῖνα, καὶ τὰ θωπεύματα αὐτῶν μόνον δύνηται μανθάνειν;

Ἔοικεν, ἔφη.

Οὐκοῦν ἵνα καὶ ὁ τοιοῦτος ὑπὸ ὁμοίου ἄρχηται οἵουπερ ὁ βέλτιστος, δοῦλον αὐτόν φαμεν δεῖν εἶναι ἐκείνου τοῦ βελ-
d τίστου καὶ ἔχοντος ἐν αὑτῷ τὸ θεῖον ἄρχον, οὐκ ἐπὶ βλάβῃ τῇ τοῦ δούλου οἰόμενοι δεῖν ἄρχεσθαι αὐτόν, ὥσπερ Θρασύμαχος ᾤετο τοὺς ἀρχομένους, ἀλλ' ὡς ἄμεινον ὂν παντὶ ὑπὸ θείου καὶ φρονίμου ἄρχεσθαι, μάλιστα μὲν οἰκεῖον ἔχοντος
5 ἐν αὑτῷ, εἰ δὲ μή, ἔξωθεν ἐφεστῶτος, ἵνα εἰς δύναμιν πάντες ὅμοιοι ὦμεν καὶ φίλοι, τῷ αὐτῷ κυβερνώμενοι;

Καὶ ὀρθῶς γ', ἔφη.

e Δηλοῖ δέ γε, ἦν δ' ἐγώ, καὶ ὁ νόμος ὅτι τοιοῦτον βούλεται, πᾶσι τοῖς ἐν τῇ πόλει σύμμαχος ὤν· καὶ ἡ τῶν παίδων ἀρχή, τὸ μὴ ἐᾶν ἐλευθέρους εἶναι, ἕως ἂν ἐν αὐτοῖς ὥσπερ ἐν πόλει πολιτείαν καταστήσωμεν, καὶ τὸ βέλτιστον
591 θεραπεύσαντες τῷ παρ' ἡμῖν τοιούτῳ ἀντικαταστήσωμεν φύλακα ὅμοιον καὶ ἄρχοντα ἐν αὐτῷ, καὶ τότε δὴ ἐλεύθερον ἀφίεμεν.

Δηλοῖ γάρ, ἦ δ' ὅς.

5 Πῇ δὴ οὖν φήσομεν, ὦ Γλαύκων, καὶ κατὰ τίνα λόγον λυσιτελεῖν ἀδικεῖν, ἢ ἀκολασταίνειν ἤ τι αἰσχρὸν ποιεῖν, ἐξ ὧν πονηρότερος μὲν ἔσται, πλείω δὲ χρήματα ἢ ἄλλην τινὰ δύναμιν κεκτήσεται;

c 2 φέρει A D Stobaeus: φέρειν F c 5 αὐτῶν A F M Stobaeus: αὐτὸν D c 6 δύνηται secl. ci. Stephanus c 9 εἶναι A M Stobaeus: εἶναι καὶ F D d 1 καὶ ἔχοντος F D Stobaeus: ἔχοντος A M d 4 οἰκεῖον ἔχοντος A F D M Iamblichus Stobaeus: οἰκείου ἐνόντος ci. Madvig d 5 αὐτῷ A D: αὑτῷ F e 1 βούλεται F (?) Iamblichus Stobaeus: βουλεύεται A D M a 1 τῷ] τῶν Iamblichus τοιούτῳ] τούτῳ Iamblichus

Οὐδαμῇ, ἦ δ' ὅς.

Πῇ δ' ἀδικοῦντα λανθάνειν καὶ μὴ διδόναι δίκην λυσιτε- 10
λεῖν; ἢ οὐχὶ ὁ μὲν λανθάνων ἔτι πονηρότερος γίγνεται, τοῦ b
δὲ μὴ λανθάνοντος καὶ κολαζομένου τὸ μὲν θηριῶδες κοιμί-
ζεται καὶ ἡμεροῦται, τὸ δὲ ἥμερον ἐλευθεροῦται, καὶ ὅλη ἡ
ψυχὴ εἰς τὴν βελτίστην φύσιν καθισταμένη τιμιωτέραν ἕξιν
λαμβάνει, σωφροσύνην τε καὶ δικαιοσύνην μετὰ φρονήσεως 5
κτωμένη, ἢ σῶμα ἰσχύν τε καὶ κάλλος μετὰ ὑγιείας λαμβάνον,
τοσούτῳ ὅσῳπερ ψυχὴ σώματος τιμιωτέρα;

Παντάπασιν μὲν οὖν, ἔφη.

Οὐκοῦν ὅ γε νοῦν ἔχων πάντα τὰ αὑτοῦ εἰς τοῦτο συν- c
τείνας βιώσεται, πρῶτον μὲν τὰ μαθήματα τιμῶν, ἃ τοιαύτην
αὐτοῦ τὴν ψυχὴν ἀπεργάσεται, τὰ δὲ ἄλλα ἀτιμάζων;

Δῆλον, ἔφη.

Ἔπειτά γ', εἶπον, τὴν τοῦ σώματος ἕξιν καὶ τροφὴν οὐχ 5
ὅπως τῇ θηριώδει καὶ ἀλόγῳ ἡδονῇ ἐπιτρέψας ἐνταῦθα τετραμ-
μένος ζήσει, ἀλλ' οὐδὲ πρὸς ὑγίειαν βλέπων, οὐδὲ τοῦτο
πρεσβεύων, ὅπως ἰσχυρὸς ἢ ὑγιὴς ἢ καλὸς ἔσται, ἐὰν μὴ
καὶ σωφρονήσειν μέλλῃ ἀπ' αὐτῶν, ἀλλ' ἀεὶ τὴν ἐν τῷ d
σώματι ἁρμονίαν τῆς ἐν τῇ ψυχῇ ἕνεκα συμφωνίας ἁρμοττό-
μενος φανεῖται.

Παντάπασι μὲν οὖν, ἔφη, ἐάνπερ μέλλῃ τῇ ἀληθείᾳ
μουσικὸς εἶναι. 5

Οὐκοῦν, εἶπον, καὶ τὴν ἐν τῇ τῶν χρημάτων κτήσει σύν-
ταξίν τε καὶ συμφωνίαν; καὶ τὸν ὄγκον τοῦ πλήθους οὐκ
ἐκπληττόμενος ὑπὸ τοῦ τῶν πολλῶν μακαρισμοῦ ἄπειρον
αὐξήσει, ἀπέραντα κακὰ ἔχων;

Οὐκ οἴομαι, ἔφη. 10

a 10 λυσιτελεῖν A M: λυτελεῖν F: λυσιτελεῖ D b 1 ἔτι πονηρότερος A² M: ἔπι πονηρότερος A: ἐπιπονηρότερος D f: ἐπιπονώτερος F c 2 τὰ om. Iamblichus c 3 ἀπεργάσεται F D: ἀπεργάζεται A M c 6 τετραμμένος A D M: τεθραμμένος F c 7 ζήσει M Iamblichus: ζώσει A: ζῴη A²: ζῶ F: ζώσῃ D d 3 φανεῖται Iamblichus: φαίνηται A D M: φαίνεται pr. F d 8 ἄπειρον] εἰς ἄπειρον Iamblichus e ᾿Αλλ᾿ ἀποβλέπων γε, εἶπον, πρὸς τὴν ἐν αὑτῷ πολιτείαν, καὶ φυλάττων μή τι παρακινῇ αὐτοῦ τῶν ἐκεῖ διὰ πλῆθος οὐσίας ἢ δι᾿ ὀλιγότητα, οὕτως κυβερνῶν προσθήσει καὶ ἀναλώσει τῆς οὐσίας καθ᾿ ὅσον ἂν οἷός τ᾿ ᾖ.

5 Κομιδῇ μὲν οὖν, ἔφη.

592 ᾿Αλλὰ μὴν καὶ τιμάς γε, εἰς ταὐτὸν ἀποβλέπων, τῶν μὲν μεθέξει καὶ γεύσεται ἑκών, ἃς ἂν ἡγῆται ἀμείνω αὑτὸν ποιήσειν, ἃς δ᾿ ἂν λύσειν τὴν ὑπάρχουσαν ἕξιν, φεύξεται ἰδίᾳ καὶ δημοσίᾳ.

5 Οὐκ ἄρα, ἔφη, τά γε πολιτικὰ ἐθελήσει πράττειν, ἐάνπερ τούτου κήδηται.

Νὴ τὸν κύνα, ἦν δ᾿ ἐγώ, ἔν γε τῇ ἑαυτοῦ πόλει καὶ μάλα, οὐ μέντοι ἴσως ἔν γε τῇ πατρίδι, ἐὰν μὴ θεία τις συμβῇ τύχη.

10 Μανθάνω, ἔφη· ἐν ᾗ νῦν διήλθομεν οἰκίζοντες πόλει λέγεις, τῇ ἐν λόγοις κειμένῃ, ἐπεὶ γῆς γε οὐδαμοῦ οἶμαι

b αὐτὴν εἶναι.

᾿Αλλ᾿, ἦν δ᾿ ἐγώ, ἐν οὐρανῷ ἴσως παράδειγμα ἀνάκειται τῷ βουλομένῳ ὁρᾶν καὶ ὁρῶντι ἑαυτὸν κατοικίζειν. διαφέρει δὲ οὐδὲν εἴτε που ἔστιν εἴτε ἔσται· τὰ γὰρ ταύτης μόνης ἂν

5 πράξειεν, ἄλλης δὲ οὐδεμιᾶς.

Εἰκός γ᾿, ἔφη.

e 2 πλῆθος A² M Iamblichus : πλήθους A F D a 7 κύνα A M : δία F D a 10 νῦν] νῦν δὴ recc.

I X.

Καὶ μήν, ἦν δ' ἐγώ, πολλὰ μὲν καὶ ἄλλα περὶ αὐτῆς a
ἐννοῶ, ὡς παντὸς ἄρα μᾶλλον ὀρθῶς ᾠκίζομεν τὴν πόλιν,
οὐχ ἥκιστα δὲ ἐνθυμηθεὶς περὶ ποιήσεως λέγω.

Τὸ ποῖον; ἔφη.

Τὸ μηδαμῇ παραδέχεσθαι αὐτῆς ὅση μιμητική· παντὸς 5
γὰρ μᾶλλον οὐ παραδεκτέα νῦν καὶ ἐναργέστερον, ὡς ἐμοὶ
δοκεῖ, φαίνεται, ἐπειδὴ χωρὶς ἕκαστα διῄρηται τὰ τῆς ψυχῆς
εἴδη. b

Πῶς λέγεις;

Ὡς μὲν πρὸς ὑμᾶς εἰρῆσθαι—οὐ γάρ μου κατερεῖτε πρὸς
τοὺς τῆς τραγῳδίας ποιητὰς καὶ τοὺς ἄλλους ἅπαντας τοὺς
μιμητικούς—λώβη ἔοικεν εἶναι πάντα τὰ τοιαῦτα τῆς τῶν 5
ἀκουόντων διανοίας, ὅσοι μὴ ἔχουσι φάρμακον τὸ εἰδέναι
αὐτὰ οἷα τυγχάνει ὄντα.

Πῇ δή, ἔφη, διανοούμενος λέγεις;

Ῥητέον, ἦν δ' ἐγώ· καίτοι φιλία γέ τίς με καὶ αἰδὼς ἐκ
παιδὸς ἔχουσα περὶ Ὁμήρου ἀποκωλύει λέγειν. ἔοικε μὲν 10
γὰρ τῶν καλῶν ἁπάντων τούτων τῶν τραγικῶν πρῶτος διδά- c
σκαλός τε καὶ ἡγεμὼν γενέσθαι. ἀλλ' οὐ γὰρ πρό γε τῆς
ἀληθείας τιμητέος ἀνήρ, ἀλλ', ὃ λέγω, ῥητέον.

Πάνυ μὲν οὖν, ἔφη.

Ἄκουε δή, μᾶλλον δὲ ἀποκρίνου. 5

Ἐρώτα.

a 6 παραδεκτέα A F D : παραδεκτέον A² M Proclus b 3 εἰρῆσθαι] εἰρήσθω Eusebius κατερεῖτε A F M : καρτερεῖτε D b 6 τὸ A D M : τοῦ F

Μίμησιν ὅλως ἔχοις ἄν μοι εἰπεῖν ὅτι ποτ' ἐστίν; οὐδὲ γάρ τοι αὐτὸς πάνυ τι συννοῶ τί βούλεται εἶναι.

Ἦ που ἄρ', ἔφη, ἐγὼ συννοήσω.

10 Οὐδέν γε, ἦν δ' ἐγώ, ἄτοπον, ἐπεὶ πολλά τοι ὀξύτερον 596 βλεπόντων ἀμβλύτερον ὁρῶντες πρότεροι εἶδον.

Ἔστιν, ἔφη, οὕτως· ἀλλὰ σοῦ παρόντος οὐδ' ἂν προθυμηθῆναι οἷός τε εἴην εἰπεῖν, εἴ τί μοι καταφαίνεται, ἀλλ' αὐτὸς ὅρα.

5 Βούλει οὖν ἐνθένδε ἀρξώμεθα ἐπισκοποῦντες, ἐκ τῆς εἰωθυίας μεθόδου; εἶδος γάρ πού τι ἓν ἕκαστον εἰώθαμεν τίθεσθαι περὶ ἕκαστα τὰ πολλά, οἷς ταὐτὸν ὄνομα ἐπιφέρομεν. ἢ οὐ μανθάνεις;

Μανθάνω.

10 Θῶμεν δὴ καὶ νῦν ὅτι βούλει τῶν πολλῶν. οἷον, εἰ b 'θέλεις, πολλαί πού εἰσι κλῖναι καὶ τράπεζαι.

Πῶς δ' οὔ;

Ἀλλὰ ἰδέαι γέ που περὶ ταῦτα τὰ σκεύη δύο, μία μὲν κλίνης, μία δὲ τραπέζης.

5 Ναί.

Οὐκοῦν καὶ εἰώθαμεν λέγειν ὅτι ὁ δημιουργὸς ἑκατέρου τοῦ σκεύους πρὸς τὴν ἰδέαν βλέπων οὕτω ποιεῖ ὁ μὲν τὰς κλίνας, ὁ δὲ τὰς τραπέζας, αἷς ἡμεῖς χρώμεθα, καὶ τἆλλα κατὰ ταὐτά; οὐ γάρ που τήν γε ἰδέαν αὐτὴν δημιουργεῖ 10 οὐδεὶς τῶν δημιουργῶν· πῶς γάρ;

Οὐδαμῶς.

Ἀλλ' ὅρα δὴ καὶ τόνδε τίνα καλεῖς τὸν δημιουργόν.

c Τὸν ποῖον;

Ὃς πάντα ποιεῖ, ὅσαπερ εἷς ἕκαστος τῶν χειροτεχνῶν.

Δεινόν τινα λέγεις καὶ θαυμαστὸν ἄνδρα.

Οὔπω γε, ἀλλὰ τάχα μᾶλλον φήσεις. ὁ αὐτὸς γὰρ οὗτος 5 χειροτέχνης οὐ μόνον πάντα οἷός τε σκεύη ποιῆσαι, ἀλλὰ

b 1 κλῖναι D M: κλιναι A: κλίναι A² F b 6 καὶ om. F b 12 τῶν δημιουργῶν ci. Vermehren c 4 τάχα A M (sed αχ in ras. A): ταῦτα F D καὶ τὰ ἐκ τῆς γῆς φυόμενα ἅπαντα ποιεῖ καὶ ζῷα πάντα ἐργάζεται, τά τε ἄλλα καὶ ἑαυτόν, καὶ πρὸς τούτοις γῆν καὶ οὐρανὸν καὶ θεοὺς καὶ πάντα τὰ ἐν οὐρανῷ καὶ τὰ ἐν Ἅιδου ὑπὸ γῆς ἅπαντα ἐργάζεται.

Πάνυ θαυμαστόν, ἔφη, λέγεις σοφιστήν. d

Ἀπιστεῖς; ἦν δ' ἐγώ. καί μοι εἰπέ, τὸ παράπαν οὐκ ἄν σοι δοκεῖ εἶναι τοιοῦτος δημιουργός, ἢ τινὶ μὲν τρόπῳ γενέσθαι ἂν τούτων ἁπάντων ποιητής, τινὶ δὲ οὐκ ἄν; ἢ οὐκ αἰσθάνῃ ὅτι κἂν αὐτὸς οἷός τ' εἴης πάντα ταῦτα ποιῆσαι 5 τρόπῳ γέ τινι;

Καὶ τίς, ἔφη, ὁ τρόπος οὗτος;

Οὐ χαλεπός, ἦν δ' ἐγώ, ἀλλὰ πολλαχῇ καὶ ταχὺ δημιουργούμενος, τάχιστα δέ που, εἰ 'θέλεις λαβὼν κάτοπτρον περιφέρειν πανταχῇ· ταχὺ μὲν ἥλιον ποιήσεις καὶ τὰ ἐν τῷ e οὐρανῷ, ταχὺ δὲ γῆν, ταχὺ δὲ σαυτόν τε καὶ τἆλλα ζῷα καὶ σκεύη καὶ φυτὰ καὶ πάντα ὅσα νυνδὴ ἐλέγετο.

Ναί, ἔφη, φαινόμενα, οὐ μέντοι ὄντα γέ που τῇ ἀληθείᾳ.

Καλῶς, ἦν δ' ἐγώ, καὶ εἰς δέον ἔρχῃ τῷ λόγῳ. τῶν 5 τοιούτων γὰρ οἶμαι δημιουργῶν καὶ ὁ ζωγράφος ἐστίν. ἢ γάρ;

Πῶς γὰρ οὔ;

Ἀλλὰ φήσεις οὐκ ἀληθῆ οἶμαι αὐτὸν ποιεῖν ἃ ποιεῖ. καίτοι τρόπῳ γέ τινι καὶ ὁ ζωγράφος κλίνην ποιεῖ· ἢ οὔ; 10

Ναί, ἔφη, φαινομένην γε καὶ οὗτος.

Τί δὲ ὁ κλινοποιός; οὐκ ἄρτι μέντοι ἔλεγες ὅτι οὐ τὸ 597 εἶδος ποιεῖ, ὃ δή φαμεν εἶναι ὃ ἔστι κλίνη, ἀλλὰ κλίνην τινά;

Ἔλεγον γάρ.

Οὐκοῦν εἰ μὴ ὃ ἔστιν ποιεῖ, οὐκ ἂν τὸ ὂν ποιοῖ, ἀλλά τι τοιοῦτον οἷον τὸ ὄν, ὂν δὲ οὔ· τελέως δὲ εἶναι ὂν τὸ τοῦ 5 κλινουργοῦ ἔργον ἢ ἄλλου τινὸς χειροτέχνου εἴ τις φαίη, κινδυνεύει οὐκ ἂν ἀληθῆ λέγειν;

c 8 πάντα punctis notavit A[2] d 9 θέλεις A F M : θέλοις D e 11 γε add. A[2] F D M : om. A a 1 οὐ A D M : οὐδὲ F a 3 ἔλεγον A F M : ἐλέγομεν D a 6 κλινουργοῦ A M : δημιουργοῦ F D

Οὔκουν, ἔφη, ὥς γ' ἂν δόξειεν τοῖς περὶ τοὺς τοιούσδε λόγους διατρίβουσιν.

10 Μηδὲν ἄρα θαυμάζωμεν εἰ καὶ τοῦτο ἀμυδρόν τι τυγχάνει ὂν πρὸς ἀλήθειαν.

b Μὴ γάρ.

Βούλει οὖν, ἔφην, ἐπ' αὐτῶν τούτων ζητήσωμεν τὸν μιμητὴν τοῦτον, τίς ποτ' ἐστίν;

Εἰ βούλει, ἔφη.

5 Οὐκοῦν τριτταί τινες κλῖναι αὗται γίγνονται· μία μὲν ἡ ἐν τῇ φύσει οὖσα, ἣν φαῖμεν ἄν, ὡς ἐγῷμαι, θεὸν ἐργάσασθαι. ἢ τίν' ἄλλον;

Οὐδένα, οἶμαι.

Μία δέ γε ἣν ὁ τέκτων.

10 Ναί, ἔφη.

Μία δὲ ἣν ὁ ζωγράφος. ἢ γάρ;

Ἔστω.

Ζωγράφος δή, κλινοποιός, θεός, τρεῖς οὗτοι ἐπιστάται τρισὶν εἴδεσι κλινῶν.

15 Ναὶ τρεῖς.

c Ὁ μὲν δὴ θεός, εἴτε οὐκ ἐβούλετο, εἴτε τις ἀνάγκη ἐπῆν μὴ πλέον ἢ μίαν ἐν τῇ φύσει ἀπεργάσασθαι αὐτὸν κλίνην, οὕτως ἐποίησεν μίαν μόνον αὐτὴν ἐκείνην ὃ ἔστιν κλίνη· δύο δὲ τοιαῦται ἢ πλείους οὔτε ἐφυτεύθησαν ὑπὸ τοῦ θεοῦ

5 οὔτε μὴ φυῶσιν.

Πῶς δή; ἔφη.

Ὅτι, ἦν δ' ἐγώ, εἰ δύο μόνας ποιήσειεν, πάλιν ἂν μία ἀναφανείη ἧς ἐκεῖναι ἂν αὖ ἀμφότεραι τὸ εἶδος ἔχοιεν, καὶ εἴη ἂν ὃ ἔστιν κλίνη ἐκείνη ἀλλ' οὐχ αἱ δύο.

10 Ὀρθῶς, ἔφη.

d Ταῦτα δὴ οἶμαι εἰδὼς ὁ θεός, βουλόμενος εἶναι ὄντως κλίνης ποιητὴς ὄντως οὔσης, ἀλλὰ μὴ κλίνης τινὸς μηδὲ κλινοποιός τις, μίαν φύσει αὐτὴν ἔφυσεν.

b 3 τοῦτον A D M : τούτων F : τούτου vulg. b 6 ἐν F D : om. A M c 6 δή A F M : δ' D

Ἔοικεν.

Βούλει οὖν τοῦτον μὲν φυτουργὸν τούτου προσαγορεύωμεν, 5
ἤ τι τοιοῦτον;

Δίκαιον γοῦν, ἔφη, ἐπειδήπερ φύσει γε καὶ τοῦτο καὶ τἆλλα πάντα πεποίηκεν.

Τί δὲ τὸν τέκτονα; ἆρ' οὐ δημιουργὸν κλίνης;

Ναί. 10

Ἦ καὶ τὸν ζωγράφον δημιουργὸν καὶ ποιητὴν τοῦ τοιούτου;

Οὐδαμῶς.

Ἀλλὰ τί αὐτὸν κλίνης φήσεις εἶναι;

Τοῦτο, ἦ δ' ὅς, ἔμοιγε δοκεῖ μετριώτατ' ἂν προσαγορεύ- e
εσθαι, μιμητὴς οὗ ἐκεῖνοι δημιουργοί.

Εἶεν, ἦν δ' ἐγώ· τὸν τοῦ τρίτου ἄρα γεννήματος ἀπὸ τῆς φύσεως μιμητὴν καλεῖς;

Πάνυ μὲν οὖν, ἔφη. 5

Τοῦτ' ἄρα ἔσται καὶ ὁ τραγῳδοποιός, εἴπερ μιμητής ἐστι, τρίτος τις ἀπὸ βασιλέως καὶ τῆς ἀληθείας πεφυκώς, καὶ πάντες οἱ ἄλλοι μιμηταί.

Κινδυνεύει.

Τὸν μὲν δὴ μιμητὴν ὡμολογήκαμεν. εἰπὲ δέ μοι περὶ 10
τοῦ ζωγράφου τόδε· πότερα ἐκεῖνο αὐτὸ τὸ ἐν τῇ φύσει 598
ἕκαστον δοκεῖ σοι ἐπιχειρεῖν μιμεῖσθαι ἢ τὰ τῶν δημιουργῶν ἔργα;

Τὰ τῶν δημιουργῶν, ἔφη.

Ἆρα οἷα ἔστιν ἢ οἷα φαίνεται; τοῦτο γὰρ ἔτι διόρισον. 5

Πῶς λέγεις; ἔφη.

Ὧδε· κλίνη, ἐάντε ἐκ πλαγίου αὐτὴν θεᾷ ἐάντε καταντικρὺ ἢ ὁπῃοῦν, μή τι διαφέρει αὐτὴ ἑαυτῆς, ἢ διαφέρει μὲν οὐδέν, φαίνεται δὲ ἀλλοία; καὶ τἆλλα ὡσαύτως;

Οὕτως, ἔφη· φαίνεται, διαφέρει δ' οὐδέν. 10

Τοῦτο δὴ αὐτὸ σκόπει· πρὸς πότερον ἡ γραφικὴ πεποίηται b
περὶ ἕκαστον; πότερα πρὸς τὸ ὄν, ὡς ἔχει, μιμήσασθαι, ἢ

b 1 πότερον A F M: πρότερον D

πρὸς τὸ φαινόμενον, ὡς φαίνεται, φαντάσματος ἢ ἀληθείας οὖσα μίμησις;

5 Φαντάσματος, ἔφη.

Πόρρω ἄρα που τοῦ ἀληθοῦς ἡ μιμητική ἐστιν καί, ὡς ἔοικεν, διὰ τοῦτο πάντα ἀπεργάζεται, ὅτι σμικρόν τι ἑκάστου ἐφάπτεται, καὶ τοῦτο εἴδωλον. οἷον ὁ ζωγράφος, φαμέν, ζωγραφήσει ἡμῖν σκυτοτόμον, τέκτονα, τοὺς ἄλλους δημιουρ-
c γούς, περὶ οὐδενὸς τούτων ἐπαΐων τῶν τεχνῶν· ἀλλ' ὅμως παῖδάς γε καὶ ἄφρονας ἀνθρώπους, εἰ ἀγαθὸς εἴη ζωγράφος, γράψας ἂν τέκτονα καὶ πόρρωθεν ἐπιδεικνὺς ἐξαπατῷ ἂν τῷ δοκεῖν ὡς ἀληθῶς τέκτονα εἶναι.

5 Τί δ' οὔ;

'Αλλὰ γὰρ οἶμαι ὦ φίλε, τόδε δεῖ περὶ πάντων τῶν τοιούτων διανοεῖσθαι· ἐπειδάν τις ἡμῖν ἀπαγγέλλῃ περί του, ὡς ἐνέτυχεν ἀνθρώπῳ πάσας ἐπισταμένῳ τὰς δημιουργίας καὶ τἆλλα πάντα ὅσα εἷς ἕκαστος οἶδεν, οὐδὲν ὅτι οὐχὶ
d ἀκριβέστερον ὁτουοῦν ἐπισταμένῳ, ὑπολαμβάνειν δεῖ τῷ τοιούτῳ ὅτι εὐήθης τις ἄνθρωπος, καί, ὡς ἔοικεν, ἐντυχὼν γόητί τινι καὶ μιμητῇ ἐξηπατήθη, ὥστε ἔδοξεν αὐτῷ πάσσοφος εἶναι, διὰ τὸ αὐτὸς μὴ οἷός τ' εἶναι ἐπιστήμην καὶ
5 ἀνεπιστημοσύνην καὶ μίμησιν ἐξετάσαι.

'Αληθέστατα, ἔφη.

Οὐκοῦν, ἦν δ' ἐγώ, μετὰ τοῦτο ἐπισκεπτέον τήν τε τραγῳδίαν καὶ τὸν ἡγεμόνα αὐτῆς Ὅμηρον, ἐπειδή τινων
e ἀκούομεν ὅτι οὗτοι πάσας μὲν τέχνας ἐπίστανται, πάντα δὲ τὰ ἀνθρώπεια τὰ πρὸς ἀρετὴν καὶ κακίαν, καὶ τά γε θεῖα· ἀνάγκη γὰρ τὸν ἀγαθὸν ποιητήν, εἰ μέλλει περὶ ὧν ἂν ποιῇ καλῶς ποιήσειν, εἰδότα ἄρα ποιεῖν, ἢ μὴ οἷόν τε εἶναι
5 ποιεῖν. δεῖ δὴ ἐπισκέψασθαι πότερον μιμηταῖς τούτοις οὗτοι ἐντυχόντες ἐξηπάτηνται καὶ τὰ ἔργα αὐτῶν ὁρῶντες

b 6 ἄρα που A F M: που ἄρα που D c 1 τεχνῶν] τεχνιτῶν Adam c 2 γε D: τε A F M d 3 πάσσοφος A: πᾶς σοφὸς F D: πᾶν σοφὸς M e 4 εἰδότα A M: εἰδότ' F: εἰ δ' ὅτε D

οὐκ αἰσθάνονται τριττὰ ἀπέχοντα τοῦ ὄντος καὶ ῥᾴδια ποιεῖν 599
μὴ εἰδότι τὴν ἀλήθειαν—φαντάσματα γὰρ ἀλλ' οὐκ ὄντα
ποιοῦσιν—ἤ τι καὶ λέγουσιν καὶ τῷ ὄντι οἱ ἀγαθοὶ ποιηταὶ
ἴσασιν περὶ ὧν δοκοῦσιν τοῖς πολλοῖς εὖ λέγειν.

Πάνυ μὲν οὖν, ἔφη, ἐξεταστέον. 5

Οἴει οὖν, εἴ τις ἀμφότερα δύναιτο ποιεῖν, τό τε μιμηθησόμενον καὶ τὸ εἴδωλον, ἐπὶ τῇ τῶν εἰδώλων δημιουργίᾳ ἑαυτὸν ἀφεῖναι ἂν σπουδάζειν καὶ τοῦτο προστήσασθαι τοῦ ἑαυτοῦ βίου ὡς βέλτιστον ἔχοντα; b

Οὐκ ἔγωγε.

'Αλλ' εἴπερ γε οἶμαι ἐπιστήμων εἴη τῇ ἀληθείᾳ τούτων πέρι ἅπερ καὶ μιμεῖται, πολὺ πρότερον ἐν τοῖς ἔργοις ἂν σπουδάσειεν ἢ ἐπὶ τοῖς μιμήμασι, καὶ πειρῷτο ἂν πολλὰ καὶ 5 καλὰ ἔργα ἑαυτοῦ καταλιπεῖν μνημεῖα, καὶ εἶναι προθυμοῖτ' ἂν μᾶλλον ὁ ἐγκωμιαζόμενος ἢ ὁ ἐγκωμιάζων.

Οἶμαι, ἔφη· οὐ γὰρ ἐξ ἴσου ἥ τε τιμὴ καὶ ἡ ὠφελία.

Τῶν μὲν τοίνυν ἄλλων πέρι μὴ ἀπαιτῶμεν λόγον Ὅμηρον ἢ ἄλλον ὁντινοῦν τῶν ποιητῶν, ἐρωτῶντες εἰ ἰατρικὸς c ἦν τις αὐτῶν ἀλλὰ μὴ μιμητὴς μόνον ἰατρικῶν λόγων, τίνας ὑγιεῖς ποιητής τις τῶν παλαιῶν ἢ τῶν νέων λέγεται πεποιηκέναι, ὥσπερ 'Ασκληπιός, ἢ τίνας μαθητὰς ἰατρικῆς κατελίπετο, ὥσπερ ἐκεῖνος τοὺς ἐκγόνους, μηδ' αὖ περὶ τὰς 5 ἄλλας τέχνας αὐτοὺς ἐρωτῶμεν, ἀλλ' ἐῶμεν· περὶ δὲ ὧν μεγίστων τε καὶ καλλίστων ἐπιχειρεῖ λέγειν Ὅμηρος, πολέμων τε πέρι καὶ στρατηγιῶν καὶ διοικήσεων πόλεων, καὶ παιδείας πέρι ἀνθρώπου, δίκαιόν που ἐρωτᾶν αὐτὸν πυνθα- d νομένους· Ὦ φίλε Ὅμηρε, εἴπερ μὴ τρίτος ἀπὸ τῆς ἀληθείας εἶ ἀρετῆς πέρι, εἰδώλου δημιουργός, ὃν δὴ μιμητὴν ὡρισάμεθα, ἀλλὰ καὶ δεύτερος, καὶ οἷός τε ἦσθα γιγνώσκειν ποῖα ἐπιτηδεύματα βελτίους ἢ χείρους ἀνθρώπους ποιεῖ ἰδίᾳ καὶ 5

a 1 τριττὰ] τρίτα ci. Herwerden a 6 μιμηθήσομεν A² F D M: μηθησόμενον A a 8 ἀφεῖναι] ἐφεῖναι Themistius τοῦτο A M Themistius: τούτου F D b 5 πειρῷτο A F M: πρῶτον D c 1 ἰατρικὸς] ἰατρὸς Eusebius c 2 μὴ om. F c 4 κατελείπετο F c 5 ἐγγόνους F Eusebius d 1 ἀνθρώπων Eusebius

δημοσίᾳ, λέγε ἡμῖν τίς τῶν πόλεων διὰ σὲ βέλτιον ᾤκησεν, ὥσπερ διὰ Λυκοῦργον Λακεδαίμων καὶ δι' ἄλλους πολλοὺς
e πολλαὶ μεγάλαι τε καὶ σμικραί; σὲ δὲ τίς αἰτιᾶται πόλις νομοθέτην ἀγαθὸν γεγονέναι καὶ σφᾶς ὠφεληκέναι; Χαρώνδαν μὲν γὰρ Ἰταλία καὶ Σικελία, καὶ ἡμεῖς Σόλωνα· σὲ δὲ τίς; ἕξει τινὰ εἰπεῖν;

5 Οὐκ οἶμαι, ἔφη ὁ Γλαύκων· οὔκουν λέγεταί γε οὐδ' ὑπ' αὐτῶν Ὁμηριδῶν.

600 Ἀλλὰ δή τις πόλεμος ἐπὶ Ὁμήρου ὑπ' ἐκείνου ἄρχοντος ἢ συμβουλεύοντος εὖ πολεμηθεὶς μνημονεύεται;

Οὐδείς.

Ἀλλ' οἷα δὴ εἰς τὰ ἔργα σοφοῦ ἀνδρὸς πολλαὶ ἐπίνοιαι
5 καὶ εὐμήχανοι εἰς τέχνας ἤ τινας ἄλλας πράξεις λέγονται, ὥσπερ αὖ Θάλεώ τε πέρι τοῦ Μιλησίου καὶ Ἀναχάρσιος τοῦ Σκύθου;

Οὐδαμῶς τοιοῦτον οὐδέν.

Ἀλλὰ δὴ εἰ μὴ δημοσίᾳ, ἰδίᾳ τισὶν ἡγεμὼν παιδείας
10 αὐτὸς ζῶν λέγεται Ὅμηρος γενέσθαι, οἳ ἐκεῖνον ἠγάπων ἐπὶ
b συνουσίᾳ καὶ τοῖς ὑστέροις ὁδόν τινα παρέδοσαν βίου Ὁμηρικήν, ὥσπερ Πυθαγόρας αὐτός τε διαφερόντως ἐπὶ τούτῳ ἠγαπήθη, καὶ οἱ ὕστεροι ἔτι καὶ νῦν Πυθαγόρειον τρόπον ἐπονομάζοντες τοῦ βίου διαφανεῖς πῃ δοκοῦσιν εἶναι
5 ἐν τοῖς ἄλλοις;

Οὐδ' αὖ, ἔφη, τοιοῦτον οὐδὲν λέγεται. ὁ γὰρ Κρεώφυλος, ὦ Σώκρατες, ἴσως, ὁ τοῦ Ὁμήρου ἑταῖρος, τοῦ ὀνόματος ἂν γελοιότερος ἔτι πρὸς παιδείαν φανείη, εἰ τὰ λεγόμενα περὶ Ὁμήρου ἀληθῆ. λέγεται γὰρ ὡς πολλή τις ἀμέλεια περὶ
c αὐτὸν ἦν ἐπ' αὐτοῦ ἐκείνου, ὅτε ἔζη.

Λέγεται γὰρ οὖν, ἦν δ' ἐγώ. ἀλλ' οἴει, ὦ Γλαύκων, εἰ

e 1 αἰτιάσεται Aristides e 2 χαρώνδαν A D : χαίρων δ' ἂν F : χαρωνίδην M e 3 γὰρ A D M : om. F Aristides e 5 γε post οἶμαι add. Aristides γλαύκων] λάκων Aristides a 4 εἰς A² F D M : om. A b 2 διαφερόντως] ὑπερβαλλόντως Aristides b 3 ὕστεροι A F M : ὕστερον D c 1 ἐπ'] ὑπ' Adam

τῷ ὄντι οἷός τ' ἦν παιδεύειν ἀνθρώπους καὶ βελτίους ἀπ-
εργάζεσθαι Ὅμηρος, ἅτε περὶ τούτων οὐ μιμεῖσθαι ἀλλὰ
γιγνώσκειν δυνάμενος, οὐκ ἄρ' ἂν πολλοὺς ἑταίρους ἐποιή- 5
σατο καὶ ἐτιμᾶτο καὶ ἠγαπᾶτο ὑπ' αὐτῶν, ἀλλὰ Πρωταγόρας
μὲν ἄρα ὁ Ἀβδηρίτης καὶ Πρόδικος ὁ Κεῖος καὶ ἄλλοι πάμ-
πολλοι δύνανται τοῖς ἐφ' ἑαυτῶν παριστάναι ἰδίᾳ συγγιγνό-
μενοι ὡς οὔτε οἰκίαν οὔτε πόλιν τὴν αὑτῶν διοικεῖν οἷοί τ' d
ἔσονται, ἐὰν μὴ σφεῖς αὐτῶν ἐπιστατήσωσιν τῆς παιδείας,
καὶ ἐπὶ ταύτῃ τῇ σοφίᾳ οὕτω σφόδρα φιλοῦνται, ὥστε μόνον
οὐκ ἐπὶ ταῖς κεφαλαῖς περιφέρουσιν αὐτοὺς οἱ ἑταῖροι·
Ὅμηρον δ' ἄρα οἱ ἐπ' ἐκείνου, εἴπερ οἷός τ' ἦν πρὸς ἀρετὴν 5
ὀνῆσαι ἀνθρώπους, ἢ Ἡσίοδον ῥαψῳδεῖν ἂν περιιόντας εἴων,
καὶ οὐχὶ μᾶλλον ἂν αὐτῶν ἀντείχοντο ἢ τοῦ χρυσοῦ καὶ
ἠνάγκαζον παρὰ σφίσιν οἴκοι εἶναι, ἢ εἰ μὴ ἔπειθον, αὐτοὶ ἂν e
ἐπαιδαγώγουν ὅπῃ ἦσαν, ἕως ἱκανῶς παιδείας μεταλάβοιεν;

Παντάπασιν, ἔφη, δοκεῖς μοι, ὦ Σώκρατες, ἀληθῆ λέγειν.

Οὐκοῦν τιθῶμεν ἀπὸ Ὁμήρου ἀρξαμένους πάντας τοὺς
ποιητικοὺς μιμητὰς εἰδώλων ἀρετῆς εἶναι καὶ τῶν ἄλλων 5
περὶ ὧν ποιοῦσιν, τῆς δὲ ἀληθείας οὐχ ἅπτεσθαι, ἀλλ' ὥσπερ
νυνδὴ ἐλέγομεν, ὁ ζωγράφος σκυτοτόμον ποιήσει δοκοῦντα
εἶναι, αὐτός τε οὐκ ἐπαΐων περὶ σκυτοτομίας καὶ τοῖς μὴ 601
ἐπαΐουσιν, ἐκ τῶν χρωμάτων δὲ καὶ σχημάτων θεωροῦσιν;

Πάνυ μὲν οὖν.

Οὕτω δὴ οἶμαι καὶ τὸν ποιητικὸν φήσομεν χρώματα ἄττα
ἑκάστων τῶν τεχνῶν τοῖς ὀνόμασι καὶ ῥήμασιν ἐπιχρωματί- 5
ζειν αὐτὸν οὐκ ἐπαΐοντα ἀλλ' ἢ μιμεῖσθαι, ὥστε ἑτέροις
τοιούτοις ἐκ τῶν λόγων θεωροῦσι δοκεῖν, ἐάντε περὶ σκυτο-
τομίας τις λέγῃ ἐν μέτρῳ καὶ ῥυθμῷ καὶ ἁρμονίᾳ, πάνυ εὖ

d 2 ἐπιστατήσωσι τῆς παιδείας A M : τῆς παιδείας ἐπιστατήσωσι F D Eusebius   d 6 ὀνῆσαι Aristidis codex unus : ὀνεῖναι A D f : ὂν εἶναι F : ὀνίναι A² M : ὀνινάναι ci. Matthiae   e 4 ἀρξαμένους A F D M : ἀρξάμενοι Aristides Eusebius   a 6 αὐτὸν . . . ἑτέροις F D M et in marg. A : om. A   ἀλλ' ἢ F D : ἀλλὰ A M   ἑτέροις F D : ἐν τοῖς A M   a 8 ἐν μέτρῳ . . . a 9 λέγεσθαι F D M et in marg. A : om. A

δοκεῖν λέγεσθαι, ἐάντε περὶ στρατηγίας ἐάντε περὶ ἄλλου
b ὁτουοῦν· οὕτω φύσει αὐτὰ ταῦτα μεγάλην τινὰ κήλησιν
ἔχειν. ἐπεὶ γυμνωθέντα γε τῶν τῆς μουσικῆς χρωμάτων
τὰ τῶν ποιητῶν, αὐτὰ ἐφ' αὑτῶν λεγόμενα, οἶμαί σε εἰδέναι
οἷα φαίνεται. τεθέασαι γάρ που.

5 Ἔγωγ', ἔφη.

Οὐκοῦν, ἦν δ' ἐγώ, ἔοικεν τοῖς τῶν ὡραίων προσώποις,
καλῶν δὲ μή, οἷα γίγνεται ἰδεῖν ὅταν αὐτὰ τὸ ἄνθος προλίπῃ;

Παντάπασιν, ἦ δ' ὅς.

Ἴθι δή, τόδε ἄθρει· ὁ τοῦ εἰδώλου ποιητής, ὁ μιμητής,
10 φαμέν, τοῦ μὲν ὄντος οὐδὲν ἐπαΐει, τοῦ δὲ φαινομένου· οὐχ
c οὕτως;

Ναί.

Μὴ τοίνυν ἡμίσεως αὐτὸ καταλίπωμεν ῥηθέν, ἀλλ' ἱκανῶς
ἴδωμεν.

5 Λέγε, ἔφη.

Ζωγράφος, φαμέν, ἡνίας τε γράψει καὶ χαλινόν;

Ναί.

Ποιήσει δέ γε σκυτοτόμος καὶ χαλκεύς;

Πάνυ γε.

10 Ἆρ' οὖν ἐπαΐει οἵας δεῖ τὰς ἡνίας εἶναι καὶ τὸν χαλινὸν
ὁ γραφεύς; ἢ οὐδ' ὁ ποιήσας, ὅ τε χαλκεὺς καὶ ὁ σκυτεύς,
ἀλλ' ἐκεῖνος ὅσπερ τούτοις ἐπίσταται χρῆσθαι, μόνος ὁ
ἱππικός;

Ἀληθέστατα.

15 Ἆρ' οὖν οὐ περὶ πάντα οὕτω φήσομεν ἔχειν;

Πῶς;

d Περὶ ἕκαστον ταύτας τινὰς τρεῖς τέχνας εἶναι, χρησομένην,
ποιήσουσαν, μιμησομένην;

Ναί.

b 3 λεγόμενα A F D M : γενόμενα A² b 4 που] ἦ οὔ Eusebius
c 3 ἡμίσεως A D M : ἡμίσεος A² F : ἐφ' ἡμίσεως scr. Mon. : ἐξ ἡμίσεως
vel ἡμισέως ci. Stephanus αὐτὸ A M : αὐτὸν F : αὐτῷ D c 11 ὅ
A F M : οὔτε D

Οὐκοῦν ἀρετὴ καὶ κάλλος καὶ ὀρθότης ἑκάστου σκεύους καὶ ζῴου καὶ πράξεως οὐ πρὸς ἄλλο τι ἢ τὴν χρείαν ἐστίν, 5 πρὸς ἣν ἂν ἕκαστον ᾖ πεποιημένον ἢ πεφυκός;

Οὕτως.

Πολλὴ ἄρα ἀνάγκη τὸν χρώμενον ἑκάστῳ ἐμπειρότατόν τε εἶναι καὶ ἄγγελον γίγνεσθαι τῷ ποιητῇ οἷα ἀγαθὰ ἢ κακὰ ποιεῖ ἐν τῇ χρείᾳ ᾧ χρῆται· οἷον αὐλητής που αὐλοποιῷ 10 ἐξαγγέλλει περὶ τῶν αὐλῶν, οἳ ἂν ὑπηρετῶσιν ἐν τῷ αὐλεῖν, e καὶ ἐπιτάξει οἵους δεῖ ποιεῖν, ὁ δ' ὑπηρετήσει.

Πῶς δ' οὔ;

Οὐκοῦν ὁ μὲν εἰδὼς ἐξαγγέλλει περὶ χρηστῶν καὶ πονηρῶν αὐλῶν, ὁ δὲ πιστεύων ποιήσει; 5

Ναί.

Τοῦ αὐτοῦ ἄρα σκεύους ὁ μὲν ποιητὴς πίστιν ὀρθὴν ἕξει περὶ κάλλους τε καὶ πονηρίας, συνὼν τῷ εἰδότι καὶ ἀναγκαζόμενος ἀκούειν παρὰ τοῦ εἰδότος, ὁ δὲ χρώμενος ἐπιστήμην. 602

Πάνυ γε.

Ὁ δὲ μιμητὴς πότερον ἐκ τοῦ χρῆσθαι ἐπιστήμην ἕξει περὶ ὧν ἂν γράφῃ, εἴτε καλὰ καὶ ὀρθὰ εἴτε μή, ἢ δόξαν ὀρθὴν διὰ τὸ ἐξ ἀνάγκης συνεῖναι τῷ εἰδότι καὶ ἐπιτάττεσθαι 5 οἷα χρὴ γράφειν;

Οὐδέτερα.

Οὔτε ἄρα εἴσεται οὔτε ὀρθὰ δοξάσει ὁ μιμητὴς περὶ ὧν ἂν μιμῆται πρὸς κάλλος ἢ πονηρίαν.

Οὐκ ἔοικεν. 10

Χαρίεις ἂν εἴη ὁ ἐν τῇ ποιήσει μιμητικὸς πρὸς σοφίαν περὶ ὧν ἂν ποιῇ.

Οὐ πάνυ.

Ἀλλ' οὖν δὴ ὅμως γε μιμήσεται, οὐκ εἰδὼς περὶ ἑκάστου b ὅπῃ πονηρὸν ἢ χρηστόν· ἀλλ', ὡς ἔοικεν, οἷον φαίνεται

d 6 πρὸς F D M : om. A e 1 οἳ A M : οἷα F D ὑπηρετῶσιν] an ὑπερέχωσιν ? Adam e 2 ὑπηρετήσει A F M : ὑπηρέτης εἶ D a 2 πάνυ . . . a 3 ἐπιστήμην A F M : om. D (in marg. ναί, ἔφη : ὁ δὲ γράφων ἐπιστήμην d) a 4 περὶ F D : om. A M καλὸν εἶναι τοῖς πολλοῖς τε καὶ μηδὲν εἰδόσιν, τοῦτο μιμήσεται.

5 Τί γὰρ ἄλλο;

Ταῦτα μὲν δή, ὥς γε φαίνεται, ἐπιεικῶς ἡμῖν διωμολόγηται, τόν τε μιμητικὸν μηδὲν εἰδέναι ἄξιον λόγου περὶ ὧν μιμεῖται, ἀλλ' εἶναι παιδιάν τινα καὶ οὐ σπουδὴν τὴν μίμησιν, τούς τε τῆς τραγικῆς ποιήσεως ἁπτομένους ἐν ἰαμβείοις καὶ ἐν 10 ἔπεσι πάντας εἶναι μιμητικοὺς ὡς οἷόν τε μάλιστα.

Πάνυ μὲν οὖν.

c Πρὸς Διός, ἦν δ' ἐγώ, τὸ δὲ δὴ μιμεῖσθαι τοῦτο οὐ περὶ τρίτον μέν τί ἐστιν ἀπὸ τῆς ἀληθείας; ἢ γάρ;

Ναί.

Πρὸς δὲ δὴ ποῖόν τί ἐστιν τῶν τοῦ ἀνθρώπου ἔχον τὴν 5 δύναμιν ἣν ἔχει;

Τοῦ ποίου τινὸς πέρι λέγεις;

Τοῦ τοιοῦδε· ταὐτόν που ἡμῖν μέγεθος ἐγγύθεν τε καὶ πόρρωθεν διὰ τῆς ὄψεως οὐκ ἴσον φαίνεται.

Οὐ γάρ.

10 Καὶ ταὐτὰ καμπύλα τε καὶ εὐθέα ἐν ὕδατί τε θεωμένοις καὶ ἔξω, καὶ κοῖλά τε δὴ καὶ ἐξέχοντα διὰ τὴν περὶ τὰ χρώματα αὖ πλάνην τῆς ὄψεως, καὶ πᾶσά τις ταραχὴ δήλη d ἡμῖν ἐνοῦσα αὕτη ἐν τῇ ψυχῇ· ᾧ δὴ ἡμῶν τῷ παθήματι τῆς φύσεως ἡ σκιαγραφία ἐπιθεμένη γοητείας οὐδὲν ἀπολείπει, καὶ ἡ θαυματοποιία καὶ αἱ ἄλλαι πολλαὶ τοιαῦται μηχαναί.

5 Ἀληθῆ.

Ἆρ' οὖν οὐ τὸ μετρεῖν καὶ ἀριθμεῖν καὶ ἱστάναι βοήθειαι χαριέσταται πρὸς αὐτὰ ἐφάνησαν, ὥστε μὴ ἄρχειν ἐν ἡμῖν τὸ φαινόμενον μεῖζον ἢ ἔλαττον ἢ πλέον ἢ βαρύτερον, ἀλλὰ τὸ λογισάμενον καὶ μετρῆσαν ἢ καὶ στῆσαν;

10 Πῶς γὰρ οὔ;

b 8 οὐ om. F c 1 δὴ AF: om. DM c 4 τῶν AD: τῷ F: τὸ A² M d 1 αὕτη D: αὐτῇ AFM d 3 αἱ AM: om. FD d 7 ὥστε AM: ὥς γε FD

Ἀλλὰ μὴν τοῦτό γε τοῦ λογιστικοῦ ἂν εἴη τοῦ ἐν ψυχῇ ἔργον. e

Τούτου γὰρ οὖν.

Τούτῳ δὲ πολλάκις μετρήσαντι καὶ σημαίνοντι μείζω ἄττα εἶναι ἢ ἐλάττω ἕτερα ἑτέρων ἢ ἴσα τἀναντία φαίνεται 5 ἅμα περὶ ταὐτά.

Ναί.

Οὐκοῦν ἔφαμεν τῷ αὐτῷ ἅμα περὶ ταὐτὰ ἐναντία δοξάζειν ἀδύνατον εἶναι;

Καὶ ὀρθῶς γ' ἔφαμεν. 10

Τὸ παρὰ τὰ μέτρα ἄρα δοξάζον τῆς ψυχῆς τῷ κατὰ τὰ 603 μέτρα οὐκ ἂν εἴη ταὐτόν.

Οὐ γὰρ οὖν.

Ἀλλὰ μὴν τὸ μέτρῳ γε καὶ λογισμῷ πιστεῦον βέλτιστον ἂν εἴη τῆς ψυχῆς. 5

Τί μήν;

Τὸ ἄρα τούτῳ ἐναντιούμενον τῶν φαύλων ἄν τι εἴη ἐν ἡμῖν.

Ἀνάγκη.

Τοῦτο τοίνυν διομολογήσασθαι βουλόμενος ἔλεγον ὅτι ἡ 10 γραφικὴ καὶ ὅλως ἡ μιμητικὴ πόρρω μὲν τῆς ἀληθείας ὂν τὸ αὑτῆς ἔργον ἀπεργάζεται, πόρρω δ' αὖ φρονήσεως ὄντι τῷ ἐν ἡμῖν προσομιλεῖ τε καὶ ἑταίρα καὶ φίλη ἐστὶν ἐπ' οὐδενὶ b ὑγιεῖ οὐδ' ἀληθεῖ.

Παντάπασιν, ἦ δ' ὅς.

Φαύλη ἄρα φαύλῳ συγγιγνομένη φαῦλα γεννᾷ ἡ μιμητική.

Ἔοικεν. 5

Πότερον, ἦν δ' ἐγώ, ἡ κατὰ τὴν ὄψιν μόνον, ἢ καὶ κατὰ τὴν ἀκοήν, ἣν δὴ ποίησιν ὀνομάζομεν;

Εἰκός γ', ἔφη, καὶ ταύτην.

e 1 εἴη A F M : ᾖ D e 4 τούτῳ] τῷ ci. Schleiermacher e 6 ἅμα περὶ ταὐτά om. Adam b 6 καὶ A² F D M : om. A ἡ ante κατὰ add. Mon.

Μὴ τοίνυν, ἦν δ' ἐγώ, τῷ εἰκότι μόνον πιστεύσωμεν ἐκ
10 τῆς γραφικῆς, ἀλλὰ καὶ ἐπ' αὐτὸ αὖ ἔλθωμεν τῆς διανοίας
c τοῦτο ᾧ προσομιλεῖ ἡ τῆς ποιήσεως μιμητική, καὶ ἴδωμεν φαῦλον ἢ σπουδαῖόν ἐστιν.

Ἀλλὰ χρή.

Ὧδε δὴ προθώμεθα· πράττοντας, φαμέν, ἀνθρώπους
5 μιμεῖται ἡ μιμητικὴ βιαίους ἢ ἑκουσίας πράξεις, καὶ ἐκ τοῦ πράττειν ἢ εὖ οἰομένους ἢ κακῶς πεπραγέναι, καὶ ἐν τούτοις δὴ πᾶσιν ἢ λυπουμένους ἢ χαίροντας. μή τι ἄλλο ἦν παρὰ ταῦτα;

Οὐδέν.

10 Ἆρ' οὖν ἐν ἅπασι τούτοις ὁμονοητικῶς ἄνθρωπος διάκει-
d ται; ἢ ὥσπερ κατὰ τὴν ὄψιν ἐστασίαζεν καὶ ἐναντίας εἶχεν ἐν ἑαυτῷ δόξας ἅμα περὶ τῶν αὐτῶν, οὕτω καὶ ἐν ταῖς πράξεσι στασιάζει τε καὶ μάχεται αὐτὸς αὑτῷ; ἀναμιμνῄσκομαι δὲ ὅτι τοῦτό γε νῦν οὐδὲν δεῖ ἡμᾶς διομολογεῖσθαι·
5 ἐν γὰρ τοῖς ἄνω λόγοις ἱκανῶς πάντα ταῦτα διωμολογησάμεθα, ὅτι μυρίων τοιούτων ἐναντιωμάτων ἅμα γιγνομένων ἡ ψυχὴ γέμει ἡμῶν.

Ὀρθῶς, ἔφη.

Ὀρθῶς γάρ, ἦν δ' ἐγώ· ἀλλ' ὃ τότε ἀπελίπομεν, νῦν μοι
e δοκεῖ ἀναγκαῖον εἶναι διεξελθεῖν.

Τὸ ποῖον; ἔφη.

Ἀνήρ, ἦν δ' ἐγώ, ἐπιεικὴς τοιᾶσδε τύχης μετασχών, ὑὸν ἀπολέσας ἤ τι ἄλλο ὧν περὶ πλείστου ποιεῖται, ἐλέγομέν
5 που καὶ τότε ὅτι ῥᾷστα οἴσει τῶν ἄλλων.

Πάνυ γε.

Νῦν δέ γε τόδ' ἐπισκεψώμεθα, πότερον οὐδὲν ἀχθέσεται, ἢ τοῦτο μὲν ἀδύνατον, μετριάσει δέ πως πρὸς λύπην.

Οὕτω μᾶλλον, ἔφη, τό γε ἀληθές.

b 9 πιστεύσωμεν A D M : πιστεύομεν F : πιστεύωμεν recc. c 7 πᾶσιν ἢ F D M : πᾶσιν A : πᾶσι A² ἦν Ast : ἧ A M : ἢ F D d 5 πάντα ταῦτα A F : ταῦτα πάντα D d 9 ἀπελίπομεν] ἀπελείπομεν F e 3 τύχης F D Stobaeus : ψυχῆς A M

Τόδε νῦν μοι περὶ αὐτοῦ εἰπέ· πότερον μᾶλλον αὐτὸν 604 οἴει τῇ λύπῃ μαχεῖσθαί τε καὶ ἀντιτείνειν, ὅταν ὁρᾶται ὑπὸ τῶν ὁμοίων, ἢ ὅταν ἐν ἐρημίᾳ μόνος αὐτὸς καθ' αὑτὸν γίγνηται;

Πολύ που, ἔφη, διοίσει, ὅταν ὁρᾶται. 5

Μονωθεὶς δέ γε οἶμαι πολλὰ μὲν τολμήσει φθέγξασθαι, ἃ εἴ τις αὐτοῦ ἀκούοι αἰσχύνοιτ' ἄν, πολλὰ δὲ ποιήσει, ἃ οὐκ ἂν δέξαιτό τινα ἰδεῖν δρῶντα.

Οὕτως ἔχει, ἔφη.

Οὐκοῦν τὸ μὲν ἀντιτείνειν διακελευόμενον λόγος καὶ νόμος 10 ἐστίν, τὸ δὲ ἕλκον ἐπὶ τὰς λύπας αὐτὸ τὸ πάθος; b

Ἀληθῆ.

Ἐναντίας δὲ ἀγωγῆς γιγνομένης ἐν τῷ ἀνθρώπῳ περὶ τὸ αὐτὸ ἅμα, δύο φαμὲν αὐτὼ ἀναγκαῖον εἶναι.

Πῶς δ' οὔ; 5

Οὐκοῦν τὸ μὲν ἕτερον τῷ νόμῳ ἕτοιμον πείθεσθαι, ᾗ ὁ νόμος ἐξηγεῖται;

Πῶς;

Λέγει που ὁ νόμος ὅτι κάλλιστον ὅτι μάλιστα ἡσυχίαν ἄγειν ἐν ταῖς συμφοραῖς καὶ μὴ ἀγανακτεῖν, ὡς οὔτε δήλου 10 ὄντος τοῦ ἀγαθοῦ τε καὶ κακοῦ τῶν τοιούτων, οὔτε εἰς τὸ πρόσθεν οὐδὲν προβαῖνον τῷ χαλεπῶς φέροντι, οὔτε τι τῶν ἀνθρωπίνων ἄξιον ὂν μεγάλης σπουδῆς, ὅ τε δεῖ ἐν αὐτοῖς c ὅτι τάχιστα παραγίγνεσθαι ἡμῖν, τούτῳ ἐμποδὼν γιγνόμενον τὸ λυπεῖσθαι.

Τίνι, ἦ δ' ὅς, λέγεις;

Τῷ βουλεύεσθαι, ἦν δ' ἐγώ, περὶ τὸ γεγονὸς καὶ ὥσπερ 5 ἐν πτώσει κύβων πρὸς τὰ πεπτωκότα τίθεσθαι τὰ αὑτοῦ

a 1 τόδε F: τὸ δὲ A D M a 2 μαχεῖσθαι] μάχεσθαι Stobaeus ἀντιτείνειν] ἀντιτενεῖν scr. Mon. b 3 δὲ] δὲ δὴ Stobaeus b 4 δύο A F D M Stobaeus: δύο τινὲ scr. Mon. φαμὲν] ἔφαμεν Stobaeus: ἔφαμεν ἐν scr. Mon. αὐτὼ Morgenstern: αὐτὸ F: αὐτῷ A D M: δὴ Stobaeus b 6 ᾗ A M: ἡ F D c 1 ὅ τε A F D M: ὅτι A²

πράγματα, ὅπῃ ὁ λόγος αἱρεῖ βέλτιστ' ἂν ἔχειν, ἀλλὰ μὴ προσπταίσαντας καθάπερ παῖδας ἐχομένους τοῦ πληγέντος ἐν τῷ βοᾶν διατρίβειν, ἀλλ' ἀεὶ ἐθίζειν τὴν ψυχὴν ὅτι
d τάχιστα γίγνεσθαι πρὸς τὸ ἰᾶσθαί τε καὶ ἐπανορθοῦν τὸ πεσόν τε καὶ νοσῆσαν, ἰατρικῇ θρηνῳδίαν ἀφανίζοντα.

Ὀρθότατα γοῦν ἄν τις, ἔφη, πρὸς τὰς τύχας οὕτω προσφέροιτο.

5 Οὐκοῦν, φαμέν, τὸ μὲν βέλτιστον τούτῳ τῷ λογισμῷ ἐθέλει ἕπεσθαι.

Δῆλον δή.

Τὸ δὲ πρὸς τὰς ἀναμνήσεις τε τοῦ πάθους καὶ πρὸς τοὺς ὀδυρμοὺς ἄγον καὶ ἀπλήστως ἔχον αὐτῶν ἆρ' οὐκ ἀλόγιστόν
10 τε φήσομεν εἶναι καὶ ἀργὸν καὶ δειλίας φίλον;

Φήσομεν μὲν οὖν.

e Οὐκοῦν τὸ μὲν πολλὴν μίμησιν καὶ ποικίλην ἔχει, τὸ ἀγανακτητικόν, τὸ δὲ φρόνιμόν τε καὶ ἡσύχιον ἦθος, παραπλήσιον ὂν ἀεὶ αὐτὸ αὑτῷ, οὔτε ῥᾴδιον μιμήσασθαι οὔτε μιμουμένου εὐπετὲς καταμαθεῖν, ἄλλως τε καὶ πανηγύρει καὶ
5 παντοδαποῖς ἀνθρώποις εἰς θέατρα συλλεγομένοις· ἀλλοτρίου γάρ που πάθους ἡ μίμησις αὐτοῖς γίγνεται.

605 Παντάπασι μὲν οὖν.

Ὁ δὴ μιμητικὸς ποιητὴς δῆλον ὅτι οὐ πρὸς τὸ τοιοῦτον τῆς ψυχῆς πέφυκέ τε καὶ ἡ σοφία αὐτοῦ τούτῳ ἀρέσκειν πέπηγεν, εἰ μέλλει εὐδοκιμήσειν ἐν τοῖς πολλοῖς, ἀλλὰ

c 7 αἱρεῖ int. vers. F Plutarchus Stobaeus: ἐρεῖ A M: ἔρρει pr. F D c 8 προσπταίσαντας A D M Plutarchus: προσπαίσαντας F Stobaeus πληγέντος F D Plutarchus Stobaeus: πλήττοντος A M d 1 τὸ A F D M Stobaeus: τῷ scr. Mon. τε καὶ A D M: καὶ F d 2 ἰατρικῇ Plutarchus Stobaeus: ἰατρικὴν A M: ἰατρικὴν καὶ F D et fort. pr. A d 3 γ' ἂν οὖν Stobaeus d 5 τούτῳ A F D M Stobaeus: που τούτῳ A² vulg. d 8 τὰς A D M: om. F τοὺς int. vers. F e 2 ἀγανακτητικόν A M: ἀγανακτικόν F D Proclus Stobaeus (et mox a 5) e 3 αὐτὸ A² M Stobaeus: om. A F D e 4 μιμουμένου F D: μιμούμενον A M: μιμουμένους Stobaeus a 3 πέφυκέ et a 4 πέπηγεν transp. ci. Valckenaer: πέφυκε tanquam ad πέπηγεν adscriptum secluserim, sed legit iam Proclus τε pr. A: γε A (sed γ in ras.): γε F D

πρὸς τὸ ἀγανακτητικόν τε καὶ ποικίλον ἦθος διὰ τὸ εὐμί- 5
μητον εἶναι.

Δῆλον.

Οὐκοῦν δικαίως ἂν αὐτοῦ ἤδη ἐπιλαμβανοίμεθα, καὶ
τιθεῖμεν ἀντίστροφον αὐτὸν τῷ ζωγράφῳ· καὶ γὰρ τῷ φαῦλα
ποιεῖν πρὸς ἀλήθειαν ἔοικεν αὐτῷ, καὶ τῷ πρὸς ἕτερον τοι- 10
οῦτον ὁμιλεῖν τῆς ψυχῆς ἀλλὰ μὴ πρὸς τὸ βέλτιστον, καὶ b
ταύτῃ ὡμοίωται. καὶ οὕτως ἤδη ἂν ἐν δίκῃ οὐ παραδεχοί-
μεθα εἰς μέλλουσαν εὐνομεῖσθαι πόλιν, ὅτι τοῦτο ἐγείρει
τῆς ψυχῆς καὶ τρέφει καὶ ἰσχυρὸν ποιῶν ἀπόλλυσι τὸ
λογιστικόν, ὥσπερ ἐν πόλει ὅταν τις μοχθηροὺς ἐγκρατεῖς 5
ποιῶν παραδιδῷ τὴν πόλιν, τοὺς δὲ χαριεστέρους φθείρῃ·
ταὐτὸν καὶ τὸν μιμητικὸν ποιητὴν φήσομεν κακὴν πολι-
τείαν ἰδίᾳ ἑκάστου τῇ ψυχῇ ἐμποιεῖν, τῷ ἀνοήτῳ αὐτῆς
χαριζόμενον καὶ οὔτε τὰ μείζω οὔτε τὰ ἐλάττω διαγιγνώ- c
σκοντι, ἀλλὰ τὰ αὐτὰ τοτὲ μὲν μεγάλα ἡγουμένῳ, τοτὲ δὲ
σμικρά, εἴδωλα εἰδωλοποιοῦντα, τοῦ δὲ ἀληθοῦς πόρρω πάνυ
ἀφεστῶτα.

Πάνυ μὲν οὖν. 5

Οὐ μέντοι πω τό γε μέγιστον κατηγορήκαμεν αὐτῆς. τὸ
γὰρ καὶ τοὺς ἐπιεικεῖς ἱκανὴν εἶναι λωβᾶσθαι, ἐκτὸς πάνυ
τινῶν ὀλίγων, πάνδεινόν που.

Τί δ' οὐ μέλλει, εἴπερ γε δρᾷ αὐτό;

'Ακούων σκόπει. οἱ γάρ που βέλτιστοι ἡμῶν ἀκροώ- 10
μενοι Ὁμήρου ἢ ἄλλου τινὸς τῶν τραγῳδοποιῶν μιμουμένου
τινὰ τῶν ἡρώων ἐν πένθει ὄντα καὶ μακρὰν ῥῆσιν ἀποτεί- d
νοντα ἐν τοῖς ὀδυρμοῖς ἢ καὶ ᾄδοντάς τε καὶ κοπτομένους,
οἶσθ' ὅτι χαίρομέν τε καὶ ἐνδόντες ἡμᾶς αὐτοὺς ἑπόμεθα
συμπάσχοντες καὶ σπουδάζοντες ἐπαινοῦμεν ὡς ἀγαθὸν
ποιητήν, ὃς ἂν ἡμᾶς ὅτι μάλιστα οὕτω διαθῇ. 5

a 5 ἦθος A F M : ἔθος D b 6 φθείρῃ A M : φθείρει F D
c 3 εἰδωλοποιοῦντα pr. F (ut videtur) : εἰδωλοποιοῦντι A D M f
c 4 ἀφεστῶτα] ἀφεστῶτι scr. recc. c 9 δρᾷ αὐτό : ἀκούων A F M :
δρᾷ : αὐτοῦ ἀκούων D d 2 ἢ καὶ ᾄδοντας A D M : καὶ ᾄδοντας F :
ἢ κλάοντας ci. Ast

Οἶδα· πῶς δ' οὔ;

Ὅταν δὲ οἰκεῖόν τινι ἡμῶν κῆδος γένηται, ἐννοεῖς αὖ ὅτι ἐπὶ τῷ ἐναντίῳ καλλωπιζόμεθα, ἂν δυνώμεθα ἡσυχίαν ἄγειν
e καὶ καρτερεῖν, ὡς τοῦτο μὲν ἀνδρὸς ὄν, ἐκεῖνο δὲ γυναικός, ὃ τότε ἐπῃνοῦμεν.

Ἐννοῶ, ἔφη.

Ἦ καλῶς οὖν, ἦν δ' ἐγώ, οὗτος ὁ ἔπαινος ἔχει, τὸ ὁρῶντα
5 τοιοῦτον ἄνδρα, οἷον ἑαυτόν τις μὴ ἀξιοῖ εἶναι ἀλλ' αἰσχύνοιτο ἄν, μὴ βδελύττεσθαι ἀλλὰ χαίρειν τε καὶ ἐπαινεῖν;

Οὐ μὰ τὸν Δί', ἔφη, οὐκ εὐλόγῳ ἔοικεν.

606 Ναί, ἦν δ' ἐγώ, εἰ ἐκείνῃ γ' αὐτὸ σκοποίης.

Πῇ;

Εἰ ἐνθυμοῖο ὅτι τὸ βίᾳ κατεχόμενον τότε ἐν ταῖς οἰκείαις συμφοραῖς καὶ πεπεινηκὸς τοῦ δακρῦσαί τε καὶ ἀποδύρασθαι
5 ἱκανῶς καὶ ἀποπλησθῆναι, φύσει ὂν τοιοῦτον οἷον τούτων ἐπιθυμεῖν, τότ' ἐστὶν τοῦτο τὸ ὑπὸ τῶν ποιητῶν πιμπλάμενον καὶ χαῖρον· τὸ δὲ φύσει βέλτιστον ἡμῶν, ἅτε οὐχ ἱκανῶς πεπαιδευμένον λόγῳ οὐδὲ ἔθει, ἀνίησιν τὴν φυλακὴν τοῦ
b θρηνώδους τούτου, ἅτε ἀλλότρια πάθη θεωροῦν καὶ ἑαυτῷ οὐδὲν αἰσχρὸν ὂν εἰ ἄλλος ἀνὴρ ἀγαθὸς φάσκων εἶναι ἀκαίρως πενθεῖ, τοῦτον ἐπαινεῖν καὶ ἐλεεῖν, ἀλλ' ἐκεῖνο κερδαίνειν ἡγεῖται, τὴν ἡδονήν, καὶ οὐκ ἂν δέξαιτο αὐτῆς στερηθῆναι
5 καταφρονήσας ὅλου τοῦ ποιήματος. λογίζεσθαι γὰρ οἶμαι ὀλίγοις τισὶν μέτεστιν ὅτι ἀπολαύειν ἀνάγκη ἀπὸ τῶν ἀλλοτρίων εἰς τὰ οἰκεῖα· θρέψαντα γὰρ ἐν ἐκείνοις ἰσχυρὸν τὸ ἐλεινὸν οὐ ῥᾴδιον ἐν τοῖς αὑτοῦ πάθεσι κατέχειν.

c Ἀληθέστατα, ἔφη.

Ἆρ' οὖν οὐχ ὁ αὐτὸς λόγος καὶ περὶ τοῦ γελοίου; ὅτι, ἂν αὐτὸς αἰσχύνοιο γελωτοποιῶν, ἐν μιμήσει δὲ κωμῳδικῇ ἢ

a 1 εἰ ἐκείνῃ A M : εἰεκείν F : ἐκείνῃ D a 6 τότ' ἐστὶν τοῦτο] τοῦτό ἐστι scr. Mon. b 6 ἀπολαύειν A F D M : ἀπολλύειν A[2] : ἀπολαβεῖν Ast c 2 οὖν οὐχ F D : οὐχ A M ὅτι, ἂν Schneider : ὅτι ἂν A F D M : ὅταν ἃ ci. Madvig c 3 αἰσχύνοιο A F M : αἰσχύνοις D δὲ] δὴ ci. Madvig κωμῳδικῇ ἢ καὶ A M : κωμῳδικὴν καὶ F : κωμῳδικῆ καὶ D

καὶ ἰδίᾳ ἀκούων σφόδρα χαρῇς καὶ μὴ μισῇς ὡς πονηρά,
ταὐτὸν ποιεῖς ὅπερ ἐν τοῖς ἐλέοις; ὃ γὰρ τῷ λόγῳ αὖ 5
κατεῖχες ἐν σαυτῷ βουλόμενον γελωτοποιεῖν, φοβούμενος
δόξαν βωμολοχίας, τότ' αὖ ἀνιεῖς, καὶ ἐκεῖ νεανικὸν ποιήσας
ἔλαθες πολλάκις ἐν τοῖς οἰκείοις ἐξενεχθεὶς ὥστε κωμῳδο-
ποιὸς γενέσθαι.

Καὶ μάλα, ἔφη. 10

Καὶ περὶ ἀφροδισίων δὴ καὶ θυμοῦ καὶ περὶ πάντων τῶν d
ἐπιθυμητικῶν τε καὶ λυπηρῶν καὶ ἡδέων ἐν τῇ ψυχῇ, ἃ δή
φαμεν πάσῃ πράξει ἡμῖν ἕπεσθαι, ὅτι τοιαῦτα ἡμᾶς ἡ
ποιητικὴ μίμησις ἐργάζεται· τρέφει γὰρ ταῦτα ἄρδουσα, δέον
αὐχμεῖν, καὶ ἄρχοντα ἡμῖν καθίστησιν, δέον ἄρχεσθαι αὐτὰ 5
ἵνα βελτίους τε καὶ εὐδαιμονέστεροι ἀντὶ χειρόνων καὶ
ἀθλιωτέρων γιγνώμεθα.

Οὐκ ἔχω ἄλλως φάναι, ἦ δ' ὅς.

Οὐκοῦν, εἶπον, ὦ Γλαύκων, ὅταν Ὁμήρου ἐπαινέταις e
ἐντύχῃς λέγουσιν ὡς τὴν Ἑλλάδα πεπαίδευκεν οὗτος ὁ
ποιητὴς καὶ πρὸς διοίκησίν τε καὶ παιδείαν τῶν ἀνθρωπίνων
πραγμάτων ἄξιος ἀναλαβόντι μανθάνειν τε καὶ κατὰ τοῦτον
τὸν ποιητὴν πάντα τὸν αὑτοῦ βίον κατασκευασάμενον ζῆν, 5
φιλεῖν μὲν χρὴ καὶ ἀσπάζεσθαι ὡς ὄντας βελτίστους εἰς 607
ὅσον δύνανται, καὶ συγχωρεῖν Ὅμηρον ποιητικώτατον εἶναι
καὶ πρῶτον τῶν τραγῳδοποιῶν, εἰδέναι δὲ ὅτι ὅσον μόνον
ὕμνους θεοῖς καὶ ἐγκώμια τοῖς ἀγαθοῖς ποιήσεως παραδεκτέον
εἰς πόλιν· εἰ δὲ τὴν ἡδυσμένην Μοῦσαν παραδέξῃ ἐν μέλεσιν 5
ἢ ἔπεσιν, ἡδονή σοι καὶ λύπη ἐν τῇ πόλει βασιλεύσετον
ἀντὶ νόμου τε καὶ τοῦ κοινῇ ἀεὶ δόξαντος εἶναι βελτίστου
λόγου.

Ἀληθέστατα, ἔφη.

Ταῦτα δή, ἔφην, ἀπολελογήσθω ἡμῖν ἀναμνησθεῖσιν περὶ b

c 4 *μὴ μισῇς* A (sed *ἡ* in ras. *μιμήσῃς* fuit): *μιμήσῃς* F D: *μιμήσῃ* M
c 5 *αὖ*] *ἂν* ci. Madvig c 7 *ἀνιεῖς*] *ἂν εἴης* A F M: *ἀνείης* D: *ἀνίης*
recc. a 4 *ὕμνους . . . παραδεκτέον* A F M: *ὑκτέον* D: *ἑκτέον* scr.
D: *οὐχ ἑκτέον* scr. Mon. b 1 *ἀπολελογήσθω* M: *ἀπολελογείσθω* F:
ἀπολελογίσθω A D

ποιήσεως, ὅτι εἰκότως ἄρα τότε αὐτὴν ἐκ τῆς πόλεως ἀπεστέλλομεν τοιαύτην οὖσαν· ὁ γὰρ λόγος ἡμᾶς ᾕρει. προσείπωμεν δὲ αὐτῇ, μὴ καί τινα σκληρότητα ἡμῶν καὶ ἀγροικίαν
5 καταγνῷ, ὅτι παλαιὰ μέν τις διαφορὰ φιλοσοφίᾳ τε καὶ ποιητικῇ· καὶ γὰρ ἡ "λακέρυζα πρὸς δεσπόταν κύων" ἐκείνη "κραυγάζουσα" καὶ "μέγας ἐν ἀφρόνων κενε-
c αγορίαισι" καὶ ὁ "τῶν διασόφων ὄχλος κρατῶν" καὶ οἱ "λεπτῶς μεριμνῶντες," ὅτι ἄρα "πένονται," καὶ ἄλλα μυρία σημεῖα παλαιᾶς ἐναντιώσεως τούτων. ὅμως δὲ εἰρήσθω ὅτι ἡμεῖς γε, εἴ τινα ἔχοι λόγον εἰπεῖν ἡ πρὸς
5 ἡδονὴν ποιητικὴ καὶ ἡ μίμησις, ὡς χρὴ αὐτὴν εἶναι ἐν πόλει εὐνομουμένῃ, ἄσμενοι ἂν καταδεχοίμεθα, ὡς σύνισμέν γε ἡμῖν αὐτοῖς κηλουμένοις ὑπ' αὐτῆς· ἀλλὰ γὰρ τὸ δοκοῦν ἀληθὲς οὐχ ὅσιον προδιδόναι. ἦ γάρ, ὦ φίλε, οὐ κηλῇ ὑπ' αὐτῆς
d καὶ σύ, καὶ μάλιστα ὅταν δι' Ὁμήρου θεωρῇς αὐτήν;

Πολύ γε.

Οὐκοῦν δικαία ἐστὶν οὕτω κατιέναι, ἀπολογησαμένη ἐν μέλει ἤ τινι ἄλλῳ μέτρῳ;

5 Πάνυ μὲν οὖν.

Δοῖμεν δέ γέ που ἂν καὶ τοῖς προστάταις αὐτῆς, ὅσοι μὴ ποιητικοί, φιλοποιηταὶ δέ, ἄνευ μέτρου λόγον ὑπὲρ αὐτῆς εἰπεῖν, ὡς οὐ μόνον ἡδεῖα ἀλλὰ καὶ ὠφελίμη πρὸς τὰς πολιτείας καὶ τὸν βίον τὸν ἀνθρώπινόν ἐστιν· καὶ εὐμενῶς ἀκου-
e σόμεθα. κερδανοῦμεν γάρ που ἐὰν μὴ μόνον ἡδεῖα φανῇ ἀλλὰ καὶ ὠφελίμη.

Πῶς δ' οὐ μέλλομεν, ἔφη, κερδαίνειν;

Εἰ δέ γε μή, ὦ φίλε ἑταῖρε, ὥσπερ οἱ ποτέ του ἐρα-

b 2 ὅτι A M : ὅτε F D b 6 ποιητικῇ A F D M : μιμητικῇ A² δεσπόταν A F M : δέσποτα D b 7 κραυγάζουσα A D M : κράζουσα F c 1 διασόφων] δία σοφῶν A : διὰ σοφῶν D : διασοφῶν F M : λίαν σοφῶν ci. Herwerden κρατῶν] κράτων Adam c 5 εἶναι ἐν πόλει A F D : ἐν πόλει εἶναι M c 6 καταδεχοίμεθα A F D : δεχοίμεθα A² M d 1 μάλιστα A D : μάλιστα δὲ F d 3 ἀπολογησαμένη A : ἀπολογισαμένη F D : ἀπολογησομένη A² M d 4 ἤ τινι A F M : ἔτι D μέτρῳ A F D M : γρ. τρόπῳ in marg. A d 6 ὅσοι A F M : om. D

σθέντες, ἐὰν ἡγήσωνται μὴ ὠφέλιμον εἶναι τὸν ἔρωτα, βίᾳ 5
μέν, ὅμως δὲ ἀπέχονται, καὶ ἡμεῖς οὕτως, διὰ τὸν ἐγγεγονότα
μὲν ἔρωτα τῆς τοιαύτης ποιήσεως ὑπὸ τῆς τῶν καλῶν πολι-
τειῶν τροφῆς, εὖνοι μὲν ἐσόμεθα φανῆναι αὐτὴν ὡς βελτί- 608
στην καὶ ἀληθεστάτην, ἕως δ' ἂν μὴ οἵα τ' ᾖ ἀπολογήσασθαι,
ἀκροασόμεθ' αὐτῆς ἐπᾴδοντες ἡμῖν αὐτοῖς τοῦτον τὸν λόγον,
ὃν λέγομεν, καὶ ταύτην τὴν ἐπῳδήν, εὐλαβούμενοι πάλιν
ἐμπεσεῖν εἰς τὸν παιδικόν τε καὶ τὸν τῶν πολλῶν ἔρωτα. 5
ᾀσόμεθα δ' οὖν ὡς οὐ σπουδαστέον ἐπὶ τῇ τοιαύτῃ ποιήσει
ὡς ἀληθείας τε ἁπτομένῃ καὶ σπουδαίᾳ, ἀλλ' εὐλαβητέον
αὐτὴν ὂν τῷ ἀκροωμένῳ, περὶ τῆς ἐν αὐτῷ πολιτείας δεδιότι, b
καὶ νομιστέα ἅπερ εἰρήκαμεν περὶ ποιήσεως.

Παντάπασιν, ἦ δ' ὅς, σύμφημι.

Μέγας γάρ, ἔφην, ὁ ἀγών, ὦ φίλε Γλαύκων, μέγας,
οὐχ ὅσος δοκεῖ, τὸ χρηστὸν ἢ κακὸν γενέσθαι, ὥστε οὔτε 5
τιμῇ ἐπαρθέντα οὔτε χρήμασιν οὔτε ἀρχῇ οὐδεμιᾷ οὐδέ γε
ποιητικῇ ἄξιον ἀμελῆσαι δικαιοσύνης τε καὶ τῆς ἄλλης
ἀρετῆς.

Σύμφημί σοι, ἔφη, ἐξ ὧν διεληλύθαμεν· οἶμαι δὲ καὶ
ἄλλον ὁντινοῦν. 10

Καὶ μήν, ἦν δ' ἐγώ, τά γε μέγιστα ἐπίχειρα ἀρετῆς καὶ c
προκείμενα ἆθλα οὐ διεληλύθαμεν.

Ἀμήχανόν τι, ἔφη, λέγεις μέγεθος, εἰ τῶν εἰρημένων
μείζω ἐστὶν ἄλλα.

Τί δ' ἄν, ἦν δ' ἐγώ, ἔν γε ὀλίγῳ χρόνῳ μέγα γένοιτο; 5
πᾶς γὰρ οὗτός γε ὁ ἐκ παιδὸς μέχρι πρεσβύτου χρόνος πρὸς
πάντα ὀλίγος πού τις ἂν εἴη.

Οὐδὲν μὲν οὖν, ἔφη.

Τί οὖν; οἴει ἀθανάτῳ πράγματι ὑπὲρ τοσούτου δεῖν
χρόνου ἐσπουδακέναι, ἀλλ' οὐχ ὑπὲρ τοῦ παντός; d

Οἶμαι ἔγωγ', ἔφη· ἀλλὰ τί τοῦτο λέγεις;

a 6 ᾀσόμεθα Madvig : αἰσθόμεθα A F D M : εἰσόμεθα scr. Mon. δ' οὖν A F M : δ' D b 1 ὂν A D M : ὃν F : om. recc. d 1 οὐχ A² F D M : om. A

Οὐκ ᾔσθησαι, ἦν δ' ἐγώ, ὅτι ἀθάνατος ἡμῶν ἡ ψυχὴ καὶ οὐδέποτε ἀπόλλυται;

5 Καὶ ὃς ἐμβλέψας μοι καὶ θαυμάσας εἶπε· Μὰ Δί', οὐκ ἔγωγε· σὺ δὲ τοῦτ' ἔχεις λέγειν;

Εἰ μὴ ἀδικῶ γ', ἔφην. οἶμαι δὲ καὶ σύ· οὐδὲν γὰρ χαλεπόν.

Ἔμοιγ', ἔφη· σοῦ δ' ἂν ἡδέως ἀκούσαιμι τὸ οὐ χαλεπὸν 10 τοῦτο.

Ἀκούοις ἄν, ἦν δ' ἐγώ.

Λέγε μόνον, ἔφη.

Ἀγαθόν τι, εἶπον, καὶ κακὸν καλεῖς;

Ἔγωγε.

e Ἆρ' οὖν ὥσπερ ἐγὼ περὶ αὐτῶν διανοῇ;

Τὸ ποῖον;

Τὸ μὲν ἀπολλύον καὶ διαφθεῖρον πᾶν τὸ κακὸν εἶναι, τὸ δὲ σῷζον καὶ ὠφελοῦν τὸ ἀγαθόν.

5 Ἔγωγ', ἔφη.

Τί δέ; κακὸν ἑκάστῳ τι καὶ ἀγαθὸν λέγεις; οἷον ὀφθαλ-609 μοῖς ὀφθαλμίαν καὶ σύμπαντι τῷ σώματι νόσον, σίτῳ τε ἐρυσίβην, σηπεδόνα τε ξύλοις, χαλκῷ δὲ καὶ σιδήρῳ ἰόν, καί, ὅπερ λέγω, σχεδὸν πᾶσι σύμφυτον ἑκάστῳ κακόν τε καὶ νόσημα;

5 Ἔγωγ', ἔφη.

Οὐκοῦν ὅταν τῴ τι τούτων προσγένηται, πονηρόν τε ποιεῖ ᾧ προσεγένετο, καὶ τελευτῶν ὅλον διέλυσεν καὶ ἀπώλεσεν;

Πῶς γὰρ οὔ;

Τὸ σύμφυτον ἄρα κακὸν ἑκάστου καὶ ἡ πονηρία ἕκαστον 10 ἀπόλλυσιν, ἢ εἰ μὴ τοῦτο ἀπολεῖ, οὐκ ἂν ἄλλο γε αὐτὸ ἔτι b διαφθείρειεν. οὐ γὰρ τό γε ἀγαθὸν μή ποτέ τι ἀπολέσῃ, οὐδὲ αὖ τὸ μήτε κακὸν μήτε ἀγαθόν.

Πῶς γὰρ ἄν; ἔφη.

d 5 ἐμβλέψας A D M : ἐπιβλέψας F e 5 ἔγωγ' ἔφη] ἔγωγε τοῦτό γ' ἔφη A² e 6 τι καὶ F D : τί A : τί δὲ καὶ A² a 3 τε A F D : τι M

Ἐὰν ἄρα τι εὑρίσκωμεν τῶν ὄντων, ᾧ ἔστι μὲν κακὸν ὃ
ποιεῖ αὐτὸ μοχθηρόν, τοῦτο μέντοι οὐχ οἷόν τε αὐτὸ λύειν 5
ἀπολλύον, οὐκ ἤδη εἰσόμεθα ὅτι τοῦ πεφυκότος οὕτως ὄλεθρος
οὐκ ἦν;

Οὕτως, ἔφη, εἰκός.

Τί οὖν; ἦν δ' ἐγώ· ψυχῇ ἆρ' οὐκ ἔστιν ὃ ποιεῖ αὐτὴν
κακήν; 10

Καὶ μάλα, ἔφη· ἃ νυνδὴ διῇμεν πάντα, ἀδικία τε καὶ
ἀκολασία καὶ δειλία καὶ ἀμαθία. c

Ἦ οὖν τι τούτων αὐτὴν διαλύει τε καὶ ἀπόλλυσι; καὶ
ἐννόει μὴ ἐξαπατηθῶμεν οἰηθέντες τὸν ἄδικον ἄνθρωπον καὶ
ἀνόητον, ὅταν ληφθῇ ἀδικῶν, τότε ἀπολωλέναι ὑπὸ τῆς
ἀδικίας, πονηρίας οὔσης ψυχῆς. ἀλλ' ὧδε ποίει· ὥσπερ 5
σῶμα ἡ σώματος πονηρία νόσος οὖσα τήκει καὶ διόλλυσι
καὶ ἄγει εἰς τὸ μηδὲ σῶμα εἶναι, καὶ ἃ νυνδὴ ἐλέγομεν
ἅπαντα ὑπὸ τῆς οἰκείας κακίας, τῷ προσκαθῆσθαι καὶ ἐνεῖναι d
διαφθειρούσης, εἰς τὸ μὴ εἶναι ἀφικνεῖται—οὐχ οὕτω;

Ναί.

Ἴθι δή, καὶ ψυχὴν κατὰ τὸν αὐτὸν τρόπον σκόπει. ἆρα
ἐνοῦσα ἐν αὐτῇ ἀδικία καὶ ἡ ἄλλη κακία τῷ ἐνεῖναι καὶ 5
προσκαθῆσθαι φθείρει αὐτὴν καὶ μαραίνει, ἕως ἂν εἰς θάνατον
ἀγαγοῦσα τοῦ σώματος χωρίσῃ;

Οὐδαμῶς, ἔφη, τοῦτό γε.

Ἀλλὰ μέντοι ἐκεῖνό γε ἄλογον, ἦν δ' ἐγώ, τὴν μὲν ἄλλου
πονηρίαν ἀπολλύναι τι, τὴν δὲ αὑτοῦ μή. 10

Ἄλογον.

Ἐννόει γάρ, ἦν δ' ἐγώ, ὦ Γλαύκων, ὅτι οὐδ' ὑπὸ τῆς e
τῶν σιτίων πονηρίας, ἣ ἂν ᾖ αὐτῶν ἐκείνων, εἴτε παλαιότης
εἴτε σαπρότης εἴτε ἡτισοῦν οὖσα, οὐκ οἰόμεθα δεῖν σῶμα
ἀπόλλυσθαι· ἀλλ' ἐὰν μὲν ἐμποιῇ ἡ αὐτῶν πονηρία τῶν
σιτίων τῷ σώματι σώματος μοχθηρίαν, φήσομεν αὐτὸ δι' 5

b 9 ψυχῇ . . . b 11 ἃ νῦν A² F D M : om. A b 11 νῦν δὴ A F D : νῦν M c 2 ἣ D : ᾗ A : ἢ F c 5 πονηρίας A F M : πονηρᾶς D e 1 ὦ A F M : ὁ D

ἐκεῖνα ὑπὸ τῆς αὑτοῦ κακίας νόσου οὔσης ἀπολωλέναι· ὑπὸ
610 δὲ σιτίων πονηρίας ἄλλων ὄντων ἄλλο ὂν τὸ σῶμα, ὑπ'
ἀλλοτρίου κακοῦ μὴ ἐμποιήσαντος τὸ ἔμφυτον κακόν, οὐδέποτε
ἀξιώσομεν διαφθείρεσθαι.

'Ορθότατ' αὖ, ἔφη, λέγεις.

5 Κατὰ τὸν αὐτὸν τοίνυν λόγον, ἦν δ' ἐγώ, ἐὰν μὴ σώματος
πονηρία ψυχῇ ψυχῆς πονηρίαν ἐμποιῇ, μή ποτε ἀξιῶμεν ὑπὸ
ἀλλοτρίου κακοῦ ἄνευ τῆς ἰδίας πονηρίας ψυχὴν ἀπόλλυσθαι,
τῷ ἑτέρου κακῷ ἕτερον.

Ἔχει γάρ, ἔφη, λόγον.

10 Ἢ τοίνυν ταῦτα ἐξελέγξωμεν ὅτι οὐ καλῶς λέγομεν, ἢ
b ἕως ἂν ᾖ ἀνέλεγκτα, μή ποτε φῶμεν ὑπὸ πυρετοῦ μηδ' αὖ
ὑπ' ἄλλης νόσου μηδ' αὖ ὑπὸ σφαγῆς, μηδ' εἴ τις ὅτι
σμικρότατα ὅλον τὸ σῶμα κατατέμοι, ἕνεκα τούτων μηδὲν
μᾶλλόν ποτε ψυχὴν ἀπόλλυσθαι, πρὶν ἄν τις ἀποδείξῃ
5 ὡς διὰ ταῦτα τὰ παθήματα τοῦ σώματος αὐτὴ ἐκείνη
ἀδικωτέρα καὶ ἀνοσιωτέρα γίγνεται· ἀλλοτρίου δὲ κακοῦ
ἐν ἄλλῳ γιγνομένου, τοῦ δὲ ἰδίου ἑκάστῳ μὴ ἐγγιγνο-
c μένου, μήτε ψυχὴν μήτε ἄλλο μηδὲν ἐῶμεν φάναι τινὰ
ἀπόλλυσθαι.

Ἀλλὰ μέντοι, ἔφη, τοῦτό γε οὐδείς ποτε δείξει, ὡς τῶν
ἀποθνῃσκόντων ἀδικώτεραι αἱ ψυχαὶ διὰ τὸν θάνατον
5 γίγνονται.

Ἐὰν δέ γέ τις, ἔφην ἐγώ, ὁμόσε τῷ λόγῳ τολμᾷ ἰέναι
καὶ λέγειν ὡς πονηρότερος καὶ ἀδικώτερος γίγνεται ὁ ἀπο-
θνῄσκων, ἵνα δὴ μὴ ἀναγκάζηται ἀθανάτους τὰς ψυχὰς ὁμο-
λογεῖν, ἀξιώσομέν που, εἰ ἀληθῆ λέγει ὁ ταῦτα λέγων, τὴν
10 ἀδικίαν εἶναι θανάσιμον τῷ ἔχοντι ὥσπερ νόσον, καὶ ὑπ'
d αὐτοῦ, τοῦ ἀποκτεινύντος τῇ ἑαυτοῦ φύσει, ἀποθνῄσκειν
τοὺς λαμβάνοντας αὐτό, τοὺς μὲν μάλιστα θᾶττον, τοὺς δ'

a 4 ὀρθότατ' αὖ ci. Stephanus : ὀρθότατ' ἂν A F D M   b 1 μή ποτε F D : μήτε A   αὖ om. F   b 3 ἕνεκεν F   b 5 τοῦ A D M : τὰ τοῦ F   c 1 φάναι (vel φᾶναι) A F D : πάνυ M   d 1 τοῦ] τούτου scr. Mon.

ἧττον σχολαίτερον, ἀλλὰ μὴ ὥσπερ νῦν διὰ τοῦτο ὑπ' ἄλλων
δίκην ἐπιτιθέντων ἀποθνῄσκουσιν οἱ ἄδικοι.

Μὰ Δί', ἦ δ' ὅς, οὐκ ἄρα πάνδεινον φανεῖται ἡ ἀδικία, 5
εἰ θανάσιμον ἔσται τῷ λαμβάνοντι—ἀπαλλαγὴ γὰρ ἂν εἴη
κακῶν—ἀλλὰ μᾶλλον οἶμαι αὐτὴν φανήσεσθαι πᾶν τοὐναν-
τίον τοὺς ἄλλους ἀποκτεινῦσαν, εἴπερ οἷόν τε, τὸν δ' ἔχοντα e
καὶ μάλα ζωτικὸν παρέχουσαν, καὶ πρός γ' ἔτι τῷ ζωτικῷ
ἄγρυπνον· οὕτω πόρρω που, ὡς ἔοικεν, ἐσκήνηται τοῦ
θανάσιμος εἶναι.

Καλῶς, ἦν δ' ἐγώ, λέγεις. ὁπότε γὰρ δὴ μὴ ἱκανὴ ἥ γε 5
οἰκεία πονηρία καὶ τὸ οἰκεῖον κακὸν ἀποκτεῖναι καὶ ἀπολέσαι
ψυχήν, σχολῇ τό γε ἐπ' ἄλλου ὀλέθρῳ τεταγμένον κακὸν
ψυχὴν ἤ τι ἄλλο ἀπολεῖ, πλὴν ἐφ' ᾧ τέτακται.

Σχολῇ γ', ἔφη, ὥς γε τὸ εἰκός.

Οὐκοῦν ὁπότε μηδ' ὑφ' ἑνὸς ἀπόλλυται κακοῦ, μήτε 10
οἰκείου μήτε ἀλλοτρίου, δῆλον ὅτι ἀνάγκη αὐτὸ ἀεὶ ὂν εἶναι· 611
εἰ δ' ἀεὶ ὄν, ἀθάνατον.

Ἀνάγκη, ἔφη.

Τοῦτο μὲν τοίνυν, ἦν δ' ἐγώ, οὕτως ἐχέτω· εἰ δ' ἔχει,
ἐννοεῖς ὅτι ἀεὶ ἂν εἶεν αἱ αὐταί. οὔτε γὰρ ἄν που ἐλάττους 5
γένοιντο μηδεμιᾶς ἀπολλυμένης, οὔτε αὖ πλείους· εἰ γὰρ
ὁτιοῦν τῶν ἀθανάτων πλέον γίγνοιτο, οἶσθ' ὅτι ἐκ τοῦ θνητοῦ
ἂν γίγνοιτο καὶ πάντα ἂν εἴη τελευτῶντα ἀθάνατα.

Ἀληθῆ λέγεις.

Ἀλλ', ἦν δ' ἐγώ, μήτε τοῦτο οἰώμεθα—ὁ γὰρ λόγος οὐκ 10
ἐάσει—μήτε γε αὖ τῇ ἀληθεστάτῃ φύσει τοιοῦτον εἶναι b
ψυχήν, ὥστε πολλῆς ποικιλίας καὶ ἀνομοιότητός τε καὶ
διαφορᾶς γέμειν αὐτὸ πρὸς αὐτό.

Πῶς λέγεις; ἔφη.

d 3 τοῦτο scr. Mon. : τούτου A F D M d 4 ἐπιτιθέντων A F M : ἐπιθέντων D d 5 φανεῖται] φαίνεται A² e 2 γ' ἔτι A F M : γε D ζωτικῷ A F D : ζῶντι κακῷ M e 3 ἐσκήνηται A F M : ἐσκήνωται D a 1 ἀεὶ A F M Stobaeus : εἶναι D a 5 ἐλάττους A F M Stobaeus : ἐλάττονος D b 3 πρὸς αὐτό A F M Stobaeus : om. D

5 Οὐ ῥᾴδιον, ἦν δ' ἐγώ, ἀίδιον εἶναι σύνθετόν τε ἐκ πολλῶν καὶ μὴ τῇ καλλίστῃ κεχρημένον συνθέσει, ὡς νῦν ἡμῖν ἐφάνη ἡ ψυχή.

Οὔκουν εἰκός γε.

Ὅτι μὲν τοίνυν ἀθάνατον ψυχή, καὶ ὁ ἄρτι λόγος καὶ οἱ 10 ἄλλοι ἀναγκάσειαν ἄν· οἷον δ' ἐστὶν τῇ ἀληθείᾳ, οὐ λελω- c βημένον δεῖ αὐτὸ θεάσασθαι ὑπό τε τῆς τοῦ σώματος κοινωνίας καὶ ἄλλων κακῶν, ὥσπερ νῦν ἡμεῖς θεώμεθα, ἀλλ' οἷόν ἐστιν καθαρὸν γιγνόμενον, τοιοῦτον ἱκανῶς λογισμῷ διαθεατέον, καὶ πολύ γε κάλλιον αὐτὸ εὑρήσει καὶ ἐναργέστερον 5 δικαιοσύνας τε καὶ ἀδικίας διόψεται καὶ πάντα ἃ νῦν διήλθομεν. νῦν δὲ εἴπομεν μὲν ἀληθῆ περὶ αὐτοῦ, οἷον ἐν τῷ παρόντι φαίνεται· τεθεάμεθα μέντοι διακείμενον αὐτό, ὥσπερ οἱ τὸν d θαλάττιον Γλαῦκον ὁρῶντες οὐκ ἂν ἔτι ῥᾳδίως αὐτοῦ ἴδοιεν τὴν ἀρχαίαν φύσιν, ὑπὸ τοῦ τά τε παλαιὰ τοῦ σώματος μέρη τὰ μὲν ἐκκεκλάσθαι, τὰ δὲ συντετρῖφθαι καὶ πάντως λελωβῆσθαι ὑπὸ τῶν κυμάτων, ἄλλα δὲ προσπεφυκέναι, 5 ὄστρεά τε καὶ φυκία καὶ πέτρας, ὥστε παντὶ μᾶλλον θηρίῳ ἐοικέναι ἢ οἷος ἦν φύσει, οὕτω καὶ τὴν ψυχὴν ἡμεῖς θεώμεθα διακειμένην ὑπὸ μυρίων κακῶν. ἀλλὰ δεῖ, ὦ Γλαύκων, ἐκεῖσε βλέπειν.

Ποῖ; ἦ δ' ὅς.

e Εἰς τὴν φιλοσοφίαν αὐτῆς, καὶ ἐννοεῖν ὧν ἅπτεται καὶ οἵων ἐφίεται ὁμιλιῶν, ὡς συγγενὴς οὖσα τῷ τε θείῳ καὶ ἀθανάτῳ καὶ τῷ ἀεὶ ὄντι, καὶ οἵα ἂν γένοιτο τῷ τοιούτῳ πᾶσα ἐπισπομένη καὶ ὑπὸ ταύτης τῆς ὁρμῆς ἐκκομισθεῖσα 5 ἐκ τοῦ πόντου ἐν ᾧ νῦν ἐστίν, καὶ περικρουσθεῖσα πέτρας 612 τε καὶ ὄστρεα ἃ νῦν αὐτῇ, ἅτε γῆν ἑστιωμένῃ, γεηρὰ καὶ πετρώδη πολλὰ καὶ ἄγρια περιπέφυκεν ὑπὸ τῶν εὐδαιμόνων λεγομένων ἑστιάσεων. καὶ τότ' ἄν τις ἴδοι αὐτῆς τὴν ἀληθῆ

c 1 θεάσασθαι A D M : θεᾶσθαι F c 3 διαθεατέον scr. recc. : διαθετέον A F D : θεατέον M c 4 πολύ γε F : πολλύ γε (sic) D : πολὺ A M d 3 ἐκκεκλάσθαι F D : κεκλάσθαι A M d 4 προσπεφυκέναι] συμπεφυκέναι Athenaeus e 2 τε om. F

φύσιν, εἴτε πολυειδὴς εἴτε μονοειδής, εἴτε ὅπῃ ἔχει καὶ
ὅπως· νῦν δὲ τὰ ἐν τῷ ἀνθρωπίνῳ βίῳ πάθη τε καὶ εἴδη, 5
ὡς ἐγᾦμαι, ἐπιεικῶς αὐτῆς διεληλύθαμεν.

Παντάπασι μὲν οὖν, ἔφη.

Οὐκοῦν, ἦν δ' ἐγώ, τά τε ἄλλα ἀπελυσάμεθα ἐν τῷ λόγῳ,
καὶ οὐ τοὺς μισθοὺς οὐδὲ τὰς δόξας δικαιοσύνης ἐπῃνέκαμεν, b
ὥσπερ Ἡσίοδόν τε καὶ Ὅμηρον ὑμεῖς ἔφατε, ἀλλ' αὐτὸ
δικαιοσύνην αὐτῇ ψυχῇ ἄριστον ηὕρομεν, καὶ ποιητέον εἶναι
αὐτῇ τὰ δίκαια, ἐάντ' ἔχῃ τὸν Γύγου δακτύλιον, ἐάντε μή,
καὶ πρὸς τοιούτῳ δακτυλίῳ τὴν Ἅιδος κυνῆν; 5

Ἀληθέστατα, ἔφη, λέγεις.

Ἆρ' οὖν, ἦν δ' ἐγώ, ὦ Γλαύκων, νῦν ἤδη ἀνεπίφθονόν
ἐστιν πρὸς ἐκείνοις καὶ τοὺς μισθοὺς τῇ δικαιοσύνῃ καὶ τῇ
ἄλλῃ ἀρετῇ ἀποδοῦναι, ὅσους τε καὶ οἵους τῇ ψυχῇ παρέχει c
παρ' ἀνθρώπων τε καὶ θεῶν, ζῶντός τε ἔτι τοῦ ἀνθρώπου
καὶ ἐπειδὰν τελευτήσῃ;

Παντάπασι μὲν οὖν, ἦ δ' ὅς.

Ἆρ' οὖν ἀποδώσετέ μοι ἃ ἐδανείσασθε ἐν τῷ λόγῳ; 5

Τί μάλιστα;

Ἔδωκα ὑμῖν τὸν δίκαιον δοκεῖν ἄδικον εἶναι καὶ τὸν
ἄδικον δίκαιον· ὑμεῖς γὰρ ᾐτεῖσθε, κἂν εἰ μὴ δυνατὸν εἴη
ταῦτα λανθάνειν καὶ θεοὺς καὶ ἀνθρώπους, ὅμως δοτέον εἶναι
τοῦ λόγου ἕνεκα, ἵνα αὐτὴ δικαιοσύνη πρὸς ἀδικίαν αὐτὴν 10
κριθείη. ἢ οὐ μνημονεύεις; d

Ἀδικοίην μεντἄν, ἔφη, εἰ μή.

Ἐπειδὴ τοίνυν, ἦν δ' ἐγώ, κεκριμέναι εἰσί, πάλιν ἀπαιτῶ
ὑπὲρ δικαιοσύνης, ὥσπερ ἔχει δόξης καὶ παρὰ θεῶν καὶ παρ'
ἀνθρώπων, καὶ ἡμᾶς ὁμολογεῖν περὶ αὐτῆς δοκεῖσθαι οὕτω, 5

a 8 ἀπελυσάμεθα A F D Stobaeus : ἀπεδυσάμεθα M　　b 1 ἐπῃνέκαμεν A[2] : ἐπηνέγκαμεν A F D M : ἀπηνέγκαμεν Stobaeus　　b 5 κυνέην Stobaeus　　b 7 ἦν A F M Stobaeus : om. D　　c 1 τε om. Stobaeus　　c 8 ᾐτεῖσθε A : ἠτεῖσθε M Stobaeus : ἡγεῖσθε F D　　d 3 ἐπειδὴ . . . πάλιν in marg. γρ. A : eadem re vera F Stobaeus (sed ἐγὼ πάλιν pro πάλιν) : ἐπειδὴ ἦν τοίνυν κεκριμέναι εἰσὶν ἐγώ, πάλιν A D M　　d 5 δοκεῖσθαι A F D Stobaeus : διακεῖσθαι M ἵνα καὶ τὰ νικητήρια κομίσηται, ἀπὸ τοῦ δοκεῖν κτωμένη ἃ δίδωσι τοῖς ἔχουσιν αὐτήν, ἐπειδὴ καὶ τὰ ἀπὸ τοῦ εἶναι ἀγαθὰ διδοῦσα ἐφάνη καὶ οὐκ ἐξαπατῶσα τοὺς τῷ ὄντι λαμβάνοντας αὐτήν.

e Δίκαια, ἔφη, αἰτῇ.

Οὐκοῦν, ἦν δ' ἐγώ, πρῶτον μὲν τοῦτο ἀποδώσετε, ὅτι θεούς γε οὐ λανθάνει ἑκάτερος αὐτῶν οἷός ἐστιν;

Ἀποδώσομεν, ἔφη.

5 Εἰ δὲ μὴ λανθάνετον, ὁ μὲν θεοφιλὴς ἂν εἴη, ὁ δὲ θεομισής, ὥσπερ καὶ κατ' ἀρχὰς ὡμολογοῦμεν.

Ἔστι ταῦτα.

Τῷ δὲ θεοφιλεῖ οὐχ ὁμολογήσομεν, ὅσα γε ἀπὸ θεῶν 613 γίγνεται, πάντα γίγνεσθαι ὡς οἷόν τε ἄριστα, εἰ μή τι ἀναγκαῖον αὐτῷ κακὸν ἐκ προτέρας ἁμαρτίας ὑπῆρχεν;

Πάνυ μὲν οὖν.

Οὕτως ἄρα ὑποληπτέον περὶ τοῦ δικαίου ἀνδρός, ἐάντ' 5 ἐν πενίᾳ γίγνηται ἐάντ' ἐν νόσοις ἤ τινι ἄλλῳ τῶν δοκούντων κακῶν, ὡς τούτῳ ταῦτα εἰς ἀγαθόν τι τελευτήσει ζῶντι ἢ καὶ ἀποθανόντι. οὐ γὰρ δὴ ὑπό γε θεῶν ποτε ἀμελεῖται ὃς ἂν προθυμεῖσθαι ἐθέλῃ δίκαιος γίγνεσθαι καὶ ἐπιτηδεύων b ἀρετὴν εἰς ὅσον δυνατὸν ἀνθρώπῳ ὁμοιοῦσθαι θεῷ.

Εἰκός γ', ἔφη, τὸν τοιοῦτον μὴ ἀμελεῖσθαι ὑπὸ τοῦ ὁμοίου.

Οὐκοῦν περὶ τοῦ ἀδίκου τἀναντία τούτων δεῖ διανοεῖσθαι;

5 Σφόδρα γε.

Τὰ μὲν δὴ παρὰ θεῶν τοιαῦτ' ἄττ' ἂν εἴη νικητήρια τῷ δικαίῳ.

Κατὰ γοῦν ἐμὴν δόξαν, ἔφη.

Τί δέ, ἦν δ' ἐγώ, παρ' ἀνθρώπων; ἆρ' οὐχ ὧδε ἔχει, εἰ 10 δεῖ τὸ ὂν τιθέναι; οὐχ οἱ μὲν δεινοί τε καὶ ἄδικοι δρῶσιν

d 6 ἃ A^2 M : om. A D : ante ἀπὸ add. ἃ Stobaeus, ὃ F d 7 τὰ A^2 F D M Stobaeus : om. A e 7 ταῦτα] in hac voce desinit D, in cuius locum succedunt apographa *D* e 8 γε A^2 M Stobaeus : τε A F *D* a 6 τι om. F b 6 ἄττ' F *D* Stobaeus : om. A ὅπερ οἱ δρομῆς ὅσοι ἂν θέωσιν εὖ ἀπὸ τῶν κάτω, ἀπὸ δὲ τῶν ἄνω μή; τὸ μὲν πρῶτον ὀξέως ἀποπηδῶσιν, τελευτῶντες δὲ καταγέλαστοι γίγνονται, τὰ ὦτα ἐπὶ τῶν ὤμων ἔχοντες c καὶ ἀστεφάνωτοι ἀποτρέχοντες· οἱ δὲ τῇ ἀληθείᾳ δρομικοὶ εἰς τέλος ἐλθόντες τά τε ἆθλα λαμβάνουσιν καὶ στεφανοῦνται. οὐχ οὕτω καὶ περὶ τῶν δικαίων τὸ πολὺ συμβαίνει; πρὸς τὸ τέλος ἑκάστης πράξεως καὶ ὁμιλίας καὶ τοῦ βίου 5 εὐδοκιμοῦσί τε καὶ τὰ ἆθλα παρὰ τῶν ἀνθρώπων φέρονται;

Καὶ μάλα.

Ἀνέξῃ ἄρα λέγοντος ἐμοῦ περὶ τούτων ἅπερ αὐτὸς ἔλεγες περὶ τῶν ἀδίκων; ἐρῶ γὰρ δὴ ὅτι οἱ μὲν δίκαιοι, ἐπειδὰν d πρεσβύτεροι γένωνται, ἐν τῇ αὑτῶν πόλει ἄρχουσί τε ἂν βούλωνται τὰς ἀρχάς, γαμοῦσί τε ὁπόθεν ἂν βούλωνται, ἐκδιδόασί τε εἰς οὓς ἂν ἐθέλωσι· καὶ πάντα ἃ σὺ περὶ ἐκείνων, ἐγὼ νῦν λέγω περὶ τῶνδε. καὶ αὖ καὶ περὶ τῶν 5 ἀδίκων, ὅτι οἱ πολλοὶ αὐτῶν, καὶ ἐὰν νέοι ὄντες λάθωσιν, ἐπὶ τέλους τοῦ δρόμου αἱρεθέντες καταγέλαστοί εἰσιν καὶ γέροντες γιγνόμενοι ἄθλιοι προπηλακίζονται ὑπὸ ξένων τε καὶ ἀστῶν, μαστιγούμενοι καὶ ἃ ἄγροικα ἔφησθα σὺ εἶναι, e ἀληθῆ λέγων—εἶτα στρεβλώσονται καὶ ἐκκαυθήσονται—πάντα ἐκεῖνα οἴου καὶ ἐμοῦ ἀκηκοέναι ὡς πάσχουσιν. ἀλλ' ὃ λέγω, ὅρα εἰ ἀνέξῃ.

Καὶ πάνυ, ἔφη· δίκαια γὰρ λέγεις. 5

Ἃ μὲν τοίνυν, ἦν δ' ἐγώ, ζῶντι τῷ δικαίῳ παρὰ θεῶν τε καὶ ἀνθρώπων ἆθλά τε καὶ μισθοὶ καὶ δῶρα γίγνεται πρὸς 614 ἐκείνοις τοῖς ἀγαθοῖς οἷς αὐτὴ παρείχετο ἡ δικαιοσύνη, τοιαῦτ' ἂν εἴη.

Καὶ μάλ', ἔφη, καλά τε καὶ βέβαια.

Ταῦτα τοίνυν, ἦν δ' ἐγώ, οὐδέν ἐστι πλήθει οὐδὲ μεγέθει 5

c 1 δὲ] τε Stobaeus c 5 τὸ τέλος F D Stobaeus : τέλος A M d 2 ἃς ἂν βούλωνται ἀρχάς Stobaeus d 5 καὶ αὖ καὶ] καὶ αὖ Stobaeus e 1 καὶ ἃ A D M : ἃ καὶ F e 2 λέγων] γρ. λέγοντα in marg. A et sic Stobaeus εἶτα . . . ἐκκαυθήσονται om. Ast e 4 ὅρα εἰ A² F M Stobaeus : ὅρα A D e 5 γὰρ om. F πρὸς ἐκεῖνα ἃ τελευτήσαντα ἑκάτερον περιμένει· χρὴ δ' αὐτὰ ἀκοῦσαι, ἵνα τελέως ἑκάτερος αὐτῶν ἀπειλήφῃ τὰ ὑπὸ τοῦ λόγου ὀφειλόμενα ἀκοῦσαι.

b Λέγοις ἄν, ἔφη, ὡς οὐ πολλὰ ἄλλ' ἥδιον ἀκούοντι.

Ἀλλ' οὐ μέντοι σοι, ἦν δ' ἐγώ, Ἀλκίνου γε ἀπόλογον ἐρῶ, ἀλλ' ἀλκίμου μὲν ἀνδρός, Ἠρὸς τοῦ Ἀρμενίου, τὸ γένος Παμφύλου· ὅς ποτε ἐν πολέμῳ τελευτήσας, ἀναιρε-
5 θέντων δεκαταίων τῶν νεκρῶν ἤδη διεφθαρμένων, ὑγιὴς μὲν ἀνῃρέθη, κομισθεὶς δ' οἴκαδε μέλλων θάπτεσθαι δωδεκαταῖος ἐπὶ τῇ πυρᾷ κείμενος ἀνεβίω, ἀναβιοὺς δ' ἔλεγεν ἃ ἐκεῖ ἴδοι. ἔφη δέ, ἐπειδὴ οὗ ἐκβῆναι, τὴν ψυχὴν πορεύεσθαι
c μετὰ πολλῶν, καὶ ἀφικνεῖσθαι σφᾶς εἰς τόπον τινὰ δαιμόνιον, ἐν ᾧ τῆς τε γῆς δύ' εἶναι χάσματα ἐχομένω ἀλλήλοιν καὶ τοῦ οὐρανοῦ αὖ ἐν τῷ ἄνω ἄλλα καταντικρύ. δικαστὰς δὲ μεταξὺ τούτων καθῆσθαι, οὕς, ἐπειδὴ διαδικάσειαν, τοὺς μὲν
5 δικαίους κελεύειν πορεύεσθαι τὴν εἰς δεξιάν τε καὶ ἄνω διὰ τοῦ οὐρανοῦ, σημεῖα περιάψαντας τῶν δεδικασμένων ἐν τῷ πρόσθεν, τοὺς δὲ ἀδίκους τὴν εἰς ἀριστεράν τε καὶ κάτω, ἔχοντας καὶ τούτους ἐν τῷ ὄπισθεν σημεῖα πάντων ὧν
d ἔπραξαν. ἑαυτοῦ δὲ προσελθόντος εἰπεῖν ὅτι δέοι αὐτὸν ἄγγελον ἀνθρώποις γενέσθαι τῶν ἐκεῖ καὶ διακελεύοιντό οἱ ἀκούειν τε καὶ θεᾶσθαι πάντα τὰ ἐν τῷ τόπῳ. ὁρᾶν δὴ ταύτῃ μὲν καθ' ἑκάτερον τὸ χάσμα τοῦ οὐρανοῦ τε καὶ τῆς
5 γῆς ἀπιούσας τὰς ψυχάς, ἐπειδὴ αὐταῖς δικασθείη, κατὰ δὲ τὼ ἑτέρω ἐκ μὲν τοῦ ἀνιέναι ἐκ τῆς γῆς μεστὰς αὐχμοῦ τε

a 7 ἑκάτερος Stobaeus Eusebius : ἑκάτερον A F M ἀπειλήφῃ A M Eusebius : ἀπειλήφει F : ἀπειληφὼς *D* a 8 ἀκοῦσαι secl. ci. Stephanus b 1 ὡς A² F M : om. A b 3 ἠρὸς A M Stobaeus : ἦρος F : ἥρωος *D* ἀρμενίου] Plutarchi lectionem ἁρμονίου novit Proclus et ε ex ο ut videtur Procli cod. b 8 οὗ A F : οὖν A² M Proclus Stobaeus : οἱ Eusebius Theodoretus c 3 ἄλλα F M : ἀλλὰ A *D* Proclus Stobaeus c 4 post καθῆσθαι add. τῶν χασμάτων Proclus διαδικάσειαν] δικάσειαν Stobaeus d 2 διακελεύοιντο] διακελεύεσθαι Eusebius οἱ ἀκούειν] διακούειν Eusebius d 3 θεᾶσθαι F *D* M Proclus : θε*ᾶ*σθαι A d 6 τὼ ἑτέρω A M : τὸ ἕτερον F *D*

καὶ κόνεως, ἐκ δὲ τοῦ ἑτέρου καταβαίνειν ἑτέρας ἐκ τοῦ
οὐρανοῦ καθαράς. καὶ τὰς ἀεὶ ἀφικνουμένας ὥσπερ ἐκ e
πολλῆς πορείας φαίνεσθαι ἥκειν, καὶ ἀσμένας εἰς τὸν λει-
μῶνα ἀπιούσας οἷον ἐν πανηγύρει κατασκηνᾶσθαι, καὶ ἀσπά-
ζεσθαί τε ἀλλήλας ὅσαι γνώριμαι, καὶ πυνθάνεσθαι τάς τε
ἐκ τῆς γῆς ἡκούσας παρὰ τῶν ἑτέρων τὰ ἐκεῖ καὶ τὰς ἐκ 5
τοῦ οὐρανοῦ τὰ παρ' ἐκείναις. διηγεῖσθαι δὲ ἀλλήλαις τὰς
μὲν ὀδυρομένας τε καὶ κλαούσας, ἀναμιμνῃσκομένας ὅσα τε 615
καὶ οἷα πάθοιεν καὶ ἴδοιεν ἐν τῇ ὑπὸ γῆς πορείᾳ—εἶναι δὲ
τὴν πορείαν χιλιέτη—τὰς δ' αὖ ἐκ τοῦ οὐρανοῦ εὐπαθείας
διηγεῖσθαι καὶ θέας ἀμηχάνους τὸ κάλλος. τὰ μὲν οὖν
πολλά, ὦ Γλαύκων, πολλοῦ χρόνου διηγήσασθαι· τὸ δ' οὖν 5
κεφάλαιον ἔφη τόδε εἶναι, ὅσα πώποτέ τινα ἠδίκησαν καὶ
ὅσους ἕκαστοι, ὑπὲρ ἁπάντων δίκην δεδωκέναι ἐν μέρει,
ὑπὲρ ἑκάστου δεκάκις—τοῦτο δ' εἶναι κατὰ ἑκατονταετηρίδα
ἑκάστην, ὡς βίου ὄντος τοσούτου τοῦ ἀνθρωπίνου—ἵνα δεκα- b
πλάσιον τὸ ἔκτεισμα τοῦ ἀδικήματος ἐκτίνοιεν, καὶ οἷον εἴ
τινες πολλοῖς θανάτων ἦσαν αἴτιοι, ἢ πόλεις προδόντες ἢ
στρατόπεδα, καὶ εἰς δουλείας ἐμβεβληκότες ἤ τινος ἄλλης
κακουχίας μεταίτιοι, πάντων τούτων δεκαπλασίας ἀλγηδόνας 5
ὑπὲρ ἑκάστου κομίσαιντο, καὶ αὖ εἴ τινας εὐεργεσίας εὐερ-
γετηκότες καὶ δίκαιοι καὶ ὅσιοι γεγονότες εἶεν, κατὰ ταὐτὰ
τὴν ἀξίαν κομίζοιντο. τῶν δὲ εὐθὺς γενομένων καὶ ὀλίγον c
χρόνον βιούντων πέρι ἄλλα ἔλεγεν οὐκ ἄξια μνήμης. εἰς
δὲ θεοὺς ἀσεβείας τε καὶ εὐσεβείας καὶ γονέας καὶ αὐτόχειρος
φόνου μείζους ἔτι τοὺς μισθοὺς διηγεῖτο.

Ἔφη γὰρ δὴ παραγενέσθαι ἐρωτωμένῳ ἑτέρῳ ὑπὸ ἑτέρου 5

e 3 ἀπιούσας] ἐπιούσας A² κατασκηνοῦσθαι Stobaeus e 4 γνώριμαι A M Proclus : γνώριμοι F a 3 χιλιέτη A Proclus : χιλίετιν A² Stobaeus : χιλιετῆ F *D* M a 7 ὅσους F *D* Stobaeus : **ους A : οὓς A² M ἕκαστος Stobaeus b 3 πολλοῖς *D* Stobaeus : πολλοὶ A F M : πολλῶν scr. Ven. 184 b 6 ὑπὲρ ἑκάστου om. Stobaeus b 7 ταὐτὰ A F Stobaeus : ταύτην *D* c 1 γενομένων] ἀπογενομένων ci. Cobet c 3 αὐτόχειρος vel αὐτοχειρίας ci. Ast : αὐτόχειρας A F *D* Proclus Stobaeus c 4 φόνους Proclus

ὅπου εἴη Ἀρδιαῖος ὁ μέγας. ὁ δὲ Ἀρδιαῖος οὗτος τῆς Παμφυλίας ἔν τινι πόλει τύραννος ἐγεγόνει, ἤδη χιλιοστὸν ἔτος εἰς ἐκεῖνον τὸν χρόνον, γέροντά τε πατέρα ἀποκτείνας
d καὶ πρεσβύτερον ἀδελφόν, καὶ ἄλλα δὴ πολλά τε καὶ ἀνόσια εἰργασμένος, ὡς ἐλέγετο. ἔφη οὖν τὸν ἐρωτώμενον εἰπεῖν, "Οὐχ ἥκει," φάναι, "οὐδ' ἂν ἥξει δεῦρο. ἐθεασάμεθα γὰρ οὖν δὴ καὶ τοῦτο τῶν δεινῶν θεαμάτων· ἐπειδὴ ἐγγὺς τοῦ
5 στομίου ἦμεν μέλλοντες ἀνιέναι καὶ τἆλλα πάντα πεπονθότες, ἐκεῖνόν τε κατείδομεν ἐξαίφνης καὶ ἄλλους—σχεδόν τι αὐτῶν τοὺς πλείστους τυράννους· ἦσαν δὲ καὶ ἰδιῶταί τινες τῶν
e μεγάλα ἡμαρτηκότων—οὓς οἰομένους ἤδη ἀναβήσεσθαι οὐκ ἐδέχετο τὸ στόμιον, ἀλλ' ἐμυκᾶτο ὁπότε τις τῶν οὕτως ἀνιάτως ἐχόντων εἰς πονηρίαν ἢ μὴ ἱκανῶς δεδωκὼς δίκην ἐπιχειροῖ ἀνιέναι. ἐνταῦθα δὴ ἄνδρες, ἔφη, ἄγριοι, διάπυροι
5 ἰδεῖν, παρεστῶτες καὶ καταμανθάνοντες τὸ φθέγμα, τοὺς μὲν διαλαβόντες ἦγον, τὸν δὲ Ἀρδιαῖον καὶ ἄλλους συμποδί-
616 σαντες χεῖράς τε καὶ πόδας καὶ κεφαλήν, καταβαλόντες καὶ ἐκδείραντες, εἷλκον παρὰ τὴν ὁδὸν ἐκτὸς ἐπ' ἀσπαλάθων κνάμπτοντες, καὶ τοῖς ἀεὶ παριοῦσι σημαίνοντες ὧν ἕνεκά τε καὶ ὅτι εἰς τὸν Τάρταρον ἐμπεσούμενοι ἄγοιντο." ἔνθα
5 δὴ φόβων, ἔφη, πολλῶν καὶ παντοδαπῶν σφίσι γεγονότων, τοῦτον ὑπερβάλλειν, μὴ γένοιτο ἑκάστῳ τὸ φθέγμα ὅτε ἀναβαίνοι, καὶ ἁσμενέστατα ἕκαστον σιγήσαντος ἀναβῆναι.

c 6 ἀρδιαῖος A F *D* M Proclus (constanter) : ἀριδαῖος al. Plutarchus Iustinus d 1 καὶ ἄλλα δὴ] ἄλλα τε Stobaeus (om. mox τε) d 2 ἔλεγεν Stobaeus d 3 οὐδ' ἂν ἥξει A F *D* M Iustinus Stobaeus : οὐδ' ἂν ἥξοι scr. recc. : οὐδ' ἥξει Proclus d 6 τε] τότε Stobaeus e 5 καὶ om. Clemens φθέγμα] θέμα Stobaeus e 6 διαλαβόντες A F M Proclus : ἰδίᾳ λαβόντες A² Stobaeus : ἰδίᾳ παραλαβόντες Clemens Eusebius ἀριδαῖον Clemens Eusebius a 3 κνάμπτοντες A F Proclus Clemens Eusebius : γνάμπτοντες Iustinus : κάμπτοντες *D* post ὧν ἕνεκά τε add. ταῦτα ὑπομένοιεν recc. (non legit Proclus) a 4 τε] τι Stobaeus ὅτι εἰς F *D* Proclus Stobaeus : εἰς ὅτι A M τὸν Τάρταρον post εἰς ὅ τι secl. Hermann (sed legit Proclus) a 6 τοῦτον A F Stobaeus : τούτων A² M ὑπερβάλλειν A F Stobaeus : ὑπερβάλλειν τὸν φόβον M (e Proclo ut videtur) μὴ γένοιτο . . . a 7 ἀναβαίνοι A F Stobaeus : εἰ μυκήσαιτο τὸ στόμιον M (e Proclo ut videtur) a 7 ἕκαστον om. Stobaeus καὶ τὰς μὲν δὴ δίκας τε καὶ τιμωρίας τοιαύτας τινὰς εἶναι, καὶ αὖ τὰς εὐεργεσίας ταύταις ἀντιστρόφους. ἐπειδὴ **b** δὲ τοῖς ἐν τῷ λειμῶνι ἑκάστοις ἑπτὰ ἡμέραι γένοιντο, ἀναστάντας ἐντεῦθεν δεῖν τῇ ὀγδόῃ πορεύεσθαι, καὶ ἀφικνεῖσθαι τεταρταίους ὅθεν καθορᾶν ἄνωθεν διὰ παντὸς τοῦ οὐρανοῦ καὶ γῆς τεταμένον φῶς εὐθύ, οἷον κίονα, μάλιστα τῇ ἴριδι 5 προσφερῆ, λαμπρότερον δὲ καὶ καθαρώτερον· εἰς ὃ ἀφικέσθαι προελθόντες ἡμερησίαν ὁδόν, καὶ ἰδεῖν αὐτόθι κατὰ μέσον τὸ φῶς ἐκ τοῦ οὐρανοῦ τὰ ἄκρα αὐτοῦ τῶν δεσμῶν **c** τεταμένα—εἶναι γὰρ τοῦτο τὸ φῶς σύνδεσμον τοῦ οὐρανοῦ, οἷον τὰ ὑποζώματα τῶν τριήρων, οὕτω πᾶσαν συνέχον τὴν περιφοράν—ἐκ δὲ τῶν ἄκρων τεταμένον Ἀνάγκης ἄτρακτον, δι' οὗ πάσας ἐπιστρέφεσθαι τὰς περιφοράς· οὗ τὴν μὲν 5 ἠλακάτην τε καὶ τὸ ἄγκιστρον εἶναι ἐξ ἀδάμαντος, τὸν δὲ σφόνδυλον μεικτὸν ἔκ τε τούτου καὶ ἄλλων γενῶν. τὴν δὲ τοῦ σφονδύλου φύσιν εἶναι τοιάνδε· τὸ μὲν σχῆμα οἵαπερ ἡ **d** τοῦ ἐνθάδε, νοῆσαι δὲ δεῖ ἐξ ὧν ἔλεγεν τοιόνδε αὐτὸν εἶναι, ὥσπερ ἂν εἰ ἐν ἑνὶ μεγάλῳ σφονδύλῳ κοίλῳ καὶ ἐξεγλυμμένῳ διαμπερὲς ἄλλος τοιοῦτος ἐλάττων ἐγκέοιτο ἁρμόττων, καθάπερ οἱ κάδοι οἱ εἰς ἀλλήλους ἁρμόττοντες, καὶ οὕτω δὴ 5 τρίτον ἄλλον καὶ τέταρτον καὶ ἄλλους τέτταρας. ὀκτὼ γὰρ εἶναι τοὺς σύμπαντας σφονδύλους, ἐν ἀλλήλοις ἐγκειμένους, κύκλους ἄνωθεν τὰ χείλη φαίνοντας, νῶτον συνεχὲς ἑνὸς **e** σφονδύλου ἀπεργαζομένους περὶ τὴν ἠλακάτην· ἐκείνην δὲ διὰ μέσου τοῦ ὀγδόου διαμπερὲς ἐληλάσθαι. τὸν μὲν οὖν πρῶτόν τε καὶ ἐξωτάτω σφόνδυλον πλατύτατον τὸν τοῦ χείλους κύκλον ἔχειν, τὸν δὲ τοῦ ἕκτου δεύτερον, τρίτον δὲ 5

b 3 δεῖν om. Proclus b 6 προσφερῆ A F Proclus Stobaeus : προσφερές A[2] : ἐμφερές Theo b 7 προελθόντας scr. Mon. c 2 εἶναι . . . c 3 ὑποζώματα A F M : εἶτα *D* e 3 sqq. Proclus in Remp. ii. 218 Kroll : διττὴ δ' ἐστὶν ἡ γραφὴ τῆς ταῦτα τὰ βάθη διοριζούσης λέξεως. καὶ ἡ μὲν προτέρα καὶ ἀρχαιοτέρα . . . ἡ δὲ δευτέρα καὶ νεωτέρα, κρατοῦσα δὲ ἐν τοῖς κεκωλισμένοις (κεκολασμένοις ci. Pitra) ἀντιγράφοις κ.τ.λ. quarum scriptionum τὴν νεωτέραν exhibent nostri codices e 5 ἕκτου] ἑβδόμου antiqua lectio

τὸν τοῦ τετάρτου, τέταρτον δὲ τὸν τοῦ ὀγδόου, πέμπτον δὲ τὸν τοῦ ἑβδόμου, ἕκτον δὲ τὸν τοῦ πέμπτου, ἕβδομον δὲ τὸν τοῦ τρίτου, ὄγδοον δὲ τὸν τοῦ δευτέρου. καὶ τὸν μὲν τοῦ μεγίστου ποικίλον, τὸν δὲ τοῦ ἑβδόμου λαμπρότατον, τὸν δὲ
617 τοῦ ὀγδόου τὸ χρῶμα ἀπὸ τοῦ ἑβδόμου ἔχειν προσλάμποντος, τὸν δὲ τοῦ δευτέρου καὶ πέμπτου παραπλήσια ἀλλήλοις, ξανθότερα ἐκείνων, τρίτον δὲ λευκότατον χρῶμα ἔχειν, τέταρτον δὲ ὑπέρυθρον, δεύτερον δὲ λευκότητι τὸν ἕκτον. κυκλεῖ-
5 σθαι δὲ δὴ στρεφόμενον τὸν ἄτρακτον ὅλον μὲν τὴν αὐτὴν φοράν, ἐν δὲ τῷ ὅλῳ περιφερομένῳ τοὺς μὲν ἐντὸς ἑπτὰ κύκλους τὴν ἐναντίαν τῷ ὅλῳ ἠρέμα περιφέρεσθαι, αὐτῶν δὲ τούτων τάχιστα μὲν ἰέναι τὸν ὄγδοον, δευτέρους δὲ καὶ ἅμα
b ἀλλήλοις τόν τε ἕβδομον καὶ ἕκτον καὶ πέμπτον· [τὸν] τρίτον δὲ φορᾷ ἰέναι, ὡς σφίσι φαίνεσθαι, ἐπανακυκλούμενον τὸν τέταρτον, τέταρτον δὲ τὸν τρίτον καὶ πέμπτον τὸν δεύτερον. στρέφεσθαι δὲ αὐτὸν ἐν τοῖς τῆς Ἀνάγκης γόνασιν. ἐπὶ δὲ
5 τῶν κύκλων αὐτοῦ ἄνωθεν ἐφ᾽ ἑκάστου βεβηκέναι Σειρῆνα συμπεριφερομένην, φωνὴν μίαν ἱεῖσαν, ἕνα τόνον· ἐκ πασῶν δὲ ὀκτὼ οὐσῶν μίαν ἁρμονίαν συμφωνεῖν. ἄλλας δὲ καθη-
c μένας πέριξ δι᾽ ἴσου τρεῖς, ἐν θρόνῳ ἑκάστην, θυγατέρας τῆς Ἀνάγκης, Μοίρας, λευχειμονούσας, στέμματα ἐπὶ τῶν κεφαλῶν ἐχούσας, Λάχεσίν τε καὶ Κλωθὼ καὶ Ἄτροπον, ὑμνεῖν πρὸς τὴν τῶν Σειρήνων ἁρμονίαν, Λάχεσιν μὲν τὰ γεγονότα,
5 Κλωθὼ δὲ τὰ ὄντα, Ἄτροπον δὲ τὰ μέλλοντα. καὶ τὴν μὲν Κλωθὼ τῇ δεξιᾷ χειρὶ ἐφαπτομένην συνεπιστρέφειν τοῦ ἀτράκτου τὴν ἔξω περιφοράν, διαλείπουσαν χρόνον, τὴν δὲ Ἄτροπον τῇ ἀριστερᾷ τὰς ἐντὸς αὖ ὡσαύτως· τὴν δὲ Λάχεσιν
d ἐν μέρει ἑκατέρας ἑκατέρᾳ τῇ χειρὶ ἐφάπτεσθαι. σφᾶς οὖν,

e 6 τετάρτου] ὀγδόου ant. lect. ὀγδόου] ἕκτου ant. lect.
e 7 ἑβδόμου] τετάρτου ant. lect. πέμπτου] τρίτου ant. lect.
e 8 τρίτου] δευτέρου ant. lect. δευτέρου] πέμπτου ant. lect.
a 5 δὲ A M : om. F a 7 αὐτῶν A² F : αὐτὸν A M a 8 ἰέναι om. Simplicius δευτέρους] δεύτερον Simplicius b 1 τὸν A M : τὸ F : om. Mon. b 6 ἕνα τόνον A M Proclus : ἀνὰ τόνον *D* : ἀνατόνον F : ἀνάτονον recc. c 7 χρόνον A F *D* : χρόνῳ M

ἐπειδὴ ἀφικέσθαι, εὐθὺς δεῖν ἰέναι πρὸς τὴν Λάχεσιν. προφήτην οὖν τινα σφᾶς πρῶτον μὲν ἐν τάξει διαστῆσαι, ἔπειτα λαβόντα ἐκ τῶν τῆς Λαχέσεως γονάτων κλήρους τε καὶ βίων παραδείγματα, ἀναβάντα ἐπί τι βῆμα ὑψηλὸν εἰπεῖν— 5

"'Ανάγκης θυγατρὸς κόρης Λαχέσεως λόγος. Ψυχαὶ ἐφήμεροι, ἀρχὴ ἄλλης περιόδου θνητοῦ γένους θανατηφόρου. οὐχ ὑμᾶς δαίμων λήξεται, ἀλλ' ὑμεῖς δαίμονα αἱρήσεσθε. e πρῶτος δ' ὁ λαχὼν πρῶτος αἱρείσθω βίον ᾧ συνέσται ἐξ ἀνάγκης. ἀρετὴ δὲ ἀδέσποτον, ἣν τιμῶν καὶ ἀτιμάζων πλέον καὶ ἔλαττον αὐτῆς ἕκαστος ἕξει. αἰτία ἑλομένου· θεὸς ἀναίτιος." 5

Ταῦτα εἰπόντα ῥῖψαι ἐπὶ πάντας τοὺς κλήρους, τὸν δὲ παρ' αὑτὸν πεσόντα ἕκαστον ἀναιρεῖσθαι πλὴν οὗ, ἓ δὲ οὐκ ἐᾶν· τῷ δὲ ἀνελομένῳ δῆλον εἶναι ὁπόστος εἰλήχει. μετὰ δὲ τοῦτο αὖθις τὰ τῶν βίων παραδείγματα εἰς 618 τὸ πρόσθεν σφῶν θεῖναι ἐπὶ τὴν γῆν, πολὺ πλείω τῶν παρόντων. εἶναι δὲ παντοδαπά· ζῴων τε γὰρ πάντων βίους καὶ δὴ καὶ τοὺς ἀνθρωπίνους ἅπαντας. τυραννίδας τε γὰρ ἐν αὐτοῖς εἶναι, τὰς μὲν διατελεῖς, τὰς δὲ καὶ μεταξὺ 5 διαφθειρομένας καὶ εἰς πενίας τε καὶ φυγὰς καὶ εἰς πτωχείας τελευτώσας· εἶναι δὲ καὶ δοκίμων ἀνδρῶν βίους, τοὺς μὲν ἐπὶ εἴδεσιν καὶ κατὰ κάλλη καὶ τὴν ἄλλην ἰσχύν τε καὶ ἀγωνίαν, τοὺς δ' ἐπὶ γένεσιν καὶ προγόνων ἀρεταῖς, b καὶ ἀδοκίμων κατὰ ταὐτά, ὡσαύτως δὲ καὶ γυναικῶν. ψυχῆς δὲ τάξιν οὐκ ἐνεῖναι διὰ τὸ ἀναγκαίως ἔχειν ἄλλον ἑλομένην βίον ἀλλοίαν γίγνεσθαι· τὰ δ' ἄλλα ἀλλήλοις τε καὶ πλούτοις καὶ πενίαις, τὰ δὲ νόσοις, τὰ δ' ὑγιείαις μεμεῖχθαι, 5 τὰ δὲ καὶ μεσοῦν τούτων. ἔνθα δή, ὡς ἔοικεν, ὦ φίλε

d 6 λόγος] ὅδε λόγος Proclus e 1 δαίμων λήξεται] λήξεται δαίμων Proclus δαίμονα] δαίμονας Proclus e 2 συνέσται A² F D M Stobaeus : συνέστε A (ut videtur) e 3 ἀδέσποτος Stobaeus e 7 ἓ δὲ F D M : εδε (sic) A : ἔδει A² e 8 εἰλήχει A : εἴληχε F M : ἤλεγχε D a 4 τοὺς om. Proclus a 5 διατελεῖς διὰ τέλους ci. Cobet b 3 οὐκ A F D : μὴ Proclus : om. M b 4 γίγνεσθαι] τε γίγνεσθαι Proclus (fort. γενέσθαι)

Γλαύκων, ὁ πᾶς κίνδυνος ἀνθρώπῳ, καὶ διὰ ταῦτα μάλιστα
c ἐπιμελητέον ὅπως ἕκαστος ἡμῶν τῶν ἄλλων μαθημάτων ἀμελήσας τούτου τοῦ μαθήματος καὶ ζητητὴς καὶ μαθητὴς ἔσται, ἐάν ποθεν οἷός τ' ᾖ μαθεῖν καὶ ἐξευρεῖν τίς αὐτὸν ποιήσει δυνατὸν καὶ ἐπιστήμονα, βίον καὶ χρηστὸν καὶ πονη-
5 ρὸν διαγιγνώσκοντα, τὸν βελτίω ἐκ τῶν δυνατῶν ἀεὶ πανταχοῦ αἱρεῖσθαι· ἀναλογιζόμενον πάντα τὰ νυνδὴ ῥηθέντα καὶ συντιθέμενα ἀλλήλοις καὶ διαιρούμενα πρὸς ἀρετὴν βίου πῶς ἔχει, εἰδέναι τί κάλλος πενίᾳ ἢ πλούτῳ κραθὲν καὶ
d μετὰ ποίας τινὸς ψυχῆς ἕξεως κακὸν ἢ ἀγαθὸν ἐργάζεται, καὶ τί εὐγένειαι καὶ δυσγένειαι καὶ ἰδιωτεῖαι καὶ ἀρχαὶ καὶ ἰσχύες καὶ ἀσθένειαι καὶ εὐμαθίαι καὶ δυσμαθίαι καὶ πάντα τὰ τοιαῦτα τῶν φύσει περὶ ψυχὴν ὄντων καὶ τῶν ἐπικτήτων
5 τί συγκεραννύμενα πρὸς ἄλληλα ἐργάζεται, ὥστε ἐξ ἁπάντων αὐτῶν δυνατὸν εἶναι συλλογισάμενον αἱρεῖσθαι, πρὸς τὴν τῆς ψυχῆς φύσιν ἀποβλέποντα, τόν τε χείρω καὶ τὸν ἀμείνω
e βίον, χείρω μὲν καλοῦντα ὃς αὐτὴν ἐκεῖσε ἄξει, εἰς τὸ ἀδικωτέραν γίγνεσθαι, ἀμείνω δὲ ὅστις εἰς τὸ δικαιοτέραν. τὰ δὲ ἄλλα πάντα χαίρειν ἐάσει· ἑωράκαμεν γὰρ ὅτι ζῶντί τε καὶ τελευτήσαντι αὕτη κρατίστη αἵρεσις. ἀδαμαντίνως δὴ
619 δεῖ ταύτην τὴν δόξαν ἔχοντα εἰς Ἅιδου ἰέναι, ὅπως ἂν ᾖ καὶ ἐκεῖ ἀνέκπληκτος ὑπὸ πλούτων τε καὶ τῶν τοιούτων κακῶν, καὶ μὴ ἐμπεσὼν εἰς τυραννίδας καὶ ἄλλας τοιαύτας πράξεις πολλὰ μὲν ἐργάσηται καὶ ἀνήκεστα κακά, ἔτι δὲ αὐτὸς μείζω
5 πάθῃ, ἀλλὰ γνῷ τὸν μέσον ἀεὶ τῶν τοιούτων βίον αἱρεῖσθαι καὶ φεύγειν τὰ ὑπερβάλλοντα ἑκατέρωσε καὶ ἐν τῷδε τῷ βίῳ κατὰ τὸ δυνατὸν καὶ ἐν παντὶ τῷ ἔπειτα· οὕτω γὰρ
b εὐδαιμονέστατος γίγνεται ἄνθρωπος.

Καὶ δὴ οὖν καὶ τότε ὁ ἐκεῖθεν ἄγγελος ἤγγελλε τὸν μὲν προφήτην οὕτως εἰπεῖν· "Καὶ τελευταίῳ ἐπιόντι, ξὺν νῷ ἑλομένῳ, συντόνως ζῶντι κεῖται βίος ἀγαπητός, οὐ

c 8 εἰδέναι A F M : καὶ εἰδέναι *D* e 2 ὅστις A F *D* : om. M
a 5 βίον A F : βίων M b 2 οὖν om. Proclus b 3 τελευταίῳ A F Proclus : τελευταῖον *D* b 4 νῷ A² M : om. A F : τῷ *D*

κακός. μήτε ὁ ἄρχων αἱρέσεως ἀμελείτω μήτε ὁ τελευτῶν 5
ἀθυμείτω."

Εἰπόντος δὲ ταῦτα τὸν πρῶτον λαχόντα ἔφη εὐθὺς ἐπιόντα τὴν μεγίστην τυραννίδα ἑλέσθαι, καὶ ὑπὸ ἀφροσύνης τε καὶ λαιμαργίας οὐ πάντα ἱκανῶς ἀνασκεψάμενον ἑλέσθαι, ἀλλ' αὐτὸν λαθεῖν ἐνοῦσαν εἱμαρμένην παίδων αὑτοῦ βρώσεις καὶ c ἄλλα κακά· ἐπειδὴ δὲ κατὰ σχολὴν σκέψασθαι, κόπτεσθαί τε καὶ ὀδύρεσθαι τὴν αἵρεσιν, οὐκ ἐμμένοντα τοῖς προρρηθεῖσιν ὑπὸ τοῦ προφήτου· οὐ γὰρ ἑαυτὸν αἰτιᾶσθαι τῶν κακῶν, ἀλλὰ τύχην τε καὶ δαίμονας καὶ πάντα μᾶλλον ἀνθ' 5 ἑαυτοῦ. εἶναι δὲ αὐτὸν τῶν ἐκ τοῦ οὐρανοῦ ἡκόντων, ἐν τεταγμένῃ πολιτείᾳ ἐν τῷ προτέρῳ βίῳ βεβιωκότα, ἔθει ἄνευ φιλοσοφίας ἀρετῆς μετειληφότα. ὡς δὲ καὶ εἰπεῖν, οὐκ d ἐλάττους εἶναι ἐν τοῖς τοιούτοις ἁλισκομένους τοὺς ἐκ τοῦ οὐρανοῦ ἥκοντας, ἅτε πόνων ἀγυμνάστους· τῶν δ' ἐκ τῆς γῆς τοὺς πολλούς, ἅτε αὐτούς τε πεπονηκότας ἄλλους τε ἑωρακότας, οὐκ ἐξ ἐπιδρομῆς τὰς αἱρέσεις ποιεῖσθαι. διὸ 5 δὴ καὶ μεταβολὴν τῶν κακῶν καὶ τῶν ἀγαθῶν ταῖς πολλαῖς τῶν ψυχῶν γίγνεσθαι καὶ διὰ τὴν τοῦ κλήρου τύχην· ἐπεὶ εἴ τις ἀεί, ὁπότε εἰς τὸν ἐνθάδε βίον ἀφικνοῖτο, ὑγιῶς φιλοσοφοῖ καὶ ὁ κλῆρος αὐτῷ τῆς αἱρέσεως μὴ ἐν τελευταίοις e πίπτοι, κινδυνεύει ἐκ τῶν ἐκεῖθεν ἀπαγγελλομένων οὐ μόνον ἐνθάδε εὐδαιμονεῖν ἄν, ἀλλὰ καὶ τὴν ἐνθένδε ἐκεῖσε καὶ δεῦρο πάλιν πορείαν οὐκ ἂν χθονίαν καὶ τραχεῖαν πορεύεσθαι, ἀλλὰ λείαν τε καὶ οὐρανίαν. 5

Ταύτην γὰρ δὴ ἔφη τὴν θέαν ἀξίαν εἶναι ἰδεῖν, ὡς ἕκασται αἱ ψυχαὶ ᾑροῦντο τοὺς βίους· ἐλεινήν τε γὰρ ἰδεῖν εἶναι καὶ 620 γελοίαν καὶ θαυμασίαν. κατὰ συνήθειαν γὰρ τοῦ προτέρου βίου τὰ πολλὰ αἱρεῖσθαι. ἰδεῖν μὲν γὰρ ψυχὴν ἔφη τήν ποτε Ὀρφέως γενομένην κύκνου βίον αἱρουμένην, μίσει τοῦ γυναικείου γένους διὰ τὸν ὑπ' ἐκείνων θάνατον οὐκ ἐθέλουσαν 5 ἐν γυναικὶ γεννηθεῖσαν γενέσθαι· ἰδεῖν δὲ τὴν Θαμύρου

b 5 *αἱρέσεώς τινος* Proclus e 3 *ἀλλὰ καὶ* A F *D*: *ἀλλὰ* M
e 4 *χθονίαν* A F *D* m : *χρονίαν* M

ἀηδόνος ἑλομένην· ἰδεῖν δὲ καὶ κύκνον μεταβάλλοντα εἰς ἀνθρωπίνου βίου αἵρεσιν, καὶ ἄλλα ζῷα μουσικὰ ὡσαύτως.
b εἰκοστὴν δὲ λαχοῦσαν ψυχὴν ἑλέσθαι λέοντος βίον· εἶναι δὲ τὴν Αἴαντος τοῦ Τελαμωνίου, φεύγουσαν ἄνθρωπον γενέσθαι, μεμνημένην τῆς τῶν ὅπλων κρίσεως. τὴν δ' ἐπὶ τούτῳ Ἀγαμέμνονος· ἔχθρᾳ δὲ καὶ ταύτην τοῦ ἀνθρωπίνου 5 γένους διὰ τὰ πάθη ἀετοῦ διαλλάξαι βίον. ἐν μέσοις δὲ λαχοῦσαν τὴν Ἀταλάντης ψυχήν, κατιδοῦσαν μεγάλας τιμὰς ἀθλητοῦ ἀνδρός, οὐ δύνασθαι παρελθεῖν, ἀλλὰ λαβεῖν. μετὰ
c δὲ ταύτην ἰδεῖν τὴν Ἐπειοῦ τοῦ Πανοπέως εἰς τεχνικῆς γυναικὸς ἰοῦσαν φύσιν· πόρρω δ' ἐν ὑστάτοις ἰδεῖν τὴν τοῦ γελωτοποιοῦ Θερσίτου πίθηκον ἐνδυομένην. κατὰ τύχην δὲ τὴν Ὀδυσσέως λαχοῦσαν πασῶν ὑστάτην αἱρησομένην ἰέναι, 5 μνήμῃ δὲ τῶν προτέρων πόνων φιλοτιμίας λελωφηκυῖαν ζητεῖν περιιοῦσαν χρόνον πολὺν βίον ἀνδρὸς ἰδιώτου ἀπράγμονος, καὶ μόγις εὑρεῖν κείμενόν που καὶ παρημελημένον
d ὑπὸ τῶν ἄλλων, καὶ εἰπεῖν ἰδοῦσαν ὅτι τὰ αὐτὰ ἂν ἔπραξεν καὶ πρώτη λαχοῦσα, καὶ ἁσμένην ἑλέσθαι. καὶ ἐκ τῶν ἄλλων δὴ θηρίων ὡσαύτως εἰς ἀνθρώπους ἰέναι καὶ εἰς ἄλληλα, τὰ μὲν ἄδικα εἰς τὰ ἄγρια, τὰ δὲ δίκαια εἰς τὰ 5 ἥμερα μεταβάλλοντα, καὶ πάσας μείξεις μείγνυσθαι.

Ἐπειδὴ δ' οὖν πάσας τὰς ψυχὰς τοὺς βίους ᾑρῆσθαι, ὥσπερ ἔλαχον ἐν τάξει προσιέναι πρὸς τὴν Λάχεσιν· ἐκείνην δ' ἑκάστῳ ὃν εἵλετο δαίμονα, τοῦτον φύλακα συμ-
e πέμπειν τοῦ βίου καὶ ἀποπληρωτὴν τῶν αἱρεθέντων. ὃν πρῶτον μὲν ἄγειν αὐτὴν πρὸς τὴν Κλωθὼ ὑπὸ τὴν ἐκείνης χεῖρά τε καὶ ἐπιστροφὴν τῆς τοῦ ἀτράκτου δίνης, κυροῦντα ἣν λαχὼν εἵλετο μοῖραν· ταύτης δ' ἐφαψάμενον αὖθις ἐπὶ 5 τὴν τῆς Ἀτρόπου ἄγειν νῆσιν, ἀμετάστροφα τὰ ἐπικλωσθέντα ποιοῦντα· ἐντεῦθεν δὲ δὴ ἀμεταστρεπτὶ ὑπὸ τὸν τῆς
621 Ἀνάγκης ἰέναι θρόνον, καὶ δι' ἐκείνου διεξελθόντα, ἐπειδὴ

a 8 ὡσαύτως. εἰκοστὴν F Plutarchus : ὡσαύτως εἰκός. τὴν A D M c 5 πόνων καὶ φιλοτιμίας Proclus d 7 προσιέναι] προιέναι Clemens Eusebius a 1 ἰέναι om. Proclus καὶ οἱ ἄλλοι διῆλθον, πορεύεσθαι ἅπαντας εἰς τὸ τῆς Λήθης πεδίον διὰ καύματός τε καὶ πνίγους δεινοῦ· καὶ γὰρ εἶναι αὐτὸ κενὸν δένδρων τε καὶ ὅσα γῆ φύει. σκηνᾶσθαι οὖν σφᾶς ἤδη ἑσπέρας γιγνομένης παρὰ τὸν Ἀμέλητα ποταμόν, 5 οὗ τὸ ὕδωρ ἀγγεῖον οὐδὲν στέγειν. μέτρον μὲν οὖν τι τοῦ ὕδατος πᾶσιν ἀναγκαῖον εἶναι πιεῖν, τοὺς δὲ φρονήσει μὴ σῳζομένους πλέον πίνειν τοῦ μέτρου· τὸν δὲ ἀεὶ πιόντα πάντων ἐπιλανθάνεσθαι. ἐπειδὴ δὲ κοιμηθῆναι καὶ μέσας b νύκτας γενέσθαι, βροντήν τε καὶ σεισμὸν γενέσθαι, καὶ ἐντεῦθεν ἐξαπίνης ἄλλον ἄλλῃ φέρεσθαι ἄνω εἰς τὴν γένεσιν, ᾄττοντας ὥσπερ ἀστέρας. αὐτὸς δὲ τοῦ μὲν ὕδατος κωλυθῆναι πιεῖν· ὅπῃ μέντοι καὶ ὅπως εἰς τὸ σῶμα ἀφίκοιτο, 5 οὐκ εἰδέναι, ἀλλ' ἐξαίφνης ἀναβλέψας ἰδεῖν ἕωθεν αὑτὸν κείμενον ἐπὶ τῇ πυρᾷ.

Καὶ οὕτως, ὦ Γλαύκων, μῦθος ἐσώθη καὶ οὐκ ἀπώλετο, καὶ ἡμᾶς ἂν σώσειεν, ἂν πειθώμεθα αὐτῷ, καὶ τὸν τῆς Λήθης c ποταμὸν εὖ διαβησόμεθα καὶ τὴν ψυχὴν οὐ μιανθησόμεθα. ἀλλ' ἂν ἐμοὶ πειθώμεθα, νομίζοντες ἀθάνατον ψυχὴν καὶ δυνατὴν πάντα μὲν κακὰ ἀνέχεσθαι, πάντα δὲ ἀγαθά, τῆς ἄνω ὁδοῦ ἀεὶ ἑξόμεθα καὶ δικαιοσύνην μετὰ φρονήσεως παντὶ 5 τρόπῳ ἐπιτηδεύσομεν, ἵνα καὶ ἡμῖν αὐτοῖς φίλοι ὦμεν καὶ τοῖς θεοῖς, αὐτοῦ τε μένοντες ἐνθάδε, καὶ ἐπειδὰν τὰ ἆθλα αὐτῆς κομιζώμεθα, ὥσπερ οἱ νικηφόροι περιαγειρόμενοι, καὶ d ἐνθάδε καὶ ἐν τῇ χιλιέτει πορείᾳ, ἣν διεληλύθαμεν, εὖ πράττωμεν.

b 6 ἰδεῖν in ras. A M : ἤδη F : ἴδοι *D* ἕωθεν] γρ. ἄνωθεν in marg. A b 7 κείμενον A F *D* : ἤδη κείμενον M : κείμενον ἤδη A² b 8 καὶ οὐκ A : ἀλλ' οὐκ F *D* M d 2 χιλιετει (sic) A : χιλιέτι A² : χιλιετεῖ F *D*

ΤΙΜΑΙΟΣ

St. III
p. 17

ΣΩΚΡΑΤΗΣ ΤΙΜΑΙΟΣ ΕΡΜΟΚΡΑΤΗΣ ΚΡΙΤΙΑΣ

ΣΩ. Εἷς, δύο, τρεῖς· ὁ δὲ δὴ τέταρτος ἡμῖν, ὦ φίλε Τί- a
μαιε, ποῦ τῶν χθὲς μὲν δαιτυμόνων, τὰ νῦν δὲ ἑστια-
τόρων;

ΤΙ. Ἀσθένειά τις αὐτῷ συνέπεσεν, ὦ Σώκρατες· οὐ γὰρ
ἂν ἑκὼν τῆσδε ἀπελείπετο τῆς συνουσίας. 5

ΣΩ. Οὐκοῦν σὸν τῶνδέ τε ἔργον καὶ τὸ ὑπὲρ τοῦ ἀπόντος
ἀναπληροῦν μέρος;

ΤΙ. Πάνυ μὲν οὖν, καὶ κατὰ δύναμίν γε οὐδὲν ἐλλεί- b
ψομεν· οὐδὲ γὰρ ἂν εἴη δίκαιον, χθὲς ὑπὸ σοῦ ξενισθέντας
οἷς ἦν πρέπον ξενίοις, μὴ οὐ προθύμως σὲ τοὺς λοιποὺς ἡμῶν
ἀνταφεστιᾶν.

ΣΩ. Ἆρ᾽ οὖν μέμνησθε ὅσα ὑμῖν καὶ περὶ ὧν ἐπέταξα 5
εἰπεῖν;

ΤΙ. Τὰ μὲν μεμνήμεθα, ὅσα δὲ μή, σὺ παρὼν ὑπομνήσεις·
μᾶλλον δέ, εἰ μή τί σοι χαλεπόν, ἐξ ἀρχῆς διὰ βραχέων πάλιν
ἐπάνελθε αὐτά, ἵνα βεβαιωθῇ μᾶλλον παρ᾽ ἡμῖν.

ΣΩ. Ταῦτ᾽ ἔσται. χθές που τῶν ὑπ᾽ ἐμοῦ ῥηθέντων c
λόγων περὶ πολιτείας ἦν τὸ κεφάλαιον οἵα τε καὶ ἐξ οἵων
ἀνδρῶν ἀρίστη κατεφαίνετ᾽ ἄν μοι γενέσθαι.

ΤΙ. Καὶ μάλα γε ἡμῖν, ὦ Σώκρατες, ῥηθεῖσα πᾶσιν κατὰ
νοῦν. 5

b 2 ἂν εἴη F Y Pr. : εἶναι A : εἴη ἂν Hermann b 4 ἀνταφεστιᾶν F Pr. (unde schol. A) : ἀντεφεστιᾶν A Y b 9 ἐπάνελθε] ἐπανελθεῖν A[2] (add. ῖν s. v.)

ΣΩ. Ἆρ᾽ οὖν οὐ τὸ τῶν γεωργῶν ὅσαι τε ἄλλαι τέχναι πρῶτον ἐν αὐτῇ χωρὶς διειλόμεθα ἀπὸ τοῦ γένους τοῦ τῶν προπολεμησόντων;

ΤΙ. Ναί.

10 ΣΩ. Καὶ κατὰ φύσιν δὴ δόντες τὸ καθ᾽ αὑτὸν ἑκάστῳ
d πρόσφορον ἓν μόνον ἐπιτήδευμα, μίαν ἑκάστῳ τέχνην, τούτους οὓς πρὸ πάντων ἔδει πολεμεῖν, εἴπομεν ὡς ἄρ᾽ αὐτοὺς δέοι φύλακας εἶναι μόνον τῆς πόλεως, εἴτε τις ἔξωθεν ἢ καὶ τῶν ἔνδοθεν ἴοι κακουργήσων, δικάζοντας μὲν πρᾴως τοῖς
18 ἀρχομένοις ὑπ᾽ αὐτῶν καὶ φύσει φίλοις οὖσιν, χαλεποὺς δὲ ἐν ταῖς μάχαις τοῖς ἐντυγχάνουσιν τῶν ἐχθρῶν γιγνομένους.

ΤΙ. Παντάπασι μὲν οὖν.

ΣΩ. Φύσιν γὰρ οἶμαί τινα τῶν φυλάκων τῆς ψυχῆς
5 ἐλέγομεν ἅμα μὲν θυμοειδῆ, ἅμα δὲ φιλόσοφον δεῖν εἶναι διαφερόντως, ἵνα πρὸς ἑκατέρους δύναιντο ὀρθῶς πρᾷοι καὶ χαλεποὶ γίγνεσθαι.

ΤΙ. Ναί.

ΣΩ. Τί δὲ τροφήν; ἆρ᾽ οὐ γυμναστικῇ καὶ μουσικῇ μαθή-
10 μασίν τε ὅσα προσήκει τούτοις, ἐν ἅπασι τεθράφθαι;

ΤΙ. Πάνυ μὲν οὖν.

b ΣΩ. Τοὺς δέ γε οὕτω τραφέντας ἐλέχθη που μήτε χρυσὸν μήτε ἄργυρον μήτε ἄλλο ποτὲ μηδὲν κτῆμα ἑαυτῶν ἴδιον νομίζειν δεῖν, ἀλλ᾽ ὡς ἐπικούρους μισθὸν λαμβάνοντας τῆς φυλακῆς παρὰ τῶν σῳζομένων ὑπ᾽ αὐτῶν, ὅσος σώφροσιν
5 μέτριος, ἀναλίσκειν τε δὴ κοινῇ καὶ συνδιαιτωμένους μετὰ ἀλλήλων ζῆν, ἐπιμέλειαν ἔχοντας ἀρετῆς διὰ παντός, τῶν ἄλλων ἐπιτηδευμάτων ἄγοντας σχολήν.

ΤΙ. Ἐλέχθη καὶ ταῦτα ταύτῃ.

c 10 δὴ δόντες Y Pr. Stob. : δηλοῦντες F : διδόντες A : γε δὴ δόντες A[2] (γε δὴ supra δι) d 1 μίαν ἑκάστῳ τέχνην Stob. : μίαν ἑκάστην τέχνην F et in marg. γρ. A : καὶ ἀφ᾽ ἑκάστου τῇ τέχνῃ A : non respicit Pr., non vertit Chalc., auctore Boeckh secl. Hermann a 1 καὶ φύσει A Pr. Stob. : ἅτε καὶ F : ἅτε φύσει Y a 9 δὲ] δαὶ A sed αι refictum τροφήν A Y : τροφῆς F Pr. : τροφή corr. F Stob. a 10 ὅσα A Pr. Stob. : οἷα F : ὅσοις Y

ΣΩ. Καὶ μὲν δὴ καὶ περὶ γυναικῶν ἐπεμνήσθημεν, ὡς τὰς c
φύσεις τοῖς ἀνδράσιν παραπλησίας εἴη συναρμοστέον, καὶ τὰ
ἐπιτηδεύματα πάντα κοινὰ κατά τε πόλεμον καὶ κατὰ τὴν
ἄλλην δίαιταν δοτέον πάσαις.

ΤΙ. Ταύτῃ καὶ ταῦτα ἐλέγετο. 5

ΣΩ. Τί δὲ δὴ τὸ περὶ τῆς παιδοποιίας; ἢ τοῦτο μὲν δια
τὴν ἀήθειαν τῶν λεχθέντων εὐμνημόνευτον, ὅτι κοινὰ τὰ τῶν
γάμων καὶ τὰ τῶν παίδων πᾶσιν ἁπάντων ἐτίθεμεν, μηχανω-
μένους ὅπως μηδείς ποτε τὸ γεγενημένον αὐτῶν ἰδίᾳ γνώ-
σοιτο, νομιοῦσιν δὲ πάντες πάντας αὑτοὺς ὁμογενεῖς, ἀδελφὰς d
μὲν καὶ ἀδελφοὺς ὅσοιπερ ἂν τῆς πρεπούσης ἐντὸς ἡλικίας
γίγνωνται, τοὺς δ᾽ ἔμπροσθεν καὶ ἄνωθεν γονέας τε καὶ
γονέων προγόνους, τοὺς δ᾽ εἰς τὸ κάτωθεν ἐκγόνους παῖδάς
τε ἐκγόνων; 5

ΤΙ. Ναί, καὶ ταῦτα εὐμνημόνευτα ᾗ λέγεις.

ΣΩ. Ὅπως δὲ δὴ κατὰ δύναμιν εὐθὺς γίγνοιντο ὡς ἄριστοι
τὰς φύσεις, ἆρ᾽ οὐ μεμνήμεθα ὡς τοὺς ἄρχοντας ἔφαμεν καὶ
τὰς ἀρχούσας δεῖν εἰς τὴν τῶν γάμων σύνερξιν λάθρᾳ
μηχανᾶσθαι κλήροις τισὶν ὅπως οἱ κακοὶ χωρὶς οἵ τ᾽ ἀγαθοὶ e
ταῖς ὁμοίαις ἑκάτεροι συλλήξονται, καὶ μή τις αὐτοῖς ἔχθρα διὰ
ταῦτα γίγνηται, τύχην ἡγουμένοις αἰτίαν τῆς συλλήξεως;

ΤΙ. Μεμνήμεθα.

ΣΩ. Καὶ μὴν ὅτι γε τὰ μὲν τῶν ἀγαθῶν θρεπτέον ἔφαμεν 19
εἶναι, τὰ δὲ τῶν κακῶν εἰς τὴν ἄλλην λάθρᾳ διαδοτέον πόλιν·
ἐπαυξανομένων δὲ σκοποῦντας ἀεὶ τοὺς ἀξίους πάλιν ἀνάγειν
δεῖν, τοὺς δὲ παρὰ σφίσιν ἀναξίους εἰς τὴν τῶν ἐπανιόντων
χώραν μεταλλάττειν; 5

c 6 δὲ] δαὶ fecit A[2] c 8 μηχανωμένους A Y Stob. : μηχανώμενοι F : μηχανωμένοις Buttmann c 9 γεγενημένον F Y Stob. : γεγεννημένον A (sed ν alterum postea add.) y αὐτῶν A F : αὐτῷ Y Stob. d 1 ὁμογενεῖς A (εῖ in ras.) Y Stob. : ὁμογόνους F d 9 σύνερξιν] κάθειρξιν in marg. a a 1 ἔφαμεν] φαμὲν Pr. a 3 ἐπαυξανομένων A F Pr. : ἐπαυξομένων Y Stob. σκοποῦντας] ἀνασκοποῦντας A[2] (ἀνα s. v.) a 5 μεταλλάττειν Y Pr. Stob. et fecit A[2] (μετ s. v.) : διαλλάττειν A : ἐπαλλάττειν F

ΤΙ. Οὕτως.

ΣΩ. Ἆρ' οὖν δὴ διεληλύθαμεν ἤδη καθάπερ χθές, ὡς ἐν κεφαλαίοις πάλιν ἐπανελθεῖν, ἢ ποθοῦμεν ἔτι τι τῶν ῥηθέντων, ὦ φίλε Τίμαιε, ὡς ἀπολειπόμενον;

b ΤΙ. Οὐδαμῶς, ἀλλὰ αὐτὰ ταῦτ' ἦν τὰ λεχθέντα, ὦ Σώκρατες.

ΣΩ. Ἀκούοιτ' ἂν ἤδη τὰ μετὰ ταῦτα περὶ τῆς πολιτείας ἣν διήλθομεν, οἷόν τι πρὸς αὐτὴν πεπονθὼς τυγχάνω. προσ-
5 έοικεν δὲ δή τινί μοι τοιῷδε τὸ πάθος, οἷον εἴ τις ζῷα καλά που θεασάμενος, εἴτε ὑπὸ γραφῆς εἰργασμένα εἴτε καὶ ζῶντα ἀληθινῶς ἡσυχίαν δὲ ἄγοντα, εἰς ἐπιθυμίαν ἀφίκοιτο θεάσασθαι κινούμενά τε αὐτὰ καί τι τῶν τοῖς σώμασιν δοκούντων
c προσήκειν κατὰ τὴν ἀγωνίαν ἀθλοῦντα· ταὐτὸν καὶ ἐγὼ πέπονθα πρὸς τὴν πόλιν ἣν διήλθομεν. ἡδέως γὰρ ἄν του λόγῳ διεξιόντος ἀκούσαιμ' ἂν ἄθλους οὓς πόλις ἀθλεῖ, τούτους αὐτὴν ἀγωνιζομένην πρὸς πόλεις ἄλλας, πρεπόντως εἴς τε
5 πόλεμον ἀφικομένην καὶ ἐν τῷ πολεμεῖν τὰ προσήκοντα ἀποδιδοῦσαν τῇ παιδείᾳ καὶ τροφῇ κατά τε τὰς ἐν τοῖς ἔργοις πράξεις καὶ κατὰ τὰς ἐν τοῖς λόγοις διερμηνεύσεις πρὸς ἑκάστας τῶν πόλεων. ταῦτ' οὖν, ὦ Κριτία καὶ Ἑρμό-
d κρατες, ἐμαυτοῦ μὲν αὐτὸς κατέγνωκα μή ποτ' ἂν δυνατὸς γενέσθαι τοὺς ἄνδρας καὶ τὴν πόλιν ἱκανῶς ἐγκωμιάσαι. καὶ τὸ μὲν ἐμὸν οὐδὲν θαυμαστόν· ἀλλὰ τὴν αὐτὴν δόξαν εἴληφα καὶ περὶ τῶν πάλαι γεγονότων καὶ περὶ τῶν νῦν ὄντων
5 ποιητῶν, οὔτι τὸ ποιητικὸν ἀτιμάζων γένος, ἀλλὰ παντὶ δῆλον ὡς τὸ μιμητικὸν ἔθνος, οἷς ἂν ἐντραφῇ, ταῦτα μιμήσεται ῥᾷστα καὶ ἄριστα, τὸ δ' ἐκτὸς τῆς τροφῆς ἑκάστοις
e γιγνόμενον χαλεπὸν μὲν ἔργοις, ἔτι δὲ χαλεπώτερον λόγοις εὖ μιμεῖσθαι. τὸ δὲ τῶν σοφιστῶν γένος αὖ πολλῶν μὲν

a 7 δὴ A F Y : om. Stob., punct. not. A[2] a 9 ὡς F et s. v. A[2] : om. A Y Pr. b 1 αὐτὰ ταῦτ' Stephanus (ex Par. 1812 ?) : τ' αὐτὰ ταῦτ' A : τοιαῦτ' F : ταῦτ' Y c 4 ἀγωνιζομένην] ην refictum A τε Bekker : γε A : om. F Y c 5 ἀφικομένην F Y et fecit A[2] (ν s. v.) : ἀφικομένη A d 4 καὶ περὶ τῶν νῦν A : καὶ τῶν νῦν F Y Pr. e 2 γένος αὖ A : αὖ γένος F Pr. : γένος ἂν Y

λόγων καὶ καλῶν ἄλλων μάλ' ἔμπειρον ἥγημαι, φοβοῦμαι
δὲ μή πως, ἅτε πλανητὸν ὂν κατὰ πόλεις οἰκήσεις τε ἰδίας
οὐδαμῇ διῳκηκός, ἄστοχον ἅμα φιλοσόφων ἀνδρῶν ᾖ καὶ 5
πολιτικῶν, ὅσ' ἂν οἷά τε ἐν πολέμῳ καὶ μάχαις πράττοντες
ἔργῳ καὶ λόγῳ προσομιλοῦντες ἑκάστοις πράττοιεν καὶ
λέγοιεν. καταλέλειπται δὴ τὸ τῆς ὑμετέρας ἕξεως γένος,
ἅμα ἀμφοτέρων φύσει καὶ τροφῇ μετέχον. Τίμαιός τε γὰρ 20
ὅδε, εὐνομωτάτης ὢν πόλεως τῆς ἐν Ἰταλίᾳ Λοκρίδος, οὐσίᾳ
καὶ γένει οὐδενὸς ὕστερος ὢν τῶν ἐκεῖ, τὰς μεγίστας μὲν
ἀρχάς τε καὶ τιμὰς τῶν ἐν τῇ πόλει μετακεχείρισται, φιλο-
σοφίας δ' αὖ κατ' ἐμὴν δόξαν ἐπ' ἄκρον ἁπάσης ἐλήλυθεν· 5
Κριτίαν δέ που πάντες οἱ τῇδε ἴσμεν οὐδενὸς ἰδιώτην ὄντα ὧν
λέγομεν. τῆς δὲ Ἑρμοκράτους αὖ περὶ φύσεως καὶ τροφῆς,
πρὸς ἅπαντα ταῦτ' εἶναι ἱκανὴν πολλῶν μαρτυρούντων
πιστευτέον. διὸ καὶ χθὲς ἐγὼ διανοούμενος, ὑμῶν δεομένων b
τὰ περὶ τῆς πολιτείας διελθεῖν, προθύμως ἐχαριζόμην, εἰδὼς
ὅτι τὸν ἑξῆς λόγον οὐδένες ἂν ὑμῶν ἐθελόντων ἱκανώτερον
ἀποδοῖεν—εἰς γὰρ πόλεμον πρέποντα καταστήσαντες τὴν
πόλιν ἅπαντ' αὐτῇ τὰ προσήκοντα ἀποδοῖτ' ἂν μόνοι τῶν 5
νῦν—εἰπὼν δὴ τἀπιταχθέντα ἀντεπέταξα ὑμῖν ἃ καὶ νῦν
λέγω. συνωμολογήσατ' οὖν κοινῇ σκεψάμενοι πρὸς ὑμᾶς
αὐτοὺς εἰς νῦν ἀνταποδώσειν μοι τὰ τῶν λόγων ξένια, πάρειμί c
τε οὖν δὴ κεκοσμημένος ἐπ' αὐτὰ καὶ πάντων ἑτοιμότατος ὢν
δέχεσθαι.

ΕΡ. Καὶ μὲν δή, καθάπερ εἶπεν Τίμαιος ὅδε, ὦ Σώκρατες,
οὔτε ἐλλείψομεν προθυμίας οὐδὲν οὔτε ἔστιν οὐδεμία πρό- 5
φασις ἡμῖν τοῦ μὴ δρᾶν ταῦτα· ὥστε καὶ χθές, εὐθὺς ἐνθένδε
ἐπειδὴ παρὰ Κριτίαν πρὸς τὸν ξενῶνα οὗ καὶ καταλύομεν
ἀφικόμεθα, καὶ ἔτι πρότερον καθ' ὁδὸν αὐτὰ ταῦτ' ἐσκοποῦμεν.

e 8 καταλέλειπται] ει refictum A a 1 ἀμφοτέ÷ρων A a 3 οὐθενὸς A a 4 τῶν ἐν A (sed τῶν postea add.) Pr.: ἐν FY a 8 ταῦτ' εἶναι A: εἶναι ταῦτα FY Pr. ἱκανὴν A Pr.: ἱκανῆς FY b 1 διὸ] δή. ὃ Hermann b 7 ξυνωμολογήσατ' FY: ξυνομολογήσατ' A (prius ο in ras.) c 2 αὐτὰ AFY: αὐτῶν A[2] (ῶν s. v.) ὢν A Pr.: om. FY c 8 ἀφικόμεθα FY: ἀφικοίμεθα A d ὅδε οὖν ἡμῖν λόγον εἰσηγήσατο ἐκ παλαιᾶς ἀκοῆς· ὃν καὶ νῦν λέγε, ὦ Κριτία, τῷδε, ἵνα συνδοκιμάσῃ πρὸς τὴν ἐπίταξιν εἴτ' ἐπιτήδειος εἴτε ἀνεπιτήδειός ἐστι.

ΚΡ. Ταῦτα χρὴ δρᾶν, εἰ καὶ τῷ τρίτῳ κοινωνῷ Τιμαίῳ 5 συνδοκεῖ.

ΤΙ. Δοκεῖ μήν.

ΚΡ. Ἄκουε δή, ὦ Σώκρατες, λόγου μάλα μὲν ἀτόπου, παντάπασί γε μὴν ἀληθοῦς, ὡς ὁ τῶν ἑπτὰ σοφώτατος e Σόλων ποτ' ἔφη. ἦν μὲν οὖν οἰκεῖος καὶ σφόδρα φίλος ἡμῖν Δρωπίδου τοῦ προπάππου, καθάπερ λέγει πολλαχοῦ καὶ αὐτὸς ἐν τῇ ποιήσει· πρὸς δὲ Κριτίαν τὸν ἡμέτερον πάππον εἶπεν, ὡς ἀπεμνημόνευεν αὖ πρὸς ἡμᾶς ὁ γέρων, ὅτι μεγάλα 5 καὶ θαυμαστὰ τῆσδ' εἴη παλαιὰ ἔργα τῆς πόλεως ὑπὸ χρόνου καὶ φθορᾶς ἀνθρώπων ἠφανισμένα, πάντων δὲ ἓν μέγιστον, 21 οὗ νῦν ἐπιμνησθεῖσιν πρέπον ἂν ἡμῖν εἴη σοί τε ἀποδοῦναι χάριν καὶ τὴν θεὸν ἅμα ἐν τῇ πανηγύρει δικαίως τε καὶ ἀληθῶς οἷόνπερ ὑμνοῦντας ἐγκωμιάζειν.

ΣΩ. Εὖ λέγεις. ἀλλὰ δὴ ποῖον ἔργον τοῦτο Κριτίας οὐ 5 λεγόμενον μέν, ὡς δὲ πραχθὲν ὄντως ὑπὸ τῆσδε τῆς πόλεως ἀρχαῖον διηγεῖτο κατὰ τὴν Σόλωνος ἀκοήν;

ΚΡ. Ἐγὼ φράσω, παλαιὸν ἀκηκοὼς λόγον οὐ νέου ἀνδρός. ἦν μὲν γὰρ δὴ τότε Κριτίας, ὡς ἔφη, σχεδὸν ἐγγὺς b ἤδη τῶν ἐνενήκοντα ἐτῶν, ἐγὼ δέ πῃ μάλιστα δεκέτης· ἡ δὲ Κουρεῶτις ἡμῖν οὖσα ἐτύγχανεν Ἀπατουρίων. τὸ δὴ τῆς ἑορτῆς σύνηθες ἑκάστοτε καὶ τότε συνέβη τοῖς παισίν· ἆθλα γὰρ ἡμῖν οἱ πατέρες ἔθεσαν ῥαψῳδίας. πολλῶν μὲν οὖν 5 δὴ καὶ πολλὰ ἐλέχθη ποιητῶν ποιήματα, ἅτε δὲ νέα κατ'

d 1 ὅδε οὖν A Pr. : ὁ δ' οὖν F Y d 2 τῷδε ἵνα F Y et fecit A[2] (α s. v.) : τωι δειν A d 3 εἴτε ἀνεπιτήδειός ἐστι A F Y : εἴτε μή Pr. : om. Chalc. (cf. γρ. A infra) d 4 ταῦτα χρὴ δρᾶν F Y Pr. : ταῦτα δὴ δρᾶν A Hermocrati continuans : dist. post ἐστι et χρ s. v. A[2] : in marg. γρ. εἴτε μη ταῦτα χρὴ δρᾶν A e 1 οὖν A F Y Pr. : γὰρ s. v. A[2] ἡμῖν post φίλος A Y : post οἰκεῖος Pr. : utrobique F e 3 τὸν A Y Pr. : om. F : που τὸν A[2] (που s. v.) e 4 εἶπεν F Y Pr. : εἰπεῖν A a 2 δικαίως] prius ι refictum A τε καὶ A (αι refictum) : καὶ F Y Pr. b 2 ἀπατουρίων A (ων in ras.) F Y Pr. : ἀπατούρια A[2] (α s. v.)

ἐκεῖνον τὸν χρόνον ὄντα τὰ Σόλωνος πολλοὶ τῶν παίδων ᾔσαμεν. εἶπεν οὖν τις τῶν φρατέρων, εἴτε δὴ δοκοῦν αὐτῷ τότε εἴτε καὶ χάριν τινὰ τῷ Κριτίᾳ φέρων, δοκεῖν οἱ τά τε ἄλλα σοφώτατον γεγονέναι Σόλωνα καὶ κατὰ τὴν ποίησιν c αὖ τῶν ποιητῶν πάντων ἐλευθεριώτατον. ὁ δὴ γέρων—σφόδρα γὰρ οὖν μέμνημαι—μάλα τε ἥσθη καὶ διαμειδιάσας εἶπεν· "Εἴ γε, ὦ Ἀμύνανδρε, μὴ παρέργῳ τῇ ποιήσει κατεχρήσατο, ἀλλ' ἐσπουδάκει καθάπερ ἄλλοι, τόν τε λόγον ὃν 5 ἀπ' Αἰγύπτου δεῦρο ἠνέγκατο ἀπετέλεσεν, καὶ μὴ διὰ τὰς στάσεις ὑπὸ κακῶν τε ἄλλων ὅσα ηὗρεν ἐνθάδε ἥκων ἠναγκάσθη καταμελῆσαι, κατά γε ἐμὴν δόξαν οὔτε Ἡσίοδος οὔτε d Ὅμηρος οὔτε ἄλλος οὐδεὶς ποιητὴς εὐδοκιμώτερος ἐγένετο ἄν ποτε αὐτοῦ." "Τίς δ' ἦν ὁ λόγος," ἦ δ' ὅς, "ὦ Κριτία;" "Ἡ περὶ μεγίστης," ἔφη, "καὶ ὀνομαστοτάτης πασῶν δικαιότατ' ἂν πράξεως οὔσης, ἣν ἥδε ἡ πόλις ἔπραξε μέν, διὰ 5 δὲ χρόνον καὶ φθορὰν τῶν ἐργασαμένων οὐ διήρκεσε δεῦρο ὁ λόγος." "Λέγε ἐξ ἀρχῆς," ἦ δ' ὅς, "τί τε καὶ πῶς καὶ παρὰ τίνων ὡς ἀληθῆ διακηκοὼς ἔλεγεν ὁ Σόλων."

"Ἔστιν τις κατ' Αἴγυπτον," ἦ δ' ὅς, "ἐν τῷ Δέλτα, περὶ e ὃν κατὰ κορυφὴν σχίζεται τὸ τοῦ Νείλου ῥεῦμα Σαϊτικὸς ἐπικαλούμενος νομός, τούτου δὲ τοῦ νομοῦ μεγίστη πόλις Σάις—ὅθεν δὴ καὶ Ἄμασις ἦν ὁ βασιλεύς—οἷς τῆς πόλεως θεὸς ἀρχηγός τίς ἐστιν, Αἰγυπτιστὶ μὲν τοὔνομα Νηίθ, Ἑλ- 5 ληνιστὶ δέ, ὡς ὁ ἐκείνων λόγος, Ἀθηνᾶ· μάλα δὲ φιλαθήναιοι καί τινα τρόπον οἰκεῖοι τῶνδ' εἶναί φασιν. οἷ δὴ Σόλων ἔφη πορευθεὶς σφόδρα τε γενέσθαι παρ' αὐτοῖς ἔντιμος, καὶ δὴ καὶ τὰ παλαιὰ ἀνερωτῶν ποτε τοὺς μάλιστα περὶ 22 ταῦτα τῶν ἱερέων ἐμπείρους, σχεδὸν οὔτε αὐτὸν οὔτε ἄλλον Ἕλληνα οὐδένα οὐδὲν ὡς ἔπος εἰπεῖν εἰδότα περὶ τῶν τοιούτων ἀνευρεῖν. καί ποτε προαγαγεῖν βουληθεὶς αὐτοὺς περὶ

b 7 οὖν F Y Pr. : οὖν δὴ A φρατέρων A Pr. : φρατόρων F Y
c 2 ἐλευθεριώτατον] ἐλευθερώτατον Pr. et apud eum Origenes Iamblichus
c 6 μὴ F Y : εἰ μὴ A d 4 ἦ A : om. F Y Pr. e 2 ὃν F Pr. : ὃ A Y a 1 ἀνερωτῶν F Y : ἀνερωτῶντός A ποτε A : om. F Y

5 τῶν ἀρχαίων εἰς λόγους, τῶν τῇδε τὰ ἀρχαιότατα λέγειν
ἐπιχειρεῖν, περὶ Φορωνέως τε τοῦ πρώτου λεχθέντος καὶ
Νιόβης, καὶ μετὰ τὸν κατακλυσμὸν αὖ περὶ Δευκαλίωνος
b καὶ Πύρρας ὡς διεγένοντο μυθολογεῖν, καὶ τοὺς ἐξ αὐτῶν
γενεαλογεῖν, καὶ τὰ τῶν ἐτῶν ὅσα ἦν οἷς ἔλεγεν πειρᾶσθαι
διαμνημονεύων τοὺς χρόνους ἀριθμεῖν· καί τινα εἰπεῖν τῶν
ἱερέων εὖ μάλα παλαιόν· 'Ὦ Σόλων, Σόλων, Ἕλληνες ἀεὶ
5 παῖδές ἐστε, γέρων δὲ Ἕλλην οὐκ ἔστιν.' Ἀκούσας οὖν,
'Πῶς τί τοῦτο λέγεις;' φάναι. 'Νέοι ἐστέ,' εἰπεῖν, 'τὰς
ψυχὰς πάντες· οὐδεμίαν γὰρ ἐν αὐταῖς ἔχετε δι' ἀρχαίαν
ἀκοὴν παλαιὰν δόξαν οὐδὲ μάθημα χρόνῳ πολιὸν οὐδέν. τὸ
c δὲ τούτων αἴτιον τόδε. πολλαὶ κατὰ πολλὰ φθοραὶ γεγό-
νασιν ἀνθρώπων καὶ ἔσονται, πυρὶ μὲν καὶ ὕδατι μέγισται,
μυρίοις δὲ ἄλλοις ἕτεραι βραχύτεραι. τὸ γὰρ οὖν καὶ παρ'
ὑμῖν λεγόμενον, ὥς ποτε Φαέθων Ἡλίου παῖς τὸ τοῦ πατρὸς
5 ἅρμα ζεύξας διὰ τὸ μὴ δυνατὸς εἶναι κατὰ τὴν τοῦ πατρὸς
ὁδὸν ἐλαύνειν τά τ' ἐπὶ γῆς συνέκαυσεν καὶ αὐτὸς κεραυ-
νωθεὶς διεφθάρη, τοῦτο μύθου μὲν σχῆμα ἔχον λέγεται, τὸ δὲ
d ἀληθές ἐστι τῶν περὶ γῆν κατ' οὐρανὸν ἰόντων παράλλαξις
καὶ διὰ μακρῶν χρόνων γιγνομένη τῶν ἐπὶ γῆς πυρὶ πολλῷ
φθορά. τότε οὖν ὅσοι κατ' ὄρη καὶ ἐν ὑψηλοῖς τόποις καὶ
ἐν ξηροῖς οἰκοῦσιν μᾶλλον διόλλυνται τῶν ποταμοῖς καὶ θα-
5 λάττῃ προσοικούντων· ἡμῖν δὲ ὁ Νεῖλος εἴς τε τἆλλα σωτὴρ
καὶ τότε ἐκ ταύτης τῆς ἀπορίας σῴζει λυόμενος. ὅταν δ'
αὖ θεοὶ τὴν γῆν ὕδασιν καθαίροντες κατακλύζωσιν, οἱ μὲν
ἐν τοῖς ὄρεσιν διασῴζονται βουκόλοι νομῆς τε, οἱ δ' ἐν ταῖς
e παρ' ὑμῖν πόλεσιν εἰς τὴν θάλατταν ὑπὸ τῶν ποταμῶν φέ-
ρονται· κατὰ δὲ τήνδε χώραν οὔτε τότε οὔτε ἄλλοτε ἄνωθεν

a 5 τῇδε Y : τῇδε πόλει A : τῇδε τῇ πόλει F Clemens a 7 νιόβης FY : νεόβης A b 4 ἀεὶ FY : αἰεὶ AP c 1 κατὰ F Pr. Clemens : καὶ κατὰ APY d 1 κατ' Pr. : καὶ κατ' AFY Clemens d 6 λυόμενος AY Pr. : ῥυόμενος F : γρ. καὶ λυόμενος in marg. f d 7 θεοὶ AF : οἱ θεοὶ Y Pr. Clem. Orig. d 8 νομεῖς A (ει in ras.) e 2 τήνδε A : τὴν F : τήνδε τὴν Y Pr. (ut vid.) et fecit A² (τὴν s. v.)

ἐπὶ τὰς ἀρούρας ὕδωρ ἐπιρρεῖ, τὸ δ' ἐναντίον κάτωθεν πᾶν
ἐπανιέναι πέφυκεν. ὅθεν καὶ δι' ἃς αἰτίας τἀνθάδε σῳζό-
μενα λέγεται παλαιότατα· τὸ δὲ ἀληθές, ἐν πᾶσιν τοῖς 5
τόποις ὅπου μὴ χειμὼν ἐξαίσιος ἢ καῦμα ἀπείργει, πλέον,
τοτὲ δὲ ἔλαττον ἀεὶ γένος ἐστὶν ἀνθρώπων. ὅσα δὲ ἢ παρ' 23
ὑμῖν ἢ τῇδε ἢ καὶ κατ' ἄλλον τόπον ὧν ἀκοῇ ἴσμεν, εἴ πού
τι καλὸν ἢ μέγα γέγονεν ἢ καί τινα διαφορὰν ἄλλην ἔχον,
πάντα γεγραμμένα ἐκ παλαιοῦ τῇδ' ἐστὶν ἐν τοῖς ἱεροῖς καὶ
σεσωσμένα· τὰ δὲ παρ' ὑμῖν καὶ τοῖς ἄλλοις ἄρτι κατε- 5
σκευασμένα ἑκάστοτε τυγχάνει γράμμασι καὶ ἅπασιν ὁπόσων
πόλεις δέονται, καὶ πάλιν δι' εἰωθότων ἐτῶν ὥσπερ νόσημα
ἥκει φερόμενον αὐτοῖς ῥεῦμα οὐράνιον καὶ τοὺς ἀγραμμάτους
τε καὶ ἀμούσους ἔλιπεν ὑμῶν, ὥστε πάλιν ἐξ ἀρχῆς οἷον b
νέοι γίγνεσθε, οὐδὲν εἰδότες οὔτε τῶν τῇδε οὔτε τῶν παρ'
ὑμῖν, ὅσα ἦν ἐν τοῖς παλαιοῖς χρόνοις. τὰ γοῦν νυνδὴ
γενεαλογηθέντα, ὦ Σόλων, περὶ τῶν παρ' ὑμῖν ἃ διῆλθες,
παίδων βραχύ τι διαφέρει μύθων, οἳ πρῶτον μὲν ἕνα γῆς 5
κατακλυσμὸν μέμνησθε πολλῶν ἔμπροσθεν γεγονότων, ἔτι
δὲ τὸ κάλλιστον καὶ ἄριστον γένος ἐπ' ἀνθρώπους ἐν τῇ
χώρᾳ παρ' ὑμῖν οὐκ ἴστε γεγονός, ἐξ ὧν σύ τε καὶ πᾶσα ἡ
πόλις ἔστιν τὰ νῦν ὑμῶν, περιλειφθέντος ποτὲ σπέρματος c
βραχέος, ἀλλ' ὑμᾶς λέληθεν διὰ τὸ τοὺς περιγενομένους ἐπὶ
πολλὰς γενεὰς γράμμασιν τελευτᾶν ἀφώνους. ἦν γὰρ δή
ποτε, ὦ Σόλων, ὑπὲρ τὴν μεγίστην φθορὰν ὕδασιν ἡ νῦν
Ἀθηναίων οὖσα πόλις ἀρίστη πρός τε τὸν πόλεμον καὶ 5
κατὰ πάντα εὐνομωτάτη διαφερόντως· ᾗ κάλλιστα ἔργα καὶ
πολιτεῖαι γενέσθαι λέγονται κάλλισται πασῶν ὁπόσων ὑπὸ
τὸν οὐρανὸν ἡμεῖς ἀκοὴν παρεδεξάμεθα.' Ἀκούσας οὖν ὁ d
Σόλων ἔφη θαυμάσαι καὶ πᾶσαν προθυμίαν σχεῖν δεόμενος

e 3 ἐναντίον in ras. A πᾶν A (non A²) Pr. : om. FY e 5 ἐν FY Pr. et s. v. A² : om. A a 2 ἀκοῇ fecit A² (add. acc. et ι supra ν) : ἀκοὴν AY Pr. : ἀκοὴ F c 1 περιλειφθέντος AFY : περιληφθέντος A² (η s. v.) c 2 περιγενομένους AFY : περιγιγνομένους A² (ιγ s. v.) d 1 ἀκοὴν AY Pr. : ἀκοῇ F et fecit A² (add. acc. et ι supra ν) d 2 σχεῖν FY : ἔχειν A Pr.

τῶν ἱερέων πάντα δι' ἀκριβείας οἱ τὰ περὶ τῶν πάλαι πολιτῶν ἑξῆς διελθεῖν. τὸν οὖν ἱερέα φάναι· 'Φθόνος οὐδείς,
5 ὦ Σόλων, ἀλλὰ σοῦ τε ἕνεκα ἐρῶ καὶ τῆς πόλεως ὑμῶν, μάλιστα δὲ τῆς θεοῦ χάριν, ἣ τήν τε ὑμετέραν καὶ τήνδε ἔλαχεν καὶ ἔθρεψεν καὶ ἐπαίδευσεν, προτέραν μὲν τὴν παρ'
e ὑμῖν ἔτεσιν χιλίοις, ἐκ Γῆς τε καὶ Ἡφαίστου τὸ σπέρμα παραλαβοῦσα ὑμῶν, τήνδε δὲ ὑστέραν. τῆς δὲ ἐνθάδε διακοσμήσεως παρ' ἡμῖν ἐν τοῖς ἱεροῖς γράμμασιν ὀκτακισχιλίων ἐτῶν ἀριθμὸς γέγραπται. περὶ δὴ τῶν ἐνακισχίλια γεγονό-
5 των ἔτη πολιτῶν σοι δηλώσω διὰ βραχέων νόμους, καὶ τῶν ἔργων αὐτοῖς ὃ κάλλιστον ἐπράχθη· τὸ δ' ἀκριβὲς περὶ
24 πάντων ἐφεξῆς εἰς αὖθις κατὰ σχολὴν αὐτὰ τὰ γράμματα λαβόντες διέξιμεν. τοὺς μὲν οὖν νόμους σκόπει πρὸς τοὺς τῇδε· πολλὰ γὰρ παραδείγματα τῶν τότε παρ' ὑμῖν ὄντων ἐνθάδε νῦν ἀνευρήσεις, πρῶτον μὲν τὸ τῶν ἱερέων γένος ἀπὸ
5 τῶν ἄλλων χωρὶς ἀφωρισμένον, μετὰ δὲ τοῦτο τὸ τῶν δημιουργῶν, ὅτι καθ' αὑτὸ ἕκαστον ἄλλῳ δὲ οὐκ ἐπιμειγνύμενον δημιουργεῖ, τό τε τῶν νομέων καὶ τὸ τῶν θηρευτῶν τό τε
b τῶν γεωργῶν. καὶ δὴ καὶ τὸ μάχιμον γένος ᾔσθησαί που τῇδε ἀπὸ πάντων τῶν γενῶν κεχωρισμένον, οἷς οὐδὲν ἄλλο πλὴν τὰ περὶ τὸν πόλεμον ὑπὸ τοῦ νόμου προσετάχθη μέλειν· ἔτι δὲ ἡ τῆς ὁπλίσεως αὐτῶν σχέσις ἀσπίδων καὶ δοράτων,
5 οἷς ἡμεῖς πρῶτοι τῶν περὶ τὴν Ἀσίαν ὡπλίσμεθα, τῆς θεοῦ καθάπερ ἐν ἐκείνοις τοῖς τόποις παρ' ὑμῖν πρώτοις ἐνδειξαμένης. τὸ δ' αὖ περὶ τῆς φρονήσεως, ὁρᾷς που τὸν νόμον τῇδε ὅσην ἐπιμέλειαν ἐποιήσατο εὐθὺς κατ' ἀρχὰς περί τε
c τὸν κόσμον, ἅπαντα μέχρι μαντικῆς καὶ ἰατρικῆς πρὸς ὑγίειαν ἐκ τούτων θείων ὄντων εἰς τὰ ἀνθρώπινα ἀνευρών, ὅσα τε ἄλλα τούτοις ἕπεται μαθήματα πάντα κτησάμενος.

d 3 πολιτῶν F Y Pr. : πολιτειῶν A   d 6 τήν τε ὑμετέραν κ.τ.λ.] γρ. τήν τε ἡμετέραν καὶ τὴν ὑμετέραν in marg. A   τήνδε Y Pr. : τηνδε A : τῇδε fecit A² : τήν τε F   d 7 ÷÷προτέραν A   e 2 ἐνθάδε A F Y : ἐνθαδὶ A² (ι s.v.) Pr.   e 4 ἐνακισχίλια A F : ἐννακισχίλια A² Y   e 5 πολιτῶν F Y Pr. : πολιτειῶν A   a 3 τῇδε F Y Pr. : τῆσδε A

ταύτην οὖν δὴ τότε σύμπασαν τὴν διακόσμησιν καὶ σύνταξιν
ἡ θεὸς προτέρους ὑμᾶς διακοσμήσασα κατῴκισεν, ἐκλεξαμένη 5
τὸν τόπον ἐν ᾧ γεγένησθε, τὴν εὐκρασίαν τῶν ὡρῶν ἐν αὐτῷ
κατιδοῦσα, ὅτι φρονιμωτάτους ἄνδρας οἴσοι· ἅτε οὖν φιλο-
πόλεμός τε καὶ φιλόσοφος ἡ θεὸς οὖσα τὸν προσφερεστάτους d
αὐτῇ μέλλοντα οἴσειν τόπον ἄνδρας, τοῦτον ἐκλεξαμένη
πρῶτον κατῴκισεν. ᾠκεῖτε δὴ οὖν νόμοις τε τοιούτοις χρώ-
μενοι καὶ ἔτι μᾶλλον εὐνομούμενοι πάσῃ τε παρὰ πάντας
ἀνθρώπους ὑπερβεβληκότες ἀρετῇ, καθάπερ εἰκὸς γεννήματα 5
καὶ παιδεύματα θεῶν ὄντας. πολλὰ μὲν οὖν ὑμῶν καὶ μεγάλα
ἔργα τῆς πόλεως τῇδε γεγραμμένα θαυμάζεται, πάντων μὴν
ἓν ὑπερέχει μεγέθει καὶ ἀρετῇ· λέγει γὰρ τὰ γεγραμμένα e
ὅσην ἡ πόλις ὑμῶν ἔπαυσέν ποτε δύναμιν ὕβρει πορευο-
μένην ἅμα ἐπὶ πᾶσαν Εὐρώπην καὶ Ἀσίαν, ἔξωθεν ὁρμη-
θεῖσαν ἐκ τοῦ Ἀτλαντικοῦ πελάγους. τότε γὰρ πορεύσιμον
ἦν τὸ ἐκεῖ πέλαγος· νῆσον γὰρ πρὸ τοῦ στόματος εἶχεν ὃ 5
καλεῖτε, ὥς φατε, ὑμεῖς Ἡρακλέους στήλας, ἡ δὲ νῆσος ἅμα
Λιβύης ἦν καὶ Ἀσίας μείζων, ἐξ ἧς ἐπιβατὸν ἐπὶ τὰς ἄλλας
νήσους τοῖς τότε ἐγίγνετο πορευομένοις, ἐκ δὲ τῶν νήσων
ἐπὶ τὴν καταντικρὺ πᾶσαν ἤπειρον τὴν περὶ τὸν ἀληθινὸν 25
ἐκεῖνον πόντον. τάδε μὲν γάρ, ὅσα ἐντὸς τοῦ στόματος οὗ
λέγομεν, φαίνεται λιμὴν στενόν τινα ἔχων εἴσπλουν· ἐκεῖνο
δὲ πέλαγος ὄντως ἥ τε περιέχουσα αὐτὸ γῆ παντελῶς ἀληθῶς
ὀρθότατ' ἂν λέγοιτο ἤπειρος. ἐν δὲ δὴ τῇ Ἀτλαντίδι νήσῳ 5
ταύτῃ μεγάλη συνέστη καὶ θαυμαστὴ δύναμις βασιλέων,
κρατοῦσα μὲν ἁπάσης τῆς νήσου, πολλῶν δὲ ἄλλων νήσων
καὶ μερῶν τῆς ἠπείρου· πρὸς δὲ τούτοις ἔτι τῶν ἐντὸς τῇδε

c 6 γεγένησθε A F P Pr.: γεγέννησθε Y et fecit A² (ν s. v.) c 7 οἴσοι A F: οἴσει P Y d 3 δὴ οὖν A P: οὖν δὴ F Y Pr. d 4 παρὰ A F P Pr.: om. Y d 5 ὑπερβεβληκότες A F P: ὑπερβεβηκότες Y Pr. d 7 μὴν A F Y: γε μὴν Pr. et γε s. v. A² e 2 ποτε F Y Pr. et fecit A² (π s. v.): τότε A e 5 ἦν F Y et s. v. A²: om. A e 6 καλεῖτε] καλεῖται A (αι in ras.) F Y Pr. post φατε distinxi στήλας] στῆλαι ci. Stallbaum (qui supra καλεῖται) a 3 ἔχων εἴσπλουν A F Pr.: εἴσπλουν ἔχων Y a 4 ἀληθῶς erasit A a 7 δὲ A Y: τε F

b Λιβύης μὲν ἦρχον μέχρι πρὸς Αἴγυπτον, τῆς δὲ Εὐρώπης
μέχρι Τυρρηνίας. αὕτη δὴ πᾶσα συναθροισθεῖσα εἰς ἓν ἡ
δύναμις τόν τε παρ' ὑμῖν καὶ τὸν παρ' ἡμῖν καὶ τὸν ἐντὸς τοῦ
στόματος πάντα τόπον μιᾷ ποτὲ ἐπεχείρησεν ὁρμῇ δουλοῦ-
5 σθαι. τότε οὖν ὑμῶν, ὦ Σόλων, τῆς πόλεως ἡ δύναμις εἰς
ἅπαντας ἀνθρώπους διαφανὴς ἀρετῇ τε καὶ ῥώμῃ ἐγένετο·
πάντων γὰρ προστᾶσα εὐψυχίᾳ καὶ τέχναις ὅσαι κατὰ πόλε-
c μον, τὰ μὲν τῶν Ἑλλήνων ἡγουμένη, τὰ δ' αὐτὴ μονωθεῖσα
ἐξ ἀνάγκης τῶν ἄλλων ἀποστάντων, ἐπὶ τοὺς ἐσχάτους
ἀφικομένη κινδύνους, κρατήσασα μὲν τῶν ἐπιόντων τρό-
παιον ἔστησεν, τοὺς δὲ μήπω δεδουλωμένους διεκώλυσεν
5 δουλωθῆναι, τοὺς δ' ἄλλους, ὅσοι κατοικοῦμεν ἐντὸς ὅρων
Ἡρακλείων, ἀφθόνως ἅπαντας ἠλευθέρωσεν. ὑστέρῳ δὲ
χρόνῳ σεισμῶν ἐξαισίων καὶ κατακλυσμῶν γενομένων, μιᾶς
d ἡμέρας καὶ νυκτὸς χαλεπῆς ἐπελθούσης, τό τε παρ' ὑμῖν
μάχιμον πᾶν ἁθρόον ἔδυ κατὰ γῆς, ἥ τε Ἀτλαντὶς νῆσος
ὡσαύτως κατὰ τῆς θαλάττης δῦσα ἠφανίσθη· διὸ καὶ
νῦν ἄπορον καὶ ἀδιερεύνητον γέγονεν τοὐκεῖ πέλαγος,
5 πηλοῦ κάρτα βραχέος ἐμποδὼν ὄντος, ὃν ἡ νῆσος ἱζομένη
παρέσχετο."

Τὰ μὲν δὴ ῥηθέντα, ὦ Σώκρατες, ὑπὸ τοῦ παλαιοῦ
e Κριτίου κατ' ἀκοὴν τὴν Σόλωνος, ὡς συντόμως εἰπεῖν,
ἀκήκοας· λέγοντος δὲ δὴ χθὲς σοῦ περὶ πολιτείας τε καὶ
τῶν ἀνδρῶν οὓς ἔλεγες, ἐθαύμαζον ἀναμιμνῃσκόμενος αὐτὰ
ἃ νῦν λέγω, κατανοῶν ὡς δαιμονίως ἔκ τινος τύχης οὐκ ἄπο
5 σκοποῦ συνηνέχθης τὰ πολλὰ οἷς Σόλων εἶπεν. οὐ μὴν
26 ἐβουλήθην παραχρῆμα εἰπεῖν· διὰ χρόνου γὰρ οὐχ ἱκανῶς
ἐμεμνήμην. ἐνενόησα οὖν ὅτι χρεὼν εἴη με πρὸς ἐμαυτὸν

b 2 δὴ A F Y : δὲ Pr. : δὴ τότε A² (τότε s. v.) c 3 τρόπαιον F et fecit A² (ον s. v.) : τρόπαια A Y d 1 ἐπελθούσης F Pr. et fecit A² (ἐπ s. v.) : ἐλθούσης A Y d 3 καὶ A F Y Pr. : ἔτι καὶ A² (ἔτι s. v.) d 5 κάρτα βραχέος] κάρτα βαθέος A (sed ρταβ et θ in ras.) : γρ. κατὰ βραχέος in marg. A (sed ad κάρτα schol. σφόδρα A) : καταβραχεος (sic) F : κατὰ βραχέος Y : καταβραχέος Pr. ἱζομένη A F Y : ἑζομένη A² (ἑ s. v.) e 3 οὓς F Y et s. v. A² : ὡς A

πρῶτον ἱκανῶς πάντα ἀναλαβόντα λέγειν οὕτως. ὅθεν ταχὺ
συνωμολόγησά σοι τὰ ἐπιταχθέντα χθές, ἡγούμενος, ὅπερ
ἐν ἅπασι τοῖς τοιοῖσδε μέγιστον ἔργον, λόγον τινὰ πρέποντα 5
τοῖς βουλήμασιν ὑποθέσθαι, τούτου μετρίως ἡμᾶς εὐπορήσειν.
οὕτω δή, καθάπερ ὅδ' εἶπεν, χθές τε εὐθὺς ἐνθένδε ἀπιὼν
πρὸς τούσδε ἀνέφερον αὐτὰ ἀναμιμνῃσκόμενος, ἀπελθών τε b
σχεδόν τι πάντα ἐπισκοπῶν τῆς νυκτὸς ἀνέλαβον. ὡς δή
τοι, τὸ λεγόμενον, τὰ παίδων μαθήματα θαυμαστὸν ἔχει τι
μνημεῖον. ἐγὼ γὰρ ἃ μὲν χθὲς ἤκουσα, οὐκ ἂν οἶδ' εἰ
δυναίμην ἅπαντα ἐν μνήμῃ πάλιν λαβεῖν· ταῦτα δὲ ἃ πάμ- 5
πολυν χρόνον διακήκοα, παντάπασι θαυμάσαιμ' ἂν εἴ τί με
αὐτῶν διαπέφευγεν. ἦν μὲν οὖν μετὰ πολλῆς ἡδονῆς καὶ
παιδιᾶς τότε ἀκουόμενα, καὶ τοῦ πρεσβύτου προθύμως με c
διδάσκοντος, ἅτ' ἐμοῦ πολλάκις ἐπανερωτῶντος, ὥστε οἷον
ἐγκαύματα ἀνεκπλύτου γραφῆς ἔμμονά μοι γέγονεν· καὶ δὴ
καὶ τοῖσδε εὐθὺς ἔλεγον ἕωθεν αὐτὰ ταῦτα, ἵνα εὐποροῖεν
λόγων μετ' ἐμοῦ. νῦν οὖν, οὗπερ ἕνεκα πάντα ταῦτα εἴρηται, 5
λέγειν εἰμὶ ἕτοιμος, ὦ Σώκρατες, μὴ μόνον ἐν κεφαλαίοις
ἀλλ' ὥσπερ ἤκουσα καθ' ἕκαστον· τοὺς δὲ πολίτας καὶ τὴν
πόλιν ἣν χθὲς ἡμῖν ὡς ἐν μύθῳ διῄεισθα σύ, νῦν μετενεγ-
κόντες ἐπὶ τἀληθὲς δεῦρο θήσομεν ὡς ἐκείνην τήνδε οὖσαν, d
καὶ τοὺς πολίτας οὓς διενοοῦ φήσομεν ἐκείνους τοὺς ἀλη-
θινοὺς εἶναι προγόνους ἡμῶν, οὓς ἔλεγεν ὁ ἱερεύς. πάντως
ἁρμόσουσι καὶ οὐκ ἀπᾳσόμεθα λέγοντες αὐτοὺς εἶναι τοὺς ἐν
τῷ τότε ὄντας χρόνῳ. κοινῇ δὲ διαλαμβάνοντες ἅπαντες 5
πειρασόμεθα τὸ πρέπον εἰς δύναμιν οἷς ἐπέταξας ἀποδοῦναι.
σκοπεῖν οὖν δὴ χρή, ὦ Σώκρατες, εἰ κατὰ νοῦν ὁ λόγος ἡμῖν
οὗτος, ἤ τινα ἔτ' ἄλλον ἀντ' αὐτοῦ ζητητέον. e

c 1 παιδιᾶς F et ᾶς s. v. A^2 : παιδικῆς A Y c 3 γραφῆς A F Y : βαφῆς Vat. 228 (λέγεται . . . ἀμφοτέρως Pr.) c 8 νῦν F et s. v. A^2 : om. A : in Y lac. d 4 ἀπαισόμεθα A (ι refictum) F Pr. : ἀπωσόμεθα Y d 5 δι**αλαμβάνοντες ἅπαντες A : α supra ε bis s. v. A^2 : διαλαμβάνοντες πάντες F Y d 6 πειρασόμεθα F Y : τοὺς ἀνθρώπους (plene scriptum) πειρασόμεθα A : τοὺς ἀνθρώπους punct. not. A^2

ΣΩ. Καὶ τίν' ἄν, ὦ Κριτία, μᾶλλον ἀντὶ τούτου μεταλάβοιμεν, ὃς τῇ τε παρούσῃ τῆς θεοῦ θυσίᾳ διὰ τὴν οἰκειότητ' ἂν πρέποι μάλιστα, τό τε μὴ πλασθέντα μῦθον ἀλλ' ἀληθινὸν
5 λόγον εἶναι πάμμεγά που. πῶς γὰρ καὶ πόθεν ἄλλους ἀνευρήσομεν ἀφέμενοι τούτων; οὐκ ἔστιν, ἀλλ' ἀγαθῇ τύχῃ χρὴ λέγειν μὲν ὑμᾶς, ἐμὲ δὲ ἀντὶ τῶν χθὲς λόγων νῦν
27 ἡσυχίαν ἄγοντα ἀντακούειν.

ΚΡ. Σκόπει δὴ τὴν τῶν ξενίων σοι διάθεσιν, ὦ Σώκρατες, ᾗ διέθεμεν. ἔδοξεν γὰρ ἡμῖν Τίμαιον μέν, ἅτε ὄντα ἀστρονομικώτατον ἡμῶν καὶ περὶ φύσεως τοῦ παντὸς εἰδέναι
5 μάλιστα ἔργον πεποιημένον, πρῶτον λέγειν ἀρχόμενον ἀπὸ τῆς τοῦ κόσμου γενέσεως, τελευτᾶν δὲ εἰς ἀνθρώπων φύσιν· ἐμὲ δὲ μετὰ τοῦτον, ὡς παρὰ μὲν τούτου δεδεγμένον ἀνθρώπους τῷ λόγῳ γεγονότας, παρὰ σοῦ δὲ πεπαιδευμένους δια-
b φερόντως αὐτῶν τινας, κατὰ δὲ τὸν Σόλωνος λόγον τε καὶ νόμον εἰσαγαγόντα αὐτοὺς ὡς εἰς δικαστὰς ἡμᾶς ποιῆσαι πολίτας τῆς πόλεως τῆσδε ὡς ὄντας τοὺς τότε Ἀθηναίους, οὓς ἐμήνυσεν ἀφανεῖς ὄντας ἡ τῶν ἱερῶν γραμμάτων φήμη,
5 τὰ λοιπὰ δὲ ὡς περὶ πολιτῶν καὶ Ἀθηναίων ὄντων ἤδη ποιεῖσθαι τοὺς λόγους.

ΣΩ. Τελέως τε καὶ λαμπρῶς ἔοικα ἀνταπολήψεσθαι τὴν τῶν λόγων ἑστίασιν. σὸν οὖν ἔργον λέγειν ἄν, ὦ Τίμαιε, τὸ μετὰ τοῦτο, ὡς ἔοικεν, εἴη καλέσαντα κατὰ νόμον θεούς.

c ΤΙ. Ἀλλ', ὦ Σώκρατες, τοῦτό γε δὴ πάντες ὅσοι καὶ κατὰ βραχὺ σωφροσύνης μετέχουσιν, ἐπὶ παντὸς ὁρμῇ καὶ σμικροῦ καὶ μεγάλου πράγματος θεὸν ἀεί που καλοῦσιν· ἡμᾶς δὲ τοὺς περὶ τοῦ παντὸς λόγους ποιεῖσθαί πῃ μέλ-
5 λοντας, ᾗ γέγονεν ἢ καὶ ἀγενές ἐστιν, εἰ μὴ παντάπασι

a 7 τοῦτον F Y : τούτων A b 9 εἴη καλέσαντα Rawack : ἢ καλέσαντα Pr. : ἐπικαλέσαντα A : καλέσαντα F Y (add. εἴη post ἂν Y) c 3 καὶ μεγάλου om. Pr. Philoponus (bis) c 4 τοῦ A F Philoponus : om. Y Pr. πῃ punct. not. A[2] c 5 ᾗ . . . ἢ A : ᾗ . . . ἢ F Y : εἰ . . . ἢ Philop. (οἱ μὲν ἐξηγήσαντο τὸ μὲν πρότερον η δασύναντες τὸ δὲ δεύτερον ψιλώσαντες . . . οἱ δὲ ἀμφότερα ἐδάσυναν . . . Πορφύριος δὲ καὶ Ἰάμβλιχος ἀμφότερα ψιλοῦσιν Pr.) παντάπασι F Y Pr. Philop. : παντα A : acc. et πασι s. v. A[2]

παραλλάττομεν, ἀνάγκη θεούς τε καὶ θεὰς ἐπικαλουμένους
εὔχεσθαι πάντα κατὰ νοῦν ἐκείνοις μὲν μάλιστα, ἑπομένως
δὲ ἡμῖν εἰπεῖν. καὶ τὰ μὲν περὶ θεῶν ταύτῃ παρακεκλήσθω· d
τὸ δ' ἡμέτερον παρακλητέον, ᾗ ῥᾷστ' ἂν ὑμεῖς μὲν μάθοιτε,
ἐγὼ δὲ ᾗ διανοοῦμαι μάλιστ' ἂν περὶ τῶν προκειμένων
ἐνδειξαίμην.

Ἔστιν οὖν δὴ κατ' ἐμὴν δόξαν πρῶτον διαιρετέον τάδε· 5
τί τὸ ὂν ἀεί, γένεσιν δὲ οὐκ ἔχον, καὶ τί τὸ γιγνόμενον μὲν
ἀεί, ὂν δὲ οὐδέποτε; τὸ μὲν δὴ νοήσει μετὰ λόγου περι- 28
ληπτόν, ἀεὶ κατὰ ταὐτὰ ὄν, τὸ δ' αὖ δόξῃ μετ' αἰσθήσεως
ἀλόγου δοξαστόν, γιγνόμενον καὶ ἀπολλύμενον, ὄντως δὲ
οὐδέποτε ὄν. πᾶν δὲ αὖ τὸ γιγνόμενον ὑπ' αἰτίου τινὸς ἐξ
ἀνάγκης γίγνεσθαι· παντὶ γὰρ ἀδύνατον χωρὶς αἰτίου γένεσιν 5
σχεῖν. ὅτου μὲν οὖν ἂν ὁ δημιουργὸς πρὸς τὸ κατὰ ταὐτὰ
ἔχον βλέπων ἀεί, τοιούτῳ τινὶ προσχρώμενος παραδείγματι,
τὴν ἰδέαν καὶ δύναμιν αὐτοῦ ἀπεργάζηται, καλὸν ἐξ ἀνάγκης
οὕτως ἀποτελεῖσθαι πᾶν· οὗ δ' ἂν εἰς γεγονός, γεννητῷ b
παραδείγματι προσχρώμενος, οὐ καλόν. ὁ δὴ πᾶς οὐρανὸς
—ἢ κόσμος ἢ καὶ ἄλλο ὅτι ποτὲ ὀνομαζόμενος μάλιστ' ἂν
δέχοιτο, τοῦθ' ἡμῖν ὠνομάσθω—σκεπτέον δ' οὖν περὶ αὐτοῦ
πρῶτον, ὅπερ ὑπόκειται περὶ παντὸς ἐν ἀρχῇ δεῖν σκοπεῖν, 5
πότερον ἦν ἀεί, γενέσεως ἀρχὴν ἔχων οὐδεμίαν, ἢ γέγονεν,
ἀπ' ἀρχῆς τινος ἀρξάμενος. γέγονεν· ὁρατὸς γὰρ ἁπτός
τέ ἐστιν καὶ σῶμα ἔχων, πάντα δὲ τὰ τοιαῦτα αἰσθητά, τὰ
δ' αἰσθητά, δόξῃ περιληπτὰ μετ' αἰσθήσεως, γιγνόμενα καὶ c
γεννητὰ ἐφάνη. τῷ δ' αὖ γενομένῳ φαμὲν ὑπ' αἰτίου τινὸς
ἀνάγκην εἶναι γενέσθαι. τὸν μὲν οὖν ποιητὴν καὶ πατέρα
τοῦδε τοῦ παντὸς εὑρεῖν τε ἔργον καὶ εὑρόντα εἰς πάντας

c 6 παραλλάττο*μεν A a 1 ἀεί A P Eus. : om. F Y Pr. Simpl. a 6 ὅτου μὲν οὖν ἂν F Y : ὅτου μὲν ἂν A P Pr. : ὅταν οὖν Stob. a 8 δύναμιν] τὴν δύναμιν Vat. 228 Pr. Stob. αὐτοῦ A F P : om. Y Pr. Stob. b 1 γεγονός F Pr. : τὸ γεγονός A P Y γεννητῷ A P : γενητῷ F Y Pr. Stob. et fecit A² b 3 ἢ καὶ A P Y Eus. : ἢ F Pr. c 2 γεννητὰ A F P : γενητὰ Y et fecit A² c 3 εἶναι A F Y Pr. Eus. : τινὰ εἶναι P et fecit A² (τινὰ s. v.)

5 ἀδύνατον λέγειν· τόδε δ' οὖν πάλιν ἐπισκεπτέον περὶ αὐτοῦ,
πρὸς πότερον τῶν παραδειγμάτων ὁ τεκταινόμενος αὐτὸν
29 ἀπηργάζετο, πότερον πρὸς τὸ κατὰ ταὐτὰ καὶ ὡσαύτως ἔχον
ἢ πρὸς τὸ γεγονός. εἰ μὲν δὴ καλός ἐστιν ὅδε ὁ κόσμος ὅ
τε δημιουργὸς ἀγαθός, δῆλον ὡς πρὸς τὸ ἀίδιον ἔβλεπεν· εἰ
δὲ ὃ μηδ' εἰπεῖν τινι θέμις, πρὸς γεγονός. παντὶ δὴ σαφὲς
5 ὅτι πρὸς τὸ ἀίδιον· ὁ μὲν γὰρ κάλλιστος τῶν γεγονότων, ὁ
δ' ἄριστος τῶν αἰτίων. οὕτω δὴ γεγενημένος πρὸς τὸ λόγῳ
καὶ φρονήσει περιληπτὸν καὶ κατὰ ταὐτὰ ἔχον δεδημιούρ-
b γηται· τούτων δὲ ὑπαρχόντων αὖ πᾶσα ἀνάγκη τόνδε τὸν
κόσμον εἰκόνα τινὸς εἶναι. μέγιστον δὴ παντὸς ἄρξασθαι
κατὰ φύσιν ἀρχήν. ὧδε οὖν περί τε εἰκόνος καὶ περὶ τοῦ
παραδείγματος αὐτῆς διοριστέον, ὡς ἄρα τοὺς λόγους, ὧνπέρ
5 εἰσιν ἐξηγηταί, τούτων αὐτῶν καὶ συγγενεῖς ὄντας· τοῦ
μὲν οὖν μονίμου καὶ βεβαίου καὶ μετὰ νοῦ καταφανοῦς
μονίμους καὶ ἀμεταπτώτους—καθ' ὅσον οἷόν τε καὶ ἀνε-
λέγκτοις προσήκει λόγοις εἶναι καὶ ἀνικήτοις, τούτου δεῖ
c μηδὲν ἐλλείπειν—τοὺς δὲ τοῦ πρὸς μὲν ἐκεῖνο ἀπεικασθέν-
τος, ὄντος δὲ εἰκόνος εἰκότας ἀνὰ λόγον τε ἐκείνων ὄντας·
ὅτιπερ πρὸς γένεσιν οὐσία, τοῦτο πρὸς πίστιν ἀλήθεια.
ἐὰν οὖν, ὦ Σώκρατες, πολλὰ πολλῶν πέρι, θεῶν καὶ τῆς
5 τοῦ παντὸς γενέσεως, μὴ δυνατοὶ γιγνώμεθα πάντῃ πάντως
αὐτοὺς ἑαυτοῖς ὁμολογουμένους λόγους καὶ ἀπηκριβωμένους
ἀποδοῦναι, μὴ θαυμάσῃς· ἀλλ' ἐὰν ἄρα μηδενὸς ἧττον παρε-
χώμεθα εἰκότας, ἀγαπᾶν χρή, μεμνημένους ὡς ὁ λέγων ἐγὼ

a 1 κατὰ ταὐτὰ punct. not. et in marg. γρ. μὴ γεγονὸς αὐτὸ A a 4 γεγονός A : τὸ γεγονός F P Y Pr. a 7 καὶ ante κατὰ F P Y Pr. et s. v. A[2] : om. A b 7 οἷόν τε καὶ F : οἷόν τε A P Pr. : τε Y ἀνελέγκτοις A F Y Pr. : ἀνελέγκτους P et fecit A[2] b 8 λόγοις A F Y Pr. : λόγους P et fecit A[2] ἀνικήτοις A Pr. (*neque convinci potest* Cicero : *inexpugnabilis* Chalc.) : ἀκινήτοις F Y : ἀκινήτους P et ἀνικήτους fecit A[2] δεῖ A F Y Pr. : δὲ P et fecit A[2] (ε supra ει) c 4 πέρι Diehl : περὶ A F P Pr. Gal. Stob. : εἰπόντων περὶ Y c 5 πάντως] α supra ω A[2] c 7 θαυμάσῃς F P Y Pr. Gal. Stob. et fecit A[2] (σ supra τις) : θαυμάσῃ τις A c 8 μεμνημένους F P Gal. Stob. et fecit A[2] (ους s. v.) : μεμνημένον A Y Pr. ἐγὼ A F P Pr. : om. Y Stob.

ὑμεῖς τε οἱ κριταὶ φύσιν ἀνθρωπίνην ἔχομεν, ὥστε περὶ d
τούτων τὸν εἰκότα μῦθον ἀποδεχομένους πρέπει τούτου μηδὲν
ἔτι πέρα ζητεῖν.

ΣΩ. Ἄριστα, ὦ Τίμαιε, παντάπασί τε ὡς κελεύεις ἀπο-
δεκτέον· τὸ μὲν οὖν προοίμιον θαυμασίως ἀπεδεξάμεθά σου, 5
τὸν δὲ δὴ νόμον ἡμῖν ἐφεξῆς πέραινε.

ΤΙ. Λέγωμεν δὴ δι' ἥντινα αἰτίαν γένεσιν καὶ τὸ πᾶν
τόδε ὁ συνιστὰς συνέστησεν. ἀγαθὸς ἦν, ἀγαθῷ δὲ οὐδεὶς e
περὶ οὐδενὸς οὐδέποτε ἐγγίγνεται φθόνος· τούτου δ' ἐκτὸς
ὢν πάντα ὅτι μάλιστα ἐβουλήθη γενέσθαι παραπλήσια ἑαυτῷ.
ταύτην δὴ γενέσεως καὶ κόσμου μάλιστ' ἄν τις ἀρχὴν κυριω-
τάτην παρ' ἀνδρῶν φρονίμων ἀποδεχόμενος ὀρθότατα ἀπο- 30
δέχοιτ' ἄν. βουληθεὶς γὰρ ὁ θεὸς ἀγαθὰ μὲν πάντα, φλαῦρον
δὲ μηδὲν εἶναι κατὰ δύναμιν, οὕτω δὴ πᾶν ὅσον ἦν ὁρατὸν
παραλαβὼν οὐχ ἡσυχίαν ἄγον ἀλλὰ κινούμενον πλημμελῶς
καὶ ἀτάκτως, εἰς τάξιν αὐτὸ ἤγαγεν ἐκ τῆς ἀταξίας, ἡγη- 5
σάμενος ἐκεῖνο τούτου πάντως ἄμεινον. θέμις δ' οὔτ' ἦν
οὔτ' ἔστιν τῷ ἀρίστῳ δρᾶν ἄλλο πλὴν τὸ κάλλιστον·
λογισάμενος οὖν ηὕρισκεν ἐκ τῶν κατὰ φύσιν ὁρατῶν οὐδὲν b
ἀνόητον τοῦ νοῦν ἔχοντος ὅλον ὅλου κάλλιον ἔσεσθαί ποτε
ἔργον, νοῦν δ' αὖ χωρὶς ψυχῆς ἀδύνατον παραγενέσθαι τῳ.
διὰ δὴ τὸν λογισμὸν τόνδε νοῦν μὲν ἐν ψυχῇ, ψυχὴν δ' ἐν
σώματι συνιστὰς τὸ πᾶν συνετεκταίνετο, ὅπως ὅτι κάλλιστον 5
εἴη κατὰ φύσιν ἄριστόν τε ἔργον ἀπειργασμένος. οὕτως
οὖν δὴ κατὰ λόγον τὸν εἰκότα δεῖ λέγειν τόνδε τὸν κόσμον
ζῷον ἔμψυχον ἔννουν τε τῇ ἀληθείᾳ διὰ τὴν τοῦ θεοῦ
γενέσθαι πρόνοιαν. c

Τούτου δ' ὑπάρχοντος αὖ τὰ τούτοις ἐφεξῆς ἡμῖν λεκτέον,

d 6 νόμον P Y Pr. : λόγον A (sed λ et γ in ras.) F e 3 ἐβουλήθη γενέσθαι F Y Pr. Plut. Eus. : γενέσθαι ἐβουλήθη A P e 4 δὴ F Y Pr. : δὲ A P a 2 φλαῦρον A P Y Simpl. Stob. : φαῦλον F Plut. : utrumque Pr. a 5 ἤγαγεν A P Y Simpl. Stob. : ἦγεν F Pr. Plut. a 7 ἔστι(ν) A F Y Pr. Stob. : ἔσται P et fecit A² (αι s. v.) ἄλλο] ἄλλο τι Pr. b 4 ψυχῇ A P Y : τῇ ψυχῇ F Plut. Stob. b 8 τε om. Pr. (comm. passim) Eus.

τίνι τῶν ζῴων αὐτὸν εἰς ὁμοιότητα ὁ συνιστὰς συνέστησεν.
τῶν μὲν οὖν ἐν μέρους εἴδει πεφυκότων μηδενὶ καταξιώσωμεν
5 —ἀτελεῖ γὰρ ἐοικὸς οὐδέν ποτ' ἂν γένοιτο καλόν—οὗ δ'
ἔστιν τἆλλα ζῷα καθ' ἓν καὶ κατὰ γένη μόρια, τούτῳ πάν-
των ὁμοιότατον αὐτὸν εἶναι τιθῶμεν. τὰ γὰρ δὴ νοητὰ ζῷα
πάντα ἐκεῖνο ἐν ἑαυτῷ περιλαβὸν ἔχει, καθάπερ ὅδε ὁ
d κόσμος ἡμᾶς ὅσα τε ἄλλα θρέμματα συνέστηκεν ὁρατά. τῷ
γὰρ τῶν νοουμένων καλλίστῳ καὶ κατὰ πάντα τελέῳ μάλιστα
αὐτὸν ὁ θεὸς ὁμοιῶσαι βουληθεὶς ζῷον ἓν ὁρατόν, πάνθ' ὅσα
31 αὐτοῦ κατὰ φύσιν συγγενῆ ζῷα ἐντὸς ἔχον ἑαυτοῦ, συνέστησε.
πότερον οὖν ὀρθῶς ἕνα οὐρανὸν προσειρήκαμεν, ἢ πολλοὺς
καὶ ἀπείρους λέγειν ἦν ὀρθότερον; ἕνα, εἴπερ κατὰ τὸ
παράδειγμα δεδημιουργημένος ἔσται. τὸ γὰρ περιέχον πάντα
5 ὁπόσα νοητὰ ζῷα μεθ' ἑτέρου δεύτερον οὐκ ἄν ποτ' εἴη·
πάλιν γὰρ ἂν ἕτερον εἶναι τὸ περὶ ἐκείνω δέοι ζῷον, οὗ μέρος
ἂν εἴτην ἐκείνω, καὶ οὐκ ἂν ἔτι ἐκείνοιν ἀλλ' ἐκείνῳ τῷ
περιέχοντι τόδ' ἂν ἀφωμοιωμένον λέγοιτο ὀρθότερον. ἵνα
b οὖν τόδε κατὰ τὴν μόνωσιν ὅμοιον ᾖ τῷ παντελεῖ ζῴῳ, διὰ
ταῦτα οὔτε δύο οὔτ' ἀπείρους ἐποίησεν ὁ ποιῶν κόσμους, ἀλλ'
εἷς ὅδε μονογενὴς οὐρανὸς γεγονὼς ἔστιν καὶ ἔτ' ἔσται.

Σωματοειδὲς δὲ δὴ καὶ ὁρατὸν ἁπτόν τε δεῖ τὸ γενόμενον
5 εἶναι, χωρισθὲν δὲ πυρὸς οὐδὲν ἄν ποτε ὁρατὸν γένοιτο, οὐδὲ
ἁπτὸν ἄνευ τινὸς στερεοῦ, στερεὸν δὲ οὐκ ἄνευ γῆς· ὅθεν ἐκ
πυρὸς καὶ γῆς τὸ τοῦ παντὸς ἀρχόμενος συνιστάναι σῶμα ὁ
θεὸς ἐποίει. δύο δὲ μόνω καλῶς συνίστασθαι τρίτου χωρὶς
c οὐ δυνατόν· δεσμὸν γὰρ ἐν μέσῳ δεῖ τινα ἀμφοῖν συναγωγὸν
γίγνεσθαι. δεσμῶν δὲ κάλλιστος ὃς ἂν αὐτὸν καὶ τὰ συνδού-
μενα ὅτι μάλιστα ἓν ποιῇ, τοῦτο δὲ πέφυκεν ἀναλογία
κάλλιστα ἀποτελεῖν. ὁπόταν γὰρ ἀριθμῶν τριῶν εἴτε ὄγκων

a 1 ζῷα om. Pr. (ter in comm.) Chalc. a 6 ἐκείνω F P Pr. Stob.: ἐκείνῳ A: ἐκεῖνο Y b 3 ἔστι(ν) A F: ἔστι τε P Y Pr. Stob. et τε s. v. A[2] b 5 δὲ A F Pr. Gal. Philop.: τε P et feci A[2] (τ s. v.): δέ τε Y c 2 καὶ A F: τε καὶ P Y Pr. et τε s. v. A[2] c 3 ὅτι μάλιστα om. Pr. (lemm. comm.) Chalc.

εἴτε δυνάμεων ὡντινωνοῦν ᾗ τὸ μέσον, ὅτιπερ τὸ πρῶτον πρὸς 32
αὐτό, τοῦτο αὐτὸ πρὸς τὸ ἔσχατον, καὶ πάλιν αὖθις, ὅτι τὸ
ἔσχατον πρὸς τὸ μέσον, τὸ μέσον πρὸς τὸ πρῶτον, τότε τὸ
μέσον μὲν πρῶτον καὶ ἔσχατον γιγνόμενον, τὸ δ' ἔσχατον
καὶ τὸ πρῶτον αὖ μέσα ἀμφότερα, πάνθ' οὕτως ἐξ ἀνάγκης 5
τὰ αὐτὰ εἶναι συμβήσεται, τὰ αὐτὰ δὲ γενόμενα ἀλλήλοις ἓν
πάντα ἔσται. εἰ μὲν οὖν ἐπίπεδον μέν, βάθος δὲ μηδὲν ἔχον
ἔδει γίγνεσθαι τὸ τοῦ παντὸς σῶμα, μία μεσότης ἂν ἐξήρκει
τά τε μεθ' αὑτῆς συνδεῖν καὶ ἑαυτήν, νῦν δὲ στερεοειδῆ b
γὰρ αὐτὸν προσῆκεν εἶναι, τὰ δὲ στερεὰ μία μὲν οὐδέποτε,
δύο δὲ ἀεὶ μεσότητες συναρμόττουσιν· οὕτω δὴ πυρός τε καὶ
γῆς ὕδωρ ἀέρα τε ὁ θεὸς ἐν μέσῳ θείς, καὶ πρὸς ἄλληλα καθ'
ὅσον ἦν δυνατὸν ἀνὰ τὸν αὐτὸν λόγον ἀπεργασάμενος, ὅτιπερ 5
πῦρ πρὸς ἀέρα, τοῦτο ἀέρα πρὸς ὕδωρ, καὶ ὅτι ἀὴρ πρὸς
ὕδωρ, ὕδωρ πρὸς γῆν, συνέδησεν καὶ συνεστήσατο οὐρανὸν
ὁρατὸν καὶ ἁπτόν. καὶ διὰ ταῦτα ἔκ τε δὴ τούτων τοιούτων
καὶ τὸν ἀριθμὸν τεττάρων τὸ τοῦ κόσμου σῶμα ἐγεννήθη δι' c
ἀναλογίας ὁμολογῆσαν, φιλίαν τε ἔσχεν ἐκ τούτων, ὥστε εἰς
ταὐτὸν αὑτῷ συνελθὸν ἄλυτον ὑπό του ἄλλου πλὴν ὑπὸ τοῦ
συνδήσαντος γενέσθαι.

Τῶν δὲ δὴ τεττάρων ἓν ὅλον ἕκαστον εἴληφεν ἡ τοῦ 5
κόσμου σύστασις. ἐκ γὰρ πυρὸς παντὸς ὕδατός τε καὶ
ἀέρος καὶ γῆς συνέστησεν αὐτὸν ὁ συνιστάς, μέρος οὐδὲν
οὐδενὸς οὐδὲ δύναμιν ἔξωθεν ὑπολιπών, τάδε διανοηθείς,
πρῶτον μὲν ἵνα ὅλον ὅτι μάλιστα ζῷον τέλεον ἐκ τελέων d
τῶν μερῶν εἴη, πρὸς δὲ τούτοις ἕν, ἅτε οὐχ ὑπολελειμμένων 33

a 3 τότε τὸ P Y et τὸ s. v. A^2 (τότε . . . πρῶτον om. F) : τό τε A Philop. b 1 μεθ' αὑτῆς A Y : μεθ' ἑαυτῆς P et ἑ s. v. A^2 : μετ' αὐτῆς F στερεοειδῆ Pr. : στεροειδῆ A F Philop. : σφαιροειδῆ P et in marg. σφαι A^2 : στερεὸν Y b 8 τοιούτων A F Y Plut. Eus. : καὶ τοιούτων P Pr. Philop. Stob. et καὶ s. v. A^2 c 1 ἐγεννήθη A : ἐγενήθη F P Y et fecit A^2 c 3 ξυνελθὸν A (ut vid.) F Y Pr. Philop. Plut. Eus. Stob. : ξυνελθεῖν P et fecit A^2 του ἄλλου A P : τῶν ἄλλων F Y Pr. Philop. Plut. Eus. Stob. c 8 ὑπολιπών A Simpl. Philop. Stob. : ὑπολείπων F Y Stob. (alio loco) : καταλείπων P et κατα s. v. A^2
a 1 ἓν ἅτε P Y Philop. Stob. et ἓν s. v. A^2 : ἕνα τε F : ἅτε A

ἐξ ὧν ἄλλο τοιοῦτον γένοιτ' ἄν, ἔτι δὲ ἵν' ἀγήρων καὶ ἄνοσον
ᾖ, κατανοῶν ὡς συστάτῳ σώματι θερμὰ καὶ ψυχρὰ καὶ πάνθ'
ὅσα δυνάμεις ἰσχυρὰς ἔχει περιιστάμενα ἔξωθεν καὶ προσ-
5 πίπτοντα ἀκαίρως λύει καὶ νόσους γῆράς τε ἐπάγοντα
φθίνειν ποιεῖ. διὰ δὴ τὴν αἰτίαν καὶ τὸν λογισμὸν τόνδε
ἕνα ὅλον ὅλων ἐξ ἁπάντων τέλεον καὶ ἀγήρων καὶ ἄνοσον
b αὐτὸν ἐτεκτήνατο. σχῆμα δὲ ἔδωκεν αὐτῷ τὸ πρέπον καὶ τὸ
συγγενές. τῷ δὲ τὰ πάντα ἐν αὑτῷ ζῷα περιέχειν μέλλοντι
ζῴῳ πρέπον ἂν εἴη σχῆμα τὸ περιειληφὸς ἐν αὑτῷ πάντα
ὁπόσα σχήματα· διὸ καὶ σφαιροειδές, ἐκ μέσου πάντῃ πρὸς
5 τὰς τελευτὰς ἴσον ἀπέχον, κυκλοτερὲς αὐτὸ ἐτορνεύσατο,
πάντων τελεώτατον ὁμοιότατόν τε αὐτὸ ἑαυτῷ σχημάτων,
νομίσας μυρίῳ κάλλιον ὅμοιον ἀνομοίου. λεῖον δὲ δὴ κύκλῳ
c πᾶν ἔξωθεν αὐτὸ ἀπηκριβοῦτο πολλῶν χάριν. ὀμμάτων τε
γὰρ ἐπεδεῖτο οὐδέν, ὁρατὸν γὰρ οὐδὲν ὑπελείπετο ἔξωθεν,
οὐδ' ἀκοῆς, οὐδὲ γὰρ ἀκουστόν· πνεῦμά τε οὐκ ἦν περιεστὸς
δεόμενον ἀναπνοῆς, οὐδ' αὖ τινος ἐπιδεὲς ἦν ὀργάνου σχεῖν
5 ᾧ τὴν μὲν εἰς ἑαυτὸ τροφὴν δέξοιτο, τὴν δὲ πρότερον
ἐξικμασμένην ἀποπέμψοι πάλιν. ἀπῄει τε γὰρ οὐδὲν οὐδὲ
προσῄειν αὐτῷ ποθεν—οὐδὲ γὰρ ἦν—αὐτὸ γὰρ ἑαυτῷ τροφὴν
τὴν ἑαυτοῦ φθίσιν παρέχον καὶ πάντα ἐν ἑαυτῷ καὶ ὑφ'
d ἑαυτοῦ πάσχον καὶ δρῶν ἐκ τέχνης γέγονεν· ἡγήσατο γὰρ
αὐτὸ ὁ συνθεὶς αὔταρκες ὂν ἄμεινον ἔσεσθαι μᾶλλον ἢ
προσδεὲς ἄλλων. χειρῶν δέ, αἷς οὔτε λαβεῖν οὔτε αὖ

a 3 συστάτῳ Pr. : ξυνιστὰς τῶι A (στ et ι adscr. in ras.) P Philop. : ξυνιστᾶ τῷ F : ξυνιστᾶν τῷ Y a 4 περιιστάμενα F Y Pr. Philo : περιιστάναι A P a 5 λύει F Y Pr. et in marg. γρ. A : λύπας A (πας in ras.) P : λυπεῖ Philo a 7 ἕνα F Pr. Simpl. : ἓν A P Y ὅλων ἐξ ἁπάντων] ἐξ ὅλων ἁπάντων Pr. Philop. Philo (*ex omnibus et totis atque perfectis* Cic. : *ex perfectis omnibus* Chalc.) b 1 αὐτὸν F Y Philop. Philo : αὐτὸ A P b 4 ὁπόσα A F Y Stob. : ὅσα P Pr. et ὁπ punct. not. A^2 c 1 ἀπηκριβοῦτο A F Y Pr. Stob. : κατηκριβοῦτο P et fecit A^2 (κατ s. v.) c 2 ὑπελείπετο F P Y Pr. Stob. et fecit A^2 : ὑπελειπτο A c 3 περιεστὸς A F : περιεστὼς P Y : περιεστῶς A^2 c 4 σχεῖν A F Y : ἔχειν A^2 (ἔ supra σ) c 7 προσῄειν A P : προσῄει F Stob. : προσῆεν fecit A^2 (ε s. v.) d 2 ξυνθεὶς A F Y Pr. Philo : ξυντιθεὶς P et fecit A^2 (τι s. v.)

τινα ἀμύνασθαι χρεία τις ἦν, μάτην οὐκ ᾤετο δεῖν αὐτῷ
προσάπτειν, οὐδὲ ποδῶν οὐδὲ ὅλως τῆς περὶ τὴν βάσιν 5
ὑπηρεσίας. κίνησιν γὰρ ἀπένειμεν αὐτῷ τὴν τοῦ σώματος 34
οἰκείαν, τῶν ἑπτὰ τὴν περὶ νοῦν καὶ φρόνησιν μάλιστα
οὖσαν· διὸ δὴ κατὰ ταὐτὰ ἐν τῷ αὐτῷ καὶ ἐν ἑαυτῷ περια-
γαγὼν αὐτὸ ἐποίησε κύκλῳ κινεῖσθαι στρεφόμενον, τὰς δὲ ἓξ
ἁπάσας κινήσεις ἀφεῖλεν καὶ ἀπλανὲς ἀπηργάσατο ἐκείνων. 5
ἐπὶ δὲ τὴν περίοδον ταύτην ἅτ' οὐδὲν ποδῶν δέον ἀσκελὲς
καὶ ἄπουν αὐτὸ ἐγέννησεν.

Οὗτος δὴ πᾶς ὄντος ἀεὶ λογισμὸς θεοῦ περὶ τὸν ποτὲ
ἐσόμενον θεὸν λογισθεὶς λεῖον καὶ ὁμαλὸν πανταχῇ τε ἐκ b
μέσου ἴσον καὶ ὅλον καὶ τέλεον ἐκ τελέων σωμάτων σῶμα
ἐποίησεν· ψυχὴν δὲ εἰς τὸ μέσον αὐτοῦ θεὶς διὰ παντός τε
ἔτεινεν καὶ ἔτι ἔξωθεν τὸ σῶμα αὐτῇ περιεκάλυψεν, καὶ κύκλῳ
δὴ κύκλον στρεφόμενον οὐρανὸν ἕνα μόνον ἔρημον κατέ- 5
στησεν, δι' ἀρετὴν δὲ αὐτὸν αὑτῷ δυνάμενον συγγίγνεσθαι
καὶ οὐδενὸς ἑτέρου προσδεόμενον, γνώριμον δὲ καὶ φίλον
ἱκανῶς αὐτὸν αὑτῷ. διὰ πάντα δὴ ταῦτα εὐδαίμονα θεὸν
αὐτὸν ἐγεννήσατο.

Τὴν δὲ δὴ ψυχὴν οὐχ ὡς νῦν ὑστέραν ἐπιχειροῦμεν λέγειν, 10
οὕτως ἐμηχανήσατο καὶ ὁ θεὸς νεωτέραν—οὐ γὰρ ἂν ἄρχεσθαι c
πρεσβύτερον ὑπὸ νεωτέρου συνέρξας εἴασεν—ἀλλά πως ἡμεῖς
πολὺ μετέχοντες τοῦ προστυχόντος τε καὶ εἰκῇ ταύτῃ πῃ καὶ
λέγομεν, ὁ δὲ καὶ γενέσει καὶ ἀρετῇ προτέραν καὶ πρεσβυ-
τέραν ψυχὴν σώματος ὡς δεσπότιν καὶ ἄρξουσαν ἀρξομένου 5
συνεστήσατο ἐκ τῶνδέ τε καὶ τοιῷδε τρόπῳ. τῆς ἀμερίστου 35
καὶ ἀεὶ κατὰ ταὐτὰ ἐχούσης οὐσίας καὶ τῆς αὖ περὶ τὰ σώματα
γιγνομένης μεριστῆς τρίτον ἐξ ἀμφοῖν ἐν μέσῳ συνεκεράσατο
οὐσίας εἶδος, τῆς τε ταὐτοῦ φύσεως [αὖ πέρι] καὶ τῆς τοῦ

a 7 ἐγέννησεν] ἐγένησεν fecit A[2] a 8 ὄντος A P Y : ὄντως F Stob. et fecit A[2] b 4 αὐτῇ A F Y Eus. : αὐτοῦ A[2] (οῦ s. v.) περιεκάλυψε(ν) F Y Plut. Eus. : περιεκάλυψεν ταύτῃ A sed ταύτῃ punct. not. a 4 αὖ πέρι (περὶ) A F P Y Pr. Plut. Eus. Stob. : om. (bis) Sext. Emp., non vertit Cic. τοῦ ἑτέρου A P Y Eus. Plut. Stob. : θατέρου F Pr.

5 ἑτέρου, καὶ κατὰ ταὐτὰ συνέστησεν ἐν μέσῳ τοῦ τε ἀμεροῦς
αὐτῶν καὶ τοῦ κατὰ τὰ σώματα μεριστοῦ· καὶ τρία λαβὼν
αὐτὰ ὄντα συνεκεράσατο εἰς μίαν πάντα ἰδέαν, τὴν θατέρου
φύσιν δύσμεικτον οὖσαν εἰς ταὐτὸν συναρμόττων βίᾳ.
b μειγνὺς δὲ μετὰ τῆς οὐσίας καὶ ἐκ τριῶν ποιησάμενος ἕν,
πάλιν ὅλον τοῦτο μοίρας ὅσας προσῆκεν διένειμεν, ἑκάστην
δὲ ἔκ τε ταὐτοῦ καὶ θατέρου καὶ τῆς οὐσίας μεμειγμένην.
ἤρχετο δὲ διαιρεῖν ὧδε. μίαν ἀφεῖλεν τὸ πρῶτον ἀπὸ παντὸς
5 μοῖραν, μετὰ δὲ ταύτην ἀφῄρει διπλασίαν ταύτης, τὴν δ' αὖ
τρίτην ἡμιολίαν μὲν τῆς δευτέρας, τριπλασίαν δὲ τῆς πρώτης,
τετάρτην δὲ τῆς δευτέρας διπλῆν, πέμπτην δὲ τριπλῆν τῆς
c τρίτης, τὴν δ' ἕκτην τῆς πρώτης ὀκταπλασίαν, ἑβδόμην δ'
ἑπτακαιεικοσιπλασίαν τῆς πρώτης· μετὰ δὲ ταῦτα συνε-
36 πληροῦτο τά τε διπλάσια καὶ τριπλάσια διαστήματα, μοίρας
ἔτι ἐκεῖθεν ἀποτέμνων καὶ τιθεὶς εἰς τὸ μεταξὺ τούτων, ὥστε
ἐν ἑκάστῳ διαστήματι δύο εἶναι μεσότητας, τὴν μὲν ταὐτῷ
μέρει τῶν ἄκρων αὐτῶν ὑπερέχουσαν καὶ ὑπερεχομένην, τὴν
5 δὲ ἴσῳ μὲν κατ' ἀριθμὸν ὑπερέχουσαν, ἴσῳ δὲ ὑπερεχομένην.
ἡμιολίων δὲ διαστάσεων καὶ ἐπιτρίτων καὶ ἐπογδόων γενο-
μένων ἐκ τούτων τῶν δεσμῶν ἐν ταῖς πρόσθεν διαστάσεσιν,
b τῷ τοῦ ἐπογδόου διαστήματι τὰ ἐπίτριτα πάντα συνεπληροῦτο,
λείπων αὐτῶν ἑκάστου μόριον, τῆς τοῦ μορίου ταύτης δια-
στάσεως λειφθείσης ἀριθμοῦ πρὸς ἀριθμὸν ἐχούσης τοὺς
ὅρους ἓξ καὶ πεντήκοντα καὶ διακοσίων πρὸς τρία καὶ
5 τετταράκοντα καὶ διακόσια. καὶ δὴ καὶ τὸ μειχθέν, ἐξ
οὗ ταῦτα κατέτεμνεν, οὕτως ἤδη πᾶν κατανηλώκει. ταύτην
οὖν τὴν σύστασιν πᾶσαν διπλῆν κατὰ μῆκος σχίσας, μέσην

a 5 ταυτὰ F: τὰ αὐτὰ Eus.: ταῦτα A P Y Stob. b 2 τοῦτο A F Y: τούτῳ A² P Stob. b 3 δὲ A Y Pr. Stob.: δὲ τούτων F Plut.: om. P et punct. not. A² b 4 παντὸς A F Y Pr. Plut.: τοῦ παντὸς A² (τοῦ s. v.) c 2 ἑπτακαιεικοσιπλασίαν A (ι ante π ex corr.) Y: ἑπτὰ καὶ εἰκοσαπλασίαν F b 1 ξυνεπληροῦτο λείπων A Pr.: συνεπλήρου τὸ λεῖπον F Y Plut. et ο supra ω A² b 2 τῆς τοῦ A F Pr. Plut.: τῆς δὲ τοῦ Y et δὲ s. v. add. A² b 6 πᾶν κατανηλώκει Y Pr.: πᾶν καταναλώκει F · πάντ' ἀναλώκει A

πρὸς μέσην ἑκατέραν ἀλλήλαις οἷον χεῖ προσβαλὼν κατέ-
καμψεν εἰς ἓν κύκλῳ, συνάψας αὑταῖς τε καὶ ἀλλήλαις ἐν c
τῷ καταντικρὺ τῆς προσβολῆς, καὶ τῇ κατὰ ταὐτὰ ἐν ταὐτῷ
περιαγομένῃ κινήσει πέριξ αὐτὰς ἔλαβεν, καὶ τὸν μὲν ἔξω, τὸν
δ' ἐντὸς ἐποιεῖτο τῶν κύκλων. τὴν μὲν οὖν ἔξω φορὰν ἐπεφή-
μισεν εἶναι τῆς ταὐτοῦ φύσεως, τὴν δ' ἐντὸς τῆς θατέρου. τὴν 5
μὲν δὴ ταὐτοῦ κατὰ πλευρὰν ἐπὶ δεξιὰ περιήγαγεν, τὴν δὲ
θατέρου κατὰ διάμετρον ἐπ' ἀριστερά, κράτος δ' ἔδωκεν τῇ
ταὐτοῦ καὶ ὁμοίου περιφορᾷ· μίαν γὰρ αὐτὴν ἄσχιστον d
εἴασεν, τὴν δ' ἐντὸς σχίσας ἑξαχῇ ἑπτὰ κύκλους ἀνίσους
κατὰ τὴν τοῦ διπλασίου καὶ τριπλασίου διάστασιν ἑκάστην,
οὐσῶν ἑκατέρων τριῶν, κατὰ τἀναντία μὲν ἀλλήλοις προσ-
έταξεν ἰέναι τοὺς κύκλους, τάχει δὲ τρεῖς μὲν ὁμοίως, τοὺς 5
δὲ τέτταρας ἀλλήλοις καὶ τοῖς τρισὶν ἀνομοίως, ἐν λόγῳ δὲ
φερομένους.

Ἐπεὶ δὲ κατὰ νοῦν τῷ συνιστάντι πᾶσα ἡ τῆς ψυχῆς
σύστασις ἐγεγένητο, μετὰ τοῦτο πᾶν τὸ σωματοειδὲς ἐντὸς
αὐτῆς ἐτεκταίνετο καὶ μέσον μέσῃ συναγαγὼν προσήρμοττεν· e
ἡ δ' ἐκ μέσου πρὸς τὸν ἔσχατον οὐρανὸν πάντῃ διαπλακεῖσα
κύκλῳ τε αὐτὸν ἔξωθεν περικαλύψασα, αὐτὴ ἐν αὑτῇ στρεφο-
μένη, θείαν ἀρχὴν ἤρξατο ἀπαύστου καὶ ἔμφρονος βίου πρὸς
τὸν σύμπαντα χρόνον. καὶ τὸ μὲν δὴ σῶμα ὁρατὸν οὐρανοῦ 5
γέγονεν, αὐτὴ δὲ ἀόρατος μέν, λογισμοῦ δὲ μετέχουσα καὶ
ἁρμονίας ψυχή, τῶν νοητῶν ἀεί τε ὄντων ὑπὸ τοῦ ἀρίστου 37
ἀρίστη γενομένη τῶν γεννηθέντων. ἅτε οὖν ἐκ τῆς ταὐτοῦ
καὶ τῆς θατέρου φύσεως ἔκ τε οὐσίας τριῶν τούτων συγκρα-
θεῖσα μοιρῶν, καὶ ἀνὰ λόγον μερισθεῖσα καὶ συνδεθεῖσα,
αὐτή τε ἀνακυκλουμένη πρὸς αὑτήν, ὅταν οὐσίαν σκεδαστὴν 5
ἔχοντός τινος ἐφάπτηται καὶ ὅταν ἀμέριστον, λέγει κινου-

c 1 εἰς ἓν κύκλῳ A F Pr. : εἰς κύκλον Y et in marg. γρ. A c 2 ἐν A F : καὶ ἐν Y c 3 αὐτὰς F Y : αὐτῆς A d 5 ὁμοίως A F Y Pr. : ὁμοίους al. Hippolytus et ους s. v. A[2] d 6 καὶ A Y : τε καὶ F Pr. Hippol. ἀνομοίως A F Y Pr. : ους s. v. A[2] δὲ post λόγῳ F Y et s. v. A[2] : om. A e 2 διαπλεκεῖσα A F P a 6 λέγει A Y Pr. : λέγῃ F Plut. Stob. et fecit A[2] (ῃ s. v.) : λήγει legit Amelius ap. Pr.

μένῃ διὰ πάσης ἑαυτῆς ὅτῳ τ' ἄν τι ταὐτὸν ᾖ καὶ ὅτου ἂν
b ἕτερον, πρός ὅτι τε μάλιστα καὶ ὅπῃ καὶ ὅπως καὶ ὁπότε
συμβαίνει κατὰ τὰ γιγνόμενά τε πρὸς ἕκαστον ἕκαστα εἶναι
καὶ πάσχειν καὶ πρὸς τὰ κατὰ ταὐτὰ ἔχοντα ἀεί. λόγος δὲ
ὁ κατὰ ταὐτὸν ἀληθὴς γιγνόμενος περί τε θάτερον ὂν καὶ
5 περὶ τὸ ταὐτόν, ἐν τῷ κινουμένῳ ὑφ' αὑτοῦ φερόμενος ἄνευ
φθόγγου καὶ ἠχῆς, ὅταν μὲν περὶ τὸ αἰσθητὸν γίγνηται καὶ
ὁ τοῦ θατέρου κύκλος ὀρθὸς ἰὼν εἰς πᾶσαν αὐτοῦ τὴν ψυχὴν
διαγγείλῃ, δόξαι καὶ πίστεις γίγνονται βέβαιοι καὶ ἀληθεῖς,
c ὅταν δὲ αὖ περὶ τὸ λογιστικὸν ᾖ καὶ ὁ τοῦ ταὐτοῦ κύκλος
εὔτροχος ὢν αὐτὰ μηνύσῃ, νοῦς ἐπιστήμη τε ἐξ ἀνάγκης
ἀποτελεῖται· τούτω δὲ ἐν ᾧ τῶν ὄντων ἐγγίγνεσθον, ἄν
ποτέ τις αὐτὸ ἄλλο πλὴν ψυχὴν εἴπῃ, πᾶν μᾶλλον ἢ
5 τἀληθὲς ἐρεῖ.

Ὡς δὲ κινηθὲν αὐτὸ καὶ ζῶν ἐνόησεν τῶν ἀιδίων θεῶν
γεγονὸς ἄγαλμα ὁ γεννήσας πατήρ, ἠγάσθη τε καὶ εὐφρανθεὶς
ἔτι δὴ μᾶλλον ὅμοιον πρὸς τὸ παράδειγμα ἐπενόησεν ἀπερ-
d γάσασθαι. καθάπερ οὖν αὐτὸ τυγχάνει ζῷον ἀίδιον ὄν, καὶ
τόδε τὸ πᾶν οὕτως εἰς δύναμιν ἐπεχείρησε τοιοῦτον ἀποτελεῖν.
ἡ μὲν οὖν τοῦ ζῴου φύσις ἐτύγχανεν οὖσα αἰώνιος, καὶ τοῦτο
μὲν δὴ τῷ γεννητῷ παντελῶς προσάπτειν οὐκ ἦν δυνατόν·
5 εἰκὼ δ' ἐπενόει κινητόν τινα αἰῶνος ποιῆσαι, καὶ διακοσμῶν
ἅμα οὐρανὸν ποιεῖ μένοντος αἰῶνος ἐν ἑνὶ κατ' ἀριθμὸν
ἰοῦσαν αἰώνιον εἰκόνα, τοῦτον ὃν δὴ χρόνον ὠνομάκαμεν.
e ἡμέρας γὰρ καὶ νύκτας καὶ μῆνας καὶ ἐνιαυτούς, οὐκ ὄντας
πρὶν οὐρανὸν γενέσθαι, τότε ἅμα ἐκείνῳ συνισταμένῳ τὴν
γένεσιν αὐτῶν μηχανᾶται· ταῦτα δὲ πάντα μέρη χρόνου, καὶ

b 2 ξυμβαίνῃ A sed ῃ in ras. b 4 ταὐτὸν] ταῦτα ci. Shorey ὂν A F Pr. : ὢν Y b 5 ὑφ' αὑτοῦ A F Y Stob. : ὑπ' αὐτοῦ Pr. (qui tamen ὑφ' ἑαυτοῦ legit ἐν τοῖς ἀκριβεστέροις) b 7 ἰὼν F Pr. Plut. Stob. : ὢν A Y αὐτοῦ] αὐτὸ Dammann d 1 ὂν F Pr. Simpl. Philop. : om. A P Y Stob. d 4 γεννητῷ A F : γενητῷ P Y Simpl. Stob. et fecit A[2] d 5 εἰκὼ* A Simpl. : εἴκω F : εἰκόνα Y Philop. Stob. ἐπενόει A F Simpl. Stob. : ἐπινοεῖ Y Philop. et fecit A[2] (ι s. v.) κινητόν] κινητήν Stob. et η supra ο A[2] d 6 ἅμα οὐρανὸν Y Simpl. : ἅμα μὲν οὐρανὸν F : ἅμα οὐρανῷ A (sed ῷ in ras.) : οὐρανῷ ἅμα Stob.

τό τ' ἦν τό τ' ἔσται χρόνου γεγονότα εἴδη, ἃ δὴ φέροντες
λανθάνομεν ἐπὶ τὴν ἀΐδιον οὐσίαν οὐκ ὀρθῶς. λέγομεν γὰρ 5
δὴ ὡς ἦν ἔστιν τε καὶ ἔσται, τῇ δὲ τὸ ἔστιν μόνον κατὰ τὸν
ἀληθῆ λόγον προσήκει, τὸ δὲ ἦν τό τ' ἔσται περὶ τὴν ἐν 38
χρόνῳ γένεσιν ἰοῦσαν πρέπει λέγεσθαι—κινήσεις γάρ ἐστον,
τὸ δὲ ἀεὶ κατὰ ταὐτὰ ἔχον ἀκινήτως οὔτε πρεσβύτερον οὔτε
νεώτερον προσήκει γίγνεσθαι διὰ χρόνου οὐδὲ γενέσθαι ποτὲ
οὐδὲ γεγονέναι νῦν οὐδ' εἰς αὖθις ἔσεσθαι, τὸ παράπαν τε 5
οὐδὲν ὅσα γένεσις τοῖς ἐν αἰσθήσει φερομένοις προσῆψεν,
ἀλλὰ χρόνου ταῦτα αἰῶνα μιμουμένου καὶ κατ' ἀριθμὸν
κυκλουμένου γέγονεν εἴδη—καὶ πρὸς τούτοις ἔτι τὰ τοιάδε,
τό τε γεγονὸς εἶναι γεγονὸς καὶ τὸ γιγνόμενον εἶναι γιγνό- b
μενον, ἔτι τε τὸ γενησόμενον εἶναι γενησόμενον καὶ τὸ μὴ
ὂν μὴ ὂν εἶναι, ὧν οὐδὲν ἀκριβὲς λέγομεν. περὶ μὲν
οὖν τούτων τάχ' ἂν οὐκ εἴη καιρὸς πρέπων ἐν τῷ παρόντι
διακριβολογεῖσθαι. 5

Χρόνος δ' οὖν μετ' οὐρανοῦ γέγονεν, ἵνα ἅμα γεννηθέντες
ἅμα καὶ λυθῶσιν, ἄν ποτε λύσις τις αὐτῶν γίγνηται, καὶ
κατὰ τὸ παράδειγμα τῆς διαιωνίας φύσεως, ἵν' ὡς ὁμοιότατος
αὐτῷ κατὰ δύναμιν ᾖ· τὸ μὲν γὰρ δὴ παράδειγμα πάντα c
αἰῶνά ἐστιν ὄν, ὁ δ' αὖ διὰ τέλους τὸν ἅπαντα χρόνον
γεγονώς τε καὶ ὢν καὶ ἐσόμενος. ἐξ οὖν λόγου καὶ διανοίας
θεοῦ τοιαύτης πρὸς χρόνου γένεσιν, ἵνα γεννηθῇ χρόνος,
ἥλιος καὶ σελήνη καὶ πέντε ἄλλα ἄστρα, ἐπίκλην ἔχοντα 5
πλανητά, εἰς διορισμὸν καὶ φυλακὴν ἀριθμῶν χρόνου γέγονεν·
σώματα δὲ αὐτῶν ἑκάστων ποιήσας ὁ θεὸς ἔθηκεν εἰς τὰς

e 4 τό τ' ἦν τό τ' ἔσται Y Philop. : ὁπηνίκα ἦν καὶ ἔσται F : τό τ' ἦν καὶ τό τ' ἔσται A sed τό τ' ἔσται punct. not. : τὸ ἦν καὶ ἔσται Eus. : τό τ' ἦν καὶ ἔσται Stob. a 1 ἐν F Y Simpl. Philop. Eus. Stob. : ἐν τῶι A sed τῶι in ras. : ἔν τινι P et schol. A a 4 χρόνου A P Philop. : χρόνον F Eus. Stob. : utrumque Pr. (διὰ . . . γενέσθαι om. Y) b 2 τε A Eus. Stob. : δὲ Y : om. F b 6 γεννηθέντες A Y : γενηθέντες F P et fecit A² b 8 διαιωνίας A F Pr. Philop. Stob. : αἰωνίας P Y Stob. (alio loco) et δι punct. not. A² c 1 ᾖ A F P Y : εἴη A² (εἴ s. v. et acc. punct. not.) c 4 γεννηθῇ A F : γενηθῇ P Y et fecit A² c 6 πλανητά A P Pr. Stob. : πλανῆται F : πλάνητες Y Philop. Eus.

περιφορὰς ἃς ἡ θατέρου περίοδος ᾔειν, ἑπτὰ οὔσας ὄντα
d ἑπτά, σελήνην μὲν εἰς τὸν περὶ γῆν πρῶτον, ἥλιον δὲ εἰς
τὸν δεύτερον ὑπὲρ γῆς, ἑωσφόρον δὲ καὶ τὸν ἱερὸν Ἑρμοῦ
λεγόμενον εἰς [τὸν] τάχει μὲν ἰσόδρομον ἡλίῳ κύκλον ἰόντας,
τὴν δὲ ἐναντίαν εἰληχότας αὐτῷ δύναμιν· ὅθεν καταλαμ-
5 βάνουσίν τε καὶ καταλαμβάνονται κατὰ ταὐτὰ ὑπ' ἀλλήλων
ἥλιός τε καὶ ὁ τοῦ Ἑρμοῦ καὶ ἑωσφόρος. τὰ δ' ἄλλα οἷ δὴ
καὶ δι' ἃς αἰτίας ἱδρύσατο, εἴ τις ἐπεξίοι πάσας, ὁ λόγος
e πάρεργος ὢν πλέον ἂν ἔργον ὧν ἕνεκα λέγεται παράσχοι.
ταῦτα μὲν οὖν ἴσως τάχ' ἂν κατὰ σχολὴν ὕστερον τῆς ἀξίας
τύχοι διηγήσεως· ἐπειδὴ δὲ οὖν εἰς τὴν ἑαυτῷ πρέπουσαν
ἕκαστον ἀφίκετο φορὰν τῶν ὅσα ἔδει συναπεργάζεσθαι
5 χρόνον, δεσμοῖς τε ἐμψύχοις σώματα δεθέντα ζῷα ἐγεν-
νήθη τό τε προσταχθὲν ἔμαθεν, κατὰ δὴ τὴν θατέρου φορὰν
39 πλαγίαν οὖσαν, διὰ τῆς ταὐτοῦ φορᾶς ἰούσης τε καὶ κρατου-
μένης, τὸ μὲν μείζονα αὐτῶν, τὸ δ' ἐλάττω κύκλον ἰόν, θᾶττον
μὲν τὰ τὸν ἐλάττω, τὰ δὲ τὸν μείζω βραδύτερον περιῄειν.
τῇ δὴ ταὐτοῦ φορᾷ τὰ τάχιστα περιιόντα ὑπὸ τῶν βραδύτερον
5 ἰόντων ἐφαίνετο καταλαμβάνοντα καταλαμβάνεσθαι· πάντας
γὰρ τοὺς κύκλους αὐτῶν στρέφουσα ἕλικα διὰ τὸ διχῇ κατὰ
b τὰ ἐναντία ἅμα προϊέναι τὸ βραδύτατα ἀπιὸν ἀφ' αὐτῆς οὔσης
ταχίστης ἐγγύτατα ἀπέφαινεν. ἵνα δ' εἴη μέτρον ἐναργές
τι πρὸς ἄλληλα βραδυτῆτι καὶ τάχει καὶ τὰ περὶ τὰς ὀκτὼ
φορὰς πορεύοιτο, φῶς ὁ θεὸς ἀνῆψεν ἐν τῇ πρὸς γῆν δευτέρᾳ
5 τῶν περιόδων, ὃ δὴ νῦν κεκλήκαμεν ἥλιον, ἵνα ὅτι μάλιστα

c 8 ᾔειν A : ἦγεν F : ᾔει PY : γρ. ἴν' in marg. A d 3 τὸν AFPY Pr. Stob. : τοὺς y vulg. : seclusi d 4 τὴν δὲ] πῇ δ' ci. Shorey (*vim quandam contrariam* Cic.) d 5 κατὰ FP Stob. : καὶ κατὰ AY sed καὶ punct. not. A² d 7 ἱδρύσατο AP Pr. : ἱδρύσαντο FY Stob. (invenit ἔν τισιν Pr.) e 5 σώματα om. Pr. passim (*corpora* habent Cic. Chalc.) ἐγεννήθη A : ἐγενήθη FY et fecit A² a 1 ἰούσης . . . κρατουμένης AFY : ἰοῦσαν . . . κρατουμένην scr. recc. a 4 τὰ τάχιστα Y : τάχιστα AF βραδύτερον FY : βραδυτέρων A a 6 αὐτῶν AFY : αὐτῇ A² (ῃ s. v. et ν punct. not.) b 2 ἀπέφαινε(ν) AFY sed αι in ras. A² b 3 καὶ τὰ AY : καὶ τὰς τὰ F : ὡς τὰ Hermann : καθ' ἃ Archer-Hind b 4 γῆν AY : γῆς F Pr.

εἰς ἅπαντα φαίνοι τὸν οὐρανὸν μετάσχοι τε ἀριθμοῦ τὰ ζῷα ὅσοις ἦν προσῆκον, μαθόντα παρὰ τῆς ταὐτοῦ καὶ ὁμοίου περιφορᾶς. νὺξ μὲν οὖν ἡμέρα τε γέγονεν οὕτως καὶ διὰ c ταῦτα, ἡ τῆς μιᾶς καὶ φρονιμωτάτης κυκλήσεως περίοδος· μεὶς δὲ ἐπειδὰν σελήνη περιελθοῦσα τὸν ἑαυτῆς κύκλον ἥλιον ἐπικαταλάβῃ, ἐνιαυτὸς δὲ ὁπόταν ἥλιος τὸν ἑαυτοῦ περιέλθῃ κύκλον. τῶν δ' ἄλλων τὰς περιόδους οὐκ ἐννενοηκότες ἄν- 5 θρωποι, πλὴν ὀλίγοι τῶν πολλῶν, οὔτε ὀνομάζουσιν οὔτε πρὸς ἄλληλα συμμετροῦνται σκοποῦντες ἀριθμοῖς, ὥστε ὡς ἔπος εἰπεῖν οὐκ ἴσασιν χρόνον ὄντα τὰς τούτων πλάνας, πλήθει d μὲν ἀμηχάνῳ χρωμένας, πεποικιλμένας δὲ θαυμαστῶς· ἔστιν δ' ὅμως οὐδὲν ἧττον κατανοῆσαι δυνατὸν ὡς ὅ γε τέλεος ἀριθμὸς χρόνου τὸν τέλεον ἐνιαυτὸν πληροῖ τότε, ὅταν ἁπασῶν τῶν ὀκτὼ περιόδων τὰ πρὸς ἄλληλα συμπερανθέντα τάχη σχῇ 5 κεφαλὴν τῷ τοῦ ταὐτοῦ καὶ ὁμοίως ἰόντος ἀναμετρηθέντα κύκλῳ. κατὰ ταῦτα δὴ καὶ τούτων ἕνεκα ἐγεννήθη τῶν ἄστρων ὅσα δι' οὐρανοῦ πορευόμενα ἔσχεν τροπάς, ἵνα τόδε ὡς ὁμοιότατον ᾖ τῷ τελέῳ καὶ νοητῷ ζῴῳ πρὸς τὴν τῆς e διαιωνίας μίμησιν φύσεως.

Καὶ τὰ μὲν ἄλλα ἤδη μέχρι χρόνου γενέσεως ἀπείργαστο εἰς ὁμοιότητα ᾧπερ ἀπεικάζετο, τὸ δὲ μήπω τὰ πάντα ζῷα ἐντὸς αὐτοῦ γεγενημένα περιειληφέναι, ταύτῃ ἔτι εἶχεν ἀνο- 5 μοίως. τοῦτο δὴ τὸ κατάλοιπον ἀπηργάζετο αὐτοῦ πρὸς τὴν τοῦ παραδείγματος ἀποτυπούμενος φύσιν. ᾗπερ οὖν νοῦς ἐνούσας ἰδέας τῷ ὃ ἔστιν ζῷον, οἷαί τε ἔνεισι καὶ ὅσαι, καθορᾷ, τοιαύτας καὶ τοσαύτας διενοήθη δεῖν καὶ τόδε σχεῖν. εἰσὶν δὴ τέτταρες, μία μὲν οὐράνιον θεῶν γένος, ἄλλη δὲ 10 πτηνὸν καὶ ἀεροπόρον, τρίτη δὲ ἔνυδρον εἶδος, πεζὸν δὲ καὶ 40 χερσαῖον τέταρτον. τοῦ μὲν οὖν θείου τὴν πλείστην ἰδέαν ἐκ πυρὸς ἀπηργάζετο, ὅπως ὅτι λαμπρότατον ἰδεῖν τε κάλ- λιστον εἴη, τῷ δὲ παντὶ προσεικάζων εὔκυκλον ἐποίει, τίθησίν

c 3 μεὶς A Y Simpl. : μὴν F Pr. d 7 ἐγενήθη A F Y e 4 τὸ δὲ A F Pr. : τῷ δὲ Y et fecit A² a 3 ἀπειργάζετο F Y : ἀπήρξατο A

5 τε εἰς τὴν τοῦ κρατίστου φρόνησιν ἐκείνῳ συνεπόμενον, νεί-
μας περὶ πάντα κύκλῳ τὸν οὐρανόν, κόσμον ἀληθινὸν αὐτῷ
πεποικιλμένον εἶναι καθ' ὅλον. κινήσεις δὲ δύο προσῆψεν
ἑκάστῳ, τὴν μὲν ἐν ταὐτῷ κατὰ ταὐτά, περὶ τῶν αὐτῶν ἀεὶ
b τὰ αὐτὰ ἑαυτῷ διανοουμένῳ, τὴν δὲ εἰς τὸ πρόσθεν, ὑπὸ τῆς
ταὐτοῦ καὶ ὁμοίου περιφορᾶς κρατουμένῳ· τὰς δὲ πέντε
κινήσεις ἀκίνητον καὶ ἑστός, ἵνα ὅτι μάλιστα αὐτῶν ἕκαστον
γένοιτο ὡς ἄριστον. ἐξ ἧς δὴ τῆς αἰτίας γέγονεν ὅσ' ἀπλανῆ
5 τῶν ἄστρων ζῷα θεῖα ὄντα καὶ ἀίδια καὶ κατὰ ταὐτὰ ἐν
ταὐτῷ στρεφόμενα ἀεὶ μένει· τὰ δὲ τρεπόμενα καὶ πλάνην
τοιαύτην ἴσχοντα, καθάπερ ἐν τοῖς πρόσθεν ἐρρήθη, κατ'
ἐκεῖνα γέγονεν. γῆν δὲ τροφὸν μὲν ἡμετέραν, ἰλλομένην δὲ
c τὴν περὶ τὸν διὰ παντὸς πόλον τεταμένον, φύλακα καὶ δη-
μιουργὸν νυκτός τε καὶ ἡμέρας ἐμηχανήσατο, πρώτην καὶ
πρεσβυτάτην θεῶν ὅσοι ἐντὸς οὐρανοῦ γεγόνασιν. χορείας
δὲ τούτων αὐτῶν καὶ παραβολὰς ἀλλήλων, καὶ [περὶ] τὰς
5 τῶν κύκλων πρὸς ἑαυτοὺς ἐπανακυκλήσεις καὶ προχωρήσεις,
ἔν τε ταῖς συνάψεσιν ὁποῖοι τῶν θεῶν κατ' ἀλλήλους γιγνό-
μενοι καὶ ὅσοι καταντικρύ, μεθ' οὕστινάς τε ἐπίπροσθεν
ἀλλήλοις ἡμῖν τε κατὰ χρόνους οὕστινας ἕκαστοι κατακαλύ-
πτονται καὶ πάλιν ἀναφαινόμενοι φόβους καὶ σημεῖα τῶν
d μετὰ ταῦτα γενησομένων τοῖς οὐ δυναμένοις λογίζεσθαι
πέμπουσιν, τὸ λέγειν ἄνευ δι' ὄψεως τούτων αὖ τῶν μιμη-
μάτων μάταιος ἂν εἴη πόνος· ἀλλὰ ταῦτά τε ἱκανῶς ἡμῖν
ταύτῃ καὶ τὰ περὶ θεῶν ὁρατῶν καὶ γεννητῶν εἰρημένα φύσεως
5 ἐχέτω τέλος.

b 2 κρατουμένῳ F Y et fecit A² (ι s.v.): κρατουμένων A b 3 ἑστός F: ἑστώς A (fort. A²) Y b 8 ἰλλομένην F Pr. Aristoteles Plut.: εἱλλομένην A: εἰλλομένην P c 1 τὴν A P: om. F Y Plut. διὰ παντὸς F Y Gal.: δι' ἅπαντος A: διὰ τοῦ παντὸς P et fecit A² (τοῦ s. v.) c 4 περὶ secl. Ast: πρὸς ci. Diels c 5 προχωρήσεις pr. Θ Pr. Cic. (*antecessiones*) Chalc. (*progressus*): προσχωρήσεις A F P Y c 6 ὁποῖοι] ὁπόσοι ci. Rawack κατ' A F Y: ὑπ' P et s. v. A² d 1 οὐ A Cic.: om. F P Y et punct. not. A² d 2 δι' ὄψεως Pr.: διόψεως A P Y: δὲ ὄψεως F: ⟨τῶν⟩ δι' ὄψεως Archer-Hind ex Pr. αὖ τῶν A P Y: αὐτῶν F d 4 γεννητῶν A F P Y: γενητῶν A²

Περὶ δὲ τῶν ἄλλων δαιμόνων εἰπεῖν καὶ γνῶναι τὴν γένεσιν μεῖζον ἢ καθ' ἡμᾶς, πειστέον δὲ τοῖς εἰρηκόσιν ἔμπροσθεν, ἐκγόνοις μὲν θεῶν οὖσιν, ὡς ἔφασαν, σαφῶς δέ που τούς γε αὑτῶν προγόνους εἰδόσιν· ἀδύνατον οὖν θεῶν παισὶν ἀπιστεῖν, καίπερ ἄνευ τε εἰκότων καὶ ἀναγκαίων e ἀποδείξεων λέγουσιν, ἀλλ' ὡς οἰκεῖα φασκόντων ἀπαγγέλλειν ἑπομένους τῷ νόμῳ πιστευτέον. οὕτως οὖν κατ' ἐκείνους ἡμῖν ἡ γένεσις περὶ τούτων τῶν θεῶν ἐχέτω καὶ λεγέσθω. Γῆς τε καὶ Οὐρανοῦ παῖδες Ὠκεανός τε καὶ Τηθὺς ἐγενέ- 5 σθην, τούτων δὲ Φόρκυς Κρόνος τε καὶ Ῥέα καὶ ὅσοι μετὰ τούτων, ἐκ δὲ Κρόνου καὶ Ῥέας Ζεὺς Ἥρα τε καὶ πάντες 41 ὅσους ἴσμεν ἀδελφοὺς λεγομένους αὐτῶν, ἔτι τε τούτων ἄλλους ἐκγόνους· ἐπεὶ δ' οὖν πάντες ὅσοι τε περιπολοῦσιν φανερῶς καὶ ὅσοι φαίνονται καθ' ὅσον ἂν ἐθέλωσιν θεοὶ γένεσιν ἔσχον, λέγει πρὸς αὐτοὺς ὁ τόδε τὸ πᾶν γεννήσας 5 τάδε—

"Θεοὶ θεῶν, ὧν ἐγὼ δημιουργὸς πατήρ τε ἔργων, δι' ἐμοῦ γενόμενα ἄλυτα ἐμοῦ γε μὴ ἐθέλοντος. τὸ μὲν οὖν δὴ δεθὲν πᾶν λυτόν, τό γε μὴν καλῶς ἁρμοσθὲν καὶ ἔχον εὖ b λύειν ἐθέλειν κακοῦ· δι' ἃ καὶ ἐπείπερ γεγένησθε, ἀθάνατοι μὲν οὐκ ἐστὲ οὐδ' ἄλυτοι τὸ πάμπαν, οὔτι μὲν δὴ λυθήσεσθέ γε οὐδὲ τεύξεσθε θανάτου μοίρας, τῆς ἐμῆς βουλήσεως μείζονος ἔτι δεσμοῦ καὶ κυριωτέρου λαχόντες ἐκείνων οἷς ὅτ' 5 ἐγίγνεσθε συνεδεῖσθε. νῦν οὖν ὃ λέγω πρὸς ὑμᾶς ἐνδεικνύ-

d 6 δαιμόν*ων A d 8 ἐγγόνοις F Pr. (bis in comm.) d 9 εἰδόσιν A (σι in ras.) Y: εἰδότων pr. A (ut vid.) F Philop. Clem. Eus. e 2 φασκόντων A F Pr. Eus. : φάσκουσιν Y Cyrill. Theodor. a 2 ἀδελφοὺς in ras. A a 3 δ' οὖν A P Y : δὲ F Pr. a 4 φανερῶς A Y Eus. : ἀφανῶς F P Philop. et fecit A[2] (α s. v., ερ punct. not.) θεοὶ F Y Philop. Eus. : οἱ θεοὶ A P a 7 θεῶν] ὅσων Badham (om. mox ὧν) δι' F : ἃ δι' A P Y : γρ. τάδε in marg. A (ἃ) δι' ἐμοῦ γενόμενα A F P Y Philop. Themist. Stob.: om. Pr. Philo Eus. Athenag. Hippol. Cyrill. Iulianus Simpl. (ut vid.), non vertit Cic.: secl. Rawack a 8 γε μὴ ἐθέλοντος A Philo Eus. Athenag. (*me invito* Cic.) : γε ἐθέλοντος F P (et μὴ punct. not. A[2]) Philop. Themist. Hippol. Cyrill. (*me ita volente* Chalc.) : γε θέλοντος Y Pr. Stob. b 1 γε A F Y Eus. Stob. : δέ γε P et δέ s. v. A[2]

μενος, μάθετε. θνητὰ ἔτι γένη λοιπὰ τρία ἀγέννητα· τούτων δὲ μὴ γενομένων οὐρανὸς ἀτελὴς ἔσται· τὰ γὰρ ἅπαντ' ἐν
c αὑτῷ γένη ζῴων οὐχ ἕξει, δεῖ δέ, εἰ μέλλει τέλεος ἱκανῶς εἶναι. δι' ἐμοῦ δὲ ταῦτα γενόμενα καὶ βίου μετασχόντα θεοῖς ἰσάζοιτ' ἄν· ἵνα οὖν θνητά τε ᾖ τό τε πᾶν τόδε ὄντως ἅπαν ᾖ, τρέπεσθε κατὰ φύσιν ὑμεῖς ἐπὶ τὴν τῶν ζῴων δη-
5 μιουργίαν, μιμούμενοι τὴν ἐμὴν δύναμιν περὶ τὴν ὑμετέραν γένεσιν. καὶ καθ' ὅσον μὲν αὐτῶν ἀθανάτοις ὁμώνυμον εἶναι προσήκει, θεῖον λεγόμενον ἡγεμονοῦν τε ἐν αὐτοῖς τῶν ἀεὶ δίκῃ καὶ ὑμῖν ἐθελόντων ἕπεσθαι, σπείρας καὶ ὑπαρξάμενος
d ἐγὼ παραδώσω· τὸ δὲ λοιπὸν ὑμεῖς, ἀθανάτῳ θνητὸν προσυφαίνοντες, ἀπεργάζεσθε ζῷα καὶ γεννᾶτε τροφήν τε διδόντες αὐξάνετε καὶ φθίνοντα πάλιν δέχεσθε."

Ταῦτ' εἶπε, καὶ πάλιν ἐπὶ τὸν πρότερον κρατῆρα, ἐν ᾧ τὴν
5 τοῦ παντὸς ψυχὴν κεραννὺς ἔμισγεν, τὰ τῶν πρόσθεν ὑπόλοιπα κατεχεῖτο μίσγων τρόπον μέν τινα τὸν αὐτόν, ἀκήρατα δὲ οὐκέτι κατὰ ταὐτὰ ὡσαύτως, ἀλλὰ δεύτερα καὶ τρίτα. συστήσας δὲ τὸ πᾶν διεῖλεν ψυχὰς ἰσαρίθμους τοῖς ἄστροις,
e ἔνειμέν θ' ἑκάστην πρὸς ἕκαστον, καὶ ἐμβιβάσας ὡς ἐς ὄχημα τὴν τοῦ παντὸς φύσιν ἔδειξεν, νόμους τε τοὺς εἱμαρμένους εἶπεν αὐταῖς, ὅτι γένεσις πρώτη μὲν ἔσοιτο τεταγμένη μία πᾶσιν, ἵνα μήτις ἐλαττοῖτο ὑπ' αὐτοῦ, δέοι δὲ σπαρείσας
5 αὐτὰς εἰς τὰ προσήκοντα ἑκάσταις ἕκαστα ὄργανα χρόνων
42 φῦναι ζῴων τὸ θεοσεβέστατον, διπλῆς δὲ οὔσης τῆς ἀνθρωπίνης φύσεως, τὸ κρεῖττον τοιοῦτον εἴη γένος ὃ καὶ ἔπειτα κεκλήσοιτο ἀνήρ. ὁπότε δὴ σώμασιν ἐμφυτευθεῖεν ἐξ ἀνάγκης, καὶ τὸ μὲν προσίοι, τὸ δ' ἀπίοι τοῦ σώματος αὐτῶν,
5 πρῶτον μὲν αἴσθησιν ἀναγκαῖον εἴη μίαν πᾶσιν ἐκ βιαίων παθημάτων σύμφυτον γίγνεσθαι, δεύτερον δὲ ἡδονῇ καὶ λύπῃ μεμειγμένον ἔρωτα, πρὸς δὲ τούτοις φόβον καὶ θυμὸν ὅσα

b 7 ἀγέννητα Y : ἀγένητα A P Pr. : γενητά F c 1 τέλεος A P Y : τελέως F Pr. d 8 ἄστροις A sed στρ in ras. e 1 ὡς ἐς A P : ὡς εἰς Y : εἰς F e 5 χρόνων A F Y : χρόνον P : χρόνου Pr. Plut. : χρόνῳ ci. Plut. a 5 μίαν A P Y Stob. : om. F Pr. Stob. (alio loco)

τε ἑπόμενα αὐτοῖς καὶ ὁπόσα ἐναντίως πέφυκε διεστηκότα· b
ὧν εἰ μὲν κρατήσοιεν, δίκῃ βιώσοιντο, κρατηθέντες δὲ ἀδικίᾳ.
καὶ ὁ μὲν εὖ τὸν προσήκοντα χρόνον βιούς, πάλιν εἰς τὴν
τοῦ συννόμου πορευθεὶς οἴκησιν ἄστρου, βίον εὐδαίμονα καὶ
συνήθη ἕξοι, σφαλεὶς δὲ τούτων εἰς γυναικὸς φύσιν ἐν τῇ 5
δευτέρᾳ γενέσει μεταβαλοῖ· μὴ παυόμενός τε ἐν τούτοις ἔτι c
κακίας, τρόπον ὃν κακύνοιτο, κατὰ τὴν ὁμοιότητα τῆς τοῦ
τρόπου γενέσεως εἴς τινα τοιαύτην ἀεὶ μεταβαλοῖ θήρειον
φύσιν, ἀλλάττων τε οὐ πρότερον πόνων λήξοι, πρὶν τῇ ταὐτοῦ
καὶ ὁμοίου περιόδῳ τῇ ἐν αὑτῷ συνεπισπώμενος τὸν πολὺν 5
ὄχλον καὶ ὕστερον προσφύντα ἐκ πυρὸς καὶ ὕδατος καὶ ἀέρος
καὶ γῆς, θορυβώδη καὶ ἄλογον ὄντα, λόγῳ κρατήσας εἰς τὸ d
τῆς πρώτης καὶ ἀρίστης ἀφίκοιτο εἶδος ἕξεως. διαθεσμο-
θετήσας δὲ πάντα αὐτοῖς ταῦτα, ἵνα τῆς ἔπειτα εἴη κακίας
ἑκάστων ἀναίτιος, ἔσπειρεν τοὺς μὲν εἰς γῆν, τοὺς δ' εἰς
σελήνην, τοὺς δ' εἰς τἆλλα ὅσα ὄργανα χρόνου· τὸ δὲ μετὰ 5
τὸν σπόρον τοῖς νέοις παρέδωκεν θεοῖς σώματα πλάττειν
θνητά, τό τ' ἐπίλοιπον, ὅσον ἔτι ἦν ψυχῆς ἀνθρωπίνης δέον
προσγενέσθαι, τοῦτο καὶ πάνθ' ὅσα ἀκόλουθα ἐκείνοις ἀπερ- e
γασαμένους ἄρχειν, καὶ κατὰ δύναμιν ὅτι κάλλιστα καὶ
ἄριστα τὸ θνητὸν διακυβερνᾶν ζῷον, ὅτι μὴ κακῶν αὐτὸ
ἑαυτῷ γίγνοιτο αἴτιον.

Καὶ ὁ μὲν δὴ ἅπαντα ταῦτα διατάξας ἔμενεν ἐν τῷ ἑαυτοῦ 5
κατὰ τρόπον ἤθει· μένοντος δὲ νοήσαντες οἱ παῖδες τὴν τοῦ
πατρὸς τάξιν ἐπείθοντο αὐτῇ, καὶ λαβόντες ἀθάνατον ἀρχὴν
θνητοῦ ζῴου, μιμούμενοι τὸν σφέτερον δημιουργόν, πυρὸς
καὶ γῆς ὕδατός τε καὶ ἀέρος ἀπὸ τοῦ κόσμου δανειζόμενοι
μόρια ὡς ἀποδοθησόμενα πάλιν, εἰς ταὐτὸν τὰ λαμβανόμενα 43
συνεκόλλων, οὐ τοῖς ἀλύτοις οἷς αὐτοὶ συνείχοντο δεσμοῖς,
ἀλλὰ διὰ σμικρότητα ἀοράτοις πυκνοῖς γόμφοις συντήκοντες,

b 2 δίκῃ A P Stob. : ἐν δίκῃ F Y b 4 καὶ συνήθη A P : om. F Y Stob. c 1 μεταβαλοῖ A[2] (add. acc.) : μεταβάλοι A F P Y Stob. c 3 μεταβαλοῖ A[2] (add. acc.) : μεταβάλοι A F : μεταβάλλει Y : μεταβάλλοι Stob. d 3 τῆς A P : τοῖς F Y Plut. e 7 τάξιν A Y Philop. : πρόσταξιν F : διάταξιν P et διά extra versum add. A[2]

ἓν ἐξ ἁπάντων ἀπεργαζόμενοι σῶμα ἕκαστον, τὰς τῆς ἀθα-
5 νάτου ψυχῆς περιόδους ἐνέδουν εἰς ἐπίρρυτον σῶμα καὶ
ἀπόρρυτον. αἱ δ' εἰς ποταμὸν ἐνδεθεῖσαι πολὺν οὔτ' ἐκρά-
τουν οὔτ' ἐκρατοῦντο, βίᾳ δὲ ἐφέροντο καὶ ἔφερον, ὥστε τὸ
b μὲν ὅλον κινεῖσθαι ζῷον, ἀτάκτως μὴν ὅπῃ τύχοι προϊέναι
καὶ ἀλόγως, τὰς ἓξ ἁπάσας κινήσεις ἔχον· εἴς τε γὰρ τὸ
πρόσθε καὶ ὄπισθεν καὶ πάλιν εἰς δεξιὰ καὶ ἀριστερὰ κάτω
τε καὶ ἄνω καὶ πάντῃ κατὰ τοὺς ἓξ τόπους πλανώμενα
5 προῄειν. πολλοῦ γὰρ ὄντος τοῦ κατακλύζοντος καὶ ἀπορ-
ρέοντος κύματος ὃ τὴν τροφὴν παρεῖχεν, ἔτι μείζω θόρυβον
ἀπηργάζετο τὰ τῶν προσπιπτόντων παθήματα ἑκάστοις, ὅτε
c πυρὶ προσκρούσειε τὸ σῶμά τινος ἔξωθεν ἀλλοτρίῳ περι-
τυχὸν ἢ καὶ στερεῷ γῆς πάγῳ ὑγροῖς τε ὀλισθήμασιν ὑδάτων,
εἴτε ζάλῃ πνευμάτων ὑπὸ ἀέρος φερομένων καταληφθείη,
καὶ ὑπὸ πάντων τούτων διὰ τοῦ σώματος αἱ κινήσεις ἐπὶ
5 τὴν ψυχὴν φερόμεναι προσπίπτοιεν· αἳ δὴ καὶ ἔπειτα διὰ
ταῦτα ἐκλήθησάν τε καὶ νῦν ἔτι αἰσθήσεις συνάπασαι κέ-
κληνται. καὶ δὴ καὶ τότε ἐν τῷ παρόντι πλείστην καὶ
μεγίστην παρεχόμεναι κίνησιν, μετὰ τοῦ ῥέοντος ἐνδελεχῶς
d ὀχετοῦ κινοῦσαι καὶ σφοδρῶς σείουσαι τὰς τῆς ψυχῆς περι-
όδους, τὴν μὲν ταὐτοῦ παντάπασιν ἐπέδησαν ἐναντία αὐτῇ
ῥέουσαι καὶ ἐπέσχον ἄρχουσαν καὶ ἰοῦσαν, τὴν δ' αὖ θατέρου
διέσεισαν, ὥστε τὰς τοῦ διπλασίου καὶ τριπλασίου τρεῖς
5 ἑκατέρας ἀποστάσεις καὶ τὰς τῶν ἡμιολίων καὶ ἐπιτρίτων
καὶ ἐπογδόων μεσότητας καὶ συνδέσεις, ἐπειδὴ παντελῶς
λυταὶ οὐκ ἦσαν πλὴν ὑπὸ τοῦ συνδήσαντος, πάσας μὲν
e στρέψαι στροφάς, πάσας δὲ κλάσεις καὶ διαφθορὰς τῶν
κύκλων ἐμποιεῖν, ὁσαχῇπερ ἦν δυνατόν, ὥστε μετ' ἀλλήλων

b 1 προϊέναι F Y Stob. : προσιέναι A b 5 προῄειν A : προῄει Y et fecit A²: προΐει F b 7 τὰ τῶν προσπιπτόντων παθήματα Λ F : προσπιπτόντων παθημάτων Y : τὰ προσπίπτοντα τῶν παθημάτων Gal. c 2 πάγῳ Pr. (lemm. comm.) : om. libri c 3 φερομένων Y : φερομένου A F d 1 σείουσαι Y et fecit A² : ἰοῦσαι A (ut vid.) F d 7 λυταὶ A² (λ in ras.) : αὗται F : αὐταὶ A (ut vid.) Y e 1 διαφθορὰς F et fecit A² (θ s. v.) : διαφορὰς A Y

μόγις συνεχομένας φέρεσθαι μέν, ἀλόγως δὲ φέρεσθαι, τοτὲ
μὲν ἀντίας, ἄλλοτε δὲ πλαγίας, τοτὲ δὲ ὑπτίας· οἷον ὅταν
τις ὕπτιος ἐρείσας τὴν κεφαλὴν μὲν ἐπὶ γῆς, τοὺς δὲ πόδας 5
ἄνω προσβαλὼν ἔχῃ πρός τινι, τότε ἐν τούτῳ τῷ πάθει τοῦ
τε πάσχοντος καὶ τῶν ὁρώντων τά τε δεξιὰ ἀριστερὰ καὶ
τὰ ἀριστερὰ δεξιὰ ἑκατέροις τὰ ἑκατέρων φαντάζεται. ταὐτὸν
δὴ τοῦτο καὶ τοιαῦτα ἕτερα αἱ περιφοραὶ πάσχουσαι σφοδρῶς,
ὅταν τέ τῳ τῶν ἔξωθεν τοῦ ταὐτοῦ γένους ἢ τοῦ θατέρου 44
περιτύχωσιν, τότε ταὐτόν τῳ καὶ θάτερόν του τἀναντία τῶν
ἀληθῶν προσαγορεύουσαι ψευδεῖς καὶ ἀνόητοι γεγόνασιν,
οὐδεμία τε ἐν αὐταῖς τότε περίοδος ἄρχουσα οὐδ' ἡγεμών
ἐστιν· αἷς δ' ἂν ἔξωθεν αἰσθήσεις τινὲς φερόμεναι καὶ προσ- 5
πεσοῦσαι συνεπισπάσωνται καὶ τὸ τῆς ψυχῆς ἅπαν κύτος,
τόθ' αὗται κρατούμεναι κρατεῖν δοκοῦσι. καὶ διὰ δὴ ταῦτα
πάντα τὰ παθήματα νῦν κατ' ἀρχάς τε ἄνους ψυχὴ γίγνεται
τὸ πρῶτον, ὅταν εἰς σῶμα ἐνδεθῇ θνητόν. ὅταν δὲ τὸ τῆς b
αὔξης καὶ τροφῆς ἔλαττον ἐπίῃ ῥεῦμα, πάλιν δὲ αἱ περίοδοι
λαμβανόμεναι γαλήνης τὴν ἑαυτῶν ὁδὸν ἴωσι καὶ καθιστῶνται
μᾶλλον ἐπιόντος τοῦ χρόνου, τότε ἤδη πρὸς τὸ κατὰ φύσιν
ἰόντων σχῆμα ἑκάστων τῶν κύκλων αἱ περιφοραὶ κατευθυνό- 5
μεναι, τό τε θάτερον καὶ τὸ ταὐτὸν προσαγορεύουσαι κατ'
ὀρθόν, ἔμφρονα τὸν ἔχοντα αὐτὰς γιγνόμενον ἀποτελοῦσιν.
ἂν μὲν οὖν δὴ καὶ συνεπιλαμβάνηταί τις ὀρθὴ τροφὴ παι-
δεύσεως, ὁλόκληρος ὑγιής τε παντελῶς, τὴν μεγίστην ἀπο- c
φυγὼν νόσον, γίγνεται· καταμελήσας δέ, χωλὴν τοῦ βίου
διαπορευθεὶς ζωήν, ἀτελὴς καὶ ἀνόητος εἰς Ἅιδου πάλιν
ἔρχεται. ταῦτα μὲν οὖν ὕστερά ποτε γίγνεται· περὶ δὲ
τῶν νῦν προτεθέντων δεῖ διελθεῖν ἀκριβέστερον, τὰ δὲ πρὸ 5
τούτων, περὶ σωμάτων κατὰ μέρη τῆς γενέσεως καὶ περὶ

e 4 ἀντίας A F Y: ἐναντίας A[2] (ἐν s. v.) e 9 τοῦτο A F Y: τούτῳ A[2] (ῳ s. v.) a 1 τε τῶι A: τὲ τῶ F: γέ τῳ Y a 4 αὐταῖς F Y: ἑαυταῖς A a 8 παθήματα A: πάθη F Y Gal. c 3 ἀνόητος F P Pr. Chalc. (*cum stultitia*) et fecit A[2]: ἀνόνητος A Y c 5 δὲ A F Y: δὴ A[2] (η supra ἐ)

ψυχῆς, δι' ἃς τε αἰτίας καὶ προνοίας γέγονε θεῶν, τοῦ μά-
d λιστα εἰκότος ἀντεχομένοις, οὕτω καὶ κατὰ ταῦτα πορευομένοις διεξιτέον.

Τὰς μὲν δὴ θείας περιόδους δύο οὔσας, τὸ τοῦ παντὸς σχῆμα ἀπομιμησάμενοι περιφερὲς ὄν, εἰς σφαιροειδὲς σῶμα
5 ἐνέδησαν, τοῦτο ὃ νῦν κεφαλὴν ἐπονομάζομεν, ὃ θειότατόν τέ ἐστιν καὶ τῶν ἐν ἡμῖν πάντων δεσποτοῦν· ᾧ καὶ πᾶν τὸ σῶμα παρέδοσαν ὑπηρεσίαν αὐτῷ συναθροίσαντες θεοί, κατανοήσαντες ὅτι πασῶν ὅσαι κινήσεις ἔσοιντο μετέχοι. ἵν' οὖν μὴ κυλινδούμενον ἐπὶ γῆς ὕψη τε καὶ βάθη παντοδαπὰ
e ἐχούσης ἀποροῖ τὰ μὲν ὑπερβαίνειν, ἔνθεν δὲ ἐκβαίνειν, ὄχημα αὐτῷ τοῦτο καὶ εὐπορίαν ἔδοσαν· ὅθεν δὴ μῆκος τὸ σῶμα ἔσχεν, ἐκτατά τε κῶλα καὶ καμπτὰ ἔφυσεν τέτταρα θεοῦ μηχανησαμένου πορείαν, οἷς ἀντιλαμβανόμενον καὶ
5 ἀπερειδόμενον διὰ πάντων τόπων πορεύεσθαι δυνατὸν γέγονε,
45 τὴν τοῦ θειοτάτου καὶ ἱερωτάτου φέρον οἴκησιν ἐπάνωθεν ἡμῶν. σκέλη μὲν οὖν χεῖρές τε ταύτῃ καὶ διὰ ταῦτα προσέφυ πᾶσιν· τοῦ δ' ὄπισθεν τὸ πρόσθεν τιμιώτερον καὶ ἀρχικώτερον νομίζοντες θεοὶ ταύτῃ τὸ πολὺ τῆς πορείας ἡμῖν
5 ἔδοσαν. ἔδει δὴ διωρισμένον ἔχειν καὶ ἀνόμοιον τοῦ σώματος τὸ πρόσθεν ἄνθρωπον. διὸ πρῶτον μὲν περὶ τὸ τῆς κεφαλῆς κύτος, ὑποθέντες αὐτόσε τὸ πρόσωπον, ὄργανα ἐνέδησαν
b τούτῳ πάσῃ τῇ τῆς ψυχῆς προνοίᾳ, καὶ διέταξαν τὸ μετέχον ἡγεμονίας τοῦτ' εἶναι, τὸ κατὰ φύσιν πρόσθεν· τῶν δὲ ὀργάνων πρῶτον μὲν φωσφόρα συνετεκτήναντο ὄμματα, τοιᾷδε ἐνδήσαντες αἰτίᾳ. τοῦ πυρὸς ὅσον τὸ μὲν κάειν οὐκ ἔσχε,
5 τὸ δὲ παρέχειν φῶς ἥμερον, οἰκεῖον ἑκάστης ἡμέρας, σῶμα

e 1 ἔνθεν δ(ὲ) F Y : ενθενδε A : ἐνθένδε δὲ fecit A[2] (add. δὲ extr. v.) e 2 ὄχημ' F Y et fecit A[2] (ὀ s. v.) : σχῆμα A e 4 πορεῖα scr. recc. e 5 ἀπερειδόμενον A F Y : ἀντερειδόμενον A[2] (ντ s. v.) a 6 διὸ A F Y : διὸ δὴ A[2] a 7 αὐτόσε A Y : αὐτός σε F : αὐτό γε A[2] (γ supra σ) b 1 τούτῳ A Y : ἐν τούτῳ F τῇ F Y et s. v. A[2] : om. A b 4 ἐνδ*ήσαντες A b 5 παρέχειν A F Y : συνέχειν A[2] (συν s. v.) ἥμερον A[2] Y Gal. : ἡμερινὸν A (ut vid.) F Stob. σῶμα A F Y Gal. Stob. : ὄμμα A[2] (ὄμ s. v.)

ἐμηχανήσαντο γίγνεσθαι. τὸ γὰρ ἐντὸς ἡμῶν ἀδελφὸν ὂν
τούτου πῦρ εἰλικρινὲς ἐποίησαν διὰ τῶν ὀμμάτων ῥεῖν λεῖον
καὶ πυκνὸν ὅλον μέν, μάλιστα δὲ τὸ μέσον συμπιλήσαντες
τῶν ὀμμάτων, ὥστε τὸ μὲν ἄλλο ὅσον παχύτερον στέγειν c
πᾶν, τὸ τοιοῦτον δὲ μόνον αὐτὸ καθαρὸν διηθεῖν. ὅταν οὖν
μεθημερινὸν ᾖ φῶς περὶ τὸ τῆς ὄψεως ῥεῦμα, τότε ἐκπῖπτον
ὅμοιον πρὸς ὅμοιον, συμπαγὲς γενόμενον, ἓν σῶμα οἰκειωθὲν
συνέστη κατὰ τὴν τῶν ὀμμάτων εὐθυωρίαν, ὅπῃπερ ἂν ἀντ- 5
ερείδῃ τὸ προσπῖπτον ἔνδοθεν πρὸς ὃ τῶν ἔξω συνέπεσεν.
ὁμοιοπαθὲς δὴ δι' ὁμοιότητα πᾶν γενόμενον, ὅτου τε ἂν αὐτό
ποτε ἐφάπτηται καὶ ὃ ἂν ἄλλο ἐκείνου, τούτων τὰς κινήσεις d
διαδιδὸν εἰς ἅπαν τὸ σῶμα μέχρι τῆς ψυχῆς αἴσθησιν παρ-
έσχετο ταύτην ᾗ δὴ ὁρᾶν φαμεν. ἀπελθόντος δὲ εἰς νύκτα
τοῦ συγγενοῦς πυρὸς ἀποτέτμηται· πρὸς γὰρ ἀνόμοιον ἐξιὸν
ἀλλοιοῦταί τε αὐτὸ καὶ κατασβέννυται, συμφυὲς οὐκέτι τῷ 5
πλησίον ἀέρι γιγνόμενον, ἅτε πῦρ οὐκ ἔχοντι. παύεταί τε
οὖν ὁρῶν, ἔτι τε ἐπαγωγὸν ὕπνου γίγνεται· σωτηρίαν γὰρ
ἣν οἱ θεοὶ τῆς ὄψεως ἐμηχανήσαντο, τὴν τῶν βλεφάρων
φύσιν, ὅταν ταῦτα συμμύσῃ, καθείργνυσι τὴν τοῦ πυρὸς ἐντὸς e
δύναμιν, ἡ δὲ διαχεῖ τε καὶ ὁμαλύνει τὰς ἐντὸς κινήσεις,
ὁμαλυνθεισῶν δὲ ἡσυχία γίγνεται, γενομένης δὲ πολλῆς μὲν
ἡσυχίας βραχυόνειρος ὕπνος ἐμπίπτει, καταλειφθεισῶν δέ
τινων κινήσεων μειζόνων, οἷαι καὶ ἐν οἵοις ἂν τόποις λεί- 5
πωνται, τοιαῦτα καὶ τοσαῦτα παρέσχοντο ἀφομοιωθέντα ἐντὸς 46
ἔξω τε ἐγερθεῖσιν ἀπομνημονευόμενα φαντάσματα. τὸ δὲ
περὶ τὴν τῶν κατόπτρων εἰδωλοποιίαν καὶ πάντα ὅσα ἐμφανῆ
καὶ λεῖα, κατιδεῖν οὐδὲν ἔτι χαλεπόν. ἐκ γὰρ τῆς ἐντὸς
ἐκτός τε τοῦ πυρὸς ἑκατέρου κοινωνίας ἀλλήλοις, ἑνός τε αὖ 5

c 5 ἂν ἀντερείδῃ Y: ἂν ἀντερείδει F: ἀντερείδει A (ει in ras. A²) c 6 πρὸς ὃ τῶν A² Stob.: προσω των (ut vid.) A: προσὸ τὸ τῶν F: πρὸς ὃ τὸ Y Gal. d 1 ἂν F Y: ἐὰν A d 8 τῆς ὄψεως A: ἕνεκα τῆς ὄψεως F Y: τῆς ὄψεως ἕνεκα Stob. e 2 διαχεῖ τε A Y: διαχεῖται F Stob. e 4 βραχυόνειρος A Y: βραχὺ ὄνειρος F Stob. ἐμπίπτει A Y: ξυμπίπτει F Stob. a 1 παρέσχοντο A F: παρέσχετο Y: παρέσχον τὰ Stob. et fecit A²

περὶ τὴν λειότητα ἑκάστοτε γενομένου καὶ πολλαχῇ μεταρ-
b ρυθμισθέντος, πάντα τὰ τοιαῦτα ἐξ ἀνάγκης ἐμφαίνεται, τοῦ
περὶ τὸ πρόσωπον πυρὸς τῷ περὶ τὴν ὄψιν πυρὶ περὶ τὸ
λεῖον καὶ λαμπρὸν συμπαγοῦς γιγνομένου. δεξιὰ δὲ φαντά-
ζεται τὰ ἀριστερά, ὅτι τοῖς ἐναντίοις μέρεσιν τῆς ὄψεως περὶ
5 τἀναντία μέρη γίγνεται ἐπαφὴ παρὰ τὸ καθεστὸς ἔθος τῆς
προσβολῆς· δεξιὰ δὲ τὰ δεξιὰ καὶ τὰ ἀριστερὰ ἀριστερὰ τοὐ-
ναντίον, ὅταν μεταπέσῃ συμπηγνύμενον ᾧ συμπήγνυται φῶς,
c τοῦτο δέ, ὅταν ἡ τῶν κατόπτρων λειότης, ἔνθεν καὶ ἔνθεν
ὕψη λαβοῦσα, τὸ δεξιὸν εἰς τὸ ἀριστερὸν μέρος ἀπώσῃ τῆς
ὄψεως καὶ θάτερον ἐπὶ θάτερον. κατὰ δὲ τὸ μῆκος στραφὲν
τοῦ προσώπου ταὐτὸν τοῦτο ὕπτιον ἐποίησεν πᾶν φαίνεσθαι,
5 τὸ κάτω πρὸς τὸ ἄνω τῆς αὐγῆς τό τ' ἄνω πρὸς τὸ κάτω
πάλιν ἀπῶσαν.

Ταῦτ' οὖν πάντα ἔστιν τῶν συναιτίων οἷς θεὸς ὑπηρε-
τοῦσιν χρῆται τὴν τοῦ ἀρίστου κατὰ τὸ δυνατὸν ἰδέαν
d ἀποτελῶν· δοξάζεται δὲ ὑπὸ τῶν πλείστων οὐ συναίτια
ἀλλὰ αἴτια εἶναι τῶν πάντων, ψύχοντα καὶ θερμαίνοντα
πηγνύντα τε καὶ διαχέοντα καὶ ὅσα τοιαῦτα ἀπεργαζόμενα.
λόγον δὲ οὐδένα οὐδὲ νοῦν εἰς οὐδὲν δυνατὰ ἔχειν ἐστίν.
5 τῶν γὰρ ὄντων ᾧ νοῦν μόνῳ κτᾶσθαι προσήκει, λεκτέον
ψυχήν—τοῦτο δὲ ἀόρατον, πῦρ δὲ καὶ ὕδωρ καὶ γῆ καὶ ἀὴρ
σώματα πάντα ὁρατὰ γέγονεν—τὸν δὲ νοῦ καὶ ἐπιστήμης
ἐραστὴν ἀνάγκη τὰς τῆς ἔμφρονος φύσεως αἰτίας πρώτας
e μεταδιώκειν, ὅσαι δὲ ὑπ' ἄλλων μὲν κινουμένων, ἕτερα δὲ ἐξ
ἀνάγκης κινούντων γίγνονται, δευτέρας. ποιητέον δὴ κατὰ
ταῦτα καὶ ἡμῖν· λεκτέα μὲν ἀμφότερα τὰ τῶν αἰτιῶν γένη,
χωρὶς δὲ ὅσαι μετὰ νοῦ καλῶν καὶ ἀγαθῶν δημιουργοὶ καὶ

a 6 γενομένου A F Y Stob.: γεγενημένου A[2] (γε et η s.v.) b 3 ξυμπαγοῦς γιγνομένου F ξυμπαγεῖ γιγνομένῳ A Y: ξυμπαγεῖ γιγνόμενον Stob.: γρ. ξύμπαν ὄμμα in marg. A b 4 τὰ Y: κατὰ τὰ A (sed κατὰ punct. not.) F b 5 καθεστὸς A F: καθεστὼς Y: καθεστῶς fecit A[2] b 6 καὶ A F Y: ἢ καὶ A[2] (ἢ s.v.) e 1 ἄλλων μὲν Y: ἄλλων F: ἀλλήλων A e 3 λεκτέα A Y: λεκτέον F et fecit A[2] (ον s.v.) αἰτιῶν Y: αἰτίων A F

ὅσαι μονωθεῖσαι φρονήσεως τὸ τυχὸν ἄτακτον ἑκάστοτε 5
ἐξεργάζονται. τὰ μὲν οὖν τῶν ὀμμάτων συμμεταίτια πρὸς
τὸ σχεῖν τὴν δύναμιν ἣν νῦν εἴληχεν εἰρήσθω· τὸ δὲ μέ-
γιστον αὐτῶν εἰς ὠφελίαν ἔργον, δι' ὃ θεὸς αὔθ' ἡμῖν
δεδώρηται, μετὰ τοῦτο ῥητέον. ὄψις δὴ κατὰ τὸν ἐμὸν **47**
λόγον αἰτία τῆς μεγίστης ὠφελίας γέγονεν ἡμῖν, ὅτι τῶν
νῦν λόγων περὶ τοῦ παντὸς λεγομένων οὐδεὶς ἄν ποτε ἐρρήθη
μήτε ἄστρα μήτε ἥλιον μήτε οὐρανὸν ἰδόντων. νῦν δ' ἡμέρα τε
καὶ νὺξ ὀφθεῖσαι μῆνές τε καὶ ἐνιαυτῶν περίοδοι καὶ ἰσημερίαι 5
καὶ τροπαὶ μεμηχάνηνται μὲν ἀριθμόν, χρόνου δὲ ἔννοιαν
περί τε τῆς τοῦ παντὸς φύσεως ζήτησιν ἔδοσαν· ἐξ ὧν
ἐπορισάμεθα φιλοσοφίας γένος, οὗ μεῖζον ἀγαθὸν οὔτ' ἦλθεν b
οὔτε ἥξει ποτὲ τῷ θνητῷ γένει δωρηθὲν ἐκ θεῶν. λέγω δὴ
τοῦτο ὀμμάτων μέγιστον ἀγαθόν· τἆλλα δὲ ὅσα ἐλάττω τί
ἂν ὑμνοῖμεν, ὧν ὁ μὴ φιλόσοφος τυφλωθεὶς ὀδυρόμενος ἂν
θρηνοῖ μάτην; ἀλλὰ τούτου λεγέσθω παρ' ἡμῶν αὕτη ἐπὶ 5
ταῦτα αἰτία, θεὸν ἡμῖν ἀνευρεῖν δωρήσασθαί τε ὄψιν, ἵνα
τὰς ἐν οὐρανῷ τοῦ νοῦ κατιδόντες περιόδους χρησαίμεθα
ἐπὶ τὰς περιφορὰς τὰς τῆς παρ' ἡμῖν διανοήσεως, συγγενεῖς
ἐκείναις οὔσας, ἀταράκτοις τεταραγμένας, ἐκμαθόντες δὲ καὶ c
λογισμῶν κατὰ φύσιν ὀρθότητος μετασχόντες, μιμούμενοι
τὰς τοῦ θεοῦ πάντως ἀπλανεῖς οὔσας, τὰς ἐν ἡμῖν πεπλανη-
μένας καταστησαίμεθα. φωνῆς τε δὴ καὶ ἀκοῆς πέρι πάλιν
ὁ αὐτὸς λόγος, ἐπὶ ταὐτὰ τῶν αὐτῶν ἕνεκα παρὰ θεῶν 5
δεδωρῆσθαι. λόγος τε γὰρ ἐπ' αὐτὰ ταῦτα τέτακται, τὴν
μεγίστην συμβαλλόμενος εἰς αὐτὰ μοῖραν, ὅσον τ' αὖ μουσι-
κῆς φωνῇ χρήσιμον πρὸς ἀκοὴν ἕνεκα ἁρμονίας ἐστὶ δοθέν. d
ἡ δὲ ἁρμονία, συγγενεῖς ἔχουσα φορὰς ταῖς ἐν ἡμῖν τῆς
ψυχῆς περιόδοις, τῷ μετὰ νοῦ προσχρωμένῳ Μούσαις οὐκ

e 7 *σχεῖν* F Y : *ἔχειν* A   a 5 *καὶ ἰσημερίαι καὶ τροπαὶ* F : om. A Y   b 5 *τούτου* A P : *τοῦτο* F Y   *αὕτη ἐπὶ ταῦτα αἰτία* A P : *αὖ τὴν ἐπὶ ταύτῃ αἰτίαν* F : *αὖ τῇ ἐπὶ ταύτῃ αἰτίᾳ* Y   b 6 *ἀνευρεῖν* F Y : *εὑρεῖν* A P   c 6 *ἐπ' αὐτὰ* A F Y : *γρ. εἰς δύο* in marg. A   *τὴν* A : om. F Y   c 7 *μουσικῆς φωνῇ* A F : *μουσικῆς φωνῆς* Y : *μουσικὴ φωνῇ* in marg. a

ἐφ' ἡδονὴν ἄλογον καθάπερ νῦν εἶναι δοκεῖ χρήσιμος, ἀλλ'
5 ἐπὶ τὴν γεγονυῖαν ἐν ἡμῖν ἀνάρμοστον ψυχῆς περίοδον εἰς
κατακόσμησιν καὶ συμφωνίαν ἑαυτῇ σύμμαχος ὑπὸ Μουσῶν
δέδοται· καὶ ῥυθμὸς αὖ διὰ τὴν ἄμετρον ἐν ἡμῖν καὶ χαρίτων
e ἐπιδεᾶ γιγνομένην ἐν τοῖς πλείστοις ἕξιν ἐπίκουρος ἐπὶ
ταὐτὰ ὑπὸ τῶν αὐτῶν ἐδόθη.

Τὰ μὲν οὖν παρεληλυθότα τῶν εἰρημένων πλὴν βραχέων
ἐπιδέδεικται τὰ διὰ νοῦ δεδημιουργημένα· δεῖ δὲ καὶ τὰ δι'
5 ἀνάγκης γιγνόμενα τῷ λόγῳ παραθέσθαι. μεμειγμένη γὰρ
48 οὖν ἡ τοῦδε τοῦ κόσμου γένεσις ἐξ ἀνάγκης τε καὶ νοῦ
συστάσεως ἐγεννήθη· νοῦ δὲ ἀνάγκης ἄρχοντος τῷ πείθειν
αὐτὴν τῶν γιγνομένων τὰ πλεῖστα ἐπὶ τὸ βέλτιστον ἄγειν,
ταύτῃ κατὰ ταῦτά τε δι' ἀνάγκης ἡττωμένης ὑπὸ πειθοῦς
5 ἔμφρονος οὕτω κατ' ἀρχὰς συνίστατο τόδε τὸ πᾶν. εἴ τις
οὖν ᾗ γέγονεν κατὰ ταῦτα ὄντως ἐρεῖ, μεικτέον καὶ τὸ τῆς
πλανωμένης εἶδος αἰτίας, ᾗ φέρειν πέφυκεν· ὧδε οὖν πάλιν
b ἀναχωρητέον, καὶ λαβοῦσιν αὐτῶν τούτων προσήκουσαν
ἑτέραν ἀρχὴν αὖθις αὖ, καθάπερ περὶ τῶν τότε νῦν οὕτω
περὶ τούτων πάλιν ἀρκτέον ἀπ' ἀρχῆς. τὴν δὴ πρὸ τῆς οὐ-
ρανοῦ γενέσεως πυρὸς ὕδατός τε καὶ ἀέρος καὶ γῆς φύσιν
5 θεατέον αὐτὴν καὶ τὰ πρὸ τούτου πάθη· νῦν γὰρ οὐδείς πω
γένεσιν αὐτῶν μεμήνυκεν, ἀλλ' ὡς εἰδόσιν πῦρ ὅτι ποτέ
ἐστιν καὶ ἕκαστον αὐτῶν λέγομεν ἀρχὰς αὐτὰ τιθέμενοι
στοιχεῖα τοῦ παντός, προσῆκον αὐτοῖς οὐδ' ἂν ὡς ἐν συλλα-
c βῆς εἴδεσιν μόνον εἰκότως ὑπὸ τοῦ καὶ βραχὺ φρονοῦντος
ἀπεικασθῆναι. νῦν δὲ οὖν τό γε παρ' ἡμῶν ὧδε ἐχέτω· τὴν
μὲν περὶ ἁπάντων εἴτε ἀρχὴν εἴτε ἀρχὰς εἴτε ὅπῃ δοκεῖ
τούτων πέρι τὸ νῦν οὐ ῥητέον, δι' ἄλλο μὲν οὐδέν, διὰ δὲ τὸ
5 χαλεπὸν εἶναι κατὰ τὸν παρόντα τρόπον τῆς διεξόδου δηλῶ-
σαι τὰ δοκοῦντα, μήτ' οὖν ὑμεῖς οἴεσθε δεῖν ἐμὲ λέγειν, οὔτ'
αὐτὸς αὖ πείθειν ἐμαυτὸν εἴην ἂν δυνατὸς ὡς ὀρθῶς ἐγχει-

a 2 ἐγεννήθη A F: ἐγενήθη Y et fecit A² b 8 οὐδ' ἂν ὡς Hermann: οὐδαμῶς A: οὐδ' ὡς F Y Stob.

ροῖμ' ἂν τοσοῦτον ἐπιβαλλόμενος ἔργον· τὸ δὲ κατ' ἀρχὰς d
ῥηθὲν διαφυλάττων, τὴν τῶν εἰκότων λόγων δύναμιν, πειρά-
σομαι μηδενὸς ἧττον εἰκότα, μᾶλλον δέ, καὶ ἔμπροσθεν ἀπ'
ἀρχῆς περὶ ἑκάστων καὶ συμπάντων λέγειν. θεὸν δὴ καὶ
νῦν ἐπ' ἀρχῇ τῶν λεγομένων σωτῆρα ἐξ ἀτόπου καὶ ἀήθους 5
διηγήσεως πρὸς τὸ τῶν εἰκότων δόγμα διασῴζειν ἡμᾶς
ἐπικαλεσάμενοι πάλιν ἀρχώμεθα λέγειν. e

Ἡ δ' οὖν αὖθις ἀρχὴ περὶ τοῦ παντὸς ἔστω μειζόνως τῆς
πρόσθεν διῃρημένη· τότε μὲν γὰρ δύο εἴδη διειλόμεθα, νῦν
δὲ τρίτον ἄλλο γένος ἡμῖν δηλωτέον. τὰ μὲν γὰρ δύο ἱκανὰ
ἦν ἐπὶ τοῖς ἔμπροσθεν λεχθεῖσιν, ἓν μὲν ὡς παραδείγματος 5
εἶδος ὑποτεθέν, νοητὸν καὶ ἀεὶ κατὰ ταὐτὰ ὄν, μίμημα δὲ
παραδείγματος δεύτερον, γένεσιν ἔχον καὶ ὁρατόν. τρίτον 49
δὲ τότε μὲν οὐ διειλόμεθα, νομίσαντες τὰ δύο ἕξειν ἱκανῶς·
νῦν δὲ ὁ λόγος ἔοικεν εἰσαναγκάζειν χαλεπὸν καὶ ἀμυδρὸν
εἶδος ἐπιχειρεῖν λόγοις ἐμφανίσαι. τίν' οὖν ἔχον δύναμιν
καὶ φύσιν αὐτὸ ὑποληπτέον; τοιάνδε μάλιστα· πάσης εἶναι 5
γενέσεως ὑποδοχὴν αὐτὴν οἷον τιθήνην. εἴρηται μὲν οὖν
τἀληθές, δεῖ δὲ ἐναργέστερον εἰπεῖν περὶ αὐτοῦ, χαλεπὸν
δὲ ἄλλως τε καὶ διότι προαπορηθῆναι περὶ πυρὸς καὶ τῶν b
μετὰ πυρὸς ἀναγκαῖον τούτου χάριν· τούτων γὰρ εἰπεῖν
ἕκαστον ὁποῖον ὄντως ὕδωρ χρὴ λέγειν μᾶλλον ἢ πῦρ, καὶ
ὁποῖον ὁτιοῦν μᾶλλον ἢ καὶ ἅπαντα καθ' ἕκαστόν τε, οὕτως
ὥστε τινὶ πιστῷ καὶ βεβαίῳ χρήσασθαι λόγῳ, χαλεπόν. 5
πῶς οὖν δὴ τοῦτ' αὐτὸ καὶ πῇ καὶ τί περὶ αὐτῶν εἰκότως
διαπορηθέντες ἂν λέγοιμεν; πρῶτον μέν, ὃ δὴ νῦν ὕδωρ
ὠνομάκαμεν, πηγνύμενον ὡς δοκοῦμεν λίθους καὶ γῆν γιγνό-
μενον ὁρῶμεν, τηκόμενον δὲ καὶ διακρινόμενον αὖ ταὐτὸν c
τοῦτο πνεῦμα καὶ ἀέρα, συγκαυθέντα δὲ ἀέρα πῦρ, ἀνάπαλιν

d 4 ἑκάστων AY: ἑνὸς ἑκάστου F: ἑκάστου Stob. d 5 ἀήθους FY: ἀληθοῦς A e 1 ἀρχώμεθα A: ἀρχόμεθα FY a 5 καὶ FY: κατὰ A a 6 τιθήνην εἴρηται μὲν habet re vera A a 7 τἀληθές FY: ἀληθές A b 6 δὴ FY Stob.: δήπου A sed που punct. not. A[2] c 2 ἀνάπαλιν δὲ FY: ἀνάπαλιν δὲ πῦρ AP Stob. Bekker

δὲ συγκριθὲν καὶ κατασβεσθὲν εἰς ἰδέαν τε ἀπιὸν αὖθις ἀέρος
πῦρ, καὶ πάλιν ἀέρα συνιόντα καὶ πυκνούμενον νέφος καὶ
5 ὁμίχλην, ἐκ δὲ τούτων ἔτι μᾶλλον συμπιλουμένων ῥέον ὕδωρ,
ἐξ ὕδατος δὲ γῆν καὶ λίθους αὖθις, κύκλον τε οὕτω διαδιδόντα
εἰς ἄλληλα, ὡς φαίνεται, τὴν γένεσιν. οὕτω δὴ τούτων οὐδέ-
d ποτε τῶν αὐτῶν ἑκάστων φανταζομένων, ποῖον αὐτῶν ὡς
ὂν ὁτιοῦν τοῦτο καὶ οὐκ ἄλλο παγίως διισχυριζόμενος οὐκ
αἰσχυνεῖταί τις ἑαυτόν; οὐκ ἔστιν, ἀλλ' ἀσφαλέστατα μακρῷ
περὶ τούτων τιθεμένους ὧδε λέγειν· ἀεὶ ὃ καθορῶμεν ἄλλοτε
5 ἄλλῃ γιγνόμενον, ὡς πῦρ, μὴ τοῦτο ἀλλὰ τὸ τοιοῦτον ἑκά-
στοτε προσαγορεύειν πῦρ, μηδὲ ὕδωρ τοῦτο ἀλλὰ τὸ τοιοῦτον
ἀεί, μηδὲ ἄλλο ποτὲ μηδὲν ὥς τινα ἔχον βεβαιότητα, ὅσα
e δεικνύντες τῷ ῥήματι τῷ τόδε καὶ τοῦτο προσχρώμενοι
δηλοῦν ἡγούμεθά τι· φεύγει γὰρ οὐχ ὑπομένον τὴν τοῦ τόδε
καὶ τοῦτο καὶ τὴν τῷδε καὶ πᾶσαν ὅση μόνιμα ὡς ὄντα
αὐτὰ ἐνδείκνυται φάσις. ἀλλὰ ταῦτα μὲν ἕκαστα μὴ λέγειν,
5 τὸ δὲ τοιοῦτον ἀεὶ περιφερόμενον ὅμοιον ἑκάστου πέρι καὶ
συμπάντων οὕτω καλεῖν, καὶ δὴ καὶ πῦρ τὸ διὰ παντὸς
τοιοῦτον, καὶ ἅπαν ὅσονπερ ἂν ἔχῃ γένεσιν· ἐν ᾧ δὲ ἐγγιγνό-
μενα ἀεὶ ἕκαστα αὐτῶν φαντάζεται καὶ πάλιν ἐκεῖθεν ἀπόλ-
50 λυται, μόνον ἐκεῖνο αὖ προσαγορεύειν τῷ τε τοῦτο καὶ τῷ
τόδε προσχρωμένους ὀνόματι, τὸ δὲ ὁποιονοῦν τι, θερμὸν
ἢ λευκὸν ἢ καὶ ὁτιοῦν τῶν ἐναντίων, καὶ πάνθ' ὅσα ἐκ
τούτων, μηδὲν ἐκεῖνο αὖ τούτων καλεῖν. ἔτι δὲ σαφέστερον
5 αὐτοῦ πέρι προθυμητέον αὖθις εἰπεῖν. εἰ γὰρ πάντα τις
σχήματα πλάσας ἐκ χρυσοῦ μηδὲν μεταπλάττων παύοιτο
ἕκαστα εἰς ἅπαντα, δεικνύντος δή τινος αὐτῶν ἓν καὶ ἐρο-
b μένου τί ποτ' ἐστί, μακρῷ πρὸς ἀλήθειαν ἀσφαλέστατον
εἰπεῖν ὅτι χρυσός, τὸ δὲ τρίγωνον ὅσα τε ἄλλα σχήματα
ἐνεγίγνετο, μηδέποτε λέγειν ταῦτα ὡς ὄντα, ἅ γε μεταξὺ
τιθεμένου μεταπίπτει, ἀλλ' ἐὰν ἄρα καὶ τὸ τοιοῦτον μετ'

c 3 αὖθις A F Y : αὖθις δὲ P et δὲ s. v. A² c 4 πῦρ A F P Y Stob. : om. Bekker e 3 τῷδε] τοῦ ὧδε ci. Cook Wilson e 4 μὴ punct. not. A² e 5 ὅμοιον] ἀνόμοιον ci. Lindau : ὁμοίως ci. Stallbaum

ἀσφαλείας ἐθέλῃ δέχεσθαί τινος, ἀγαπᾶν. ὁ αὐτὸς δὴ λόγος 5
καὶ περὶ τῆς τὰ πάντα δεχομένης σώματα φύσεως. ταὐτὸν
αὐτὴν ἀεὶ προσρητέον· ἐκ γὰρ τῆς ἑαυτῆς τὸ παράπαν οὐκ
ἐξίσταται δυνάμεως—δέχεταί τε γὰρ ἀεὶ τὰ πάντα, καὶ
μορφὴν οὐδεμίαν ποτὲ οὐδενὶ τῶν εἰσιόντων ὁμοίαν εἴληφεν c
οὐδαμῇ οὐδαμῶς· ἐκμαγεῖον γὰρ φύσει παντὶ κεῖται, κινού-
μενόν τε καὶ διασχηματιζόμενον ὑπὸ τῶν εἰσιόντων, φαί-
νεται δὲ δι' ἐκεῖνα ἄλλοτε ἀλλοῖον—τὰ δὲ εἰσιόντα καὶ
ἐξιόντα τῶν ὄντων ἀεὶ μιμήματα, τυπωθέντα ἀπ' αὐτῶν 5
τρόπον τινὰ δύσφραστον καὶ θαυμαστόν, ὃν εἰς αὖθις μέτιμεν.
ἐν δ' οὖν τῷ παρόντι χρὴ γένη διανοηθῆναι τριττά, τὸ μὲν
γιγνόμενον, τὸ δ' ἐν ᾧ γίγνεται, τὸ δ' ὅθεν ἀφομοιούμενον d
φύεται τὸ γιγνόμενον. καὶ δὴ καὶ προσεικάσαι πρέπει τὸ μὲν
δεχόμενον μητρί, τὸ δ' ὅθεν πατρί, τὴν δὲ μεταξὺ τούτων
φύσιν ἐκγόνῳ, νοῆσαί τε ὡς οὐκ ἂν ἄλλως, ἐκτυπώματος
ἔσεσθαι μέλλοντος ἰδεῖν ποικίλου πάσας ποικιλίας, τοῦτ' 5
αὐτὸ ἐν ᾧ ἐκτυπούμενον ἐνίσταται γένοιτ' ἂν παρεσκευα-
σμένον εὖ, πλὴν ἄμορφον ὂν ἐκείνων ἁπασῶν τῶν ἰδεῶν ὅσας
μέλλοι δέχεσθαί ποθεν. ὅμοιον γὰρ ὂν τῶν ἐπεισιόντων e
τινὶ τὰ τῆς ἐναντίας τά τε τῆς τὸ παράπαν ἄλλης φύσεως
ὁπότ' ἔλθοι δεχόμενον κακῶς ἂν ἀφομοιοῖ, τὴν αὑτοῦ παρεμ-
φαῖνον ὄψιν. διὸ καὶ πάντων ἐκτὸς εἰδῶν εἶναι χρεὼν
τὸ τὰ πάντα ἐκδεξόμενον ἐν αὑτῷ γένη, καθάπερ περὶ τὰ 5
ἀλείμματα ὁπόσα εὐώδη τέχνῃ μηχανῶνται πρῶτον τοῦτ'
αὐτὸ ὑπάρχον, ποιοῦσιν ὅτι μάλιστα ἀώδη τὰ δεξόμενα ὑγρὰ
τὰς ὀσμάς· ὅσοι τε ἔν τισιν τῶν μαλακῶν σχήματα ἀπο-
μάττειν ἐπιχειροῦσι, τὸ παράπαν σχῆμα οὐδὲν ἔνδηλον
ὑπάρχειν ἐῶσι, προομαλύναντες δὲ ὅτι λειότατον ἀπεργά- 10
ζονται. ταὐτὸν οὖν καὶ τῷ τὰ τῶν πάντων ἀεί τε ὄντων 51

c 5 ἀεὶ μιμήματα F Y : ἀεὶ ὄντα μιμήματα A : γρ. ἄλλων ἀεὶ μιμητὰ in marg. A   ἀπ' A Y : ὑπ' F   d 4 τε A F Y : γε A² (γ s. v.)   e 4 ὄψιν A F Y Simpl. : ὄψει A² (ει s. v.)   e 7 ἀώδη Hermann : εὐώδη A F (τεχνῃ . . . ἀώδη om. Y) : ἀνώδη scr. Mon.   a 1 πάντων ἀεί τε ὄντων] πάντων ἀεὶ ὄντων Stallbaum : νοητῶν ἀεί τε ὄντων anonymus : πάντων νοητῶν ἀεί τε ὄντων Cook Wilson

κατὰ πᾶν ἑαυτοῦ πολλάκις ἀφομοιώματα καλῶς μέλλοντι
δέχεσθαι πάντων ἐκτὸς αὐτῷ προσήκει πεφυκέναι τῶν εἰδῶν.
διὸ δὴ τὴν τοῦ γεγονότος ὁρατοῦ καὶ πάντως αἰσθητοῦ μη-
5 τέρα καὶ ὑποδοχὴν μήτε γῆν μήτε ἀέρα μήτε πῦρ μήτε ὕδωρ
λέγωμεν, μήτε ὅσα ἐκ τούτων μήτε ἐξ ὧν ταῦτα γέγονεν·
ἀλλ' ἀνόρατον εἶδός τι καὶ ἄμορφον, πανδεχές, μεταλαμ-
b βάνον δὲ ἀπορώτατά πῃ τοῦ νοητοῦ καὶ δυσαλωτότατον αὐτὸ
λέγοντες οὐ ψευσόμεθα. καθ' ὅσον δ' ἐκ τῶν προειρημένων
δυνατὸν ἐφικνεῖσθαι τῆς φύσεως αὐτοῦ, τῇδ' ἄν τις ὀρθότατα
λέγοι· πῦρ μὲν ἑκάστοτε αὐτοῦ τὸ πεπυρωμένον μέρος φαί-
5 νεσθαι, τὸ δὲ ὑγρανθὲν ὕδωρ, γῆν τε καὶ ἀέρα καθ' ὅσον
ἂν μιμήματα τούτων δέχηται. λόγῳ δὲ δὴ μᾶλλον τὸ
τοιόνδε διοριζομένους περὶ αὐτῶν διασκεπτέον· ἆρα ἔστιν
τι πῦρ αὐτὸ ἐφ' ἑαυτοῦ καὶ πάντα περὶ ὧν ἀεὶ λέγομεν οὕτως
c αὐτὰ καθ' αὐτὰ ὄντα ἕκαστα, ἢ ταῦτα ἅπερ καὶ βλέπομεν,
ὅσα τε ἄλλα διὰ τοῦ σώματος αἰσθανόμεθα, μόνα ἐστὶν
τοιαύτην ἔχοντα ἀλήθειαν, ἄλλα δὲ οὐκ ἔστι παρὰ ταῦτα
οὐδαμῇ οὐδαμῶς, ἀλλὰ μάτην ἑκάστοτε εἶναί τί φαμεν εἶδος
5 ἑκάστου νοητόν, τὸ δ' οὐδὲν ἄρ' ἦν πλὴν λόγος; οὔτε οὖν
δὴ τὸ παρὸν ἄκριτον καὶ ἀδίκαστον ἀφέντα ἄξιον φάναι
διισχυριζόμενον ἔχειν οὕτως, οὔτ' ἐπὶ λόγου μήκει πάρεργον
d ἄλλο μῆκος ἐπεμβλητέον· εἰ δέ τις ὅρος ὁρισθεὶς μέγας διὰ
βραχέων φανείη, τοῦτο μάλιστα ἐγκαιριώτατον γένοιτ' ἄν.
ὧδε οὖν τήν γ' ἐμὴν αὐτὸς τίθεμαι ψῆφον. εἰ μὲν νοῦς καὶ
δόξα ἀληθής ἐστον δύο γένη, παντάπασιν εἶναι καθ' αὑτὰ
5 ταῦτα, ἀναίσθητα ὑφ' ἡμῶν εἴδη, νοούμενα μόνον· εἰ δ', ὥς
τισιν φαίνεται, δόξα ἀληθὴς νοῦ διαφέρει τὸ μηδέν, πάνθ'
ὁπόσ' αὖ διὰ τοῦ σώματος αἰσθανόμεθα θετέον βεβαιότατα.
e δύο δὴ λεκτέον ἐκείνω, διότι χωρὶς γεγόνατον ἀνομοίως τε
ἔχετον. τὸ μὲν γὰρ αὐτῶν διὰ διδαχῆς, τὸ δ' ὑπὸ πειθοῦς
ἡμῖν ἐγγίγνεται· καὶ τὸ μὲν ἀεὶ μετ' ἀληθοῦς λόγου, τὸ δὲ

a 3 αὐτῶι A (ι in ras.) : αὐτῶν F Y a 4 πάντως F Y : παντὸς A (sed ο in ras.) a 7 ἀνόρατον A Simpl. : ἀόρατον F Y b 1 ἀπορώτατά A F Y Simpl. : τὰ πορρώτατά A² (τ et ρ s. v.) b 5 τε A F : δὲ Y

ἄλογον· καὶ τὸ μὲν ἀκίνητον πειθοῖ, τὸ δὲ μεταπειστόν·
καὶ τοῦ μὲν πάντα ἄνδρα μετέχειν φατέον, νοῦ δὲ θεούς, 5
ἀνθρώπων δὲ γένος βραχύ τι. τούτων δὲ οὕτως ἐχόντων
ὁμολογητέον ἓν μὲν εἶναι τὸ κατὰ ταὐτὰ εἶδος ἔχον, ἀγέν- 52
νητον καὶ ἀνώλεθρον, οὔτε εἰς ἑαυτὸ εἰσδεχόμενον ἄλλο
ἄλλοθεν οὔτε αὐτὸ εἰς ἄλλο ποι ἰόν, ἀόρατον δὲ καὶ ἄλλως
ἀναίσθητον, τοῦτο ὃ δὴ νόησις εἴληχεν ἐπισκοπεῖν· τὸ δὲ
ὁμώνυμον ὅμοιόν τε ἐκείνῳ δεύτερον, αἰσθητόν, γεννητόν, 5
πεφορημένον ἀεί, γιγνόμενόν τε ἔν τινι τόπῳ καὶ πάλιν
ἐκεῖθεν ἀπολλύμενον, δόξῃ μετ' αἰσθήσεως περιληπτόν·
τρίτον δὲ αὖ γένος ὂν τὸ τῆς χώρας ἀεί, φθορὰν οὐ προσδε-
χόμενον, ἕδραν δὲ παρέχον ὅσα ἔχει γένεσιν πᾶσιν, αὐτὸ b
δὲ μετ' ἀναισθησίας ἁπτὸν λογισμῷ τινι νόθῳ, μόγις πιστόν,
πρὸς ὃ δὴ καὶ ὀνειροπολοῦμεν βλέποντες καί φαμεν ἀναγ-
καῖον εἶναί που τὸ ὂν ἅπαν ἔν τινι τόπῳ καὶ κατέχον χώραν
τινά, τὸ δὲ μήτ' ἐν γῇ μήτε που κατ' οὐρανὸν οὐδὲν εἶναι. 5
ταῦτα δὴ πάντα καὶ τούτων ἄλλα ἀδελφὰ καὶ περὶ τὴν
ἄυπνον καὶ ἀληθῶς φύσιν ὑπάρχουσαν ὑπὸ ταύτης τῆς ὀνει-
ρώξεως οὐ δυνατοὶ γιγνόμεθα ἐγερθέντες διοριζόμενοι τἀληθὲς c
λέγειν, ὡς εἰκόνι μέν, ἐπείπερ οὐδ' αὐτὸ τοῦτο ἐφ' ᾧ γέγονεν
ἑαυτῆς ἐστιν, ἑτέρου δέ τινος ἀεὶ φέρεται φάντασμα, διὰ
ταῦτα ἐν ἑτέρῳ προσήκει τινὶ γίγνεσθαι, οὐσίας ἁμωσγέπως
ἀντεχομένην, ἢ μηδὲν τὸ παράπαν αὐτὴν εἶναι, τῷ δὲ ὄντως 5
ὄντι βοηθὸς ὁ δι' ἀκριβείας ἀληθὴς λόγος, ὡς ἕως ἄν τι τὸ
μὲν ἄλλο ᾖ, τὸ δὲ ἄλλο, οὐδέτερον ἐν οὐδετέρῳ ποτὲ γενό-
μενον ἓν ἅμα ταὐτὸν καὶ δύο γενήσεσθον. d

Οὗτος μὲν οὖν δὴ παρὰ τῆς ἐμῆς ψήφου λογισθεὶς ἐν
κεφαλαίῳ δεδόσθω λόγος, ὄν τε καὶ χώραν καὶ γένεσιν εἶναι,

a 1 ἓν μὲν A F Simpl. : ἓν P : μὲν Y ἀγέννητον F : ἀγένητον A P Y Simpl. a 2 εἰς ἑαυτὸ] αὐτὸ Simpl. (ter) a 5 γεννητόν A F Y : γενητόν P Simpl. et fecit A[2] a 6 πεφορημένον F P Y Simpl. : πεφονημενον A : πεφωνημένον fecit A[2] et punct. not. a 8 αὖ ÷ γένος A : αὖ γένος P : αὐτὸ γένος F Y c 4 ἑτέρῳ F Y Simpl. : ἑτέρῳ τινὶ A (iterato mox τινὶ) c 6 ὁ δι' F Y Simpl. et in marg. γρ. A : ὁ δ' A c 7 γενόμενον A Simpl. : γεγενημένον F Y

τρία τριχῇ, καὶ πρὶν οὐρανὸν γενέσθαι· τὴν δὲ δὴ γενέσεως
5 τιθήνην ὑγραινομένην καὶ πυρουμένην καὶ τὰς γῆς τε καὶ
ἀέρος μορφὰς δεχομένην, καὶ ὅσα ἄλλα τούτοις πάθη συν-
e ἕπεται πάσχουσαν, παντοδαπὴν μὲν ἰδεῖν φαίνεσθαι, διὰ δὲ
τὸ μήθ' ὁμοίων δυνάμεων μήτε ἰσορρόπων ἐμπίμπλασθαι κατ'
οὐδὲν αὐτῆς ἰσορροπεῖν, ἀλλ' ἀνωμάλως πάντῃ ταλαντου-
μένην σείεσθαι μὲν ὑπ' ἐκείνων αὐτήν, κινουμένην δ' αὖ
5 πάλιν ἐκεῖνα σείειν· τὰ δὲ κινούμενα ἄλλα ἄλλοσε ἀεὶ
φέρεσθαι διακρινόμενα, ὥσπερ τὰ ὑπὸ τῶν πλοκάνων τε καὶ
ὀργάνων τῶν περὶ τὴν τοῦ σίτου κάθαρσιν σειόμενα καὶ
53 ἀνικμώμενα τὰ μὲν πυκνὰ καὶ βαρέα ἄλλῃ, τὰ δὲ μανὰ
καὶ κοῦφα εἰς ἑτέραν ἵζει φερόμενα ἕδραν· τότε οὕτω τὰ
τέτταρα γένη σειόμενα ὑπὸ τῆς δεξαμενῆς, κινουμένης αὐτῆς
οἷον ὀργάνου σεισμὸν παρέχοντος, τὰ μὲν ἀνομοιότατα πλεῖ-
5 στον αὐτὰ ἀφ' αὑτῶν ὁρίζειν, τὰ δὲ ὁμοιότατα μάλιστα
εἰς ταὐτὸν συνωθεῖν, διὸ δὴ καὶ χώραν ταῦτα ἄλλα ἄλλην
ἴσχειν, πρὶν καὶ τὸ πᾶν ἐξ αὐτῶν διακοσμηθὲν γενέσθαι. καὶ
τὸ μὲν δὴ πρὸ τούτου πάντα ταῦτ' εἶχεν ἀλόγως καὶ ἀμέτρως·
b ὅτε δ' ἐπεχειρεῖτο κοσμεῖσθαι τὸ πᾶν, πῦρ πρῶτον καὶ ὕδωρ
καὶ γῆν καὶ ἀέρα, ἴχνη μὲν ἔχοντα αὑτῶν ἄττα, παντάπασί
γε μὴν διακείμενα ὥσπερ εἰκὸς ἔχειν ἅπαν ὅταν ἀπῇ τινος
θεός, οὕτω δὴ τότε πεφυκότα ταῦτα πρῶτον διεσχηματίσατο
5 εἴδεσί τε καὶ ἀριθμοῖς. τὸ δὲ ᾗ δυνατὸν ὡς κάλλιστα
ἄριστά τε ἐξ οὐχ οὕτως ἐχόντων τὸν θεὸν αὐτὰ συνιστάναι,
παρὰ πάντα ἡμῖν ὡς ἀεὶ τοῦτο λεγόμενον ὑπαρχέτω· νῦν
δ' οὖν τὴν διάταξιν αὐτῶν ἐπιχειρητέον ἑκάστων καὶ γένεσιν
c ἀήθει λόγῳ πρὸς ὑμᾶς δηλοῦν, ἀλλὰ γὰρ ἐπεὶ μετέχετε τῶν

d 4 δὲ δὴ F : δὴ A : δὲ Y Simpl. e 6 πλοκάνων F Y : πλοχάνων A sed χ in ras. a 1 ἀνικμώμενα F Lex. Bekk. (Anecd. p. 405, 26) : ἀναλικνώμενα A (sed να ante λ add. extra versum) Y : ἀναλικμώμενα A[2] (μ s. v.) a 3 δεξαμενῆς A Y : δεξαμένης F a 8 εἶχεν F : ἔχειν A Y b 2 ἄττα scr. recc. Plut. : αὐτὰ A F Y Simpl. b 3 γε μὴν A : μὴν F Y Plut. : μὲν Simpl. b 5 τε καὶ A : καὶ F Y Simpl. Plut. δὲ ᾗ A (sed ἐ et ι adscr. punct. not.) F Y : δὴ in marg. A c 1 ἀήθει Y : ἀηθεῖ F : ἀληθεῖ A (ἀλ in ras.)

κατὰ παίδευσιν ὁδῶν δι' ὧν ἐνδείκνυσθαι τὰ λεγόμενα
ἀνάγκη, συνέψεσθε.

Πρῶτον μὲν δὴ πῦρ καὶ γῆ καὶ ὕδωρ καὶ ἀὴρ ὅτι σώματά
ἐστι, δῆλόν που καὶ παντί· τὸ δὲ τοῦ σώματος εἶδος πᾶν 5
καὶ βάθος ἔχει. τὸ δὲ βάθος αὖ πᾶσα ἀνάγκη τὴν ἐπίπεδον
περιειληφέναι φύσιν· ἡ δὲ ὀρθὴ τῆς ἐπιπέδου βάσεως ἐκ
τριγώνων συνέστηκεν. τὰ δὲ τρίγωνα πάντα ἐκ δυοῖν ἄρ-
χεται τριγώνοιν, μίαν μὲν ὀρθὴν ἔχοντος ἑκατέρου γωνίαν, d
τὰς δὲ ὀξείας· ὧν τὸ μὲν ἕτερον ἑκατέρωθεν ἔχει μέρος
γωνίας ὀρθῆς πλευραῖς ἴσαις διῃρημένης, τὸ δ' ἕτερον ἀνίσοις
ἄνισα μέρη νενεμημένης. ταύτην δὴ πυρὸς ἀρχὴν καὶ τῶν
ἄλλων σωμάτων ὑποτιθέμεθα κατὰ τὸν μετ' ἀνάγκης εἰκότα 5
λόγον πορευόμενοι· τὰς δ' ἔτι τούτων ἀρχὰς ἄνωθεν θεὸς
οἶδεν καὶ ἀνδρῶν ὃς ἂν ἐκείνῳ φίλος ᾖ. δεῖ δὴ λέγειν ποῖα
κάλλιστα σώματα γένοιτ' ἂν τέτταρα, ἀνόμοια μὲν ἑαυτοῖς, e
δυνατὰ δὲ ἐξ ἀλλήλων αὐτῶν ἄττα διαλυόμενα γίγνεσθαι·
τούτου γὰρ τυχόντες ἔχομεν τὴν ἀλήθειαν γενέσεως πέρι
γῆς τε καὶ πυρὸς τῶν τε ἀνὰ λόγον ἐν μέσῳ. τόδε γὰρ
οὐδενὶ συγχωρησόμεθα, καλλίω τούτων ὁρώμενα σώματα 5
εἶναί που καθ' ἓν γένος ἕκαστον ὄν. τοῦτ' οὖν προθυμητέον,
τὰ διαφέροντα κάλλει σωμάτων τέτταρα γένη συναρμό-
σασθαι καὶ φάναι τὴν τούτων ἡμᾶς φύσιν ἱκανῶς εἰληφέναι.
τοῖν δὴ δυοῖν τριγώνοιν τὸ μὲν ἰσοσκελὲς μίαν εἴληχεν 54
φύσιν, τὸ δὲ πρόμηκες ἀπεράντους· προαιρετέον οὖν αὖ τῶν
ἀπείρων τὸ κάλλιστον, εἰ μέλλομεν ἄρξεσθαι κατὰ τρόπον.
ἂν οὖν τις ἔχῃ κάλλιον ἐκλεξάμενος εἰπεῖν εἰς τὴν τούτων
σύστασιν, ἐκεῖνος οὐκ ἐχθρὸς ὢν ἀλλὰ φίλος κρατεῖ· τιθέ- 5
μεθα δ' οὖν τῶν πολλῶν τριγώνων κάλλιστον ἕν, ὑπερβάντες
τἆλλα, ἐξ οὗ τὸ ἰσόπλευρον τρίγωνον ἐκ τρίτου συνέστηκεν.

c 2 ἐνδείκνυσθαι F Y : ἐνδείκνυσθε A y   d 2 τὰς δὲ A : τὰς δὲ δύο F Y   d 5 ὑποτιθέμεθα A F : ὑποτιθώμεθα Y : ὑποθώμεθα Iustinus   e 2 ἄττα A Y Philop. : αὐτὰ F   e 5 συγχωρησόμεθα F et fecit A[2] : συγχωρησώμεθα A (ut vid.) Y   a 3 μέλλομεν F Y : μέλλοιμεν A ἄρξεσθαι A Y : ἄρξασθαι F et fecit A[2] (α s. v.)

b διότι δέ, λόγος πλείων· ἀλλὰ τῷ τοῦτο ἐλέγξαντι καὶ ἀνευ-
ρόντι δὴ οὕτως ἔχον κεῖται φίλια τὰ ἆθλα. προῃρήσθω
δὴ δύο τρίγωνα ἐξ ὧν τό τε τοῦ πυρὸς καὶ τὰ τῶν ἄλλων
σώματα μεμηχάνηται, τὸ μὲν ἰσοσκελές, τὸ δὲ τριπλῆν κατὰ
5 δύναμιν ἔχον τῆς ἐλάττονος τὴν μείζω πλευρὰν ἀεί. τὸ
δὴ πρόσθεν ἀσαφῶς ῥηθὲν νῦν μᾶλλον διοριστέον. τὰ γὰρ
τέτταρα γένη δι' ἀλλήλων εἰς ἄλληλα ἐφαίνετο πάντα γέ-
νεσιν ἔχειν, οὐκ ὀρθῶς φανταζόμενα· γίγνεται μὲν γὰρ ἐκ
c τῶν τριγώνων ὧν προῃρήμεθα γένη τέτταρα, τρία μὲν ἐξ
ἑνὸς τοῦ τὰς πλευρὰς ἀνίσους ἔχοντος, τὸ δὲ τέταρτον ἓν
μόνον ἐκ τοῦ ἰσοσκελοῦς τριγώνου συναρμοσθέν. οὔκουν
δυνατὰ πάντα εἰς ἄλληλα διαλυόμενα ἐκ πολλῶν σμικρῶν
5 ὀλίγα μεγάλα καὶ τοὐναντίον γίγνεσθαι, τὰ δὲ τρία οἷόν τε·
ἐκ γὰρ ἑνὸς ἅπαντα πεφυκότα λυθέντων τε τῶν μειζόνων
πολλὰ σμικρὰ ἐκ τῶν αὐτῶν συστήσεται, δεχόμενα τὰ προσ-
ήκοντα ἑαυτοῖς σχήματα, καὶ σμικρὰ ὅταν αὖ πολλὰ κατὰ
d τὰ τρίγωνα διασπαρῇ, γενόμενος εἷς ἀριθμὸς ἑνὸς ὄγκου
μέγα ἀποτελέσειεν ἂν ἄλλο εἶδος ἕν. ταῦτα μὲν οὖν λελέχθω
περὶ τῆς εἰς ἄλληλα γενέσεως· οἷον δὲ ἕκαστον αὐτῶν
γέγονεν εἶδος καὶ ἐξ ὅσων συμπεσόντων ἀριθμῶν, λέγειν
5 ἂν ἑπόμενον εἴη. ἄρξει δὴ τό τε πρῶτον εἶδος καὶ σμικρό-
τατον συνιστάμενον, στοιχεῖον δ' αὐτοῦ τὸ τὴν ὑποτείνουσαν
τῆς ἐλάττονος πλευρᾶς διπλασίαν ἔχον μήκει· σύνδυο δὲ
τοιούτων κατὰ διάμετρον συντιθεμένων καὶ τρὶς τούτου
e γενομένου, τὰς διαμέτρους καὶ τὰς βραχείας πλευρὰς εἰς
ταὐτὸν ὡς κέντρον ἐρεισάντων, ἓν ἰσόπλευρον τρίγωνον ἐξ ἓξ
τὸν ἀριθμὸν ὄντων γέγονεν. τρίγωνα δὲ ἰσόπλευρα συνιστά-
μενα τέτταρα κατὰ σύντρεις ἐπιπέδους γωνίας μίαν στερεὰν

b 1 διότι δὲ λόγος F : διότι δὲ ὁ λόγος Y : διότι ÷ ÷ λόγος A ἐλέγξαντι A Y : ἐκλέξαντι F : ἐξελέγξαντι A[2] (ἐξ s. v.) b 2 δὴ A F Y : μὴ Hermann : δὴ μὴ scr. Ven. 184 φίλια Y : φιλία A F c 4 δυνατὰ A Y : δύναται F Philop. c 8 σμικρὰ F Y : ου σμικρὰ A sed ου punct. not. d 1 τὰ F : om. A Y d 4 ὅσων A : ὧν F Y d 8 τοιούτων A F Gal. : τούτων Y et οι punct. not. A[2] e 3 ἀριθμὸν ** ὄντων A

γωνίαν ποιεῖ, τῆς ἀμβλυτάτης τῶν ἐπιπέδων γωνιῶν ἐφεξῆς 55
γεγονυῖαν· τοιούτων δὲ ἀποτελεσθεισῶν τεττάρων πρῶτον
εἶδος στερεόν, ὅλου περιφεροῦς διανεμητικὸν εἰς ἴσα μέρη
καὶ ὅμοια, συνίσταται. δεύτερον δὲ ἐκ μὲν τῶν αὐτῶν
τριγώνων, κατὰ δὲ ἰσόπλευρα τρίγωνα ὀκτὼ συστάντων, 5
μίαν ἀπεργασαμένων στερεὰν γωνίαν ἐκ τεττάρων ἐπιπέδων·
καὶ γενομένων ἓξ τοιούτων τὸ δεύτερον αὖ σῶμα οὕτως ἔσχεν
τέλος. τὸ δὲ τρίτον ἐκ δὶς ἑξήκοντα τῶν στοιχείων συμ-
παγέντων, στερεῶν δὲ γωνιῶν δώδεκα, ὑπὸ πέντε ἐπιπέδων b
τριγώνων ἰσοπλεύρων περιεχομένης ἑκάστης, εἴκοσι βάσεις
ἔχον ἰσοπλεύρους τριγώνους γέγονεν. καὶ τὸ μὲν ἕτερον
ἀπήλλακτο τῶν στοιχείων ταῦτα γεννῆσαν, τὸ δὲ ἰσοσκελὲς
τρίγωνον ἐγέννα τὴν τοῦ τετάρτου φύσιν, κατὰ τέτταρα 5
συνιστάμενον, εἰς τὸ κέντρον τὰς ὀρθὰς γωνίας συνάγον,
ἓν ἰσόπλευρον τετράγωνον ἀπεργασάμενον· ἓξ δὲ τοιαῦτα
συμπαγέντα γωνίας ὀκτὼ στερεὰς ἀπετέλεσεν, κατὰ τρεῖς c
ἐπιπέδους ὀρθὰς συναρμοσθείσης ἑκάστης· τὸ δὲ σχῆμα τοῦ
συστάντος σώματος γέγονεν κυβικόν, ἓξ ἐπιπέδους τετρα-
γώνους ἰσοπλεύρους βάσεις ἔχον. ἔτι δὲ οὔσης συστάσεως
μιᾶς πέμπτης, ἐπὶ τὸ πᾶν ὁ θεὸς αὐτῇ κατεχρήσατο ἐκεῖνο 5
διαζωγραφῶν.

Ἃ δή τις εἰ πάντα λογιζόμενος ἐμμελῶς ἀποροῖ πότερον
ἀπείρους χρὴ κόσμους εἶναι λέγειν ἢ πέρας ἔχοντας, τὸ μὲν
ἀπείρους ἡγήσαιτ' ἂν ὄντως ἀπείρου τινὸς εἶναι δόγμα ὧν d
ἔμπειρον χρεὼν εἶναι, πότερον δὲ ἕνα ἢ πέντε αὐτοὺς ἀληθείᾳ
πεφυκότας λέγειν ποτὲ προσήκει, μᾶλλον ἂν ταύτῃ στὰς
εἰκότως διαπορῆσαι. τὸ μὲν οὖν δὴ παρ' ἡμῶν ἕνα αὐτὸν
κατὰ τὸν εἰκότα λόγον πεφυκότα μηνύει θεόν, ἄλλος δὲ εἰς 5
ἄλλα πῃ βλέψας ἕτερα δοξάσει. καὶ τοῦτον μὲν μεθετέον,
τὰ δὲ γεγονότα νῦν τῷ λόγῳ γένη διανείμωμεν εἰς πῦρ καὶ

a 4 μὲν τῶν A (sed μὲ et τῶ in ras.) Y : τῶν μὲν F   d 3 ποτὲ A F Philop. : πότερον Y : om. vulg.   στὰς A Y : πᾶς F : om. Philop.   d 4 διαπορῆσαι A F   d 5 θεόν F Philop. : θεός A : om. Y   d 6 τοῦτον A : τούτων F Y

γῆν καὶ ὕδωρ καὶ ἀέρα. γῇ μὲν δὴ τὸ κυβικὸν εἶδος δῶμεν·
e ἀκινητοτάτη γὰρ τῶν τεττάρων γενῶν γῆ καὶ τῶν σωμάτων πλαστικωτάτη, μάλιστα δὲ ἀνάγκη γεγονέναι τοιοῦτον τὸ τὰς βάσεις ἀσφαλεστάτας ἔχον· βάσις δὲ ἥ τε τῶν κατ' ἀρχὰς τριγώνων ὑποτεθέντων ἀσφαλεστέρα κατὰ φύσιν ἡ τῶν ἴσων
5 πλευρῶν τῆς τῶν ἀνίσων, τό τε ἐξ ἑκατέρου συντεθὲν ἐπίπεδον ἰσόπλευρον ἰσοπλεύρου τετράγωνον τριγώνου κατά τε μέρη καὶ καθ' ὅλον στασιμωτέρως ἐξ ἀνάγκης βέβηκεν. διὸ
56 γῇ μὲν τοῦτο ἀπονέμοντες τὸν εἰκότα λόγον διασῴζομεν, ὕδατι δ' αὖ τῶν λοιπῶν τὸ δυσκινητότατον εἶδος, τὸ δ' εὐκινητότατον πυρί, τὸ δὲ μέσον ἀέρι· καὶ τὸ μὲν σμικρότατον σῶμα πυρί, τὸ δ' αὖ μέγιστον ὕδατι, τὸ δὲ μέσον
5 ἀέρι· καὶ τὸ μὲν ὀξύτατον αὖ πυρί, τὸ δὲ δεύτερον ἀέρι, τὸ δὲ τρίτον ὕδατι. ταῦτ' οὖν δὴ πάντα, τὸ μὲν ἔχον ὀλιγίστας βάσεις εὐκινητότατον ἀνάγκη πεφυκέναι, τμητικώτατόν τε
b καὶ ὀξύτατον ὂν πάντῃ πάντων, ἔτι τε ἐλαφρότατον, ἐξ ὀλιγίστων συνεστὸς τῶν αὐτῶν μερῶν· τὸ δὲ δεύτερον δευτέρως τὰ αὐτὰ ταῦτ' ἔχειν, τρίτως δὲ τὸ τρίτον. ἔστω δὴ κατὰ τὸν ὀρθὸν λόγον καὶ κατὰ τὸν εἰκότα τὸ μὲν τῆς πυρα-
5 μίδος στερεὸν γεγονὸς εἶδος πυρὸς στοιχεῖον καὶ σπέρμα· τὸ δὲ δεύτερον κατὰ γένεσιν εἴπωμεν ἀέρος, τὸ δὲ τρίτον ὕδατος. πάντα οὖν δὴ ταῦτα δεῖ διανοεῖσθαι σμικρὰ οὕτως, ὡς καθ'
c ἓν ἕκαστον μὲν τοῦ γένους ἑκάστου διὰ σμικρότητα οὐδὲν ὁρώμενον ὑφ' ἡμῶν, συναθροισθέντων δὲ πολλῶν τοὺς ὄγκους αὐτῶν ὁρᾶσθαι· καὶ δὴ καὶ τὸ τῶν ἀναλογιῶν περί τε τὰ πλήθη καὶ τὰς κινήσεις καὶ τὰς ἄλλας δυνάμεις πανταχῇ
5 τὸν θεόν, ὅπῃπερ ἡ τῆς ἀνάγκης ἑκοῦσα πεισθεῖσά τε φύσις ὑπεῖκεν, ταύτῃ πάντῃ δι' ἀκριβείας ἀποτελεσθεισῶν ὑπ' αὐτοῦ συνηρμόσθαι ταῦτα ἀνὰ λόγον.

Ἐκ δὴ πάντων ὧνπερ τὰ γένη προειρήκαμεν ὧδ' ἂν κατὰ

a 6 ὀλιγίστας Y : ὀλίγας τὰς A : ὀλιγοστὰς F b 2 ξυνεστὸς AF : ξυνεστὼς Y et fecit A² αὐτῶν AFY : αὐτοῦ A² (οῦ s. v.) b 6 εἴπωμεν Y : εἴπομεν AF c 8 ὧνπερ A : ὧν περὶ FY et fecit A² (ὶ s. v.)

τὸ εἰκὸς μάλιστ' ἂν ἔχοι. γῆ μὲν συντυγχάνουσα πυρὶ d
διαλυθεῖσά τε ὑπὸ τῆς ὀξύτητος αὐτοῦ φέροιτ' ἄν, εἴτ' ἐν
αὐτῷ πυρὶ λυθεῖσα εἴτ' ἐν ἀέρος εἴτ' ἐν ὕδατος ὄγκῳ τύχοι,
μέχριπερ ἂν αὐτῆς πῃ συντυχόντα τὰ μέρη, πάλιν συναρμο-
σθέντα αὐτὰ αὑτοῖς, γῆ γένοιτο—οὐ γὰρ εἰς ἄλλο γε εἶδος 5
ἔλθοι ποτ' ἄν—ὕδωρ δὲ ὑπὸ πυρὸς μερισθέν, εἴτε καὶ ὑπ'
ἀέρος, ἐγχωρεῖ γίγνεσθαι συστάντα ἓν μὲν πυρὸς σῶμα, δύο
δὲ ἀέρος· τὰ δὲ ἀέρος τμήματα ἐξ ἑνὸς μέρους διαλυθέντος e
δύ' ἂν γενοίσθην σώματα πυρός. καὶ πάλιν, ὅταν ἀέρι πῦρ
ὕδασίν τε ἤ τινι γῇ περιλαμβανόμενον ἐν πολλοῖς ὀλίγον,
κινούμενον ἐν φερομένοις, μαχόμενον καὶ νικηθὲν κατα-
θραυσθῇ, δύο πυρὸς σώματα εἰς ἓν συνίστασθον εἶδος ἀέρος· 5
καὶ κρατηθέντος ἀέρος κερματισθέντος τε ἐκ δυοῖν ὅλοιν καὶ
ἡμίσεος ὕδατος εἶδος ἓν ὅλον ἔσται συμπαγές. ὧδε γὰρ δὴ
λογισώμεθα αὐτὰ πάλιν, ὡς ὅταν ἐν πυρὶ λαμβανόμενον τῶν
ἄλλων ὑπ' αὐτοῦ τι γένος τῇ τῶν γωνιῶν καὶ κατὰ τὰς πλευρὰς **57**
ὀξύτητι τέμνηται, συστὰν μὲν εἰς τὴν ἐκείνου φύσιν πέπαυται
τεμνόμενον—τὸ γὰρ ὅμοιον καὶ ταὐτὸν αὑτῷ γένος ἕκαστον
οὔτε τινὰ μεταβολὴν ἐμποιῆσαι δυνατὸν οὔτε τι παθεῖν ὑπὸ
τοῦ κατὰ ταὐτὰ ὁμοίως τε ἔχοντος—ἕως δ' ἂν εἰς ἄλλο τι 5
γιγνόμενον ἧττον ὂν κρείττονι μάχηται, λυόμενον οὐ παύεται.
τά τε αὖ σμικρότερα ὅταν ἐν τοῖς μείζοσιν πολλοῖς περι-
λαμβανόμενα ὀλίγα διαθραυόμενα κατασβεννύηται, συνί- b
στασθαι μὲν ἐθέλοντα εἰς τὴν τοῦ κρατοῦντος ἰδέαν πέπαυται
κατασβεννύμενα γίγνεταί τε ἐκ πυρὸς ἀήρ, ἐξ ἀέρος ὕδωρ·
ἐὰν δ' εἰς ταὐτὰ ἴῃ καὶ τῶν ἄλλων τι συνιὸν γενῶν μάχηται,
λυόμενα οὐ παύεται, πρὶν ἢ παντάπασιν ὠθούμενα καὶ διαλυ- 5
θέντα ἐκφύγῃ πρὸς τὸ συγγενές, ἢ νικηθέντα, ἓν ἐκ πολλῶν
ὅμοιον τῷ κρατήσαντι γενόμενον, αὐτοῦ σύνοικον μείνῃ. καὶ

d 1 ἂν A : om. F Y d 4 μέχριπερ F Y : ὃ μέχριπερ A ἂν A : om. F Y e 7 ἡμίσεος Y et fecit A[2] : ἡμίσεως A (ut vid.) F b 3 ἐξ A F Y : ἢ ἐξ A[2] (ἢ s. v.) b 4 ταυτὰ F : αὐτὰ A : ταῦτα Y : αὑτὰ Shorey ἴῃ A : ᾖ F : ᾗ Y b 5 καὶ διαλυθέντα A : διάλυτα ὄντα λυθέντα F : διάλυτα ὄντα Y et fecit A[2] (τὰ ὄ s. v.)

c δὴ καὶ κατὰ ταῦτα τὰ παθήματα διαμείβεται τὰς χώρας ἅπαντα· διέστηκεν μὲν γὰρ τοῦ γένους ἑκάστου τὰ πλήθη κατὰ τόπον ἴδιον διὰ τὴν τῆς δεχομένης κίνησιν, τὰ δὲ ἀνομοιούμενα ἑκάστοτε ἑαυτοῖς, ἄλλοις δὲ ὁμοιούμενα, φέ-
5 ρεται διὰ τὸν σεισμὸν πρὸς τὸν ἐκείνων οἷς ἂν ὁμοιωθῇ τόπον.

Ὅσα μὲν οὖν ἄκρατα καὶ πρῶτα σώματα διὰ τοιούτων αἰτιῶν γέγονεν· τὸ δ' ἐν τοῖς εἴδεσιν αὐτῶν ἕτερα ἐμπεφυκέναι γένη τὴν ἑκατέρου τῶν στοιχείων αἰτιατέον σύστασιν,
d μὴ μόνον ἓν ἑκατέραν μέγεθος ἔχον τὸ τρίγωνον φυτεῦσαι κατ' ἀρχάς, ἀλλ' ἐλάττω τε καὶ μείζω, τὸν ἀριθμὸν δὲ ἔχοντα τοσοῦτον ὅσαπερ ἂν ᾖ τἀν τοῖς εἴδεσι γένη. διὸ δὴ συμμειγνύμενα αὐτά τε πρὸς αὑτὰ καὶ πρὸς ἄλληλα τὴν
5 ποικιλίαν ἐστὶν ἄπειρα· ἧς δὴ δεῖ θεωροὺς γίγνεσθαι τοὺς μέλλοντας περὶ φύσεως εἰκότι λόγῳ χρήσεσθαι.

Κινήσεως οὖν στάσεώς τε πέρι, τίνα τρόπον καὶ μεθ' ὧντινων γίγνεσθον, εἰ μή τις διομολογήσεται, πόλλ' ἂν εἴη
e ἐμποδὼν τῷ κατόπισθεν λογισμῷ. τὰ μὲν οὖν ἤδη περὶ αὐτῶν εἴρηται, πρὸς δ' ἐκείνοις ἔτι τάδε, ἐν μὲν ὁμαλότητι μηδέποτε ἐθέλειν κίνησιν ἐνεῖναι. τὸ γὰρ κινησόμενον ἄνευ τοῦ κινήσοντος ἢ τὸ κινῆσον ἄνευ τοῦ κινησομένου χαλεπόν,
5 μᾶλλον δὲ ἀδύνατον, εἶναι· κίνησις δὲ οὐκ ἔστιν τούτων ἀπόντων, ταῦτα δὲ ὁμαλὰ εἶναί ποτε ἀδύνατον. οὕτω δὴ στάσιν μὲν ἐν ὁμαλότητι, κίνησιν δὲ εἰς ἀνωμαλότητα ἀεὶ
58 τιθῶμεν· αἰτία δὲ ἀνισότης αὖ τῆς ἀνωμάλου φύσεως. ἀνισότητος δὲ γένεσιν μὲν διεληλύθαμεν· πῶς δέ ποτε οὐ κατὰ γένη διαχωρισθέντα ἕκαστα πέπαυται τῆς δι' ἀλλήλων κινήσεως καὶ φορᾶς, οὐκ εἴπομεν. ὧδε οὖν πάλιν ἐροῦμεν. ἡ
5 τοῦ παντὸς περίοδος, ἐπειδὴ συμπεριέλαβεν τὰ γένη, κυκλο-

c 1 διαμείβεται A F Y : μεταμείβεται A² (μετα s. v.) c 8 τὸ A Vat. 228 : τοῦ F Y d 1 ἓν ἑκατέραν F Y : ενεκατεραν A : ἐν ἑκατέρᾳ fecit A² d 3 διὸ δὴ A F Y : δύο δὲ vulg. d 7 οὖν÷ ÷στάσεως A : οὖν ξυνστάσεώς F : οἷν ξυστάσεώς Y e 3 ἐνεῖναι A : εἶναι F Y Simpl.

τερὴς οὖσα καὶ πρὸς αὑτὴν πεφυκυῖα βούλεσθαι συνιέναι,
σφίγγει πάντα καὶ κενὴν χώραν οὐδεμίαν ἐᾷ λείπεσθαι. διὸ
δὴ πῦρ μὲν εἰς ἅπαντα διελήλυθε μάλιστα, ἀὴρ δὲ δεύτερον, b
ὡς λεπτότητι δεύτερον ἔφυ, καὶ τἆλλα ταύτῃ· τὰ γὰρ ἐκ
μεγίστων μερῶν γεγονότα μεγίστην κενότητα ἐν τῇ συστάσει
παραλέλοιπεν, τὰ δὲ σμικρότατα ἐλαχίστην. ἡ δὴ τῆς πιλή-
σεως σύνοδος τὰ σμικρὰ εἰς τὰ τῶν μεγάλων διάκενα συνωθεῖ. 5
σμικρῶν οὖν παρὰ μεγάλα τιθεμένων καὶ τῶν ἐλαττόνων τὰ
μείζονα διακρινόντων, τῶν δὲ μειζόνων ἐκεῖνα συγκρινόντων,
πάντ' ἄνω κάτω μεταφέρεται πρὸς τοὺς ἑαυτῶν τόπους·
μεταβάλλον γὰρ τὸ μέγεθος ἕκαστον καὶ τὴν τόπων μετα- c
βάλλει στάσιν. οὕτω δὴ διὰ ταῦτά τε ἡ τῆς ἀνωμαλότητος
διασῳζομένη γένεσις ἀεὶ τὴν ἀεὶ κίνησιν τούτων οὖσαν
ἐσομένην τε ἐνδελεχῶς παρέχεται.

Μετὰ δὴ ταῦτα δεῖ νοεῖν ὅτι πυρός τε γένη πολλὰ γέγονεν, 5
οἷον φλὸξ τό τε ἀπὸ τῆς φλογὸς ἀπιόν, ὃ κάει μὲν οὔ, φῶς
δὲ τοῖς ὄμμασιν παρέχει, τό τε φλογὸς ἀποσβεσθείσης ἐν
τοῖς διαπύροις καταλειπόμενον αὐτοῦ· κατὰ ταὐτὰ δὲ ἀέρος, d
τὸ μὲν εὐαγέστατον ἐπίκλην αἰθὴρ καλούμενος, ὁ δὲ θολερώ-
τατος ὁμίχλη τε καὶ σκότος, ἕτερά τε ἀνώνυμα εἴδη, γεγονότα
διὰ τὴν τῶν τριγώνων ἀνισότητα. τὰ δὲ ὕδατος διχῇ μὲν
πρῶτον, τὸ μὲν ὑγρόν, τὸ δὲ χυτὸν γένος αὐτοῦ. τὸ μὲν οὖν 5
ὑγρὸν διὰ τὸ μετέχον εἶναι τῶν γενῶν τῶν ὕδατος ὅσα σμικρά,
ἀνίσων ὄντων, κινητικὸν αὐτό τε καθ' αὑτὸ καὶ ὑπ' ἄλλου διὰ
τὴν ἀνωμαλότητα καὶ τὴν τοῦ σχήματος ἰδέαν γέγονεν· τὸ
δὲ ἐκ μεγάλων καὶ ὁμαλῶν στασιμώτερον μὲν ἐκείνου καὶ e
βαρὺ πεπηγὸς ὑπὸ ὁμαλότητός ἐστιν, ὑπὸ δὲ πυρὸς εἰσιόντος
καὶ διαλύοντος αὐτὸ τὴν ὁμαλότητα ἀποβάλλει, ταύτην δὲ

b 8 ἄνω κάτω A F : ἄνω καὶ κάτω P Y et καὶ s. v. A[2] c 1 μεταβάλλον P : μεταβάλλων F : μεταβαλον A (add. acc. et alterum λ s. v. A[2]) c 6 ἀπιὸν F Gal. : ἁπτὸν A : ἅπτον Y d 2 ὁ δὲ θολερώτατος A Y : ὃ δὲ θολερώτατον F d 6 μετέχον A F Y : μέτοχον A[2] (ο s. v.) γενῶν] μερῶν ci. Archer-Hind e 3 διαλύοντος A F Y : διαιροῦντος A[2] (αιρου supra αλυο) ἀποβάλλει, ταύτην δὲ ἀπολέσαν A[2] (add. ποβάλλει ταύτην δὲ ἀ extra versum) : ἀπολέσαν A F Y

ἀπολέσαν μετίσχει μᾶλλον κινήσεως, γενόμενον δὲ εὐκίνητον,
5 ὑπὸ τοῦ πλησίον ἀέρος ὠθούμενον καὶ κατατεινόμενον ἐπὶ
γῆν, τήκεσθαι μὲν τὴν τῶν ὄγκων καθαίρεσιν, ῥοὴν δὲ τὴν
κατάτασιν ἐπὶ γῆν ἐπωνυμίαν ἑκατέρου τοῦ πάθους ἔλαβεν.
59 πάλιν δ' ἐκπίπτοντος αὐτόθεν τοῦ πυρός, ἅτε οὐκ εἰς κενὸν
ἐξιόντος, ὠθούμενος ὁ πλησίον ἀὴρ εὐκίνητον ὄντα ἔτι τὸν
ὑγρὸν ὄγκον εἰς τὰς τοῦ πυρὸς ἕδρας συνωθῶν αὐτὸν αὑτῷ
συμμείγνυσιν· ὁ δὲ συνωθούμενος ἀπολαμβάνων τε τὴν
5 ὁμαλότητα πάλιν, ἅτε τοῦ τῆς ἀνωμαλότητος δημιουργοῦ
πυρὸς ἀπιόντος, εἰς ταὐτὸν αὑτῷ καθίσταται. καὶ τὴν μὲν
τοῦ πυρὸς ἀπαλλαγὴν ψῦξιν, τὴν δὲ σύνοδον ἀπελθόντος
ἐκείνου πεπηγὸς εἶναι γένος προσερρήθη. τούτων δὴ πάν-
b των ὅσα χυτὰ προσείπομεν ὕδατα, τὸ μὲν ἐκ λεπτοτάτων
καὶ ὁμαλωτάτων πυκνότατον γιγνόμενον, μονοειδὲς γένος,
στίλβοντι καὶ ξανθῷ χρώματι κοινωθέν, τιμαλφέστατον
κτῆμα χρυσὸς ἠθημένος διὰ πέτρας ἐπάγη· χρυσοῦ δὲ ὄζος,
5 διὰ πυκνότητα σκληρότατον ὂν καὶ μελανθέν, ἀδάμας ἐκλήθη.
τὸ δ' ἐγγὺς μὲν χρυσοῦ τῶν μερῶν, εἴδη δὲ πλείονα ἑνὸς ἔχον,
πυκνότητι δέ, τῇ μὲν χρυσοῦ πυκνότερον ὄν, καὶ γῆς μόριον
ὀλίγον καὶ λεπτὸν μετασχόν, ὥστε σκληρότερον εἶναι, τῷ
c δὲ μεγάλα ἐντὸς αὑτοῦ διαλείμματα ἔχειν κουφότερον, τῶν
λαμπρῶν πηκτῶν τε ἓν γένος ὑδάτων χαλκὸς συσταθεὶς
γέγονεν· τὸ δ' ἐκ γῆς αὐτῷ μειχθέν, ὅταν παλαιουμένω
διαχωρίζησθον πάλιν ἀπ' ἀλλήλων, ἐκφανὲς καθ' αὑτὸ γιγνό-
5 μενον ἰὸς λέγεται. τἆλλα δὲ τῶν τοιούτων οὐδὲν ποικίλον
ἔτι διαλογίσασθαι τὴν τῶν εἰκότων μύθων μεταδιώκοντα
ἰδέαν· ἣν ὅταν τις ἀναπαύσεως ἕνεκα τοὺς περὶ τῶν ὄντων
ἀεὶ καταθέμενος λόγους, τοὺς γενέσεως πέρι διαθεώμενος

e 7 κατάτασιν ci. Stephanus: κατάστασιν A F Y γῆν A F Y: τὴν A² (τ s.v.) b 1 ἐκ F Y: λοιπὸν ἐκ A sed λοιπὸν punct. not. b 5 ἐκλήθη F Y: om. A b 6 πλείονα F et fecit A² (ει ex ε et α s.v.): πλέον A Y b 7 δὲ τῇ A: om. F Y: δ' ἔτι Hermann c 3 πηκτῶν A F Y: τικτῶν A² (τι s.v.) c 3 παλαιουμένωι A c 6 ἔτι A: om. F: ἐστὶ Y c 8 καταθέμενος A F Y: κατατιθέμενος A² (τι s.v.)

εἰκότας ἀμεταμέλητον ἡδονὴν κτᾶται, μέτριον ἂν ἐν τῷ βίῳ d
παιδιὰν καὶ φρόνιμον ποιοῖτο. ταύτῃ δὴ καὶ τὰ νῦν ἐφέντες
τὸ μετὰ τοῦτο τῶν αὐτῶν πέρι τὰ ἑξῆς εἰκότα δίιμεν τῇδε.
τὸ πυρὶ μεμειγμένον ὕδωρ, ὅσον λεπτὸν ὑγρόν τε διὰ τὴν
κίνησιν καὶ τὴν ὁδὸν ἣν κυλινδούμενον ἐπὶ γῆς ὑγρὸν λέγεται, 5
μαλακόν τε αὖ τῷ τὰς βάσεις ἧττον ἑδραίους οὔσας ἢ τὰς γῆς
ὑπείκειν, τοῦτο ὅταν πυρὸς ἀποχωρισθὲν ἀέρος τε μονωθῇ,
γέγονεν μὲν ὁμαλώτερον, συνέωσται δὲ ὑπὸ τῶν ἐξιόντων e
εἰς αὐτό, παγέν τε οὕτως τὸ μὲν ὑπὲρ γῆς μάλιστα παθὸν
ταῦτα χάλαζα, τὸ δ' ἐπὶ γῆς κρύσταλλος, τὸ δὲ ἧττον, ἡμιπαγές
τε ὂν ἔτι, τὸ μὲν ὑπὲρ γῆς αὖ χιών, τὸ δ' ἐπὶ γῆς συμπαγὲν
ἐκ δρόσου γενόμενον πάχνη λέγεται. τὰ δὲ δὴ πλεῖστα 5
ὑδάτων εἴδη μεμειγμένα ἀλλήλοις—σύμπαν μὲν τὸ γένος,
διὰ τῶν ἐκ γῆς φυτῶν ἠθημένα, χυμοὶ λεγόμενοι—διὰ δὲ τὰς 60
μείξεις ἀνομοιότητα ἕκαστοι σχόντες τὰ μὲν ἄλλα πολλὰ
ἀνώνυμα γένη παρέσχοντο, τέτταρα δὲ ὅσα ἔμπυρα εἴδη,
διαφανῆ μάλιστα γενόμενα, εἴληφεν ὀνόματα αὐτῶν, τὸ μὲν
τῆς ψυχῆς μετὰ τοῦ σώματος θερμαντικὸν οἶνος, τὸ δὲ λεῖον 5
καὶ διακριτικὸν ὄψεως διὰ ταῦτά τε ἰδεῖν λαμπρὸν καὶ στίλβον
λιπαρόν τε φανταζόμενον ἐλαιηρὸν εἶδος, πίττα καὶ κίκι καὶ
ἔλαιον αὐτὸ ὅσα τ' ἄλλα τῆς αὐτῆς δυνάμεως· ὅσον δὲ δια-
χυτικὸν μέχρι φύσεως τῶν περὶ τὸ στόμα συνόδων, ταύτῃ b
τῇ δυνάμει γλυκύτητα παρεχόμενον, μέλι τὸ κατὰ πάντων
μάλιστα πρόσρημα ἔσχεν, τὸ δὲ τῆς σαρκὸς διαλυτικὸν τῷ
κάειν, ἀφρῶδες γένος, ἐκ πάντων ἀφορισθὲν τῶν χυμῶν,
ὀπὸς ἐπωνομάσθη. 5

Γῆς δὲ εἴδη, τὸ μὲν ἠθημένον διὰ ὕδατος τοιῷδε τρόπῳ
γίγνεται σῶμα λίθινον. τὸ συμμιγὲς ὕδωρ ὅταν ἐν τῇ
συμμείξει κοπῇ, μετέβαλεν εἰς ἀέρος ἰδέαν· γενόμενος δὲ

d 2 παιδιὰν Y : παιδείαν A F ἐφέντες Y : ἀφέντες A F d 5 ὑγρὸν A F Y Stob. : ὕδωρ s. v. A² d 6 αὖ τῷ scr. recc. : αὐτῷ A F Stob. : αὖ τὸ Y d 7 ὅταν A Stob. : δ' ὅταν F Y e 3 ταῦτα] τοιαῦτα Stob. e 6 ὑδάτων F Y : τῶν ὑδάτων A a 2 σχόντες A : ἴσχοντες F : ἔχοντες Y a 7 γρ. κίκι in marg. A : κίκι corr. Y : τήκει A : κήκια F b 7 ξυμμιγὲς A : ξυμμιγὲν F : ξυμπαγὲν Y

c ἀὴρ εἰς τὸν ἑαυτοῦ τόπον ἀναθεῖ. κενὸν δ' ὑπερεῖχεν
αὐτῶν οὐδέν· τὸν οὖν πλησίον ἔωσεν ἀέρα. ὁ δὲ ἅτε ὢν
βαρύς, ὠσθεὶς καὶ περιχυθεὶς τῷ τῆς γῆς ὄγκῳ, σφόδρα
ἔθλιψεν συνέωσέν τε αὐτὸν εἰς τὰς ἕδρας ὅθεν ἀνῄει ὁ νέος
5 ἀήρ· συνωσθεῖσα δὲ ὑπὸ ἀέρος ἀλύτως ὕδατι γῆ συνίσταται
πέτρα, καλλίων μὲν ἡ τῶν ἴσων καὶ ὁμαλῶν διαφανὴς μερῶν,
αἰσχίων δὲ ἡ ἐναντία. τὸ δὲ ὑπὸ πυρὸς τάχους τὸ νοτερὸν
d πᾶν ἐξαρπασθὲν καὶ κραυρότερον ἐκείνου συστάν, ᾧ γένει
κέραμον ἐπωνομάκαμεν, τοῦτο γέγονεν· ἔστιν δὲ ὅτε νοτίδος
ὑπολειφθείσης χυτὴ γῆ γενομένη διὰ πυρὸς ὅταν ψυχθῇ,
γίγνεται τὸ μέλαν χρῶμα ἔχον λίθος. τὼ δ' αὖ κατὰ ταὐτὰ
5 μὲν ταῦτα ἐκ συμμείξεως ὕδατος ἀπομονουμένω πολλοῦ,
λεπτοτέρων δὲ ἐκ γῆς μερῶν ἁλμυρώ τε ὄντε, ἡμιπαγῆ γενο-
μένω καὶ λυτὼ πάλιν ὑφ' ὕδατος, τὸ μὲν ἐλαίου καὶ γῆς
καθαρτικὸν γένος λίτρον, τὸ δ' εὐάρμοστον ἐν ταῖς κοινωνίαις
e ταῖς περὶ τὴν τοῦ στόματος αἴσθησιν ἁλῶν κατὰ λόγον
[νόμου] θεοφιλὲς σῶμα ἐγένετο. τὰ δὲ κοινὰ ἐξ ἀμφοῖν
ὕδατι μὲν οὐ λυτά, πυρὶ δέ, διὰ τὸ τοιόνδε οὕτω συμπήγνυται.
γῆς ὄγκους πῦρ μὲν ἀήρ τε οὐ τήκει· τῆς γὰρ συστάσεως
5 τῶν διακένων αὐτῆς σμικρομερέστερα πεφυκότα, διὰ πολλῆς
εὐρυχωρίας ἰόντα, οὐ βιαζόμενα, ἄλυτον αὐτὴν ἐάσαντα
ἄτηκτον παρέσχεν· τὰ δὲ ὕδατος ἐπειδὴ μείζω πέφυκεν μέρη,
βίαιον ποιούμενα τὴν διέξοδον, λύοντα αὐτὴν τήκει. γῆν

c 1 δ' ὑπερεῖχεν F : δυπερειχεν A : δὲ οὐ περιεῖχεν fecit A[2] : δ' ὑπῆρχεν Y c 2 αὐτῶν AFY : αὐτὸν fecit A[2] c 4 ἀνῄει A : ἀνίη A[2] (ι et η s.v.) : ἀνείη F : ἀνήειν Y c 5 ἀλύτως AFY : ἀλύτῳ A[2] (ι s.v.) d 1 κραυρότερον A (sed υρό in ras.) FY : γρ. κρατέστερον in marg. A d 4 γίγνεται A : γέγονε FY τὸ ... ἔχον FY et ο s.v. A[2] : τὸ ... ἔχων A λίθος] (τὸ ... ἔχον) εἶδος Hermann τὼ Schneider : τῷ AY : τὸ F d 5 ταῦτα FY : τὰ A ἀπομονουμένω Schneider : ἀπομονουμενῷ Y et fecit A[2] (ι s.v.) : ἀπομο**νουμένων A et in marg. ιω A : ἀπολιθουμένω F d 6 ἁλμυρῷ τε ὄντι ἡμιπαγεῖ γενομένῳ libri : corr. Schneider d 7 λυτὼ Schneider : λυτῷ ci. Stephanus : αὐτῷ AFY d 8 λίτρον A : νίτρον FY e 1 κατὰ λόγον νόμου AFY : κατὰ νόμον ἀνθρώπων Plut. : νόμου seclusi (λόγον νόμον fuit) e 3 ξυμπήγνυται FY : ξυμπηγνύναι A (sed ν fort. refictum) e 5 πεφυκότα FY : φαίνεται πεφυκότα A (sed φαίνεται punct. not.) e 8 γῆν FY : τὴν A

μὲν γὰρ ἀσύστατον ὑπὸ βίας οὕτως ὕδωρ μόνον λύει, 61
συνεστηκυῖαν δὲ πλὴν πυρὸς οὐδέν· εἴσοδος γὰρ οὐδενὶ πλὴν
πυρὶ λέλειπται. τὴν δὲ ὕδατος αὖ σύνοδον τὴν μὲν βιαιο-
τάτην πῦρ μόνον, τὴν δὲ ἀσθενεστέραν ἀμφότερα, πῦρ τε
καὶ ἀήρ, διαχεῖτον, ὁ μὲν κατὰ τὰ διάκενα, τὸ δὲ καὶ κατὰ 5
τὰ τρίγωνα· βίᾳ δὲ ἀέρα συστάντα οὐδὲν λύει πλὴν κατὰ
τὸ στοιχεῖον, ἀβίαστον δὲ κατατήκει μόνον πῦρ. τὰ δὴ τῶν
συμμείκτων ἐκ γῆς τε καὶ ὕδατος σωμάτων, μέχριπερ ἂν
ὕδωρ αὐτοῦ τὰ τῆς γῆς διάκενα καὶ βίᾳ συμπεπιλημένα κατ- b
έχῃ, τὰ μὲν ὕδατος ἐπιόντα ἔξωθεν εἴσοδον οὐκ ἔχοντα μέρη
περιρρέοντα τὸν ὅλον ὄγκον ἄτηκτον εἴασεν, τὰ δὲ πυρὸς
εἰς τὰ τῶν ὑδάτων διάκενα εἰσιόντα, ὅπερ ὕδωρ γῆν, τοῦτο
πῦρ [ἀέρα] ἀπεργαζόμενα, τηχθέντι τῷ κοινῷ σώματι ῥεῖν 5
μόνα αἴτια συμβέβηκεν· τυγχάνει δὲ ταῦτα ὄντα, τὰ μὲν
ἔλαττον ἔχοντα ὕδατος ἢ γῆς, τό τε περὶ τὴν ὕαλον γένος
ἅπαν ὅσα τε λίθων χυτὰ εἴδη καλεῖται, τὰ δὲ πλέον ὕδατος c
αὖ, πάντα ὅσα κηροειδῆ καὶ θυμιατικὰ σώματα συμπήγνυται.

Καὶ τὰ μὲν δὴ σχήμασι κοινωνίαις τε καὶ μεταλλαγαῖς
εἰς ἄλληλα πεποικιλμένα εἴδη σχεδὸν ἐπιδέδεικται· τὰ δὲ
παθήματα αὐτῶν δι' ἃς αἰτίας γέγονεν πειρατέον ἐμφανίζειν. 5
πρῶτον μὲν οὖν ὑπάρχειν αἴσθησιν δεῖ τοῖς λεγομένοις ἀεί,
σαρκὸς δὲ καὶ τῶν περὶ σάρκα γένεσιν, ψυχῆς τε ὅσον
θνητόν, οὔπω διεληλύθαμεν· τυγχάνει δὲ οὔτε ταῦτα χωρὶς
τῶν περὶ τὰ παθήματα ὅσα αἰσθητικὰ οὔτ' ἐκεῖνα ἄνευ τού- d
των δυνατὰ ἱκανῶς λεχθῆναι, τὸ δὲ ἅμα σχεδὸν οὐ δυνατόν.
ὑποθετέον δὴ πρότερον θάτερα, τὰ δ' ὑποτεθέντα ἐπάνιμεν
αὖθις. ἵνα οὖν ἑξῆς τὰ παθήματα λέγηται τοῖς γένεσιν,
ἔστω πρότερα ἡμῖν τὰ περὶ σῶμα καὶ ψυχὴν ὄντα. πρῶτον 5

a 6 τὰ Y et s. v. A²: om. AF a 7 πῦρ FY: πυρί A δὴ F: δὲ δὴ A: δὲ Y b 4 τοῦτο F: τοῦτο ÷ ÷ A: τοῦτο δὲ Y b 5 ἀέρα om. Schneider: πῦρ secl. ci. Stephanus: πῦρ ἀέρα om. Archer-Hind: τοῦθ' ὕδωρ ci. idem: πῦρ ὕδωρ ci. Cook Wilson b 7 ὕαλον A: ὕελον FY c 3 σχήμασι AFY: σχήματα edd. recc. c 4 εἴδη Y: ἤδη AF d 1 αἰσθητικὰ] αἰσθητὰ Archer-Hind d 2 δυνατὰ Lindau: δύναται AFY

μὲν οὖν ᾗ πῦρ θερμὸν λέγομεν, ἴδωμεν ὧδε σκοποῦντες, τὴν διάκρισιν καὶ τομὴν αὐτοῦ περὶ τὸ σῶμα ἡμῶν γιγνομένην
e ἐννοηθέντες. ὅτι μὲν γὰρ ὀξύ τι τὸ πάθος, πάντες σχεδὸν αἰσθανόμεθα· τὴν δὲ λεπτότητα τῶν πλευρῶν καὶ γωνιῶν ὀξύτητα τῶν τε μορίων σμικρότητα καὶ τῆς φορᾶς τὸ τάχος, οἷς πᾶσι σφοδρὸν ὂν καὶ τομὸν ὀξέως τὸ προστυχὸν ἀεὶ
62 τέμνει, λογιστέον ἀναμιμνῃσκομένοις τὴν τοῦ σχήματος αὐτοῦ γένεσιν, ὅτι μάλιστα ἐκείνη καὶ οὐκ ἄλλη φύσις διακρίνουσα ἡμῶν κατὰ σμικρά τε τὰ σώματα κερματίζουσα τοῦτο ὃ νῦν θερμὸν λέγομεν εἰκότως τὸ πάθημα καὶ τοὔνομα
5 παρέσχεν. τὸ δ' ἐναντίον τούτων κατάδηλον μέν, ὅμως δὲ μηδὲν ἐπιδεὲς ἔστω λόγου. τὰ γὰρ δὴ τῶν περὶ τὸ σῶμα ὑγρῶν μεγαλομερέστερα εἰσιόντα, τὰ σμικρότερα ἐξωθοῦντα, εἰς τὰς ἐκείνων οὐ δυνάμενα ἕδρας ἐνδῦναι, συνωθοῦντα ἡμῶν
b τὸ νοτερόν, ἐξ ἀνωμάλου κεκινημένου τε ἀκίνητον δι' ὁμαλότητα καὶ τὴν σύνωσιν ἀπεργαζόμενα πήγνυσιν· τὸ δὲ παρὰ φύσιν συναγόμενον μάχεται κατὰ φύσιν αὐτὸ ἑαυτὸ εἰς τοὐναντίον ἀπωθοῦν. τῇ δὴ μάχῃ καὶ τῷ σεισμῷ τούτῳ
5 τρόμος καὶ ῥῖγος ἐτέθη, ψυχρόν τε τὸ πάθος ἅπαν τοῦτο καὶ τὸ δρῶν αὐτὸ ἔσχεν ὄνομα. σκληρὸν δέ, ὅσοις ἂν ἡμῶν ἡ σὰρξ ὑπείκῃ, μαλακὸν δέ, ὅσα ἂν τῇ σαρκί· πρὸς ἄλληλά τε οὕτως. ὑπείκει δὲ ὅσον ἐπὶ σμικροῦ βαίνει· τὸ δὲ ἐκ
c τετραγώνων ὂν βάσεων, ἅτε βεβηκὸς σφόδρα, ἀντιτυπώτατον εἶδος, ὅτι τε ἂν εἰς πυκνότητα συνιὸν πλείστην ἀντίτονον ᾖ μάλιστα. βαρὺ δὲ καὶ κοῦφον μετὰ τῆς τοῦ κάτω φύσεως ἄνω τε λεγομένης ἐξεταζόμενον ἂν δηλωθείη σαφέστατα.
5 φύσει γὰρ δή τινας τόπους δύο εἶναι διειληφότας διχῇ τὸ πᾶν ἐναντίους, τὸν μὲν κάτω, πρὸς ὃν φέρεται πάνθ' ὅσα τινὰ ὄγκον σώματος ἔχει, τὸν δὲ ἄνω, πρὸς ὃν ἀκουσίως ἔρχεται πᾶν, οὐκ ὀρθὸν οὐδαμῇ νομίζειν· τοῦ γὰρ παντὸς
d οὐρανοῦ σφαιροειδοῦς ὄντος, ὅσα μὲν ἀφεστῶτα ἴσον τοῦ

d 6 ὧδε A F Y : γρ. ἤδη in marg. A b 1 ἀκίνητον A F Y : γρ. ἀεὶ in marg. A (i. e. ἀεὶ κινητὸν) b 8 τε F Y : γε A sed τ s. v. A²

μέσου γέγονεν ἔσχατα, ὁμοίως αὐτὰ χρὴ ἔσχατα πεφυκέναι,
τὸ δὲ μέσον τὰ αὐτὰ μέτρα τῶν ἐσχάτων ἀφεστηκὸς ἐν τῷ
καταντικρὺ νομίζειν δεῖ πάντων εἶναι. τοῦ δὴ κόσμου ταύτῃ
πεφυκότος, τί τῶν εἰρημένων ἄνω τις ἢ κάτω τιθέμενος οὐκ 5
ἐν δίκῃ δόξει τὸ μηδὲν προσῆκον ὄνομα λέγειν; ὁ μὲν γὰρ
μέσος ἐν αὐτῷ τόπος οὔτε κάτω πεφυκὼς οὔτε ἄνω λέγεσθαι
δίκαιος, ἀλλ' αὐτὸ ἐν μέσῳ· ὁ δὲ πέριξ οὔτε δὴ μέσος οὔτ'
ἔχων διάφορον αὑτοῦ μέρος ἕτερον θατέρου μᾶλλον πρὸς τὸ
μέσον ἤ τι τῶν καταντικρύ. τοῦ δὲ ὁμοίως πάντῃ πεφυκότος 10
ποῖά τις ἐπιφέρων ὀνόματα αὐτῷ ἐναντία καὶ πῇ καλῶς ἂν
ἡγοῖτο λέγειν; εἰ γάρ τι καὶ στερεὸν εἴη κατὰ μέσον τοῦ
παντὸς ἰσοπαλές, εἰς οὐδὲν ἄν ποτε τῶν ἐσχάτων ἐνεχθείη διὰ 63
τὴν πάντῃ ὁμοιότητα αὐτῶν· ἀλλ' εἰ καὶ περὶ αὐτὸ πορεύοιτό
τις ἐν κύκλῳ, πολλάκις ἂν στὰς ἀντίπους ταὐτὸν αὐτοῦ κάτω
καὶ ἄνω προσείποι. τὸ μὲν γὰρ ὅλον, καθάπερ εἴρηται
νυνδή, σφαιροειδὲς ὄν, τόπον τινὰ κάτω, τὸν δὲ ἄνω λέγειν 5
ἔχειν οὐκ ἔμφρονος· ὅθεν δὲ ὠνομάσθη ταῦτα καὶ ἐν οἷς
ὄντα εἰθίσμεθα δι' ἐκεῖνα καὶ τὸν οὐρανὸν ὅλον οὕτω διαι-
ρούμενοι λέγειν, ταῦτα διομολογητέον ὑποθεμένοις τάδε ἡμῖν. b
εἴ τις ἐν τῷ τοῦ παντὸς τόπῳ καθ' ὃν ἡ τοῦ πυρὸς εἴληχε
μάλιστα φύσις, οὗ καὶ πλεῖστον ἂν ἠθροισμένον εἴη πρὸς ὃ
φέρεται, ἐπεμβὰς ἐπ' ἐκεῖνο καὶ δύναμιν εἰς τοῦτο ἔχων,
μέρη τοῦ πυρὸς ἀφαιρῶν ἱσταίη τιθεὶς εἰς πλάστιγγας, αἴρων 5
τὸν ζυγὸν καὶ τὸ πῦρ ἕλκων εἰς ἀνόμοιον ἀέρα βιαζόμενος
δῆλον ὡς τοὔλαττόν που τοῦ μείζονος ῥᾷον βιᾶται· ῥώμῃ c
γὰρ μιᾷ δυοῖν ἅμα μετεωριζομένοιν τὸ μὲν ἔλαττον μᾶλλον,
τὸ δὲ πλέον ἧττον ἀνάγκῃ που κατατεινόμενον συνέπεσθαι
τῇ βίᾳ, καὶ τὸ μὲν πολὺ βαρὺ καὶ κάτω φερόμενον κληθῆναι,
τὸ δὲ σμικρὸν ἐλαφρὸν καὶ ἄνω. ταὐτὸν δὴ τοῦτο δεῖ 5

d 7 ἐν|÷αὐτῶι A   d 8 αὐτὸ A: αὐτὸν F: αὖ τὸ Y Stob.
d 11 ἂν F Y Stob.: om. A   a 5 τόπον÷τινὰ A   b 2 καθ'
secl. ci. Stallbaum   b 3 πρὸς ὃ φέρεται Y: πρόσω|÷φέρεται A:
προσφέρεται F   b 5 ἱσταίη A: εἰ in marg. A (i. e. εἰ ἱσταίη): ἱστᾷ·
ἣ F Y

φωρᾶσαι δρῶντας ἡμᾶς περὶ τόνδε τὸν τόπον. ἐπὶ γὰρ γῆς
βεβῶτες γεώδη γένη διιστάμενοι, καὶ γῆν ἐνίοτε αὐτήν, ἕλ-
κομεν εἰς ἀνόμοιον ἀέρα βίᾳ καὶ παρὰ φύσιν, ἀμφότερα τοῦ
d συγγενοῦς ἀντεχόμενα, τὸ δὲ σμικρότερον ῥᾷον τοῦ μείζονος
βιαζομένοις εἰς τὸ ἀνόμοιον πρότερον συνέπεται· κοῦφον οὖν
αὐτὸ προσειρήκαμεν, καὶ τὸν τόπον εἰς ὃν βιαζόμεθα, ἄνω, τὸ
δ' ἐναντίον τούτοις πάθος βαρὺ καὶ κάτω. ταῦτ' οὖν δὴ
5 διαφόρως ἔχειν αὐτὰ πρὸς αὑτὰ ἀνάγκη διὰ τὸ τὰ πλήθη τῶν
γενῶν τόπον ἐναντίον ἄλλα ἄλλοις κατέχειν—τὸ γὰρ ἐν
ἑτέρῳ κοῦφον ὂν τόπῳ τῷ κατὰ τὸν ἐναντίον τόπον ἐλαφρῷ
e καὶ τῷ βαρεῖ τὸ βαρὺ τῷ τε κάτω τὸ κάτω καὶ τὸ ἄνω τῷ
ἄνω πάντ' ἐναντία καὶ πλάγια καὶ πάντως διάφορα πρὸς
ἄλληλα ἀνευρεθήσεται γιγνόμενα καὶ ὄντα—τόδε γε μὴν ἕν
τι διανοητέον περὶ πάντων αὐτῶν, ὡς ἡ μὲν πρὸς τὸ συγ-
5 γενὲς ὁδὸς ἑκάστοις οὖσα βαρὺ μὲν τὸ φερόμενον ποιεῖ, τὸν
δὲ τόπον εἰς ὃν τὸ τοιοῦτον φέρεται, κάτω, τὰ δὲ τούτοις
ἔχοντα ὡς ἑτέρως θάτερα. περὶ δὴ τούτων αὖ τῶν παθη-
μάτων ταῦτα αἴτια εἰρήσθω. λείου δ' αὖ καὶ τραχέος
παθήματος αἰτίαν πᾶς που κατιδὼν καὶ ἑτέρῳ δυνατὸς ἂν
10 εἴη λέγειν· σκληρότης γὰρ ἀνωμαλότητι μειχθεῖσα, τὸ δ'
64 ὁμαλότης πυκνότητι παρέχεται.

Μέγιστον δὲ καὶ λοιπὸν τῶν κοινῶν περὶ ὅλον τὸ σῶμα
παθημάτων τὸ τῶν ἡδέων καὶ τῶν ἀλγεινῶν αἴτιον ἐν οἷς
διεληλύθαμεν, καὶ ὅσα διὰ τῶν τοῦ σώματος μορίων αἰσθή-
5 σεις κεκτημένα καὶ λύπας ἐν αὑτοῖς ἡδονάς θ' ἅμα ἑπομένας
ἔχει. ὧδ' οὖν κατὰ παντὸς αἰσθητοῦ καὶ ἀναισθήτου παθή-
ματος τὰς αἰτίας λαμβάνωμεν, ἀναμιμνῃσκόμενοι τὸ τῆς
b εὐκινήτου τε καὶ δυσκινήτου φύσεως ὅτι διειλόμεθα ἐν τοῖς
πρόσθεν· ταύτῃ γὰρ δὴ μεταδιωκτέον πάντα ὅσα ἐπινοοῦμεν

d 2 βιαζομένοις A F Y : βιαζομένους A² (υ s. v.) e 1 τὸ ἄνω τῷ A Y : τῷ ἄνω τὸ A² : τὸ ἄνω τὸ F e 3 ἀνευρεθήσεται scr. rec. : ἂν εὑρεθήσεται A F Y τόδε γε Y et fecit A² (δε s. v.) : τὸ δὲ γὲ F : τό γε A e 10 ἀνωμαλότητι A F Y : ὁμαλότητι A² (ἀν punct. not. et ὁ s. v.) a 7 λαμβάνωμεν A (ut vid.) : λαμβάνομεν A² F Y b 2 δὴ A : om. F Y Stob.

ἐλεῖν. τὸ μὲν γὰρ κατὰ φύσιν εὐκίνητον, ὅταν καὶ βραχὺ πάθος εἰς αὐτὸ ἐμπίπτῃ, διαδίδωσιν κύκλῳ μόρια ἕτερα ἑτέροις ταὐτὸν ἀπεργαζόμενα, μέχριπερ ἂν ἐπὶ τὸ φρόνιμον 5 ἐλθόντα ἐξαγγείλῃ τοῦ ποιήσαντος τὴν δύναμιν· τὸ δ' ἐναντίον ἑδραῖον ὂν κατ' οὐδένα τε κύκλον ἰὸν πάσχει μόνον, ἄλλο δὲ οὐ κινεῖ τῶν πλησίον, ὥστε οὐ διαδιδόντων μορίων c μορίοις ἄλλων ἄλλοις τὸ πρῶτον πάθος ἐν αὐτοῖς ἀκίνητον εἰς τὸ πᾶν ζῷον γενόμενον ἀναίσθητον παρέσχεν τὸ παθόν. ταῦτα δὲ περί τε ὀστᾶ καὶ τὰς τρίχας ἐστὶν καὶ ὅσ' ἄλλα γήινα τὸ πλεῖστον ἔχομεν ἐν ἡμῖν μόρια· τὰ δὲ ἔμπροσθεν 5 περὶ τὰ τῆς ὄψεως καὶ ἀκοῆς μάλιστα, διὰ τὸ πυρὸς ἀέρος τε ἐν αὐτοῖς δύναμιν ἐνεῖναι μεγίστην. τὸ δὴ τῆς ἡδονῆς καὶ λύπης ὧδε δεῖ διανοεῖσθαι· τὸ μὲν παρὰ φύσιν καὶ βίαιον γιγνόμενον ἁθρόον παρ' ἡμῖν πάθος ἀλγεινόν, τὸ δ' d εἰς φύσιν ἀπιὸν πάλιν ἁθρόον ἡδύ, τὸ δὲ ἠρέμα καὶ κατὰ σμικρὸν ἀναίσθητον, τὸ δ' ἐναντίον τούτοις ἐναντίως. τὸ δὲ μετ' εὐπετείας γιγνόμενον ἅπαν αἰσθητὸν μὲν ὅτι μάλιστα, λύπης δὲ καὶ ἡδονῆς οὐ μετέχον, οἷον τὰ περὶ τὴν ὄψιν 5 αὐτὴν παθήματα, ἣ δὴ σῶμα ἐν τοῖς πρόσθεν ἐρρήθη καθ' ἡμέραν συμφυὲς ἡμῶν γίγνεσθαι. ταύτῃ γὰρ τομαὶ μὲν καὶ καύσεις καὶ ὅσα ἄλλα πάσχει λύπας οὐκ ἐμποιοῦσιν, οὐδὲ ἡδονὰς πάλιν ἐπὶ ταὐτὸν ἀπιούσης εἶδος, μέγισται δὲ αἰσθή- e σεις καὶ σαφέσταται καθ' ὅτι τ' ἂν πάθῃ καὶ ὅσων ἂν αὐτή πῃ προσβαλοῦσα ἐφάπτηται· βία γὰρ τὸ πάμπαν οὐκ ἔνι τῇ διακρίσει τε αὐτῆς καὶ συγκρίσει. τὰ δ' ἐκ μειζόνων μερῶν σώματα μόγις εἴκοντα τῷ δρῶντι, διαδιδόντα δὲ εἰς 5 ὅλον τὰς κινήσεις, ἡδονὰς ἴσχει καὶ λύπας, ἀλλοτριούμενα μὲν λύπας, καθιστάμενα δὲ εἰς τὸ αὐτὸ πάλιν ἡδονάς. ὅσα 65 δὲ κατὰ σμικρὸν τὰς ἀποχωρήσεις ἑαυτῶν καὶ κενώσεις εἴληφεν, τὰς δὲ πληρώσεις ἁθρόας καὶ κατὰ μεγάλα, κενώσεως μὲν ἀναίσθητα, πληρώσεως δὲ αἰσθητικὰ γιγνόμενα,

c 4 τὰς A: om. F Y Stob. d 1 βίαιον] βίᾳ Theophrastus d 6 ἣ* A: ᾗ F Stob.: ἧι Y e 2 ὅσων Y: ὅσον A sed ο in ras.: ὅσην F e 3 προσβαλοῦσα A: προσβάλλουσα F Y

5 λύπας μὲν οὐ παρέχει τῷ θνητῷ τῆς ψυχῆς, μεγίστας δὲ ἡδονάς· ἔστιν δὲ ἔνδηλα περὶ τὰς εὐωδίας. ὅσα δὲ ἀπαλλοτριοῦται μὲν ἀθρόα, κατὰ σμικρὰ δὲ μόγις τε εἰς ταὐτὸν
b πάλιν ἑαυτοῖς καθίσταται, τοὐναντίον τοῖς ἔμπροσθεν πάντα ἀποδίδωσιν· ταῦτα δ' αὖ περὶ τὰς καύσεις καὶ τομὰς τοῦ σώματος γιγνόμενά ἐστιν κατάδηλα.

Καὶ τὰ μὲν δὴ κοινὰ τοῦ σώματος παντὸς παθήματα,
5 τῶν τ' ἐπωνυμιῶν ὅσαι τοῖς δρῶσιν αὐτὰ γεγόνασι, σχεδὸν εἴρηται· τὰ δ' ἐν ἰδίοις μέρεσιν ἡμῶν γιγνόμενα, τά τε πάθη καὶ τὰς αἰτίας αὖ τῶν δρώντων, πειρατέον εἰπεῖν, ἄν πῃ
c δυνώμεθα. πρῶτον οὖν ὅσα τῶν χυμῶν πέρι λέγοντες ἐν τοῖς πρόσθεν ἀπελίπομεν, ἴδια ὄντα παθήματα περὶ τὴν γλῶτταν, ἐμφανιστέον ᾗ δυνατόν. φαίνεται δὲ καὶ ταῦτα, ὥσπερ οὖν καὶ τὰ πολλά, διὰ συγκρίσεών τέ τινων καὶ
5 διακρίσεων γίγνεσθαι, πρὸς δὲ αὐταῖς κεχρῆσθαι μᾶλλόν τι τῶν ἄλλων τραχύτησί τε καὶ λειότησιν. ὅσα μὲν γὰρ εἰσιόντα περὶ τὰ φλέβια, οἱόνπερ δοκίμια τῆς γλώττης
d τεταμένα ἐπὶ τὴν καρδίαν, εἰς τὰ νοτερὰ τῆς σαρκὸς καὶ ἁπαλὰ ἐμπίπτοντα γήϊνα μέρη κατατηκόμενα συνάγει τὰ φλέβια καὶ ἀποξηραίνει, τραχύτερα μὲν ὄντα στρυφνά, ἧττον δὲ τραχύνοντα αὐστηρὰ φαίνεται· τὰ δὲ τούτων τε
5 ῥυπτικὰ καὶ πᾶν τὸ περὶ τὴν γλῶτταν ἀποπλύνοντα, πέρα μὲν τοῦ μετρίου τοῦτο δρῶντα καὶ προσεπιλαμβανόμενα ὥστε ἀποτήκειν αὐτῆς τῆς φύσεως, οἷον ἡ τῶν λίτρων
e δύναμις, πικρὰ πάνθ' οὕτως ὠνόμασται, τὰ δὲ ὑποδεέστερα τῆς λιτρώδους ἕξεως ἐπὶ τὸ μέτριόν τε τῇ ῥύψει χρώμενα ἁλυκὰ ἄνευ πικρότητος τραχείας καὶ φίλα μᾶλλον ἡμῖν

a 7 τε F : τε καὶ A : om. Y b 7 αὖ ÷ τῶν δρώντων A : αὐτῶν F : τῶν δρώντων αὐτὰ Y c 2 ἀπελίπομεν Y Stob. : ἀπελείπομεν A F c 7 φλέβια F Y Stob. : φλεβία A Gal. (et passim) οἱόνπερ δοκίμια Y Stob. Gal. : οἱόνπερ δοκιμεῖα A : οἷον πανδοκεῖ μία F d 1 νοτερὰ A Y Stob. Gal. : ἀνώτερα F : μανότερα Cornarius d 2 μέρη A F Y Stob. : μέσα y vulg. d 4 φαίνεται A F Y Stob. : λέγεται Gal. (probat Cobet) τε A F Stob. : om. Y Gal. d 7 αὐτῆς A F Y Stob. : αὐτῆς τι Gal. λίτρων A : νιτρῶν F : νίτρων Y Gal. Stob. e 2 λιτρώδους A : νιτρώδους F Y Gal. Stob.

φαντάζεται. τὰ δὲ τῇ τοῦ στόματος θερμότητι κοινωνή-
σαντα καὶ λεαινόμενα ὑπ' αὐτοῦ, συνεκπυρούμενα καὶ πάλιν 5
αὐτὰ ἀντικάοντα τὸ διαθερμῆναν, φερόμενά τε ὑπὸ κουφό-
τητος ἄνω πρὸς τὰς τῆς κεφαλῆς αἰσθήσεις, τέμνοντά τε
πάνθ' ὁπόσοις ἂν προσπίπτῃ, διὰ ταύτας τὰς δυνάμεις δριμέα 66
πάντα τὰ τοιαῦτα ἐλέχθη. τὸ δὲ αὖ τῶν προλελεπτυσμένων
μὲν ὑπὸ σηπεδόνος, εἰς δὲ τὰς στενὰς φλέβας ἐνδυομένων,
καὶ τοῖς ἐνοῦσιν αὐτόθι μέρεσιν γεώδεσιν καὶ ὅσα ἀέρος
συμμετρίαν ἔχοντα, ὥστε κινήσαντα περὶ ἄλληλα ποιεῖν 5
κυκᾶσθαι, κυκώμενα δὲ περιπίπτειν τε καὶ εἰς ἕτερα ἐνδυόμενα
ἕτερα κοῖλα ἀπεργάζεσθαι περιτεινόμενα τοῖς εἰσιοῦσιν—
ἃ δὴ νοτίδος περὶ ἀέρα κοίλης περιταθείσης, τοτὲ μὲν γεώ- b
δους, τοτὲ δὲ καὶ καθαρᾶς, νοτερὰ ἀγγεῖα ἀέρος, ὕδατα κοῖλα
περιφερῆ τε γενέσθαι, καὶ τὰ μὲν τῆς καθαρᾶς διαφανεῖς
περιστῆναι κληθείσας ὄνομα πομφόλυγας, τὰ δὲ τῆς γεώδους
ὁμοῦ κινουμένης τε καὶ αἰρομένης ζέσιν τε καὶ ζύμωσιν 5
ἐπίκλην λεχθῆναι—τὸ δὲ τούτων αἴτιον τῶν παθημάτων
ὀξὺ προσρηθῆναι. σύμπασιν δὲ τοῖς περὶ ταῦτα εἰρημένοις
πάθος ἐναντίον ἀπ' ἐναντίας ἐστὶ προφάσεως· ὁπόταν ἡ τῶν c
εἰσιόντων σύστασις ἐν ὑγροῖς, οἰκεία τῇ τῆς γλώττης ἕξει
πεφυκυῖα, λεαίνῃ μὲν ἐπαλείφουσα τὰ τραχυνθέντα, τὰ δὲ
παρὰ φύσιν συνεστῶτα ἢ κεχυμένα τὰ μὲν συνάγῃ, τὰ δὲ
χαλᾷ, καὶ πάνθ' ὅτι μάλιστα ἱδρύῃ κατὰ φύσιν, ἡδὺ καὶ 5
προσφιλὲς παντὶ πᾶν τὸ τοιοῦτον ἴαμα τῶν βιαίων παθη-
μάτων γιγνόμενον κέκληται γλυκύ.

Καὶ τὰ μὲν ταύτῃ ταῦτα· περὶ δὲ δὴ τὴν τῶν μυκτήρων d

e 4 στόματος A F Y Gal. : σώματος Stob. e 5 λειαινόμενα A Y Gal. : λεῖα ἡνωμένα F : λίαν μὲν Stob. e 7 τῆς A F Y Gal. : om. Stob. τε A F Gal. : om. al. Stob. a 1 ὁπόσοις A : ὁπόσα Gal. : ὅσοις F Y Stob. a 2 τὸ δὲ αὖ τῶν Schneider : τῶν δὲ αὐτῶν libri a 5 περὶ A F Y Gal. Stob. : πρὸς s.v. A[2] b 2 καὶ punct. not. A[2] : om. Gal. b 6 ἐπίκλην λεχθῆναι A F γρ. Y Gal. : ἐπίκλην κληθῆναι Y : ἐπικληθῆναι Stob. c 5 πάνθ' ὅτι A F Y : πᾶν ὅτι δὲ A[2] (θ erasit, add. acc. et δὲ s.v.) : δὲ τούτων τῶν παθημάτων ὀξὺ προσρηθῆναι in marg. A cum ind. ad πανθ' in textu d 1 δὲ δὴ A (sed δὲ punct. not.) F Y : δὲ Stob.

δύναμιν, εἴδη μὲν οὐκ ἔνι. τὸ γὰρ τῶν ὀσμῶν πᾶν ἡμιγενές,
εἴδει δὲ οὐδενὶ συμβέβηκεν συμμετρία πρὸς τό τινα σχεῖν
ὀσμήν· ἀλλ' ἡμῶν αἱ περὶ ταῦτα φλέβες πρὸς μὲν τὰ γῆς
5 ὕδατός τε γένη στενότεραι συνέστησαν, πρὸς δὲ τὰ πυρὸς
ἀέρος τε εὐρύτεραι, διὸ τούτων οὐδεὶς οὐδενὸς ὀσμῆς πώποτε
ᾔσθετό τινος, ἀλλὰ ἢ βρεχομένων ἢ σηπομένων ἢ τηκο-
μένων ἢ θυμιωμένων γίγνονταί τινων. μεταβάλλοντος γὰρ
e ὕδατος εἰς ἀέρα ἀέρος τε εἰς ὕδωρ ἐν τῷ μεταξὺ τούτων
γεγόνασιν, εἰσίν τε ὀσμαὶ σύμπασαι καπνὸς ἢ ὁμίχλη,
τούτων δὲ τὸ μὲν ἐξ ἀέρος εἰς ὕδωρ ἰὸν ὁμίχλη, τὸ δὲ ἐξ
ὕδατος εἰς ἀέρα καπνός· ὅθεν λεπτότεραι μὲν ὕδατος, παχύ-
5 τεραι δὲ ὀσμαὶ σύμπασαι γεγόνασιν ἀέρος. δηλοῦνται δὲ
ὁπόταν τινὸς ἀντιφραχθέντος περὶ τὴν ἀναπνοὴν ἄγῃ τις
βίᾳ τὸ πνεῦμα εἰς αὑτόν· τότε γὰρ ὀσμὴ μὲν οὐδεμία συν-
διηθεῖται, τὸ δὲ πνεῦμα τῶν ὀσμῶν ἐρημωθὲν αὐτὸ μόνον
67 ἕπεται. δι' οὖν ταῦτα ἀνώνυμα τὰ τούτων ποικίλματα
γέγονεν, οὐκ ἐκ πολλῶν οὐδὲ ἁπλῶν εἰδῶν ὄντα, ἀλλὰ διχῇ
τό θ' ἡδὺ καὶ τὸ λυπηρὸν αὐτόθι μόνω διαφανῆ λέγεσθον,
τὸ μὲν τραχῦνόν τε καὶ βιαζόμενον τὸ κύτος ἅπαν, ὅσον
5 ἡμῶν μεταξὺ κορυφῆς τοῦ τε ὀμφαλοῦ κεῖται, τὸ δὲ ταὐτὸν
τοῦτο καταπραΰνον καὶ πάλιν ᾗ πέφυκεν ἀγαπητῶς ἀποδιδόν.

Τρίτον δὲ αἰσθητικὸν ἐν ἡμῖν μέρος ἐπισκοποῦσιν τὸ περὶ
b τὴν ἀκοήν, δι' ἃς αἰτίας τὰ περὶ αὐτὸ συμβαίνει παθήματα,
λεκτέον. ὅλως μὲν οὖν φωνὴν θῶμεν τὴν δι' ὤτων ὑπ'
ἀέρος ἐγκεφάλου τε καὶ αἵματος μέχρι ψυχῆς πληγὴν δια-
διδομένην, τὴν δὲ ὑπ' αὐτῆς κίνησιν, ἀπὸ τῆς κεφαλῆς μὲν
5 ἀρχομένην, τελευτῶσαν δὲ περὶ τὴν τοῦ ἥπατος ἕδραν, ἀκοήν·

d 3 σχεῖν F Y et fecit A² (σ s. v. et acc.): ἔχειν A Stob. d 5 στενότεραι F Y et fecit A²: στενώτεραι A d 7 ἀλλὰ ἢ A: ἀλλ' ἢ Stob.: ἀλλ' ἀεὶ F Y e 2 τε F Y Stob.: δὲ A: om. Gal. a 1 δύ' A Y: δεῖ F: δι' Stob. τὰ om. Stob. a 3 θ' A: τε Stob.: om. F Y αὐτόθι A F Y Stob.: αὐτῷ A² (τῷ s. v.) a 6 ἀποδιδόν F (sed ό ex ω F) Y: ἀποδιδόναι A (sed αι punct. not.) a 7 ἐπισκοποῦσιν] ἐπιζητοῦσι Stob. b 1 αἰτίας F Y Stob.: δ' αἰτίας A αὐτὸ fecit A²: αὐτὰ A F Y Stob.

ὅση δ' αὐτῆς ταχεῖα, ὀξεῖαν, ὅση δὲ βραδυτέρα, βαρυτέραν·
τὴν δὲ ὁμοίαν ὁμαλήν τε καὶ λείαν, τὴν δὲ ἐναντίαν τρα-
χεῖαν· μεγάλην δὲ τὴν πολλήν, ὅση δὲ ἐναντία, σμικράν. c
τὰ δὲ περὶ συμφωνίας αὐτῶν ἐν τοῖς ὕστερον λεχθησομένοις
ἀνάγκη ῥηθῆναι.

Τέταρτον δὴ λοιπὸν ἔτι γένος ἡμῖν αἰσθητικόν, ὃ διε-
λέσθαι δεῖ συχνὰ ἐν ἑαυτῷ ποικίλματα κεκτημένον, ἃ σύμ- 5
παντα μὲν χρόας ἐκαλέσαμεν, φλόγα τῶν σωμάτων ἑκάστων
ἀπορρέουσαν, ὄψει σύμμετρα μόρια ἔχουσαν πρὸς αἴσθησιν·
ὄψεως δ' ἐν τοῖς πρόσθεν αὐτὸ περὶ τῶν αἰτίων τῆς γενέ-
σεως ἐρρήθη. τῇδ' οὖν τῶν χρωμάτων πέρι μάλιστα εἰκὸς d
πρέποι τ' ἂν ἐπιεικεῖ λόγῳ διεξελθεῖν· τὰ φερόμενα ἀπὸ τῶν
ἄλλων μόρια ἐμπίπτοντά τε εἰς τὴν ὄψιν τὰ μὲν ἐλάττω,
τὰ δὲ μείζω, τὰ δ' ἴσα τοῖς αὐτῆς τῆς ὄψεως μέρεσιν εἶναι·
τὰ μὲν οὖν ἴσα ἀναίσθητα, ἃ δὴ καὶ διαφανῆ λέγομεν, τὰ 5
δὲ μείζω καὶ ἐλάττω, τὰ μὲν συγκρίνοντα, τὰ δὲ διακρίνοντα
αὐτήν, τοῖς περὶ τὴν σάρκα θερμοῖς καὶ ψυχροῖς καὶ τοῖς
περὶ τὴν γλῶτταν στρυφνοῖς, καὶ ὅσα θερμαντικὰ ὄντα δριμέα e
ἐκαλέσαμεν, ἀδελφὰ εἶναι, τά τε λευκὰ καὶ τὰ μέλανα, ἐκεί-
νων παθήματα γεγονότα ἐν ἄλλῳ γένει τὰ αὐτά, φαντα-
ζόμενα δὲ ἄλλα διὰ ταύτας τὰς αἰτίας. οὕτως οὖν αὐτὰ
προσρητέον· τὸ μὲν διακριτικὸν τῆς ὄψεως λευκόν, τὸ δ' 5
ἐναντίον αὐτοῦ μέλαν, τὴν δὲ ὀξυτέραν φορὰν καὶ γένους
πυρὸς ἑτέρου προσπίπτουσαν καὶ διακρίνουσαν τὴν ὄψιν
μέχρι τῶν ὀμμάτων, αὐτάς τε τῶν ὀφθαλμῶν τὰς διεξόδους
βίᾳ διωθοῦσαν καὶ τήκουσαν, πῦρ μὲν ἁθρόον καὶ ὕδωρ, 68
ὃ δάκρυον καλοῦμεν, ἐκεῖθεν ἐκχέουσαν, αὐτὴν δὲ οὖσαν

b 6 βραδυτέρα Y : βραδυτέραν Stob. : βραχυτέρα A F b 7 ὁμοίαν A F : μίαν Y : om. Stob. τε καὶ om. Stob. c 1 σμικράν F Y Stob. : σμικρά A c 2 τὰ F Stob. : τὰς A Y c 4 δὴ F Y : ÷÷δὴ A : γὰρ δὴ al. Stob. c 8 αὐτὸ A F Stob. (bis) : αὖ τὸ Schneider : αὐτῶν Y d 1 ἐρρήθη A F Y Stob. Ecl. II 488, 14 (W) : ὀλίγα ἐρρήθη Stob. Ecl. II 150, 15 (W) et ὀλίγα in marg. A cum ind. ad γενέσεως d 2 ἐπιεικεῖ F Y : τὸν ἐπιεικὴ A Stob. (bis) d 3 τε A Stob. (bis) : γε F : δὲ Y a 1 ἀθρόυν (sic : ἁθρόον alibi) A

πῦρ ἐξ ἐναντίας ἀπαντῶσαν, καὶ τοῦ μὲν ἐκπηδῶντος πυρὸς
οἷον ἀπ' ἀστραπῆς, τοῦ δ' εἰσιόντος καὶ περὶ τὸ νοτερὸν
5 κατασβεννυμένου, παντοδαπῶν ἐν τῇ κυκήσει ταύτῃ γιγνο-
μένων χρωμάτων, μαρμαρυγὰς μὲν τὸ πάθος προσείπομεν,
τὸ δὲ τοῦτο ἀπεργαζόμενον λαμπρόν τε καὶ στίλβον ἐπωνο-
b μάσαμεν. τὸ δὲ τούτων αὖ μεταξὺ πυρὸς γένος, πρὸς μὲν
τὸ τῶν ὀμμάτων ὑγρὸν ἀφικνούμενον καὶ κεραννύμενον αὐτῷ,
στίλβον δὲ οὔ· τῇ δὲ διὰ τῆς νοτίδος αὐγῇ τοῦ πυρὸς μει-
γνυμένου χρῶμα ἔναιμον παρασχομένῃ, τοὔνομα ἐρυθρὸν
5 λέγομεν. λαμπρόν τε ἐρυθρῷ λευκῷ τε μειγνύμενον ξανθὸν
γέγονεν· τὸ δὲ ὅσον μέτρον ὅσοις, οὐδ' εἴ τις εἰδείη, νοῦν
ἔχει τὸ λέγειν, ὧν μήτε τινὰ ἀνάγκην μήτε τὸν εἰκότα λόγον
καὶ μετρίως ἄν τις εἰπεῖν εἴη δυνατός. ἐρυθρὸν δὲ δὴ
c μέλανι λευκῷ τε κραθὲν ἁλουργόν· ὄρφνινον δέ, ὅταν τού-
τοις μεμειγμένοις καυθεῖσίν τε μᾶλλον συγκραθῇ μέλαν.
πυρρὸν δὲ ξανθοῦ τε καὶ φαιοῦ κράσει γίγνεται, φαιὸν δὲ
λευκοῦ τε καὶ μέλανος, τὸ δὲ ὠχρὸν λευκοῦ ξανθῷ μειγνυ-
5 μένου. λαμπρῷ δὲ λευκὸν συνελθὸν καὶ εἰς μέλαν κατα-
κορὲς ἐμπεσὸν κυανοῦν χρῶμα ἀποτελεῖται, κυανοῦ δὲ λευκῷ
κεραννυμένου γλαυκόν, πυρροῦ δὲ μέλανι πράσιον. τὰ δὲ
d ἄλλα ἀπὸ τούτων σχεδὸν δῆλα αἷς ἂν ἀφομοιούμενα μεί-
ξεσιν διασῴζοι τὸν εἰκότα μῦθον. εἰ δέ τις τούτων ἔργῳ
σκοπούμενος βάσανον λαμβάνοι, τὸ τῆς ἀνθρωπίνης καὶ
θείας φύσεως ἠγνοηκὼς ἂν εἴη διάφορον, ὅτι θεὸς μὲν τὰ πολλὰ
5 εἰς ἓν συγκεραννύναι καὶ πάλιν ἐξ ἑνὸς εἰς πολλὰ διαλύειν
ἱκανῶς ἐπιστάμενος ἅμα καὶ δυνατός, ἀνθρώπων δὲ οὐδεὶς
οὐδέτερα τούτων ἱκανὸς οὔτε ἔστι νῦν οὔτε εἰς αὖθίς ποτε ἔσται.

a 4 περὶ τὸ νοτερὸν A Y Stob. 151, 7 : περιτονώτερον F Stob. 489, 13 b 3 αὐγῇ F Y Stob. 151, 13 : αὐτῇ A (sed γ in marg.) Stob. 489, 19 μιγνυμένου F : μιγνυμένῃ A Y Stob. b 4 παρασχομένῃ A F Y Stob. (bis) : παρασχόμενον Lindau b 6 νοῦν ἔχει A F Y : νοῦν ἔχειν Stob. et ν s. v. A[2] c 6 κυανοῦν A Stob. (bis) : κυανοῦ F Y d 1 δῆλα αἷς ἂν A F Y Stob. (bis) : δῆλα et ἂν punct. not. A[2] d 3 λαμβάνοι τὸ F Y : λαμβάνοιτο A d 5 καὶ A (sed in ras. F Y Stob. : γρ. βίᾳ in marg. A d 6 ἱκανῶς A F Stob. : ἱκανὸς Iustinus et ο supra ῶ A[2] : ἱκανὸς ὡς Y

Ταῦτα δὴ πάντα τότε ταύτῃ πεφυκότα ἐξ ἀνάγκης ὁ τοῦ e
καλλίστου τε καὶ ἀρίστου δημιουργὸς ἐν τοῖς γιγνομένοις
παρελάμβανεν, ἡνίκα τὸν αὐτάρκη τε καὶ τὸν τελεώτατον
θεὸν ἐγέννα, χρώμενος μὲν ταῖς περὶ ταῦτα αἰτίαις ὑπηρε-
τούσαις, τὸ δὲ εὖ τεκταινόμενος ἐν πᾶσιν τοῖς γιγνομένοις 5
αὐτός. διὸ δὴ χρὴ δύ' αἰτίας εἴδη διορίζεσθαι, τὸ μὲν
ἀναγκαῖον, τὸ δὲ θεῖον, καὶ τὸ μὲν θεῖον ἐν ἅπασιν ζητεῖν
κτήσεως ἕνεκα εὐδαίμονος βίου, καθ' ὅσον ἡμῶν ἡ φύσις 69
ἐνδέχεται, τὸ δὲ ἀναγκαῖον ἐκείνων χάριν, λογιζόμενον
ὡς ἄνευ τούτων οὐ δυνατὰ αὐτὰ ἐκεῖνα ἐφ' οἷς σπουδά-
ζομεν μόνα κατανοεῖν οὐδ' αὖ λαβεῖν οὐδ' ἄλλως πως
μετασχεῖν. 5

Ὅτ' οὖν δὴ τὰ νῦν οἷα τέκτοσιν ἡμῖν ὕλη παράκειται
τὰ τῶν αἰτίων γένη διυλισμένα, ἐξ ὧν τὸν ἐπίλοιπον λόγον
δεῖ συνυφανθῆναι, πάλιν ἐπ' ἀρχὴν ἐπανέλθωμεν διὰ βρα-
χέων, ταχύ τε εἰς ταὐτὸν πορευθῶμεν ὅθεν δεῦρο ἀφικόμεθα,
καὶ τελευτὴν ἤδη κεφαλήν τε τῷ μύθῳ πειρώμεθα ἁρμόττου- b
σαν ἐπιθεῖναι τοῖς πρόσθεν. ὥσπερ γὰρ οὖν καὶ κατ' ἀρχὰς
ἐλέχθη, ταῦτα ἀτάκτως ἔχοντα ὁ θεὸς ἐν ἑκάστῳ τε αὐτῷ
πρὸς αὑτὸ καὶ πρὸς ἄλληλα συμμετρίας ἐνεποίησεν, ὅσας
τε καὶ ὅπῃ δυνατὸν ἦν ἀνάλογα καὶ σύμμετρα εἶναι. τότε 5
γὰρ οὔτε τούτων, ὅσον μὴ τύχῃ, τι μετεῖχεν, οὔτε τὸ παράπαν
ὀνομάσαι τῶν νῦν ὀνομαζομένων ἀξιόλογον ἦν οὐδέν, οἷον
πῦρ καὶ ὕδωρ καὶ εἴ τι τῶν ἄλλων· ἀλλὰ πάντα ταῦτα
πρῶτον διεκόσμησεν, ἔπειτ' ἐκ τούτων πᾶν τόδε συνεστή- c
σατο, ζῷον ἓν ζῷα ἔχον τὰ πάντα ἐν ἑαυτῷ θνητὰ ἀθάνατά
τε. καὶ τῶν μὲν θείων αὐτὸς γίγνεται δημιουργός, τῶν δὲ

e 4 *ταῦτα* A F Y : *αὐτὰ* A² (*τ* punct. not. et acc. add.) e 6 *αὐτός* A (sed *σ* in ras.) Y : *αὐτοῖς* F e 7 *καὶ τὸ μὲν θεῖον* F Y et in marg. A : om. A a 7 *διυλισμένα* F : *διυφισμένα* A sed *φι* in ras. et *λι* s. v. A² : *διυλασμένα* Y a 8 *ἐπανέλθωμεν* F et fecit A² (*ἐπ* s. v.) : *ἀνέλθωμεν* A Y b 2 *ὥσπερ γὰρ* A Y : *ὥσπερ* F P b 3 *ταῦτα* F P Y et in marg. *γρ.* A : *αὐτὰ τὰ* A b 6 *ὅσον* A F Y : *ὅσων* P et *ω* s. v. A² c 2 *ἔχον τὰ πάντα* ci. Bekker : *ἔχοντα πάντα* A P : *ἔχοντα παντοδαπὰ* F : *ἔχον ἅπαντα* Y

θνητῶν τὴν γένεσιν τοῖς ἑαυτοῦ γεννήμασιν δημιουργεῖν
5 προσέταξεν. οἱ δὲ μιμούμενοι, παραλαβόντες ἀρχὴν ψυχῆς
ἀθάνατον, τὸ μετὰ τοῦτο θνητὸν σῶμα αὐτῇ περιετόρνευσαν
ὄχημά τε πᾶν τὸ σῶμα ἔδοσαν ἄλλο τε εἶδος ἐν αὐτῷ ψυχῆς
προσῳκοδόμουν τὸ θνητόν, δεινὰ καὶ ἀναγκαῖα ἐν ἑαυτῷ
d παθήματα ἔχον, πρῶτον μὲν ἡδονήν, μέγιστον κακοῦ δέλεαρ,
ἔπειτα λύπας, ἀγαθῶν φυγάς, ἔτι δ' αὖ θάρρος καὶ φόβον,
ἄφρονε συμβούλω, θυμὸν δὲ δυσπαραμύθητον, ἐλπίδα δ'
εὐπαράγωγον· αἰσθήσει δὲ ἀλόγῳ καὶ ἐπιχειρητῇ παντὸς
5 ἔρωτι συγκερασάμενοι ταῦτα, ἀναγκαίως τὸ θνητὸν γένος
συνέθεσαν. καὶ διὰ ταῦτα δὴ σεβόμενοι μιαίνειν τὸ θεῖον,
ὅτι μὴ πᾶσα ἦν ἀνάγκη, χωρὶς ἐκείνου κατοικίζουσιν εἰς
e ἄλλην τοῦ σώματος οἴκησιν τὸ θνητόν, ἰσθμὸν καὶ ὅρον
διοικοδομήσαντες τῆς τε κεφαλῆς καὶ τοῦ στήθους, αὐχένα
μεταξὺ τιθέντες, ἵν' εἴη χωρίς. ἐν δὴ τοῖς στήθεσιν καὶ
τῷ καλουμένῳ θώρακι τὸ τῆς ψυχῆς θνητὸν γένος ἐνέδουν.
5 καὶ ἐπειδὴ τὸ μὲν ἄμεινον αὐτῆς, τὸ δὲ χεῖρον ἐπεφύκει,
διοικοδομοῦσι τοῦ θώρακος αὖ τὸ κύτος, διορίζοντες οἷον
70 γυναικῶν, τὴν δὲ ἀνδρῶν χωρὶς οἴκησιν, τὰς φρένας διά-
φραγμα εἰς τὸ μέσον αὐτῶν τιθέντες. τὸ μετέχον οὖν τῆς
ψυχῆς ἀνδρείας καὶ θυμοῦ, φιλόνικον ὄν, κατῴκισαν ἐγγυτέρω
τῆς κεφαλῆς μεταξὺ τῶν φρενῶν τε καὶ αὐχένος, ἵνα τοῦ
5 λόγου κατήκοον ὂν κοινῇ μετ' ἐκείνου βίᾳ τὸ τῶν ἐπιθυμιῶν
κατέχοι γένος, ὁπότ' ἐκ τῆς ἀκροπόλεως τῷ τ' ἐπιτάγματι
καὶ λόγῳ μηδαμῇ πείθεσθαι ἑκὸν ἐθέλοι· τὴν δὲ δὴ καρδίαν
b ἅμμα τῶν φλεβῶν καὶ πηγὴν τοῦ περιφερομένου κατὰ πάντα
τὰ μέλη σφοδρῶς αἵματος εἰς τὴν δορυφορικὴν οἴκησιν
κατέστησαν, ἵνα, ὅτε ζέσειεν τὸ τοῦ θυμοῦ μένος, τοῦ λογου

c 4 γεννήμασι F P Y et fecit A[2] (ν s. v.) : γενήμασιν A c 6 τοῦτο A Y : ταῦτα P : τούτων F c 8 προσῳκοδόμουν τὸ A P : προσωκοδομοῦντι F : προσῳκοδομοῦντο Y d 1 κακοῦ] κακῶν Longinus (*escam malorum* Cic.) e 3 τιθέντες A F Y : θέντες P Themist. et τι punct. not. A[2] e 6 τοῦ A F Y : τὸ τοῦ P et τὸ s. v. A[2] αὖ τὸ Y : αὐτὸ A F P a 6 τῷ τ' A F P Y : τῷ vulg. b 1 ἅμμα A P Y : ἅμα F Gal. (ter) : ἀρχὴν ἅμα scr. recc. : ἄναμμα Longinus

παραγγείλαντος ὥς τις ἄδικος περὶ αὐτὰ γίγνεται πρᾶξις
ἔξωθεν ἢ καί τις ἀπὸ τῶν ἔνδοθεν ἐπιθυμιῶν, ὀξέως διὰ 5
πάντων τῶν στενωπῶν πᾶν ὅσον αἰσθητικὸν ἐν τῷ σώματι,
τῶν τε παρακελεύσεων καὶ ἀπειλῶν αἰσθανόμενον, γίγνοιτο
ἐπήκοον καὶ ἕποιτο πάντῃ, καὶ τὸ βέλτιστον οὕτως ἐν αὐτοῖς
πᾶσιν ἡγεμονεῖν ἐῷ. τῇ δὲ δὴ πηδήσει τῆς καρδίας ἐν τῇ c
τῶν δεινῶν προσδοκίᾳ καὶ τῇ τοῦ θυμοῦ ἐγέρσει, προγιγνώ-
σκοντες ὅτι διὰ πυρὸς ἡ τοιαύτη πᾶσα ἔμελλεν οἴδησις
γίγνεσθαι τῶν θυμουμένων, ἐπικουρίαν αὐτῇ μηχανώμενοι
τὴν τοῦ πλεύμονος ἰδέαν ἐνεφύτευσαν, πρῶτον μὲν μαλακὴν 5
καὶ ἄναιμον, εἶτα σήραγγας ἐντὸς ἔχουσαν οἷον σπόγγου
κατατετρημένας, ἵνα τό τε πνεῦμα καὶ τὸ πῶμα δεχομένη,
ψύχουσα, ἀναπνοὴν καὶ ῥᾳστώνην ἐν τῷ καύματι παρέχοι· d
διὸ δὴ τῆς ἀρτηρίας ὀχετοὺς ἐπὶ τὸν πλεύμονα ἔτεμον, καὶ
περὶ τὴν καρδίαν αὐτὸν περιέστησαν οἷον μάλαγμα, ἵν' ὁ
θυμὸς ἡνίκα ἐν αὐτῇ ἀκμάζοι, πηδῶσα εἰς ὑπεῖκον καὶ ἀνα-
ψυχομένη, πονοῦσα ἧττον, μᾶλλον τῷ λόγῳ μετὰ θυμοῦ 5
δύναιτο ὑπηρετεῖν.

Τὸ δὲ δὴ σίτων τε καὶ ποτῶν ἐπιθυμητικὸν τῆς ψυχῆς
καὶ ὅσων ἔνδειαν διὰ τὴν τοῦ σώματος ἴσχει φύσιν, τοῦτο
εἰς τὸ μεταξὺ τῶν τε φρενῶν καὶ τοῦ πρὸς τὸν ὀμφαλὸν e
ὅρου κατῴκισαν, οἷον φάτνην ἐν ἅπαντι τούτῳ τῷ τόπῳ τῇ
τοῦ σώματος τροφῇ τεκτηνάμενοι· καὶ κατέδησαν δὴ τὸ
τοιοῦτον ἐνταῦθα ὡς θρέμμα ἄγριον, τρέφειν δὲ συνημμένον
ἀναγκαῖον, εἴπερ τι μέλλοι ποτὲ θνητὸν ἔσεσθαι γένος. ἵν' 5

b 4 ὥς τις A : ὅστις P et fecit A^2 (ὅ s. v.) : ὅτι τις F : εἴ τις corr. Y b 6 τῶν F Y Gal. : om. A P αἰσθητικὸν P Gal. (bis) et fecit A^2 : αἰσθητὸν A (ut vid.) F Y c 1 ἡγεμονεῖν ἐῷ A P Y Gal. : ἡγεμονεῖν ἐώη F : γρ. ἡγεμόνι νέῳ in marg. A c 3 οἴδησις scr. recc. : οἴκησις A F P Y Gal. c 5 πλεύμονος A P : πνεύμονος F Y Gal. c 7 πῶμα A : πόμα F P Y et fecit A^2 d 1 ψύχουσα A F P Y : ψήχουσα (ή supra ύ) A^2 P^2 d 2 δὴ τῆς A P : τὰς F Y πλεύμονα A P : πνεύμονα Y (in F evanidum) d 3 αὐτὸν A (sed ο in ras.) F Y : αὐτὴν P μάλαγμα Longinus Alcinous : ἅλμα μαλακὸν A (ut vid.) Y Gal. : ἄλμα μαλακὸν F : ἅμμα μαλακὸν P et fecit A^2 d 8 ὅσων A P Gal. : ὅσον F Y e 1 τὸ A Gal. (bis) : τὰ F P Y e 4 δὲ A F P : δὲ δὴ Y Gal. e 5 ποτὲ F Y : τὸ A Gal.

οὖν ἀεὶ νεμόμενον πρὸς φάτνῃ καὶ ὅτι πορρωτάτω τοῦ βουλευο-
μένου κατοικοῦν, θόρυβον καὶ βοὴν ὡς ἐλαχίστην παρέχον,
71 τὸ κράτιστον καθ' ἡσυχίαν περὶ τοῦ πᾶσι κοινῇ καὶ ἰδίᾳ συμ-
φέροντος ἐῷ βουλεύεσθαι, διὰ ταῦτα ἐνταῦθ' ἔδοσαν αὐτῷ τὴν
τάξιν. εἰδότες δὲ αὐτὸ ὡς λόγου μὲν οὔτε συνήσειν ἔμελλεν,
εἴ τέ πῃ καὶ μεταλαμβάνοι τινὸς αὐτῶν αἰσθήσεως, οὐκ ἔμ-
5 φυτον αὐτῷ τὸ μέλειν τινῶν ἔσοιτο λόγων, ὑπὸ δὲ εἰδώλων
καὶ φαντασμάτων νυκτός τε καὶ μεθ' ἡμέραν μάλιστα ψυ-
χαγωγήσοιτο, τούτῳ δὴ θεὸς ἐπιβουλεύσας αὐτῷ τὴν ἥπατος
b ἰδέαν συνέστησε καὶ ἔθηκεν εἰς τὴν ἐκείνου κατοίκησιν,
πυκνὸν καὶ λεῖον καὶ λαμπρὸν καὶ γλυκὺ καὶ πικρότητα ἔχον
μηχανησάμενος, ἵνα ἐν αὐτῷ τῶν διανοημάτων ἡ ἐκ τοῦ νοῦ
φερομένη δύναμις, οἷον ἐν κατόπτρῳ δεχομένῳ τύπους καὶ
5 κατιδεῖν εἴδωλα παρέχοντι, φοβοῖ μὲν αὐτό, ὁπότε μέρει
τῆς πικρότητος χρωμένη συγγενεῖ, χαλεπὴ προσενεχθεῖσα
ἀπειλῇ, κατὰ πᾶν ὑπομειγνῦσα ὀξέως τὸ ἧπαρ, χολώδη χρώ-
ματα ἐμφαίνοι, συνάγουσά τε πᾶν ῥυσὸν καὶ τραχὺ ποιοῖ,
c λοβὸν δὲ καὶ δοχὰς πύλας τε τὸ μὲν ἐξ ὀρθοῦ κατακάμ-
πτουσα καὶ συσπῶσα, τὰ δὲ ἐμφράττουσα συγκλείουσά τε,
λύπας καὶ ἄσας παρέχοι, καὶ ὅτ' αὖ τἀναντία φαντάσματα
ἀποζωγραφοῖ πρᾳότητός τις ἐκ διανοίας ἐπίπνοια, τῆς μὲν
5 πικρότητος ἡσυχίαν παρέχουσα τῷ μήτε κινεῖν μήτε προσ-
άπτεσθαι τῆς ἐναντίας ἑαυτῇ φύσεως ἐθέλειν, γλυκύτητι
δὲ τῇ κατ' ἐκεῖνο συμφύτῳ πρὸς αὐτὸ χρωμένη καὶ πάντα
d ὀρθὰ καὶ λεῖα αὐτοῦ καὶ ἐλεύθερα ἀπευθύνουσα, ἵλεών τε καὶ
εὐήμερον ποιοῖ τὴν περὶ τὸ ἧπαρ ψυχῆς μοῖραν κατῳκισμένην,
ἔν τε τῇ νυκτὶ διαγωγὴν ἔχουσαν μετρίαν, μαντείᾳ χρω-
μένην καθ' ὕπνον, ἐπειδὴ λόγου καὶ φρονήσεως οὐ μετεῖχε.

a 1 καὶ ἰδίᾳ συμφέροντος scripsi : ÷ ÷ ξυμφέροντος A : ξυμφέροντος P : ξυνδιαφέροντος corr. Y : καὶ ξυμφέροντος F a 2 ἐῷ A (ut vid.) Y : ἐᾷ P et fecit A^{2} : ἐῶν F a 7 αὐτῷ τὴν A P : αὐτὴν F : αὐτοῦ τὴν Y Gal. ἥπατος A P : τοῦ ἥπατος F Y Gal. b 4 δεχομένῳ A F Y : δεχομένη A^{2} (η s. v.) c 3 ἄσας A F Y : ἄτας A^{2} (τ s. v.) c 7 ἐκεῖνο A P : ἐκείνω F Y αὐτὸ F Y : ἑαυτὸ A P d 3 χρωμένην A F : χρωμένη P Y d 4 μετεῖχε A F Y : μετέχει P et fecit A^{2} (ε et ει s. v.)

μεμνημένοι γὰρ τῆς τοῦ πατρὸς ἐπιστολῆς οἱ συστή- 5
σαντες ἡμᾶς, ὅτε τὸ θνητὸν ἐπέστελλεν γένος ὡς ἄριστον
εἰς δύναμιν ποιεῖν, οὕτω δὴ κατορθοῦντες καὶ τὸ φαῦλον
ἡμῶν, ἵνα ἀληθείας πῃ προσάπτοιτο, κατέστησαν ἐν τούτῳ e
τὸ μαντεῖον. ἱκανὸν δὲ σημεῖον ὡς μαντικὴν ἀφροσύνῃ
θεὸς ἀνθρωπίνῃ δέδωκεν· οὐδεὶς γὰρ ἔννους ἐφάπτεται
μαντικῆς ἐνθέου καὶ ἀληθοῦς, ἀλλ' ἢ καθ' ὕπνον τὴν τῆς
φρονήσεως πεδηθεὶς δύναμιν ἢ διὰ νόσον, ἢ διά τινα ἐνθου- 5
σιασμὸν παραλλάξας. ἀλλὰ συννοῆσαι μὲν ἔμφρονος τά
τε ῥηθέντα ἀναμνησθέντα ὄναρ ἢ ὕπαρ ὑπὸ τῆς μαντικῆς
τε καὶ ἐνθουσιαστικῆς φύσεως, καὶ ὅσα ἂν φαντάσματα
ὀφθῇ, πάντα λογισμῷ διελέσθαι ὅπῃ τι σημαίνει καὶ ὅτῳ 72
μέλλοντος ἢ παρελθόντος ἢ παρόντος κακοῦ ἢ ἀγαθοῦ· τοῦ
δὲ μανέντος ἔτι τε ἐν τούτῳ μένοντος οὐκ ἔργον τὰ φανέντα
καὶ φωνηθέντα ὑφ' ἑαυτοῦ κρίνειν, ἀλλ' εὖ καὶ πάλαι λέγεται
τὸ πράττειν καὶ γνῶναι τά τε αὑτοῦ καὶ ἑαυτὸν σώφρονι 5
μόνῳ προσήκειν. ὅθεν δὴ καὶ τὸ τῶν προφητῶν γένος ἐπὶ
ταῖς ἐνθέοις μαντείαις κριτὰς ἐπικαθιστάναι νόμος· οὓς b
μάντεις αὐτοὺς ὀνομάζουσίν τινες, τὸ πᾶν ἠγνοηκότες ὅτι
τῆς δι' αἰνιγμῶν οὗτοι φήμης καὶ φαντάσεως ὑποκριταί,
καὶ οὔτι μάντεις, προφῆται δὲ μαντευομένων δικαιότατα
ὀνομάζοιντ' ἄν. 5

Ἡ μὲν οὖν φύσις ἥπατος διὰ ταῦτα τοιαύτη τε καὶ ἐν
τόπῳ ᾧ λέγομεν πέφυκε, χάριν μαντικῆς· καὶ ἔτι μὲν δὴ
ζῶντος ἑκάστου τὸ τοιοῦτον σημεῖα ἐναργέστερα ἔχει, στε-
ρηθὲν δὲ τοῦ ζῆν γέγονε τυφλὸν καὶ τὰ μαντεῖα ἀμυδρότερα
ἔσχεν τοῦ τι σαφὲς σημαίνειν. ἡ δ' αὖ τοῦ γείτονος αὐτῷ c
σύστασις καὶ ἕδρα σπλάγχνου γέγονεν ἐξ ἀριστερᾶς χάριν
ἐκείνου, τοῦ παρέχειν αὐτὸ λαμπρὸν ἀεὶ καὶ καθαρόν, οἷον
κατόπτρῳ παρεσκευασμένον καὶ ἕτοιμον ἀεὶ παρακείμενον

d 5 ξυστήσαντες A P : ξυνστήσαντες F : ξυστάντες Y : ξυνιστάντες vulg. b 2 αὐτοὺς A F : om. P Y b 3 φαντάσεως A Y : φαντασίας F P et fecit A[2] (ία s. v.) b 6 ἥπατος A P : τοῦ ἥπατος F Y b 8 ἐναργέστερα F Y : ἐνεργέστερα A P

5 ἐκμαγεῖον. διὸ δὴ καὶ ὅταν τινὲς ἀκαθαρσίαι γίγνωνται διὰ νόσους σώματος περὶ τὸ ἧπαρ, πάντα ἡ σπληνὸς καθαίρουσα αὐτὰ δέχεται μανότης, ἅτε κοίλου καὶ ἀναίμου ὑφανθέντος·
d ὅθεν πληρούμενος τῶν ἀποκαθαιρομένων μέγας καὶ ὕπουλος αὐξάνεται, καὶ πάλιν, ὅταν καθαρθῇ τὸ σῶμα, ταπεινούμενος εἰς ταὐτὸν συνίζει.

Τὰ μὲν οὖν περὶ ψυχῆς, ὅσον θνητὸν ἔχει καὶ ὅσον θεῖον,
5 καὶ ὅπῃ καὶ μεθ' ὧν καὶ δι' ἃ χωρὶς ᾠκίσθη, τὸ μὲν ἀληθὲς ὡς εἴρηται, θεοῦ συμφήσαντος τότ' ἂν οὕτως μόνως διισχυριζοίμεθα· τό γε μὴν εἰκὸς ἡμῖν εἰρῆσθαι, καὶ νῦν καὶ ἔτι μᾶλλον ἀνασκοποῦσι διακινδυνευτέον τὸ φάναι καὶ πεφάσθω.
e τὸ δ' ἑξῆς δὴ τούτοισιν κατὰ ταὐτὰ μεταδιωκτέον· ἦν δὲ τὸ τοῦ σώματος ἐπίλοιπον ᾗ γέγονεν. ἐκ δὴ λογισμοῦ τοιοῦδε συνίστασθαι μάλιστ' ἂν αὐτὸ πάντων πρέποι. τὴν ἐσομένην ἐν ἡμῖν ποτῶν καὶ ἐδεστῶν ἀκολασίαν ᾔδεσαν οἱ
5 συντιθέντες ἡμῶν τὸ γένος, καὶ ὅτι τοῦ μετρίου καὶ ἀναγκαίου διὰ μαργότητα πολλῷ χρησοίμεθα πλέονι· ἵν' οὖν μὴ φθορὰ διὰ νόσους ὀξεῖα γίγνοιτο καὶ ἀτελὲς τὸ γένος εὐθὺς
73 τὸ θνητὸν τελευτῷ, ταῦτα προορώμενοι τῇ τοῦ περιγενησομένου πώματος ἐδέσματός τε ἕξει τὴν ὀνομαζομένην κάτω κοιλίαν ὑποδοχὴν ἔθεσαν, εἵλιξάν τε πέριξ τὴν τῶν ἐντέρων γένεσιν, ὅπως μὴ ταχὺ διεκπερῶσα ἡ τροφὴ ταχὺ πάλιν
5 τροφῆς ἑτέρας δεῖσθαι τὸ σῶμα ἀναγκάζοι, καὶ παρέχουσα ἀπληστίαν, διὰ γαστριμαργίαν ἀφιλόσοφον καὶ ἄμουσον πᾶν ἀποτελοῖ τὸ γένος, ἀνυπήκοον τοῦ θειοτάτου τῶν παρ' ἡμῖν.

b Τὸ δὲ ὀστῶν καὶ σαρκῶν καὶ τῆς τοιαύτης φύσεως πέρι

d 8 τὸ φάναι A F: φάναι Y Gal. πεφάσθω A F Y Gal.: πεφάσθαι A² (αι s.v.) e 1 δὴ A Y: om. F P τούτοισιν A Y: τούτοισι F: om. P e 2 τὸ τοῦ A F Y: τοῦτο P et fecit A² (ῦ s.v. et ῦ punct. not.) ᾗ A P Y: εἰ in marg. A: ἡ F e 6 πλέονι A P: πλείονι F Y e 7 ὀξείας Gal. a 1 τελευτῷ A F: τελευτᾷ P et fecit A² (α s.v.): τελευτῴη Y Gal. τῇ τοῦ A F P Y: τὴν Gal. περιγενησομένου A F Y: γενησομένου P et περι punct. not. A²: γενησομένην Gal. a 2 πόματος A F P a 7 ἀποτελοῖ A Gal.: ἀποτελεῖ F Y: ἀποτελοῖτο P et fecit A² (το s.v.)

πάσης ὧδε ἔσχεν. τούτοις σύμπασιν ἀρχὴ μὲν ἡ τοῦ μυελοῦ
γένεσις· οἱ γὰρ τοῦ βίου δεσμοί, τῆς ψυχῆς τῷ σώματι
συνδουμένης, ἐν τούτῳ διαδούμενοι κατερρίζουν τὸ θνητὸν
γένος· αὐτὸς δὲ ὁ μυελὸς γέγονεν ἐξ ἄλλων. τῶν γὰρ 5
τριγώνων ὅσα πρῶτα ἀστραβῆ καὶ λεῖα ὄντα πῦρ τε καὶ
ὕδωρ καὶ ἀέρα καὶ γῆν δι' ἀκριβείας μάλιστα ἦν παρασχεῖν
δυνατά, ταῦτα ὁ θεὸς ἀπὸ τῶν ἑαυτῶν ἕκαστα γενῶν χωρὶς
ἀποκρίνων, μειγνὺς δὲ ἀλλήλοις σύμμετρα, πανσπερμίαν c
παντὶ θνητῷ γένει μηχανώμενος, τὸν μυελὸν ἐξ αὐτῶν
ἀπηργάσατο, καὶ μετὰ ταῦτα δὴ φυτεύων ἐν αὐτῷ κατέδει
τὰ τῶν ψυχῶν γένη, σχημάτων τε ὅσα ἔμελλεν αὖ σχήσειν
οἷά τε καθ' ἕκαστα εἴδη, τὸν μυελὸν αὐτὸν τοσαῦτα καὶ τοιαῦτα 5
διῃρεῖτο σχήματα εὐθὺς ἐν τῇ διανομῇ τῇ κατ' ἀρχάς. καὶ
τὴν μὲν τὸ θεῖον σπέρμα οἷον ἄρουραν μέλλουσαν ἕξειν ἐν
αὑτῇ περιφερῆ πανταχῇ πλάσας ἐπωνόμασεν τοῦ μυελοῦ
ταύτην τὴν μοῖραν ἐγκέφαλον, ὡς ἀποτελεσθέντος ἑκάστου d
ζῴου τὸ περὶ τοῦτ' ἀγγεῖον κεφαλὴν γενησόμενον· ὃ δ' αὖ
τὸ λοιπὸν καὶ θνητὸν τῆς ψυχῆς ἔμελλε καθέξειν, ἅμα
στρογγύλα καὶ προμήκη διῃρεῖτο σχήματα, μυελὸν δὲ πάντα
ἐπεφήμισεν, καὶ καθάπερ ἐξ ἀγκυρῶν βαλλόμενος ἐκ τούτων 5
πάσης ψυχῆς δεσμοὺς περὶ τοῦτο σύμπαν ἤδη τὸ σῶμα ἡμῶν
ἀπηργάζετο, στέγασμα μὲν αὐτῷ πρῶτον συμπηγνὺς περὶ
ὅλον ὀστέινον. τὸ δὲ ὀστοῦν συνίστησιν ὧδε. γῆν διαττήσας e
καθαρὰν καὶ λείαν ἐφύρασε καὶ ἔδευσεν μυελῷ, καὶ μετὰ
τοῦτο εἰς πῦρ αὐτὸ ἐντίθησιν, μετ' ἐκεῖνο δὲ εἰς ὕδωρ βάπτει,
πάλιν δὲ εἰς πῦρ, αὖθίς τε εἰς ὕδωρ· μεταφέρων δ' οὕτω
πολλάκις εἰς ἑκάτερον ὑπ' ἀμφοῖν ἄτηκτον ἀπηργάσατο. 5
καταχρώμενος δὴ τούτῳ περὶ μὲν τὸν ἐγκέφαλον αὐτοῦ
σφαῖραν περιετόρνευσεν ὀστεΐνην, ταύτῃ δὲ στενὴν διέξοδον
κατελείπετο· καὶ περὶ τὸν διαυχένιον ἅμα καὶ νωτιαῖον 74

b 7 ἦν A F Y : ᾗ A² (ι s. v.) c 8 πανταχῇ] γρ. πένταχα in marg. A d 4 διῃρεῖτο] ει in ras. A d 7 ἀπηργάζετο F : ἀπειργάζετο A P Y περὶ ὅλον] περίβολον ci. Valckenaer e 4 αὖθίς τε F Y : αὖθις δὲ A P

μυελὸν ἐξ αὐτοῦ σφονδύλους πλάσας ὑπέτεινεν οἷον στρόφιγγας, ἀρξάμενος ἀπὸ τῆς κεφαλῆς, διὰ παντὸς τοῦ κύτους. καὶ τὸ πᾶν δὴ σπέρμα διασῴζων οὕτως λιθοειδεῖ περιβόλῳ
5 συνέφραξεν, ἐμποιῶν ἄρθρα, τῇ θατέρου προσχρώμενος ἐν αὐτοῖς ὡς μέσῃ ἐνισταμένῃ δυνάμει, κινήσεως καὶ κάμψεως ἕνεκα. τὴν δ' αὖ τῆς ὀστεΐνης φύσεως ἕξιν ἡγησάμενος
b τοῦ δέοντος κραυροτέραν εἶναι καὶ ἀκαμπτοτέραν, διάπυρόν τ' αὖ γιγνομένην καὶ πάλιν ψυχομένην σφακελίσασαν ταχὺ διαφθερεῖν τὸ σπέρμα ἐντὸς αὐτῆς, διὰ ταῦτα οὕτω τὸ τῶν νεύρων καὶ τὸ τῆς σαρκὸς γένος ἐμηχανᾶτο, ἵνα τῷ μὲν
5 πάντα τὰ μέλη συνδήσας ἐπιτεινομένῳ καὶ ἀνιεμένῳ περὶ τοὺς στρόφιγγας καμπτόμενον τὸ σῶμα καὶ ἐκτεινόμενον παρέχοι, τὴν δὲ σάρκα προβολὴν μὲν καυμάτων, πρόβλημα δὲ χειμώνων, ἔτι δὲ πτωμάτων οἷον τὰ πιλητὰ ἔσεσθαι κτή-
c ματα, σώμασιν μαλακῶς καὶ πρᾴως ὑπείκουσαν, θερμὴν δὲ νοτίδα ἐντὸς ἑαυτῆς ἔχουσαν θέρους μὲν ἀνιδίουσαν καὶ νοτιζομένην ἔξωθεν ψῦχος κατὰ πᾶν τὸ σῶμα παρέξειν οἰκεῖον, διὰ χειμῶνος δὲ πάλιν αὖ τούτῳ τῷ πυρὶ τὸν προσφερόμενον
5 ἔξωθεν καὶ περιιστάμενον πάγον ἀμυνεῖσθαι μετρίως. ταῦτα ἡμῶν διανοηθεὶς ὁ κηροπλάστης, ὕδατι μὲν καὶ πυρὶ καὶ γῇ συμμείξας καὶ συναρμόσας, ἐξ ὀξέος καὶ ἁλμυροῦ συνθεὶς
d ζύμωμα ὑπομείξας αὐτοῖς, σάρκα ἔγχυμον καὶ μαλακὴν συνέστησεν· τὴν δὲ τῶν νεύρων φύσιν ἐξ ὀστοῦ καὶ σαρκὸς ἀζύμου κράσεως μίαν ἐξ ἀμφοῖν μέσην δυνάμει συνεκεράσατο, ξανθῷ χρώματι προσχρώμενος. ὅθεν συντονωτέραν μὲν καὶ
5 γλισχροτέραν σαρκῶν, μαλακωτέραν δὲ ὀστῶν ὑγροτέραν τε ἐκτήσατο δύναμιν νεῦρα· οἷς συμπεριλαβὼν ὁ θεὸς ὀστᾶ καὶ μυελόν, δήσας πρὸς ἄλληλα νεύροις, μετὰ ταῦτα σαρξὶν

b 3 διαφθερεῖν A P Y : διαφθείρειν F et fecit A² (ι s.v.) b 5 πάντα τὰ A : πάντα F : ἅπαντα τὰ P et fecit A² (ἅ s.v.) c 2 ἀνιδίουσαν Ruhnken et fort. A : ἀνοιδοῦσαν P et ἀνοιδίουσαν fecit A² (οι in ras.) : ἀνιδροῦσαν F Y Gal. c 4 αὖ τούτῳ A Y : αὐτοῦ F : αὐτῷ Gal. c 7 ὀξέος P Y et fecit A²: ὀξέως A F d 3 ἐξ ἀμφοῖν P Y et fecit A² (ἐξ s.v.) : ξυναμφοῖν A : ἐξ ἀμφοτέρων F d 5 τ(ε) F P Y et τε s.v. A² : om. A

πάντα αὐτὰ κατεσκίασεν ἄνωθεν. ὅσα μὲν οὖν ἐμψυχότατα e
τῶν ὀστῶν ἦν, ὀλιγίσταις συνέφραττε σαρξίν, ἃ δ' ἀψυχότατα
ἐντός, πλείσταις καὶ πυκνοτάταις, καὶ δὴ κατὰ τὰς συμβολὰς
τῶν ὀστῶν, ὅπῃ μήτινα ἀνάγκην ὁ λόγος ἀπέφαινεν δεῖν αὐ-
τὰς εἶναι, βραχεῖαν σάρκα ἔφυσεν, ἵνα μήτε ἐμποδὼν ταῖς 5
καμπαῖσιν οὖσαι δύσφορα τὰ σώματα ἀπεργάζοιντο, ἅτε
δυσκίνητα γιγνόμενα, μήτ' αὖ πολλαὶ καὶ πυκναὶ σφόδρα τε
ἐν ἀλλήλαις ἐμπεπιλημέναι, διὰ στερεότητα ἀναισθησίαν
ἐμποιοῦσαι, δυσμνημονευτότερα καὶ κωφότερα τὰ περὶ τὴν
διάνοιαν ποιοῖεν. διὸ δὴ τό τε τῶν μηρῶν καὶ κνημῶν καὶ 10
τὸ περὶ τὴν τῶν ἰσχίων φύσιν τά τε περὶ τὰ τῶν βραχιόνων 75
ὀστᾶ καὶ τὰ τῶν πήχεων, καὶ ὅσα ἄλλα ἡμῶν ἄναρθρα, ὅσα
τε ἐντὸς ὀστᾶ δι' ὀλιγότητα ψυχῆς ἐν μυελῷ κενά ἐστιν
φρονήσεως, ταῦτα πάντα συμπεπλήρωται σαρξίν· ὅσα δὲ
ἔμφρονα, ἧττον—εἰ μή πού τινα αὐτὴν καθ' αὑτὴν αἰσθήσεων 5
ἕνεκα σάρκα οὕτω συνέστησεν, οἷον τὸ τῆς γλώττης εἶδος—
τὰ δὲ πλεῖστα ἐκείνως· ἡ γὰρ ἐξ ἀνάγκης γιγνομένη καὶ
συντρεφομένη φύσις οὐδαμῇ προσδέχεται πυκνὸν ὀστοῦν καὶ b
σάρκα πολλὴν ἅμα τε αὐτοῖς ὀξυήκοον αἴσθησιν. μάλιστα
γὰρ ἂν αὐτὰ πάντων ἔσχεν ἡ περὶ τὴν κεφαλὴν σύστασις,
εἴπερ ἅμα συμπίπτειν ἠθελησάτην, καὶ τὸ τῶν ἀνθρώπων
γένος σαρκῶδη ἔχον ἐφ' ἑαυτῷ καὶ νευρώδη κρατεράν τε κε- 5
φαλὴν βίον ἂν διπλοῦν καὶ πολλαπλοῦν καὶ ὑγιεινότερον καὶ
ἀλυπότερον τοῦ νῦν κατεκτήσατο. νῦν δὲ τοῖς περὶ τὴν ἡμε-
τέραν γένεσιν δημιουργοῖς, ἀναλογιζομένοις πότερον πολυχρο-
νιώτερον χεῖρον ἢ βραχυχρονιώτερον βέλτιον ἀπεργάσαιντο c
γένος, συνέδοξεν τοῦ πλείονος βίου, φαυλοτέρου δέ, τὸν
ἐλάττονα ἀμείνονα ὄντα παντὶ πάντως αἱρετέον· ὅθεν δὴ μανῷ

e 1 κατεσκίασεν A P Y : κατεσκέπασεν F e 3 κατὰ A P Y : καὶ κατὰ F e 6 καμπαῖσιν A Y : καμπέσιν P : κάμψεσιν F a 1 τά τε περὶ τὰ A P : τά τε περὶ F : τὰ Y a 2 ἄναρθρα] γρ. τά τε ἄρθρα in marg. A a 7 γιγνομένη A F Y : γεγενημένη P et fecit A² (ε et ενη s. v.) b 1 ξυντρεφομένη A Y : ξυτρεφομένη F : συστρεφομένη P b 7 ἀλυπότερον F P Y et fecit A² : ἀλυπώτερον A c 3 μανῷ F P Y : τῷ μανῷ A sed τῷ punct. not.

μὲν ὀστῷ, σαρξὶν δὲ καὶ νεύροις κεφαλήν, ἅτε οὐδὲ
5 καμπὰς ἔχουσαν, οὐ συνεστέγασαν. κατὰ πάντα οὖν ταῦτα
εὐαισθητοτέρα μὲν καὶ φρονιμωτέρα, πολὺ δὲ ἀσθενεστέρα
παντὸς ἀνδρὸς προσετέθη κεφαλὴ σώματι. τὰ δὲ νεῦρα διὰ
d ταῦτα καὶ οὕτως ὁ θεὸς ἐπ' ἐσχάτην τὴν κεφαλὴν περι-
στήσας κύκλῳ περὶ τὸν τράχηλον ἐκόλλησεν ὁμοιότητι,
καὶ τὰς σιαγόνας ἄκρας αὐτοῖς συνέδησεν ὑπὸ τὴν φύσιν
τοῦ προσώπου· τὰ δ' ἄλλα εἰς ἅπαντα τὰ μέλη διέσπειρε,
5 συνάπτων ἄρθρον ἄρθρῳ. τὴν δὲ δὴ τοῦ στόματος ἡμῶν
δύναμιν ὀδοῦσιν καὶ γλώττῃ καὶ χείλεσιν ἕνεκα τῶν ἀναγ-
καίων καὶ τῶν ἀρίστων διεκόσμησαν οἱ διακοσμοῦντες ᾗ νῦν
e διατέτακται, τὴν μὲν εἴσοδον τῶν ἀναγκαίων μηχανώμενοι
χάριν, τὴν δ' ἔξοδον τῶν ἀρίστων· ἀναγκαῖον μὲν γὰρ πᾶν
ὅσον εἰσέρχεται τροφὴν διδὸν τῷ σώματι, τὸ δὲ λόγων νᾶμα
ἔξω ῥέον καὶ ὑπηρετοῦν φρονήσει κάλλιστον καὶ ἄριστον
5 πάντων ναμάτων. τὴν δ' αὖ κεφαλὴν οὔτε μόνον ὀστεΐνην
ψιλὴν δυνατὸν ἐᾶν ἦν διὰ τὴν ἐν ταῖς ὥραις ἐφ' ἑκάτερον
ὑπερβολήν, οὔτ' αὖ συσκιασθεῖσαν κωφὴν καὶ ἀναίσθητον
διὰ τὸν τῶν σαρκῶν ὄχλον περιιδεῖν γιγνομένην· τῆς δὴ
76 σαρκοειδοῦς φύσεως οὐ καταξηραινομένης λέμμα μεῖζον
περιγιγνόμενον ἐχωρίζετο, δέρμα τὸ νῦν λεγόμενον. τοῦτο
δὲ διὰ τὴν περὶ τὸν ἐγκέφαλον νοτίδα συνιὸν αὐτὸ πρὸς
αὐτὸ καὶ βλαστάνον κύκλῳ περιημφιέννυεν τὴν κεφαλήν· ἡ
5 δὲ νοτὶς ὑπὸ τὰς ῥαφὰς ἀνιοῦσα ἦρδε καὶ συνέκλεισεν αὐτὸ
ἐπὶ τὴν κορυφήν, οἷον ἅμμα συναγαγοῦσα, τὸ δὲ τῶν ῥαφῶν
παντοδαπὸν εἶδος γέγονε διὰ τὴν τῶν περιόδων δύναμιν καὶ
τῆς τροφῆς, μᾶλλον μὲν ἀλλήλοις μαχομένων τούτων πλείους,
b ἧττον δὲ ἐλάττους. τοῦτο δὴ πᾶν τὸ δέρμα κύκλῳ κατεκέντει

c 5 οὐ A F Y : om. P et del. A² e 1 μηχανώμενοι A F Y Stob. : μηχανησάμενοι P a 1 φύσεως A F Y : φύσει fecit A² (ι supra ω et ς punct. not.) οὐ A F Y : om. P et punct. not. A² λέμμα A F P : δέρμα voluit A² (δ supra λ) : λεῖμμα Y a 5 συνέκλεισεν A (ut vid.) F P Y : συνέκλει*εν A² a 6 κορυφὴν A Y : κεφαλὴν A² (εφαλ s. v.) : κρυφὴν F ἅμμα A P : ἅμα F Y a 7 παντοδαπὸν F P Y et fecit A² : παντοδαπῶν A

πυρὶ τὸ θεῖον, τρηθέντος δὲ καὶ τῆς ἰκμάδος ἔξω δι' αὐτοῦ
φερομένης τὸ μὲν ὑγρὸν καὶ θερμὸν ὅσον εἰλικρινὲς ἀπῄειν,
τὸ δὲ μεικτὸν ἐξ ὧν καὶ τὸ δέρμα ἦν, αἰρόμενον μὲν ὑπὸ
τῆς φορᾶς ἔξω μακρὸν ἐτείνετο, λεπτότητα ἴσην ἔχον τῷ 5
κατακεντήματι, διὰ δὲ βραδυτῆτα ἀπωθούμενον ὑπὸ τοῦ
περιεστῶτος ἔξωθεν πνεύματος πάλιν ἐντὸς ὑπὸ τὸ δέρμα
εἱλλόμενον κατερριζοῦτο· καὶ κατὰ ταῦτα δὴ τὰ πάθη τὸ c
τριχῶν γένος ἐν τῷ δέρματι πέφυκεν, συγγενὲς μὲν ἱμαντῶδες
ὂν αὐτοῦ, σκληρότερον δὲ καὶ πυκνότερον τῇ πιλήσει τῆς
ψύξεως, ἣν ἀποχωριζομένη δέρματος ἑκάστη θρὶξ ψυχθεῖσα
συνεπιλήθη. τούτῳ δὴ λασίαν ἡμῶν ἀπηργάσατο τὴν 5
κεφαλὴν ὁ ποιῶν, χρώμενος μὲν αἰτίοις τοῖς εἰρημένοις,
διανοούμενος δὲ ἀντὶ σαρκὸς αὐτὸ δεῖν εἶναι στέγασμα τῆς
περὶ τὸν ἐγκέφαλον ἕνεκα ἀσφαλείας κοῦφον καὶ θέρους d
χειμῶνός τε ἱκανὸν σκιὰν καὶ σκέπην παρέχειν, εὐαισθησίας
δὲ οὐδὲν διακώλυμα ἐμποδὼν γενησόμενον. τὸ δ' ἐν τῇ περὶ
τοὺς δακτύλους καταπλοκῇ τοῦ νεύρου καὶ τοῦ δέρματος ὀστοῦ
τε, συμμειχθὲν ἐκ τριῶν, ἀποξηρανθὲν ἓν κοινὸν συμπάντων 5
σκληρὸν γέγονεν δέρμα, τοῖς μὲν συναιτίοις τούτοις δημιουρ-
γηθέν, τῇ δὲ αἰτιωτάτῃ διανοίᾳ τῶν ἔπειτα ἐσομένων ἕνεκα
εἰργασμένον. ὡς γάρ ποτε ἐξ ἀνδρῶν γυναῖκες καὶ τἆλλα
θηρία γενήσοιντο, ἠπίσταντο οἱ συνιστάντες ἡμᾶς, καὶ δὴ e
καὶ τῆς τῶν ὀνύχων χρείας ὅτι πολλὰ τῶν θρεμμάτων καὶ
ἐπὶ πολλὰ δεήσοιτο ᾔδεσαν, ὅθεν ἐν ἀνθρώποις εὐθὺς γιγνο-
μένοις ὑπετυπώσαντο τὴν τῶν ὀνύχων γένεσιν. τούτῳ δὴ τῷ
λόγῳ καὶ ταῖς προφάσεσιν ταύταις δέρμα τρίχας ὄνυχάς τε 5
ἐπ' ἄκροις τοῖς κώλοις ἔφυσαν.

Ἐπειδὴ δὲ πάντ' ἦν τὰ τοῦ θνητοῦ ζῴου συμπεφυκότα

b 2 τρηθέντος Coraes : τρωθέντος A F P Y b 3 ἀπῄειν A Y : ἀπῄει P et ν del. A² : ἀπίει F b 6 ὑπὸ F Y Gal. : ἀπὸ A P c 1 εἱλλόμενον Y : εἰλλόμενον A : ἠλλόμενον F c 4 ἣν A Y : ἦν F : ν del. A² d 6 τοῖς . . . d 7 αἰτιωτάτῃ A F (sed μὴ pro τῇ F) Y Gal. : τῇ ἀρτιωτάτῃ P et ρ supra ι A² e 2 τῆς Y Gal. : τὸ τῆς A F e 3 δεήσοιτο F Y Gal. : δεήσοιντο A e 6 ἔφυσαν F P Y Gal. : ἔφυσα—ν A (non videtur ἐφύτευσαν fuisse) e 7 ἐπειδὴ A : ἐπεὶ F Y

77 μέρη καὶ μέλη, τὴν δὲ ζωὴν ἐν πυρὶ καὶ πνεύματι συνέβαινεν
ἐξ ἀνάγκης ἔχειν αὐτῷ, καὶ διὰ ταῦτα ὑπὸ τούτων τηκόμενον
κενούμενόν τ' ἔφθινεν, βοήθειαν αὐτῷ θεοὶ μηχανῶνται. τῆς
γὰρ ἀνθρωπίνης συγγενῆ φύσεως φύσιν ἄλλαις ἰδέαις καὶ
5 αἰσθήσεσιν κεραννύντες, ὥσθ' ἕτερον ζῷον εἶναι, φυτεύουσιν·
ἃ δὴ νῦν ἥμερα δένδρα καὶ φυτὰ καὶ σπέρματα παιδευθέντα
ὑπὸ γεωργίας τιθασῶς πρὸς ἡμᾶς ἔσχεν, πρὶν δὲ ἦν μόνα τὰ
b τῶν ἀγρίων γένη, πρεσβύτερα τῶν ἡμέρων ὄντα. πᾶν γὰρ
οὖν ὅτιπερ ἂν μετάσχῃ τοῦ ζῆν, ζῷον μὲν ἂν ἐν δίκῃ λέγοιτο
ὀρθότατα· μετέχει γε μὴν τοῦτο ὃ νῦν λέγομεν τοῦ τρίτου
ψυχῆς εἴδους, ὃ μεταξὺ φρενῶν ὀμφαλοῦ τε ἱδρῦσθαι λόγος,
5 ᾧ δόξης μὲν λογισμοῦ τε καὶ νοῦ μέτεστιν τὸ μηδέν, αἰσθή-
σεως δὲ ἡδείας καὶ ἀλγεινῆς μετὰ ἐπιθυμιῶν. πάσχον γὰρ
διατελεῖ πάντα, στραφέντι δ' αὐτῷ ἐν ἑαυτῷ περὶ ἑαυτό, τὴν
c μὲν ἔξωθεν ἀπωσαμένῳ κίνησιν, τῇ δ' οἰκείᾳ χρησαμένῳ,
τῶν αὑτοῦ τι λογίσασθαι κατιδόντι φύσει οὐ παραδέδωκεν ἡ
γένεσις. διὸ δὴ ζῇ μὲν ἔστιν τε οὐχ ἕτερον ζῴου, μόνιμον
δὲ καὶ κατερριζωμένον πέπηγεν διὰ τὸ τῆς ὑφ' ἑαυτοῦ
5 κινήσεως ἐστερῆσθαι.

Ταῦτα δὴ τὰ γένη πάντα φυτεύσαντες οἱ κρείττους τοῖς
ἥττοσιν ἡμῖν τροφήν, τὸ σῶμα αὐτὸ ἡμῶν διωχέτευσαν
τέμνοντες οἷον ἐν κήποις ὀχετούς, ἵνα ὥσπερ ἐκ νάματος
ἐπιόντος ἄρδοιτο. καὶ πρῶτον μὲν ὀχετοὺς κρυφαίους ὑπὸ
d τὴν σύμφυσιν τοῦ δέρματος καὶ τῆς σαρκὸς δύο φλέβας
ἔτεμον νωτιαίας, δίδυμον ὡς τὸ σῶμα ἐτύγχανεν δεξιοῖς τε
καὶ ἀριστεροῖς ὄν· ταύτας δὲ καθῆκαν παρὰ τὴν ῥάχιν, καὶ τὸν
γόνιμον μεταξὺ λαβόντες μυελόν, ἵνα οὗτός τε ὅτι μάλιστα
5 θάλλοι, καὶ ἐπὶ τἆλλα εὔρους ἐντεῦθεν ἅτε ἐπὶ κάταντες ἡ
ἐπίχυσις γιγνομένη παρέχοι τὴν ὑδρείαν ὁμαλήν. μετὰ δὲ

a 3 τ(ε) F Y Gal. : om. A Stob. c 2 φύσει A F Y Stob. : φύσιν scr. recc. c 3 τε A Stob. : δὲ F Y c 4 ὑφ' ἑαυτοῦ A F Y Stob. cum Atticianis ap. Gal. : ἐξ ἑαυτοῦ alii libri ap. Gal. : ἔξω ἑαυτοῦ ci. Gal. c 7 αὐτὸ ἡμῶν A F Y : αυτομων in marg. A c 8 τεμόντες Gal. c 9 κρυφαίους Y : κρυφαίως A : κρυφίους F d 2 δίδυμον F Y et fecit A[2] (ον s. v.) : διδύμους A (ους in ras.)

ταῦτα σχίσαντες περὶ τὴν κεφαλὴν τὰς φλέβας καὶ δι' ἀλλήλων ἐναντίας πλέξαντες διεῖσαν, τὰς μὲν ἐκ τῶν δεξιῶν **e** ἐπὶ τἀριστερὰ τοῦ σώματος, τὰς δ' ἐκ τῶν ἀριστερῶν ἐπὶ τὰ δεξιὰ κλίναντες, ὅπως δεσμὸς ἅμα τῇ κεφαλῇ πρὸς τὸ σῶμα εἴη μετὰ τοῦ δέρματος, ἐπειδὴ νεύροις οὐκ ἦν κύκλῳ κατὰ κορυφὴν περιειλημμένη, καὶ δὴ καὶ τὸ τῶν αἰσθήσεων πάθος 5 ἵν' ἀφ' ἑκατέρων τῶν μερῶν εἰς ἅπαν τὸ σῶμα εἴη διάδηλον. τὸ δ' ἐντεῦθεν ἤδη τὴν ὑδραγωγίαν παρεσκεύασαν τρόπῳ τινὶ τοιῷδε, ὃν κατοψόμεθα ῥᾷον προδιομολογησάμενοι τὸ τοιόνδε, **78** ὅτι πάντα ὅσα ἐξ ἐλαττόνων συνίσταται στέγει τὰ μείζω, τὰ δὲ ἐκ μειζόνων τὰ σμικρότερα οὐ δύναται, πῦρ δὲ πάντων γενῶν σμικρομερέστατον, ὅθεν δι' ὕδατος καὶ γῆς ἀέρος τε καὶ ὅσα ἐκ τούτων συνίσταται διαχωρεῖ καὶ στέγειν οὐδὲν αὐτὸ 5 δύναται. ταὐτὸν δὴ καὶ περὶ τῆς παρ' ἡμῖν κοιλίας διανοητέον, ὅτι σιτία μὲν καὶ ποτὰ ὅταν εἰς αὐτὴν ἐμπέσῃ, στέγει, πνεῦμα δὲ καὶ πῦρ σμικρομερέστερα ὄντα τῆς αὐτῆς **b** συστάσεως οὐ δύναται. τούτοις οὖν κατεχρήσατο ὁ θεὸς εἰς τὴν ἐκ τῆς κοιλίας ἐπὶ τὰς φλέβας ὑδρείαν, πλέγμα ἐξ ἀέρος καὶ πυρὸς οἷον οἱ κύρτοι συνυφηνάμενος, διπλᾶ κατὰ τὴν εἴσοδον ἐγκύρτια ἔχον, ὧν θάτερον αὖ πάλιν διέπλεξεν 5 δίκρουν· καὶ ἀπὸ τῶν ἐγκυρτίων δὴ διετείνατο οἷον σχοίνους κύκλῳ διὰ παντὸς πρὸς τὰ ἔσχατα τοῦ πλέγματος. τὰ μὲν οὖν ἔνδον ἐκ πυρὸς συνεστήσατο τοῦ πλοκάνου ἅπαντα, τὰ δ' **c** ἐγκύρτια καὶ τὸ κύτος ἀεροειδῆ, καὶ λαβὼν αὐτὸ περιέστησεν τῷ πλασθέντι ζῴῳ τρόπον τοιόνδε. τὸ μὲν τῶν ἐγκυρτίων εἰς τὸ στόμα μεθῆκεν· διπλοῦ δὲ ὄντος αὐτοῦ κατὰ μὲν τὰς ἀρτηρίας εἰς τὸν πλεύμονα καθῆκεν θάτερον, τὸ δ' εἰς τὴν 5

e 1 διεῖσαν A: δίεισαν F (πλέξαντες . . . νεύροις in lac. rec. y): γρ. διΐστασαν in marg. A e 6 διάδηλον F Gal. et fecit A² (add. acc. et ηλ s. v.): διαδιδόν A: διαδιδόμενον y vulg. a 5 διαχωρεῖ F Y Gal.: διαχωρίζει A b 2 ὁ om. Gal. b 5 ἔχον Vat. 228 (ἐχόντων F): ἔχοντος A Y Gal. αὖ A: om. F Y b 6 διετείνατο A F Y: διεκρίνατο A² (κρι s. v.) c 1 πλοκάνου F Y: πλοχάνου A (sed χ in ras.): πλοκάμου A² (κ et μ s. v.) c 5 πλεύμονα A: πνεύμονα F Y

κοιλίαν παρὰ τὰς ἀρτηρίας· τὸ δ' ἕτερον σχίσας τὸ μέρος
ἑκάτερον κατὰ τοὺς ὀχετοὺς τῆς ῥινὸς ἀφῆκεν κοινόν, ὥσθ'
ὅτε μὴ κατὰ στόμα ἴοι θάτερον, ἐκ τούτου πάντα καὶ τὰ
d ἐκείνου ῥεύματα ἀναπληροῦσθαι. τὸ δὲ ἄλλο κύτος τοῦ
κύρτου περὶ τὸ σῶμα ὅσον κοῖλον ἡμῶν περιέφυσεν, καὶ πᾶν
δὴ τοῦτο τοτὲ μὲν εἰς τὰ ἐγκύρτια συρρεῖν μαλακῶς, ἅτε ἀέρα
ὄντα, ἐποίησεν, τοτὲ δὲ ἀναρρεῖν μὲν τὰ ἐγκύρτια, τὸ δὲ
5 πλέγμα, ὡς ὄντος τοῦ σώματος μανοῦ, δύεσθαι εἴσω δι'
αὐτοῦ καὶ πάλιν ἔξω, τὰς δὲ ἐντὸς τοῦ πυρὸς ἀκτῖνας διαδεδε-
μένας ἀκολουθεῖν ἐφ' ἑκάτερα ἰόντος τοῦ ἀέρος, καὶ τοῦτο,
e ἕωσπερ ἂν τὸ θνητὸν συνεστήκῃ ζῷον, μὴ διαπαύεσθαι
γιγνόμενον· τούτῳ δὲ δὴ τῷ γένει τὸν τὰς ἐπωνυμίας θέμενον
ἀναπνοὴν καὶ ἐκπνοὴν λέγομεν θέσθαι τοὔνομα. πᾶν δὲ δὴ
τό τ' ἔργον καὶ τὸ πάθος τοῦθ' ἡμῶν τῷ σώματι γέγονεν
5 ἀρδομένῳ καὶ ἀναψυχομένῳ τρέφεσθαι καὶ ζῆν· ὁπόταν γὰρ
εἴσω καὶ ἔξω τῆς ἀναπνοῆς ἰούσης τὸ πῦρ ἐντὸς συνημμένον
ἕπηται, διαιωρούμενον δὲ ἀεὶ διὰ τῆς κοιλίας εἰσελθὸν τὰ
79 σιτία καὶ ποτὰ λάβῃ, τήκει δή, καὶ κατὰ σμικρὰ διαιροῦν,
διὰ τῶν ἐξόδων ᾗπερ πορεύεται διάγον, οἷον ἐκ κρήνης ἐπ'
ὀχετοὺς ἐπὶ τὰς φλέβας ἀντλοῦν αὐτά, ῥεῖν ὥσπερ αὐλῶνος
διὰ τοῦ σώματος τὰ τῶν φλεβῶν ποιεῖ ῥεύματα.

5 Πάλιν δὲ τὸ τῆς ἀναπνοῆς ἴδωμεν πάθος, αἷς χρώμενον
αἰτίαις τοιοῦτον γέγονεν οἷόνπερ τὰ νῦν ἐστιν. ὧδ' οὖν.
b ἐπειδὴ κενὸν οὐδέν ἐστιν εἰς ὃ τῶν φερομένων δύναιτ' ἂν
εἰσελθεῖν τι, τὸ δὲ πνεῦμα φέρεται παρ' ἡμῶν ἔξω, τὸ μετὰ
τοῦτο ἤδη παντὶ δῆλον ὡς οὐκ εἰς κενόν, ἀλλὰ τὸ πλησίον
ἐκ τῆς ἕδρας ὠθεῖ· τὸ δ' ὠθούμενον ἐξελαύνει τὸ πλησίον
5 ἀεί, καὶ κατὰ ταύτην τὴν ἀνάγκην πᾶν περιελαυνόμενον εἰς
τὴν ἕδραν ὅθεν ἐξῆλθεν τὸ πνεῦμα, εἰσιὸν ἐκεῖσε καὶ ἀνα-
πληροῦν αὐτὴν συνέπεται τῷ πνεύματι, καὶ τοῦτο ἅμα πᾶν

d 2 *κύρτου* A Y : *ὑποκυρτίου* F *πᾶν*] *πάλιν* Gal. e 3 *λέγομεν*** A e 6 *ἰούσης* F Y Gal. : *οὔσης* A e 7 *διαιωρούμενον* F et fecit A[2] (ω s. v.) : *διαιρούμενον* A Y Gal. a 3 *ῥεῖν* A F Y : *ῥεῖν ἢ* Gal. et ἢ s. v. A[2] a 4 *σώματος* A Y : *στόματος* F Gal.

οἷον τροχοῦ περιαγομένου γίγνεται διὰ τὸ κενὸν μηδὲν εἶναι. c
διὸ δὴ τὸ τῶν στηθῶν καὶ τὸ τοῦ πλεύμονος ἔξω μεθιὲν τὸ
πνεῦμα πάλιν ὑπὸ τοῦ περὶ τὸ σῶμα ἀέρος, εἴσω διὰ μανῶν
τῶν σαρκῶν δυομένου καὶ περιελαυνομένου, γίγνεται πλῆρες·
αὖθις δὲ ἀποτρεπόμενος ὁ ἀὴρ καὶ διὰ τοῦ σώματος ἔξω ἰὼν 5
εἴσω τὴν ἀναπνοὴν περιωθεῖ κατὰ τὴν τοῦ στόματος καὶ τὴν
τῶν μυκτήρων δίοδον. τὴν δ' αἰτίαν τῆς ἀρχῆς αὐτῶν θετέον
τήνδε. πᾶν ζῷον αὑτοῦ τἀντὸς περὶ τὸ αἷμα καὶ τὰς φλέβας d
θερμότατα ἔχει, οἷον ἐν ἑαυτῷ πηγήν τινα ἐνοῦσαν πυρός· ὃ
δὴ καὶ προσῃκάζομεν τῷ τοῦ κύρτου πλέγματι, κατὰ μέσον
διατεταμένον ἐκ πυρὸς πεπλέχθαι πᾶν, τὰ δὲ ἄλλα ὅσα
ἔξωθεν, ἀέρος. τὸ θερμὸν δὴ κατὰ φύσιν εἰς τὴν αὑτοῦ 5
χώραν ἔξω πρὸς τὸ συγγενὲς ὁμολογητέον ἰέναι· δυοῖν δὲ
τοῖν διεξόδοιν οὖσαιν, τῆς μὲν κατὰ τὸ σῶμα ἔξω, τῆς δὲ αὖ
κατὰ τὸ στόμα καὶ τὰς ῥῖνας, ὅταν μὲν ἐπὶ θάτερα ὁρμήσῃ, e
θάτερα περιωθεῖ, τὸ δὲ περιωσθὲν εἰς τὸ πῦρ ἐμπῖπτον
θερμαίνεται, τὸ δ' ἐξιὸν ψύχεται. μεταβαλλούσης δὲ τῆς
θερμότητος καὶ τῶν κατὰ τὴν ἑτέραν ἔξοδον θερμοτέρων
γιγνομένων πάλιν ἐκείνῃ ῥέπον αὖ τὸ θερμότερον μᾶλλον, 5
πρὸς τὴν αὑτοῦ φύσιν φερόμενον, περιωθεῖ τὸ κατὰ θάτερα·
τὸ δὲ τὰ αὐτὰ πάσχον καὶ τὰ αὐτὰ ἀνταποδιδὸν ἀεί, κύκλον
οὕτω σαλευόμενον ἔνθα καὶ ἔνθα ἀπειργασμένον ὑπ' ἀμφο-
τέρων τὴν ἀναπνοὴν καὶ ἐκπνοὴν γίγνεσθαι παρέχεται.

Καὶ δὴ καὶ τὰ τῶν περὶ τὰς ἰατρικὰς σικύας παθημάτων 10
αἴτια καὶ τὰ τῆς καταπόσεως τά τε τῶν ῥιπτουμένων, ὅσα 80
ἀφεθέντα μετέωρα καὶ ὅσα ἐπὶ γῆς φέρεται, ταύτῃ διωκτέον,

c 2 τὸ τοῦ A F Y : τοῦ Gal. Stob. et τὸ punct. not. A[2] πλεύμονος A : πνεύμονος F Y Gal. Stob. c 3 πάλιν] πάχιον Gal. c 6 στόματος A Y Stob. : σώματος F Gal. d 1 αὑτοῦ Y : αὐτοῦ A F : ἑαυτοῦ A[2] (ἑ s.v.) τἀντὸς Gal. : τὰ ἐντὸς F Stob. : παντὸς Y : πάντως A d 2 θερμότατα A (ut vid.) Y Gal. : θερμότητα A[2] (η in ras.) F Stob. ἑαυτῷ A Gal. : αὐτῷ F Y Stob. ὃ A F Y Stob. : ᾧ Gal. (comm.) d 3 προσῃκάζομεν A (ut vid.) F : προσεικάζομεν A[2] (ει in ras.) Y d 7 τοῖν F : ταῖν A Y Stob. τὸ σῶμα] στόμα Stob. e 3 μεταβαλλούσης F Y Stob. : μεταβαλούσης A e 8 οὕτω] ἀεὶ Stob. a 1 καταπόσεως A F Plut. : πόσεως Y Stob.

καὶ ὅσοι φθόγγοι ταχεῖς τε καὶ βραδεῖς ὀξεῖς τε καὶ βαρεῖς φαίνονται, τοτὲ μὲν ἀνάρμοστοι φερόμενοι δι' ἀνομοιότητα
5 τῆς ἐν ἡμῖν ὑπ' αὐτῶν κινήσεως, τοτὲ δὲ σύμφωνοι δι' ὁμοιότητα. τὰς γὰρ τῶν προτέρων καὶ θαττόνων οἱ βραδύτεροι κινήσεις ἀποπαυομένας ἤδη τε εἰς ὅμοιον ἐληλυθυίας,
b αἷς ὕστερον αὐτοὶ προσφερόμενοι κινοῦσιν ἐκείνας, καταλαμβάνουσιν, καταλαμβάνοντες δὲ οὐκ ἄλλην ἐπεμβάλλοντες ἀνετάραξαν κίνησιν, ἀλλ' ἀρχὴν βραδυτέρας φορᾶς κατὰ τὴν τῆς θάττονος, ἀπολῃγούσης δέ, ὁμοιότητα προσάψαντες, μίαν
5 ἐξ ὀξείας καὶ βαρείας συνεκεράσαντο πάθην· ὅθεν ἡδονὴν μὲν τοῖς ἄφροσιν, εὐφροσύνην δὲ τοῖς ἔμφροσιν διὰ τὴν τῆς θείας ἁρμονίας μίμησιν ἐν θνηταῖς γενομένην φοραῖς παρέσχον. καὶ δὴ καὶ τὰ τῶν ὑδάτων πάντα ῥεύματα, ἔτι δὲ
c τὰ τῶν κεραυνῶν πτώματα καὶ τὰ θαυμαζόμενα ἠλέκτρων περὶ τῆς ἕλξεως καὶ τῶν Ἡρακλείων λίθων, πάντων τούτων ὁλκὴ μὲν οὐκ ἔστιν οὐδενί ποτε, τὸ δὲ κενὸν εἶναι μηδὲν περιωθεῖν τε αὑτὰ ταῦτα εἰς ἄλληλα, τό τε διακρινόμενα
5 καὶ συγκρινόμενα πρὸς τὴν αὑτῶν διαμειβόμενα ἕδραν ἕκαστα ἰέναι πάντα, τούτοις τοῖς παθήμασιν πρὸς ἄλληλα συμπλεχθεῖσιν τεθαυματουργημένα τῷ κατὰ τρόπον ζητοῦντι φανήσεται.

d Καὶ δὴ καὶ τὸ τῆς ἀναπνοῆς, ὅθεν ὁ λόγος ὥρμησεν, κατὰ ταῦτα καὶ διὰ τούτων γέγονεν, ὥσπερ ἐν τοῖς πρόσθεν εἴρηται, τέμνοντος μὲν τὰ σιτία τοῦ πυρός, αἰωρουμένου δὲ ἐντὸς τῷ πνεύματι συνεπομένου, τὰς φλέβας τε ἐκ τῆς κοιλίας τῇ
5 συναιωρήσει πληροῦντος τῷ τὰ τετμημένα αὐτόθεν ἐπαντλεῖν· καὶ διὰ ταῦτα δὴ καθ' ὅλον τὸ σῶμα πᾶσιν τοῖς ζῴοις τὰ τῆς τροφῆς νάματα οὕτως ἐπίρρυτα γέγονεν. νεότμητα

a 3 τε καὶ post ταχεῖς A : καὶ F Y Stob. b 3 ἀνετάραξαν A F Stob. : ἐνετάραξαν Y Gal. (comm.) κατὰ τὴν τῆς] καὶ κατὰ τοῦ Stob. b 8 δὲ] τε Stob. c 4 τό τε A F Y : τα δὲ s. v. A[2] : τὰ τόδε Stob. c 7 τεθαυματουργημένα F Y : τεθαυματουργημέναι A Stob. d 2 ταῦτα F Y Stob. : ταυτὰ A d 3 αἰωρουμένου A F Y Stob. : αἰωρουμένῳ Hermann d 4 τε A Y : δὲ F Stob. d 7 γέγονε F : γεγονέναι A (sed αι punct. not. et acc. supra γε A[2]) Y Gal. Stob.

δὲ καὶ ἀπὸ συγγενῶν ὄντα, τὰ μὲν καρπῶν, τὰ δὲ χλόης,
ἃ θεὸς ἐπ' αὐτὸ τοῦθ' ἡμῖν ἐφύτευσεν, εἶναι τροφήν, παν- e
τοδαπὰ μὲν χρώματα ἴσχει διὰ τὴν σύμμειξιν, ἡ δ' ἐρυθρὰ
πλείστη περὶ αὐτὰ χρόα διαθεῖ, τῆς τοῦ πυρὸς τομῆς τε καὶ
ἐξομόρξεως ἐν ὑγρῷ δεδημιουργημένη φύσις. ὅθεν τοῦ κατὰ
τὸ σῶμα ῥέοντος τὸ χρῶμα ἔσχεν οἷαν ὄψιν διεληλύθαμεν 5
ὃ καλοῦμεν αἷμα, νομὴν σαρκῶν καὶ σύμπαντος τοῦ σώ-
ματος, ὅθεν ὑδρευόμενα ἕκαστα πληροῖ τὴν τοῦ κενουμένου 81
βάσιν· ὁ δὲ τρόπος τῆς πληρώσεως ἀποχωρήσεώς τε γίγνε-
ται καθάπερ ἐν τῷ παντὶ παντὸς ἡ φορὰ γέγονεν, ἣν τὸ
συγγενὲς πᾶν φέρεται πρὸς ἑαυτό. τὰ μὲν γὰρ δὴ περιε-
στῶτα ἐκτὸς ἡμᾶς τήκει τε ἀεὶ καὶ διανέμει πρὸς ἕκαστον 5
εἶδος τὸ ὁμόφυλον ἀποπέμποντα, τὰ δὲ ἔναιμα αὖ, κερμα-
τισθέντα ἐντὸς παρ' ἡμῖν καὶ περιειλημμένα ὥσπερ ὑπ'
οὐρανοῦ συνεστῶτος ἑκάστου τοῦ ζῴου, τὴν τοῦ παντὸς b
ἀναγκάζεται μιμεῖσθαι φοράν· πρὸς τὸ συγγενὲς οὖν φερό-
μενον ἕκαστον τῶν ἐντὸς μερισθέντων τὸ κενωθὲν τότε πάλιν
ἀνεπλήρωσεν. ὅταν μὲν δὴ πλέον τοῦ ἐπιρρέοντος ἀπίῃ,
φθίνει πᾶν, ὅταν δὲ ἔλαττον, αὐξάνεται. νέα μὲν οὖν σύ- 5
στασις τοῦ παντὸς ζῴου, καινὰ τὰ τρίγωνα οἷον ἐκ δρυόχων
ἔτι ἔχουσα τῶν γενῶν, ἰσχυρὰν μὲν τὴν σύγκλεισιν αὐτῶν
πρὸς ἄλληλα κέκτηται, συμπέπηγεν δὲ ὁ πᾶς ὄγκος αὐτῆς
ἁπαλός, ἅτ' ἐκ μυελοῦ μὲν νεωστὶ γεγονυίας, τεθραμμένης c
δὲ ἐν γάλακτι· τὰ δὴ περιλαμβανόμενα ἐν αὐτῇ τρίγωνα
ἔξωθεν ἐπεισελθόντα, ἐξ ὧν ἂν ᾖ τά τε σιτία καὶ ποτά,
τῶν ἑαυτῆς τριγώνων παλαιότερα ὄντα καὶ ἀσθενέστερα

e 3 *αὐτὰ* Gal. Stob.: *αὐτὸ* A F Y e 4 *δεδημιουργουμένη φύσις* A F Y (*δημιουργουμένη* F): *δεδημιουργουμένης φύσεως* Gal.: *δεδημιουργουμένη φύσει* Stob. e 5 prius *τὸ* A F Y Gal.: om. Stob. a 1 *κενουμένου* A F Y Stob.: *κενοῦ* A[2] (add. acc. et *μένου* punct. not.) a 2 *βάσιν* A Y Stob.: *μετάβασιν* F a 4 *δὴ* punct. not. A[2] a 6 *ἀποπέμποντα* F et fecit A[2] (*τα* s. v.): *ἀποπέμπον* A Y b 1 *τοῦ ζώου* F Y: ÷÷ *ζῴου* A b 6 *τὰ* F Y et s. v. A[2]: om. A c 3 *ἐξ* F Y: *δὲ ἐξ* A sed *δὲ* punct. not. c 4 *ἑαυτῆς* A: *ἐν αὐτοῖς* F: *αὐτῆς* Y

5 καινοῖς ἐπικρατεῖ τέμνουσα, καὶ μέγα ἀπεργάζεται τὸ ζῷον τρέφουσα ἐκ πολλῶν ὁμοίων. ὅταν δ' ἡ ῥίζα τῶν τριγώνων χαλᾷ διὰ τὸ πολλοὺς ἀγῶνας ἐν πολλῷ χρόνῳ πρὸς πολλὰ
d ἠγωνίσθαι, τὰ μὲν τῆς τροφῆς εἰσιόντα οὐκέτι δύναται τέμνειν εἰς ὁμοιότητα ἑαυτοῖς, αὐτὰ δὲ ὑπὸ τῶν ἔξωθεν ἐπεισιόντων εὐπετῶς διαιρεῖται· φθίνει δὴ πᾶν ζῷον ἐν τούτῳ κρατούμενον, γῆράς τε ὀνομάζεται τὸ πάθος. τέλος
5 δέ, ἐπειδὰν τῶν περὶ τὸν μυελὸν τριγώνων οἱ συναρμοσθέντες μηκέτι ἀντέχωσιν δεσμοὶ τῷ πόνῳ διιστάμενοι, μεθιᾶσιν τοὺς τῆς ψυχῆς αὖ δεσμούς, ἡ δὲ λυθεῖσα κατὰ φύσιν μεθ' ἡδονῆς
e ἐξέπτατο· πᾶν γὰρ τὸ μὲν παρὰ φύσιν ἀλγεινόν, τὸ δ' ᾗ πέφυκεν γιγνόμενον ἡδύ. καὶ θάνατος δὴ κατὰ ταὐτὰ ὁ μὲν κατὰ νόσους καὶ ὑπὸ τραυμάτων γιγνόμενος ἀλγεινὸς καὶ βίαιος, ὁ δὲ μετὰ γήρως ἰὼν ἐπὶ τέλος κατὰ φύσιν ἀπονώτατος
5 τῶν θανάτων καὶ μᾶλλον μεθ' ἡδονῆς γιγνόμενος ἢ λύπης.

Τὸ δὲ τῶν νόσων ὅθεν συνίσταται, δῆλόν που καὶ παντί.
82 τεττάρων γὰρ ὄντων γενῶν ἐξ ὧν συμπέπηγεν τὸ σῶμα, γῆς πυρὸς ὕδατός τε καὶ ἀέρος, τούτων ἡ παρὰ φύσιν πλεονεξία καὶ ἔνδεια καὶ τῆς χώρας μετάστασις ἐξ οἰκείας ἐπ' ἀλλοτρίαν γιγνομένη, πυρός τε αὖ καὶ τῶν ἑτέρων ἐπειδὴ
5 γένη πλείονα ἑνὸς ὄντα τυγχάνει, τὸ μὴ προσῆκον ἕκαστον ἑαυτῷ προσλαμβάνειν, καὶ πάνθ' ὅσα τοιαῦτα, στάσεις καὶ νόσους παρέχει· παρὰ φύσιν γὰρ ἑκάστου γιγνομένου καὶ μεθισταμένου θερμαίνεται μὲν ὅσα ἂν πρότερον ψύχηται,
b ξηρὰ δὲ ὄντα εἰς ὕστερον γίγνεται νοτερά, καὶ κοῦφα δὴ καὶ βαρέα, καὶ πάσας πάντῃ μεταβολὰς δέχεται. μόνως γὰρ δή, φαμέν, ταὐτὸν ταὐτῷ κατὰ ταὐτὸν καὶ ὡσαύτως καὶ ἀνὰ λόγον προσγιγνόμενον καὶ ἀπογιγνόμενον ἐάσει ταὐτὸν ὂν
5 αὐτῷ σῶν καὶ ὑγιὲς μένειν· ὃ δ' ἂν πλημμελήσῃ τι τούτων

d 6 διιστάμενοι F Y Stob. et fecit A[2] (ι s.v.): διεσταμενοι A d 7 ἡ δὲ F Y: ἦδε A e 2 ταὐτὰ A P: ταῦτα F Y Stob. e 4 τέλος A F Y: τέλει P b 3 prius ταὐτὸν P et fecit A[2] (ν s.v.): ταὐτὸ A F posterius ταὐτὸ A F b 5 σῶν A P Y: σῶον F Gal. πλημμελήσῃ A F Y Gal.: πλημμελὲς ᾖ P et fecit A[2] (ὲ et ᾖ s.v.)

ἐκτὸς ἀπιὸν ἢ προσιόν, ἀλλοιότητας παμποικίλας καὶ νόσους φθοράς τε ἀπείρους παρέξεται.

Δευτέρων δὴ συστάσεων αὖ κατὰ φύσιν συνεστηκυιῶν, δευτέρα κατανόησις νοσημάτων τῷ βουλομένῳ γίγνεται συν- c νοῆσαι. μυελοῦ γὰρ ἐξ ἐκείνων ὀστοῦ τε καὶ σαρκὸς καὶ νεύρου συμπαγέντος, ἔτι τε αἵματος ἄλλον μὲν τρόπον, ἐκ δὲ τῶν αὐτῶν γεγονότος, τῶν μὲν ἄλλων τὰ πλεῖστα ᾗπερ τὰ πρόσθεν, τὰ δὲ μέγιστα τῶν νοσημάτων τῇδε χαλεπὰ 5 συμπέπτωκεν· ὅταν ἀνάπαλιν ἡ γένεσις τούτων πορεύηται, τότε ταῦτα διαφθείρεται. κατὰ φύσιν γὰρ σάρκες μὲν καὶ νεῦρα ἐξ αἵματος γίγνεται, νεῦρον μὲν ἐξ ἰνῶν διὰ τὴν συγγένειαν, σάρκες δὲ ἀπὸ τοῦ παγέντος ὃ πήγνυται χωριζό- d μενον ἰνῶν· τὸ δὲ ἀπὸ τῶν νεύρων καὶ σαρκῶν ἀπιὸν αὖ γλίσχρον καὶ λιπαρὸν ἅμα μὲν τὴν σάρκα κολλᾷ πρὸς τὴν τῶν ὀστῶν φύσιν αὐτό τε τὸ περὶ τὸν μυελὸν ὀστοῦν τρέφον αὔξει, τὸ δ' αὖ διὰ τὴν πυκνότητα τῶν ὀστῶν διηθούμενον 5 καθαρώτατον γένος τῶν τριγώνων λειότατόν τε καὶ λιπαρώτατον, λειβόμενον ἀπὸ τῶν ὀστῶν καὶ στάζον, ἄρδει τὸν μυελόν. καὶ κατὰ ταῦτα μὲν γιγνομένων ἑκάστων ὑγίεια e συμβαίνει τὰ πολλά· νόσοι δέ, ὅταν ἐναντίως. ὅταν γὰρ τηκομένη σὰρξ ἀνάπαλιν εἰς τὰς φλέβας τὴν τηκεδόνα ἐξιῇ, τότε μετὰ πνεύματος αἷμα πολύ τε καὶ παντοδαπὸν ἐν ταῖς φλεψὶ χρώμασι καὶ πικρότησι ποικιλλόμενον, ἔτι δὲ ὀξείαις 5 καὶ ἁλμυραῖς δυνάμεσι, χολὰς καὶ ἰχῶρας καὶ φλέγματα παντοῖα ἴσχει· παλιναίρετα γὰρ πάντα γεγονότα καὶ διεφθαρμένα τό τε αἷμα αὐτὸ πρῶτον διόλλυσι, καὶ αὐτὰ οὐδεμίαν τροφὴν ἔτι τῷ σώματι παρέχοντα φέρεται πάντῃ διὰ 83 τῶν φλεβῶν, τάξιν τῶν κατὰ φύσιν οὐκέτ' ἴσχοντα περιόδων, ἐχθρὰ μὲν αὐτὰ αὑτοῖς διὰ τὸ μηδεμίαν ἀπόλαυσιν ἑαυτῶν ἔχειν, τῷ συνεστῶτι δὲ τοῦ σώματος καὶ μένοντι κατὰ χώραν

e 3 ἐξίῃ A: ἐξίῃ F a 1 ἔτι F Y: ἐπὶ A a 2 οὐκέτ' ἴσχοντα Bekker: οὐκέτι σχόντα A: οὐκέτι ἔχοντα F: οὐκ ἔχοντα Y

5 πολέμια, διολλύντα καὶ τήκοντα. ὅσον μὲν οὖν ἂν παλαιότατον ὂν τῆς σαρκὸς τακῇ, δύσπεπτον γιγνόμενον μελαίνει μὲν ὑπὸ παλαιᾶς συγκαύσεως, διὰ δὲ τὸ πάντῃ διαβεβρῶσθαι
b πικρὸν ὂν παντὶ χαλεπὸν προσπίπτει τοῦ σώματος ὅσον ἂν μήπω διεφθαρμένον ᾖ, καὶ τοτὲ μὲν ἀντὶ τῆς πικρότητος ὀξύτητα ἔσχεν τὸ μέλαν χρῶμα, ἀπολεπτυνθέντος μᾶλλον τοῦ πικροῦ, τοτὲ δὲ ἡ πικρότης αὖ βαφεῖσα αἵματι χρῶμα
5 ἔσχεν ἐρυθρώτερον, τοῦ δὲ μέλανος τούτῳ συγκεραννυμένου χλοῶδες· ἔτι δὲ συμμείγνυται ξανθὸν χρῶμα μετὰ τῆς πικρότητος, ὅταν νέα συντακῇ σὰρξ ὑπὸ τοῦ περὶ τὴν φλόγα πυρός. καὶ τὸ μὲν κοινὸν ὄνομα πᾶσιν τούτοις ἤ τινες
c ἰατρῶν που χολὴν ἐπωνόμασαν, ἢ καί τις ὢν δυνατὸς εἰς πολλὰ μὲν καὶ ἀνόμοια βλέπειν, ὁρᾶν δὲ ἐν αὐτοῖς ἓν γένος ἐνὸν ἄξιον ἐπωνυμίας πᾶσιν· τὰ δ' ἄλλα ὅσα χολῆς εἴδη λέγεται, κατὰ τὴν χρόαν ἔσχεν λόγον αὐτῶν ἕκαστον ἴδιον.
5 ἰχὼρ δέ, ὁ μὲν αἵματος ὀρὸς πρᾷος, ὁ δὲ μελαίνης χολῆς ὀξείας τε ἄγριος, ὅταν συμμειγνύηται διὰ θερμότητα ἁλμυρᾷ δυνάμει· καλεῖται δὲ ὀξὺ φλέγμα τὸ τοιοῦτον. τὸ δ' αὖ μετ' ἀέρος τηκόμενον ἐκ νέας καὶ ἁπαλῆς σαρκός, τούτου δὲ
d ἀνεμωθέντος καὶ συμπεριληφθέντος ὑπὸ ὑγρότητος, καὶ πομφολύγων συστασῶν ἐκ τοῦ πάθους τούτου καθ' ἑκάστην μὲν ἀοράτων διὰ σμικρότητα, συναπασῶν δὲ τὸν ὄγκον παρεχομένων ὁρατόν, χρῶμα ἐχουσῶν διὰ τὴν τοῦ ἀφροῦ
5 γένεσιν ἰδεῖν λευκόν, ταύτην πᾶσαν τηκεδόνα ἁπαλῆς σαρκὸς μετὰ πνεύματος συμπλακεῖσαν λευκὸν εἶναι φλέγμα φαμέν. φλέγματος δὲ αὖ νέου συνισταμένου ὀρὸς ἱδρὼς καὶ δάκρυον,

a 5 διολλύντα A (λλ in trium litt. ras.) F Y : διοχλοῦντα A[2] (χ et ο s. v.) a 6 μελαίνει A (αι in ras.) : μέλαινι F (ι in ras. et acc. supra αι del.) a 7 παλαιᾶς] πολλῆς Cornarius b 2 ᾖ A : ἦν F : εἴη Y b 5 ἐρυθρώτερον A : ἐρυθρότερον A[2]Y : ἐρυθρόν F b 6 χλοῶδες C γρ. Θ Galenus : χολῶδες A F Y b 8 ἤ τινὲς F Y : ητινες A : ἥντινες Gal. et fecit A[2] (ν s. v.) c 5 ὀρὸς A : ὄρος F : ὀρρὸς Y d 1 ἀνεμωθέντος F Y : ἀνανεωθέντος (ανεω in ras.) A[2] : ἀναιμωθέντος A (ut vid.) Gal. d 6 συμπλακεῖσαν Y Gal. : ξυμπλεκεῖσαν A F (σ. F) d 7 δὲ αὖ νέου] γρ. δ' ἄνευ in marg. A

ὅσα τε ἄλλα τοιαῦτα σώματα τὸ καθ' ἡμέραν χεῖται καθαιρό- e
μενα· καὶ ταῦτα μὲν δὴ πάντα νόσων ὄργανα γέγονεν, ὅταν
αἷμα μὴ ἐκ τῶν σιτίων καὶ ποτῶν πληθύσῃ κατὰ φύσιν,
ἀλλ' ἐξ ἐναντίων τὸν ὄγκον παρὰ τοὺς τῆς φύσεως λαμ-
βάνῃ νόμους. διακρινομένης μὲν οὖν ὑπὸ νόσων τῆς σαρκὸς 5
ἑκάστης, μενόντων δὲ τῶν πυθμένων αὐταῖς ἡμίσεια τῆς συμ-
φορᾶς ἡ δύναμις—ἀνάληψιν γὰρ ἔτι μετ' εὐπετείας ἴσχει—
τὸ δὲ δὴ σάρκας ὀστοῖς συνδοῦν ὁπότ' ἂν νοσήσῃ, καὶ 84
μηκέτι αὐτὸ ἐξ ἰνῶν †αἷμα καὶ νεύρων ἀποχωριζόμενον ὀστῷ
μὲν τροφή, σαρκὶ δὲ πρὸς ὀστοῦν γίγνηται δεσμός, ἀλλ' ἐκ
λιπαροῦ καὶ λείου καὶ γλίσχρου τραχὺ καὶ ἁλμυρὸν αὐχ-
μῆσαν ὑπὸ κακῆς διαίτης γένηται, τότε ταῦτα πάσχον πᾶν 5
τὸ τοιοῦτον καταψήχεται μὲν αὐτὸ πάλιν ὑπὸ τὰς σάρκας
καὶ τὰ νεῦρα, ἀφιστάμενον ἀπὸ τῶν ὀστῶν, αἱ δ' ἐκ τῶν
ῥιζῶν συνεκπίπτουσαι τά τε νεῦρα γυμνὰ καταλείπουσι καὶ b
μεστὰ ἅλμης· αὐταὶ δὲ πάλιν εἰς τὴν αἵματος φορὰν ἐμ-
πεσοῦσαι τὰ πρόσθεν ῥηθέντα νοσήματα πλείω ποιοῦσιν.
χαλεπῶν δὲ τούτων περὶ τὰ σώματα παθημάτων γιγνομένων
μείζω ἔτι γίγνεται τὰ πρὸ τούτων, ὅταν ὀστοῦν διὰ πυκνό- 5
τητα σαρκὸς ἀναπνοὴν μὴ λαμβάνον ἱκανήν, ὑπ' εὐρῶτος
θερμαινόμενον, σφακελίσαν μήτε τὴν τροφὴν καταδέχηται
πάλιν τε αὐτὸ εἰς ἐκείνην ἐναντίως ἴῃ ψηχόμενον, ἡ δ' εἰς c
σάρκας, σὰρξ δὲ εἰς αἷμα ἐμπίπτουσα τραχύτερα πάντα τῶν
πρόσθεν τὰ νοσήματα ἀπεργάζηται· τὸ δ' ἔσχατον πάντων,
ὅταν ἡ τοῦ μυελοῦ φύσις ἀπ' ἐνδείας ἤ τινος ὑπερβολῆς
νοσήσῃ, τὰ μέγιστα καὶ κυριώτατα πρὸς θάνατον τῶν νοση- 5
μάτων ἀποτελεῖ, πάσης ἀνάπαλιν τῆς τοῦ σώματος φύσεως
ἐξ ἀνάγκης ῥυείσης.

Τρίτον δ' αὖ νοσημάτων εἶδος τριχῇ δεῖ διανοεῖσθαι

e 1 σώματα . . . καθαιρόμενα F et fecit A[2] (τα s. v.) : σωμα . . . καθαιρομενα A : σῶμα . . . καθαιρόμενον Y e 6 ἡμίσεια A : ἡμίσεα A[2] F a 2 αὐτὸ F : αὖ τὸ A : αὖ τῶν Y ἰνῶν A F : ἐκείνων Y αἷμα] ἅμα ci. Stallbaum a 3 τροφὴ A (ὴ in ras.) : τροφὸν F : τροφὴν Y a 6 καταψήχεται A : καταψύχεται F Y c 1 ἴηι ψυχόμενον A : γρ. ὠσθῇ ψηχόμενον in marg. A : εἴη τηκόμενον F : εἴη ψυχόμενον Y

d γιγνόμενον, τὸ μὲν ὑπὸ πνεύματος, τὸ δὲ φλέγματος, τὸ δὲ χολῆς. ὅταν μὲν γὰρ ὁ τῶν πνευμάτων τῷ σώματι ταμίας πλεύμων μὴ καθαρὰς παρέχῃ τὰς διεξόδους ὑπὸ ῥευμάτων φραχθείς, ἔνθα μὲν οὐκ ἰόν, ἔνθα δὲ πλεῖον ἢ τὸ προσῆκον
5 πνεῦμα εἰσιὸν τὰ μὲν οὐ τυγχάνοντα ἀναψυχῆς σήπει, τὰ δὲ τῶν φλεβῶν διαβιαζόμενον καὶ συνεπιστρέφον αὐτὰ τῆκόν τε τὸ σῶμα εἰς τὸ μέσον αὐτοῦ διάφραγμά τ' ἴσχον
e ἐναπολαμβάνεται, καὶ μυρία δὴ νοσήματα ἐκ τούτων ἀλγεινὰ μετὰ πλήθους ἱδρῶτος πολλάκις ἀπείργασται. πολλάκις δ' ἐν τῷ σώματι διακριθείσης σαρκὸς πνεῦμα ἐγγενόμενον καὶ ἀδυνατοῦν ἔξω πορευθῆναι τὰς αὐτὰς τοῖς ἐπεισεληλυθόσιν
5 ὠδῖνας παρέσχεν, μεγίστας δέ, ὅταν περὶ τὰ νεῦρα καὶ τὰ ταύτῃ φλέβια περιστὰν καὶ ἀνοιδῆσαν τούς τε ἐπιτόνους καὶ τὰ συνεχῆ νεῦρα οὕτως εἰς τὸ ἐξόπισθεν κατατείνῃ τούτοις· ἃ δὴ καὶ ἀπ' αὐτοῦ τῆς συντονίας τοῦ παθήματος τὰ νοσήματα τέτανοί τε καὶ ὀπισθότονοι προσερρήθησαν. ὧν καὶ
10 τὸ φάρμακον χαλεπόν· πυρετοὶ γὰρ οὖν δὴ τὰ τοιαῦτα ἐπι-
85 γιγνόμενοι μάλιστα λύουσιν. τὸ δὲ λευκὸν φλέγμα διὰ τὸ τῶν πομφολύγων πνεῦμα χαλεπὸν ἀποληφθέν, ἔξω δὲ τοῦ σώματος ἀναπνοὰς ἴσχον ἠπιώτερον μέν, καταποικίλλει δὲ τὸ σῶμα λεύκας ἀλφούς τε καὶ τὰ τούτων συγγενῆ νοσή-
5 ματα ἀποτίκτον. μετὰ χολῆς δὲ μελαίνης κερασθὲν ἐπὶ τὰς περιόδους τε τὰς ἐν τῇ κεφαλῇ θειοτάτας οὔσας ἐπισκεδαννύμενον καὶ συνταράττον αὐτάς, καθ' ὕπνον μὲν ἰὸν πρᾳΰτερον,
b ἐγρηγορόσιν δὲ ἐπιτιθέμενον δυσαπαλλακτότερον· νόσημα δὲ ἱερᾶς ὂν φύσεως ἐνδικώτατα ἱερὸν λέγεται. φλέγμα δ' ὀξὺ καὶ ἁλμυρὸν πηγὴ πάντων νοσημάτων ὅσα γίγνεται καταρροϊκά· διὰ δὲ τοὺς τόπους εἰς οὓς ῥεῖ παντοδαποὺς

d 3 πλεύμων A (λ in ras.) : πνεύμων F Y d 4 πλεῖον A : πλέον F Y d 5 οὐ A F Y : οὐν A[2] (ν s. v.) d 6 διαβιαζόμενον F Y : διαβιαζομένων A d 7 διάφραγμά τ' ἴσχον Schneider : διάφραγμά τι σχὸν A : διαφράγματ' ἴσχον F : διάφραγμά τε ἴσχον Y e 2 prius πολλάκις A F : om. Y e 6 φλέβια Y : φλεβία A F περιστὰν A : περιστᾶν F : περιιστὰν Y e 10 ἐπιγιγνόμενοι F : ἐγγιγνόμενοι A : γιγνόμενοι Y a 7 πραΰτερον A F

ὄντας παντοῖα ὀνόματα εἴληφεν. ὅσα δὲ φλεγμαίνειν λέγεται 5
τοῦ σώματος, ἀπὸ τοῦ κάεσθαί τε καὶ φλέγεσθαι, διὰ χολὴν
γέγονε πάντα. λαμβάνουσα μὲν οὖν ἀναπνοὴν ἔξω παντοῖα
ἀναπέμπει φύματα ζέουσα, καθειργνυμένη δ' ἐντὸς πυρίκαυτα c
νοσήματα πολλὰ ἐμποιεῖ, μέγιστον δέ, ὅταν αἵματι καθαρῷ
συγκερασθεῖσα τὸ τῶν ἰνῶν γένος ἐκ τῆς ἑαυτῶν διαφορῇ
τάξεως, αἳ διεσπάρησαν μὲν εἰς αἷμα, ἵνα συμμέτρως λεπτό-
τητος ἴσχοι καὶ πάχους καὶ μήτε διὰ θερμότητα ὡς ὑγρὸν 5
ἐκ μανοῦ τοῦ σώματος ἐκρέοι, μήτ' αὖ πυκνότερον δυσκίνητον
ὂν μόλις ἀναστρέφοιτο ἐν ταῖς φλεψίν. καιρὸν δὴ τούτων d
ἶνες τῇ τῆς φύσεως γενέσει φυλάττουσιν· ἃς ὅταν τις καὶ
τεθνεῶτος αἵματος ἐν ψύξει τε ὄντος πρὸς ἀλλήλας συνα-
γάγῃ, διαχεῖται πᾶν τὸ λοιπὸν αἷμα, ἐαθεῖσαι δὲ ταχὺ μετὰ
τοῦ περιεστῶτος αὐτὸ ψύχους συμπηγνύασιν. ταύτην δὴ 5
τὴν δύναμιν ἐχουσῶν ἰνῶν ἐν αἵματι χολὴ φύσει παλαιὸν
αἷμα γεγονυῖα καὶ πάλιν ἐκ τῶν σαρκῶν εἰς τοῦτο τετηκυῖα,
θερμὴ καὶ ὑγρὰ κατ' ὀλίγον τὸ πρῶτον ἐμπίπτουσα πήγνυται
διὰ τὴν τῶν ἰνῶν δύναμιν, πηγνυμένη δὲ καὶ βίᾳ κατα- e
σβεννυμένη χειμῶνα καὶ τρόμον ἐντὸς παρέχει. πλείων δ'
ἐπιρρέουσα, τῇ παρ' αὐτῆς θερμότητι κρατήσασα τὰς ἶνας
εἰς ἀταξίαν ζέσασα διέσεισεν· καὶ ἐὰν μὲν ἱκανὴ διὰ τέλους
κρατῆσαι γένηται, πρὸς τὸ τοῦ μυελοῦ διαπεράσασα γένος 5
κάουσα ἔλυσεν τὰ τῆς ψυχῆς αὐτόθεν οἷον νεὼς πείσματα
μεθῆκέν τε ἐλευθέραν, ὅταν δ' ἐλάττων ᾖ τό τε σῶμα
ἀντίσχῃ τηκόμενον, αὐτὴ κρατηθεῖσα ἢ κατὰ πᾶν τὸ σῶμα
ἐξέπεσεν, ἢ διὰ τῶν φλεβῶν εἰς τὴν κάτω συνωσθεῖσα ἢ
τὴν ἄνω κοιλίαν, οἷον φυγὰς ἐκ πόλεως στασιασάσης ἐκ 10
τοῦ σώματος ἐκπίπτουσα, διαρροίας καὶ δυσεντερίας καὶ τὰ 86
τοιαῦτα νοσήματα πάντα παρέσχετο. τὸ μὲν οὖν ἐκ πυρὸς

c 4 μὲν A F : om. Y Gal. d 1 μόλις A F Y Gal. τούτων F Y Gal. : τοῦτον A d 3 ψύξει A Y : ψύχει A² (χ s. v.) Gal. : ψυχῇ F d 4 ἐαθεῖσαι A F Y Gal. : λυθεῖσαι A² (λυ s. v.) e 4 διέσεισε F : διέσωσεν A Y Gal. e 8 αὐτὴ F Gal. : αὔτη A : αὐτῇ Y

ὑπερβολῆς μάλιστα νοσῆσαν σῶμα συνεχῆ καύματα καὶ πυρετοὺς ἀπεργάζεται, τὸ δ' ἐξ ἀέρος ἀμφημερινούς, τριταίους
5 δ' ὕδατος διὰ τὸ νωθέστερον ἀέρος καὶ πυρὸς αὐτὸ εἶναι· τὸ δὲ γῆς, τετάρτως ὂν νωθέστατον τούτων, ἐν τετραπλασίαις περιόδοις χρόνου καθαιρόμενον, τεταρταίους πυρετοὺς ποιῆσαν ἀπαλλάττεται μόλις.

b Καὶ τὰ μὲν περὶ τὸ σῶμα νοσήματα ταύτῃ συμβαίνει γιγνόμενα, τὰ δὲ περὶ ψυχὴν διὰ σώματος ἕξιν τῇδε. νόσον μὲν δὴ ψυχῆς ἄνοιαν συγχωρητέον, δύο δ' ἀνοίας γένη, τὸ μὲν μανίαν, τὸ δὲ ἀμαθίαν. πᾶν οὖν ὅτι πάσχων τις
5 πάθος ὁπότερον αὐτῶν ἴσχει, νόσον προσρητέον, ἡδονὰς δὲ καὶ λύπας ὑπερβαλλούσας τῶν νόσων μεγίστας θετέον τῇ ψυχῇ· περιχαρὴς γὰρ ἄνθρωπος ὢν ἢ καὶ τἀναντία ὑπὸ
c λύπης πάσχων, σπεύδων τὸ μὲν ἑλεῖν ἀκαίρως, τὸ δὲ φυγεῖν, οὔθ' ὁρᾶν οὔτε ἀκούειν ὀρθὸν οὐδὲν δύναται, λυττᾷ δὲ καὶ λογισμοῦ μετασχεῖν ἥκιστα τότε δὴ δυνατός. τὸ δὲ σπέρμα ὅτῳ πολὺ καὶ ῥυῶδες περὶ τὸν μυελὸν γίγνεται καὶ καθα-
5 περεὶ δένδρον πολυκαρπότερον τοῦ συμμέτρου πεφυκὸς ᾖ, πολλὰς μὲν καθ' ἕκαστον ὠδῖνας, πολλὰς δ' ἡδονὰς κτώμενος ἐν ταῖς ἐπιθυμίαις καὶ τοῖς περὶ τὰ τοιαῦτα τόκοις, ἐμμανὴς τὸ πλεῖστον γιγνόμενος τοῦ βίου διὰ τὰς μεγίστας ἡδονὰς
d καὶ λύπας, νοσοῦσαν καὶ ἄφρονα ἴσχων ὑπὸ τοῦ σώματος τὴν ψυχήν, οὐχ ὡς νοσῶν ἀλλ' ὡς ἑκὼν κακὸς δοξάζεται· τὸ δὲ ἀληθὲς ἡ περὶ τὰ ἀφροδίσια ἀκολασία κατὰ τὸ πολὺ μέρος διὰ τὴν ἑνὸς γένους ἕξιν ὑπὸ μανότητος ὀστῶν ἐν
5 σώματι ῥυώδη καὶ ὑγραίνουσαν νόσος ψυχῆς γέγονεν. καὶ σχεδὸν δὴ πάντα ὁπόσα ἡδονῶν ἀκράτεια καὶ ὄνειδος ὡς

a 6 δὲ A F Y : δ' ἐκ fecit a   τετάρτως A F Y : τέταρτον A² (ον s. v.) Gal.   a 8 μόλις A F Y : μόγις Gal.   c 3 δυνατός A F Y : δυνατός ἐστι P et ἐστι s. v. A²   c 4 ῥυῶδες A F Y : ῥοῶδες P et ο s. v. A² : γλοιῶδες Gal.   καὶ secl. Hermann (om. Gal.)   d 2 ἑκὼν κακὸς A P : ἑκὼν κακῶς F Y : ἔχων κακῶς Gal. : ἑκὼν κακὸς κακῶς scr. Mon.   d 4 γένους ἕξιν F P Y et fecit A² : γενουσιν (ut vid.) A   d 5 ῥοώδη Gal.   d 6 ἀκράτεια P et fecit A² (ει in ras.) : ἀκρατία A (ut vid.) F Y

ἑκόντων λέγεται τῶν κακῶν, οὐκ ὀρθῶς ὀνειδίζεται· κακὸς
μὲν γὰρ ἑκὼν οὐδείς, διὰ δὲ πονηρὰν ἕξιν τινὰ τοῦ σώματος e
καὶ ἀπαίδευτον τροφὴν ὁ κακὸς γίγνεται κακός, παντὶ δὲ
ταῦτα ἐχθρὰ καὶ ἄκοντι προσγίγνεται. καὶ πάλιν δὴ τὸ περὶ
τὰς λύπας ἡ ψυχὴ κατὰ ταὐτὰ διὰ σῶμα πολλὴν ἴσχει
κακίαν. ὅτου γὰρ ἂν ἧ τῶν ὀξέων καὶ τῶν ἁλυκῶν φλε- 5
γμάτων καὶ ὅσοι πικροὶ καὶ χολώδεις χυμοὶ κατὰ τὸ σῶμα
πλανηθέντες ἔξω μὲν μὴ λάβωσιν ἀναπνοήν, ἐντὸς δὲ εἱλλό-
μενοι τὴν ἀφ' αὑτῶν ἀτμίδα τῇ τῆς ψυχῆς φορᾷ συμμεί- 87
ξαντες ἀνακερασθῶσι, παντοδαπὰ νοσήματα ψυχῆς ἐμποιοῦσι
μᾶλλον καὶ ἧττον καὶ ἐλάττω καὶ πλείω, πρός τε τοὺς τρεῖς
τόπους ἐνεχθέντα τῆς ψυχῆς, πρὸς ὃν ἂν ἕκαστ' αὐτῶν
προσπίπτῃ, ποικίλλει μὲν εἴδη δυσκολίας καὶ δυσθυμίας 5
παντοδαπά, ποικίλλει δὲ θρασύτητός τε καὶ δειλίας, ἔτι δὲ
λήθης ἅμα καὶ δυσμαθίας. πρὸς δὲ τούτοις, ὅταν οὕτως
κακῶς παγέντων πολιτεῖαι κακαὶ καὶ λόγοι κατὰ πόλεις ἰδίᾳ b
τε καὶ δημοσίᾳ λεχθῶσιν, ἔτι δὲ μαθήματα μηδαμῇ τούτων
ἰατικὰ ἐκ νέων μανθάνηται, ταύτῃ κακοὶ πάντες οἱ κακοὶ
διὰ δύο ἀκουσιώτατα γιγνόμεθα· ὧν αἰτιατέον μὲν τοὺς
φυτεύοντας ἀεὶ τῶν φυτευομένων μᾶλλον καὶ τοὺς τρέ- 5
φοντας τῶν τρεφομένων, προθυμητέον μήν, ὅπῃ τις δύναται,
καὶ διὰ τροφῆς καὶ δι' ἐπιτηδευμάτων μαθημάτων τε φυγεῖν
μὲν κακίαν, τοὐναντίον δὲ ἑλεῖν. ταῦτα μὲν οὖν δὴ τρόπος
ἄλλος λόγων.

Τὸ δὲ τούτων ἀντίστροφον αὖ, τὸ περὶ τὰς τῶν σωμάτων c
καὶ διανοήσεων θεραπείας αἷς αἰτίαις σῴζεται, πάλιν εἰκὸς
καὶ πρέπον ἀνταποδοῦναι· δικαιότερον γὰρ τῶν ἀγαθῶν πέρι

e 3 ἐχθρὰ P Y Gal. : ἔχθρα A F ἄκοντι F Gal. : κακόν τι A P Y e 5 ὅτου A F Y : ὅπου P Gal. et π s. v. A^2 ἧ A : η P : ἧ F Y : ἡ Gal.: οἱ scr. Mon. e 7 εἱλλόμενοι A P : εἰλόμενοι F : εἱλόμενοι Y : ἑλκόμενοι Gal. a 5 δυσκολίας A F Y : δυσκοιλίας A^2 (ι s. v.) a 6 θρασύτητος F Y et fecit A^2 (ο s. v.) : θρασύτητας A (sed α alterum in ras.) P Gal. a 7 λήθης F Y et fecit A^2 (η s. v.) : λήθας A (sed α in ras.) P Gal. δυσμαθίας A F : δυσμαθείας Y et fecit A^2 b 2 τε καὶ A F P : καὶ Y

μᾶλλον ἢ τῶν κακῶν ἴσχειν λόγον. πᾶν δὴ τὸ ἀγαθὸν
5 καλόν, τὸ δὲ καλὸν οὐκ ἄμετρον· καὶ ζῷον οὖν τὸ τοιοῦτον
ἐσόμενον σύμμετρον θετέον. συμμετριῶν δὲ τὰ μὲν σμικρὰ
διαισθανόμενοι συλλογιζόμεθα, τὰ δὲ κυριώτατα καὶ μέγιστα
d ἀλογίστως ἔχομεν. πρὸς γὰρ ὑγιείας καὶ νόσους ἀρετάς τε
καὶ κακίας οὐδεμία συμμετρία καὶ ἀμετρία μείζων ἢ ψυχῆς
αὐτῆς πρὸς σῶμα αὐτό· ὧν οὐδὲν σκοποῦμεν οὐδ' ἐννοοῦμεν,
ὅτι ψυχὴν ἰσχυρὰν καὶ πάντῃ μεγάλην ἀσθενέστερον καὶ
5 ἔλαττον εἶδος ὅταν ὀχῇ, καὶ ὅταν αὖ τοὐναντίον συμπα-
γῆτον τούτω, οὐ καλὸν ὅλον τὸ ζῷον—ἀσύμμετρον γὰρ ταῖς
μεγίσταις συμμετρίαις—τὸ δὲ ἐναντίως ἔχον πάντων θεα-
μάτων τῷ δυναμένῳ καθορᾶν κάλλιστον καὶ ἐρασμιώτατον.
e οἷον οὖν ὑπερσκελὲς ἢ καί τινα ἑτέραν ὑπέρεξιν ἄμετρον
ἑαυτῷ τι σῶμα ὂν ἅμα μὲν αἰσχρόν, ἅμα δ' ἐν τῇ κοινωνίᾳ
τῶν πόνων πολλοὺς μὲν κόπους, πολλὰ δὲ σπάσματα καὶ
διὰ τὴν παραφορότητα πτώματα παρέχον μυρίων κακῶν
5 αἴτιον ἑαυτῷ, ταὐτὸν δὴ διανοητέον καὶ περὶ τοῦ συναμ-
φοτέρου, ζῷον ὃ καλοῦμεν, ὡς ὅταν τε ἐν αὐτῷ ψυχὴ κρείτ-
88 των οὖσα σώματος περιθύμως ἴσχῃ, διασείουσα πᾶν αὐτὸ
ἔνδοθεν νόσων ἐμπίμπλησι, καὶ ὅταν εἴς τινας μαθήσεις καὶ
ζητήσεις συντόνως ἴῃ, κατατήκει, διδαχάς τ' αὖ καὶ μάχας
ἐν λόγοις ποιουμένη δημοσίᾳ καὶ ἰδίᾳ δι' ἐρίδων καὶ φιλονι-
5 κίας γιγνομένων διάπυρον αὐτὸ ποιοῦσα σαλεύει, καὶ ῥεύματα
ἐπάγουσα, τῶν λεγομένων ἰατρῶν ἀπατῶσα τοὺς πλείστους,
τἀναίτια αἰτιᾶσθαι ποιεῖ· σῶμά τε ὅταν αὖ μέγα καὶ ὑπέρ-
ψυχον σμικρᾷ συμφυὲς ἀσθενεῖ τε διανοίᾳ γένηται, διττῶν
b ἐπιθυμιῶν οὐσῶν φύσει κατ' ἀνθρώπους, διὰ σῶμα μὲν
τροφῆς, διὰ δὲ τὸ θειότατον τῶν ἐν ἡμῖν φρονήσεως, αἱ τοῦ
κρείττονος κινήσεις κρατοῦσαι καὶ τὸ μὲν σφέτερον αὔξουσαι,

d 3 σκοποῦμεν F Y : ἐσκοποῦμεν A sed ἐ punct. not. d 5 ὀχῇ F Y : σχῇ A P e 1 ὑπέρεξιν F : ὑπὲρ ἕξιν A P Y a 3 συντόνως F : ξυντόνως P et fecit A[2] (ξυν s.v.) : εὐτόνως A : συντόμως Y a 5 σαλεύει P et in marg. γρ. A : λύει A F Y a 7 τὰ ἀναίτια F : τἀναντία A P Y ὑπέρψυχον A F : ὑπέρψυχρον P et fecit A[2] (ρ s.v.)

τὸ δὲ τῆς ψυχῆς κωφὸν καὶ δυσμαθὲς ἀμνῆμόν τε ποιοῦσαι,
τὴν μεγίστην νόσον ἀμαθίαν ἐναπεργάζονται. μία δὴ σω- 5
τηρία πρὸς ἄμφω, μήτε τὴν ψυχὴν ἄνευ σώματος κινεῖν μήτε
σῶμα ἄνευ ψυχῆς, ἵνα ἀμυνομένω γίγνησθον ἰσορρόπω καὶ
ὑγιῆ. τὸν δὴ μαθηματικὸν ἤ τινα ἄλλην σφόδρα μελέτην c
διανοίᾳ κατεργαζόμενον καὶ τὴν τοῦ σώματος ἀποδοτέον
κίνησιν, γυμναστικῇ προσομιλοῦντα, τόν τε αὖ σῶμα ἐπι-
μελῶς πλάττοντα τὰς τῆς ψυχῆς ἀνταποδοτέον κινήσεις,
μουσικῇ καὶ πάσῃ φιλοσοφίᾳ προσχρώμενον, εἰ μέλλει 5
δικαίως τις ἅμα μὲν καλός, ἅμα δὲ ἀγαθὸς ὀρθῶς κεκλῆσθαι.
κατὰ δὲ ταὐτὰ ταῦτα καὶ τὰ μέρη θεραπευτέον, τὸ τοῦ παντὸς
ἀπομιμούμενον εἶδος. τοῦ γὰρ σώματος ὑπὸ τῶν εἰσιόντων d
καομένου τε ἐντὸς καὶ ψυχομένου, καὶ πάλιν ὑπὸ τῶν ἔξωθεν
ξηραινομένου καὶ ὑγραινομένου καὶ τὰ τούτοις ἀκόλουθα πά-
σχοντος ὑπ' ἀμφοτέρων τῶν κινήσεων, ὅταν μέν τις ἡσυχίαν
ἄγον τὸ σῶμα παραδιδῷ ταῖς κινήσεσι, κρατηθὲν διώλετο, 5
ἐὰν δὲ ἥν τε τροφὸν καὶ τιθήνην τοῦ παντὸς προσείπομεν
μιμῆταί τις, καὶ τὸ σῶμα μάλιστα μὲν μηδέποτε ἡσυχίαν
ἄγειν ἐᾷ, κινῇ δὲ καὶ σεισμοὺς ἀεί τινας ἐμποιῶν αὐτῷ διὰ
παντὸς τὰς ἐντὸς καὶ ἐκτὸς ἀμύνηται κατὰ φύσιν κινήσεις, e
καὶ μετρίως σείων τά τε περὶ τὸ σῶμα πλανώμενα παθήματα
καὶ μέρη κατὰ συγγενείας εἰς τάξιν κατακοσμῇ πρὸς ἄλληλα,
κατὰ τὸν πρόσθεν λόγον ὃν περὶ τοῦ παντὸς ἐλέγομεν, οὐκ
ἐχθρὸν παρ' ἐχθρὸν τιθέμενον ἐάσει πολέμους ἐντίκτειν τῷ 5
σώματι καὶ νόσους, ἀλλὰ φίλον παρὰ φίλον τεθὲν ὑγίειαν
ἀπεργαζόμενον παρέξει. τῶν δ' αὖ κινήσεων ἡ ἐν ἑαυτῷ 89
ὑφ' αὑτοῦ ἀρίστη κίνησις—μάλιστα γὰρ τῇ διανοητικῇ καὶ
τῇ τοῦ παντὸς κινήσει συγγενής—ἡ δὲ ὑπ' ἄλλου χείρων·
χειρίστη δὲ ἡ κειμένου τοῦ σώματος καὶ ἄγοντος ἡσυχίαν δι'
ἑτέρων αὐτὸ κατὰ μέρη κινοῦσα. διὸ δὴ τῶν καθάρσεων καὶ 5
συστάσεων τοῦ σώματος ἡ μὲν διὰ τῶν γυμνασίων ἀρίστη,

c 6 κεκλήσεσθαι cum Par. 1811 Bekker d 6 δὲ ἥν τε A P: δὲ τήν τε Stob. : δέηται F : δὲ ἣν Y e 3 καὶ] καὶ τὰ ci. Stallbaum e 4 ἐλέγομεν F P Y Stob. : λέγομεν A

δευτέρα δὲ ἡ διὰ τῶν αἰωρήσεων κατά τε τοὺς πλοῦς καὶ
ὅπῃπερ ἂν ὀχήσεις ἄκοποι γίγνωνται· τρίτον δὲ εἶδος κι-
b νήσεως σφόδρα ποτὲ ἀναγκαζομένῳ χρήσιμον, ἄλλως δὲ
οὐδαμῶς τῷ νοῦν ἔχοντι προσδεκτέον, τὸ τῆς φαρμακευτικῆς
καθάρσεως γιγνόμενον ἰατρικόν. τὰ γὰρ νοσήματα, ὅσα μὴ
μεγάλους ἔχει κινδύνους, οὐκ ἐρεθιστέον φαρμακείαις. πᾶσα
5 γὰρ σύστασις νόσων τρόπον τινὰ τῇ τῶν ζῴων φύσει προσ-
έοικε. καὶ γὰρ ἡ τούτων σύνοδος ἔχουσα τεταγμένους τοῦ
βίου γίγνεται χρόνους τοῦ τε γένους σύμπαντος, καὶ καθ'
αὑτὸ τὸ ζῷον εἱμαρμένον ἕκαστον ἔχον τὸν βίον φύεται,
c χωρὶς τῶν ἐξ ἀνάγκης παθημάτων· τὰ γὰρ τρίγωνα εὐθὺς
κατ' ἀρχὰς ἑκάστου δύναμιν ἔχοντα συνίσταται μέχρι τινὸς
χρόνου δυνατὰ ἐξαρκεῖν, οὗ βίον οὐκ ἄν ποτέ τις εἰς τὸ
πέραν ἔτι βιῴη. τρόπος οὖν ὁ αὐτὸς καὶ τῆς περὶ τὰ νοσή-
5 ματα συστάσεως· ἣν ὅταν τις παρὰ τὴν εἱμαρμένην τοῦ
χρόνου φθείρῃ φαρμακείαις, ἅμα ἐκ σμικρῶν μεγάλα καὶ
πολλὰ ἐξ ὀλίγων νοσήματα φιλεῖ γίγνεσθαι. διὸ παιδαγω-
γεῖν δεῖ διαίταις πάντα τὰ τοιαῦτα, καθ' ὅσον ἂν ᾖ τῳ σχολή,
d ἀλλ' οὐ φαρμακεύοντα κακὸν δύσκολον ἐρεθιστέον.

Καὶ περὶ μὲν τοῦ κοινοῦ ζῴου καὶ τοῦ κατὰ τὸ σῶμα αὐτοῦ
μέρους, ᾗ τις ἂν καὶ διαπαιδαγωγῶν καὶ διαπαιδαγωγούμενος
ὑφ' αὑτοῦ μάλιστ' ἂν κατὰ λόγον ζῴη, ταύτῃ λελέχθω· τὸ
5 δὲ δὴ παιδαγωγῆσον αὐτὸ μᾶλλόν που καὶ πρότερον παρα-
σκευαστέον εἰς δύναμιν ὅτι κάλλιστον καὶ ἄριστον εἰς τὴν
παιδαγωγίαν εἶναι. δι' ἀκριβείας μὲν οὖν περὶ τούτων
e διελθεῖν ἱκανὸν ἂν γένοιτο αὐτὸ καθ' αὑτὸ μόνον ἔργον· τὸ
δ' ἐν παρέργῳ κατὰ τὰ πρόσθεν ἑπόμενος ἄν τις οὐκ ἄπο
τρόπου τῇδε σκοπῶν ὧδε τῷ λόγῳ διαπεράναιτ' ἄν. καθάπερ

b 2 προσδεκτέον A F Y Stob.: προσκτατέον A² (κτα s.v.) b 4 ἔχει] ει ex corr. A φαρμακείαις P Y et fecit A² (ισ s. v.) : φαρμακίαις F : φαρμακείᾳ A b 7 καθ' αὑτὸ P Y : κα÷τ' αὐτὸ A : καταταυτὸ F c 3 βίον A P Y : βίου F c 4 ὁ P et extra v. add. A² : om. A F Y d 3 διαπαιδαγωγῶν A : διὰ παιδαγωγῶν F Y d 4 ὑφ' αὑτοῦ] ὑπ' αὐτοῦ ci. Stallbaum e 1 μόνον secl. Cobet e 2 τὰ F Y : τὸ A P

εἴπομεν πολλάκις, ὅτι τρία τριχῇ ψυχῆς ἐν ἡμῖν εἴδη κατῴ-
κισται, τυγχάνει δὲ ἕκαστον κινήσεις ἔχον, οὕτω κατὰ ταὐτὰ 5
καὶ νῦν ὡς διὰ βραχυτάτων ῥητέον ὅτι τὸ μὲν αὐτῶν ἐν
ἀργίᾳ διάγον καὶ τῶν ἑαυτοῦ κινήσεων ἡσυχίαν ἄγον ἀσθενέ-
στατον ἀνάγκη γίγνεσθαι, τὸ δ᾽ ἐν γυμνασίοις ἐρρωμενέστα-
τον· διὸ φυλακτέον ὅπως ἂν ἔχωσιν τὰς κινήσεις πρὸς 90
ἄλληλα συμμέτρους. τὸ δὲ δὴ περὶ τοῦ κυριωτάτου παρ᾽
ἡμῖν ψυχῆς εἴδους διανοεῖσθαι δεῖ τῇδε, ὡς ἄρα αὐτὸ δαί-
μονα θεὸς ἑκάστῳ δέδωκεν, τοῦτο ὃ δή φαμεν οἰκεῖν μὲν
ἡμῶν ἐπ᾽ ἄκρῳ τῷ σώματι, πρὸς δὲ τὴν ἐν οὐρανῷ συγγένειαν 5
ἀπὸ γῆς ἡμᾶς αἴρειν ὡς ὄντας φυτὸν οὐκ ἔγγειον ἀλλὰ οὐρά-
νιον, ὀρθότατα λέγοντες· ἐκεῖθεν γάρ, ὅθεν ἡ πρώτη τῆς
ψυχῆς γένεσις ἔφυ, τὸ θεῖον τὴν κεφαλὴν καὶ ῥίζαν ἡμῶν
ἀνακρεμαννὺν ὀρθοῖ πᾶν τὸ σῶμα. τῷ μὲν οὖν περὶ τὰς b
ἐπιθυμίας ἢ περὶ φιλονικίας τετευτακότι καὶ ταῦτα δια-
πονοῦντι σφόδρα πάντα τὰ δόγματα ἀνάγκη θνητὰ ἐγγε-
γονέναι, καὶ παντάπασιν καθ᾽ ὅσον μάλιστα δυνατὸν θνητῷ
γίγνεσθαι, τούτου μηδὲ σμικρὸν ἐλλείπειν, ἅτε τὸ τοιοῦτον 5
ηὐξηκότι· τῷ δὲ περὶ φιλομαθίαν καὶ περὶ τὰς ἀληθεῖς
φρονήσεις ἐσπουδακότι καὶ ταῦτα μάλιστα τῶν αὑτοῦ γεγυ-
μνασμένῳ φρονεῖν μὲν ἀθάνατα καὶ θεῖα, ἄνπερ ἀληθείας c
ἐφάπτηται, πᾶσα ἀνάγκη που, καθ᾽ ὅσον δ᾽ αὖ μετασχεῖν
ἀνθρωπίνῃ φύσει ἀθανασίας ἐνδέχεται, τούτου μηδὲν μέρος
ἀπολείπειν, ἅτε δὲ ἀεὶ θεραπεύοντα τὸ θεῖον ἔχοντά τε αὐτὸν
εὖ κεκοσμημένον τὸν δαίμονα σύνοικον ἑαυτῷ, διαφερόντως 5
εὐδαίμονα εἶναι. θεραπεία δὲ δὴ παντὶ παντὸς μία, τὰς
οἰκείας ἑκάστῳ τροφὰς καὶ κινήσεις ἀποδιδόναι. τῷ δ᾽ ἐν

a 2 ἀλλήλας Iambl. δὴ F Y Gal. Iambl. : om. A P a 4 θεὸς] ὁ θεὸς Gal. : ὅθεν Stob. b 2 ἐπιθυμίας F P Y Iambl. et ἐπι s. v. A²: προθυμίας A b 6 φιλομαθίαν A P : φιλομαθίας F : φιλομάθειαν fecit A² : φιλομαθείας Iambl. ἀληθεῖς A F P : τῆς ἀληθείας Y Iambl. c 2 δ᾽ αὖ A Y Iambl. : δ᾽ ἂν F : αὖ P c 3 ἀνθρωπίνῃ φύσει F Iambl. : ἀνθρωπίνη φύσις A P Y c 4 ἀπολείπειν A P Iambl. : ἀπολιπεῖν F Y δὲ] δὴ Iambl. c 5 ἑαυτῷ Iambl. : αὐτῷ F : ἐν αὐτῷ A P Y c 6 παντὸς A F Y Iambl. : πάντως P et fecit A²

ἡμῖν θείῳ συγγενεῖς εἰσιν κινήσεις αἱ τοῦ παντὸς διανοήσεις
d καὶ περιφοραί· ταύταις δὴ συνεπόμενον ἕκαστον δεῖ, τὰς περὶ
τὴν γένεσιν ἐν τῇ κεφαλῇ διεφθαρμένας ἡμῶν περιόδους
ἐξορθοῦντα διὰ τὸ καταμανθάνειν τὰς τοῦ παντὸς ἁρμονίας
τε καὶ περιφοράς, τῷ κατανοουμένῳ τὸ κατανοοῦν ἐξομοιῶσαι
5 κατὰ τὴν ἀρχαίαν φύσιν, ὁμοιώσαντα δὲ τέλος ἔχειν τοῦ
προτεθέντος ἀνθρώποις ὑπὸ θεῶν ἀρίστου βίου πρός τε τὸν
παρόντα καὶ τὸν ἔπειτα χρόνον.

e Καὶ δὴ καὶ τὰ νῦν ἡμῖν ἐξ ἀρχῆς παραγγελθέντα διεξελ-
θεῖν περὶ τοῦ παντὸς μέχρι γενέσεως ἀνθρωπίνης σχεδὸν
ἔοικε τέλος ἔχειν. τὰ γὰρ ἄλλα ζῷα ᾗ γέγονεν αὖ, διὰ
βραχέων ἐπιμνηστέον, ὃ μή τις ἀνάγκη μηκύνειν· οὕτω γὰρ
5 ἐμμετρότερός τις ἂν αὐτῷ δόξειεν περὶ τοὺς τούτων λόγους
εἶναι. τῇδ' οὖν τὸ τοιοῦτον ἔστω λεγόμενον. τῶν γενο-
μένων ἀνδρῶν ὅσοι δειλοὶ καὶ τὸν βίον ἀδίκως διῆλθον,
κατὰ λόγον τὸν εἰκότα γυναῖκες μετεφύοντο ἐν τῇ δευτέρᾳ
91 γενέσει· καὶ κατ' ἐκεῖνον δὴ τὸν χρόνον διὰ ταῦτα θεοὶ τὸν
τῆς συνουσίας ἔρωτα ἐτεκτήναντο, ζῷον τὸ μὲν ἐν ἡμῖν, τὸ
δ' ἐν ταῖς γυναιξὶν συστήσαντες ἔμψυχον, τοιῷδε τρόπῳ
ποιήσαντες ἑκάτερον. τὴν τοῦ ποτοῦ διέξοδον, ᾗ διὰ τοῦ
5 πλεύμονος τὸ πῶμα ὑπὸ τοὺς νεφροὺς εἰς τὴν κύστιν ἐλθὸν
καὶ τῷ πνεύματι θλιφθὲν συνεκπέμπει δεχομένη, συνέτρησαν
εἰς τὸν ἐκ τῆς κεφαλῆς κατὰ τὸν αὐχένα καὶ διὰ τῆς ῥάχεως
b μυελὸν συμπεπηγότα, ὃν δὴ σπέρμα ἐν τοῖς πρόσθεν λόγοις
εἴπομεν· ὁ δέ, ἅτ' ἔμψυχος ὢν καὶ λαβὼν ἀναπνοήν, τοῦθ'
ᾗπερ ἀνέπνευσεν, τῆς ἐκροῆς ζωτικὴν ἐπιθυμίαν ἐμποιήσας
αὐτῷ, τοῦ γεννᾶν ἔρωτα ἀπετέλεσεν. διὸ δὴ τῶν μὲν
5 ἀνδρῶν τὸ περὶ τὴν τῶν αἰδοίων φύσιν ἀπειθές τε καὶ
αὐτοκρατὲς γεγονός, οἷον ζῷον ἀνυπήκοον τοῦ λόγου, πάν-

e 4 ὃ A P Y Stob. : ὅτι F e 5 ἐμμετρότερος F Stob. et fecit A[2] : ἐμμετρωτερος A : εὐμετρότερος Y a 2 ἐν F Y Stob. : om. A sed ὂν s. v. A[2] a 3 τοιῷδε A F Stob. : τοιῶδε τῶ P : τοιῷδε δὲ Y a 5 πλεύμονος A P : πνεύμονος F Y Stob. πῶμα A : πόμα P Y et fecit A[2] : σῶμα F Stob.

των δι᾽ ἐπιθυμίας οἰστρῶδεις ἐπιχειρεῖ κρατεῖν· αἱ δ᾽ ἐν ταῖς γυναιξὶν αὖ μῆτραί τε καὶ ὑστέραι λεγόμεναι διὰ τὰ c αὐτὰ ταῦτα, ζῷον ἐπιθυμητικὸν ἐνὸν τῆς παιδοποιίας, ὅταν ἄκαρπον παρὰ τὴν ὥραν χρόνον πολὺν γίγνηται, χαλεπῶς ἀγανακτοῦν φέρει, καὶ πλανώμενον πάντῃ κατὰ τὸ σῶμα, τὰς τοῦ πνεύματος διεξόδους ἀποφράττον, ἀναπνεῖν οὐκ ἐῶν 5 εἰς ἀπορίας τὰς ἐσχάτας ἐμβάλλει καὶ νόσους παντοδαπὰς ἄλλας παρέχει, μέχριπερ ἂν ἑκατέρων ἡ ἐπιθυμία καὶ ὁ ἔρως συναγαγόντες, οἷον ἀπὸ δένδρων καρπὸν καταδρέψαντες, d ὡς εἰς ἄρουραν τὴν μήτραν ἀόρατα ὑπὸ σμικρότητος καὶ ἀδιάπλαστα ζῷα κατασπείραντες καὶ πάλιν διακρίναντες μεγάλα ἐντὸς ἐκθρέψωνται καὶ μετὰ τοῦτο εἰς φῶς ἀγαγόντες ζῴων ἀποτελέσωσι γένεσιν. γυναῖκες μὲν οὖν καὶ τὸ 5 θῆλυ πᾶν οὕτω γέγονεν· τὸ δὲ τῶν ὀρνέων φῦλον μετερρυθμίζετο, ἀντὶ τριχῶν πτερὰ φύον, ἐκ τῶν ἀκάκων ἀνδρῶν, κούφων δέ, καὶ μετεωρολογικῶν μέν, ἡγουμένων δὲ δι᾽ ὄψεως τὰς περὶ τούτων ἀποδείξεις βεβαιοτάτας εἶναι δι᾽ εὐήθειαν. e τὸ δ᾽ αὖ πεζὸν καὶ θηριῶδες γέγονεν ἐκ τῶν μηδὲν προσχρωμένων φιλοσοφίᾳ μηδὲ ἀθρούντων τῆς περὶ τὸν οὐρανὸν φύσεως πέρι μηδέν, διὰ τὸ μηκέτι ταῖς ἐν τῇ κεφαλῇ χρῆσθαι περιόδοις, ἀλλὰ τοῖς περὶ τὰ στήθη τῆς ψυχῆς ἡγεμόσιν 5 ἕπεσθαι μέρεσιν. ἐκ τούτων οὖν τῶν ἐπιτηδευμάτων τά τ᾽ ἐμπρόσθια κῶλα καὶ τὰς κεφαλὰς εἰς γῆν ἑλκόμενα ὑπὸ συγγενείας ἤρεισαν, προμήκεις τε καὶ παντοίας ἔσχον τὰς κορυφάς, ὅπῃ συνεθλίφθησαν ὑπὸ ἀργίας ἑκάστων αἱ περι- 92 φοραί· τετράπουν τε τὸ γένος αὐτῶν ἐκ ταύτης ἐφύετο καὶ πολύπουν τῆς προφάσεως, θεοῦ βάσεις ὑποτιθέντος πλείους τοῖς μᾶλλον ἄφροσιν, ὡς μᾶλλον ἐπὶ γῆν ἕλκοιντο. τοῖς δ᾽ ἀφρονεστάτοις αὐτῶν τούτων καὶ παντάπασιν πρὸς γῆν πᾶν 5 τὸ σῶμα κατατεινομένοις ὡς οὐδὲν ἔτι ποδῶν χρείας οὔσης,

c 1 αὖ om. Gal. Stob. d 1 ξυναγαγόντες A F Stob. : ξυνδιαγαγόντες P et δι s. v. A[2] : ἐξαγαγόντες Y καταδρέψαντες A F : ἀποδρέψαντες P Stob. et ἀπο s. v. A[2] : κᾳτα δρέψαντες Y e 5 στή*θη A e 6 τ᾽ ἐμπρόσθια A P : τε πρόσθια F Y : τ᾽ ἔμπροσθεν Stob.

ἄποδα αὐτὰ καὶ ἰλυσπώμενα ἐπὶ γῆς ἐγέννησαν. τὸ δὲ
b τέταρτον γένος ἔνυδρον γέγονεν ἐκ τῶν μάλιστα ἀνοητοτά-
των καὶ ἀμαθεστάτων, οὓς οὐδ᾽ ἀναπνοῆς καθαρᾶς ἔτι ἠξί-
ωσαν οἱ μεταπλάττοντες, ὡς τὴν ψυχὴν ὑπὸ πλημμελείας
πάσης ἀκαθάρτως ἐχόντων, ἀλλ᾽ ἀντὶ λεπτῆς καὶ καθαρᾶς
5 ἀναπνοῆς ἀέρος εἰς ὕδατος θολερὰν καὶ βαθεῖαν ἔωσαν ἀνά-
πνευσιν· ὅθεν ἰχθύων ἔθνος καὶ τὸ τῶν ὀστρέων συναπάντων
τε ὅσα ἔνυδρα γέγονεν, δίκην ἀμαθίας ἐσχάτης ἐσχάτας οἰκή-
c σεις εἰληχότων. καὶ κατὰ ταῦτα δὴ πάντα τότε καὶ νῦν
διαμείβεται τὰ ζῷα εἰς ἄλληλα, νοῦ καὶ ἀνοίας ἀποβολῇ καὶ
κτήσει μεταβαλλόμενα.

Καὶ δὴ καὶ τέλος περὶ τοῦ παντὸς νῦν ἤδη τὸν λόγον
5 ἡμῖν φῶμεν ἔχειν· θνητὰ γὰρ καὶ ἀθάνατα ζῷα λαβὼν καὶ
συμπληρωθεὶς ὅδε ὁ κόσμος οὕτω, ζῷον ὁρατὸν τὰ ὁρατὰ
περιέχον, εἰκὼν τοῦ νοητοῦ θεὸς αἰσθητός, μέγιστος καὶ
ἄριστος κάλλιστός τε καὶ τελεώτατος γέγονεν εἷς οὐρανὸς
ὅδε μονογενὴς ὤν.

a 7 ἰλυσπώμενα A F Y Stob. : εἰλυσπώμενα A² (εἰ s. v.) b 6 ἔθνος A F P : γένος Y Stob. c 2 ἀνοίας A P Y Stob. : διανοίας F c 5 ἡμῖν φῶμεν A P : φῶμεν ἡμῖν F Y : φῶμεν Stob. c 6 ὁρατὰ A F Y Stob. : ἀόρατα P et ἀ s. v. A² c 7 νοητοῦ F Y : ποιητοῦ A P Stob.

ΚΡΙΤΙΑΣ ἢ ΑΤΛΑΝΤΙΚΟΣ

St. III p. 106

ΤΙΜΑΙΟΣ ΚΡΙΤΙΑΣ ΣΩΚΡΑΤΗΣ ΕΡΜΟΚΡΑΤΗΣ

ΤΙ. Ὡς ἄσμενος, ὦ Σώκρατες, οἷον ἐκ μακρᾶς ἀναπε- a
παυμένος ὁδοῦ, νῦν οὕτως ἐκ τῆς τοῦ λόγου διαπορείας
ἀγαπητῶς ἀπήλλαγμαι. τῷ δὲ πρὶν μὲν πάλαι ποτ' ἔργῳ,
νῦν δὲ λόγοις ἄρτι θεῷ γεγονότι προσεύχομαι, τῶν ῥηθέν-
των ὅσα μὲν ἐρρήθη μετρίως, σωτηρίαν ἡμῖν αὐτὸν αὐτῶν 5
διδόναι, παρὰ μέλος δὲ εἴ τι περὶ αὐτῶν ἄκοντες εἴπομεν, b
δίκην τὴν πρέπουσαν ἐπιτιθέναι. δίκη δὲ ὀρθὴ τὸν πλημ-
μελοῦντα ἐμμελῆ ποιεῖν· ἵν' οὖν τὸ λοιπὸν τοὺς περὶ θεῶν
γενέσεως ὀρθῶς λέγωμεν λόγους, φάρμακον ἡμῖν αὐτὸν
τελεώτατον καὶ ἄριστον φαρμάκων ἐπιστήμην εὐχόμεθα 5
διδόναι, προσευξάμενοι δὲ παραδίδομεν κατὰ τὰς ὁμολογίας
Κριτίᾳ τὸν ἑξῆς λόγον.

ΚΡΙ. Ἀλλ', ὦ Τίμαιε, δέχομαι μέν, ᾧ δὲ καὶ σὺ κατ'
ἀρχὰς ἐχρήσω, συγγνώμην αἰτούμενος ὡς περὶ μεγάλων c
μέλλων λέγειν, ταὐτὸν καὶ νῦν ἐγὼ τοῦτο παραιτοῦμαι,
μειζόνως δὲ αὐτοῦ τυχεῖν ἔτι μᾶλλον ἀξιῶ περὶ τῶν μελ- 107
λόντων ῥηθήσεσθαι. καίτοι σχεδὸν μὲν οἶδα παραίτησιν
εὖ μάλα φιλότιμον καὶ τοῦ δέοντος ἀγροικοτέραν μέλλων
παραιτεῖσθαι, ῥητέον δὲ ὅμως. ὡς μὲν γὰρ οὐκ εὖ τὰ
παρὰ σοῦ λεχθέντα εἴρηται, τίς ἂν ἐπιχειρήσειεν ἔμφρων 5
λέγειν; ὅτι δὲ τὰ ῥηθησόμενα πλείονος συγγνώμης δεῖται

106 a 2 διαπορείας A (ut vid.) : διαπορίας A² F a 5 αὐτὸν αὐτῶν secl. Cobet b 8 μέν· ὧι δὲ A : μὲν ὧδε F 107 a 1 μειζόνως F : μείζονος A a 5 ἔμφρων ⟨ὢν⟩ Cobet

χαλεπώτερα ὄντα, τοῦτο πειρατέον πῃ διδάξαι. περὶ θεῶν γάρ, ὦ Τίμαιε, λέγοντά τι πρὸς ἀνθρώπους δοκεῖν ἱκανῶς
b λέγειν ῥᾷον ἢ περὶ θνητῶν πρὸς ἡμᾶς. ἡ γὰρ ἀπειρία καὶ σφόδρα ἄγνοια τῶν ἀκουόντων περὶ ὧν ἂν οὕτως ἔχωσιν πολλὴν εὐπορίαν παρέχεσθον τῷ μέλλοντι λέγειν τι περὶ αὐτῶν· περὶ δὲ δὴ θεῶν ἴσμεν ὡς ἔχομεν. ἵνα δὲ σαφέ-
5 στερον ὃ λέγω δηλώσω, τῇδέ μοι συνεπίσπεσθε. μίμησιν μὲν γὰρ δὴ καὶ ἀπεικασίαν τὰ παρὰ πάντων ἡμῶν ῥηθέντα χρεών που γενέσθαι· τὴν δὲ τῶν γραφέων εἰδωλοποιίαν περὶ τὰ θεῖά τε καὶ τὰ ἀνθρώπινα σώματα γιγνομένην
c ἴδωμεν ῥᾳστώνης τε πέρι καὶ χαλεπότητος πρὸς τὸ τοῖς ὁρῶσιν δοκεῖν ἀποχρώντως μεμιμῆσθαι, καὶ κατοψόμεθα ὅτι γῆν μὲν καὶ ὄρη καὶ ποταμοὺς καὶ ὕλην οὐρανόν τε σύμπαντα καὶ τὰ περὶ αὐτὸν ὄντα καὶ ἰόντα πρῶτον μὲν ἀγαπῶ-
5 μεν ἄν τίς τι καὶ βραχὺ πρὸς ὁμοιότητα αὐτῶν ἀπομιμεῖσθαι δυνατὸς ᾖ, πρὸς δὲ τούτοις, ἅτε οὐδὲν εἰδότες ἀκριβὲς περὶ τῶν τοιούτων, οὔτε ἐξετάζομεν οὔτε ἐλέγχομεν τὰ γεγραμ-
d μένα, σκιαγραφίᾳ δὲ ἀσαφεῖ καὶ ἀπατηλῷ χρώμεθα περὶ αὐτά· τὰ δὲ ἡμέτερα ὁπόταν τις ἐπιχειρῇ σώματα ἀπεικάζειν, ὀξέως αἰσθανόμενοι τὸ παραλειπόμενον διὰ τὴν ἀεὶ σύνοικον κατανόησιν χαλεποὶ κριταὶ γιγνόμεθα τῷ μὴ πάσας
5 πάντως τὰς ὁμοιότητας ἀποδιδόντι. ταὐτὸν δὴ καὶ κατὰ τοὺς λόγους ἰδεῖν δεῖ γιγνόμενον, ὅτι τὰ μὲν οὐράνια καὶ θεῖα ἀγαπῶμεν καὶ σμικρῶς εἰκότα λεγόμενα, τὰ δὲ θνητὰ καὶ ἀνθρώπινα ἀκριβῶς ἐξετάζομεν. ἐκ δὴ τοῦ παραχρῆμα
e νῦν λεγόμενα, τὸ πρέπον ἂν μὴ δυνώμεθα πάντως ἀποδιδόναι, συγγιγνώσκειν χρεών· οὐ γὰρ ὡς ῥᾴδια τὰ θνητὰ ἀλλ' ὡς χαλεπὰ πρὸς δόξαν ὄντα ἀπεικάζειν δεῖ διανοεῖσθαι.
108 ταῦτα δὴ βουλόμενος ὑμᾶς ὑπομνῆσαι, καὶ τὸ τῆς συγγνώμης οὐκ ἔλαττον ἀλλὰ μεῖζον αἰτῶν περὶ τῶν μελλόντων ῥηθή-

b 1 ἡμᾶς A F Stob. : ὑμᾶς S b 2 σφόδρα] ⟨ἡ⟩ σφοδρὰ ci. Cobet b 4 ἴσμεν A F : ἴστε μὲν Hermann b 8 τὰ ἀνθρώπινα A : ἀνθρώπινα F : οὐράνια Cornarius c 2 μεμιμεῖσθαι F : μεμνῆσθαι A c 3 τε F : τε καὶ A c 4 καὶ ἰόντα secl. Cobet a 2 μεῖζον F : μείζονα A σεσθαι, πάντα ταῦτα εἴρηκα, ὦ Σώκρατες. εἰ δὴ δικαίως αἰτεῖν φαίνομαι τὴν δωρεάν, ἑκόντες δίδοτε.

ΣΩ. Τί δ' οὐ μέλλομεν, ὦ Κριτία, διδόναι; καὶ πρός 5 γε ἔτι τρίτῳ δεδόσθω ταὐτὸν τοῦτο Ἑρμοκράτει παρ' ἡμῶν. δῆλον γὰρ ὡς ὀλίγον ὕστερον, ὅταν αὐτὸν δέῃ λέγειν, παραιτήσεται καθάπερ ὑμεῖς· ἵν' οὖν ἑτέραν ἀρχὴν ἐκπορίζηται b καὶ μὴ τὴν αὐτὴν ἀναγκασθῇ λέγειν, ὡς ὑπαρχούσης αὐτῷ συγγνώμης εἰς τότε οὕτω λεγέτω. προλέγω γε μήν, ὦ φίλε Κριτία, σοὶ τὴν τοῦ θεάτρου διάνοιαν, ὅτι θαυμαστῶς ὁ πρότερος ηὐδοκίμηκεν ἐν αὐτῷ ποιητής, ὥστε τῆς συγ- 5 γνώμης δεήσει τινός σοι παμπόλλης, εἰ μέλλεις αὐτὰ δυνατὸς γενέσθαι παραλαβεῖν.

ΕΡ. Ταὐτὸν μήν, ὦ Σώκρατες, κἀμοὶ παραγγέλλεις ὅπερ τῷδε. ἀλλὰ γὰρ ἀθυμοῦντες ἄνδρες οὔπω τρόπαιον ἔστησαν, c ὦ Κριτία· προϊέναι τε οὖν ἐπὶ τὸν λόγον ἀνδρείως χρή, καὶ τὸν Παίωνά τε καὶ τὰς Μούσας ἐπικαλούμενον τοὺς παλαιοὺς πολίτας ἀγαθοὺς ὄντας ἀναφαίνειν τε καὶ ὑμνεῖν.

ΚΡ. Ὦ φίλε Ἑρμόκρατες, τῆς ὑστέρας τεταγμένος, ἐπί- 5 προσθεν ἔχων ἄλλον, ἔτι θαρρεῖς. τοῦτο μὲν οὖν οἷόν ἐστιν, αὐτό σοι τάχα δηλώσει· παραμυθουμένῳ δ' οὖν καὶ παραθαρρύνοντί σοι πειστέον, καὶ πρὸς οἷς θεοῖς εἶπες τούς d τε ἄλλους κλητέον καὶ δὴ καὶ τὰ μάλιστα Μνημοσύνην. σχεδὸν γὰρ τὰ μέγιστα ἡμῖν τῶν λόγων ἐν ταύτῃ τῇ θεῷ πάντ' ἐστίν· μνησθέντες γὰρ ἱκανῶς καὶ ἀπαγγείλαντες τά ποτε ῥηθέντα ὑπὸ τῶν ἱερέων καὶ δεῦρο ὑπὸ Σόλωνος 5 κομισθέντα σχεδὸν οἶδ' ὅτι τῷδε τῷ θεάτρῳ δόξομεν τὰ προσήκοντα μετρίως ἀποτετελεκέναι. τοῦτ' οὖν αὔτ' ἤδη δραστέον, καὶ μελλητέον οὐδὲν ἔτι.

Πάντων δὴ πρῶτον μνησθῶμεν ὅτι τὸ κεφάλαιον ἦν e

a 6 δεδόσθω A : διδόσθω F b 4 θαυμαστῶς ⟨ὡς⟩ Cobet b 7 γενέσθαι] ἔσεσθαι Cobet παραλαβεῖν F : παραβαλεῖν A b 8 κἀμοὶ F : και μοι A : καὶ ἐμοὶ fecit A² (ε s. v.) c 3 παίωνά A : παίανά F c 5 ἐπίπροσθεν ἔχων ἄλλον secl. Cobet d 7 αὔτ' ἤδη scripsi : αὖ τ' ἤδη A : αὐτὸς ἤδη F d 8 καὶ|÷÷μελλητέον A

ἐνακισχίλια ἔτη, ἀφ' οὗ γεγονὼς ἐμηνύθη πόλεμος τοῖς θ' ὑπὲρ Ἡρακλείας στήλας ἔξω κατοικοῦσιν καὶ τοῖς ἐντὸς πᾶσιν· ὃν δεῖ νῦν διαπεραίνειν. τῶν μὲν οὖν ἥδε ἡ πόλις
5 ἄρξασα καὶ πάντα τὸν πόλεμον διαπολεμήσασα ἐλέγετο, τῶν δ' οἱ τῆς Ἀτλαντίδος νήσου βασιλῆς, ἣν δὴ Λιβύης καὶ Ἀσίας μείζω νῆσον οὖσαν ἔφαμεν εἶναί ποτε, νῦν δὲ ὑπὸ σεισμῶν δῦσαν ἄπορον πηλὸν τοῖς ἐνθένδε ἐκπλέουσιν
109 ἐπὶ τὸ πᾶν πέλαγος, ὥστε μηκέτι πορεύεσθαι, κωλυτὴν παρασχεῖν. τὰ μὲν δὴ πολλὰ ἔθνη βάρβαρα, καὶ ὅσα Ἑλλήνων ἦν γένη τότε, καθ' ἕκαστα ἡ τοῦ λόγου διέξοδος οἷον ἀνειλλομένη τὸ προστυχὸν ἑκασταχοῦ δηλώσει· τὸ δὲ Ἀθηναίων
5 τε τῶν τότε καὶ τῶν ἐναντίων, οἷς διεπολέμησαν, ἀνάγκη κατ' ἀρχὰς διελθεῖν πρῶτα, τήν τε δύναμιν ἑκατέρων καὶ τὰς πολιτείας. αὐτῶν δὲ τούτων τὰ τῇδε ἔμπροσθεν προτιμητέον εἰπεῖν.

b Θεοὶ γὰρ ἅπασαν γῆν ποτε κατὰ τοὺς τόπους διελάγχανον—οὐ κατ' ἔριν· οὐ γὰρ ἂν ὀρθὸν ἔχοι λόγον θεοὺς ἀγνοεῖν τὰ πρέποντα ἑκάστοις αὐτῶν, οὐδ' αὖ γιγνώσκοντας τὸ μᾶλλον ἄλλοις προσῆκον τοῦτο ἑτέρους αὑτοῖς δι' ἐρίδων
5 ἐπιχειρεῖν κτᾶσθαι—δίκης δὴ κλήροις τὸ φίλον λαγχάνοντες κατῴκιζον τὰς χώρας, καὶ κατοικίσαντες, οἷον νομῆς ποίμνια, κτήματα καὶ θρέμματα ἑαυτῶν ἡμᾶς ἔτρεφον, πλὴν οὐ σώμασι
c σώματα βιαζόμενοι, καθάπερ ποιμένες κτήνη πληγῇ νέμοντες, ἀλλ' ᾗ μάλιστα εὔστροφον ζῷον, ἐκ πρύμνης ἀπευθύνοντες, οἷον οἴακι πειθοῖ ψυχῆς ἐφαπτόμενοι κατὰ τὴν αὑτῶν διάνοιαν, οὕτως ἄγοντες τὸ θνητὸν πᾶν ἐκυβέρνων. ἄλλοι μὲν
5 οὖν κατ' ἄλλους τόπους κληρουχήσαντες θεῶν ἐκεῖνα ἐκόσμουν, Ἥφαιστος δὲ κοινὴν καὶ Ἀθηνᾶ φύσιν ἔχοντες, ἅμα μὲν ἀδελφὴν ἐκ ταὐτοῦ πατρός, ἅμα δὲ φιλοσοφίᾳ φιλο-

e 2 ἐνακισχίλια ἔτη A sed ν alterum s. v. A²: ἐννάκις ἔτη χίλια F e 3 ἔξω secl. Cobet e 6 βασιλῆς A: βασιλεῖς F et fecit A² a 1 πᾶν A F: πέραν Heusde b 2 ὀρθὸν secl. Cobet b 4 ἑτέρους F: ἑτέροις A b 6 νομῆς A F: νομεῖς fecit A² c 6 ἔχοντε . . . c 8 ἐλθόντε Cobet

τεχνίᾳ τε ἐπὶ τὰ αὐτὰ ἐλθόντες, οὕτω μίαν ἄμφω λῆξιν
τήνδε τὴν χώραν εἰλήχατον ὡς οἰκείαν καὶ πρόσφορον ἀρετῇ
καὶ φρονήσει πεφυκυῖαν, ἄνδρας δὲ ἀγαθοὺς ἐμποιήσαντες d
αὐτόχθονας ἐπὶ νοῦν ἔθεσαν τὴν τῆς πολιτείας τάξιν· ὧν
τὰ μὲν ὀνόματα σέσωται, τὰ δὲ ἔργα διὰ τὰς τῶν παραλαμ-
βανόντων φθορὰς καὶ τὰ μήκη τῶν χρόνων ἠφανίσθη. τὸ
γὰρ περιλειπόμενον ἀεὶ γένος, ὥσπερ καὶ πρόσθεν ἐρρήθη, 5
κατελείπετο ὄρειον καὶ ἀγράμματον, τῶν ἐν τῇ χώρᾳ δυνα-
στῶν τὰ ὀνόματα ἀκηκοὸς μόνον καὶ βραχέα πρὸς αὐτοῖς
τῶν ἔργων. τὰ μὲν οὖν ὀνόματα τοῖς ἐκγόνοις ἐτίθεντο
ἀγαπῶντες, τὰς δὲ ἀρετὰς καὶ τοὺς νόμους τῶν ἔμπροσθεν e
οὐκ εἰδότες, εἰ μὴ σκοτεινὰς περὶ ἑκάστων τινὰς ἀκοάς, ἐν
ἀπορίᾳ δὲ τῶν ἀναγκαίων ἐπὶ πολλὰς γενεὰς ὄντες αὐτοὶ
καὶ παῖδες, πρὸς οἷς ἠπόρουν τὸν νοῦν ἔχοντες, τούτων πέρι 110
καὶ τοὺς λόγους ποιούμενοι, τῶν ἐν τοῖς πρόσθεν καὶ πάλαι
ποτὲ γεγονότων ἠμέλουν. μυθολογία γὰρ ἀναζήτησίς τε
τῶν παλαιῶν μετὰ σχολῆς ἅμ' ἐπὶ τὰς πόλεις ἔρχεσθον,
ὅταν ἴδητόν τισιν ἤδη τοῦ βίου τἀναγκαῖα κατεσκευασμένα, 5
πρὶν δὲ οὔ. ταύτῃ δὴ τὰ τῶν παλαιῶν ὀνόματα ἄνευ τῶν
ἔργων διασέσωται. λέγω δὲ αὐτὰ τεκμαιρόμενος ὅτι Κέ-
κροπός τε καὶ Ἐρεχθέως καὶ Ἐριχθονίου καὶ Ἐρυσίχθονος
τῶν τε ἄλλων τὰ πλεῖστα ὅσαπερ καὶ Θησέως τῶν ἄνω b
περὶ τῶν ὀνομάτων ἑκάστων ἀπομνημονεύεται, τούτων ἐκεί-
νους τὰ πολλὰ ἐπονομάζοντας τοὺς ἱερέας Σόλων ἔφη τὸν
τότε διηγεῖσθαι πόλεμον, καὶ τὰ τῶν γυναικῶν κατὰ τὰ
αὐτά. καὶ δὴ καὶ τὸ τῆς θεοῦ σχῆμα καὶ ἄγαλμα, ὡς κοινὰ 5
τότ' ἦν τὰ ἐπιτηδεύματα ταῖς τε γυναιξὶ καὶ τοῖς ἀνδράσι
τὰ περὶ τὸν πόλεμον, οὕτω κατ' ἐκεῖνον τὸν νόμον ὡπλι-
σμένην τὴν θεὸν ἀνάθημα εἶναι τοῖς τότε, ἔνδειγμα ὅτι πάνθ'

d 1 πεφυκῦαν A d 3 σέσωται A F et in marg. iterat A : σέσω-
σται fecit a d 7 ἀκηκοὸς F et fecit A[2] : ἀκηκοὼς A d 8 ἐκγόνοις
A : ἐγγόνοις F e 3 αὐτοὶ A Vat. 228 : καὶ αὐτοὶ F a 7 διασέσωται
A et in marg. iterat A : διασέσωσται F et fecit a b 4 καὶ τὰ F : κατὰ A
b 8 θεὸν A sed ο in ras. : θέαν F

c ὅσα σύννομα ζῷα θήλεα καὶ ὅσα ἄρρενα, τὴν προσήκουσαν
ἀρετὴν ἑκάστῳ γένει πᾶν κοινῇ δυνατὸν ἐπιτηδεύειν πέφυκεν.
Ὤικει δὲ δὴ τότ' ἐν τῇδε τῇ χώρᾳ τὰ μὲν ἄλλα ἔθνη
τῶν πολιτῶν περὶ τὰς δημιουργίας ὄντα καὶ τὴν ἐκ τῆς γῆς
5 τροφήν, τὸ δὲ μάχιμον ὑπ' ἀνδρῶν θείων κατ' ἀρχὰς ἀφο-
ρισθὲν ᾤκει χωρίς, πάντα εἰς τροφὴν καὶ παίδευσιν τὰ
προσήκοντα ἔχον, ἴδιον μὲν αὐτῶν οὐδεὶς οὐδὲν κεκτημένος,
d ἅπαντα δὲ πάντων κοινὰ νομίζοντες αὑτῶν, πέρα δὲ ἱκανῆς
τροφῆς οὐδὲν ἀξιοῦντες παρὰ τῶν ἄλλων δέχεσθαι πολιτῶν,
καὶ πάντα δὴ τὰ χθὲς λεχθέντα ἐπιτηδεύματα ἐπιτηδεύοντες,
ὅσα περὶ τῶν ὑποτεθέντων ἐρρήθη φυλάκων. καὶ δὴ καὶ
5 τὸ περὶ τῆς χώρας ἡμῶν πιθανὸν καὶ ἀληθὲς ἐλέγετο, πρῶτον
μὲν τοὺς ὅρους αὐτὴν ἐν τῷ τότ' ἔχειν ἀφωρισμένους πρὸς
τὸν Ἰσθμὸν καὶ τὸ κατὰ τὴν ἄλλην ἤπειρον μέχρι τοῦ
e Κιθαιρῶνος καὶ Πάρνηθος τῶν ἄκρων, καταβαίνειν δὲ τοὺς
ὅρους ἐν δεξιᾷ τὴν Ὠρωπίαν ἔχοντας, ἐν ἀριστερᾷ δὲ πρὸς
θαλάττης ἀφορίζοντας τὸν Ἀσωπόν· ἀρετῇ δὲ πᾶσαν γῆν
ὑπὸ τῆς ἐνθάδε ὑπερβάλλεσθαι, διὸ καὶ δυνατὴν εἶναι τότε
5 τρέφειν τὴν χώραν στρατόπεδον πολὺ τῶν περὶ γῆν ἀργὸν
ἔργων. μέγα δὲ τεκμήριον ἀρετῆς· τὸ γὰρ νῦν αὐτῆς λεί-
ψανον ἐνάμιλλόν ἐστι πρὸς ἥντινοῦν τῷ πάμφορον εὔκαρπόν
111 τε εἶναι καὶ τοῖς ζῴοις πᾶσιν εὔβοτον. τότε δὲ πρὸς τῷ
κάλλει καὶ παμπλήθη ταῦτα ἔφερεν. πῶς οὖν δὴ τοῦτο
πιστόν, καὶ κατὰ τί λείψανον τῆς τότε γῆς ὀρθῶς ἂν λέ-
γοιτο; πᾶσα ἀπὸ τῆς ἄλλης ἠπείρου μακρὰ προτείνουσα εἰς
5 τὸ πέλαγος οἷον ἄκρα κεῖται· τὸ δὴ τῆς θαλάττης ἀγγεῖον
περὶ αὐτὴν τυγχάνει πᾶν ἀγχιβαθὲς ὄν. πολλῶν οὖν
γεγονότων καὶ μεγάλων κατακλυσμῶν ἐν τοῖς ἐνακισχιλίοις
ἔτεσι—τοσαῦτα γὰρ πρὸς τὸν νῦν ἀπ' ἐκείνου τοῦ χρόνου
b γέγονεν ἔτη—τὸ τῆς γῆς ἐν τούτοις τοῖς χρόνοις καὶ πάθεσιν

e 1 τῶν ἄκρων secl. Cobet   e 5 τῶν περὶ γῆν ἀργὸν ἔργων A: τῶν περὶ τὴν γῆν ἀργὸν ἔργων Vat. 228: τῶν τὸν περὶ τήν γ' ἄρ' ὂν ἔργωρ F: τῶν περι ante lacunam Ven. 184: τῶν περιοίκων vulg.   a 5 ἀγγεῖον F: αἴτιον A   a 7 ἐννακισχιλίοις A[2] F

ἐκ τῶν ὑψηλῶν ἀπορρέον οὔτε χῶμα, ὡς ἐν ἄλλοις τόποις,
προχοῖ λόγου ἄξιον ἀεί τε κύκλῳ περιρρέον εἰς βάθος
ἀφανίζεται· λέλειπται δή, καθάπερ ἐν ταῖς σμικραῖς νή-
σοις, πρὸς τὰ τότε τὰ νῦν οἷον νοσήσαντος σώματος ὀστᾶ, 5
περιερρυηκυίας τῆς γῆς ὅση πίειρα καὶ μαλακή, τοῦ λεπτοῦ
σώματος τῆς χώρας μόνου λειφθέντος. τότε δὲ ἀκέραιος
οὖσα τά τε ὄρη γηλόφους ὑψηλοὺς εἶχε, καὶ τὰ φελλέως c
νῦν ὀνομασθέντα πεδία πλήρη γῆς πιείρας ἐκέκτητο, καὶ
πολλὴν ἐν τοῖς ὄρεσιν ὕλην εἶχεν, ἧς καὶ νῦν ἔτι φανερὰ
τεκμήρια· τῶν γὰρ ὀρῶν ἔστιν ἃ νῦν μὲν ἔχει μελίτταις
μόναις τροφήν, χρόνος δ' οὐ πάμπολυς ὅτε δένδρων † αὐ- 5
τόθεν εἰς οἰκοδομήσεις τὰς μεγίστας ἐρεψίμων τμηθέντων
στεγάσματ' ἐστὶν ἔτι σᾶ. πολλὰ δ' ἦν ἄλλ' ἥμερα ὑψηλὰ
δένδρα, νομὴν δὲ βοσκήμασιν ἀμήχανον ἔφερεν. καὶ δὴ καὶ
τὸ κατ' ἐνιαυτὸν ὕδωρ ἐκαρποῦτ' ἐκ Διός, οὐχ ὡς νῦν d
ἀπολλῦσα ῥέον ἀπὸ ψιλῆς τῆς γῆς εἰς θάλατταν, ἀλλὰ
πολλὴν ἔχουσα καὶ εἰς αὑτὴν καταδεχομένη, τῇ κεραμίδι
στεγούσῃ γῇ διαταμιευομένη, τὸ καταποθὲν ἐκ τῶν ὑψηλῶν
ὕδωρ εἰς τὰ κοῖλα ἀφιεῖσα κατὰ πάντας τοὺς τόπους παρεί- 5
χετο ἄφθονα κρηνῶν καὶ ποταμῶν νάματα, ὧν καὶ νῦν ἔτι ἐπὶ
ταῖς πηγαῖς πρότερον οὔσαις ἱερὰ λελειμμένα ἐστὶν σημεῖα
ὅτι περὶ αὐτῆς ἀληθῆ λέγεται τὰ νῦν.

Τὰ μὲν οὖν τῆς ἄλλης χώρας φύσει τε οὕτως εἶχε, e
καὶ διεκεκόσμητο ὡς εἰκὸς ὑπὸ γεωργῶν μὲν ἀληθινῶν καὶ
πραττόντων αὐτὸ τοῦτο, φιλοκάλων δὲ καὶ εὐφυῶν, γῆν δὲ
ἀρίστην καὶ ὕδωρ ἀφθονώτατον ἐχόντων καὶ ὑπὲρ τῆς γῆς
ὥρας μετριώτατα κεκραμένας· τὸ δ' ἄστυ κατῳκισμένον ὧδ' 5

b 3 προσχοῖ Cobet b 4 λέλειπται A F sed ει in ras. A μικραῖς νήσοις F et η supra ό A² : σμικραῖς νόσοις A (sed ό in ras., ut vid.) : μακραῖς νόσοις Bekker b 6 πίειρα A : πιερὰ F c 1 φελλέως A : φελλέας F : φελλέα Schneider c 5 post δένδρων lacunam statuit Cobet sic fere supplenda μεγάλων τε καὶ ὑψηλῶν ἦν μεστὰ πάντα καὶ ἐκ τῶν ξύλων τῶν (ξύλων ἐρεψίμων utique habet Timaeus s. v.) c 7 σᾶ A : σῶα F d 3 κεραμίδι A F : κεραμίτιδι A² (τι s. v.)

ἦν ἐν τῷ τότε χρόνῳ. πρῶτον μὲν τὸ τῆς ἀκροπόλεως εἶχε
112 τότε οὐχ ὡς τὰ νῦν ἔχει. νῦν μὲν γὰρ μία γενομένη νὺξ
ὑγρὰ διαφερόντως γῆς αὐτὴν ψιλὴν περιτήξασα πεποίηκε,
σεισμῶν ἅμα καὶ πρὸ τῆς ἐπὶ Δευκαλίωνος φθορᾶς τρίτου
πρότερον ὕδατος ἐξαισίου γενομένου· τὸ δὲ πρὶν ἐν ἑτέρῳ
5 χρόνῳ μέγεθος μὲν ἦν πρὸς τὸν Ἠριδανὸν καὶ τὸν Ἰλισὸν
ἀποβεβηκυῖα καὶ περιειληφυῖα ἐντὸς τὴν Πύκνα καὶ τὸν
Λυκαβηττὸν ὅρον ἐκ τοῦ καταντικρὺ τῆς Πυκνὸς ἔχουσα,
γεώδης δ' ἦν πᾶσα καὶ πλὴν ὀλίγον ἐπίπεδος ἄνωθεν.
b ᾠκεῖτο δὲ τὰ μὲν ἔξωθεν, ὑπ' αὐτὰ τὰ πλάγια αὐτῆς, ὑπὸ
τῶν δημιουργῶν καὶ τῶν γεωργῶν ὅσοι πλησίον ἐγεώργουν·
τὰ δ' ἐπάνω τὸ μάχιμον αὐτὸ καθ' αὑτὸ μόνον γένος περὶ
τὸ τῆς Ἀθηνᾶς Ἡφαίστου τε ἱερὸν κατῳκήκειν, οἷον μιᾶς
5 οἰκίας κῆπον ἑνὶ περιβόλῳ προσπεριβεβλημένοι. τὰ γὰρ
πρόσβορρα αὐτῆς ᾤκουν οἰκίας κοινὰς καὶ συσσίτια χειμερινὰ
κατασκευασάμενοι, καὶ πάντα ὅσα πρέποντ' ἦν τῇ κοινῇ
c πολιτείᾳ δι' οἰκοδομήσεων ὑπάρχειν αὐτῶν καὶ τῶν ἱερῶν,
ἄνευ χρυσοῦ καὶ ἀργύρου—τούτοις γὰρ οὐδὲν οὐδαμόσε
προσεχρῶντο, ἀλλὰ τὸ μέσον ὑπερηφανίας καὶ ἀνελευθερίας
μεταδιώκοντες κοσμίας ᾠκοδομοῦντο οἰκήσεις, ἐν αἷς αὐτοί τε
5 καὶ ἐκγόνων ἔκγονοι καταγηρῶντες ἄλλοις ὁμοίοις τὰς αὐτὰς
ἀεὶ παρεδίδοσαν—τὰ δὲ πρὸς νότου, κήπους καὶ γυμνάσια
συσσίτιά τε ἀνέντες οἷα θέρους, κατεχρῶντο ἐπὶ ταῦτα αὐτοῖς.
κρήνη δ' ἦν μία κατὰ τὸν τῆς νῦν ἀκροπόλεως τόπον, ἧς
d ἀποσβεσθείσης ὑπὸ τῶν σεισμῶν τὰ νῦν νάματα μικρὰ κύκλῳ
καταλέλειπται, τοῖς δὲ τότε πᾶσιν παρεῖχεν ἄφθονον ῥεῦμα,
εὐκρὰς οὖσα πρὸς χειμῶνά τε καὶ θέρος. τούτῳ δὴ κατῴκουν
τῷ σχήματι, τῶν μὲν αὐτῶν πολιτῶν φύλακες, τῶν δὲ ἄλλων

e 6 πρῶτον . . . a 5 χρόνῳ F : om. A a 5 ἰλισὸν A F : ἰλισσὸν fecit A² (σ s.v.) a 8 ὀλίγον F : ὀλίγων A b 3 μόνον γένος secl. Cobet b 6 πρόσβορρα A : πρὸς βορρὰν F : πρὸς βορρᾶ Bekker οἰκίας κοινὰς F : οἰκίαις κοιναῖς A c 1 ἱερέων Hermann c 6 ἀεὶ παρεδίδοσαν F : ἀείπερ ἐδίδοσαν A d 1 νάματα A : ἅμα τὰ F : ὕδατα vulg. d 2 καταλέλειπται A F sed ει in ras. A

Ἑλλήνων ἡγεμόνες ἑκόντων, πλῆθος δὲ διαφυλάττοντες ὅτι 5
μάλιστα ταὐτὸν αὑτῶν εἶναι πρὸς τὸν ἀεὶ χρόνον ἀνδρῶν
καὶ γυναικῶν, τὸ δυνατὸν πολεμεῖν ἤδη καὶ τὸ ἔτι, περὶ δύο
μάλιστα ὄντας μυριάδας. e

Οὗτοι μὲν οὖν δὴ τοιοῦτοί τε ὄντες αὐτοὶ καί τινα τοιοῦτον
ἀεὶ τρόπον τήν τε αὑτῶν καὶ τὴν Ἑλλάδα δίκῃ διοικοῦντες,
ἐπὶ πᾶσαν Εὐρώπην καὶ Ἀσίαν κατά τε σωμάτων κάλλη
καὶ κατὰ τὴν τῶν ψυχῶν παντοίαν ἀρετὴν ἐλλόγιμοί τε 5
ἦσαν καὶ ὀνομαστότατοι πάντων τῶν τότε· τὰ δὲ δὴ τῶν
ἀντιπολεμησάντων αὐτοῖς οἷα ἦν ὥς τε ἀπ' ἀρχῆς ἐγένετο,
μνήμης ἂν μὴ στερηθῶμεν ὧν ἔτι παῖδες ὄντες ἠκούσαμεν,
εἰς τὸ μέσον αὐτὰ νῦν ἀποδώσομεν ὑμῖν τοῖς φίλοις εἶναι
κοινά. 10

Τὸ δ' ἔτι βραχὺ πρὸ τοῦ λόγου δεῖ δηλῶσαι, μὴ πολλάκις 113
ἀκούοντες Ἑλληνικὰ βαρβάρων ἀνδρῶν ὀνόματα θαυμάζητε·
τὸ γὰρ αἴτιον αὐτῶν πεύσεσθε. Σόλων, ἅτ' ἐπινοῶν εἰς τὴν
αὑτοῦ ποίησιν καταχρήσασθαι τῷ λόγῳ, διαπυνθανόμενος τὴν
τῶν ὀνομάτων δύναμιν, ηὗρεν τούς τε Αἰγυπτίους τοὺς πρώ- 5
τους ἐκείνους αὐτὰ γραψαμένους εἰς τὴν αὑτῶν φωνὴν
μετενηνοχότας, αὐτός τε αὖ πάλιν ἑκάστου τὴν διάνοιαν ὀνό-
ματος ἀναλαμβάνων εἰς τὴν ἡμετέραν ἄγων φωνὴν ἀπεγρά- b
φετο· καὶ ταῦτά γε δὴ τὰ γράμματα παρὰ τῷ πάππῳ τ' ἦν
καὶ ἔτ' ἐστὶν παρ' ἐμοὶ νῦν, διαμεμελέτηταί τε ὑπ' ἐμοῦ παιδὸς
ὄντος. ἂν οὖν ἀκούητε τοιαῦτα οἷα καὶ τῇδε ὀνόματα, μηδὲν
ὑμῖν ἔστω θαῦμα· τὸ γὰρ αἴτιον αὐτῶν ἔχετε. μακροῦ δὲ δὴ 5
λόγου τοιάδε τις ἦν ἀρχὴ τότε.

Καθάπερ ἐν τοῖς πρόσθεν ἐλέχθη περὶ τῆς τῶν θεῶν
λήξεως, ὅτι κατενείμαντο γῆν πᾶσαν ἔνθα μὲν μείζους
λήξεις, ἔνθα δὲ καὶ ἐλάττους, ἱερὰ θυσίας τε αὑτοῖς κατα- c

d 6 ἑαυτῶν F: αὑτῶν A   d 7 τὸ ἔτι F (cf. Cobet, Mnem. 1875 p. 204): τότε ἔτι A: τότε Hermann   e 1 ὄντας F: ὄντες A   e 2 ὄντες F: om. A   e 7 οἷα F: οἷ' ἂν A: οἷα αὖ Bekker   e 8 ὧν F: ὡσ A (sed σ punct. not.)   παῖδες ὄντες F: παιδευθέντες A: παῖ δὲ ὂν in marg. A   a 3 ἐπινοῶν A F sed νοῶ in ras. A: ἐπινοῶν et νοῶν in marg. Λ   b 3 ἐμοῦ F: αὐτοῦ A

σκευάζοντες, οὕτω δὴ καὶ τὴν νῆσον Ποσειδῶν τὴν Ἀτλαντίδα
λαχὼν ἐκγόνους αὑτοῦ κατῴκισεν ἐκ θνητῆς γυναικὸς γεν-
νήσας ἔν τινι τόπῳ τοιῷδε τῆς νήσου. πρὸς θαλάττης μέν,
5 κατὰ δὲ μέσον πάσης πεδίον ἦν, ὃ δὴ πάντων πεδίων
κάλλιστον ἀρετῇ τε ἱκανὸν γενέσθαι λέγεται, πρὸς τῷ πεδίῳ
δὲ αὖ κατὰ μέσον σταδίους ὡς πεντήκοντα ἀφεστὸς ἦν ὄρος
βραχὺ πάντῃ. τούτῳ δ' ἦν ἔνοικος τῶν ἐκεῖ κατὰ ἀρχὰς ἐκ
d γῆς ἀνδρῶν γεγονότων Εὐήνωρ μὲν ὄνομα, γυναικὶ δὲ συνοικῶν
Λευκίππῃ· Κλειτὼ δὲ μονογενῆ θυγατέρα ἐγεννησάσθην.
ἤδη δ' εἰς ἀνδρὸς ὥραν ἡκούσης τῆς κόρης ἥ τε μήτηρ
τελευτᾷ καὶ ὁ πατήρ, αὐτῆς δὲ εἰς ἐπιθυμίαν Ποσειδῶν
5 ἐλθὼν συμμείγνυται, καὶ τὸν γήλοφον, ἐν ᾧ κατῴκιστο,
ποιῶν εὐερκῆ περιρρήγνυσιν κύκλῳ, θαλάττης γῆς τε ἐναλλὰξ
ἐλάττους μείζους τε περὶ ἀλλήλους ποιῶν τροχούς, δύο μὲν
γῆς, θαλάττης δὲ τρεῖς οἷον τορνεύων ἐκ μέσης τῆς νήσου,
e πάντῃ ἴσον ἀφεστῶτας, ὥστε ἄβατον ἀνθρώποις εἶναι· πλοῖα
γὰρ καὶ τὸ πλεῖν οὔπω τότε ἦν. αὐτὸς δὲ τήν τε ἐν μέσῳ
νῆσον οἷα δὴ θεὸς εὐμαρῶς διεκόσμησεν, ὕδατα μὲν διττὰ
ὑπὸ γῆς ἄνω πηγαῖα κομίσας, τὸ μὲν θερμόν, ψυχρὸν δὲ ἐκ
5 κρήνης ἀπορρέον ἕτερον, τροφὴν δὲ παντοίαν καὶ ἱκανὴν ἐκ
τῆς γῆς ἀναδιδούς. παίδων δὲ ἀρρένων πέντε γενέσεις διδύ-
μους γεννησάμενος ἐθρέψατο, καὶ τὴν νῆσον τὴν Ἀτλαντίδα
πᾶσαν δέκα μέρη κατανείμας τῶν μὲν πρεσβυτάτων τῷ προ-
114 τέρῳ γενομένῳ τήν τε μητρῴαν οἴκησιν καὶ τὴν κύκλῳ λῆξιν,
πλείστην καὶ ἀρίστην οὖσαν, ἀπένειμε, βασιλέα τε τῶν ἄλλων
κατέστησε, τοὺς δὲ ἄλλους ἄρχοντας, ἑκάστῳ δὲ ἀρχὴν πολ-
λῶν ἀνθρώπων καὶ τόπον πολλῆς χώρας ἔδωκεν. ὀνόματα
5 δὲ πᾶσιν ἔθετο, τῷ μὲν πρεσβυτάτῳ καὶ βασιλεῖ τοῦτο οὗ
δὴ καὶ πᾶσα ἡ νῆσος τό τε πέλαγος ἔσχεν ἐπωνυμίαν,
Ἀτλαντικὸν λεχθέν, ὅτι τοὔνομ' ἦν τῷ πρώτῳ βασιλεύσαντι

c 3 κατῴκισεν] κατῴκησεν A : κατώκισαν F c 7 ἀφεστὸς A F : ἀφεστῶς A² d 6 περιρρήγνυσι F et alterum ρ s. v. A² : περιρήγνυσιν A e 4 κομίσας A : κοσμήσας F e 8 τῶν A F sed ω in ras. A a 4 τόπον A : om. F

τότε Ἄτλας· τῷ δὲ διδύμῳ μετ' ἐκεῖνόν τε γενομένῳ, λῆξιν b
δὲ ἄκρας τῆς νήσου πρὸς Ἡρακλείων στηλῶν εἰληχότι ἐπὶ
τὸ τῆς Γαδειρικῆς νῦν χώρας κατ' ἐκεῖνον τὸν τόπον ὀνομαζο-
μένης, Ἑλληνιστὶ μὲν Εὔμηλον, τὸ δ' ἐπιχώριον Γάδειρον,
ὅπερ τ' ἦν ἐπίκλην ταύτῃ ὄνομ' ἄ⟨ν⟩ παράσχοι. τοῖν δὲ 5
δευτέροιν γενομένοιν τὸν μὲν Ἀμφήρη, τὸν δὲ Εὐαίμονα
ἐκάλεσεν· τρίτοις δέ, Μνησέα μὲν τῷ προτέρῳ γενομένῳ,
τῷ δὲ μετὰ τοῦτον Αὐτόχθονα· τῶν δὲ τετάρτων Ἐλάσιππον c
μὲν τὸν πρότερον, Μήστορα δὲ τὸν ὕστερον· ἐπὶ δὲ τοῖς
πέμπτοις τῷ μὲν ἔμπροσθεν Ἀζάης ὄνομα ἐτέθη, τῷ δ' ὑστέρῳ
Διαπρέπης. οὗτοι δὴ πάντες αὐτοί τε καὶ ἔκγονοι τούτων
ἐπὶ γενεὰς πολλὰς ᾤκουν ἄρχοντες μὲν πολλῶν ἄλλων κατὰ 5
τὸ πέλαγος νήσων, ἔτι δέ, ὥσπερ καὶ πρότερον ἐρρήθη, μέχρι
τε Αἰγύπτου καὶ Τυρρηνίας τῶν ἐντὸς δεῦρο ἐπάρχοντες.
Ἄτλαντος δὴ πολὺ μὲν ἄλλο καὶ τίμιον γίγνεται γένος, d
βασιλεὺς δὲ ὁ πρεσβύτατος ἀεὶ τῷ πρεσβυτάτῳ τῶν ἐκγόνων
παραδιδοὺς ἐπὶ γενεὰς πολλὰς τὴν βασιλείαν διέσῳζον,
πλοῦτον μὲν κεκτημένοι πλήθει τοσοῦτον, ὅσος οὔτε πω
πρόσθεν ἐν δυναστείαις τισὶν βασιλέων γέγονεν οὔτε ποτὲ 5
ὕστερον γενέσθαι ῥᾴδιος, κατεσκευασμένα δὲ πάντ' ἦν αὐτοῖς
ὅσα ἐν πόλει καὶ ὅσα κατὰ τὴν ἄλλην χώραν ἦν ἔργον κατα-
σκευάσασθαι. πολλὰ μὲν γὰρ διὰ τὴν ἀρχὴν αὐτοῖς προσῄειν
ἔξωθεν, πλεῖστα δὲ ἡ νῆσος αὐτὴ παρείχετο εἰς τὰς τοῦ βίου e
κατασκευάς, πρῶτον μὲν ὅσα ὑπὸ μεταλλείας ὀρυττόμενα
στερεὰ καὶ ὅσα τηκτὰ γέγονε, καὶ τὸ νῦν ὀνομαζόμενον
μόνον—τότε δὲ πλέον ὀνόματος ἦν τὸ γένος ἐκ γῆς ὀρυττό-

b 1 τε A : τότε F b 5 τ' ἦν A : τ' ἂν F : ἂν vulg. ἐπίκλην A : ἐπίκλησιν F : τὴν ἐπίκλησιν vulg. ταύτῃ A : ταύτην F ὄνομ' ἂν scripsi : ὄνομα A F (ut vid., sed μα in macula) b 7 τρίτοις A : τριτοῖς F : τριττοῖς vulg. c 1 μετὰ τοῦτον A sed τοῦ et ο in ras. : μετ' αὐτὸν F c 4 Διαπρέπης Cobet : διαπρεπὴς A F c 5 πολλὰς A : παντολὺς F sed παν punct. not. : παμπόλλους vulg. c 7 δεῦρο F et in marg. A : δευτέρῳ A d 4 πλήθει τοσοῦτον F : πλητοσουτον A : πλὴν τοσοῦτον fecit A[2] (add. acc. et ν s. v.) d 5 βασιλέων F : βασιλέως A d 8 προσήειν (sic) A : προσήει F e 1 ἡ νῆσος αὐτὴ A : ἡ νόσος αὖτη F

5 μενον ὀρειχάλκου κατὰ τόπους πολλοὺς τῆς νήσου, πλὴν
χρυσοῦ τιμιώτατον ἐν τοῖς τότε ὄν—καὶ ὅσα ὕλη πρὸς τὰ
τεκτόνων διαπονήματα παρέχεται, πάντα φέρουσα ἄφθονα,
τά τε αὖ περὶ τὰ ζῷα ἱκανῶς ἥμερα καὶ ἄγρια τρέφουσα. καὶ
δὴ καὶ ἐλεφάντων ἦν ἐν αὐτῇ γένος πλεῖστον· νομὴ γὰρ τοῖς
10 τε ἄλλοις ζῴοις, ὅσα καθ' ἕλη καὶ λίμνας καὶ ποταμούς, ὅσα
115 τ' αὖ κατ' ὄρη καὶ ὅσα ἐν τοῖς πεδίοις νέμεται, σύμπασιν
παρῆν ἅδην, καὶ τούτῳ κατὰ ταὐτὰ τῷ ζῴῳ, μεγίστῳ πεφυκότι
καὶ πολυβορωτάτῳ. πρὸς δὲ τούτοις, ὅσα εὐώδη τρέφει που
γῆ τὰ νῦν, ῥιζῶν ἢ χλόης ἢ ξύλων ἢ χυλῶν στακτῶν εἴτε
5 ἀνθῶν ἢ καρπῶν, ἔφερέν τε ταῦτα καὶ ἔτρεφεν εὖ· ἔτι δὲ τὸν
ἥμερον καρπόν, τόν τε ξηρόν, ὃς ἡμῖν τῆς τροφῆς ἕνεκά ἐστιν,
καὶ ὅσοις χάριν τοῦ σίτου προσχρώμεθα—καλοῦμεν δὲ αὐτοῦ
b τὰ μέρη σύμπαντα ὄσπρια—καὶ τὸν ὅσος ξύλινος, πώματα
καὶ βρώματα καὶ ἀλείμματα φέρων, παιδιᾶς τε ὃς ἕνεκα
ἡδονῆς τε γέγονε δυσθησαύριστος ἀκροδρύων καρπός, ὅσα τε
παραμύθια πλησμονῆς μεταδόρπια ἀγαπητὰ κάμνοντι τίθεμεν,
5 ἅπαντα ταῦτα ἡ τότε [ποτὲ] οὖσα ὑφ' ἡλίῳ νῆσος ἱερὰ καλά
τε καὶ θαυμαστὰ καὶ πλήθεσιν ἄπειρ' ἔφερεν. ταῦτα οὖν
λαμβάνοντες πάντα παρὰ τῆς γῆς κατεσκευάζοντο τά τε
c ἱερὰ καὶ τὰς βασιλικὰς οἰκήσεις καὶ τοὺς λιμένας καὶ τὰ
νεώρια καὶ σύμπασαν τὴν ἄλλην χώραν, τοιᾷδ' ἐν τάξει
διακοσμοῦντες.

Τοὺς τῆς θαλάττης τροχούς, οἳ περὶ τὴν ἀρχαίαν ἦσαν
5 μητρόπολιν, πρῶτον μὲν ἐγεφύρωσαν, ὁδὸν ἔξω καὶ ἐπὶ τὰ
βασίλεια ποιούμενοι. τὰ δὲ βασίλεια ἐν ταύτῃ τῇ τοῦ θεοῦ
καὶ τῶν προγόνων κατοικήσει κατ' ἀρχὰς ἐποιήσαντο εὐθύς,
ἕτερος δὲ παρ' ἑτέρου δεχόμενος, κεκοσμημένα κοσμῶν,

e 5 νήσου A : νόσου F e 8 περὶ τὰ F : τὰ περὶ τὰ A a 2 ἅδην A : ἀλλ' ἦν F a 3 δὲ A F : δὴ vulg. a 4 εἴτε A F : εἴ erasit A[2] a 5 ἢ A : εἴτε F ἔτρεφεν A F : ἔφερβεν vulg. a 6 ἥμερον F : ἡμέτερον A τῆς A F : om. vulg. b 1 ξύμπαντα F : om. A πώματα A F : πόματα fecit A[2] b 2 παιδιᾶς scr. recc. : παιδείας A F τε ὃς A : τέως F b 5 ποτὲ secl. Cobet c 4 ἦσαν F : οὖσαν A

ὑπερεβάλλετο εἰς δύναμιν ἀεὶ τὸν ἔμπροσθεν, ἕως εἰς ἔκ- d
πληξιν μεγέθεσιν κάλλεσίν τε ἔργων ἰδεῖν τὴν οἴκησιν
ἀπηργάσαντο. διώρυχα μὲν γὰρ ἐκ τῆς θαλάττης ἀρχό-
μενοι τρίπλεθρον τὸ πλάτος, ἑκατὸν δὲ ποδῶν βάθος, μῆκος
δὲ πεντήκοντα σταδίων, ἐπὶ τὸν ἐξωτάτω τροχὸν συνέτρησαν, 5
καὶ τὸν ἀνάπλουν ἐκ τῆς θαλάττης ταύτῃ πρὸς ἐκεῖνον ὡς εἰς
λιμένα ἐποιήσαντο, διελόντες στόμα ναυσὶν ταῖς μεγίσταις
ἱκανὸν εἰσπλεῖν. καὶ δὴ καὶ τοὺς τῆς γῆς τροχούς, οἳ τοὺς
τῆς θαλάττης διεῖργον, κατὰ τὰς γεφύρας διεῖλον ὅσον μιᾷ e
τριήρει διέκπλουν εἰς ἀλλήλους, καὶ κατεστέγασαν ἄνωθεν
ὥστε τὸν ὑπόπλουν κάτωθεν εἶναι· τὰ γὰρ τῶν τῆς γῆς
τροχῶν χείλη βάθος εἶχεν ἱκανὸν ὑπερέχον τῆς θαλάττης.
ἦν δὲ ὁ μὲν μέγιστος τῶν τροχῶν, εἰς ὃν ἡ θάλαττα 5
συνετέτρητο, τριστάδιος τὸ πλάτος, ὁ δ' ἑξῆς τῆς γῆς ἴσος
ἐκείνῳ· τοῖν δὲ δευτέροιν ὁ μὲν ὑγρὸς δυοῖν σταδίοιν πλάτος,
ὁ δὲ ξηρὸς ἴσος αὖ πάλιν τῷ πρόσθεν ὑγρῷ· σταδίου δὲ ὁ
περὶ αὐτὴν τὴν ἐν μέσῳ νῆσον περιθέων. ἡ δὲ νῆσος, ἐν 116
ᾗ τὰ βασίλεια ἦν, πέντε σταδίων τὴν διάμετρον εἶχεν.
ταύτην δὴ κύκλῳ καὶ τοὺς τροχοὺς καὶ τὴν γέφυραν πλε-
θριαίαν τὸ πλάτος οὖσαν ἔνθεν καὶ ἔνθεν λιθίνῳ περιε-
βάλλοντο τείχει, πύργους καὶ πύλας ἐπὶ τῶν γεφυρῶν κατὰ 5
τὰς τῆς θαλάττης διαβάσεις ἑκασταχόσε ἐπιστήσαντες· τὸν
δὲ λίθον ἔτεμνον ὑπὸ τῆς νήσου κύκλῳ τῆς ἐν μέσῳ καὶ ὑπὸ
τῶν τροχῶν ἔξωθεν καὶ ἐντός, τὸν μὲν λευκόν, τὸν δὲ μέλανα,
τὸν δὲ ἐρυθρὸν ὄντα, τέμνοντες δὲ ἅμ' ἠργάζοντο νεωσοίκους b
κοίλους διπλοῦς ἐντός, κατηρεφεῖς αὐτῇ τῇ πέτρᾳ. καὶ τῶν
οἰκοδομημάτων τὰ μὲν ἁπλᾶ, τὰ δὲ μειγνύντες τοὺς λίθους
ποικίλα ὕφαινον παιδιᾶς χάριν, ἡδονὴν αὐτοῖς σύμφυτον
ἀπονέμοντες· καὶ τοῦ μὲν περὶ τὸν ἐξωτάτω τροχὸν τείχους 5
χαλκῷ περιελάμβανον πάντα τὸν περίδρομον, οἷον ἀλοιφῇ

e 2 διέκπλουν F : ἔκπλουν A : εἴσπλουν Cobet a 3 πλεθριαίαν
A : πλεθριδίαν F b 1 ἅμ' ἠργάζοντο] ἅμα ἀπειργάζοντο F : ἀπειργά-
ζοντο A νεωσοίκους A² : νεὼς οἴκους F : νεὼς οἶκος A teste Cobet
b 4 παιδιᾶς A : παιδειας F b 5 ἐξωτάτωι A

προσχρώμενοι, τοῦ δ' ἐντὸς καττιτέρῳ περιέτηκον, τὸν δὲ
c περὶ αὐτὴν τὴν ἀκρόπολιν ὀρειχάλκῳ μαρμαρυγὰς ἔχοντι
πυρώδεις.

Τὰ δὲ δὴ τῆς ἀκροπόλεως ἐντὸς βασίλεια κατεσκευασμένα
ὧδ' ἦν. ἐν μέσῳ μὲν ἱερὸν ἅγιον αὐτόθι τῆς τε Κλειτοῦς
5 καὶ τοῦ Ποσειδῶνος ἄβατον ἀφεῖτο, περιβόλῳ χρυσῷ περι-
βεβλημένον, τοῦτ' ἐν ᾧ κατ' ἀρχὰς ἐφίτυσαν καὶ ἐγέννησαν
τὸ τῶν δέκα βασιλειδῶν γένος· ἔνθα καὶ κατ' ἐνιαυτὸν ἐκ
πασῶν τῶν δέκα λήξεων ὡραῖα αὐτόσε ἀπετέλουν ἱερὰ
ἐκείνων ἑκάστῳ. τοῦ δὲ Ποσειδῶνος αὐτοῦ νεὼς ἦν, σταδίου
d μὲν μῆκος, εὖρος δὲ τρίπλεθρος, ὕψος δ' ἐπὶ τούτοις
σύμμετρον ἰδεῖν, εἶδος δέ τι βαρβαρικὸν ἔχοντος. πάντα
δὲ ἔξωθεν περιήλειψαν τὸν νεὼν ἀργύρῳ, πλὴν τῶν ἀκρω-
τηρίων, τὰ δὲ ἀκρωτήρια χρυσῷ· τὰ δ' ἐντός, τὴν μὲν ὀροφὴν
5 ἐλεφαντίνην ἰδεῖν πᾶσαν χρυσῷ καὶ ἀργύρῳ καὶ ὀρειχάλκῳ
πεποικιλμένην, τὰ δὲ ἄλλα πάντα τῶν τοίχων τε καὶ κιόνων
καὶ ἐδάφους ὀρειχάλκῳ περιέλαβον. χρυσᾶ δὲ ἀγάλματα
ἐνέστησαν, τὸν μὲν θεὸν ἐφ' ἅρματος ἑστῶτα ἓξ ὑποπτέρων
e ἵππων ἡνίοχον, αὐτόν τε ὑπὸ μεγέθους τῇ κορυφῇ τῆς ὀροφῆς
ἐφαπτόμενον, Νηρῇδας δὲ ἐπὶ δελφίνων ἑκατὸν κύκλῳ—
τοσαύτας γὰρ ἐνόμιζον αὐτὰς οἱ τότε εἶναι—πολλὰ δ' ἐντὸς
ἄλλα ἀγάλματα ἰδιωτῶν ἀναθήματα ἐνῆν. περὶ δὲ τὸν νεὼν
5 ἔξωθεν εἰκόνες ἁπάντων ἕστασαν ἐκ χρυσοῦ, τῶν γυναικῶν
καὶ αὐτῶν ὅσοι τῶν δέκα ἐγεγόνεσαν βασιλέων, καὶ πολλὰ
ἕτερα ἀναθήματα μεγάλα τῶν τε βασιλέων καὶ ἰδιωτῶν ἐξ
αὐτῆς τε τῆς πόλεως καὶ τῶν ἔξωθεν ὅσων ἐπῆρχον. βωμός
117 τε δὴ συνεπόμενος ἦν τὸ μέγεθος καὶ τὸ τῆς ἐργασίας ταύτῃ
τῇ κατασκευῇ, καὶ τὰ βασίλεια κατὰ τὰ αὐτὰ πρέποντα μὲν
τῷ τῆς ἀρχῆς μεγέθει, πρέποντα δὲ τῷ περὶ τὰ ἱερὰ κόσμῳ.

c 6 ἐφίτυσαν A: ἔφιτσαν (sic) F: ἐφι*** Ven. 184: ἐφικτὸν vulg. καὶ ἐγέννησαν secl. Cobet ἐγέννησαν τὸ] ἐγεννήσαντο A F c 8 ἀπετέλουν] ἀπέστελλον Cobet d 1 τρίπλεθρος Stephanus: τρισὶ πλέθροις A F d 2 ἔχοντος] ἔχον vel potius ἔχων ci. Stephanus d 5 καὶ ἀργύρῳ F: om. A d 6 τοίχων A F sed οι in ras. A d 8 ἓξ] ἐξ A F e 1 τε F: δὲ A e 3 δὲ ἐντὸς F: δὲ A

ταῖς δὲ δὴ κρήναις, τῇ τοῦ ψυχροῦ καὶ τῇ τοῦ θερμοῦ νάματος,
πλῆθος μὲν ἄφθονον ἐχούσαις, ἡδονῇ δὲ καὶ ἀρετῇ τῶν ὑδάτων 5
πρὸς ἑκατέρου τὴν χρῆσιν θαυμαστοῦ πεφυκότος, ἐχρῶντο
περιστήσαντες οἰκοδομήσεις καὶ δένδρων φυτεύσεις πρε-
πούσας ὕδασι, δεξαμενάς τε αὖ τὰς μὲν ὑπαιθρίους, τὰς δὲ b
χειμερινὰς τοῖς θερμοῖς λουτροῖς ὑποστέγους περιτιθέντες,
χωρὶς μὲν βασιλικάς, χωρὶς δὲ ἰδιωτικάς, ἔτι δὲ γυναιξὶν
ἄλλας καὶ ἑτέρας ἵπποις καὶ τοῖς ἄλλοις ὑποζυγίοις, τὸ
πρόσφορον τῆς κοσμήσεως ἑκάστοις ἀπονέμοντες. τὸ δὲ 5
ἀπορρέον ἦγον ἐπὶ τὸ τοῦ Ποσειδῶνος ἄλσος, δένδρα παντο-
δαπὰ κάλλος ὕψος τε δαιμόνιον ὑπ᾽ ἀρετῆς τῆς γῆς ἔχοντα,
καὶ ἐπὶ τοὺς ἔξω κύκλους δι᾽ ὀχετῶν κατὰ τὰς γεφύρας
ἐπωχέτευον· οὗ δὴ πολλὰ μὲν ἱερὰ καὶ πολλῶν θεῶν, πολλοὶ c
δὲ κῆποι καὶ πολλὰ γυμνάσια ἐκεχειρούργητο, τὰ μὲν ἀνδρῶν,
τὰ δὲ ἵππων χωρὶς ἐν ἑκατέρᾳ τῇ τῶν τροχῶν νήσῳ, τά τε
ἄλλα καὶ κατὰ μέσην τὴν μείζω τῶν νήσων ἐξῃρημένος
ἱππόδρομος ἦν αὐτοῖς, σταδίου τὸ πλάτος ἔχων, τὸ δὲ μῆκος 5
περὶ τὸν κύκλον ὅλον ἀφεῖτο εἰς ἅμιλλαν τοῖς ἵπποις.
δορυφορικαὶ δὲ περὶ αὐτὸν ἔνθεν τε καὶ ἔνθεν οἰκήσεις ἦσαν
τῷ πλήθει τῶν δορυφόρων· τοῖς δὲ πιστοτέροις ἐν τῷ μικρο- d
τέρῳ τροχῷ καὶ πρὸς τῆς ἀκροπόλεως μᾶλλον ὄντι διετέτακτο
ἡ φρουρά, τοῖς δὲ πάντων διαφέρουσιν πρὸς πίστιν ἐντὸς
τῆς ἀκροπόλεως περὶ τοὺς βασιλέας αὐτοὺς ἦσαν οἰκήσεις
δεδομέναι. τὰ δὲ νεώρια τριήρων μεστὰ ἦν καὶ σκευῶν ὅσα 5
τριήρεσιν προσήκει, πάντα δὲ ἐξηρτυμένα ἱκανῶς. καὶ τὰ
μὲν δὴ περὶ τὴν τῶν βασιλέων οἴκησιν οὕτω κατεσκεύαστο·
διαβάντι δὲ τοὺς λιμένας ἔξω τρεῖς ὄντας ἀρξάμενον ἀπὸ
τῆς θαλάττης ᾔειν ἐν κύκλῳ τεῖχος, πεντήκοντα σταδίους e
τοῦ μεγίστου τροχοῦ τε καὶ λιμένος ἀπέχον πανταχῇ, καὶ

b 2 ὑποστέγους fecit A² (γ s. v.): ὑποστερους A: ὑπὸ στέγους F b 7 ἔχοντα F: ἔχοντος A: ἔχον. τὸ δὲ Hermann c 2 πολλὰ F: om. A c 4 μείζω τῶν F: μειζόνων A sed ω supra ό A² c 5 αὐτοῖς F: αὐτῷ A d 5 δεδομέναι A F: δεδομημέναι fecit a: δεδμημέναι Cobet d 6 δὲ F: om. A e 1 ᾔειν A F: ᾔει* A²

συνέκλειεν εἰς ταὐτὸν πρὸς τὸ τῆς διώρυχος στόμα τὸ πρὸς θαλάττης. τοῦτο δὴ πᾶν συνῳκεῖτο μὲν ὑπὸ πολλῶν καὶ
5 πυκνῶν οἰκήσεων, ὁ δὲ ἀνάπλους καὶ ὁ μέγιστος λιμὴν ἔγεμεν πλοίων καὶ ἐμπόρων ἀφικνουμένων πάντοθεν, φωνὴν καὶ θόρυβον παντοδαπὸν κτύπον τε μεθ' ἡμέραν καὶ διὰ νυκτὸς ὑπὸ πλήθους παρεχομένων.

Τὸ μὲν οὖν ἄστυ καὶ τὸ περὶ τὴν ἀρχαίαν οἴκησιν σχεδὸν
10 ὡς τότ' ἐλέχθη νῦν διεμνημόνευται· τῆς δ' ἄλλης χώρας
118 ὡς ἡ φύσις εἶχεν καὶ τὸ τῆς διακοσμήσεως εἶδος, ἀπομνημονεῦσαι πειρατέον. πρῶτον μὲν οὖν ὁ τόπος ἅπας ἐλέγετο σφόδρα τε ὑψηλὸς καὶ ἀπότομος ἐκ θαλάττης, τὸ δὲ περὶ τὴν πόλιν πᾶν πεδίον, ἐκείνην μὲν περιέχον, αὐτὸ δὲ κύκλῳ
5 περιεχόμενον ὄρεσιν μέχρι πρὸς τὴν θάλατταν καθειμένοις, λεῖον καὶ ὁμαλές, πρόμηκες δὲ πᾶν, ἐπὶ μὲν θάτερα τρισχιλίων σταδίων, κατὰ δὲ μέσον ἀπὸ θαλάττης ἄνω δισχιλίων.
b ὁ δὲ τόπος οὗτος ὅλης τῆς νήσου πρὸς νότον ἐτέτραπτο, ἀπὸ τῶν ἄρκτων κατάβορρος. τὰ δὲ περὶ αὐτὸν ὄρη τότε ὑμνεῖτο πλῆθος καὶ μέγεθος καὶ κάλλος παρὰ πάντα τὰ νῦν ὄντα γεγονέναι, πολλὰς μὲν κώμας καὶ πλουσίας περιοίκων
5 ἐν ἑαυτοῖς ἔχοντα, ποταμοὺς δὲ καὶ λίμνας καὶ λειμῶνας τροφὴν τοῖς πᾶσιν ἡμέροις καὶ ἀγρίοις ἱκανὴν θρέμμασιν, ὕλην δὲ καὶ πλήθει καὶ γένεσι ποικίλην σύμπασίν τε τοῖς ἔργοις καὶ πρὸς ἕκαστα ἄφθονον. ὧδε οὖν τὸ πεδίον φύσει
c καὶ ὑπὸ βασιλέων πολλῶν ἐν πολλῷ χρόνῳ διεπεπόνητο. τετράγωνον μὲν αὔθ' ὑπῆρχεν τὰ πλεῖστ' ὀρθὸν καὶ πρόμηκες, ὅτι δὲ ἐνέλειπε, κατηύθυντο τάφρου κύκλῳ περιορυχθείσης· τὸ δὲ βάθος καὶ πλάτος τό τε μῆκος αὐτῆς ἄπιστον μὲν
5 λεχθέν, ὡς χειροποίητον ἔργον, πρὸς τοῖς ἄλλοις διαπονήμασι τοσοῦτον εἶναι, ῥητέον δὲ ὅ γε ἠκούσαμεν· πλέθρου

e 3 συνέκλειεν A sed ει in ras. prius πρὸς secl. ci. Stallbaum τὸ πρὸς A : τὸ πρὸς τὸ F : τῷ πρὸς ci. Stallbaum a 4 κύκλῳ A F : ἐγκύκλῳ fecit A² a 5 καθημένοις al. vulg. a 7 δισχιλίων F et fecit A² (λί s. v.) : δισχιων A b 3 ὑμνεῖτο] ὕμνει τὸ A : ὑμνεῖ τὸ F c 2 αὔθ'] αὐθ' A : αὖθ' a : αὐτὸ F c 5 λεχθὲν F : τὸ λεχθὲν A διαπονήμασι F : καὶ πονήμασι A

μὲν γὰρ βάθος ὀρώρυκτο, τὸ δὲ πλάτος ἁπάντῃ σταδίου,
περὶ δὲ πᾶν τὸ πεδίον ὀρυχθεῖσα συνέβαινεν εἶναι τὸ μῆκος d
σταδίων μυρίων. τὰ δ' ἐκ τῶν ὀρῶν καταβαίνοντα ὑπο-
δεχομένη ῥεύματα καὶ περὶ τὸ πεδίον κυκλωθεῖσα, πρὸς τὴν
πόλιν ἔνθεν τε καὶ ἔνθεν ἀφικομένη, ταύτῃ πρὸς θάλατταν
μεθεῖτο ἐκρεῖν. ἄνωθεν δὲ ἀπ' αὐτῆς τὸ πλάτος μάλιστα 5
ἑκατὸν ποδῶν διώρυχες εὐθεῖαι τετμημέναι κατὰ τὸ πεδίον
πάλιν εἰς τὴν τάφρον τὴν πρὸς θαλάττης ἀφεῖντο, ἑτέρα
δὲ ἀφ' ἑτέρας αὐτῶν σταδίους ἑκατὸν ἀπεῖχεν· ᾗ δὴ τήν
τε ἐκ τῶν ὀρῶν ὕλην κατῆγον εἰς τὸ ἄστυ καὶ τἆλλα δὲ e
ὡραῖα πλοίοις κατεκομίζοντο, διάπλους ἐκ τῶν διωρύχων
εἰς ἀλλήλας τε πλαγίας καὶ πρὸς τὴν πόλιν τεμόντες. καὶ
δὶς δὴ τοῦ ἐνιαυτοῦ τὴν γῆν ἐκαρποῦντο, χειμῶνος μὲν τοῖς
ἐκ Διὸς ὕδασι χρώμενοι, θέρους δὲ ὅσα γῆ φέρει τὰ ἐκ 5
τῶν διωρύχων ἐπάγοντες νάματα. πλῆθος δέ, τῶν μὲν
ἐν τῷ πεδίῳ χρησίμων πρὸς πόλεμον ἀνδρῶν ἐτέτακτο τὸν
κλῆρον ἕκαστον παρέχειν ἄνδρα ἡγεμόνα, τὸ δὲ τοῦ κλήρου 119
μέγεθος εἰς δέκα δεκάκις ἦν στάδια, μυριάδες δὲ συμπάντων
τῶν κλήρων ἦσαν ἕξ· τῶν δ' ἐκ τῶν ὀρῶν καὶ τῆς ἄλλης
χώρας ἀπέραντος μὲν ἀριθμὸς ἀνθρώπων ἐλέγετο, κατὰ
δὲ τόπους καὶ κώμας εἰς τούτους τοὺς κλήρους πρὸς τοὺς 5
ἡγεμόνας ἅπαντες διενενέμηντο. τὸν οὖν ἡγεμόνα ἦν τε-
ταγμένον εἰς τὸν πόλεμον παρέχειν ἕκτον μὲν ἅρματος
πολεμιστηρίου μόριον εἰς μύρια ἅρματα, ἵππους δὲ δύο καὶ
ἀναβάτας, ἔτι δὲ συνωρίδα χωρὶς δίφρου καταβάτην τε b
μικράσπιδα καὶ τὸν ἀμφοῖν μετ' ἐπιβάτην τοῖν ἵπποιν
ἡνίοχον ἔχουσαν, ὁπλίτας δὲ δύο καὶ τοξότας σφενδονήτας
τε ἑκατέρους δύο, γυμνῆτας δὲ λιθοβόλους καὶ ἀκοντιστὰς
τρεῖς ἑκατέρους, ναύτας δὲ τέτταρας εἰς πλήρωμα διακοσίων 5
καὶ χιλίων νεῶν. τὰ μὲν οὖν πολεμιστήρια οὕτω διετέτακτο

e 2 κατεκομίζοντο F et fecit A² (ο s. v.) : κατεκμιζοντο A
e 3 πλαγίας F : πλατείας A b 2 μικράσπιδα A : σμικράσπιδα F
b 4 γυμνήτας A F

τῆς βασιλικῆς πόλεως, τῶν δὲ ἐννέα ἄλλα ἄλλως, ἃ μακρὸς ἂν χρόνος εἴη λέγειν.

c Τὰ δὲ τῶν ἀρχῶν καὶ τιμῶν ὧδ' εἶχεν ἐξ ἀρχῆς διακοσμηθέντα. τῶν δέκα βασιλέων εἷς ἕκαστος ἐν μὲν τῷ καθ' αὑτὸν μέρει κατὰ τὴν αὑτοῦ πόλιν τῶν ἀνδρῶν καὶ τῶν πλείστων νόμων ἦρχεν, κολάζων καὶ ἀποκτεινὺς ὅντιν' 5 ἐθελήσειεν· ἡ δὲ ἐν ἀλλήλοις ἀρχὴ καὶ κοινωνία κατὰ ἐπιστολὰς ἦν τὰς τοῦ Ποσειδῶνος, ὡς ὁ νόμος αὐτοῖς παρέδωκεν καὶ γράμματα ὑπὸ τῶν πρώτων ἐν στήλῃ γεγραμμένα d ὀρειχαλκίνῃ, ἣ κατὰ μέσην τὴν νῆσον ἔκειτ' ἐν ἱερῷ Ποσειδῶνος, οἷ δὴ δι' ἐνιαυτοῦ πέμπτου, τοτὲ δὲ ἐναλλὰξ ἕκτου, συνελέγοντο, τῷ τε ἀρτίῳ καὶ τῷ περιττῷ μέρος ἴσον ἀπονέμοντες, συλλεγόμενοι δὲ περί τε τῶν κοινῶν ἐβουλεύοντο 5 καὶ ἐξήταζον εἴ τίς τι παραβαίνοι, καὶ ἐδίκαζον. ὅτε δὲ δικάζειν μέλλοιεν, πίστεις ἀλλήλοις τοιάσδε ἐδίδοσαν πρότερον. ἀφέτων ὄντων ταύρων ἐν τῷ τοῦ Ποσειδῶνος ἱερῷ, μόνοι γιγνόμενοι δέκα ὄντες, ἐπευξάμενοι τῷ θεῷ τὸ κεχα- e ρισμένον αὐτῷ θῦμα ἑλεῖν, ἄνευ σιδήρου ξύλοις καὶ βρόχοις ἐθήρευον, ὃν δὲ ἕλοιεν τῶν ταύρων, πρὸς τὴν στήλην προσαγαγόντες κατὰ κορυφὴν αὐτῆς ἔσφαττον κατὰ τῶν γραμμάτων. ἐν δὲ τῇ στήλῃ πρὸς τοῖς νόμοις ὅρκος ἦν μεγάλας 5 ἀρὰς ἐπευχόμενος τοῖς ἀπειθοῦσιν. ὅτ' οὖν κατὰ τοὺς 120 αὑτῶν νόμους θύσαντες καθαγίζοιεν πάντα τοῦ ταύρου τὰ μέλη, κρατῆρα κεράσαντες ὑπὲρ ἑκάστου θρόμβον ἐνέβαλλον αἵματος, τὸ δ' ἄλλ' εἰς τὸ πῦρ ἔφερον, περικαθήραντες τὴν στήλην· μετὰ δὲ τοῦτο χρυσαῖς φιάλαις ἐκ τοῦ κρατῆρος 5 ἀρυτόμενοι, κατὰ τοῦ πυρὸς σπένδοντες ἐπώμνυσαν δικάσειν τε κατὰ τοὺς ἐν τῇ στήλῃ νόμους καὶ κολάσειν εἴ τίς τι πρότερον παραβεβηκὼς εἴη, τό τε αὖ μετὰ τοῦτο μηδὲν τῶν

b 7 ἄλλα A F sed α alterum in ras. A c 4 ἀποκτεινὺς] ἀποκτειννὺς F sed ι supra ει F : ἀποκτιννύων A sed ιν in ras. d 2 δὴ A sed η in ras. : δὲ F τοτὲ δὲ] τότε δὲ A : τὸ δὲ F ἕκτου A sed acc. in ras. : ἐκ τοῦ F e 1 ἑλεῖν F : ἔδειν A a 3 τὸ δ' ἄλλ' A F : τὰ δ' ἄλλα vulg. περικαθήραντες A a 5 ἀρυτόμενοι A : ἀρυόμενοι F

γραμμάτων ἑκόντες παραβήσεσθαι, μηδὲ ἄρξειν μηδὲ ἄρ-
χοντι πείσεσθαι πλὴν κατὰ τοὺς τοῦ πατρὸς ἐπιτάττοντι b
νόμους. ταῦτα ἐπευξάμενος ἕκαστος αὐτῶν αὑτῷ καὶ τῷ
ἀφ' αὑτοῦ γένει, πιὼν καὶ ἀναθεὶς τὴν φιάλην εἰς τὸ ἱερὸν
τοῦ θεοῦ, περὶ τὸ δεῖπνον καὶ τἀναγκαῖα διατρίψας, ἐπειδὴ
γίγνοιτο σκότος καὶ τὸ πῦρ ἐψυγμένον τὸ περὶ τὰ θύματα 5
εἴη, πάντες οὕτως ἐνδύντες ὅτι καλλίστην κυανῆν στολήν,
ἐπὶ τὰ τῶν ὁρκωμοσίων καύματα χαμαὶ καθίζοντες, νύκτωρ,
πᾶν τὸ περὶ τὸ ἱερὸν ἀποσβεννύντες πῦρ, ἐδικάζοντό τε c
καὶ ἐδίκαζον εἴ τίς τι παραβαίνειν αὐτῶν αἰτιῷτό τινα·
δικάσαντες δέ, τὰ δικασθέντα, ἐπειδὴ φῶς γένοιτο, ἐν χρυσῷ
πίνακι γράψαντες μετὰ τῶν στολῶν μνημεῖα ἀνετίθεσαν.
νόμοι δὲ πολλοὶ μὲν ἄλλοι περὶ τὰ γέρα τῶν βασιλέων 5
ἑκάστων ἦσαν ἴδιοι, τὰ δὲ μέγιστα, μήτε ποτὲ ὅπλα ἐπ'
ἀλλήλους οἴσειν βοηθήσειν τε πάντας, ἄν πού τις αὐτῶν
ἔν τινι πόλει τὸ βασιλικὸν καταλύειν ἐπιχειρῇ γένος, κοινῇ
δέ, καθάπερ οἱ πρόσθεν, βουλευόμενοι τὰ δόξαντα περὶ d
πολέμου καὶ τῶν ἄλλων πράξεων, ἡγεμονίαν ἀποδιδόντες
τῷ Ἀτλαντικῷ γένει. θανάτου δὲ τὸν βασιλέα τῶν συγ-
γενῶν μηδενὸς εἶναι κύριον, ὃν ἂν μὴ τῶν δέκα τοῖς ὑπὲρ
ἥμισυ δοκῇ. 5

Ταύτην δὴ τοσαύτην καὶ τοιαύτην δύναμιν ἐν ἐκείνοις
τότε οὖσαν τοῖς τόποις ὁ θεὸς ἐπὶ τούσδε αὖ τοὺς τόπους
συντάξας ἐκόμισεν ἔκ τινος τοιᾶσδε, ὡς λόγος, προφάσεως.
ἐπὶ πολλὰς μὲν γενεάς, μέχριπερ ἡ τοῦ θεοῦ φύσις αὐτοῖς e
ἐξήρκει, κατήκοοί τε ἦσαν τῶν νόμων καὶ πρὸς τὸ συγγενὲς
θεῖον φιλοφρόνως εἶχον· τὰ γὰρ φρονήματα ἀληθινὰ καὶ
πάντῃ μεγάλα ἐκέκτηντο, πρᾳότητι μετὰ φρονήσεως πρός
τε τὰς ἀεὶ συμβαινούσας τύχας καὶ πρὸς ἀλλήλους χρώ- 5
μενοι, διὸ πλὴν ἀρετῆς πάντα ὑπερορῶντες μικρὰ ἡγοῦντο

b 2 ταῦτα A : ταῦτα δὲ F b 3 ἀναθεὶς F : δὴ ἀναθεὶς A : διαναθεὶς fecit A² (ι s. v.) c 5 γέρα A : ἱερὰ F c 8 βασιλικὸν A F sed λι in ras. A d 4 ὃν A : ὂν F : om. vulg. e 3 θεῖον A : θεῖον ὂν F

121 τὰ παρόντα καὶ ῥᾳδίως ἔφερον οἷον ἄχθος τὸν τοῦ χρυσοῦ
τε καὶ τῶν ἄλλων κτημάτων ὄγκον, ἀλλ' οὐ μεθύοντες ὑπὸ
τρυφῆς διὰ πλοῦτον ἀκράτορες αὑτῶν ὄντες ἐσφάλλοντο,
νήφοντες δὲ ὀξὺ καθεώρων ὅτι καὶ ταῦτα πάντα ἐκ φιλίας
5 τῆς κοινῆς μετ' ἀρετῆς αὐξάνεται, τῇ δὲ τούτων σπουδῇ καὶ
τιμῇ φθίνει ταῦτά τε αὐτὰ κἀκείνη συναπόλλυται τούτοις.
ἐκ δὴ λογισμοῦ τε τοιούτου καὶ φύσεως θείας παραμενούσης
πάντ' αὐτοῖς ηὐξήθη ἃ πρὶν διήλθομεν. ἐπεὶ δ' ἡ τοῦ θεοῦ
μὲν μοῖρα ἐξίτηλος ἐγίγνετο ἐν αὐτοῖς πολλῷ τῷ θνητῷ καὶ
b πολλάκις ἀνακεραννυμένη, τὸ δὲ ἀνθρώπινον ἦθος ἐπεκράτει,
τότε ἤδη τὰ παρόντα φέρειν ἀδυνατοῦντες ἠσχημόνουν, καὶ
τῷ δυναμένῳ μὲν ὁρᾶν αἰσχροὶ κατεφαίνοντο, τὰ κάλλιστα
ἀπὸ τῶν τιμιωτάτων ἀπολλύντες, τοῖς δὲ ἀδυνατοῦσιν
5 ἀληθινὸν πρὸς εὐδαιμονίαν βίον ὁρᾶν τότε δὴ μάλιστα
πάγκαλοι μακάριοί τε ἐδοξάζοντο εἶναι, πλεονεξίας ἀδίκου
καὶ δυνάμεως ἐμπιμπλάμενοι. θεὸς δὲ ὁ θεῶν Ζεὺς ἐν
νόμοις βασιλεύων, ἅτε δυνάμενος καθορᾶν τὰ τοιαῦτα,
ἐννοήσας γένος ἐπιεικὲς ἀθλίως διατιθέμενον, δίκην αὐτοῖς
c ἐπιθεῖναι βουληθείς, ἵνα γένοιντο ἐμμελέστεροι σωφρονι-
σθέντες, συνήγειρεν θεοὺς πάντας εἰς τὴν τιμιωτάτην αὐτῶν
οἴκησιν, ἣ δὴ κατὰ μέσον παντὸς τοῦ κόσμου βεβηκυῖα
καθορᾷ πάντα ὅσα γενέσεως μετείληφεν, καὶ συναγείρας
5 εἶπεν—

* * * * *

a 8 ἃ scr. recc. : τὰ A F b 6 πάγκαλοι F : πάγκαλοι τε A
b 9 διατιθέμενον F : διατιθεμένοις A c 1 βουληθεὶς F : βουλευθεὶς A